D1690434

Kirchenarchäologie heute
Fragestellungen – Methoden – Ergebnisse

Veröffentlichung des Alemannischen Instituts Freiburg i. Br.
Nr. 76

In Memoriam

Arnold Tschira (1910–1969)
Karl List (1905–2005)
Irmgard Straub (1919–2009)

Kirchenarchäologie heute

Fragestellungen – Methoden – Ergebnisse

Herausgegeben von Niklot Krohn und dem
Alemannischen Institut Freiburg i. Br. e. V.

Gedruckt mit freundlicher Unterstützung durch:

Irmgard Straub und den
Förderkreis Archäologie in Baden e. V.

Wir danken den Rechteinhabern für die Erteilung der Abdruckgenehmigungen.
In einigen Fällen war es trotz gründlicher Bemühungen nicht möglich,
die Inhaber der Rechte zu kontaktieren.
Honoraransprüche bleiben bestehen.

Die Deutsche Nationalbibliothek verzeichnet diese Publikation
in der Deutschen Nationalbibliografie;
detaillierte bibliografische Daten sind im Internet über
http://dnb.d-nb.de abrufbar.

Das Werk ist in allen seinen Teilen urheberrechtlich geschützt.
Jede Verwertung ist ohne Zustimmung des Verlages unzulässig.
Das gilt insbesondere für Vervielfältigungen,
Übersetzungen, Mikroverfilmungen und die Einspeicherung in
und Verarbeitung durch elektronische Systeme.

© 2010 by WBG (Wissenschaftliche Buchgesellschaft), Darmstadt
Die Herausgabe des Werkes wurde durch
die Vereinsmitglieder der WBG ermöglicht.
Satz: Elisabeth Haug M. A., Heide Peper-Ludwig
Umschlaggestaltung: Peter Lohse, Büttelborn
Gedruckt auf säurefreiem und alterungsbeständigem Papier
Printed in Germany

Besuchen Sie uns im Internet: www.wbg-wissenverbindet.de

ISBN 978-3-534-22251-3

Inhalt

Vorwort 9

Niklot Krohn
Einleitung 10

Hans Ulrich Nuber
Römische Heilbäder – frühe Kirchen? 15

Guido Faccani
Die Kastellkirche von Kaiseraugst, Kanton Aargau
Eine Neubearbeitung der Ausgrabungen (1960–1966) 25

Antje Kluge-Pinsker
Kirchen in der spätantiken Stadt um 400
„Kirchenbauboom" an der Wende von der „Late City" zur „Late Late City"? . . 48

Sebastian Ristow
Frühchristliche Kirchenarchäologie im Rhein-Mosel-Raum
Neue Ergebnisse, künftige Forschungen 61

Orsolya Heinrich-Tamaska
Sakral- oder Profanbauten?
Zur Funktion und Datierung der „Kirchen" von Keszthely-Fenékpuszta
(Komitat Zala, Ungarn) 91

Stefan Eismann
Kirchen über römischen Grundmauern: Versteinerte Kontinuität
oder lapidarer Zufall? 113

Stefan Biermeier
Von der Separatgrablege zur Kirchenbestattung
Der Befund von Dunningen, Kreis Rottweil 131

Alfons Zettler
Herrscher, Heilige, Prälaten – wer lag im Reichenauer Münster des
8. Jahrhunderts begraben? 155

Werner Wild
Gefürchtet – manipuliert – beraubt – ausgeräumt
Gedanken zu Sonderbestattungen und nachträglich geöffneten Kirchengräbern
ausgehend vom Frauengrab von Elsau, Kanton Zürich 185

Madeleine Will
Saint-Pierre-aux-Nonnains in Metz
Zur Datierung der Bauphasen und der Presbyteriumsschranke 213

Luisa Galioto
Das Kloster Schuttern
Die Entstehungsgeschichte eines frühmittelalterlichen Klosters zwischen
Legende, historischen Quellen und archäologischem Befund 239

Peter Marzolff
Die Abtei Schwarzach
Schutterns Schwester in der unteren Ortenau 250

Valerie Schoenenberg
Die Glöcklehofkapelle in Bad Krozingen-Oberkrozingen
Eine Neuinterpretation der Baustrukturen 269

Michaela Jansen
Die Arnheider Kapelle
Ein frühmittelalterlicher Sakralbau im Odenwald 288

Felicia Schmaedecke
Im Wettstreit erbaut
Die Kirchen von Ober- und Niederwinterthur im Früh- und Hochmittelalter . . 308

Rainer Kuhn
Die ottonisch-romanische Doppelkirche vom Magdeburger Domhügel
nach den Grabungen der Jahre 2001–2003 332

Frank Löbbecke
Mit einem Beitrag von Wolfhard Wimmenauer
Die Augustinereremitenklöster in Konstanz und Freiburg i. Br.
Gründungsbau und Vorgängerbebauung 350

Carola Jäggi
Archäologie in spätmittelalterlichen Frauenklöstern, oder: Man sieht nur,
was man weiß 382

Jürg Tauber
Die Kirchenlandschaft der Nordwestschweiz im Früh- und Hochmittelalter . . 396

Barbara Scholkmann
Kirchenarchäologie in Baden-Württemberg
Ein forschungsgeschichtlicher Überblick 428

Peter Jüngling
Kirchengrabungen des Hanauer Geschichtsvereines im
Main-Kinzig-Kreis (Hessen) 452

Uwe Michas
Kirchenarchäologie in der Bundeshauptstadt
Untersuchungen an und in mittelalterlichen Kirchen in Berlins
historischer Mitte 464

Raimund Maczijewski
Archäologische Untersuchungen in und an Berliner Dorfkirchen 487

Markus Agthe
Kirchenarchäologie im Süden des Landes Brandenburg 512

Petr Sommer
Die gegenwärtige tschechische kirchliche Archäologie 544

Béla Miklós Szőke
Eine Kirchenfamilie von Mosapurc/Zalavár (Ungarn)
Neue Ergebnisse zur Kirchenarchäologie in Pannonien 561

Autoren 586

Vorwort

Der vorliegende Band, die 76. Veröffentlichung des Alemannischen Instituts Freiburg enthält 26 Beiträge zur Kirchenarchäologie, die auf der internationalen Tagung vom 18. bis 20. Oktober 2006 in Lahr (Ortenaukreis) vorgetragen worden sind. Das Thema der Tagung, der ersten ihrer Art: „Kirchenarchäologie heute: Fragestellungen – Methoden – Ziele", galt Forschungsergebnissen am Schnittpunkt archäologischer und historischer Wissenschaften, welche die Referenten aus Archäologie, Baugeschichte, Kunstgeschichte, Mediävistik, Kirchengeschichte und der Volkskunde aus sieben europäischen Nationen dargeboten haben. Anlass war das 50-jährige Jubiläum der Ausgrabungen in der Kirche des Lahrer Ortsteils Burgheim, die auf römischen Ruinen gründend, in das 7. Jahrhundert zurückreicht und zu den ältesten Gotteshäusern rechts des Rheins zählt.

Niklot Krohn war Initiator der Tagung, Organisator und maßgeblich für Konzept und Durchführung der Tagung verantwortlich; er ist auch der Herausgeber dieses Bandes. Herr Krohn war zwischen 2006 und 2008 zwei Jahre als wissenschaftlicher Angestellter des Alemannischen Instituts mit diesem Projekt betraut, das u. a. mit Mitteln der Agentur für Arbeit in Freiburg und der Stadt Lahr finanziert wurde. Ferner wurde die Tagung durch die Koldewey-Gesellschaft, Vereinigung für baugeschichtliche Forschung e.V. gefördert, ebenso wie von den Sektionen Lahr/Ortenau des Historischen Vereins für Mittelbaden und der Badischen Heimat e.V., denen hierfür sehr zu danken ist. Unser Dank gilt gleichermaßen der Stadt Lahr in Person von Herrn Oberbürgermeister Dr. Wolfgang G. Müller für die ausgezeichnete Kooperation und als großzügige Gastgeberin, welche die organisatorische und logistische Leistung dieser großen Tagung erfolgreich getragen hat.

Besondere Verdienste um Tagungs- und Ausstellungsvorbereitung sowie Durchführung hat sich Frau Gabriele Bohnert, Leiterin der Abteilung Stadtarchiv und Museum des Kulturamts der Stadt Lahr, erworben, wofür ihr Anerkennung und Dank gilt.

Von Seiten des Alemannischen Instituts erfolgte die administrative Abwicklung des Gesamtprojekts durch Frau Dr. R. Johanna Regnath, unterstützt durch die Lektorin Elisabeth Haug M. A. Ferner besorgten sie Korrekturen, Drucksatzerstellung sowie die Bild- und Schlussredaktion des Tagungsbandes. Ihnen danken wir ebenso wie Herrn Michael Kinsky (Universität Freiburg) für die Bildbearbeitung und Frau Heide Peper-Ludwig (Freiburg) für technische Unterstützung bei der Erstellung der Druckvorlage.

Der Druck dieses Buches wurde durch die großzügige private Spende von Frau Irmgard Straub (Freiburg) ermöglicht, einer langjährigen und außerordentlichen Förderin der badischen Landesarchäologie, die vor kurzem verstorben ist. Persönlich danken können wir nicht mehr, aber Ihrer an dieser Stelle gedenken.

Freiburg im Juli 2009 Prof. Dr. H. U. Nuber

Einleitung

Niklot Krohn

Die in den Jahren 1953–1955 durchgeführten Ausgrabungen in der heute evangelischen Peterskirche des Lahrer Stadtteils Burgheim (Ortenaukreis) gehören zu den bedeutendsten Maßnahmen der deutschen Archäologie des 20. Jahrhunderts.[1] Im Schatten Aufsehen erregender, dem Wiederaufbau am Ende des Zweiten Weltkriegs geschuldeter Kirchengrabungen im Rhein- und Moselraum (vgl. den Beitrag von Sebastian Ristow in diesem Band) erbrachten diese personell und finanziell vergleichsweise bescheiden ausgestatteten Untersuchungen nicht nur die kostbarsten und bemerkenswertesten Funde aus frühmittelalterlichen Kirchengräbern, die jemals rechts des Rheins geborgen wurden, sondern sie wurden auch zum Impulsgeber für eine sich mehr und mehr als eigenständige Disziplin entwickelnde Mittelalterarchäologie im heutigen Baden-Württemberg (vgl. den Beitrag von Barbara Scholkmann in diesem Band).

Im Jahr 2006, zum 50-jährigen Jubiläum der feierlichen Wiedereinweihung der Burgheimer Kirche, die auf das Ende der archäologischen Untersuchungen und einer seinerzeit vorbildlichen Instandsetzung des Gottesdienstraumes am 30. September 1956 gefolgt war, erinnerte die Stadt Lahr mit einer Ausstellung, einer entsprechenden Veröffentlichung (vgl. Anm. 1) und einem umfangreichen Begleitprogramm an die in der Öffentlichkeit inzwischen immer mehr in Vergessenheit geratenen Ausgrabungen und deren Ergebnisse. Über die Konstellation einer zeitlich befristeten Projekttätigkeit meiner Person fanden fast alle Veranstaltungen in enger Kooperation mit dem Alemannischen Institut Freiburg i. Br. e.V. statt. Die öffentliche wissenschaftliche Tagung „Kirchenarchäologie heute: Fragestellungen – Methoden – Ziele. Forschungen am Schnittpunkt archäologischer und historischer Wissenschaften", welche vom 18.–21. Oktober 2006 im „Pflug-Saal" des Lahrer VHS-Zentrums mit einem außerordentlich großen Publikumsinteresse stattfand, bildete dabei den Höhepunkt dieser Veranstaltungen.

Die Vorträge von insgesamt 30 Referenten aus Deutschland, Frankreich, den Niederlanden, Österreich, der Schweiz, Tschechien und Ungarn dienten einer in dieser Art bisher erstmals erfolgten Standortbestimmung und Forschungsbilanz einer geisteswissenschaftlichen Spezialdisziplin, an der zahlreiche verschiedene Fachrichtungen wie die Archäologie, die Baugeschichte, die Kunstgeschichte, die Mediävistik, die Kirchengeschichte sowie die Volkskunde beteiligt sind.[2] In bewährter Tradition gelang es dem

---

[1] Zu den Grabungen in der Peterskirche von Lahr-Burgheim ausführlich: NIKLOT KROHN und GABRIELE BOHNERT, Lahr-Burgheim. 50 Jahre Kirchenarchäologie (Veröffentlichungen des Alemannischen Instituts, Nr. 74), Remshalden 2006.
[2] Vgl. auch den Tagungsbericht von MICHAELA JANSEN, Kirchenarchäologie heute: Fragestellungen – Methoden – Ziele. Forschungen am Schnittpunkt archäologisch und historischer

Einleitung

Alemannischen Institut mit dieser Tagung aufs Neue, Fachleute und interessierte Laien zu einem wissenschaftlichen Austausch zusammenzuführen.

Der Titel und die Beiträge des vorliegenden Buches gehen auf diese erfolgreiche Lahrer Tagung zurück. Nach „Die Goldblattkreuze des frühen Mittelalters"[3] und „Die Alemannen und das Christentum"[4] ist es inzwischen bereits der dritte Tagungsband innerhalb der Reihe der Veröffentlichungen des Alemannischen Instituts, der sich auch mit dem Christentum im alemannischen Raum beschäftigt. Bereits seit den frühen Untersuchungen an den Sakralbauten auf der Insel Reichenau im Bodensee (vgl. den Beitrag von Alfons Zettler in diesem Band) gehört das Christentum im alemannischen Kulturkreis zu den wichtigsten Forschungsfeldern des Alemannischen Instituts. So lag der thematische Schwerpunkt der Vorträge auf der Tagung auch naturgemäß auf Kirchengrabungen im Gebiet des heutigen Baden-Württemberg, der Schweiz und Österreichs – und damit im alemannischen Sprach- und Siedlungsraum. Zum Ausloten der Gemeinsamkeiten und Unterschiede wurde mit den Beiträgen aus dem übrigen Deutschland und anderen Teilen Europas aber auch weit über den geografischen Tellerrand hinaus geblickt, wobei allerdings der Kirchenbau im Mittelmeerraum als komplexes und eigenständiges Thema bewusst ausgeklammert wurde. Seit Entstehung des monumentalen zweibändigen Nachschlagewerks „Vorromanische Kirchenbauten"[5] und in Ergänzung zu dem von Hans Rudolf Sennhauser herausgegebenen Tagungsband „Frühe Kirchen im östlichen Alpengebiet"[6] entstand auf diesem Weg ein umfassender Überblick zu den Forschungsergebnissen und -trends der interdisziplinären Erforschung christlicher Sakralbauten in Mittel- und Osteuropa, der auch den Laien erstmals in dieser Form über den Stand der Kirchenarchäologie informiert. Es ist zugleich eine Würdigung der Pioniere der Kirchenarchäologie, unter denen sich sowohl „große" wie auch „kleine" Namen, Autodidakten wie Fachleute, befanden.

Leider sind in dem vorliegenden Buch nicht alle der auf der Lahrer Tagung gehaltenen Vorträge vertreten. Einige Kolleginnen und Kollegen sahen sich aufgrund ihrer beruflichen Verpflichtungen in Denkmalpflege, Lehre und Forschung zeitlich außerstande,

---

Wissenschaften, Lahr/Ortenau, 18. bis 21. Oktober 2006, in: Mitteilungsblatt der Deutschen Gesellschaft für Archäologie des Mittelalters und der Neuzeit e.V. 20 (2008), S. 237–239.

[3] Die Goldblattkreuze des frühen Mittelalters, hg. von WOLFGANG HÜBENER (Veröffentlichung des Alemannischen Instituts, Nr. 37), Bühl 1975.

[4] Die Alemannen und das Christentum. Zeugnisse eines kulturellen Umbruchs, hg. von SÖNKE LORENZ und BARBARA SCHOLKMANN in Verbindung mit DIETER R. BAUER (Schriften zur südwestdeutschen Landeskunde, Bd. 48 = Veröffentlichungen des Alemannischen Instituts, Nr. 71), Leinfelden-Echterdingen 2003.

[5] Vorromanische Kirchenbauten, Katalog der Denkmäler bis zum Ausgang der Ottonen, hg. vom Zentralinstitut für Kunstgeschichte, bearbeitet von FRIEDRICH OSWALD, LEO SCHAEFER und HANS RUDOLF SENNHAUSER (Veröffentlichungen des Zentralinstituts für Kunstgeschichte in München, Bd. 3/1), München 1966; Vorromanische Kirchenbauten, Nachtragsband, bearbeitet von WERNER JACOBSEN, LEO SCHAEFER und HANS RUDOLF SENNHAUSER (Veröffentlichungen des Zentralinstituts für Kunstgeschichte in München, Bd. 3/2), München 1991.

[6] Frühe Kirchen im östlichen Alpengebiet. Von der Spätantike bis in ottonische Zeit, hg. von HANS RUDOLF SENNHAUSER (Bayerische Akademie der Wissenschaften, Philosophisch-Historische Klasse, Abhandlungen, N. F., Heft 123), München 2003.

ihre Vorträge als schriftlichen Beitrag für den vorliegenden Band aufzubereiten. So muss hier auf die anregenden Ausführungen von Prof. Dr. Frans Theuws (Leerstoelgroep Amsterdams Archeologisch Centrum) zu „Aristocrats and the religious landscape of the middle Meuse valley in merovingian and carolingian time" sowie auf den Bericht von Frau Hofrat Dr. Christa Farka (Bundesdenkmalamt Wien) zur „Kirchenarchäologie in Österreich" verzichtet werden.[7] In anderen Fällen sind dem auf der Lahrer Tagung gehaltenen Vortrag bereits umfassende Ausführungen vorausgegangen, die eine nochmalige Stellungnahme erübrigten. Dies betrifft die von Frau Dr. Alessandra Antonini (Office de recherches archéologiques Martigny) thematisierten Friedhofskirchen von Sion im Schweizer Kanton Wallis[8] sowie das Referat von Frau Dr. Silvia Codreanu-Windauer (Bayerisches Landesamt für Denkmalpflege, Dienststelle Regensburg) zu den vorromanischen Kirchen in Altbayern[9]. Erfreulicherweise konnte stattdessen jedoch Frau Dr. Orsolya Heinrich-Tamaska (Geisteswissenschaftliches Zentrum der Universität Leipzig) mit ihrer Diskussion um die Funktion und Datierung der Sakralbauten von Keszthely-Fenékpuszta, Komitat Zala (Ungarn) in den Reigen der Beiträge aufgenommen werden, für deren Darstellung auf der Tagung aus zeitlichen und organisatorischen Gründen kein Platz mehr zur Verfügung stand. Der Inhalt meines auf der Tagung gehaltenen Vortrags mit dem Titel: „Kirchdorf – die ‚Kirche im Dorf'? Archäologische Belege für die Institutionalisierung des ländlichen Christentums im alamannischen Raum" ist als Teil eines Beitrags für einen anderen Tagungsband des Alemannischen Instituts vorgesehen.[10] Die übrigen hier versammelten, insgesamt 26 Beiträge geben einen sehr umfangreichen Einblick in die Tätigkeitsbereiche der Kirchenarchäologie und können deshalb als repräsentativ für die Schwerpunkte der gegenwärtigen Forschung gelten. Wegen der zeitlichen Distanz zwischen der Tagung und der Drucklegung des Buches konnten die Beiträge zudem um neuere wichtige Literatur ergänzt werden.

Die zeitliche Spanne reicht insgesamt von den spätantiken Traditionen des Christentums bis in das späte Mittelalter. Auf eine Unterteilung in Sektionen nach themati-

---

[7] Für Österreich sei hier zumindest auf bisher erschienene Literatur verwiesen, in welcher einige der auf der Tagung von Frau Farka vorgestellten Beispiele zu finden sind: CHRISTA FARKA, Zum Ausstellungsthema: Fundort Kloster. Klosterarchäologie der Abteilung für Bodendenkmale des Bundesdenkmalamtes, in: Fundort Kloster, Archäologie im Klösterreich. Katalog zur Ausstellung im Stift Altenburg vom 1. Mai bis 1. November 2000 (Fundberichte aus Österreich, Materialheft, Reihe A, Heft 8), Wien 2000, S. 11–36; WILHELM SYDOW, Kirchenarchäologie in Tirol und Vorarlberg. Die Kirchengrabungen als Quellen für Kirchen- und Landesgeschichte vom 5. bis in das 12. Jahrhundert (Fundberichte aus Österreich, Materialheft, Reihe A, Heft 9), Wien 2001.

[8] ALESSANDRA ANTONINI, Sion, Sous-le-Scex (VS) I. Ein spätantik-frühmittelalterlicher Bestattungsplatz: Gräber und Bauten. Résultats des recherches sur le site funéraire du haut moyen-âge de Sion, sous-le-Scex (Cahiers d'archéologie romande, Bd. 89), Lausanne 2002.

[9] SILVIA CODREANU-WINDAUER, Vorromanische Kirchenbauten in Altbayern: ein Forschungsüberblick, in: Frühe Kirchen (wie Anm. 6), S. 457–486.

[10] NIKLOT KROHN, Spät- und endmerowingerzeitliche Elitengräber auf der Baar. Phänomene eines religionsgeschichtlichen und politischen Epochenumbruchs, in: Die Baar als Königslandschaft, hg. von VOLKHARD HUTH und R. JOHANNA REGNATH (in Vorbereitung, erscheint voraussichtlich 2010).

schen Gesichtspunkten wurde bei diesem Band verzichtet. Gleichwohl bleibt das Augenmerk auf die Gemeinsamkeiten und Unterschiede gerichtet, bei denen der Sakralbau selbst und seine mannigfaltigen Erscheinungsformen sowie die Landschaft, in welcher dieser steht und der Mensch, der die Kirche in vielfältiger Form nutzt, die Leitlinien der Betrachtung darstellen. Vor allem die Frage, welche Voraussetzungen ein archäologisch nachgewiesenes Gebäude unter einem heute bestehenden Gotteshaus erfüllen muss, um ebenfalls als Kirche bezeichnet werden zu dürfen, wurde bereits auf der Tagung lebhaft diskutiert und wird in den Beiträgen von Jürg Tauber, Orsolya Heinrich-Tamaska und Sebastian Ristow aufgegriffen. In der Zusammenschau lassen die Beiträge die unterschiedlichen Ausgangs- und Entwicklungspositionen des Christentums – von der spätantiken Kontinuität links des Rheins zur Entstehung und Entwicklung der Kirchen rechts des Rheins und östlich der Elbe während des frühen und hohen Mittelalters – ebenso erkennen, wie die uneinheitliche Ausgangsposition der kirchenarchäologischen Forschung. Im Gegensatz zu den lange zurückreichenden Forschungstraditionen in der Schweiz, in Frankreich sowie im Rhein- und Moselgebiet entstand in den neuen Bundesländern Deutschlands erst in den letzten Jahren im Zuge der Wiedervereinigung ein Bewusstsein für die sachgerechte archäologische Untersuchung von Kirchen, wie etwa die Beispiele von Magdeburg, Brandenburg und Berlin verdeutlichen (vgl. die Beiträge von Rainer Kuhn, Markus Agthe, Raimund Maczijewski und Uwe Michas in diesem Band). Mancherorts ist die Kirchenarchäologie bis heute vom individuellen Engagement interessierter Laien abhängig (vgl. den Beitrag von Peter Jüngling in diesem Band). Insofern stellt sich die Kirchenarchäologie als Forschungsfeld am Schnittpunkt historischer und archäologischer Forschung nicht nur in ihren Fragestellungen, Methoden und Zielsetzungen sondern auch in ihrem Status und ihrem Entwicklungsbild sehr heterogen dar. Entfernt davon, als eigenständige, interdisziplinär wirksame wissenschaftliche Spezialdisziplin wahrgenommen zu werden, etabliert sie sich jedoch zusehends durch das erwachende Interesse der Öffentlichkeit, wie die erfreulich hohe Zahl an Tagungsteilnehmern in Lahr belegen konnte. In einer Zeit, in der sich die Kirchen leeren und ihren kulturell-religiösen und gesellschaftlichen Mittelpunkt in einem sich gleichwohl als christlich verstehenden Europa zunehmend einbüßen, lässt sich also die erstaunliche Entwicklung feststellen, dass sich auch und gerade säkulare Instanzen um den Erhalt und die Erforschung dieser Denkmäler bemühen. Wie eine jüngst veranstaltete Tagung in Weimar zu belegen scheint,[11] zieht die Lahrer Tagung weitere Nachahmer nach sich und es bleibt zu hoffen, dass dieser Trend sich fortsetzen und günstig auf den Stellenwert der Kirchenarchäologie in der Wissenschaft auswirken wird.

Ich möchte an dieser Stelle sowohl allen herzlich danken, die zum Gelingen der Tagung beigetragen haben, als auch jenen, die an der Arbeit zur Veröffentlichung der Tagungsbeiträge beteiligt waren.

---

[11] Archäologische und bauhistorische Untersuchungen an und in Kirchen Thüringens. Tagung der archäologischen Gesellschaft in Thüringen e.V. und des Thüringischen Landesamtes für Denkmalpflege und Archäologie, Weimar, 16./17. März 2009. Eine Veröffentlichung der Tagungsbeiträge befindet sich in Vorbereitung.

Mein Dank gilt zuerst dem Alemannischen Institut Freiburg i. Br. e.V., dessen Leiter Prof. Dr. Hans Ulrich Nuber und seinem inzwischen in den verdienten Ruhestand getretenen Geschäftsführer Konrad Sonntag, die mir die Realisierung sämtlicher im Zusammenhang mit dem Projekt Lahr-Burgheim stehender Vorhaben ermöglicht haben. Frau Dr. R. Johanna Regnath als neue Geschäftsführerin hat meine Tätigkeit in der Folgezeit souverän über jeden Verwaltungsaufwand hinweg begleitet und auch den Weg für die vorliegende Veröffentlichung bereitet.

Der Stadt Lahr und ihrem Oberbürgermeister Dr. Wolfgang G. Müller ist dafür zu danken, als Mitveranstalter die Herausforderung zur Durchführung einer sich immerhin über vier Tage erstreckenden Veranstaltung angenommen zu haben. Das Gelingen einer Tagung ist stets auch maßgeblich von der Gastfreundschaft des Veranstaltungsortes abhängig, und hier bescheinigten die Tagungsteilnehmer während ihres Aufenthaltes größte Zufriedenheit.

Großer Dank geht auch an die Koldewey-Gesellschaft, Vereinigung für baugeschichtliche Forschung e.V. sowie die Sektionen Lahr/Ortenau des Historischen Vereins für Mittelbaden e.V. und der Badischen Heimat e.V. welche die Tagung finanziell maßgeblich unterstützt und ihre jeweiligen Mitglieder zum regen Besuch der Veranstaltung ermuntert haben.

Meiner Kollegin Frau Gabriele Bohnert, Leiterin der Abteilung Stadtarchiv und Museum des Kulturamts der Stadt Lahr, danke ich herzlich für ihre Unterstützung bei der Planung, Vorbereitung und Organisation der Tagung. Ein Dankschön gebührt auch meinen Tagungshelfern Ingmar Franz M. A., Benjamin Hamm, Raimund Masanz M. A. und Tobias Schneider M. A., deren engagierte Arbeit in Projektionstechnik und Tagungsbüro einen reibungslosen und angenehmen Verlauf der Tagung gewährleistete.

Der Druck des vorliegenden Tagungsbandes wurde unter anderem durch eine großzügige private Spende von Frau Irmgard Straub (Freiburg im Breisgau) ermöglicht, die auch schon die Lahrer Ausstellung und deren Begleitheft mit finanziellen Zuwendungen unterstützte. Leider konnte sie das Erscheinen dieses Buches nicht mehr erleben, sie starb in diesem Jahr im würdigen Alter von 90 Jahren.

Neben den Autorinnen und Autoren des vorliegenden Bandes danke ich auch und ganz besonders Frau Elisabeth Haug M. A. als Lektorin des Alemannischen Instituts, die sich versiert der mitunter nicht immer sehr einfachen redaktionellen Bearbeitung der Texte annahm. Die Bearbeitung und Optimierung der Abbildungen in diesem Buch führte Herr Michael Kinsky (Institut für Archäologische Wissenschaften der Albert-Ludwigs-Universität Freiburg) durch, dem ich ebenfalls für seine Sorgfalt und Geduld sehr danke. Frau Heide Peper-Ludwig, in deren Händen die Erstellung der Druckvorlage lag sowie Herrn Dr. Harald Baulig vom Lektorat Geschichte und Altertumswissenschaften der Wissenschaftlichen Buchgesellschaft sei schließlich für die schnelle und professionelle Bearbeitung der Buchdaten gedankt.

Römische Heilbäder – frühe Kirchen?

Hans Ulrich Nuber

In der römischen Öffentlichkeit hing die Anziehungskraft von Thermalbädern von deren Bekanntheitsgrad durch Heilungserfolge ab, welcher der gesundenden Wirkung örtlicher Quellgewässer entsprang; der gesellschaftliche Aspekt sei damit nicht völlig in Abrede gestellt. In Unkenntnis chemischer Verbindungen und ihrer Einflüsse auf die Gesundung konnte in jener Zeit der Erfolg einer Wasserkur mit ihren unterschiedlichen Anwendungsformen nur an sicht- und spürbaren Veränderungen des Körpers beobachtet werden – getragen vom Glauben an die Kräfte der damit aufs Engste verbundenen, lokalen Quellgottheit. Zu ihr betete man vor Antritt der Kur,[1] ihr gelobte man im Falle der Heilung Votivgaben und in deren Namen hatte man diese Versprechen dann einzulösen.[2] Unsere Eingangsfrage im Sinne des Titels dieser Tagung ist, inwiefern sich diese Verbindung von Glaube und Heilung durch das Medium Wasser aus antiker Tradition in das christliche Mittelalter fortsetzte und gegebenenfalls durch entsprechende Einrichtungen und Sakralbauten an den betreffenden Orten manifestiert.

Beginnen wir unsere Umsicht in *Aquae Granni*/Aachen,[3] dem ältesten und bekanntesten Thermalbad des deutschen Mittelalters mit seiner gut überlieferten Fortsetzung antiker Badetradition, die auch für die karolingische Neugründung der Pfalz ausschlaggebend gewesen war.[4] Zwar kennt man noch längst nicht alle Einzelheiten, soviel aber scheint sicher, dass hier tatsächlich nach Auflassung der Münstherthermen

---

[1] Zu einer solchen Anrufung aus näherer Umgebung vgl. Hans Ulrich Nuber, Wasser, Schrift und Historie: Zu dem magischen Silberplättchen aus Badenweiler, in: Zeitschrift für die Geschichte des Oberrheins 150 (2002), S. 21–40.

[2] Die Formen römischer Votive sind äußerst vielfältig und reichen von einfachsten persönlichen Dingen (Ringe, Fibeln, Münzen) bis zur Aufstellung von wertvollen Kultbildern: Hans Ulrich Nuber, Die Inschriften. Das Dianapostament, in: Meinrad N. Filgis u. a., Das römische Badenweiler (Führer zu archäologischen Denkmälern in Baden-Württemberg, Bd. 22), Stuttgart 2002, S. 83–85; zu Ex-Votos in Form geheilter Körperteile aus Quellen oder Heiligtümern siehe Claude Bourgeois, Divona I. Divinités et Ex-Voto du Culte Gallo-Romain de l'Eau, Paris 1991; Lenz Kriss-Rettenbeck, Ex Voto. Zwischen Bild und Abbild im christlichen Votivbrauchtum, Zürich/Freiburg i. Br. 1972. – Das römische Votivwesen in Heiligtümern wird in Intention und äußerer Form von den christlichen Gebräuchen des Mittelalters und der frühen Neuzeit fortgesetzt, auch im Wallfahrtswesen zu Quellorten, von denen Lourdes (seit 1858) heute als bekanntester angesehen werden kann. Als beispielhaft für mittelalterliche Entwicklungen ist die Geschichte eines Ortes wie Lichtenau/Heiligenbronn bei Schramberg (seit dem 14. Jahrhundert) anzusehen.

[3] Heinz Cüppers u. a., Aquae Granni. Beiträge zur Archäologie von Aachen (Rheinische Ausgrabungen, Bd. 22), Köln 1982.

[4] Einhard, Vita Caroli Magni, 22,4 (6. Nachdruck, hg. von Georg Heinrich Pertz [Monumenta Germaniae Historica, Bd. 7, Scriptores rerum Germanicarum, Bd. 25], Hannover/Leipzig 1947, S. 27).

in den römischen Ruinen (d. h. in der örtlichen Periode 5) ein erster christlicher Kultbau als Vorläufer der karolingischen Pfalzkapelle entstanden ist (Abb. 1 und 2).[5]

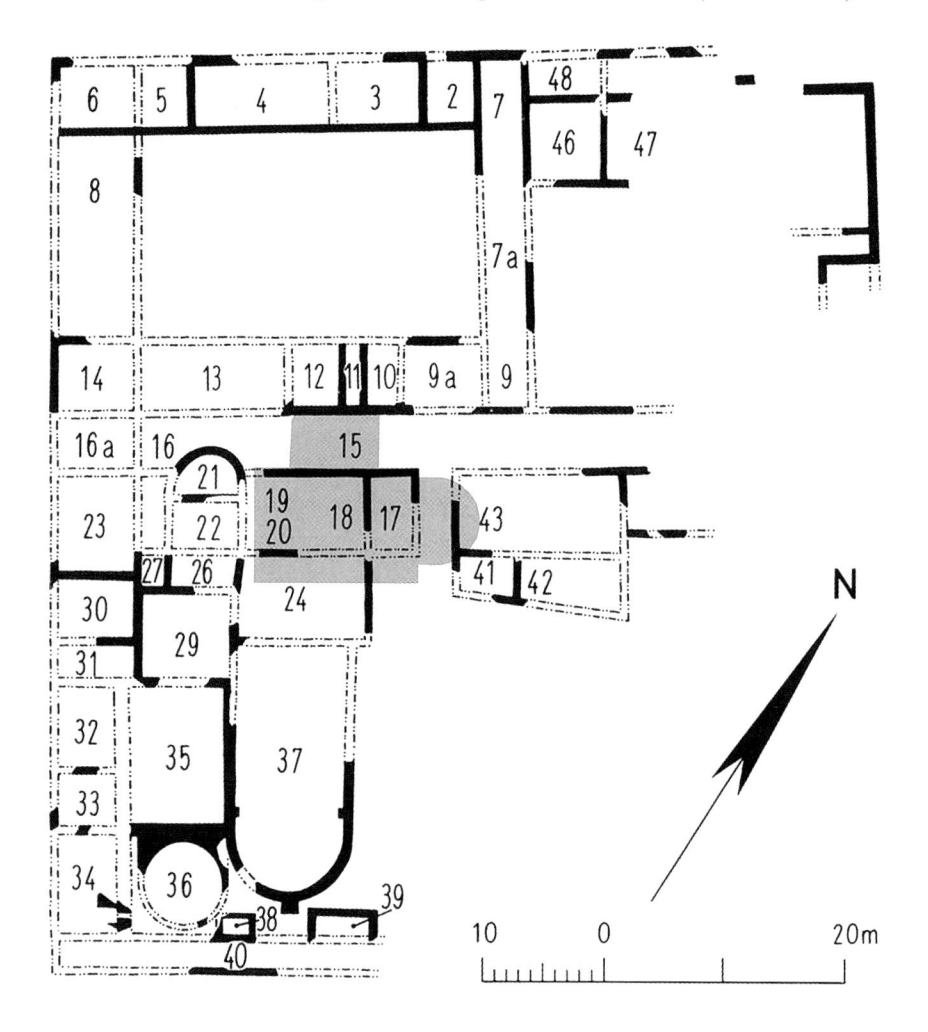

Abb. 1: Aachen, Münsterthermen, Periode 5. Einbau eines frühchristlichen Kultbaus (grau hervorgehoben) in den römischen Münsterthermen. Zeichnung: Provinzialrömische Archäologie, Universität Freiburg, nach: CÜPPERS, Aachen (wie Anm. 3), Taf. 4,2.

Auch in den benachbarten Büchelthermen scheint die römische Badekultur und -tradition in fränkischer Zeit offenbar abzureißen, doch entsteht hier in karolingischer Zeit bereits ein erster Badneubau.[6] Was wir aber hier nicht genau wissen, ist, ob und

---

[5] CÜPPERS, Aachen (wie Anm. 3), S. 32–36.
[6] CÜPPERS, Aachen (wie Anm. 3), S. 63–67 und S. 74 f.

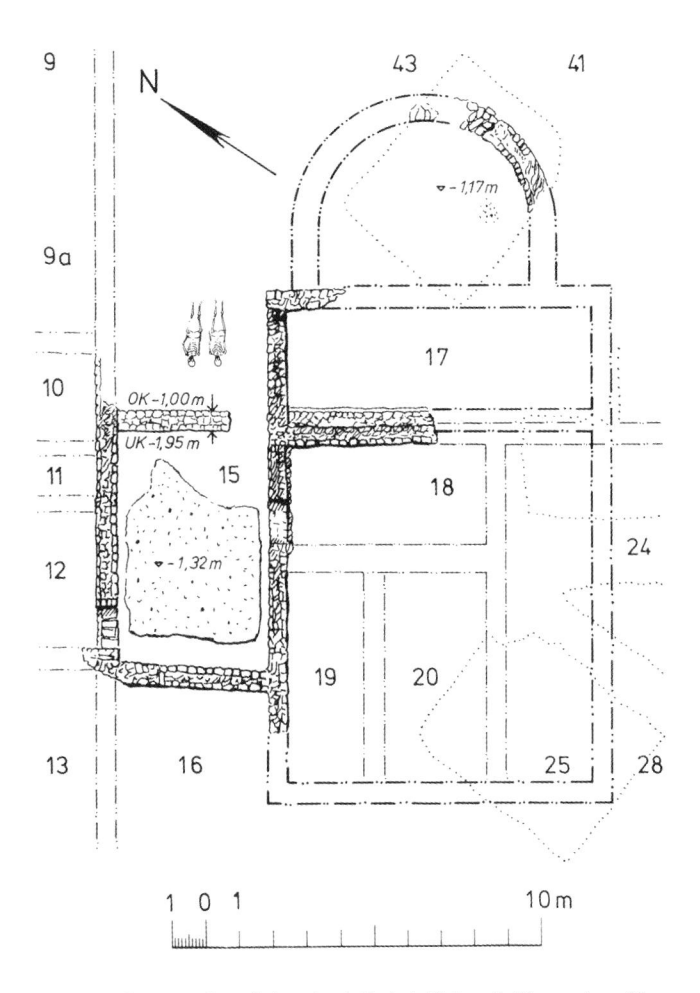

Abb. 2: Aachen, Münsterthermen, Detailplan des frühchristlichen Kultbaus. Aus: CÜPPERS, Aachen (wie Anm. 3), Taf. 4,3.

in welcher Weise in nachrömischer Zeit die heißen Ausflüsse der immerhin mit 74° Celsius an der Oberfläche verdampfenden und stark riechenden Schwefelwasserquellen nicht in primitiveren Anlagen weiter genutzt wurden.[7] Auch wenn ganz offensicht-

---

[7] Die Legende von der Wiederentdeckung der Quellen durch das einbrechende Pferd Karls des Großen spräche für eine wie immer geartete Unterbrechung, lässt sich aber kaum mit der Wahrnehmung der natürlichen Erscheinungsformen der Wasseraustritte – schwefelhaltiger Wasserdampf – in Einklang bringen. Wohl aber haben offenbar, wie so oft, die fortlaufenden, aber nicht mehr kontrollierten Quellen ihre einstigen Abflüsse mit (Sinter-)Ablagerungen verstopft und ihre Umgebung in Sümpfe verwandelt; vgl. z. B. Bath: BARRY CUNLIFFE, Die Römischen Bäder. Ein Rückblick über 2000 Jahre, Bath 1993, S. 30 f.; Wiesbaden: WALTER

lich technische Umbrüche festzustellen sind, bestimmten dennoch die natürlichen Gegebenheiten und die Tradition im christlichen Mittelalter die weitere balneologische und kirchliche Entwicklung am Ort.

Aus *Aquae Mattiacorum*/Wiesbaden ist bislang kein wie immer gearteter, unmittelbarer Zusammenhang zwischen den römischen Heilthermen und einer späteren christlichen Kirche überliefert. Im antiken Bäderviertel mit seinen weiter dampfenden Quellaustritten und dem versumpfenden Untergrund standen offenbar keine alten Kirchen. Vom Ort selbst gibt es – wie in Aachen – auch spätantike Funde[8] einschließlich frühchristlicher Grabinschriften,[9] die aus einem begrenzten Areal im Südwesten, aus einem weiter genutzten, früheren Gräberfeld entlang der Römertrasse nach Mainz stammen. Unweit davon, am südlichen Ende der römischen Ansiedlung, lag inmitten des späteren mittelalterlichen Ortszentrums das älteste bekannte Gotteshaus Wiesbadens, die 1850 abgebrannte und nicht wieder aufgebaute Mauritiuskirche. Da sich unmittelbar daneben ein römischer, „repräsentativer Bau" unbekannter Zweckbestimmung,[10] jedenfalls ohne Hinweis auf ein Bad erhob, bot dies Anlass zur Vermutung, auch die Gründung der Kirche auf römische Vorgängerbauten zurückzuführen.[11] Der langrechteckige Grundriss des Gründungsbaus wurde ursprünglich als römisch angesehen, später aber eine karolingische Zeitstellung vorgezogen.[12]

In *Aquae*/Baden-Baden liegen – ähnlich wie in Aachen – die heutige Stiftskirche (und ihre Vorgänger?) weitgehend über den Resten eines römischen Thermalbades (sog. „Kaiserbad") und das östlich benachbarte, heutige Friedrichsbad über den Strukturen einer weiteren römischen Badeeinrichtung. Das sog. „Soldatenbad" kann hier außer Betracht bleiben.[13] Leider sind jedoch weder ein Grundplan der römischen Mauern unter der Stiftskirche noch konkrete aber durchaus denkbare Zusammenhänge mit den frühen Vorgängerbauten des Kirchenbaus selbst bekannt.[14]

Czysz, Wiesbaden in der Römerzeit, Stuttgart 1994, S. 58 ff.; Baden-Baden: ROBERT ERHARD, Baden-Badener Bädergeschichte vom Mittelalter bis in die Neuzeit, in: PETRA MAYER-REPPERT / BRITTA RABOLD, Die römischen „Soldatenbäder" in Baden-Baden (Aquae Aureliae) (Führer zu archäologischen Denkmälern in Baden-Württemberg, Bd. 25), Stuttgart 2008, S. 74; Bad Gögging: HANS ULRICH NUBER / GABRIELE SEITZ, Römische Staatsheilthermen – AQVAE (?) / Bad Gögging, in: Das Archäologische Jahr in Bayern 1998 (1999), S. 77.

[8] HELMUT SCHOPPA, Aquae Mattiacae. Wiesbadens römische und alamannisch-merowingische Vergangenheit (Wiesbaden 1974), S. 93–95; Czysz, Wiesbaden (wie Anm. 7).

[9] WALBURG BOPPERT, Die frühchristlichen Inschriften des Mittelrheingebietes, Mainz 1997, S. 143–152; Czysz, Wiesbaden (wie Anm. 7), S. 203–208.

[10] SCHOPPA, Aquae Mattiacae (wie Anm. 8), S. 48 f. verweist auf den Fund einer Inschrift (CIL XIII 7587) vom Areal gegenüber der Kirche, die den Bau eines Versammlungshauses (*schola*) von Händlern (*negotiatores*) der *c(ivitas) M(attiacorum)* im Jahre 212 n. Chr. nennt.

[11] Mattiaci. Das alte christliche Wiesbaden, hg. von JOHANNES M. HÖCHT, Wiesbaden 1949, S. 16 f.; SCHOPPA, Aquae Mattiacae (wie Anm. 8), S. 48 f.

[12] FERDINAND KUTSCH, Die Bauperioden der Mauritiuskirche in Wiesbaden. Nassauische Annalen 62 (1951), S. 20–31.

[13] MAYER-REPPERT / RABOLD, „Soldatenbäder" (wie Anm. 7), Plan S. 23.

[14] ERHARD, Bädergeschichte (wie Anm. 7), S. 75.

Der nächste Ort in unseren Betrachtungen ist *Aquae* (–?)/Badenweiler.[15] Die drei bestimmenden Einrichtungen – Quelle, Bad und Heiligtum/Kirche – wurden einst getrennt voneinander errichtet, aber mit deutlichen Bezügen zueinander. Die römische Quellfassung kennen wir nicht, die heutige ist sicher nicht die antike,[16] sie dürfte aber ganz in der Nähe entsprungen sein. Die unterhalb angelegte, bis dahin verschüttete und als Steinbruch genutzte römische Badeanlage wurde erst 1784 wiederentdeckt und ausgegraben.[17] Aus dem Areal dieses römischen Bades stammen aber noch Funde der Merowinger- und Karolingerzeit, die eine Nutzung bis ins 8./9. Jahrhundert andeuten.[18] Die heutige Bädertradition wurde dann zu einem späteren Zeitpunkt im Mittelalter, in den oberhalb, d. h. offenbar näher zur Quelle gelegenen Häusern wieder aufgenommen.[19] Besonders auffallend und interessant für unsere Frage ist hier die Kirchengeschichte.[20] Bis zur Zerstörung im Jahre 1892 hatten alle Ortskirchen – zurückzuverfolgen bis ins 8. Jahrhundert – auf dem etwa 5 m hoch erhaltenen Podium des zentralen römischen Tempels gestanden. Dieser war nach Osten zur Quelle ausgerichtet und höchstwahrscheinlich einst der örtlichen Schutzgottheit, der *Diana Abnoba* geweiht.[21] In welchem Umfang in nachrömischer Zeit die massiven Mauern der römischen Tempelcella auch für frühe christliche Kircheneinrichtungen weiter genutzt wurden, ehe sie dann einem, in der ehemaligen Chorapsis noch fassbaren, ersten karolingischen Neubau in Stein weichen mussten, ist nicht bekannt; alle diesbezüglichen archäologischen Spuren waren 1892 beseitigt worden.

Eine der merkwürdigsten und interessantesten Verbindungen von römischem Heilbad und früher Kirche existierte in *Aquae* (–?)/Neustadt a. d. Donau–Bad Gögging,[22]

---

15 HANS ULRICH NUBER, Das römische Badenweiler, in: FILGIS u. a., Badenweiler (wie Anm. 2), S. 21–31 mit Plan S. 23 f. und weiterer Lit. S. 117 f.

16 Die Lufttemperatur der Baderäume in Badenweiler wurde in römischer Zeit mit Hilfe des Thermalwassers erwärmt. Da die heute mit 26° Celsius austretende Quelle hierzu nicht ausreicht, kann diese nicht die antike Quelle gewesen sein. Der Kupferstich von Matthäus Merian d. Ä. aus dem Jahre 1643 verzeichnet zwar einen „Ablauf vom Warmen Bad", die zugehörige Beschreibung jedoch empfiehlt die Erwärmung des lauen Mineralwassers: MATTHÄUS MERIAN, Topographia Sueviae, Frankfurt am Main 1643, S. 28 f.

17 ERNST FABRICIUS, Historische Einleitung, in: HERMANN MYLIUS, Die römischen Heilthermen von Badenweiler (Römisch-Germanische Forschungen, Bd. 12), Berlin 1936, S. 133–149.

18 GERHARD FINGERLIN, Badenweiler und seine Thermen in nachrömischer Zeit, in: FILGIS u. a., Badenweiler (wie Anm. 2), S. 94–101.

19 Vgl. die Darstellungen und Benennungen der Badehäuser auf einer Zeichnung (1784) von Georg Wilhelm von Weißensee, abgebildet in Römische Badruine (wie Anm. 16), S. 64.

20 JOHANNES HELM, Die existierenden, verschwundenen und aufgegebenen Kirchen und Kapellen im Markgräflerland und in den angrenzenden Gebieten des ehemals vorderösterreichischen Breisgaus sowie des hochstiftbaselischen Amtes Schliengen. 2. überarbeitete und ergänzte Auflage, Müllheim/Baden 1989, S. 44–47 mit Taf. II.

21 GABRIELE SEITZ, Römischer Podiumtempel Badenweiler; in: Neue Forschungen zur römischen Besiedlung zwischen Oberrhein und Enns. Kolloquium Rosenheim 14.–16. Juni 2000, hg. von LUDWIG WAMSER und BERND STEIDL (Schriftenreihe der Archäologischen Staatssammlung, Bd. 3), Remshalden-Grunbach 2002, S. 157–166; DIES., Der römische Tempel unter der evangelischen Kirche, in: FILGIS u. a., Badenweiler (wie Anm. 2), S. 35–43.

22 HANS ULRICH NUBER, Ausgrabungen in Bad Gögging, Landshut 1980, mit älterer Literatur.

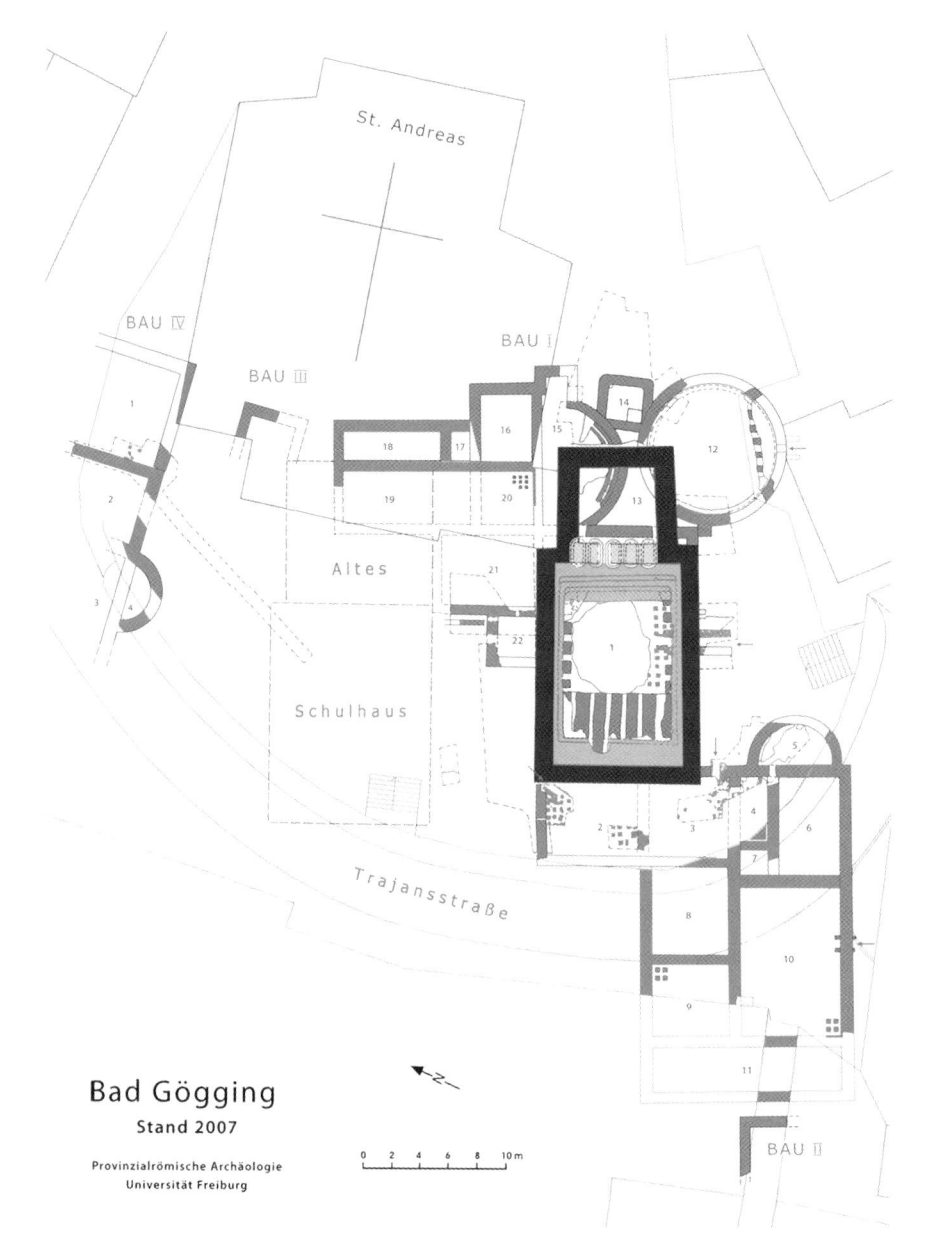

Abb. 3: Neustadt a. d. Donau–Bad Gögging. Gesamtplan der römischen Thermenanlage (Stand 2007). Aus: Nuber / Seitz, Bad Gögging 2006 (wie Anm. 23), S. 82, Abb. 100.

wo im heutigen Kurbetrieb die mit 14° Celsius aus dem Boden kommenden Schwefelwasserquellen weiterhin genutzt werden. Für die mögliche Lage der römischen Quelle gibt es gewisse Indizien, die Stelle des gleichfalls zu fordernden Quellheiligtums ist unbekannt, anders hingegen im Falle des Bades. Seit 1898 wurden durch Ausgrabungen vor allem in den Jahren 1969 bis 1975 im Umfeld und unter der alten Ortskirche von St. Andreas römische Mauern zutage gefördert, die sich schließlich durch weitere Untersuchungen bis zum Jahre 2006 zu einem ausgedehnten Gebäudekomplex von mindestens 50 m Länge und 36 m Tiefe entwickelt haben (Abb. 3), deren Abschlüsse im Norden und Westen aber noch nicht erreicht sind.[23]

Die größte erfasste Raumeinheit von 16 m Länge und 11 m Breite beinhaltete neben einer Reihe von Wannen für Schüttungsbäder ein zentrales, durch Hypokausten beheizbares Badebecken, das im Osten auf der ganzen Breite über Stufen zu betreten war; an den übrigen drei Seiten zogen sich Sitzstufen entlang. Die frühesten Funde vom Platz datieren in den Beginn des 2. Jahrhunderts. Nach Einzug der Legion in Regensburg muss spätestens um 200 n. Chr. aufgrund der Ziegel mit Truppenstempeln (*Cohors III Britannorum*; *Legio III Italica*) nochmals ein Ausbau erfolgt sein. Hierbei wurden auch Ziegel mit Stempeln *Caesar(is)* und *Fiscal(is)* verbaut, die zeigen, dass die kaiserliche Staatskasse Zuschüsse geleistet hat. Aus dem späteren 3. Jahrhundert liegen keine Funde mehr vor; damals dürfte auch der römische Badebetrieb sein Ende gefunden haben.

Etwa drei Jahrhunderte später, als die Mauern der Thermenanlage noch aufrecht standen und auch die festen, aus Mörtel gegossenen Hypokaustböden kaum beeinträchtigt waren, wurde der Raum des Zentralbeckens weitgehend umgestaltet. In die Süd- und Nordwand brach man Durchgänge nach außen, von denen Erdrampen in den tiefer gelegten Innenraum führten. Dazu muss der massive Oberboden der Hypokaustheizung unter großem Energieaufwand bis auf geringe Reste in den Ecken herausgehauen worden sein; die darunter stehenden Ziegelpfeiler wurden entfernt. Danach schlug man in den ebenfalls massiv gemörtelten Unterboden, etwas nach Osten versetzt, ein großes Loch bis zum Erreichen des Grundwassers. Genau im Zentrum des Unterbodens häuften sich die Überreste einer Feuerstelle, umstreut von Ascheschichten, Kochtopffragmenten und Tierknochen. Daneben lag ein demolierter, einseitig angeröteter, römischer Altar mit den Resten einer Weihung an [NE]PTVN[O]. Im westlichen, rückwärtigen Teil des Raumes waren zwei – später gestörte – Körpergräber eingetieft, von denen das nördliche eine schlichte eiserne Gürtelschnalle in situ erbrachte sowie Bruchstücke eines fast vollständigen Keramikgefäßes, in der Art wie die an der Feuerstelle benutzten. Das auffallendste Fundgut aber waren die Reste von etwa 80 eisernen Steckkreuzen mit teilweise umgeschlagenen Spitzen (Abb. 4) sowie ein Fragment aus Kupfer mit silberfarbenem Überzug.

Die Fundstellen der Kreuze häuften sich dergestalt in der Mitte der ehemaligen Einstiegsstufen, als wären sie dort oben (an Balken?), wo sich später der Kirchenchor befand, befestigt gewesen und heruntergefallen.

---

[23] Hans Ulrich Nuber / Gabriele Seitz, Bad Gögging 2006 – der Gesamtplan des römischen Heilbades, in: Das Archäologische Jahr in Bayern 2006 (2007), S. 81–83.

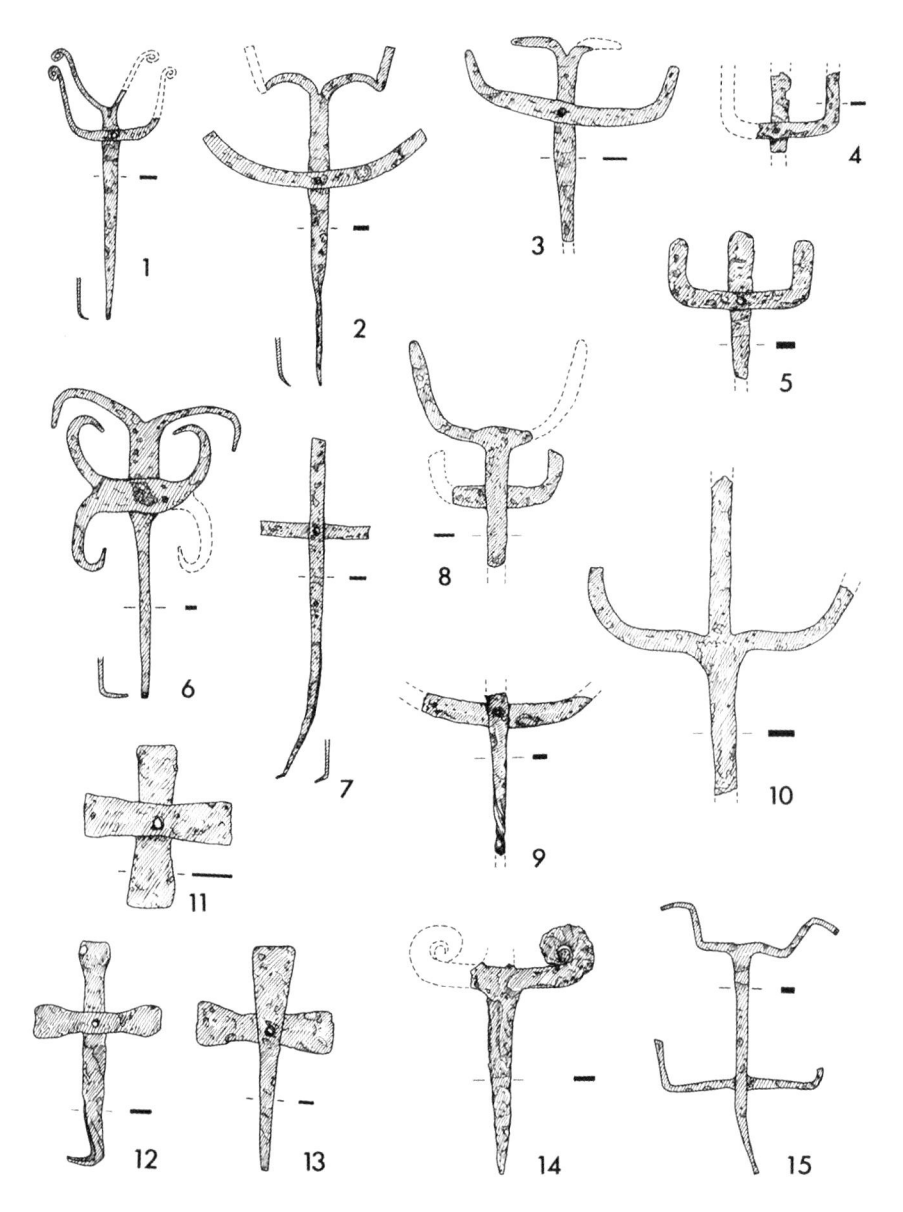

Abb. 4: Neustadt a. d. Donau–Bad Gögging. Eisenkreuze (Auswahl), Maßstab 1 : 4. Nach: NUBER, Ausgrabungen in Bad Gögging (wie Anm. 22), S. 26–27, Abb. 11 u. 12.

Kreuze dieser Art waren aus der Literatur bereits als „Eininger Kreuze" bekannt, benannt nach einem nur 5 km nördlich gelegenen Fundort, dem Weinberg bei Eining, wo sie ebenfalls in einer römischen Ruine zusammen mit gleichartiger Keramik gefunden

Römische Heilbäder – frühe Kirchen?   23

worden waren.[24] In der Folgezeit wollte man die Kreuze einem spätmittelalterlichen/ frühneuzeitlichen Devotionalienkult, genannt „Kreuzerlstecken", zuordnen.[25] Ihr eindeutiger Kontext in Bad Gögging und spätere Neufunde zeigen jedoch deutlich, dass wir es hier mit einem Brauchtum zu tun haben, das sicher in das späte 7./8. Jahrhundert, vielleicht auch noch früher, zurückreicht.[26] Auffälligerweise kommen die Kreuzvotive bevorzugt in römischen Ruinen vor.[27] Ein wie immer gearteter, christlicher Hintergrund ist diesen Kreuzen kaum abzusprechen, ihr Sinngehalt im Rahmen einer Weihehandlung – z. B. Wallfahrt zu einer Quelle – kann indessen nur erschlossen werden.[28]

Der unterirdische Gögginger „Kultraum" wurde später aufgelassen, über 1,50 m hoch aufgefüllt, und darüber die erste Kirche gebaut. Damals noch stehende römische Mauern wurden abgetragen, der erste Kirchenneubau war größer als der heutige und nutzte die römischen Mauerfundamente nicht. Nur die alten römischen Beckenstufen dienten noch als Unterlagen für den Aufgang zum Chor. Der Zeitpunkt des ersten Kirchenneubaus steht mangels datierender Funde nicht fest; erst in der Fußbodenrollierung der dritten Bauphase fand sich das Randfragment eines Topfes aus rotbraunem, glimmerhaltigem Ton, der ins 9./10. Jahrhundert datiert werden kann.[29]

---

[24] PAUL REINECKE, Römische und frühmittelalterliche Denkmäler vom Weinberg bei Eining a. d. Donau. Festschrift zur Feier des fünfundsiebzigjährigen Bestehens des Römisch-Germanischen Central-Museums zu Mainz 1927, Mainz 1927, S. 157–166 und Taf. 12–13. Reinecke (ebd. S. 166 f.) datierte die Keramik und mithin die Kreuze ins 6./7. Jahrhundert.

[25] LENZ KRISS-RETTENBECK, Bilder und Zeichen religiösen Volksglaubens, München 1963, S. 111 und S. 126, Nr. 390; HERMANN DANNHEIMER / LENZ KRISS-RETTENBECK, Die Eininger Eisenkreuze, ihre Deutung und Datierung, in: Bayerische Vorgeschichtsblätter 29 (1964), S. 192–219, bes. 206 ff.

[26] Vladimir Milojčić kehrte nach ausführlicher Diskussion wieder zur frühen Datierung um 500 n. Chr. zurück: VLADIMIR MILOJČIĆ, Zur Frage des Christentums in Bayern zur Merowingerzeit, in: Jahrbuch des Römisch-Germanischen Zentralmuseums Mainz 13 (1966), S. 231–264, hier S. 241–253.

[27] STEFAN WINGHART, Ausgrabungen in einer römischen Villa rustica bei Aschheim, Landkreis München, Oberbayern. Das Archäologische Jahr in Bayern 2001 (2002), S. 105 f. mit Abb. 108–109. Die ebd., S. 106 geäußerte Ansicht, das Kreuzchenstecken „als einen durch die romanische Bevölkerungsgruppe Südbayerns tradierten Brauch anzusehen" greift zu eng. Einen stärker bajuwarisch geprägten Hintergrund sieht CHRISTIAN LATER, Die Steckkreuze aus der Aschheimer Therme, in: Bayerische Vorgeschichtsblätter 70 (2005), S. 283–308, bes. 300–305; DERS., Eiserne Steckkreuze aus Aschheim – Zeugnisse unterschiedlicher christlicher Glaubensvorstellungen im frühmittelalterlichen Bayern, in: Bajuwarenhof Kirchheim. Projekt für lebendige Archäologie des frühen Mittelalters. Jahresschrift 2007, S. 21–44, bes. S. 35–39 (Literaturhinweis N. Krohn). Wie jedoch Beispiele aus den römischen Villen von Büßlingen und Stutheien zeigen: KARIN HEILIGMANN-BATSCH, Der römische Gutshof von Büßlingen, Kr. Konstanz (Forschungen und Berichte zur Vor- und Frühgeschichte in Baden-Württemberg, Bd. 65), Stuttgart 1997, S. 121, Taf. 4,3; KATRIN ROTH-RUBI, Die Villa von Stutheien/Hüttwilen TG (Antiqua, Bd. 14), Basel 1986, S. 146, Nr. 731–732, war das Phänomen der „Eisenkreuze" viel weiter verbreitet.

[28] KRISS-RETTENBECK, Bilder und Zeichen (wie Anm. 25), S. 218 f.; LATER, Steckkreuze (wie Anm. 27), S. 304–305; DERS., Eiserne Steckkreuze (wie Anm. 27), S. 38–39.

[29] HERMANN DANNHEIMER, Keramik des Mittelalters aus Bayern (Kataloge der Prähistorischen Staatssammlung, Nr.15), Kallmünz 1973, S. 13, Taf. 1,1–2.

Ein dem Bad Gögginger in verschiedener Hinsicht vergleichbarer Befund (Kirche über römischer Ruine) stammt aus Thalmassing, Kr. Regensburg. Auch hier gibt es zwischen dem Ende eines römischen Gebäudes (Wohnbau mit Keller) um 260 n. Chr. und in der Folge einer gleich orientierten Bau- und Nutzungsphase in den römischen Ruinen mit Fund eines Eisenkreuzes einen ersten, nunmehr geosteten Kirchenneubau des 8.–9. Jahrhunderts.[30]

Abschließend stellt sich die Frage, inwieweit wir in den aufgezeigten Fällen von einer „heilbadspezifischen" Kontinuität sprechen können. Eine Antwort ist wegen der Verschiedenheit der Fälle aber nicht leicht zu geben. Sicher ist, dass überall die römische Badekultur abbricht, ehe sie dann früher oder später an den bekannten Quellorten wieder aufgenommen wird – anfangs zumeist in privat geführten Badeeinrichtungen.

Was wir regelhaft – vielleicht mit Ausnahme von Aachen – nicht wissen, ist, in welcher (primitiveren?) Form das Heilbadewesen, zumal das an den heißen – über 40° Celsius warmen Quellen – weiter ging und welche Rolle dabei die örtlichen Kirchen spielten. War es Zufall, dass die Kirche in Badenweiler den Platz des paganen Tempels beanspruchte, nur des Baumaterials willen?[31] Oder, wie in Bad Gögging, ausgerechnet die zentrale Stelle in den Ruinen des ehemaligen Bades? Da dort jetzt die Kirche stand, wo badete man dann? In Vertiefungen unter offenem Himmel, gespeist von den Ausflüssen der anfangs noch frei laufenden Quellen?[32] Es scheint indessen, dass die Heilquellen regelhaft in den Händen der Landesherren (Aachen, Badenweiler, Bad Gögging) verblieben, die sie selbst nutzten bzw. verpachteten. Als erste Betreiber der frühen Badehäuser erscheinen jetzt Privatpersonen und über deren privilegierte Gasthof-/Badbetriebe (Badgerechtigkeiten) sind wir in späterer Zeit aufgrund der literarischen Quellenlage wieder besser informiert. Demzufolge lebt das alte römische Pachtsystem offenbar fort bzw. wieder auf.

---

[30] SILVIA CODREANU-WINDAUER, Archäologische Dorfkirchen: zum Beispiel Thalmassing, in: Das Archäologische Jahr in Bayern 1991 (1992), S. 146–148 mit Abb. 114 und 116.; DIES., Vorromanische Kirchenbauten in Altbayern. Ein Forschungsüberblick, in: Frühe Kirchen im östlichen Alpengebiet II, hg. von HANS RUDOLF SENNHAUSER (Abhandlungen der Bayerischen Akademie der Wissenschaften, Philosophisch-Historische Klasse, Neue Folge, Heft 123), München 2003, S. 457–485, hier S. 459 mit Abb. 1.

[31] STEFAN EISMANN, Frühe Kirchen über römischen Grundmauern. Untersuchungen zu ihren Erscheinungsformen in Südwestdeutschland, Südbayern und der Schweiz (Freiburger Beiträge zur Archäologie und Geschichte des Ersten Jahrtausends, Bd. 8), Rahden/Westf. 2004, S. 167 f.

[32] In den Grabungen des Jahres 2006 erfassten wir nördlich des Gasthofs Sonne den Rand einer größeren, gemauerten Struktur (Becken?), welche im Innern von gelblich-weißem Schwefelsinter überzogen war. – Die ersten, historisch überlieferten Badeinrichtungen sollen sich gegenüber beim „Alten Wirt" befunden haben: vgl. JOSEF REINDL / SIGURD FÖCKERSBERGER, Bad Gögging. Geschichte und Führer, Bad Gögging 1965, S. 18.

Die Kastellkirche von Kaiseraugst, Kanton Aargau

Eine Neubearbeitung der Ausgrabungen (1960–1966)

Guido Faccani

Einleitung

Wissenschaftliche archäologische Ausgrabungen haben in *Augusta Raurica*/Augst (Kt. Baselland), der Hauptstadt der römischen *Colonia Raurica*, eine lange Tradition. Bereits in den 1580er Jahren legten Basler Forscher das Theater in der antiken Oberstadt frei und hielten die Anlage auf einem Plan fest.[1] Schwerpunkt der im Laufe des 19. Jahrhunderts intensivierten Erforschung blieb bis weit ins 20. Jahrhundert das kaiserzeitliche Zentrum (Abb. 1, Oberstadt).

Das spätrömische *castrum Rauracense*/Kaiseraugst (Kt. Aargau) zog dagegen bis ins 20. Jahrhundert kaum die Aufmerksamkeit der Forscher auf sich, obschon beachtliche Reste seiner Ringmauer stets sichtbar waren (Abb. 2). Bereits im 16. Jahrhundert war z. B. dem Chronisten Johannes Stumpf (1500–1577) bekannt, dass im Gebiet von Augusta Raurica einst Bischöfe residierten.[2]

Die Ablösung von *Augusta Raurica* durch Basel als neuen Bischofssitz während des frühen Mittelalters schilderte er ebenfalls.[3] Johannes Stumpf äußerte sich aber weder über mögliche Standorte der Bischofskirche noch bezog er das spätantike Kastell am Rhein in diese Überlegungen ein. Als im 19. Jahrhundert und vor allem zwischen 1907 und 1911 der spätantik-frühmittelalterliche Kastellfriedhof (Abb. 1, Nr. 4) freigelegt wurde, traten die ersten christlichen Überreste – Gräber und Memorialbauten – zutage.[4] Wohl unter dem Eindruck dieser Entdeckung ging der Basler Althistoriker Theophil Bruckhardt-Biedermann (1840–1910) im Jahre 1910 den Fragen zur Kaiser-

---

[1] LUDWIG BERGER, Führer durch Augusta Raurica, 6. Aufl. des von Rudolf Laur–Belart begründeten „Führers durch Augusta Raurica", August 1998, S. 64 f.

[2] JOHANNES STUMPF, Gemeiner loblicher Eydgnoschafft Stetten, Landen vnd Voelckeren Chronick wirdiger thaaten beschreybung […], Zürich 1548, S. 380 f. Konsultiert wurde die in der Universitätsbibliothek Basel aufbewahrte Ausgabe (Sign. NA EJ/4. Siehe auch: Bibliotheca Palatina, Mikrofiche-Nr. B 1726/B1740). Zur Person vgl. ERICH WENNEKER, Stumpf, Johannes, in: Biographisch-Bibliographisches Kirchenlexikon, Bd. 11, Herzberg 1996, Sp. 133–136 (im Internet unter http://www.bautz.de/bbkl/s/s4/stumpf_j.shtml).

[3] STUMPF, Chronick (wie Anm. 2).

[4] MAX MARTIN, Das spätrömisch-frühmittelalterliche Gräberfeld von Kaiseraugst, Kt. Aargau (Basler Beiträge zur Ur- und Frühgeschichte, Bd. 5), Bd. A (Text), Derendingen 1991 und Bd. B (Katalog und Tafeln), Derendingen 1976.

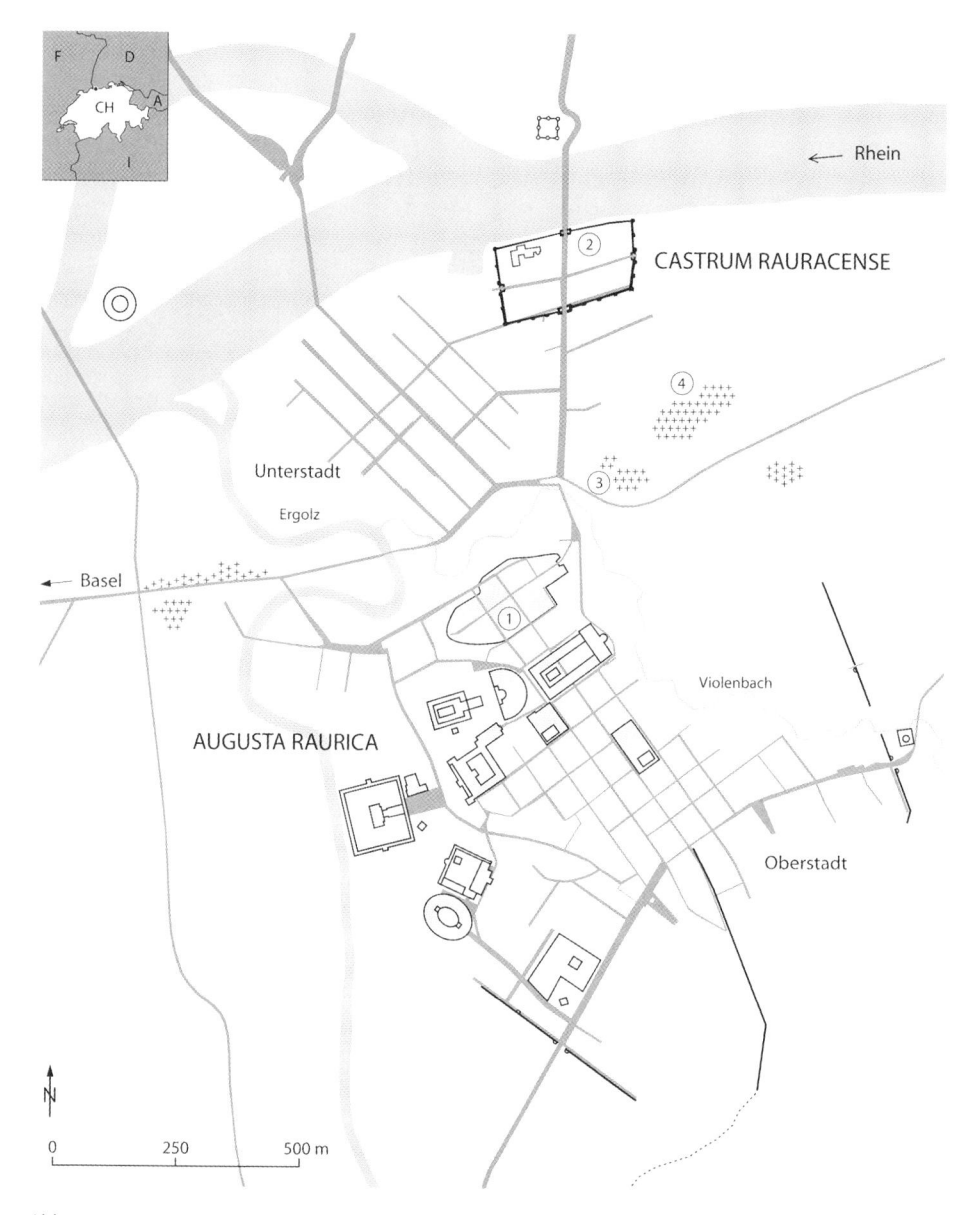

Abb. 1: *Augusta Raurica*/Augst (Kanton Basel-Landschaft) und *castrum Rauracense*/Kaiseraugst (Kanton Aargau) in Antike und Spätantike. 1: Plateau Kastelen, im letzten Viertel des 3. Jh. befestigt. 2: Kastell aus der Zeit kurz vor 300; die Zahl im Kreis befindet sich am Standort der Kirche St. Gallus. 3: ältere Kastellnekropole (erste Hälfte 4. Jh.) 4: jüngere Kastellnekropole (2. Hälfte 4. Jh. bis 8. Jh.). Zeichnung: Römerstadt Augusta Raurica mit Ergänzungen von Stephan Laube, Büro Sennhauser, Zurzach.

Die Kastellkirche von Kaiseraugst, Kanton Aargau

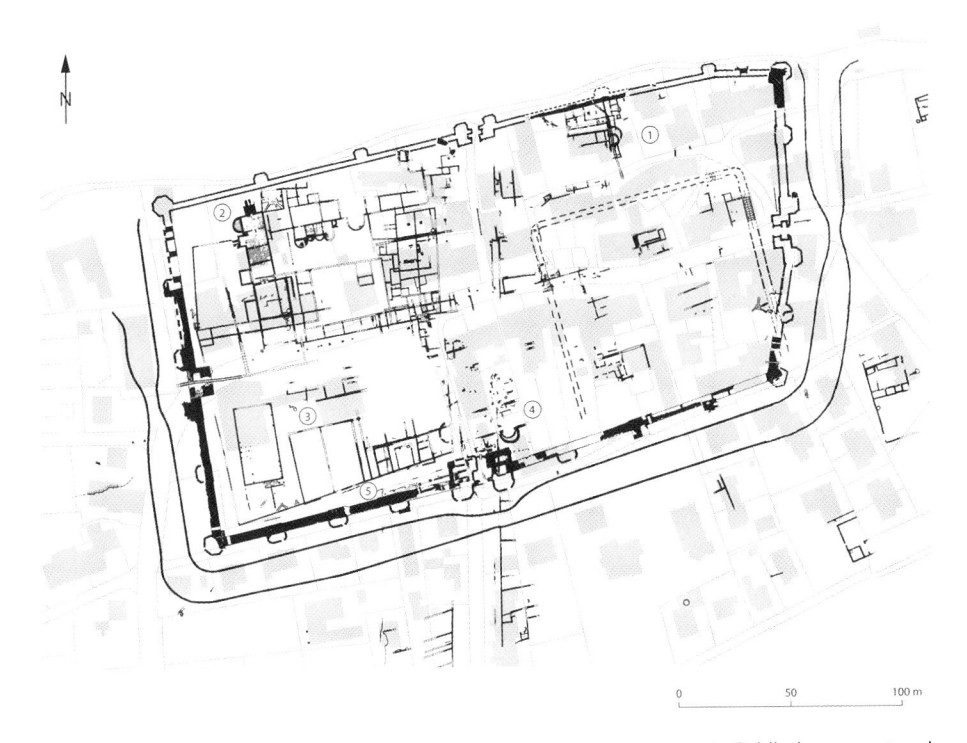

Abb. 2: Antike und spätantike Siedlungsreste im Kastell von Kaiseraugst. 1: Gebäudereste unter der Kirche St. Gallus. 2: vorkastellzeitliche Rheinthermen. 3: kastellzeitliche Lagergebäude (*horrea*). 4: valentinianischer(?) Apsidenbau. 5: Fundort des Silberschatzes. Zeichnung: Römerstadt Augusta Raurica mit Ergänzungen von Stephan Laube, Büro Sennhauser, Zurzach.

augster Bischofsliste und der Verlegung des Bischofsitzes nach Basel nach.[5] Doch erst die Entdeckung eines spätantiken Sakralbaus unter der Pfarrkirche St. Gallus im Jahr 1960 und vor allem der ein Jahr später zutage getretene, um 351/352 vergrabene Silberschatz[6] verstärkten das Interesse am Kastell.

Eine detaillierte Vorlage der zwischen 1960 und 1966 unter der Pfarrkirche St. Gallus zutage getretenen Bauten (Abb. 3) und Funde fehlt.

Dies soll mit einem seit 2005 laufenden Projekt nachgeholt werden.[7] Die Sichtung und Bearbeitung aller Grabungsunterlagen und des gesamten Fundmaterials bestätig-

---

[5] THEOPHIL BURCKHARDT-BIEDERMANN, Die Kolonie Augusta Raurica, ihre Verfassung und ihr Territorium, Basel 1910.

[6] Der spätrömische Silberschatz von Kaiseraugst, hg. von HERBERT A. CAHN und ANNEMARIE KAUFMANN-HEINIMANN (Basler Beiträge zur Ur- und Frühgeschichte, Bd. 9), Derendingen 1984; Der spätrömische Silberschatz von Kaiseraugst. Die neuen Funde. Silber im Spannungsfeld von Geschichte, Politik und Gesellschaft der Spätantike, hg. von MARTIN A. GUGGISBERG und ANNEMARIE KAUFMANN-HEINIMANN (Forschungen in Augst, Bd. 34), Augst 2003.

[7] Eine Publikation durch den Verfasser des vorliegenden Beitrags als Band 42 der Reihe „Forschungen in Augst" befindet sich derzeit in Vorbereitung.

te zwar die bauliche Abfolge in ihren Grundzügen,[8] doch änderte sich z. B. die Abfolge der römischen Profanbauten so, dass bisherige Hypothesen des Überganges von den römischen Profanbauten zur ersten Kirche neu zu beurteilen sind.

Abb. 3: Kaiseraugst, St. Gallus, ergrabene Mauerzüge. Zeichnung: Stephan Laube, Büro Sennhauser, Zurzach.

Grundlagen

Das Aargauer Dörfchen Kaiseraugst liegt in einer Ebene am Südufer des Rheins (Abb. 1 und Abb. 2). Am nördlichen Dorfrand befindet sich die christ- bzw. altkatholische Pfarrkirche St. Gallus (Abb. 1, Nr. 2 und Abb. 2, Nr. 1). Die Ausdehnung des mittelalterlichen Dorfkerns entspricht etwa dem nordöstlichen Quadranten des um 300 errichteten spätrömischen Kastells.[9]

---

[8] Fundbearbeiter sind: Peter Frey (mittelalterliche Keramik), Sylvia Fünfschilling (Kleinfunde), Annemarie Kaufmann-Heinimann (Bleirelief mit Quadriga), Markus Peter (Münzen), Verena Vogel (römische Keramik).

[9] Die Geschichte von Kaiseraugst ist umfassend dargestellt in: RENÉ SALATHÉ u. a., Augst und Kaiseraugst: Zwei Dörfer – eine Geschichte, 2 Bde., Liestal 2007. Für die Römerzeit vgl. v. a. auch BERGER, Augusta Raurica (wie Anm. 1) sowie für die Spätantike PETER–ANDREW SCHWARZ, Zur „Topographie chrétienne" von Kasieraugst (AG) im 4. bis 9. Jh., in: Zeitschrift

Im Gebiet der römischen Koloniehauptstadt *Augusta Raurica* und des spätrömischen *castrum Rauracense* sind wenige prähistorische Fundobjekte zutage getreten, vorgeschichtliche Siedlungsreste aber nicht.[10] Obschon die Gründung einer Kolonie (in Basel ?) im Gebiet des Keltenstammes der Rauriker für das Jahr 44 v. Chr. verbürgt ist,[11] sind die ältesten Siedlungsspuren im Gebiet der römischen Kolonie aus frühaugusteischer Zeit (um 15 v. Chr.).[12] Im Laufe der Zeit entstanden zwei Zentren (Abb. 1): In der Oberstadt lagen Forum, Theater, Amphitheater, Kultbezirke und Wohnbauten der privilegierten Bevölkerung. Die am Rhein liegende Unterstadt, der spätere Standort des *castrum Rauracense*, war Wohn- und Arbeitsgebiet und dürfte vornehmlich von Handwerkern bewohnt gewesen sein.

Ins letzte Viertel des 3. Jahrhunderts fällt die Befestigung mehrerer Oberstadt-Quartiere (*insulae*) des sogenannten Kastelen-Plateaus (Abb. 1, Nr. 1) mit einer Wehrmauer und Gräben, wohl eine *enceinte réduite* für die verbliebene Zivilbevölkerung (ca. 500–600 Personen).[13] Militärische Truppeneinheiten waren während dieser Zeit vielleicht in einem befestigten Lager am Rhein stationiert.[14] Frühestens im Jahr 335 bzw. spätestens im dritten Viertel des 4. Jahrhunderts wurden die Mauer abgebrochen und die Gräben davor aufgefüllt.[15]

Nach derzeitigem Wissensstand scheint die Oberstadt im 4. Jahrhundert verlassen worden zu sein, Funde sind selten, Siedlungsreste fehlen. Die neue Zentrumsfunktion übernahm das wohl in diokletianischer Zeit am Ende des 3. Jahrhunderts entstandene Kastell am Südufer des Rheins (Abb. 1, Nr. 2 und Abb. 2),[16] als auch die spätrömische Provinz *Maxima Sequanorum* geschaffen wurde, die das Rauricer-Gebiet umfasste. Das Kastell lag an einer strategisch wichtigen Stelle, an welcher vermutlich schon früher eine Brücke über den Rhein führte. Ein Straßenkreuz trennte vier Quadranten mit einer Gesamtfläche von 3,5 ha. Obschon dem Kastellbau der Abbruch mehrerer Gebäude vorausging, die Kastellfläche also reorganisiert wurde,[17] bezog man ältere Ge-

---

    für schweizerische Archäologie und Kunstgeschichte 59 (2002), S. 153–168; DERS., Kaiseraugst et Bâle (Suisse) aux premiers temps chrétiens, in: Capitales éphémères, des capitales de cités perdent leur statut dans l'antiquité tardive, Actes du colloque Tours, 6–8 mars 2003, hg. von ALAIN FERDIÈRE (Revue archéologique du centre de la France Supplement, Bd. 25), Tours 2004, S. 103–126 und S. 355–359.

[10] SALATHÉ u. a., Ortsgeschichte Kaiseraugst (wie Anm. 9), S. 17 f.
[11] BERGER, Augusta Raurica (wie Anm. 1), S. 11 f.
[12] BERGER, Augusta Raurica (wie Anm. 1), S. 12; SALATHÉ u. a., Ortsgeschichte Kaiseraugst (wie Anm. 9), S. 23.
[13] PETER-ANDREW SCHWARZ, Die Nordmauer und die Überreste der Innenbebauung der spätrömischen Befestigung auf Kastelen. Die Ergebnisse der Grabung 1991–1993.51 im Areal der Insulae 1 und 2 von Augusta Raurica (Kastelen, Bd. 4 = Forschungen in Augst, Bd. 24), Augst 2002, S. 428.
[14] MARKUS PETER, Kaiseraugst und das Oberrheingebiet um die Mitte des 4. Jahrhunderts, in: Silberschatz von Kaiseraugst 1984 (wie Anm. 6), S. 215–223, hier S. 219.
[15] SCHWARZ, Kastelen (wie Anm. 13), S. 441.
[16] MARKUS PETER, Untersuchungen zu den Fundmünzen aus Augst und Kaiseraugst (Studien zu Fundmünzen der Antike, Bd. 17), Berlin 2001, S. 155–161.
[17] PETER, Kaiseraugst (wie Anm. 14), S. 219 f.

bäude ins Kastell ein, z. B. die Rheinthermen im nordwestlichen Quadranten (Abb. 2, Nr. 2).[18] Im Südwest-Quadranten entstanden dagegen neue, große Speichergebäude/ *Horrea* (Abb. 2, Nr. 3). Auch in der östlichen Kastellhälfte sind Gebäudereste erfasst, die Art ihrer Nutzung ist aber nicht bekannt.

Die im Zusammenhang mit den politischen Wirren um den Usurpator Magnentius († 353) stehenden Germaneneinfälle von 351–352 führten zu Zerstörungen im Kastell. Damals wurde nicht nur der berühmte Silberschatz vergraben (Abb. 2, Nr. 5),[19] sondern auch mindestens ein kleines Münzdepot bei der Kastellmauer im Gebiet der Kirche (Abb. 11). Im dritten Viertel des 4. Jahrhunderts kam es zu einer Reorganisation des Kastells, wovon ein großer Apsidenbau beim Südtor (Abb. 2, Nr. 4), wahrscheinlich ein Verwaltungsbau, zeugen könnte. Ab dem 5. Jahrhundert dürfte die Siedlung im Vorgelände[20] zugunsten des Kastells aufgegeben worden sein und sich allmählich um die Kirche konzentriert haben.[21]

Das Christentum wird beim *castrum Rauracense* für das 4. Jahrhundert fassbar, wovon die Nekropolen sowie Kleinfunde, z. B. ein Fingerring mit Christogramm (Abb. 4), zeugen.

Abb. 4: Kaiseraugst, zwei spätantike Fingerringe des 4. Jh. Bronzering mit Christogramm und Schiff (rechts), gefunden südwestlich außerhalb des Kastells. Silberring mit Christogramm (links) aus dem Gebiet beim Südtor im Innern des Kastells. Foto: Stephan Laube, Büro Sennhauser, Zurzach.

Zwei große Friedhöfe im Süden des Kastells (Abb. 1, Nr. 3–4) weisen Bestattungen der Zeit zwischen dem 4. und 8. Jahrhundert auf. Die ältere Nekropole (Abb. 1, Nr. 3) wurde in der ersten Hälfte des 4. Jahrhunderts belegt und wohl nach den Wirren von 351/352 durch die jüngere Nekropole (Abb. 1, Nr. 4) abgelöst, auf der bis in das 8. Jahrhundert bestattet wurde.

---

[18] PETER, Kaiseraugst (wie Anm. 14), S. 219.
[19] Silberschatz von Kaiseraugst 1984 (wie Anm. 6); Silberschatz von Kaiseraugst 2003 (wie Anm. 6).
[20] Zur Besiedlung des Kastellvorgeländes im 4. Jh. vgl. PETER, Kaiseraugst (wie Anm. 14), S. 219.
[21] Überblick zur Entwicklung bis ins die Neuzeit: URS MÜLLER, Wie antike Strukturen das heutige Ortsbild von Kaiseraugst prägen, in: Jahresbericht aus Augst und Kaiseraugst 22 (2001), S. 125–133.

Der Christengemeinde stand vielleicht bereits um die Mitte des 4. Jahrhunderts ein Bischof vor. *Episcopus Iustinianus* signierte Konzilsakten in den Jahren 343/44 (Serdica) und 346 (Köln).[22] In den Akten von Serdica ist sein Sedesort nicht festgehalten, jedoch in jenen von Köln, deren Authentizität aber kontrovers beurteilt wird.[23] In der ersten Hälfte des 7. Jahrhunderts, fast 300 Jahre nach Justinian, wird erst der zweite Bischof, Ragnachar, fassbar. Ob die dem Bistum *Vesontio*/Besançon unterstellte Rauriker-Diözese in den Jahrhunderten zwischen Justinian und Ragnachar vakant war, bleibt ebenso offen wie die Frage, ob Bischof Ragnachar Nachfolger hatte. Sicher ist, dass die Raurikersedes spätestens um die Mitte des 8. Jahrhunderts nach Basel verlegt wurde, und dass die ehemalige Kaiseraugster Bischofskirche im 9. Jahrhundert bereits zum Besitz des Fiskus gehörte.

Die archäologische Erforschung der Kirche St. Gallus

Die früheste Nachricht über Funde bei der Pfarrkirche St. Gallus dürfte aus dem Jahr 1892 stammen. Arnold Nüscheler hielt in seinem Überblick über die aargauischen Gotteshäuser fest, dass 1889 im Bereich nördlich des Chores bzw. der Schiffschulter in vier Fuß Tiefe, zwei Schädel zum Vorschein gekommen seien.[24] Außerdem berichtet Nüscheler, dass ein Vorgänger des Kirchturmes auf der linken, nördlichen Kirchenseite gestanden haben soll. Bei baustatischen Untersuchungen der noch heute sichtlich schief stehenden Langhauswände traten 1923 auch ältere Mauerzüge unter St. Gallus zutage. Man deutete die freigelegten Mauern als Reste römischer Gebäude. Tatsächlich handelte es sich aber um Mauern der Vorgängerkirchen.

Abfolge der Grabungen

In den Jahren 1958 und 1959 beschloss die christ-/altkatholische Gemeinde von Kaiseraugst, die Kirche St. Gallus restaurieren zu lassen. Der geplante Einbau einer Fußbodenheizung lieferte den Anlass für eine archäologische Ausgrabung im Kirchen-

---

[22] Vgl. Schweizerische Kardinäle, Das Apostolische Gesandtschaftswesen in der Schweiz, Erzbistümer und Bistümer, bearbeitet von KUNO BUGMANN, Red. von ALBERT BRUCKNER (Helvetia Sacra, Abt. 1, Bd. 1), Bern 1972, S. 127–129 und S. 163.

[23] Die Akten des Kölner Konzils werden zumeist als eine im 10. Jahrhundert entstandene Fälschung gedeutet. Ausführliche Diskussion und Zusammenstellung der Forschungsgeschichte bei: HANNS CHRISTOF BRENNECKE, Synodum congregavit contra Euphratam nefandissimum episcopum. Zur angeblichen Kölner Synode gegen Euphrates, in: Zeitschrift für Kirchengeschichte 90 (1979), S. 177–200. Siehe auch: SEBASTIAN RISTOW, Frühes Christentum im Rheinland. Die Zeugnisse der archäologischen und historischen Quellen an Rhein, Maas und Mosel, Jahrbuch 2006 des Rheinischen Vereins für Denkmalpflege und Landschaftsschutz, Köln 2007, S. 108. – Von den Akten losgelöst und im Gegensatz dazu als authentisch wird zuweilen die Namensliste des Kölner Konzils betrachtet: Schweizerische Kardinäle (wie Anm. 22), S. 127. Siehe auch: CHARLES BONNET et al., Province ecclésiastique de Besançon (Topographie chrétienne des cités de la Gaule XV), Paris 2007, S. 14.

[24] ARNOLD NÜSCHELER, Die Aargauischen Gotteshäuser in den ehemaligen Dekanaten Frickgau und Sisgau, Bisthum Basel, in: Aargovia 23 (1892), S. 121–241, hier S. 212.

innenraum, die Rudolf Moosbrugger-Leu und Hans Rudolf Sennhauser im Sommer 1960 leiteten (Abb. 5).

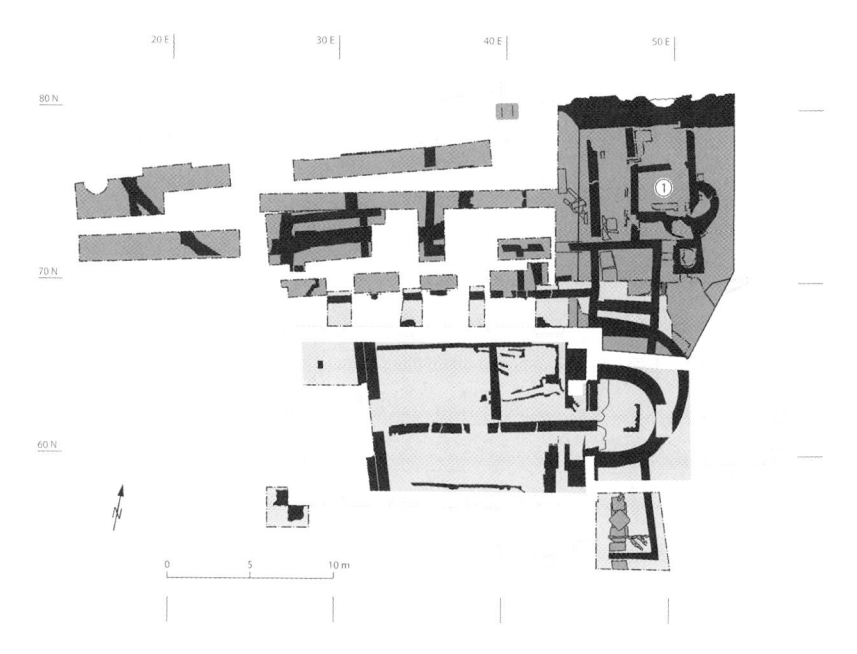

Abb. 5: Kaiseraugst, St. Gallus, Grabungsetappen. Hellgraue Flächen wurden 1960 und 1961 untersucht, dunkelgraue Flächen zwischen 1964 und 1966. 1: Schutzbau. Zeichnung: Stephan Laube, Büro Sennhauser, Zurzach.

Nach Sondierungen außerhalb der Kirche im Winter 1960/61 nahm der damalige Ausgrabungsleiter von Augst/Kaiseraugst, Rudolf Laur-Belart, die Ausgrabungen 1964 wieder auf und ließ bis 1966 weite Teile des nördlich der Kirche anschließenden Gartens mit Suchschnitten und einer Flächengrabung untersuchen (Abb. 8). In einem 1965 errichteten Schutzbau ist ein Teil der damals ergrabenen Mauern konserviert und öffentlich zugänglich (Abb. 5, Nr. 1). 2005/06 konnten in diesem Schutzbau Nachsondierungen durchgeführt und die Dokumentation ergänzt werden. Die jüngsten Sondierungen stehen in Zusammenhang mit der Neubearbeitung der Befunde.

Vorberichte und deren Rezeption

Die Ergebnisse der verschiedenen Ausgrabungsetappen wurden bislang mit Schwerpunkt auf die Baureste der ersten Kirche (Periode III) vorgestellt.[25] Die älteren römischen Bauphasen (Periode I und II) und spätere Neu- und Umbauten (Perioden IV–VI) flossen kaum in die bisherigen Betrachtungen ein. Den einzigen vollständigen

---

[25] Die Zählung der Perioden mit römischen Ziffern entspricht der im Rahmen der Neubearbeitung festgelegten Bauabfolge.

Die Kastellkirche von Kaiseraugst, Kanton Aargau

Abb. 6: Kaiseraugst, St. Gallus, spätantike Kirche. Erster, 1961 publizierter Grundriss von Rudolf Moosbrugger-Leu. Aus: MOOSBRUGGER-LEU, Anderthalb Jahrtausende Christentum (wie Anm. 26).

Überblick gab Rudolf Moosbrugger-Leu 1961 in einem Zeitungsartikel (Abb. 6).[26]

Rudolf Laur-Belart veröffentlichte 1965 und 1966 zwei Grabungsnotizen[27] und 1967 einen daraus zusammengestellten Überblick der Baugeschichte der spätantiken Kirche,[28] ohne auf die jüngeren Bauten einzugehen. Er deutete die römischen Reste als Teile eines Pfeilerbaus mit Mörtelboden.[29] Die darüber errichtete Kirchenanlage trennte er in drei Bauphasen.[30]

- Phase 1: Das Hauptgebäude war eine Apsiskirche, die im Norden von einem Taufraum (Abb. 7, G1) und einem rechteckigen, an die Kastellmauer gelehnten Saal (Abb. 7, N) begleitet wurde.

Diesen Saal deutete Rudolf Lauf als Katechumeneum, einen Raum zur Unterweisung der Taufanwärter, und führte gleichzeitig den Begriff der Doppelkirche ein.[31] Die Hypothese einer konstantinischen Doppelkirchenanlage und die Rekonstruktion eines Taufraumes zwischen Apsiskirche und Nordsaal geht vor allem auf Rudolf Laur-Belarts Kenntnis zur Entwicklung der Doppel-

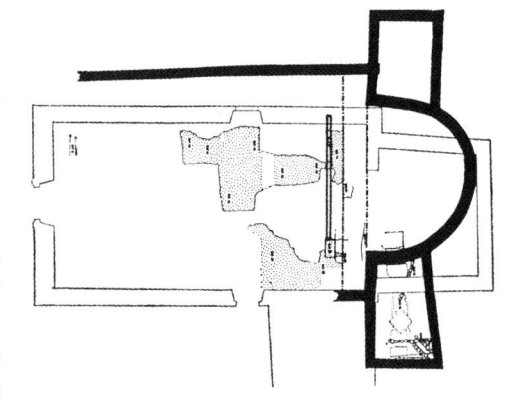

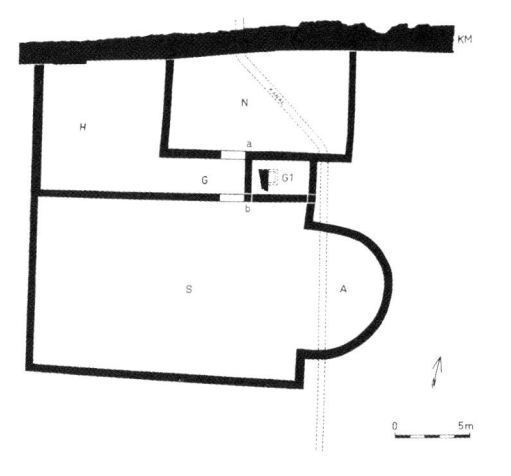

Abb. 7: Kaiseraugst, St. Gallus, älteste Bauphase der spätantiken Kirche (nach Rudolf Laur-Belart). A/S: Südkirche. G1: Taufraum. N: Nordkirche. G: Gang zwischen A/S und N. H: Hof. KM: Kastellmauer. Aus: LAUR-BELART, Frühchristliche Kirche 1966 (wie Anm. 27), S. 57.

---

[26] RUDOLF MOOSBRUGGER-LEU, Anderthalb Jahrtausende Christentum. Ausgrabungen in der Dorfkirche von Kaiseraugst, in: National-Zeitung Nr. 597 vom 24. Dezember 1961.
[27] Rudolf LAUR-BELART, Frühchristliches Baptisterium mit Bad, in: Ur-Schweiz 29 (1965), S. 21–37; DERS., Frühchristliche Kirche in Kaiseraugst AG. 2. Etappe 1965/66, in: Ur-Schweiz 30 (1966), S. 51–59.
[28] Rudolf LAUR-BELART, Die frühchristliche Kirche mit Baptisterium und Bad in Kaiseraugst, Aargau, hg. von der Stiftung Pro Augusta Raurica, Basel 1967.
[29] LAUR-BELART, Frühchristliche Kirche 1966 (wie Anm. 27), S. 52.
[30] Im Folgenden nach LAUR-BELART, Kirche Kaiseraugst 1967 (wie Anm. 28), S. 5–14.
[31] LAUR-BELART, Kirche Kaiseraugst 1967 (wie Anm. 28), S. 18.

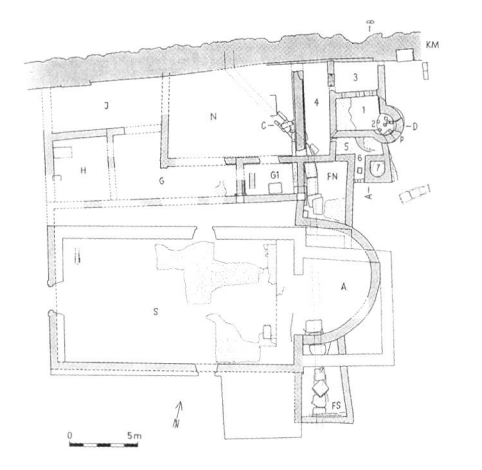

Abb. 8: Kaiseraugst, St. Gallus, Grabungsplan von 1965. Der dargestellte Bestand entspricht dem letzten Zustand der spätantiken Kirche nach Rudolf Laur-Belart. Schraffiert: Mauern festgestellt, gestrichelt: Mauern ergänzt. Aus: LAUR-BELART, Frühchristliche Kirche 1966 (wie Anm. 27), S. 55.

kirchen von Aquileia und Trier[32] bzw. auf Vorschläge von Theodor Kempf aus Trier zurück.[33]

- Phase 2: Zu beiden Seiten der Apsis wurden Nebenräume angebaut und die Gebäude im Westen der Nordkirche wurden verändert.
- Phase 3: Der Taufraum der ersten Anlage wurde aufgegeben. Der östliche Teil der Nordkirche wich einem hypokaustierten Bad, mit dem ein kleines U-förmiges Becken verbunden war (Abb. 8).

Das Becken deutete Rudolf Laur-Belart als Baptisterium. Für das Bad ließ er offen, ob es sich um ein liturgisches, mit der Taufe bzw. mit der Körperreinigung vor dem Kirchgang verbundenes Bad oder um eine für Christen reservierte Therme handelte.[34]

Bereits 1960, während der Ausgrabung in der Kirche, stand für die Ausgräber fest, dass mit dem Apsisgebäude (Periode III) unter der Kirche St. Gallus nach der Untersuchung von *Tenedo*/Zurzach[35] innerhalb weniger Jahre noch eine weitere frühe Kastellkirche in der Schweiz nachgewiesen werden konnte. Die Datierung der Anlage anhand der Befunde ließ sich allerdings nicht abschließend beurteilen. Gestützt auf Münzfunde aus dem südlichen Apsisnebenraum (Abb. 11, Nr. 2) hielt Rudolf Laur-Belart es zwar für gesichert, dass die erste Kirche um 337 entstanden war.[36] Inwiefern

---

[32] LAUR-BELART, Kirche Kaiseraugst 1967 (wie Anm. 28), S. 18: „[…] es liegt die sogenannte konstantinische Doppelkirche vor, die z. B. in der Kirche von Aquileja aus der 1. Hälfte des 4. Jahrhunderts im grösseren ihre klassisch klare Form gefunden und im Trierer Dom mit der angegliederten Marienkirche zu kaiserlicher Monumentalität gesteigert worden ist."

[33] Auszug aus dem Tagebuch von Rudolf Laur-Belart vom 12. Januar 1966 (Archiv der Römerstadt Augusta Raurica): *Dagegen wollen wir im Baptisterium selbst im Gänglein 5 (vgl. Abb. 8, Nr. 5) nach dem Ansatz einer ev. Apsis (der Nordkirche) suchen, was den Beweis einer Doppelkirche (Vorschlag Kempf, Trier) erbringen würde.* Vgl. auch LAUR-BELART, Kirche Kaiseraugst 1967 (wie Anm. 28), S. 6 und S. 17 f.

[34] LAUR-BELART, Kirche Kaiseraugst 1967 (wie Anm. 28), S. 16.

[35] Vorromanische Kirchenbauten, Katalog der Denkmäler bis zum Ausgang der Ottonen, hg. vom Zentralinstitut für Kunstgeschichte, bearb. von FRIEDRICH OSWALD, LEO SCHAEFER und HANS RUDOLF SENNHAUSER (Veröffentlichungen des Zentralinstituts für Kunstgeschichte, Bd. 3/1), unveränderter Nachdruck der Ausgabe 1966–1971, München 1990, S. 396 f.

[36] LAUR-BELART, Frühchristliches Baptisterium 1965 (wie Anm. 27), S. 37; DERS., Frühchristliche Kirche 1966 (wie Anm. 27), S. 57; DERS., Kirche Kaiseraugst 1967 (wie Anm. 28), S. 17–19 (hier nimmt Laur-Belart auch für die beiden Annexbauten seitlich der Apsis eine Datierung vor 350 an).

ihn die Parallelen (Trier und Aquileja) oder die Nennung des Kaiseraugster Bischofs Justinian in den Jahren 343/344 bzw. 346 in seiner Einschätzung beeinflussten, sei dahingestellt. Demgegenüber vertraten Rudolf Moosbrugger-Leu und Hans Rudolf Sennhauser eine Datierung in die Zeit um 400, denn sie ließen u. a. den durch Rudolf Laur-Belart herangezogenen Münzfunden weniger Gewicht zukommen.[37]

Die von Rudolf Laur-Belart vertretene Deutung der spätantiken Gebäudebefunde von Kaiseraugst hatte mehr als drei Jahrzehnte Bestand, nicht zuletzt wegen der ausstehenden Bearbeitung der Grabungsdokumentation. Bis in jüngste Zeit wurden deshalb sowohl der frühe Datierungsansatz von Rudolf Laur-Belart (2. Viertel 4. Jahrhundert) als auch die von Rudolf Moosbrugger-Leu und Hans Rudolf Sennhauser postulierte, spätere Erbauungszeit (um 400) vertreten.[38] Jean-Pierre Sodini zweifelte 1984 wohl als erster die Deutung der spätantiken sakralen Anlage als Doppelkirche an.[39] Seither ist die Anlage in entsprechenden Arbeiten zu Doppelkirchen[40] nicht mehr vertreten. Sodini relativierte auch die Rekonstruktion eines ersten Taufraumes (Abb. 7, G1), der durch den darin gefundenen „reste de mur" keineswegs nachgewiesen sei.[41] Zum kleinen Becken beim Badegebäude äußerte er sich nicht.

Mit einer neuen Rekonstruktion überdachten Andreas Motschi und Markus Schaub nach dreißig Jahren die Hypothesen von Rudolf Laur-Belart.[42] Anstelle der Nordkirche rekonstruierten sie eine Gebäudegruppe mit atriumartigem Innenhof (Abb. 9).

---

37 MOOSBRUGGER-LEU, Anderthalb Jahrtausende (wie Anm. 26); DERS., Die Schweiz zur Merowingerzeit. Die archäologischen Hinterlassenschaften der Romanen, Burgunder und Alamannen, Bern 1971, Bd. B, S. 61; Vorromanische Kirchenbauten (wie Anm. 35), S. 133. In der Tat sind die Münzen aus dem südlichen Apsisnebenraum für Rückschlüsse auf die Datierung nicht ausreichend stratifiziert.

38 Datierung erste Hälfte 4. Jh.: PETER–ANDREW SCHWARZ, Das spätantike und frühchristliche Kaiseraugst, in: Imperium Romanum. Römer, Christen, Alamannen – Die Spätantike am Oberrhein, hg. vom Badischen Landesmuseum Karlsruhe, Stuttgart 2005, S. 268–274; hier S. 269. Reto Marti lässt offen, ob die Datierung der Kirche vor oder nach der Mitte des 4. Jh. anzusetzen ist: RETO MARTI, Zwischen Römerzeit und Mittelalter. Forschungen zur frühmittelalterlichen Siedlungsgeschichte der Nordwestschweiz, 4.–10. Jahrhundert (Archäologie und Museum, Bd. 41) Bd. A (Text) und Bd. B (Katalog), Liestal 2000; hier Bd. B, S. 62 f.

39 JEAN-PIERRE SODINI und K. KOLOKOTSAS, Aliki La basilique double (Études thasiennes, Bd. 10), Paris/Athen 1984, S. 260: „Sans doute le rapprochement avec Trèves est-il tenant. Mais la salle nord n'est pas une église […] je reste réservé sur l'appartenance de ces édifices au groupe des basiliques doubles."

40 Vgl. etwa den Kongressband Les églises duobles et les familles d'églises, Antiquité Tardive 4 (1999).

41 Siehe auch SEBASTIAN RISTOW, Frühchristliche Baptisterien (Jahrbuch für Antike und Christentum, Ergänzungsband 27) Münster/Westf. 1998, S. 297–298, Nr. 891.

42 KARIN KOB, Römerstädte in neuem Licht. Augusta Raurica/Aquincum – das Leben in zwei römischen Provinzstädten, Begleitbuch zur gemeinsamen Ausstellung des Aquincum-Museums Budapest im Historischen Museum der Stadt Budapest, 25.3.–22.6.1997 und der Römerstadt Augusta Raurica, 27.3.–31.10.1998, Basel 1997, Abb. 277.

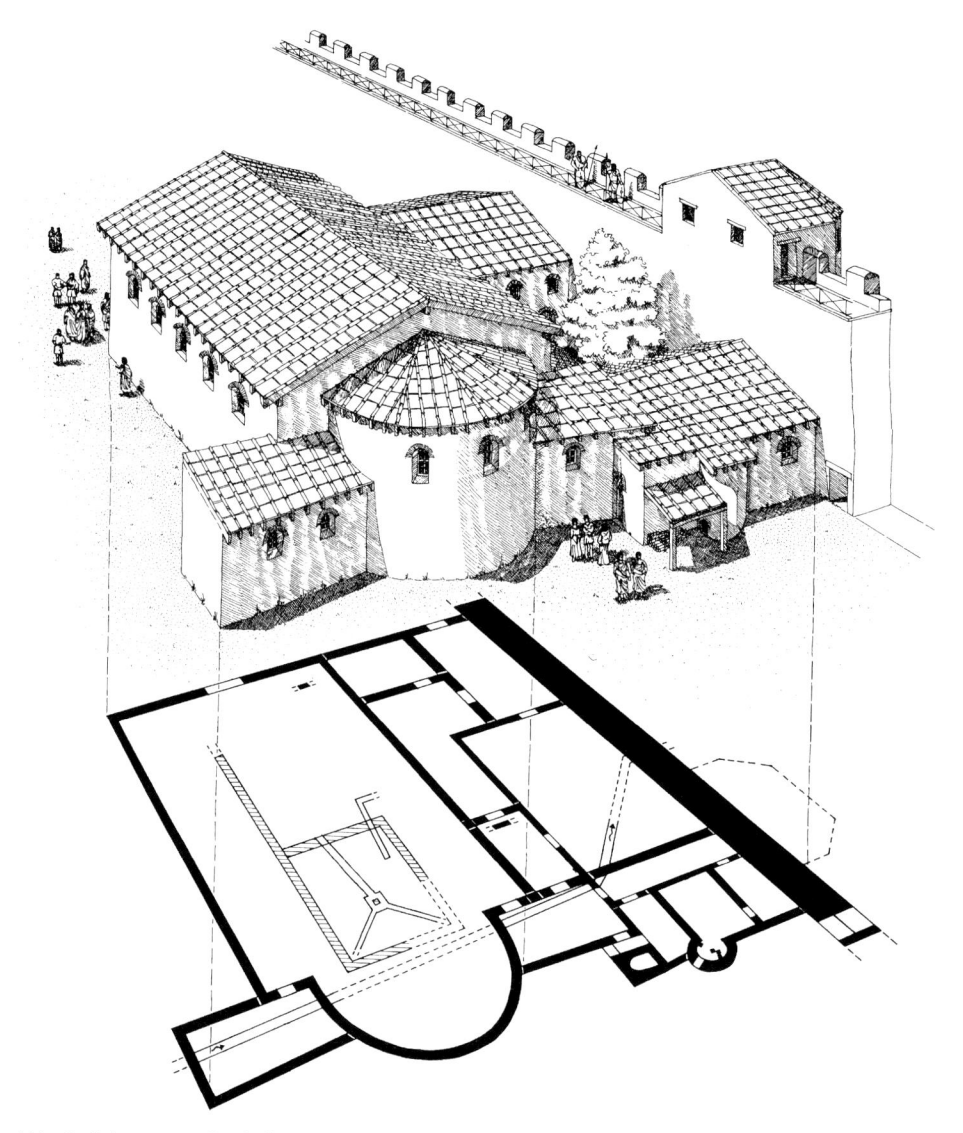

Abb. 9: Kaiseraugst, St. Gallus, perspektivische Rekonstruktion (Stand: 1996). Zwischen Kirche und Kastellmauer liegt ein Innenhof, wo Rudolf Laur-Belart die Nordkirche (vgl. Abb. 6. N) annahm. Der Raum mit Kanalheizung im Kirchenschiff gehört den profanen römischen Gebäuden (Periode I) an. Die Durchgänge im Grundriss sind bis auf eine Tür hypothetisch (vgl. Abb. 11). Aus: Karin Kob u. a., Augusta Raurica/Aquincum (wie Anm. 41), Abb. 277.

Reto Marti folgte in seiner Dissertation dieser neuen Rekonstruktion.[43] Er machte auf die zeichnerisch bereits bei Motschi und Schaub angedeutete Möglichkeit aufmerk-

---

[43] Marti, Nordwestschweiz (wie Anm. 38), Bd. A, S. 151–154 und Bd. B, S. 61–63.

Die Kastellkirche von Kaiseraugst, Kanton Aargau

sam, dass ein beheizter Raum unter der spätantiken Kirche möglicherweise der erste Versammlungsraum der Kaiseraugster Christengemeinde gewesen war.[44] Die Deutung des kleinen U-förmigen Beckens nördlich der Apsis als Taufpiscina zweifelte er an.[45] Rainer Warland sprach schließlich dem Apsissaal von Kaiseraugst seine kirchliche Funktion ab und vermutete darin ein repräsentatives, profanes „Funktionsgebäude", das erst später als Kirche genutzt wurde.[46] Zur Datierung des Gebäudes selbst äußerte er sich nicht, setzte aber die vermutete Umnutzung spät an mit der Begründung, dass „[…] in der Bautypologie keine Parallelen vor dem späten 5. bzw. 6. Jh. n. Chr. […]" zu finden sind.[47]

Vorläufige Zusammenfassung der Bauabfolge nach dem aktuellen Forschungsstand

Profane römische Gebäude

Die ältesten Funde aus dem Gebiet der Kirche (Gebrauchsgefäße aus Keramik und Glas, Metallobjekte, wenig Baukeramik) belegen die Nutzung des Geländes im 1. Jahrhundert n. Chr. Ob die profanen römischen Gebäude der Periode I (Abb. 10) auch bis auf diese Zeit zurückreichen, ist ungewiss.

Mindestens der ca. 5 × 5 m große Raum in der Südostecke der römischen Anlage erhielt (nachträglich?) eine Kanalheizung, die nach der gängigen Typologie erst dem 3. oder 4. Jahrhundert angehört.[48] Im jüngsten Zustand des Raumes bestand die Kanalheizung nicht mehr (Abb. 10, Nr. 1). Hinweise auf den von Rudolf Laur-Belart vermuteten Pfeilerbau sind nicht auszumachen.

Der Bau des Kastells kurz vor 300 steht am Anfang der Periode II (Abb. 11). Bei den Bauarbeiten fielen verschiedene Bauhorizonte (Schichtpakete mit diversen Mörtelarten und Sand sowie Ziegelschrot in unterschiedlicher Abfolge) an, die über das gesamte Ausgrabungsgelände verteilt festzustellen waren.

---

44 MARTI, Nordwestschweiz (wie Anm. 38), Bd. A, S. 151.
45 MARTI, Nordwestschweiz (wie Anm. 38), Bd. A, S. 153. Siehe auch RISTOW, Frühchristliche Baptisterien (wie Anm. 39), S. 298, Nr. 892.
46 „Entgegen der Interpretation der Ausgräber der 1960er Jahre erscheint es jedoch zweifelhaft, in dem Apsidengebäude mit angrenzender Privattherme von Anfang an ein Kirchengebäude zu erkennen. Wie das unverdächtige Beispiel von Kellmünz/Allgäu belegt, gehören zur Innenbebauung derartiger Kastelle stets auch Apsidensäle als repräsentative Funktionsgebäude." RAINER WARLAND, Spätantikes Christentum und der Prozess der Christianisierung am Oberrhein, in: Imperium Romanum. Römer, Christen, Alamannen – Die Spätantike am Oberrhein, hg. vom Badischen Landesmuseum Karlsruhe, Red. MICHAELA GEIBERGER, Stuttgart 2005, S. 42–51, hier S. 48.
47 WARLAND, Spätantikes Christentum (wie Anm. 46), S. 48.
48 WALTER DRACK, Die römischen Kanalheizungen der Schweiz, in: Jahrbuch der Schweizerischen Gesellschaft für Ur- und Frühgeschichte 71 (1988), S. 123–159.

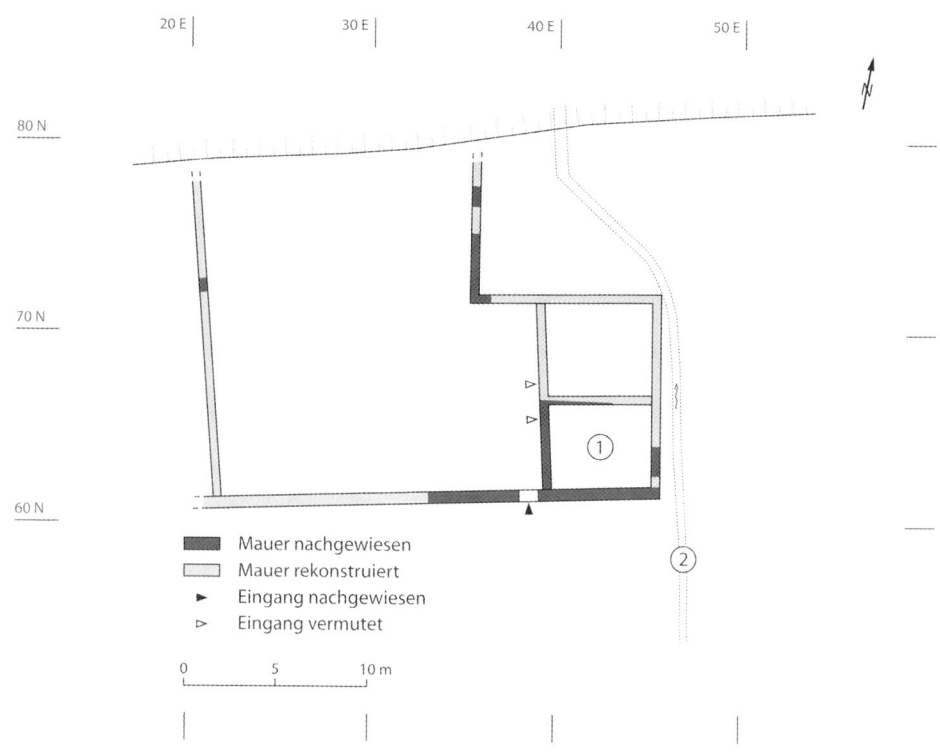

Abb. 10: Kaiseraugst, St. Gallus. Römische Gebäude, Periode I. Schematische Rekonstruktion des Schlusszustandes (kurz vor 300?). 1: Raum unter der heutigen Kirche. 2: Jüngerer Kanal der Periode II. Zeichnung: Stephan Laube, Büro Sennhauser, Zurzach.

Die Oberflächenniveaus dieser Schichten schlossen ungefähr bündig mit der Oberkante des Kastellmauerfundaments ab. Beim Vergraben des Münzhortes (351/352) an der Kastellmauer wurden die Bauhorizonte durchschlagen. Rudolf Laur-Belart interpretierte diese Schichten noch als Bodenbeläge eines vorkirchenzeitlichen Gebäudes.[49]

Der Raum in der Südostecke der römischen Anlage I – er liegt unter der spätantiken Kirche auf deren Mittelachse – blieb nach dem Bau des Kastells bestehen und war zum Schluss auf eine Größe von mindestens 8 × 5 m nach Westen erweitert und mit einem Lehmfußboden ausgestattet worden (Abb. 11, Nr. 1 und Abb. 12).

Beheizt werden konnte er nicht. Von einem wohl gleichzeitig bestehenden Gebäudeteil zeugen im Südosten des Raumes noch Reste von Heizkanälchen (Abb. 11, Nr. 2), die einen zusammen mit dem Kastell angelegten Abwasserkanal überlagern. Die Nutzungsart der Räume ist nicht zu bestimmen. Funde oder Ausstattungsreste, die zur Funktionsbestimmung der Bauten herangezogen werden könnten, fehlen. Immerhin ist festzustellen, dass der Raum in der Südostecke der römischen Anlage I im letzten Stadium der Periode einfach gestaltet war und Einbauten nicht bekannt sind.

---

[49] LAUR-BELART, Frühchristliche Kirche 1966 (wie Anm. 27), S. 52.

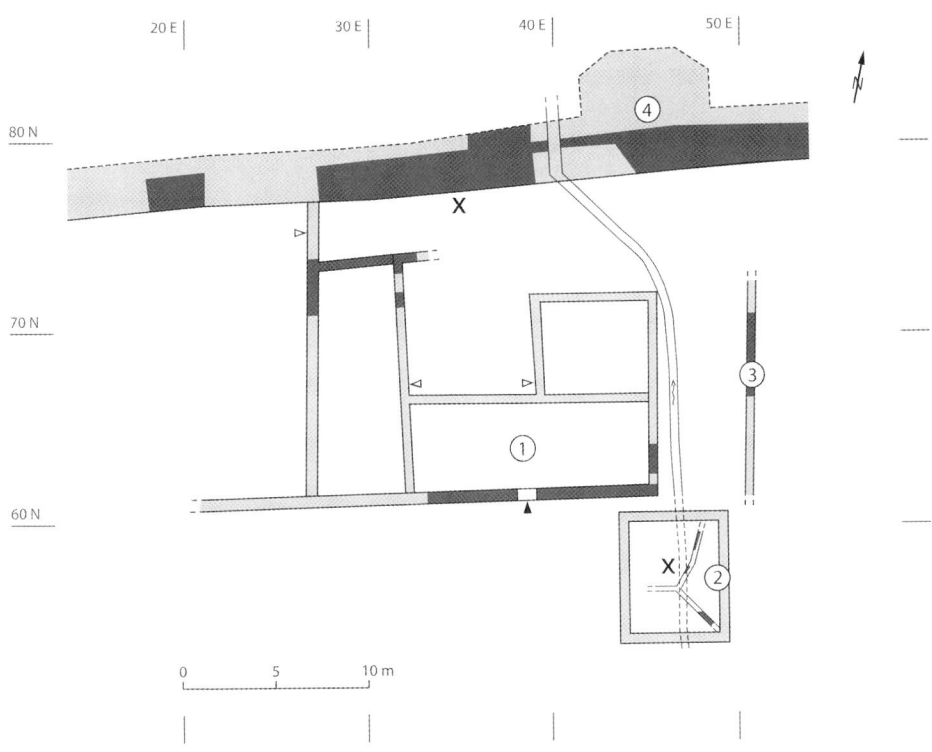

Die Kastellkirche von Kaiseraugst, Kanton Aargau 39

Abb. 11: Kaiseraugst, St. Gallus. Römische Gebäude, Periode II. Schematische Rekonstruktion des Schlusszustandes (4. Jh.). 1: Raum unter der heutigen Kirche. 2: Raum mit Kanalheizung im Süden des heutigen Chores. 3: geleerter Mauergraben. 4: Kastellmauer. X: Münzhortfunde (Legende vgl. Abb. 10). Zeichnung: Stephan Laube, Büro Sennhauser, Zurzach.

Spätantike Kirche

Nach dem Abbruch der profanen Gebäude der Perioden I und II entstand, gebunden an deren Ausrichtung, die erste Kirche (Periode III a), ein Saal von ca. 10 m Breite und mindestens 17 m Länge mit einer eingezogenen 7,50 m weiten, gestelzten Apsis (Abb. 12). Die Nordschulter der Kirche steht auf der Ostmauer des Raumes, der in Periode II einen Lehmfußboden erhielt (Abb. 11, Nr. 1). Weitere Mauern der profanen Gebäude sind nicht in die Kirche integriert. Ob die wiederverwendeten Sandsteinquader in der Nordostecke des Schiffes tatsächlich als *opus africanum* zu deuten sind,[50] wie es in der spätantiken Nordkirche des *gruope épiscopal* in Genf nach-

---

50 RETO MARTI, Die Anfänge des Bistums: eine Geschichte in Fragmenten, in: Pro Deo. Das Bistum Basel vom 4. bis ins 16. Jahrhundert, hg. von JEAN-CLAUDE REBETEZ, Delémont 2006, S. 29–45, hier S. 36.

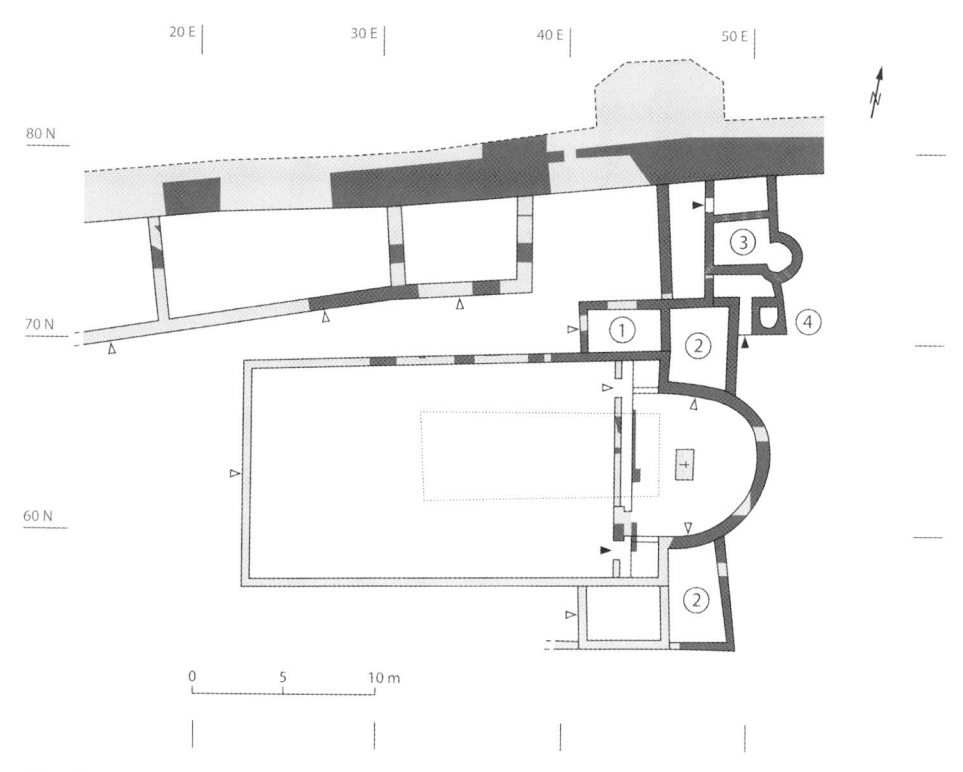

Abb. 12: Kaiseraugst, St. Gallus. Spätantike Kirche, Periode III. Schematische Rekonstruktion des Schlusszustandes (7./8. Jh.). Gepunktet: Innenfläche des abgebrochenen Raumes aus Periode II.
1: Anbau, Periode III b. 2: Apsisnebenräume, Periode III c. 3: heizbares Gebäude, Periode III d. 4: Kaltwasserbecken, Periode III d. Die Gebäude an der Kastellmauer nordwestlich der Kirche gehören wohl noch Periode III an (Legende vgl. Abb. 10). Zeichnung: Stephan Laube, Büro Sennhauser, Zurzach.

gewiesen ist,[51] lässt sich in Kaiseraugst mit dem erhalten gebliebenen Material nicht klären.

Ein an die Nordostecke des Schiffes anschließender Mauerstumpf zeugt wohl von einem ersten Anbau, der vielleicht nur im Bauvorgang jünger ist als die Kirche.

Ein *terminus post quem* für die Errichtung der Kirche kann von Funden aus der Einfüllung eines Grabens (Abb. 11, Nr. 3) hergeleitet werden. Nachdem bereits mehrere Störungen den aufgefüllten Graben tangiert hatten, schnitt schließlich die Fundamentgrube der Apsis in die Grabenfüllung. Darin fand sich eine im Jahr 350 geprägte Magnentiusmünze. Die Brandspuren der Münzen gehen sicherlich auf die Zerstörungen der Alamanneneinfälle von 351/352 zurück. Der Apsissaal entstand also nicht vor 350 bzw. vor 351/352, womit das Faktum übereinstimmt, dass er keine Zerstörungsspuren aufweist. Außerdem konnte festgestellt werden, dass die Fundrei-

---

[51] CHARLES BONNET, Les fouilles de l'ancien groupe épiscopal de Genève (1976–1993) (Cahiers d'archéologie genevoise, Bd. 1), Genf 1993, S. 23.

Die Kastellkirche von Kaiseraugst, Kanton Aargau   41

he im Gebiet der Kirche mit dem 4. Jahrhundert ausläuft, während die Sondierungen im Norden Material lieferten, das eine beinahe lückenlose Reihe vom 1. bis zum 19. Jahrhundert bildet.[52] Das Fehlen der Funde ist kaum zufällig, sondern kann mit der kirchlichen Funktion des Apsissaales erklärt werden. Nach der Umnutzung der profanen römischen Gebäude in *Octodurus*/Martigny (Kt. Wallis) als Kirchengebäude in der zweiten Hälfte des 4. Jahrhunderts tritt z. B. das gleiche Phänomen auf.[53] Für die Kirche von Kaiseraugst ist eine Datierung in die zweite Hälfte des 4. Jahrhunderts bzw. in die Zeit um 400 anzunehmen. Der Charakter des in mehreren Lagen von kleinen Kalksteinquadern und Ziegelausgleichsschichten aufgeführten Apsismauerwerks (Abb. 13) widerspricht diesem Datierungsansatz nicht.

Abb. 13: Kaiseraugst, St. Gallus. Spätantike Apsis (Periode III a), Blick Gegen Süden. Der Maßstab steht auf dem trocken gefügten Fundamentteil, darüber zwei Lagen gemörteltes Fundament. Das aufgehende Mauerwerk besteht hauptsächlich aus Kalksteinen, zuoberst drei Lagen wiederverwendeter Ziegelplatten unterschiedlicher Formate. Foto: Ursi Schild, Römerstadt Augusta Raurica.

Die ältesten nachgewiesenen baulichen Eingriffe fanden auf der Nordseite der Kirche statt. Nachdem man an ihre Schulter einen Raum (Periode III b) angebaut hatte (Abb. 12, Nr. 1), entstanden in der dritten Ausbauetappe (Periode III c) zwei trapez-

---

[52] Aus dem 10.–12. Jh. liegen nur fünf Scherben vor, Material aus dem 9. Jh. scheint auffälligerweise völlig zu fehlen. Dies könnte u. a. darauf beruhen, dass während der Grabungen von 1960 bis 1966 Fundmaterial nachweislich ausgeschieden und beseitigt wurde.
[53] Zu Martigny: GUIDO FACCANI, Die spätantike Bischofskirche der Walliser Diözese. Notre-Dame von Martigny (VS) und ihre römischen und mittelalterlichen Vorgängerbauten, in: Zeitschrift für schweizerische Archäologie und Kunstgeschichte 64 (2007), S. 113–142.

förmige Apsisnebenräume (Abb. 12, Nr. 2). Im südlichen Raum war ein Mörtelboden (Terrazzo) großflächig erhalten, der die bereits nicht mehr funktionstüchtigen Heizkanälchen überdeckte.

Der vierten Umbauphase (Periode III d) gehört ein hypokaustiertes Gebäude mit Kaltwasserbecken an (Abb. 12, Nr. 3 und 4). Es ersetzte einen an gleicher Stelle gelegenen Raum der Periode III b und schließt an den erneuerten Nebenraum nördlich der Apsis an. Die Südostecke ist um eine Exedra mit Präfurnium erweitert. Eine Binnenmauer mit Kanälen im Fundament für die Luftzirkulation trennt den Raum in zwei Kompartimente, an deren Wänden z. T. die Abdrücke von *tubuli* sichtbar sind. Das kleine Becken im Süden der Exedra (Abb. 12, Nr. 4) ist mit dieser durch eine Mauer verbunden. In die Westmauer des Beckens war auf Bodenhöhe ein Rohr eingelassen, von dem 1964 während der Ausgrabung noch das Negativ sichtbar war (Abb. 14, Nr. 4 und Abb. 15).

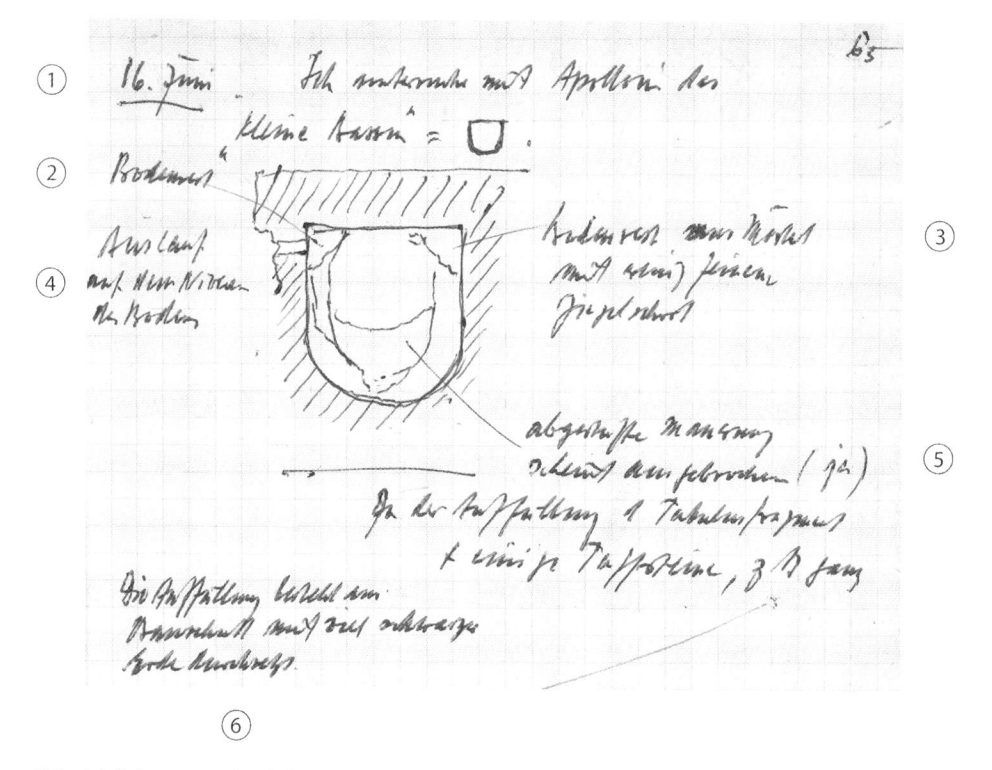

Abb. 14: Kaiseraugst, St. Gallus. Rudolf Laur-Belarts Tagebuchskizze vom 16. Juni 1964 zeigt das kleine Becken des hypokaustierten Gebäudes der Periode III d (vgl. Abb. 11.4). Umschrift der Legende: 1: *16. Juni. Ich* [Rudolf Laur-Belart] *untersuche mit Apolloni* [Ausgräber] *das kleine Bassin.* 2: *Bodenrest.* 3: *Bodenrest aus Mörtel mit wenig feinem Ziegelschrot.* 4: *Auslauf auf dem Niveau des Bodens.* 5: *abgestufte Mauerung – scheint ausgebrochen (ja) – In der Auffüllung 1 Tubulusfragment + einige Tuffsteine, z. T. ganz.* 6: *Die Auffüllung* [des Beckens] *besteht aus Bauschutt mit viel schwarzer Erde durchsetzt.* Tagebuch Rudolf Laur-Belart, S. 67. Römerstadt Augusta Raurica, Ergänzungen von Stephan Laube, Büro Sennhauser, Zurzach.

Die Kastellkirche von Kaiseraugst, Kanton Aargau 43

Das in römischer Tradition hypokaustierte Gebäude ist als letzter Anbau des Kirchenkomplexes entstanden. Von der Zeitstellung des Apsissaales ausgehend, ist es frühestens in das späte 4. Jahrhundert, aber sicher kaum später als in das frühe 5. Jahrhundert zu datieren.[54] Dies anzunehmen legt auch der Umstand nahe, dass Hypokaustanlagen über die nähere Umgebung von Kaiseraugst hinaus für die Zeit nach dem ausgehenden 4. Jahrhundert nicht mehr nachgewiesen sind.

Abb. 15: Kaiseraugst, St. Gallus. Kleines Becken des hypokaustierten Gebäudes (Periode III d) während der Freilegung, Blick gegen Osten. Im Bildzentrum das kreisrunde Negativ einer mit dem kleinen Becken verbundenen Leitung (Legende vgl. Abb. 10). Foto: Rudolf Laur-Belart, Römerstadt Augusta Raurica.

Der Gebäudekomplex ist als kleines profanes Bad zu deuten, das wohl von den Klerikern genutzt wurde. Das kleine Becken diente möglicherweise als Wasserspeicher, von dem aus eine Leitung in die Exedra geführt bzw. in einer Wanne über dem Präfurnium gemündet haben könnte. Der schmale winkelförmige Gang dürfte ein Serviceraum gewesen sein, von dem aus man das kleine Becken unterhielt. Rudolf Laur-Belarts Deutungsvariante der hypokaustierten Räume als christliches Bad für rituelle Waschun-

---

[54] Diesen Datierungsansatz vertrat bereits LAUR-BELART, Kirche Kaiseraugst 1967 (wie Anm. 28), S. 18.

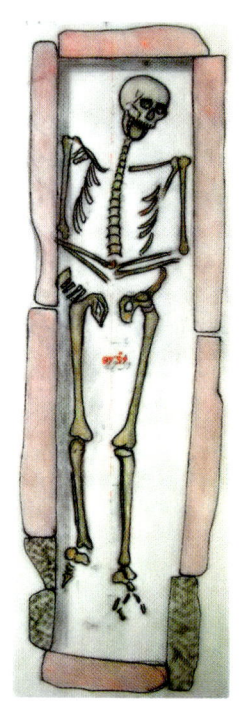

gen, durch die allein man kultische Reinheit erlangte, entfällt, denn hierfür gab und gibt es keine Vorschriften im Christentum. So braucht es auch vor der Taufe keine rituelle äußere Reinheit. Kirchenvater Tertullian äußerte sich dazu bereits im frühen 3. Jahrhundert pointiert und grenzte gleichzeitig die christliche Taufe von äußerlich ähnlichen, paganen Initiationsriten mit kultischen Waschungen ab.[55] Gegen die Deutung des kleinen Beckens als Tauf*piscina* sprechen

- die Lage, denn die Kirche wäre nach der Taufe nur über Umwege zu erreichen,
- die äußerst engen Gänge im Taufraum, da sie kaum einen würdevollen Taufakt erlauben, und
- der auf den Gangboden führende Abfluss, denn geweihtes Taufwasser ließ man nicht auf den Fußboden fließen, sondern durch einen vertikalen Schacht ablaufen und im Boden versickern, oder man schöpfte es aus, wenn das Becken keinen Abfluss aufwies.

Abb. 16: Kaiseraugst, St. Gallus, ungestörtes beigabenloses Steinplattengrab wenige Meter östlich der Kirche. Aus: Marti, Die Anfänge des Bistums (wie Anm. 50), S. 36, Abb. 32.

Bestattungen neben und in der spätantiken/frühmittelalterlichen Kirche der Periode III

Außerhalb der ersten Kirche legte Rudolf Laur-Belart ein beigabenloses ungestörtes Grab frei (Abb. 16). Es befand sich östlich des Nordannexes. Wände und Deckel aus Steinplatten bilden eine rechteckige Grabkammer, deren Fußende nur um wenige Zentimeter verjüngt ist. Das Steinplattengrab dürfte wegen seiner Konstruktionsweise im 7. oder 8. Jahrhundert, spätestens im frühen 9. Jahrhundert entstanden sein.[56]

Weitere Gräber in der Kirche sind dagegen zeitlich nicht näher einzugrenzen. Während im Schiff keine Bestattungen nachgewiesen werden konnten, dürften im Chor sechs Erdgräber der frühmittelalterlichen Periode angehören (Abb. 17). Die Toten waren alle beigabenlos und orientiert (Kopf im Westen, Blick nach Osten) beigesetzt worden. Reste von Särgen oder Totenbrettern sind nicht erhalten. Die Gräber lagen unter dem unversehrten Apsisboden der nachfolgenden Kirche (Periode IV a). Da Innenbestattungen in Bischofskirchen der Frühzeit in der Regel nicht vorkommen, sind sie vermutlich im fortgeschrittenen Frühmittelalter, vielleicht erst nach dem Wegzug der Bischöfe nach Basel (spätestens Mitte 8. Jahrhundert) angelegt worden.

---

[55] Tertullian, De baptismo/Von der Taufe, übersetzt und eingeleitet von Dietrich Schleyer (Fontes Christiani, Bd. 76), Turnhout 2006, S. 170–173 (Kapitel 5, Abschnitt 1–3).
[56] Marti, Nordwestschweiz (wie Anm. 38), Bd. A, S. 38–40.

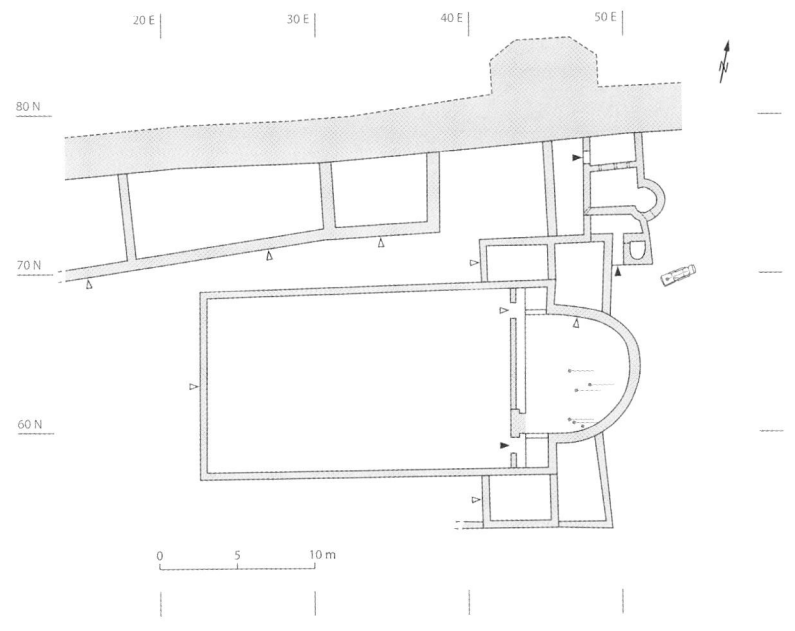

Die Kastellkirche von Kaiseraugst, Kanton Aargau 45

Abb. 17: Kaiseraugst, St. Gallus, Gräber in und neben der spätantik-frühmittelalterlichen Kirche (Periode III). Zeichnung: Stephan Laube, Büro Sennhauser, Zurzach.

Abfolge der mittelalterlichen Kirchenbauten

Wohl erst im Verlauf des 10. Jahrhunderts[57] mussten spätantike Kirche und Anbauten einem kleineren, gedrungenen Saalbau (Periode IV a) weichen, der mit einer überwölbten Apsis und einer westlichen Vorhalle versehen war (Abb. 18). Dessen Schultern und Südmauer kamen auf den älteren Resten zu stehen. Eine Chormauer trennte den Laienraum von Vorchor und Altarhaus ab. Nach einem Brand wurde die Chormauer beseitigt (Periode IV b).

Die Kirche genügte im 14. Jahrhundert offensichtlich den Ansprüchen nicht mehr, denn sie wurde größtenteils niedergelegt (Periode V a,). Das z. T. *a fundamentis* neu aufgeführte Schiff übernahm die Fluchten des älteren Baus, während der vergrößerte Chor in rechteckigem Grundriss neu gebaut wurde (Abb. 19). Auf der Südseite entstand gleichzeitig ein wuchtiger Turm mit Satteldach. Dendrochronologische Daten von Hölzern der Turmböden und des Chordachs belegen eine Bauzeit um 1360.[58]

---

[57] Das heutige Gallus-Patrozinium dürfte in diese Zeit zurückgehen, denn 894 kam die Kirche zum Besitz des Klosters St. Gallen, ältere Dedikationen sind nicht bekannt. Spätestens in der ersten Hälfte des 11. Jh. ging St. Gallus an den Fiskus über, im ausgehenden 13. Jh. an den Basler Bischof und schließlich 1803 an den Kanton Aargau: vgl. SALATHÉ u. a., Ortsgeschichte Kaiseraugst (wie Anm. 9), S. 248.

[58] Die dendrochronologischen Analysen führte Raymond Kontic, Basel, durch.

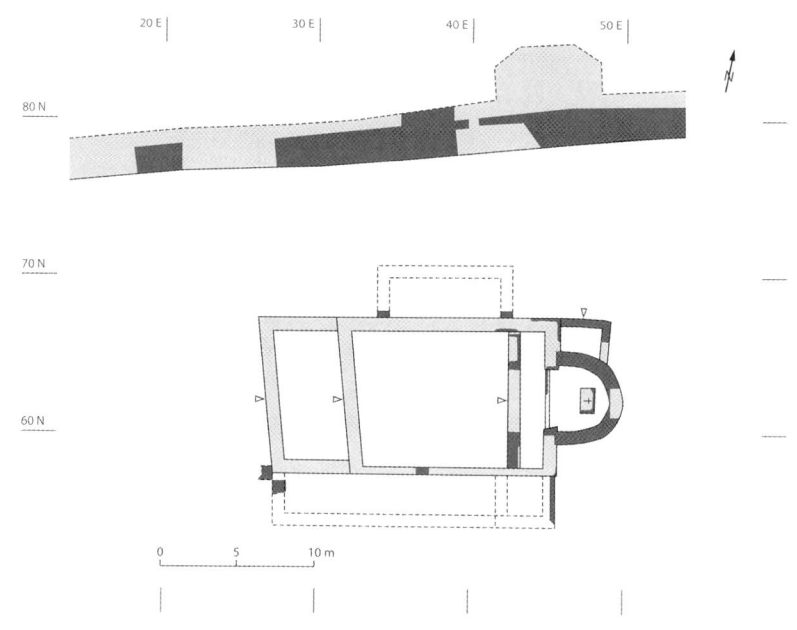

Abb. 18: Kaiseraugst, St. Gallus, hochmittelalterliche Kirche (Periode IV). Schematische Rekonstruktion des Schlusszustandes, 1. Hälfte 14. Jh. (Legende vgl. Abb. 10). Zeichnung: Stephan Laube, Büro Sennhauser, Zurzach.

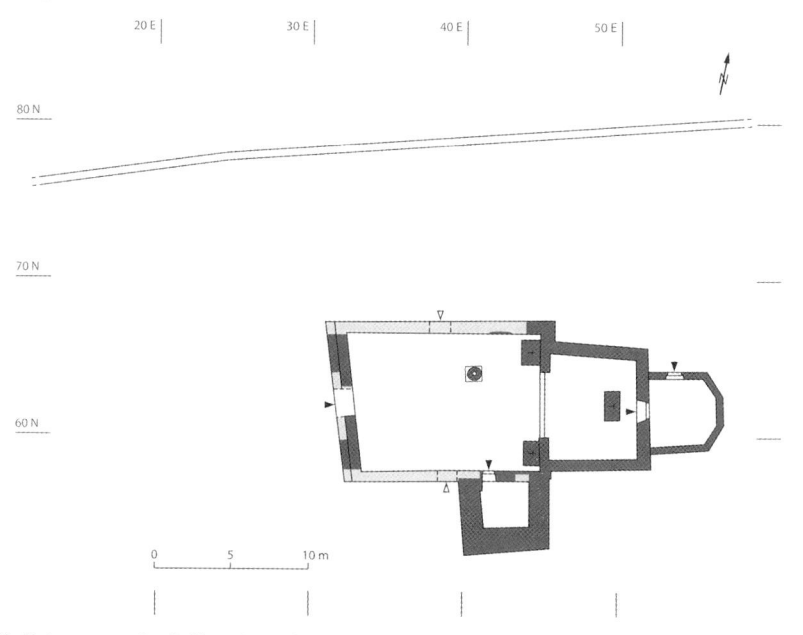

Abb. 19: Kaiseraugst, St. Gallus. Gotische/neuzeitliche Kirche (Periode V). Schematische Rekonstruktion des Schlusszustandes, 1. Hälfte 18. Jh. (Legende vgl. Abb. 10). Zeichnung: Stephan Laube, Büro Sennhauser, Zurzach.

Die Kastellkirche von Kaiseraugst, Kanton Aargau   47

Ein direkter Zusammenhang mit dem Basler Erdbeben von 1356 ist nicht nachweisbar. Nach dreimaliger Erneuerung des Chores (Periode V b: gegen 1440, Chordach erneuert; Periode V c: um 1460, Chor innen mit Freskenzyklus geschmückt; Periode V d: 1619, Chorfenster verändert) kam 1706 die Sakristei dazu (Periode V e).

In den Jahren 1749 und 1750 brach man wohl auch aus statischen Gründen das gotische Langhaus (Periode VI) ab (Abb. 20).

Das neue, um ca. 5 m nach Westen auf 16,50 m verlängerte Schiff behielt die Breite seines Vorgängers, wurde aber zusammen mit dem gotischen Chor aufgehöht. Das barocke Schiff und die barocke Kirchenausstattung sind bis heute weitgehend erhalten.

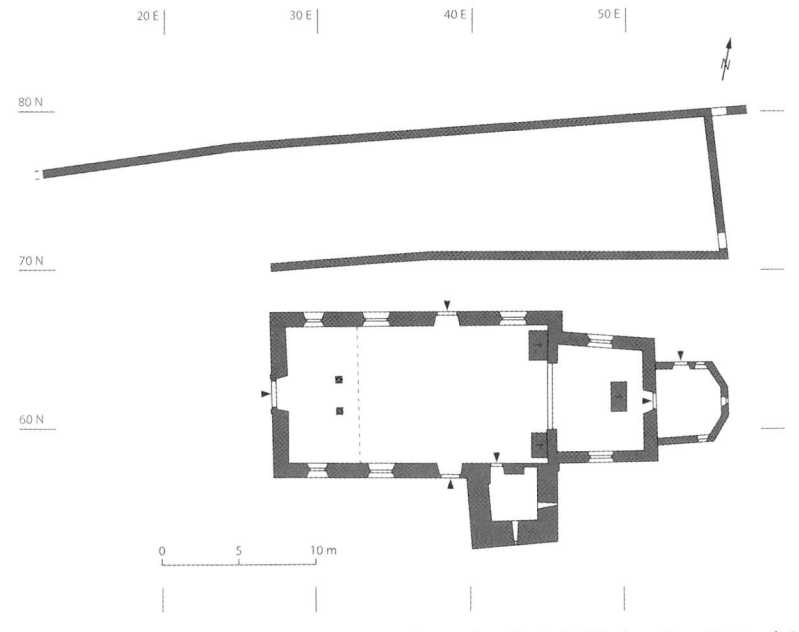

Abb. 20: Kaiseraugst (AG), Kirche St. Gallus. Barocke Kirche (Periode VI), heutiger Zustand (Legende vgl. Abb. 10). Zeichnung: Stephan Laube, Büro Sennhauser, Zurzach.

Kirchen in der spätantiken Stadt um 400

„Kirchenbauboom" an der Wende von der „Late City" zur „Late Late City"?[1]

Antje Kluge-Pinsker

Eine Fülle aktueller historischer und archäologischer Forschungen zum Übergang von der antiken zur frühmittelalterlichen Stadt zeigt zunehmend die Vielfalt der Prozesse im Umbau der *civitates* während der Spätantike.[2] Der folgende Beitrag fokussiert die Entstehungsumstände der frühchristlichen Kirchenanlagen in den *civitates* Galliens im 4. und 5. Jahrhundert. In dieser Zeit des Übergangs von der „Late City" zur „Late Late City" spielt unter anderem ein auch in der neueren Forschung postulierter „Kirchenbauboom" eine zentrale Rolle, der einer älteren Phase gegenübergestellt wird, in der die christlichen Gemeinden noch in vorhandenen antiken Strukturen, Tempeln und anderen „öffentlichen" Gebäuden, verortet gewesen seien.[3]

Zahl und Umfang der Untersuchungen relevanter archäologischer Befunde in Gallien, die diese Prozesse konkretisieren können, haben sich in den vergangenen drei Jahrzehnten erheblich vermehrt.[4] Systematische Grabungen, wie beispielsweise die in

---

[1] Gemäß der Untergliederung der spätantiken Stadtentwicklung bei WOLFGANG LIEBESCHÜTZ, Decline and Fall of the Roman City, Oxford 2001. Um 400 setzen Prozesse ein, in denen sich die „Late City", in der das antike Verständnis der Stadt und deren Strukturen wirksam sind, grundlegend verwandelt und von ihren antiken Wurzeln weiter entfernt. Dabei spielen die christliche Kirche und die Bischöfe als deren Amtsträger eine entscheidende Rolle.

[2] Die Stadt in der Spätantike – Niedergang oder Wandel? Akten des internationalen Kolloquiums in München am 30. und 31. Mai 2003, hg. von JENS-UWE KRAUSE und CHRISTIAN WITSCHEL (Historia, Einzelschriften, Bd. 190), Stuttgart 2006; Zum aktuellen Stand der Forschung im südlichen Gallien: MARC HEIJMANS / JEAN GUYON, Antiquité tardive, haut moyen Age et premiers temps chrétiens en Gaule méridionale (Gallia, Bd. 63), Paris 2006.

[3] Die spätantike Stadt und ihre Christianisierung. Symposion vom 14. bis 16. Februar 2000 in Halle, hg. von GUNNAR BRANDS und HANS-GEORG SEVERIN (Spätantike – Frühes Christentum – Byzanz. Kunst im ersten Jahrtausend, Reihe B, Studien und Perspektiven, Bd. 11), Wiesbaden 2003.

[4] Grundlage dieses Beitrags ist die abgeschlossene Materialsammlung für das Handbuch der frühmittelalterlichen Kirchen in Frankreich, bearbeitet von ANTJE KLUGE-PINSKER, ANDREA NISTERS und BARBARA THEUNE-GROSSKOPF (Publikation im Druck). Darin wurden alle aus der Literatur erschließbaren Gebäudebefunde erfasst, die mit hinreichender Sicherheit in den Kontext des christlichen Gottesdienstes gehören. Archäologische Befunde aus dem Kontext frühchristlicher Kathedralgruppen in Frankreich liegen aus Aix-en-Provence, Alba, Angers, Antibes, Arles, Arras, Avranches, Bordeaux, Clermont-Ferrand, Digne, Fréjus, Grenoble, Limoges, Lyon, Marseille, Nantes, Nevers, Nimes, Nice (?), Nice-Cimiez, Orléans, Paris, Poitiers, Reims, Rouen, Thérouanne (?), Tours, Toulouse, Vaison-la-Romaine, Valence, Vienne und Viviers vor.

Arles, Arras, Bordeaux, Digne, Grenoble, Poitiers, Reims, Rouen und Toulouse, die über die Untersuchung der Kirchengebäude allein hinausgehen und zum Teil von siedlungsarchäologischen Untersuchungen an anderen Stellen des Stadtgebietes ergänzt werden, liefern neue Grundlagen für die Beurteilung der Entstehungsumstände der frühchristlichen Kirchen in den *civitates*, die hier nur skizziert werden können.

Rouen

Rouen, seit römischer Zeit ein bedeutender Binnenhafen, erhielt im 2. Viertel des 4. Jahrhunderts eine neue, in archäologischen und Baubefunden gut greifbare Ummauerung. In diocletianischer Zeit war der Civitas-Hauptort zur Provinzhauptstadt aufgestiegen. Bischof Avitus ist als Teilnehmer des Konzils in Arles der erste in zeitgenössischer Überlieferung genannte Amtsträger der Stadt.

Das *de laude sanctorum*[5] würdigt die Ankunft von Reliquien im Jahr 395/396. Zur Feier der Reliquienankunft versammelte sich die Gemeinde in einer *ecclesia*. Eine andere *basilica* bzw. *aula* befand sich zu diesem Zeitpunkt im Bau, um die Reliquien aufzunehmen. Die Mauern erhoben sich bereits aus der Erde, und man dachte über die Standorte der Altäre nach. Der amtierende Bischof, Victricius, hatte den Bauplatz mit eigenen Mitteln erworben. Archäologische Befunde konkretisieren diese Situation am Ende des 4. Jahrhunderts.[6] Die mittelalterliche Kathedralgruppe entstand auf zwei spätantiken Parzellen, die im 3./4. Jahrhundert einerseits für Wohnzwecke (im Norden) andererseits möglicherweise für eher militärische Zwecke (im Süden) bebaut wurden. Die Befunde (Abb. 1) zeigen, dass ein Wohnanwesen dem dreischiffigen Kirchenneubau weichen musste, den man für die aus Mailand eintreffenden Reliquien errichtete. Die Bauzeit ist durch eine umfangreiche Münzserie zuverlässig an das Ende des 4. Jahrhunderts datiert. Die Raumzeile des Balneariums des Wohnanwesens wurde als Westabschluss der Kirche erhalten – einschließlich der hierbei wieder instand gesetzten Fußbodenheizung. Eine Portikus vor der Westfront der Kirche verband diese mit einem nur ansatzweise erfassten großen Gebäude aus dem frühen 4. Jahrhundert. Es könnte im 5. Jahrhundert neben dem Kirchenneubau weiter bestanden haben. In diesem Zusammenhang stellt sich die Frage, ob sich dieses benachbarte Anwesen bereits zuvor in der Verfügung des Bischofs befunden haben und für Zwecke seiner Gemeinde genutzt worden sein kann. Spätestens nach einem Brand im 5. Jahrhundert, das die Portikus zerstörte und die Kirche beschädigte, wurde dieses Gelände nördlich der Kirche vorübergehend nicht mehr bebaut.[7] Stattdessen entstand im 6. Jahrhundert über der Straße,

---

[5] VICTRICIUS ROTOMAGENSIS, De laude sanctorum, in: Origines chrétiennes. De la IIe Lyonnaise gallo-romaine à la Normandie ducale (IVe-XIe siècles), hg. von RENÉ HERVAL, Rouen/Paris 1966, S. 108–153.

[6] JEAN LE MAHO, Les fouilles de la cathédrale de Rouen de 1985 à 1993. Esquisse d'un premier bilan, in: Archéologie médiévale 24 (1994), S. 1–49; JEAN LE MAHO, Rouen, cathédrale Notre-Dame, in: Les premiers monuments chrétiens de la France, Atlas, Bd. 3, Paris 1998, S. 320–327.

[7] Nach einer gartenbaulichen Nutzung entstanden hier später die Gebäude für die Kleriker.

die den Kirchenbau bis dahin im Süden gesäumt hatte, ein Atrium, das ihn mit einer südlich der Straße errichteten Kirche (Notre-Dame) verband und damit auch erst zu diesem Zeitpunkt die frühmittelalterliche Disposition der Doppelkirchenanlage.

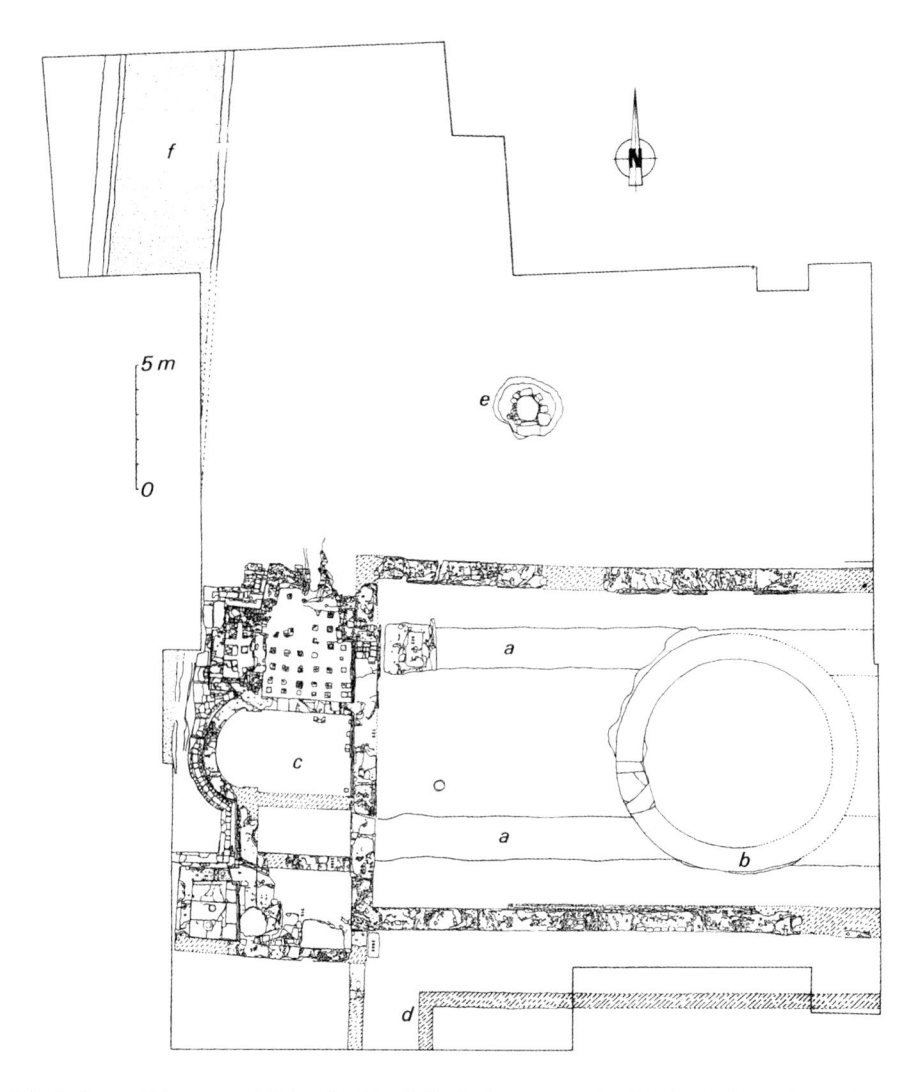

Abb. 1: Rouen (Département Seine-Maritime), Kathedralgruppe, Nordkirche (Ende 4. Jh.) mit karolingischer Rotunde. Fundamentgräber der Säulenreihen (a), Fundamente der Rotunde (b), Balnearium (c), Galerie des Atriums zwischen Nord- und Südkirche (d) sowie Brunnen (e) und Straße (f). Aus: LE MAHO, Les fouilles de la cathédrale (wie Anm. 6), S. 10, Fig. 6.

Kirchen in der spätantiken Stadt um 400   51

Abb. 2: Paris, Kathedralgruppe auf der Ile de la Cité. Baugeschichte auf dem Kathedralvorplatz mit Angabe der archäologischen Untersuchungsjahre bis 1972. Oben: bis Mitte 3. Jh.; Mitte: nach Mitte 3. Jh.; unten: im frühen Mittelalter. Aus: Busson, Carte archéologique (wie Anm. 8), S. 454, Abb. 340, S. 455, Abb. 341 und S. 459, Abb. 342.

Paris

Ein Fixpunkt in der spätantiken Umgestaltung von Paris ist die Befestigung des künftigen politischen und religiösen Stadtzentrums, der Ile de la Cité, mit einer Mauer in der ersten Hälfte des 4. Jahrhunderts. Die Stratigraphie der Befunde zeigt, dass zumindest die archäologisch nachgewiesene westliche Kirche der Kathedralgruppe, Saint-Etienne, nicht Teil des ursprünglichen Konzeptes für die Bebauung der ummauerten Fläche war (Abb. 2). Das Kirchengebäude ersetzte frühestens im 5. Jahrhundert Wohnbauten, die in der Zeit um 400 aufgegeben wurden. Welche Gebäude dem zweifellos im 4. Jahrhundert in Paris amtierenden Bischof bis dahin zur Verfügung standen, und ob diese sich auf der Ile de la Cité befanden, ist unbekannt.[8]

Poitiers

In Poitiers, Amtssitz des Bischofs Hilarius (Mitte 4. Jh.–367/368), stellen sich die Verhältnisse im Bereich der dortigen Kathedralgruppe folgendermaßen dar (Abb. 3): Die Gebäude eines Viertels im südlichen Teil der Stadt, in dem vor allem Handwerker niedergelassen waren, wurden im Verlauf des 3. Jahrhunderts und im frühen 4. Jahrhundert aufgegeben. Befunde einer nachfolgenden, an einem veränderten Straßennetz orientierten Bebauung des 4. Jahrhunderts (330/350) zeigen zum Teil großzügige, qualitätsvolle Architektur. Die Ansprache der Gebäude als ursprüngliche Teile der spätantiken Kathedralgruppe ist ebenso wie die Annahme der christlichen Konfession einer kleinen um die Mitte des 4. Jahrhundert hier bestatteten Personengruppe angesichts des Standortes eine mögliche, bisher jedoch nicht bewiesene Option. Das Gebäude, aus dem das Baptisterium Saint-Jean hervorging, ein Rechtecksaal mit umgebenden Annexräumen und verschiedenen (Becken?)einbauten, entstand wahrscheinlich im Kontext dieser Neubebauung des Areals im 4. Jahrhundert. Erst mit dem Einbau des achteckigen Taufbeckens und einer umfassenden Umgestaltung wird das Gebäude im archäologischen Befund als Taufkirche klar erkennbar. Der bekannte Befund lässt die Möglichkeit offen, dass es ursprünglich für andere Zwecke errichtet worden war, zum Beispiel zu Wohnzwecken, und später – möglicherweise auch vor der zweifelsfreien Umgestaltung zum Baptisterium – der Gemeinde zur Verfügung gestanden haben könnte – vielleicht bereits mit einem archäologisch greifbaren Umbau, bei dem u. a. die Beckeneinbauten verfüllt und durch einen neuen Estrich versiegelt wurden, der dem Einbau der achteckigen Piscina vorausging.[9]

---

[8] Zusammenfassend: Daniel Busson, Carte archéologique de la Gaule 75, Paris 1998, S. 445–471; Patrick Périn, Paris. Groupe épiscopal Saint-Etienne et Notre-Dame, in: Les premiers monuments chrétiens de la France, Atlas, Bd. 3, Paris 1998, S. 151–158.

[9] Jean-Francois Reynaud, Réflexions sur le baptistère de Poitiers, in: Orbis Romanus Christianusque. Travaux sur l'Antiquité Tardive rassemblés autour de Noël Duval, Paris 1995, S. 157–173; Paul-Albert Février, Poitiers. Baptistère Saint-Jean, in: Les premiers monuments chrétiens de la France, Atlas, Bd. 2, Paris 1996, S. 290–301; Sebastian Ristow, Früh-

Kirchen in der spätantiken Stadt um 400 53

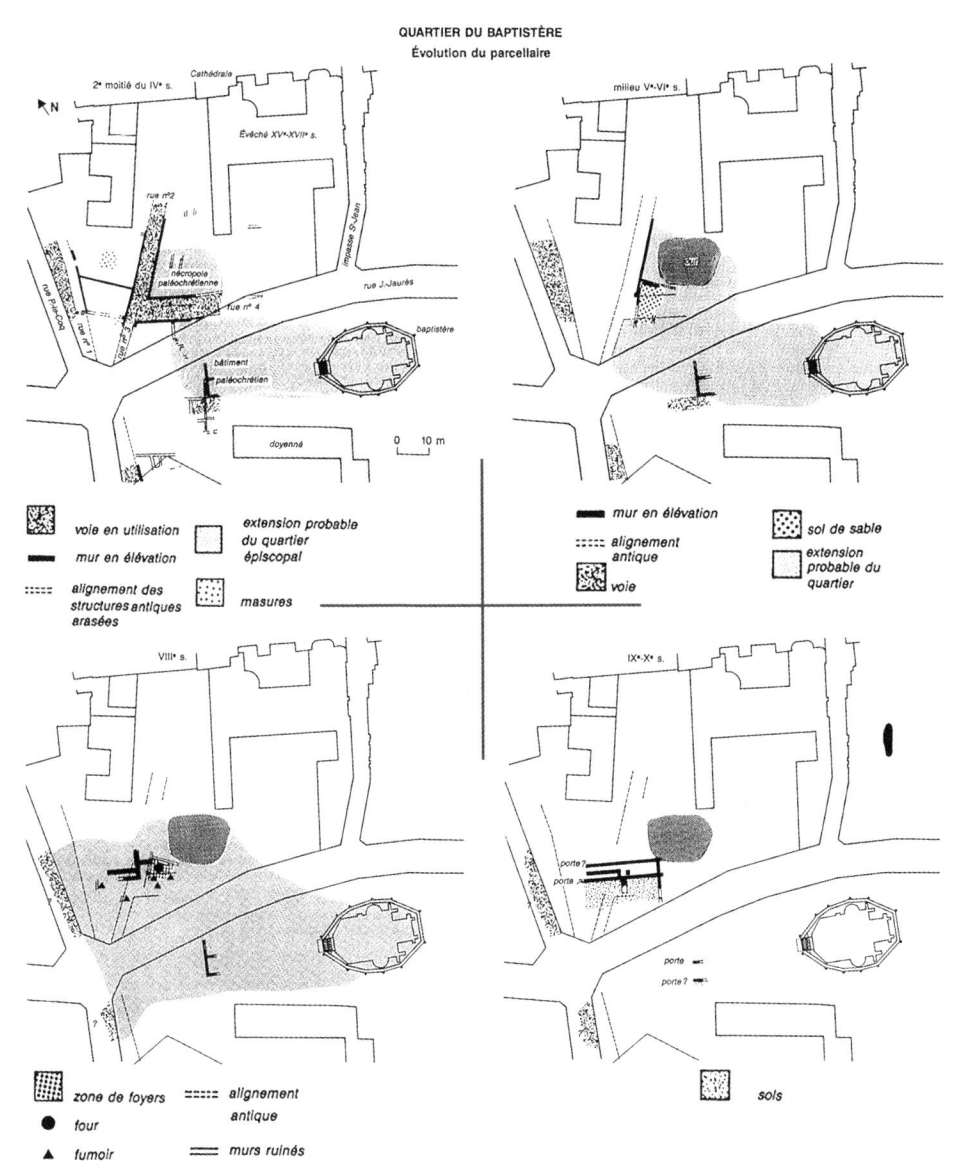

Abb. 3: Poitiers (Département Vienne), Baptisterium Saint-Jean (Kathedralgruppe). Entwicklung in der Umgebung des Baptisteriums. Oben links: 2. Hälfte 4. Jh.; Oben rechts: Mitte 5.–6. Jh.; unten links: 8. Jh.; unten rechts: 9.–10. Jh. Aus: NELLY LE MASNE DE CHERMONT, Poitiers, Espace Devenir, Fouilles de l'Ancien Eveché, in: Romains et Barbares entre Loire et Gironde IVe–Xe siècles. Katalog zur Ausstellung in Poitiers (1989), S. 49–52 (Abb. S. 50).

christliche Baptisterien (Jahrbuch für Antike und Christentum, Ergänzungsband 27), Münster 1998, S. 145 (Katalognummer 201–203).

Grenoble

In Grenoble, spätestens am Ende des 4. Jahrhunderts Sitz eines Bischofs, datiert das erste durch den Einbau einer Piscina sicher als Baptisterium ansprechbare Gebäude an die Wende vom 4. zum 5. Jahrhundert.[10] Das Grundstück der Kathedralgruppe (Abb. 4), der es angehört, liegt unmittelbar neben einem der Haupttore der Stadt, an der *Porta Herculanea* hinter der spätrömischen Stadtmauer, deren Errichtung durch Bauinschriften zuverlässig in die Jahre zwischen 286 und 293 datiert wird. Das Areal scheint nach dem Bau der Mauer allerdings zunächst bis in die Zeit um 330/340 unbebaut geblieben zu sein.

Dem Bau der Stadtmauer folgte also einige Jahrzehnte später der Bau einer auf ein Atrium ausgerichteten Raumfolge. Der Nutzungszusammenhang des Komplexes erschließt sich für diese erste spätantike Bauphase nicht. Auch die unmittelbar jenseits

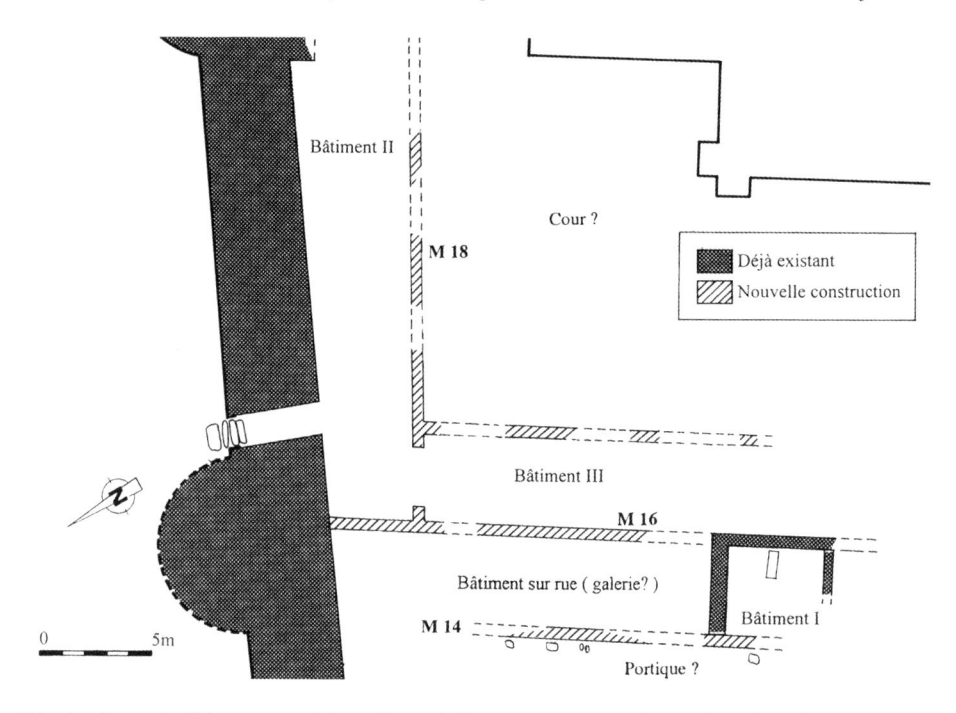

Abb. 4a: Grenoble (Département Isère), Kathedralgruppe, Bebauung der an die spätantike Stadtmauer grenzenden Fläche in der Mitte des 4. Jh. (oben) und in der Zeit um 400 (rechts) mit dem ersten gesicherten Baptisterium. Aus: Baucheron / Gabayet / de Montjoye, Autour du groupe épiscopal de Grenoble (wie Anm. 10), S. 58, Abb. 26 und S. 68, Abb. 36.

---

[10] François Baucheron / Olivier Blin / Ghislaine Girard, Grenoble, baptistère, in: Les premiers monuments chrétiens de la France, Atlas, Bd. 1, Paris 1995, S. 233–238; François Baucheron / Franck Gabayet / Alain de Montjoye, Autour du groupe épiscopal de Grenoble: deux Millénaires d'Histoire (Documents d'archéologie en Rhône-Alpes, Bd. 16), Lyon 1998.

Kirchen in der spätantiken Stadt um 400   55

der Stadtmauer ausgegrabenen Bestattungen geben hierüber keinen weiteren Aufschluss. Am Ende des 4. Jahrhunderts erfolgte ein grundlegender Umbau des Westflügels. Anstelle der Portikus wurde eine weitere, tiefere Raumzeile errichtet, in die der Rechtecksaal mit der Piscina eingeschaltet war. Die beiden Kirchen der Kathedralgruppe, Notre-Dame und Saint-Huges (ehemals Saint-Vincent) gehen wahrscheinlich auf spätantike oder frühmittelalterliche Vorgänger zurück. Über die Gestaltung der Anbindung der beiden dem Baptisterium gegenüberliegenden Kirchen an den Ostflügel des Atriums ist nichts bekannt. Ob die Parzelle neben der *Porta Herculanea* von Anfang an, also seit dem Beginn ihrer Bebauung in der Zeit um 330/340, in der Verfügung der christlichen Gemeinde und ihres Bischofs stand, ist auch hier nicht zu klären.

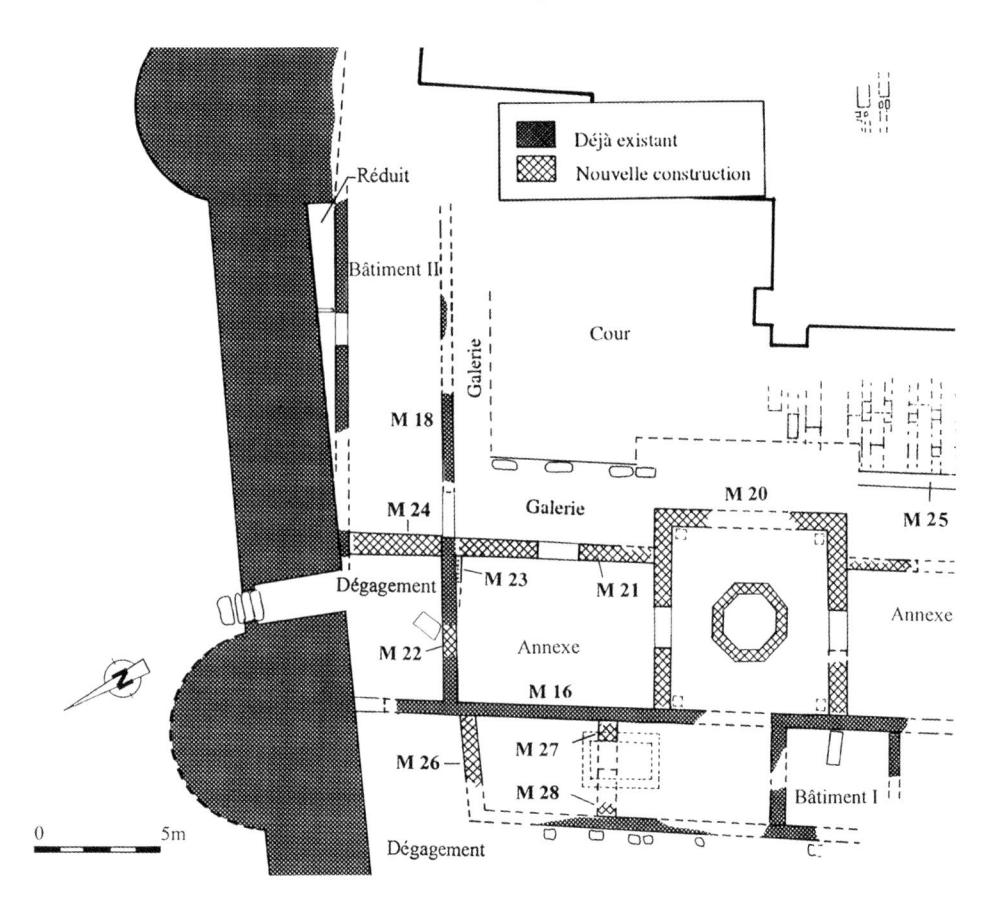

Abb. 4b: vgl. Abb. 4a

Arles

Im Stadtgebiet von Arles wird in den Befunden in der Zeit um 400 bis in die Mitte des 5. Jahrhunderts massive Bauinitiative greifbar – hier zweifellos die Folge einer Bedeutungssteigerung nach der Verlegung der Präfektur Galliens von Trier nach Arles. Sie führte offensichtlich zu einem Zuzug von Personen, die anspruchsvolle private Bauvorhaben in Angriff nahmen. Nach dem vorangegangenen Verfall von Bausubstanz in den Randbereichen der Siedlungsfläche im 3./4. Jahrhundert konzentrierte sich die Besiedlung noch vor der Errichtung einer erneuten Ummauerung im 5./6. Jahrhundert auf den alten Stadtkern. Das antike Forum der Stadt bestand als öffentlicher Platz weiter; neu errichtet wurden der *Circus* mit Aufstellung eines Obelisken und – in deren Nachbarschaft – ein großes Mausoleum.[11] Eine 2003 teilweise ausgegrabene Kirche von enormer Größe, in der Südostecke der Stadtbefestigung und direkt neben einer schon früher bekannten kleineren Kirche gelegen (Abb. 5), ist bisher nicht sicher datiert. Die beiden bisher vorgeschlagenen Ansätze hätten allerdings sehr unterschiedliche Kontexte der Gebäude zur Folge: Handelt es sich um eine älteste Kathedrale „konstantinischer Zeit" oder um einen Neubau des frühen Mittelalters (6. Jahrhundert) aus dem Kon-

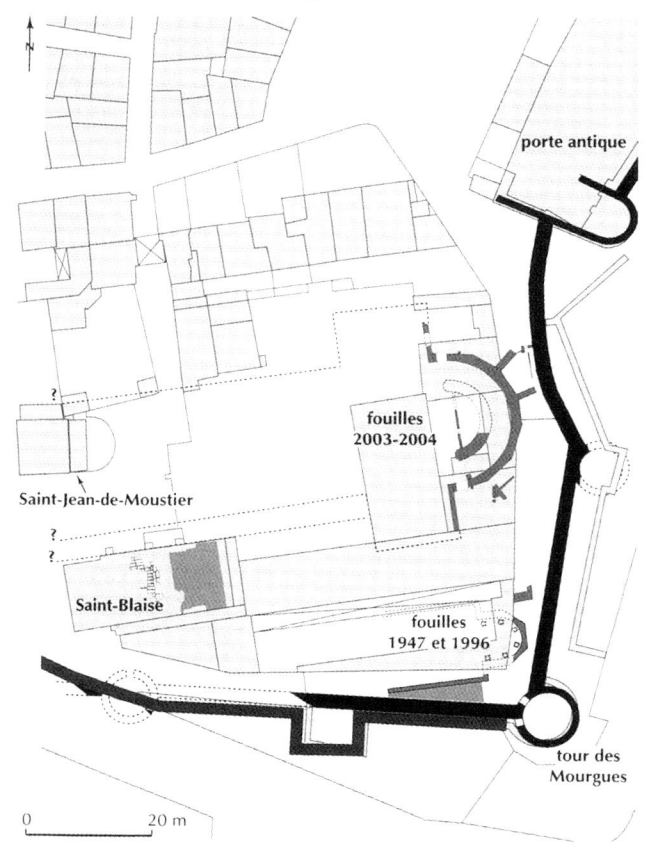

Abb. 5: Arles (Département Bouches-du-Rhône), Kirchenbefunde (Kathedralgruppe?) in der Südwestecke der Stadtbefestigung (Enclos Saint-Césaire): erster Standort der Kathedrale (4. Jh.?) und späteres Kloster Saint-Jean (6. Jh.). Aus: MARC HEIJMANS, L'eglise paléochretienne de l'enclos Saint Césare à Arles (Bouches-du-Rhone), in: Gallia 63 (2006), S. 121–124 (S. 123, Abb. 59).

---

[11] MARC HEIJMANS, Arles durant l'antiquité tardive. De la duplex Arelas à l'Urs Genesii (Collection de l'Ecole Française de Rome, Bd. 324), Rom/Paris 2004.

text der Gründung des Frauenklosters St. Johann durch Bischof Caesarius?[12] Auf einen Ansatz deutlich vor dem 6. Jahrhundert und damit auf eine Ansprache der Gebäude als Kirchen der ältesten Kathedralgruppe, weist die Tatsache hin, dass an die Apsis der kleineren der beiden Kirchen im 5. Jahrhundert Wohngebäude angebaut wurden.[13] Die Klärung der Frage, ob die beiden Kirchen in das 4. Jahrhundert zurückgehen, bleibt bis zu künftigen, tiefergehenden Ausgrabungen, die eine Stratifizierung der Gebäudebefunde erlauben, offen.

Aix-en-Provence

In Aix entstand die Kathedralgruppe im 5., spätestens im 6. Jahrhundert an zentraler Stelle innerhalb der Stadt anstelle des kaiserzeitlichen Forums (Abb. 6). Die Datierungsgrundlagen sind bisher allerdings nicht stichhaltig genug, um zu klären, ob die Gebäude in die Gründungszeit des Bischofssitzes in Aix (spätestens am Anfang des 5. Jahrhunderts) zurückgehen oder nicht. Die Bebauung des Forums scheint sich zu dem Zeitpunkt, als man mit dem Bau der Kathedralgruppe begann, in Verfall befunden zu haben, da den Befunden zufolge das Pflaster lückenhaft geworden und das Dach der Portikus zumindest teilweise eingestürzt war. Mit einer großen Kirche auf der Nordseite, dem daran unmittelbar anschließenden Baptisterium sowie einer Klausur im Süden von Kirche und Baptisterium, folgte man beim Bau der Anlage einem kohärenten Konzept. Den Innenraum des Hofes füllte man dabei fast bis zur Oberkante des Podiums an seinem Nordende auf.

Ob der Bischof das Grundstück des Forums mit den daran angrenzenden Gebäuden erst mit der Entscheidung für das Neubauvorhaben erhielt oder ob es ihm schon früher zur Verfügung gestanden hatte, ist auf Grundlage des archäologischen Befundes nicht zu klären.[14]

Fazit

In manchen Fällen zeigt der Befund, dass der Kirche das jeweilige Grundstück erst mit dem Bauvorhaben zur Nutzung zur Verfügung stand. Im Falle von Reims etwa, wo offenbar die erst im 4. Jahrhundert in kaiserlicher Initiative umgestalteten Thermen der

---

[12] Marc Heijmans, L'église paléochrétienne de l'enclos Saint-Césaire à Arles (Bouches-du-Rhône), in: Ders. / Jean Guyon, Antiquité tardive (wie Anm. 2), S. 121–124.

[13] Marc Heijmans, La topographie de la ville d'Arles durant l'antiquité tardive, in: Journal of Roman Archeology 12 (1999), S. 143–167.

[14] Rollins Guild, La cathédrale d'Aix 1987, in: Gallia-Informations (1987–1988), S. 227; Rollins Guild / Jean Guyon / Lucien Rivet / Muriel Vecchione, Saint-Sauveur d'Aix. La cathédrale et le baptistère, Aix ²1988, S. 17–64; Rollins Guild / Jean Guyon / Lucien Rivet, Aix-en-Provence. Groupe épiscopal Saint-Sauveur-Sainte-Marie, in: Les premiers monuments chrétiens de la France, Atlas, Bd. 1, Paris 1995, S. 109–117.

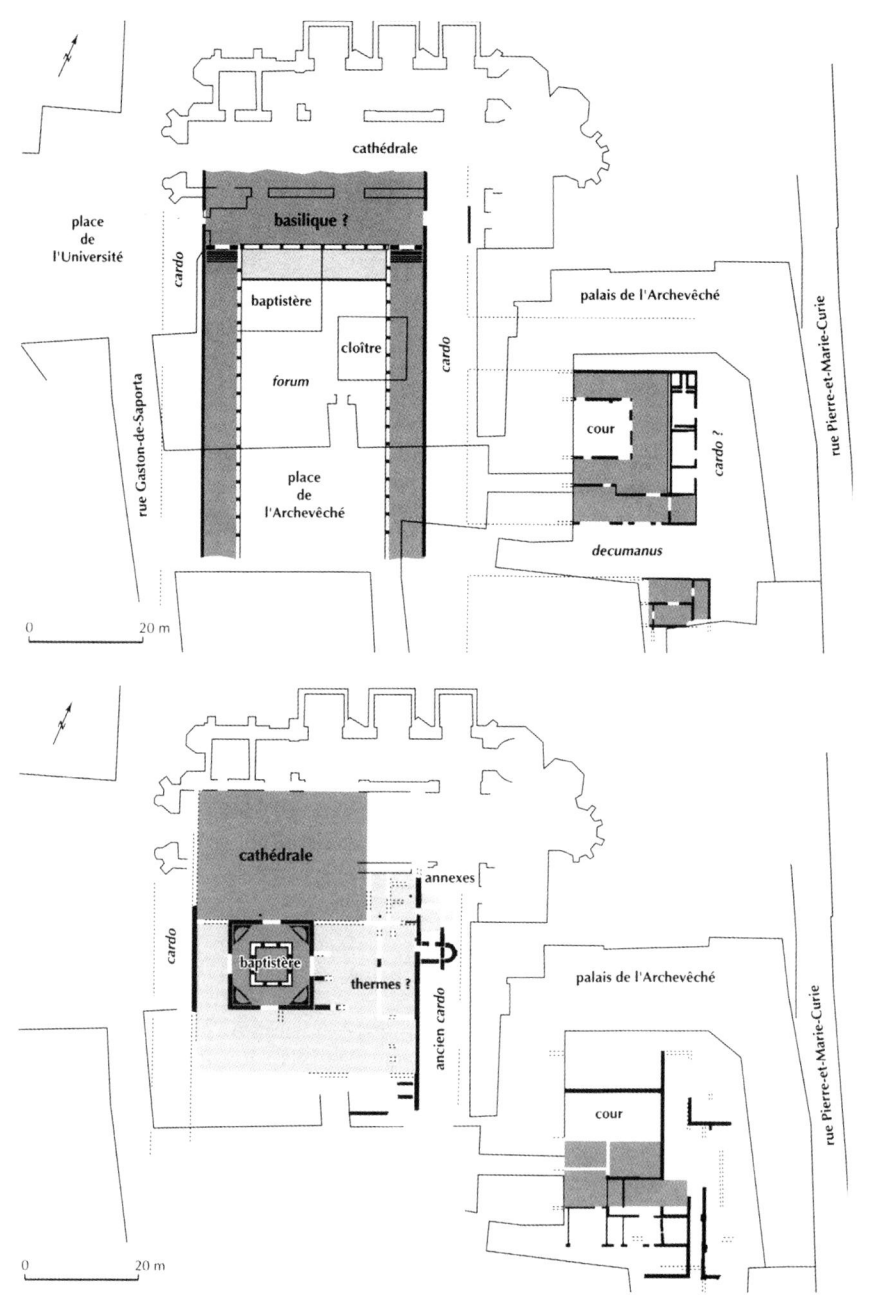

Abb. 6: Aix-en-Provence (Département Bouches-du-Rhône), Kathedralgruppe. Oben: Römischer Gebäudehorizont (1.–3. Jh.). Unten: frühmittelalterlicher Gebäudehorizont (6. Jh.). Aus: Marc Heijmans / Jean Guyon, La place des monuments publics du haut-empire dans les villes de la Gaule méridionale durant l'antiquité tardive (VIe–VIe S.), in: Gallia 63 (2006), S. 25–41 (S. 32, Abb. 10).

Kathedrale wichen und auch das Prätorium einbezogen werden konnte.[15] In Arras entstand die Kathedralkirche nach einem Schadensbrand über einem vermutlich öffentlichen Gebäudekomplex (Thermen?),[16] in Cimiez wurde ebenfalls das Gelände öffentlicher Thermen für die Kathedralgruppe verwendet.[17] In Rouen soll Bischof Victricius das Grundstück für die Kirche Saint-Etienne, dem Befund nach ein im 4. Jahrhundert errichtetes Wohnanwesen, aus Anlass einer Reliquienübertragung persönlich erworben haben. In Paris wurde die Kirche Saint-Etienne ebenfalls über einer erst im 4. Jahrhundert errichteten, doch noch im selben Jahrhundert bereits wieder aufgegebenen Bebauung errichtet, die ihrer Binnenstruktur zufolge Wohnzwecken diente.

In anderen Fällen ist nicht auszuschließen, dass die Gemeinden über die jeweiligen Grundstücke bereits verfügt hatten, bevor sie mit den ersten als Kirchenräume erkennbaren Gebäuden bebaut wurden – etwa das Gelände des Forums in Aix-en-Provence oder das Grundstück neben der *Porta Herculanea* in Grenoble.

In den Friedhöfen außerhalb der Stadt begann man gleichzeitig, den Kult für die Heiligen, zunächst vor allem für die Märtyrer der Christenverfolgung und der frühen Mission, zu gestalten. Die Errichtung erster größerer Gebäude über Heiligengräbern, die zuvor allenfalls von kleineren Grabbauten überbaut waren, entstanden nach Ausweis vorliegender Datierungsansätze ebenfalls erst seit der Zeit um 400. Der Umgang mit dem Grab des Saturninus in Toulouse dürfte exemplarisch sein und ist sowohl in der schriftlichen Überlieferung als auch im archäologischen Befund gut greifbar. Der *Passio* des Heiligen Saturninus (Martyrium um 250) zufolge[18] ließ Bischof Hilarius im 4. Jahrhundert ein hölzernes Oratorium über dem Grab des Saturninus errichten. Seine Nachfolger, Silvanus und Exuperius, initiierten dann – und zwar etwa 300 m vom ursprünglichen Ort des Grabes entfernt – einen Neubau, in den die Gebeine des Heiligen 402/403 überführt wurden.[19]

Im Falle von Paris errichtete man das erste greifbare größere Gebäude (mit einer Länge von ca. 20 m) über dem Grab des heiligen Dionysius, ebenfalls am Ende des 4. oder im frühen 5. Jahrhundert, 9 km nördlich der Stadt. Keine der übrigen Fried-

---

[15] WALTER BERRY / ROBERT NEISS, La découverte du baptistère paléochrétien de Reims, in: Le baptême de Clovis, l'évènement, son écho à travers l'histoire, Colloque international d'histoire Reims 1996 (1997), S. 869–885; WALTER BERRY / ROBERT NEISS, Reims. Cathédrale et baptistère, in: Les premiers monuments chrétiens de la France, Atlas, Bd. 3, Paris 1998, S. 105–111.

[16] Carte archéologique de la Gaule 62/1, hg. von ROLAND DELMAIRE, Paris 1994, S. 129, Abb. 35, S. 130; PIERRE LEMAN, Topographie chrétienne d'Arras au VIe siècle: la *Vita Vedasti* et les données de l'archéologie, in: Revue du Nord 77 (1995), S. 169–184.

[17] PAUL ALBERT FÉVRIER, Nice. Groupe épiscopal de Cimiez, in: Les premiers monuments chrétiens de la France, Atlas, Bd. 1, Paris 1995, S. 103–108.

[18] *Passio sancti Saturnini*, in: Société des Bollandistes, Bibliotheca hagiographica latina, Bd. 2, Brüssel 1900–1901, Nr. 7496.

[19] PAUL-ALBERT FÉVRIER, Toulouse, in: Province ecclésiastique de Narbonne, hg. von PAUL-ALBERT FÉVRIER und XAVIER BARRAL I ALTET (La topographie chrétienne des cités de la Gaule des origines au milieu du VIIIe siècle, Bd. 7), Paris 1989, S. 32, Nr. 5; JEAN ROCACHER, Toulouse. Martyrium de Saint Saturnin à Saint-Sernin, in: Les premiers monuments chrétiens de la France, Atlas, Bd. 2, Paris 1996, S. 197–199.

hofs- und Begräbniskirchen der Stadt,[20] für die aussagekräftige archäologische Befunde vorliegen, scheint in diese Zeit zurückzugehen. Das Netzwerk der suburbanen Kirchen von Paris entstand und verdichtete sich erst im Verlauf des 5. bis 7. Jahrhunderts.

Die anfangs zitierte These eines „Kirchenbaubooms", beginnend in der Zeit um 400, wird in den archäologischen Befunden durchaus greifbar. Der bauliche Rahmen der christlichen Gemeinden in der Zeit davor und damit die Konkretisierung des Zustandes in der älteren Phase der spätantiken Stadtentwicklung, in der „Late City"[21] des 3. und 4. Jahrhunderts, in der sich die christlichen Gemeinden in Gallien konstituierten und institutionalisierten, bleibt bisher weitgehend unsichtbar. Dies als Bestätigung der Annahme zu werten, die Gemeinden hätten in dieser Phase vor allem bereits vorhandene Gebäude genutzt, wäre allerdings voreilig.

---

[20] Saints-Apôtres/Sainte-Geneviève, Saint-Germain-des-Prés, Saint-Marcel, Saint-Martin-des-Champs, Saint-Pierre-de-Montmartre; vgl. Les anciennes églises suburbaines de Paris (IVe–Xe siècles) hg. von MAY VIEILLARD-TROIËKOUROFF (Paris et Ile-de-France, Bd. 11) Paris 1960; PATRICK PÉRIN, Paris mérovingien (Bulletin du Musée Carnavalet, Bd. 33), Paris 1985; ANTJE KLUGE-PINSKER, Königliche Kirchen der Merowinger in Paris und Saint-Denis, in: Die Franken – Wegbereiter Europas. Katalog zur Ausstellung in Mannheim (1997), Mainz 1997, S. 423–434; PATRICK PÉRIN / MICHEL WYSS, La nécropole du haut moyen age et son cadre architectural, in: Dossiers d'archéologie 297 (2004), S. 38–49.

[21] Vgl. Anm. 1.

Frühchristliche Kirchenarchäologie im Rhein-Mosel-Raum

Neue Ergebnisse, künftige Forschungen

Sebastian Ristow

Der Rhein-Mosel-Raum zählt zu den archäologischen Regionen, die eine Vorreiterrolle im Rahmen dieser speziellen Ausrichtung der Archäologie einnehmen. Bedeutende Kirchengrabungen, die schon seit 50 Jahren oder länger andauern, erforschten die Ursprünge der Dombauten von Köln und Trier. Großangelegte Bodenuntersuchungen brachten auch unter den Hauptkirchen von Xanten sowie unter anderen Kirchen in Köln, Trier und in kleinerem Maßstab in Koblenz, Karden, Boppard und Mainz Reste älterer Sakralarchitektur zu Tage. Nur unsicher zu beurteilen sind Baureste bei weiteren Kirchen, wie etwa in Aachen, Remagen und Andernach.[1]

Abgesehen von ersten substanzreichen Bauforschungen und einzelnen Bodenuntersuchungen vornehmlich in Trier und Köln haben vor allem die Ausgrabungen unter und um die Kölner Severinskirche (1925–1957) und das Bonner Münster (1928–1930) zur Entwicklung der Methodik und Formulierung von Problemstellungen der westdeutschen Kirchenarchäologie beigetragen (Abb. 1, 2).[2] Die Pioniere jener Anfangszeit, namentlich Fritz Fremersdorf (1894–1983) in Köln, Hans Lehner (1865–1938) und Walter Bader (1901–1986) in Bonn und Xanten, hatten für ihre Aktivitäten damals wenig Vorbildhaftes vor Augen.[3] Diese und auch die späteren Untersuchungen aus den

---

[1] Zum hier behandelten Raum und seinen christlichen Denkmälern vgl. ausführlich SEBASTIAN RISTOW, Frühes Christentum im Rheinland. Die Zeugnisse der archäologischen und historischen Quellen an Rhein, Maas und Mosel (Jahrbuch des Rheinischen Vereins für Denkmalpflege und Landschaftsschutz 2006), Köln 2007.

[2] HANS LEHNER / WALTER BADER, Baugeschichtliche Untersuchungen am Bonner Münster, in: Bonner Jahrbücher 136/37 (1932), S. 3–216; FRITZ FREMERSDORF, Ältestes Christentum. Mit besonderer Berücksichtigung der Grabungsergebnisse unter der Severinskirche in Köln, in: Kölner Jahrbuch für Vor- und Frühgeschichte 2 (1956), S. 7–26.

[3] Hans Lehner (geboren am 3. Juni 1865 in Sigmaringen, gestorben am 21. Februar 1938 in Bonn) war Professor für Rheinische Archäologie und Direktor des Bonner Provinzialmuseums in Bonn. 1889 Promotion in Straßburg zum Thema „Über die athenischen Schatzverzeichnisse des vierten Jahrhunderts" (Strassburg 1890); 1892 Stellvertretender Direktor des Trierer Landesmuseums, 1898 Direktor des Altertumsmuseums Wiesbaden, seit dem 1.4.1899 Direktor des Provinzialmuseums Bonn bis 1930. Vgl. Archiv des Landschaftsverbands Rheinland, Bestand Brauweiler 28394, Nr. 18; 38272; 38273; 53170 sowie FRANZ OELMANN, Prof. Dr. H. Lehner zum Übertritt in den Ruhestand, in: Rheinische Heimatpflege 11 (1930), S. 123–125; DERS., Prof. Dr. Lehner 70 Jahre alt, in: Rheinische Heimatpflege 7 (1935), S. 286–288; DERS., Zum Tode von Prof. Dr. H. Lehner, in: Rheinische Heimatpflege 10, Heft 2 (1938), S. 631; DERS., Zum Tode von Professor Dr. Hans Lehner, in: Rheinische Vorzeit in Wort und Bild 1 (1938), S. 119 f.; ALBERT GRENIER, Hans Lehner, in: Revue des études anciennes 40 (1938),

ersten Jahrzehnten der Nachkriegszeit folgten in weitaus höherem Maß als heute gewohnt dem Diktum der gemischten Argumentation. Das heißt, es wurden die identifizierten Bauphasen mehr oder weniger zwanglos in die Epochen zwischen den ältesten und jüngsten Punkten in der jeweiligen Baugeschichte einsortiert, die man mit Hilfe der Schriftquellen glaubte, festlegen zu können. Funde wurden zwar geborgen, aber nur wenn sie inhaltlich interessant schienen in Form von Einzelbeispielen publiziert; zu selten zog man sie für eine archäologische Datierung der Bauphasen heran.

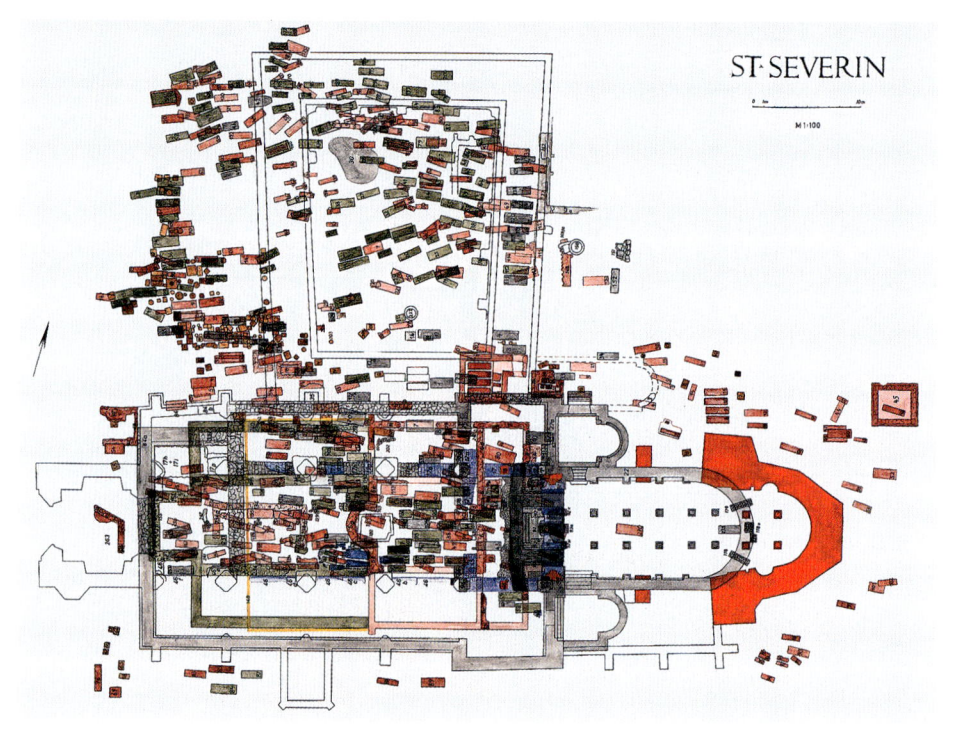

Abb. 1: St. Severin in Köln, aquarellierter Plan zur Ausgrabung nach den Angaben von Fritz Fremersdorf. Teile von Grabungsdokumentation und Funden sind Kriegsverlust, der Plan entstand im Nachhinein neu. Aus: Ristow, Kontinuität und Umbruch (wie Anm. 40), Abb. S. 24 unten.

Ein zweiter, ebenfalls nicht unproblematischer Aspekt bei der Beurteilung älterer Kirchengrabungen liegt in der Tatsache begründet, dass von den Ausgräbern oft vollkommen unkritisch Baureste gleich welcher Art als ursprüngliche Kirchen interpretiert wurden, sobald sie in Verbindung mit einem späteren Gotteshaus zu Tage traten. Oft genügte seitens der Archäologie auch schon das Vorhandensein einer Heiligenlegende

---

S. 303 f; [o. N.], Hans Lehner (1866–1938), in: Revue Archéologique, Ser. 6, Bd. 13 (1939), S. 127; Zu Bader und Fremersdorf vgl. demnächst auch Sebastian Ristow, in: Prosopographie Christliche Archäologie (XVI–XX Jahrhundert), hg. von Stefan Heid in Verbindung mit Martin Dennert und Christine Maria Grafinger, Rom (in Vorbereitung).

um anzuregen, ihrer Manifestation in Form frühchristlicher Architektur nachzugehen. Im Rhein-Mosel-Raum sind dies vor allem die Legenden um die konstantinische Kaiserfamilie, insbesondere um Helena, die Mutter Konstantins des Großen sowie die Heiligen, welche im Hochmittelalter unter dem Dach der thebaischen Martyrerlegion vereinigt wurden.[4] In Köln, Trier und Mainz sowie auch im benachbarten Tongeren bzw. Maastricht kommen die Überlieferungen und örtlichen Bezüge zu verehrungswürdigen frühchristlichen Bischöfen dieser Städte hinzu.[5]

---

[4] Josef Dietz, St. Helena in der rheinischen Überlieferung, in: Festschrift Matthias Zender: Studien zu Volkskultur, Sprache und Landesgeschichte, hg. von Edith Ennen und Günter Wiegelman, Bonn 1972, Bd. 1, S. 356–383; Mauritius und die Thebäische Legion. Akten des internationalen Kolloquiums hg. von Otto Wermelinger, Philippe Bruggisser, Beat Näf und Jean-Michel Roessli, Freiburg/Saint-Maurice/Martigny, 17.–20. September 2003 (Paradosis, Bd. 40), Fribourg 2005.

[5] Zu den Kölner Bischöfen Maternus, Severin und Kunibert gibt es verschiedene Ansichten zu den Kirchenbauten, die mit ihnen in Verbindung gebracht werden: vgl. Sebastian Ristow, Maternus, in: Biographisch-Bibliographisches Kirchenlexikon, Bd. 20, Nordhausen 2002, Sp. 994–994 (im Internet unter http://www.bautz.de/bbkl/m/maternus_v_k.shtml); Ders., Kunibert, in: ebd., Bd. 29, Nordhausen 2008, Sp. 796–802 (im Internet unter http://www.bbkl.de/k/kunibert_b_v_k.shtml); zu Severin vgl. die entsprechenden Erläuterungen in: Sebastian Ristow, Frühes Christentum (wie Anm. 1), bes. S. 108 f. sowie demnächst die Tagungspublikation zu Severin über die bisher nur ein kurzer Vorbericht vorliegt: Joachim Oepen, „Der hl. Severin von Köln" – Erkenntnisse eines Fachkolloquiums, in: Geschichte in Köln 51 (2004), S. 169–172; zu Trier: Hans A. Pohlsander, Maximinus und Paulinus. Zwei Trierer Bischöfe im 4. Jahrhundert, in: Trierer Zeitschrift 59 (1996), S. 119–180; Thomas Bauer, Trierer Bischofsliste und apostolische Bistumslegende. Zur Herkunft und Bedeutung der 22 (23) von den Gesta Treverorum zwischen Maternus und Agricius inserierten Namen, in: Liber amicorum necnon et amicarum für Alfred Heit. Beiträge zur mittelalterlichen Geschichte und geschichtlichen Landeskunde, hg. von Friedhelm Burgard, Christoph Cluse und Alfred Haverkamp (Trierer Historische Forschungen, Bd. 28), Trier 1995, S. 3–15; vgl. auch Ristow, Frühes Christentum (wie Anm. 1), S. 185–190; zu Mainz: Ernst Dassmann, Kirchliches Leben in der Provinz und die Anfänge des Bistums, in: Handbuch der Mainzer Kirchengeschichte, Bd. 1, Christliche Antike und Mittelalter Teil 1, hg. von Friedhelm Jürgensmeier (Beiträge zur Mainzer Kirchengeschichte, Bd. 6), Mainz 2000, S. 61–86; Eugen Ewig, Die ältesten Mainzer Bischofsgräber, die Bischofsliste und die Theonestlegende, in: Universitas. Dienst an Wahrheit und Leben. Festschrift für Bischof Dr. Albert Stohr, hg. von Ludwig Lenhart, Mainz 1960, Bd. 2, S. 19–27 = Nachdruck in: Ders., Spätantikes und fränkisches Gallien, Gesammelte Schriften (1952–1973), hg. von Helmut Atsma (Beihefte der Francia, Bd. 3/2), München 1979, S. 171–181; Nancy Gauthier, Mayence, in: Province ecclésiastique de Mayence (Topographie chrétienne des cités de la Gaule des origines au milieu du VIIIe siècle, Bd. 11, hg. von Nancy Gauthier, Brigitte Beaujard und Françoise Prévot,), Paris 2000, S. 21–43; zusammenfassend auch: Sebastian Ristow, Mainz, in: Reallexikon für Antike und Christentum, hg. von Theodor Klauser, begr. von Franz Joseph Dölger, in Vorbereitung; zu Tongeren und Maastricht: Petrus Cornelis Boeren, Les évêques de Tongres-Maestricht, in: La Christianisation des pays entre Loire et Rhin (IVe–VIIe siècles), (Revue d'histoire de l'Eglise de France 62, No. 168 [1976]), S. 25–36; Sint-Servatius, bisschop van Tongeren-Maastricht. Het vroegste Christendom in het Maasland, hg. von Carolus de Dijn, (Handlingen van het colloquium te Alden Biesen [Bilzen], Tongeren en Maastricht 1984; Kunst en Oudheden in Limburg, Bd. 29), Borgloon/Rijkel 1986; Alain Vanderhoeven / Marie-Thérèse Raepsaet-Charlier / Peter van den Hove / Geert Vynckier, Tongres, in: Province Eccle-

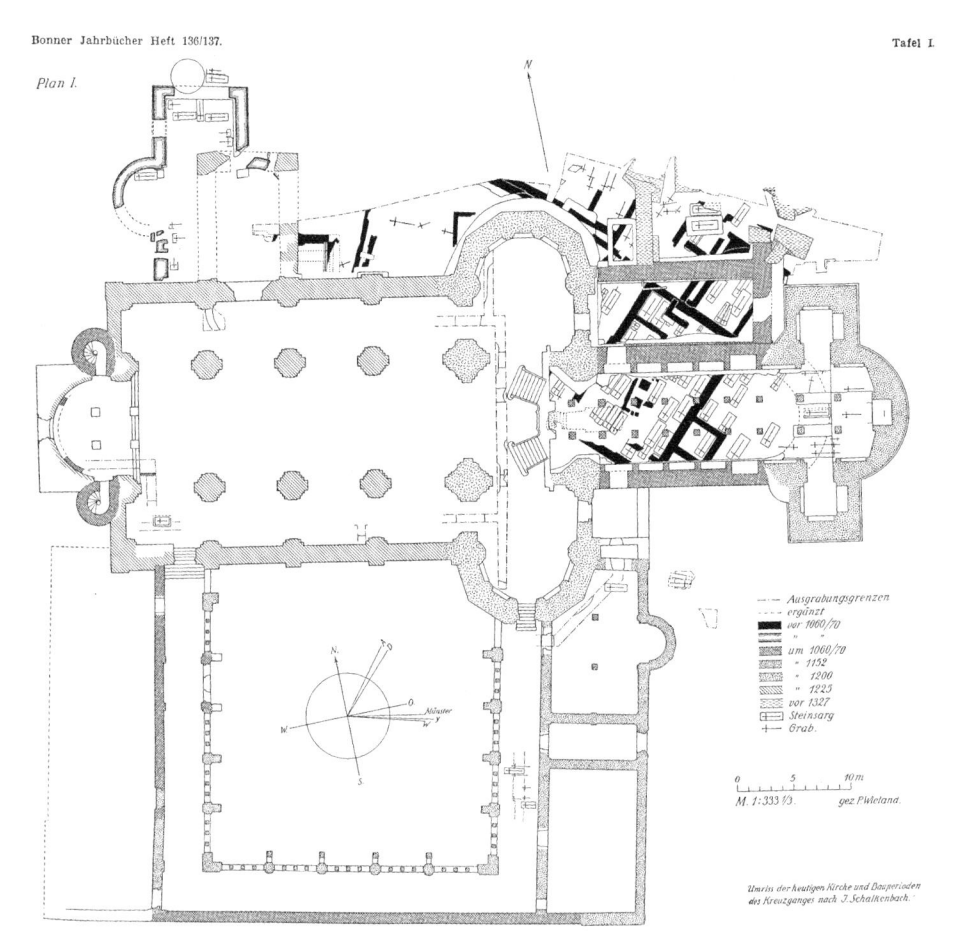

Abb. 2: Plan der Ausgrabungen unter dem Chor des Bonner Münsters. Aus: LEHNER / BADER, Baugeschichtliche Untersuchungen (wie Anm. 2), Taf. I, Plan I.

Aktueller Forschungsstand

In den vergangenen Jahren kam es zu einer Reihe von Aufarbeitungen älterer Kirchengrabungen.[6] Teilweise wurden erstmals entsprechende Funde gesichtet und konnten, wie beim Kölner Dom, in Xanten und Bonn, über die Stratigraphie zugeordnet

---

siastique de Cologne (Topographie chrétienne des cités de la Gaule des origines au milieu du VIIIe siècle, Bd. 12), hg. von NANCY GAUTHIER u. a., Paris 2002, S. 75–89.

[6] Vgl. hierzu und im Folgenden die Beiträge in: Neue Forschungen zu den Anfängen des Christentums im Rheinland, hg. von SEBASTIAN RISTOW (Jahrbuch für Antike und Christentum, Ergänzungsband, Kleine Reihe, Bd. 2), Münster 2004.

werden. Dadurch ergaben sich einige gravierende Verschiebungen in der Chronologie. Aber auch die Befunde selbst wurden neu beurteilt und bisherige Deutungen in Frage gestellt. Nach diesen Neuauswertungen präsentiert sich, im Verhältnis etwa zum Kenntnisstand der 1980er Jahre, der konzise von Ernst Dassmann zusammengefasst ist,[7] ein teilweise deutlich verändertes Bild. Diese neue Sicht auf Befunde und Funde zum frühen Christentum im Rhein-Maas-Mosel-Raum hat der Verfasser an anderer Stelle ausführlich dargelegt.[8] Die nachfolgenden Ausführungen liefern einen Überblick über die bedeutsamsten der dort zusammengestellten Befunde sowie zu deren neuesten Interpretationen.

Coemeterium und Kirche St. Maximin in Trier

Die zweifelsfrei ältesten und bis in die Zeit um 300 zurückreichenden christlichen Traditionen im nordöstlichen Gallien und den germanischen Provinzen besitzt die Kaiserstadt Trier.[9] Mit dem *extra muros* auf einem antiken Gräberfeld errichteten überdachten Großcoemeterium von St. Maximin liegt ein Baubefund beachtlicher Größe vor, der – nach einigen Grabinschriften zu urteilen – bereits seit der Spätantike von Christen genutzt wurde (Abb. 3).[10] Die ersten Grabungen begannen bereits 1914 und erbrachten bis zum Abschluss der Untersuchungen im Jahr 1995 ein mehrphasiges Gebäude, das bis in das 6. Jahrhundert wohl ausschließlich zu Bestattungszwecken genutzt worden war und erst dann zu einer Kirche umgestaltet wurde. Erkennbar ist diese Umwandlung am Einbau einer schlüssellochförmigen Ambokonstruktion. Während die Funde noch aufgearbeitet werden müssen, konnte Adolf Neyses, der die Ausgrabungen technisch geleitet hatte, 2001 die Befunde publizieren.[11] Diese Publikation geschah weitgehend ohne Einbindung des Fundmaterials und wird also in Bezug auf die chronologischen Ansetzungen später zu überprüfen sein. Die Besonderheit des

---

[7] ERNST DASSMANN, Die Anfänge der Kirche in Deutschland. Von der Spätantike bis zur frühfränkischen Zeit (Urban Taschenbücher Bd. 444), Stuttgart 1993; vgl. auch: HARALD VON PETRIKOVITS, Germania (Romana), in: Reallexikon (wie Anm. 5), Bd. 10, Stuttgart 1978, Sp. 548–654.

[8] Vgl. RISTOW, Frühes Christentum (wie Anm. 1); zuletzt: SEBASTIAN RISTOW, Kirchen in den Rheinlanden im späten 6. Jahrhundert, in: Atlas zur Kirche in Geschichte und Gegenwart. Heiliges Römisches Reich – Deutschsprachige Länder, hg. von ERWIN GATZ in Zusammenarbeit mit REINALD BECKER und HELMUT FACHENECKER, Regensburg 2009, S. 32–34.

[9] Trier, Kaiserresidenz und Bischofssitz. Die Stadt in spätantiker und frühromischer Zeit (Ausstellungskatalog Rheinisches Landesmuseum Trier), Mainz ²1984; Im Umbruch der Kulturen: Spätantike und Frühmittelalter, hg. von HEINZ HEINEN (Geschichte des Bistums Trier, Bd. 1; Veröffentlichungen des Bistumsarchivs Trier, Bd. 35), Trier 2003.

[10] Mit Lit.: ADOLF NEYSES, Lage und Gestaltung von Grabinschriften im spätantiken Coemeterial-Großbau von St. Maximin in Trier, in: Jahrbuch des Römisch-Germanischen Zentralmuseums Mainz 46, Teil 2 (1999), S. 413–446; vgl. RISTOW, Frühes Christentum (wie Anm. 1), S. 203–209.

[11] ADOLF NEYSES, Die Baugeschichte der ehemaligen Reichsabtei St. Maximin bei Trier (Kataloge und Schriften des Bischöflichen Dom- und Diözesanmuseums Trier, Bd. 6), Trier 2001.

Abb. 3a und b: Rekonstruktion des *coemeterium subteglatum* der späteren Kirche von St. Maximin in Trier. Aus: Ristow, Frühes Christentum (wie Anm. 1), Taf. 63 b, c.

Frühchristliche Kirchenarchäologie im Rhein-Mosel-Raum 67

Fundplatzes ist dadurch gegeben, dass er mit historischen Quellen verknüpft werden kann. Neben einer – wohl mittelalterlicher Phantasie entspringenden – Gründungslegende, die den Bau einer Kirche auf Helena, die Mutter Konstantins des Großen, und eine römische *villa suburbana* zurückführt,[12] ist vor allem die Überlieferung zur Beisetzung bedeutender Trierer Bischöfe interessant. Namentlich die Gräber der Bischöfe Maximin, Agricius und Nicetius sind z. B. bei Gregor von Tours erwähnt.[13]

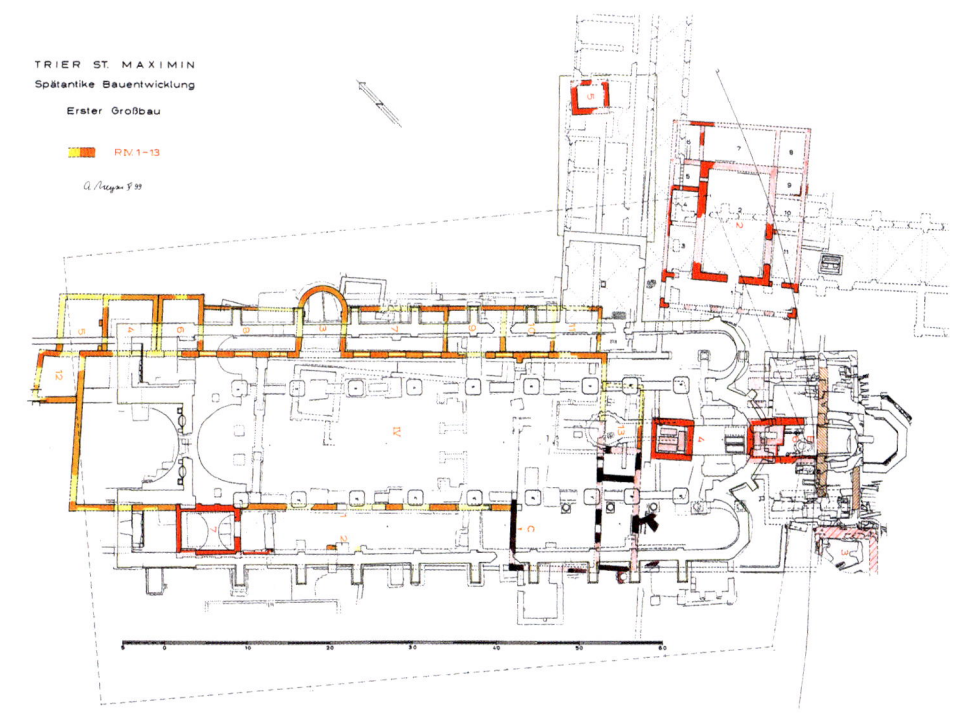

Abb. 4: Plan der spätantiken Bauphase der späteren Kirche von St. Maximin. Aus: RISTOW, Frühes Christentum (wie Anm. 1), S. 207, Abb. 64.

Unter Einbeziehung mehrerer Grab- und Friedhofsbauten entstand im ausgehenden 4. oder im 5. Jahrhundert bei St. Maximin ein 65 × 17 m großer Saal (R. IV), der später noch auf rund 90 m Länge erweitert wurde (R. V) und auch den älteren Gruftraum R. II 6 inkorporierte (Abb. 4).[14] Diese Gruft, von Neyses im Zusammenhang mit dem frühmittelalterlichen Bau als Raum E bezeichnet, könnte der von Gregor erwähnte

---

[12] DIETZ, St. Helena (wie Anm. 4).
[13] Gregorius Turensis liber gloriae confessorum (Greg. Tur. lib. glor. conf.), S. 91 f. Monumenta Germaniae Historica, Scriptores rerum Germanicarum (MGH SRM) Bd. 1,2, S. 356 f.
[14] NEYSES, Baugeschichte (wie Anm. 11), S. 36–38; vgl. WINFRIED WEBER, Vom Coemeterialbau zur Klosterkirche – Die Entwicklung des frühchristlichen Gräberfeldes im Bereich von St. Maximin in Trier, in: Römische Quartalschrift für Christliche Altertumskunde und Kirchengeschichte 101 (2006), S. 240–259.

bischöfliche Bestattungsplatz sein. Wie weit allerdings die verehrungswürdige Tradition der Trierer Bischofsgräber an dieser Stelle zeitlich zurückreicht, kann nicht beantwortet werden.[15] Sicher liegt mit den ältesten Bauten unter St. Maximin antike Grabarchitektur, und zwar ein *coemeterium subteglatum*, also ein überdachtes Grabgebäude der Spätantike vor. Im 6. Jahrhundert wurde es als Kirche eingerichtet, spätestens seit dieser Zeit ist der Ort mit der Verehrung der Trierer Bischöfe Maximin und Agricius verknüpft.

Coemeterialbau von St. Alban in Mainz

Ganz ähnlich wie in Trier kann vielleicht der Befund eines solchen *coemeterium* in Mainz gedeutet werden. Unter der Kirche St. Alban legte man bei Ausgrabungen zwischen 1907 und 1912 die Reste eines vorkarolingerzeitlichen Gebäudes frei (Abb. 5).[16] Die südöstlich außerhalb der antiken Stadt gelegene Architektur wurde und wird üblicherweise mit der Martyrerlegende des 5. Jahrhunderts um den heiligen Alban in Verbin-dung gebracht.[17] Für den 28,5 × 13,2 m großen Saalbau ergibt das bekannte Fundmaterial aber lediglich einen *terminus post quem* des 4. Jahrhunderts. Merowingerzeitliche Gräber belegen die Nutzung zu Bestattungszwecken bis in das 6./7. Jahrhundert. Grabinschriften aus der Nekropole im Bereich der späteren Albanskirche zeigen, dass Christen hier seit der Spätantike bestatteten. Im 7./8. Jahrhundert nennt ein Grabstein einen *Pertrammus aba*,[18] vielleicht bestand am Ort zu dieser Zeit also bereits eine strukturierte Gemeinde oder sogar eine klösterliche Gemeinschaft. Nur schlecht datierbar sind Ausstattungsfragmente, unter anderem von Kalksteinplatten mit Schuppenmustern. Die Erforschung des frühchristlichen Mainz aus archäologi-

---

[15] Vgl. SEBASTIAN RISTOW Rezension zu NEYSES, Baugeschichte (wie Anm. 11), in: Bonner Jahrbücher 201 (2001 [2004]), S. 653–656.

[16] LUDWIG LINDENSCHMIT / ERNST NEEB, Bericht über die Ausgrabungen der St. Albanskirche bei Mainz im Jahre 1907, in: Mainzer Zeitschrift 3 (1908), S. 92–100; ERNST NEEB, Bericht über die Ausgrabungen der St. Albanskirche bei Mainz im Jahre 1908, in: Mainzer Zeitschrift 4 (1909), S. 34–49.

[17] Vgl. z. B. HEINRICH BÜTTNER, Zur Albanverehrung im frühen Mittelalter, in: Zeitschrift für Schweizerische Geschichte 29 (1949), S. 1–16; THEODOR SCHIEFFER, Mainz und der mittelrheinische Raum im Frühmittelalter, in: Mainzer Zeitschrift 58 (1963), S. 37–45; KARL HEINZ ESSER, Mogontiacum, in: Bonner Jahrbücher 172 (1972), S. 212–227, bes. S. 225; KARL-VICTOR DECKER / WOLFGANG SELZER, Mogontiacum: Mainz von der Zeit des Augustus bis zum Ende der römischen Herrschaft, in: Aufstieg und Niedergang der römischen Welt, Geschichte und Kultur Roms im Spiegel der neueren Forschung, hg. von HILDEGARD TEMPORINI und WOLFGANG HAASE, Bd. 2 (Principat, Bd. 5, 1. Halbband), Berlin 1976, S. 457–559, hier S. 540; FRANZ STAAB, Mainz vom 5. Jahrhundert bis zum Tod des Erzbischofs Willigis (407–1011), in: Mainz, Die Geschichte der Stadt, im Auftrag der Stadt Mainz hg. von FRANZ DUMONT, FERDINAND SCHERF und FRIEDRICH SCHÜTZ, Mainz 1998, S. 71–107 bes. S. 71 f. mit Literatur auf S. 1220 f. sowie in fast der gesamten jüngeren Literatur.

[18] WALBURG BOPPERT, Die frühchristlichen Inschriften des Mittelrheingebietes, Mainz 1971, S. 75–77.

Frühchristliche Kirchenarchäologie im Rhein-Mosel-Raum 69

scher Sicht ist ein Desiderat der Forschung. Auch die Baubefunde von St. Alban und vor allem die möglicherweise noch vorhandenen Einzelfunde aus den Grabungen sollten in Zukunft noch Gegenstand einer aktuellen Bearbeitung werden.

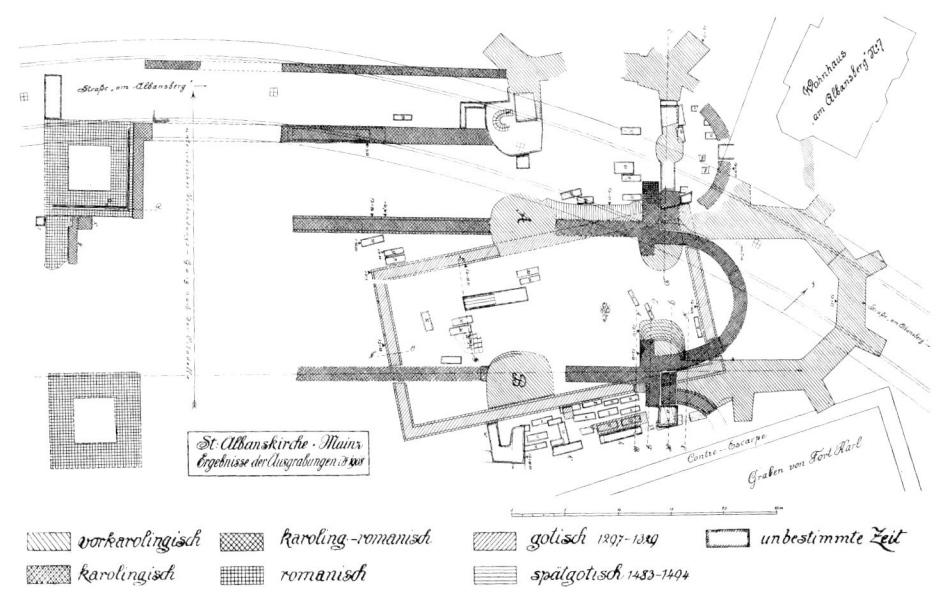

Abb. 5: Plan der Befunde bei der späteren Kirche St. Alban in Mainz. Aus: RISTOW, Frühes Christentum (wie Anm. 1), S. 241, Abb. 81.

Christliche Bauausstattung

Wie die kürzlich erfolgte Aufarbeitung der Schrankenausstattung aus St-Pierre-aux-Nonnains in Metz durch Madeleine Will gezeigt hat (siehe auch den Beitrag in diesem Band);[19] kann auch der Restbestand einer Altdokumentation, verbunden mit einer antiquarischen Analyse noch vorhandener Bauausstattung zu bemerkenswerten Ergebnissen führen. Weitgehend unbearbeitete Schrankenfragmente verschiedener Zeitstellung und Qualität sind im Rhein-Moselraum z. B. aus Speyer, Mainz, Neuwied, Köln-Zündorf (Abb. 6), der Trierer Domgrabung und von St. Matthias bekannt.[20]

Aus letzterer Grabung gehören sie vermutlich in den Kontext baulicher Anlagen der ausgehenden Spätantike oder der frühen Merowingerzeit. Vielleicht ergeben hier die aktuellen Untersuchungen durch Anja Seepe-Breitner neue Aufschlüsse nicht nur

---

[19] MADELEINE WILL, Die ehemalige Abteikirche St. Peter zu Metz und ihre frühmittelalterlichen Schrankenelemente (Bonner Beiträge zur vor- und frühgeschichtlichen Archäologie, Bd. 3), Bonn 2005.
[20] RISTOW, Frühes Christentum (wie Anm. 1), S. 51–54.

Abb. 7: Remagen, während der Bearbeitung verworfenes spätantikes Schrankenfragment. Foto: Axel Thünker, DGPh. Aus: SEBASTIAN RISTOW, Die Religion zu Beginn des frühen Mittelalters, in: Von den Göttern zu Gott. Ausstellungskatalog Bonn (Tübingen 2006), S. 40–44 (S. 42).

Abb. 6: Baudekorfragment des 8. Jh. aus der Kirche St. Michael in Zündorf. Foto: Sebastian Ristow.

über die ottonischen Befunde unter St. Matthias,[21] immerhin der Begräbnisstätte der frühesten Trierer Bischöfe Eucharius und Valerius, wie eine Inschrift aus dem 5. Jahrhundert von diesem Ort mitteilt. Die Bearbeitung der Altgrabungen aus den Jahren zwischen 1914 und 1997, zuletzt unter Heinz Cüppers (1929–2005),[22] und der aktuellen Forschungen steht noch aus und bildet, genau wie weitere notwendige Untersuchungen unter und um die nicht minder bedeutende Kirche St. Paulin und die vollständige Publikation der Befunde aus der Domgrabung, ein Desiderat der Trierer Kirchenarchäologie. Schließlich belegen zwei mit Christogrammen verzierte Ausstattungsfragmente aus Remagen, dass auch an kleineren Orten, zu Zeiten, in denen man in St. Matthias eine Grablege oder Kirche mit Baudekor versah, durchaus ansehnlicher Bauschmuck verwandt wurde, oder – wie das eine Fragment aus Remagen nahelegt – sogar hergestellt worden ist (Abb. 7).[23]

---

[21] ANJA SEEPE-BREITNER, Untersuchungen in der Krypta der Abteikirche St. Matthias in Trier. Ein Arbeitsbericht, in: Archiv für mittelrheinische Kirchengeschichte 56 (2004), S. 542–546.

[22] Zur Person: WOLFGANG BINSFELD, In Memoriam Heinz Cüppers, in: Gedenkschrift für Heinz Cüppers. Trierer Zeitschrift für Geschichte und Kunst des Trierer Landes und seiner Nachbargebiete 67/68 (2004/2005 [2006]) S. 7–9.

[23] SIBYLLE MUCKE / SEBASTIAN RISTOW / WINFRIED SCHMITZ, Ein „neues" spätantikes Steinfrag-

Coemeterialbauten und spätere Kirchen in Köln: St. Ursula, St. Gereon und St. Severin

Wie die Bauten unter St. Maximin in Trier und wahrscheinlich ebenso die von St. Alban in Mainz, ist auch die Ursprungsarchitektur von St. Ursula, nördlich auf einer Großnekropole *extra muros* der antiken Stadt Köln gelegen, zunächst ein spätantikes *coemeterium* gewesen. Die Grabungen von 1942/43 und 1960–1967 hat Gernot Nürnberger mit einigen Nachuntersuchungen zusammenfassend bearbeitet.[24] Ein großer Teil der Dokumentation und die Funde der ersten Grabungskampagne sind jedoch als Kriegsverlust zu beklagen. Für St. Ursula lassen sich jetzt folgende frühchristliche Phasen unterscheiden: Ein spätantiker Saalbau mit Ostapsis (Phase I), seine frühmittelalterliche Erweiterung um zwei Seitenschiffe (Phase II a) und der anschließende Einbau eines neuen Fußbodens sowie einer schlüssellochförmigen Amboanlage (Phase II b). Ähnlich wie in St. Maximin scheint also hier ein Funktionswandel von einem Grabbau zu einer Kirche im 6. Jahrhundert erfolgt zu sein. Die bekannte in der heutigen Kirche erhaltene Bauinschrift des Clematius gehört sehr wahrscheinlich erst in spätere Zeit.[25]

Eine andere Art von Friedhofsbauten sind Räume, in denen man nicht primär bestattet hat, sondern die Zwecke im Totenbrauchtum oder als herausgehobene *memoria* erfüllten.[26] Auch in ihrer Bausubstanz wurden später oft Kirchen eingerichtet und die Orte wurden mit Heiligenlegenden verknüpft. Dies ist etwa der Fall bei dem einzigartigen Monumentalbau von St. Gereon, der im 3. Viertel des 4. Jahrhunderts im Nordwesten, auf dem Gräberfeld außerhalb der Mauern des römischen Köln entstand (Abb. 8, 9). Die seit den 1940er Jahren unternommenen archäologischen und bauhistorischen Untersuchungen liegen nun gebündelt in zwei Dissertationen von Otmar Schwab und Ute Verstegen vor.[27] Die ursprüngliche Funktion des spätrömischen Kon-

---

ment und ein frühmittelalterliches Inschriftenfragment im Museum Remagen, in: Rheinische Heimatpflege 43 (2006), S. 22–33.
24 GERNOT NÜRNBERGER, Die frühchristlichen Baureste der Kölner Ursulakirche, in: RISTOW, Neue Forschungen (wie Anm. 6), S. 149–172.
25 GERNOT NÜRNBERGER, Die Vorgängerbauten von St. Ursula in Köln, in: Kölner Jahrbuch für Vor- und Frühgeschichte 39 (2006), S. 581–717, bes. S. 582, 584 und 640 ff. (mit Lit.).
26 SEBASTIAN RISTOW, Grab und Kirche. Zur funktionalen Bestimmung archäologischer Baubefunde im östlichen Frankenreich, in: Römische Quartalschrift für Christliche Altertumskunde und Kirchengeschichte 101 (2006), S. 215–239; zu spätantiken Memorialbauten und deren frühmittelalterlichen Imitationsformen vgl. auch NIKLOT KROHN, Memoria, fanum und Friedhofskapelle. Zur archäologischen und religionsgeschichtlichen Interpretation von Holzpfostenstrukturen auf frühmittelalterlichen Bestattungsplätzen, in: Regio Archaeologica, Archäologie und Geschichte an Ober- und Hochrhein. Festschrift für Gerhard Fingerlin zum 65. Geburtstag, hg. v. CHRISTEL BÜCKER u. a., (Internationale Archäologie Studia Honoraria, Bd. 18), Rahden 2002, S. 311–335.
27 OTMAR SCHWAB, St. Gereon in Köln. Untersuchungen zum spätantiken Gründungsbau, in: Kölner Jahrbuch für Vor- und Frühgeschichte 35 (2002), S. 7–205; UTE VERSTEGEN, Ausgrabungen und Bauforschungen in St. Gereon zu Köln (Kölner Forschungen, Bd. 9), Mainz 2006.

chenovalbaus ist zwar nicht zu benennen,[28] allerdings dürfte schon aufgrund der Größe der Architektur und der exquisiten Bauausstattung ein kaiserlicher Bauherr zu vermuten sein. Im Atrium des Zentralbaus wurden hochrangige Militärs beigesetzt, von denen verschiedene spätantike Grabinschriften zeugen, darunter auch die des Christen Emeterius.[29] Erst für das 6. Jahrhundert erlauben die Beschreibungen des Gregor von Tours, eine im Gebäude eingerichtete Kirche anzunehmen.[30] Vielleicht können eines Tages neue Bodenuntersuchungen neues Licht auf die Frage der ursprünglichen Funktion von St. Gereon werfen.

Abb. 8: Rekonstruktion der Außenansicht der spätantiken Bauphase der späteren Kirche St. Gereon in Köln. Gestaltung: Sebastian Ristow in Verbindung mit Zsolt Vasáros und Gábor Kállay, Narmer Architecture Studio & Research Institute for Visualization, Architecture and Archaeology, Budapest 2006.

Die Ursprünge der Kirche St. Severin liegen in einigen kleineren Grabbauten und einer *memoria* auf dem südlichen Gräberfeld des römischen Köln begründet. Die seit 1925 planmäßig vorgenommenen Ausgrabungen in und um die heutige Severinskirche[31] sind 1992 durch Bernd Päffgen in einem umfassenden Katalog publiziert worden (Abb. 1).[32] Die spätantike *memoria*, ein 9,5 × 7,5 m großer Saal mit Westapsis (Bau A), war im Inneren durch spätere Einbauten stark gestört, so dass über ihre ursprüngliche

---

[28] UTE VERSTEGEN, Spätantiker Grabbau oder Kirche? Neues zur Archäologie, Architektur und Geschichte von St. Gereon in Köln, in: RISTOW, Neue Forschungen (wie Anm. 6), S. 71–92.

[29] WINFRIED SCHMITZ, Die spätantiken und frühmittelalterlichen Grabinschriften in Köln (4.–7. Jahrhundert n. Chr.), in: Kölner Jahrbuch für Vor- und Frühgeschichte 28 (1995), S. 643–776, hier zu den spätantiken und frühmittelalterlichen Grabinschriften von St. Gereon, S. 646–705, bes. die Grabinschrift des *centenarius* Emeterius (Nr. 4, S. 663–666).

[30] Gregorii Episcopi Tvronensis, Liber in gloria martyrum 61 (MGH SRM, Bd. 1, 2, S. 80).

[31] BERND PÄFFGEN, Die Ausgrabungen in St. Severin in Köln und ihre Bedeutung für die christliche Archäologie im Rheinland, in: RISTOW, Neue Forschungen (wie Anm. 6), S. 173–186.

[32] BERND PÄFFGEN, Die Ausgrabungen in St. Severin zu Köln (Kölner Forschungen, Bd. 5), Mainz 1992, 3 Bde.

Frühchristliche Kirchenarchäologie im Rhein-Mosel-Raum 73

Abb. 9: Rekonstruktion der Innenansicht der spätantiken Bauphase der späteren Kirche St. Gereon in Köln. Gestaltung: Sebastian Ristow in Verbindung mit Zsolt Vasáros und Gábor Kállay, Narmer Architecture Studio & Research Institute for Visualization, Architecture and Archaeology, Budapest 2006.

Abb. 10: Rekonstruktion der Bauphase B/C der Ursprungsarchitektur unter der späteren Kirche St. Severin in Köln. Gestaltung: Sebastian Ristow in Verbindung mit Zsolt Vasáros und Gábor Kállay, Narmer Architecture Studio & Research Institute for Visualization, Architecture and Archaeology, Budapest 2006.

Funktion unter den zahlreichen anderen Bauten auf diesem Großgräberfeld keine Aussage möglich ist. Dennoch kann die Errichtungszeit von Bau A auf die Zeit zwischen dem 4. und spätestens dem zweiten Drittel des 5. Jahrhunderts eingegrenzt werden. In dem Gebäude bestatteten später Angehörige der neuen spätantiken militärischen Elite des 5. Jahrhunderts und nach einer Erweiterung noch im 6. Jahrhundert um einen östlichen Vorbau und einen nördlichen Seitenannex (Bau B/C, Abb. 10) auch sehr gut situierte Angehörige der merowingerzeitlichen Gesellschaft. Es handelt sich also um einen architektonisch hervorgehobenen, separiert gelegenen Bestattungsplatz auf dem kontinuierlich belegten südlichen Kölner Gräberfeld. Noch im 6./7. Jahrhundert erhielt der Bau außerdem zusätzlich einen westlichen Vorhof, wurde also stetig erweitert und erfüllte ab einem nicht näher zu bestimmenden Zeitpunkt sicherlich auch kirchliche Funktionen. Die Verknüpfung mit der Verehrung des Kölner Bischofs Severin kam vielleicht im 7. Jahrhundert zustande, danach entstand hier ein bedeutendes Stift.

Entwicklungen von Grabbauten zu Kirchen

Ganz ähnlich, wenn auch nach der neuen, auf datierbare Funde gestützten Chronologie weitaus später beginnend, verlief die Entwicklung der Bauten in Bonn (Abb. 2). Die Ergebnisse der schon genannten Altgrabung von Bader und Lehner haben Christoph Keller und Ulrike Müssmeier neu bewertet.[33] Unter dem durch die Ausgrabungen erfassten Ostteil des Bonner Münsters befand sich eine *cella memoriae* des 4. Jahrhunderts auf dem Gräberfeld des römischen *vicus* beim Bonner Legionslager (Bau A). Über einer Planierschicht kam es im 6. Jahrhundert zur Anlage eines Saalbaus in veränderter Ausrichtung (Bau D, Abb. 11), in dessen Boden reich ausgestattete merowingerzeitliche Bestattungen eingetieft worden waren. Mindestens drei wiesen durch Abdeckungen mit Kreuzzeichen auf ihre christlichen Besitzer hin. Auch in den verschiedentlich erweiterten und veränderten Bau wurden bis in die Mitte des 8. Jahrhunderts Beisetzungen eingebracht, was seine primäre sepulkrale Funktion belegt. Liturgische Einbauten sind aus der Bonner Architektur nicht bekannt. Das Gebäude kann entweder als Kirche angesehen werden, die im Jahr 691/92 als *basilica* für die

---

[33] CHRISTOPH KELLER / ULRIKE MÜSSEMEIER, Die merowinger- und karolingerzeitlichen Bauten unter der Münsterkirche in Bonn, in: Archäologisches Zellwerk. Beiträge zur Kulturgeschichte in Europa und Asien. Festschrift für Helmut Roth zum 60 Geburtstag, hg. von ERNST POHL, UDO RECKER und CLAUDIA THEUNE (Internationale Archäologie Studia honoraria, Bd. 16), Rahden/Westf. 2001, S. 287–318; CHRISTOPH KELLER / ULRIKE MÜSSEMEIER, Das monasterium sanctorum martyrum Cassii et Florentii und die frühen Kirchenbauten unter der Bonner Münsterkirche, in: RISTOW, Neue Forschungen (wie Anm. 6), S. 87–208; zuletzt mit weiteren Angaben: SEBASTIAN RISTOW, Liturgie wo und wann? Zur Deutung der frühen Architekturbefunde unter dem Bonner Münster, in: Märtyrergrab – Kirchenraum – Gottesdienst II, Interdisziplinäre Studien zum Bonner Cassiusstift, hg. von ANDREAS ODENTHAL und ALBERT GERHARDS (Studien zur Kölner Kirchengeschichte, Bd. 36), Siegburg 2008, S. 13–31.

Heiligen Cassius und Florentius überliefert ist,³⁴ oder ursprünglich als Grabgebäude, das später, vielleicht aufgrund der im Boden erhaltenen Kreuzzeichen mit den Heiligenlegenden verbunden wurde. Beim Bau der ottonischen Münsterkirche öffnete man vermutlich ganz planvoll an diesen gekennzeichneten Stellen den Boden und errichtete dort die *confessio* für die vermeintlichen Heiligen. In Wirklichkeit handelte es sich bei den dort aufgefundenen Toten ja um Angehörige der Bonner Oberschicht.³⁵ Dass aber vielleicht auch neben dem bekannten merowingerzeitlichen Grabsaal D noch Stifts- oder Kirchengebäude der Merowinger- oder Karolingerzeit bestanden haben könnten, würden nur neue Ausgrabungen im archäologisch noch weitgehend unangetasteten Hauptbau des Bonner Münster belegen können. Wie das Beispiel von St. German in Speyer belegt, wurde auch manchmal der Ort eines solchen Grabgebäudes gar nicht durch eine später am Ort errichtete Kirche überdeckt.³⁶ Merowingerzeitliche Grabbauten unterschiedlicher Größe, die einer kirchlichen Tradition vorausgehen, sind im Rhein-Main-Gebiet auch auf der rechten Rheinseite, nämlich aus Frankfurt bekannt.³⁷

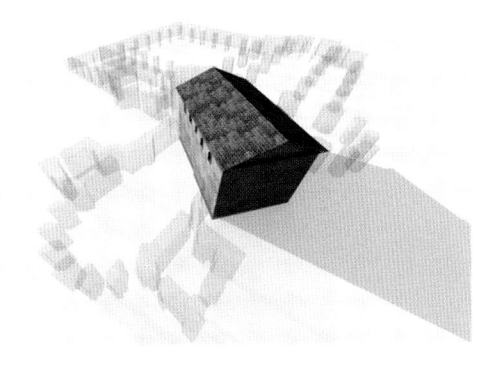

Abb. 11: Rekonstruktion von Bau D, dem merowingerzeitlichen Grabbau unter dem Chor des Bonner Münsters. Gestaltung: Sebastian Ristow in Verbindung mit Zsolt Vasáros und Gábor Kállay, Narmer Architecture Studio & Research Institute for Visualization, Architecture and Archaeology, Budapest 2006.

Die Bestattung in noch bestehenden, römischen Architekturresten ist ebenso im Fall von St. Pantaleon³⁸ im Südwesten außerhalb der römischen Ummauerung Kölns überliefert. Nach den von Helmut Fußbroich publizierten Auswertungen der 1955–1962 unter Leitung von Walter Lung (1894–1985) und Fried Mühlberg (1915–2006)³⁹ vorgenommenen Ausgrabungen ergibt sich, dass merowingerzeitliche Architektur am Ort

---

34   WILHELM LEVISON, Die Bonner Urkunden des frühen Mittelalters, in: Bonner Jahrbücher 136/137 (1932), S. 217–270, hier S. 236 f, Nr. 5.
35   Zusammenfassend mit Lit.: RISTOW, Liturgie (wie Anm. 33).
36   FRANZ KLIMM, Die Ausgrabungen auf dem St. Germansberg zu Speyer 1946/47, in: Archiv für mittelrheinische Kirchengeschichte 1 (1949), S. 251–254; KARL WERNER KAISER, Das Kloster St. German bei Speyer, in: Ur- und Frühgeschichte als historische Wissenschaft. Festschrift zum 60. Geburtstag von Ernst Wahle, hg. von HORST KIRCHNER, Heidelberg 1950, S. 222–237.
37   ANDREA HAMPEL, Der Kaiserdom zu Frankfurt am Main, Ausgrabungen 1991–1993 (Beiträge zum Denkmalschutz in Frankfurt am Main, Bd. 8), Nußloch 1994.
38   Zum Ursprung und zur historischen Bedeutung des Pantaleonskultes am Platz vgl. STEFAN SAMERSKI, Die Kölner Pantaleonsverehrung, Kontext – Funktion – Entwicklung (Forschungen zur Volkskunde, Heft 51), Rüthen 2005.
39   Zur Person: HILTRUD KIER, Dr. Fried Mühlberg (1915–2006) zum Gedächtnis, in: Colonia Romanica 21 (2006), S. 8 f.

St. Pantaleon
Phase I - III

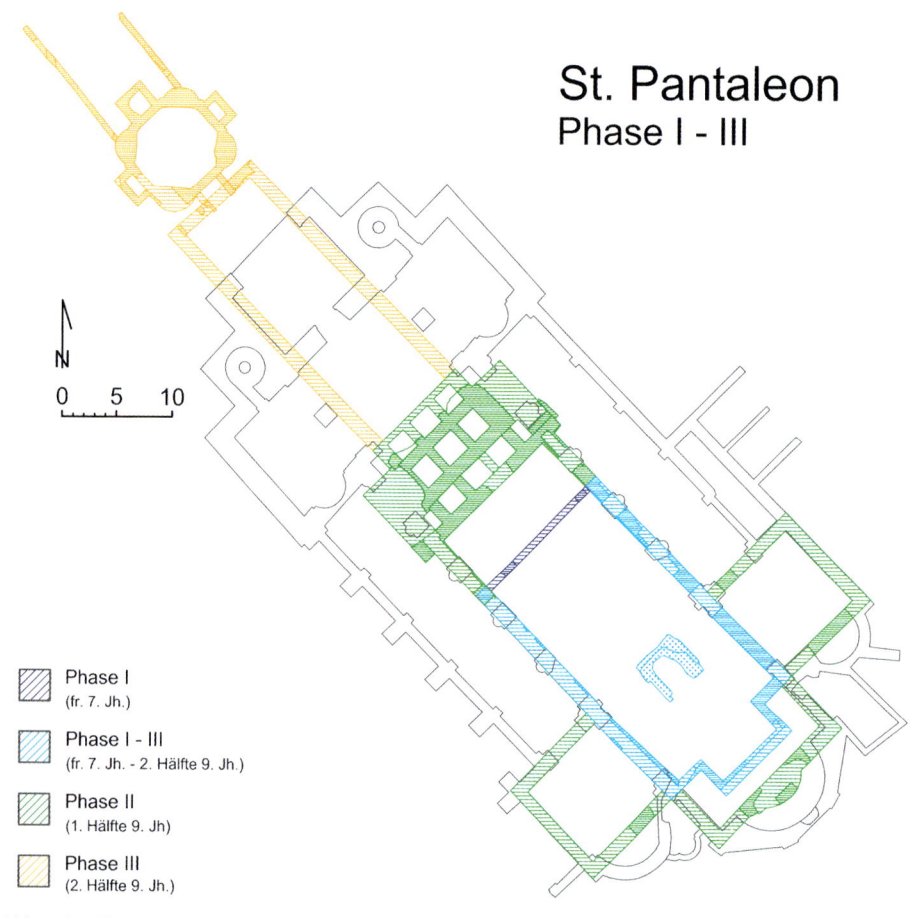

Phase I
(fr. 7. Jh.)

Phase I - III
(fr. 7. Jh. - 2. Hälfte 9. Jh.)

Phase II
(1. Hälfte 9. Jh)

Phase III
(2. Hälfte 9. Jh.)

Abb. 12: Köln, St. Pantaleon, Phasenplan der nachrömischen und vorottonischen Bauten. Zeichnung: Heike Pösche nach Angaben von Sebastian Ristow.

entgegen den Schlussfolgerungen Fußbroichs, bereits vor der in karolingischer und ottonischer Zeit sehr bedeutenden Kirche existiert haben muss (Abb. 12).[40] Zum einen legen dies die hochwertigen trapezförmigen Kalksteinsarkophage nahe, die nach allen Vergleichen im Rhein-Maas-Moselraum in die ausgehende Merowingerzeit gehören und in der Regel ihrem Wert und dem Status der darin Beigesetzten entsprechend nur innerhalb einer Architektur genutzt wurden.[41] Zum anderen ergibt sich aus der wider-

---

[40] HELMUT FUSSBROICH, Die Ausgrabungen in St. Pantaleon zu Köln (Kölner Forschungen, Bd. 2), Mainz 1983; vgl. SEBASTIAN RISTOW, Kontinuität und Umbruch, in: Archäologie in Deutschland, Jg. 22, Heft 5 (2006), S. 22–27, hier S. 26; DERS., Frühes Christentum (wie Anm. 1), S. 144 f.

[41] SEBASTIAN RISTOW, Trapezförmige Sarkophage des frühen Mittelalters in Köln, in: Kölner Jahrbuch für Vor- und Frühgeschichte 32 (1999), S. 305–341.

sprüchlichen Befundvorlage von Fußbroich, dass das sicher in die 2. Hälfte des 8. Jahrhunderts datierbare Grab 602 den Boden 601 innerhalb der späteren Kirche durchschlägt, mithin also ein nachrömischer und vorkarolingischer Estrich unstrittig vorhanden war.[42] Die wissenschaftliche Neubewertung der Kirchengrabung von St. Pantaleon, die bisher nur für die profane römische Vorgängerbebauung erfolgt ist,[43] erschien dringend geboten und wurde jetzt unter Einschluss der Bearbeitung der Funde geleistet.[44]

Die in den 1930er und 1950er Jahren durch Fremersdorf und zuletzt 2006 durch Sven Schütte vorgebrachte Interpretation der römischen Baureste, der unter der Kirche liegenden *villa suburbana* als *domus ecclesiae* mit nachfolgender kontinuierlicher Entwicklung des Kirchenbaus durch das gesamte Frühmittelalter hindurch bis zu den ottonischen Kirchen, kann aus dem Befund in keiner Weise abgeleitet werden.[45] Bei den Befunden handelt es sich um die Reste einer römischen *villa suburbana* im unmittelbaren Vorfeld der Stadt, in deren Resten ab dem 6. Jahrhundert wohlhabende Franken Beisetzungen einbrachten. Wohl in der 2. Hälfte des 7. Jahrhunderts entstand dort unter Nutzung der älteren Baureste ein größerer Saalbau mit eingezogenem Rechteckschluss. Hier wurden in abweichender Ausrichtung von den älteren Beisetzungen weiterhin Gräber eingebracht. Die nordwestlich-südöstliche Ausrichtung von Gebäude und zugehörigen Gräbern wurde dabei durch die ursprüngliche römische Limitation vorgegeben. Durch Erweiterung und Reliquienerwerb gelangte das karolingisch-ottonische Pantaleonsstift zu großer Bedeutung, vor allem im 10. Jahrhundert.

Die Kölner Bischofskirche

Unter dem Kölner Dom wurde zwischen 1946 und 1997 ausgegraben und bereits sehr früh vom Initiator der Untersuchungen Otto Doppelfeld (1907–1979)[46] erkannt, dass die Ursprünge der Kölner Kathedrale bis in frühchristliche Zeit zurückreichen. Nach-

---

[42] FUSSBROICH, St. Pantaleon (wie Anm. 40), S. 340 f. mit Fig. 24.
[43] BRIGITTE KNITTLMAYER, Die römische „villa" unter der Kirche St. Pantaleon in Köln. Baugeschichte, bautypologische Einordnung und Ausstattung, in: Kölner Jahrbuch für Vor- und Frühgeschichte 32 (1999), S. 831–839.
[44] Dazu jetzt: SEBASTIAN RISTOW, Ausgrabungen von St. Pantaleon in Köln. Archäologie und Geschichte von römischer bis in karolingisch-ottonische Zeit (Zeitschrift für Archäologie des Mittelalters, Beiheft 21 (Bonn 2009, zugleich Habilitationsschrift Universität Köln 2008).
[45] FRITZ FREMERSDORF, Die römische villa suburbana bei der Pantaleonskirche in Köln, in: Festschrift für Albert Steeger, hg. vom Verein Linker Niederrhein (Niederrheinisches Jahrbuch, Bd. 3), Krefeld 1951, S. 24–26; MANFRED REINNARTH, Die Geschichte Pantaleons. 1750 Jahre christlicher Nutzung bewiesen, in: Kölnische Rundschau vom 22.11.2005, Wiederabdruck in: Horizont 2005/2006, Pfarrbrief St. Pantaleon, Köln 2005, S. 14 f.; vgl. SVEN SCHÜTTE, Geschichte und Baugeschichte der Kirche St. Pantaleon, in: Colonia Romanica 21 (2006), S. 81–136.
[46] SEBASTIAN RISTOW, Doppelfeld, Otto, in: Prosopographie (wie Anm. 3); Zur Domgrabung: OTTO DOPPELFELD / WILLY WEYRES, Die Ausgrabungen im Dom zu Köln, hg. von HANS-GERD HELLENKEMPER (Kölner Forschungen, Bd. 1), Mainz 1980.

dem in den unzähligen Vorberichten und hypothesenbeladenen Schriften über die Kölner Domgrabung im Allgemeinen – und zur frühchristlichen Zeit im Besonderen[47] – kaum Funde berücksichtigt wurden, konnten diese durch den Verfasser im Jahr 2000 zusammen mit einer Auswertung der Befunde der frühchristlichen Perioden bis in das 8. Jahrhundert vorgelegt werden.[48] Im Ergebnis ließen sich drei vorkarolingische Bauphasen erkennen (Abb. 13): Die ältesten sicher einer Kirche zuzuweisenden Baureste gehören zu einer schlüssellochförmigen Ambo-Solea-Konstruktion von beträchtlicher Größe innerhalb eines mehr als 30 m langen Kirchenbaus der 2. Hälfte des 6. Jahrhunderts, der unter dem Chor des heutigen Domes lokalisiert ist

---

[47] WILLY WEYRES, Die Domgrabung XVI. Die frühchristlichen Bischofskirchen und Baptisterien, in: Kölner Domblatt 30 (1969), S. 121–136 = Nachdruck in: DOPPELFELD / WEYRES (wie Anm. 46) S. 506–520; DERS., Die Domgrabung XVII. Baptisterien östlich des Domchores, in: Kölner Domblatt 31/32 (1970), S. 81–136 = Nachdruck in: DOPPELFELD / WEYRES (wie Anm. 46), S. 521–570); DERS., Die Domgrabung. XVIII. Der Ostteil des spätrömischen Atriums und der fränkischen Kirche unter dem Hochchor, in: Kölner Domblatt 33/34 (1971), S. 79–108 = Nachdruck in: DOPPELFELD / WEYRES (wie Anm. 46), S. 571–599; DERS., Die Domgrabung XXIII. Die Vorgänger von Bau VII, in: Kölner Domblatt 46 (1981), S. 123–164; DERS., Die Domgrabung XXIV. Vorbericht über die frühchristliche Kirche, in: Kölner Domblatt 47 (1982), S. 117–126; DERS., Die Domgrabung XXV. Beobachtungen an der nördlichen Nebenapsis des Westquerschiffs und an der Nordmauer des spätrömischen Atriums, in: Kölner Domblatt 48 (1983), S. 129–156; ARNOLD WOLFF, Vorbericht über die Ergebnisse der Kölner Domgrabung 1946–1983. Dargestellt nach Veröffentlichungen von O. Doppelfeld und W. Weyres. Forschungsbericht des Landes Nordrhein-Westfalen 3000, Fachgruppe Geisteswissenschaften, Opladen 1983; WILLY WEYRES, Die Domgrabung XXIX. Baugeschichtlich wichtige Resultate, in: Kölner Domblatt 52 (1987), S. 109–118; DERS., Die vorgotischen Bischofskirchen in Köln (Studien zum Kölner Dom, Bd. 1), Köln 1987; ARNOLD WOLFF, Vermutungen über die frühesten christlichen Bauanlagen unter dem Kölner Dom, in: Römische Quartalschrift für Christliche Altertumskunde und Kirchengeschichte 83 (1988), S. 44–57; DERS., Zur Lage der frühchristlichen Kirche in der antiken Stadt, in: Akten des XII. Internationalen Kongresses für Christliche Archäologie, Bonn, 22.–28.9.1991 (Jahrbuch für Antike und Christentum, Ergänzungsband 20, 2), Münster 1995, S. 1295–1308; DERS., Spolien aus der Kölner Domgrabung, in: Sancta Treveris. Beiträge zu Kirchenbau und bildender Kunst im alten Erzbistum Trier. Festschrift für Franz J. Ronig zum 70. Geburtstag, hg. von MICHAEL EMBACH, CHRISTOPH GERHARD, WOLFGANG SCHMID, ANNETTE SCHLOMMERS und HANS-WALTER STORK, Trier 1999, S. 745–756; DERS., Eine römische Heizung unter dem Kölner Dom, in: Grabung – Forschung – Präsentation, Festschrift Gundolf Precht, hg. von ANITA RIECHE, HANS-JOACHIM SCHALLES und MICHAEL ZELLE (Xantener Berichte, Bd. 12), Mainz 2002, S. 61–72 (leicht veränderter Wiederabdruck in: Kölner Domblatt 68 (2003), S. 57–76; zur Problematik des Verständnisses der vielfach widersprüchlichen Vorberichte vgl. SEBASTIAN RISTOW, Anmerkungen zur Kenntnis und Verbreitung der Ausgrabungsergebnisse zu den frühchristlichen Kirchen unter dem Kölner Dom, in: Geschichte in Köln 48 (2001), S. 187–192; dennoch mit ähnlichen Problemen noch im Jahre 2003: GEORG HAUSER, Schichten und Geschichte unter dem Dom. Die Kölner Domgrabung (Meisterwerke des Kölner Domes, Bd. 7), Köln 2003; vgl. dazu auch die Rezension von KLAUS GEREON BEUCKERS, in: Das Münster 57, Heft 2 (2004), S. 156–158.

[48] SEBASTIAN RISTOW, Die frühen Kirchen unter dem Kölner Dom. Befunde und Funde vom 4. Jahrhundert bis zur Bauzeit des Alten Domes (Studien zum Kölner Dom, Bd. 9), Köln 2002; vgl. zusammenfassend auch DERS., Spätantike Kirchen unter dem Kölner Dom? Ergebnisse der Grabungen und die Frage nach der ersten Kölner Bischofskirche, in: DERS., Neue Forschungen (wie Anm. 6) S. 93–121.

Frühchristliche Kirchenarchäologie im Rhein-Mosel-Raum

(Abb. 14).⁴⁹ Dessen Apsis ist nicht erfasst, aber noch etwa 40 m weiter östlich des zu rekonstruierenden Presbyteriums dieser Kirche gehörte dazu ein separiertes Baptisterium, dessen Bauabfolge gut aufgegliedert werden kann (Abb. 15, 16).⁵⁰ Die Kirche der Phase 3 der Großbauten unter dem Dom wurde später nach Westen erweitert und erhielt

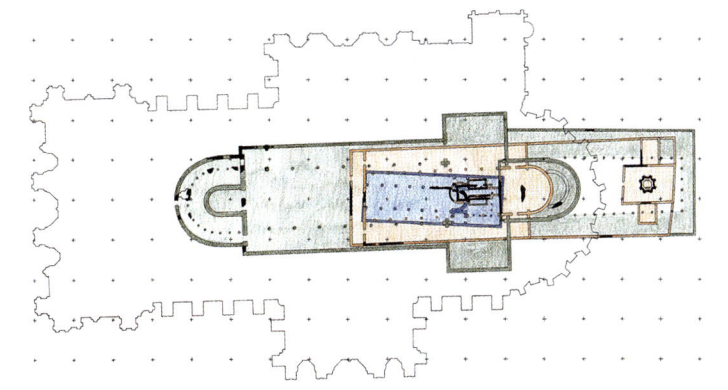

Abb. 13: Kölner Dom, frühchristliche Bauphasen der Vorgängerarchitektur. Blau: Bau 1 (4./5. Jh.). Orange: Kirche Bau 3a/b (Zweite Hälfte 6. Jh.). Grün: letzte Ausbaustufe der Kirche 3 (Zweite Hälfte 8. Jh.). Zeichnung: Zsolt Vasáros, Narmer Architecture Studio & Research Institute for Visualization, Architecture and Archaeology, Budapest, nach Angaben von Sebastian Ristow.

eine neue Innenausstattung. Ihr letzter Bauzustand (Phase 3 d) musste ab dem 1. Drittel des 9. Jahrhunderts dem karolingischen Alten Dom weichen, dessen Aufarbeitung der Befunde und Funde durch Ulrich Back und Thomas Höltken abgeschlossen wurde und seine Errichtung ab 800 wahrscheinlich macht.⁵¹ Da die Kölner Bischofskirche in Schriftquellen zu den Jahren 857 und 873 erwähnt wird, ist die Fertigstellung des Kirchenbaus bis zu diesem Zeitraum anzunehmen.⁵² Wesentlich schlechter erfasst, weil stärker gestört, sind die Vorgängerphasen der Kirche mit dem Ambo.

Im späten 4. oder 5. Jahrhundert entstand am Ort der merowingerzeitlichen Kirche ein erster größerer Bau (Phase 1), von dem etwa 40 m in Teilen erhaltener Estrichfläche zeugen. Die Innenausstattung ist nicht bekannt, vielleicht handelt es sich hier aber bereits um eine Kirche. Diese Funktion legen die in eine umgebaute Nachfolgearchitektur (Phase 2) eingebrachten, vermutlich königlichen Gräber aus dem zweiten Viertel des 6. Jahr-

---

⁴⁹ SEBASTIAN RISTOW, Kanzelanlage und Altarraum in rheinischen Kirchen des 6. bis 8. Jahrhunderts. Rheinische Heimatpflege 42 (2005), S. 274–289.

⁵⁰ RISTOW, Frühe Kirchen (wie Anm. 48), S. 63–67; zuletzt: DERS., Das Kölner Baptisterium am Dom und die frühchristlichen Tauforte nördlich der Alpen. In: Das Baptisterium am Dom – Kölns erster Taufort, hg. v. ULRICH KRINGS und RAINER WILL (Köln), in Vorbereitung.

⁵¹ Die Bearbeitung der Befunde und Funde des Alten Domes ist 2003 durch ULRICH BACK und THOMAS HÖLTKEN zum Abschluss gebracht worden und soll in der Schriftenreihe Studien zum Kölner Dom gedruckt werden.

⁵² FRANZ-JOSEF SCHMALE, Die Schriftquellen zur Bischofskirche des 8. bis 10. Jahrhunderts in Köln, in: Die Domgrabung Köln. Altertum – Frühmittelalter – Mittelalter. Kolloquium zur Baugeschichte und Archäologie, 14.–17. März 1984 in Köln, Vorträge und Diskussionen, hg. von ARNOLD WOLFF (Studien zum Kölner Dom, Bd. 2), Köln 1996, S. 155–173.

Abb. 14: Kölner Dom, Rekonstruktion der Innenansicht in der 2. Hälfte des 6. Jh. Gestaltung: Sebastian Ristow in Verbindung mit Zsolt Vasáros und Gábor Kállay, Narmer Architecture Studio & Research Institute for Visualization, Architecture and Archaeology, Budapest 2006.

Abb. 15: Köln, Rekonstruktion der merowingischen Bischofskirche mit Baptisterium. Gestaltung: Sebastian Ristow in Verbindung mit Zsolt Vasáros und Gábor. Kállay, Narmer Architecture Studio & Research Institute for Visualization, Architecture and Archaeology, Budapest 2006.

Frühchristliche Kirchenarchäologie im Rhein-Mosel-Raum 81

hunderts nahe.⁵³ Die beiden Bestatteten gehörten den höchsten Kreisen der merowingischen Elite an, die im Zuge der politisch motivierten Taufe Chlodwigs um das Jahr 500 christianisiert worden war und dies auch z. B. in der Wahl des Bestattungsortes zeigte. Da sich der Kölner Dom innerhalb der römischen Stadtmauer befindet, dürfte es sich bei den hier *intra muros* beigesetzten Personen um Angehörige der austrasischen Königsfamilie handeln. Nur diesen war eine Beisetzung, die dann höchstwahrscheinlich *ad sanctos* erfolgte, an dieser Stelle möglich.⁵⁴ Die Kölner Domgrabung weist unter den großen deutschen Kirchengrabungen mit vorkarolingerzeitlicher Sub-

Abb. 16: Köln, Rekonstruktion des Baptisteriumsinnenraumes zur Zeit des 7. Jh. Gestaltung: Sebastian Ristow in Verbindung mit Zsolt Vasáros und Gábor Kállay, Narmer Architecture Studio & Research Institute for Visualization, Architecture and Archaeology, Budapest 2006.

---

53 Otto Doppelfeld, Das Frauengrab unter dem Chor des Kölner Domes, in: Germania 38 (1960), S. 89–113; Ders., Das fränkische Knabengrab unter dem Chor des Kölner Domes, in: Germania 42 (1964), S. 156–188; Ders. und Renate Pirling, Fränkische Fürsten im Rheinland. Die Gräber aus dem Kölner Dom von Krefeld-Gellep und Morken (Schriften des Rheinischen Landesmuseums Bonn, Bd. 2) Düsseldorf 1966, S. 9–48; Bernd Päffgen / Sebastian Ristow, Fränkische Könige in Köln: Frauen- und Knabengrab unter dem Kölner Domchor, in: Quellen zur Geschichte der Stadt Köln, Bd. 1: Antike und Mittelalter. Von den Anfängen bis 1396/97, im Auftrag des Fördervereins Köln e.V. hg. von Wolfgang Rosen und Lars Wirtler in Zusammenarbeit mit Dorothee Rheker-Wunsch und Stefan Wunsch, Köln 1999, S. 64–68.
54 Zu den merowingerzeitlichen Königsbestattungen immer noch aktuell: Karl Heinrich Krüger, Königsgrabkirchen der Franken, Angelsachsen und Langobarden bis zur Mitte des 8. Jahrhunderts (Münstersche Mittelalterschriften, Bd. 4), München 1971.

stanz eine erstaunlich enge Phaseneingrenzung bei gleichwohl großer Materialfülle auf. Innerhalb der vorgesehenen Aufarbeitungszeit wurden jedoch weder sinnvolle Nachuntersuchungen unternommen[55] noch konnte der dringend notwendige Gesamtplan der Befunde unter Berücksichtigung der Estrichflächen und Schichten sowie aller Profilzeichnungen ausgearbeitet, geschweige denn zur Publikation bereit gestellt werden. Insofern zeigt die Kölner Domgrabung ein geradezu symptomatisches Dilemma kirchenarchäologischer Forschung deutlich auf. Die Zeiträume für Aufarbeitungen und Befund- und Fundvorlagen entsprechen oft nicht der Ausgrabungsdauer und Materialmenge; zweifellos hätte die Bearbeitung der frühchristlichen Phasen der Kölner Domgrabung als mehrjähriges Forschungsprojekt angelegt werden müssen. Gerade für die spätantiken und frühmittelalterlichen Phasen der Bauten unter dem Kölner Dom wären zukünftig verschiedene Untersuchungen der schon freigelegten Substanz sinnvoll, wie auch weitere Grabungen, die insbesondere die Geschichte der spätantik-frühmerowingerzeitlichen Bauten und Gräber klären könnten.

Domgrabung Trier

Ähnlichen Problemen sieht sich die Trierer Domgrabung ausgesetzt. Hier hat man die enormen Grabungsflächen der schon seit den Zeiten von Johann Nikolaus von Wilmowsky (1801–1880)[56] in der Mitte des 19. Jahrhunderts immer wieder stattgefundenen Untersuchungen in Quadranten untergliedert und zur schrittweisen Publikation aufgeteilt. Bisher sind Teile des Fundmaterials durch Hiltrud Merten vorgelegt[57] sowie, als ausgegliederter Befund von besonderer Bedeutung, spätantike Schrankenanlagen mit christlichen Graffiti durch Andrea Binsfeld.[58]

Die übrigen Befunde sind zur Publikation durch den derzeitigen Ausgrabungsleiter Winfried Weber vorgesehen. Nach den aktuellen Ergebnissen war das Gelände am Standort der heutigen Doppelkirche Dom- und Liebfrauen sowie die unmittelbare Umgebung ursprünglich mit einer römischen Wohnbebauung versehen. In den südwestlich außerhalb der heutigen Kirchen liegenden Arealen ist die Kenntnis über die Vorgängerbebauung und ihre Entwicklung durch neuere Ausgrabungen erheblich de-

---

[55] Dies beklagt zurecht auch JOCHEN HABERSTROH, Rezension zu Ristow, Frühe Kirchen (wie Anm. 48), in: Bayerische Vorgeschichtsblätter 68 (2003), S. 224–227.

[56] JÜRGEN MERTEN, Wilmowsky, in: Biographisch-Bibliographisches Kirchenlexikon, Bd. 14, Herzberg 1998, Sp. 1508 f. (im Internet unter http://www.bbkl.de/w/wilmmowsky.shtml).

[57] HILTRUD MERTEN, Die Ausgrabungen auf dem Domfreihof (Nord-Westbereich). Die Funde. Die Trierer Domgrabung, Bd. 1 (Kataloge und Schriften des bischöflichen Dom- und Diözesanmuseums Trier, Bd. 7, 1,1), Trier 2001; DIES., Die Trierer Domgrabung, Bd. 2. Die Ausgrabungen in der Kurie von der Leyen u. d. Liebfrauenkirche (Südwest-Bereich) Teil 1: Die Funde (Kataloge und Schriften des Bischöflichen Dom- und Diözesanmuseums Trier, Bd. 7, 2,1), Trier 2006.

[58] ANDREA BINSFELD, Vivas in Deo. Die Graffiti der frühchristlichen Kirchenanlage in Trier. Die Trierer Domgrabung, Bd. 5 (Kataloge und Schriften des bischöflichen Dom- und Diözesanmuseums Trier, Bd. 7, 5,3), Trier 2006.

Frühchristliche Kirchenarchäologie im Rhein-Mosel-Raum 83

taillierter überliefert, bzw. überhaupt vorhanden, während für den Großteil der übrigen Flächen weitgehend keine oder nur spärliche Informationen über die Baugeschichte vor dem 4. Jahrhundert vorliegen.[59] Aus dem südwestlichen Bereich der Bebauung ist der saalförmige, 10,6 × 5,8 m große Raum eines Wohnkomplexes bekannt, an den gegen Ende des 3. Jahrhunderts eine Westapsis angebaut worden war. Eine – wie auch immer geartete – Funktionszuweisung dieses Gebäudes kann aber aus dem Befund nicht abgelesen werden.[60] Schließlich sind Apsideneinbauten in spätantiker Architektur, auch und besonders in Wohnbauten, keine Seltenheit. Zu Beginn des 4. Jahrhunderts wurde die Bebauung auf dem Areal dieses Wohnhauses abgerissen.[61] Anstelle dessen entstand eine 27,5 × 26,4 m große Basilika mit einem um zwei Stufen erhöhten Ostteil. Dieser Bau I wird zurzeit als Keimzelle der Trierer Doppelkirchenanlage gesehen.[62] Nach einer Vergrößerung des Gebäudes entstanden mit dem *terminus post quem* 330 bzw. 333 n. Chr. die drei übrigen Basiliken, so dass im mittleren Drittel des 4. Jahrhunderts eine H-förmige Anlage existierte (Abb. 17).[63] Das erste und vor den frühmittelalterlichen Phasen einzige Anzeichen für eine Nutzung wenigstens der südöstlichen Teile des monumentalen Gebäudekomplexes durch Christen bildet nach 332–334 der Einbau einer schon genannten Schranke und später einer zweiten, auf der christliche Graffiti angebracht sind.[64] Im Bereich der Nordostbasilika kam es in den 340 Jahren zu einer neuen Bauplanung, die aber nicht gänzlich umgesetzt und erst in den 370er/80er Jahren mit einem Podest innerhalb des sogenannten Quadratbaus vollendet wurde.[65] Die Funktion dieses Bauteils ist nicht bekannt, eine Nutzung im Rahmen der Pil-

---

[59] THEODOR K. KEMPF, Grundrissentwicklung und Baugeschichte des Trierer Domes, in: Das Münster 21 (1968), S. 1–32; JOCHEN ZINK, Die Baugeschichte des Trierer Domes von den Anfängen im 4. Jahrhundert bis zur letzten Restaurierung, in: Der Trierer Dom, red. FRANZ J. RONIG (Jahrbuch Rheinischer Verein für Denkmalpflege und Landschaftsschutz 1978/79), Neuss 1980, S. 17–111; WINFRIED WEBER, Die Anfänge des Trierer Domes, in: Trierer Theologische Zeitschrift 2 (1989), S. 147–155.

[60] WINFRIED WEBER, Neue Forschungen zur Trierer Domgrabung. Die archäologischen Ausgrabungen im Garten der Kurie von der Leyen, in: RISTOW, Neue Forschungen (wie Anm. 6), 225–234.

[61] Auch unter dem Dom, also weiter nordöstlich, wurden Teile reich ausgestatteter Profangebäude abgebrochen oder zerstört: WINFRIED WEBER, Constantinische Deckengemälde aus dem römischen Palast unter dem Dom (Bischöfliches Dom- und Diözesanmuseum Trier, Museumsführer, Bd. 1), Trier ⁴2000.

[62] WEBER, Neue Forschungen (wie Anm. 60), S. 226 f., 234, DERS., „Unsichtbar ist er und erfüllt sind Erde und Himmel". Der christliche Kirchenbau – ein neues Kapitel der europäischen Architekturgeschichte, in: Antike Welt 38, Heft 3 (2007), S. 25–30; BARBARA WEBER-DELLACROCE / WINFRIED WEBER, „Dort, wo sich Gottes Volk versammelt" – Die Kirchenbauten konstantinischer Zeit, in: Konstantin der Grosse, hg. von ALEXANDER DEMANDT und JOSEF ENGEMANN (Ausstellungskatalog Rheinisches Landesmuseum Trier), Mainz 2007, S. 244–251.

[63] WINFRIED WEBER, Archäologische Zeugnisse aus der Spätantike und dem frühen Mittelalter zur Geschichte der Kirche im Bistum Trier (3.–10. Jahrhundert n. Chr.), in: Umbruch der Kulturen (wie Anm. 9), S. 407–541, hier S. 428–430.

[64] ANDREA BINSFELD, Die Graffiti der frühchristlichen Kirchenanlage in Trier, in: RISTOW, Neue Forschungen (wie Anm. 6), S. 235–252; DIES., Vivas (wie Anm. 58), S. 15–22.

[65] WINFRIED WEBER, Der „Quadratbau" des Trierer Domes und sein polygonaler Einbau – Eine

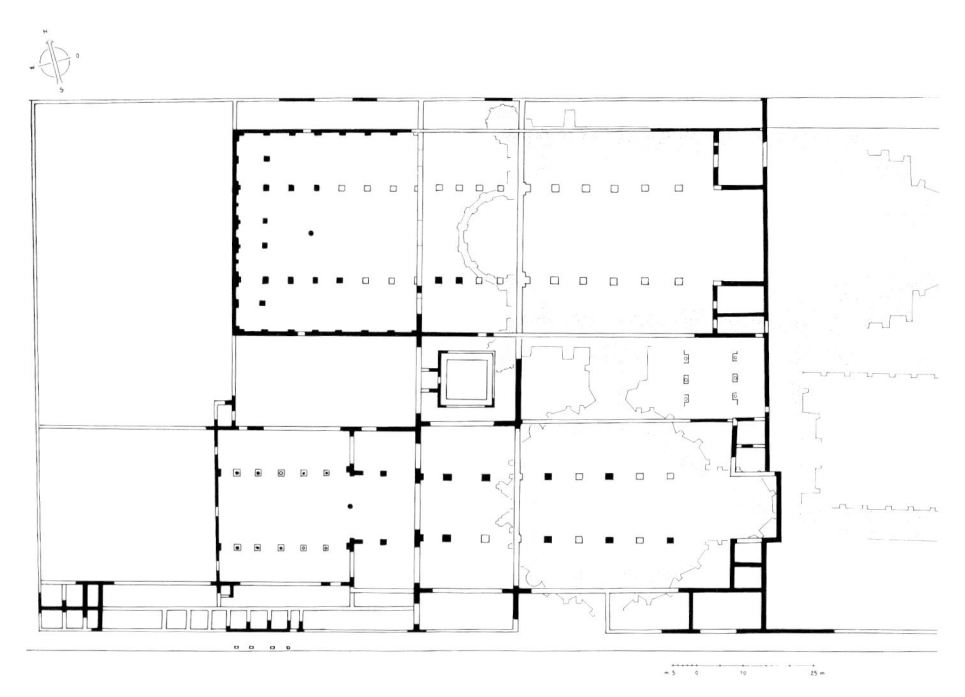

Abb. 17: Vier spätantike Basiliken am Ort der späteren Trierer Domkirchen um einen repräsentativen Mittelteil angeordnet. Aus: Ristow, Frühes Christentum (wie Anm. 1), S. 198, Abb. 59.

gerverehrung, wie sie einige Graffiti auf den Schranken in der benachbarten Basilika nahelegen, wäre denkbar. Nach einer Zerstörung im 5. Jahrhundert kam es im folgenden Jahrhundert zu den wohlbekannten Wiedererrichtungsmaßnahmen des Bischofs Nicetius (525/26–nach 561),[66] in deren Verlauf zwei zeitgemäße schlüssellochförmige Ambo-Solea-Konstruktionen eine kirchliche Nutzung klar belegen.[67] Wie für Köln besteht auch für die frühen Bauphasen unter dem Trierer Dom das Problem, dass die Intention für die Errichtung der archäologisch nachgewiesenen Bauten nicht festgelegt werden kann. Ab wann welche Gebäudeteile kirchlichen Zwecken zugeführt wurden, lässt sich ebenfalls nicht belegen. Diese im Moment kaum zu klärenden Fragen sind

---

„Herrenmemoria"?, in: Der Heilige Rock zu Trier. Studien zur Geschichte und Verehrung der Tunika Christi, Anlässlich der Heilig-Rock-Wallfahrt 1996 im Auftrag des Bischöflichen Generalvikariats hg. von Erich Aretz, Michael Embach, Martin Persch und Franz Ronig, Trier 1995, S. 915–940.

[66] Gregorii Episcopi Tvronensis, Liber vitae patrum 17 (MGH, SRM, Bd. 1, 2, S. 277 ff.); Venanti Honori Clementiani Fortunati presbyteri Italici Opera poetica carminum lib. III, cap. 11 f. (MGH AA, Bd. 4, 1, S. 63 f.); Zur Person: Friedrich Pfeiffer, Nicetius, in: Biographisch-Bibliographisches Kirchenlexikon, Bd. 18, Herzberg 2001, Sp. 1050–1057 (im Internet unter http://www.bbkl.de/n/nicetius_v_t.shtml).

[67] Sebastian Ristow, Ambonen und Soleae in Gallien, Germanien, Raetien und Noricum im Frühmittelalter, in: Rivista di Archeologia Cristiana 80 (2004), S. 289–311.

jedoch kein Mangel der Ausgrabungen oder der Bearbeitung, sondern vielmehr auf fehlende Befunde sakraler Bauausstattung zurückzuführen. So lässt sich auch die Frage, ob das in der Mitte der Basiliken liegende 64 m² große Wasserbecken vielleicht zeitweise als Baptisterium gedient hat, zurzeit nicht sicher beantworten.[68]

Xanten: Die Kirchengrabung von St. Viktor

Ungleich klarer als bei den vorangegangenen Beispielen ist die Forschungslage zur Kirchengrabung um und unter dem Dom von Xanten zu beurteilen. Seit 1933 erfolgten in mehreren Kampagnen Untersuchungen, im Wesentlichen durch Walter Bader und Hugo Borger (1925–2004).[69] Nach der publizierten Aufarbeitung der Grabungsdokumentation und der Funde durch Thomas Otten stellt sich die Abfolge der Bebauung neu dar:[70] Im Bereich der *vici* und frühen fränkischen Siedlungen, über denen heute die Stadt Xanten liegt, und den zugehörigen Gräberfeldern befindet sich die heutige Domimmunität. Ob im 4./5. Jahrhundert alle Bestattungen zu diesen Siedlungsresten gehören, oder noch den in der auf dem Areal der ehemaligen Römerstadt CUT in der reduzierten Stadt *Tricensima* wohnenden zuzuweisen sind, kann nicht sicher festgelegt werden.[71] Unter mehreren bekannten *cellae memoriae* des römischen Gräberfeldes, über dem sich der heutige Xantener Dom erhebt, sind vor allem zwei Architekturen besonders hervorzuheben (Abb. 18). Die *cella* IIK barg die Bestattung eines Mannes ohne Kopf, der in kostbaren Gewändern um die Mitte des 4. Jahrhunderts beigesetzt worden war.[72] Frühere Spekulationen Baders und Borgers, der Enthauptete sei das Opfer einer in den Quellen nicht belegten Christenverfolgung unter Julian erweisen sich damit schon aufgrund der aktuellen, auf Funde gestützten Datierung als nichtig.[73] Die *cella* bestand bis in die Merowingerzeit fort.

Nur wenige Meter östlich wurde unter dem heutigen Dom eine zweite *cella* (IA) über der Doppelbestattung zweier gewaltsam getöteter Männer aufgedeckt. Eine im Bau lie-

---

[68] Sebastian Ristow, Taufbecken, in: Reallexikon der Germanischen Altertumskunde², Bd. 30, Berlin/New York 2005, S. 302–306.

[69] Erste Grabungspublikation: Walter Bader, Die Stiftskirche des Hl. Viktor zu Xanten. Sanctos. Grabfeld, Märtyrergrab und Bauten vom 4. Jahrhundert bis um und nach 752–768 n. Chr. Die Stiftskirche des Hl. Viktor zu Xanten, Bd. I, 1, Xanten 1960 und 1985; zu Borger: Sebastian Ristow, in: Prosopographie (wie Anm. 3).

[70] Thomas Otten, Die Ausgrabungen unter St. Viktor zu Xanten. Dom und Immunität (Rheinische Ausgrabungen Bd. 53), Mainz 2003; Ders., Märtyrerverehrung seit der Spätantike? Ergebnisse der Ausgrabungen unter und um den Dom zu Xanten, in: Ristow, Frühes Christentum (wie Anm. 6), S. 71–92; vgl. zusammenfassend auch Ristow, Frühes Christentum (wie Anm. 1), S. 88–95.

[71] Thomas Otten / Sebastian Ristow, Xanten in der Spätantike. In: Colonia Ulpia Traiana. Xanten und sein Umland in römischer Zeit, hg. von Martin Müller, Hans-Joachim Schalles und Norbert Zieling, Mainz 2008 (Stadtgeschichte Xanten 1, Sonderband Xantener Berichte), S. 549–582.

[72] John Peter Wild, Die Textilreste aus der Memoria IIK in Xanten, in: Bonner Jahrbücher 170 (1970), S. 267–270; Otten, Ausgrabungen (wie Anm. 70), bes. S. 60 und S. 219.

[73] Jetzt zusammenfassend in: Otten / Ristow, Xanten (wie Anm. 71).

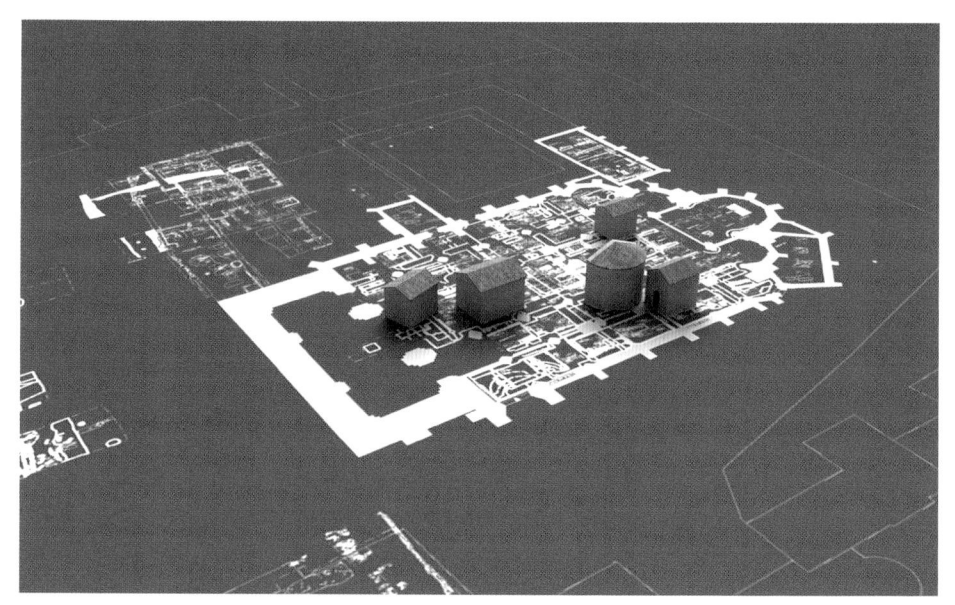

Abb. 18: Spätantike *cellae memoriae* unter dem späteren Xantener Dom. Gestaltung: Sebastian Ristow in Verbindung mit Zsolt Vasáros und Gábor Kállay, Narmer Architecture Studio & Research Institute for Visualization, Architecture and Archaeology, Budapest 2006.

gende *mensa* und Reste von Totenmählern erweisen die spätantike Funktion der Friedhofsarchitektur. Zunächst als Schwellbalkenbau mit dem *terminus post quem* 383 errichtet, folgte im 5. Jahrhundert eine weitere Holzpfostenbauphase und weiterhin unter Fortnutzung der *mensa* ab dem 6. Jahrhundert eine steinerne *memoria*. Diese Phase IIIA der Grabarchitektur bestand sicher in der Mitte des 6. Jahrhunderts, wie das nach den Ausführungen von Otten an ihren Mauern abgetiefte Grab P 149 deutlich macht.[74] Der folgende Anbau einer westlichen Erweiterung könnte damit einer kirchlichen Bauaktivität des Kölner Bischofs Eberigisil zuzuordnen sein, die bei Gregor von Tours beschrieben ist und in den Raum Xanten verlegt werden muss (Abb. 19).[75] Etwas später brachte man die aufwändig ausgeführte Gruft 34, die als im Frühmittelalter implementiertes Martyrergrab angesehen werden kann, in das fortbestehende Gebäude ein. In der modernen Krypta ist der Befund dieses Doppelgrabes konserviert. Für Xanten ist der in der frühchristlichen Kirchenarchäologie ungewöhnliche Fall einer Korrelation der schriftlichen und archäologischen Quellen wahrscheinlich, wie er sonst nur für die frühmittelalterliche Krypta von St. Maximin in Trier angenommen werden kann. Vermutlich hat Bischof Eberigisil von Köln in Xanten einen seit älterer Zeit verehrten

---

[74] OTTEN, Ausgrabungen (wie Anm. 70), S. 64.
[75] Gregorii Episcopi Tvronensis, Liber in gloria martyrum 62 (MGH SRM, Bd. 1, 2, S. 80); zum Kölner Bischof vgl. SEBASTIAN RISTOW, Eberigisil, in: Biographisch-Bibliographisches Kirchenlexikon, Bd. 22, Nordhausen 2003, Sp. 299–304 (im Internet unter http://www.bautz.de/bbkl/e/eberigisil_v_k.shtml).

Platz kirchlich eingebunden und wirkungsvoll eine Tradition der Heiligenverehrung in Xanten begründet, die bis heute fortbesteht. Diese Entwicklung fand im Hochmittelalter ihren Abschluss mit der voll ausgeprägten Legende von der thebaischen Legion und ihrer Verflechtung mit den Heiligen der christlichen Zentren am Niederrhein.[76]

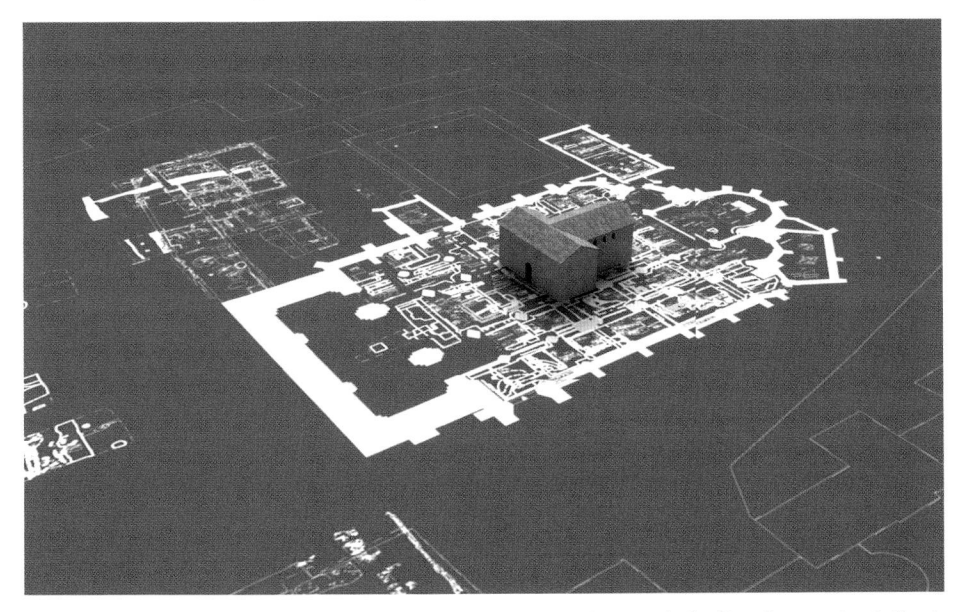

Abb. 19: Steinbau zur Heiligenverehrung unter dem Xantener Dom nach der Erweiterung durch Eberigisil. Gestaltung: Sebastian Ristow in Verbindung mit Zsolt Vasáros und Gábor. Kállay, Narmer Architecture Studio & Research Institute for Visualization, Architecture and Archaeology, Budapest 2006.

Aktuell in Bearbeitung: Kirchen in Boppard und Bonn

Eine Neubearbeitung der Kirchengrabung von Boppard, die 1963–1966 von Hans Eiden (1912–2003) durchgeführt wurde[77], ist derzeit durch Christina Franken an der Universität Bonn in Arbeit. Bekannt ist bisher, dass die Einrichtung der frühmittelalterli-

---

[76] De SS. gereone et aliis CCCXVIII (Acta Sanctorum Octobris tom. V, S. 14–60); vgl. Mauritius (wie Anm. 4).

[77] HANS EIDEN, Militärbad und frühchristliche Kirche in Boppard am Rhein, in: Ausgrabungen in Deutschland, gefördert von der Deutschen Forschungsgemeinschaft 1950–1975, Bd. 2: Römische Kaiserzeit im freien Germanien, Frühmittelalter I (Monographien des Römisch-Germanischen Zentralmuseums, Bd. 1,2), Mainz 1975, S. 80–98; DERS., Die Ergebnisse der Ausgrabungen im spätrömischen Kastell Bodobrica (=Boppard) und im Vicus Cardena (=Karden), in: Von der Spätantike zum frühen Mittelalter. Aktuelle Probleme in historischer und archäologischer Sicht, hg. von JOACHIM WERNER und EUGEN EWIG (Vorträge und Forschungen, Bd. 25), Sigmaringen 1979, S. 317–345; DERS., Spätrömisches Kastellbad und frühchristliche Kirche in Boppard, in: Ausgrabungen an Mittelrhein und Mosel 1963–1976 (Trie-

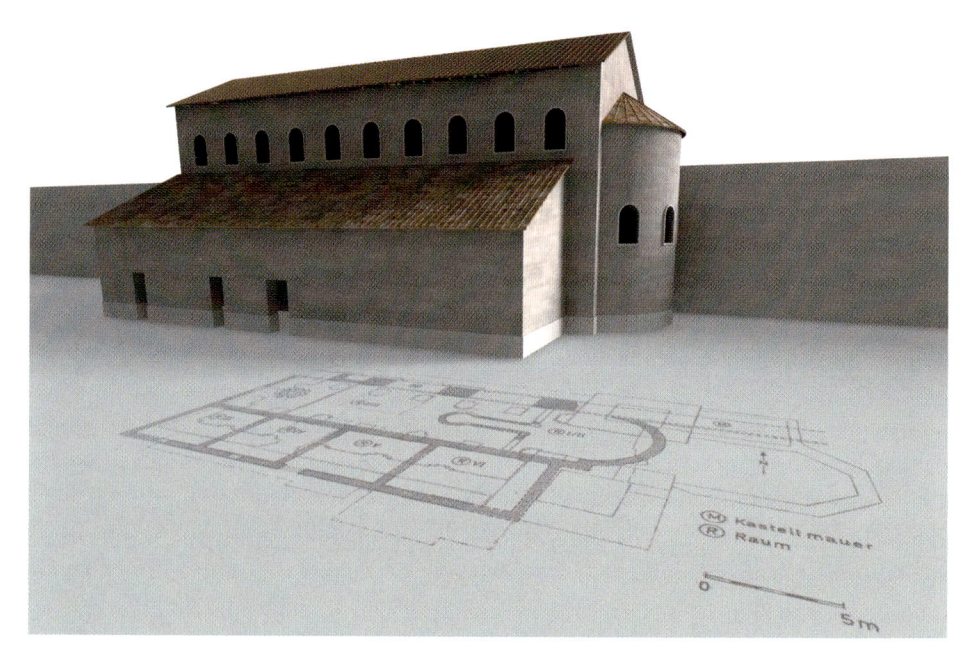

Abb. 20: Boppard, St. Severus, Rekonstruktion des Ursprungsbaus aus dem 6. Jh. Gestaltung: Sebastian Ristow in Verbindung mit Zsolt Vasáros, Narmer Architecture Studio & Research Institute for Visualization, Architecture and Archaeology, Budapest 2003.

chen Kirche nicht in direkter baulicher Kontinuität zur vorangegangenen Nutzung des spätantiken Bopparder Kastellbades steht (Abb. 20). Auch die typologische Einordnung der liturgischen Einbauten in Form einer Ambo-Solea-Konstruktion stellt sich inzwischen anders dar. Vorrichtungen wie in Boppard mit erhaltenem steinernem schlüssellochförmigem Unterbau und einer siebenseitigen, innen runden Taufpiscina mit einschwingenden Seiten und Ziboriumsvorsätzen sind in der Region nicht vor dem 6. Jahrhundert denkbar (Abb. 21).[78] Der 32 × 9 m große Sakralbau von Boppard datiert wohl in die 2. Hälfte des 6. Jahrhunderts und ist ein in seiner baulichen Gestalt außergewöhnlich gut nachvollziehbares frühchristliches Kirchengebäude, dessen weitere Erforschung lohnenswert sein dürfte.[79] Neue Erkenntnisse sind hier von der bis-

---

rer Zeitschrift, Beiheft 6), Trier 1982, S. 215–273. Zur Person vgl. SEBASTIAN RISTOW, in: Prosopographie (wie Anm. 3).

[78] RISTOW, Ambonen (wie Anm. 67); SEBASTIAN RISTOW, Taufpiscinen der Merowingerzeit in Boppard und Köln. Rheinische Heimatpflege 40 (2003), S. 275–289.

[79] SEBASTIAN RISTOW, Der Begriff „frühchristlich" und die Einordnung der ersten Kirche von Boppard am Rhein, in: Vom Orient bis an den Rhein, Begegnungen mit der Christlichen Archäologie. Peter Poscharsky zum 65. Geburtstag, hg. von ULRIKE LANGE und RAINER SÖRRIES (Christliche Archäologie, Bd. 3), Dettelbach 1997, S. 247–256; zuletzt: EBERHARD J. NIKITSCH, Neue, nicht nur epigraphische Überlegungen zu den frühchristlichen Inschriften aus Boppard, in RISTOW, Neue Forschungen (wie Anm. 6), S. 209–223.

Frühchristliche Kirchenarchäologie im Rhein-Mosel-Raum 89

her nicht erfolgten Auswertung der Funde und vielleicht auch von aktuellen Bodeneingriffen im Rahmen eines Heizungseinbaus zu erwarten.

Noch unbearbeitet und mit starken Deutungs- und Datierungsproblemen behaftet sind Grabungen in Karden und Koblenz.[80] An beiden Orten sind Sichtungen des dokumentierten Materials möglich und notwendig, wie zur Zeit etwa bezogen auf die Ausgrabungen von Walter Sölter (1930–1988) an der Dietkirche in Bonn durch Ulrike Müssemeier.[81] Solche noch zu leistenden Untersuchungen lassen auch etwa für die Sakraltopographie von Andernach lohnende Ergebnisse erwarten.[82]

Abb. 21: Bopard, Rekonstruktion der frühchristlichen Taufpiscina. Gestaltung: Sebastian Ristow in Verbindung mit Zsolt Vasáros, Narmer Architecture Studio & Research Institute for Visualization, Architecture and Archaeology, Budapest 2003.

---

[80] EIDEN, Ergebnisse (wie Anm. 77); HANS-HELMUT WEGNER, Die ersten Kirchen in Koblenz. Hinweise auf Religionsausübung im spätantiken Confluentes, in: Ein Stück Koblenz, Bd. 5, Koblenz 1992, S. 9–15; vgl. RISTOW, Frühes Christentum (wie Anm. 1), S. 170–173 und S. 178–182.

[81] ULRIKE MÜSSEMEIER, Die merowingerzeitlichen Funde aus der Stadt Bonn und ihrem Umland. Phil.-Diss. Universität Bonn 2004; mit Lit.: SEBASTIAN RISTOW, Bonn, in: Reallexikon für Antike und Christentum (RAC), Suppl.-Bd. II, Lfg. 9, Stuttgart 2002, Sp. 86–98; zuletzt: ULRIKE MÜSSEMEIER, Zeuge der Beständigkeit, in: Archäologie in Deutschland Jg. 22, Heft 5 (2006), S. 36 f.; vgl. RISTOW, Frühes Christentum (wie Anm. 1), S. 157–159.

[82] Befunde und Angaben: ANDREAS VOGEL, Die merowingischen Funde aus Andernach (Kreis Mayen-Koblenz). (Universitätsforschungen zur prähistorischen Archäologie, Bd. 131), Bonn 2006; vgl. RISTOW, Frühes Christentum (wie Anm. 1), S. 164–168.

Resümee

Der Rhein-Moselraum zeichnet sich durch eine Reihe kirchenarchäologischer Großprojekte aus, die in manchen Fällen mit Unterbrechungen annähernd ein ganzes Jahrhundert andauerten oder noch laufen. Die funktionale Bestimmung der frühchristlichen Architektur gelingt nicht immer einwandfrei. Durch die Forschungen und Aufarbeitungen gerade der letzten 15 Jahre haben sich jedoch manche chronologischen Fragen gelöst. Archäologisch gut erkennbar sind erst die Kirchen des 6. Jahrhunderts. Christliche Bauten aus der Zeit davor hat es zweifelsfrei auch gegeben, was die Schriftquellen für die bedeutenden Zentren Köln, Trier und Mainz belegen. Die Kirchen der Spätantike sind aber, mit Ausnahme der Baureste unter der Liebfrauenkirche, also dem Südteil des Trierer Domes, nur in von späteren Zuständen ausgehend rückschreitender Übernahme der Funktionsansprachen aus den Grabungsbefunden zu erschließen. Die geringe Zahl von steinernen Ausstattungsbestandteilen und damit verbundenen Architekturbefunden, besonders der Zeit vor dem 6. Jahrhundert, die als Kirche auch nur in Erwägung gezogen werden können, deutet darauf hin, dass in unserer Region – im Gegensatz etwa zu Nordafrika oder Kleinasien – ein nennenswerter Anteil an frühchristlichen kirchlichen Ausstattungen beweglich und möglicherweise aus vergänglichem Material, also in Holz angefertigt war. Künftige kirchenarchäologische Bearbeitungen sollten deshalb mit der Interpretation von Bauresten als „Kirche" zurückhaltend umgehen und zunächst die tragfähigen Indizien prüfen, die eine solche Ansprache erlauben.[83]

---

[83] Vgl. RISTOW, Frühes Christentum (wie Anm. 1), S. 36–54.

Sakral- oder Profanbauten?

Zur Funktion und Datierung der „Kirchen" von Keszthely-Fenékpuszta (Komitat Zala, Ungarn)

Orsolya Heinrich-Tamaska

Einführung

Der Fundplatz Keszthely-Fenékpuszta am Südwestende des Plattensees steht seit langer Zeit im Mittelpunkt von Diskussionen über die Kontinuität spätantiker christlicher Gemeinschaften in Pannonien. Das hier zu Beginn des 20. Jahrhunderts entdeckte, als II. frühchristliche Basilika bezeichnete Gebäude wird bis heute in Verbindung mit dem spätantik-mediterranen Einfluss, der in den Grabfunden fassbar ist, als Zeichen für eine im Karpatenbecken über die Römerzeit hinaus bestehende christliche Gemeinde angesehen.[1] Für die Hinterlassenschaften dieser Gruppe steht der Begriff „Keszthely-Kultur",[2] der primär das Trachtrepertoire von Frauenbestattungen umschreibt, wie Stylusnadeln, Scheibenfibeln, Schlangenkopfarmringe und Körbchenohrringe. Diese kommen regional beschränkt vor allem in der Umgebung der spätrömischen Festung von Keszthely-Fenékpuszta und der spätrömischen, befestigten Stadt Sopianae vor (Abb. 1). Für den Beginn des Auftretens dieser Fundgruppe wird das Datum 568 ange-

---

[1] ENDRE TÓTH, Das Christentum in Pannonien bis zum 7. Jahrhundert nach den archäologischen Zeugnissen, in: Das Christentum im Bairischen Raum. Von den Anfängen bis ins 11. Jahrhundert, hg. von EGON BOSHOF (Passauer historische Forschungen, Bd. 8), Köln/Weimar/Wien 1994, S. 243–272; DERS., A 4–8. századi Pannóniai kereszténység forrásairól és a leletek forrásértékéről. On the sources of Pannonian Christianity in the 4th–8th century and on the source value of the findings, in: Magyar Egyháztörténeti Vázlatok 2 (1990), S. 17–33; DERS., Zur Geschichte des nordpannonischen Raumes im 5. und 6. Jahrhundert, in: Die Völker an der mittleren und unteren Donau im fünften und sechsten Jahrhundert. Berichte des Symposions der Kommission für Frühmittelalterforschung, 24.–27. Oktober 1978, Stift Zwettl, Niederösterreich, hg. von HERWIG WOLFRAM und FALKO DAIM (Österreichische Akademie der Wissenschaften, Philosophisch-Historische Klasse, Denkschriften, Bd. 145 = Veröffentlichungen der Kommission für Frühmittelalterforschung, Bd. 4), Wien 1980, S. 93–103; RÓBERT MÜLLER, Der Untergang der Antike und ihr Nachleben im nördlichen Pannonien (Transdanubien), in: Slovenija in sosednje dežele med antiko in karolinško dobo. Začetki slovenske etnogeneze. Slowenien und die Nachbarländer zwischen Antike und karolingischer Epoche. Anfänge der slowenischen Ethnogenese, Bd. 1, hg. von RAJKO BRATOŽ (Situla, Bd. 39), Ljubljana 2000, S. 241–254.

[2] Zusammenfassend: MÜLLER, Untergang (wie Anm. 1), S. 246–248; DERS., Neue archäologische Funde der Keszthely-Kultur, in: Awarenforschungen, Bd. 1, hg. von FALKO DAIM (Archaeologia Austriaca Monographien, Bd. 1 = Studien zur Archäologie der Awaren, Bd. 4), Wien 1992, S. 251–307, hier S. 251–260; FALKO DAIM, Keszthely, in: Reallexikon der Germanischen Altertumskunde², Bd. 16, Berlin/New York 2000, S. 468–474.

setzt. Dies ist das Jahr des Abzugs der Langobarden nach Italien, mit dem die Besiedlung durch die Awaren einherging. Wie es zur Entstehung einer solchen spätantik-christlich geprägten Gemeinschaft kommen konnte, wird im Gegensatz zur Chronologie und zu den Hintergründen ihres Auftretens bis heute intensiv diskutiert. In der aktuellen Forschung überwiegt das Migrationsmodell: Demnach sollen sich eingewanderte romanisch-germanische Bevölkerungselemente hinter dieser Fundgruppe verbergen. Dagegen stehen Meinungen, die sich für eine lokale Kontinuität romanisierter Bevölkerungsteile aussprechen, woran auch das Überleben christlichen Glaubens geknüpft wird.[3] Allerdings sind die Spuren dieser Romanisierten zwischen der Mitte des 5. und der Mitte des 7. Jahrhunderts bisher archäologisch nicht identifizierbar. Zudem sollte auch die Verbindung der Keszthely-Kultur mit dem Datum 568 neu bewertet werden. Es gibt zumindest keine zwingenden archäologischen Argumente, die einen früheren Beginn nicht zuließen, und es sollte ebenfalls überdacht werden, inwiefern historisch überlieferte Machtwechsel überhaupt einen Bevölkerungswechsel verursacht haben müssen.[4]

Der Ausgräber der sogenannten „Horreum-Gräber", László Barkóczi, nahm zunächst an, dass diese Bestattungen, die als klassische Beispiele für die Keszthely-Kultur gelten, in das mittlere Drittel des 6. Jahrhunderts zu datieren seien.[5] Eine ähnliche

---

[3] Daim, Keszthely (wie Anm. 2); Müller, Neue archäologische Funde (wie Anm. 2); Ders., Über die Herkunft und das Ethnikum der Keszthely-Kultur, in: Ethnische und kulturelle Verhältnisse an der mittleren Donau vom 6. bis zum 11. Jahrhundert. Symposium Nitra, 6.–10. November 1994, hg. von Darina Bialeková, Bratislava 1996, S. 75–82; Attila Kiss, Die Stellung der Keszthely-Kultur in der Frage der römischen Kontinuität Pannoniens, in: Janus Pannonius Múzeum Évkönyve 12 (1967), S. 49–59; Volker Bierbrauer, A Keszthely-kultúra és a késő római továbbélés kérdése Pannoniában (Kr. u. 5–8. század). Újabb gondolatok egy régi problémáról, in: Archeologiai Értesítő 129 (2004), S. 67–82; Endre Tóth, Bemerkungen zur Kontinuität der römischen Provinzialbevölkerung in Transdanubien (Nordpannonien), in: Die Völker Südosteuropas im 6. bis 8. Jahrhundert, 26. Hochschulwoche, vom 7.–11. Oktober 1985 in Tutzing bei München, eine Veröffentlichung ihrer Ergebnisse und Berichte, hg. von Bernhard Hänsel (Südosteuropa-Jahrbuch, Bd. 17), München/Berlin 1987, S. 255–264; Péter Straub, A Keszthely-kultúra kronológiai és etnikai hátterének újabb alternatívája, in: Zalai Múzeum 9 (1999), S. 195–224; Gábor Kiss, Változások a Keszthely-kultúra régészeti hagyatékában a VII–VIII. század folyamán. Korszakmeghatározási kísérletek. Umwandlungen im archäologischen Nachlass der Keszthely-Kultur im Laufe des 7. und 8. Jahrhunderts. Versuche zur Periodisierung, in: „Hadak útján". Népességek és iparok a népvándorlás korában. A Népvándorláskor Fiatal Kutatóinak XVI. Konferenciája. Nagykovácsi, 2005. szeptember 26–28., hg. von Zsuzsanna Újlaki Pongrácz, Nagykovácsi 2006, S. 153–169; Edit B. Thomas, Die Romanität Pannoniens im 5. und 6. Jahrhundert, in: Germanen, Hunnen und Awaren. Schätze der Völkerwanderungszeit. Die Archäologie des 5. und 6. Jahrhunderts an der mittleren Donau und der östlich-merowingische Reihengräberkreis, hg. von Wilfried Menghin, Nürnberg 1987, S. 284–294.

[4] Vgl. zusammenfassend: Orsolya Heinrich-Tamaska, Bemerkungen zur Landschafts- und Raumstruktur auf dem Gebiet der Keszthely-Kultur, in: Kulturwandel in Mitteleuropa. Langobarden – Awaren – Slawen. Akten der Internationalen Tagung in Bonn vom 25.–28. Februar 2008, hg. von Jan Bemmann und Michael Schmauder (Kolloquien zur Vor- und Frühgeschichte, Bd. 11), Bonn 2008, S. 431–447.

[5] László Barkóczi, A 6th Century Cemetery from Keszthely-Fenékpuszta, in: Acta Archae-

Sakral- oder Profanbauten?

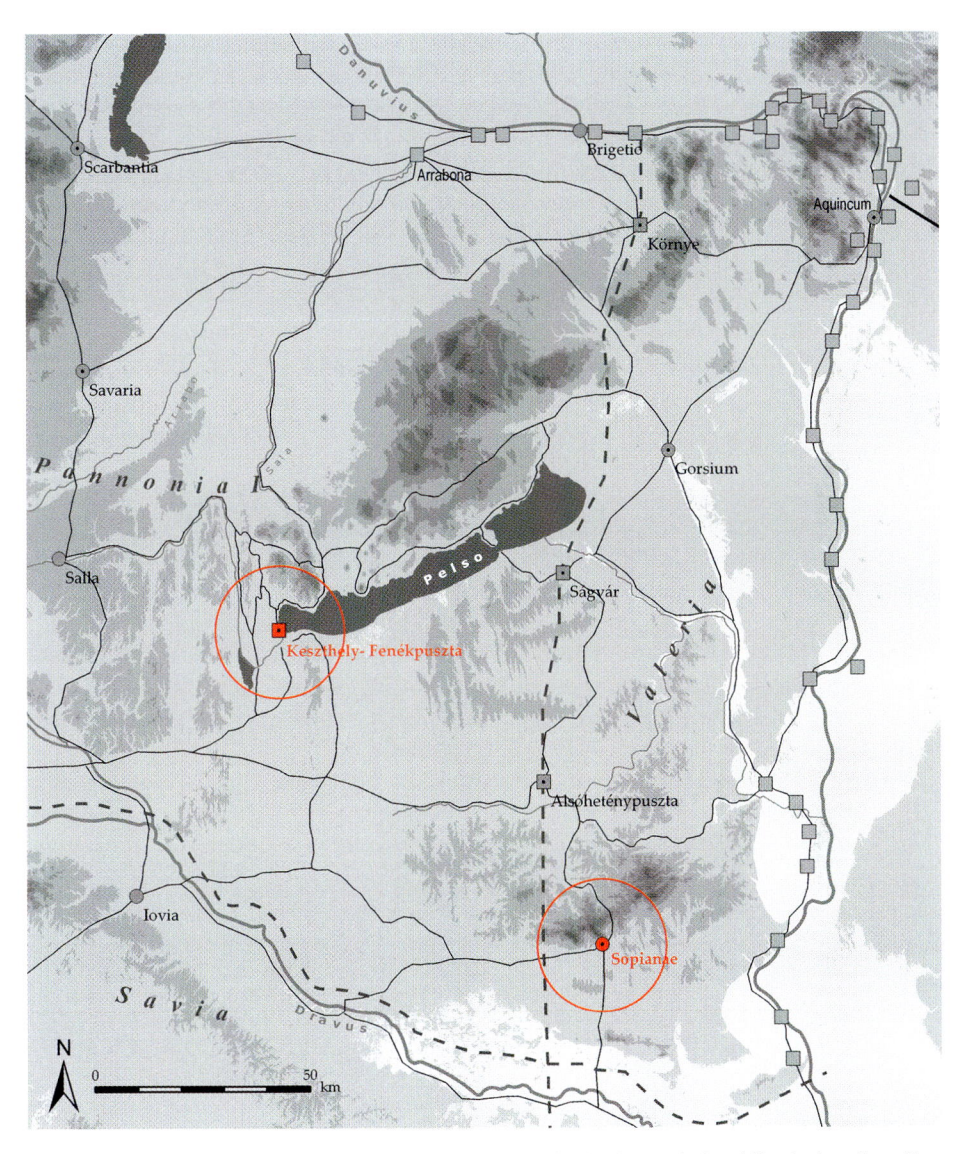

Abb. 1: Die spätantiken pannonischen Provinzen (*Valeria, Savia, Pannonia I* und *II*) mit dem *Castellum* von Keszthely-Fenékpuszta und der römischen Stadt Sopianae, in deren Umgebung in einem Umkreis von ca. 20 km das charakteristische Fundinventar der sogenannten Keszthely-Kultur konzentriert auftritt. Entwurf: Orsolya Heinrich-Tamaska.

ologica Academiae Scientiarum Hungaricae 20 (1968), S. 275–311, hier S. 310; STRAUB, Keszthely-kultúra (wie Anm. 3), S. 196.

chronologische Einstufung schlug vor Kurzem auch Florin Curta vor, indem er Keszthely-Fenékpuszta in den Kontext der justinianischen Reformen stellte und hier aufgrund der erwähnten II. Basilika sogar einen Bischofsitz vermutete.[6]

Grundsätzlich wurde jedoch über die Kategorien, anhand derer ein Gebäude als Kirchenbau interpretiert werden kann, in der Forschung nicht diskutiert. Daher beruhen die bisherigen Erklärungsmodelle allein auf den Gebäudegrundrissen und/oder auf dem Vorkommen von Bestattungen in den oder um die Bauten; Argumente also, die in den einzelnen Fällen einer Überprüfung bedürfen.[7] So wurde neben der II. frühchristlichen Basilika von Keszthely-Fenékpuszta auch einigen weiteren Befunden innerhalb und in der Nähe der spätrömischen Festung (Abb. 2) eine sakrale Funktion zugeschrieben. Ihre archäologischen Befundgrundlagen sollen im Folgenden besprochen werden.

Die erste frühchristliche Basilika

Bereits 1906 wurde ein Gebäude (4) *intra muros* in der Nähe des Nordtores der Befestigung erfasst, das als I. frühchristliche Basilika in die Forschungsgeschichte einging (Abb. 2 und 3a). Obwohl Bálint Kuzsinszky, der als Erster diesen Bau beschrieb, von einer heidnischen Basilika ausging,[8] wurde der Bau von Tibor Nagy aufgrund des Grundrisses als eine frühchristliche Basilika interpretiert.[9] Wie Nachuntersuchungen zeigen, erfassten die Ausgrabungen von Árpád Csák nicht den kompletten Bau. Csák konnte im größeren quadratischen Ostteil des Gebäudes lediglich zwei Säulenreihen finden, im westlichen kleineren Anbau dagegen keine (Abb. 3a).[10] Károly Sági stellte

---

[6] FLORIN CURTA, Limes and Cross. The Religious Dimension of the Sixth-Century Danube Frontier of the Early Byzantine Empire, in: Starinar, N. S. 51 (2001), S. 45–70, hier S. 57 f.; vgl. auch RAJKO BRATOŽ, Die Entwicklung der Kirchenorganisation in den Westbalkanprovinzen (4.–6. Jahrhundert), in: Das Christentum in Bulgarien und auf der übrigen Balkanhalbinsel in der Spätantike und im frühen Mittelalter, I. internationales Symposium, Haskovo (Bulgarien), 10.–13. Juni 1986, hg. von VASSIL GJUZELEV (Miscellanea Bulgarica, Bd. 5), Wien 1987, S. 149–196.

[7] Vgl. hierzu für den spätantiken und merowingisch-fränkischen Westen: SEBASTIAN RISTOW, Grab und Kirche. Zur funktionalen Bestimmung archäologischer Baubefunde im östlichen Frankenreich, in: Römische Quartalschrift für Christliche Altertumskunde und Kirchengeschichte 101, Heft 3–4 (2006), S. 214–239; DERS., Frühes Christentum im Rheinland. Die Zeugnisse der archäologischen und historischen Quellen an Rhein, Maas und Mosel, Münster 2007, S. 36–39.

[8] BÁLINT KUZSINSZKY, A Balaton környékének archaeologiája. Lelőhelyek és leletek, Budapest 1920, S. 58.

[9] TIBOR NAGY, A pannoniai kereszténység története a római védőrendszer összeomlásáig, Budapest 1939, S. 212.

[10] Seine Ausgrabungsergebnisse fasste Kuzsinszky kurz zusammen: KUZSINSZKY, Balaton (wie Anm. 8), S. 58. Problematisch ist an seiner Rekonstruktion, dass er mit Sicherheit nicht den kompletten Bau, sondern nur Teile davon mit Suchgräben erfasste. Auch an anderen Stellen zeigt sich, dass er in der Erstellung von Grundrissen Fehler machte; vgl. Abb. 3 a–b der vorliegenden Studie.

Sakral- oder Profanbauten?

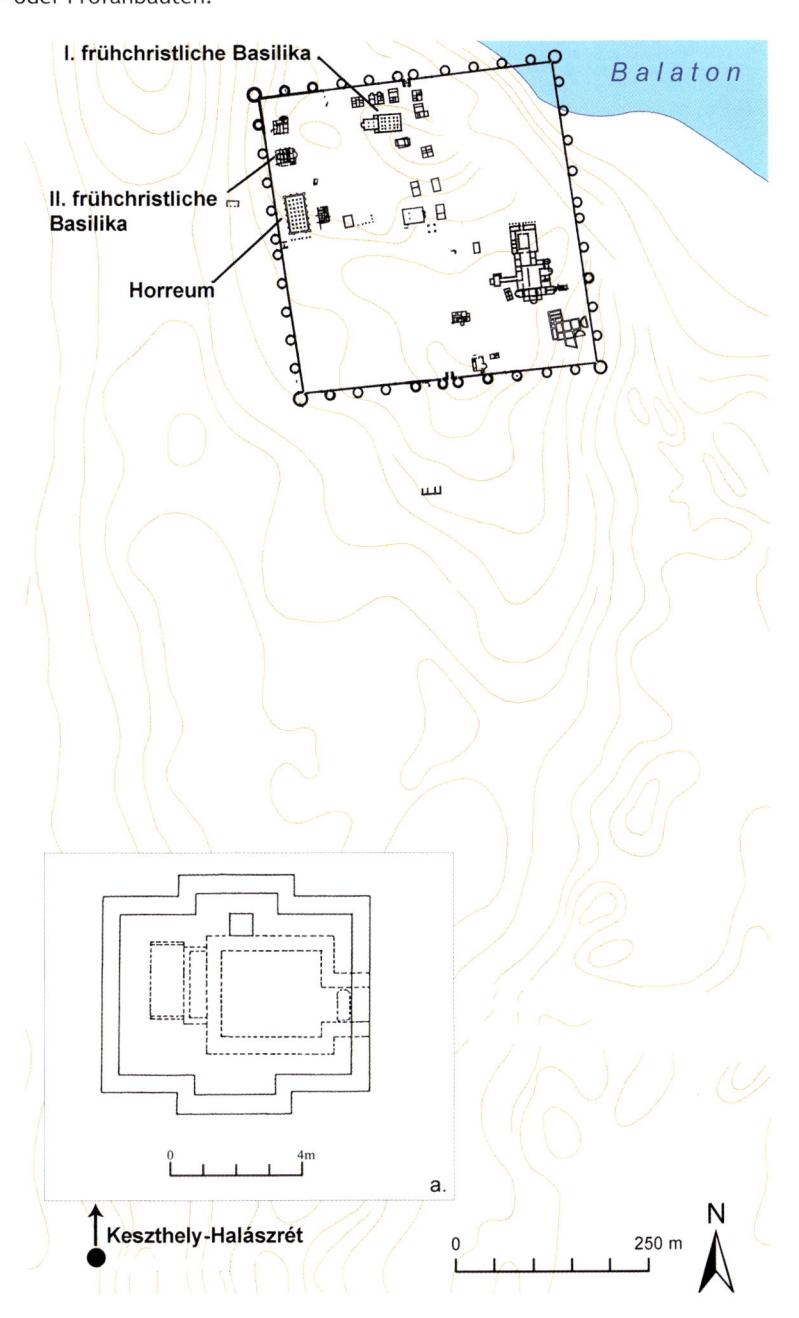

Abb. 2: Das spätantike *Castellum* Keszthely-Fenékpuszta mit der Lage der sogenannten I. und II. frühchristlichen Basiliken und des Horreums sowie des Fundplatzes Keszthely-Halászrét. Entwurf: Orsolya Heinrich-Tamaska; a: Die letzte Bauphase der von Károly Sági als *cella memoriae* interpretierten Grabkammer. Aus: SCHMIDT, Tricciana (wie Anm. 28), Abb. 25d.

96   Orsolya Heinrich-Tamaska

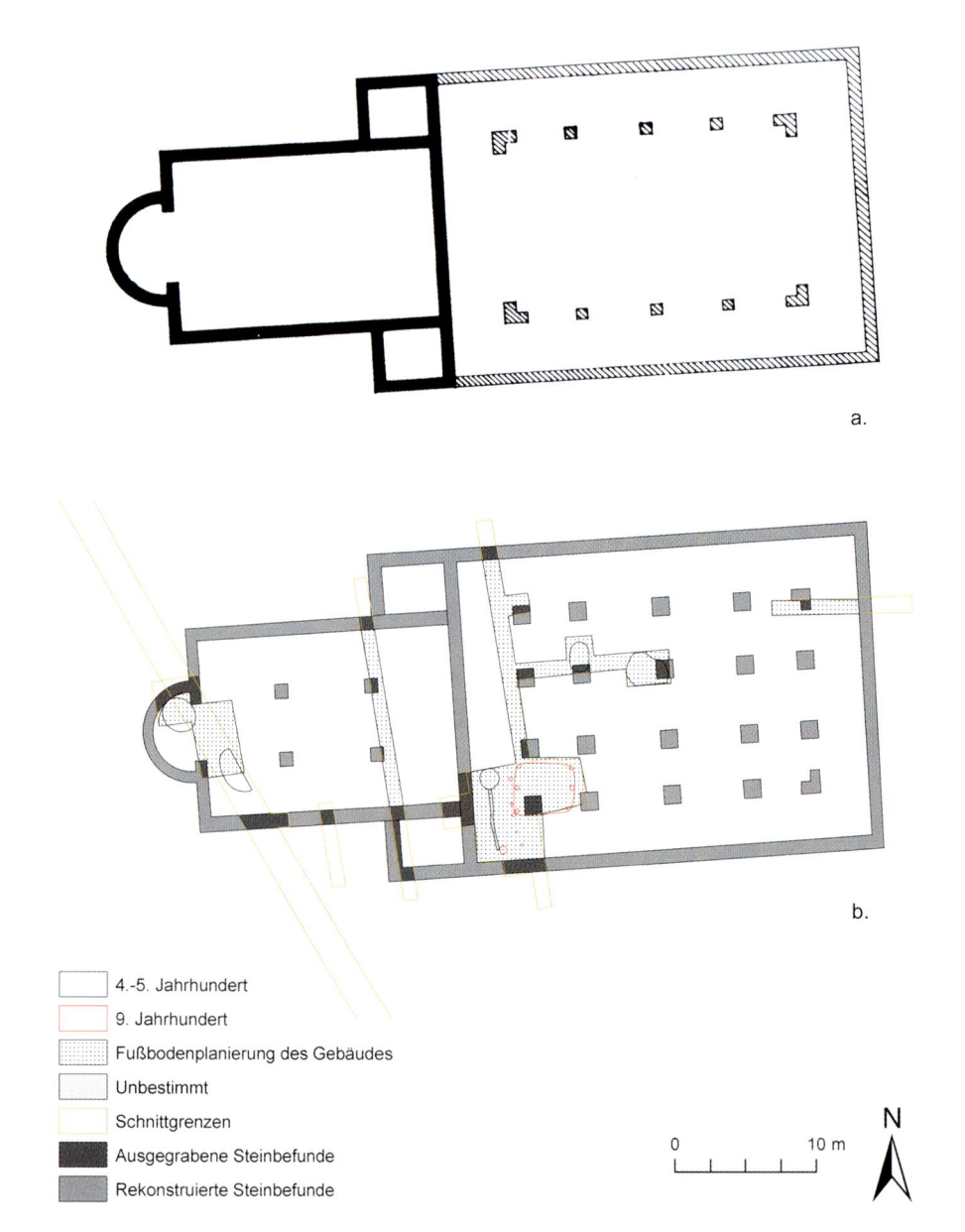

- 4.-5. Jahrhundert
- 9. Jahrhundert
- Fußbodenplanierung des Gebäudes
- Unbestimmt
- Schnittgrenzen
- Ausgegrabene Steinbefunde
- Rekonstruierte Steinbefunde

Abb. 3: Das Gebäude 4 (die so genannte I. frühchristliche Basilika) von Keszthely-Fenékpuszta: a: nach den Ausgrabungsergebnissen von Árpád Csák 1906. Aus: Thomas, Villen (wie Anm. 12) Abb. 35; b: nach den Ausgrabungsergebnissen von Károly Sági 1969 und Róbert Müller 2002. Entwurf: Orsolya Heinrich-Tamaska.

hier später vier Säulenfundamente und im Westtrakt vier Säulenreihen mit je fünf Fundamenten fest (Abb. 3b).[11] Damit kann auch die Analyse von Edith B. Thomas als überholt gelten, die hier Gyula Gosztonyi folgend den mit einer Säulenreihe ausgestatteten, überdeckten Hof einer Peristylvilla zu erkennen glaubte.[12] Immer noch auf den Grabungsergebnissen von Àrpád Csák basierend, wies Endre Tóth auf spätantike Repräsentationsbauten als Parallelen hin und zweifelte den sakralen Charakter des Gebäudes an.[13] Ebenfalls als Profanbau sah es Mária Biró an, als sie den Bau als Horreum interpretierte.[14] Sági, der die Kontrollgrabungen 1969 durchführte, ging davon aus, dass das Gebäude nicht vollendet wurde, weil kein Fußboden, sondern nur eine Planierungsschicht vorhanden war, in die spätrömische Gruben eingelassen worden waren (vgl. Abb. 3b). Er sprach von den geplanten Principia der Festung.[15]

Es wurde mehrfach auf die Zweiphasigkeit des Gebäudes hingewiesen, indem entweder der Westtrakt oder der Osttrakt gegenüber dem jeweils anderen als älter eingestuft wurde.[16] Dies lässt sich aufgrund der Grabungsdokumentation allerdings nicht zweifelsfrei entscheiden. Der Ostteil an sich bildet mit den rechteckigen Außenmauern und vier Pfeilerreihen eine geschlossene Einheit, die ihrem Grundriss nach tatsächlich einem Horreum am stärksten ähnelt (Abb. 3b). Auch die Lage des Gebäudes direkt am Nordtor würde diese Deutung unterstützen (Abb. 2). Zudem zeigen neue geomagnetische Messungen, dass der Bau im Osten ein Portikus besaß, was auf die *via praetoria* ausgerichtet war.[17] Die wichtigsten Argumente für die Annahme, dass der Bau während der spätrömischen Zeit nicht fertig gestellt wurde, sind, dass Abfallgruben mit spätrömischem Material zwei Pfeiler des Baus schnitten und dass neben dem Fehlen eines Fußbodens auch die sonst häufig beobachtete Brand- bzw. Zerstörungsschicht innerhalb des Gebäudes fehlte. Das Vorkommen eines Schmelzofens und eines Grubenhauses mit karolingerzeitlichem Material innerhalb des Osttrakts weist zudem darauf hin, dass während des 9. Jahrhunderts ebenfalls nur Teile des Gebäudes standen (Abb. 3b).[18]

---

[11] Károly Sági, Adatok a fenékpusztai erőd történetéhez. Über die Geschichte der Festung in Fenékpuszta, in: A Tapolcai Városi Múzeum Közleményei 1 (1989), S. 261–317.

[12] Edit B. Thomas, Römische Villen in Pannonien. Beiträge zur pannonischen Siedlungsgeschichte, Budapest 1964, S. 66 f., Abb. 34–35; Dies., Romanität (wie Anm. 3), S. 284–286, Abb. 2.

[13] Er betonte auch, dass ohne neuere Untersuchungen keine endgültige Meinung gebildet werden kann. Endre Tóth, A késöantik császári paloták alaprajzi típusának kialakulásához – Data to the Emergence of the Ground Plan Types of Late-Antique Imperial Palaces, in: Régészeti Dolgozatok, Bd. 2,1 (1972), S. 37–62, hier S. 45–46.

[14] Mária T. Biró, Roman Villas in Pannonia, in: Acta Archaeologica Academiae Scientiarum Hungaricae 26 (1974), S. 23–57, hier S. 31–34.

[15] Sági, Adatok (wie Anm. 11), S. 289 f.

[16] Zusammenfassend Thomas, Villen (wie Anm. 12), S. 66 f.

[17] Vgl. dazu László Barkóczi / Ágnes Salamon, Tendenzen der strukturellen und organisatorischen Änderungen pannonischer Siedlungen im 5. Jahrhundert, in: Alba Regia 21 (1984), S. 147–187; László Borhy, „Non castra sed horrea …". Zur Bestimmung einer der Funktionen spätrömischer Befestigungen, in: Bayerische Vorgeschichtsblätter 61 (1996), S. 207–224.

[18] Sági, Adatok (wie Anm. 11), S. 289 f., Abb. 33.

Insgesamt fehlen jegliche Hinweise auf eine sakrale Nutzung dieses Baus. Wird aber davon ausgegangen, dass hier zuerst ein Horreum existierte, das später um den westlichen Apsidenbau erweitert wurde, kann auch eine funktionelle Umplanung angenommen werden. Sie wurde nicht in vollem Umfang realisiert und die dem Bau anschließend zugedachte Funktion kann bei dem jetzigen Forschungsstand nicht erschlossen werden.

Das Horreum

Bezüglich des neben dem Westtor der Festung entdeckten Horreums (Gebäude 15) der Festung (Abb. 2) wurde ebenfalls die Vermutung geäußert, dass es sich um ein sekundär als Sakralbau genutztes Gebäude handeln könnte. Der rechteckige Bau mit vier Pfeilerreihen wurde zweimal nach Bränden leicht verändert erneuert (Abb. 4), in beiden Zerstörungsschichten fanden sich verkohlte Reste von dort gelagertem Getreide. Für die dritte Phase kann die genaue Funktion des Gebäudes aufgrund des fehlenden Fundmaterials nicht bestimmt werden.[19] Die Interpretation des Horreums als Sakralbau beruht auf der Entdeckung von 35 zum Teil reich ausgestatteten Bestattungen östlich des Gebäudes. Die Gräber sind westöstlich ausgerichtet und liegen in einer Reihe parallel zur östlichen Langwand des Horreums (Abb. 4).[20] Dorottya Gáspár vermutete daher, dass das Gebäude zum Zeitpunkt der Anlage der Gräber nicht mehr die Funktion eines Getreidespeichers besaß. Die Neuankömmlinge sollen das Horreum vorübergehend bis zur Fertigstellung der eigentlichen Basilika (der II. frühchristlichen Basilika) als Versammlungsort genutzt haben.[21] Der Beginn der Nekropole wird heute mit dem Anfang der Keszthely-Kultur gleichgesetzt, also mit dem Jahr 568.[22] Wird der Chronologie von Sági gefolgt, so ging die Periode D erst 630 zu Ende, was der zweiten Bauphase des Horreums entspricht. Das heißt, dass für diese Zeit noch eine wirtschaftliche Funktion als Speicher aufgrund der Getreidereste nachweisbar wäre.[23] Dies wür-

---

[19] Sági, Adatok (wie Anm. 11), S. 295–297, Abb. 27; Orsolya Heinrich-Tamaska, Keszthely-Fenékpuszta zwischen Spätantike und Karolingerzeit, in: Die Langobarden. Das Ende der Völkerwanderung. Katalog zur Ausstellung im Rheinischen Landesmuseum Bonn 22.8.2008–11.1.2009, hg. vom Landschaftsverband Rheinland, Red. Morten Hegewisch, Darmstadt 2008, S. 293.

[20] Die ersten 31 Gräber wurden 1959 und 1960 ausgegraben und durch Barkóczi, Fenékpuszta (wie Anm. 5), veröffentlicht. Die weiteren Bestattungen kamen während der Ausgrabungen 1970 zum Vorschein; vgl. dazu Straub, Keszthely-kultúra (wie Anm. 3), S. 197 f., Abb. 2–4.

[21] Dorottya Gáspár, Christianity in Roman Pannonia. An evaluation of Early Christian finds and sites from Hungary, Oxford 2002, S. 57.

[22] Vgl. zusammenfassend Daim, Keszthely (wie Anm. 2), S. 471; Kiss, Változások (wie Anm. 3), S. 154; Müller, Untergang (wie Anm. 1), S. 247.

[23] Sági, Adatok (wie Anm. 11), S. 285 f. und S. 295–297. Das chronologische *post quem* der zweiten Brandschicht über dem zweiten Fußboden des Horreums geht auf eine tönerne Öllampe zurück (ebd., Abb. 40), die in das ausgehende erste Drittel des 7. Jahrhunderts datiert wird.

Sakral- oder Profanbauten?

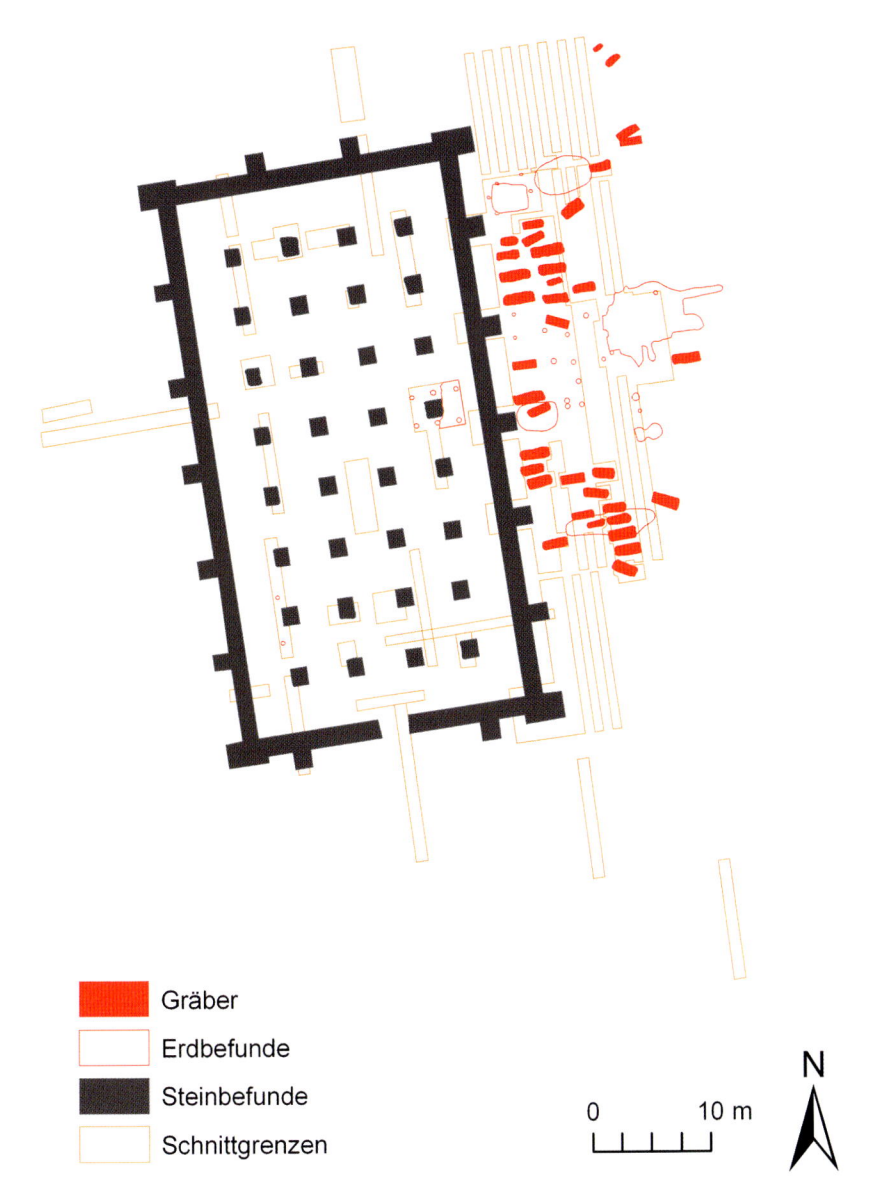

Gräber
Erdbefunde
Steinbefunde
Schnittgrenzen

0   10 m

N

Abb. 4: Das Gebäude 15, das Horreum von Keszthely-Fenékpuszta, mit den östlich angrenzenden Bestattungen (nach den Ausgrabungen László Barkóczis 1959–1960 und Károly Ságis 1971) und mit Erdbefunden (nach den Ausgrabungen Barkóczis 1959–1960). Entwurf: Orsolya Heinrich-Tamaska.

de zugleich bedeuten, dass die Nekropole neben einem Wirtschaftsbau angelegt wurde. Vor kurzem wurde darauf hingewiesen, dass die ersten beiden Bauphasen des Horreums eine funktionelle Einheit mit den weiter östlich gelegenen, ebenfalls zweiphasigen Backofenbatterien gebildet haben dürften.²⁴ Entscheidend bleibt, ob die Anlage der Gräber erst erfolgte, als der Speicher und die Öfen ihre Aufgabe nicht mehr erfüllten, oder ob diese Wirtschaftseinheit und der Begräbnisplatz zeitgleich einzustufen sind. Einige der Bestattungen schneiden Gruben, in denen spätrömische Metallgegenstände deponiert wurden bzw. in denen spätrömische Keramik lag (Abb. 4). Aus der ersten Zerstörungsschicht des Horreums kam ebenfalls spätrömisches Fundmaterial zum Vorschein, das in das 5. Jahrhundert hineinreicht, allerdings fehlt weitgehend Siedlungsmaterial, das mit den Gräbern zeitgleich eingestuft werden könnte.²⁵ Daher bleibt fraglich, welche Funktion das Horreum besaß, als es zur Anlage dieses Begräbnisplatzes kam, der einer lokalen Elite zugeschrieben werden kann.

Östlich des Horreums wurden zwischen den erwähnten Gräbern einige Pfostengruben als Reste einer Holzkirche interpretiert (Abb. 4). Diese unregelmäßig verstreuten Pfostengruben wurden aufgrund ihrer Position zwischen den Gräbern in diesen Zusammenhang gebracht; ausgegangen wurde davon, dass die Positionen der Gräber sich an einem bereits bestehenden Gebäude – eben einer Holzkirche – orientierten (Abb. 4).²⁶ Allerdings lassen sich die betreffenden Befunde zu keinem klaren Grundriss zusammenfügen. Auch ihre zeitliche Parallelität zueinander und zu den Bestattungen ist aufgrund der Stratigraphie nicht zu belegen. Daher erscheint die Annahme, es könnte sich um Teile einer Holzkirche handeln, archäologisch nicht nachweisbar.

Eine spätantike *cella memoriae* in Keszthely-Halászrét?

Etwa 1,5 km südlich der spätrömischen Festung von Keszthely-Fenékpuszta, in Keszthely-Halászrét, wurde 1941 ein spätrömisches Gräberfeld mit einer Grabkammer entdeckt (Abb. 2, 2a). Große Teile der Nekropole wurden im Zuge einer Baumaßnahme zerstört. Sági interpretierte die vierphasige Anlage in ihrer jüngsten Stufe als *cella memoriae* mit einer *mensa* und fünf Bestattungen (Abb. 2a).²⁷ Wolfgang Schmidt entkräf-

---

²⁴ ORSOLYA HEINRICH-TAMASKA / PÉTER PROHÁSZKA, Pannonien zwischen Spätantike und Attilazeit am Beispiel von Tokod und Keszthely-Fenékpuszta, in: Hunnen zwischen Asien und Europa. Aktuelle Forschungen zur Archäologie und Kultur der Hunnen. Internationale Fachtagung in Speyer, 23.–24.11.2007 (im Druck); ORSOLYA HEINRICH-TAMASKA, Keszthely-Fenékpuszta (wie Anm. 19), S. 90–107, Abb. 7.

²⁵ Das Siedlungsmaterial wird zurzeit durch die Autorin und durch Friderika Horváth bearbeitet. Teile der Funde beschrieb SÁGI, Adatok (wie Anm. 11), S. 285 f.

²⁶ KÁROLY SÁGI, Das Problem der pannonischen Romanisation im Spiegel der völkerwanderungszeitlichen Geschichte von Fenékpuszta, in: Acta Antiqua Academiae Scientiarum Hungaricae 18 (1970), S. 147–196, hier S. 180 f.; BÉLA MIKLÓS SZŐKE, A korai középkor hagyatéka a Dunántúlon. Denkmäler des frühen Mittelalters in Transdanubien, in: Ars Hungarica 2 (1998), S. 257–320, hier 259; KISS, Változások (wie Anm. 3), S. 158.

²⁷ KÁROLY SÁGI, Die spätrömische Bevölkerung der Umgebung von Keszthely, in: Acta Archaeologica Academiae Scientiarum Hungaricae 12 (1960), S. 187–256, hier S. 188–196, Abb. 4–10.

tete die Belege für einen frühchristlichen Kultbau und sah hier eine Familienbegräbnisstätte, die seit der zweiten Hälfte des 4. Jahrhunderts etappenweise erweitert worden war.[28] Dorottya Gáspár stand nicht nur Ságis Deutung der Anlage, sondern auch der von ihm vorgeschlagenen Chronologie skeptisch gegenüber.[29]

Die bisherigen Ausführungen zeigen, dass trotz zahlreicher Versuche, Befunde aus Fenékpuszta in einen frühchristlichen Zusammenhang zu stellen, allein die II. frühchristliche Basilika in diesen Kontext zu gehören scheint. Auch hier ergeben sich allerdings zahlreiche Fragen angesichts der Datierung der einzelnen Bauphasen, der Zuordnung der Bestattungen zu diesen Phasen und des Fehlens von liturgischer und bauplastischer Ausstattung.

Die zweite frühchristliche Basilika

Das Gebäude 14, das als „zweite altchristliche Basilika" von Keszthely-Fenékpuszta bekannt wurde, ist bis heute der einzige Steinbau *intra muros* der Festung, dessen Ausgrabungsergebnisse detailliert vorgelegt worden sind.[30] Darüber hinaus gilt das Gebäude als einziger Kirchenbau des frühen Christentums nordöstlich der Drau, dem eine Nutzung über das 5. Jahrhundert hinaus zugeschrieben wird.[31] In die Geschichte der spätrömischen Festung von Keszthely-Fenékpuszta eingebettet, ergeben sich einige grundsätzliche Fragen zur Baugeschichte des Gebäudes: Erstens, ob eine oder mehrere Bauphasen mit profaner Nutzung während der Spätantike abgrenzbar sind, zweitens, ab wann und anhand welcher Kriterien der Bau als Kirche gedeutet werden kann – und schließlich, wie die einzelnen Bauphasen zeitlich einzuordnen sind. Die bisherigen Forschungsmeinungen datieren die dreischiffige Bauphase allgemein in das 6.–7. Jahrhundert, über die Fragen aber, ob zu diesem Zeitpunkt bereits die Pfeiler an der Nordwand, die Nebenapsis im Westen und die kleine Kapelle im Süden bestanden, gehen die Meinungen auseinander (vgl. Abb. 6).[32]

---

[28] Wolfgang Schmidt, Spätantike Gräberfelder in den Nordprovinzen des römischen Reiches und das Aufkommen christlichen Bestattungsbrauchtums. Tricciana (Ságvár) in der Provinz Valeria, in: Saalburg-Jahrbuch 50 (2000), S. 213–442, hier S. 283–285.

[29] Gáspár, Christianity (wie Anm. 21), S. 58: „According to its recent documentation, it is impossible to produce a relative chronology and choose a date, which would represent early Christianity".

[30] Károly Sági, Die zweite altchristliche Basilika von Fenékpuszta, in: Acta Antiqua Academiae Scientiarum Hungaricae 9 (1961), S. 397–459; Ders. und Kornél Bakay, A népvándorláskor építészete Magyarországon, in: Építés-Építéstudomány II/3–4 (1971), S. 401–426.

[31] Sági, Basilika (wie Anm. 30); Tóth, Christentum (wie Anm. 1); Ders., Kereszténység (wie Anm. 1), S. 28 f., Abb. 18; Curta, Limes (wie Anm. 6), S. 57 f.

[32] In den Publikationen wird auf die Mängel der Ausgrabungsbeobachtungen und -dokumentation hingewiesen: vgl. Tóth, Bemerkungen (wie Anm. 3), S. 257–261, Abb. 238; Róbert Müller, Megjegyzések Fenékpuszta történetéhez, in: Zalai Múzeum 1 (1987), S. 105–122, hier S. 114.

Sági unterschied in seiner Materialvorlage 1961 sechs Bauphasen. Auf zwei Bauphasen mit profaner Funktion sollen vier weitere gefolgt sein, während derer das Gebäude bereits als Kirche genutzt wurde (Abb. 5).[33]

Die von Sági erarbeiteten Bauphasen sind jedoch nicht in jedem Detail nachvollziehbar und die Grabungsdokumentation lässt nicht nur andere Deutungsmöglichkeiten zu, sondern relativiert auch stark das Aussagepotenzial der vorgelegten Ergebnisse. Vor allem die von Sági angestrebte absolutchronologische Einordnung der einzelnen Baustufen in die Phasen A bis F, die auf der Annahme einer kontinuierlichen Nutzung der Festung und auch der Basilika ab dem Beginn des 4. Jahrhunderts bis zum 10. Jahrhundert beruht, kann nicht zweifelsfrei anhand der Grabungsergebnisse und Funde belegt werden.[34]

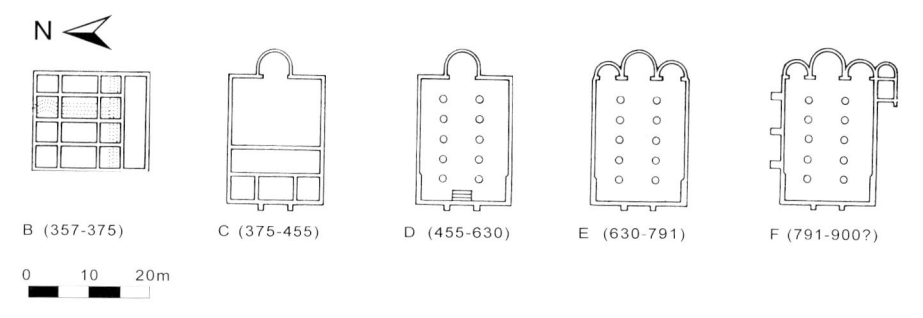

Abb. 5: Die von Károly Sági rekonstruierten Bauphasen des Gebäudes 14 (II. frühchristliche Basilika) von Keszthely-Fenékpuszta, ohne die Darstellung der ersten Bauphase. Aus: Sági, Basilika (wie Anm. 30), Abb. 3.

Sági betonte, dass der Umbau zur Basilika zu Anfang des mittleren Drittels des 4. Jahrhunderts erfolgt sei, was dem Beginn seiner Phase C entspricht. Es soll ein Saalbau mit einer Apsis im Osten und einem Terazzofußboden entstanden sein (Abb. 5, C). Sági ging davon aus, dass der Apsidenbau den Terazzofußboden eines profanen Vorgängerbaus mit rechteckigem Grundriss beibehielt.[35] Dieser Beobachtung widerspricht das von ihm veröffentlichte Profil: Der Terazzoboden zieht nämlich über die Innenwände des Vorgängerbaus hinweg und kann daher nicht zu dieser Bauphase gehören. Dies bedeutet zugleich, dass es entweder keinen Fußbodenhorizont zu dem

---

[33] Sági, Basilika (wie Anm. 30), Abb. 3.
[34] Zur Chronologie Ságis vgl. Sági, Adatok (wie Anm. 11). Wo die von Sági vorgelegten Profile der Basilika angelegt wurden, kann nur rekonstruiert werden, ihre Stellen wurden in der Dokumentation nicht verzeichnet (vgl. Abb. 6 der vorliegenden Studie). Insgesamt entsteht aufgrund der überlieferten Fotodokumentation und des Tagebuches der Ausgrabung der Eindruck, dass die von Sági veröffentlichten Profile nicht vor Ort erstellt, sondern von ihm nachträglich rekonstruiert und gezeichnet worden sind. Sági weist in seiner Auswertung auch nicht darauf hin, dass bestimmte stratigraphische Details aufgrund neuzeitlicher Störungen und der alten Suchgräben Árpád Csáks nicht zweifellos zu klären sind; vgl. Sági, Basilika (wie Anm. 30), Abb. 2 und Abb. 19–20 (vgl. Abb. 7 a–b der vorliegenden Studie).
[35] Sági, Basilika (wie Anm. 30), S. 411.

Sakral- oder Profanbauten?

profanen Rechteckbau gab oder dass keiner beobachtet werden konnte.[36] Zugleich lässt sich auch die stratigraphische Zuordnung des Heizkanals, der sich, nordsüdlich ausgerichtet, durch das Gebäude zieht, aufgrund einer modernen Störung nicht eindeutig im Verhältnis zum Vorgängerbau klären (Abb. 6,1: 2025; Abb. 7a: 2025). Ebenso unklar bleibt die Einordnung weiterer profaner Vorgängerbauten und Gruben.[37] Der Umbau soll zudem die Errichtung einer Apsis an der Ostwand umfasst haben.

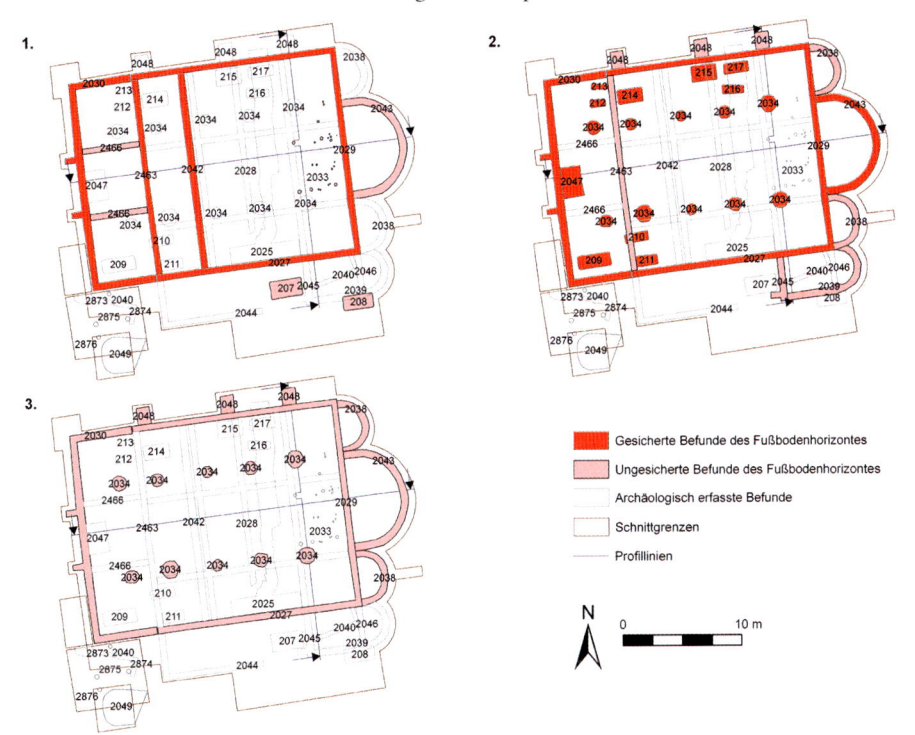

Abb. 6: Die rekonstruierbaren drei Fußbodenhorizonte des Gebäudes 14 (II. frühchristliche Basilika) von Keszthely-Fenékpuszta, mit den jeweils gesicherten und ungesicherten Befundzuweisungen zu den einzelnen Fußbodenhorizonten und der rekonstruierten Position des Ost-West- und des Nord-Süd-Profils (vgl. Abb. 7a–b). Die Gräber (vgl. Anm. 58) und die Erd- und Steinbefunde tragen die Befundnummern, die sie im Rahmen der laufenden Bearbeitung der gesamten Grabungsdokumentation des Fundplatzes von Keszthely-Fenékpuszta bekamen: 1: Erster Fußbodenhorizont (2026), 2: Zweiter Fußbodenhorizont (2032), 3: Dritter Fußbodenhorizont (2037). Entwurf: Orsolya Heinrich-Tamaska.

---

[36] Zudem wird im Tagebuch verzeichnet, dass die Innentrennwände dieses rechteckigen Vorbaus nicht im Mauerverband mit den Außenwänden errichtet wurden. Unter dem von Osten zweiten Pfeiler der südlichen Pfeilerreihe soll auch der Fußbodenhorizont dieses Baus beobachtet worden sein; vgl. Dokumentarchiv des Balatoni-Museums Keszthely 84.237.1.

[37] Auf diese soll hier nicht näher eingegangen werden. Vgl. dazu Sági, Adatok (wie Anm. 11), S. 270–273; Ders., Basilika (wie Anm. 30), S. 414–415; Ders., Festung in Fenékpuszta (Römer, Ostgoten, Langobarden, Slawen und Franken). Bewertung der Ausgrabungen im Zeitraum 1883–1975 (unveröffentlichtes Manuskript des Universitätsverlages Mundus), S. 130–148.

Die hier erschlossene Terazzoschicht lag ca. 20 cm höher als jene im Saal und wurde durch eine aus Ziegeln gemauerte Stufe von dieser abgetrennt (Abb. 6,1; Abb. 7a: 2026–2027, 2029, 2043). In der Planierungsschicht des Fußbodens der Apsis wurden spätantike Münzen entdeckt, die im ersten Drittel des 4. Jahrhunderts geprägt wurden. Für Sági gaben diese Münzen den Hinweis auf eine Umbauzeit nach 337.[38]

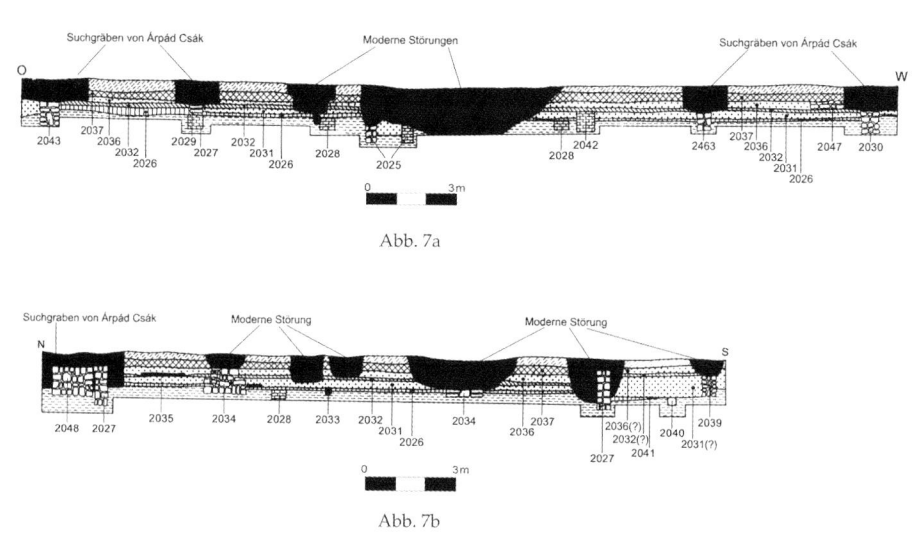

Abb. 7a

Abb. 7b

Abb. 7: a: Das West-Ost-Profil der Basilika mit Blick nach Süden. Umgearbeitet und mit Befundnummern versehen nach Sági, Basilika (wie Anm. 30) Abb. 20; b: Das Nord-Süd-Profil der Basilika mit Blick nach Osten. Umgearbeitet und mit Befundnummern versehen nach Sági, Basilika (wie Anm. 30), Abb. 19.

Aufgrund stratigraphischer Beobachtungen kann allerdings eine gleichzeitige Apsiserweiterung mit der Entstehung des ersten Terazzobodens des Saalbaus nicht als gesichert gelten. Über dieser Terazzoschicht befand sich nämlich eine Zerstörungsschicht, auf der dann der zweite Fußboden des Gebäudes errichtet wurde, in der Apsis dagegen lagen die beiden Fußböden direkt übereinander (Abb. 7a: 2026, 2032). Für die Apsis notierte Sági lediglich einen Belag aus einem Gemisch von Mörtelkalk und Ziegelpulver. Wird davon ausgegangen, dass die Terazzoböden in der Halle und in der Apsis zusammengehören, so dürfte der Teil mit der Apsis bei der Zerstörung noch nicht fertig oder anders bedeckt gewesen sein, weil hier Tegula- und Imbrexreste fehlen.[39]

---

[38] Károly Sági, Fenékpuszta (wie Anm. 37), S. 140. Es ist vollkommen unklar, wie Sági zu diesen Angaben kam, die weder im Tagebuch noch in seinen ersten beiden Publikationen erwähnt werden: Sági, Basilika (wie Anm. 30); Ders., Adatok.

[39] Zudem bemerkt Sági, Basilika (wie Anm. 30), S. 410, dass bei der Apsis aus Sandstein Strebepfeiler errichtet wurden. Leider wurde die Stratigraphie erneut nicht vermerkt oder auf den Plänen eingetragen.

Sakral- oder Profanbauten?

In Richtung Westen wurde der Rechteckbau ebenfalls erweitert. Sági nahm an, dass die Errichtung eines Narthex und westlich anschließend einer Portikus gleichzeitig mit dem Bau der Apsis erfolgte (Abb. 6,1).[40] Bereits aus bauhistorischer Sicht lässt sich darüber diskutieren, inwiefern die Deutung als Narthex zutreffend ist. Als stratigraphisch gesichert kann dagegen gelten, dass eine Erweiterung des Westteils stattfand, und dass die Trennmauer zwischen dem genannten Narthex und dem Saal (Abb. 7a: 2042) allein während dieser Bauphase bestand. Problematisch sind dagegen die ost-westlich verlaufenden Mauern, die, zu beiden Seiten des Eingangs im Westen stehend, zu dieser Bauphase gerechnet werden (Abb. 6,1: 2466). Hier liegen keine Profile über die Schichtenfolge vor, allein eine Tagebuchbeschreibung belegt, dass die nördliche, in Lehm gefasste Mauer unter dem zweiten Fußboden gelegen habe.[41] Zudem spricht die an den beiden Eingangspfeilern des Gebäudes ausgerichtete Position der Mauerzüge für eine Datierung der Mauer zeitgleich mit dem ersten Fußbodenhorizont (Abb. 6,1).

Einen kritischen Punkt in der Rekonstruktion bildet der Zeitpunkt der Errichtung der Säulen im Saalbau. Sági meinte in Bezug auf den ersten Fußbodenhorizont, wo er noch keine Säulen annahm, dass kaum vorstellbar sei, „dass das Innere des Schiffes (15,25 m) mit einem einzigen Balken überdeckt werden konnte".[42] Er wies auch auf die Tegula- und Imbrexreste über dem Fußboden hin, die auf eine Überdachung der Kirche nach römischer Art deuten. Anhand des veröffentlichten Ost-West-Profils des Gebäudes lässt sich feststellen, dass die etwas breiteren Fundamente zweier Säulen den ersten Terazzofußboden durchbrechen. Sági zufolge können die Säulen jedoch nicht zur Phase C gehören.[43] Eigenartig erscheint bei dem veröffentlichten Profil, dass keine Fundamentaushubgruben für die Säulen verzeichnet wurden. Daher kann nicht zweifelsfrei entschieden werden, von welcher Schicht ausgehend die Säulen errichtet wurden. Dem vorliegenden Profil zufolge grenzt nämlich der erste Terazzoboden direkt an die Säulen, diese könnten also bereits zu diesem Zeitpunkt bestanden haben. Dagegen würde allerdings die Fundamenttiefe von nur 30 cm sprechen (Abb. 7b: 2034). Grundsätzlich bleibt aber zu fragen, ob die Fundamenttiefen der einzelnen Mauerzüge korrekt dokumentiert worden sind. Sämtliche Mauern haben nämlich den Profilen zufolge eine zu geringe Fundamenttiefe, und auch die Säulen erscheinen, vom zweiten Fußboden aus gerechnet, als zu flach fundamentiert (40–50 cm: vgl. Abb. 7b).[44]

Sági ging davon aus, dass nach der ersten Zerstörung eine kleine Hütte vor der Apsis entstand.[45] Leider ist die genaue stratigraphische Position nur für einen einzigen Pfosten überliefert: Er durchbricht den ersten Terazzoboden, liegt jedoch zugleich unter der Tegula- und Imbrexschicht 2032, muss also vor der Zerstörung eingetieft wor-

---

[40] Sági, Basilika (wie Anm. 30), S. 410 f.
[41] Dokumentarchiv des Balatoni-Museums Keszthely 84.237.1; vgl. auch Sági, Basilika (wie Anm. 30), S. 410 f.
[42] Sági, Basilika (wie Anm. 30), S. 411.
[43] Sági, Basilika (wie Anm. 30), S. 413.
[44] Sági, Basilika (wie Anm. 30), Abb. 19.
[45] Sági, Basilika (wie Anm. 30), S. 413.

den sein (Abb. 7b: 2033).⁴⁶ Er könnte, zusammen mit den weiteren Pfosten in diesem Bereich, mit den Erweiterungsarbeiten um die Apsis in Richtung Osten im Zusammenhang stehen, was gut zum Fehlen der Zerstörungsschicht in diesem Abschnitt passt (Abb. 6,1: 2033).

Sági datierte den Beginn der durch zwei Säulenreihen gegliederten dreischiffigen Bauphase auf die Mitte des 5. Jahrhunderts. Über der Schuttschicht wurde ein neuer Fußboden aus kieseligem, geglättetem Mörtel errichtet und am Westeingang führte in der Kirche eine Stufe in den Saalbau hinab, was Sági mit der Erhöhung des Laufhorizonts der Umgebung des Gebäudes erklärte (Abb. 7a–b: 2031–32). In den zweiten Fußboden der Basilika sollen mehrere Bestattungen eingetieft worden sein.⁴⁷ Deren Relativchronologie wird im Folgenden noch zur Diskussion stehen.

In einer weiteren, über dem zweiten Fußboden liegenden Zerstörungsschicht (Abb. 7a–b: 2036) fehlen Tegulae- und Imbrexstücke, daher dürfte der Bau anders gedeckt gewesen sein als in der Phase zuvor. Große verkohlte Holzbalken, die über dem zweiten Fußboden im nördlichen Seitenschiff der Basilika beobachtet worden sind, könnten Teile dieser Bedachung gebildet haben (Abb. 7b: 2035).⁴⁸ In dieser Verfüllungsschicht kamen auch Funde zum Vorschein, die überwiegend in die Mitte des 5. Jahrhunderts datieren. Sági erklärte, diese Funde seien im Zuge von Planierungsarbeiten mit der Erde aus einem älteren Befund der Festung in die Basilika getragen worden und besäßen daher keinen direkten Datierungswert. Datierungswert *post quem* besitzt dagegen eine Silberschnalle, die in die Zeit zwischen der zweiten Hälfte des 6. und der ersten Hälfte des 7. Jahrhunderts gehört.⁴⁹ Über dieser Erdverfüllungsschicht wurde eine mit Steinen und Bauschutt durchsetzte weitere Schicht festgestellt (Abb. 7a–b: 2037).⁵⁰

Fraglich ist auch die stratigraphische Einordnung der beiden Seitenapsiden, wo „nur der Fußboden der Zeit nach 630",⁵¹ also der dritte Fußbodenhorizont, erhalten war. Hier widerspricht Sági seiner eigenen Aussage: „da über dem ursprünglichen Boden nur eine 20–25 cm Erdschicht steht, konnten wir den obersten Fußboden nicht mehr entdecken".⁵² Anhand von Ságis Beschreibung müsste der dritte Fußbodenhorizont über der oben erwähnten breiten stein- und bauschuttdurchsetzten Schicht liegen, allerdings wird diese auf keiner der Profilzeichnungen verzeichnet. Zudem kann aufgrund der Störungen, die auf den Profilen verzeichnet sind, bei keinem Mauerzug ein Anschluss an diese Planierungsschicht des dritten Fußbodens überprüft werden. Das gilt auch für die Seitenapsiden und deren Zuordnung zum dritten Fußbodenhorizont (Abb. 7a–b).⁵³

---

[46] Sági, Basilika (wie Anm. 30), Abb. 19.
[47] Sági, Basilika (wie Anm. 30), S. 413–415.
[48] Sági, Basilika (wie Anm. 30), S. 414 und 433.
[49] Sági, Basilika (wie Anm. 30), Taf. XIII, 1.
[50] Sági, Basilika (wie Anm. 30), S. 432 f., Abb. 19.
[51] Sági, Basilika (wie Anm. 30), S. 435.
[52] Sági, Basilika (wie Anm. 30), S. 435.
[53] Sági, Basilika (wie Anm. 30), S. 435, Abb. 19–20.

Unklar ist zuletzt die Datierung der kleinen Kapelle an der Südseite des Gebäudes. Ságis Beschreibung zufolge kann wegen des Fehlens von Schichten nicht festgestellt werden, wann die Kapelle gebaut wurde, aber das Baumaterial (Basalt und Dolomit) weist auf einen späteren Anbau hin. Das gleiche Steinmaterial soll auch bei den Strebepfeilern an der Nordwand der Basilika verwendet worden sein, was für die Gleichzeitigkeit der beiden Erweiterungen sprechen sollte.[54] Wird hier jedoch die veröffentlichte Profilzeichnung herangezogen, dann zeigt sich der zweite Fußboden mit der ersten Planierungsschicht in diesem Bereich, was bedeuten würde, dass die Kapelle während der Bauphase des zweiten Fußbodens existierte und dass der dritte Fußoden hier gar nicht mehr vorkommt (Abb. 7b: 2039). Die Kapelle kann allerdings erst entstanden sein, als die südliche Seitenapsis des Saalbaus bereits stand, Sági zufolge soll im Bogen der Apsis jedoch nur der dritte Fußboden vorkommen. Aus der Verfüllungsschicht über dem Bau kamen eine Valens-Kleinbronze zum Vorschein sowie ein Silberkettchen aus 8–förmig gebogenen Gliedern, an dem ein silberner Blechanhänger in Form des griechischen Buchstabens Omega befestigt war.[55]

Die hier aufgezählten Widersprüche in der Baugeschichte der Basilika von Fenékpuszta lassen sich anhand der Dokumentation nicht mehr auflösen, sie zeigen jedoch, dass die von Sági erarbeiteten Bauphasen in vielen Bereichen in Frage gestellt werden müssen. Dies bedeutet auch, dass bauhistorische Vergleiche auf der Grundlage von Grundrissen immer berücksichtigen müssen, dass sämtliche Bauphasen der Basilika von Fenékpuszta mit Fragezeichen zu versehen sind. Die hier rekonstruierten Pläne (Abb. 6,1–3) demonstrieren die skizzierten Unklarheiten, indem die sicher zu einem Fußbodenhorizont zuzuordnenden Befunde gegenüber möglichen, aber fraglichen Befunden abgegrenzt dargestellt wurden. Demnach erscheint die letzte Bauphase des dritten Fußbodenhorizonts als vollkommen fraglich, weil anhand der Grabungsdokumentation nicht zu erschließen ist, welche Mauerteile zu diesem Zeitpunkt noch standen (Abb. 6,3).

Ein letzter, aber bisher kaum beanstandeter kritischer Punkt im Hinblick auf die Basilika ist die Fundarmut in den Schichten und die daraus resultierenden Schwierigkeiten in Bezug auf die absolute Chronologie. Es fehlen nicht nur Funde, sondern auch Steinmonumente, die auf die baustilistische und liturgische Ausstattung einer Kirche hinweisen würden und ebenfalls chronologische Anhaltspunkte liefern könnten. Dies ist auch deshalb verwunderlich, weil in frühchristlichen Basiliken des 6. und 7. Jahrhunderts, in deren Kontext der Befund von Fenékpuszta diskutiert wird, eine solche Ausstattung in der Regel vorhanden ist.[56] Aus dem Gebiet Illyricums sind mehrere vergleichbare Kirchenbefunde von Höhensiedlungen überliefert, die eine reiche Ausstattung zeigen. Sie werden von der serbischen Forschung als frühbyzantinisch angesprochen, ihre Einrichtung wird in die Zeit Justinians I. (527–565) datiert.[57]

---

54 Sági, Basilika (wie Anm. 30), S. 436.
55 Sági, Basilika (wie Anm. 30), S. 436, Taf. XIV, 4.
56 Im merowingischen Westen sind Belege für Bauschmuck und liturgische Ausstattungen zwar ebenso selten, Teile der Abschrankung oder des Taufbeckens sind jedoch vereinzelt überliefert. Vgl. hierzu die Beiträge von Sebastian Ristow und Madeleine Will in diesem Band.
57 Vgl. etwa Ralph Field Hoddinott, Early Byzantine churches in Macedonia and Southern

Die Bestattungen in und bei der Kirche

Im Hinblick auf die Relativchronologie der Kirche sind zuletzt auch die Gräber, die in der und bei der Basilika gefunden wurden,[58] zu besprechen. Für sie fehlen außer den Beschreibungen der Ausgräber auch Profilzeichnungen, die die Stratigraphie der Bestattungen unzweifelhaft klären könnten. Hinzu kommt, dass fast sämtliche Bestattungen gestört bzw. beraubt waren und keine oder kaum nennenswerte Beigaben enthielten. Sági ordnete in seinem Aufsatz von 1961 die Gräber in drei relativchronologische Gruppen ein: Die Gräber 3–5 sollen die ältesten sein, gefolgt von den Gräbern 6–8, und schließlich werden die Bestattungen 9–11 als jüngste eingestuft. Die Gräber 1 und 2 wurden von Sági chronologisch nicht näher eingeordnet.[59] Sämtliche Gräber sollen in den zweiten Fußboden der Basilika eingetieft worden und in die Zeit zwischen 568 und 630 zu datieren sein (Abb. 6,2).[60] Róbert Müller schloss nicht aus, dass die Gräber in den dritten Fußboden der Kirche eingetieft worden sein könnten;[61] eine Möglichkeit, die Sági jedoch aufgrund seiner Grabungsbeobachtungen zurückwies.[62]

Zwei Gräber wurden außerhalb der Basilika, an deren Südseite, entdeckt. Das Grab 2 befand sich Ságis Grundrisszeichnung und Beschreibung zufolge unter der kleinen Kapelle südlich der Basilika (Abb. 6,1: 208, 2039). Auf die stratigraphischen Unklarheiten bezüglich der Kapelle wurde oben bereits hingewiesen. Unter einer Brandschuttschicht wurde zudem ein T-förmiger Heizkanal, zu dem ein Stampflehmfußboden gehörte, festgestellt (Abb. 6,1: 208, 2040).[63] Wie in diese Schichtenfolge das Grab 2 einzuordnen ist, bleibt unklar. Als sicher darf nur seine Position unterhalb der Südmau-

---

Serbia, London 1963; Marko Popović, The Early Byzantine Basilica at Ras, in: Starinar 47 (1997), S. 91–107; Miroslav Jeremić Balajnac, Agglomération Protobyzantine Fortifiée (Région de Niš, Serbie du Sud), in: Antiquité Tardive 3 (1995), S. 193–207; Miroslav Jeremić / Mihailo Milinković, Die byzantinische Festung von Bergovina (Südserbien), in: Antiquité Tardive 3 (1995), S. 209–225; Mihailo Milinković, Die Gradina auf dem Jelica-Gebirge und die frühbyzantinischen Befestigungen in der Umgebung von Čačak, Westserbien, in: Antiquité Tardive 3 (1995), S. 227–250; Ders., Ulpijana kod gračanice na kosovy i Gradina na Jelici kod Čačka i svetly akulturcionich proczesa i Illiriki VI. v. Ulpiana bei Gračinica auf Kosovo und die Gradina auf der Jelica bei Čačak im Lichte der Akkulturationsprozesse im Illyricum des 6. Jhs., in: Papers of the Third Yugoslav Byzantine Studies Conference, Kruševac 10–13 May, 2000, hg. von Ljubomir Maksimoviç, Ninoslava Radošević und Ema Radulović (Institut for Byzantine Studies, Serbian Akademy of Sciences and Arts Studies, Bd. 25 = Museum of Kruševac, Studies and Monographs, Bd. 2) Beograd/Kruševac 2002, S. 343–360; Ders., Die byzantinische Höhenanlage auf der Jelica in Serbien – ein Beispiel aus dem nördlichen Illyricum des 6. Jahrhunderts, in: Starinar 51 (2002), S. 71–133.

[58] Sági, Basilika (wie Anm. 30), S. 415–421, Abb. 8–15.
[59] Sági, Basilika (wie Anm. 30), S. 421 f.; vgl. dazu Róbert Müller, Germanische Funde aus der altchristlichen Basilika und aus dem Horreum-Gräberfeld aus der Befestigung in Fenékpuszta, in: Germanen am Plattensee. Ausstellung im Museum für Frühgeschichte, Schloss Traismauer vom 6. April–1. November 2002, Traismauer 2002, S. 23–25.
[60] Sági, Adatok (wie Anm. 30), S. 300 f.
[61] Müller, Megjegyzések (wie Anm. 32), S. 114.
[62] Sági, Adatok (wie Anm. 11), S. 402 und 416 f.
[63] Sági, Basilika (wie Anm. 30), S. 400–402.

er der Kapelle gelten. Die ost-westlich ausgerichtete Bestattung liegt parallel zur Südmauer der Basilika, müsste also mit einer Bauphase einhergehen, in der die Südkapelle noch nicht stand.

Ähnliche Unklarheiten herrschen auch bezüglich des Grabes 1. Es wurde bereits 1937 beim Pflanzen eines Baumes entdeckt, weshalb nur eine kurze Aufzeichnung und keine weitere Dokumentation des Befundes existiert. Sági hat die Stelle ein Jahrzehnt später erneut untersucht, er beschrieb jedoch nicht den stratigraphischen Bezug des Grabes zur Kapelle.[64] Position und Ausrichtung von Grab 1 parallel zur Südmauer der Basilika sind vergleichbar mit Grab 2, es wird jedoch durch keine Mauerzüge geschnitten (Abb. 6a: 207).

Die Gräber 1 und 2 weichen auch im Hinblick auf die Bestattungsform und die Bestatteten von jenen innerhalb der Kirche ab. Grab 1 bestand aus sechs regelmäßig geformten, grob zugehauenen Sandsteinplatten, die mit einer sattelförmigen Deckplatte abgeschlossen waren. In der Grabkammer lagen die Skelette west-östlich ausgerichtet, wobei das Skelett einer alten Frau bei der Beisetzung eines jüngeren Mannes zur Seite geschoben worden war. Die Bestattung in Grab 2 lag in einer schmalen Grube, die absatzartig vom breiteren Grabschacht abgetreppt und mit einer dachförmigen, mit großen Steinen verkeilten Holzabdeckung versehen war. Der Kopf des hier beigesetzten Mannes lag ebenfalls im Westen.[65]

Innerhalb der Mauern wurden neun Gräber entdeckt.[66] Stratigraphisch lässt sich nur für einige die Position klar bestimmen. Das Grab 4 befand sich beispielsweise über der abgerissenen Trennmauer zwischen Portikus und Halle, ein Mauerzug, der vor der Errichtung des Hallenbaus abgerissen wurde und mit dem zweiten Fußbodenhorizont überzogen ist (Abb. 6,2: 210). Das Grab 9 lag über einer Trennmauer des Vorgängerbaus der Basilika und die Gräber 10 und 11 schneiden den Heizkanal dieses Vorgängerbaus, über dem zwei Fußbodenhorizonte liegen (Abb. 6: 215, 217–218). Wird Ságis Beschreibung gefolgt, dann muss davon ausgegangen werden, dass sämtliche Gräber in den zweiten Fußbodenhorizont der Kirche eingetieft wurden.[67] Hier liegt allerdings erneut ein deutliches Problem bezüglich der Tiefenangaben vor. Die durchschnittliche Tiefe der Bestattungen soll, vom zweiten Fußboden aus gerechnet, bei 1,10–1,20 m gelegen haben. Dies würde bedeuten, dass die Gräber tiefer angelegt wurden als die Fundamente der profanen Vorgängerbauten, allerdings wird bei keinem der oben genannten Bestattungen im Grabungstagebuch erwähnt, dass sie dieses Niveau erreicht hätten. Dies verstärkt die im Zusammenhang mit den Säulenfundamenten bereits geäußerte Vermutung, dass die Tiefenangaben in Relationen nicht genau dokumentiert worden sind. Das beweist auch der Widerspruch in Bezug auf die Gräber 10 und 11. Diese wurden laut Tagebuch in den Heizkanal des Profanbaus eingetieft, auf der Zeichnung des Grabes 11 sind auch die Seitenwände dieses Kanals eingezeichnet.[68] Wird jedoch das Ost-

---

[64] SÁGI, Basilika (wie Anm. 30), S. 415 f. (vgl. Abb. 6, 207 der vorliegenden Studie).
[65] SÁGI, Basilika (wie Anm. 30), S. 415–417 (vgl. Abb. 6, 208 der vorliegenden Studie).
[66] Vgl. Anm. 58.
[67] SÁGI, Adatok (wie Anm. 11), S. 302.
[68] SÁGI, Basilika (wie Anm. 30), Abb. 15.

West-Profil der Basilika auf die angegebene Tiefe der Gräber übertragen, so durchbrechen diese den Kanal komplett und reichen in den anstehenden Boden hinein.

Im Hinblick auf die Grabform überwiegen die mit Steinpackungen ausgekleideten Grabgruben (Gräber 4, 5, 8, 10 und 11) mit in der Regel sehr schlecht erhaltenen Skeletten erwachsener Individuen, die west-östlich ausgerichtet, in gestreckter Rückenlage beigesetzt wurden.[69] Diese Lage sowie die Steinpackungen entlang der Grabgrube und der Zustand des anthropogenen Knochenmaterials sind auch für die Gräber neben dem Horreum und für die ebenfalls zur Keszthely-Kultur gerechneten Bestattungen vor der Südmauer der Festung charakteristisch.[70] In zwei Fällen wurden zudem Holzbretter in der Grabgrube beobachtet (Gräber 3 und 5). Zwei Bestattungen in der Basilika (Grab 6 und 7) waren einfache Erdgräber, in denen Kinder beigesetzt waren. Sie lagen nebeneinander in der Nordostecke der Basilika. Schließlich fällt das Grab 9 durch seine aus Tegula- und Imbrexresten gemauerte Grabgrube auf, die durch mit Kalkmörtel bestrichene Holzbretter abgedeckt gewesen war. In dieses Grab wurde, dem Grab 1 neben der Kirche ähnlich, nachbestattet. Die sterblichen Überreste eines jugendlichen Individuums wurden an die Nordseite des Grabes gerückt, um einen maturen Mann beisetzen zu können.[71]

Die meisten Bestattungen waren gestört und beigabenlos, doch aus zwei Gräbern kamen Funde zu Tage, die wichtige Anhaltspunkte für die bisherigen Datierungsversuche lieferten. Aus Grab 3 stammen eine Schnalle und eine Riemenzunge, mit germanischer Tierornamentik im Stil II verziert. Sie bildeten den Teil einer Wadenbindengarnitur (Abb. 8a–b). Weiterhin wurden Bruchstücke eines einseitigen Knochenkamms (Abb. 8c), eine Kleinbronze des Valens, eine Schere in Pappelholzscheide und eine Riemenzunge vom Martynovka-Typ entdeckt (Abb. 8d). Vor allem Letztere gab den Anlass zu einer Datierung des Grabes in die Zeit nach 568.[72] In Grab 5 wurden Nadel und Öse einer Scheibenfibel und ein Eisenmesser in der Füllerde des Raubschachtes entdeckt.

---

[69] Vgl. Anm. 58.
[70] Der Grund für die schlechte Erhaltung der Knochen ist bisher ungeklärt, es scheint sich jedoch um ein Spezifikum der Keszthely-Kultur-Gräber in Fenékpuszta zu handeln. Bei den Gräbern des 4. bis 5. und des 9. Jahrhunderts sind die Knochen gut erhalten, der Erhaltungszustand kann also nicht mit den Bodenverhältnissen zusammenhängen; vgl. dazu IMRE A. LENGYEL, Die Laboratoriumsuntersuchung des Gräberfeldes von Keszthely-Fenékpuszta aus dem 6. Jahrhundert, in: Jahrbuch des Römisch Germanisches Zentralmuseums 18 (1971), S. 191–199. Zu den Keszthely-Kultur-Bestattungen vgl. SÁGI, Basilika (wie Anm. 30), S. 415–421, Abb. 8–15; MÜLLER, Germanische Funde (wie Anm. 59), S. 23; DERS., Sági Károly temetőfeltárása a Keszthely-fenékpusztai erőd déli fala előtt (1963–1967), in: Zalai Múzeum 9 (1999), S. 153–179. Hinzuweisen ist jedoch auch auf die Kritik, die einen früheren Beginn, vor 568 also, nicht auszuschließen vermag: HEINRICH-TAMASKA, Bemerkungen (wie Anm. 4).
[71] SÁGI, Basilika (wie Anm. 30), S. 420. Der Mann aus Grab 9 wurde mit Hilfe der Strontiumisotopenmethode untersucht und erwies sich als einheimisch. Die Analysen bilden einen Teil einer Serienuntersuchung, in die über 100 Bestattungen aus Fenékpuszta einbezogen werden, um sich Fragen der Migration und Kontinuität auch mit einem anderen methodischen Zugang als allein dem der Auswertung des Beigabenspektrums der Gräber zu nähern.
[72] SÁGI, Basilika (wie Anm. 30), S. 417 f. und 421–425; MÜLLER, Germanische Funde (wie Anm. 59), S. 23.

Nicht zuletzt rechnete Sági auch eine kleine Silberschnalle aus der Zerstörungsschicht über dem zweiten Fußbodenhorizont zum Plünderungsgut aus den Gräbern.[73] Die Funde weisen tatsächlich in das mittlere bis letzte Drittel des 6. Jahrhunderts, sind jedoch aufgrund der Beraubung in ihrem Datierungswert stark eingeschränkt. Hinzu kommt, dass auch Nachbestattungen festzustellen waren, ebenso wie die Überbauung von Gräbern mit neuen Mauerzügen (Abb. 6,2: 208). Letztlich sind jedoch die Grabform mit Steinpackungen und der Zustand der Skelette gut vergleichbar mit den ebenfalls in die Zeit zwischen der zweiten Hälfte des 6. und der ersten Hälfte des 7. Jahrhunderts datierten Bestattungen des Horreums und der Nekropole an der Südmauer der Festung.[74]

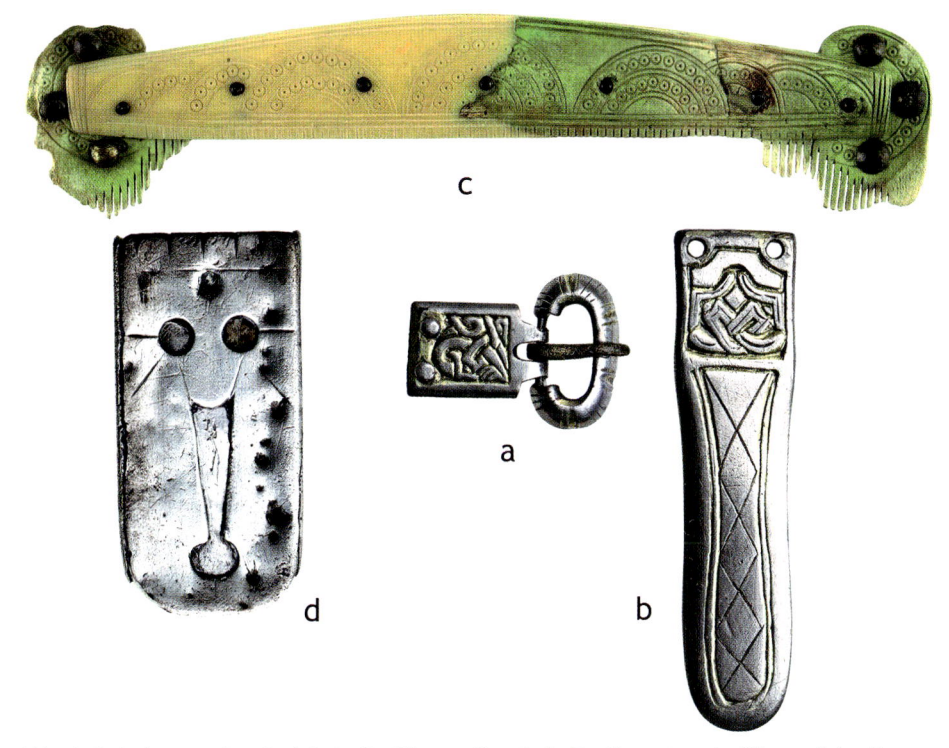

Abb. 8: Beigaben aus dem Grab 3 der Basilika von Keszthely-Fenékpuszta: a-b: Silberne Schnalle – (L: 2,9 cm, B: 1,3 cm) und Riemenzunge (L: 4 cm) einer Wadenbindengarnitur, beide mit Tierstil II verziert; c: Einseitiger Knochenkamm (L: 22 cm), d: eine silberne Riemenzunge vom ‚Typ Martinovka'. Foto: J. Bicskei, Zala Megyei Múzeumok Igazgatósága, im Auftrag des LVR-Landesmuseums Bonn.

---

[73] Sági, Basilika (wie Anm. 30), S. 436, Taf. XIV, 4; Müller, Megjegyzések (wie Anm. 32), S. 114.
[74] Vgl. Anm. 70.

Datierung und Funktion

Die Datierung der Gräber ist selbstverständlich auch von der chronologischen Einordnung der einzelnen Bauphasen abhängig. Im Hinblick auf die drei rekonstruierten Grundrisse der Basilika dürften die Gräber *intra muros* zu den einigermaßen gesicherten Befunden des zweiten Fußbodenhorizonts gehören, wie es auch Sági beschrieb (Abb. 6,2). Der von Sági vorgeschlagene Beginn dieser Phase um die Mitte des 5. Jahrhunderts und die lange Laufzeit bis zum ersten Drittel des 7. Jahrhunderts[75] erscheinen angesichts des Grundrisses und der Gräber jedoch unbegründet. Die aktuelle Forschung steht aufgrund von Parallelbefunden der These einer lückenlosen Kontinuität christlicher Bauten durch den Umbau älterer Bausubstanz mit Skepsis gegenüber. Insgesamt entstanden sowohl im merowingischen Westen als auch auf dem frühbyzantinischen Balkan erst im Verlauf des 6. Jahrhunderts klar bestimmbare Kirchenbauten[76] und in diesen zeitlichen Kontext dürfte auch der zweite Fußbodenhorizont der Basilika von Fenékpuszta einzuordnen sein.

Es sind auch für die Spätantike nur wenige eindeutig identifizierbare Kirchenbauten überliefert,[77] daher dürfen auch im Hinblick auf die Datierung des ersten Fußbodenhorizonts des Gebäudes von Fenékpuszta ins 4. Jahrhundert – falls für diese Zeit bereits von einem Sakralbau die Rede sein kann – Zweifel angemeldet werden. Das wichtigste Argument für die Deutung als Kirche war die Existenz einer Apsis und eines Narthex, wobei bei Ersterer die Fertigstellung, bei Letzterem die Funktion zu hinterfragen ist. Als ungesichert darf schließlich ebenfalls der letzte, dritte Fußbodenhorizont gelten, wobei für diese Phase überhaupt keine eindeutigen Hinweise auf die Bauform des Gebäudes existieren (Abb. 6,1, 3).

Zusammenfassend lässt sich feststellen, dass allein für die Phase des zweiten Fußbodenhorizonts eine kirchliche Nutzung der II. Basilika von Fenékpuszta mit guten Gründen angenommen werden kann, deren Datierung sich auf das mittlere 6. bis beginnende 7. Jahrhundert einschränken lässt. Der Bau wurde zeitgleich auch als Begräbnisstätte genutzt. Über die II. frühchristliche Basilika hinaus existieren einstweilen keine gesicherten Hinweise auf einen Kirchenbau in der spätrömischen Festung von Keszthely-Fenékpuszta oder in ihrer direkten Umgebung.

---

[75] Sági, Adatok (wie Anm. 11), S. 295 und 302.
[76] Vgl. Anm. 57 und Ristow, Frühes Christentum (wie Anm. 7), S. 294.
[77] Ristow, Frühes Christentum (wie Anm. 7), S. 294 sowie Ders. in diesem Band. Daher wären auch die Interpretationen von Thomas, Romanität (wie Anm. 3) und Gáspár, Christianity (wie Anm. 21) bezüglich der Kirchenbauten des 4. bis 5. Jahrhunderts im pannonischen Raum einer Überprüfung zu unterziehen.

Kirchen über römischen Grundmauern: Versteinerte Kontinuität oder lapidarer Zufall?

Stefan Eismann

Mit dem Ende des römischen Reichs stellten Ruinen von steinernen Gebäuden zum ersten Mal ein landschaftsprägendes Element in Mitteleuropa dar.[1] Von großer Zahl und meistens auch siedlungs- und verkehrsgünstig gelegen, konnten sie von der früh- und hochmittelalterlichen Bevölkerung nicht ignoriert werden. Bei einem kontinuierlich besiedelten Ruinenareal wurden die römischen Gebäuderelikte in den meisten Fällen als störendes Element dem Erdboden gleichgemacht. Häufig wurde aber auch der einfachere Weg gewählt, indem man sich in den Ruinen einrichtete bzw. diese in eigene, neu errichtete Bauten einbezog. Dabei ist unter den Profanbauten kein bestimmter Gebäudetyp bevorzugt über antiken Mauern errichtet worden.[2] Der Forschung ist aber schon vor längerer Zeit aufgefallen, dass über den römischen Grundmauern sehr häufig Kirchen erbaut wurden.[3] Solche wie auch immer gearteten Zusammenhänge zwischen

---

[1] Eine umfassende Darstellung dieser Tatsache liefert Lukas Clemens, Tempore Romanorum constructa. Zur Nutzung und Wahrnehmung antiker Überreste nördlich der Alpen während des Mittelalters (Monographien zur Geschichte des Mittelalters, Bd. 50), Stuttgart 2003; vgl. auch Hans Ulrich Nuber, Römische Steinbauten und Steinbearbeitung in nachantiker Zivilisation, in: Der Südwesten im 8. Jahrhundert aus historischer und archäologischer Sicht, hg. von Hans Ulrich Nuber, Heiko Steuer und Thomas Zotz (Archäologie und Geschichte, Freiburger Forschungen zum ersten Jahrtausend in Südwestdeutschland, Bd. 13), Ostfildern 2004, S. 121–146.

[2] Vgl. Stefan Eismann, Mittelalterliche Profanbauten auf römischen Mauern. Eine Übersicht, in: Archäologie als Sozialgeschichte. Festschrift für Heiko Steuer zum 60. Geburtstag, hg. von Sebastian Brather und Michael Hoeper (Internationale Archäologie, Studia honoraria, Bd. 9), Rahden/Westf. 1999, S. 45–56; Clemens, Tempore (wie Anm. 1).

[3] Vorliegender Artikel beinhaltet eine auf den aktuellen Stand gebrachte Zusammenfassung meiner Freiburger Dissertation: Stefan Eismann, Frühe Kirchen über römischen Grundmauern. Erscheinungsformen in Südwestdeutschland, Südbayern und der Schweiz (Freiburger Beiträge zur Archäologie und Geschichte des ersten Jahrtausends, Bd. 8), Rahden/Westf. 2004; vgl. auch Ders., Eine kleine Phänomenologie der Kirchen über römischen Grundmauern in Baden, in: Archäologische Nachrichten aus Baden, Heft 66 (2002), S. 25–38 mit einer Zusammenfassung der Untersuchungsergebnisse für den badischen Raum. Soweit nicht gesondert erwähnt, liegen inzwischen neue Veröffentlichungen für folgende, im Katalog meiner Dissertation verzeichnete Kirchen vor: Badenweiler: Römischer Podiumtempel in Badenweiler, in: Neue Forschungen zur römischen Besiedlung zwischen Oberrhein und Enns, hg. von Ludwig Wamser und Bernd Steidl (Schriftenreihe der Archäologischen Staatssammlung, Bd. 3), Grunbach 2003, S. 157–166; Bad Gögging: Hans Ulrich Nuber / Gabriele Seitz, Bad Gögging 2006 – der Gesamtplan des Heilbadkomplexes, in: Das Archäologische Jahr in Bayern (2006), S. 81–83; Bern-Bümpliz: Kathrin Glauser, Bern-Bümpliz, Kirche/Bienzgut. Rettungsgrabungen und Dokumentationen 1996 bis 2000: römischer Gutshof, in: Archäologie im Kanton Bern 6A (2005), S. 172–177; Breisach: Hans Ulrich Nuber / Marcus Zagermann,

antiken Besiedlungsresten und einem späteren Kirchenbau sind häufig als Anzeichen für eine Kontinuität zwischen Römerzeit und Mittelalter oder zumindest für einen bewussten Bezug des Kirchenbaus auf die römischen Überreste gedeutet worden. Die Interpretationen reichen dabei von einer christlichen Kultkontinuität seit der Spätantike über die sogenannte Fiskalkontinuität als Besitzübertragung römischer Gebäude auf die späteren germanischen Kirchenerbauer bis hin zum Spezialfall einer Reaktion der christlichen Kirche auf heidnische Kulte, wenn die Kirchen über vermeintlichen oder tatsächlichen Resten römischer Tempel stehen. Im Kontrast dazu kann die Position von Kirchen über römischen Relikten im wahrsten Sinne des Wortes auch auf einem lapidarem Zufall beruhen. Das Übereinanderliegen beider Gebäude kam in solchen Fällen durch identische Anforderungen zustande, die jeweils die Ortswahl des römischen Gebäudes sowie der mittelalterlichen Kirche in gleichem Maße bestimmten.

Kirchen über römischen Grundmauern: Verbreitung und Auswahlkriterien

Im Folgenden soll die Bandbreite der Hypothesen zur Errichtung von Kirchen über römischen Grundmauern anhand von Beispielen aus dem Arbeitsgebiet meiner Freiburger Dissertation, aus Südwestdeutschland, Südbayern und der Schweiz, dargestellt werden. Unter der Bezeichnung „Südwestdeutschland" sind hier die in der 2. Hälfte des

---

Der neue Plan des römischen Großbaus im Bereich des Münsterplatzes in Breisach, Kreis Breisgau-Hochschwarzwald, in: Archäologische Ausgrabungen in Baden-Württemberg (2006), S. 108–111; MARCUS ZAGERMANN, Die spätrömische Festung auf dem Breisacher Münsterberg, in: Alemannisches Jahrbuch 2003/2004 (2006), S. 47–62, bes. S. 55, Abb. 4; DERS., Gedeutet und sichtbar gemacht. Ein spätantiker Großbau auf dem Breisacher Münsterberg, in: Archäologische Nachrichten aus Baden 76/77 (2008), S. 58 f. Chur: HANS RUDOLF SENNHAUSER, Neue Überlegungen und Resultate zu Churer Kirchen: Kathedrale (A22) und St. Luzi (A24), in: Frühe Kirchen im östlichen Alpengebiet, Bd. 2, hg. von HANS RUDOLF SENNHAUSER (Abhandlungen der bayrischen Akademie der Wissenschaften, Philosophisch-Historische Klasse, Neue Folge, Heft 123), München 2003, S. 691–706; Egerkingen: YLVA BACKMAN, Egerkingen/Kirche St. Martin und Umgebung (Martinstrasse), in: Archäologie und Denkmalpflege im Kanton Solothurn 10 (2005), S. 37–47; Meikirch: PETER SUTER, Meikirch. Villa romana, Gräber und Kirche, Bern 2004; Oberwinterthur: FELICIA SCHMAEDECKE, Die reformierte Kirche St. Arbogast in Oberwinterthur. Neuauswertung der Ausgrabungen und Bauuntersuchungen 1976–1979 (Zürcher Archäologie, Bd. 20), Zürich/Egg 2006 (vgl. auch den Artikel in diesem Band); Regensburg, Niedermünster: MICHAELA KONRAD / ARNO RETTNER / ELEONORE WINTERGERST, Die Grabungen von Klaus Schwarz unter dem Niedermünster in Regensburg, in: Frühe Kirchen im östlichen Alpengebiet (wie oben), S. 651–664; Schuttern: LUISA GALIOTO, Die Abtei Schuttern: Vom Stützpunkt zur monastischen Durchdringung der Ortenau zum repräsentativen und kulturellen Zentrum, in: Die Ortenau 84 (2004), S. 253–266 (vgl. auch den Artikel in diesem Band); Sion, Kirche Sous-le-Scex: ALESSANDRA ANTONINI, Sion, Sous-le-Scex (VS). 1, Ein spätantik-frühmittelalterlicher Bestattungsplatz. Gräber und Bauten (Cahiers d'Archéologie Romande, Bd. 89), Lausanne 2002; Zell: RENATA WINDLER, Die frühmittelalterliche Kirche mit Arkosolgrab in Zell – Bemerkungen zu den Befunden der Ausgrabung von 1958/59, in: Archäologie im Kanton Zürich. 17. Bericht 2001–2002 (2004), S. 273–285.

3. Jahrhunderts vom römischen Reich aufgegebenen Gebiete zwischen dem äußeren Obergermanisch-Rätischen Limes und dem spätantiken Rhein-Iller-Donau-Limes zu verstehen. Mit „Südbayern" sind die bayerischen Gebiete südlich der Donau innerhalb der spätantiken Grenzen gemeint. Aufgenommen wurden insgesamt 202 Kirchen, von denen 68 in Südwestdeutschland, 27 in Südbayern und 107 in der Schweiz stehen (Stand 2001).[4] Als Auswahlkriterium galt die durch archäologische Ausgrabungen belegte Existenz römischer Steinfundamente, die entweder unmittelbar unter dem Kirchenbau lagen oder aber an dessen Außenmauern anschließen, so dass von deren Fortsetzung unter dem Kirchenschiff oder einer der Außenmauern ausgegangen werden kann. Durch das Raster fielen somit sämtliche Kirchen, bei denen römische Mauern nur in der Nähe festgestellt wurden, auch wenn bei logischer Beurteilung der Befunde davon auszugehen ist, dass sich weitere römische Fundamente auch unter der Kirche befinden. Da in meiner Dissertation ein besonderes Augenmerk auf die baulichen Zusammenhänge zwischen Kirche und antikem Gebäude gelegt wurde, erschien dieser quantitative Verlust an Fällen zugunsten eines objektiv fassbaren Aufnahmekriteriums vertretbar. Aus denselben Gründen wurden auch solche Kirchen nicht berücksichtigt, unter denen lediglich römische Fundschichten nachgewiesen wurden. Ebenfalls nicht aufgenommen wurden Kirchen, unter denen ausschließlich römische Holzbauten standen, denn diese waren zum Zeitpunkt des Kirchenbaus längst vergangen und besaßen somit keinerlei Einfluss auf die Standortwahl der Kirche. Dagegen fanden Kirchen innerhalb römischer Kastelle Eingang in den Katalog, auch wenn hier nur in seltenen Fällen die oben angegebenen Kriterien hinsichtlich der Lage der römischen Fundamente in Bezug zur Kirche erfüllt wurden. Denn es ist anzunehmen, dass die steinernen Überreste der Kastelle einen bestimmenden Einfluss auf die Wahl der Kastellinnenfläche als

---

[4] Aus dem Katalog ausgeschieden werden muss die Kirche von Elsau, Kt. Zürich. In der Ursprungspublikation wurden die ersten beiden Gebäude am Platz als römisches Ökonomiegebäude und hochmittelalterlicher Wohnturm angesprochen. Wie sich bei einer erneuten Grabung im Jahr 2003 herausstellte, handelt es sich dabei in Wirklichkeit um die beiden ersten Phasen der Kirche, die damit schon im 7./8. Jahrhundert entstand: WERNER WILD, Unter Adler und Fuchs begraben – Ein aufsehenerregendes Frauengrab des 9. Jahrhunderts in Elsau, Kanton Zürich, in: Mittelalter – Moyen Age 11 (2006), S. 20–60 (vgl. auch den Artikel in diesem Band); ebenfalls ausgeschieden werden muss auch St. Peter in Gravesano, Kt. Tessin, da der Grabbau unter der Kirche nach neueren Forschungen in das 7./8. Jahrhundert datiert und sich damit nahtlos in die zahlreichen Beispiele frühmittelalterlicher Grabbauten im Tessin einfügt; HANS RUDOLF SENNHAUSER, Katalog der frühchristlichen und frühmittelalterlichen Bauten in der Diözese Chur und in den nördlich und südlich angrenzenden Landschaften, in: Frühe Kirchen im östlichen Alpengebiet (wie Anm. 3), S. 43–222, hier S. 98 f.; zu ergänzen ist hingegen die Johanneskapelle auf dem Basler Münsterplatz: CORNELIA ALDER u. a., Eine romanische Kirche unter der ehemaligen St. Johanneskapelle am Münsterplatz, in: Jahresbericht der archäologischen Bodenforschung des Kantons Basel-Stadt (2002), S. 79–96. Das Konstanzer Münster steht mit abweichender Ausrichtung teilweise über der mittlerweile entdeckten Befestigungsmauer des spätantiken Kastells: JÖRG HEILIGMANN, Die spätrömische Festung *Constantia* (Konstanz), in: Im Schutze mächtiger Mauern. Spätrömische Kastelle im Bodenseeraum, hg. von NORBERT HASLER u. a., Frauenfeld 2005, S. 76–79; DERS., Lange vermutet, endlich entdeckt – Constantia, das spätrömische Kastell Konstanz, in: Archäologische Nachrichten aus Baden, Heft 76/77 (2008), S. 56 f.

Kirchenstandort ausübten. Galt zum Zeitpunkt der Publikation meiner Dissertation noch, dass sämtliche der über römischen Ruinen errichteten Holzkirchen durch steinerne Nachfolgebauten ersetzt wurden,[5] so ist diese Ansicht mittlerweile überholt.[6] Bei Grabungen in Rodersdorf, Kanton Solothurn, kam über den Mauern eines römischen Gutshofes ein in abweichender Ausrichtung errichtetes Holzgebäude zutage, das der Datierung der beigabenführenden Bestattungen zufolge als frühmittelalterliche Holzkirche des 7. Jahrhunderts identifiziert werden kann. Diese Holzkirche wurde spätestens um 1200 durch eine 100 m weiter nordwestlich gelegene Steinkirche ersetzt, über der Holzkirche wurde ein profanes Gebäude errichtet.[7]

Kontinuität und Diskordanz

Die Bedingungen der drei genannten Arbeitsgebiete weichen insofern voneinander ab, als dass Südwestdeutschland mit dem Limesfall weitaus früher und auch abrupter unter germanische Herrschaft geriet als die westlich und südlich angrenzenden Gebiete. Das unmittelbare rechtsrheinische Gebiet wird dennoch weiterhin zum römischen Herrschaftsbereich gezählt haben, wie die dort angelegten spätantiken Befestigungen zeigen.[8] Dies betrifft auch wichtige Verkehrswege ins Landesinnere. So ist mittlerweile für Hüfingen im Schwarzwald-Baar-Kreis nachgewiesen, dass der römische Ort *Brigobannis*, der an einem Kreuzungspunkt von zwei wichtigen, von Nord nach Süd und Ost nach West verlaufenden Römerstraßen liegt, ebenso wie sein unmittelbares ländliches Umfeld noch bis in die Mitte des 4. Jahrhunderts besiedelt war, wenn auch in reduziertem Umfang.[9] Nach dem bisherigen archäologischen Kenntnisstand hatten diese Kontinuitätsinseln aber keinen Einfluss auf die Ausbreitung des Christentums, die im rechtsrheinischen, alamannisch besiedelten Gebiet erst wesentlich später, nämlich im Verlauf der Merowingerzeit, stattfand als links des Rheins und südlich der Donau. Dadurch können bestimmte, im spätantiken Christentum begründete Ursachen für die Errichtung von Kirchen über römischen Grundmauern, vor allem eine unmittelbare christliche Kultkontinuität, für Südwestdeutschland ausgeschlossen werden.

Bevor diese und andere Arten der Kontinuität behandelt werden, sei zunächst auf andere Gründe für die Errichtung von Kirchen über römischen Grundmauern eingegangen. Dabei soll mit dem zufälligen Überlagern von römischen Grundmauern durch mit-

---

[5] EISMANN, Frühe Kirchen (wie Anm. 3), S. 89–95 mit S. 376, Karte 4.
[6] EISMANN, Frühe Kirchen (wie Anm. 3), S. 95.
[7] PAUL GUTZWILER, Mittelalterliche Befunde und Funde aus dem römischen Gutshof an der Bahnhofstrasse in Rodersdorf, in: Archäologie und Denkmalpflege im Kanton Solothurn 12 (2007), S. 35–47.
[8] Vgl. etwa HANS ULRICH NUBER, Spätrömische Festungen am Oberrhein, in: Freiburger Universitätsblätter 159 (2003), S. 93–107.
[9] PETRA MAYER-REPPERT, Das römische Hüfingen/*Brigobannis* nach dem Limesfall, in: Regio archaeologia. Archäologie und Geschichte an Ober- und Hochrhein, Festschrift für Gerhard Fingerlin zum 65. Geburtstag, hg. von CHRISTEL BÜCKER u. a., (Internationale Archäologie, Studia honoraria, Bd. 18), Rahden/Westf. 2002, S. 83–98.

telalterliche Kirchen begonnen werden. Diese Koinzidenz fällt nicht unter den Überbegriff der Kontinuität, kann aber auch nicht als Diskontinuität bezeichnet werden, da dieser Terminus auch die Wiederaufnahme des ursprünglichen Sinn und Zwecks nach einer zeitlichen Unterbrechung beinhalten kann. Stattdessen sollte für das zufällige Zusammentreffen von antiken Gebäuderelikten und Kirchen der Begriff der „Diskordanz" verwendet werden,[10] weil dieser zwei unterschiedlich geartete Elemente bezeichnet, die in deutlich voneinander getrennten Zeiträumen übereinander zu liegen gekommen sind.[11] Für eine Diskordanz kann es unterschiedliche Ursachen geben. So können mittelalterliche Kirchen deshalb über römischen Siedlungsresten errichtet worden sein, weil zu beiden Zeiten identische topographische Situationen bevorzugt wurden.

Der Faktor der exponierten Lage

Zur Demonstration der Bedeutung und Macht der christlichen Kirche sind die Gotteshäuser häufig in exponierten Geländesituationen errichtet worden. Während des frühen Mittelalters ließ sich aufgrund ihrer damals noch nicht sehr großen Anzahl an ihnen ablesen, wo das Christentum bereits in institutionalisierter Form Fuß gefasst hatte. Wenn es die Topographie zuließ, sind die Kirchen über römischen Grundmauern in Südwestdeutschland deshalb immer in exponierten Lagen errichtet worden. Dies konnten Hanglagen, Geländesporne, Hügel oder sogar Berge sein, welche mit den bevorzugten Lagen römischer Gebäude korrespondieren.[12] So ist schon mehrfach festgestellt worden, dass Villae rusticae bevorzugt auf Hanglagen, aber auch an Terrassenkanten oder auf Geländesporne liegen.[13] Um den Wasserzu- und -abfluss zu gewährleisten, liegen auch Badegebäude bevorzugt an Hängen. Kommt zu einer topographischen Übereinstimmung auch noch die Lage an wichtigen, kontinuierlich genutzten Verkehrswegen hinzu, so verwundert es nicht, dass – wie z. B. im Fall des an

---

[10] EISMANN, Frühe Kirchen (wie Anm. 3), S. 167–169 mit Abb. 31.
[11] So in der Geologie: JULIUS HESEMANN, Geologie (Universitäts-Taschenbücher, Bd. 777), Paderborn 1978, S. 347. Zur Einführung dieses Begriffs in die Siedlungsarchäologie siehe HERBERT JANKUHN, Methoden und Probleme siedlungsarchäologischer Forschung, in: Archaeologia Geographica 4 (1955), S. 73–84; vgl. auch FRIEDRICH SCHLETTE, Zur Besiedlungskontinuität und Siedlungskonstanz in der Urgeschichte, in: Siedlung, Burg und Stadt, hg. von KARL-HEINZ OTTO und JOACHIM HERRMANN (Deutsche Akademie der Wissenschaften zu Berlin, Schriften der Sektion für Vor- und Frühgeschichte, Bd. 25), Berlin 1969, S. 11–25.
[12] EISMANN, Frühe Kirchen (wie Anm. 3), S. 160 f.; DERS., Phänomenologie (wie Anm. 3), S. 32 f.
[13] OSKAR PARET, Die Siedlungen des römischen Württemberg. Die Römer in Württemberg III, Stuttgart 1932, S. 122; THOMAS SAILE, Untersuchungen zur ur- und frühgeschichtlichen Besiedlung der nördlichen Wetterau (Materialien zur Vor- und Frühgeschichte von Hessen, Bd. 21), Wiesbaden 1998, S. 94 f.; STEFAN F. PFAHL, Die römische und frühmittelalterliche Besiedlung zwischen Donau, Brenz und Nau (Materialhefte zur Archäologie in Baden-Württemberg, Bd. 48), Stuttgart 1999, S. 122 f.; GÜNTHER MOOSBAUER, Die ländliche Besiedlung im östlichen Raetien während der römischen Kaiserzeit (Passauer Universitätsschriften zur Archäologie, Bd. 4), Espelkamp 1997, S. 152 f.; THOMAS FISCHER, Das Umland des römischen Regensburg (Münchner Beiträge zur Vor- und Frühgeschichte, Bd. 42), München 1990, S. 105 f.

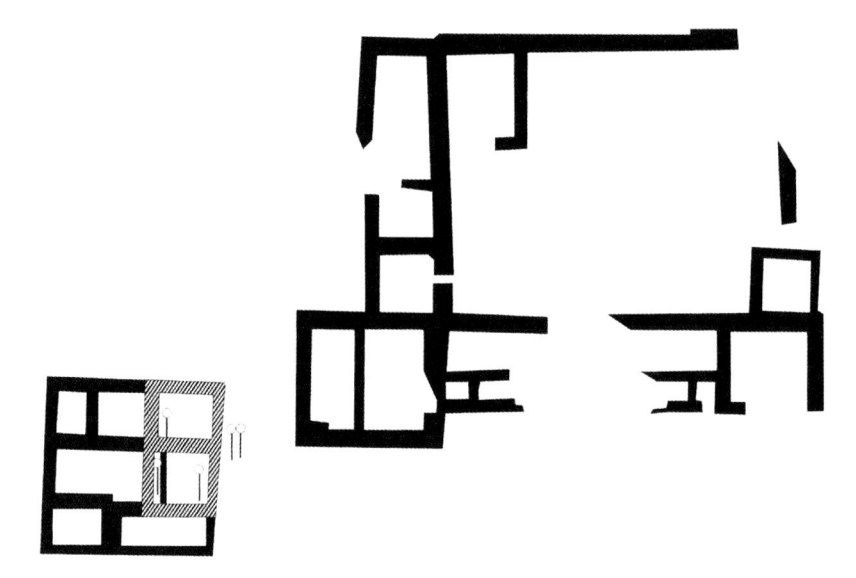

Abb. 1: Vuippens (Kanton Fribourg), römische Villa und Badegebäude mit den sehr wahrscheinlich zu einem christlichen Sakralbau umgebauten Räumen und umliegenden Gräbern. Aus: EISMANN, Frühe Kirchen (wie Anm. 3), S. 365, Kat. Nr. 194. Zeichnung: Eva Riedel.

einem wichtigen Flussübergang gelegenen Domhügels von Frankfurt am Main – eine bedeutende Kirche über römischen Gebäuderesten steht.[14]

Der Faktor Siedlungsraum

Das soeben erwähnte Beispiel leitet zur zweiten Ursache von Diskordanz über, nämlich die Nutzung der Ruinen in der Zeit zwischen Antike und Mittelalter. Dies ist der Fall, wenn in den römischen Ruinen während des Früh- oder Hochmittelalters erneut eine Siedlung angelegt und später eine dazugehörende Kirche errichtet wurde.[15] Schließlich war fast jede Kirche Bestandteil einer Ansiedlung und die Kriterien für bevorzugte Siedlungsstandorte wie Bodengüte, Nähe zu Wasser und Anbindung an Verkehrswege waren in der römischen Zeit und während des Mittelalters identisch.[16] Damit hier jedoch der eindeutige Tatbestand der Diskordanz erfüllt ist, muss zweifel-

---

[14] MAGNUS WINTERGERST, Franconofurd: 1. Die Befunde der karolingisch-ottonischen Pfalz aus den Frankfurter Altstadtgrabungen 1953–1993 (Schriften des Archäologischen Museums Frankfurt, Bd. 22,1), Frankfurt am Main 2007.

[15] RAINER SCHREG, Mobilität der Siedlungen – Mobilität der Kirchen? Bemerkungen zum Lagebezug von Dorf und Kirche, in: Die Kirche im mittelalterlichen Siedlungsraum, hg. von SABINE FELGENHAUER-SCHMIEDT, PETER CSENDES und ALEXANDRINE EIBNER (Beiträge zur Mittelalterarchäologie in Österreich, Bd. 21), Wien 2005, S. 91–106.

[16] EISMANN, Frühe Kirchen (wie Anm. 3), S. 161 f.; DERS., Phänomenologie (wie Anm. 3), S. 34.

los nachgewiesen sein, dass keine Siedlungskontinuität im näheren Umfeld vorliegt und sich die Besiedlung zwischenzeitlich in keinen bislang von Ausgrabungen unberührten Bereich verlagert hat. Ein exzellentes Beispiel für eine solche Siedlung in römischen Ruinen mit zugehörigem Kirchenbau des 7./8. Jahrhunderts stellt die jüngst ergrabene Kirche in Nassenfels, Kreis Eichstätt, dar.[17] Die dortige Villa rustica wurde im Zuge des Limesfalls aufgegeben und, wie vereinzeltes Fundmaterial zeigt, während des 5. Jahrhunderts begangen. Die erneute Besiedlung des Geländes im 7. Jahrhundert nutzte in vielfältiger Weise die noch vorhandenen römischen Mauern.

Der Faktor Bestattungsplatz

Ein Zusammenhang mit einer Siedlung besteht auch dann, wenn die Kirche in einem in römischen Ruinen angelegten Bestattungsplatz errichtet wurde.[18] Die Gründe für die Anlage eines Bestattungsplatzes an einem solchen Ort können von der Untauglichkeit der Ruinengelände für landwirtschaftliche Zwecke bis zu einer vermeintlichen Ahnenverehrung im Rahmen einer konstruierten Traditionsbildung reichen.[19] Dies ist aber dann eher auszuschließen, wenn sich ein Gräberfeld, wie auf dem Lorenzberg bei Epfach oder dem Heiligenberg bei Heidelberg, über ein größeres Areal erstreckt und der Bestattungsplatz nachweislich nicht von den Gräbern in der römischen Ruine ausging.[20] Wenn eine Kapelle oder ein Grabbau nachträglich auf einem existierenden Gräberfeld errichtet wurde, so kann davon ausgegangen werden, dass die dort Bestatteten den Erbauern noch bekannt waren und somit die zeitliche Differenz zwischen den Gräbern und der Errichtung der Kirche zwei bis drei Generationen nicht übersteigt. Dies trifft im behandelten Arbeitsgebiet nur auf die Schweiz, nicht aber auf Südwestdeutschland und Bayern zu. Bei der Anlage von Gräbern innerhalb einer römischen Ruine existiert aber grundsätzlich auch die Möglichkeit, dass Teile des römischen Gebäudes als christliches Sakralgebäude hergerichtet worden sein könnten. In Vuippens, Kanton Fribourg, gruppieren sich Gräber so um einen Raum eines zu einer Villa gehörenden Badegebäudes (Abb. 1), dass die Annahme eines Umbaus dieses Raumes zu einem christlichen Kultgebäude sehr nahe liegt.[21] In

---

[17] JOCHEN HABERSTROH, Vicus, Villa und Curtis? Ausgrabungen in der Villa rustica von Nassenfels, in: Das Archäologische Jahr in Bayern (2004), S. 116–119.
[18] EISMANN, Frühe Kirchen (wie Anm. 3), S. 97–104.
[19] Zur konstruierten Traditionsbildung mit Hilfe römischer Ruinen siehe CLEMENS, Tempore (wie Anm. 1), S. 316–376.
[20] JOACHIM WERNER, Interpretation der Baubefunde, in: Der Lorenzberg bei Epfach. Die spätrömischen und frühmittelalterlichen Anlagen, hg. von JOACHIM WERNER (Münchner Beiträge zur Vor- und Frühgeschichte, Bd. 8), München 1969, S. 137 f. und S. 272 f. Für den Heiligenberg lässt sich dies anhand des Publikationsstands nicht definitiv entscheiden: RENATE LUDWIG / PETER MARZOLFF, Der Heiligenberg bei Heidelberg (Führer zu archäologischen Denkmälern in Baden-Württemberg, Bd. 20), Stuttgart 1999, S. 55–62 mit Abb. 33.
[21] HANNI SCHWAB / CARMEN BUCHILLER, Vuippens/la Palaz. Le site gallo-romain et la nécropole du Haut Moyen Âge (Freiburger Archäologie, Bd. 10), Fribourg 1997, S. 237.

Regensburg-Harting konnte bei einem ähnlichen Fall während der Ausgrabung eines römischen Badegebäudes festgestellt werden, dass die Mauern einer Raumfolge besser erhalten waren als die übrigen Räume. Diese Räume, die sogar im Osten mit einer Apsis abschließen, sind im Frühmittelalter offenbar zu einem Grabbau umgebaut worden, während die übrigen Gebäudeteile niedergelegt wurden.[22]

Der Faktor der sakralen Umwandlung

In einigen Fällen kann die Umwandlung eines Gebäudes zu einer Kirche anhand von Indizien nur vermutet, aber nicht bewiesen werden. Dies betrifft die *cella* des gallo-römischen Umgangstempels von Riaz, Kanton Fribourg, von der ein Gräberfeld des 6./7. Jahrhunderts auszugehen scheint.[23] Durch neue Ausgrabungen im Bereich des römischen Tempels Grange-des-Dîmes in Avenches, Kanton Waadt, haben sich die Hinweise darauf verdichtet, dass dieser Tempel zu einer Kirche umgebaut worden ist.[24] Unklar ist bislang aber noch der Zeitpunkt: Es könnte sich um die spätantike Kirche St. Symphorien handeln, in der nach den Schriftquellen die Bischöfe von Avenches im 5./6. Jahrhundert beigesetzt wurden. Wie die ^{14}C-Analysen beigabenloser Skelette aus dem Umfeld des Tempels zeigen, muss aber spätestens zwischen dem 11. und 13. Jahrhundert an dieser Stelle eine Kirche gestanden haben.

Für eine Umwidmung einzelner antiker Gebäude in christliche Sakralgebäude, die aber offenbar nicht mit der institutionalisierten römisch-katholischen Kirche in Verbindung stehen, sprechen die Funde von Steckkreuzen in römischen Ruinen in Bayern (vgl. Beitrag Nuber in diesem Band). In Bad Gögging und Thalmassing, wo später jeweils eine reguläre Kirche über den Ruinen errichtet wurde, stellen sie die erste Phase einer christlichen Nutzung des Geländes dar.[25] Anders gelagert ist der bekannte Fall von Eining, wo Steckkreuze in einer römischen Ruine gefunden wurden, die nicht durch eine Kirche überbaut wurde.[26] Damit vergleichbar ist ein Neufund von sechs

---

[22] Udo Osterhaus, Wurde aus römischer Baderuine eine frühmittelalterliche Kirche? Zu den Ausgrabungen in Regensburg-Harting, in: Das Archäologische Jahr in Bayern (1983), S. 148–150.

[23] Hanni Schwab, Riaz/Tronche-Bélon. Ein völkerwanderungszeitliches Gräberfeld in den Ruinen eines gallo-römischen Vierecktempels, in: Jahrbuch der Schweizer Gesellschaft für Ur- und Frühgeschichte 58 (1974/75), S. 167–176; Eismann, Frühe Kirchen (wie Anm. 3), S. 68, Abb. 16.

[24] Guido Faccani, Tempel, Kirche, Friedhof und Holzgebäude – bauliche Kontinuität zwischen dem 1. und dem 16./17. Jahrhundert bei Grange-des-Dîmes in Avenches, in: Bulletin de l'Association Pro Aventico 46 (2004), S. 7–66; Eismann, Frühe Kirchen (wie Anm. 3), S. 67, Abb. 15.

[25] Hans Ulrich Nuber, Ausgrabungen in Bad Gögging, Stadt Neustadt an der Donau, Landkreis Kehlheim. Römisches Staatsheilbad und frühmittelalterliche Kirchen, Landshut 1980, S. 24; Silvia Codreanu-Windauer, Archäologie in Dorfkirchen: zum Beispiel Thalmassing, in: Das Archäologische Jahr in Bayern (1991), S. 146–148.

[26] Paul Reinecke, Römische und frühmittelalterliche Denkmäler vom Weinberg bei Eining a. d. Donau, in: Ders., Kleine Schriften zur vor- und frühgeschichtlichen Topographie Bayerns, Kallmünz/Oberpfalz 1962, S. 109–115.

Exemplaren in einer Apsis eines kleinen Bades einer Villa rustica bei Aschheim, die durch die begleitende Keramik wie in Eining in das 8. Jahrhundert datiert werden können.[27] Es ist deshalb anzunehmen, dass auch dieses Badegebäude als christlicher Kultraum benutzt wurde, auch wenn eine Charakterisierung als Kirche im üblichen Sinn sicherlich nicht zutreffend ist.

Direkte Verwendung römischer Mauern für den Kirchenbau

Bei den oben geschilderten Erscheinungsformen der Diskordanz besteht zwischen der Kirche und dem römischen Gebäude kein direkter Bezug. Anders verhält sich dies bei dem bewussten Wiederanknüpfen an eine römische Vorbesiedlung, die aus materiellen oder geistigen Gründen geschehen kann. Zu den materiellen Gründen gehört die Verwendung antiker Spolien oder auch die Übernahme ganzer Mauerzüge als Fundamente für den Kirchenbau.[28] Die Gründe für die Lage der Kirche waren damit rein pragmatischer Natur, ausschlaggebend war hier die Kosten- und Zeitersparnis durch das Ausnutzen vorhandener Materialressourcen. Die Möglichkeit des Spolienverbaus war dabei mit Sicherheit nicht der primäre Standortfaktor, denn das Baumaterial war transportabel und wurde oft genug auch in Kirchen verwendet, die nicht über römischen Grundmauern stehen.[29] Anders sieht es hingegen mit der Möglichkeit aus, ganze Mauerzüge wiederzuverwenden. Diese war meines Erachtens ein entscheidendes Motiv für die Standortwahl bei zahlreichen Kirchen über römischen Grundmauern. So wurden antike Fundamente in einigen Fällen für das komplette Kirchenschiff wiederverwendet, lediglich eine Apsis wurde, wie z. B. in Messen, Kanton Solothurn, manchmal noch angefügt (Abb. 2). Die so entstandenen Gotteshäuser stammen sämtlich aus dem 6. bis 8. Jahrhundert, die antike Bausubstanz muss somit zum Zeitpunkt ihres Baus noch in gutem Zustand gewesen sein. Eine Präferenz für bestimmte römische Gebäude ist hier – wie bei den Kirchen über römischen Grundmauern insgesamt – nicht festzustellen; es wurde alles verwendet, was sich in einen Rechtecksaal umwandeln ließ. Die Verbreitung der Kirchen, deren Schiff vollständig auf römischen Grundmauern steht, zeigt aber einen deutlichen Schwerpunkt in der Schweiz.[30]

---

[27] Christian Later, Die Steckkreuze aus der Aschheimer Therme. Neue Gedanken zu einem alten Problem, in: Bayerische Vorgeschichtsblätter 70 (2005), S. 283–308; Ders., Eiserne Steckkreuze aus Aschheim – Zeugnisse unterschiedlicher christlicher Glaubensvorstellungen im frühmittelalterlichen Bayern, in: Jahresschrift Bajuwarenhof Kirchheim (2007), S. 21–44.

[28] Eismann, Frühe Kirchen (wie Anm. 3), S. 61–76 und S. 113–116.

[29] Zum Beispiel bei der Einhardsbasilika in Seligenstadt: Egon Schallmayer, Ausgrabungen in Seligenstadt. Zur römischen und mittelalterlichen Topographie, in: Saalburg-Jahrbuch 43 (1987), S. 5–60, hier 45.

[30] Eismann, Frühe Kirchen (wie Anm. 3), S. 375, Karte 3.

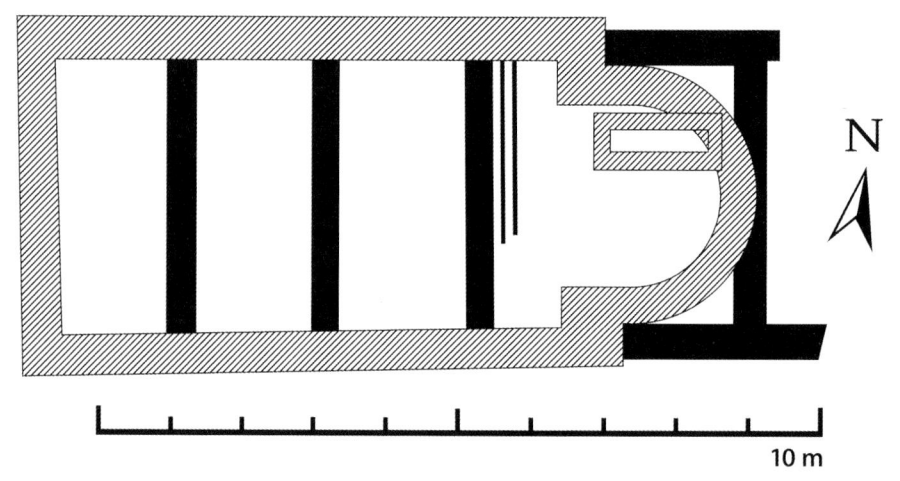

Abb. 2: Messen (Kanton Solothurn), St. Mauritius über römischen Gebäuderesten. Zeichnung: Eva Riedel.

Dies rührt zum einen von der dortigen früheren und intensiveren Christianisierung her und der dadurch vorhandenen größeren Anzahl früher Kirchen als in den anderen Teilen des Arbeitsgebiets. Ein weiterer Grund hierfür ist, dass die römische Okkupation nicht schon in der 2. Hälfte des 3. Jahrhunderts abbrach, wie in Südwestdeutschland, weshalb die römische Bausubstanz in einem besseren Zustand war, als in den nördlich angrenzenden Gebieten. Hieraus erklärt sich auch, dass der zeitliche Schwerpunkt bei der Altersverteilung sämtlicher Kirchen über römischen Grundmauern im Arbeitsgebiet in der Schweiz deutlich früher liegt als im übrigen Raum. Hier lässt sich zusätzlich noch zwischen der Westschweiz und den übrigen Schweizer Territorien differenzieren; die ab der Karolingerzeit in der Schweiz errichteten Kirchen über römischen Grundmauern sind zum größten Teil im Mittelland entstanden. Zeitliche wie räumliche Schwerpunkte sind hingegen bei den Kirchen mit nur partieller Wiederverwendung von römischen Grundmauern nicht festzustellen; sie sind zu allen Zeiten im gesamten Arbeitsgebiet errichtet worden. Bei der nur teilweisen Wiederverwendung römischer Grundmauern für den Kirchenbau bestimmte häufig die antike Bausubstanz die Gestalt der Kirche. So gab bei St. Maria in Dieburg der römische Bau offenbar die Länge des Chores vor, obwohl die Chorsüdmauer nicht auf dem römischen Fundament aufsaß. Es wurde manchmal sogar eine unregelmäßige Form der Kirche mit Abweichungen vom rechten Winkel in Kauf genommen, wie bei Saint-Laurent in Saillon, Kanton Wallis (Abb. 3). Obwohl in manchen Fällen solche kleinen Abweichungen von einer exakten geometrischen Form zugunsten der Arbeitsersparnis zugelassen wurden, besaß das Konzept des mittelalterlichen Bauherrn immer Priorität. Für das Breisacher Münster, das in manchen Teilen auf römischen Grundmauern steht,[31] stellte Michael Schmaedecke in diesem Zusammenhang fest, dass „der roma-

---

[31] Vgl. EISMANN, Frühe Kirchen (wie Anm. 3), S. 209, Kat. Nr. 9; DERS., Phänomenologie (wie Anm. 3), S. 31, Abb. 2.

nische Bauplan bewusst auf die vorhandenen antiken Strukturen abgestimmt war. Jedoch ging die Abstimmung nicht so weit, dass das Gesamtkonzept beeinträchtigt worden wäre."[32] Dies trifft besonders auf solche Kirchen zu, bei denen die antiken und mittelalterlichen Fundamente keine gemeinsamen Außen- oder Innenkanten mehr aufweisen oder die mittelalterlichen Grundmauern zwar auf den römischen aufliegen, jedoch leicht in ihren Fluchten divergieren, wie etwa bei St. Peter in Lahr-Burgheim, Ortenaukreis. Dort weicht die Orientierung der Kirche gegenüber der Flucht der Apsis des dortigen antiken Badegebäudes um wenige Grad ab.[33] Wie in diesem Fall, so hat man sich auch bei den anderen Kirchen mit gegenüber den römischen Bauten abweichenden Baufluchten meistens um eine genauere Ostung bemüht, wobei aber auch die Topographie berücksichtigt wurde.[34]

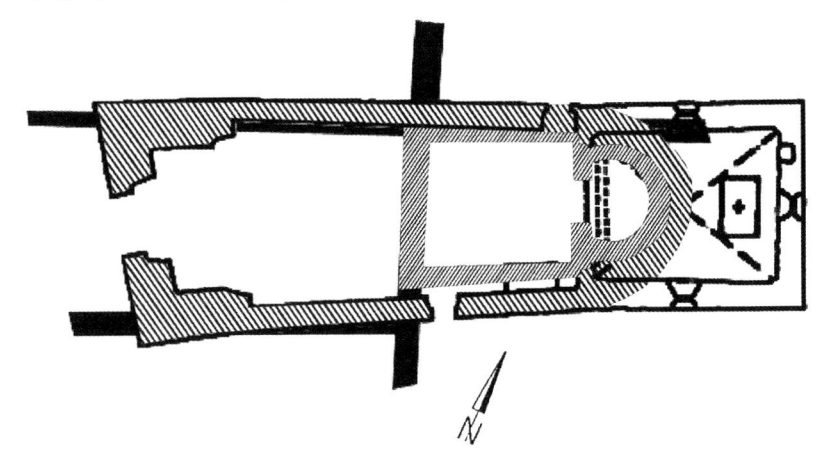

Abb. 3: Saillon (Kanton Wallis), Saint-Laurent über römischen Gebäuderesten und merowinger- sowie karolingerzeitlichen Kirchenphasen. Aus: EISMANN, Frühe Kirchen (wie Anm. 3), S. 347, Kat. Nr. 173. Zeichnung: Eva Riedel.

Sogar im Fall völlig abweichender Baufluchten können die Kirchenbauten in seltenen Fällen auf die römischen Gebäude Bezug nehmen. So ignoriert die erste Phase der Kirche St. Peter in Fischingen, Kreis Lörrach, die kanonische Ostung und auch die To-

---

32 MICHAEL SCHMAEDECKE, Der Breisacher Münsterberg. Topographie und Entwicklung (Forschungen und Berichte zur Archäologie des Mittelalters in Baden-Württemberg, Bd. 11), Stuttgart 1992, S. 85.
33 NIKLOT KROHN, Lahr-Burgheim OG. Kirche St. Peter, merowingerzeitliche Steinplattengräber mit römischen Spolien, Kirchenbau auf römischem Badegebäude, römische (?) Brunneneinfassung, in: Die Römer in Baden-Württemberg, Römerstätten und Museen von Aalen bis Zwiefalten, hg. von DIETER PLANCK, Stuttgart 2005, S. 168–170; DERS. / GABRIELE BOHNERT, Lahr-Burgheim. 50 Jahre Kirchenarchäologie (Veröffentlichungen des Alemannischen Instituts, Nr. 74), Lahr 2006, S. 52–59.
34 So hätte bei St. Peter in Lahr-Burgheim eine genaue Ostung eine Lage schräg zur Hangneigung zur Folge gehabt, die aus ästhetischen wie bautechnischen Gründen offensichtlich nicht akzeptabel war.

pographie des dortigen Südwesthanges, um mit den Ecken zwischen Chor und Schiff auf einem römischen Mauerwinkel zu liegen zu kommen (Abb. 4).³⁵ Diese Ausnutzung römischer Fundamente als tragfähigen Unterbau für statisch schwierige Stellen zeigt sich auch bei anderen Kirchen, die auf den ersten Blick die römischen Fundamente zu ignorieren scheinen, wie etwa in Aegerten, Kanton Bern, wo die Breite des Kirchenschiffs offensichtlich durch die Mauern der spätantiken Befestigung bestimmt wird (Abb. 5).³⁶ Eine weitere Variante der Verwendung antiker Bausubstanz aus Gründen der Statik und Bauerleichterung zeigt sich in den allerdings seltenen Fällen, bei denen die Mauern auf römischen Straßen oder Estrichflächen aufliegen.³⁷ Hier war ein planer und augenscheinlich auch tragfähiger Untergrund schon fertig vorhanden. Ein markantes Beispiel dieser Art stellt die Altstädter Kirche St. Martin in Pforzheim dar. Sie steht über der den Vicus *Portus* durchquerenden Straße und dessen Randbebauung.³⁸

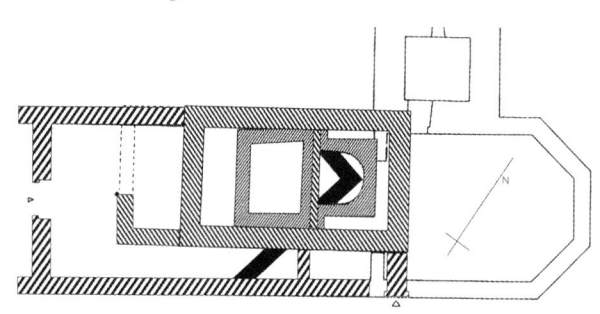

Abb. 4: Fischingen (Kreis Lörrach), St. Peter, heutige Kirche mit Vorgängerbauten auf römischem Mauerwinkel. Aus: EISMANN, Frühe Kirchen (wie Anm. 3), S. 218, Kat. Nr. 17. Zeichnung: Eva Riedel.

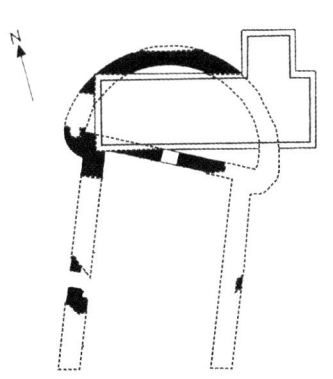

Abb. 5: Aegerten, (Kanton Bern), Kirche Bürglen (St. Maria) auf dem Nordturm der spätrömischen Befestigungsanlage. Aus: EISMANN, Frühe Kirchen (wie Anm. 3), S. 287, Kat. Nr. 95. Zeichnung: Eva Riedel.

---

³⁵ KARL LIST, Eine frühe Kirche in römischer Hoflage, in: Archäologisches Korrespondenzblatt 2 (1972), S. 225–230; EISMANN, Phänomenologie (wie Anm. 3), S. 35, Abb. 5.
³⁶ RENÉ BACHER, Aegerten. Die spätrömischen Anlagen und der Friedhof der Kirche Bürglen, Bern 1990.
³⁷ EISMANN, Frühe Kirchen (wie Anm. 3), S. 85 f.
³⁸ KLAUS KORTÜM, Portus – Pforzheim. Untersuchungen zur Archäologie und Geschichte in römischer Zeit (Quellen und Studien zur Geschichte der Stadt Pforzheim, Bd. 3), Sigmaringen 1995, S. 32–35.

Kirchen auf römischen Ruinen ohne Nutzung der antiken Bausubstanz

Zahlreiche Kirchen stehen zwar über römischen Grundmauern, verwenden aber offensichtlich keinerlei antike Bausubstanz wieder.[39] Diesen Fällen ist gemeinsam, dass der zeitliche Schwerpunkt ihrer Entstehung deutlich später anzusetzen ist, als bei den Kirchen, welche unter Verwendung von römischen Grundmauern errichtet wurden. Der Zeitpunkt des Kirchenbaus und damit auch der Zustand der antiken Bausubstanz scheinen somit spürbare Auswirkungen auf die Wahrscheinlichkeit der Wiederverwendung von antiken Fundamenten besessen zu haben, d. h. der schlechte Zustand der römischen Relikte scheint in diesen Fällen maßgeblich die Entscheidung beeinflusst zu haben, die antiken Fundamente nicht wiederzuverwenden. Da die Ruinen vor dem Kirchenbau erst einmal aufwendig beseitigt werden mussten, können die Gründe für die Errichtung einer Kirche an einem solchen Ort nicht in der Erleichterung des Bauvorgangs liegen. Vielmehr dürften sie in der Siedlungstopographie bzw. dem Geländerelief zu suchen sein und in den Bereich der diskordanten Überlagerung gehören.

Geistig-religiös motivierte Anknüpfungspunkte

Ein Wiederanknüpfen an die antike Besiedlung kann auch aus geistigen Gründen geschehen, nur ist dies mit archäologischen Mitteln im Grunde genommen nicht nachweisbar. So ist diskutiert worden, dass Kirchen über römischen Gebäuden auch gerade wegen deren römischen Ursprungs dort errichtet wurden, der Grund für die Errichtung von Kirchen über römischen Grundmauern somit in der historischen Genese der Vorbesiedlung lag.[40] Für Südwestdeutschland lässt sich anhand der Schriftquellen nicht nachweisen, ob der römische Ursprung der Ruinen jeweils überhaupt bekannt war.[41] In den Gebieten des spätantiken Römischen Reichs hingegen ist der antike Ursprung der Ruinen bis in das Mittelalter überliefert worden.[42]

---

[39] EISMANN, Frühe Kirchen (wie Anm. 3), S. 76–84.
[40] Als wichtigen Gesichtspunkt für das römische Britannien bezeichnet dies TYLER BELL, The Religious Reuse of Roman Structures in Early Medieval England (British Archaeological Reports, British Series, Bd. 390), Oxford 2005.
[41] Die einzige mir bekannte Ausnahme davon sind die unter Trajan gegründeten Thermen von Baden-Baden. Sie gehörten im Hochmittelalter zum Besitz des elsässischen Klosters Weissenburg. Aufgrund der sich daraus ergebenden starken rechtsrheinischen Verbindungen erscheint eine Identifizierung der Ruinen als römische Relikte als nicht sonderlich überraschend. In der Urkunde des 12. Jh., die ihren antiken Ursprung erwähnt, wird ihre Errichtung aber fälschlicherweise in die Zeit der Kaiser Hadrian und Antoninus Pius datiert: Monumenta Germaniae Historica, Diplomata regum Francorum e stirpe Merowingica, hg. von KARL AUGUST FRIEDRICH PERTZ (MGH DD reg. Franc. e stirpe Merov.), Hannover 1872, S. 41, Nr. 44.
[42] Hierzu ausführlich CLEMENS, Tempore (wie Anm. 1), S. 247–267.

Zu den geistigen Gründen gehören selbstverständlich auch religiöse Motive. Damit ist vor allem das Aufeinandertreffen von römischen Tempeln und christlichen Kirchen und somit eine lokale Kultkontinuität gemeint.[43] Der Bau der Kirche wäre somit als Reaktion auf einen vorher an diesem Ort ausgeübten heidnischen Kult zu verstehen. Insbesondere im Mittelmeerraum ist eine derartige Kultkontinuität an zahlreichen Orten archäologisch wie historisch nachgewiesen,[44] im behandelten Untersuchungsgebiet lassen sich hierfür dagegen keinerlei Hinweise finden. Schon die geringe Zahl von nur zwölf durch Kirchen überbauten Tempeln im Arbeitsgebiet macht deutlich, dass es sich bei der unmittelbaren Ablösung eines Tempels durch einen Kirchenbau um keine regelmäßig ausgeübte und von der christlichen Kirche als notwendig betrachtete Aktion gehandelt haben kann. Deutlicher noch wird die Nichtexistenz einer heidnisch-christlichen Kultkontinuität durch die große chronologische Lücke von mehreren hundert Jahren zwischen der Nutzung des Tempels und dem Bau der Kirche. Halb verfallene Tempel, an denen ein heidnischer Kult offensichtlich schon seit langem nicht mehr ausgeübt wurde, dürften keine Reaktion der christlichen Kirche mehr ausgelöst haben. Darüber hinaus ist es unklar, ob die ehemaligen Tempel überhaupt noch als solche erkannt wurden, da die überbauten Heiligtümer zumeist kleine und wenig auffällige Exemplare waren. Nur in der Westschweiz gibt es Tempel, die möglicherweise schon in der Spätantike zu Kirchen umgewidmet wurden, so dass ihr ursprünglicher Charakter als heidnischer Kultort in der lokalen Bevölkerung tradiert worden sein könnte. Dies betrifft etwa den gallorömischen Umgangstempel von Ursins, Kanton Waadt, bei dem der Zeitpunkt der Umwandlung zu einem christlichen Sakralgebäude unbekannt ist, sowie den schon erwähnten Tempel Grange-des-Dîmes in Avenches, der möglicherweise bereits in der Spätantike als christliche Kirche umgewidmet worden war.[45] Die genannten Gründe für eine Ablehnung einer heidnisch-christlichen Kultkontinuität als Ursache für den Bau einer Kirche über römischen Grundmauern treffen auch auf den Heiligenberg bei Heidelberg zu, wo eine Michaelskirche auf den Resten eines Merkurheiligtums steht. Die Michaelsverehrung wurde in der früheren Forschung gerne als Nachfolger eines Merkurkultes angesehen, da beide in den jeweiligen Mythologien eine Rolle als Führer der Seelen in das Jenseits besitzen. Die Ursache für das Übereinanderliegen beider Bauwerke ist jedoch viel eher darin zu sehen, dass sowohl der Gott als auch der Heilige vor allem auf Anhöhen verehrt wurden.[46] Somit lässt sich auch dieses Beispiel in den Bereich der Diskordanz einordnen.

Eine Kultkontinuität kann aber nicht nur in einer sichtbaren zeitlichen Abfolge von Tempel und Kirche bestehen, sondern auch als subjektiv wahrgenommene, christliche

---

[43] EISMANN, Frühe Kirchen (wie Anm. 3), S. 121–131.
[44] Vgl. WERNER HEINZ, Der Aufstieg des Christentums, Geschichte und Archäologie einer Weltreligion, Stuttgart 2005, S. 111–115.
[45] Ursins: JEAN-BLAISE GARDIOL, Recherches au fanum d'Ursins VD, in: Jahrbuch der schweizerischen Gesellschaft für Ur- und Frühgeschichte 72 (1989), S. 290–294; Avenches: FACCANI, Tempel (wie Anm. 24).
[46] EISMANN, Phänomenologie (wie Anm. 3), S. 28.

Kontinuität, die nach objektiven Kriterien gar nicht vorhanden war.[47] So wurden antike, ursprünglich profan genutzte Gebäude aufgrund ihrer Bauform während des Mittelalters auch für ruinöse Kirchen und Klöster gehalten, insbesondere wenn sie mit Apsiden versehen waren. Dies trifft besonders auf Badegebäude sowie auf Hauptgebäude von Villae rusticae und auf die Principia römischer Kastelle zu. Im Zuge des im Christentum üblichen Bestrebens, einen einmal geheiligten Ort beizubehalten, könnte dies während des Mittelalters den Anlass zum Bau einer Kirche auf derartigen Ruinen geliefert haben. Eine solche Hypothese erscheint zugegebenermaßen spekulativ, da sie mit archäologischen Mitteln nicht bestätigt werden kann. Dennoch besitzt sie eine gewisse Wahrscheinlichkeit, wie das antike Gebäude unter der Stiftskirche von Bad Wimpfen belegt, das in der Stiftschronik des 13. Jahrhunderts als ehemaliges Kloster bezeichnet wird.[48] Wahrscheinlich handelte es sich ursprünglich um das Stabsgebäude des römischen Kastells, das mit einer Apsis für das Fahnenheiligtum versehen war.[49] Außerdem sei an zahlreiche Beispiele erinnert, bei denen die Flurnamen an Plätzen mit einstiger römischer Besiedlung mit den Bezeichnungen „Kirche" oder „Kloster" versehen sind.[50]

Rechtliche Aspekte: die sogenannte Fiskalkontinuität

Eine rechtliche Kontinuitätsform stellt die häufig im Zusammenhang mit Kirchen über römischen Grundmauern genannte Fiskalkontinuität dar.[51] Darunter versteht man, dass die Domänen des römischen Kaisers auf dem Wege der Rechtsnachfolge durch germanische Herrscher in Besitz genommen wurden, welche die Kirchen dort entweder selbst errichteten oder die entsprechenden Ländereien an andere potentielle Kirchenbauherren weitergaben. Allerdings ist der Nachweis von Fiskalkontinuität vor allem in Südwestdeutschland mit immensen Problemen behaftet, die mit ungeklärten Fragen zu Ort und Ausdehnung des römischen Fiskalterritoriums beginnen und mit der Unkenntnis über die genaue Art und Weise des Zustandekommens des mittelalterlichen Fiskalterritoriums noch lange nicht enden.[52] Zudem wären von einer solchen

---

[47] Eismann, Frühe Kirchen (wie Anm. 3), S. 136 f.
[48] Cronica ecclesiae Wimpenensis [ed. Heinrich Boehmer], in: Monumenta Germanie Historica, Scriptores (in Folio) 5, Bd. 30, Supplementa 1, Hannover 1896, S. 659–670 (MGH SS, XXX, 1); vgl. Eismann, Frühe Kirchen (wie Anm. 3), S. 136 und S. 140 f; Ders., Phänomenologie (wie Anm. 3), S. 36 f.
[49] Philipp Filtzinger / Dieter Planck / Bernd Cämmerer, Die Römer in Baden-Württemberg, Stuttgart 1986, S. 218.
[50] Beispiele finden sich bei Oskar Paret, Die Siedlungen des römischen Württemberg. Die Römer in Württemberg III, Stuttgart 1932, S. 253.
[51] So z. B. Hagen Keller, Germanische Landnahme und Frühmittelalter, in: Handbuch der baden-württembergischen Geschichte, Bd. 1: Allgemeine Geschichte, Teil 1: Von der Urzeit bis zum Ende der Staufer, hg. von Meinrad Schaab und Hansmartin Schwarzmaier, Stuttgart 2001, S. 191–296, hier 266.
[52] Hierzu ausführlich Eismann, Frühe Kirchen (wie Anm. 3), S. 143–152; vgl. auch Ders., Phänomenologie (wie Anm. 3), S. 37 f.

Besitzübertragung nicht nur die Ruinen an sich, sondern auch die umgebenden Ländereien betroffen gewesen, so dass die Kirchen auch problemlos auf zuvor unbebautem Terrain zu errichten gewesen wären. Für den Bau von Kirchen über römischen Grundmauern müssen somit andere Gründe ausschlaggebend gewesen sein.

Fazit: Erscheinungsformen der Errichtung von Kirchen auf römischen Ruinen

Nach der bisher erfolgten Darstellung aller negativen Evidenzen für die Kontinuitätsfrage, die anhand der Kirchen über römischen Grundmauern deutlich gemacht werden konnten, bleibt zu klären, ob mit diesem Phänomen überhaupt Kontinuität zwischen Antike und Mittelalter im Untersuchungsgebiet nachgewiesen werden kann.[53] Grundsätzlich trifft dies für den Bereich der Besiedlungskontinuität zu, doch müssen auch hier Einschränkungen angeführt werden. Denn selbst wenn zwischen einem römischen Gebäude und der darüber liegenden Kirche eine Lücke von mehreren Jahrhunderten existiert und auch baulich kein Zusammenhang besteht, so kann eine durchgehende Besiedlung in unmittelbarer Nähe stattgefunden haben, ohne dass sie durch die zumeist räumlich sehr begrenzten archäologischen Untersuchungen der Kirche erfasst wurde. So ist etwa das Gebiet des antiken *Sumelocenna* nach dem 3. Jahrhundert unbesiedelt geblieben, bis im 13. Jahrhundert über seinen Resten die heutige Stadt Rottenburg gegründet wurde. Kontinuierlich vom 4.–13. Jahrhundert belegt war hingegen die Siedlung Sülchen, die sich etwa 1,5 km nordöstlich von Rottenburg an einer auch in römischer Zeit besiedelten Stelle erstreckt.[54] Dieses Beispiel zeigt, dass sich mittels Kirchen über römischen Grundmauern lediglich eine Aussage über eine kontinuierliche Nutzung des Kirchenstandortes und seines unmittelbaren Umfelds von der Antike zum Mittelalter treffen lässt. Diese kontinuierliche Nutzung einer bestimmten Fundstelle über die Zeiten hinweg wird im Allgemeinen als Siedlungskonstanz bezeichnet.[55] Im Umkehrschluss bedeutet dies, dass das Fehlen von Kirchen über römischen Grundmauern nicht gleichbedeutend ist mit dem Nichtvorhandensein von Besiedlungskontinuität, denn es können strukturelle Gründe, wie der Forschungsstand, für deren Abwesenheit verantwortlich sein.

Eine lokale Siedlungskonstanz lässt sich bei zwei Arten von Kirchen über römischen Grundmauern feststellen: zum einen bei Kirchen, welche, wie im Rheinland

---

[53] Zu dieser Problematik siehe für die Schweiz auch HANS-RUDOLF MEIER, Siedlungs-, Sakral- und Bestattungstopographie: Interaktionen, Brüche und Fragen, in: Zeitschrift für Schweizerische Archäologie und Kunstgeschichte 59 (2002), S. 281–290.

[54] ANITA GAUBATZ-SATTLER, Spätrömische und frühalamannische Funde aus Rottenburg am Neckar (Lkr. Tübingen), in: Im Dienste Roms, Festschrift für Hans Ulrich Nuber, hg. von GABRIELE SEITZ, Remshalden 2006, S. 109–124.

[55] Siedlungskonstanz bezeichnet nach SCHLETTE, Besiedlungskontinuität (wie Anm. 11), S. 12, das ununterbrochene Fortbestehen einer Siedlung, ausgedrückt durch das Vorhandensein archäologischer Funde aller jeweils betreffenden archäologischen Perioden auf einer Fundstelle oder in einem Fundstellenkomplex.

(vgl. Beitrag Ristow in diesem Band), bereits in der Spätantike gegründet wurden und kontinuierlich bis ins Mittelalter fortbestehen und zum anderen bei Kirchen, die sich aus spätantiken Memorien und ähnlichen Grabgebäuden heraus entwickelt haben.[56] Allerdings können solche Kirchen zwischendurch auch unbenutzt und in unterschiedlichen Stadien des Verfalls gewesen sein, was sich nicht zwangsweise im archäologischen Befund abzeichnen muss: so war die spätantike Kirche St. Severin in Passau vermutlich zeitweise ruinös.[57]

Eine kontinuierliche Verwendung der Kirche seit der Spätantike kann sich hingegen durch vielfältige An- und Umbauten manifestieren. Dies trifft im behandelten Untersuchungsgebiet ausschließlich auf Beispiele aus der Westschweiz zu. In Ardon, Kanton Wallis, ist ein zu einem Gutshof gehörendes rechteckiges Grabgebäude zuerst mit einer Apsis versehen und im Frühmittelalter schließlich zu einer vollwertigen Gemeindekirche (Saint-Jean) erweitert worden (Abb. 6).[58] In Vandoeuvres, Kanton Genf, wurde eine Kirche in der 2. Hälfte des 4. Jahrhunderts an einen Gebäudetrakt einer Villa urbana angebaut, die bis in das frühe Mittelalter weiterexistierte, allerdings unter gewaltigen Änderungen ihrer Gestalt.[59] Im Einzelfall muss geprüft werden, ob auch bei solchen Beispielen eine ununterbrochene Kontinuität vorhanden ist, bei denen vor dem Kirchenbau Gräber in Villen angelegt wurden, die bis in

Abb. 6: Ardon (Kanton Wallis), Saint-Jean mit antiker Memoria und frühen Kirchenbauphasen. Aus: EISMANN, Frühe Kirchen (wie Anm. 3), S. 289, Kat. Nr. 99. Zeichnung: Eva Riedel.

---

56 Zu ergänzen gegenüber EISMANN, Frühe Kirchen (wie Anm. 3), S. 105–109, ist St. Maria in Sagogn/Sagens, Kt. Graubünden, die nach neueren Auswertungen mit einer ersten Phase schon in der Spätantike errichtet wurde; HANS RUDOLF SENNHAUSER, Katalog der frühchristlichen und frühmittelalterlichen Bauten (wie Anm. 4), S. 43–222, hier S. 157 f. Die Diskussion über die Interpretation eines spätantiken Baus in Chur-Welschdörfli als Kirche ist weiterhin nicht abgeschlossen. Dafür plädierte zuletzt HANS RUDOLF SENNHAUSER, Chur, Kirche (?) im Welschdörfli (A23), in: Frühe Kirchen im östlichen Alpengebiet (wie Anm. 3), S. 707–730.

57 THOMAS FISCHER, Das bajuwarische Reihengräberfeld von Staubing (Kataloge der prähistorischen Staatssammlung, Bd. 26), Kallmünz/Opf. 1993, S. 132; EISMANN, Frühe Kirchen (wie Anm. 3), S. 132.

58 FRANÇOIS-OLIVIER DUBUIS, L'église Saint-Jean d'Ardon, in: Zeitschrift für Schweizer Archäologie und Kunstgeschichte 21 (1961), S. 113–142.

59 JEAN TERRIER / MARC-ANDRÉ HALDIMANN / FRANÇOIS WIBLÉ, La villa gallo-romain de Vandœuvres (GE), in: Archäologie der Schweiz 16 (1993), S. 25–34.

die Spätantike bewohnt waren.[60] Hier ändert sich zwar im Rahmen der Siedlungskonstanz die Art der Belegung, doch liegt eine kontinuierliche menschliche Nutzung – bei Gräbern lässt sich nicht von Besiedlung sprechen – im Bereich des Möglichen. So ist in der Kirche von Saint-Saphorin-sur-Vevey, Kanton Waadt, am Nordufer des Genfer Sees nach Ausweis der Funde eine kontinuierliche Nutzung der Gebäude von ihrer vermuteten ursprünglichen Verwendung als Straßenstation über den Bau einer Memoria in ihren Räumlichkeiten bis zum finalen Umbau zu einer Kirche vorhanden.[61]

Diese drei zuletzt angeführten Kirchen stehen für die unterschiedlichen Fälle von Siedlungskonstanz, die anhand der Kirchen über römischen Grundmauern nachweisbar sind und für die man schließlich die Metapher der „versteinerten Kontinuität" gebrauchen kann.

---

[60] Zum Beispiel in Satigny-Dessus, Kt. Genf oder Pully, Kt. Waadt; SANDRINE REYMOND / EVELYNE BROILLET-RAMJOUÉ, The Roman Villa at Pully and its Wall Paintings (Archeological Guides to Switzerland, Bd. 33), Pully 2001, S. 31–35. Dazu kann jetzt sehr wahrscheinlich auch die spätantike Bischofskirche von Martigny gezählt werden: GUIDO FACCANI, Die spätantike Bischofskirche der Walliser Diözese. Notre-Dame von Martigny (VS) und ihre römischen und mittelalterlichen Vorgängerbauten, in: Zeitschrift für Schweizerische Archäologie und Kunstgeschichte 64 (2007), S. 113–142.

[61] PETER EGGENBERGER / LAURENT AUBERSON, Saint-Saphorin en Lavaux – Le site gallo-romain et les édifices qui ont précédé l'église (Cahiers d'Archéologie Romande, Bd. 56), Lausanne 1992.

Von der Separatgrablege zur Kirchenbestattung

Der Befund von Dunningen, Kreis Rottweil[1]

Stefan Biermeier

Dunningen liegt im Bereich der oberen Gäue links des Neckars, einem Naturraum, der im Westen vom mittleren Schwarzwald und im Osten vom Albvorland begrenzt wird.[2]

Dunningens erste Erwähnung geht auf das Jahr 786 zurück. In einer Urkunde, die am 3. Mai dieses Jahres in Nagold (*villa Nagaltuna*) ausgestellt wurde, sind umfangreiche Schenkungen Gerolds des Jüngeren an das Kloster St. Gallen bezeugt.[3] Gerold nimmt darin seinen Anteil an der Kirche ausdrücklich von der Schenkung an St. Gallen aus. Auf indirektem Wege ist somit für das spätere 8. Jahrhundert ein Gotteshaus in Dunningen bezeugt.

Die frühe Nennung und das ebenfalls in das frühe Mittelalter weisende Martinspatrozinium der Dunninger Kirche veranlassten das Staatliche Amt für Denkmalpflege Tübingen von 1965 bis 1966 im Vorgriff auf einen geplanten Neubau des Gotteshauses zu einer insgesamt viereinhalbmonatigen Grabung.[4] Untersucht wurden das Innere des romanischen Chorturmes und das südliche Vorfeld der Kirche von 1832, die dem Neubau weichen musste (Abb. 1).[5]

---

[1] Vorliegender Aufsatz ist ein vereinzelt um neuere Literatur ergänztes Kondensat meiner Münchener Magisterarbeit: STEFAN BIERMEIER, Die Kirchengrabung St. Martin in Dunningen, Kreis Rottweil, Magisterarbeit München 1997. Der Aufsatz beschäftigt sich nur mit den frühmittelalterlichen Befunden, während die Magisterarbeit auch eine erstmalige Auswertung der hochmittelalterlichen bis neuzeitlichen Funde und Befunde umfasst. Sie ist inzwischen als PDF-Dokument im Internet, z. B. bei SingulArch München oder auf der Homepage der Gemeinde Dunningen, zu finden. Prof. Dr. Volker Bierbrauer, der meine Magisterarbeit betreute, hat 1986 einen ausführlichen Vorbericht zum Dunninger Befund publiziert: VOLKER BIERBRAUER, Alamannischer Adelsfriedhof und frühmittelalterliche Kirchenbauten von St. Martin in Dunningen, in: Heimat an der Eschach. Dunningen, Seedorf, Lackendorf, hg. von der Gemeinde Dunningen, Sigmaringen 1986, S. 19–36.
[2] KLAUS WOLLMANN, Landschaften, in: Kennzeichen RW. Der Landkreis Rottweil. Beiträge zur Heimatkunde, hg. von KLEMENS AUBERLE, BERNHARD RÜTH und K. ERHARD WESTEN, Lörrach 1992, S. 40.
[3] Urkundenbuch der Abtei Sanct Gallen, Theil 1 (Jahr 700–840), hg. von HERMANN WARTMANN, Zürich 1863, Nachdruck Frankfurt am Main 1981, S. 101 f., Nr. 108; BIERBRAUER, Dunningen 1986 (wie Anm. 1), S. 28 und Abb. 6.
[4] Örtliche Grabungsleitung: Dr. Lothar Merkelbach.
[5] Die hochmittelalterlichen bis neuzeitlichen Grab- und Baubefunde finden im Folgenden keine Berücksichtigung.

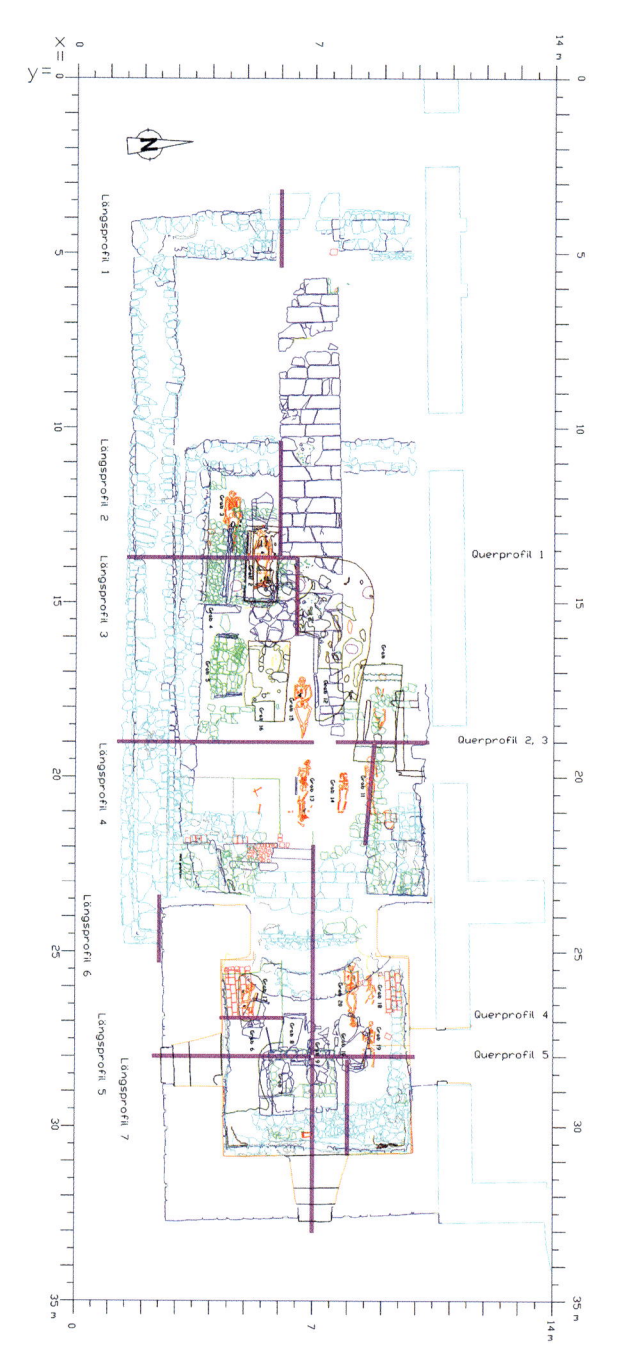

Abb. 1: Dunningen (Kreis Rottweil), Martinskirche, Übersichtsplan der Grabungsbefunde. Am oberen Bildrand die südliche Langhausmauer der Kirche von 1832. Zeichnung: Stefan Biermeier.

Die vorkirchenzeitlichen Gräber

Eine Überraschung bot die Aufdeckung zweier vorkirchenzeitlicher Gräber, die mit Blick auf das kleine ergrabene Areal durchaus zu einem größeren Bestattungsplatz gehört haben könnten. Grab 1 wurde erst nach Ende der regulären Grabungsarbeiten entdeckt, weshalb der Befund nur unzureichend dokumentiert ist.[6] Die aus Bruchsteinen trockengemauerte Grabeinfassung wies offensichtlich eine Pflasterung mit Aussparungen für Unterzüge im Kopf- und Fußbereich auf. Das überlieferte Inventar setzt sich aus einer engzellig cloisonnierten Fibel mit erhabener Mittelzelle (Abb. 2) und einer mindestens 53 Perlen umfassenden Halskette zusammen (Abb. 3). Das Gewicht der am Perlrand stark abgenutzten Fibel beträgt heute noch 29,5 Gramm. Da die fehlenden Teile (Sicherungsöse und ausgefallene Stege) bekannt sind, lässt sich das ursprüngliche Gewicht relativ exakt schätzen. Die Fibel wog demnach etwa 31 bis 31,4 Gramm, so dass ihr Gewicht, zieht man den allerdings nur schwer abschätzbaren Gewichtsverlust durch die Abnutzung mit in Betracht, sehr genau sieben schweren Solidi entsprochen haben dürfte.[7] Ob die Fibel von einem alamannischen Goldschmied angefertigt wurde, als Import oder durch Exogamie in den alamannischen Raum gelangte, muss offen bleiben.[8] Die Perlenkette mit überwiegend monochromen Glasperlen ist am ehesten der Kombinationsgruppe E von Claudia Theune

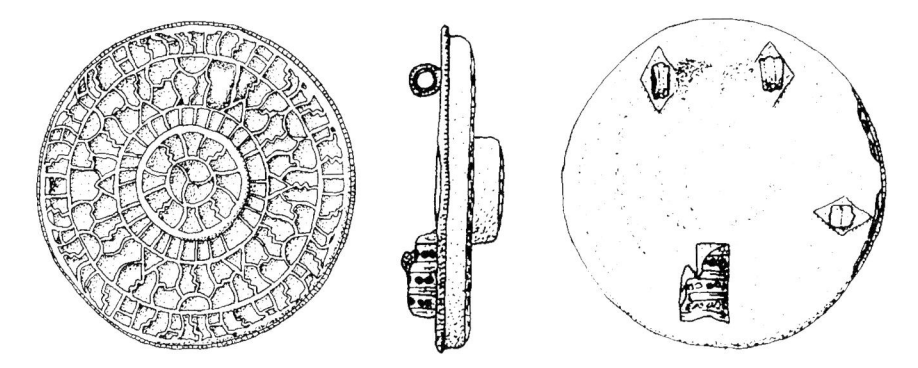

Abb. 2: Dunningen, Martinskirche, Grab 1, cloisonnierte Goldscheibenfibel. Zeichnung: Stefan Biermeier.

---

[6] Im Zuge der Bearbeitung des Materials wurde eine Umnummerierung der Gräber vorgenommen. Grab 1 entspricht Grab 17 der Originaldokumentation.

[7] Dass dies kein Zufall sein muss, haben Martins Untersuchungen zu den Gewichten völkerwanderungszeitlicher und frühmittelalterlicher Gegenstände aus Edelmetall gezeigt. MAX MARTIN, Redwalds Börse. Gewicht und Gewichtskategorien völkerwanderungszeitlicher Objekte aus Edelmetall, in: Frühmittelalterliche Studien 21 (1987), S. 206–238, hier S. 220–226.

[8] Zu den Unsicherheiten bezüglich einer Herkunftsbestimmung bereits URSULA KOCH, Das Reihengräberfeld bei Schretzheim (Germanische Denkmäler der Völkerwanderungszeit, Serie A, Bd. 13), Berlin 1977, S. 62 f.

und Barbara Sasse anzuschließen.⁹ Vermutlich verstarb die Frau in den Jahrzehnten zwischen 610 und 630.¹⁰

Das 4 m weiter südwestlich gelegene Grab 2¹¹ besaß ebenfalls eine trockengemauerte Grabeinfassung (Abb. 4).

Anhand der in Planum und Profil dokumentierten Befundsituation kann auf eine aus Brettern gezimmerte, kammerartige Auskleidung und eine hölzerne Abdeckung der 0,60 m hohen Kammer geschlossen werden.¹² Eine gute Vorstellung vom Aussehen dieser Grabkammer vermittelt etwa Grab 211 von Oberflacht (Kreis Tuttlingen), dessen Dimensionen sehr gut dem Dunninger Befund entsprechen.¹³ Drei, vermutlich ursprünglich vier, Eisenringe waren an einem Sarg befestigt (Abb. 4,12a–c; 5).

Die Frau aus Grab 2, an deren Hals ein unverziertes Folienkreuz aus stark silberhaltigem Goldblech lag (Abb. 4,1; 6), war mit einem umfangreichen Ensemble an Kleidungsbestandteilen bestattet worden. An der linken Schulter der Toten befand sich eine Filigranscheibenfibel mit erhaben gearbeiteten Armen und Mittelbuckel des Typs B der Gruppe I. 4 nach Bettina Thieme, die vor allem im Rheinland verbreitet ist (Abb. 4,2; 7).¹⁴

Eine große silbervergoldete Bügelfibel, deren Ausrichtung im Grab unbekannt ist, lag im Bereich der Beckenmitte (Abb. 4,4).¹⁵ Dass es sich bei dem Altstück aus dem 6. Jahrhundert um die unverstandene Umsetzung eines nordischen Vorbilds handelt, hat bereits Volker Bierbrauer dar-

Abb. 3: Dunningen, Martinskirche, Grab 1, Perlenkette. Foto: Stefan Biermeier.

---

⁹ BARBARA SASSE / CLAUDIA THEUNE, Perlen als Leittypen der Merowingerzeit, in: Germania 74 (1996), S. 187–231, hier S. 213 f. und Abb. 15.

¹⁰ Dies entspricht der fortgeschrittenen Stufe 4 von Schretzheim; KOCH, Schretzheim (wie Anm. 8), S. 25–29.

¹¹ Grab 16 der Originaldokumentation.

¹² Da auf der westlichen Trockenmauer eine schiefrige Platte auflag, ist nicht auszuschließen, dass das Grab ursprünglich auch noch mit Steinplatten abgedeckt war.

¹³ PETER PAULSEN, Die Holzfunde aus dem Gräberfeld bei Oberflacht und ihre kulturhistorische Bedeutung (Forschungen und Berichte zur Vor- und Frühgeschichte in Baden-Württemberg, Bd. 41,2), Stuttgart 1992, S. 17–19 mit Abb. 6 und 7.

¹⁴ BETTINA THIEME, Filigranscheibenfibeln der Merowingerzeit aus Deutschland, in: Berichte der Römisch-Germanischen Kommission 59 (1978), S. 381–500, hier S. 420–422; BIERBRAUER, Dunningen 1986 (wie Anm. 1), S. 25, vermutete eine Werkstattgleichheit mit dem qualitätvolleren Stück aus Grab 36 von Oberflacht: vgl. SIEGWALT SCHIEK, Das Gräberfeld der Merowingerzeit bei Oberflacht (Forschungen und Berichte zur Vor- und Frühgeschichte in Baden-Württemberg, Bd. 41/1), S. 37 mit Taf. 25, D 3.

¹⁵ Schauseite abgebildet bei: BIERBRAUER, Dunningen 1986 (wie Anm. 1), Taf. 2,1; VOLKER BIERBRAUER, Dunningen, in: Fundberichte aus Baden-Württemberg 15 (1990), S. 713–717, hier Abb. 135, 1.

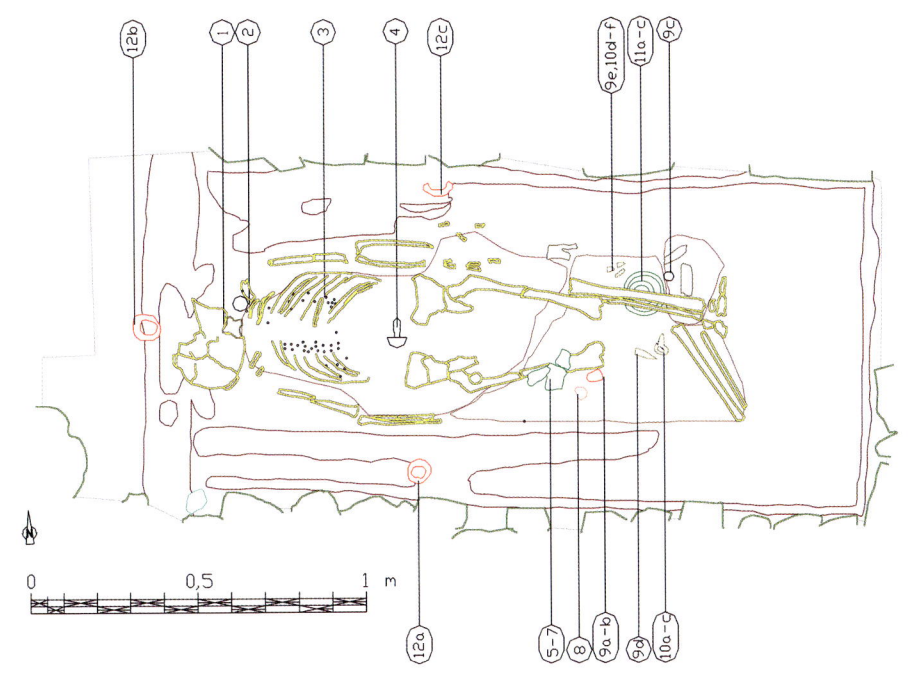

Von der Separatgrablege zur Kirchenbestattung 135

Abb. 4: Dunningen, Martinskirche, Grab 2, Bestattungshorizont. Zeichnung: Stefan Biermeier.

gelegt.[16] Die Dunninger Dame besaß somit ein für die Endphase der Bügelfibelmode kennzeichnendes Ensemble, das aus einer zum Mantel gehörigen Scheibenfibel und einer einzelnen getragenen Bügelfibel bestand.[17] Eine identische Vergesellschaftung wiesen etwa auch die Frauengräber von Täbingen (Kreis Rottweil) und Wittislingen (Kreis Dillingen) auf,[18] die gewissermaßen den Anfangs- und Endpunkt dieser für die erste Hälfte des 7. Jahrhunderts charakteristischen Erscheinung markieren.

Die Wadenbindengarnitur der Frau (Abb. 4,9a–f; 8) lässt sich aufgrund der breiten, nicht durch die Bügel der eisernen Schnallen passenden Riemenzungen dem Modell II von Gisela Clauß anschließen.[19]

---

[16] BIERBRAUER, Dunningen 1986 (wie Anm. 1), S. 23 f.
[17] GISELA CLAUSS, Die Tragsitte von Bügelfibeln. Eine Untersuchung zur Frauentracht im frühen Mittelalter, in: Jahrbuch des Römisch-Germanischen Zentralmuseums Mainz 34 (1987), S. 491–603, hier S. 541 und Liste X.
[18] Täbingen: WALTER VEECK, Ein reiches alamannisches Frauengrab aus Täbingen (Oberamt Rottweil), in: Germania 16 (1932), S. 58–61, hier S. 58 f. mit Taf. 4 und Taf. 5, 6; Wittislingen: JOACHIM WERNER, Das alamannische Fürstengrab von Wittislingen. Münchner Beiträge zur Vor- und Frühgeschichte, Bd. 2, München 1950, S. 15 mit Taf. 1–3 und Taf. 5.
[19] GISELA CLAUSS, Strumpfbänder: Ein Beitrag zur Frauentracht des 6. und 7. Jahrhunderts n. Chr., in: Jahrbuch des Römisch-Germanischen Zentralmuseums Mainz 23–24 (1976/77), S. 54–88, hier S. 63–67 mit S. 64, Abb. 4.

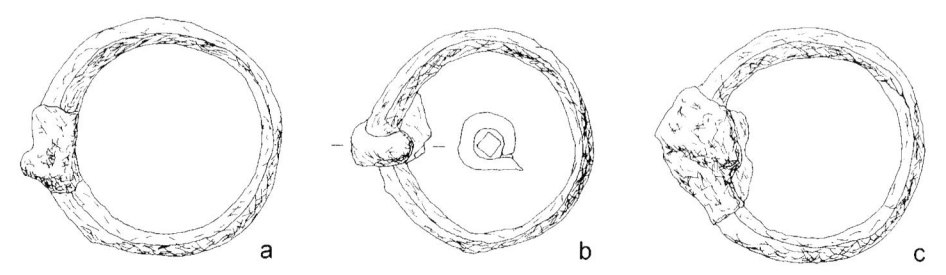

Abb. 5: Dunningen, Martinskirche, Grab 2, Eisenringe des Sarges. Zeichnung: Stefan Biermeier.

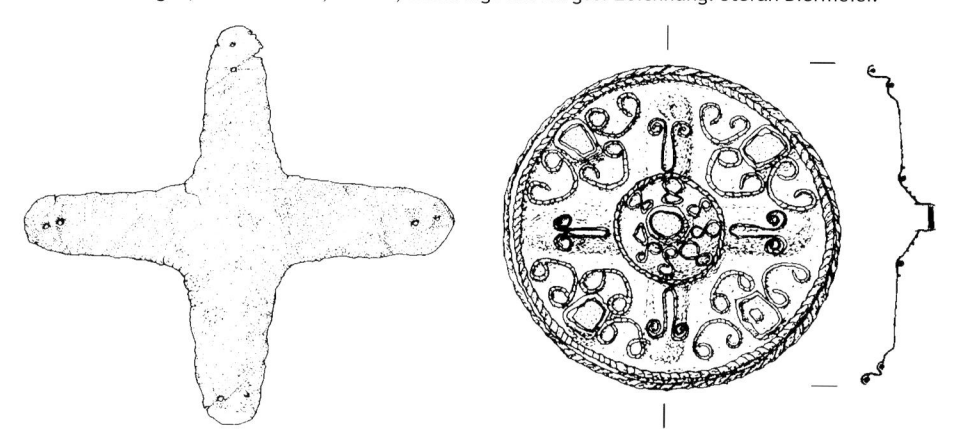

Abb. 6: Dunningen, Martinskirche, Grab 2. Goldblattkreuz. Regierungspräsidium Freiburg, Referat 26 – Denkmalpflege.

Abb. 7: Dunningen, Martinskirche, Grab 2, Filigranscheibenfibel. Zeichnung: Stefan Biermeier.

Die silbervergoldeten Riemenzungen mit trapezförmiger Nietzone, verbreitertem Mittelteil und zweigeteiltem, unterem Zierfeld gehören einem Typ an, der vor allem im mittleren Neckarraum verbreitet ist.[20] Aufgrund des echten Kerbschnitts ist es nicht weiter verwunderlich, dass für die im Tierstil II verzierten, silbervergoldeten Schuhschnallengarnituren keine exakten Parallelen bekannt sind. Für das 7. Jahrhundert kennzeichnend, setzen sie sich aus Schnalle mit Beschlag, Gegenbeschlag und Riemenzunge zusammen (Abb. 4,10e–f; 9).[21]

Ein auf der linken Körperseite getragenes Gürtelgehänge, dessen unterer Abschluss von einer bronzenen Zierscheibe des radförmigen Typs I nach Dorothee Renner gebildet wurde,[22] die ihrerseits mit einem bronzenen[23] und einem elfenbeinernen Umfas-

---

[20] CLAUSS, Strumpfbänder (wie Anm. 19), S. 81 f. und Abb. 16.
[21] KOCH, Schretzheim (wie Anm. 8), S. 91.
[22] DOROTHEE RENNER, Die durchbrochenen Zierscheiben der Merowingerzeit (Kataloge vor- und frühgeschichtlicher Altertümer, Bd. 18), Mainz 1970, S. 51.
[23] Eine gute, als Armring getragene Parallele stammt z. B. aus Grab 165 von Soest: JOACHIM WERNER, Münzdatierte Austrasische Grabfunde (Germanische Denkmäler der Völkerwanderungszeit, Bd. 3), Berlin/Leipzig 1935, S. 55 und Taf. 19, 6.

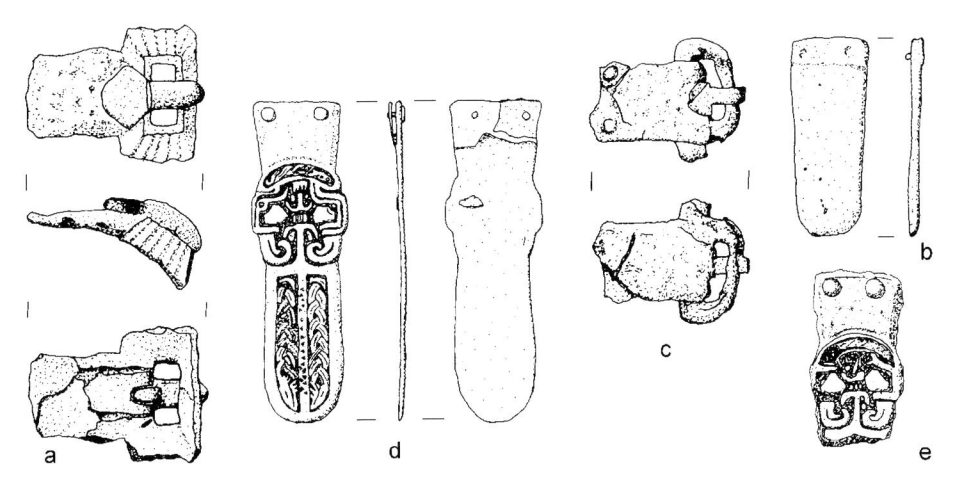

Abb. 8: Dunningen, Martinskirche, Grab 2, Wadenbindengarnitur. Zeichnung: Stefan Biermeier.

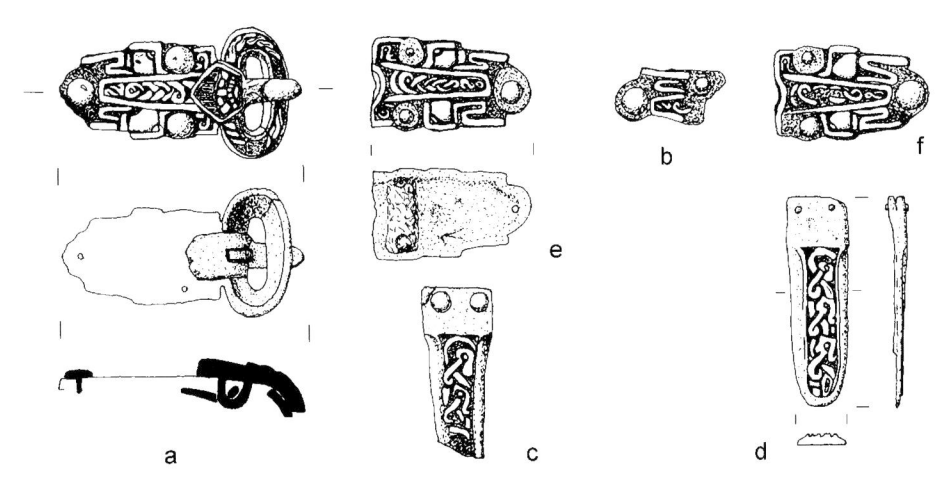

Abb. 9: Dunningen, Martinskirche, Grab 2, Schuhschnallengarnitur. Zeichnung: Stefan Biermeier.

sungsring umgeben war,[24] verkomplettierte die überlieferten metallenen Kleidungsbestandteile der Dame (Abb. 4,11a–c). Ob auch die Reste eines vermutlich zweireihigen Kamms mit Futteral (Abb. 4,5), ein der Form nach an eine Kaurischnecke erinnernder Bernsteinanhänger (Abb. 4,8; 10) sowie ein Tierzahn ebenfalls Bestandteil des Gehän-

---

[24] Zierscheiben mit zwei Umfassungsringen sind dem Verfasser nicht bekannt. Das Gehänge von Grab 72 aus Beggingen (Kanton Schaffhausen) bestand aus einem Elfenbeinring und einem geperlten Ring. Eine Zierscheibe war jedoch nicht nachweisbar: WALTER ULRICH GUYAN, Das alamannische Gräberfeld von Beggingen-Löbern (Schriften des Instituts für Ur- und Frühgeschichte der Schweiz, Bd. 12), Basel 1958, S. 37 und Taf. 10, 1. 2.

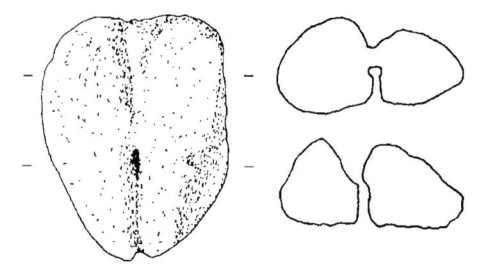

Abb. 10: Dunningen, Martinskirche, Grab 2, Bernsteinanhänger. Zeichnung: Stefan Biermeier.

Abb. 11: Dunningen, Martinskirche, Grab 2, Perlenketten. Foto: Stefan Biermeier.

ges waren, ist nicht gesichert.[25] Die genannten Gegenstände können auch an einem separaten Band befestigt gewesen sein, das von der Bügelfibel nach unten führte.

Die Frau besaß eine mindestens dreireihige Perlenkette, die aus drei amorphen Bernsteinperlen, drei Amethysten und 327 Glasperlen besteht (Abb. 4,3; 11). Unter den Glasperlen dominieren monochrome, tonnenförmige bis doppelkonische Perlen in weißer, rotbrauner, blaugrüner und oranger Farbe, wie sie für die Ketten der Kombinationsgruppe F nach Sasse/Theune charakteristisch sind.[26]

Relativchronologisch steht das Grab in etwa am Übergang der Schretzheimer Stufen 4 und 5 nach Ursula Koch.[27] Als Zeitpunkt der Grablege wird man daher in erster Linie die Jahrzehnte um 620/40 in Betracht ziehen müssen.

Die Holzkirche

Über den beiden Gräbern der ersten Hälfte des 7. Jahrhunderts wurde nachträglich eine Holzkirche errichtet, von der vier Pfosten und Reste des vergangenen Holzfußbodens in Planum und Profil dokumentiert werden konnten (Abb. 12). Die spärlichen

---

[25] Durch die Störung des Grabes im Unterschenkelbereich kann es zu Verlagerungen dieser Objekte gekommen sein.
[26] Sasse / Theune, Perlen (wie Anm. 9), S. 214 f.
[27] Koch, Schretzheim (wie Anm. 8).

Pfostenstellungen gestatten keine verlässliche Rekonstruktion des Gebäudegrundrisses.[28] Dafür liefert der in die südliche Trockenmauer von Grab 2 gesetzte Pfosten einen wichtigen Hinweis auf die Erbauungszeit des Gebäudes. Die Störung im Unterschenkelbereich der Frau ist nur durch die nachträgliche Einbringung des Pfostens schlüssig zu erklären. Dass zwischen Grablege und Kirchenbau nur wenige Jahre verstrichen sein können, wird aus der Verlagerung von Waden- und Schienbein ersichtlich. Da sie sich noch in anatomisch korrekter Lage zueinander befanden, war der Mazerationsprozess offensichtlich noch nicht zur Gänze abgeschlossen. Um die Mitte des 7. Jahrhunderts bestand in Dunningen also bereits ein erstes Gotteshaus. Für die Zeit seines Bestehens sind keine kircheninternen Bestattungen nachgewiesen. Von einer Diskontinuität in der Belegung auszugehen, verbietet jedoch die geringe Größe des ergrabenen Areals.

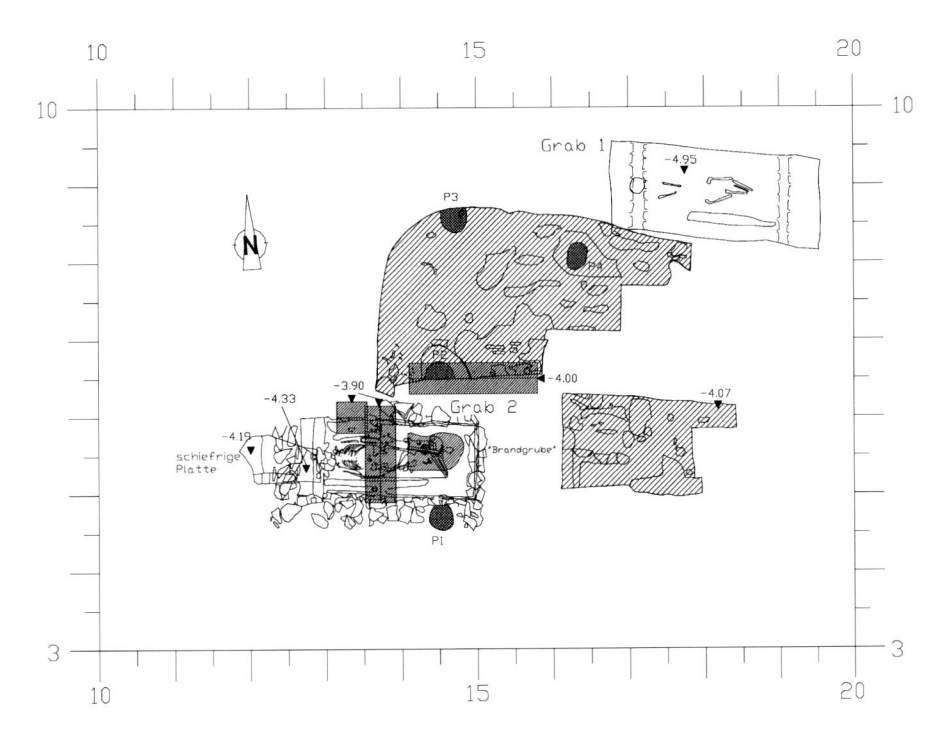

Abb. 12: Dunningen, Martinskirche, Gräber des Separatfriedhofes und Befunde der Holzkirche. Plan: Stefan Biermeier.

---

[28] In Analogie zur Kirche von Brenz (Kr. Heidenheim) wird man am ehesten von einem dreischiffigen Bau mit fünf Stützreihen ausgehen dürfen: HERMANN DANNHEIMER, Zur Geschichte von Brenz und Sontheim im frühen Mittelalter, in: Fundberichte aus Schwaben N. F. 19 (1971), S. 298–308, hier Abb. 1; BODO CICHY, Die Kirche von Brenz, Gundelfingen/Donau ³1991, S. 28 mit Abb. auf S. 31.

Die erste Steinkirche

Weit bessere Beurteilungsmöglichkeiten als bei der nur zu geringen Teilen überlieferten Holzkirche bieten sich für den steinernen Nachfolgebau der Zeit um ‚700', dessen Fundamente mit Ausnahme der nördlichen Langhauswand fast vollständig freigelegt werden konnten (Abb. 13). An das 11,40 m lange und 8,20 m breite, leicht parallelogrammförmige Langhaus ist im Osten eine um Mauerstärke eingezogene Apsis mit 6,90 m Spannbreite gesetzt. Besondere Beachtung verdient der aller Wahrscheinlichkeit nach gewollte Umriss der Apsis in Form einer halben Ellipse, der den Schluss auf außerordentliche geometrische Kenntnisse des Konstrukteurs zulässt (Abb. 14).[29] Ein identischer Entwurf, eventuell sogar desselben Baumeisters, scheint auch dem Chorabschluss der 100 km entfernten Martinskirche von Gruibingen (Kr. Göppingen) zugrunde zu liegen.[30]

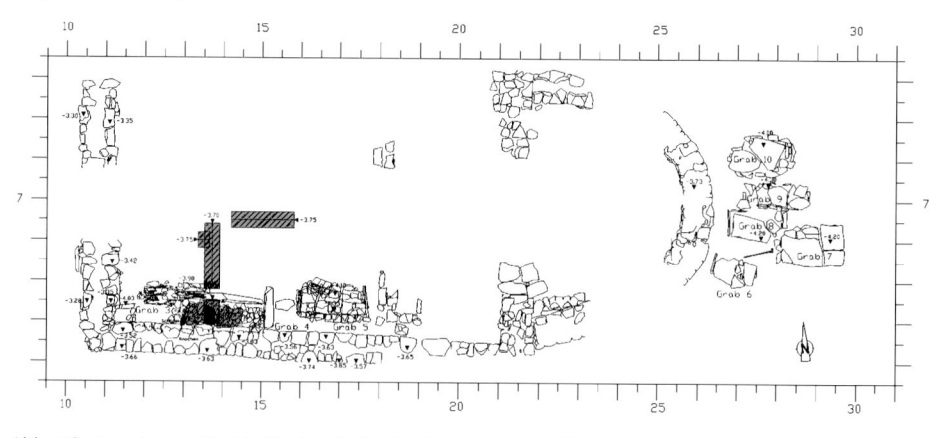

Abb. 13: Dunningen, Martinskirche, Befunde der ersten Steinkirche. Zeichnung: Stefan Biermeier.

---

[29] In den bislang publizierten Grundrissen der Steinkirche ist die Apsis zumeist falsch wiedergegeben worden. Ihr Scheitel lag 0,80 m weiter östlich: vgl. BIERBRAUER, Dunningen 1986 (wie Anm. 1), Abb. 1, 1 und Abb. 1, 2; DERS., Dunningen 1990 (wie Anm. 15), Abb. 134 und Abb. 135; korrigierter Grundriss bei BARBARA SCHOLKMANN, Aus Holz und Stein. Der frühmittelalterliche Kirchenbau in Alamannien, in: Alamannen zwischen Schwarzwald, Neckar und Donau, hg. von DOROTHEE ADE, BERNHARD RÜTH und ANDREAS ZEKORN, Stuttgart 2008, S. 144–150, hier Abb. S. 145.

[30] Hartmut Schäfer sprach die Apsis als unregelmäßig gestelzt an und favorisierte eine Datierung des Gebäudes in das 9., eventuell bereits 8. Jahrhundert: HARTMUT SCHÄFER, Die evangelische Martinskirche in Gruibingen, Kreis Göppingen, in: Denkmalpflege Baden-Württemberg Jahrgang 3, Heft 2 (1974), S. 9–19, hier S. 13 und S. 18. Einen *terminus post quem* für die Gruibinger Steinkirche liefert Grab I/3, aus dessen Verfüllung ein cloisonnierter Ohrring der Zeit um 700 stammt. Da Dieter Quast einen hölzernen Vorgängerbau für die erste Hälfte des 7. Jahrhunderts voraussetzte, ist eine Errichtung der Steinkirche im frühen 8. Jahrhundert sehr wohl denkbar: DIETER QUAST, Merowingerzeitliche Funde aus der Martinskirche in Pfullingen, Kreis Reutlingen, in: Fundberichte aus Baden-Württemberg 19,1 (1994), S. 591–660, hier S. 627 f. und S. 642, Anm. 172.

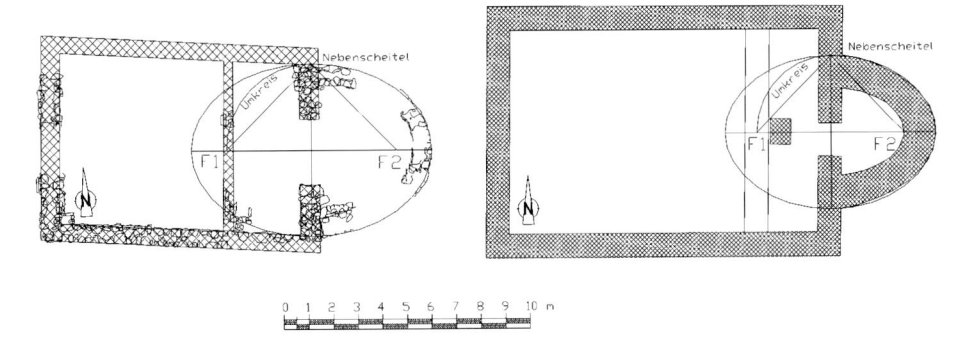

Abb. 14: Dunningen, Martinskirche, Vorschlag zur Konstruktion der Apsiden von Dunningen (links) und Gruibingen (rechts). Pfullingen. Nach Quast, Pfullingen (wie Anm. 30), Abb. 21; mit Ergänzungen von Stefan Biermeier.

Über die Innenausstattung der ersten Steinkirche von Dunningen sind teilweise sehr detaillierte Aussagen möglich. Sie besaß einen gelblich-rötlichen Mörtelestrich und war mit einem bemalten Innenverputz versehen, von dem sich noch zahlreiche Putzreste mit roten Farbresten im Abbruchschutt über der Apsis befanden. Die Lage des unten besprochenen endmerowingerzeitlichen Grabes 5 lässt vielleicht darauf schließen, dass das Langhaus bereits von Beginn an eine Chorschranke aufwies, von der Reste eines Steinfundaments erhalten geblieben sind. Steinerne Substruktionen von Chorschranken sind in merowingerzeitlichen Kirchen bisher noch nicht sehr oft nachgewiesen worden.[31] Eine spätere Zutat könnte das Steinrelief sein, das heute in der Außenmauer des Kirchturms eingelassen ist (Abb. 15). Das Zentrum des 0,80 m breiten Sandsteins in Form eines Tympanons bildet eine als Flachrelief ausgeführte Gestalt mit schräg nach unten weisenden Armen. Sie wird von zwei Tieren flankiert und erinnert damit zunächst an Darstellungen auf Danielschnallen des späten 6. und frühen 7. Jahrhunderts.[32]

Wie bei den Schnallen aus Crissier (Kanton Waadt) und aus dem Museum Leiden (Provinz Südholland) könnte das Danielmotiv vielleicht auch hier auf Christus übertragen worden sein, da die sitzend dargestellte Person einer Deutung als Daniel wider-

---

[31] Der erste Kirchenbau von Lahr-Burgheim (Ortenaukreis) besaß eine Chorschrankenanlage, deren etwa 0,60 m breites Fundament aus Bruchsteinmauerwerk noch in Teilen erhalten war: Niklot Krohn / Gabriele Bohnert, Lahr-Burgheim: 50 Jahre Kirchenarchäologie (Veröffentlichungen des Alemannischen Instituts, Bd. 74), Remshalden 2006, S. 69 mit S. 68, Abb. 51. Eine Schranke am Übergang vom Kirchenschiff zum Chor wies möglicherweise auch die Kirche aus Schöftland auf: Max Martin / Hans Rudolf Sennhauser / Hayo Vierck, Reiche Grabfunde in der frühmittelalterlichen Kirche von Schöftland, in: Archäologie der Schweiz 3 (1980), S. 29–55, hier S. 30 und Abb. 1.

[32] Herbert Kühn, Die Danielschnallen der Völkerwanderungszeit, in: Jahrbuch für prähistorische und ethnografische Kunst 15/16 (1941/42), S. 140–169; zur Datierung: Max Martin, Bemerkungen zu den frühmittelalterlichen Gürtelbeschlägen der Westschweiz, in: Zeitschrift für Schweizerische Archäologie und Kunstgeschichte 28 (1971), S. 29–57, hier S. 36–40, bes. S. 37, Abb. 6.

Abb. 15: Das Dunninger Relief. Foto: Julius Wilbs, Dunningen.

Abb. 16: Dunningen, Martinskirche, Rekonstruktionsskizze der ersten Steinkirche zur Zeit Gerolds des Jüngeren. Zeichnung: Stefan Biermeier.

spricht.[33] Hinsichtlich Technik und Ikonographie erscheint eine Datierung in spät- bzw. endmerowingische Zeit durchaus denkbar.[34] Da bislang keine vergleichbaren Tympana bekannt geworden sind, die sich vor die Mitte des 8. Jahrhunderts datieren ließen,[35] wird man das Relief eher als Giebel einer karolingischen Trabesschranke ansprechen dürfen.[36] Eine Zugehörigkeit zum Kirchenbau zur Zeit der ersten Nennung im Jahr 786 erscheint somit durchaus möglich (Abb. 16).[37]

[33] Kühn, Danielschnallen (wie Anm. 32), S. 154 f. sowie Abb. 7 und 19.
[34] Zur Technik vgl. etwa den ebenfalls als Flachrelief ausgeführten Grabstein von Niederdollendorf: Cordula Krause, Der fränkische Grabstein von Niederdollendorf, in: Spätantike und frühes Mittelalter: ausgewählte Denkmäler im Rheinischen Landesmuseum Bonn, hg. von Josef Engemann und Christoph B. Rüger (Kunst und Altertum am Rhein, Bd. 134), Köln/Bonn 1991, S. 140–148; zur Ikonographie vgl. etwa das Brettchen von Pfahlheim: Wolfgang Müller / Matthias Knaut, Heiden und Christen. Archäologische Funde zum frühen Christentum in Südwestdeutschland (Kleine Schriften zur Vor- u. Frühgeschichte Südwestdeutschlands, Bd. 2), Stuttgart 1987, S. 27 und Abb. S. 26; vgl. z. B. auch den First des Bursenreliquiars von Ennabeuren: Dieter Quast, Das Reliquiar von Ennabeuren, in: Alamannen (wie Anm. 29), S. 143.
[35] Hermann Dannheimer, Steinmetzarbeiten der Karolingerzeit. Neufunde aus altbayerischen Klöstern 1953–1979 (Ausstellungskataloge der Prähistorischen Staatssammlung München, Bd. 6), München 1980, S. 35–37.
[36] Vgl. hierzu etwa Erika Doberer, Die ornamentale Steinskulptur an der karolingischen Kirchenausstattung, in: Karolingische Kunst, hg. von Wolfgang Braunfels und Hermann Schnitzler (Karl der Große. Lebenswerk und Nachleben, Bd. 3), Düsseldorf 1965, S. 203–233.
[37] Bislang wurde das Relief mehrheitlich in romanische Zeit datiert. Die unterschiedlichen Deutungen hat Julius Wilbs zusammengestellt: Julius Wilbs, Das Steinrelief am Dunninger Kirchturm, in: Unsere Heimat. Geschichte und Geschichten aus Dunningen, Seedorf und Lackendorf 3 (1996), S. 119–121.

Die Gräber der ersten Steinkirche

Kircheninterne Bestattungen belegen, dass der Steinbau spätestens um 700 errichtet worden sein muss. Die Grablege von Grab 3 kann nicht schon zur Zeit der Holzkirche erfolgt sein. Das Skelett lag teilweise auf der Trockenmauer von Grab 2 auf. Die Bestattung müsste sich unmittelbar unter dem Holzfußboden befunden haben, da der Niveauunterschied zwischen Boden und Trockenmauer nur 0,25 m betrug (Abb. 17). Das Inventar des Grabes setzt sich aus einem unrestaurierten Eisenobjekt – möglicherweise ein (Klapp-)Messer –, einer kleinen Schnalle mit D-förmigem Bügel sowie einer bronzenen Riemenzunge zusammen (Abb. 18). Zu Schuh- oder Sporengarnituren gehörige Schnallen mit rechteckigem Laschenbeschlag und dem Dunninger Exemplar nahestehende Riemenzungen sind Leitformen der Gruppe B nach Frauke Stein.[38] Aus dem Beigabeninventar eines um 700 in der Kirche von Stein am Rhein (Kanton Schaffhausen) bestatteten Mädchens stammt ein Gürtel der relativchronologisch am Übergang der Stein'schen Gruppe A zu B steht.[39] Aufgrund der spitz zulaufenden, seitlich facettierten Riemenzunge und dem mit vier endständigen Perlrandnieten versehenen Laschenbeschlag der Schnalle wird man daher auch die Bestandteile des Gürtels aus Dunningen Grab 3 noch dieser Übergangsphase, also den Jahrzehnten „um 700" zurechnen dürfen.

Bei Einbringung der nördlichen Seitenplatte von Grab 4 an der südlichen Langhausmauer wurde Grab 3 im Unterschenkelbereich gestört (Abb. 17). Unter einer eingesunkenen Steinpackung mit darüber liegender Estrichschicht lagen die Überreste von mindestens vier Individuen in wirrem Durcheinander. Da zwischen einzelnen Bestattungen etliche Jahre liegen müssen, ist davon auszugehen, dass das Grab über einen längeren Zeitraum hinweg als Grablege einer Familie diente.

Die Grube des trocken gemauerten Grabes 5 mit den sterblichen Überresten eines ca. 1,30 m großen, jugendlichen Individuums hat den Holzfußboden des ersten Gotteshauses durchstoßen. Aufgrund der Beigabe eines Messers und der Lage im Zwickel zwischen Chorschranke und südlicher Langhauswand ist auch für diese Bestattung eine Zugehörigkeit zur ersten Steinkirche bzw. eine endmerowingische Zeitstellung als wahrscheinlich zu erachten (Abb. 13).

Neben den drei Gräbern aus der Südhälfte des Langhauses konnten fünf mit Steinplatten abgedeckte Gräber im östlichen Vorfeld der Apsis, also außerhalb der Kirche

---

[38] Frauke Stein, Adelsgräber des achten Jahrhunderts in Deutschland (Germanische Denkmäler der Völkerwanderungszeit, Serie A, Bd. 9), Berlin 1967, S. 57 f.; zur absoluten Chronologie der Gruppen A und B vgl. Dies., Die frühmittelalterlichen Kleinfunde, in: Die Stadtkirche St. Dionysius in Esslingen a. N.: Archäologie und Baugeschichte I, hg. von Günter P. Fehring und Barbara Scholkmann (Forschungen und Berichte zur Archäologie des Mittelalters in Baden-Württemberg, Bd. 13,1), Stuttgart 1995, S. 299–332, hier Anm. 2.

[39] Max Martin, Ein münzdatiertes Kindergrab aus der frühmittelalterlichen „ecclesia in castro Exsientię" (Burg bei Eschenz, Gem. Stein am Rhein SH), in: Archäologie der Schweiz 9 (1986), S. 84–92, hier S. 90; Anke Burzler, Die frühmittelalterlichen Gräber aus der Kirche Burg, in: Frühgeschichte der Region Stein am Rhein, hg. von Markus Höneisen (Antiqua, Bd. 26 = Schaffhauser Archäologie, Bd. 1), Basel 1993, S. 191–232, hier S. 207 und Taf. 39, 1–5.

nachgewiesen werden (Abb. 13). Da sie unter dem Abbruchschutt der Apsis lagen, ist eine Zugehörigkeit zur ersten Steinkirche gesichert. Darüber hinaus war das einzige Erwachsenengrab dieser Grabgruppe durch den Rechteckchor der zweiten Steinkirche im Fußbereich gestört.

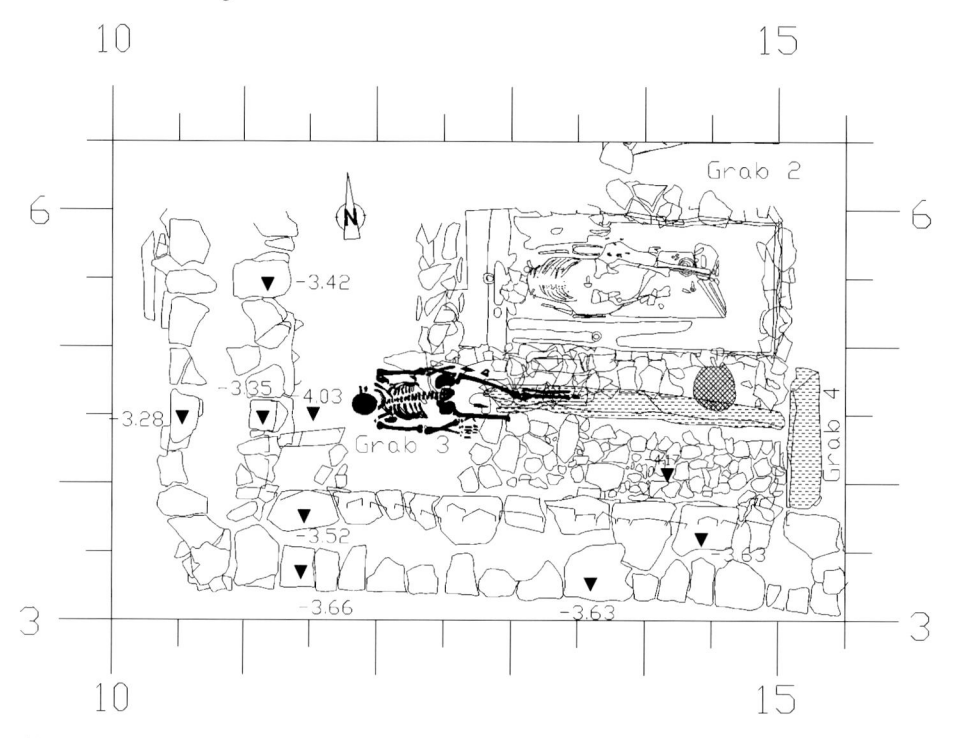

Abb. 17: Dunningen, Martinskirche, Südwestecke der ersten Steinkirche. Zusammenzeichnung der Befunde der Gräber 2 (vorkirchenzeitlich), 3 und 4. Plan: Stefan Biermeier.

Kulturhistorische Einordnung

Nachdem eingangs die frühmittelalterlichen Gräber und Kirchenbauten kurz vorgestellt worden sind, soll abschließend der Versuch einer Interpretation des Gesamtbefundes unternommen werden.

Aus den Kartierungen alamannischer Grabfunde durch Gerhard Fingerlin geht hervor, dass die Randlagen des Schwarzwaldes erst im 7. Jahrhundert im Zuge des sog. Landesausbaus aufgesiedelt wurden.[40] Der auf „-ingen" endende Ortsname lässt vermuten,

---

[40] GERHARD FINGERLIN, Zur alamannischen Siedlungsgeschichte des 3. bis 7. Jahrhunderts, in: Die Alamannen in der Frühzeit, hg. von WOLFGANG HÜBENER (Veröffentlichungen des Alemannischen Instituts Freiburg im Breisgau, Nr. 34), Bühl/Baden 1974, S. 45–88, hier S. 80 f. und Abb. 8–9.

dass Dunningen und vielleicht auch Waldmössingen die frühesten alamannischen Ansiedlungen in den schwarzwaldnahen Randgebieten der Baar waren.⁴¹

Die bedeutsame verkehrsgeographische Lage Dunningens an der Kinzigtalstraße hat bereits Volker Bierbrauer betont.⁴² In römischer Zeit bot allein diese unter Cneius Cornelius Pinarius Clemens im Jahre 73/74 n. Chr. eingerichtete Straße die Möglichkeit, den Schwarzwald in westöstlicher Richtung zu durchqueren.⁴³ Durch die Vorverlegung des Limes büßte die Schwarzwald-Transversale vorübergehend ihre strategische Rolle ein. Für das (späte) 7. Jahrhundert ist jedoch mit einem erneuten Bedeutungszuwachs zu rechnen.⁴⁴ Hieraus ergibt sich auch für Dunningen eine mit den Orten Pfullingen und Gruibingen vergleichbare strategische Situation. Beide ebenfalls mit frühen Martinskirchen versehene Orte liegen an Straßen, die über die schwäbische Alb führten, so dass ihnen durch die Kontrolle dieser Übergänge die Sicherung des Umlandes zugekommen sein wird.⁴⁵

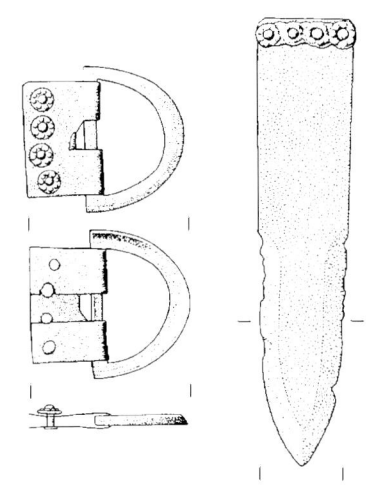

Abb. 18: Dunningen, Martinskirche, Schnalle und Riemenzunge aus Grab 3. Zeichnung: Stefan Biermeier.

Wo sich in Dunningen die Siedlung und das zugehörige Ortsgräberfeld befanden, ist nicht bekannt. Den einzigen vorkirchenzeitlichen Anhaltspunkt liefern die beiden Frauengräber 1 und 2, die zwischen 610 und 640 angelegt wurden. Beide Frauengräber lassen sich der Qualitätsgruppe C nach Rainer Christlein anschließen. Für Grab 1 ist dies aufgrund der äußerst qualitätsvollen Scheibenfibel sicherlich gerechtfertigt.⁴⁶ Im

---

⁴¹ FINGERLIN, Siedlungsgeschichte (wie Anm. 40), S. 81 und Abb. 10.
⁴² BIERBRAUER, Dunningen 1986 (wie Anm. 1), S. 28.
⁴³ ROLF NIERHAUS, Römische Straßenverbindungen durch den Schwarzwald, in: Badische Fundberichte 23 (1967), S. 117–157, hier S. 121 und S. 128–133.
⁴⁴ Michael Borgolte rechnete mit erneutem Bedeutungszuwachs im späten 7. Jahrhundert: MICHAEL BORGOLTE, Besitz- und Herrschaftsverbindungen über den Schwarzwald in der Karolingerzeit, in: Kelten und Alemannen im Dreisamtal. Beiträge zur Geschichte des Zartener Beckens, hg. von KARL SCHMID (Veröffentlichungen des Alemannischen Instituts, Bd. 49), Bühl/Baden 1983, S. 77–99, hier S. 77 f.; Mit Blick auf den Dunninger Befund möchte BIERBRAUER, Dunningen 1986 (wie Anm. 1), S. 28, diesen neuerlichen Bedeutungszuwachs früher ansetzen.
⁴⁵ GERHARD FINGERLIN, Kastellorte und Römerstraßen im frühmittelalterlichen Siedlungsbild des Kaiserstuhls. Archäologische Aspekte fränkischer Herrschaftssicherung im südlichen Oberrheintal, in: Von der Spätantike zum frühen Mittelalter, hg. von JOACHIM WERNER und EUGEN EWIG (Vorträge und Forschungen, Bd. 25), Sigmaringen 1979, S. 379–409, hier S. 404–409; QUAST, Pfullingen (wie Anm. 30), S. 635.
⁴⁶ RAINER CHRISTLEIN, Besitzabstufungen zur Merowingerzeit im Spiegel reicher Grabfunde aus West- und Süddeutschland, in: Jahrbuch des Römisch-Germanischen Zentralmuseums Mainz 20 (1973), S. 147–180, hier S. 156 und Abb. 11.

Falle des jüngeren Grabes 2 ist eine Zuweisung zu dieser Qualitätsgruppe mit Blick auf das soziologisch indizierende Goldblattkreuz[47] und z. B. die Schuhschnallengarnitur aus Edelmetall[48] statthaft.

Ohne Zweifel gehörten die beiden Bestattungen zu einer separaten, abseits des Ortsgräberfeldes angelegten Grabgruppe, die wegen des kleinen Grabungsareals durchaus noch mehr Bestattungen umfasst haben kann.[49] Aufgrund des Goldblattkreuzes ist zumindest die später verstorbene Frau aus Grab 2 bereits als Christin ausgewiesen.[50]

Das Bestreben eines hervorgehobenen Personenkreises, sich durch die Anlage eigener Grabbezirke von der Masse der Bevölkerung abzusetzen, hat erstmals Hermann Ament anhand der Nekropole von Flonheim in Rheinhessen unter Hinzuziehung aller bis dahin bekannter Separatgrablegen auf breiter Basis diskutiert.[51] Christleins Forderung, das Phänomen der Separatfriedhöfe in seiner zeitlichen Tiefe und in Zusammenschau mit dem eng damit verknüpften Themenkreis der Kirchengrablegen zu behandeln, gingen insbesondere Horst Wolfgang Böhme und Anke Burzler nach.[52] Zuvor

---

[47] CHRISTLEIN, Besitzabstufungen (wie Anm. 46), S. 158; DERS., Der soziologische Hintergrund der Goldblattkreuze nördlich der Alpen, in: Die Goldblattkreuze des frühen Mittelalters, hg. von WOLFGANG HÜBENER (Veröffentlichungen des Alemannischen Instituts Freiburg im Breisgau, Nr. 37), Bühl/Baden 1975, S. 73–83, hier S. 79 und Abb. 5.

[48] Joachim Werner hat bereits darauf hingewiesen, dass silberne Schuhschnallen auf besonders reich ausgestattete Frauen- und Männergräber beschränkt bleiben: WERNER, Wittislingen (wie Anm. 18), S. 37; vgl. auch BIERBRAUER, Dunningen 1986 (wie Anm. 1), S. 26.

[49] Unter Separatfriedhof oder separierter Grabgruppe ist im Folgenden eine kleine, vom Ortsgräberfeld abgesonderte Sepultur zu verstehen, die nicht im Zusammenhang mit einem Kirchenbau steht. Der Begriff der Separatgrablege umfasst dagegen sowohl Separatfriedhöfe als auch Kirchengrablegen: Vgl. ANKE BURZLER, Archäologische Beiträge zum Nobilifizierungsprozeß in der jüngeren Merowingerzeit (Materialhefte zur bayerischen Vorgeschichte, Reihe A, Bd. 77), Kallmünz 2000, S. 35–41; ELEONORE WINTERGERST, Spätmerowingische Separatfriedhöfe in der Umgebung von Regensburg, in:. Archäologische Arbeitsgemeinschaft Ostbayern, West- und Südböhmen. 8. Treffen 17. bis 20. Juni 1998 in Besiny bei Klatovy, hg. von MILOSLAV CHYTRÁCEK, JAN MICHÁLEK und KARL SCHMOTZ, Rahden/Westf. 1999, S. 137–145.

[50] Zusammenfassung des Forschungsstandes mit Katalog der Neufunde nördlich der Alpen bei: MATTHIAS KNAUT, Goldblattkreuze und andere Kreuzzeichen, in: Festschrift für Otto-Herman Frey, hg. von CLAUS DOBIAT (Marburger Studien zur Vor- und Frühgeschichte, Bd. 16), Marburg 1994, S. 317–330.

[51] HERMANN AMENT, Fränkische Adelsgräber von Flonheim in Rheinhessen. (Germanische Denkmäler der Völkerwanderungszeit: Serie B, Die fränkischen Altertümer des Rheinlandes, Bd. 5) Berlin 1970, S. 130–151.

[52] HORST WOLFGANG BÖHME, Adelsgräber im Frankenreich. Archäologische Zeugnisse zur Herausbildung einer Herrenschicht unter den Merowingischen Königen, in: Jahrbuch des Römisch-Germanischen Zentralmuseums Mainz 40 (1993), S. 397–534; DERS., Adel und Kirche bei den Alamannen der Merowingerzeit, in: Germania 74 (1996), S. 477–507; DERS., Neue archäologische Aspekte zur Christianisierung Süddeutschlands während der jüngeren Merowingerzeit, in: Mission und Christianisierung am Hoch- und Oberrhein, hg. von WALTER BERSCHIN, DIETER GEUENICH und HEIKO STEUER (Archäologie und Geschichte. Freiburger Forschungen zum ersten Jahrtausend in Südwestdeutschland, Bd. 10), Stuttgart 2000, S. 75–109; BURZLER, Kirche Burg (wie Anm. 39); DIES., Zur Herausbildung eines frühmittelalterlichen Adelssitzes, in: Frühgeschichte der Region Stein am Rhein (wie Anm. 39) S. 272–275; DIES., Nobilifizierungsprozeß (wie Anm. 49); DIES., Der Sonderfriedhof bei der

hatte bereits Simon Burnell die inzwischen große Zahl frühmittelalterlicher Kirchengrablegen des alamannischen und bajuwarischen Gebiets im Rahmen seiner Dissertation gesamthaft untersucht.[53]

Böhmes Kartierungen von Separatfriedhöfen in ihrer zeitlichen Staffelung verdeutlichen, dass diese Sitte im frühen 6. Jahrhundert vom fränkischen Kerngebiet ihren Ausgang nahm und an der Wende zum 7. Jahrhundert erstmals auch auf alamannisches Gebiet übergriff.[54] Fassbar werden hier die kleinen Grabgruppen einer Oberschicht zunächst im Raum zwischen Bodensee und oberer Donau[55] und am Ostrand der Schwäbischen Alb.[56] Im Verlauf des 7. Jahrhunderts erreichte diese Entwicklung mit einer großen Zahl neu angelegter Separatfriedhöfe ihren Höhepunkt. Erstmals kam es auch im Neckarraum zu einer Übernahme dieses Brauches.[57] Hierbei nimmt Dunningen insofern eine Sonderstellung ein, als es sich um eine der frühesten bislang ergrabenen Separatgrablegen dieses Gebietes handelt.[58]

An mehreren Orten ließ sich der Separierungsvorgang einer am Ort ansässigen Familie bzw. Sippe direkt nachweisen. So konnte Gerhard Fingerlin zeigen, dass das Ausbleiben reicher Gräber im Hüfinger Gräberfeld seit dem frühen 7. Jahrhundert letzt-

---

Kirche, in: DIES. / MARKUS HÖNEISEN / JAKOB LEICHT / BEATRICE RUCKSTUHL, Das frühmittelalterliche Schleitheim – Siedlung, Gräberfeld und Kirche (Schaffhauser Archäologie, Bd. 5), Schaffhausen 2002, Bd. 1, S. 414–458, bes. S. 437–452; DIES., Frühmittelalterliche Bestattungsplätze der südlichen Alamannia und ihre Aussagen zur sozialen Schichtung der darin beigesetzten Bevölkerung, in: Zeitschrift für Schweizerische Archäologie und Kunstgeschichte 59,3 (2002), S. 321–330.

53 SIMON P. BURNELL, Merovingian to early Carolingian churches and their founder-graves in southern Germany and Switzerland: The impact of Christianity on the Alamans and the Bavarians, Univ.-Diss., Oxford 1988, auszugsweise veröffentlicht in: SIMON BURNELL, Die reformierte Kirche von Sissach BL. Mittelalterliche Kirchenbauten und merowingerzeitliche „Stiftergräber" (Archäologie und Museum, Bd. 38), Liestal 1998, S. 183–190.

54 BÖHME, Adelsgräber (wie Anm. 52), S. 431 f., S. 455 und Abb. 100; DERS., Adel und Kirche (wie Anm. 52), Abb. 1 und 2 sowie Fundliste 1 und 2.

55 BÖHME, Adel und Kirche (wie Anm. 52), Fundliste 2, 16–18.

56 BÖHME, Adel und Kirche (wie Anm. 52), Fundliste 2, 20–22.

57 BÖHME, Adelsgräber (wie Anm. 52), S. 496 und Abb. 100; BÖHME, Adel und Kirche (wie Anm. 52), Abb. 3 und Fundliste 3.

58 Etwa zur selben Zeit wie das Dunninger Grab 1 dürfte das Männergrab 1 von Kirchheim unter Teck angelegt worden sein, dessen dreiteilige Garnitur sich in die Schretzheimer Stufe 4 datieren lässt: ROBERT KOCH, Die merowingerzeitlichen Grabfunde aus St. Martin zu Kirchheim unter Teck (Kr. Nürtingen), in: Fundberichte aus Schwaben N. F. 19 (1971), S. 309–337, hier S. 310–323; KOCH, Schretzheim (wie Anm. 8), S. 125, Taf. 152, 1–3; 202, 11–13 (Grab 580). Ein noch gegen Ende des 6. Jahrhunderts angelegtes und bisher als Bestattung eines Separatfriedhofes angesprochenes Männergrab von Brigachtal-Kirchdorf (Kreis Breisgau-Hochschwarzwald) hat sich dagegen inzwischen als Kirchenbestattung erwiesen: NIKLOT KROHN, Von der Eigenkirche zur Pfarrgemeinschaft: Kirchenbauten und Kirchengräber der frühmittelalterlichen Alamannia als archäologische Zeugnisse für nobilitäre Lebensweise und christliche Institutionalisierung, in: Centre – Region – Periphery. International Conference of Medieval and Later Archaeology Basel (Switzerland) 10.–15. September 2002, Preprinted Papers, hg. von GUIDO HELMIG, BARBARA SCHOLKMANN und MATTHIAS UNTERMANN, Bad Bellingen-Hertingen 2002, Vol. 2 (Sections 4 and 5), S. 166–178, hier S. 174.

lich nur mit einer Verlegung der Sepultur auf den neu angelegten Separatfriedhof auf der „Gierhalde" in Zusammenhang stehen kann.[59] Dagegen könnte es sich etwa bei den Separatgrablegen von Kirchheim am Ries und Pfullingen auch um Bestattungsplätze einer neu angesiedelten, herrschaftlichen Personengruppe handeln.[60] Mit Blick auf Grab 2 möchte man für Dunningen zwar eher von der ersten Möglichkeit ausgehen, doch sind aufgrund der unbekannten Herkunft der Frau aus Grab 1 letztlich keine klaren Aussagen hierüber möglich. Es wäre auch denkbar, dass die führende Dunninger Familie fränkisch war und die Frau aus Grab 2 eingeheiratet hat.

Das Bestreben der Eliten, sich von der Normalbevölkerung abzusetzen, manifestierte sich auch im Bau von Kirchen, die als Bestattungsplatz genutzt wurden. Dass es sich dabei um eine zu den Separatfriedhöfen im Wesentlichen parallel verlaufende Entwicklung gehandelt hat, geht aus Böhmes Untersuchungen zweifelsfrei hervor.[61] Ihren Ausgang nahm die kircheninterne Bestattungssitte nördlich der Alpen wiederum bei den Franken, die diesen Brauch von der einheimisch-romanischen Bevölkerung übernommen haben.[62] Mit dem spätestens um 600 einsetzenden Bau von Kirchen im inneralamannischen Raum lässt sich diese Sitte vereinzelt auch schon nördlich der Donau nachweisen,[63] doch erst im Verlauf des 7. Jahrhunderts und vorwiegend in dessen späterem Abschnitt wird das gesamte alamannische Siedlungsgebiet davon erfasst.[64]

Wenngleich für den ersten Dunninger Kirchenbau keine Bestattungen nachzuweisen waren, muss er dennoch in Zusammenhang mit den Kirchen der alamannisch-fränkischen Eliten gesehen werden. Des Öfteren konnte bei Kirchengrablegen und Separatfriedhöfen eine nur kurzfristige oder für längere Zeit unterbrochene Nutzung der Sepultur festgestellt werden.[65] Dass dies mit der Mobilität der sozialen Oberschicht

---

[59] GERHARD FINGERLIN, Hüfingen, ein zentraler Ort an der Baar im frühen Mittelalter, in: Der Keltenfürst von Hochdorf. Methoden und Erkenntnisse der Landesarchäologie (Katalog Stuttgart), Stuttgart 1985, S. 411–447, hier S. 419–422.

[60] HEIKO STEUER, Krieger und Bauern – Bauernkrieger. Die gesellschaftliche Ordnung der Alamannen, in: Die Alamannen. Begleitband zur gleichnamigen Ausstellung, hg. vom Archäologischen Landesmuseum Baden-Württemberg, Stuttgart 1997, S. 275–287, hier S. 281 zu Kirchheim am Ries; Pfullingen: QUAST, Pfullingen (wie Anm. 30), S. 634 f.

[61] BÖHME, Adel und Kirche (wie Anm. 52), Abb. 1–4 und Fundliste 1–4.

[62] Erwähnt sei hier nur die Bestattung Chlodwigs in der Pariser Kirche Sainte-Geneviève im Jahr 511: KARL H. KRÜGER, Königsgrabkirchen der Franken, Angelsachsen und Langobarden bis zur Mitte des 8. Jahrhunderts (Münstersche Mittelalter-Schriften, Bd. 4), München 1971, S. 40–54; PATRICK PÉRIN, Die Grabstätten der merowingischen Könige in Paris, in: Die Franken. Wegbereiter Europas. Vor 1500 Jahren: König Chlodwig und seine Erben, Ausstellungskatalog, hg. von ALFRIED WIECZOREK u. a., Mainz ²1997, S. 416–422, hier S. 416 f.

[63] Etwa in Brenz (wie Anm. 28), vgl. BÖHME, Adel und Kirche (wie Anm. 52), Abb. 2 sowie in Brigachtal-Kirchdorf, wo der Kirchenbau analog zur Zeitstellung des darin bestatteten Kriegers (vgl. Anm. 58) bereits vor 600 bestanden haben muss.

[64] Vgl. insbes. BURZLER, Kirche Burg (wie Anm. 39), S. 230–232, bes. S. 231, Abb. 187–190.

[65] RAINER CHRISTLEIN, Merowingerzeitliche Grabfunde unter der Pfarrkirche St. Dionysius zu Dettingen, Kreis Tübingen, und verwandte Denkmale in Süddeutschland, in: Fundberichte aus Baden-Württemberg 1 (1974), S. 573–596, hier S. 594; vgl. auch das reich ausgestattete

in Zusammenhang stehen muss, diese somit über Streubesitz verfügte und den Bestattungsplatz frei wählen konnte, haben Ament und Christlein gleichermaßen betont und nicht zuletzt aus diesem Grund den Adelsbegriff für gerechtfertigt erachtet.[66] Für Dunningen ist eine Diskontinuität in der Belegung aufgrund der kleinen Grabungsfläche nicht gesichert.[67] Ein über mehrere Generationen genutztes Erbbegräbnis ist daher ebenso wenig auszuschließen wie eine längere Unterbrechung in der Belegung.

Nicht zuletzt die bewusste Einbeziehung von Grab 2 in die erste Holzkirche lässt darauf schließen, dass es die Angehörigen dieser Frau gewesen sein dürften, die den Bau veranlasst haben.[68] Die nachträgliche Errichtung einer Kirche über Gräbern eines Separatfriedhofes konnte mehrfach nachgewiesen werden und ist im Rahmen der über längere Zeit gepflegten Totenmemoria zu verstehen.[69] In Analogie zu Dunningen wurde auch in Herrsching am Ammersee (Kreis Starnberg) ein (Eck-)Pfosten der ersten Kirche in die Grabgrube des sehr reich ausgestatteten Grabes 9 eingebracht.[70] Bislang

---

und durch die Lage in Altarnähe hervorgehobene Frauengrab aus der Kirche von Bülach (die übrigen dort angetroffenen Gräber waren beigabenlos): WALTER DRACK, Ein Adeligengrab des 7. Jahrhunderts in Bülach, in: Helvetia archaeologica 1 (1970), S. 16–22; HEIDI AMREIN / ANTOINETTE RAST-EICHER / RENATA WINDLER, Neue Untersuchungen zum Frauengrab des 7. Jahrhunderts in der reformierten Kirche von Bülach (Kanton Zürich), in: Zeitschrift für Schweizerische Archäologie und Kunstgeschichte 56/2 (1999), S. 73–114. Eine Unterbrechung der Belegung von mehr als 60–80 Jahren war etwa in der Kirche Burg von Stein am Rhein zu verzeichnen: BURZLER, Kirche Burg (wie Anm. 39), S. 223 und S. 229. Auch der Separatfriedhof von Niederstotzingen (Kr. Heidenheim) wurde nur für die Dauer einer Generation genutzt: vgl. Joachim Werner, Rezension zu Peter Paulsen, Niederstotzingen, in: Germania 51 (1973), S. 278–289, hier S. 282.

66 AMENT, Flonheim (wie Anm. 51), S. 143; CHRISTLEIN, Besitzabstufungen (wie Anm. 46), S. 170.

67 Außerhalb der Pfullinger Pfostenkirche lagen fünf Gräber, während der Innenraum offensichtlich frei von Bestattungen blieb. Im Inneren des steinernen Nachfolgebaus konnte eine Bestattung nachgewiesen werden: QUAST, Pfullingen (wie Anm. 30), S. 593.

68 Vgl. dazu auch MICHAEL BORGOLTE, Stiftergrab und Eigenkirche. Ein Begriffspaar der Mittelalterarchäologie in historischer Kritik, in: Zeitschrift für Archäologie des Mittelalters 13 (1985), S. 27–38, hier S. 37; NIKLOT KROHN, Stiftergrab, in: Reallexikon der germanischen Altertumskunde², Bd. 35, Berlin/New York 2007, S. 6–19.

69 BORGOLTE, Stiftergrab und Eigenkirche (wie Anm. 68), S. 37; BÖHME, Adel und Kirche (wie Anm. 52), S. 484 f. und Anm. 15; KROHN, Stiftergrab (wie Anm. 68) S. 7. Der Nachweis dieser ‚sekundären Kirchengräber' ist in erster Linie bei Holzkirchen als älteren Gräbern als gesichert zu erachten. Da sich Pfostenbauten jedoch oft eines archäologischen Nachweises entziehen, müssen Befunde, bei denen Steinkirchen über älteren Gräbern als erstes Gotteshaus angesprochen werden, sehr kritisch beurteilt werden. Wäre in Gruibingen nicht das Fragment einer Beinschnalle gefunden worden, durch die sich die Anwesenheit eines Klerikers im frühen 7. Jahrhundert belegen ließ, hätte man von einer nachträglichen Errichtung der Steinkirche über den Gräbern ausgehen können: QUAST, Pfullingen (wie Anm. 30), S. 627. Eine derartige Einschätzung erfolgte bisher auch für die älteste Bestattung von Brigachtal-Kirchdorf (vgl. Anm. 58) die sich inzwischen ebenfalls als Grab innerhalb einer frühen Holzkirche darstellt: KROHN, Stiftergrab (wie Anm. 68), S. 9.

70 Erwin Keller ging zuletzt von einer nachträglichen Einbringung des Pfostens aus: ERWIN KELLER, Der frühmittelalterliche „Adelsfriedhof" mit Kirche von Herrsching a. Ammersee, Lkr. Starnberg, in: Berichte der Bayerischen Bodendenkmalpflege 32/33 (1991/92), S. 7–68, hier

gibt es keine Belege für Kirchenbauten, die in Zusammenhang mit alamannischen Gräberfeldern stehen.[71] Aus diesem Grund darf es als ausgeschlossen gelten, dass die Dunninger Frauengräber, wie beispielsweise in Kirchheim am Ries (Ostalbkreis), Teil einer am Rand des Ortsgräberfeldes gelegenen Grabgruppe waren.[72] Es ist vielmehr davon auszugehen, dass Separatfriedhof und Kirche in Zusammenhang mit einem in näherer Nachbarschaft gelegenen Herrenhof standen, wie dies unter anderem für Pfullingen glaubhaft gemacht werden konnte.[73] Ob es sich, wie in Pfullingen, um einen von der eigentlichen Siedlung separierten Hof gehandelt hat oder der Hof, wie etwa in Lauchheim „Mittelhofen" (Ostalbkreis), sich bereits innerhalb des frühmittelalterlichen Ortes befunden hat,[74] lässt sich für Dunningen nicht beantworten. Festzuhalten bleibt aber, dass es sich bei der Kirche um eine – wie Barbara Theune-Großkopf es formulierte – private Gründung des Herren gehandelt hat, dem dieser Hof gehörte.[75] Aufgrund der engen Bindung der Kirche an einen Hof und dem damit verbundenen Grundbesitz erscheint zur Bezeichnung des frühmittelalterlichen Sakralbaus von Dunningen deshalb der Begriff der Eigenkirche gerechtfertigt.[76]

Da ein Eigenkirchenherr in der Regel auch für den Unterhalt eines Priesters aufzukommen hatte,[77] stellt sich die Frage, inwieweit die Eigenkirchen in die frühmittel-

---

S. 53–57 sowie Abb. 15 und 41; Peter Schwenk hielt dagegen eine Gleichzeitigkeit zwischen Anlage des Grabes und Errichtung der Holzkirche für wahrscheinlicher: Peter Schwenk, Frühes Christentum in Baiern. Bemerkungen zur christlichen Kultkontinuität von der Antike zum Frühmittelalter, in: Zeitschrift für bayerische Landesgeschichte 59 (1996), S. 15–37, hier S. 31.

[71] Quast, Pfullingen (wie Anm. 30), S. 622; Barbara Theune-Grosskopf, Der lange Weg zum Kirchhof. Wandel der germanischen Bestattungstradition, in: Die Alamannen (wie Anm. 60) S. 471–480, hier S. 474 mit Anm. 17.

[72] Christiane Neuffer-Müller, Der alamannische Adelsbestattungsplatz und die Reihengräberfriedhöfe von Kirchheim am Ries (Ostalbkreis) (Forschungen und Berichte zur Vor- und Frühgeschichte in Baden-Württemberg, Bd. 15), Stuttgart 1983, S. 104 f.

[73] Pfullingen: Quast, Pfullingen (wie Anm. 30), S. 634 mit S. 592, Abb. 1. Das von Keller, Herrsching (wie Anm. 70), S. 59–62 noch für frühmittelalterlich gehaltene Gebäude nordöstlich der frühmittelalterlichen Kirche war neueren Grabungsergebnissen zufolge sicherlich römisch, weshalb Herrsching nicht mehr für eine direkte Nachbarschaft von Herrenhof und Kirche ins Feld geführt werden kann: vgl. Stefan Biermeier, Der römische Gutshof von Herrsching a. Ammersee, in: Das archäologische Jahr in Bayern 2004 (2005), S. 87–89.

[74] Pfullingen: Quast, Pfullingen (wie Anm. 30), S. 634 f.; Lauchheim: Ingo Stork, Friedhof und Dorf. Herrenhof und Adelsgrab, in: Die Alamannen (wie Anm. 60), S. 290–310, bes. S. 306–309 mit S. 302 f., Abb. 322 und S. 306, Abb. 327.

[75] Barbara Theune-Grosskopf, Ein frühmittelalterlicher Kirchenbau mit „Gründergrab" in Cognin (Savoyen)?, in: Archäologisches Korrespondenzblatt 19 (1989), S. 283–296, hier S. 292; Theune-Grosskopf, Langer Weg zum Kirchhof (wie Anm. 71), S. 474.

[76] Vgl. Theune-Grosskopf, Cognin (wie Anm. 75), S. 292; Stefan Gerlach, Friedhof und Kirche im ländlichen Raum Süddeutschlands. Archäologische Befunde zur Strukturentwicklung im frühen Mittelalter, in: 1250 Jahre Bistum Würzburg. Archäologisch-historische Zeugnisse der Frühzeit. Begleitband zur Ausstellung im Marmelsteiner Kabinett vom 29. Mai bis 26. Juli 1992, hg. von Jürgen Lenssen und Ludwig Wamser, Würzburg 1992, S. 119–127, hier S. 126 f. und Anm. 23.

[77] Borgolte, Stiftergrab und Eigenkirche (wie Anm. 68), S. 31.

alterliche Kirchenstruktur eingebunden waren. Von besonderem Interesse ist in diesem Zusammenhang der archäologische Nachweis von Klerikern aus der *Burgundia*, die im ersten Drittel des 7. Jahrhunderts in Eigenkirchen des inneralamannischen Raumes ihren Dienst versahen.[78] Es ist möglich, dass mit diesen Geistlichen eine im inneralamannischen Raum wirkende Mission fassbar wird, die vom 590 von Columban gegründeten Kloster in Luxeuil ausging, in den Schriftquellen aber keinen Niederschlag gefunden hat.[79] Für die im zweiten Viertel des 7. Jahrhunderts errichtete Dunninger Kirche käme dagegen auch schon ein Priester aus dem im späten 6. Jahrhundert neu gegründeten Bistum Konstanz in Frage, das zunächst nach Churrätien orientiert war.[80] Spätestens um 700 dürften dessen Grenzen, die nahezu das gesamte alamannische Siedlungsgebiet umfassten, weitestgehend festgelegt gewesen sein.[81] Die Ausbildung eines Diakons zum Bischof von Konstanz durch den heiligen Gallus,[82] Luxeuils Verbindungen zum fränkischen Hofadel[83] sowie die vermutete Rolle Dagoberts I. bei der Festigung des Bistums Konstanz[84] zeigen aber, dass Ausbau der Bistumsorganisation, Christianisierung und fränkische Machtpolitik eng miteinander verwoben waren. Aus diesem Grund haben Dieter Quast und Anke Burzler auf die von Rudolf Moosbrugger-Leu aufgeworfene Frage, „wie weit Eigenkirchen zufällige Initiative des Ortsadels sind oder Ausdruck einer von Herrscherhäusern ausgehenden Politik"[85] sind, eine gleichlautende Antwort geliefert. Nach Quast kann, insbesondere auch mit Blick auf die aus Burgund stammenden Priester, an einem Zusammenhang mit der politischen Einigung des Frankenreichs unter Chlothar II. im Jahr 613, zu der

---

[78] QUAST, Pfullingen (wie Anm. 30), S. 616–639, bes. S. 638; für den jüngsten Nachweis durch das Grab eines solchen Klerikers in Brigachtal-Kirchdorf: KROHN, Eigenkirche (wie Anm. 58), S. 173 f.; DERS., Das Vermächtnis des Columban – frühe Glaubensboten in der Peripherie des Frankenreiches, in: Macht des Wortes. Benediktinisches Mönchtum im Spiegel Europas, Begleitband zur gleichnamigen Europa-Ausstellung in der Benediktinerabtei St. Paul im Lavanttal, Kärnten, hg. von GERFRIED SITAR OSB und MARTIN KROKER, Regensburg 2009, Bd. 1 (Essays), S 63–71, hier S. 63 f.

[79] Columban hat das Innere Alamanniens offenbar nie betreten; bezeugt sind lediglich seine Bekehrungsversuche auf seiner Reise nach Arbon und die Missionstätigkeit während seines dreijährigen Aufenthalts in Bregenz: vgl. zur Gallus-Überlieferung insbesondere KURT-ULRICH JÄSCHKE, Kolumban von Luxeuil und sein Wirken im alamannischen Raum, in: Mönchtum, Episkopat und Adel zur Gründungszeit des Klosters Reichenau, hg. von ARNO BORST (Vorträge und Forschungen, Bd. 20), Sigmaringen 1974, S. 77–130, hier S. 112–116.

[80] HEINRICH BÜTTNER, Mission und Kirchenorganisation des Frankenreichs bis zum Tode Karls des Großen, in: Persönlichkeit und Geschichte, hg. von HELMUT BEUMANN (Karl der Große. Lebenswerk und Nachleben, Bd. 1), Düsseldorf 1966, S. 454–487, hier S. 456; QUAST, Pfullingen (wie Anm. 30), S. 639.

[81] WOLFGANG MÜLLER, Die Christianisierung der Alemannen, in: Die Alamannen in der Frühzeit (wie Anm. 40), S. 169–183, hier S. 171.

[82] JÄSCHKE, Kolumban (wie Anm. 79), S. 114.

[83] FRIEDRICH PRINZ, Frühes Mönchtum in Südwestdeutschland und die Anfänge der Reichenau, in: Mönchtum (wie Anm. 79), S. 37–76, hier S. 44.

[84] QUAST, Pfullingen (wie Anm. 30), S. 637.

[85] RUDOLF MOOSBRUGGER-LEU, Die Schweiz zur Merowingerzeit. Die archäologische Hinterlassenschaft der Romanen, Burgunder und Alamannen, Bd. B, Bern 1971, S. 73.

offenbar auch die aus Luxeuil wirkende Mission ihren Teil beigetragen hat, kaum ein Zweifel bestehen.[86]

Mit Errichtung der ersten Steinkirche werden in Dunningen erstmals kircheninterne Bestattungen vorgenommen.[87] Mit ihnen wird erneut ein Personenkreis fassbar, der in seinem Rang mit der Familie des frühen 7. Jahrhunderts verglichen werden kann. Zunächst dürfte Grab 3 angelegt worden sein. Aufgrund des bislang nicht restaurierten Messers ist eine Geschlechtsbestimmung nach archäologischen Kriterien nicht durchführbar. Weder der Grabbau noch das Inventar lassen den Schluss auf außerordentlichen Reichtum des Bestatteten zu. Eine identische Beigabenausstattung, bestehend aus Messer und Leibriemen mit Schnalle und Riemenzunge, besaß der Mann aus der Kirche von Spiez-Einigen (Kanton Bern). Dass es sich dort um den Kirchengründer gehandelt hat, ist aufgrund der Grabnische, die bereits beim Bau der Kirche in die südliche Langhauswand integriert worden war, gesichert.[88] Die in Grab 3 bestattete Person und der Kirchengründer von Spiez-Einigen verstarben um 700, zu einer Zeit, in der eine vollständige, prunkvolle Grabausstattung, wie sie für die Eliten des 6. und 7. Jahrhunderts obligat war, bereits anachronistisch erscheint.[89] Durch kostbare Sondergaben lässt sich zwar auch zu dieser Zeit noch eine Oberschicht fassen, doch darf bei Fehlen derartigen Grabguts nicht im Umkehrschluss von Personen niederen Ranges ausgegangen werden.[90] Allein anhand des Inventars sind somit keine Erkenntnisse über die soziale Stellung des Toten zu gewinnen. Ob der in Grab 3 Bestattete der Familie des Eigenkirchenherrn angehörte, muss daher offen bleiben. Allenfalls die Tatsache, dass es sich um das einzige Grab dieser Kirche ohne Steineinbauten gehandelt hat, könnte man als Hinweis auf eine untergeordnete soziale Stellung werten. Dass der Personenkreis, dem eine kircheninterne Bestattung zuteil werden konnte, ohnehin nicht zu eng gefasst werden darf, wurde verschiedentlich betont.[91]

Die Anlage des (Familien)grabes 4, die frühestens einige Jahre nach der Grablege von Grab 3 erfolgt sein kann, markierte in Dunningen den Beginn gänzlicher Beigabenlosigkeit. Nicht zuletzt aufgrund der prominenten Lage an der Südmauer des Kirchenschiffs darf die soziale Stellung, welche die Toten zu Lebzeiten innehatten, nicht

---

[86] Quast, Pfullingen (wie Anm. 30), S. 638; zur engen Bindung Luxeuils an den fränkischen Königshof vgl. auch Prinz, Mönchtum (wie Anm. 83), S. 42 f.
[87] Dass dies gegen geltendes Recht verstieß, hat bereits Nikolaus Kyll, Tod, Begräbnisplatz, Totenfeier (Rheinisches Archiv, Bd. 81), Bonn 1972, S. 102 f. betont.
[88] Rudolf Moosbrugger, Gräber frühmittelalterlicher Kirchenstifter?, in: Jahrbuch der Schweizerischen Gesellschaft für Ur- und Frühgeschichte 45 (1956), S. 69–83, hier S. 71, S. 81 f. und Abb. 1 und 33; Theune-Grosskopf, Cognin (wie Anm. 75), S. 288; Krohn, Stiftergrab (wie Anm. 68), S. 9 mit S. 8, Abb. 1,2. Die Annahme von Böhme, Adelsgräber (wie Anm. 52), S. 503 f., das Grab sei stark gestört und teilweise beraubt worden, trifft nicht zu.
[89] Burzler, Kirche Burg (wie Anm. 39), S. 227.
[90] Burzler, Kirche Burg (wie Anm. 39), S. 226 f.; Krohn, Stiftergrab (wie Anm. 68), S. 10 f.
[91] Borgolte, Stiftergrab und Eigenkirche (wie Anm. 68), S. 37; Theune-Grosskopf, Cognin (wie Anm. 75), S. 292; Krohn, Stiftergrab (wie Anm. 68), S. 11 f. In Frage käme etwa auch ein Wohltäter der Kirche, außerdem muss mit Verwaltern des Hofguts, Priestern usw. gerechnet werden.

unterschätzt werden.⁹² Wann die Erstbestattung erfolgte und zu welchem Zeitpunkt das Grab zuletzt belegt wurde, muss ebenso offen bleiben wie die Frage, ob sich unter den Toten auch Eigner der Kirche befanden. Wie die Gräber im östlichen Vorfeld der Apsis zeigen, ist Kleinkindern in Dunningen eine kircheninterne Bestattung versagt geblieben (Traufkinder). Aufgrund des dennoch hervorgehobenen Bestattungsplatzes in Altarnähe und des aufwändigen Grabbaus sind sie aber vermutlich als früh verstorbene Nachkommen bedeutender Familien ausgewiesen. Grab 5 barg die Überreste eines wohl juvenilen Individuums, dessen Alter offensichtlich eine Bestattung im Innenraum rechtfertigte.⁹³ Bei dem Erwachsenengrab 7 könnte es sich um das jüngste Grab aus der ansonsten Kindern vorbehaltenen Grabgruppe vor der Apsis gehandelt haben.⁹⁴ Ob dieses Grab bereits in die Zeit um 800 fällt, als man das seit jeher bestehende Verbot kircheninterner Bestattungen langsam zu befolgen begann,⁹⁵ ist aber nicht zu klären.

Die erste schriftliche Erwähnung Dunningens fällt in das Jahr 786, als Gerold der Jüngere seinen Besitz in Dunningen, den zur Kirche gehörenden Teil ausgenommen, dem Kloster St. Gallen schenkte.⁹⁶ Unklarheit besteht aber darüber, wann (50er oder 70er Jahre des 8. Jahrhunderts) und wie (Heirat oder Konfiskation) den Gerolden Güter im Bereich der Perihtilinsbaar zufielen. Aus diesen Unsicherheiten resultiert, dass eine Verbindung zwischen dem älteren archäologischen Befund und der historischen Überlieferung letztlich nur auf Spekulationen beruhen kann. Möglich wäre dies nur, wenn bereits Gerold der Ältere durch seine Heirat mit der Alamannin Imma in den 50er Jahren des 8. Jahrhunderts – quasi als Mitgift – in Dunningen zu Besitz gekommen ist.⁹⁷ Ob also die seit etwa 700 in der ersten Steinkirche Bestatteten in irgendeiner Weise mit der Familie Immas in Verbindung standen, muss deshalb offen bleiben. Eine gewisse Kontinuität innerhalb des 8. Jahrhunderts war zweifellos festzustellen, doch ist letztlich nicht zu klären, ob nach dem Besitzwechsel der Dunninger Kirche (zwischen 750 und 771) weiterhin bestattet wurde oder die Grablege bereits zu dieser Zeit abbrach. Nicht zu klären ist auch, ob die in der ersten Steinkirche bestatteten Personen in direkter Linie von den Frauen des überbauten Separatfriedhofes abstammten.⁹⁸ Selbst wenn für das spätere 7. Jahrhundert Gräber nachgewiesen worden wären, ließe dies noch nicht den Schluss auf gleichbleibende Besitzverhältnisse und damit ein mög-

---

⁹² Vgl. THEUNE-GROSSKOPF, Cognin (wie Anm. 75), S. 286; KROHN, Stiftergrab (wie Anm. 68), S. 9.

⁹³ Keines der Kinder im Vorfeld der Apsis war größer als 1 m.

⁹⁴ Das Grab lag am weitesten von der Apsis entfernt.

⁹⁵ Vgl. EYLA HASSENPFLUG, Das Laienbegräbnis in der Kirche. Historisch-archäologische Studien zu Alemannien im frühen Mittelalter (Freiburger Beiträge zur Archäologie und Geschichte des ersten Jahrtausends, Bd. 1), Freiburg 1999, S. 31–57; KROHN, Stiftergrab (wie Anm. 68), S. 15.

⁹⁶ Ausführlich zu den Gerolden: BIERBRAUER, Dunningen (wie Anm. 1), S. 28; vgl. auch HASSENPFLUG, Laienbegräbnis (wie Anm. 95), S. 129–133, hier S. 129 f.

⁹⁷ HASSENPFLUG, Laienbegräbnis (wie Anm. 95), S. 130.

⁹⁸ Für „eine Verbindungslinie zwischen den in Dunningen Bestatteten und dem Tradenten Gerold" sprach sich HASSENPFLUG, Laienbegräbnis (wie Anm. 95), S. 133 aus.

liches Verwandtschaftsverhältnis der Bestatteten zu. Aus diesem Grunde hat etwa auch Anke Burzler die Gräber aus der Kirche von Stein am Rhein nur unter Vorbehalt als Vorfahren jenes Wernhers sehen wollen, der im Jahr 799 *partem ecclesie in castro Exsientie* an St. Gallen schenkte.[99]

Es bleibt somit festzuhalten, dass in Dunningen im frühen 7. Jahrhundert eine grundherrliche, aristokratische Familie ansässig war, die ihre Angehörigen standesgemäß auf einem Separatfriedhof bestattet hat und sich eine Eigenkirche erbaute. Diesen rechtlichen Status wird man für das um 700 in Stein erbaute Gotteshaus ebenfalls noch voraussetzen dürfen. In den 50er bis 70er Jahren gelangten Hof und Kirche in Besitz der Gerolde. Zu dieser Zeit werden wohl auch schon die Bewohner der Siedlung ihre verstorbenen Angehörigen am Kirchhof bestattet haben. Spätestens mit der Verlegung der Sepultur zum Kirchhof waren dann die Voraussetzungen für die Entwicklung des Dorfes Dunningen um die Kirche St. Martin gegeben.

Als Karl Schneider 1927 die Chronik der Pfarrei Dunningens niederschrieb, wusste er von dem spätestens seit 786 bestehenden Gotteshaus, beklagte jedoch: „wann aber diese Kirche erbaut wurde, wer ihr Erbauer gewesen, welche Schicksale sie im Laufe der Jahrhunderte erlebt, ist in tiefes Dunkel gehüllt".[100] Die aufschlussreichen Grabungen und die Auswertung ihrer Ergebnisse haben ein wenig Licht in dieses Dunkel bringen können.

---

[99] Burzler, Adelssitz (wie Anm. 52), S. 273 f.; vgl. auch das Beispiel Herrsching: Keller, Herrsching (wie Anm. 70), S. 67 f. Dass in Dunningen ein Wechsel in den Besitzverhältnissen im Verlauf des 8. Jahrhunderts nachgewiesen werden konnte, ist lediglich dem glücklichen Umstand zu verdanken, dass Herkunft und Geschichte der Gerolde bekannt sind.

[100] Karl Schneider, Dunningen im Oberamt Rottweil. Beschreibung und Geschichte. Maschinenschriftlich vervielfältigt, Dunningen 1927, S. 123.

Herrscher, Heilige, Prälaten – wer lag im Reichenauer Münster des 8. Jahrhunderts begraben?[1]

Alfons Zettler

In memoriam Wolfgang Erdmann (1945–2003)

Die Anfänge archäologischer Forschungen auf der Reichenau sind eng mit dem Namen Emil Reisser (1878–1943) verbunden.[2] Als 1924/1925 im Zuge der Feiern zum 1200-jährigen Gründungs-Jubiläum des Inselklosters[3] deutlich wurde, dass das Reichenauer Münster, die ehemalige Abteikirche, einer umfassenden baulichen Sanierung bedurfte, fiel dem Architekten und damaligen Chef des Badischen Bezirksbauamts in Konstanz die Leitung dieses bald in die Tat gesetzten Vorhabens zu. Da Reisser von vornherein die Erforschung und die möglichst genaue Kenntnis der älteren Münsterbauten als unverzichtbare Voraussetzung für eine verantwortungsvolle (und von ihm ja dann auch zu verantwortende) Restaurierung der einstigen Abteikirche ansah, forderte er neben Untersuchungen am Mauerwerk auch – wie er sich ausdrückte – „Freilegungen" im Boden, im Untergrund des Münsters, kurz: archäologische Ausgrabungen.[4]

Möglich wurden die ersten archäologischen Ausgrabungen im Münster zu Reichenau dann seit 1929 durch die Bereitstellung des sogenannten „Alemannenfonds".[5] Auf die hochinteressante Vorgeschichte dieser, unter anderem aus der Not der Weltwirtschaftskrise geborenen, Finanzierung kann an dieser Stelle nicht näher eingegangen werden. Es sei hier nur vermerkt, dass auch das Alemannische Institut, das sich damals in seiner Gründungsphase befand, in diesem Zusammenhang eine nicht unwichtige Rolle spielte.[6]

---

[1] Auf der Tagung ist dieser Beitrag unter dem Titel „Die Gräber in der Reichenauer Abteikirche des 8. Jahrhunderts" zur Diskussion gestellt worden; für die Drucklegung wurde er erweitert.

[2] ALFONS ZETTLER, Die frühen Klosterbauten der Reichenau. Ausgrabungen – Schriftquellen – St. Galler Klosterplan. Mit einem Beitrag von Helmut Schlichtherle (Archäologie und Geschichte. Freiburger Forschungen zum ersten Jahrtausend in Südwestdeutschland, Bd. 3), Sigmaringen 1988, hier S. 19–25, bes. S. 19, Anm. 26, zur Person Emil Reissers.

[3] Die Kultur der Abtei Reichenau. Erinnerungsschrift zur zwölfhundertsten Wiederkehr des Gründungsjahres des Inselklosters, 724–1924, hg. von KONRAD BEYERLE, München 1925, Nachdruck Aalen 1970.

[4] EMIL REISSER, Die Grabung im Münster zu Reichenau, in: Zeitschrift für Denkmalpflege 7 (1933), S. 163 f.; DERS., Die Wiederherstellung des Marienmünsters auf der Reichenau, in: Zeitschrift für Denkmalpflege 9 (1935), S. 210–213; DERS., Die frühe Baugeschichte des Münsters zu Reichenau (Forschungen zur deutschen Kunstgeschichte, Bd. 37), Berlin 1960, S. 1–3 und S. 19 f.

[5] Vgl. ZETTLER, Klosterbauten (wie Anm. 2), S. 23 f.

[6] Vgl. FRANZ QUARTHAL, Das Alemannische Institut von seiner Gründung bis zum Ende des Zweiten Weltkrieges, in: Das Alemannische Institut. 75 Jahre grenzüberschreitende Kommunikation und Forschung, 1931–2006 (Veröffentlichung des Alemannischen Instituts Freiburg i. Br., Nr. 75), Freiburg/München 2007, S. 47–96; ULRIKE HÖRSTER-PHILIPPS, Joseph Wirth – „Anreger und Gründer" des Alemannischen Instituts, in: ebd., S. 125–133.

Im Verlauf der Restaurierungsarbeiten am Münster, die sich auf die Jahre zwischen 1921 und 1934 konzentrierten und mit Unterbrechungen noch bis 1941 hinzogen,[7] hat Reisser jedenfalls mit der minuziösen archäologischen Erforschung und Darstellung der „frühe(n) Baugeschichte des Münsters zu Reichenau" eine zukunftsweisende Pionierleistung vollbracht.[8] Und dies gilt nicht nur im Hinblick auf die Kirchenarchäologie im engeren Sinn. Denn im Verlauf der Grabungen weitete sich Reissers bauarchäologisches Blickfeld, und er begann, beflügelt durch die überaus reichen Funde im Münster, auch den Klosterbezirk in seine Überlegungen und Forschungen miteinzubeziehen – dokumentiert beispielsweise in den Übersichts-Skizzen zur Entwicklung des Klosterbezirks, die er seiner (1960 postum veröffentlichten) Arbeit beigab.[9] Emil Reisser zählt daher zweifellos zu den Vätern der Kirchen- und auch der Mittelalterarchäologie in Deutschland und ich möchte ihn in eine Reihe stellen mit Joseph Vonderau und Friedrich Behn, seinen Zeitgenossen, die damals die archäologische Erforschung der ähnlich bedeutenden Klöster Fulda,[10] Hersfeld[11] und Lorsch[12] anstießen (vgl. auch den Beitrag von Barbara Scholkmann in diesem Band). Mit seiner außergewöhnlichen Pionierleistung hat Reisser zudem ein tragfähiges Fundament für die Erforschung und Konservierung des gewaltigen archäologischen Erbes der ehemaligen Reichsabtei Reichenau gelegt.[13]

---

[7] REISSER, Baugeschichte (wie Anm. 4), S. 19 f.

[8] Vgl. ZETTLER, Klosterbauten (wie Anm. 2), bes. S. 22–29.

[9] REISSER, Baugeschichte (wie Anm. 4), S. 1 mit Abb. 277–279; vgl. ZETTLER, Klosterbauten (wie Anm. 2), bes. S. 16 f.

[10] JOSEPH VONDERAU, Die Gründung des Klosters Fulda und seine Bauten bis zum Tode Sturms, Fulda o. J. (1944); vgl. Vorromanische Kirchenbauten, Katalog der Denkmäler bis zum Ausgang der Ottonen, bearb. von FRIEDRICH OSWALD, LEO SCHAEFER, und HANS RUDOLF SENNHAUSER (Veröffentlichungen des Zentralinstituts für Kunstgeschichte, Bd. 3/1), München 1966–1971, S. 84–87; Vorromanische Kirchenbauten, Nachtragsband, bearb. von WERNER JACOBSEN, LEO SCHAEFER und HANS RUDOLF SENNHAUSER (Veröffentlichungen des Zentralinstituts für Kunstgeschichte, Bd. 3/2), München 1991, S. 132 f.; H. HAHN / M. MÜLLER, Fulda, Archäologisches und Historisches, in: Reallexikon der germanischen Altertumskunde², Bd. 10, Berlin/New York 1998, S. 237–240; EVA KRAUSE, Die Ratgerbasilika in Fulda. Eine forschungsgeschichtliche Untersuchung, Fulda 2002.

[11] JOSEPH VONDERAU, Die Ausgrabungen an der Stiftskirche zu Hersfeld in den Jahren 1921 und 1922 (18. Veröffentlichung des Fuldaer Geschichtsvereins, zugleich erste des Hersfelder Geschichtsvereins), Fulda 1925; vgl. Vorromanische Kirchenbauten (wie Anm. 10), S. 113–115 und Nachtragsband (wie Anm. 10), S. 179 f.

[12] FRIEDRICH BEHN, Die karolingische Klosterkirche von Lorsch an der Bergstrasse nach den Ausgrabungen von 1927–1928 und 1932–1933, Berlin/Leipzig 1934; vgl. Vorromanische Kirchenbauten (wie Anm. 10), S. 179–182; Nachtragsband (wie Anm. 10), S. 251–253; R. CORRADINI / J. MÜLLER / M. SANKE, Lorsch, in: Reallexikon der germanischen Altertumskunde², Bd. 18, Berlin/New York 2001, S. 608–615; HERMANN SCHEFERS, Einige Fragen zur Lorscher Baugeschichte und Archäologie, in: Aktuelle Forschungen zum ehemaligen Reichs- und Königskloster Lorsch, hg. von INGOLF ERICSON und MARKUS SANKE (Bamberger Beiträge zur Archäologie des Mittelalters und der Neuzeit, Bd. 1), Darmstadt 2004, S. 7–16, bes. S. 7–10.

[13] Vgl. hierzu ALFONS ZETTLER, Reichenau, in: Reallexikon der germanischen Altertumskunde², Bd. 24, Berlin/New York 2003, S. 333–338.

Von dem einstmals ausgedehnten Klosterbezirk und mehreren frühmittelalterlichen Siedlungskernen auf der Insel bestehen oberirdisch im Wesentlichen nur noch die drei berühmten Kirchen.[14] Das archäologische Erbe der Reichenau umfasst daneben auch die ausgedehnte Klosterwüstung, eines der am besten erhaltenen Monumente dieser Art in Mitteleuropa.[15] Dieses Erbe ist umso wertvoller, als die einstmals bedeutende Reichsabtei[16] dazu noch den einzigartigen karolingischen Klosterplan auf Pergament hinterlassen hat, der nach seinem Bestimmungs- und Aufbewahrungsort St. Gallen benannt ist.[17] Die Ergebnisse einer Erdradar-Untersuchung, die vor kurzem im Auftrag des Landesdenkmalamts im Gelände nördlich des Münsters durchgeführt wurde,[18] mögen einen Eindruck von dieser Klosterwüstung vermitteln und die eben skizzierte Einschätzung illustrieren (Abb. 1). Auf der begrenzten Untersuchungsfläche nördlich des Münsters, die nur einen Bruchteil des Klosterbezirks ausmacht, sind überall dichtgedrängte und offenbar wohlerhaltene Reste von der intensiven Besiedlung dieser Flächen in früherer Zeit zu erkennen. An einigen Stellen zeichnen sich sogar die Grundrisse von Gebäuden ab.[19] Angesichts dessen, und vor dem aktuellen Hintergrund des drohenden Ausverkaufs von Reichenauer Handschriften,[20] sei mir eine letzte Vorbemerkung gestattet. Das archäologische Erbe der Reichenau bedarf heute mehr denn je unserer vollen Aufmerksamkeit und eines wirksamen Schutzes. Die Chancen für eine nachhaltige Sicherung und Erforschung dieses singulären Bodendenkmals dürfen nicht

---

[14] Vorromanische Kirchenbauten (wie Anm. 10), S. 278–283; Nachtragsband (wie Anm. 10), S. 342–346; WOLFGANG ERDMANN, Die Reichenau im Bodensee. Geschichte und Kunst, Königstein i. T. ¹¹2004; ALFONS ZETTLER, Klösterliche Kirchen, *Cellae* und Stifte auf der Insel Reichenau, in: Frühformen von Stiftskirchen in Europa. Funktion und Wandel religiöser Gemeinschaften vom 6. bis zum Ende des 11. Jahrhunderts. Festgabe für Dieter Mertens zum 65. Geburtstag, im Auftrag des Südtiroler Kulturinstituts hg. von SÖNKE LORENZ und THOMAS ZOTZ (Schriften zur südwestdeutschen Landeskunde, Bd. 54), Leinfelden-Echterdingen 2005, S. 357–376; für weitere Literatur vgl. unten, Anm. 22.

[15] Vgl. ZETTLER, Reichenau (wie Anm. 13), S. 335–337.

[16] ALFONS ZETTLER, Reichenau, in: Lexikon des Mittelalters, Bd. 7, Stuttgart/Weimar 1999, Sp. 612–614; HELMUT MAURER, Reichenau, in: Die deutschen Königspfalzen, Bd. 3: Baden-Württemberg, Göttingen 1988–2003, S. 493–571.

[17] JOHANNES DUFT, Der karolingische Klosterplan in der Stiftsbibliothek St. Gallen. Begleittext zur Faksimile-Ausgabe, Rorschach 1998; ALFONS ZETTLER, St. Gallen, Klosterplan, in: Lexikon des Mittelalters, Bd. 7, Stuttgart/Weimar 1999, Sp. 1155–1158. Ein umfassendes Literaturverzeichnis zum Klosterplan findet sich in: Studien zum St. Galler Klosterplan II, hg. von PETER OCHSENBEIN und KARL SCHMUKI (Mitteilungen zur vaterländischen Geschichte, Bd. 52), St. Gallen 2002, S. 333–350 und jetzt auch im Internet: http://www.stgallplan.org/ (3.4.2008).

[18] PETER SCHMIDT-THOMÉ / HARALD VON DER OSTEN-WOLDENBURG, Archäologische Prospektion im mittelalterlichen Klosterbezirk von Reichenau, Kreis Konstanz, in: Archäologische Ausgrabungen in Baden-Württemberg 2004 (2005), S. 217–220, Abb. 202–203; die Resultate der Erdradar-Prospektion sind hier in ein Luftbild des Klosterbezirks montiert.

[19] Vgl. den Interpretationsversuch PETER SCHMIDT-THOMÉ / HARALD VON DER OSTEN-WOLDENBURG, Archäologische Prospektion (wie Anm. 18), S. 219 f.

[20] FELIX HEINZER, Die Bibliothek als Jagdgrund. Handschriften für die Fürsten: Zweihundert Jahre nach der Säkularisation in Baden droht uns wieder ein schlimmer Verlust, in: FAZ, Nr. 229 vom 2. Oktober 2006, S. 41.

Abb. 1: Reichenau-Mittelzell, ehem. Klosterbezirk. Aus: SCHMIDT-THOMÉ / VON DER OSTEN-WOLDENBURG, Archäologische Prospektion (wie Anm. 18), S. 219, Abb. 203.

verspielt werden! Es steht zu hoffen, dass die kürzlich erfolgte Aufnahme der Insel Reichenau in das UNESCO-Weltkulturerbe-Programm dazu beitragen wird.[21]

---

[21] Klosterinsel Reichenau im Bodensee. UNESCO Weltkulturerbe, zusammengestellt von MATTHIAS UNTERMANN (Landesdenkmalamt Baden-Württemberg, Arbeitsheft 8), Stuttgart 2001; Insel Reichenau. UNESCO-Weltkulturerbe. Natur, Kultur, Geschichte, Stuttgart 2001; MONIKA SPICKER-BECK / THEO KELLER, Klosterinsel Reichenau. Kultur und Erbe, Stuttgart 2001; TIMO JOHN, Die Klosterinsel Reichenau im Bodensee. „Wiege der abendländischen Kultur". UNESCO Weltkulturerbe, Beuron 2006.

Das Grab des Bayernpräfekten Gerold († 799)

Bei Reissers archäologischen Forschungen im Münster sind – wie das in der Natur der Sache liegt – viele Fragen offen geblieben. Dazu gehört die älteste Baugeschichte der Klosterkirche;[22] der Bau, der von Reisser als Kirche des Gründervaters Pirmin betrachtet wurde, hatte höchstwahrscheinlich einen in Holzbauweise ausgeführten Vorgängerbau.[23] Eng mit diesem erst nachträglich erkannten Befund verbunden ist die Frage nach der historischen Einordnung und Bedeutung der Gräber im Altarhaus dieser Kirche (Abb. 2,3) – ein Thema, das in besonderer Weise „am Schnittpunkt archäologischer und historischer Wissenschaften", dem Focus der Lahrer Tagung liegt.

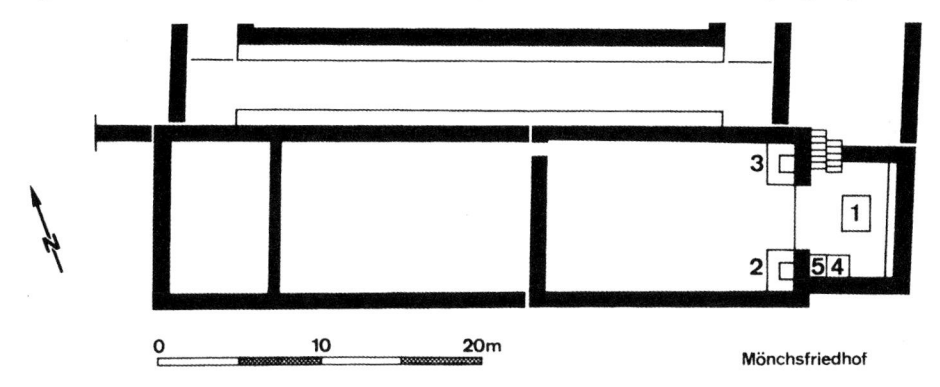

Abb. 2: Reichenau-Mittelzell, Münster. Gräber des 8. Jh. 1-3: Altäre, 4-5: Gräber. Aus: ZETTLER, Klosterbauten (wie Anm. 2), TA 21.

Im Sommer 1933 stieß Reisser bei seinen archäologischen Untersuchungen im Untergrund des Münsterchores auf eine große gemauerte Gruft, die er überzeugend als Grabstätte des Bayernpräfekten Gerold († 1. Sept. 799) ansprach.[24] Die Bestattung, für welche die Gruft ursprünglich angelegt wurde, ist dem Bericht der Ausgräber zufolge schon wenig später wieder ausgeräumt und in den Nachfolgebau, nämlich in die von Abt Heito errichtete sogenannte Kreuzbasilika (geweiht 816) transferiert worden (Abb. 5). Dort fand eine zweite Gerold-Gruft ihren Platz an ähnlich hervorgehobener Stelle zur Rechten des Hoch- und Marienaltars.[25] Am Kopfende der ursprünglichen Gruft trafen die Ausgräber auf eine kleine Kammer, abgetrennt durch Steinplatten.

---

[22] REISSER, Baugeschichte (wie Anm. 4), S. 30–36.

[23] WOLFGANG ERDMANN / ALFONS ZETTLER, Zur karolingischen und ottonischen Baugeschichte des Marienmünsters zu Reichenau-Mittelzell, in: Die Abtei Reichenau. Neue Beiträge zur Geschichte und Kultur des Inselklosters, hg. von HELMUT MAURER (Schriften des Vereins für Geschichte des Bodensees und seiner Umgebung, Sonderband 5), Sigmaringen 1974, S. 481–522, hier S. 490 mit Anm. 70; ZETTLER, Klosterbauten (wie Anm. 2), S. 159–162.

[24] REISSER, Baugeschichte (wie Anm. 4), S. 35 f. mit Abb. 274; vgl. dazu Reissers Befunddokumentation auf den kolorierten Handblättern 29 a–f aus den Jahren 1934/1935 im Staatlichen Hochbau- und Universitätsbauamt Konstanz.

[25] ZETTLER, Klosterbauten (wie Anm. 2), S. 103–105 mit Anm. 258.

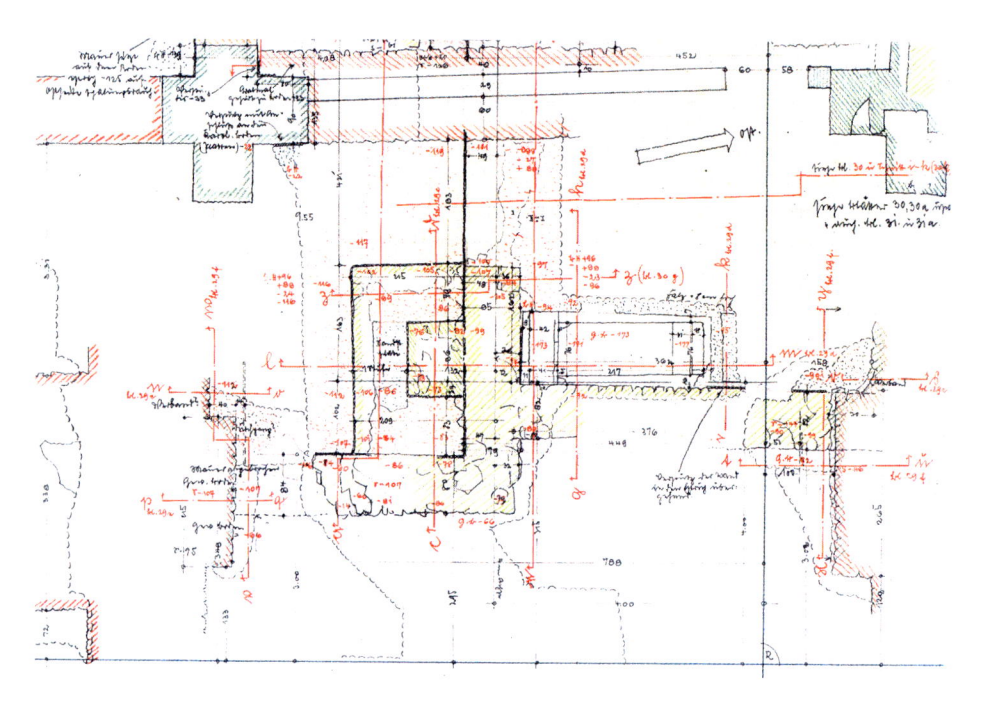

Abb. 3: Reichenau-Mittelzell, Münster. Gerold-Gruft in der Originaldokumentation der Grabungen unter der Leitung von Emil Reisser (Handblatt 29). Vermögen und Bau Baden-Württemberg, Amt Konstanz.

Sie enthielt laut anthropologischer Untersuchung der Gebeine die sterblichen Überreste dreier Individuen, deren Gräber offenbar beim Bau der Anlage gestört worden waren.[26] Sie mussten dieser im Jahre 799 zwar Platz machen, doch sammelten die Bauleute die Gebeine sorgfältig auf und legten sie pietätvoll in die eigens dafür geschaffene Kammer – im Folgenden als „Sammelgrab" bezeichnet (Abb. 3, 4). Bei der Translation des Gerold-Grabes in die Kreuzbasilika verblieben die älteren Relikte in der Kammer. Diesem kurzen Resümee des archäologischen Befundes wäre noch anzufügen, dass in der Abteikirche während des 8. Jahrhunderts allem Anschein nach nur die eben erwähnten Grabstätten, wahrscheinlich vier an der Zahl, angelegt wurden, als letzte die des Markgrafen Gerold im Spätsommer 799.[27]

---

[26] Emil Reisser, in: Heinrich Münter, Untersuchungen über die süddeutsche Brachycephalie IV. Gebeine aus dem Kloster Reichenau, in: Zeitschrift für Morphologie und Anthropologie 34 (1934) = Eugen-Fischer-Festband, S. 286–302, hier S. 287; Reisser, Baugeschichte (wie Anm. 4), S. 35 f.

[27] Diese Aussage erscheint einigermaßen abgesichert, weil Reisser einen nicht geringen Teil der ersten gemauerten Abteikirche freigelegt hat; vgl. hierzu die Übersicht über die ergrabenen Bereiche und Fußböden bei Zettler, Klosterbauten (wie Anm. 2), S. 20, TA 1 und S. 167–174 mit S. 172, TA 34. Es braucht nicht eigens betont werden, dass gleichwohl in dieser Frage keine letzte Gewissheit erlangt werden kann.

Gerold war ein Bruder Königin Hildegards und somit Schwager Karls des Großen.[28] Deshalb spielte er eine bedeutende Rolle am Hof und in der Politik des Herrschers.[29] Vor allem wuchs Gerold nach der Entmachtung des Bayernherzogs Tassilo durch Karl im Jahre 788 und dem Sieg der Franken über die Awaren 795 die Aufgabe zu, die fränkische Expansion im Südosten des Reiches militärisch zu behaupten und durch kolonisatorische Maßnahmen abzusichern.[30] In dieser Funktion kam er im Jahre 799 in Pannonien zu Tode.[31] Seine sterblichen Überreste wurden alsbald auf Veranlassung des Abtes Waldo, eines engen Vertrauten

Abb. 4: Reichenau-Mittelzell, Münster. Sammelgrab. Foto: Theodor Keller.

---

[28] WILHELM STÖRMER, Gerold I., in: Lexikon des Mittelalters, Bd. 4, Stuttgart/Weimar 1999, Sp. 1350 f.; vgl. auch DIETER HÄGERMANN, Karl der Große, Herrscher des Abendlandes. Biographie, Berlin/München 2000, S. 90 f. sowie jüngst ROSAMOND MCKITTERICK, Karl der Große (Gestalten des Mittelalters und der Renaissance), Darmstadt 2008, S. 91.

[29] MICHAEL BORGOLTE, Die Grafen Alemanniens in merowingischer und karolingischer Zeit. Eine Prosopographie (Archäologie und Geschichte. Freiburger Forschungen zum ersten Jahrtausend in Südwestdeutschland, Bd. 2), Sigmaringen 1986, S. 122–126.

[30] Vgl. hierzu etwa HERWIG WOLFRAM, Die Geburt Mitteleuropas. Geschichte Österreichs vor seiner Entstehung, 378–907, Wien 1987, S. 260–267 u. ö.; DERS., Salzburg, Bayern, Österreich. Die Conversio Bagoariorum et Carantanorum und die Quellen ihrer Zeit (Mitteilungen des Instituts für Österreichische Geschichtsforschung, Ergänzungsband 31), Wien/München 1995, S. 179–181 u. ö.; JOHANNES FRIED, Der Weg in die Geschichte: Die Ursprünge Deutschlands bis 1024 (Propyläen Geschichte Deutschlands, Bd. 1), Berlin 1994, S. 257–258.

[31] Annales regni Francorum ad a. 799, ed. REINHOLD RAU (Quellen zur karolingischen Reichsgeschichte, Bd. 1 = Ausgewählte Quellen zur deutschen Geschichte des Mittelalters, Freiherr vom Stein-Gedächtnisausgabe, Bd. 5), Darmstadt 1974, S. 70 f.: *Geroldus comes Baioariae praefectus commisso contra Avares proelio cecidit*; Einhardi vita Karoli c. 13, ed. REINHOLD RAU, ebd., S. 182 f.: *Geroldus Baioariae praefectus in Pannonia cum contra Hunos proeliaturus aciem strueret incertum a quo cum duobus tantum, qui eum obequitantem ac singulos hortantem comitabantur interfectus est*. Vgl. hierzu auch JÖRG JARNUT, 799 und die Folgen. Fakten, Hypothesen und Spekulationen, in: Westfälische Zeitschrift 150 (2000), S. 191–209, hier S. 205 f., wiederabgedruckt in: DERS., Herrschaft und Ethnogenese im Frühmittelalter. Gesammelte Aufsätze von Jörg Jarnut, Festgabe zum 60. Geburtstag, hg. von MATTHIAS BECHER, Münster 2002, S. 255–273, hier S. 269 f.

Karls,[32] unter im Einzelnen unbekannten Umständen auf die Insel Reichenau überführt und dort in der Abteikirche beigesetzt. Einen Grund für die Wahl einer solch hervorgehobenen und „privilegierten" Bestattung für den Fürsten geben die Reichenauer Tituli und Gerolds Grabschrift zu erkennen.[33] Der wohl unverheiratet oder jedenfalls ohne direkte Erben gebliebene Markgraf hatte zu Lebzeiten ein kostbares vergoldetes Ziborium auf den Marienaltar im Münster gestiftet[34] und der Reichenau einen guten Teil seiner Erbgüter übertragen.[35] Dies dürfte den Ausschlag für Gerolds Überführung auf die Reichenau und seine Bestattung im Altarhaus der Abteikirche gegeben haben, wie sie in jener Zeit für einen Fürsten des laikalen Standes, für einen Feudalherrn, höchst ungewöhnlich war, auch wenn sie, genau genommen, nicht gegen die weltlichen und kirchlichen Begräbnis-Vorschriften verstieß.[36] Das Kloster bereitete seinem großen Wohltäter auf diese Weise eine angemessene, wenn auch aus dem Rahmen

---

[32] JOHANNES DUFT / ANTON GÖSSI / WERNER VOGLER, Die Abtei St. Gallen. Abriß der Geschichte – Kurzbiographien der Äbte – Das stift-sanktgallische Offizialat, St. Gallen 1986, S. 100 f.; ALFONS ZETTLER, Waldo, in: Lexikon des Mittelalters, Bd. 8, Stuttgart/Weimar 1999, Sp. 1958; DERS., Karolingerzeit. A. Politische Geschichte Alemanniens im Karolingerreich, in: Handbuch der baden-württembergischen Geschichte, Bd. 1: Allgemeine Geschichte, Teil 1: Von der Urzeit bis zum Ende der Staufer, hg. von MEINRAD SCHAAB und HANSMARTIN SCHWARZMAIER, Stuttgart 2001, S. 297–356, hier S. 329–333.

[33] Epitaphium Geroldi comitis, wiedergegeben bei MAURER, Reichenau (wie Anm. 16), S. 549; vgl. auch CÉCILE TREFFORT, Mémoires carolingiennes, Rennes 2007, S. 184, 224 f.; Visio Wettini Walahfridi v. 822–826, ed. HERMANN KNITTEL (Walahfrid Strabo: Visio Wettini. Die Vision Wettis, lateinisch-deutsch. Übersetzung, Einführung und Erläuterungen, Sigmaringen 1986, S. 82–85).

[34] Prosa rythmica ad altare sanctae Mariae, wiedergegeben bei MAURER, Reichenau (wie Anm. 16), S. 548 f.

[35] Die Chronik des Gallus Öhem, hg. von KARL BRANDI (Quellen und Forschungen zur Geschichte der Abtei Reichenau, Bd. 2), Heidelberg 1893, S. 18, Zeile 1–6; Historischer Atlas von Baden-Württemberg, hg. von der Kommission für geschichtliche Landeskunde in Baden-Württemberg, Stuttgart 1972–1980, Erläuterungen. Beiwort zur Karte VIII,2, S. 12–14 (JOSEPH KERKHOFF).

[36] Vgl. ZETTLER, Klosterbauten (wie Anm. 4), S. 109; EYLA HASSENPFLUG, Das Laienbegräbnis in der Kirche. Historisch-archäologische Studien zu Alemannien im frühen Mittelalter (Freiburger Beiträge zur Archäologie und Geschichte des ersten Jahrtausends, Bd. 1), Freiburg 1999; für weitere Literatur vgl. unten, Anm. 73. Bei einem Fürsten bzw. Herrscher jener Zeit wäre eher ein Begräbnis *ad limina* zu erwarten gewesen: vgl. ARNOLD ANGENENDT, *In porticu ecclesiae sepultus*. Ein Beispiel himmlisch-irdischer Spiegelung, in: Iconologia Sacra. Mythos, Bildkunst und Dichtung in der Religions- und Sozialgeschichte Alteuropas. Festschrift für Karl Hauck zum 75. Geburtstag, hg. von HAGEN KELLER und NIKOLAUS STAUBACH (Arbeiten zur Frühmittelalterforschung, Bd. 23), Berlin/New York 1994, S. 68–80 sowie die Zusammenstellung von Beispielen bei ALAIN DIERKENS, Sépultures et aménagements architectureaux à l'époque carolingienne, in: Sépulture, mort et représentation du pouvoir au moyen âge = Tod, Grabmal und Herrschaftsrepresentation im Mittelalter. Actes des 11es Journées Lotharingiennes, 26–29 septembre 2000, hg. von MICHEL MARGUE (Publications de la section historique de l'Institut G.-D. de Luxembourg, Bd. 118 = Publications du Centre Luxembourgeoise de Documentation et d'Etudes Médiévales (CLUDEM), Bd. 18), Luxembourg 2006, S. 95–131, bes. S. 115–131 und CRISTINA LA ROCCA, Le élites, chiese e sepolture familiari tra VIII e IX secolo in Italia settentrionale, in: Les élites et leurs espaces. Mobilité, rayonnement,

Herrscher, Heilige, Prälaten 163

des Üblichen fallende Ruhestätte, die im vollen Sinne des Wortes als „Stiftergrab" bezeichnet werden kann.[37] Mit diesem verband sich in der Folgezeit die Memoria und insbesondere eine intensive liturgische Kommemoration Gerolds auf der Reichenau.[38]

In der *Visio Wettini*, aufgezeichnet ein Vierteljahrhundert nach Gerolds Tod, heißt es:

Auch erklärte der heilige Engel, dass Gerold, der einstmals
Markgraf gewesen, habe erlangt die selige Ruhe,
Märtyrern gleich, an dem Ort, wo den seligen Himmelsbewohnern
Höchste Ehre gewährt, die ewigen Wonnen zu kosten.
„Dieser erlitt, weil heiliger Eifer für Gott ihn ergriffen,
Christi Volk zu beschützen, im Kampf mit heidnischen Völkern
Seines irdischen Lebens Verlust", erklärte der Engel;
„So verdient er den Glanz eines unvergänglichen Sieges,
Und als reichen Lohn erhielt er das ewige Leben".[39]

Die Vision datiert in das Jahr 824; sie verarbeitet, reflektiert und deutet daher bereits die außerordentliche Hervorhebung der Grabstätte und der Memoria des Markgrafen im Inselkloster. Den sachlichen Hintergrund für die Sicht des Visionärs bildete wohl die – in den Augen der Zeitgenossen spektakuläre – Translation Gerolds wenige Jahre nach dessen Tod in die eben erst errichtete Kreuzbasilika Abtbischof Heitos (geweiht 815).[40] Wie Gerold und Abt Waldo zählte Heito zu den einflussreichsten Männern am Aachener Hof; ja, er ragte aus dem Kreise der politischen Helfer Karls des Großen in ganz besonderer Weise hervor.[41] Denn es war Heito, dem die Leitung jener fränkischen Gesandtschaft in den Jahren 810/811 anvertraut wurde, die sich in Byzanz um

---

domination (du VIe au XIe siècle), hg. von PHILIPPE DEPREUX, FRANÇOIS BOUGARD und RÉGINE LE JAN (Collection Haut Moyen Age, Bd. 5), Turnhout 2007, S. 259–272.

[37] Vgl. zusammenfassend NIKLOT KROHN, Stiftergrab, in: Reallexikon der germanischen Altertumskunde², Bd. 35, Berlin/New York 2007, S. 6–19, hier bes. S. 15.

[38] ROLAND RAPPMANN / ALFONS ZETTLER, Die Reichenauer Mönchsgemeinschaft und ihr Totengedenken im frühen Mittelalter (Archäologie und Geschichte. Freiburger Forschungen zum ersten Jahrtausend in Südwestdeutschland, Bd. 5), Sigmaringen 1998, S. 473 f.; MAURER, Reichenau (wie Anm. 16), S. 549 f.

[39] Visio Wettini Walahfridi v. 802–811; vgl. KNITTEL, Visio Wettini (wie Anm. 33), S. 82–85.

[40] ZETTLER, Klosterbauten (wie Anm. 2), S. 103 mit Anm. 258; vgl. MAURER, Reichenau (wie Anm. 16), S. 549 f. Zu ähnlichen Bemerkungen Alkuins, dass die 799 getöteten Präfekten Gerold und Erich selbstverständlich in das Paradies eingegangen seien, vgl. HARALD KRAHWINKLER, Friaul im Frühmittelalter. Geschichte einer Region vom Ende des fünften bis zum Ende des zehnten Jahrhunderts (Veröffentlichungen des Instituts für österreichische Geschichtsforschung, Bd. 30), Wien/Köln/Weimar 1992, S. 152–154.

[41] HUBERT HOUBEN, Heito, in: Lexikon des Mittelalters, Bd. 4, Stuttgart/Weimar 1999, Sp. 2113; Helvetia Sacra III/1,2, Bern 1986, S. 1070; vgl. ferner HEINZ LÖWE, Methodius im Reichenauer Verbrüderungsbuch, in: Deutsches Archiv für Erforschung des Mittelalters 38 (1982), S. 341–362; ALFONS ZETTLER, Der St. Galler Klosterplan. Überlegungen zu seiner Herkunft und Entstehung, in: Charlemagne's Heir: New Perspectives on the Reign of Louis the Pious (814–840), hg. von PETER GODMAN und JOHN COLLINS, Oxford 1990, S. 655–687; eine Biographie Heitos fehlt bislang.

die Anerkennung von Karls Kaiserwürde bemühte,⁴² und Heito findet sich auch in dem illustren Zirkel von Höflingen wieder, die im Winter 813/814 das sogenannte Testament des Kaisers unterzeichneten.⁴³ Daher erhebt sich schließlich noch die Frage, welche politischen Dimensionen die Translation Gerolds aus der Abteikirche des 8. Jahrhunderts in die Kreuzbasilika hatte – doch kann dieser Problematik hier nicht weiter nachgegangen werden (Abb. 5).

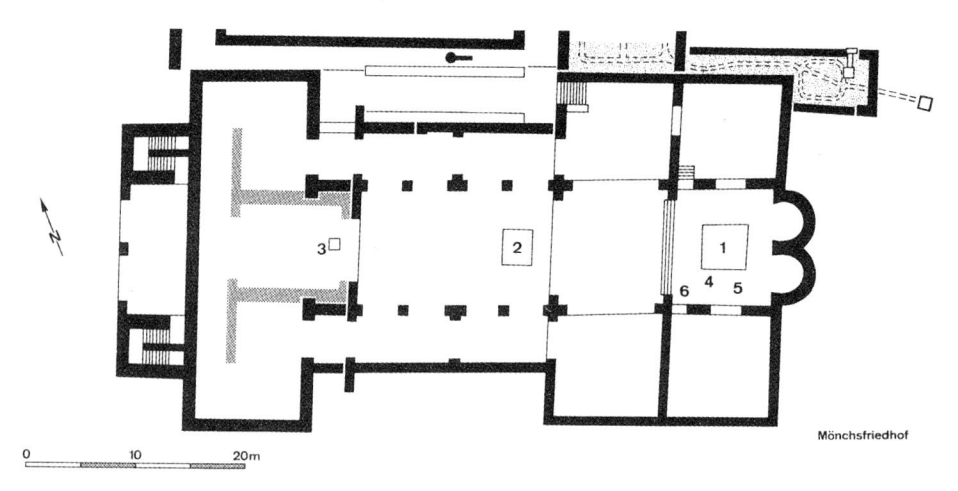

Abb. 5: Reichenau-Mittelzell, Münster. Gräber des 9. Jh. 1-3: Altäre, 4: Gerold-Grab, 5-6: Grab und Grabschrift Karls III. Aus: ZETTLER, Klosterbauten (wie Anm. 2), TA 18.

Im Zusammenhang mit der Suche nach den Gräbern in der alten Abteikirche, die dort schon vor Gerold eingebracht worden waren, erscheint es dennoch wichtig, die beiden Standorte des Gerold-Grabes und ihren Stellenwert im Hinblick auf die Praxis der liturgischen Kommemoration nochmals vergleichend in Augenschein zu nehmen. Ursprünglich wurde Gerold eine Grabstätte im Altarhaus der Abteikirche des 8. Jahrhunderts bereitet; er erhielt seinen Ruheplatz rechts neben dem Hauptaltar, welcher der Gottesmutter Maria geweiht war. Das Altarhaus erhob sich auf rechteckigem Grundriss und schloss im Osten mit Einzug an das Langhaus der Saalkirche an; es war nicht besonders geräumig und wurde zum guten Teil durch den Hochaltar ausgefüllt. Da der Reichenauer Konvent zur Zeit von Gerolds Tod ein knappes Hundert Mönche zählte,⁴⁴ konnte sich die Mönchsgemeinschaft kaum in diesem Teil der Kirche zur Messfeier und zum Chorgebet versammelt haben. Sie hätte dort schlicht und einfach nicht genügend Platz gefunden. Den erforderlichen Raum bot hingegen der öst-

---

⁴² Vgl. WALTER BERSCHIN, Die Ost-West-Gesandtschaften am Hof Karls des Großen und Ludwigs des Frommen (768–840), in: Karl der Große und sein Nachwirken. 1200 Jahre Kultur und Wissenschaft in Europa, Bd. 1, Turnhout 1997, S. 157–172, wiederabgedruckt in: DERS., Mittellateinische Studien, Heidelberg 2005, S. 105–117.
⁴³ Einhardi vita Karoli c. 33; vgl. REINHOLD RAU, Quellen (wie Anm. 31), S. 208–211.
⁴⁴ RAPPMANN / ZETTLER, Mönchsgemeinschaft (wie Anm. 38), S. 244.

liche Teil des Kirchensaals, in dem die Altäre der Apostelfürsten ihren Platz hatten. Anders gewendet: Gerold ruhte zwar zu Füßen des Marienaltars, den er zur Erlangung seines Seelenheils mit einem kostbaren Ziborium hatte schmücken lassen, und genoss stets Präsenz beim liturgischen Geschehen am Hochaltar, aber er blieb den Augen und der unmittelbaren Aufmerksamkeit der betenden und psallierenden Mönche entrückt. An seinem ersten Ruheort fehlte dem Bayernpräfekten demnach eine beständige und unmittelbare Präsenz im Kreise des Mönchskonvents, dem er seine Memoria und die Sorge um sein Seelenheil in besonderer Weise anempfohlen hatte.

Dies änderte sich mit der Übertragung des Gerold-Grabes in die geräumigere Kreuzbasilika. Die neue Abteikirche verfügte über einen dreigliedrigen Chorbereich, von West nach Ost folgten hier aufeinander die Vierung, das Chorquadrat mit dem Marien- und Hauptaltar sowie der Gerold-Gruft und schließlich die beiden Apsiden mit den Altären zu Ehren der Apostelfürsten Peter und Paul, die das Chorquadrat im Osten abschlossen.[45] In den zuerst genannten Bereichen dürfte sich der Konvent gewöhnlich zu Liturgie und Chorgebet versammelt haben; die Mönche hatten hier nicht nur das liturgische Geschehen, sondern auch das Gerold-Grab stets im Blick.[46] Ein Ergebnis der Übertragung Gerolds in die Kreuzbasilika war also die Verstetigung der realen – der körperlichen – Anwesenheit des Markgrafen unter den betenden und psallierenden Mönchen zu allen klösterlichen Tagzeiten. Sein Gebetsgedenken erreichte dadurch die höchstmögliche Steigerung und Intensität (Abb. 2, Abb. 5). Ja, die feierliche Erhebung Gerolds aus der ursprünglichen Gruft (*elevatio*) und die Überführung des Corpus in den Neubau der Abteikirche (*translatio*), ein Akt, der an die Verehrung frühchristlicher Blutzeugen erinnert,[47] und schließlich die nochmals gesteigerte Hervorhebung seines Grabes führten dazu, dass Gerold nun gar eine Aura der Heiligkeit umgab und dass er vor aller Augen als Martyrer erscheinen musste. Die spätere Entwicklung hat den Blick auf diese historisch höchst aufschlussreichen kultgeschichtlichen Umstände im Inselkloster des frühen 9. Jahrhunderts eher verstellt, denn die Verehrung Gerolds konnte sich auf längere Sicht nicht durchsetzen; es war vielmehr der um das Jahr 830 aus Venedig „importierte" Evangelist Markus, der ne-

---

[45] REISSER, Baugeschichte (wie Anm. 4), S. 36–45; ERDMANN / ZETTLER, Baugeschichte (wie Anm. 23), S. 506–508; ZETTLER, Klosterbauten (wie Anm. 2), S. 90, TA 18. Zur Bauform und deren Deutung neuerdings HANS-RUDOLF MEIER, Baukonzept und Klosterreform: Abt Heitos Reichenauer „Kreuzbasilika", in: Zeitschrift für die Geschichte des Oberrheins 138 (1990), S. 459–469; vgl. auch HANS RUDOLF SENNHAUSER, Typen, Formen und Tendenzen im frühen Kirchenbau, in: Frühe Kirchen im östlichen Alpengebiet. Von der Spätantike bis in ottonische Zeit, hg. von DEMS. (Bayerische Akademie der Wissenschaften, Philosophisch-Historische Klasse, Abhandlungen N. F., Bd. 123), München 2003, Bd. 2, S. 919–980, hier S. 924–930.

[46] Da die entsprechende Stelle von Reisser nicht untersucht werden konnte und die archäologischen Überreste beim Einbau der Heizung in den sechziger Jahren des letzten Jahrhunderts möglicherweise gestört wurden, lässt sich derzeit über die Gestaltung und mögliche Aufbauten des zweiten Gerold-Grabes keine Aussage treffen; vgl. ERDMANN / ZETTLER, Baugeschichte (wie Anm. 23), S. 483 f.

[47] ARNOLD ANGENENDT, Das Frühmittelalter. Die abendländische Christenheit von 400 bis 900, Stuttgart/Berlin/Köln 1990, S. 59 und S. 186–190.

ben Maria, Peter und Paul den Rang eines weiteren Klosterpatrons auf der Insel Reichenau erlangte.[48]

Archäologisch-baugeschichtliche Eckpunkte zur Deutung des Sammelgrabes

Zugunsten der Bestattung Gerolds wurden 799, wie schon angedeutet, mindestens drei ältere Gräber im Altarhaus der Abteikirche beiseite geräumt und deren Überreste in einer separaten Kammer am Kopfende der Gerold-Gruft zusammengefasst (Abb. 4). Sie verblieben bei der Translation des Markgrafen in die Kreuzbasilika an ihrem alten Platz.[49] Es ist gleichwohl davon auszugehen, dass die Identität der Personen, auf deren Übertragung in die neue Abteikirche offensichtlich kein besonderer Wert gelegt wurde, im Kloster wohlbekannt war. Denn auch bei ihren Gräbern handelt es sich – wie beim Gerold-Grab – um „privilegierte Bestattungen".[50] Welche Aufschlüsse zur Identität der dort begrabenen Personen bieten der archäologische Befund und der baugeschichtliche Kontext der Gräber? Und was gibt die anthropologische Untersuchung der Gebeine aus dem Sammelgrab in dieser Frage her?

Alle drei Gräber müssen vor Gerold, das heißt vor 799, in jenen Bau der Abteikirche eingebracht worden sein, der zu diesem Zeitpunkt bestand, dessen Vorgeschichte und Bauzeit aber unbekannt sind. Daher sind von der Erörterung des baugeschichtlichen Kontexts keine grundsätzlich neuen Erkenntnisse zu erwarten. Die Abteikirche ist für das Ende des 8. Jahrhunderts als langgestreckter Saalbau mit eingezogenem, rechteckigem Altarhaus im Osten und einer Vorhalle auf ganzer Breite des Kirchensaals im Westen zu beschreiben (Abb. 2). Zweifelsfrei nachgewiesen ist außerdem, dass es sich dabei um die erste in Steinbauweise aufgeführte Kirche des Inselklosters handelt. Emil Reisser glaubte zwar, dies sei im Grundbestand noch die Kirche des Klostergründers Pirmin und seiner ersten Nachfolger im Amt des Abtes gewesen. Reissers Interpretation zufolge wäre noch unter Pirmin, der das Kloster der Überlieferung nach von 724 bis 727 leitete, der westliche Abschnitt des Kirchensaales entstanden. Dieser soll dann wenige Jahre später unter dem Abtbischof Arnefrid (ca. 736–746) nach Osten hin um den Mönchschor und das Altarhaus erweitert worden

---

[48] REGINA DENNIG / ALFONS ZETTLER, Der Evangelist Markus in Venedig und in Reichenau, in: Zeitschrift für die Geschichte des Oberrheins 144 (1996), S. 19–46; MAURER, Reichenau (wie Anm. 16), S. 503.

[49] Vgl. hierzu die bereits in Anm. 24–27, sowie die unten, in Anm. 62 und 63 aufgeführte Literatur.

[50] Zur Begriffsbestimmung: L'inhumation privilegiée du IVe au VIIIe siècle en occident. Actes du colloque tenu à Créteil les 16–18 mars 1984, hg. von YVES DUVAL und JEAN-CHARLES PICARD, Paris 1986, S. 9–12; CÉCILE TREFFORT, L'église carolingienne et la mort, Lyon 1996, S. 72–74 u. ö.; MICHEL POLFER, Le rituel funéraire mérovingien et la problématique des sépultures ‚aristocratiques' des 5e–7e siècles ap. J.-C., in: Sépulture (wie Anm. 36), S. 29–65, bes. S. 46–62; vgl. auch KROHN (wie Anm. 37), S. 11 mit weiterer Literatur.

sein.⁵¹ Dass eine solche Rekonstruktion der frühen Baugeschichte des Münsters fehlgeht, zeigt schon ein Blick in die originale Grabungsdokumentation, die Reisser und sein Assistent Elsässer hinterließen und die für jene Zeit vorbildlich war. Es handelt sich um einige Hundert „Handblätter", auf denen sämtliche Grabungsstellen im Planum und in zahlreichen Schnitten erfasst wurden.⁵² Die Ergebnisse der Forschungen und die Interpretationsansätze Reissers können mithilfe dieser Unterlagen oft bis ins kleinste Detail überprüft werden.⁵³ Das gilt auch für die Bauetappen der Abteikirche des 8. Jahrhunderts. Bei der Durchsicht der „Handblätter" fanden sich klare Hinweise, dass die Abfolge der Bauabschnitte gegenüber der Reisserschen Deutung umgekehrt anzusetzen ist; zuerst entstand der Ostteil der Saalkirche mit dem Altarhaus, dann die westliche Hälfte mit der Vorhalle.⁵⁴ Zusätzliche Hinweise darauf brachten die Grabungen des Landesdenkmalamts Baden-Württemberg von 1980 bis 1984 im Bereich des Alten Klosters an der Nordflanke des Münsters. Dort konnte der Verfasser unter den zum Teil schon von Reisser angeschnittenen Mauern und Böden der frühen Konventsbauten Reste eines noch älteren Holzbaus des Klosters aus der Gründungszeit aufdecken. Dessen Wandfluchten wurden getragen von kräftigen Pfosten aus Eichenholz, deren Stümpfe sich unterhalb des Grundwasserspiegels erhalten hatten. Auch die zugehörigen Fußböden wurden gefunden; sie bestehen aus gestampftem Lehm. Laut dendrochronologischem Gutachten aus Stuttgart-Hohenheim datieren die Pfosten von 720 mit einer Toleranz von plus/minus zehn Jahren,⁵⁵ also jedenfalls aus der Gründungsphase des Klosters, die gemäß dem vertrauenswürdigen Zeugnis des Walahfrid Strabo, Abtes der Reichenau von 838/842 bis 849, in die Jahre um 724 fällt.⁵⁶

Reisser und Elsässer hatten im Verlauf ihrer Untersuchungen im Münster bereits ähnliche Lehmfußböden dokumentiert, doch konnten sie diese damals nicht recht deuten. Sie wiesen sie unausgesprochen dem ältesten gemauerten Kirchenbau zu.⁵⁷ Im Licht der neuerlichen Grabungen sind sie aber entsprechend den Verhältnissen im Kloster mit hoher Wahrscheinlichkeit einer von Reisser nicht erkannten, vorangehenden Holzbauphase der Kirche zuzurechnen.⁵⁸ Dies bedeutet, dass die gemauerte Abteikirche, in welcher 799 der Bayernpräfekt Gerold sein Grab fand, in dieser Form frühestens in den dreißiger Jahren, wenn nicht gar erst gegen Mitte des 8. Jahrhunderts entstanden sein dürfte – möglicherweise zeitlich sehr gestreckt, jedenfalls aber in meh-

---

51 REISSER, Baugeschichte (wie Anm. 4), S. 32–36.
52 Als Liste zusammengestellt in ZETTLER, Klosterbauten (wie Anm. 2), S. 291–300 (auf S. 291 ist die Überschrift „Handelsblätter" in „Handblätter" zu korrigieren).
53 Vgl. ZETTLER, Klosterbauten (wie Anm. 2), S. 23, S. 167 u. ö.
54 ERDMANN / ZETTLER, Baugeschichte (wie Anm. 23), S. 488–501.
55 ALFONS ZETTLER, Zum frühkarolingischen Klosterbau im östlichen Frankenreich: das Beispiel Reichenau, in: Zeitschrift für Archäologie des Mittelalters 14/15 (1986/1987), S. 81–118; DERS., Klosterbauten (wie Anm. 2), S. 156–166.
56 KNITTEL, Visio Wettini (wie Anm. 33), S. 14–19; DERS., Heito und Walahfrid Strabo: Visio Wettini. Einführung, lateinisch-deutsche Ausgabe und Erläuterungen, Heidelberg ²2004, S. 21–23.
57 Falls diese Befunde damals überhaupt als Fußböden „erkannt" worden sind.
58 ZETTLER, Klosterbauten (wie Anm. 2), S. 158 f.

reren Bauetappen. Ihre nähere historische Einordnung muss daher weiter offen bleiben; vermutlich begannen erst die Konstanzer Bischöfe, die dem Bistum und der Abtei seit 736 in Personalunion vorstanden, mit dem Bau jener gemauerten Kirche, die Reisser noch Pirmin zugeschrieben hatte. In das Altarhaus dieser Kirche scheinen dann die später im Sammelgrab zusammengefassten Gräber eingebracht worden zu sein – das heißt, dies wird dem aktuellen Forschungsstand zufolge nicht vor ca. 750 bis 799 geschehen sein.[59]

Anthropologische Befunde zur Deutung des Sammelgrabes

Im Rahmen sämtlicher von Reisser bei seinen Grabungen im Münster angetroffenen Bestattungen sind auch die Gebeine aus dem Sammelgrab einer anthropologischen Analyse durch den Heidelberger Anatom Heinrich Münter unterzogen worden. In der diesbezüglichen, als „Untersuchungen über die süddeutsche Brachycephalie" titulierten Auswertung berichtet Münter über die offenbar von ihm selbst dem Sammelgrab entnommenen Gebeine, dass er diese kaum noch vermessen konnte, weil sie ihm in den Händen zerbröselt seien.[60] Unter den Grabfunden, die ein diesbezügliches Bilddokument zeigt (Abb. 6), werden sie sich deshalb kaum befunden haben. Im Anschluss an die Untersuchungen wurde das gesamte Material im nördlichen Querhausflügel des Münsters wieder der Erde übergeben,[61] so dass weitere anthropologische Untersuchungen wohl nicht mehr erfolgversprechend sein dürften. Für die dargelegte Fragestellung ist vor allem von Belang, dass das Sammelgrab die Gebeine von mindestens drei Individuen enthielt.[62] Nähere Hinweise zur Identität der Bestatteten ergaben sich von dieser Seite nicht (Abb. 7).

Im Hinblick auf die älteren Gräber im Altarhaus ist also zusammenfassend festzuhalten:

---

[59] Vgl. ZETTLER, Klosterbauten (wie Anm. 2), S. 167–171.
[60] MÜNTER, Untersuchungen (wie Anm. 26), S. 290. Der Titel sowie der Erscheinungsort in der Festschrift für den umstritten Rassekundler Eugen Fischer lässt vermuten, dass die Studie zu jenen Arbeiten zu zählen ist, welche den geistigen Nährboden für den Rassenwahn des Dritten Reiches bildeten (vgl. BERNHARD GESSELER, Eugen Fischer [1874–1967]. Leben und Werk des Freiburger Anatomen, Anthropologen und Rassenhygienikers bis 1927 [Medizingeschichte im Kontext, Bd. 4, hg. von ULRICH TRÖHLER und KARL-HEINZ LEVEN], Frankfurt am Main 2000, bes. S. 91–93 zu „Fischers Problem mit der süddeutschen Brachyzephalie"). Münter, der mit einer jüdischen Frau verheiratet war und deshalb auch bereits 1934 nach England emigrierte, war allerdings kein fanatischer Rassist oder Antisemit, sondern ein Vertreter der klassischen Schule der Sozialanthropologie und Eugenik der wilhelminischen Ära; vgl. hierzu jüngst: MICHAEL VETSCH, Ideologisierte Wissenschaft – Rassentheorien deutscher Anthropologen zwischen 1918 und 1933, München 2008, S. 95.
[61] Handblatt 30 c (undatiert).
[62] MÜNTER, Untersuchungen (wie Anm. 26), S. 289 (Gräberliste) und S. 290, wobei die Angaben Münters zum Teil unstimmig erscheinen. Jedenfalls will dazu die Angabe Reissers nicht recht passen, im Sammelgrab seien „drei vollständige Skelette zusammengepackt" gewesen: REISSER, Baugeschichte (wie Anm. 4), S. 35.

Abb. 6: Reichenau-Mittelzell, Münster. Untersuchung der bei den Grabungen geborgenen Gebeine unter Leitung von Heinrich Münter (1933?). Foto: Theodor Keller.

1. Zugunsten der privilegierten Bestattung Gerolds 799 im Altarhaus der Abteikirche wurden mindestens drei ältere Gräber beiseite geräumt und deren Reste in einer separaten Kammer am Kopfende der Gerold-Gruft zusammengefasst. Das Sammelgrab verblieb an seinem angestammten Platz, als Abtbischof Heito die Gebeine des Markgrafen um 815 in die nachfolgende Abteikirche, die sogenannte Kreuzbasilika, übertragen ließ.

2. Die Zeitspanne, in der die älteren Grabstätten in die Kirche eingebracht wurden, ist auf ca. 750 bis 799 einzugrenzen. Dies wird zusätzlich durch den Befund gestützt, dass nicht nur die Gebeine erhalten blieben, sondern auch der Rest einer älteren Grabplatte aus grauem Sandstein, die in den roten Ziegelestrich-Fußboden des Altarhauses eingelassen war (Abb. 3). Ein Teil dieser Platte befindet sich noch heute in situ.[63] Sie scheint aber in zweiter Verwendung zu liegen, denn ihre Kanten sind teilweise schon vor ihrer Verlegung im Fußboden beschädigt worden. Es könnten hier also auch schon einige Zeit vor Gerolds Bestattung Gräber zusammengefasst worden sein. Im Zuge der Beisetzung Gerolds wurde die Platte jedenfalls großenteils entfernt (und möglicherweise für den Bau der kleinen Kammer des Sammelgrabes wiederverwendet). Ebenso könnten dabei Markierungen weiterer Gräber, deren Reste sich am Boden der Gruft abzeichnen, beseitigt worden sein.[64] Diese wichtigen Befunde sind bereits von den Ausgräbern sorgfältig dokumentiert, indessen nicht weiter ausgewertet und interpretiert worden.[65]

[63] Handblätter 29 a–f (1934/1935).
[64] Vgl. ZETTLER, Klosterbauten (wie Anm. 2), S. 170.
[65] Die meisten Grabungsbefunde, um die es hier geht, liegen noch in situ und sind der Wissenschaft durch Befundschächte im Münsterboden zugänglich. Ich habe sie mehrmals selbst in Augenschein nehmen und vor Ort mit der Reisserschen Befunddokumentation vergleichen können.

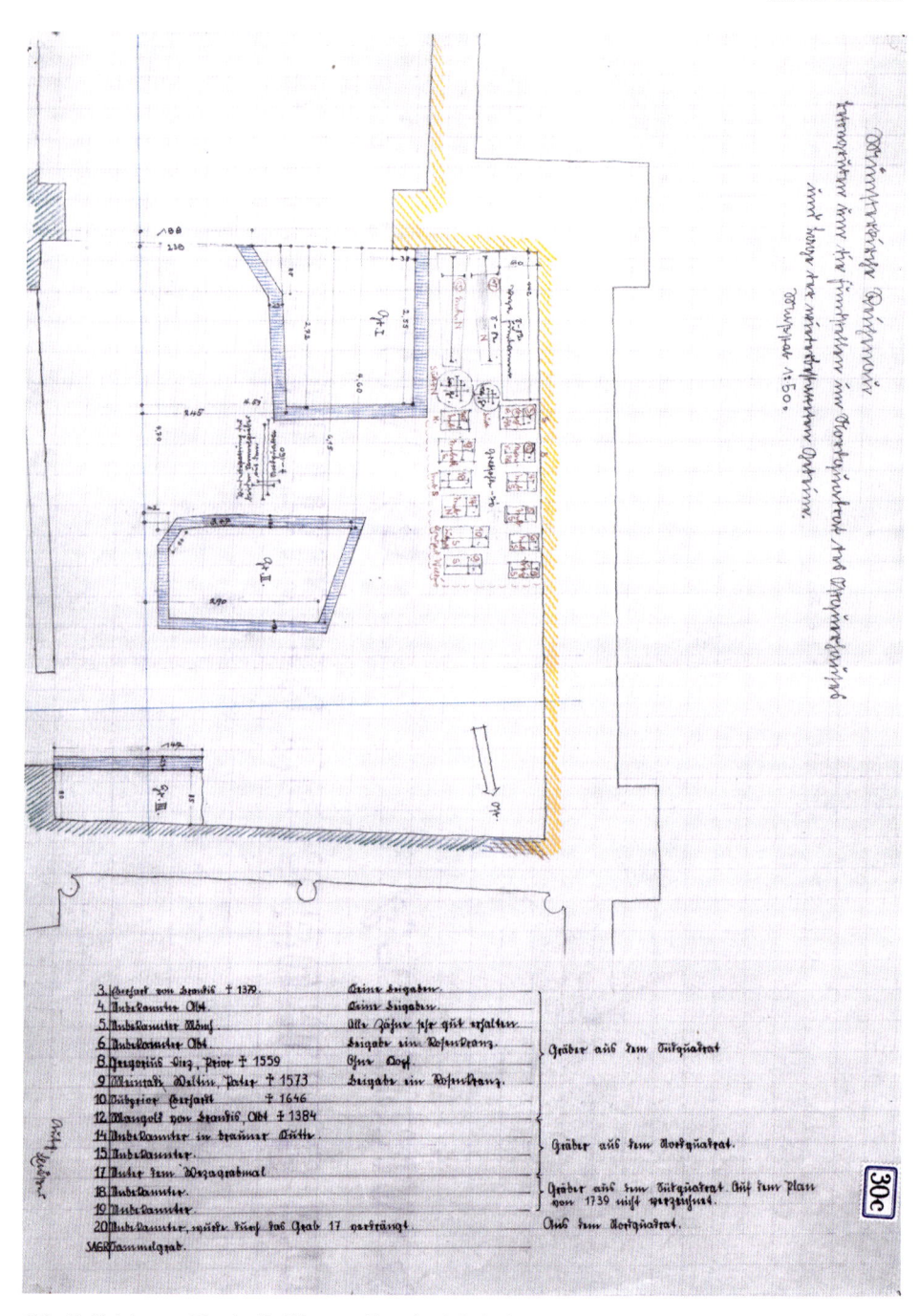

Abb. 7: Reichenau-Mittelzell, Münster. Plan der Wiederbestattung der aufgedeckten Gräber im Ostquerhaus (Handblatt 30). Vermögen und Bau Baden-Württemberg, Amt Konstanz.

3. Im Sammelgrab befanden sich Gebeine von drei Individuen; die Skelette waren nicht (mehr) vollständig.[66] Daraus könnte möglicherweise auch gefolgert werden, dass die älteren Gräber beim Bau der Gerold-Gruft lediglich teilweise berührt und geborgen wurden.

4. Ähnliches gilt für den an das Gerold-Grab östlich anschließenden Bereich des Altarhauses bis hin zu dessen Ostwand; dort ist weder freigelegt noch ausgegraben worden.[67] Anhand der vorliegenden Befunde kann deshalb die Belegung des Altarhauses mit Gräbern vor Gerolds Tod nur kursorisch und schematisch rekonstruiert werden. Viele Fragen werden offen bleiben. Die Gerold-Gruft war sehr geräumig angelegt. Ihre Länge betrug inklusive der gemauerten Wände gut 3 m, die Breite 1,25 m; damit übertrifft die Gruft erheblich die Ausmaße eines Erdgrabes. Ähnlich großzügig bemessen war mit 2,17 × 0,76 m der Innenraum, der den Sarg des Markgrafen aufnahm.[68] Da der Altarraum rund 5,50 m lang war, könnten längs der Südwand, an welche die Gerold-Gruft anstößt, zuvor bestenfalls drei Gräber von normaler Größe in einer Reihe angelegt worden sein, oder auch zwei Reihen mit drei bis sechs Gräbern. Dabei kommt der ersten Lösung und einer Dreizahl von Gräbern am meisten Wahrscheinlichkeit zu, denn im unmittelbaren Umkreis der Gruft, soweit er freigelegt wurde, zeichneten sich im Fußboden des Altarhauses außer dem erwähnten Rest einer Grabplatte keine weiteren Spuren von Gräbern ab.

Trotz insgesamt sehr dürftiger Spuren und vieler Unwägbarkeiten, die bei derartig punktuellen Freilegungen wie im Reichenauer Münster stets mit ins Kalkül gezogen werden müssen, bleibt schließlich doch festzuhalten, dass die Gräber aus der Zeit vor Gerold nicht im Sinn von Solitären zu verstehen sind. Sie sind vielmehr als aufeinander bezogene Grabstätten einer privilegierten und vermutlich auch homogenen Gruppe von Personen anzusehen, die der Klostergemeinschaft angehörten oder jedenfalls in engster Verbindung mit der Abtei standen. Herrscher, Heilige und Prälaten – Vertreter all dieser im Titel des vorliegenden Beitrags genannten Gruppen wären hier denkbar, allerdings kaum in Form einer bunten Mischung. Zudem dürfte die „Ansammlung" von Gräbern im Altarhaus der frühmittelalterlichen Abteikirche kaum vom Zufall regiert worden sein. Wenn auf dem Mönchsfriedhof unmittelbar südwestlich der Abteikirche seit den Anfängen des Klosters ein verstorbener Konventuale neben dem anderen zur letzten Ruhe gebettet wurde (Abb. 8),[69] ja, wenn im Einklang

---

[66] Vgl. Anm. 62.
[67] Vgl. Anm. 24.
[68] Die Maße sind abgreifbar auf den Handblättern 29 a–f (1934/1935).
[69] Vgl. ZETTLER, Klosterbauten (wie Anm. 2), S. 67–75. Meine damaligen Überlegungen zum Reichenauer Mönchsfriedhof werden in wesentlichen Punkten durch neuerliche archäologische Sondagen im Jahre 2006 hinter der Einsegnungshalle östlich des Münsterchores, angestoßen durch ein Bauvorhaben der Winzergenossenschaft, bestätigt: PETER SCHMIDT-THOMÉ, Ausgrabung im ehemaligen Mönchsfriedhof des Klosters Reichenau-Mittelzell, Kreis Konstanz, in: Archäologische Ausgrabungen in Baden-Württemberg 2006 (2007), S. 227–229; JOACHIM WAHL, Gut genährt und hoch gewachsen – Die Mönche von der „Gemüseinsel" Reichenau, Kreis Konstanz, in: ebd., S. 230–232.

mit dem benediktinischen Kardinalprinzip der brüderlichen Liebe (*caritas*)[70] sogar jedem Mönch eine Beisetzung im Kreise seiner verstorbenen Mitbrüder zustand, so wird einmal mehr deutlich, dass es sich bei den Gräbern im Altarhaus des Münsters um eine intentional als Bestattungsplatz für privilegierte Personen genutzte und über lange Jahre sorgfältig gepflegte Einrichtung des Inselklosters handelte – um Grabstätten also, die als „Sepultur" oder „Grablege" zu definieren sind.[71]

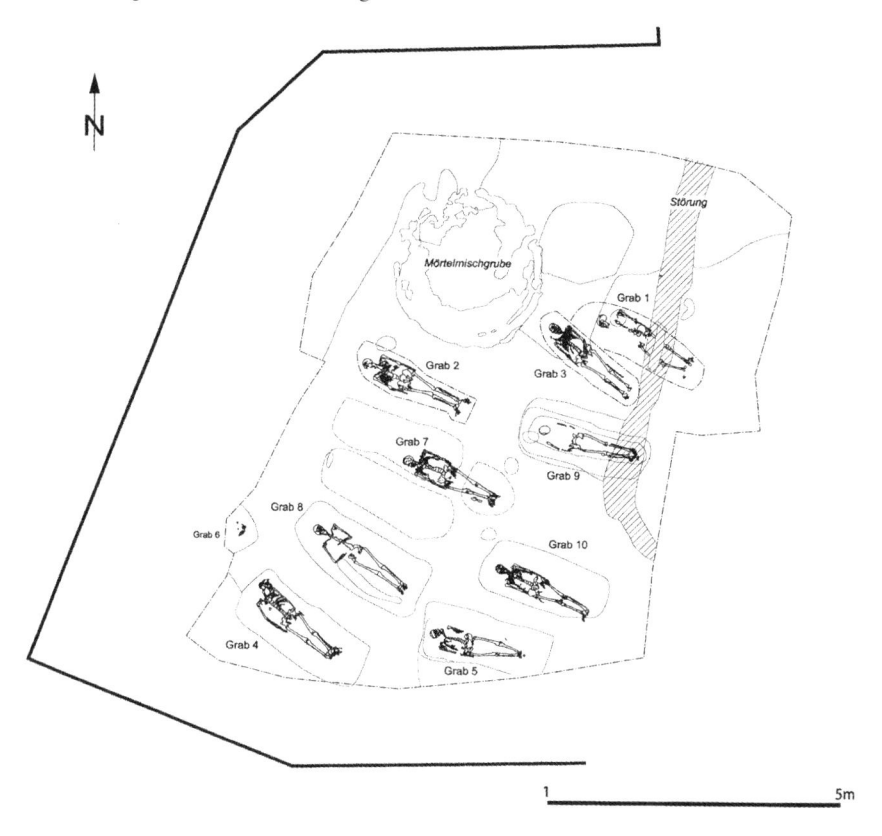

Abb. 8: Reichenau-Mittelzell, ehem. Klosterbezirk. Skizze der neulich aufgedeckten Gräber des Mönchsfriedhofs (2006). Aus: SCHMIDT-THOMÉ, Ausgrabung (wie Anm. 69), S. 228, Abb. 186.

---

[70] UWE KAI JACOBS, Die Regula Benedicti als Rechtsbuch. Eine rechtshistorische und rechtstheologische Untersuchung (Forschungen zur kirchlichen Rechtsgeschichte und zum Kirchenrecht, Bd. 16), Köln/Wien 1987, S. 32–40, S. 152–153 u. ö.; KARL SCHMID, Die Reichenauer Fraternitas und ihre Erforschung, in: RAPPMANN / ZETTLER, Mönchsgemeinschaft (wie Anm. 38), S. 11–34.

[71] ZETTLER, Klosterbauten (wie Anm. 2), S. 64–67. Zur Begriffsbestimmung vgl. MICHAEL MÜLLER-WILLE u. a., Grab, -formen, -mal, in: Lexikon des Mittelalters, Bd. 4, Stuttgart/Weimar 1999, Sp. 1621–1628; MICHAEL BORGOLTE, Grablege, in: ebd., Sp. 1628–1630; im Reallexikon der germanischen Altertumskunde², Bd. 12, Berlin/New York 1998, fehlt ein Stichwort „Grablege".

Auf der Suche nach den Personen im Sammelgrab

Ein Versuch, die in der vorgeroldischen Sepultur begrabenen Personen näher zu bestimmen, kann einige weitere grundlegende Vorbedingungen nicht ignorieren: dass nämlich zum einen die Identität der bestatteten Personen im Kloster noch wohlbekannt gewesen sein muss, als ihre Überreste 799 dem Sammelgrab anvertraut wurden – gerade weil es sich bei ihnen – nicht anders als bei Gerold – um Amts- oder Würdenträger handelte, denen eine derart hervorgehobene, „privilegierte" Grabstätte zustand. Es ist nämlich kaum vorstellbar, dass Abt und Konvent des im Rampenlicht der karolingischen Politik stehenden Klosters Reichenau über Jahrzehnte hinweg nicht nur die Anschauungen und Bräuche, sondern auch die rechtlichen und kirchlichen Grundsätze und Vorschriften, kurz: das *Comme-il-faut* der Grabsitten jener Zeit, völlig missachtet hätten.[72] Zum anderen rechneten die im Altarhaus des Münsters Begrabenen – wie schon angedeutet – zu denjenigen Personen, die im Inselkloster ein intensives Gebetsgedenken genossen. Diesen Personenkreis kennen wir aus mehreren umfangreichen und außerordentlich gut erhaltenen Zeugnissen, einerseits aus den Reichenauer Nekrologien von 856/858[73] bzw. 896/ca. 900[74] und andererseits aus dem Verbrüderungsbuch des Klosters, angelegt in den Jahren 824/825.[75] Und die Kompilatoren dieser Gedenkaufzeichnungen schöpften ihr Wissen, soweit wir heute sehen, aus Traditionen, die im Konvent mündlich weitergegeben worden waren, ebenso wie

---

[72] Dazu von historischer Seite etwa SEBASTIAN SCHOLZ, Das Grab in der Kirche. Zu seinen theologischen und rechtlichen Hintergründen in Spätantike und Frühmittelalter, in: Zeitschrift der Savigny-Stiftung für Rechtsgeschichte, Kanonistische Abteilung 84 (1998), S. 131–148. Ein repräsentatives Beispiel liefert eine Passage aus den Capitula I,9 des Bischofs Theodulf von Orléans, verfasst ca. 813: *Antiquus in his regionibus in ecclesia sepeliendorum mortuorum usus fuit, et plerumque loca divinu cultui mancipata et ad offerendas deo hostias praeparata cimiteria sive poliandria facta sunt. Unde volumus, ut ab hac re deinceps abstineatur et nemo in ecclesia sepeliatur, nisi forte talis sit persona sacerdotis aut cuiuslibet iusti hominis, quae per vitae meritum talem vivendo suo corpori defuncto locum acquisivit*; vgl. DIERKENS, Sépultures (wie Anm. 36), S. 108 f. mit Anm. 41. – Von archäologischer Seite beispielsweise auch CHRISTIAN SAPIN, Dans l'église ou hors de l'église, quel choix pour l'inhumé, in: Archéologie du cimetière chrétien. Actes du 2ème colloque A.R.C.H.E.A., Orléans 29 septembre – 1er octobre 1994, hg. von HENRI GALINIÉ und ELISABETH ZADORA-RIO (Revue archéologique du centre de la France Supplement, No. 11), Tours 1996, S. 65–78; BARBARA SCHOLKMANN, Die Kirche als Bestattungsplatz. Zur Interpretation von Bestattungen im Kirchenraum, in: Erinnerungskultur im Bestattungsritual. Archäologisch-Historisches Forum, hg. von JÖRG JARNUT und MATTHIAS WEMHOFF (Mittelalterstudien des Instituts zur interdisziplinären Erforschung des Mittelalters und seines Nachwirkens, Bd. 3), München 2003, S. 189–218; vgl. ferner die weiterführenden Angaben von POLFER, Rituel (wie Anm. 50), S. 29–65, sowie in: NIKLOT KROHN / GABRIELE BOHNERT, Lahr-Burgheim. 50 Jahre Kirchenarchäologie (Veröffentlichung des Alemannischen Instituts, Nr. 74), Lahr 2006, S. 90–122.

[73] RAPPMANN / ZETTLER, Mönchsgemeinschaft (wie Anm. 38), S. 281–283.

[74] RAPPMANN / ZETTLER, Mönchsgemeinschaft (wie Anm. 38), S. 284–288.

[75] Das Verbrüderungsbuch der Abtei Reichenau, hg. von JOHANNE AUTENRIETH, DIETER GEUENICH und KARL SCHMID (Monumenta Germaniae Historica, Libri memoriales et necrologia, N. S. 1), Hannover 1979.

aus der schriftlichen Überlieferung des Klosters.⁷⁶ Dazu werden wohl auch Inschriften auf den Gräbern des Mönchsfriedhofs und insbesondere der Sepultur im Münster gezählt haben. Dass die Gräber durch Inschriften, sei es am Boden oder auf der Wand, näher gekennzeichnet waren, legen nicht nur Vergleichsbeispiele nahe.⁷⁷ Dergleichen ist auch deshalb wahrscheinlich, weil zu jener Zeit, im 8. Jahrhundert, das liturgische Totengedenken noch eng mit den Gräbern verbunden war. Aus den Gedenkaufzeichnungen des Frauenklosters Remiremont in den südlichen Vogesen wissen wir beispielsweise, dass die Gräber der Nonnen zum Zweck des liturgischen Totengedenkens regelmäßig aufgesucht wurden und dass zu diesem Zweck immer wieder feierliche Prozessionen auf den Klosterfriedhof zogen.⁷⁸ Doch begann sich das liturgische Totengedenken zu eben jener Zeit allmählich von den Grabstätten zu lösen, um mehr und mehr durch die Rezitation der Verstorbenen aus den Nekrologien initiiert zu werden.⁷⁹ Auch wenn also das Reichenauer Sammelgrab, aus welchen Gründen auch immer, nicht in die Kreuzbasilika transferiert wurde, so bedeutete dies keineswegs das Erlöschen der Memoria und des liturgischen Gebetsgedenkens der darin bestatteten Personen.

Drittens ist nochmals zu unterstreichen, welch deutlichen Bruch die Bestattung Gerolds im Altarhaus der Abteikirche mit den bis dahin geübten Bräuchen im Kloster bedeutete. Denn das Grab des Bayernpräfekten wurde der Sepultur ja nicht einfach hinzugefügt, sondern es löste die ältere Grablege ab, die zugunsten der Gerold-Gruft zumindest großenteils abgeräumt wurde.⁸⁰ Dieser Traditionsbruch geschah ohne Zweifel intentional, er wurde auf Anweisung der damaligen Klosteroberen vollzogen. Statt

---

⁷⁶ Vgl. RAPPMANN / ZETTLER, Mönchsgemeinschaft (wie Anm. 38), S. 233–241 und S. 508–511; KARL SCHMID, Wege zur Erschließung des Verbrüderungsbuches, in: Das Verbrüderungsbuch der Abtei Reichenau (wie Anm. 75), S. LX–CI.

⁷⁷ Vgl. beispielsweise die Bischofsgräber von Aosta: La chiesa di San Lorenzo in Aosta. Scavi archeologici (Quaderni della Soprintendenza per i Beni Culturali della Valle d'Aosta, N. S. 1), Rom 1981, S. 15 f. und 30–34 mit Abb. 2–7, u. ö.; RICHARD HODGES, Light in the Dark Ages. The rise and fall of San Vincenzo al Volturno, London 1997, S. 122–131. Allgemein zur Grabkennzeichnung und zum Thema „Grab und Memoria": CÉCILE TREFFORT, Autour de quelques exemples lotharingiens: réflexions générales sur les enjeux de la sépulture entre le IXe et le XIIe siècles, in: MARGUE, Sépulture (wie Anm. 36), S. 67–93, bes. S. 70–77; DIES., Mémoires (wie Anm. 33).

⁷⁸ EVA-MARIA BUTZ / ALFONS ZETTLER, Two early necrologies: the examples of Remiremont (c. 820) and Verona (c. 810), in: L'histoire en mémoire. L'écrit à l'usage du temps au Moyen Age (Pecia, ressources en médiévistique, Bd. 17), Saint-Denis 2007, im Druck; vgl. allgemein auch KARL SCHMID / JOACHIM WOLLASCH, Die Gemeinschaft der Lebenden und Verstorbenen in Zeugnissen des Mittelalters, in: Frühmittelalterliche Studien 1 (1967), S. 365–405.

⁷⁹ Vgl. JOACHIM WOLLASCH, Zu den Anfängen liturgischen Gedenkens an Personen und Personengruppen in den Bodenseeklöstern, in: Kirche am Oberrhein. Festschrift für Wolfgang Müller, hg. von REMIGIUS BÄUMER, KARL SUSO FRANK und HUGO OTT (Freiburger Diözesan-Archiv, Bd. 100), Freiburg i. Br. 1980, S. 59–78; KROHN, Stiftergrab (wie Anm. 37), S. 15 mit weiterer Literatur.

⁸⁰ In diesem Sinne auch schon REISSER, Baugeschichte (wie Anm. 4), S. 36, der folgendermaßen formulierte: „Das Sammelgrab lässt erkennen, dass der Bestattete eine so bedeutende Persönlichkeit war, dass ihm zuliebe drei Gräber im Chor aufgegeben wurden."

den zuvor im Altarhaus bestatteten Amts- und Würdenträgern sollte nun die ganze Aufmerksamkeit und sollten die Gebete des Konvents in erster Linie dem Awarenkämpfer Gerold, einem der hochrangigsten Eponenten der Politik Karls des Großen gelten. Die Entscheidung des Abtes Waldo und seines Konvents war daher nicht nur für das klösterliche Leben auf der Reichenau bedeutsam, sondern barg auch eine über das Kloster hinausreichende politische Dimension in sich.

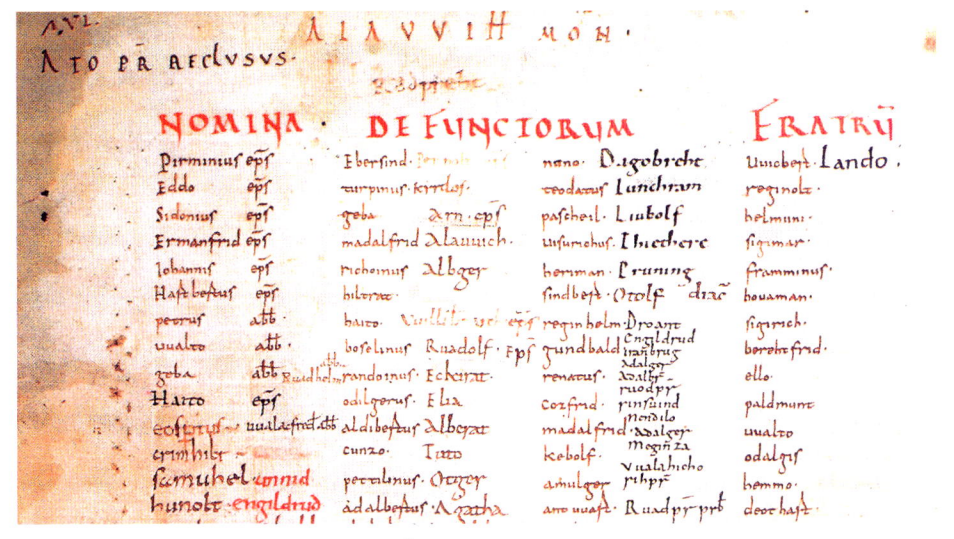

Abb. 9: Eintrag der ältesten Reichenauer Äbtereihe im Verbrüderungsbuch mit Pirmin an der Spitze (824/825). Aus: Das Verbrüderungsbuch der Abtei Reichenau (wie Anm. 75), Faksimile, p. 6.

Die Interpretation des Ausgräbers

Vor diesem Hintergrund sind nun die in der bisherigen Forschung ausgesprochenen Vermutungen zur Identität der Personen im Sammelgrab zu mustern. Emil Reisser schrieb unter dem frischen Eindruck der Ausgrabungen:

„Diese Kirche ist bereits der zweite Bau des 8. Jahrhunderts und stellt eine Erweiterung des ersten Baues dar, der in die Gründungszeit (724) zurückgeführt werden muß. Die Erweiterung bedeutete mit größter Wahrscheinlichkeit die Einteilung der Gesamtanlage in eine Laienkirche im Westen und eine Mönchskirche im Osten. Die Bestattungen in der letzteren können also nur hochgestellte kirchliche oder weltliche Persönlichkeiten betreffen. Ich setze, aus Gründen, die ich erst im Grabungsbericht erläutern kann, den Erweiterungsbau in die Zeit des Abtbischofs Arnefrid (736 bis 746). Der Befund, den die Grabgruppe 22/23 ergab, lässt nun die Bestatteten teils in ihrer Persönlichkeit feststellen, teils näher umgrenzen, und bestätigt damit gleichzeitig die aus der Bauabfolge abgeleitete Zeitbestimmung des Bauabschnitts. [...] Das Sammelgrab 23 enthält offensichtlich den Inhalt älterer Bestattungen aus dem Chor, die wegen des Gerold-Grabes beseitigt werden mußten. Als Persönlichkeiten kommen in

Betracht außer Arnefrid der Abtbischof Sidonius, der 760 in Reichenau gestorben ist. Bei seinen Nachfolgern, Abtbischof Johannes und Abt Petrus, liegen die Todesjahre 782 und 786 zu nahe als dass eine Exhumierung wahrscheinlich ist. Johannes soll überdies nach einer allerdings späten Quelle (Gall Oehem) in der Kilianskapelle begraben sein. Man hat deshalb mindestens bei einer dieser Persönlichkeiten mit einem hohen Kleriker oder noch wahrscheinlicher mit einem fürstlichen Laien zu rechnen. Als solche kommen die Herzöge Lantfrid und Theobald in Betracht, überliefert ist nichts. Bei allen Genannten ist anzunehmen, dass sie aus hohem alemannischen Adel stammen."[81]

Reisser entschied sich nicht für die eine oder die andere Person, auch nicht für die eine oder andere Gruppe von Amts- und Würdenträgern. Er ließ diese Fragen im Grunde offen, grenzte aber den seiner Meinung nach in Frage kommenden Personenkreis auf wenige „Kandidaten" ein, die er namentlich nennt, an erster Stelle den Abtbischof Arnefrid. Hinsichtlich dieser „ersten Wahl", die Reisser aber zugunsten des letzten alemannischen Herzogs Lantfrid (gest. 730) und dessen Bruders Theudebald (gest. 751?) sogleich auch wieder relativierte, entfällt angesichts des weiter oben zur Baugeschichte Gesagten die Begründung, dass nämlich Arnefrid den Ostteil der Abteikirche hätte errichten lassen, in dem er als Erbauer und Stifter dann auch begraben worden wäre.[82] Im Ganzen genommen erscheinen Reissers Ausführungen allerdings wohlbedacht und gut begründet.

Kritik an Reissers Interpretationsansatz

Im Zuge der Bearbeitung der Klosterbaugeschichte und der Auswertung der Grabungen 1980 bis 1984 war auch zur Problematik des Gerold-Grabes und des Sammelgrabes Stellung zu beziehen. Die Prüfung der archäologischen Erkenntnisse Reissers anhand von Grabungsunterlagen und in den Befundschächten des Münsters in Verbindung mit den Aussagen der Schriftquellen brachte mich zu der Überzeugung, dass es sich bei der älteren Sepultur im Altarhaus am ehesten um eine Grablege der Konstanzer Bischöfe gehandelt haben dürfte. Diese hatten ja während eines guten Teils des 8. Jahrhunderts auch den Reichenauer Abbatiat bekleidet, wobei die Personalunion immerhin ein rundes halbes Jahrhundert, 736 bis 782, ohne Unterbrechung andauerte. Genauer gesagt waren es drei Konstanzer Bischöfe in Folge, die der Abtei Reichenau vorstanden, nämlich Arnefrid/Ermanfrid, Sidonius und Johannes. Vor Arnefrid, dem vierten Abt der Reichenau, ist nachweislich kein Vorsteher des Klosters im Amt verstorben, Pirmin ebensowenig wie Eddo und Geba, und selbst im Fall des Arnefrid muss angesichts der nicht gesicherten Amts- und Lebensdaten offen bleiben, ob er in der Würde eines Abtbischofs verstarb. Außerdem schien es mir nötig, Petrus († 786), den siebten Abt der Reichenau, Nachfolger des Abtbischofs Johannes, in die

---

[81] Münter, Untersuchungen (wie Anm. 26), S. 287 f. und 288.
[82] Vgl. die bereits in Anm. 51–59 aufgeführte Literatur.

Überlegungen um die Sepultur miteinzubeziehen, denn Petrus verstarb als letzter Klostervorsteher, bevor im Jahre 799 die ältere Sepultur durch die Bestattung Gerolds abgelöst wurde. Bei den nachfolgenden Äbten des Inselklosters ist dann gesichert, dass sie ihre letzte Ruhestätte jedenfalls nicht in der Abteikirche fanden. Sie wurden allem Anschein nach im Kreuzgang und im *Capitulum* begraben, wo sich im Verlauf des 9. Jahrhunderts ein eigener Bestattungsplatz für die Äbte herausbildete.[83]

Soweit ich sehe, haben meine bereits 1988 geäußerten Überlegungen bislang nur gelegentlich Zustimmung gefunden;[84] sie sind aber auch nicht ausdrücklich zurückgewiesen oder verworfen worden.[85] Lediglich Michael Richter hat jüngst eine in ganz andere Richtung gehende Vermutung geäußert, nämlich dass die erste Grabstätte im Münster „möglicherweise die des Gründers des Klosters" gewesen sei, „den wir nun mit dem Namen Sintlaz belegen können".[86] Die Frage nach der Identität der übrigen vor Gerold in der Sepultur bestatteten Personen ließ Richter offen. Seine Vermutung gibt sich jedoch bei näherer Betrachtung als hypothetisches Gedankenspiel zu erkennen, weil sie lediglich auf weiteren Mutmaßungen aufbaut. Zwei hauptsächliche Argumente Richters sind in diesem Zusammenhang zu erwähnen. Richter betrachtet Sintlaz in Anlehnung an eine von Friedrich Prinz im Jubiläumsjahr 1974 vorgetragene Deutung der frühen Reichenauer Geschichte[87] als „Gründer" des Inselklosters. In diesem Sinne nämlich sei die Erwähnung eines Grundherrn bzw. eines Eremiten Sintlaz in der Vita Pirmins (gest. um 755) und der Lebensbeschreibung Meinrads (gest. 861), beide aus dem späteren 9. Jahrhundert, zu interpretieren. Als Klostergründer habe Sintlaz

---

[83] ZETTLER, Klosterbauten (wie Anm. 2), S. 76–100. Untersuchungen zum Thema „Grablege von Äbten" sind ein Desiderat der Forschung.

[84] Etwa bei RUDOLF SCHIEFFER, Das Grab des Bischofs in der Kathedrale, vorgetragen in der Sitzung vom 11. Dezember 1998 (Sitzungsberichte der Bayerischen Akademie der Wissenschaften zu München, Philosophisch-Historische Klasse, Heft 4), München 2001, S. 9 f.

[85] Vgl. MAURER, Reichenau (wie Anm. 16), S. 548–552; DERS., Das Bistum Konstanz 2: Die Konstanzer Bischöfe vom Ende des 6. Jahrhunderts bis 1206 (Germania Sacra N. F. 42,1), Berlin/New York 2003, S. 39–53.

[86] MICHAEL RICHTER, Neues zu den Anfängen der Reichenau, in: Zeitschrift für die Geschichte des Oberrheins 144, N. F. 105 (1996), S. 1–17, hier S. 10: „Mir scheint […], daß es nach dem derzeitig bekannten archäologischen Befund nicht auszuschließen ist, daß ursprünglich ein einzelnes Grab in dem Chor gegeben hatte. Ich möchte daher zur Diskussion stellen, daß die erste Grablegung in der Kirche des 8. Jhs. möglicherweise die des Gründers des Klosters war, den wir nun mit dem Namen Sintlaz belegen können. Der archäologische Befund erlaubt es wohl kaum, mit Sicherheit zu sagen, ob dieses einzelne Grab durch die zwei folgenden Bestattungen zerstört worden war, konnten doch die sterblichen Überreste offenbar noch 799 zusammen mit denen aus den beiden anderen Bestattungen beiseite geräumt werden, um Platz für Gerold zu schaffen, wobei die Verantwortlichen wenigstens genügend Pietät zeigten, die Überreste dieser Vorgänger in unmittelbarer Nähe der ursprünglichen Beisetzung zu belassen, wo sie noch heute liegen – sie hätten auch im Beinhaus landen können –, während Gerold bereits 17 Jahre später noch einmal umgebettet wurde."

[87] FRIEDRICH PRINZ, Frühes Mönchtum in Südwestdeutschland und die Anfänge der Reichenau. Entwicklungslinien und Forschungsprobleme, in: Mönchtum, Episkopat und Adel zur Gründungszeit des Klosters Reichenau, hg. von ARNO BORST (Vorträge und Forschungen, Bd. 20), Sigmaringen 1974, S. 37–76, bes. S. 69.

ein Grab im Altarhaus der Abteikirche erhalten. Auf Prinzens durchaus diskussionswürdige Sicht der überaus komplizierten Reichenauer Frühgeschichte braucht – wie auf diese an sich – hier nicht näher eingegangen werden, verbürgen doch die archäologischen Befunde mit hinreichender Sicherheit, dass die Sepultur kaum vor der Jahrhundertmitte angelegt wurde. Es hieße auch, die These von Prinz über Gebühr zu strapazieren und zu simplifizieren, wenn der historisch kaum verbürgte Sintlaz nun einfach vor den renommierten Gründervater Pirmin gestellt würde, der ja nicht nur in Reichenau, sondern noch bei einer ganzen Reihe anderer Klostergründungen und Klosterreformen mitgewirkt hat und sozusagen als Experte für solche Unternehmungen galt.[88] Da bei der Gründung eines Klosters gewöhnlich eine Gruppe von Personen, also mehrere „Gründerväter" zusammenwirkten, könnte dem Sintlaz bestenfalls, wenn er sich denn historisch belegen ließe, eine Nebenrolle bei der Gründung der Reichenau eingeräumt werden. Es liegt aber bislang kein stichhaltiger Beleg für die Existenz eines Sintlaz zur Gründungszeit des Klosters vor, weder aus historischer noch aus archäologischer Sicht.

Das andere hauptsächliche Argument für seine Sicht der Dinge bezieht Richter aus dem ältesten, wohl vorklösterlichen Namen der Insel, „Sintlazau". Die Bezeichnung „Sintlazau" sei ebenso wie die Erinnerung an den „Gründer Sintlaz" bereits in der Frühzeit des Klosters unterdrückt und schließlich ganz verdrängt worden.[89] Dies kann aber schon deshalb nicht überzeugen, weil entgegen Richters Beteuerungen das Inselkloster ebenso wie die Klosterinsel in den Urkunden regelmäßig noch bis mindestens ins 12. Jahrhundert hinein unter dieser Bezeichnung erscheint.[90] Ich sehe daher keinen Grund, meine 1988 vorgetragene Auffassung zu revidieren. In meinen Augen bleibt Pirmin der maßgebliche Gründervater der Reichenau. Pirmin aber konnte sein Grab nicht auf der Reichenau finden, weil er die Insel kurze Zeit nach der Einrichtung des Klosters verlassen musste. Um 755 verstarb er im Kloster Hornbach in der Pfalz, seiner letzten Gründung, wo er zunächst begraben lag und später zur Ehre der Altäre erhoben wurde.[91] Auch seine Lebensbeschreibung, in der eine der beiden erwähnten Varianten der Sintlaz-Geschichte zu finden ist, wurde im Hornbacher Konvent während des späteren 9. Jahrhunderts aufgeschrieben,[92] also weit entfernt von Zeit und

---

[88] ARNOLD ANGENENDT, Monachi Peregrini. Studien zu Pirmin und den monastischen Vorstellungen des frühen Mittelalters (Münstersche Mittelalter-Schriften, Bd. 6), München 1972, S. 81–122.

[89] RICHTER, Neues (wie Anm. 87), bes. S. 5–8.

[90] ZETTLER, Klosterbauten (wie Anm. 2), S. 35 Anm. 1; vgl. MAURER, Reichenau (wie Anm. 16), S. 493 f. mit lückenhaftem (und daher auf den ersten Blick irreführendem) Belegfeld.

[91] JOSEF SEMMLER, Pirmin(ius), in: Lexikon des Mittelalters, Bd. 6, Stuttgart/Weimar 1999, Sp. 2175 f.; DERS., Pirminius, in: Mitteilungen des Historischen Vereins der Pfalz 87 (1989), S. 91–113. Im Übrigen lohnt es sich immer noch, das großartige Pirmin-Buch von ANGENENDT, Monachi (wie Anm. 88) zu konsultieren. Zu Sintlaz bemerkt Angenendt ebd., S. 48 treffend: „[…] Dazu ist die Gestalt des Sinlaz aller Wahrscheinlichkeit nach erfunden, um – wie noch zu zeigen ist – den Namen Sinlazesouva zu erklären"!

[92] Vgl. WALTER BERSCHIN, Biographie und Epochenstil im lateinischen Mittelalter, Bd. 3: Karolingische Biographie, 750–920 n. Chr. (Quellen und Untersuchungen zur lateinischen Philologie des Mittelalters, Bd. 10), Stuttgart 1991, S. 62–64.

Herrscher, Heilige, Prälaten

Ort des Geschehens. Dementsprechend muss auch die Sintlaz-Anekdote in der *Vita Pirminii* beurteilt werden: sie dürfte keinen nennenswerten historischen Gehalt haben. Ein rudimentäres Wissen um den ersten Namen der Insel und die bloße Kunde von der Tätigkeit Pirmins auf der Reichenau dürften den Hornbacher Autor der *Vita Pirminii* zu seiner Sintlaz-Geschichte angeregt haben. Im Kloster Reichenau wurde Pirmins im Rahmen des Äbtediptychons gedacht; er steht an der Spitze der verstorbenen Äbte und Mönche im Verbrüderungsbuch (Abb. 9).[93] Dieser Eintrag zeigt übrigens auch, dass Pirmin bei der Anlage des Buches 824/825 noch nicht als Heiliger, sondern vielmehr als einer der Stifter und als erster Abt(bischof) der Reichenau wahrgenommen wurde.[94] Da im Verbrüderungsbuch sämtliche Personen aus der Reichenauer Gründungsgeschichte erscheinen, wenn auch auf verschiedenen Seiten, und in der Abtei offensichtlich die Erinnerung an diese gepflegt und wachgehalten wurde, wiegt das völlige Fehlen des sagenhaften „Sintlaz" im Verbrüderungsbuch umso schwerer.

Conclusio

Um zu einer gültigen Bestimmung der Sepultur vordringen zu können, müssen wir uns zunächst nochmals vor Augen führen, welche Vorschriften, Sitten und Gebräuche diesbezüglich herrschten. Die kirchlichen Vorschriften sagen hinsichtlich der Bestattung im Kirchengebäude übereinstimmend, dass vor allem würdigen und um die jeweilige Kirche verdienten Geistlichen ein Grab im Kircheninnern zugebilligt werden sollte.[95] Daran hat man sich freilich nicht immer gehalten. Unser Beispiel Gerold kündet davon, ja, es ist geradezu ein Paradebeispiel für die politisch motivierte Bestattung eines Laien in der Kirche. Dennoch: Aufs Ganze gesehen wurde das Begräbnis von Laien im Kircheninnern in den Bischofs- und Klosterkirchen der Karolingerzeit nur vergleichsweise selten geübt; es blieb bei Einzelfällen, Herrschergräber wären hier besonders zu nennen. Es ist ferner zu unterstreichen, dass das Gerold-Grab der älteren Reichenauer Sepultur nicht hinzugefügt, sondern diese von jenem sogar abgelöst wurde. Die im Münster archäologisch nachgewiesene „privilegierte" Sepultur enthielt zweifellos mehrere Gräber, die über einen längeren Zeitraum hinweg intentional dort „gesammelt", das heißt zu einer Grablege vereinigt wurden, deren kläglichen Rest das Sammelgrab bildet. Da es sich um eine Grablege, um eine homogene Gruppe von Gräbern neben dem Hochaltar, also an liturgisch besonders hervorgehobenem Ort handelte, müssen die dort Bestatteten doch wohl in Personenkreisen gleichen Standes und ähnlicher politischer Geltung, mit einem Wort: unter den lokalen und regionalen Eliten, gesucht werden. All dies zusammengenommen lässt den Kreis der in Frage kommenden Personen stark zusammenschrumpfen, und es hat auch viel für sich, hier, in einem aufstrebenden Kloster, in erster Linie an geistliche Amts- und Würdenträger

---

[93] Das Verbrüderungsbuch der Abtei Reichenau (wie Anm. 75), Faksimile, p. 6, A 1–2.
[94] Vgl. RAPPMANN / ZETTLER, Mönchsgemeinschaft (wie Anm. 38), S. 233–241.
[95] Vgl. oben, Anm. 73.

zu denken. Soweit kann der in Frage kommende Personenkreis zunächst ohne Bedenken eingegrenzt werden.

Doch was ist mit den alemannischen Herzögen, die Emil Reisser zum Schluss seiner knappen Bemerkungen zu favorisieren schien? Reissers diesbezügliche Vermutung ist, um es vorweg zu sagen, zunächst einmal gewiss ernster zu nehmen als die Sintlaz-These, für die sich weder archäologische noch historische Anhaltspunkte beibringen lassen. Der Möglichkeit einer solchen alemannischen „Herrschergrablege" im Inselkloster kommt schon auf den ersten Blick einiges Gewicht zu, weil mehrere Angehörige der agilolfingischen Familie in der Frühzeit der Reichenau fürstliche Herrschaft in Alemannien ausübten und diese Herrschaft sich zumindest dem Anspruch nach auch auf das Kloster im Bodensee und den Konstanzer Bischofssitz erstreckt haben dürfte.[96] Außerdem wurde im Kloster Reichenau das Andenken an die alemannischen Herzöge aus der Sippe der Agilolfinger noch lange Zeit nach dem Ende des Herzogtums gepflegt. In den Jahren 824/825 fanden sie im Wohltätergedenken des Verbrüderungsbuches an vorderer Stelle gleich nach den Karolingern ihren Platz.[97]

Sieht man aber näher hin, so fällt auf, dass Lantfrid und Theudebald kaum in Reichenau begraben worden sein können. Herzog Lantfrid verstarb bereits im Jahre 730, das heißt, in der ersten Gründungsphase des Klosters. Vielleicht kam er im Kampf gegen den fränkischen Hausmeier Karl Martell ums Leben, der das merowingische Herzogtum in Alemannien zu unterdrücken trachtete, und der mit Lantfrids Tod sein Ziel auch schon in einem wesentlichen Punkt erreicht hatte.[98] Nach Lantfrid gab es in Alemannien jedenfalls keinen von den Karolingern anerkannten Herzog mehr, und Lantfrids Bruder Theudebald, der die Herzogswürde wohl schon neben Lantfrid und dann in der Nachfolge Lantfrids nach 730 beanspruchte, konnte sich unter dem Druck der Karolinger – wenn überhaupt – nur noch in peripheren Bereichen des Landes zeitweilig durchsetzen. Den vorliegenden Nachrichten zufolge musste Theudebald längere Zeit außer Landes gehen; mehrmals hat er gegen die karolingische Herrschaft in Alamannien rebelliert. Nachdem es ihm gelungen war, nochmals für kurze Zeit zurückzukehren, entschwindet er im Zuge der Auseinandersetzungen zwischen den fränkischen Hausmeiern untereinander und mit den alemannischen Großen in der großen Krise von 746 (sog. „Blutgericht von Cannstatt") endgültig aus unserem Gesichts-

---

[96] Vgl. ALFONS ZETTLER, Geschichte des Herzogtums Schwaben, Stuttgart 2003, S. 50–55.

[97] Das Verbrüderungsbuch der Abtei Reichenau (wie Anm. 75), Faksimile, p. 114, A 3 und p. 115, B 1–2; vgl. dazu ALFONS ZETTLER, Alemannien in der Karolingerzeit, in: Alamannen zwischen Schwarzwald, Neckar und Donau. Begleitbuch zur gleichnamigen Ausstellung, hg. von DOROTHEE ADE, Stuttgart 2008, S. 154–162, DERS., Klöster, Schriftkultur und Klosterarchive. Annäherungen an die Quellen unseres Wissens, in: ebd., S. 180–187, hier S. 187 mit Abb.

[98] ZETTLER, Geschichte (wie Anm. 97), S. 53 f.; vgl. jüngst DIETER GEUENICH, *...noluerunt obtemperare ducibus Franchorum*. Zur bayerisch-alemannischen Opposition gegen die karolingischen Hausmeier, in: Der Dynastiewechsel von 751. Vorgeschichte, Legitimationsstrategien und Erinnerung, hg. von MATTHIAS BECHER und JÖRG JARNUT, Münster 2004, S. 129–143.

kreis.[99] Weder über die Grabstätte Lantfrids († 730) noch über diejenige Theudebalds († 751?) sind irgendwelche Nachrichten überliefert.

Unter den geschilderten Umständen erscheint es daher so gut wie ausgeschlossen, dass den beiden Exponenten der alemannischen Agilolfinger ein Grab im Kloster Reichenau bereitet worden wäre, wie Reisser vermutet. Denn bei Lantfrid hätte die Beisetzung auf der Reichenau in eine Periode der äußersten Instabilität des jungen Klosters fallen müssen; außerdem spricht die archäologisch-baugeschichtliche Befundlage gegen eine solche Frühdatierung der Sepultur. Und Theudebald, dessen Todesjahr ohnehin unbekannt bleibt, besaß wohl kaum noch die Geltung und die Machtmittel, um sich in der politischen Situation des mittleren 8. Jahrhunderts, als die Reichenau schon fest in der Hand des Konstanzer Bischofs Sidonius, eines verbürgten Anhängers der Karolinger war,[100] eine Grabstätte im Inselkloster zu verschaffen. Und selbst dann würde immer noch der „Dritte im Bunde", also mindestens eine Person in der Sepultur, unbestimmt bleiben.

Wie schon angedeutet, genossen Lantfrid und Theudebald einen hervorragenden Platz im Reichenauer Gebetsgedenken. Im Verbrüderungsbuch erscheint Lantfrid auf der Seite der „verstorbenen Wohltäter des Inselklosters" in der ersten Kolumne unmittelbar im Anschluss an die verstorbenen Mitglieder des karolingischen Herrscherhauses. Und auf der gegenüberliegenden Seite ist der Herzog nochmals, diesmal mit seiner Familie, eingeschrieben worden (824/825). Die Einträge des agilolfingischen Herzogs und seiner Familie im Gedenkbuch der Reichenau mögen auf den ersten Blick überraschen; sie beruhen aber nicht etwa darauf, dass die Agilolfinger in der Reichenauer Abteikirche begraben worden wären. Sie werden ohne weiteres verständlich, wenn man bedenkt, dass die fränkischen Historiographen die erwähnte Königin Hildegard, Gerolds Schwester und die wichtigste Gemahlin Karls des Großen, dazu Stammmutter aller späteren Karolingerherrscher, von den agilolfingischen Herzögen abstammen lassen. Die Agilolfinger wurden also vor allem deshalb an solch exponierter Stelle inseriert, weil man sie damals, zur Zeit der Anlage des Buches, in Reichenau zum einen als Vorgänger der karolingischen Herrscher in Alemannien und zum anderen als Vorfahren der aktuellen Karolingerherrscher wahrnahm.

Um es schließlich nochmals mit Hilfe einer anderen Perspektive deutlich zu machen: Auch von den im selben Eintrag aufgeführten Karolingern kann selbstverständlich nicht einfach auf deren Beisetzung im Reichenauer Münster rückgeschlossen werden. Das Sammelgrab, so wäre festzuhalten, enthält nach allem, was wir derzeit wissen, nicht die sterblichen Überreste von alemannischen Herzögen der frühen Karolingerzeit.

Bleiben also die Abtbischöfe! Wenige Jahre nach der Vertreibung Pirmins gelangten diese in den Besitz des Inselklosters. Wie die Besitzergreifung vonstatten ging, bleibt aufgrund des Mangels an Nachrichten unbekannt. Doch erwies sich die bischöflich-konstanzische Herrschaft über die Reichenau als recht nachhaltig, denn sie dauer-

---

[99] ZETTLER, Geschichte (wie Anm. 96), S. 54–56; vgl. jüngst ROGER COLLINS, Pippin III as Mayor of the Palace: the Evidence, in: BECHER, Dynastiewechsel (wie Anm. 98), S. 75–91, bes. S. 77–85.

[100] MAURER, Bistum (wie Anm. 85), bes. S. 45 f.

te fast ein halbes Jahrhundert an. In dieser Zeitspanne standen drei Bischöfe in ununterbrochener Folge auch dem Kloster vor; von allen dreien, Arnefrid, Sidonius und Johannes, wird dies glaubhaft überliefert. Selbstverständlich begegnen ihre Namen in der Reihe der verstorbenen Reichenauer Äbte im Verbrüderungsbuch,[101] und mindestens Sidonius und Johannes genossen ein qualifiziertes, personenbezogenes Totengedenken im Inselkloster.[102] Während Arnefrid zeitgenössisch nur als Abt bezeugt ist,[103] weiß man von Sidonius († 760), dass er sich, bereits erkrankt, kurz vor seinem Ableben auf die Reichenau schaffen ließ.[104] Und von Johannes († 782) berichten späte Überlieferungen sogar, er liege in der Kilianskapelle des Klosters begraben.[105] Von allen dreien ist gelegentlich angenommen worden, sie seien vor der Erlangung ihres hohen Amtes auch Mönche der Reichenau gewesen – bei den ersten beiden allerdings ohne zureichende Quellenbasis.[106]

Wenn ich alle Anhaltspunkte, die in diesem Beitrag angeführt werden konnten, zusammenfassend bewerten soll, sehe ich kaum eine Alternative zu der Feststellung: die Sepultur im frühkarolingischen Münster zu Reichenau war die der genannten Abtbischöfe von Reichenau-Konstanz. Ein Wechsel der Perspektive von der Abtei Reichenau zur bischöflichen Sedes Konstanz macht diesen Sachverhalt in der Zuspitzung noch deutlicher.[107] Denn dann rückt die Problematik der Konstanzer Bischofssepultu-

---

[101] Vgl. oben, Anm. 93.
[102] RAPPMANN / ZETTLER, Mönchsgemeinschaft (wie Anm. 38), S. 289–295.
[103] MAURER, Bistum (wie Anm. 85), S. 41 f.
[104] Ratpert, St. Galler Klostergeschichten (Casus sancti Galli), hg. und übers. von HANNES STEINER (Monumenta Germaniae Historica: Scriptores rerum Germanicarum in usum scholarum separatim editi, 75), Hannover 2002, S. 158 f.; vgl. MAURER, Bistum (wie Anm. 85), S. 48.
[105] MAURER, Bistum (wie Anm. 85), S. 52 mit Anm. 30.
[106] MAURER, Bistum (wie Anm. 85), S. 39 (Arnefrid), S. 44 (Sidonius) und S. 49 f. (Johannes); bei Letzterem beruht diese Annahme auf mehreren frühmittelalterlichen Zeugnissen, darunter namentlich Walahfrid und Ratpert, und wird deshalb bei ihm am ehesten zutreffen. – Wenn bei der Wahl der Grabkirche seitens der Bischöfe des 8. bis 10. Jahrhunderts nicht selten die religiöse Gemeinschaft eine entscheidende Rolle spielte, welcher der Bischof zuvor angehört hatte – so mein Eindruck bei der Sichtung der neueren Literatur (vgl. oben, Anm. 36 und 84 sowie im Folgenden Anm. 110) – dann könnte das in der Tat bei allen dreien, Arnefrid, Sidonius und Johannes, für eine Vergangenheit als Mönch der Reichenau sprechen.
[107] Vgl. die Einordnung aus dieser Perspektive bei SCHIEFFER, Grab (wie Anm. 84), S. 17. Mit St. Stephan besaß Konstanz zwar eine suburbane Kirche, die – wie bekanntermaßen St. Stephan in Chur (ebd., S. 14) – durchaus Bischofsgräber aufgenommen haben könnte. Doch gibt es darüber und auch über das Alter der Kirche bislang keine verlässlichen Aufschlüsse; vgl. HELMUT MAURER, Das Stift St. Stephan in Konstanz (Germania Sacra N. F., Bd. 15), Berlin 1981, S. 39–46; DERS., in Helvetia Sacra I/2, Bern 1993, S. 42 f. und 87 f.; MICHAEL BORGOLTE, Salomo III. und St. Mangen. Zur Frage nach den Grabkirchen der Bischöfe von Konstanz, in: Churrätisches und st. gallisches Mittelalter. Festschrift für Otto P. Clavadetscher zu seinem fünfundsechzigsten Geburtstag, hg. von HELMUT MAURER, Sigmaringen 1984, S. 195–223. Zur mutmaßlichen bischöflichen Grabkirche St. Stephan in Chur vgl. OTTO P. CLAVADETSCHER / WERNER KUNDERT, in: Helvetia Sacra I/1, Bern 1972, S. 449–451; WALTER SULSER / HILDE CLAUSSEN, St. Stephan in Chur. Frühchristliche Grabkammer und Friedhofskirche, Zürich 1978; REINHOLD KAISER, Churrätien im frühen Mittelalter. Ende 5. bis Mitte 10. Jahrhundert, Basel 1998, S. 69–78; DERS., Das Frühmittelalter, in: Handbuch der Bündner Geschichte,

ren in den Blick, über die man bisher, was jedenfalls das erste Jahrtausend unserer Zeitrechnung anbelangt, so kaum etwas weiß. Sie wäre, falls meine Argumente plausibel erscheinen, im 8. Jahrhundert auf der Reichenau zu suchen – in einem „bischöflich konstanzischen Eigenkloster", wie ebenso prägnant wie treffend formuliert wurde.[108]

Einige Überlegungen mögen dieses Ergebnis noch weiter absichern. Zum einen hätte die Sepultur im Reichenauer Münster den kirchlichen Rechtsanschauungen und Rechtsvorschriften jener Zeit entsprochen: dass nämlich im liturgisch genutzten Kirchenraum nicht bestattet werden sollte – es sei denn, es handelte sich um hochrangige und verdiente Geistliche.[109] Diese werden an erster Stelle genannt, erst an zweiter Stelle stehen Laien, die gleiche Qualifikationen vorzuweisen haben.[110] Außerdem steht mein Deutungsversuch im Einklang mit Ergebnissen, die Karl-Ernst Gierlich in seiner Arbeit über die Grabstätten der linksrheinischen Bischöfe im früheren Mittelalter erzielt hat.[111] Er konnte zeigen, dass die Bischöfe der rheinischen Metropolen – zu denen ja im weiteren Sinne auch Konstanz zählt – bis zur Jahrtausendwende zumeist in den suburbanen Stiften und Klöstern ihrer *Civitates* bestattet wurden, selten hingegen in ihren Kathedralkirchen, und dass sich in solchen suburbanen Kirchen auch schon erste Ansätze zu kontinuierlichen Bischofssepulturen herausbildeten. Als Beispiele nenne ich nur St. Alban bei Mainz,[112] St. Severin bei Köln,[113] oder St. Maximin bei Trier[114] (vgl. hierzu auch den Beitrag von Sebastian Ristow in diesem Band). Dem wäre noch hinzuzufügen, dass Konstanz als eine bischöfliche Sedes, die erst in der späteren Merowingerzeit Aufschwung nahm, anders als Köln, Mainz und Trier nicht über einen seit der Spätantike gewachsenen suburbanen Kirchenkranz verfügte.[115] Einen gewissen Ersatz in dieser Hinsicht bildeten für die Konstanzer Bischöfe jedoch die beiden im Verlauf des 8. Jahrhunderts erworbenen, aber wohlgemerkt nicht unter ihrer Ägide gegründeten Klöster Reichenau und St. Gallen, die wegen der besonderen topographischen und verkehrsgeographischen Situation des Bischofssitzes

---

Bd. 1: Frühzeit bis Mittelalter, Chur 2000, S. 99–137, hier S. 115; Hans Rudolf Sennhauser, Chur GR St. Stephan, in: Frühe Kirchen im östlichen Alpengebiet (wie Anm. 45), Bd. 1, S. 77 f. mit weiterer Literatur.

[108] Alois Schütz, Zur Frühgeschichte der Abtei Reichenau (Protokoll des Konstanzer Arbeitskreises für mittelalterliche Geschichte Nr. 274 vom 8.12.1984), S. 16; vgl. Maurer, Bistum (wie Anm. 85), S. 40.

[109] Vgl. Hassenpflug, Laienbegräbnis (wie Anm. 36), S. 31–40; Krohn, Stiftergrab (wie Anm. 37), S. 15.

[110] Vgl. oben, Anm. 36–37 und Anm. 72.

[111] Karl-Ernst Gierlich, Untersuchungen zu den Grabstätten der linksrheinischen Bischöfe vor 1200, Diss. phil. Bonn, Mainz 1990, bes. S. 385, wo als vierte Phase der Entwicklung genannt wird: „Priorität der Bestattung in auswärtigen Klostergründungen vor der Bestattung bei der Bischofsstadt (2. Hälfte 7. Jh. bis 2. Hälfte 8. Jh.)"; die fünfte Phase wird charakterisiert wie folgt: „Erneute Hinwendung zur Bestattung bei der Bischofsstadt (Ende 8. Jh. bis Mitte 9. Jh.)".

[112] Gierlich, Grabstätten (wie Anm. 111), S. 181–183.

[113] Gierlich, Grabstätten (wie Anm. 111), S. 297–299.

[114] Gierlich, Grabstätten (wie Anm. 111), S. 83–85.

[115] Allg. zu diesem Problem Schieffer, Grab (wie Anm. 84), S. 22.

am Bodensee ohne weiteres die Funktionen ‚suburbaner' bischöflicher Kirchen übernehmen konnten.

Zum Schluss ist auf ein weiteres hauptsächliches Ergebnis unserer Recherchen „am Schnittpunkt archäologischer und historischer Wissenschaften" nochmals hinzuweisen, auch wenn es hier nicht im Einzelnen erörtert und bewertet werden kann. Die Bestattung des Bayernpräfekten Gerold im Altarhaus des Münsters musste im Vorstehenden vor allem als Fixpunkt und Folie für die Bestimmung der Sammelbestattung und der voraufgehenden Sepultur an diesem Ort herhalten. Auf der anderen Seite verdiente dieser spektakuläre Akt – geschehen im Spätsommer des Jahres 799, am Vorabend der Kaiserkrönung Karls – höchste Aufmerksamkeit im größeren Rahmen der Geschichte des karolingischen Frankenreichs.[116] Nehmen wir die Überführung Gerolds nach Reichenau und seine Beisetzung im Münster ein letztes Mal in den Blick, so wird auch der Sinngehalt dieser Ereignisse für das Kloster und die Mönchsgemeinschaft auf der Insel klar. Waldo und Gerold, beide einflussreiche Paladine, nahe Verwandte und hochrangige Helfer König Karls, waren es gewesen, die entschieden für die Lösung des Inselklosters aus der Personalunion mit dem Bischofssitz Konstanz eingetreten waren und bewirkt hatten, dass die Reichenau den Status eines Königsklosters, einer Reichsabtei, erlangte.[117] Nichts anderes als die Beisetzung des Bayernpräfekten Gerold, des Schwagers Karls des Großen, an jenem Platz in der Abteikirche, wo zuvor die Abtbischöfe begraben wurden, könnte die endgültige Lösung der Reichenau aus der lang andauernden bischöflich-konstanzischen Herrschaft und die Stiftung einer neuen – einer karolingischen – Identität des Klosters augenfälliger machen.

---

[116] Vgl. JARNUT, 799 (wie Anm. 31); ferner meine Bemerkungen in: WALTER BERSCHIN / ALFONS ZETTLER, Egino von Verona – Der Gründer von Reichenau-Niederzell, 799 (Reichenauer Texte und Bilder, Bd. 8), Sigmaringen 1999, S. 63–65.

[117] Vgl. zuletzt MAURER, Reichenau (wie Anm. 16), S. 549, S. 525–526; Nrn. 1–2; ferner DERS., Konstanz, in: Die deutschen Königspfalzen, Bd. 3 (wie Anm. 16), S. 289–290; Nr. 1, und nochmals DERS., Bistum (wie Anm. 85), S. 51–52.

Gefürchtet – manipuliert – beraubt – ausgeräumt

Gedanken zu Sonderbestattungen und nachträglich geöffneten Kirchengräbern ausgehend vom Frauengrab von Elsau, Kanton Zürich

Werner Wild

Die Sonderbestattung von Elsau Grab 2

In der Kirche des unweit von Winterthur gelegenen Ortes Elsau (Kanton Zürich) wurde im 9. Jahrhundert n. Chr. das Grab einer 42-jährigen Frau (Grab 2) ein bis sechs Jahre nach der Beisetzung geöffnet.[1] Nach Manipulationen am teilverwesten Skelett füllte man die Grabgrube mit einer Steinpackung und legte darüber eine Seeadlerklaue und eine Fuchspfote nieder (Abb. 1). Spätestens zu diesem Zeitpunkt lag das Grab in einem Anbau der damaligen Kirche. Die zu Lebzeiten schwer kranke Frau gehörte offensichtlich zur Oberschicht. Die archäologisch feststellbaren Vorkehrungen der Graböffnung sind einzigartig und werfen vielfältige Fragen auf. Unter welchen Voraussetzungen und in welchem Rahmen wich man bei Bestattungen in Kirchen von der Norm ab?

Datierung und Lage der Bestattung

Aufgrund von ^{14}C-Datierungen eines Backenzahns der Verstorbenen sowie organischer Reste aus der erst nachträglich bei der Graböffnung eingebrachten Verfüllung fanden Bestattung und Graböffnung im 9. Jahrhundert, zwischen 803 und 899, statt. Spätestens zum Zeitpunkt der nachträglichen, ein bis sechs Jahre nach der Beisetzung durchgeführten Graböffnung lag das Frauengrab im Nordanbau der vergrößerten Kirche (Abb. 2 und 9). Die Bodenoberfläche aus der Zeit der Bestattung wurde bei Ein-

---

[1] Das Frauengrab von Elsau wurde bereits an anderer Stelle ausführlich vorgelegt, weshalb hier lediglich eine Zusammenfassung gegeben und allgemein auf folgende Veröffentlichungen verwiesen wird: WERNER WILD, Unter Adler und Fuchs begraben – Ein aufsehenerregendes Frauengrab des 9. Jahrhunderts in Elsau, Kanton Zürich, mit einem Beitrag von Elisabeth Langenegger, in: Mittelalter 11 (2006), S. 20–60; DERS., Hatte Wilfrida übernatürliche Kräfte, die über den Tod hinaus wirksam sind? (Faltkarte der Stiftung Archäologie Zürich), Zürich 2008; ELISABETH LANGENEGGER / THOMAS TÜTKEN / WERNER WILD, Einheimisch oder fremd? Isotopenanalyse einer Frau des 9. Jahrhunderts n. Chr. aus Elsau, Kanton Zürich, Schweiz, in: Anthropologischer Anzeiger 66 (2008), Heft 1, S. 19–50. Alle Aufsätze können beim Autor als PDF-Dokument bezogen werden (werner.wild@bd.zh.ch).

bau eines Mörtelbodens vollständig beseitigt. Somit bleiben die genaue Grabtiefe und das zeitliche Verhältnis der Grabgrube zu Schichten, die beim Bau der neuen Kirche entstanden, unbekannt. Deshalb könnte sich das Grab zunächst im Freien neben der alten Kirche befunden haben, während ihrer Bauzeit ausgehoben oder im fertiggestellten Anbau angelegt worden sein (Abb. 3). Erst nach der Graböffnung baute man den Mörtelboden ein, wonach sich die Grabsohle nur 0,40 m unter dem Fußboden befand.

Anthropologische Erkenntnisse

In Kirchen bestattete Personen gehörten im 9. Jahrhundert in den meisten Fällen zur Spitze der Gesellschaft. Ihre Güter lagen teilweise weit voneinander entfernt auf größere Gebiete verteilt (sog. Streubesitz). Frauen konnten über diese Besitztümer verfügen und auch als Auftraggeberinnen oder Mitbegründerinnen von Kirchenbauten auftreten. Eine mittels Isotopen-Analyse erschlossene, gewisse Mobilität im Gebiet der heutigen, deutschsprachigen Schweiz oder in Südwestdeutschland stellt auch für die bei der Kirche von Elsau bestattete, etwa 1,57 m große Frau einen Hinweis auf die Zugehörigkeit zu einer solchen Großgrundbesitzerfamilie dar.[2] Einen weiteren

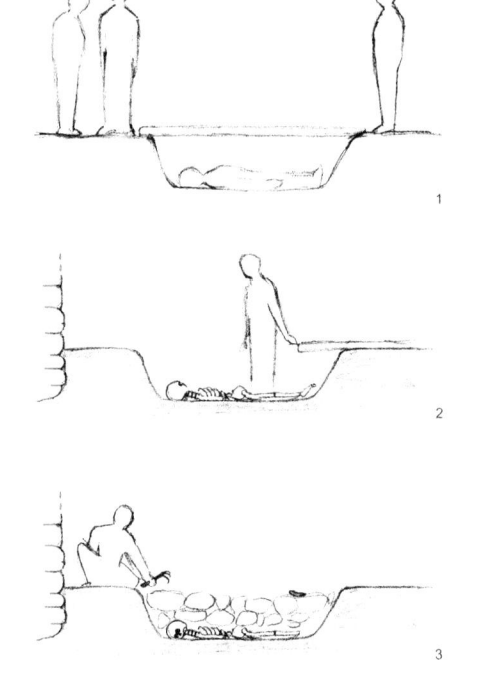

Abb. 1: Elsau, Grab 2, archäologisch nachweisbare Handlungen; da unbekannt ist, wer die Handlungen ausführte, sind die Personen als schemenhafte Umrisse dargestellt. Bestattung (1), Graböffnung und Manipulationen am Skelett (2), Grabverfüllung mit Steinpackung und Niederlegung der Tierfüße (3), Einbau des Mörtelbodens (4). Zeichnung: Marcus Moser, Kantonsarchäologie Zürich.

---

[2] LANGENEGGER / TÜTKEN / WILD, Einheimisch (wie Anm. 1). Zur Methode: THOMAS TÜTKEN / CORINA KNIPPER / KURT W. ALT, Mobilität und Migration im archäologischen Kontext: Informationspotential von Multi-Element-Isotopenanalysen (Sr, Pb, O), in: Kulturwandel in Mitteleuropa. Langobarden – Awaren – Slawen. Akten der Internationalen Tagung in Bonn vom 25. bis 28. Februar 2008, hg. von JAN BEMMANN und MICHAEL SCHMAUDER (Kolloquien zur Vor- und Frühgeschichte, Bd. 11), Bonn 2008, S. 1–30; KURT W. ALT, Prähistorische Archäologie im 21. Jahrhundert. Methoden und Anwendungen, in: Dunkle Jahrhunderte? Tagungs-

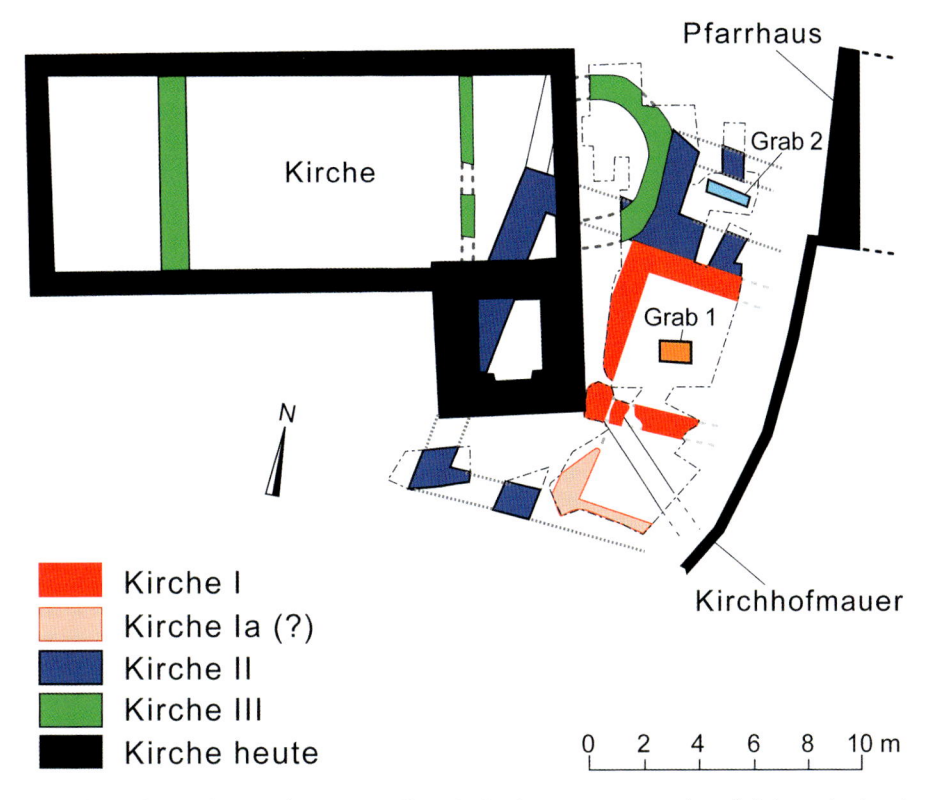

Abb. 2: Elsau, Phasenplan. Das leer angetroffene Grab 1 lag im Innenraum der möglicherweise bereits im 7., spätestens aber in der zweiten Hälfte des 8. Jh. errichteten Kirche I. Grab 2 mit der hier besprochenen Sonderbestattung lag im Anbau der im 9. Jh. errichten Kirche II. Spätestens im 13. Jahrhundert wurde Kirche III errichtet. Zeichnung: Marcus Moser, Kantonsarchäologie Zürich.

Hinweis auf die hohe soziale Position der Verstorbenen liefert das auffällige Fehlen der sonst ‚üblichen', anthropologisch feststellbaren Stressmarker (Harris-Linien, Zahnschmelzhypoplasien und Cribra orbitalia).[3] Demnach hatte die Frau in Kindheit und Jugend Zugang zu einer ausgewogeneren Ernährung. Ausgeprägte Muskelansatzstellen an den Oberarmknochen belegen allerdings, dass sich die Frau wegen schwerer Arthrosen im Hüftgelenk und vor allem an den Knien vermutlich über Jahre hinweg mit Krücken fortbewegen musste (Abb. 4).

    beiträge der Arbeitsgemeinschaft Spätantike und frühes Mittelalter: 1. Rituale und Moden (Xanten, 8. Juni 2006) und 2. Möglichkeiten und Probleme archäologisch-naturwissenschaftlicher Zusammenarbeit (Schleswig, 9.–10. Oktober 2007), hg. von ORSOLYA HEINRICH-TAMASKA, NIKLOT KROHN und SEBASTIAN RISTOW (Studien zu Spätantike und Frühmittelalter, Bd. 1), Hamburg 2009, S. 273–292, hier S. 288–291; MATHEW MIKE SCHWEISSING, Archäologische Fragen zu Migration: Grundlagen, Chancen und Probleme von Untersuchungen stabiler Strontiumisotope ($^{87}SR/^{86}SR$), in: ebd., S. 293–306.

[3] Zur Methode ausführlich: ALT, Prähistorische Archäologie (wie Anm. 2), S. 278 f.

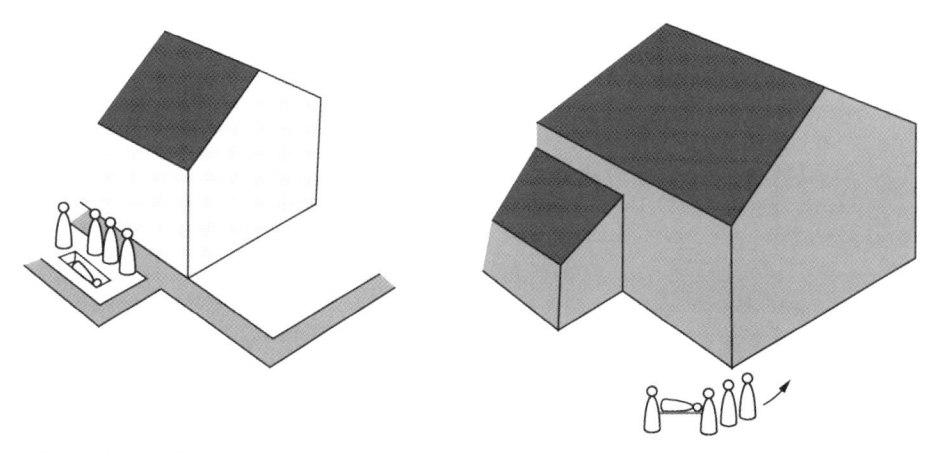

Abb. 3: Elsau, Rekonstruktion des Anbaus. Ob Kirche II zum Zeitpunkt der Beisetzung der Frau erst geplant, im Bau oder vollendet war, bleibt unbekannt. Zeichnung: Werner Wild, Kantonsarchäologie Zürich.

Abb. 4: Die letzten Lebensjahre der in Grab 2 von Elsau bestatteten Frau waren von Krankheiten und Schmerzen geprägt. Zur Fortbewegung war sie auf Krücken angewiesen. Aufgrund ihres privilegierten Bestattungsplatzes dürfte sie allerdings zur frühmittelalterlichen Oberschicht gehört haben. Zeichnung: Daniel Pelagati, Kantonsarchäologie Zürich.

Neben den Arthrosen an der rechten Hüfte und an beiden Kniegelenken sind am Skelett auch verschiedene weitere krankhafte Veränderungen (Pathologien) erkennbar (Abb. 5). Nachgewiesen sind u. a. Poliomyelitis (Kinderlähmung), Morbus Scheuermann, Skoliose, chronische Polyarthritis sowie Zahnerkrankungen. Da sich nur rund 2 % aller Erkrankungen eines Menschen am Knochen manifestieren, stellt die Vielzahl festgestellter, schwerer krankhafter Veränderungen am Skelett der Frau von Elsau vermutlich nur einen kleinen Teil ihrer gesundheitlichen Probleme dar. Der dünne linke Arm, die Fehlstellungen in verschiedenen Gelenken, der veränderte Rücken, die entzündlichen, immer wieder aufflammenden Krankheiten, Arthrosen und der schlechte Zahnzustand weisen auf viele Schmerzen und Entbehrungen im Leben der Frau hin. Der Körper konnte sich vermutlich nie richtig erholen und war dadurch immer gestresst, so dass auch eine negative Auswirkung auf das Wesen der Frau zumindest denkbar ist. Als Angehörige der Oberschicht dürfte sie in den Genuss von bestmöglicher, kostspieliger Pflege und medizinischer Betreuung gekommen sein. Vielleicht erreichte sie nur deshalb das mittels Zahnzementanalyse ermittelte Alter von 42 ±1 Jahren.

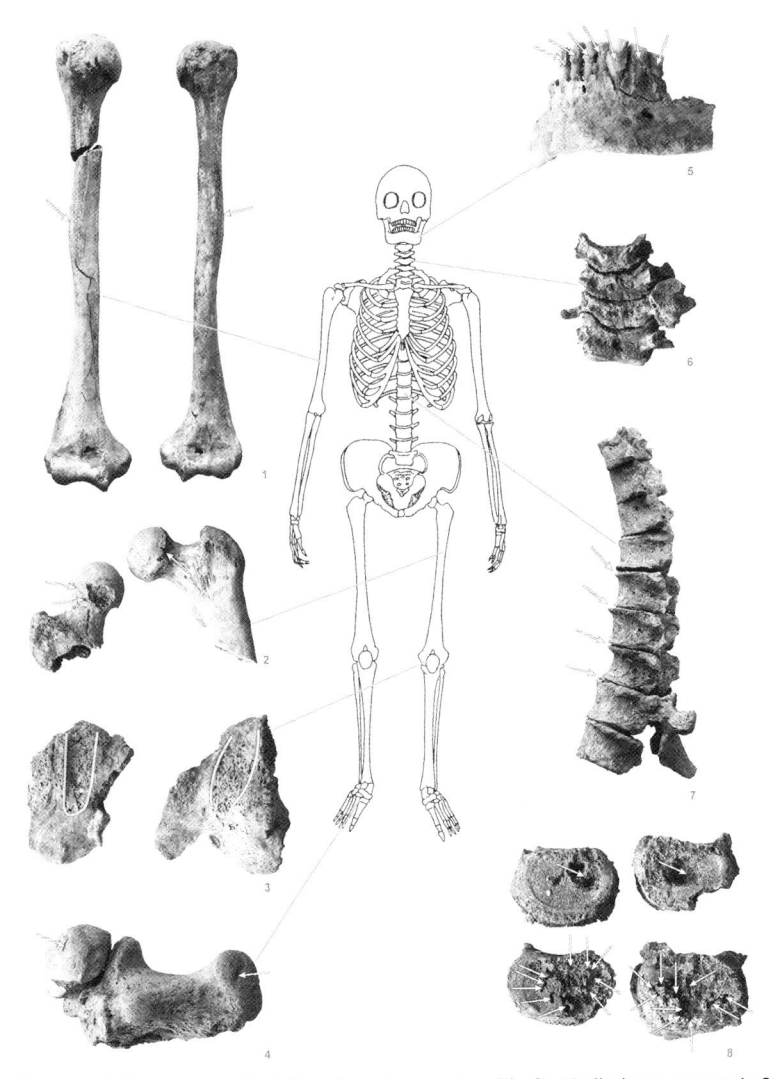

Gefürchtet – manipuliert – beraubt – ausgeräumt 189

Abb. 5: Elsau, Grab 2, einige am Skelett nachgewiesene, krankhafte Veränderungen sowie Schnittspuren am rechten Fuß (rechts und links bezieht sich jeweils auf die entsprechende Körperseite). 1: Normal ausgebildeter rechter und graziler linker Oberarm, beide Knochen mit ausgeprägten Muskelansatzstellen (Pfeil). 2: Rechter, zu wenig tief eingekerbter Oberschenkelhals (Impingment-Syndrom) mit beginnender Arthrose (Coxarthrose). 3: Oberschenkel mit ‚Schleifspuren' in der Kniegegend infolge einer direkten Reibung der Kniescheiben auf dem Knochen aufgrund weitgehender Zersetzung des Kniescheibenknorpels. 4: Fersen- und Sprungbein rechts mit leichten Schnittspuren. 5: Unterkiefer mit starkem Zahnsteinbefall an den vorderen Zähnen. 6: Infolge extremer Zurückbildung der Bandscheiben in sich gestauchter Halswirbel mit arthrotischen Veränderungen. 7: Brustwirbel mit Appositionswachstum an der Vorderseite der Wirbelkörper (vorspringende Knochenwülste). 8: Aufsicht auf die Deckplatten einzelner Wirbel mit tiefen Löchern (Schmorl'sche Knötchen) als Hinweis auf ‚Morbus Scheuermann' und feinstrukturiertes ‚Löchlimuster' als Hinweis auf Polyarthritis. Fotos: Anthropologisches Institut der Universität Zürich; Grafik: Marcus Moser, Kantonsarchäologie Zürich.

Auffälligkeiten der Bestattung und Deutungsmöglichkeiten

Aufgrund der einzigartigen Graböffnung und der dabei erfolgten Handlungen (Abb. 6 und 7) stellt sich die Frage, ob bereits die Bestattung außergewöhnlich verlief. Weisen sie bereits darauf hin, dass die Frau zum Zeitpunkt ihres Todes als gefährliche, potenzielle ‚Wiedergängerin' galt oder wurde das Grab erst durch die Handlungen bei der nachträglichen Öffnung in eine ‚Sonderbestattung' verwandelt?

Befund	Handlung	Hintergründe
Grab im Anbau der Kirche II	Bewusste Wahl	– abhängig von der gesellschaftlichen Stellung – präventive Schutzmaßnahme
Unterschenkel eng liegend, Schnittspuren an Knochen des rechten Fußes, evtl. zu diesem Zeitpunkt zugeführt	Bindung der Unterschenkel, evtl. Entfernung der Füße	– Bestattungsbrauchtum – präventive Schutzmaßnahme
Knochen liegen nicht im anatomischen Verband	Unbeabsichtigte Verlagerung von Knochen	– Verwesungsprozess – Tierstörung
Knochen liegen nicht im anatomischen Verband Schnittspuren an Knochen des rechten Fußes, evtl. zu diesem Zeitpunkt zugeführt	Graböffnung, beabsichtigte Verlagerung von Knochen durch menschliche Einwirkung	– Abschiedszeremonie – materielle Beraubung – immaterielle Beraubung – (Zer-)Störung der Toten – Abwehrzauber – Schutzmaßnahme als Reaktion
Grabverfüllung mit Steinpackung	Bedecken der Toten mit Erde, danach mit einer zweilagigen Steinpackung	– Baumaßnahme (Vermeidung von Setzungen im geplanten Mörtelboden) – Schutzmaßnahme als Reaktion
Tierfüße (Seeadler und Fuchs)	Niederlegung in der Erde über den Steinen, unter dem Mörtelboden. Seeadlerfuß liegt genau über dem verschobenen Schädel	– Hilfsmaßnahme für die Tote – Abwehrzauber – Schutzmaßnahme als Reaktion – Bauopfer

Abb. 6: Elsau, Überblick über die festgestellten Handlungen und denkbaren Hintergründe.

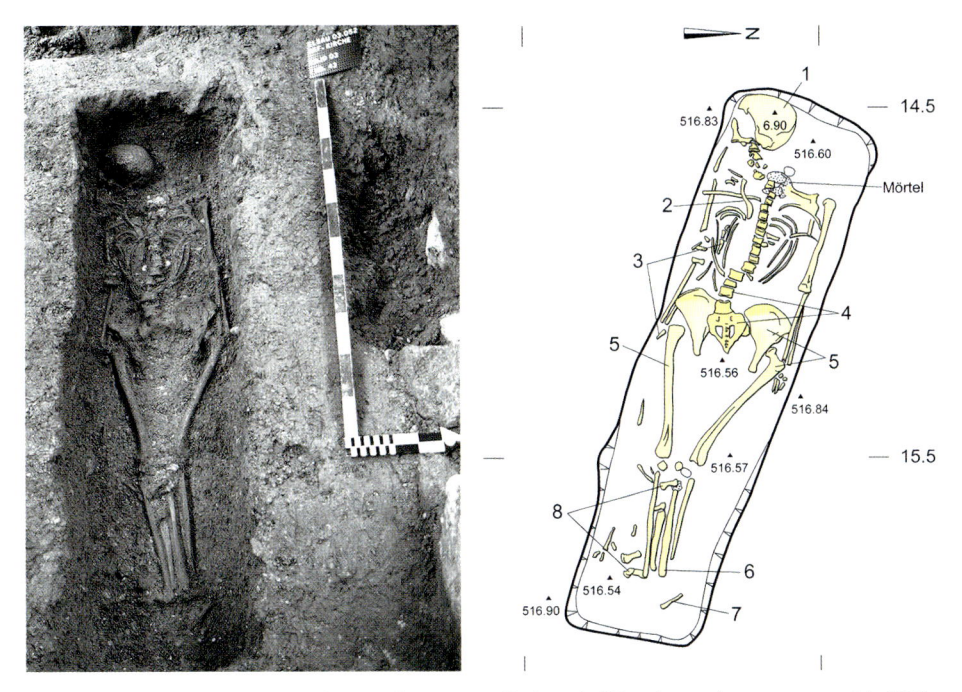

Gefürchtet – manipuliert – beraubt – ausgeräumt 191

Abb. 7: Elsau, Grab 2 in Foto und Umzeichnung. Am Skelett sind Knochenverlagerungen und Auffälligkeiten bezeichnet, die verschiedene Ursachen haben. 1: Durch menschliche Einwirkung verursachte Verlagerung des Schädels etwa 7 cm neben der Wirbelsäule, auf seiner rechten Seite liegend, Unterkiefer im rechten Schulterbereich. 2: Beide Schlüsselbeine mit Oberseite nach unten, durch menschliche Einwirkung oder natürlichen Zersetzungsprozess. 3: Rechte Hand nicht am anatomisch korrekten Ort, einzelne Finger auf und im Brustkorb, Verlagerung durch Nager oder durch Überschwemmung. 4: Lendenwirbel und Kreuzbein, Versatz zwischen dem ersten und zweiten Lendenwirbel infolge Verschiebung durch menschliche Einwirkung. 5: Becken auseinander geklappt, Abstand der Schambeinsymphysen 17 cm (normalerweise 5 mm), obere Enden der Oberschenkel nach außen gerichtet, natürlicher Zersetzungsprozess. 6: Unnatürlich eng aneinander liegende Unterschenkel durch menschliche Einwirkung (Bindung zur Zeit des Begräbnisses). 7: Linker Fuß mit nur zwei vorhandenen Fußwurzelknochen, alle anderen fehlen, vermutlich Verschleppung durch Nager. 8: Rechter Fuß mit leichten Schnittspuren auf Fersen- und Sprungbein in der Nähe des Sprunggelenkes, durch menschliche Einwirkung, z. B. bei Bindung der Unterschenkel oder aber im Zuge der späteren Graböffnung entstanden. Die Fußknochen lagen unnatürlich weit oben, die Zehenspitzen wiesen in Richtung der rechten Hand. Einige Zehenknochen lagen auf den Knien, andere fehlten, Verlagerung durch Nager, Überschwemmung oder menschliche Einwirkung unklar. Foto: Roman Szostek, Zeichnung: Marcus Moser, beide Kantonsarchäologie Zürich.

Am auffälligsten sind die eng aneinanderliegenden Unterschenkel, die auf eine Bindung im Knöchelbereich zurückzuführen sind. Unter den Kirchengräbern findet sich kaum Vergleichbares,[4] überhaupt sind aus dem Früh- und Hochmittelalter nur Einzel-

---

[4] Eines der wenigen Beispiele: Grab 19 der Martinskirche von Brigachtal-Kirchdorf (Schwarzwald-Baar-Kreis) mit der Bestattung eines Klerikers aus dem ersten Drittel des 7. Jahrhunderts, dessen eng beieinanderliegende Unterschenkel von einem Einwickeln des Verstorbe-

fälle von Toten mit gebundenen Unterschenkeln bekannt,[5] wie etwa Grab 221 des Gräberfelds von Elgg (Abb. 8).[6] Für das Binden der Unterschenkel lassen sich verschiedene Erklärungsmöglichkeiten anführen. Einerseits können ganz praktische Gründe, wie etwa die Herrichtung der Leiche für den Transport zum Aufbahrungs- und/oder Bestattungsplatz verantwortlich sein, andererseits kann sich dahinter auch die während des Mittelalters real existierende Furcht vor dem Toten als ‚lebender Leichnam' und ‚Wiedergänger' ausdrücken,[7] dessen Rückkehr in die Welt der Lebenden mittels Binden und Fesseln verhindert werden sollte.[8]

Ungewöhnlich sind auch die am rechten Fuß festgestellten, schwer zu deutenden Schnittspuren an Fersen- und Sprungbein in der Nähe des Sprunggelenkes (Abb. 5).

---

nen in eine Art Leichensack oder Bandagierung herrühren könnte: NIKLOT KROHN, Von der Eigenkirche zur Pfarrgemeinschaft: Kirchenbauten und Kirchengräber der frühmittelalterlichen Alamannia als archäologische Zeugnisse für nobilitäre Lebensweise und christliche Institutionalisierung, in: Centre – Region – Periphery. International Conference of Medieval and Later Archaeology Basel (Switzerland), 10.–15. September 2002, Preprinted Papers, hg. von GUIDO HELMIG, BARBARA SCHOLKMANN und MATTHIAS UNTERMANN, Bad Bellingen-Hertingen 2002, Vol. 2 (Sections 4 and 5), S. 166–178, hier S. 174, Abb. 6; DERS., Das Vermächtnis des Columban – frühe Glaubensboten in der Peripherie des Frankenreiches, in: Macht des Wortes. Benediktinisches Mönchtum im Spiegel Europas, Begleitband zur gleichnamigen Europa-Ausstellung in der Benediktinerabtei St. Paul im Lavanttal, Kärnten, hg. von GERFRIED SITAR OSB und MARTIN KROKER, Regensburg 2009, Bd. 1 (Essays), S. 63–71, hier S. 65, Abb. 2.

5   Z. B. Lauchheim (Ostalbkreis), Grab 1232 aus der Zeit um 500, wo die Leiche möglicherweise in fest verschnürte Tücher gewickelt gewesen war: INGO STORK, Als Persönlichkeit ins Jenseits. Bestattungssitte und Grabraub als Kontrast, in: Die Alamannen. Begleitband zur gleichnamigen Ausstellung, hg. vom Archäologischen Landesmuseum Baden-Württemberg, Stuttgart 1997, S. 418–432, hier S. 420, Abb. 473.

6   RENATA WINDLER, Das Gräberfeld von Elgg und die Besiedlung der Nordostschweiz im 5.–7. Jahrhundert (Zürcher Denkmalpflege, Archäologische Monographien, Bd. 13), Zürich/Egg 1994, S. 18 und S. 226.

7   Vgl. hierzu allgemein: PAUL GEIGER, Stichwort ‚Wiedergänger', in: Handwörterbuch des deutschen Aberglaubens, Bd. 9, hg. von HANNS BÄCHTOLD-STÄUBLI und EDUARD HOFFMANN-KRAYER, Nachdruck Berlin/New York 1987, Sp. 570–578; OLIVER KLAUKIEN, Archäologische Beobachtungen zu Kontinuität und Wandel der „Nachzehrer-" und „Vampirvorstellung", unveröffentlichte Magisterarbeit, Hamburg 1996; ANNETT STÜLZEBACH, Vampir- und Wiedergängererscheinungen aus volkskundlicher und archäologischer Sicht. Concilium medii aevi 1 (1998), S. 97–121, jeweils mit weiterer Literatur.

8   Zur Vorsicht bei einer solchen Deutung mahnt die Äußerung des heiligen Cyprian (210–258), wonach sich das Binden sogar im Sinne des Abstreifens der irdischen Fesseln im Jenseits christlich auslegen lässt: „Oh Füße, in der Welt für eine kurze Zeit gefesselt, um ewig frei zu sein beim Herrn! Oh Füße, für eine Weile noch zögernd in Stricken und an Kreuzesbalken, um dann Christus entgegenzueilen auf der Strasse der Glorie. Laßt nur Grausamkeit, Neid und Bosheit euch hier in Banden und Ketten halten, so lange sie mag, von dieser Erde und von diesem Leiden werdet ihr bald in das himmlische Königreich eingehen." Zitiert nach: KARL HEINZ BRANDT, Die Gräber des Mittelalters und der frühen Neuzeit (Ausgrabungen im St. Petri-Dom zu Bremen, Bd. 2), Stuttgart 1988, S. 90; vgl. auch CHRISTOPHER DAWSON, Die Gestaltung des Abendlandes. Eine Einführung in die Geschichte der abendländischen Einheit (Fischer-Bücherei, Bücher des Wissens, Bd. 381), Frankfurt am Main 1961, S. 30.

Entstanden sie beim Fesseln der Knöchel? Versuchte man, einen oder beide Füße abzutrennen? Wurden die Schnittspuren erst bei der Graböffnung zugefügt?

Im 9. Jahrhundert war die Bestattung im Annex einer Kirche eine Kompromisslösung, um dem während der Karolingerzeit konsequenter befolgten Verbot von Kirchengräbern zu begegnen.[9] Sowohl der Status der Frau als auch die Hoffnung, zugleich Friede und Ruhe für die Tote und die Hinterbliebenen zu erhalten, könnten zur Wahl dieses Begräbnisortes geführt haben.

Als Fazit lässt sich festhalten, dass zu den außergewöhnlichen Handlungen bei der Bestattung von Elsau Grab 2 keine eindeutig interpretierbaren Befunde vorliegen. Die Überlegung, dass bereits beim Begräbnis Vorkehrungen gegen eine gefährliche Tote getroffen worden seien, beruht auf den archäologisch feststellbaren Spuren der Handlungen bei der Graböffnung sowie auf der für die damalige Zeit möglicherweise auffälligen Krankengeschichte – durch deren Auswirkungen die Verstorbene vielleicht schon zu Lebzeiten von ihren Zeitgenossen als ‚unheimlich' empfunden wurde.

Abb. 8: Elgg (Kanton Zürich), Grab 221 mit sogenannter Tuchbestattung, bei der die Unterschenkel- und Armknochen sehr eng am Körper liegen. Foto: Kantonsarchäologie Zürich.

Graböffnung und damit verbundene Handlungen

Postmortale, von Menschenhand verursachte Verschiebungen des Skelettes der Verstorbenen von Elsau belegen eine mindestens ein bis sechs Jahre nach der Bestattung erfolgte Graböffnung (Abb. 7). Das Nachstellen der Fundsituation zeigte beispielsweise, dass der Schädel nur mit einem kräftigen manuellen Schlag an die 7 cm von der Wirbelsäule entfernte Position gelangen konnte. Die übrigen Knochenverschiebungen lassen sich dagegen sowohl auf natürliche Prozesse als auch auf Einwirkungen von Menschenhand zurückführen. Ein Beispiel hierfür bietet die leichte Verlagerung der untersten vier Lendenwirbel und des Beckens nach rechts. Als denkbare Ursache käme etwa das Wegzie-

---

[9] Vgl. hierzu NIKLOT KROHN, Stiftergrab, in: Reallexikon der germanischen Altertumskunde², Bd. 35, Berlin/New York 2007, S. 6–19, hier S. 14. f. mit weiterer Literatur.

hen eines Leichentuchs oder einer schweren Decke in Frage. Auch das Entfernen von Kleidungsbestandteilen, etwa eines Gürtels oder einer Fibel im Brustbereich des teilverwesten Skeletts, wäre eine plausible Erklärung. In der weiteren Umgebung von Elsau endet die Beigabensitte auf den Gräberfeldern und in Kirchen in der Regel um 700, doch gelangten charakteristische Kleidungsbestandteile in Einzelfällen auch noch weiterhin in die Gräber, so dass auch das Frauengrab von Elsau ursprünglich mit derartigen Dingen ausgestattet gewesen sein könnte. Eine daraus etwa abzuleitende Herkunft der Toten aus einem fernen Gebiet mit noch andauernder Beigabensitte wird allerdings durch die Resultate der Isotopen-Analyse (s. Anm. 1) widerlegt.

Abb. 9: Elsau, Befundplan. 1: Gewachsener Boden. 6 und 7: Außenmauern von Kirche I. 22: Nordmauer von Kirche II. 24 und 25: Außenmauern des Anbaus. 29: Grab 2. 31: Steinpackung. 31: Seeadlerklaue und Fuchspfote. 37: Chormauer von Kirche III. 46: Sondageflächen von 1959. Zeichnung: Marcus Moser, Kantonsarchäologie Zürich.

Nach der – ausweislich des Befundes im Hohlraum eines Grabbaus erfolgten – Verlagerung der Skelettteile wurde die Grabgrube mit einer zweilagigen Steinpackung verfüllt. Im Bereich über dem verschobenen Schädel wurde der Fuß eines Seeadlers, im Bereich über den Knien ein Teil einer Fuchspfote niedergelegt (Abb. 9 und 10). Nach dem Verlegen eines Mörtelbodens war das Grab nicht mehr sichtbar.

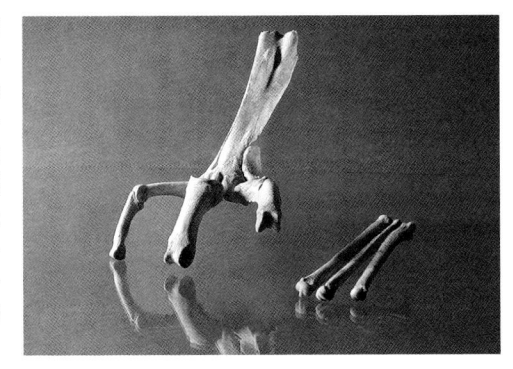

Abb. 10: Elsau, Tierknochen aus Frauengrab 2: Fuchspfote (rechts) und Seeadlerklaue (links), deren Krallen vor der Deponierung entfernt wurden. Foto: Martin Bachmann, Kantonsarchäologie Zürich.

Tierfüße als Amulette

Die Deponierung von Tierfüßen nach der Öffnung eines Kirchengrabes (Abb. 11) ist für das Früh- und Hochmittelalter bisher einmalig. Die in Elsau niedergelegten Tierfüße sind aufgrund der bewusst gewählten Tierarten – Seeadler und Fuchs – mit Sicherheit als Amulette zu deuten. Von besonderer Bedeutung ist zudem die Lage des Seeadlerfußes exakt über dem verschobenen Schädel.

Mit einer Spannweite von bis zu 2,40 m gehörten Seeadler bis zu ihrer Ausrottung zu den größten in der Schweiz beheimateten Greifvögeln. Im Binnenland leben sie an Seen und ausgedehnten Flusslandschaften. Mit ihren Füßen erbeuten sie Fische von mehreren Kilogramm Gewicht, Vögel bis zur Größe von Gänsen und Reihern sowie Säugetiere bis zur Größe von Füchsen und Rehen. Außerdem ernähren sie sich von Aas jeder Art. Füchse waren damals wie heute im Gebiet der heutigen Schweiz verbreitete Raubtiere.

Auch bei den Bestattungen auf frühmittelalterlichen Gräberfeldern sind nach einer nachträglichen Graböffnung niedergelegte Tieramulette äußerst selten. Hier zog man die Bannung des Toten durch Grabräuber oder Verwandte beim Wiederherrichten der Gräber in Betracht. An Tieren sind vor allem Hunde und Katzen, in Einzelfällen Fuchs, Widder und Rothirsch

Abb. 11: Die Niederlegung der Tierfüße ist die Schlüsselszene am Frauengrab von Elsau. Sollte sie der Toten helfen oder die Hinterbliebenen schützen? Zeichnung: Werner Wild, Kantonsarchäologie Zürich.

vertreten.¹⁰ Knochen von Adler und Fuchs sind bislang außer im angelsächsischen Gräberfeld Alfriston (Sussex)¹¹ auch nicht als primäre Grabbeigaben nachgewiesen.¹² Auf die Verwendung von Adlerteilen als Amulett weist bislang einzig ein Seeadler-Mittelfußknochen mit seitlichen Schnitzspuren aus einer Siedlungsschicht des 11./12. Jahrhunderts aus Seedorf (Kanton Uri) hin.¹³ Bei weiteren Funden ist die Nutzung nicht bestimmbar.

Eine mögliche Deutung der Amulette von Elsau erfolgt zunächst über die Untersuchung der Einzelsymbolik der beiden Tierarten und danach in deren Kombination, wobei für die Interpretation aus dem Blickwinkel der modernen, wissenschaftlichen Gegenwart äußerste Vorsicht geboten ist. Das mögliche Vorhandensein weiterer vergänglicher Gegenstände aus organischem Material ist zudem als weitere Einschränkung der Aussagekraft zu berücksichtigen.

Das plötzliche Herabstürzen und Greifen der Beute war sicher ein Grund für die symbolische Verbindung des Adlers mit dem Tod, weshalb die antiken Kirchenväter in den Adlern auch seelenraubende Teufel sahen. Doch bereits in der vorchristlichen Antike ist der Adler auch als Seelenbegleiter bekannt und steht in der christlichen Ikonografie mehrheitlich als positives Symbol für Auferstehung und Himmelfahrt.¹⁴

Beim Fuchs hingegen fehlen sowohl in den literarischen Zeugnissen als auch in der Ikonografie eindeutig positive Eigenschaften; im frühchristlichen *Physiologus* wird er als hinterlistiges Tier geschildert (Abb. 12), das mit dem Teufel im Bunde steht.¹⁵

In einer Kombination von zwei Amuletten kann sich entweder die Bedeutung beider addieren oder eines dominiert das andere. Der Seeadler ist stärker als der Fuchs; lässt sich daraus und vor dem Hintergrund einer Deutung der Tierknochen von Elsau eine christliche Amulettsymbolik für die Auferstehung und das Böse bzw. eine Allegorie auf den ‚Sieg des Guten über das Böse' ableiten? Warum wurden aber ausgerechnet die scharfen, kräftigen Krallen mitsamt den äußersten Zehengliedern des Adlerfußes vor der Niederlegung entfernt (Abb. 13)? Wollte man den Fuß bewusst ‚lahm legen' und seiner Kraft berauben? Oder reichte der Fuß auch ohne Krallen aus? War ein Seeadlerfuß so selten, weshalb man die Krallen einer anderen Nutzung zuführte? Symboli-

---

[10] Für Beispiele vgl. die Zusammenstellung in: WILD, Adler und Fuchs (wie Anm. 1), S. 51, Anm. 177.

[11] AUDREY L. MEANEY, Anglo-Saxon Amulets and Curing Stones (British Archaeological Reports, British Series, Bd. 96), Oxford 1981, S. 142 f.

[12] Vgl. die jüngste Zusammenstellung von Tierknochen als Hinweise aus Speisebeigaben bei MARCUS C. BLAICH, Bemerkungen zur Speisebeigabe im frühen Mittelalter, in: HEINRICH-TAMASKA / KROHN / RISTOW, Dunkle Jahrhunderte (wie Anm. 2), S. 27–44.

[13] WERNER MEYER, Die Sondierungen und Bauuntersuchungen in der Burgruine Seedorf, in: WERNER MEYER / JAKOB OBRECHT / HUGO SCHNEIDER, Die bösen Türnli. Archäologische Beiträge zur Burgenforschung in der Urschweiz (Schweizer Beiträge zur Archäologie und Kulturgeschichte des Mittelalters, Bd. 11), Olten 1984, S. 55 f. (E4 und F9).

[14] Vgl. etwa die Wiedergeburt und Verjüngung des Adlers in den Schilderungen des spätantiken Physiologus: Physiologus. Naturkunde in frühchristlicher Deutung. Aus dem Griechischen übersetzt und hg. von URSULA TREU, Hanau ³1998, S. 15–18.

[15] TREU, Physiologus (wie Anm. 14), S. 33 f.

Gefürchtet – manipuliert – beraubt – ausgeräumt

Abb. 12: Illustration aus einem in Frankreich um die Mitte des 15. Jh. entstandenen Tierbuch. Den Haag, Museum Meermanno Westreenianum, 10 B 25, fol. 13v. Der Fuchs stellt sich tot, dadurch überlistet er aasfressende Vögel, um sie zu fangen. Seine sprichwörtlich hinterlistige und verschlagene Schlauheit führte in verschiedensten Kulturkreisen und Epochen zu einem sehr negativen Bild des Fuchses.

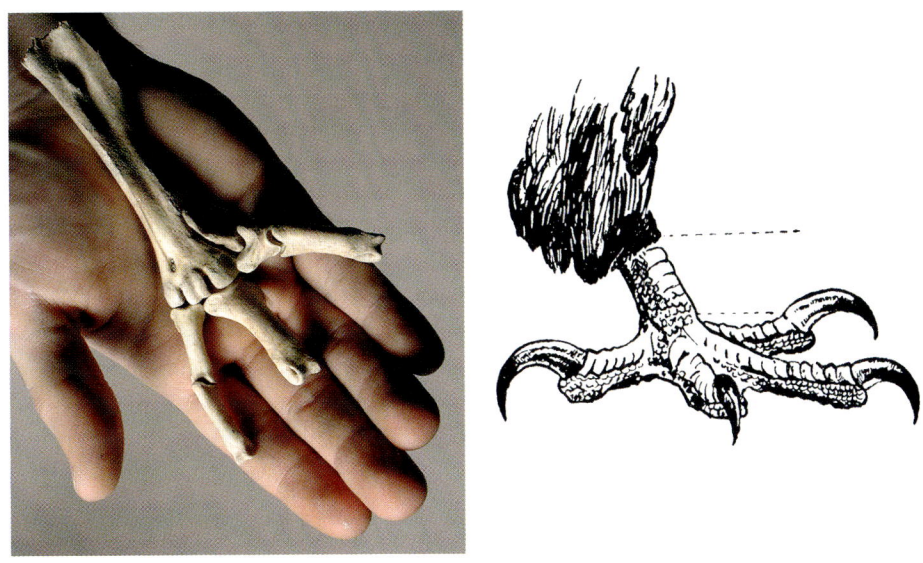

Abb. 13: Seeadlerfuß. Links: Fund. Rechts: Zeichnung. Die Krallen sind sehr stark und gekrümmt und am Ende scharf zugespitzt. Aus: WOLFGANG FISCHER, Die Seeadler (Haliaeetus) (Die Neue Brehm Bücherei, Bd. 221), Magdeburg 1995, Abb. 1.

siert diese Handlung gleichzeitig den Versuch, das Böse zu entfernen und die Macht der Toten zu brechen? Stand der eigene Schutz wegen der Graböffnung und des Eingriffes an der Toten im Vordergrund?

Vielleicht erhoffte man sich durch das gemeinsame Wirken beider Füße eine Bannung negativer Kräfte, etwa von Krankheiten und/oder des Wiedergehens. Dies würde sinngemäß zur Verwendung von Adlerfedern, Adlerklauen und Wolfsfüßen in einem altenglischen Bannspruch gegen einen Tumor oder eine Geschwulst passen.[16] Ging eine solche Bannung auch in eine Hilfeleistung für die Verstorbene über? Solche Erklärungen entsprächen der verbreiteten ‚Organtherapie'. Ferner sind natürlich auch andere, in der freien Natur zu beobachtende Eigenschaften – beim Adler beispielsweise Stärke, Flug, beim Fuchs Schlauheit, List, Flinkheit – denkbar. Wollte man der Frau so zu einer schnelleren Reise ins Himmelreich verhelfen? Schließlich könnte man sich auch eine persönliche, nicht mehr nachvollziehbare Beziehung der Frau zu den beiden Tierarten vorstellen. Waren die Tierfüße als Amulette vielleicht ursprünglich im Besitz der Frau?

Die Deutung des Befundes von Elsau: mehr Fragen als Antworten

Vermutlich wiesen die Tierfüße und auch die übrigen Handlungen mehrere Bedeutungen auf und drücken so auch ein mögliches Dilemma der Zeitgenossen im Umgang mit der Toten aus, dessen Erklärung viele Fragen aufwirft. Ist die Steinpackung über der Toten als bautechnische Maßnahme zu deuten, um Bodensetzungen und damit der Absenkung des Mörtelbodens vorzubeugen – oder sollte sie die Hinterbliebenen schützen? Sollten die beiden Tierfüße und vielleicht auch weitere, nicht mehr erhaltene Amulette der Frau zum Eintritt ins Jenseits verhelfen? Schützte man sich gegen eine gefährliche Tote, die als ‚Wiedergängerin' ihr Unwesen trieb? Sind die Knochenverschiebungen als gezielte Leichenschändung, die Steinpackung und die Tierfüsse als Schutzmaßnahmen zu deuten? Sind die Schnittspuren an Fersen- und Sprungbein zufälligen Ursprungs oder bei der Graböffnung oder gar beim Begräbnis bei einem bewussten Eingriff entstanden?

Betrachtet man alle Indizien, so war die Graböffnung wohl eher ein feindlicher als ein freundlicher Akt. Wegen der gebundenen Unterschenkel wurden möglicherweise bereits bei der Beisetzung unübliche Maßnahmen getroffen. Die Graböffnung und die Niederlegung von Tierfüßen zeugen auf jeden Fall von einer Handlung, die bislang bei einem Grab im Innern einer Kirche respektive eines Annexbaus nicht bekannt ist. Die

---

[16] Vgl. MEANEY, Anglo-Saxon Amulets (wie Anm. 11), S. 19: „Wen, wen, little wen, Here you shall not build, nor any dwelling have; But you shall go north from here to the nearby hill, There you have, poor wretch, a brother. He shall lay a leaf at your head. Under the *feet of a wolf*, under the *feather of an eagle*, Under the *claw of an eagle*, ever may you wither. Shrivel like the coal on a hearth, Shrink like dung on a wall and dry up like water in a pail. So little may you become as a linseed-grain, and much smaller than a hand-worm's' hip-bone, and so little may you become that you become nothing" Altenglischer Spruch, als Marginalie unterhalb einer lateinischen Predigt im 12. Jh. aufgeschrieben (British Library, MS Royal IA, xiv).

Resultate der Isotopenanalyse zeigen, dass die Frau sich zu Lebzeiten an mehreren Orten aufgehalten haben muss, und stützen dadurch die aus dem archäologischen Kontext abgeleitete These, wonach die Frau eine Angehörige der Oberschicht gewesen war.

Auffällige Gräber und Sonderbestattungen in Kirchen

Während die Thematik der Sonderbestattungen und nachträglichen Grabstörungen bei frühmittelalterlichen Gräberfeldern immer wieder behandelt wurde,[17] fand sie bei Kirchengräbern in der Forschung bisher nur ein marginales Interesse.[18] Die nachträgliche Graböffnung, die Manipulationen am Skelett, die Steinpackung und die Niederlegung der Amulette sind in dieser Kombination bei einem Kirchengrab allerdings bisher einzigartig und außergewöhnlich. Die nachfolgend vorgestellten Vergleichbeispiele für die einzelnen der in Elsau miteinander auftretenden Aspekte zeigen einerseits die Bandbreite des Phänomens, aber auch die jeweilige Problematik einer adäquaten Interpretation auf.

---

[17] Aus der Vielzahl der hierzu inzwischen vorliegenden Literatur vgl. etwa: HELMUT ROTH, Archäologische Beobachtungen zum Grabfrevel im Merowingerreich, in: Zum Grabfrevel in vor- und frühgeschichtlicher Zeit. Untersuchungen zu Grabraub und „haugbrot" in Mittel- und Nordeuropa. Bericht über ein Kolloquium der Kommission für die Altertumskunde Mittel- und Nordeuropas vom 14. bis 16. Februar 1977, hg. von HERBERT JANKUHN, HERMANN NEHLSEN und HELMUT ROTH (Abhandlungen der Akademie der Wissenschaften zu Göttingen. Philologisch-historische Klasse, Folge 3, Nr. 113), Göttingen 1978, S. 53–84; CHRISTOPH GRÜNEWALD, Das alamannische Gräberfeld von Unterthürheim, Bayerisch-Schwaben (Materialhefte zur Bayerischen Vorgeschichte, Reihe A, Fundinventare und Ausgrabungsbefunde, Bd. 59), Kallmünz 1988, S. 33–43 (zusammenfassende Diskussion); ANDREAS THIEDMANN und JOACHIM H. SCHLEIFRING, Bemerkungen zur Praxis frühmittelalterlichen Grabraubs. Archäologisches Korrespondenzblatt 22 (1992), S. 435–439; MONIKA KRAFT, Ungewöhnliche Skelettlagen in frühmittelalterlichen Gräbern aus dem Gebiet zwischen dem Südrand der Mittelgebirge und dem Alpenrand sowie zwischen Oberrhein und Lech – Eine Fallstudie zum Phänomen der sogenannten Sonderbestattungen. Unveröffentlichte Magisterarbeit, Würzburg 1994; HEIKO STEUER, Grabraub § 1: Archäologisches, in: Reallexikon der Germanischen Altertumskunde², Bd. 12, Berlin/New York 1998, S. 516–523; ULRIKE SCHOLZ, Steinplattengräber im bayerischen Raum, Archäologisch-historische Studie zu einem frühmittelalterlichen Grabtypus (Universitätsforschungen zur prähistorischen Archäologie, Bd. 92), Bonn 2002, S. 62–65; EDELTRAUD ASPÖCK, Graböffnungen im Frühmittelalter und das Fallbeispiel der langobardenzeitlichen Gräber von Brunn am Gebirge, Flur Wolfholz, Niederösterreich, in: Archaeologia Austriaca 87 (2003), S. 225–264; HEIKO STEUER, Adelsgräber, Hofgrablegen und Grabraub um 700 im östlichen Merowingerreich – Widerspiegelung eines gesellschaftlichen Umbruchs, in: Der Südwesten im 8. Jahrhundert aus historischer und archäologischer Sicht, hg. von HANS ULRICH NUBER, HEIKO STEUER und THOMAS ZOTZ (Archäologie und Geschichte, Freiburger Forschungen zum ersten Jahrtausend in Südwestdeutschland, Bd. 13), Stuttgart 2004, S. 193–217; JOACHIM WAHL, Karies, Kampf und Schädelkult: 150 Jahre anthropologische Forschung in Südwestdeutschland (Materialhefte zur Archäologie in Baden-Württemberg, Bd. 79), Stuttgart 2007, S. 115–117.

[18] Ausnahme: ANKE BURZLER, Archäologische Beiträge zum Nobilifizierungsprozess in der jüngeren Merowingerzeit (Materialhefte zur bayerischen Vorgeschichte, Reihe A, Fundinventare und Ausgrabungsbefunde, Bd. 77), Kallmünz 2000, S. 28–30.

Schwierige Untersuchungsgrundlagen

Am Skelett feststellbare nachträgliche Eingriffe reichen von einer geringfügigen, ‚subtilen' bis zu einer vollständigen Störung oder Entfernung der Bestattung sowie von einer teilweisen bis zu einer vollständigen Entnahme von Beigaben. Zunächst gilt es aber, im Grabbrauch (Abb. 8) oder durch Krankheiten, Verwesung (Abb. 14), Wassereintritt oder Nagetiere begründete Auffälligkeiten von intentionellen, aus der Norm fallenden Einwirkungen zu trennen.[19]

Bei älteren Untersuchungen ergeben sich naturgemäß Schwierigkeiten bei der Interpretation, wie etwa ein Grab aus der Kirche Dorf (Kanton Zürich) zeigt. Das Skelett des mitten im Chor beigesetzten Hauptmanns Caspar Schmid von Goldenberg (1629–1673) fiel durch seine ungewöhnliche Lage mit über dem Kopf aufeinanderliegenden Händen und gespreizten Beinen auf (Abb. 15). Der Anthropologe begutachtete die Knochen nach der Grabung 1967 und „stellte am postkranialen Skelett pathologische Veränderungen fest, die auf eine Osteoarthrose (arthritischer Genese) hinweisen. Es ist möglich, dass die anormale Lage des Skelettes auf diese Krankheit zurückgeführt werden kann."[20] Leider fehlt ein Hinweis, ob sich der Anthro-

Abb. 14: Dübendorf (Kanton Zürich), reformierte Kirche Wil, Grab 4. Knochenverlagerungen durch Verwesung in einem Hohlraum. Der Schädel der ca. 20-jährigen, wahrscheinlich weiblichen Person kippte zur Seite, das Becken öffnete sich durch das Eigengewicht der Knochen. Foto: Kantonsarchäologie Zürich.

---

[19] VÉRONIQUE FABRE / FRANÇOIS MARIÉTHOZ / LUCIE STEINER, Archéologie funéraire et anthropologie: expériences récentes en Suisse occidentale, in: Bulletin der Schweizerischen Gesellschaft für Anthropologie 3 (1997), S. 29–65. Zu Lageveränderungen infolge des Austretens von Faulgasen: ALFRED DIECK, Postmortale Lageveränderungen in vor- und frühgeschichtlichen Gräbern, in: Archäologisches Korrespondenzblatt 4 (1974), S. 277–283. Christian Meyer, Mainz, plant eine Publikation zu dieser Problematik.

[20] WALTER DRACK, Dorf, Reformierte Kirche, in: Zürcher Denkmalpflege, 5. Bericht 1966/1967, Zürich 1971, S. 40–44, hier S. 43.

Abb. 15: Dorf (Kanton Zürich), reformierte Kirche, Grab des Hauptmanns Caspar Schmid von Goldenberg (1629–1673) in Chormitte. Bei dem Skelett liegen die Hände über dem Kopf aufeinander, die Beine sind gespreizt. Veränderungen am postkranialen Skelett weisen auf eine Osteoarthrose (arthritischer Genese) hin, die unter anderem möglicherweise zur ungewöhnlichen Lage des Skelettes führte. Foto: Kantonsarchäologie Zürich.

pologe vor allem auf die Spreizung der Beine bezog. Aus Sicht des Archäologen lässt die auffällige Haltung der Arme dagegen eher auf menschliche Einwirkung schließen. Die Verschiebungen im Wirbelbereich wiederum dürften auf natürliche Verwesungsprozesse zurückzuführen sein. Hier würde eine Neubeurteilung der Dokumentation durch einen Anthropologen Klarheit schaffen.

In zahlreichen Fällen erschwert das Fehlen detaillierter Grabpläne und Beschreibungen eine Beurteilung, wie etwa das Beispiel der Kirche von Britzingen (Kreis Breisgau-Hochschwarzwald) verdeutlicht, zu welchem Eyla Hassenpflug schreibt: „Grab 24 weist zwar Beraubungsspuren auf, da aber keine Beigabenreste nachweisbar sind, geht [der Ausgräber] Wesselkamp davon aus, dass auch ursprünglich keine Beigaben vorhanden waren."[21] Als Konsequenz hätte der Eingriff auf eine bewusste Störung des Skeletts abgezielt. Ohne die Einsichtnahme der entsprechenden Grabungsdokumentation sind derartige Fälle jedoch nicht zu beurteilen und bieten daher leider keine Hilfe für einen Vergleich.

Leere Gräber

Auch bei einer leeren Grabstätte, wie sie in Elsau mit dem Befund von Grab 1 überliefert ist (Abb. 16), lässt sich die Frage, ob das Grab von Anfang an ohne Bestattung geplant war oder der Leichnam nachträglich entfernt wurde, anhand der jeweiligen Publikationen meistens nicht klären.[22] In manchen Fällen könnte es sich um ein symboli-

---

[21] EYLA HASSENPFLUG, Frühe Kirchen, ihre Patrozinien und Bestattungen, in: NUBER / STEUER / ZOTZ, Südwesten (wie Anm. 17), S. 147–191, hier S. 170.

[22] Keine Bemerkungen zu leeren Steinkistengräbern bei SCHOLZ, Steinplattengräber (wie Anm. 17). Beispiele (keine systematische Erhebung, oft unklar, ob von Anfang an leer): WALTER DRACK, Andelfingen (Bez. Andelfingen), Reformierte Kirche, in: Zürcher Denkmalpflege, 7. Bericht 1970–1974, 1. Teil, Zürich 1975, S. 31–39, hier S. 38 (Gräber 2 und 4); Diegten-Pfarrkirche (Kanton Basel Landschaft): Grab 16, außerhalb der Kirche an der Nordmauer,

Abb. 16: Elsau, Grab 1. Das leere Grab aus der zweiten Hälfte des 8 Jh. lag in der Mittelachse der Kirche, möglicherweise im Zentrum von Kirche I und somit an privilegierter Stelle (vgl. Abb. 2). Die geringe Größe von 0,30 x 1 m weist auf eine Kinderbestattung hin. Entweder wurde der Leichnam nachträglich entfernt oder es war von Anfang an als leeres Grab (Kenotaph) vorgesehen. Foto: Daniel Debrunner, Kantonsarchäologie Zürich.

sches ‚Stellvertretergrab' (Kenotaph) für jemanden handeln, dessen sterbliche Überreste nicht an den vorgesehenen Ort überführt werden konnten; die Grabgröße spielte dabei möglicherweise keine Rolle. Ob auf diese Weise versucht wurde, einer umgehenden Seele Frieden zu stiften, bleibt Spekulation.[23] Auf die Entfernung der sterblichen Überreste eines Verstorbenen soll weiter unten bei den nachträglich geöffneten Gräbern eingegangen werden.

Bestattungen in ungewöhnlicher Lage

Zur Kategorie der Bestattungen in ungewöhnlicher Lage zählen in erster Linie Skelette in Bauch- oder Seitenlage. Fehlen weitere Auffälligkeiten, wie Hinweise auf ein Binden bzw. Fesseln des Leichnams, besondere Beigaben oder eine anthropologisch nachweisbare ‚Besonderheit' des Verstorbenen, so gestaltet sich die Interpretation dieser ungewöhnlichen Skelettpositionen schwierig. Unter den Bestattungen in und bei der Stadtkirche von Winterthur (Kanton Zürich) beispielsweise sind drei Skelette des späten 11./12. bis mittleren 14. Jahrhunderts vor der Westfassade der damaligen Kirche auffällig (Gräber 13, 18, 68), von denen zwei in Seitenlage und eines in Bauchlage angetroffen wurden. Eine Deutung als Sonderbestattung stünde nach Ansicht der Bearbeiter „in einem auffälligen Gegensatz zur bevorzugten Lage innerhalb des Bestat-

---

gemäß Größe Kindergrab (Kleinkinder-Skelette in anderen Gräbern erhalten). Reto Marti, Zwischen Römerzeit und Mittelalter. Forschungen zur frühmittelalterlichen Siedlungsgeschichte der Nordwestschweiz (4.–10. Jahrhundert) (Archäologie und Museum, Bd. 41), Liestal 2000, Bd. B, S. 103; Walter Drack, Dübendorf (Bezirk Uster). Wil, Reformierte Kirche, in: Zürcher Denkmalpflege, 6. Bericht 1968/1969, Zürich 1973, S. 42–49, hier S. 48 f. (Gräber 11 und 18).

[23] Claude Lecouteux, Geschichte der Gespenster und Wiedergänger im Mittelalter, Köln/Wien 1987, S. 23.

tungsplatzes".²⁴ Für die Erklärung der Seitenlage wird stattdessen eine etwas zu kurze Grabgrube, für die Bauchlage ein eventuelles Versehen bei der Niederlegung des Toten im Sarg oder Tuch resp. die Unachtsamkeit des Totengräbers angeführt.

Anders liegt der Fall bei der Bestattung in Grab I–IIc ab 136 auf dem südlichen Außenfriedhof von St. Vitalis in Esslingen. Dem ca. 40- bis 50-jährigen, in Bauchlage beigesetzten Mann wurde unter der linken Brustkorbhälfte ein wohl in einem Beutel abgepacktes Ensemble von Frauenschmuck (Kreuz- und Pressblechfibel, Ohrringpaar und Perlenkette) aus der 2. Hälfte des 8. Jahrhunderts mitgegeben. Hier reichen die Deutungsvorschläge von einer Strafe für Diebstahl, Wiedergängerfurcht, christlicher Demut bis zu einem Büßer-Gestus.²⁵

Die Bestattung eines ‚gefährlichen Toten' an privilegierter Lage in oder bei einer Kirche war möglicherweise aus politischen oder sozialen Gründen nicht vermeidbar, wie ein allerdings erst aus

Abb. 17: Wien, Minoritenkirche, Skelett in Grab 1/86 in Bauchlage. Aus: POHANKA, Lebendig begraben (wie Anm. 25), Abb. 1. Foto: © Wien Museum.

der Wende vom Mittelalter zur Neuzeit stammendes Beispiel aus der Minoritenkirche von Wien zeigt (Abb. 17). Folgende Ereignisse führten laut Reinhard Pohanka als wahrscheinlichstes Szenario zu dieser nach Westen ausgerichteten Bauchbestattung: Ein Scheintoter erwachte, bewegte sich im Sarg um sich zu befreien, erstickte dann aber. Man bemerkte den Befreiungsversuch, der vielleicht vor der Beisetzung, vielleicht aber im nur knapp unter dem Kryptaboden liegenden Grab stattfand. Als der

---

24 CAROLA JÄGGI / HANS-RUDOLF MEIER / RENATA WINDLER / MARTIN ILLI, Die Stadtkirche St. Laurentius in Winterthur, Ergebnisse der Ausgrabungen 1980–1982. Archäologische und historische Forschungen (Monographien der Zürcher Denkmalpflege, Bd. 14), Zürich/Egg 1993, S. 65.

25 GÜNTER P. FEHRING / BARBARA SCHOLKMANN, Die Stadtkirche St. Dionysius in Esslingen a. N., Archäologie und Baugeschichte, Bd. 1: Die archäologische Untersuchung und ihre Ergebnisse (Forschungen und Berichte der Archäologie des Mittelalters in Baden-Württemberg, Bd. 13), Stuttgart 1995, S. 42 f., S. 50 f. und S. 300 f., Nr. 8–11 mit S. 306, Abb. 3 (Beigaben). Zu den Beigaben vgl. auch BARBARA SCHOLKMANN, Das Fallbeispiel Esslingen, in: Stadtluft, Hirsebrei und Bettelmönch: die Stadt um 1300. Katalog zur gleichnamigen Ausstellung, hg. vom Landesdenkmalamt Baden-Württemberg und der Stadt Zürich, Stuttgart/Zürich 1992, S. 451–463, hier Abb. S. 458 (dort als Versteckfund angesprochen).

Sarg geöffnet wurde, lag der auf dem Rücken beigesetzte Tote nun aber auf dem Bauch. Da eine Entfernung aus der Kirche offenbar nicht möglich war, drehte man als Schutzmaßnahme den Sarg mit dem Kopfende nach Osten.[26]

Steinpackungen über dem Grab

Steinpackungen über Gräbern sind für Bestattungen auf frühmittelalterlichen Gräberfeldern häufiger, aus Kirchengräbern dagegen nur in wenigen Fällen bekannt. Bei ihrer Deutung muss zunächst zwischen deren Anlegung im Zuge der Beisetzung oder nach einer Graböffnung unterschieden werden. Während Erstere die Bestattung vor Grabraub zu schützen hatte, dürfte die nach einer erfolgten Störung bzw. Beraubung in die Grabgrube eingebrachte Steinpackung die Aufgabe gehabt haben, eine befürchtete Rache des Verstorbenen zu vereiteln. Das Beschweren eines Toten mit Steinen stellte zu unterschiedlichen Zeiten aber auch eine Abwehrmaßnahme gegen vermeintliche Wiedergänger dar.[27]

Bei den mit Steinpackungen versehenen Gräbern der Bestattungsplätze von Dürbheim „Häuslesrain" (Kr. Tuttlingen) und Kösingen (Ostalbkreis) waren Manipulationen am Skelett[28] sowie bei den Gräbern 19 und 49 von Eschborn eine Beraubung[29] feststellbar.

In der Kirche Burg in Stein am Rhein (Kanton Schaffhausen) wiesen zwei Gräber Steinpackungen auf und illustrieren die bei einer Beurteilung erforderliche, differenzierte Betrachtung derartiger Befunde. Im unberaubten, aufgrund eines Münzfundes

---

[26] REINHARD POHANKA, Lebendig begraben – Ein Skelettfund aus dem Chor der Minoritenkirche in Wien: Opfer der Medizin, Übeltäter oder Wiedergänger? in: Beiträge zur historischen Archäologie. Festschrift für Sabine Felgenhauer-Schmiedt zum 60. Geburtstag, hg. von der Österreichischen Gesellschaft für Mittelalterarchäologie (Beiträge zur Mittelalterarchäologie in Österreich, Beiheft 6), Wien 2003, S. 167–171.

[27] Vgl. GEIGER, Wiedergänger (wie Anm. 7), Sp. 576; PAUL FISCHER, Strafen und sichernde Maßnahmen gegen Tote im germanischen und deutschen Recht, Düsseldorf 1936, S. 57; STÜLZEBACH, Vampir- und Wiedergängererscheinungen (wie Anm. 7), S. 106–108. Für Wildegg (Kanton Aargau) ist beispielsweise überliefert, dass jeder Passant einen Stein auf das Grab eines Selbstmörders werfen solle, damit er nicht mehr wiederkomme: LECOUTEUX, Geschichte der Gespenster (wie Anm. 23), S. 30.

[28] Der skelettierte Leichnam des um 700 beigesetzten „Kriegers von Dürbheim" (Grab 2) war in kleinste Teile zerhackt, die wertvollen Beigaben verblieben im Grab, das mit großen Steinen bedeckt war (freundliche Mitteilung Dr. Niklot Krohn). Zur Fundstelle: KROHN, Eigenkirche (wie Anm. 4), S. 172. Der Tote in der mit einer Steinpackung versehenen Grube von Kösingen Grab 13 aus der 1. Hälfte des 7. Jh. war in Bauchlage gedreht worden, der Schädel lag 20 cm vom übrigen Skelett entfernt mit dem Gesicht nach unten: MATTHIAS KNAUT, Die alamannischen Gräberfelder von Neresheim und Kösingen, Ostalbkreis (Forschungen und Berichte zur Vor- und Frühgeschichte in Baden-Württemberg, Bd. 48), Stuttgart 1993, S. 40 und S. 317.

[29] HERMANN AMENT, Das alamannische Gräberfeld von Eschborn, Main-Taunus-Kreis (Materialien zur Vor- und Frühgeschichte von Hessen, Bd. 14), Wiesbaden 1992, S. 5.

mit dem terminus post quem 692 verlässlich in die Zeit um 700 zu datierenden Grab 4 lag unter dem Lehmboden und einer bis zu 0,80 m hohen Steinpackung ein 1,5-jähriges, postmortal durch Nager gestörtes Kind. Das Grab fällt auch durch seine Größe auf und ist mit 1,10 m das tiefste Kindergrab.[30] Im südöstlich außerhalb der Kirche angelegten Grab 5 war ein 63-jähriger Mann mit Beigaben aus der Zeit um 560/580 beigesetzt, dessen Hände und mittleres Drittel der Wirbelsäule aus nicht weiter ausgeführten Gründen nicht erhalten waren.[31] Nach Ansicht von Anke Burzler stammen die Steinpackungen beider Gräber „entweder von steinernen Grabeinbauten oder stehen im Zusammenhang mit dem Gedanken, den Toten zu beschweren, in dem Sinne, dass seine Flucht verhindert werden sollte."[32]

In Kirchen beugte man mittels Steinpackung mitunter aber auch nur statischen Problemen vor, wie etwa im Fall der Martinskirche von Brigachtal-Kirchdorf (Schwarzwald-Baar-Kreis) wo die Südwand der ersten, merowingerzeitlichen Steinkirche auf der mächtigen Steinpackung über einem Männergrab des 6. Jahrhunderts (Grab 17) ruhte.[33] Mit den Steinen ließ sich der Anteil der Erde in der Grabverfüllung und somit deren natürliche Absenkung verringern. Auf diese Weise waren Folgeschäden an Fußböden oder Mauerwerk vermeidbar.

In diesem Zusammenhang sei auch ein Blick auf den Befund der Kirche von Wila (Kanton Zürich) geworfen (Abb. 18). Hier gelangte Grab 14 mit einem 3-monatigen, mit Eichenrinde gebetteten und abgedeckten Säugling beim Bau der ersten Steinkirche in der zweiten Hälfte des 8. Jahrhunderts als ‚sekundäres Kirchengrab' unter die unmittelbar anschliessend gebaute Kirchennordmauer.[34]

Damit war das Grab an einem wie für die Ewigkeit geschaffenen und zudem christlich geweihten Platz vor Entdeckung und Störung sicher. Wie Felicia Schmaedecke ausführt, erinnert die Lage zunächst an die sogenannten Traufkinder, die möglichst dicht an der äußeren Kirchenmauer beigesetzt wurden, damit das durch die Berührung mit dem Kirchendach quasi geweihte Regenwasser beim Herabtropfen die Funktion einer posthumen ‚Ersatztaufe' übernahm.[35] Da ungetauft verstorbene Kleinkinder aber als gefährliche Tote gefürchtet wurden, wäre auch eine Schutzmaßnahme gegen Wiedergängertum in Betracht zu ziehen, da das Grab durch die Mauer zugleich regelrecht fixiert wurde. Bemerkenswerterweise hat man auf das Verfüllen der Grabgrube mit Steinlagen verzichtet.

---

[30] KURT BÄNTELI, Die Kirche Burg, in: Frühgeschichte der Region Stein am Rhein. Archäologische Forschung am Ausfluss des Untersees, hg. von MARKUS HÖNEISEN (Antiqua, Bd. 26/ Schaffhauser Archäologie, Bd. 1), Basel 1993, S. 174–190, hier S. 178; ANKE BURZLER, Die frühmittelalterlichen Gräber der Kirche Burg, in: ebd., S. 191–236, hier S. 196, Abb. 170, S. 206–209 (Beigaben) und S. 391 f.

[31] BURZLER, Die frühmittelalterlichen Gräber (wie Anm. 30), S. 196 und S. 392 f.

[32] BURZLER, Die frühmittelalterlichen Gräber (wie Anm. 30), S. 196

[33] Freundliche Mitteilung Dr. Niklot Krohn. Zur Fundstelle: KROHN, Eigenkirche (wie Anm. 4), S. 174; DERS., Stiftergrab (wie Anm. 9), S. 9.

[34] Zu Begriffsdefinition und vergleichbaren frühmittelalterlichen Befundbeispielen vgl. KROHN, Stiftergrab (wie Anm. 9), S. 7.

[35] FELICIA SCHMAEDECKE, Die reformierte Kirche in Wila. Neuauswertung der archäologischen Untersuchungen 1978–1979 (Zürcher Archäologie, Bd. 22), Zürich/Egg 2007, S. 88 f.

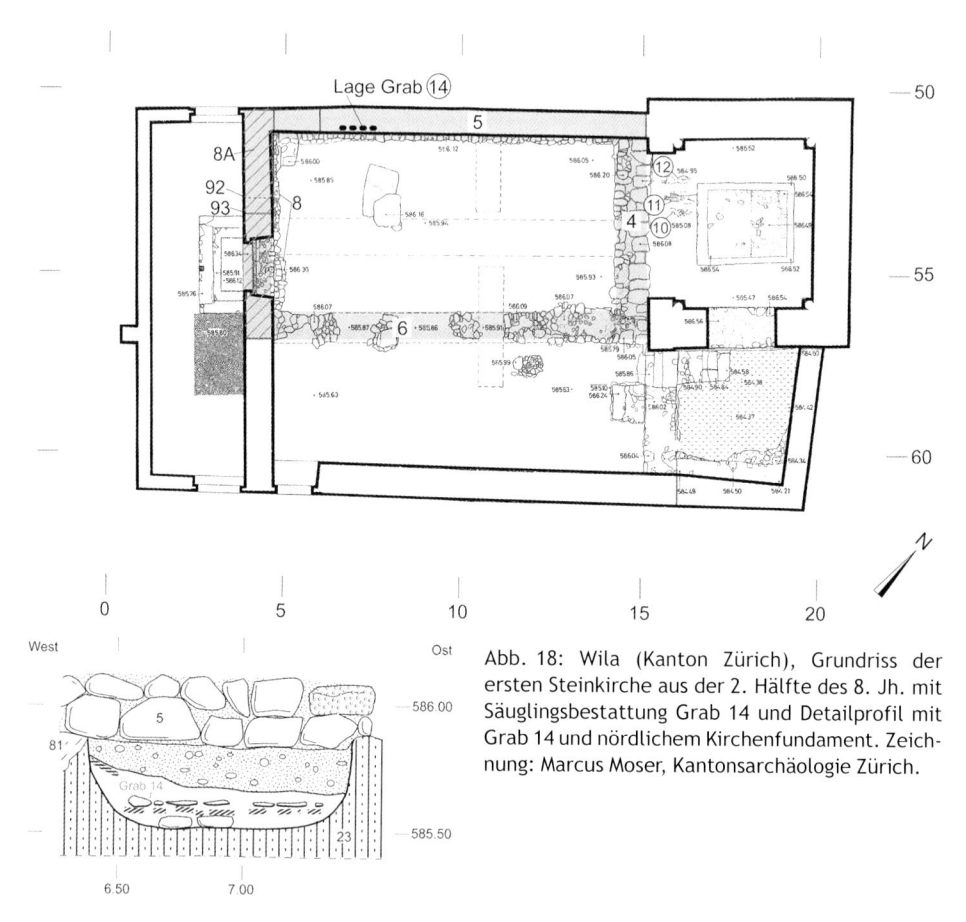

Abb. 18: Wila (Kanton Zürich), Grundriss der ersten Steinkirche aus der 2. Hälfte des 8. Jh. mit Säuglingsbestattung Grab 14 und Detailprofil mit Grab 14 und nördlichem Kirchenfundament. Zeichnung: Marcus Moser, Kantonsarchäologie Zürich.

Der Befund von Grab 28 in der Kirche von Schleitheim (Kanton Schaffhausen), wo das Skelett aus der mit einer Steinpackung verfüllten Grabkammer entfernt wurde, führt uns zur Problematik der nachträglichen Graböffnung.[36]

Nachträglich geöffnete Gräber

Anke Burzler hat in ihrer im Jahr 2000 veröffentlichten Dissertation erstmals eine unsystematische überregionale Zusammenstellung von gestörten und ungestörten Kirchengräbern vorgelegt.[37] Von den 118 ungestörten Gräbern weisen 60 Beigaben auf,

---

[36] ANKE BURZLER, Der Sonderfriedhof in und bei der Kirche, in: DIES. / MARKUS HÖNEISEN / JAKOB LEICHT / BEATRICE RUCKSTUHL, Das frühmittelalterliche Gräberfeld Schleitheim – Siedlung, Gräberfeld und Kirche (Schaffhauser Archäologie, Bd. 5), Schaffhausen 2002, S. 415–458, hier S. 422.

[37] Vgl. BURZLER, Nobilifizierungsprozess (wie Anm. 18). Die Katalogbeschreibungen der Grä-

bei den 207 gestörten Gräbern enthalten immerhin 111 (noch) Beigaben, worunter sich durchaus auch sehr wertvolle Objekte aus Edelmetall befinden können. 96 Gräber sind gestört und beigabenlos.

Das Phänomen der nachträglichen Graböffnung wird nur am Rande von Burzlers Studie angesprochen, wodurch das Phänomen nach wie vor nicht umfassend abgehandelt ist. In Burzlers Auflistung finden sich unter den gestörten Gräbern solche, bei denen die Erstbestattung beim Einbringen einer Nachbestattung am Fußende zusammengeschoben wurde. Andere Gräber wiederum wurden bei jüngeren Bauarbeiten meist unabsichtlich angetroffen und gestört. Bei den gestörten beigabenführenden Gräbern erweisen sich detaillierte Grabbeschreibungen und Pläne mit Einzeichnung des Umfangs der Störung und der Lage der verbleibenden Gegenstände für die Beantwortung wesentlicher Fragen als unabdingbar. Besonders bei Altgrabungen sind häufig die Voraussetzungen für eine fundierte Beurteilung einer nachträglichen Graböffnung nicht gegeben, die einerseits die sorgfältige Ausgrabung und Dokumentation, andererseits aber auch die Untersuchung durch eine anthropologische Fachperson vor Ort umfassen.

Aus mentalitätsgeschichtlicher Sicht stellt sich bei allen nachträglich geöffneten Gräbern grundsätzlich die Frage, ob man dem Verstorbenen in feindlicher oder freundlicher Absicht begegnete. Ist aufgrund von anthropologisch feststellbaren Auffälligkeiten eine Vorgeschichte denkbar, die zum Eingriff führte? War der Leichnam oder waren die Beigaben das Ziel der Handlung? Lag der Tote in einem Hohlraum (Sarg, Plattengrab), der das Auffinden und Bergen von Objekten wesentlich erleichtert hätte? Gab es bei zurückgelassenen Gegenständen eine bewusste Selektion? Übersah man Gegenstände nur aufgrund ihrer geringen Grösse oder weil das Erdreich bzw. die Grabfüllung eine umfassende Suche verunmöglichte?

Entfernen des Leichnams aus dem Grab

Die Entnahme des ganzen Körpers oder von Skelettteilen kann verschiedene Gründe haben. Die Vermutung, die Umbettung an eine würdigere Stelle ziele auf eine ideele ‚Verbesserung' des Grabplatzes, scheint gerade bei Kirchengräbern wenig plausibel. Finden sich Hinweise auf Bauarbeiten, so könnte es sich um eine eher zufällige Öffnung handeln, welche dann zu einer Überführung von Skelettteilen in ein Beinhaus führte. Eine planmäßige Ausräumung der meisten Gräber, etwa bei einer Kirchenvergrößerung, kann auch die Unvereinbarkeit eines Bestattungsplatzes mit dem sakralen Innenraum zur Grundlage gehabt haben.[38] In seltenen Fällen mag auch die Erlangung

---

ber sind sehr knapp gehalten, nicht vorhanden sind Grabpläne. Gemäß der Autorin entspricht die Aufstellung in Anm. 165 dem Stand von 1991. Während der fehlende Fall von Britzingen (Kreis Breisgau-Hochschwarzwald) wohl auf diesen Umstand zurückzuführen ist, bleibt unklar, weshalb das Grab der Kirche von Bregenz (Vorarlberg) in der Auflistung fehlt.

[38] In Paderborn suchte man um 800 planmäßig nach nicht mehr sichtbaren Gräbern, die sich im Bereich der geplanten Pfalzkapelle befanden. Bis auf sieben Gräber wurde der gesamte Friedhof exhumiert: vgl. MATTHIAS WEMHOFF, Bestattungen an und in westfälischen Kirchen,

von Reliquien ein Grund für Graböffnungen gewesen sein.³⁹ Der vollständigen Zerstörung eines Skeletts durch Verbrennen begegnet man wiederum in literarischen Quellen als endgültige Bannung von Wiedergängern,⁴⁰ die sich aber – falls nicht direkt vor Ort am Grab ausgeführt – dem archäologischen Nachweis in aller Regel entzieht.⁴¹

Schwer zu beurteilen sind jene Fälle, bei denen offensichtlich eine Auswahl der entfernten Skelette erfolgte. Bei Eigenkirchen wäre nach einem gewaltsamen Herrschaftswechsel auch an eine gezielte Störung des Andenkens an die Ahnen der Gegenpartei zu denken. In der oben bereits erwähnten Kirche von Schleitheim (Kanton Schaffhausen) beispielsweise entfernte man beim Bau von Kirche III im 10. Jahrhundert die Skelette aus dem damals rund 300 Jahre alten Grab 23 sowie aus dem wahrscheinlich rund 200-jährigen Grab 28. Dasjenige der Frau im ebenfalls 300 Jahre vorher angelegten Grab 30 dagegen wurde nur mit Bauschutt überdeckt, wobei sogar die reichen Beigaben im Grab verblieben.⁴²

Verschiebungen am Skelett

Lässt man die offensichtlich auf den Grabbrauch der Nachbestattung zurückzuführenden Verlagerungen außer Betracht, so sind mangels detaillierter Beschreibung der beobachteten Verlagerungen von Knochen bei Kirchengräbern bislang kaum Aussagen zu Eingriffen möglich, welche auf die bewusste Störung des toten Körpers abzielten. Gerade die Schwierigkeit der Beurteilung der Vollständigkeit eines Beigabeninventars

---

in: Erinnerungskultur im Bestattungsritual: archäologisch-historisches Forum, hg. von Jörg Jarnut und Matthias Wemhoff (MittelalterStudien des Instituts zur Interdisziplinären Erforschung des Mittelalters und seines Nachwirkens, Paderborn, Bd. 3), München 2003, S. 97–106.

³⁹ Ein Gräberfeld in Köln, das 1106 in der Nähe der Ursulakirche entdeckt wurde, war eine scheinbar unversiegbare Quelle von Reliquien der Elftausend Jungfrauen: Ernst Alfred Stückelberg, Geschichte der Reliquien in der Schweiz, Bd. 2 (Schriften der Schweizerischen Gesellschaft für Volkskunde, Bd. 5), Zürich 1908, S. 13; Johannes G. Deckers, Kult und Kirchen der Märtyrer in Köln. Begann die Verehrung der Jungfrauen und der Legionäre erst im 6. Jahrhundert? In: Römische Quartalschrift 83 (1988) = Festschrift zum 100-jährigen Bestehen der Römischen Quartalschrift und der römischen Görres-Gesellschaft, Bd. 1, S. 27–43. Zu St. Ursula vgl. auch den Beitrag von Sebastian Ristow in diesem Band.

⁴⁰ Lecouteux, Geschichte der Gespenster (wie Anm. 23), S. 180–182.

⁴¹ Ein bemerkenswerter, in dieser Hinsicht diskussionswürdiger Befund liegt aus dem Gräberfeld von Merdingen „Auf der Gans" (Kreis Breisgau-Hochschwarzwald) vor. In Grab 114 mit der Bestattung eines Mannes aus dem beginnenden 7. Jahrhundert, dessen einzige Beigabe eine einfache eiserne, dreiteilige Gürtelgarnitur mit runden Beschlagplatten bildete, befanden sich die stark abgebrannten und teilweise verkohlten Überreste eines adulten Mannes auf und in einer Schicht aus rotgebranntem Löß; die Grabgrubenwände waren durch die offenbar überaus starke Hitzeeinwirkung rot verziegelt: Willi Kramer, Zwei merowingerzeitliche Sonderbestattungen aus Südbaden, in: Archäologisches Korrespondenzblatt 9 (1979), S. 443 f., Abb. 1; Ders., Zwei ungewöhnliche alamannische Grabfunde von Tuniberg und Kaiserstuhl, in: Archäologische Nachrichten aus Baden 27 (1981), S. 21–23, bes. S. 22, Abb. 1.

⁴² Burzler, Sonderfriedhof (wie Anm. 36), S. 420.

erschwert Aussagen. So war das Skelett einer Kinderbestattung in der Kirche von Kehl-Auenheim (Ortenaukreis) durcheinander geworfen und unvollständig, eine zweiteilige bronzene Gürtelgarnitur blieb aber im Grab zurück. Ob weitere Objekte entnommen wurden und die Störung daher als Grabraub zu werten ist, bleibt unbekannt.[43] Werden überhaupt keine Beigaben angetroffen, dann bleibt, wie im schon erwähnten Fall der Kirche von Britzingen (Kreis Breisgau-Hoschschwarzwald), offen, ob hinter der Motivation zur Graböffnung die Entnahme von Beigaben oder aber die absichtliche Störung der Totenruhe stand.

Grabraub

Wie literarische Quellen und archäologische Befunde eindrücklich zeigen, blieben auch in Kirchen gelegene Gräber vom Grabraub nicht verschont.[44] Giovanni di Boccaccio (1313–1375) beschrieb in seinem 1348–1353 verfassten Meisterwerk *Decamerone* die Beraubung eines Kirchengrabes (Abb. 19).[45] Liegt kein offensichtlich unvollständiges Grabinventar in Kombination zu Störungen am Skelett vor, dann lässt sich Grabraub, wie oben ausgeführt, nur schwer erkennen. Allein das Spurenbild am Skelett kann sich je nach Verwesungszustand erheblich unterscheiden. Durch das gewaltsame Entfernen eines Ledergürtels vom Körper des noch nicht vollständig verwesten Trägers kann beispielsweise im Bereich der Lenden die Wirbelsäule aufbrechen und zu Verschiebungen des Beckens und der Arme führen.[46] Lag das Grab nicht in einem Hohlraum, so können Unterschiede in der Grabverfüllung auf einen Raubschacht hinweisen. Zudem liefern Braun- oder Grünfärbungen auf den Knochen Hinweise auf ursprünglich vorhandene Beigaben – vorausgesetzt, die Beraubung fand nicht unmittelbar nach der Beisetzung statt.[47]

---

[43] KARL LIST, Aufschlüsse für die mittelalterliche kirchliche Archäologie beim Heizungsbau in der evangelischen Kirche zu Auenheim (Kreis Kehl), in: Nachrichtenblatt der Denkmalpflege Baden-Württemberg 9 (1966), S. 43–45; HASSENPFLUG, Frühe Kirchen (wie Anm. 21), S. 183; BURZLER, Nobilifizierungsprozess (wie Anm. 18), S. 186, Kat.-Nr. 7.

[44] Im 6. Jh. ließ Graf Guntram Boso von Dienern wertvolle Schmuckstücke in einer Kirche in Metz aus dem Grab einer Verwandten rauben: GREGOR VON TOURS, Historiarum libri decem 8, 21, zitiert bei: KARL HEINRICH KRÜGER, Grabraub in den erzählenden Quellen des frühen Mittelalters, in: JANKUHN / NEHLSEN / ROTH, Grabfrevel (wie Anm. 17), S. 169–188, hier S. 173 f. Archäologische Befunde hierzu etwa bei ANKE BURZLER, Zur Herausbildung eines frühmittelalterlichen Adelssitzes, in: HÖNEISEN, Stein am Rhein (wie Anm. 17) S. 28 f.; DIES., Sonderfriedhof (wie Anm. 36), S. 420–423; DIES., Nobilifizierungsprozess (wie Anm. 18), jeweils mit weiterer Literatur.

[45] GIOVANNI DI BOCCACCIO, Der Dekamerone, übersetzt von GUSTAV DIETZEL, Zürich 1957, Bd. 1, S. 158–178 (Zweiter Tag, fünfte Novelle).

[46] Freundlicher Hinweis Dr. Bruno Kaufmann, Anthropologisches Forschungsinstitut Aesch.

[47] Naturwissenschaftliche Untersuchungen existieren bislang lediglich zu grünen Verfärbungen. Der Prozess der Verfärbung kann auch schon vor der vollständigen Skelettierung einsetzen: vgl. ASPÖCK, Graböffnungen (wie Anm. 17), S. 245; SILVIA SPRENGER, Zur Bedeutung des Grabraubes für sozioarchäologische Gräberfeldanalysen. Eine Untersuchung am frühbronze-

Abb. 19: Das ‚Dekameron', Ausschnitt einer französischen Abschrift aus dem Jahr 1432 mit der Beraubung eines Kirchengrabes (Paris, Bibliothèque de l'arsenal, ms. 5070, fol. 54v). Aus: JARNUT / WEMHOFF, Erinnerungskultur (wie Anm. 37), Titelbild.

Bereits Anke Burzler stellte fest, dass in „mehreren Kirchen ungestörte, beigabenführende und beigabenlose sowie gestörte Gräber mit und ohne Anzeichen von Beigaben in unmittelbarer räumlicher Nähe liegen" können.[48] Besonders illustrativ für diese Beispiele ist der Befund der schon erwähnten Kirche von Schleitheim. Trotz Beraubung anderer Gräber füllte man das reich ausgestattete, mit Platten abgedeckte Frauengrab (Grab 30) ohne Entnahme der Beigaben beim Bau von Kirche III mit Bauschutt. In derartigen Fällen stellt sich die Frage, ob verwandtschaftliche Gründe den Ausschlag für eine gezielte Selektion gaben, die sich allenfalls durch anthropologische Untersuchungen zu Verwandtschaftsmerkmalen, vornehmlich durch DNA-Analysen nachweisen ließen.[49]

Andernorts wurden die meisten Gräber nachträglich beraubt, wie etwa in der Kirche von Brig-Glis (Kanton Wallis), wo alle sieben Gräber des frühmittelalterlichen Mausoleums entsprechende Störungen aufweisen.[50]

Kirchengräber befinden sich in einem (ab?)geschlossenen Raum. Sieht man von Gelegenheitsdieben auf Baustellen ab, scheint eine Beraubung daher noch mehr als bei den Gräberfeldern mit Kenntnis und Erlaubnis der Eigentümer erfolgt zu sein. Zudem bestand der wesentliche Sinn einer Kirchenbestattung im kollektiven Gebet und Andenken der Hinterbliebenen, weshalb auch ohne Grabmarkierung über mehrere Generationen hinweg genau bekannt war, wer wo begraben lag. Ein eindrückliches

---

zeitlichen Gräberfeld Franzhausen I, Niederösterreich (Fundberichte aus Österreich, Materialhefte, Reihe A, Bd. 7), Horn 1999, S. 44, Anm. 33. Für braune Verfärbungen als Hinweis auf die Lage von Eisenobjekten, vgl. MICHAELA JANSEN, Das merowingerzeitliche Gräberfeld auf Gewann Weckersgraben in Buggingen, Kreis Breisgau-Hochschwarzwald, in: Fundberichte aus Baden-Württemberg 27 (2003), S. 775–915, hier S. 803.

[48] BURZLER, Nobilifizierungsprozess (wie Anm. 18), S. 28 mit Beispielen in Anm. 166.
[49] Zur Methode vgl. ausführlich ALT, Prähistorische Anthropologie (wie Anm. 2), S. 284–288.
[50] GEORGES DESCOEUDRES / JACHEN SAROTT, Eine frühchristliche Taufkirche im Oberwallis. Die Ausgrabungen in der Pfarr- und Wallfahrtskirche Unsere Liebe Frau auf dem Glisacker (Gemeinde Brig-Glis), in: Vallesia 61 (1986), S. 350–448, bes. S. 396–398.

Beispiel für die Dauerhaftigkeit der mündlichen Überlieferung zur Lage von prominenten Bestattungen stammt aus der Stadtkirche von Sargans (Kanton St. Gallen). Bis weit ins 20. Jahrhundert hinein wies der Priester seinen Nachfolger an, die Jahrzeitmesse für die Grafen von Sargans-Werdenberg nicht, wie sonst üblich, vor dem Hauptaltar, sondern vor dem linken Seitenaltar zu lesen. Bei der Ausgrabung kam an der betreffenden Stelle die Gruft der Grafen zum Vorschein. Bei der über Jahrhunderte erfolgten mündlichen Überlieferung war zwar das Wissen um die Gruft verloren gegangen, dennoch nahm die rituelle Handlung auf den richtigen Ort Bezug.[51]

Da die Gräber häufig hohl und mit Platten abgedeckt waren, ließen sie sich allerdings auch von Unwissenden relativ einfach aufspüren. Ein Beispiel aus dem vergangenen Jahrhundert mag dies illustrieren. Vor Renovierung der Kirche von Sissach (Kanton Basel-Landschaft) fand 1965 eine Ausgrabung statt, die vom damaligen Grabungsleiter nach kürzester Zeit als abgeschlossen und der gewachsene Boden ohne Nachweis von Gräbern als erreicht erklärt wurde. Die nächtliche Suche eines misstrauischen Mitglieds der Kirchenrenovations-Kommission führte aber zur Entdeckung mehrerer Deckplatten von frühmittelalterlichen Gräbern, worauf die Untersuchungen fortgesetzt wurden.[52] Mit Hacken und Holzgabeln mit Eisenspitzen ging man literarischen Zeugnissen und archäologischen Befunden zufolge auch beim zeitgenössischen Aufspüren von Gräbern zwecks Translation oder Beraubung erfolgreich vor.[53]

Die schriftlichen Quellen zeugen vom ambivalenten Umgang mit dem Grabraub in den Kirchen. Zwar richteten sich zahlreiche kirchliche Bestimmungen weniger gegen die Störung der Totenruhe selbst als vielmehr gegen den Diebstahl von Beigaben.[54] Zugleich wünschten die kirchlichen Kreise jedoch, dass man den Bedürftigen helfe, statt kostbare Gaben ins Grab zu legen.[55] Bischof Thietmar von Merseburg (1009–1018) fand anlässlich der Umbettung seines Vorgängers einen Silberkelch, den er für Almosen aufbewahren ließ.[56] Im Falle von grundherrlichen Eigenkirchen gelangten die Ge-

---

51 Freundliche Mitteilung Bruno Kaufmann, Anthropologisches Forschungsinstitut Aesch BL.
52 SIMON BURNELL, Die reformierte Kirche von Sissach BL. Mittelalterliche Kirchenbauten und merowingerzeitliche „Stiftergräber" (Archäologie und Museum, Bd. 38), Liestal 1998, S. 8.
53 SCHOLZ, Steinplattengräber (wie Anm. 17), S. 62, Anm. 192 mit Belegen.
54 Bestimmungen gegen Grabräuber, die *sepulcri violatores* (8.–11. Jh.): Bußbücher (*poenitentiale romanum*) aus dem mittleren 8. Jh. (in karolingischer Zeit sehr verbreitet); Synode von Meaux/Paris 845/846; Hincmar von Reims († 882) verbietet, einen Leichnam wegen Gewinnsucht aus dem Grab zu nehmen; Synode von Tribur 895; Burchard von Worms (11. Jh.) prangert im Kapitel *De arte magica* die Wegnahme von *vestimenta* (Kleidern) aus Gräbern an: vgl. KURT REINDEL, Grabbeigaben und die Kirche, in: Zeitschrift für bayerische Landesgeschichte 58 (1995), S. 141–145, bes. S. 143; SCHOLZ, Steinplattengräber (wie Anm. 17), S. 63–65, jeweils mit Literaturangaben.
55 NORBERT OHLER, Sterben und Tod im Mittelalter, München/Zürich 1990, S. 151, Anm. 50.
56 THIETMAR VON MERSEBURG, Chronik VI, 45; vgl. Thietmar von Merseburg, Chronik, neu übertragen und erläutert von WERNER TRILLMICH (Ausgewählte Quellen zur deutschen Geschichte des Mittelalters, Bd. 9), Darmstadt 2002, S. 292 f. Bemerkenswerterweise wird Thietmar für diesen ‚Grabfrevel' aber durch den Geist des Verstorbenen zur Rechenschaft gezogen, während der Kelch ‚unauffindbar' verloren bleibt.

genstände allerdings in die Hände der weltlichen Kirchenbesitzer.[57] Wie bei manchen Gräberfeldern dürfte die Entnahme von Objekten auch hier unter Kenntnis der ansässigen Bevölkerung und Führungsschicht erfolgt sein oder wurde von ihr selber durchgeführt.[58] Vielleicht spielten Beigaben nur noch eine Rolle im Rahmen der Bestattungszeremonien, so dass sie nach einer gewissen Zeitspanne zur Rückführung in den Familienbesitz wieder aus dem Grab geholt wurden, ohne dass der Verstorbene einer aggressiven oder feindlichen Handlung ausgesetzt wurde.[59] Bei Umbauarbeiten von Kirchen dürften auch Bauarbeiter und Handwerker der Versuchung des Grabraubs erlegen sein, wie etwa das Beispiel von Lahr-Burgheim (Ortenaukreis) belegt, wo die Beraubung der reichen, *ad sanctos* gelegenen, merowingerzeitlichen Gräber offenbar beim Neubau der urkundlich für das Jahr 1035 überlieferten Peterskirche stattfand.[60] In Schleitheim wird auch ein Besitzerwechsel und vielleicht fremdes Personal für den Kirchenneubau als möglicher Hintergrund der Beraubung der Gräber diskutiert, wobei gerade die Nichtberaubung und bloße Aufschüttung des reichen Frauengrabes 30 (s. o.) in diesem Fall nicht erklärbar ist.

Ausblick und künftige Forschungsziele

Anhand des Frauengrabes von Elsau ließ sich exemplarisch darlegen, welche Fülle an Erkenntnissen sich bei einer umfassenden Untersuchung von Sonderbestattungen und nachträglichen Graböffnungen bei Kirchengräbern für die wissenschaftlichen Disziplinen der Archäologie, Anthropologie, Volkskunde und Mentalitäts- und Religionsgeschichte gewinnen lassen. Gleichzeitig manifestierte sich im Zuge der Auswertung eine unerwartet große Forschungslücke. Sie zu füllen, stellt zunächst eine aufwändige, die jeweiligen Veröffentlichungen, Grabungsberichte und – wo nicht anders möglich – Archivbestände zu sichtende Fleißarbeit dar.[61] Die Komplexität des Themas verlangt dabei eine detaillierte Erfassung der Einzelbefunde und sollte unbedingt auch die Mitarbeit eines Anthropologen einschließen. Dessen Mitwirkung bei neuen Grabungen versteht sich heutzutage als Selbstverständlichkeit und darf keinesfalls Einsparungen beim Untersuchungsbudget zum Opfer fallen. Seine sorgfältige Analyse des Zeitpunktes und der Ursachen der beobachteten Veränderungen erweist sich bei der kulturgeschichtlichen Auswertung als unentbehrlich.

---

[57] STEUER, Adelsgräber (wie Anm. 17), S. 205; Vermögensrechtliche Verfügungsgewalt des privaten Bauherrn über die Eigenkirchen: BURZLER, Nobilifizierungsprozess (wie Anm. 18), S. 39.
[58] SCHOLZ, Steinplattengräber (wie Anm. 17), S. 63; STEUER, Adelsgräber (wie Anm. 17), S. 205.
[59] STEUER, Adelsgräber (wie Anm. 17), S. 205.
[60] HASSENPFLUG, Frühe Kirchen (wie Anm. 21), S. 175; NIKLOT KROHN / GABRIELE BOHNERT, Lahr-Burgheim: 50 Jahre Kirchenarchäologie (Veröffentlichungen des Alemannischen Instituts, Bd. 74), Remshalden 2006, S. 94 mit Abb. 88.
[61] Der Autor wird in den nächsten Jahren weiterhin entsprechende Fälle sammeln und nimmt auch dankend weiterführende Informationen entgegen.

Saint-Pierre-aux-Nonnains in Metz

Zur Datierung der Bauphasen und der Presbyteriumsschranke

Madeleine Will

Der Bau der ehemaligen Abteikirche Saint-Pierre-aux-Nonnains erhebt sich auf dem südlichen Hügel von Metz. Innerhalb der großen Zitadelle blieb das Gebäude trotz der erheblichen Beschädigungen von 1552 im Zuge des habsburgisch-französischen Krieges erhalten und wurde bis in den Zweiten Weltkrieg hinein als militärisches Arsenal genutzt (Abb. 1a). Seit der zweiten Hälfte des 19. Jahrhunderts wird es wissenschaftlich erforscht.[1]

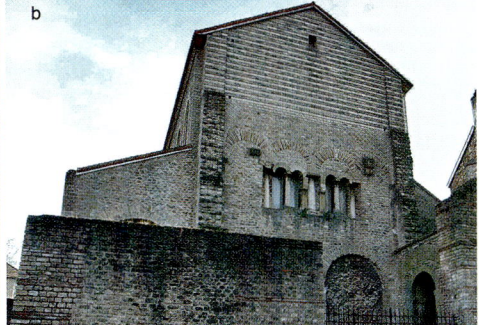

Abb. 1: Metz, Saint-Pierre-aux-Nonnains, Zustand der Ostseite 1942 (a) und nach der Instandsetzung von 1988 (b). Fotos: a: aus WILL, Abteikirche (wie Anm. 5) Taf. 27 A; b: Sebastian Ristow (2007).

Bei den unter Emil Knitterscheid in den Jahren 1897 und 1898 durchgeführten Untersuchungen der ehemaligen Kirche fanden sich die bekannten skulptierten Steinelemente einer frühmittelalterlichen Presbyteriumsschranke, die er zusammen mit genauen Grundrissplänen in den „Lothringer Jahrbüchern" veröffentlichte.[2] Seit den 1942 unter Wilhelm Reusch erfolgten Grabungen bestehen über die Entstehung des Gebäudes schon in spätrömischer Zeit keine Zweifel mehr.[3] Die Fragen nach der ge-

---

[1] ABBÉ F. LEDAIN, Notes a, b, c sur Saint-Pierre-aux Nonnains, in: Memoires de la Société d'histoire et d'archéologie de la Lorraine 15 (1879), S. 235–254.
[2] EMIL KNITTERSCHEID, Die Abtei St. Peter auf der Zitadelle zu Metz, ein Bau aus merovingischer Zeit, in: Lothringer Jahrbuch 9 (1897), S. 97–111; DERS., Die Abtei St. Peter auf der Zitadelle zu Metz, in: Lothringer Jahrbuch 10 (1898), S. 120–152.
[3] WILHELM REUSCH, Die St. Peter-Basilika auf der Zitadelle in Metz, in: Germania 27 (1943), S. 79–92; DERS., Metz als Herstellungsort belgischer Keramik. Die Töpferei des Casicos, in: ebd., S. 146–156.

nauen Entstehungszeit, der ursprünglichen Zweckbestimmung, der Abfolge der Umbauten und ihren Datierungen konnten jedoch bis heute nicht zufriedenstellend geklärt werden. Weitere Grabungen und Untersuchungen fanden in den 1960er bis 1980er Jahren unter Jean-Jacques Hatt, Robert Will, Carol Heitz, François Héber-Suffrin und Xavier Delestre statt.[4]

Anhand einer kritischen Sichtung und Neuinterpretation der Grabungsberichte soll hier zunächst eine modifizierte Darstellung der Baugeschichte des Kirchengebäudes entworfen werden, der zweite Teil befasst sich mit der Einordnung und Datierung der Schrankenelemente.[5]

Die Baugeschichte

Das Bauwerk wurde innerhalb der Stadtmauer der römischen *civitas Mediomatricorum* errichtet. Vorher befand sich an dieser Stelle ein frühkaiserzeitliches Handwerkerquartier, das gegen Ende des 1. Jahrhunderts einer Villenbebauung weichen musste. Letztere wurde im weiteren Verlauf der Kaiserzeit erneut abgeräumt; unmittelbar über dem zugehörigen Nivellierungshorizont beginnt der Bodenaufbau des Gebäudes von Saint-Pierre-aux-Nonnains.[6]

Die spätantike *aula*

Das Gebäude wurde als ungegliederter, im Innern 33,50 × 18,70 m großer Rechteckbau mit einer polygonal ummantelten, 9,85 m breiten und 5,10 m tiefen Apsis in der östlichen Schmalseite errichtet (Abb. 2a). Der monumentale Haupteingang lag im Westen, zusätzlich gab es zwei kleine Seitenportale im östlichen Teil der Längswände. Das im *opus mixtum* ausgeführte Mauerwerk ist zum Teil bis in eine Höhe von über 10 m erhalten. An beiden Seiten der Apsis wurden 1942 die Fundamente zweier *praefur-*

---

[4] JEAN-JACQUES HATT, Les fouilles de la basilique Saint-Pierre-aux-Nonnains de Metz en 1961, in: Annuaire de la Société d'Histoire et d'Archéologiede la Lorraine 61 (1961), S. 15–26; ROBERT WILL, Etude archéologique et historique de l'église Saint-Pierre-aux-Nonnains à Metz (Moselle), Strasbourg 1972 (Unveröffentlichtes Manuskript beim Service Régional de l'Archéologie de Lorraine in Metz); CAROL HEITZ, Les fragments du chancel de Saint-Pierre-aux-Nonnains de Metz, in: Actes du 103ᵉ congrès national des societés savantes à Metz/Nancy 1978, La Lorraine, Paris 1980, S. 9–25; FRANÇOIS HÉBER-SUFFRIN, Saint-Pierre-aux-Nonnains, in: Les trois évechés et l'ancien duché de Bar. Congrès archéologique de France 1991, S. 495–515; XAVIER DELESTRE, Saint-Pierre-aux-Nonnains, Metz 1987 (unveröffentlichtes Manuskript des Grabungsberichts beim Service Régional de l'Archéologie de Lorraine der DRAC Metz).

[5] Vgl. dazu ausführlicher: MADELEINE WILL, Die ehemalige Abteikirche Sankt Peter zu Metz und ihre frühmittelalterlichen Schrankenelemente, Dissertation Bonn 2001 (Bonner Beiträge zur vor- und frühgeschichtlichen Archäologie, Bd. 3), Bonn 2005, S. 11–40.

[6] Unter dem merowingerzeitlichen Altarfundament wurde 1942 der untere Teil eines birnenförmigen Töpferofens des 1. Jahrhunderts gefunden: vgl. REUSCH, St. Peter (wie Anm. 3), S. 86; WILL, Abteikirche (wie Anm. 5), S. 23, Taf. 23.

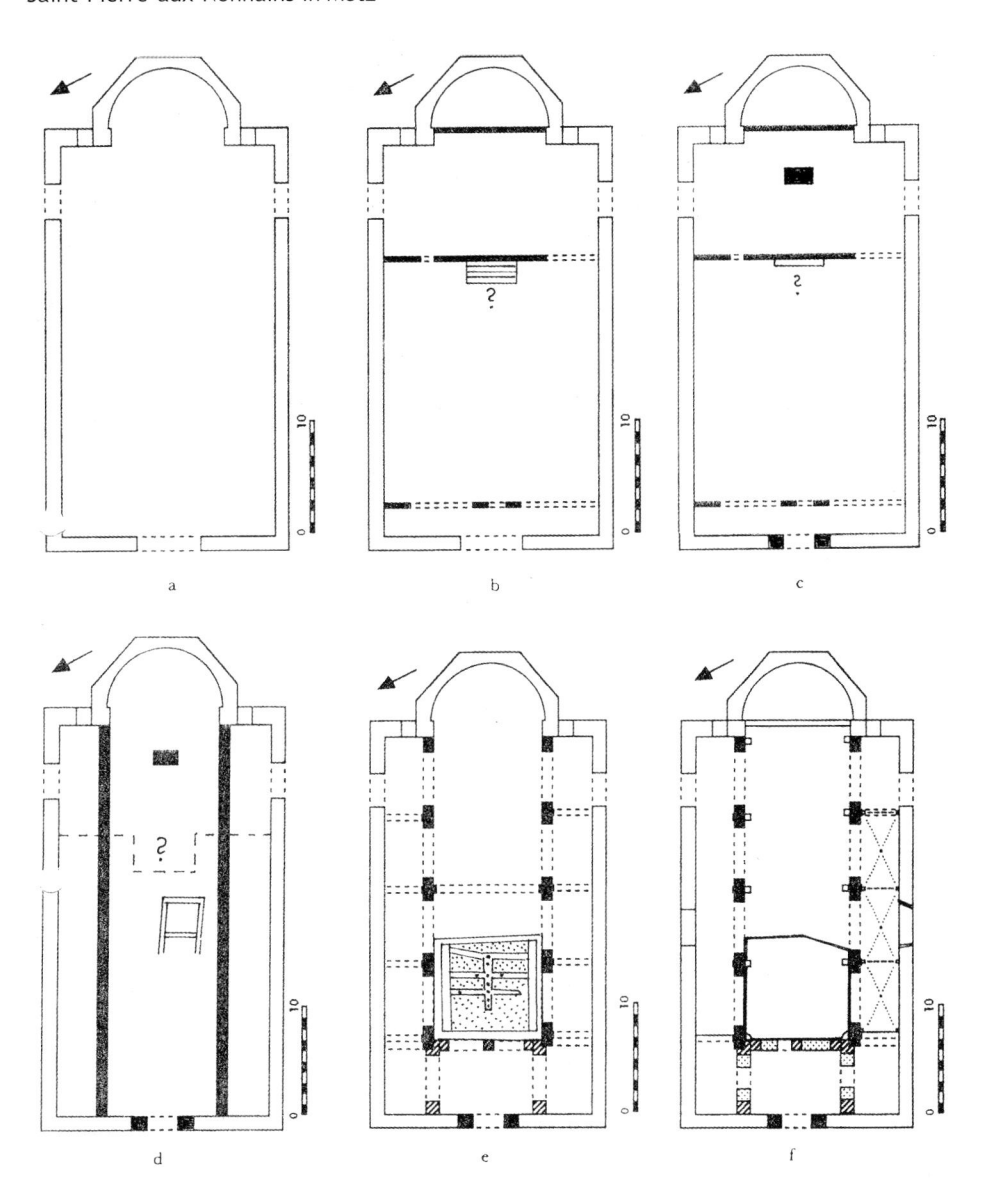

Abb. 2: Metz, Saint-Pierre-aux-Nonnains, schematische Darstellung der spätantiken und mittelalterlichen Bauphasen: a. Ende 4. Jh.; b. 5. Jh. (?); c. Anfang 7. Jh.; d. 8./9. Jh.; e. 11. Jh.; f. 12.–15. Jh. Aus: WILL, Abteikirche (wie Anm. 5) Taf. 25.

nia einer Hypokaustenanlage aufgedeckt. Sie wurde allerdings nie in Betrieb genommen, wie aus dem Fehlen von Brandspuren und von Oberbodenresten hervorgeht. Nach der 1949 von Hermann Mylius vorgelegten, auch heute noch akzeptierten, zeichnerischen Rekonstruktion (Abb. 3) reichten die Seitenmauern des in seinen Proportionen der Trierer Palastaula ähnelnden Saalbaus bis in eine Höhe von 20 m.[7] In der Eingangswand und den Längsseiten befand sich jeweils ein hochliegendes Fensterband, während die Apsis durch drei Fenster Licht erhielt. Das Bauwerk wurde wahrscheinlich von einem freitragenden hölzernen Dachstuhl und einem flachen Ziegeldach gedeckt.

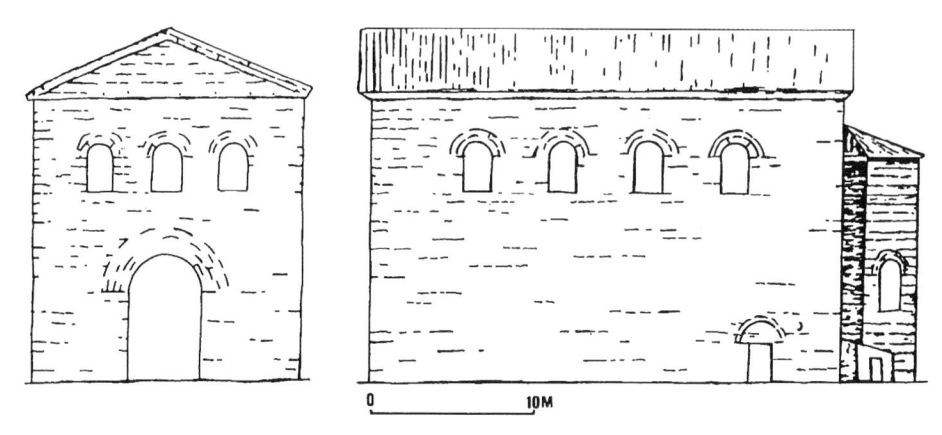

Abb. 3: Metz, Saint-Pierre-aux-Nonnains, Mylius' Rekonstruktionszeichnung von 1949. Aus: WILL, Abteikirche (wie Anm. 5), Taf. 29 A.

Außerhalb des Baus wurden zwischen 1958 und 1961 römisches Mauerwerk und Wasseranlagen aus zwei Epochen freigelegt, die in einer Flucht mit der Westwand lagen. Für die These des Ausgräbers Jean-Jacques Hatt, dass es sich hierbei um ein spätantikes Baptisterium gehandelt haben muss und folglich das Gebäude die spätrömische Kathedrale von Metz gewesen sei, fanden sich allerdings keine Anhaltspunkte.[8]

Anhand der Ziegelstempel der CAPIONACI- und ADIUTEX-Gruppe, die ebenfalls an der Trierer *aula palatina* sowie in den erst in der zweiten Hälfte des 4. Jahrhunderts fertig gestellten, oberen Mauerabschnitten des sogenannten Quadratbaus der Trierer Kathedrale Verwendung fanden,[9] ist das Bauwerk in die Zeit des späten 3. und des 4. Jahrhunderts zu datieren, zumal die Bauplanähnlichkeit mit der Palastaula unverkennbar ist. Die Frage, ob es in den letzten Jahrzehnten des 3. oder erst gegen Ende des 4. Jahrhunderts entstanden ist – beide Entstehungszeiten sind durch die von Delestre veranlassten archäomagnetischen Untersuchungen der Ziegel im Mauerwerk möglich[10] – lässt sich derzeit nicht abschließend beantworten. Die Existenz der poly-

---

[7] HERMANN MYLIUS, Der spätrömische Bau der St. Peter-Basilika auf der Zitadelle in Metz, in: Trierer Zeitschrift 18 (1949), S. 202–216.

[8] HATT, Les fouilles (wie Anm. 4), S. 15–26.

[9] PAUL STEINER, Einige Bemerkungen zu den römischen Ziegelstempeln aus Trier, in: Trierer Jahresberichte 10/11 (1917/1918), S. 15–31; Trier, Kaiserresidenz und Bischofssitz. Die Stadt in spätantiker und frühchristlicher Zeit. Ausstellungskatalog des Rheinischen Landesmuseums Trier, Mainz ²1984, S. 139 f. (Nr. 52), S. 161–163 (Nr. 61a), S. 331 f. (Nr. 172).

[10] XAVIER DELESTRE, Une nouvelle datation par l'archéomagnétisme, in: Cahiers lorrains 2 (1988), S. 195–198.

gonalen Apsis spricht allerdings eher für eine spätere Entstehung. Bekanntlich erlebte auch Trier in der Zeit des Valentinian I. und seiner Söhne (364–392) erneut eine verstärkte Bautätigkeit. Die vorzeitige Beendigung der Baumaßnahmen in Metz ließe sich mit der Verlegung der gallischen Präfektur nach Arles im Jahre 395 erklären.

Die ursprünglich geplante Funktion des apsidialen Saals ist bislang nicht geklärt. Für die Planung als Kirche kann die Ausrichtung nach Osten sprechen. Allerdings sind einschlägige Funde vor dem 7. Jahrhundert nicht bekannt. Möglich ist auch, dass der Bau für den profanen-öffentlichen Bereich vorgesehen war. So sah Delestre angesichts des in Metz vorliegenden Befundes aus Heizanlagen, Wasserleitungen und Wasserbecken im Außenbereich hier ein unvollendetes Thermengebäude.[11] Der von Noël Duval vorgeschlagenen, ursprünglich geplanten Funktion als öffentlicher Versammlungssaal, in dem aus der Apsis heraus der Vorsitz ausgeübt werden konnte, kommt insofern einige Wahrscheinlichkeit zu, als dass der Grundriss des Metzer Bauwerks dem der Trierer *aula palatina* ähnelt, unter der sich ebenfalls eine Hypokaustheizung befand.[12]

Der quergegliederte Saalbau

Die älteste Veränderung des Gebäudes manifestiert sich in einer Quereinteilung des großen Innenraumes durch drei parallele, rund 0,60 m starke und unterschiedlich hoch erhaltene Mauern von schlechter Qualität, die ohne weitere Gründung unmittelbar auf dem spätrömischen Estrich aufsitzen (Abb. 2b). Die westliche, bis in 0,44 m Höhe erhaltene Quermauer verläuft im Abstand von 2,28 m zur westlichen Eingangswand, die zweite, noch bis in 0,55 m Höhe reichende Mauer verläuft rund 10 m vor der Ostwand, während sich die dritte bis in 0,85 m Höhe erhaltene Mauer in der Apsisöffnung befindet. Der Zweck der beiden erstgenannten zur Mitte hin verputzten Quermauern liegt nach allgemeiner Ansicht darin, vor den vorhandenen Eingängen zwei innere Podien abzustützen, die den ebenerdigen Zugang ins Gebäudeinnere ermöglichten. Im dazwischenliegenden Teil blieb der ursprünglich als Unterboden vorgesehene, rund 1 m tiefer liegende römische Estrich sichtbar.

Reusch deutete das östliche Podium bekanntlich als das abgeschrankte Presbyterium der merowingerzeitlichen Kirche, das über Treppenaufgänge vor der zugehörigen Stützmauer, die er als „Chorschrankenmauer" bezeichnete, zu erreichen gewesen sei.[13] Zu Reuschs Theorie eines um rund 1 m erhöhten Altarraumes passt allerdings nicht, dass das 1942 intakt vorgefundene Altarfundament nur 0,55 m hoch war. Aus dieser Höhe ist eher abzuleiten, dass sich der Boden des ältesten Altarraums ebenfalls 0,55 m

---

[11] XAVIER DELESTRE, Saint-Pierre-aux-Nonnains de Metz (Guides archéologiques de la France), Paris 1988, S. 27.
[12] NOËL DUVAL, L'architecture cultuelle, in: Naissance des arts chrétiens. Atlas des monuments paléochrétiens de la France, édité par le Ministère de la Culture (Atlas archéologiques de la France), Paris 1991, S. 188 f.
[13] REUSCH, St. Peter (wie Anm. 3), S. 87; Heitz hielt hingegen die Aufstellung der Schrankenanlage erst nach der Bodenerhöhung vor dem östlichen Podium für möglich: HEITZ, Les fragments (wie Anm. 4), S. 24.

über dem spätrömischen Estrich befand. Hieraus ist zu folgern, dass die 1 m hohen Podien im West- und Ostteil des Gebäudes nicht Teile der merowingerzeitlichen Kirche waren. Die Quereinteilung zeigt vielmehr eine ältere, vorhergehende Nutzung des Gebäudes an.

Das östliche, rund 200 m² große Podium dieser Phase hat sicherlich nicht nur dem ebenerdigen Zugang gedient. Seine Fläche war durch die Apsisfenster relativ gut beleuchtet, da wegen der geringen Stärke der Mauer in der Apsisöffnung davon auszugehen ist, dass sie diese nicht gänzlich verschloss, sondern gegenüber dem östlichen Podium nur leicht erhöhte.

Es gibt keine sicheren archäologischen Anhaltspunkte für eine genaue Datierung des beschriebenen ersten Umbaus, weshalb eine zeitliche Ansprache nur über Analogien der Baumerkmale zu gewinnen ist. So ähneln die Quermauern in ihrer sehr einfachen Technik und geringen Stärke den wohl im 5. Jahrhundert errichteten Kirchenmauern von *Cemenelum*/Nizza-Cimiez.[14] Eine gleichfalls einseitig mit rötlichem Putz versehene Stütz- und Schrankenmauer wurde 1949 am Ostpodium der Südostbasilika des Trierer Kathedralbezirks vorgefunden, deren kirchliche Nutzung durch die eingeritzten *graffiti* schon in der Mitte des 4. Jahrhunderts wahrscheinlich ist.[15] Die Errichtung der Quermauern im Metzer Bauwerk noch in spätrömischer Zeit, die Robert Will schon 1972 vermutete,[16] ist also durchaus wahrscheinlich. Sie wäre dann im Zusammenhang mit einer Fertigstellung und eventuellen Umnutzung des monumentalen Baus erfolgt, nachdem das Vorhaben, ihn mit einer Hypokaustanlage zu versehen, aufgegeben worden war.

Über die Funktion des quer gegliederten Saalbaus lassen sich nur Vermutungen anstellen. Angesichts der sorgfältig verputzten Schauseiten der westlichen und der mittleren Stützmauern sowie den davor gesetzten Steinquadern, aus denen auf einen 3,50 m breiten Treppenaufgang geschlossen werden kann, lässt sich eine Verwendung für öffentliche Versammlungen oder zur Rechtsprechung vom *tribunal* der Apsis herab denken. Eine kirchliche Nutzung in dieser zweiten spätantiken Phase ist – trotz einer gewissen Ähnlichkeit der Quermauern mit der Schranke der Trierer Südostbasilika – eher unwahrscheinlich.

Die älteste Dachkonstruktion fiel vermutlich einem an den Bauziegeln nachgewiesenen Brand zum Opfer. Er steht vielleicht mit der von Gregor von Tours für das Jahr 451 überlieferten Brandschatzung der Stadt Metz durch die Hunnen in Zusammenhang.[17]

---

[14] FERNAND BENOIT, Cimiez la ville antique (monuments, histoire) (Fouilles de Cemenelum, Bd. 1), Paris 1977.
[15] Vgl. zuletzt SEBASTIAN RISTOW, Frühes Christentum im Rheinland (Jahrbuch des Rheinischen Vereins für Denkmalpflege und Landschaftsschutz 2006), Köln 2007, S. 197.
[16] WILL, Etude archéologique (wie Anm. 4), S. 11 f.
[17] GREGOR VON TOURS, Historia Francorum II,6, in: Monumenta Germaniae Historica (MGH), Scriptores Rerum Merovingicarum I, Hannover 1885, S. 67 f.; ELSMARIE KNÖGEL, Schriftquellen zur Kunstgeschichte der Merowingerzeit, in: Bonner Jahrbücher 140/41 (1936), Nr. 3; so auch DELESTRE, Datation (wie Anm. 10), S. 197.

Die merowingerzeitliche Kirche

Der quer geteilte Monumentalbau wurde durch weitere Umgestaltungen zur Kirche des Benediktinerinnenklosters von St. Peter (Abb. 2c). Die kirchliche Funktion ist durch die in ihm gefundenen, mit christlichen Symbolen verzierten Schrankenelemente eindeutig gesichert.

Der mittlere Bereich des Gebäudes erfuhr dazu eine erste Bodenerhöhung um 0,35 m. Dies geschah wohl nach der Mitte des 6. Jahrhunderts wie sich aus dem Fund eines rosettenverzierten Gefäßfragments ergibt.[18] Die Transversalmauern wurden gleichzeitig auf 0,44 m, 0,55 m bzw. 0,85 m reduziert. Im Bereich des Ostpodiums errichtete man auf der Mittelachse in rund 2,10 m Abstand zur Apsisöffnung einen großen rechtwinkligen Block von 0,55 m Höhe als Altarfundament.

Der große Westeingang wurde zu einem kleineren Bogenportal verengt und um 0,35 m tiefergelegt, die Türöffnung befand sich danach etwa in Höhe der römischen Schwellenuntermauerung.[19] Es ist anzunehmen, dass der Saalbau in seiner vollen Höhe mit den seitlichen Fensterbändern erhalten blieb und dass die spätrömische Dachkonstruktion wieder hergestellt wurde. In Metz waren zu der fraglichen Zeit die technischen Möglichkeiten zur Instandsetzung von größeren Dachflächen vorhanden, wie die Nachricht des Venantius Fortunatus von der Wiederherstellung von Kirchendächern unter Bischof Villicus in der zweiten Hälfte des 6. Jahrhunderts beweist.[20] Eine umfangreiche Bautätigkeit ist auch für Trier zur Zeit Bischofs Nicetius (525–566) belegt.[21]

An dekorierten Einrichtungs- und Bauteilen lassen sich dieser Phase der überwiegende Teil der Schrankenelemente und einige andere Reliefsteine zuweisen, die seit dem Ende des 19. Jahrhunderts im Bereich der ehemaligen Kirche gefunden wurden.

Anhand der niedrigeren Transversalmauern, der Existenz des 0,55 m hohen Altarfundaments und der Estrichschicht in 0,35 m über dem spätrömischen Boden lässt sich eine Rekonstruktion der ältesten Kirche mit nur geringfügigen Abstufungen erstellen, die von der bisherigen, zuerst 1942 von Reusch formulierten Vorstellung abweicht und durch die sich die Raum- und Lichtverhältnisse der ersten Kirche gegenüber Reuschs Vorschlag sehr viel ausgewogener gestalten. Demnach konnte das Gebäude im Westen über die in Bezug zum ältesten Estrich in 0,65 m Höhe liegende Schwelle des Hauptportals betreten werden, die zugleich eine Abwärtsstufe zu dem nun in rund 0,45 m Höhe liegenden, westlichen Podium darstellte. Die dortige Stützmauer bildete eine weitere Stufe zum Boden des Laienraums in rund 0,35 m Höhe. Die auf 0,55 m reduzierte Quermauer des vierten Jochs bildete eine Stufe zum Altarraum, wo das Altar-

---

[18] DELESTRE, Saint-Pierre (wie Anm. 4), Pl. 14; WILL, Abteikirche (wie Anm. 5), S. 27 mit Anm. 144.
[19] MYLIUS, Der spätrömische Bau (wie Anm. 7), S. 195.
[20] VENANTIUS FORTUNATUS, Carmina III,13, in: MGH, Auctores antiquissimi IV,1, S. 65; KNÖGEL, Schriftquellen (wie Anm. 17), Nr. 905.
[21] Um 560 ließ Bischof Nicetius für den Bau der Kathedrale in Trier Bauleute aus Italien kommen, vgl. den Brief des Rufus an Nicetius, in: MGH, Epistulae Austrasiacae III, Nr. 21, S. 133 f.; KNÖGEL, Schriftquellen (wie Anm. 17), Nr. 855.

fundament ebenfalls bis in diese Höhe reichte. Letztgenannte Stützmauer konnte gleichzeitig als stabiler Sockel für eine Abschrankung des Presbyteriums dienen. Eine oder zwei weitere Stufen führten über die dritte, auf 0,85 m abgesenkte Transversalmauer hinweg zu der von Fenstern erhellten Apsis hinauf, wo sich möglicherweise eine Klerikerbank *(synthronon)* befand.[22]

Spuren eines ins Mittelschiff hineinreichenden Ambo, wie er in Trier, Köln, Boppart und Genf belegt ist, wurden nicht gefunden, jedoch gab es möglicherweise einen Aufgang über einen kurzen erhöhten Steg *(solea)* vor der Mitte der Schranke, da sich unter den Schrankenelementen zwei schmale beidseitig verzierte Platten befinden.[23]

Der Umbau lässt sich anhand der zur Erstausstattung der Abteikirche gehörigen Schrankenelemente der älteren Gruppe datieren, die in der Zeit um 600 oder zu Beginn des 7. Jahrhunderts geschaffen wurden.[24] Die historische Situation dieser Zeit stützt diesen Datierungsansatz, denn durch die Taufe der fränkischen Eliten, mit der die Überwindung der kulturellen und religiösen Gegensätze zu den unterworfenen *romani*, sowie eine Konsolidierung der Merowingerherrschaft bewirkt werden sollte, waren seit der Mitte des 6. Jahrhunderts die materiellen und geistigen Voraussetzungen für eine Renovierung der antiken Gotteshäuser gegeben. Die Datierung in das beginnende 7. Jahrhundert entspricht zudem den zeitlichen Angaben der *vita* der Heiligen Waldrada, die als erste Äbtissin während der Regierungszeit Theuderichs II. und Theudeberts II. (596–612 bzw. 613) wirkte. Als Erbauer der Abtei wird ihr Onkel Eleutherius genannt, der als fränkischer *dux* in königlichen Diensten stand.[25] Urkunden der Jahre 781, 870, 960, 977 und 993 lassen vermuten, dass das Gelände von Saint-Pierre-aux-Nonnains schon seit dem Beginn der Frankenherrschaft zum Königsgut gehörte, in dessen Bestand es erstmals 870 genannt wird.[26] In ähnlicher Weise wurden die in königlichem Besitz befindlichen römischen Getreidespeicher *(horrea)* von Trier

---

[22] WILL, Abteikirche (wie Anm. 5), S. 31, Taf. 26. Dass es sich bei der Umwandlung eines geteilten älteren Gebäudes in eine Kirche nicht um einen Einzelfall handelt, zeigt sich z. B. an den römischen Ostthermen von Nizza-Cimiez, die wohl im 5. Jahrhundert zur einschiffigen Kathedrale mit Baptisterium umgebaut wurden; auch hier wurde eine ältere, querverlaufende Mauer als Stütze des erhöhten Altarraums genutzt, vgl. BENOIT, Cimiez la ville antique (wie Anm. 14), S. 89–94.

[23] WILL, Abteikirche (wie Anm. 5), Taf. 6B, Taf. 8B–C; vgl. dazu SEBASTIAN RISTOW, Ambonen und Soleae in Gallien, Germanien, Raetien und Noricum im Frühmittelalter, in: Rivista di Archeologia Cristiana 80 (2004), S. 289–311.

[24] Siehe unten „Die Datierung der älteren Elemente".

[25] ACTA SANCTORUM der Bollandisten, Bd. 15, 52 (2. Mai), hg. von G. HENSCHENIUS/ D. PAPEBROCHIUS, Paris/Rom 1866; ausführlich dazu: WILL, Abteikirche (wie Anm. 5), S. 17–19.

[26] Urkunde von 781 in: MGH, Diplomata Karolinorum I, Nr. 136; Urkunde von 870 in: MGH, Leges II, Capitularia regum Francorum II, Nr. 253; Urkunde von 960 in: MGH, Diplomata regum et imperatorum Germania I, Nr. 210; Urkunde von 977 in: MGH, Diplomata regum et imperatorum Germaniae, II,1, Nr. 159; Urkunde von 993 in: MGH, Diplomata Regum et Imperatorum II,2, Nr. 117. Die Urkunde von 993 scheint im Zuge einer grundlegenden Erneuerung der Kirche unter Bischof Adalbero II. (984–1005) erlassen worden zu sein, vgl. MARTINUS MEURISSUS (Bischof von Madaurus), Histoire des Évêques de L'Église de Metz, Metz 1634, S. 19 f.

im zweiten Viertel des 7. Jahrhunderts für die Errichtung des Irminenklosters genutzt.[27]

Die karolingerzeitliche Kirche

In der zweiten Hälfte des 8. Jahrhunderts wurde die Kirche erstmalig in drei Längsschiffe unterteilt (Abb. 2d).[28] Die entsprechenden Fundamente sind unterhalb der heute bestehenden Pfeiler erhalten. Es handelt sich um zwei durchgehende 1 m starke Mauerbänder aus Kalksteinen, die im *opus spicatum*, einem fischgrätartigen Verband, verlegt sind. Sie setzen überall unter der Oberfläche des spätrömischen Estrichs an.[29] Zu dieser Umbauphase gehört ein Estrichhorizont, der in 0,50 m Höhe über dem spätrömischen Estrich vorgefunden wurde. In diese dritte Estrichschicht war leicht schräg in der Mitte der Kirche ein Balkenraster eingelassen worden, das höchstwahrscheinlich von einem hölzernen Podest stammte. Eine weitere Erhöhung des Presbyteriums ist ebenfalls wahrscheinlich, aber nicht mehr nachweisbar.

Obwohl von den aufgehenden Teilen der ältesten Stützenstellung nichts mehr erhalten geblieben ist, lässt sich vermuten, dass das Bauwerk ein überhöhtes Mittelschiff mit Fenstern in der Obergadenzone und ein dreiteiliges Basilikadach erhielt. Der erhebliche Eingriff in die ursprüngliche Architektur kann neben einer Erneuerungsbedürftigkeit des Daches auch in der Entwicklung der Kirchenbaukunst in frühkarolingischer Zeit gesucht werden, die für Neubauten die basilikale Bauweise nach frühchristlichem Vorbild bevorzugte.

Bei dieser Neugestaltung wurde wahrscheinlich auch die Abschrankung des Altarraums ergänzt, denn einige ihrer Elemente gehören aufgrund ihrer Ornamentik und Ausführung nicht zur merowingerzeitlichen Kirche. Dass der Altarraum dabei zum Mittelschiff hin eine größere rechtwinklige Erweiterung erfuhr, wird durch den Fund eines Pfeilers mit drei Einzapfungsrillen wahrscheinlich gemacht: Die hinzugefügte Fläche diente wohl als Podium der *schola cantorum*, des Sängerchores, welcher nach der Liturgiereform unter Bischof Chrodegang von Metz (742–766) liturgisch notwendig geworden war.[30] Die dieser Umbauphase zuzuordnenden Schrankenelemente sind aufgrund ihrer Ornamentik dem letzten Drittel des 8. Jahrhunderts zuzuweisen.[31] Ein

---

[27] Hans Eiden, Untersuchungen an den spätrömischen Horrea von St. Irminen in Trier, in: Trierer Zeitschrift 18 (1949), S. 73–106; Lukas Clemens, St. Irminen: Römisches Wohnquartier, spätantike Speicheranlage (horrea) und frühmittelalterliche Klostersiedlung, in: Das römische Trier (Führer zu archäologischen Denkmälern in Deutschland, Bd. 40), Stuttgart 2001, S. 166–175.

[28] Reusch, St. Peter (wie Anm. 3), S. 89; Delestre, Saint-Pierre (wie Anm. 11), S. 30 f.

[29] Will, Abteikirche (wie Anm. 5), S. 32–35; die erste Längsgliederung wurde in der früheren Forschung allerdings erst ins 9.–10. Jahrhundert datiert: Reusch, St. Peter (wie Anm. 3), S. 89; Delestre, Guides (wie Anm. 10), S. 30 f. und S. 34; Héber-Suffrin, Saint-Pierre-aux-Nonnains (wie Anm. 4), S. 500 f.

[30] Will, Abteikirche (wie Anm. 5), Taf. 16 A; vgl. dazu Ristow, Ambonen (wie Anm. 23), S. 474.

[31] Will, Abteikirche (wie Anm. 5), S. 93.

dreiseitig verziertes Kämpferkapitell und der Rest einer Nischenbemalung bezeugen eine umfassende Ausgestaltung der Kirche, welche gleichzeitig oder etwas später erfolgte.[32]

Auf eine zusätzliche Bodenerhöhung im weiteren Verlauf des Frühmittelalters weist ein in 0,70 m Höhe vorgefundener Estrichhorizont hin. Die älteste Phase einer im Mittelschiff entdeckten niedrigen Tribüne, dem sogenannten Nonnenchor (vgl. Beitrag Jäggi in diesem Band) mit einem Laufboden von zunächst 0,16 m Höhe, lag diesem Estrich auf.

Die ottonische und die romanische Kirche

Gegen Ende des 10. Jahrhunderts scheint die Abteikirche in einem ruinösen Zustand gewesen zu sein, wie aus einem Bericht über die Kirchen- und Klostererneuerungen Bischof Adalberos II. (984–1005) zu entnehmen ist.[33] In der Tat sind Baumaßnahmen der ottonischen Architekturphase archäologisch gesichert. In diese Zeit fällt die Verstärkung und Erhöhung der karolingerzeitlichen Fundamentbänder und die Errichtung der bis heute bestehenden Pfeiler/Arkadenstellungen (Abb. 2e).[34] Dabei entstanden auf jeder Seite mithilfe wuchtiger Pfeiler fünf große Rundbögen von 6,90 m Höhe. Das Mauerwerk der Pfeiler enthält wiederverwendetes Material der vorangegangenen Ausstattungen, unter anderem auch die meisten der wiedergefundenen Elemente der frühmittelalterlichen Schrankenanlage. Große Teile der darüber errichteten Obergadenzone sind seit dem 16. Jahrhundert zerstört, doch haben sich die unteren Laibungen von je acht Obergadenfenstern erhalten. Die neue Jocheinteilung wurde in den Seitenschiffen durch den Einzug von Schwibbögen aus doppelten Keilsteinreihen betont.

Vorgestellte große Steinquader bei den Innenseiten des Pfeilerpaares zwischen dem dritten und vierten Joch bildeten Fundamentverstärkungen zur Aufnahme der Last eines das Mittelschiff überspannenden Bogens, der später wieder entfernt wurde. Er betonte die Grenze des nunmehr bis hierhin vergrößerten Altarraums. Der im Gebäude in rund 1 m Höhe über dem spätrömischen Fußboden festgestellte Estrich gehörte zu dieser Bauphase, da die Pfeiler erst oberhalb dieses Niveaus verblendet sind. Wie hoch der Altarraum zu dieser Zeit war, ließ sich nicht mehr ermitteln.

Die Anhebung des Nonnenchores auf 0,14 m Höhe über dem neuen Mittelschiffboden ist wohl ebenfalls dieser Phase zuzuordnen. Das Innere der Tribüne erhielt eine Balkenlage und eine Verfüllung mit Mörtel, die ein verzweigtes Gangsystem aussparte. In den Gängen fanden sich zahlreiche handgemachte Kugeltöpfe aus hart gebrannter, roter und bräunlicher Keramik, die als Schallgefäße zur Akustikverbesserung zu deuten sind, und in das 10. bis 12. Jahrhundert datieren.[35]

---

[32] WILL, Abteikirche (wie Anm. 5), Taf. 18 und Taf. 33.
[33] MEURISSUS, Histoire (wie Anm. 26), S. 113.
[34] WILL, Abteikirche (wie Anm. 5), S. 35 f.
[35] REUSCH, St. Peter (wie Anm. 3), S. 91 f.; vgl. HANS PFEIFER, Schallgefäße in mittelalterlichen Kirchen, in: Die Denkmalpflege 6 (1904), S. 88–90 und S. 128–130; WILL, Abteikirche (wie Anm. 5), S. 36 mit weiterer Literatur.

Einige Zeit nach Errichtung der Arkadenstellungen wurde das erste Joch zu einem Westbau umgestaltet. Dazu verstärkte man den mittleren Teil des ersten Jochs, wohl um den Bau einer Emporenkapelle und eines darüber liegenden Turmes zu ermöglichen. Wegen der Zerstörungen im 16. Jahrhundert ist von diesem Westbau im Aufgehenden nur noch die zwischen dem ersten und zweiten Joch hochgezogene durch Fenster und Bögen gegliederte Wand erhalten (Abb. 2d), welche von Emil Knitterscheid als „Narthexwand" bezeichnet wurde.[36]

Die beschriebenen Ein- und Umbauten sind teilweise dicht aufeinander gefolgt. Die Entstehung der heute bestehenden Pfeiler/Arkadenstellungen kann wegen der gleichzeitig mit ihnen eingezogenen Schwibbbögen, die in ottonischen Kirchen vielfach nachgewiesen sind, ins Ende des 10. Jahrhunderts oder um 1000 datiert werden. Da mehrgeschossige Westbauten seit dem Ende des 10. Jahrhunderts auftreten, kann mit dem Beginn der Umgestaltung des ersten Jochs in der ersten Hälfte des 11. Jahrhunderts gerechnet werden.[37] Die endgültige Konsolidierung des Westbaus erfolgte angesichts der Rundbogentüren noch in der Zeit der Romanik.

Die gotische Kirche

In der ersten Hälfte des 15. Jahrhunderts wurden beiderseits vor die ottonischen Pfeiler und die Außenmauern Säulen als Stützen für ein Kreuzgratgewölbe eingebaut (Abb. 2f). Die Fundamente der Säulensockel reichen bis auf den spätrömischen Estrich. Daneben entstanden zwei gotische Maßwerkfenster in der nördlichen Ostwand und im zweiten Joch des südlichen Seitenschiffs. Aus der gehobenen Lage der gotischen Säulenbasen im zweiten und im fünften Joch lässt sich die Existenz eines gegenüber dem romanischen Kirchenfußboden um 0,40 m erhöhten westlichen Nonnenchores und eines 0,70 m hohen Altarpodiums ableiten. Eine Inschrift auf der Grabplatte des in den 40er Jahren des 15. Jahrhunderts verstorbenen Kanonikers Thierri Drowin nennt diesen als Bauherrn des letzten Umbaus der Kirche.

Bei einem Beschuss durch die Entsatztruppen Karls V. im Jahr 1552 wurden der Westbau, das Dach und die Apsis der Abteikirche zerstört. Der südliche Hügel von Metz wurde mitsamt der Klostergebäude von den letztlich siegreichen Franzosen für den Zitadellenbau konfisziert. Das Kirchengebäude von Saint-Pierre-aux-Nonnains wurde bald darauf notdürftig instandgesetzt. Das erste Joch wurde aufgegeben, so dass die „Narthexwand" zur westlichen Außenmauer des Bauwerks wurde. Das Mittelschiff erhielt ein niedriges Walmdach und im Innern wurden Stockwerke eingezogen (Abb. 1a).[38] 1950 gelangte das Bauwerk an die Stadt Metz, die sich seit 1972 um seine

---

[36] KNITTERSCHEID, Die Abtei 1897 (wie Anm. 2), S. 104–108. Integrierte dreiteilige Westbauten mit Mittelturm sind an mehreren romanischen Kirchen der Metzer Region zu finden, zum Beispiel bei den Pfarrkirchen von Mey, Scy und Baronvillé.

[37] FRIEDRICH OSWALD, Römische Basilika und ottonische Kirche St. Peter auf der Zitadelle in Metz, in: Frühmittelalterliche Studien 1 (1967), S. 165–167; DELESTRE, Guides (wie Anm. 10), S. 46; HÉBER-SUFFRIN, Saint-Pierre-aux-Nonnains (wie Anm. 4), S. 220.

[38] KNITTERSCHEID, Die Abtei 1897 (wie Anm. 2), Fig. 3–4; WILL, Abteikirche (wie Anm. 5), Taf. 20.

Instandsetzung bemühte. Mit den von 1978–1988 durchgeführten Arbeiten wurde der damals leitende Architekt der Historischen Monumente des Bezirks Straßburg, Daniel Gaymard, betraut. Man entschied sich für die Erhaltung und Wiederherstellung des romanischen Zustands, bei dem die auf ihre ursprüngliche Höhe gebrachte „Narthexwand" die Fassade bildet (Abb. 1b). Die vorromanischen Reste sind seitdem unter einem beheizbaren Zementboden in Höhe des romanischen Fußbodens verborgen.

Die Schrankenanlage

Bei den seit 1897 gefundenen frühmittelalterlichen Reliefsteinen aus Saint-Pierre-aux-Nonnains handelt es sich um ein selten geschlossenes und zugleich vielfältiges Zeugnis frühmittelalterlicher Steinskulptur nördlich der Alpen. Sie wurden auf der Grundlage der tradierten spätantiken und frühchristlichen Kunst des Mittelmeerraumes unter Einbeziehung germanischer Gestaltungselemente geschaffen. Die Lokalisierung der mediterranen Einflüsse erfolgte in der Forschung unterschiedlich. Verschieden wurden auch die Fragen nach der zeitlichen und stilistischen Einheitlichkeit des Ensembles, der Herkunft der Steinmetze, der Datierung sowie der Deutung der figürlichen Darstellungen und der ursprünglichen Aufstellung beantwortet. Bis auf Gérard Collot vertraten alle Autoren die Ansicht, dass die Metzer Schrankenelemente bei aller ikonographischen Vielfalt gleichzeitig und von einer einzigen Bildhauerschule angefertigt wurden; als Begründung wurden hierfür die gemeinsame Flachrelieftechnik und das gleichzeitige Vorkommen von Dekors der spätantik-frühchristlichen Tradition und der germanischen Tierornamentik genannt.[39] Dennoch ergibt eine eingehende Untersuchung der Ornamentik, dass zwei Gruppen von Bildsteinen mit verschiedener Entstehungszeit zu unterscheiden sind, von denen die größere Zahl der älteren Gruppe angehört. In beiden Gruppen treten der spätantiken Kunst entstammende Motive neben Flechtwerkdekors auf.

Die älteren Reliefsteine

Die ältere Gruppe umfasst 31 Platten und Pfeiler, die mit Gitter- und Schachbrettverzierungen, Feldeinteilungen, vegetabilen Verzierungen, Spiralornamenten und mit zoomorphisiertem Flechtwerk versehen sind. Sie haben stets aufwändig gestaltete Rahmen. Wie vor allem die sauber gearbeiteten Hohlkehlenrahmen erkennen lassen, wurde bei den Reliefs dieser Gruppe neben dem Flachmeißel auch der Rundmeißel verwendet. Neben der beachtlichen handwerklichen Qualität ist die gestalterische Qualität dieser Arbeiten hervorzuheben. Die Darstellungen selbst wirken in logischer Weise aufgebaut und in sich geschlossen, die Motive sind durchweg gut platziert. Zu beachten ist auch, dass die Flechtwerkdekors stets richtig konstruiert sind, was nicht selbstverständlich ist, wie der Vergleich mit der Flechtbandverzierung einer Stufe der

---

[39] Gérard Collot, Le chancel de Saint-Pierre-aux-Nonnains, in: Patrimoine et Culture en Lorraine, Metz 1980, S. 133–156.

Mellebaudus-Memoria zu Poitiers beweist.[40] Bemerkenswert sind die Vielfalt und der Einfallsreichtum der Dekors. Ohne Zweifel liegt bei den älteren Schrankenelementen von Saint-Pierre-aux-Nonnains eine Qualität vor, die ansonsten in den gleichzeitigen, oft nur ritzverzierten Steinbildwerken Galliens und Germaniens nicht erreicht wird.

Als gleichzeitig mit den Schrankenelementen dieser Gruppe sind einige andere in der Kirche gefundene Reliefsteine anzusehen, so ein Sockelfragment mit Rautengitterdekor, ein Kämpferkapitell und ein Plattenfragment mit Wellen- und Spiralbandornamentik.[41]

Die Ornamentik der älteren Gruppe

In spätantiker Tradition stehen die Verzierungen mittels Rauten- und Schachbrettmustern, Kreuzen, Arkaden, Rosetten, Blattranken, sowie Kelch-Füllhorn-Akanthusmotiven. Für ihre Ausführung wurden Stilmittel der frühbyzantinischen Kunst, wie z. B. das tiefgeriefte Akanthusblatt, entlehnt (Abb. 4).[42]

Abb. 4: Metz, Saint-Pierre-aux-Nonnains, Schrankenelemente mit spätantik-mediterranem Dekor in ihrer heutigen Aufstellung im Museum. Foto: Musées La Cour d'Or, Metz.

Der germanische Beitrag findet sich auf zwölf Reliefsteinen, die mit zoomorphisierten Flechtbanddekors versehen sind. Sie stellen eine von der mediterranen Kunst losgelöste, eigenständige Entwicklung dar (Abb. 5). Dabei entstammt das Flechtband selbst der antiken Kunst, in der es bekanntlich eine bedeutende Rolle als Gliederungs- und Füllornament römerzeitlicher Boden- und Wanddekorationen spielt. Die zumeist länglich

---

[40] WILL, Abteikirche (wie Anm. 5), Taf. 39.
[41] WILL, Abteikirche (wie Anm. 5), Taf. 17.
[42] FRIEDRICH-WILHELM DEICHMANN, Ravenna, Hauptstadt des spätantiken Abendlandes, Bd. 1: Geschichte und Monumente, Taf. 307; CHRISTINE STRUBE, Polyeuktoskirche und Hagia Sophia. Umbildung und Auflösung antiker Formen, Entstehen des Kämpferkapitells (Bayrische Akademie der Wissenschaften, philosophisch-historische Klasse, Abhandlungen, N. F. 92), München 1984, Abb. 80–82, Abb. 64.

Abb. 5: Metz, Saint-Pierre-aux-Nonnains, Schrankenelemente mit zoomorphisierendem Flechtbanddekor. Foto: Musées La Cour d'Or, Metz. Aus: WILL, Abteikirche (wie Anm. 5) Taf. 10 A, Taf 12 C und Taf. 13 A.

aufgebauten Dekors bestehen aus ein bis drei Bändern in unterschiedlichen Verschlingungen, an deren Enden Tierköpfe oder -schwänze angefügt sind. Einige der Metzer Flechtbandornamente sind singuläre Schöpfungen (Abb. 6j).[43]

Die Verschmelzung von Flechtband- und Tierornamentik ist das wesentliche Merkmal des merowingerzeitlichen Tierstils II.[44] Zoomorphisiertes Flechtwerk kommt in der spätantiken und frühmittelalterlichen Steinskulptur relativ selten vor.[45] Wesentlich

---

[43] WILL, Abteikirche (wie Anm. 5), Taf. 11A–B.

[44] Mit diesem Begriff wird die vom 5. bis 8. Jahrhundert in der germanischen Welt vorherrschende Dekorationsweise bezeichnet, welche auf der zunehmend abstrahierten und stilisierten Darstellung von Tieren und zuweilen auch Menschen beruht und die vor allem auf den Flächen von Gegenständen der Kleinkunst erhalten ist. Die grundlegende Beschreibung und Untersuchung der germanischen Tierornamentik legte Bernard Salin 1904 vor; ihm ist auch die bis heute gültige Einteilung in drei Stilperioden zu verdanken: BERNARD SALIN, Die altgermanische Thierornamentik, Stockholm 1904, S. 206–290. In neuerer Zeit führten die Arbeiten Helmut Roths und Günther Haseloffs zu verfeinerten Ergebnissen hinsichtlich der Stilentwicklung und Chronologie: HELMUT ROTH, Die Ornamentik der Langobarden in Italien. Eine Untersuchung zur Stilentwicklung anhand der Grabfunde (Antiquitas 3, Bd. 15), Bonn 1973; GÜNTHER HASELOFF, Die germanische Tierornamentik der Völkerwanderungszeit, Berlin / New York 1981.

[45] Vgl. etwa den Reiterstein von Hornhausen sowie die Stufen der Mellebaudus-Memoria in Poitiers und einige Sarkophage und Grabumrahmungen im Departement Aisne; KURT BÖHNER, Die Reliefplatten von Hornhausen, in: Jahrbuch des Römisch-Germanischen Zentral-

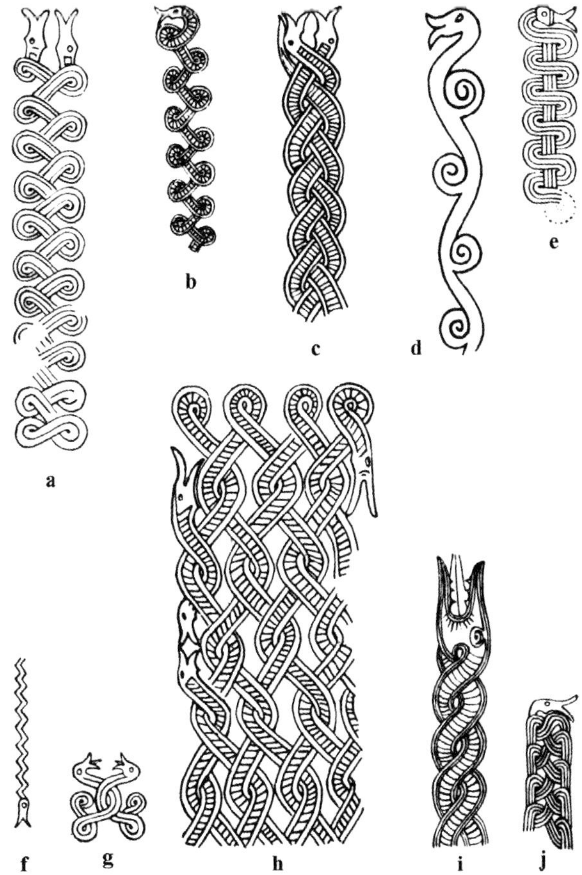

zahlreicher tritt es dagegen auf zeitgleichen Metallarbeiten, wie Waffen und Kleidungsbestandteilen, auf.

Die stets im Profil wiedergeben Tierköpfe der Metzer Reliefbilder sind weitgehend einheitlich. Bei dem überwiegend vertretenen, wenig differenzierten ovalen Kopftyp mit aufgesperrten, schnabelartig nach außen gebogenen Kiefern verjüngen sich die Schädel zum Maulbereich hin. Auf einigen Elementen sind die Kopfunterseiten zum spitzen Kinn herausgezogen. Zuweilen sind auch Zungen dargestellt. In der Regel sind die Köpfe etwas breiter als die zugehörigen Bänder, an deren gebogenen Enden sie wie an Hälsen sitzen. In einigen Fällen sind neben den Augenritzungen noch weitere Binnenzeichnungen, wie z. B. Trennlinien zwischen Kopf und Hals oder zwischen Schädel- und Maulbereich, vorhanden.

Tierköpfe dieses Typs sind von der funeralen Steinskulptur Nordfrankreichs und des Rheinlands bekannt. Sie treten im Zusammenhang mit Flechtbanddekor in den Sarkophagverzierungen von Chivres und Montigny-le-Franc (beide Dép. Aisne), bei den schlangenartigen Tieren der Stele von Königswinter--Niederdollendorf und auf der schon genannten Stufe des Mellebaudus-Hypogäums in Poitiers auf.[46] Häufig sind derartige Tierköpfe auch in Tierstildekors auf metallenen Kleidungsbestandteilen, beispielsweise auf durchbrochenen Zierscheiben, anzutreffen.[47]

Abb. 6: Metz, Saint-Pierre-aux-Nonnains, Überblick über die zoomorphisierenden Flechtbanddekors. Aus: WILL, Abteikirche (wie Anm. 5), Taf. 41. Zeichnung: Nils Åberg 1947.

---

museums Mainz 23/24 (1976/77) (Festschrift Hundt, Bd. 3), Taf. 14; WILL, Abteikirche (wie Anm. 5), Taf. 36–39.

[46] WILL, Abteikirche (wie Anm. 5), Taf. 37B–38A, Taf. 39, Taf. 40A.

[47] DOROTHEE RENNER, Die durchbrochenen Zierscheiben der Merowingerzeit, hg. vom Rö-

Einen anderen Kopftyp zeigt das Pfeilerrelief, auf dem ein großer Kopf breit und halslos an eine Zweibandflechte anschließt (Abb. 5a; Abb. 6i). Er ist gekennzeichnet durch seinen schlanken Maulbereich, die umlaufende Konturritzung, das durch konzentrische Kreise bezeichnete Auge, eine dicke Zunge, Zähne an Ober- und Unterkiefer sowie strahlenförmig vom Maul ausgehende Ritzlinien. Dieser Typ findet seine nächsten Entsprechungen ebenfalls auf Werken der Kleinkunst, vor allem in Schnallen- und Waffenverzierungen des 6. und frühen 7. Jahrhunderts mit mythologischen Seetierdarstellungen des burgundischen Raumes.[48]

Die Bestandteile der Tierornamente auf den Metzer Schrankenelementen lassen sich überwiegend aus der antiken mediterranen Kunst ableiten. Die Übernahme des Flechtbanddekors kommt bei den Metzer Reliefs nur in den Köpfen und Schwanzendungen zur Geltung. Der enge Zusammenhang der Tierstil-II-Dekors mit entsprechenden Verzierungen auf merowingerzeitlichen Waffen und Kleidungsbestandteilen lässt die Vermutung zu, dass die in Stein geschlagenen Tierornamente durch Metallarbeiten angeregt wurden. Die Verwendung ursprünglich den Kleinkunstwerken vorbehaltener Ornamente in der monumentalen Kunst fand im übrigen auch andernorts in den germanischen Nachfolgereichen des römischen Imperiums statt: ein berühmtes Beispiel ist der sonst nur als Randverzierung von skandinavischen Bügelfibeln bekannte Dekor des sogenannten Zangenfrieses am Mausoleum Theoderichs des Großen († 526) in Ravenna.[49] Die Ansicht, dass Dekors von Metallarbeiten zuweilen auf monumentale Werke der Merowingerzeit übertragen wurden, vertrat schon 1961 Denise Fossard bei der Besprechung eines Pariser Gipssarkophages, dessen Verzierung offenbar Goldschmiedearbeiten in Cloisonné-Technik imitierte.[50]

Die Datierung der älteren Gruppe

Für die ikonographische Variationsbreite der Schrankenreliefs aus Saint-Pierre-aux-Nonnains mit ihrem Nebeneinander von spätantiken Bildthemen und germanischer Tierornamentik liegen Vergleichsbeispiele in den oben genannten Steinbildwerken des merowingischen Herrschaftsgebietes vor. Durch diese ergibt sich, dass Reliefverzierungen mit symmetrischem zoomorphisierten Flechtwerk in die Zeit um 600 und ins 7. Jahrhundert, also in den Ausgang der älteren und den Beginn der jüngeren Merowingerzeit datieren. So wird der als Teil einer Schrankenanlage entstandene „Rei-

---

misch-Germanischen Zentralmuseum Mainz (Kataloge vor- und frühgeschichtlicher Altertümer, Bd. 18), Mainz 1970.

[48] Siehe die Meerwesen auf der Beinschnalle aus St. Ulrich und Afra, Grab 9: JOACHIM WERNER, Die Ausgrabungen in Sankt Ulrich und Afra in Augsburg 1961–1968 (Münchener Beiträge zur Vor- und Frühgeschichte, Bd. 23), München 1977, Taf. 85,1 und der gravurverzierten Messerklinge von Lausanne, Bel-Air, Grab 90: RUDOLF MOOSBRUGGER-LEU, Die Schweiz zur Merowingerzeit. Die archäologischen Hinterlassenschaften der Romanen, Burgunder und Alamannen, Bern 1971, Band A, S. 240 f. und B, Taf. 65,12.

[49] SALIN, Thierornamentik (wie Anm. 44), Fig. 130 und Fig. 133–134.

[50] DENISE FOSSARD, Le décor des sarcophages mérovingiens en plâtre moulé et l'influence de l'orfèvrerie, in: Bulletin de la Société Nationale des Antiquaires de France 1960/61, S. 62–67.

terstein" von Hornhausen mit den Darstellungen eines Reiters und eines Tierornaments im Stil II in die erste Hälfte des 7. Jahrhunderts datiert.[51] Die verzierten Bauteile der Mellebaudus-Memoria zu Poitiers mit ihren mediterranen Ranken-, Rosetten- und Seetierdekoren neben einem zoomorphisierten Flechtornament stammen aus dem 7. Jahrhundert.[52] Die Sarkophage der Gegend von Laon, welche ebenfalls die Verbindung von mediterranen Kreuz- und Rosettenmotiven und zoomorphisierten Bandornamenten zeigen, stammen, wie die entsprechend verzierten Grabstelen und -umrahmungen der Nekropole von Vorges mit ihren Kreuz-, Rosetten-, Ranken-, Flechtwerk- und zoomorphisierten Bandverzierungen aus dem Ende des 6. und beginnenden 7. Jahrhundert.[53]

Da die Zahl der erhaltenen zoomorphisierten Flechtbandornamente im Bereich der frühmittelalterlichen Steinskulptur sehr begrenzt ist, werden hier für eine genauere Datierung auch

Abb. 7: Flechtbanddekors auf Metzer Schrankenpfeilern (links) im Vergleich zu Dekoren merowingerzeitlicher Kleinkunst: Messer von Lausanne (oben rechts) und Goldblattkreuz von Cividale (unten rechts). Aus: WILL, Abteikirche (wie Anm. 5) Taf. 42.

einige der zur Kleidung und Bewaffnung gehörenden *Metallarbeiten* herangezogen, auf denen diese Dekore begegnen und deren Datierung durch in neuster Zeit erstellte Gräberchronologien weitgehend gesichert ist. Tierkopfbesetzte Zwei- bzw. Dreibandflechten finden in einigen Klingengravuren von Saxen und Messern besonders nahe Entsprechungen. Diese Verzierungen treten zumeist bei den älteren kürzeren Saxen und Messern des späten 6. Jahrhunderts und der Zeit um 600 auf.[54] Auch Gürtel- und Riemenbeschläge sind zuweilen mit zopfartigem zoomorphisierten Flechtwerk verziert, wie z. B. ein bronzenes Riemenzungenpaar mit Flechtbandzöpfen und Tierkopf-

---

51 BÖHNER, Hornhausen (wie Anm. 45), S. 89–138.
52 HELMUT ROTH, Kunst und Handwerk im frühen Mittelalter, Stuttgart 1986, S. 89, S. 287 f., Taf. 87–88.
53 ALAIN NICE, La nécropole mérovingienne de Goudelancourt-les-Pierrepont (Aisne), in: Revue Archéologique de Picardie 1994, S. 21–63; MARIE-PASCAL FLÈCHE, La nécropole mérovingienne de Vorges (Aisne), in: Revue Archéologique de Picardie 1988, S. 96 f.
54 MICHAELA AUFLEGER, Tierdarstellungen in der Kleinkunst der Merowingerzeit im westlichen Frankenreich (Archäologische Schriften des Instituts für Vor- und Frühgeschichte der Johannes Gutenberg-Universität Mainz, Bd. 6), Mainz 1997, S. 157.

enden (Eberköpfe) aus einem Frauengrab von St. Severin in Köln (Grab III, 73), das ins letzte Drittel des 6. Jahrhunderts datiert.[55] Außerordentlich nahe Vergleiche für die tierkopfbesetzten Zopfmotive bietet eine Gruppe langobardischer Goldblattkreuze, mit zoomorphisierten Drei- oder Vierbandflechten, die Helmut Roth in den Beginn von Stil II, also ins späte 6. Jahrhundert bzw. in die Zeit um 600 datiert hat (Abb. 7).[56] Die Voraussetzungen für die Ornamentik der älteren Metzer Elemente waren also spätestens seit dem Ende des 6. Jahrhunderts und in den Jahren um 600 gegeben. Während die Ornamente, welche in der Tradition der spätantiken Kunst stehen, mit nur geringen Veränderungen sowohl in der Merowinger- als auch der Karolingerzeit weiter Verwendung fanden und sich damit einer genauen Zeitbestimmung entziehen, grenzen die Ornamente im Tierstil II die Datierung auf die Zeit um 600 und den Beginn des 7. Jahrhunderts ein.

Zu Kunsteinfluss, Herkunft der Bildhauer und Auftraggeber der älteren Gruppe

Da die Ornamentik der Metzer Dekors hauptsächlich aus dem mediterranen Kunstraum stammt, der sich auch in der Zeit der germanischen Reichsgründungen bis zum Ende des 6. Jahrhunderts weitgehend einheitlich erhalten konnte, verwundert es nicht, dass für die Metzer Dekors sowohl westliche als auch östliche Vergleichsbeispiele des 6. Jahrhunderts herangezogen werden können. Die spätantiken Dekore der Metzer Elemente lassen sich von der Kunst der justinianischen Zeit (527–565) herleiten. Der Weg der Übermittlung verlief dabei anscheinend über Ravenna und Oberitalien ins Merowingerreich.

Die Metzer Platten mit Feldeinteilung wurden von manchen Autoren mit den als Grabschmuck dienenden Türsteinen Kleinasiens in Verbindung gebracht und daraus ein starker östlicher Einfluss auf die Metzer Reliefsteine gefolgert.[57] Da die Herstellung der kleinasiatischen Türsteine aber schon um 400 n. Chr. eingestellt wurde, kann kaum von einer Beeinflussung durch die zeitgenössische östliche Kunst gesprochen werden. Die westlichen Arbeiten knüpfen eher an die in West und Ost verbreiteten, spätantiken Holzschranken an. Möglicherweise wird hier aber auch die weite Verbreitung eines ursprünglich hellenistischen Motivs durch die spätantike Kunst und die an sie anschließende merowingerzeitliche Kunst ersichtlich.

Eine in Metz ansässige Werkstatt lässt sich bei der geringen Zahl erhaltener merowingerzeitlicher Flachreliefs in Nordfrankreich nicht nachweisen. So ist die von Hel-

---

[55] Helmut Roth, Die Ornamentik der Langobarden (wie Anm. 44), S. 155 und S. 279; Bernd Päffgen, Die Ausgrabungen in St. Severin zu Köln, hg. vom Römisch-Germanischen Museum Köln (Kölner Forschungen, Bd. 5,1–3), Mainz 1992, S. 377 f., S. 382, S. 404 f., Abb. 146. Die noch sehr einfach zusammengesetzten Ornamente werden in Italien noch in der ersten Hälfte des 7. Jahrhunderts weiterverwendet, nach der Jahrhundertmitte kommen sie nicht mehr vor, vgl. Roth, Die Ornamentik der Langobarden (wie Anm. 44), S. 149 und S. 279, Tab. 1.

[56] Roth, Die Ornamentik der Langobarden (wie Anm. 44), S. 148–155, Taf. 16,2–6.

[57] Gérald Collot, La sculpture du Haut Moyen Age (Catalogues des collections archéologiques des musées de Metz, Bd. 2), Metz 1980, S. 82 f. (N° 75).

mut Roth vermutete oberitalienische Herkunft der in Metz tätigen Bildhauer zu prüfen, die er damit begründete, dass um 600 im Langobardenreich die spätantike Kunst und die germanische Tierornamentik im Stil II gleichermaßen bekannt gewesen seien.[58] Für Roths Ansicht spricht in der Tat die Gestaltung der vegetabilen Dekore und dabei besonders die Behandlung der tiefgerieften Akanthusblätter, deren nächste Vergleiche in Ravenna und Konstantinopel zu finden sind (Abb. 4).[59] Die Tätigkeit italischer Handwerker außerhalb ihrer Heimat im 5. bis 8. Jahrhundert ist zudem durch Quellen belegt.[60] Obwohl außerhalb Ravennas Belege für Steinreliefs aus der frühen langobardischen Zeit in Italien fehlen, lässt das erneute Aufblühen der Reliefkunst seit dem 8. Jahrhundert in Oberitalien ein Weiterbestehen von Bildhauerschulen auch nach 568 als sicher erscheinen. Eine Herkunft der Bildhauer aus Italien entspräche auch der historischen Quellenlage des frühen Mittelalters, die eine Süd-Nordbewegung spezialisierter Bauleute erkennen lässt. Die gemeinsame Verwendung von Bildern der christlich-mediterranen Tradition und der germanischen Tierornamentik steht möglicherweise in Zusammenhang mit der in den Viten erwähnten Herkunft der Begründer der Metzer Abtei aus dem fränkischen, mit dem Königshaus verschwägerten Hochadel. Nur diese Schicht konnte sich Bildhauer von dieser für die Zeit außerordentlichen Meisterschaft leisten.

Die jüngere Gruppe

Die Ornamentik der jüngeren Gruppe

Die fünf jünger zu datierenden Elemente zeugen von einer geringeren Kunstfertigkeit als die älteren. Hier kam anscheinend nur der Flachmeißel zur Anwendung. Ihre Rahmen bestehen aus ein bis drei unverzierten Leisten oder einer Randzier aus Rillen. Ihre Ornamentik besteht aus einer figürlichen Darstellung neben Flechtwerk und einem vegetabilen Dekor.[61]

Die Platte mit der Darstellung eines antik gekleideten Mannes in einer mit gestielten Voluten („Krabben") verzierten Ädikula gehört in die spätere Gruppe, da Krabbengiebel dieser Form in Westeuropa erst seit dem späten 8. Jahrhundert belegt sind (Abb. 8). Hiermit findet die Ansicht von Gérald Collot eine Bestätigung, der diese Platte allerdings aufgrund ihrer unbeholfenen Ausführung für nachträglich angefertigt

---

[58] ROTH, Kunst und Handwerk (wie Anm. 52), S. 89 f.
[59] Siehe Anm. 41.
[60] So überquerte Bischof Germanus von Auxerre im Jahre 444 die Alpen mit einer Gruppe heimkehrender *artifices*. Zur Anwerbung italienischer Bauleute durch Bischof Nicetius von Trier, vgl. Anm. 20; im Jahre 720 erließ der Langobardenkönig Luitprand in den *leges Langobardorum* eine Regelung des Erbschaftsrechts bezüglich im Ausland verschollener Handwerker, vgl. HERMANN NEHLSEN, Die rechtliche und soziale Stellung der Handwerker in den germanischen Leges, in: Das Handwerk in vor- und frühgeschichtlicher Zeit, Bd. 1, hg. von HERBERT JANKUHN u. a., (Abhandlungen der Akademie der Wissenschaften Göttingen, philosophisch-historische Klasse, 3. Folge, Nr. 122), Göttingen 1981, S. 281 f.
[61] WILL, Abteikirche (wie Anm. 5), Taf. 14–16.

Abb. 8: Metz, Saint-Pierre-aux-Nonnains, Schrankenplatte mit der Darstellung des segnenden Christus. Foto: Musées La Cour d'Or, Metz.

hielt.[62] Aufgrund des Segensgestus, des Nimbus und des darüber befindlichen Kreuzes handelt es sich bei der dargestellten Person wohl um Christus. Das Metzer Reliefbild lässt sich auf die spätantike, zentral komponierte Darstellung des stehenden, segnenden Christus in einer Nischenarchitektur zurückführen. Üblicherweise ist Christus darin nach Art der antiken Philosophen mit *Pallium* und Sandalen bekleidet, eine Schriftrolle oder ein Buch in der Linken weist ihn als Überbringer des Evangeliums aus.

Die unklare Gestaltung des linken Arms auf dem Metzer Reliefbild lässt die Vermutung zu, dass die Vorlage des Bildhauers eine Christus- oder Apostelfigur zeigte, die nach höfisch-byzantinischer Sitte mit der im Gewandbausch verhüllten, linken Hand eine Rolle oder ein Buch fasste; ein Gestaltungsmittel, mit dem in der spätantiken Kunst die göttliche Herleitung der Schrift und des Gesetzes betont wurde. Da der Bildhauer dieses ikonographische Detail nicht mehr verstand, stellte er den gesenkten linken Arm mit einer Buchrolle in der Hand neben dem Körper dar. Außerdem gehören zwei Platten mit flächenhaftem, nicht zoomorphisiertem Flechtwerk zu dieser Gruppe, da sie in ihrer dichten Ornamentierung von einem *horror vacui* zeugen, der sich bei den Reliefs der älteren Gruppe nicht feststellen lässt, der aber typisch für karolingerzeitliche Flechtwerksteine ist. Ihre Rahmung besteht aus einer einfachen Leiste. Aufgrund der ähnlich einfachen, aus jeweils zwei Rillen bestehenden Randverzierung ist der oben genannte Pfeiler mit drei Nuten ebenfalls zur jüngeren Gruppe zu zählen.

Die Reliefsteine der jüngeren Gruppe waren wie die Älteren in der Pfeilerstellung der ottonischen Kirche vermauert. Dass die Verschiedenartigkeit der jüngeren Arbeiten bisher vielfach nicht erkannt wurde, ist mit dem Aufgreifen ikonographischer De-

---

[62] GÉRALD COLLOT, Les origines du Christianisme dans l'ancien évêché de Metz du IVe au XIIe siècle (Catalogue de l'exposition du musée de Metz), Metz 1966, S. 46.

tails der älteren Arbeiten, wie Band- und Rosettenformen zu erklären. Der Steinmetz dieser Phase war offenbar bestrebt, die neuen Schrankenelemente den vorhandenen anzupassen und gleichzeitig die Bildthemen seiner Zeit nicht zu verleugnen.

Die Datierung der jüngeren Gruppe

Die engsten Vergleiche für die Metzer Christusdarstellung finden sich in der Buchmalerei, Toreutik und Elfenbeinschnitzerei der zweiten Hälfte des 8. Jahrhunderts, also in einer Zeit, da sich figürliche Darstellungen nach einer Phase der Verwilderung wieder stärker an antik-mediterranen Vorbildern zu orientieren begannen. Im Bildthema und der Darstellungsweise entspricht der Metzer Christus einer Darstellung des vor 788 entstandenen, heute in Montpellier aufbewahrten Psalters von Mondsee.[63] Der in einem harten, linearen Stil gemalte Christus steht auch hier in einem ornamentalen Architekturrahmen, in seinem ovalen Gesichtsschnitt, den weitaufgerissenen Augen, dem längeren gescheitelten lockig-strähnigen Haar, den rund herabfallenden Schultern und dem streifigen mit Borten besetzten Untergewand, stimmt er mit der Metzer Figur überein.

Ikonographische Gemeinsamkeiten mit dem Metzer Christus lassen sich weiterhin in den Christusbildern auf dem 770/80 entstandenen Tassilokelch in Kremsmünster (Oberösterreich),[64] dem Bursenreliquiar des Bischof Altheus (780–799) in Sion (Kt. Wallis) und auf dem wohl etwa gleichzeitig entstandenen Hausreliquiar in Cividale (Prov. Udine) aufweisen (Abb. 9). Ähnlich in seiner graphisch angelegten Flachheit ist auch die Christusdarstellung des elfenbeinernen Buchdeckels aus Genoëls-Elderen (Prov. Limburg), ein Werk eines insularen Künstlers aus der Zeit um 780.[65]

Auf dem Reliquiar von Sion hält der Evangelist Johannes eine Schriftrolle in der erhobenen, im Obergewand verborgenen Hand. Hatte der Metzer Bildhauer eine Vorlage, die diesem Bild nahe kam, so konnte er die dort zu beiden Seiten der nicht sichtbaren Hand herabfallenden Stoffteile außen als Arm und innen als Gewandsaum missdeuten, und die tiefe Rille zwischen ihnen als Fortsetzung der Körperkontur auffassen.

---

[63] MONTPELLIER, Bibliothèque de la Faculté de Médecine, Ms. 409, fol. 2v. Der Psalter wurde im Kloster Mondsee (Oberösterreich) für die Familie des bayrischen Herzogs Tassilo III vor dessen Absetzung 788 geschrieben, vgl. WOLFGANG BRAUNFELS, Die Welt der Karolinger und ihre Kunst, München 1968, Abb. 125; WILL, Abteikirche (wie Anm. 5), S. 88, Taf. 43 B.

[64] Der Tassilokelch kam wohl als Geschenk Tassilos III. an das Kloster Kremsmünster (Oberösterreich), vgl. BRAUNFELS, Karolinger (wie Anm. 63), S. 90, S. 378, Abb. 126; WILL, Abteikirche (wie Anm. 5), S. 88, Taf. 43A; das Reliquiar von Sitten wird durch die Stifterinschrift sicher in die Amtszeit des Altheus datiert, vgl. W. FRITZ VOLBACH, Skulptur und Kunstgewerbe, in: Frühzeit des Mittelalters. Von der Völkerwanderung bis an die Schwelle der Karolingerzeit, Teil 3, hg. von JEAN HUBERT, JEAN PORCHER und W. FRITZ VOLBACH (Universum der Kunst, Bd. 12), München 1968, S. 287, Abb. 315; WILL, Abteikirche (wie Anm. 5), S. 88, Taf. 46A; zum Silberreliquiar in Cividale vgl. W. FRITZ VOLBACH, Skulptur und Kunstgewerbe, in: Die Kunst der Karolinger, Teil 3, hg. von JEAN HUBERT, JEAN PORCHER UND W. FRITZ VOLBACH (Universum der Kunst, Bd. 13), München 1969, Abb. 315; WILL, Abteikirche (wie Anm. 5), S. 88, Taf. 46 B.

[65] W. FRITZ VOLBACH, Elfenbeinarbeiten der Spätantike und des frühen Mittelalters (Kataloge vor- und frühgeschichtlicher Altertümer, Bd. 7), Mainz 1976, Nr. 21.

Abb. 9: Altheusreliquiar von Sitten (a) und Hausreliquiar von Cividale (b). Aus: WILL, Abteikirche (wie Anm. 5), Taf. 46.

So lässt sich wohl auch die merkwürdige Führung der Toga an zwei übereinanderliegenden Stellen um den Körper des Metzer Christus erklären.

Eine herabhängende linke Hand wie in Metz weist auch die unbeholfene Darstellung des Evangelisten Markus im Echternacher Evangeliar aus dem zweiten Viertel des 8. Jahrhunderts auf, sie hält dort ein geöffnetes Buch.[66] Durch v-förmige Furchen abgesetzte Mittelhandmuskeln finden sich in den figurgeschmückten Initialen des um 810 entstandenen Psalters aus Corbie.[67] Der Vergleich dieser Hände mit der segnenden Hand des Metzer Christus zeigt, dass in Metz versehentlich eine linke Hand abgebildet wurde. Für die Gestaltung der Pilaster mit tordierter Mittelzone existiert ein Vergleichsbeispiel im 754 entstandenen Gundohinus-Evangeliar.[68] Aus tordierten Stäben aufgebaute Arkaturen liegen auch beim Reliquiar von Cividale vor. Die volutenbesetzte Giebelädikula hatte ganz offensichtlich Kircheneinrichtungen des späten 8. und des 9. Jahrhunderts in Italien, dem adriatischen Küstenraum und der Alpenregion zum Vorbild.[69] Mit Krabben geschmückte Giebelbögen überspannten hier häufig den mittleren Durchgang durch Altarabschrankungen, welche aus Säulenstellungen mit aufruhenden Steinbalken (*trabes*) und niedrigen Platten bestanden (Abb. 10).[70]

Angesichts der genannten Vergleiche gehört das Metzer Christusrelief am ehesten dem letzten Drittel des 8. Jahrhunderts an. Da seine Darstellungsweise noch nicht

---

[66] TRIER Domschatz, Codex 61, fol. 80v; vgl. BRAUNFELS, Karolinger (wie Anm. 63), Abb. 124.
[67] AMIENS, Bibliothèque Municipale, Ms. 18; vgl. BRAUNFELS, Karolinger (wie Anm. 63), Abb. 70–73, Abb. 79, Taf. 23a.
[68] AUTUN, Bibl. Municipale, Ms.3, fol. 186v; vgl. BRAUNFELS, Karolinger (wie Anm. 63), Abb. 117.
[69] HERMANN DANNHEIMER, Steinmetzarbeiten der Karolingerzeit. Neufunde aus altbayerischen Klöstern 1953–1979 (Ausstellungskatalog der Prähistorischen Staatssammlung München), München 1980.
[70] DANNHEIMER, Steinmetzarbeiten (wie Anm. 69), Abb. 17.

von den illusionistischeren und sich sorgfältiger an spätantiken Originalen ausrichtenden Werken der Hofschule Karls des Großen beeinflusst ist, dürfte es vor den 80er Jahren des 8. Jahrhunderts geschaffen worden sein.

Die einfach strukturierten Flechtwerkverzierungen der beiden Platten mit Gewebemuster scheinen ebenfalls älter zu sein, als die regelmäßiger und komplizierter geschmückten karolingerzeitlichen Flechtwerk- und Rankensteine im reifen „langobardischen" Stil, der in Italien und im Alpenraum erstmals im letzten Viertel des 8. Jahrhunderts auftritt. Für die Gruppe der jüngeren Schrankenelemente ist daher eine Entstehung um 770/80 anzunehmen.

Ein weiteres verziertes Schrankenelement ist wohl unabhängig von den anderen hergestellt worden.[71] Es handelt sich um einen von ungeübter

Abb. 10: Split (Kroatien), Chorschrankendurchgang in der Martinskapelle. Foto: www.find-croatia.com.

Hand angefertigten Pfeiler mit einer naturalistisch gewundenen, glatten Weinranke und kompakten Traubenständen mit eingetieften mehrlappigen Blättern und erhabenen Rippen, welche in der oberitalienischen Kunst des späten 8. und frühen 9. Jahrhunderts auftreten. Es ist zu vermuten, dass der Steinmetz auf eine entsprechende Vorlage zurückgreifen konnte.

---

[71] WILL, Abteikirche (wie Anm. 5), Taf. 16 B.

Ebenfalls in die letzten Jahrzehnte des 8. oder ins beginnende 9. Jahrhundert ist ein mit Blattwerk und einer Männerbüste verziertes Kämpferkapitell zu datieren, das wahrscheinlich auf einem vor die Wand gesetzten Pfeiler saß.[72]

Zu Kunsteinfluss und Herkunft der Bildhauer der jüngeren Gruppe

Nach dem zuvor Gesagten steht fest, dass auch die Elemente der jüngeren Gruppe in der Tradition der spätantiken Kunst des Mittelmeerraumes stehen, welche in den germanisch besiedelten Gebieten des mediterranen Westens über Jahrhunderte weitergepflegt wurde – in dem Maße, wie es die jeweiligen Verhältnisse erlaubten. Bei den jüngeren Elementen macht die germanische Tierornamentik ihren Einfluss nicht mehr geltend, die Bandverzierungen sind ohne Tierattribute und entsprechen insofern der Flechtbandornamentik der Karolingerzeit. Sucht man nach zeitnahen Vergleichen für die figürliche Darstellung in der Steinskulptur, so findet sich Entsprechendes am ehesten in Oberitalien und im Adriaraum. Die erstmals von Wilhelm Holmqvist geäußerte These, dass hier vor allem ostmediterrane Einflüsse wirksam waren, lässt sich ebenso wenig wie bei den Arbeiten der älteren Gruppe aufrecht erhalten. Für die ikonographische und technische Gestaltung der Metzer Christusdarstellung existiert genügend Vergleichbares in Westeuropa. Mit den als Belege für einen östlichen Einfluss angeführten ägyptischen Grabstelen des 5. Jahrhunderts mit Reliefbildern unter Giebeln stehender Oranten besteht nur eine oberflächliche ikonographische Ähnlichkeit.[73] Die Verwendung des Bildtyps der unter einem Spitzgiebel stehenden Person lässt sich auf seine weite Verbreitung in der profanen und religiösen spätantiken Kunst zurückführen. Die ins Auge fallende Ähnlichkeit der zeitlich und räumlich weit voneinander entstandenen Arbeiten ist also auf die gemeinsame Ausgangsbasis und einen gleichartig voranschreitenden Verlust an künstlerischen und technischen Fertigkeiten zurückzuführen.

Dem Verfertiger des Metzer Christusreliefs war offenbar die aus der spätantiker Tradition stammende Ikonographie des segnenden Christus nicht mehr vertraut, da er die nicht verstandenen Details einer wahrscheinlich schon mangelhaften Vorlage aus der zeitgenössischen Buchmalerei, Toreutik oder Elfenbeinkunst nach eigenem Gutdünken umformte. Da die in vieler Hinsicht dem Metzer Christusbild ähnlichen Darstellungen des Psalters von Montpellier, des Tassilokelches und des Reliquiars von Sion auf die Alpenregion verweisen, ist die Vorlage vielleicht dort entstanden. Die Gestaltung der Ädikula unternahm der Steinmetz nach dem Vorbild der ihm offenbar bekannten Trabesschrankendurchgänge der „langobardischen" Kunst. Die Herkunft des Bildhauers könnte somit in Oberitalien oder im Alpenraum zu lokalisieren sein.

---

[72] Mit Blattwerk und Masken verzierte Kapitelle sind schon in der klassischen und der spätantiken Kunst bekannt. Ähnliche Kapitelle begegnen in der karolingerzeitlichen Kunst wieder. Hier sei exemplarisch auf ein im Aachener Münster aufbewahrtes Kalksteinkapitell verwiesen, vgl. CHRISTIAN BEUTLER, Bildwerke zwischen Antike und Mittelalter. Unbekannte Skulpturen aus der Zeit Karl des Großen, Düsseldorf 1964, Abb. 32.

[73] WILHELM HOLMQVIST, Kunstprobleme der Merowingerzeit, Stockholm 1939, S. 200.

Die Eroberung des Langobardenreiches durch Karl den Großen im Jahre 774 kann die Beschäftigung italischer Steinmetze im Frankenreich zur Folge gehabt haben. Vielleicht wurden sie auch über den bajuwarischen Raum nach Norden vermittelt, wo Herzog Tassilo III. bis 788 die Künste förderte. Wie die älteren Elemente der Metzer Schranke können demnach auch die jüngeren von einem oder mehreren Bildhauern aus Italien geschaffen worden sein. Längere Auslandsaufenthalte italischer *magistri* sind bekanntlich durch die Novelle Luitprands von 720 belegt.[74]

Überlegungen zur Gestalt der Schrankenanlage und des Altars

Bei der Schrankenanlage aus Saint-Pierre-aux-Nonnains in Metz handelte es sich um eine niedrige Anlage, denn Spuren aufstehender Säulchen sind nicht vorhanden. Wahrscheinlich standen die Platten unmittelbar auf dem Rand des erhöhten Presbyteriums, da die Schranke bei der Annahme eines zusätzlichen Sockels zu hoch ausgefallen wäre. Die glatten Unterseiten waren mit weißem Kalkmörtel fixiert, von dem sich noch Reste erhalten haben.

Angesichts des hohen Gewichtes der Metzer Elemente liegt die Vermutung nahe, dass die Schrankenanlage ein festes Fundament gehabt hat, zumal auch ein Altarfundament vorhanden ist. Insofern bieten sich Reuschs „Chorschrankenmauer" im vierten Joch und vielleicht auch die Streifenfundamente der ältesten Stützenstellungen als Standorte an. Diese Folgerung ist allerdings nicht zwingend, da nicht in allen spätantiken und frühmittelalterlichen Kirchen feste Gründungen für Einbauten vorhanden waren, wie das Beispiel von St. Severus in Boppard am Rhein zeigt.[75]

Eine befriedigende Rekonstruktion der Anlage konnte bis heute nicht vorgenommen werden, da im Gebäude jegliche Spuren ihrer unteren und seitlichen Befestigung verloren sind. Der Umstand, dass die Anzahl der Pfeiler größer ist als die der Platten, kann wohl damit erklärt werden, dass ursprünglich mehr als die heute bekannten Platten vorhanden waren. In diesem Fall könnte es lohnenswert sein, die Pfeilerstellungen erneut zu untersuchen, zumal bei den Grabungen von 1967, 1975 und 1980 jeweils noch Elemente gefunden wurden.

Ein Umbau der Schrankenanlage in frühkarolingischer Zeit darf aufgrund der Existenz der jüngeren Reliefsteine als sicher gelten. Die Domgrabungen von Genf und Aosta ergaben, dass in spätantiken und frühmittelalterlichen Kirchen mit Veränderungen der Einbauten gerechnet werden muss, welche wegen der sich wandelnden liturgischen Erfordernisse in nicht zu langen Abständen erfolgen konnten.[76] Wie oben dargelegt, ist es nicht unwahrscheinlich, dass die Anlage schon zu Beginn des 7. Jahrhunderts

---

[74] Vgl. Anm. 60.
[75] HANS EIDEN, Militärbad und frühchristliche Kirche in Boppard am Rhein, in: Ausgrabungen in Deutschland, Bd. 2 (Monographien des Römisch-Germanischen Zentralmuseums Mainz, Bd. 1,2), Mainz 1975, S. 91–97, Abb. 8; RISTOW, Ambonen (wie Anm. 23), S. 289, Abb. 1.
[76] CHARLES BONNET, Genève aux premiers temps chrétiens, Genève 1986, Fig. 3 ff., Fig. 7; DUVAL, L'architecture cultuelle (wie Anm. 11), S. 215 mit Abb.

einen mittleren Stufenaufgang oder Ambo besaß. Die Existenz einer rechtwinklig vorspringenden *schola cantorum* ist für die karolingische Zeit sogar sehr wahrscheinlich.

Das 1942 aufgefundene Altarfundament fällt mit seinen oberen Abmessungen von 2,25 × 1,14 m erstaunlich groß aus. Aufgrund der Fundlage kann nicht mehr entschieden werden, ob es sich um einen einfachen Tischaltar mit einer oder mehreren Stützen, einen Kastenaltar oder einen Blockaltar gehandelt hat. Zwei Bruchstücke großer rechteckiger, am Rand verzierter Platten mit Rautengitterverzierung bzw. einer Reihe von ovalen Schlaufen lassen sich möglicherweise dem Sockel und der Altarmensa zuweisen.[77] Die Auffassung von Gerard Collot, dass die figürlich verzierte Platte den mittleren Teil einer Altarfront darstellte, ist nicht von der Hand zu weisen, denn ihr Relief zeigt eine ähnliche Flächeneinteilung wie die Vorderseiten einiger ravennatischer Altarstipes des 6. Jahrhunderts.[78] Ein entsprechendes Beispiel für einen zusammengesetzten Altarunterbau liegt im Kastenaltar des Ratchis in Cividale (um 740) vor.[79] Da sich der genaue Standort und die Funktion der einzelnen Elemente unserer Kenntnis völlig entziehen, müssen diese Überlegungen allerdings hypothetisch bleiben.

---

[77] WILL, Abteikirche (wie Anm. 5), Taf. 17 A–B.
[78] COLLOT, Les origines (wie Anm. 62), S. 46.
[79] WILFRIED MENGHIN, Die Langobarden. Archäologie und Geschichte. Stuttgart 1985, S. 194 f., Abb. 186–188.

Das Kloster Schuttern

Die Entstehungsgeschichte eines frühmittelalterlichen Klosters zwischen Legende, historischen Quellen und archäologischem Befund*

Luisa Galioto

Für die Geschichte der Christianisierung und kirchlichen Organisation der Gebiete rechts des Rheins bleiben die Jahrhunderte zwischen der Antike und dem Beginn der karolingischen Epoche trotz intensiver wissenschaftlicher Forschung mit vielen Fragen behaftet. Die Vorgänge, die zur Christianisierung des alamannischen Gebietes und zu der Bildung einer kirchlichen Organisation führten, erweisen sich immer mehr als ein komplexes Zusammenwirken unterschiedlicher Faktoren und Einflüsse. Noch vor wenigen Jahren galten hauptsächlich Missionare als Klostergründer und Träger der Christianisierung in dem genannten Gebiet. Eine sehr schwache Quellenlage, ein z. T. unkritischer Umgang mit den tradierten *Vitae* der Heiligen oder mit den Klosterchroniken sowie unzureichende oder voreingenommen interpretierte archäologische Befunde liegen diesem Bild zu Grunde.

Als Beispiel eines solchen kontroversen Umgangs mit der Entstehungsgeschichte eines Klosters gilt die heute zur Gemeinde Friesenheim gehörende Abtei Schuttern, unweit unseres Tagungsortes Lahr. Zusammen mit den Klöstern Ettenheimmünster, Gengenbach, Schwarzach und Honau liegt diese ehemalige Benediktinerabtei in einem Gebiet, das seit dem 8. Jahrhundert als *Mortenau-Mortin augia* belegt ist und heute den Namen Ortenau trägt. Alle diese Klöster gehörten zum rechtsrheinischen Territorium des Bistums Straßburg.[1] Bis zu den Ausgrabungen, die in den 1970er Jahren stattfanden, war die Geschichte des Klosters ausschließlich durch wenig ergiebige Urkunden bekannt.[2]

---

* Der Text des Vortrages wurde für den Druck nur geringfügig überarbeitet. Dem Charakter der Fachtagung entsprechend, war er nicht als umfassende Auseinandersetzung mit der älteren Forschung, sondern als Diskussionsgrundlage intendiert.
1 Vgl. Dieter Kauss, Die mittelalterliche Pfarrorganisation in der Ortenau (Veröffentlichung des Alemannischen Instituts, Nr. 29), Bühl 1970, S. 87–96; Hansmartin Schwarzmaier, Die Klöster der Ortenau und ihre Konvente in karolingischer Zeit, in: Zeitschrift für die Geschichte des Oberrheins 119, N. F. 80 (1971), S. 1–31.
2 Klaus Schäffner, Die Frühgeschichte des Klosters Schuttern, in: Die Ortenau 41 (1961), S. 229–234; Schwarzmeier, Klöster (wie Anm. 1), S. 9–12.

Zum Forschungsstand der schriftlichen Überlieferung

Als nicht verwertbare Legende galt bereits ab den 1960er Jahren die Überlieferung der Klostergründung im Jahr 603 durch einen angelsächsischen König namens Offa. Die Legende wurde im 16. Jahrhundert in der „Chronik von Schuttern" aufgezeichnet und dürfte in die Staufische Zeit zurückreichen. Darauf verweist nach Hansmartin Schwarzmeier der aus dem Jahr 1335 stammende Konventsiegel mit der Darstellung des Kirchenstifters als König, der vor der Heiligen Mutter Gottes und unter dem Schriftband *rex Offa, fundator ibidem* kniet.[3] Des Weiteren sah Schwarzmeier den Namenswechsel des Klosters von Offunvilari in den ältesten Quellen zu Offoniscella in einer Urkunde Heinrichs II. von 1016 als möglicherweise ältesten Niederschlag dieser Legendenbildung.[4] Als indirekter Beleg für die frühe Existenz des Klosters gilt die am Ende des 9. Jahrhunderts in Hornbach geschriebene Pirminsvita. Hiernach habe Pirmin nach seiner Vertreibung von der Reichenau zahlreiche Klöster gegründet, darunter auch das Kloster *Scutura*, also Schuttern.[5] Die erste gesicherte Urkunde über das Kloster datiert an den Anfang des 9. Jahrhunderts. In der *notitia de servitio monasteriorum* von 817 ist die Abtei Schuttern erstmals sicher bezeugt: im Kapitular Ludwigs des Frommen über die *dona et militia*, welche die Reichsabteien zu liefern hatten, begegnen wir dem Kloster *Offoniswilare*.[6]

Auszug aus der Forschungsgeschichte

Mit den zwischen den Jahren 1972 und 1975 durchgeführten Ausgrabungen unter der Leitung von Karl List (1905–2005)[7] wurde die Legende der offonischen Gründung erneut wiederbelebt. Die Befunde zur Frühgeschichte des Klosters ließen sich nach Lists vielfach veröffentlichter Ansicht sowohl mit der durch die frühneuzeitliche Schutterner Chronik überlieferte Klostergründung im Jahr 603 als auch mit einer Kontinuität der Reliquienverehrung des legendären Gründers in Einklang bringen[8]: Obgleich die-

---

[3] SCHWARZMEIER, Klöster (wie Anm. 1), S. 10.
[4] SCHWARZMEIER, Klöster (wie Anm. 1), S. 9–12.
[5] SCHWARZMEIER, Klöster (wie Anm. 1), S. 9; vgl. auch KLAUS SCHÄFFNER, Frühgeschichte (wie Anm. 2), S. 229; KAUSS, Pfarrorganisation (wie Anm. 1), S. 93.
[6] SCHÄFFNER, Frühgeschichte (wie Anm. 2), S. 233 f.; KAUSS, Pfarrorganisation (wie Anm. 1), S. 93; SCHWARZMEIER, Klöster (wie Anm. 1), S. 9.
[7] Zur Person vgl. RALF BURGMEIER, Karl List (1905–2005), Archäologischer Autodidakt und suggestiver Zeichner, in: NIKLOT KROHN / GABRIELE BOHNERT, Lahr-Burgheim – 50 Jahre Kirchenarchäologie (Veröffentlichungen des Alemannischen Instituts, Bd. 74), Remshalden 2006, S. 32–35.
[8] KARL LIST, Ergebnisse der Sondierungsgrabung in der Klosterkirche Schuttern bei Lahr, in: Denkmalpflege in Baden-Württemberg I, Heft 3 (1972), S. 37 f.; DERS., Die Reichsabtei Schuttern im Lichte bisheriger Grabungsbefunde, in: Geroldecker Land 16 (1974), S. 126–130; DERS., Die Reichsabtei Schuttern. Ergebnisse der Grabungen 1972 bis 1975, in: Nachrichtenblatt der Denkmalpflege 4, Heft 3 (1975), S. 107–116; DERS., Ein deutsches Bildmosaik aus ot-

se Interpretation angezweifelt wurde,[9] fand sie Eingang in die Fachliteratur.[10] Besonders die methodische Herangehensweise des Ausgräbers mit den ausgegrabenen Strukturen, d. h. eine Auswertung und Deutung, die sich ausschließlich auf die vorhandenen und unkritisch genutzten Schriftquellen stützte, stieß auf erhebliche Kritik. Eine ausführliche wissenschaftliche Auseinandersetzung der Grabungsbefunde und Funde und ihre Aufarbeitung aus dem Grabungskontext heraus fehlt bis heute bzw. wird erst von der Verfasserin im Rahmen einer Dissertationsarbeit vorgenommen.[11]

Im Folgenden sollen die ältesten Strukturen, die vom Ausgräber mit der angeblichen offonischen Gründung gleichgesetzt wurden sowie weitere, die als Niederschlag dessen Heiligenverehrung interpretiert wurden, einer archäologischen Betrachtung unterzogen werden. Für die ältesten Gebäude ist zu vermerken, dass sie lediglich durch die unterste Fundamentlage oder aber in Form von Ausbruchgruben überliefert sind, so dass eine klare Funktionsansprache keineswegs eindeutig ausfällt. Außerdem fehlen größtenteils die dazugehörigen Nutzungsniveaus, weshalb auch die zeitliche Eingrenzung problematisch ist.

---

tonischer Zeit in der alten Reichsabtei Schuttern, in: Die Ortenau 56 (1976), S. 146–157; DERS., Ein neuentdecktes ottonisches Bildmosaik in der ehemaligen Reichabtei Schuttern, in: Kunstchronik 29 (1976), S. 216–221; DERS., Die Gründung des Klosters Schuttern, Prinz Offo und König Dagobert, in: Die Ortenau 57 (1977), S. 132–157; DERS., Die frühe Geschichte des Reichsklosters Schuttern. Ergebnisse der Grabungen 1972–1975, in: Die Klöster der Ortenau, hg. von WOLFGANG MÜLLER (Die Ortenau 58 [1978]), Offenburg 1978, S. 96–115; DERS., Offoniscella – Kloster Schuttern, eine merowingische Gründung in römischen Ruinen, in: Archäologisches Korrespondenzblatt 9 (1979), S. 119–130; DERS., Kreuzkirche und Offoverehrung im Kloster Schuttern, in: Freiburger Diözesanarchiv 101 (1981), S. 5–19 und Wiederabdruck in: Geroldsecker Land 25 (1983), S. 55–73; DERS., Das Heiligengrab in der ehemaligen Reichsabtei Schuttern, in: Archäologisches Korrespondenzblatt 13 (1983), S. 391–394; DERS., Offonis Cella. Die Reichabtei Schuttern 603–1806, Lahr 1988, S. 25–55; DERS. / PETER HILLENBRAND, Reichskloster Schuttern im Wandel der Zeiten 603–1980, Schuttern 1983, S. 5–21.

[9] Vgl. dazu vor allem Barbara Scholkmann, die sich in ausführlicher Form mit den in diesem Beitrag angeschnittenen Problematiken auseinandergesetzt hat: BARBARA SCHOLKMANN / RENATE NEUMÜLLER-KLAUSER, Das Mosaik von Schuttern, in: Überlieferung, Frömmigkeit, Bildung als Leitthemen der Geschichtsforschung. Vorträge beim wissenschaftlichen Kolloquium aus Anlass des achtzigsten Geburtstages von Otto Meyer, Würzburg, 25. Oktober 1986, hg. von JÜRGEN PETERSOHN, Wiesbaden 1987, S. 3–40, hier S. 4–16.

[10] Vorromanische Kirchenbauten, Katalog der Denkmäler bis zum Ausgang der Ottonen. Nachtragsband, bearbeitet von WERNER JACOBSEN, LEO SCHAEFER und HANS RUDOLF SENNHAUSER (Veröffentlichungen des Zentralinstituts für Kunstgeschichte in München, Bd. 3/2), München 1991, S. 376–378.

[11] Ein Auszug aus den Ergebnissen der wissenschaftlichen Aufarbeitung ist bereits erschienen in: LUISA GALIOTO, Die Abtei Schuttern: Vom Stützpunkt zur monastischen Durchdringung der Ortenau zum repräsentativen und kulturellen Zentrum, in: Die Ortenau 84 (2004) S. 253–266.

Die erste Klosteranlage

Das Kloster Schuttern entstand an der Westseite des gleichnamigen Flusses Schutter im Bereich eines bereits im 1. Jahrhundert von den Römern besiedelten Gebiets.[12] Im Grabungsareal des Klosters lässt sich nur bei einer Struktur im Nordosten der ältesten Klosterkirche eine Zugehörigkeit zur römischen Zeitstellung vermuten. Eine alamannische Präsenz im Bereich der Grabung wird lediglich durch wenige Keramikfunde belegt, die ab dem 4./5. Jahrhundert datiert werden können.[13] Siedlungsbefunde sind jedoch nicht bezeugt.

Die älteste Klosteranlage präsentiert sich mit einer steinernen Saalkirche mit Annexräumen im Süden (Abb. 1). Im Westen und Südwesten des Gottteshauses erstreckte sich der Friedhof; eine Umfassungsmauer trennte beide Bereiche voneinander. Innerhalb des Friedhofes befinden sich die Reste eines weiteren Gebäudes, auf das im Folgenden noch genauer eingegangen werden soll. Eine Integrierung des mutmaßlichen römischen Gebäudes in die Klosteranlage lässt sich nicht nachweisen.

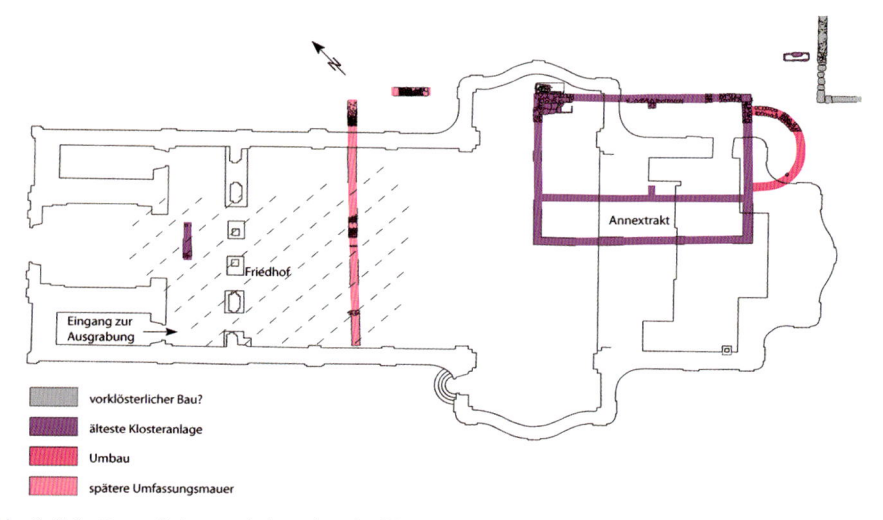

Abb. 1: Schuttern, Rekonstruktionsplan der ältesten Klosteranlage. Oben rechts die erste Klosterkirche mit Annex (violett); links daneben das Mauerteilstück einer zeitgleichen Memoria oder Grabkapelle. Umzeichnung: Ela Porsche nach Plan von Karl List, überarbeitet von Luisa Galioto.

---

[12] Unmittelbar neben der heutigen Bahnverbindung von Offenburg nach Basel, im etwa 1 km vom Kloster entfernten Gewann „Bannstude" befindet sich das Areal einer ehemaligen römischen Straßenstation, die von der Lage an der wichtigen rechtsrheinischen Fernverbindung zwischen Basel und Mainz profitierte: GERHARD FINGERLIN, Zwei römische Straßenstationen im südlichen Oberrheintal, in: Denkmalpflege in Baden-Württemberg 5, Heft 1 (1976), S. 27–31; WOLFGANG STRUCK, Friesenheim (OG), Römische Straßenstation, in: Die Römer in Baden-Württemberg, Römerstätten und Museen von Aalen bis Zwiefalten, hg. von DIETER PLANCK, Stuttgart 2005, S. 84 f.

[13] Das keramische Material aus Schuttern wurde von der Verfasserin persönlich gesichtet und ist bis heute unpubliziert.

Die älteste Kirche ist ein 16,90 × 8,60 m großer, steinerner Saalbau mit einer etwa in der Mitte des Raumes verlaufenden Abschrankung. Die halbrunde Apsis stammt aus einem späteren, zeitlich nicht näher bestimmbaren Umbau des Ostabschlusses. Von diesem Bau ist ausschließlich das nördliche Drittel erhalten, der restliche Bereich wurde durch die nachfolgenden Klosterkirchen gestört und kann teilweise durch die Ausbruchgruben der Mauern rekonstruiert werden. Von den erfassten Mauern der Klosterkirche, deren Breite etwa 65 cm beträgt, existieren nur noch die zwei untersten Lagen des Fundamentes. Das ausgesprochen regelmäßige Mauerwerk weist klein- bis mittelformatig behauene Bruchsteine und große Eckquader auf. Der Innenraum der Kirche war durch eine Schranke in zwei ungleichmäßig große Bereiche geteilt. Sonstige Gestaltungselemente des Kirchenraumes, wie Fenster, ein möglicher Putzauftrag oder sogar Wandmalereien, sind durch den beinahe vollständigen Abbruch des Gebäudes verloren gegangen und selbst in den entstandenen Abbruchschichten nicht mehr nachweisbar. Neben dem Fußboden fehlen jegliche Gegenstände der liturgischen Ausstattung.

Als einzigen gesicherten Konventbau kann man den Annextrakt ansehen, der die gesamte Südseite der Klosterkirche einnahm. Der ausschließlich durch Ausbruchgruben belegte Bau besaß eine schlichte Breite von 2,35 m. Eine Binnengliederung des Raumes ließ sich aufgrund der kleinräumigen Untersuchungen nicht nachweisen.

Unter den Bestattungen kommt drei Steinplattengräbern eine besondere Bedeutung zu, von denen zwei einen direkten Bezug auf die Kirche aufweisen. Eines davon befindet sich in der Nordwestecke des Kirchenraumes und weist damit auf die Sonderstellung der hier bestatteten Person hin. Die Identität der Person, die in Schuttern diese Sonderstellung innehatte, ist nicht bekannt. Die Erinnerung an das Grab muss im Laufe der Jahrhunderte erloschen sein, denn erst bei Baumaßnahmen im 12. Jahrhundert wurde es wiederentdeckt, aufgebrochen und durchwühlt, wobei mögliche Beigaben entwendet worden sein könnten. Die zweite hervorgehobene Bestattung liegt an der Außenseite der nordwestlichen Kirchenecke. Das Plattengrab berührt fast die Kirchenmauer und liegt parallel zu der Innenbestattung. Auch für dieses Grab besitzen wir keine Hinweise über die Identität der bestatteten Person und ebenso ist unklar, ob es möglicherweise mit Beigaben ausgestattet gewesen war. Eine weitere Bestattung dieser Art ist nur noch ein Mal, und zwar 4 m nördlich von der Apsis, angetroffen worden. Auch hier ist das Vorkommen möglicher Beigaben nicht mehr zu bestimmen, da das Grab ohne zugehörige Abdeckung aufgefunden wurde.

Ein Memorialbau für den Klostergründer

Wenden wir uns schließlich dem Gebäude zu, das als Memoria für den möglichen Gründer Offo interpretiert wurde. Zu diesem Bau im Westen des Friedhofareals gehört eine Nord-Süd gerichtete Mauer, deren Mauerwerk jenem der Klosterkirche gleicht und somit annähernd zeitgleich entstanden ist. Die Mauer, welche ältere Bestattungen überbaute, ist über eine Länge von 3 m erhalten, jegliche Maueranschlüsse und dazugehörige Nutzungsniveaus fehlen. Die von List als Nord- und Südmauer angesprochenen Steinsetzungen weisen ein völlig unterschiedliches Mauerwerk auf und können nicht als zum selben Bau gehörig betrachtet werden (Abb. 2). Auch die mutmaßliche dazugehörige Bestattung, eine leere Grabgrube, kann – muss aber nicht zwingend – mit dem Bau in Verbindung gebracht werden, zumal sie verschoben von der Achse und von der Mauerflucht der angenommenen Memoria liegt. Bei den als Beigaben angesprochenen Funden handelt es sich ausschließlich um zerscherbte römische Ware, die wahrscheinlich als Verfüllung in die ausgeleerte Grube kam. Schließlich kann man die soeben dargestellte Mauer zwar als Teil einer Memoria oder Grabkapelle ansprechen, deren Ausdehnung nicht mehr rekonstruierbar ist, allerdings sind keinerlei Bestattungen mehr fassbar, die darin Platz hätten finden können.

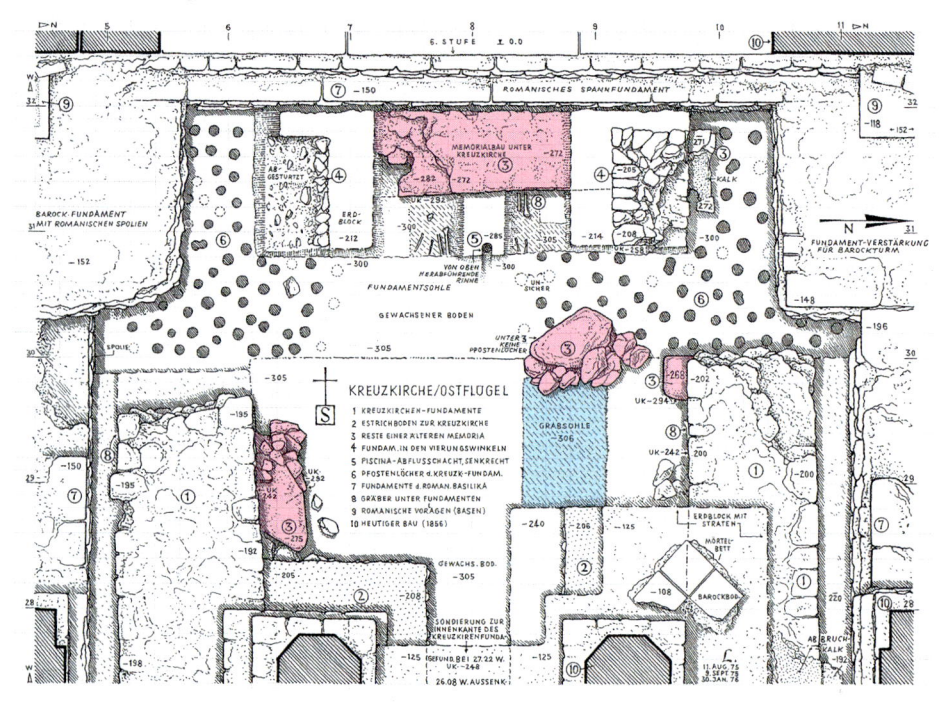

Abb. 2: Schuttern, Ausschnitt aus Grabungsplan 18 mit farblich unterlegten Strukturen, die nach Lists Mutmaßung Bestandteile der Offo-Memoria sind. Violett: Mauerteilstücke; blau: leere Grabgrube. Zeichnung: Karl List, Grabungsdokumentation im Regierungspräsidium Freiburg, Referat 26 – Denkmalpflege.

Die karolingisch-ottonische Klosteranlage

Die zweite nachgewiesene Anlage dürfte spätestens um das Jahr 820, als im Gebetsverbrüderungsbuch der Abtei Reichenau ca. 70 Mönche aus Schuttern aufgelistet wurden, gebaut worden sein (Abb. 3). Die neue mächtigere Klosteranlage bestand aus einer langgestreckten Saalkirche sowie zunächst aus einem freistehenden Gebäude im Norden. Nach und nach gruppierten sich die Klosterbauten um die Kirche herum. Im

Westen vorgelagert war ihr ein Atrium, abgeschlossen von einem T-förmigen Bau, der durch eine spätere Erweiterung einen kreuzförmigen Grundriss erhielt.

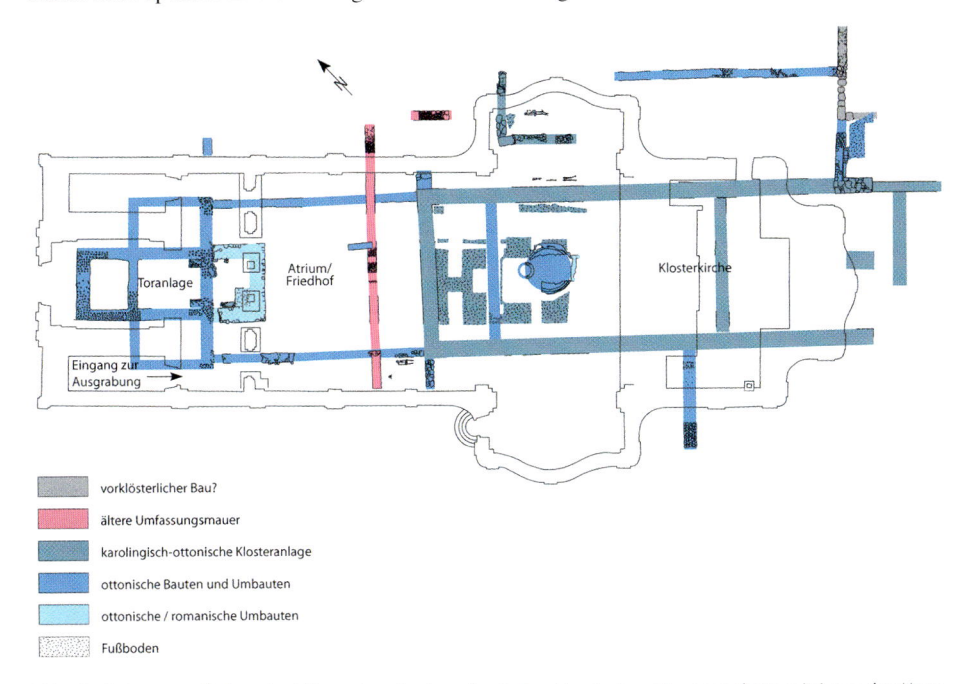

Abb. 3: Schuttern, Rekonstruktionsplan der karolingisch-ottonischen Klosteranlage mit Lage des Mosaikmedaillons (blau) im westlichen Bereich der Kirche, unter dessen westlichem Rand sich ein kleiner runder Schacht befindet. Umzeichnung: Ela Porsche nach Plan von Karl List, überarbeitet von Luisa Galioto.

In diesem Rahmen möchte ich nicht auf die spezifische Problematik der Rekonstruktion des Ostabschlusses der Klosterkirche eingehen. Es sei nur soviel gesagt, dass der etwa 34 m lange und 12,20 m breite Saal der Klosterkirche fast ausschließlich durch Ausbruchgruben belegt ist. Eine Schranke oder ein Triumphbogen grenzte das Langhaus in einen 21 m langen Westteil ab. Als spätere Umgestaltung gilt die Schaffung eines 3,60 m tiefen Vorraums im Westen durch die Errichtung einer auf Pfosten fundamentierten Schranke. An den Innenwänden der Kirche haftete ein Kalkputz mit mehrfarbiger Bemalung, von dem mehrere Bruchstücke aus dem Abbruchschutt der Kirche überliefert sind. Ein dünner, ziegelroter Mörtelestrich, in dem ein Mosaikmedaillon im Westen der Kirche eingebettet wurde, ist als letzter Bodenbelag zu verzeichnen (Abb. 4).

Das westliche Areal vor der Klosterkirche, der Platz des alten Friedhofes, wurde als 12 × 15,60 m großes Atrium gestaltet. Im Norden und im Süden begrenzten Mauern das Areal, das weiterhin als Bestattungsplatz genutzt wurde. Eine T-förmige Anlage, vermutlich eine Toranlage, bildete den Westabschluss. Die aus rechteckigen Zellen bestehende Anlage war auf besondere Weise fundamentiert. Sie saß auf einem Rost aus Holzpfosten, von dem nur noch der Abdruck erhalten ist. Von außen wirkte der wahrscheinlich zweistöckige Bau wie ein querrechteckiger Riegel mit einer hervorspringenden turmartigen Westfassade. In der Ostmauer dürfte sich die Verbindung zum Atrium hin geöffnet haben, das im Innenraum von einer möglichen baldachinartigen Konstruktion flankiert wurde. Erst später fand eine Erweiterung des Gebäudes durch einen U-förmigen Anbau im Osten statt, der auffälligerweise nur an den Ecken die oben genannte Holzpfostenunterlage aufwies. Diese Umgestaltung, die dem Gebäude einen kreuzförmigen Grundriss verlieh, könnte auf einen funktionalen Wandel hinweisen.

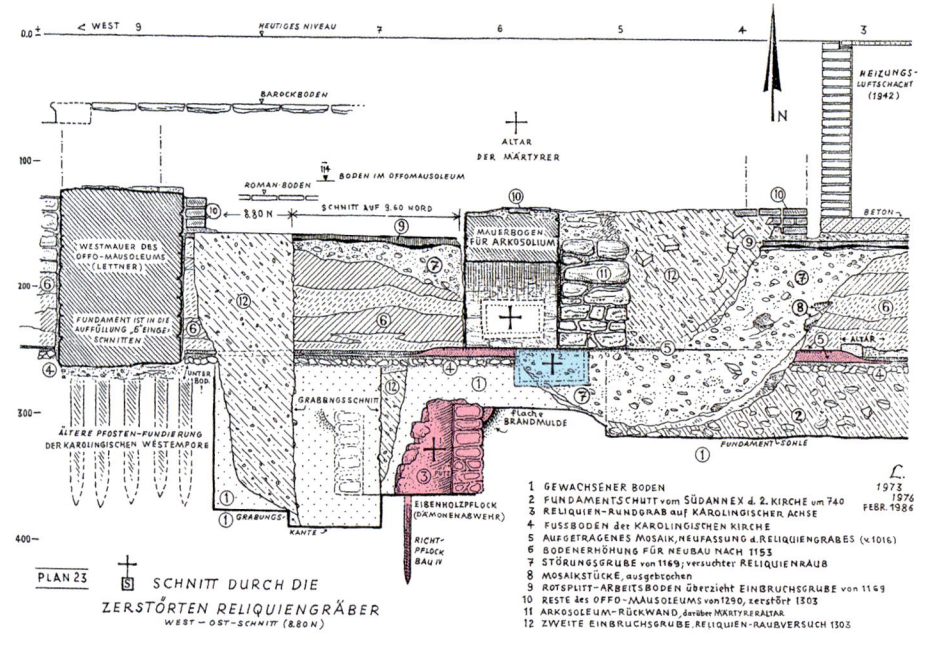

Abb. 4: Schuttern, Querschnitt von Westen nach Osten durch den westlichen Bereich der karolingisch-ottonischen Kirche. Unten in der Mitte der steinerne Schacht (violett) mit Pflock in der Sohlenmitte, rechts davon die Reste einer „Brandgrube", darüber die Reste des Mosaikmedaillons mit rekonstruiertem rechteckigem Reliquienbehälter (blau). Zeichnung; Karl List, Grabungsdokumentation im Regierungspräsidium Freiburg, Referat 26 – Denkmalpflege.

Das Mosaikmedaillon – Niederschlag der Kontinuität der Heiligenverehrung oder liturgische Installation?

Kehren wir abschließend noch einmal zu der Problematik der Offo-Verehrung zurück: Karl List postulierte für die karolingisch-ottonische Anlage eine *translatio* der Gebeine des Klostergründers von der alten Memoria im Westen des Friedhofs zu einem Schacht im westlichen Bereich der neu errichteten Klosterkirche (Abb. 3 und 4). Der Schacht wurde in eine durch einen Brand geweihte Grube eingetieft. Karl List interpretierte das ottonische Mosaikmedaillon als spätere Einfassung des Offograbes, dessen Gebeine in einem neuen rechteckigen Reliquienbehälter am westlichen Ende des Medaillons deponiert gewesen sein sollen. Als Abschluss des neuen Behälters nahm er eine Steinplatte mit dem Bildnis des Gründers an. Eine nähere Betrachtung der angesprochenen Befunde ist an dieser Stelle angebracht.[14]

Der Schacht unterhalb des westlichen Randes wurde in eine bereits bestehende Grube mit angeziegelten Wänden eingetieft. Sein Innendurchmesser betrug ca. 0,75 m, die erhaltene Höhe 0,80 m. Die gemauerten Wände des Schachtes waren mit Putz von nicht genau definierbarer Qualität bestrichen. Auf der Sohle des Schachtes befand sich ein in den gewachsenen Boden eingeschlagener Tannenpfosten. Der Schacht wird von zwei Gruben gestört, so dass der Bezug zum darüberliegenden, von denselben Gruben in seiner gesamten Mitte gestörten Mosaik nicht nachvollzogen werden kann (Abb. 4). Das Medaillon misst im Durchmesser 3,38 m und befindet sich in der Längsachse der Klosterkirche, östlich des später entstandenen Vorraums. Es besteht aus einem Mittelfeld, das von zwei konzentrisch verlaufenden Schriftbändern umgeben ist, zwischen denen zwei Episoden aus der Geschichte von Kain und Abel, die Opferszene und die Mordszene, wiedergegeben sind (Abb. 5). Die unvollständig erhaltenen Inschriften wurden von Renate Neumüller-Klauser ergänzt bzw. rekonstruiert.[15] Sie kommentieren und unterstreichen demnach den Aussagegehalt der Darstellungen.

Die Außeninschrift lautet: *MUNERA ABEL EXTENDIT [DEUS ACCIPIT ILLA] HIC IRATUS CHAIN OC[CIDIT FRATREM IN AGRO]* (Abel bringt eine Opfergabe dar [Gott nimmt sie entgegen], Chain, erzürnt darüber, tötet [den Bruder auf dem Feld]). Die Rekonstruktion der fehlenden Inneninschrift ergibt die Formulierung: *LOCUS V[O]CI NOSTRAE IN [C]ELO GRATIA SIT EXELSI MISERATIONI DEI.* (Der Ort für unser Gebet ist im Himmel, Dank sei der Barmherzigkeit des höchsten Gottes).

Für das Innenfeld konnten einzelne Mosaikteile zu einer stehenden Person mit langem Gewand, vermutlich ein hoher Geistlicher oder eine biblische Gestalt, zusammengesetzt werden. Ein Bruchstück des Mosaiks, das sich nur im Westen der nördlichen Medaillonhälfte sinnvoll anbringen lässt, zeigt eine gerade Kante, die auf eine quadratische oder rechteckige Bodenöffnung hinweist. Als nachträgliche Installation ist ein Altar am östlichen Rand des Mosaiks zu sehen. Funde, die eine Datierung der jeweiligen Befunde ermöglichen könnten, kamen nicht zu Tage. Aufgrund stilistischer Merkmale und der Form der Inschriften lässt sich das Mosaik in die Zeitspanne zwischen dem 11. und der ersten Hälfte des 12. Jahrhunderts datieren.

Aus der dargestellten Situation zeigt sich, dass die postulierte chronologische Abfolge der Befunde aufeinander in keinerlei Form nachweisbar ist. Ein weiteres Prob-

---

[14] Nachfolgende Überlegungen wurden von der Verfasserin auch schon an anderer Stelle erörtert: LUISA GALIOTO, Ein hochmittelalterliches Mosaikmedaillon aus Schuttern am Oberrhein, in: Centre – Region – Periphery. International Conference of Medieval and Later Archaeology Basel (Switzerland) 10.–15. September 2002, Preprinted Papers, hg. von GUIDO HELMIG, BARBARA SCHOLKMANN und MATTHIAS UNTERMANN, Bad Bellingen-Hertingen 2002, Vol. 3 (Sections 6–8), S. 289–292.

[15] SCHOLKMANN / NEUMÜLLER-KLAUSER, Das Mosaik von Schuttern (wie Anm. 9), S. 17–40.

Abb. 5: Schuttern, Bruchstücke des Mosaikmedaillons. Links: Opferszene; rechts: Mordszene. Fotos: Matthias Reinauer.

lem stellt die Ansprache der Befunde dar. Das Mosaik mit seiner eigenwilligen Darstellung ist Teil einer Installation, zu der die Öffnung im Westen gehört. Aus der Thematik des Medaillons lässt sich jedoch kein zwingender Hinweis auf die Funktion der Anlage gewinnen. Die sog. ‚Brandgrube' kann ohne Vergleichsbeispiele, die einen derartigen Vorgang belegen, auch das Ergebnis eines ‚alltäglichen' Handelns sein. Beim runden Schacht ist das Fehlen eines gemauerten Bodens auffällig, darüber hinaus ist die Funktion des Pfostens in dessen Sohle unklar. Wie die Untersuchungen von Günther Binding gezeigt haben, können derartige Schächte mehrere Funktionen (Reliquienbehälter, Deponien für geweihte Objekte, heilige Gräber oder auch Quell- oder Brunnenfassungen für Taufanlagen) besessen haben.[16]

Angenommen, die drei Befunde gehörten zu einer gemeinsamen Installation, dann wäre aufgrund ihrer Lage im Westen der Klosterkirche, der Bodenöffnung beim Mosaik und des Schachtes ohne Boden, eine Interpretation als Taufanlage möglich. Das Mosaikmedaillon hätte dann den oberirdischen Teil der Installation geschmückt, die Öffnung diente dazu, das Wasser nach dem Taufritual in den Schacht zu gießen, damit es in geweihter Erde versickern konnte.

---

[16] GÜNTHER BINDING, Quellen, Brunnen und Reliquiengräber in Kirchen, in: Zeitschrift für Archäologie des Mittelalters 3 (1975), S. 37–56.

Schlussbetrachtung

Abschließend lässt sich festhalten, dass eine Heiligenverehrung bei der ersten Klosteranlage nicht nachgewiesen werden kann. Für die zweite Anlage kann sie zwar nicht ausgeschlossen, aber auch nicht einwandfrei belegt werden. Das offenkundige Fehlen eines Ortes der Heiligenverehrung bei der ersten Anlage deutet für Schuttern jene Dynamik an, die sich an mehreren Orten in *Alamannia* seit dem 7. Jahrhundert abzeichnet, nämlich die Entstehung einer kirchlichen Infrastruktur, die nicht so sehr von missionierenden irischen Mönchen, sondern eher von einer laikalen einheimischen oder aus dem fränkischen Raum stammenden Elite getragen wurde.[17] Möglicherweise deutet die älteste Bezeichnung des Klosters „monasterium Offunwilarii" auf einen dort wirkenden Angehörigen der Oberschicht hin. Erst viel später, als die Bedeutung des Namens Offunwilarii nicht mehr verstanden wurde, diente der Name zur Kreierung einer entsprechenden Gründungslegende, welche der Bedeutung Schutterns als eine der Keimzellen des frühen Christentums in der Ortenau die hierfür erforderliche Weihe verschaffte.

---

[17] SÖNKE LORENZ, Missionierung, Krisen und Reformen. Die Christianisierung von der Spätantike bis in karolingische Zeit, in: Die Alamannen. Ausstellungskatalog, hg. vom Archäologischen Landesmuseum Baden-Württemberg, Stuttgart 1997, S. 441–446; hier S. 444; BARBARA SCHOLKMANN, Kultbau und Glauben. Die frühen Kirchen, in: ebd., S. 455–464, hier S. 457 f.; HORST W. BÖHME, Archäologische Aspekte zur Christianisierung Süddeutschlands, in: Mission und Christianisierung am Hoch- und Oberrhein, hg. von WALTER BERSCHIN, DIETER GEUENICH und HEIKO STEUER (Freiburger Forschungen zum ersten Jahrtausend in Südwestdeutschland 10), Stuttgart 2000, S. 75–109, hier S. 92; NIKLOT KROHN, Von der Eigenkirche zur Pfarrgemeinschaft: Kirchenbauten und Kirchengräber der frühmittelalterlichen Alamannia als archäologische Zeugnisse für nobilitäre Lebensweise und christliche Institutionalisierung, in: Centre – Region – Periphery (wie Anm. 14), Vol. 2 (Sections 4 and 5), S. 166–178, hier S. 166 f.

Die Abtei Schwarzach

Schutterns Schwester in der unteren Ortenau

Peter Marzolff

Überlieferung

Schwarzach ist, neben Burgheim und Schuttern, eine der drei Stätten, mit denen die eigentliche Landschaft Lahrs, die Ortenau (früher: Mortenau), im Tagungsprogramm vertreten ist. Dieser Gau – in seiner Namensbildung, mit keltischem Kern, dem weiter im Norden gelegenen Lobdengau verwandt – stellte bis 1808 die rechtsrheinische Hälfte des kirchlichen Sprengels von Straßburg dar; die linksrheinische war der elsässische Nordgau, ungefähr deckungsgleich mit dem heutigen Unterelsass. Diese Diözese des Mittelalters hat wegen ihrer fast spiegelbildlichen Ausdehnung zwischen dem Kamm der Vogesen und dem Schwarzwald-Massiv, mit der Bischofsstadt just im Zentrum, und wegen ihres dichten, planmäßig anmutenden Netzes früher Klostergründungen schon immer die Historiker fasziniert (Abb. 1);[1] es musste die Ortenau umso mehr wie ein Brückenkopf der Christianisierung erscheinen, als ihr im benachbarten Breisgau (Diözese Konstanz) nur wenig, in den nördlich anschließenden Landschaften, bis hinab nach Lorsch (mit Heiligenberg-Dependance), gar nichts Entsprechendes zur Seite stand. Hinter fast allen dieser Gründungen hat man, früher und auch noch später, den bekannten *spiritus rector* der Reichenau von 724, Pirmin, erkennen wollen,[2] doch sieht die heutige Forschung hier überwiegend weltliche Kräfte, mit einem vom Königtum des Westens inspirierten politischen Kalkül am Werk;[3] so sind denn die ortenauischen Benediktiner-Klöster Gengenbach, Schuttern und Schwarzach dem jenseits der Vogesen beheimateten

---

[1] Zum rechtsrheinischen Teil Hansmartin Schwarzmaier, Die Klöster der Ortenau und ihre Konvente in karolingischer Zeit, in: Zeitschrift für die Geschichte des Oberrheins 119, N. F. 80 (1971), S. 1–31.

[2] Charakteristisch Joseph Sauer, Die Anfänge des Christentums und der Kirche in Baden (Neujahrsblätter der Badischen Historischen Kommission, N. F., Bd. 14), Heidelberg 1911, S. 51–80, hier S. 55 f. zu Schwarzach. Neue Beurteilungen bei Arnold Angenendt, Monachi Peregrini, Studien zu Pirmin und den monastischen Vorstellungen des frühen Mittelalters (Münstersche Mittelalter-Schriften, Bd. 6), München 1972, *passim*; Joseph Semmler, Pirminius, in: Mitteilungen des Historischen Vereins der Pfalz 87 (1989), S. 91–113, dergleichen auf die Ortenau bezogen bei Dieter Kauss, Die mittelalterliche Pfarrorganisation in der Ortenau (Veröffentlichung des Alemannischen Instituts, Nr. 29), Bühl 1970, S. 88–96, hier S. 91 f. zu Schwarzach. Ein indirekter Bezug zu Pirmin ist wenigstens bei Arnulfsau, ebd. S. 91 gegeben.

[3] Irmgard Dienemann-dietrich, Der fränkische Adel in Alemannien im 8. Jahrhundert, in: Grundfragen der alemannischen Geschichte, Mainauvorträge 1952 (Vorträge und Forschungen, Bd. 1), Sigmaringen ⁴1976, S. 149–192; Rolf Sprandel, Der merovingische Adel und die Gebiete östlich des Rheins (Forschungen zur oberrheinischen Landesgeschichte, Bd. 5), Frei-

fränkischen Hochadel zuzuschreiben und nur das vierte, Ettenheimmünster, dem zuständigen Bischof (das Inselkloster Honau war, im Gegensatz zum heutigen Dorf, dem Elsass zugerechnet).

Versuchen wir, aufgrund von Überlieferungen und archäologischem Befund, ein Bild von der frühmittelalterlichen Besiedlungsstruktur am Oberrhein zu gewinnen, so sehen wir einige ihrer Elemente – Bischofsstädte, *castra*, Bergbefestigungen, etliche Königshöfe – bei Formen der vorausgegangenen Epochen (namentlich der Spätantike) verbleiben, während andere – Landkirchen, ländliche Siedlungen, weitere Königshöfe – sich, wenngleich unabhängig, doch recht bescheiden geben. Das spezifische neue Element des Zeitalters, in welchem sich seine Kreativität deutlich verkörpert, sind offensichtlich die Klöster – nicht die wenigen städtischen, sondern die des offenen Landes;[4] sie sind es, denen der (Wieder-)Ausgleich kultureller und zivilisatorischer Unterschiede auf den beiden Rheinseiten zu verdanken ist.

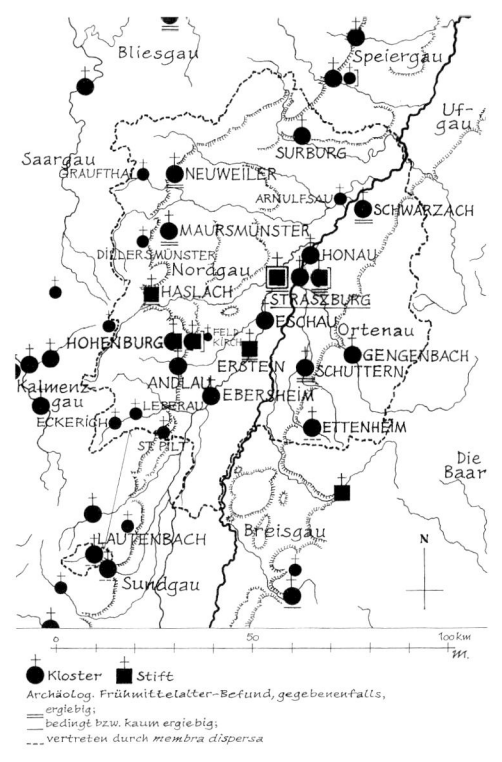

Abb. 1: Frühe Klöster der Diözese Straßburg (Stichjahr 918). Karte: Peter Marzolff.

Oberrheinische Klöster (und Stifte) des Frühmittelalters liegen nur ausnahmsweise auf einem der Gipfel der Gebirgsränder. Auch nicht häufig, zumal wenig haltbar, ist die Position im Niemandsland der Rhein-Inseln und nicht minder rar die im tiefen Inneren der Gebirge, wenngleich die lothringisch/burgundische Vogesenflanke hierfür Vorbilder bot. Typisch aber ist zum einen die Lage im Ausgang eines Gebirgstales, in unserer Landschaft vertreten mit Ettenheimmünster und Gengenbach, zum anderen – nach dem Vorbild ja schon von Straßburg – die auf einem leidlich trockenen Fleck in dem Feuchtland, das sich rheinparallel an der Vorbergzone entlang zieht, im ‚Bruch': dies ist, in der Ortenau, die Situation von Schuttern und ebenso von Schwarzach (Abb. 2). Als ein Sonderfall ist Lorsch zu erwähnen, welches bald nach Gründung aus dem eigentlichen Bruch auf die nächste Düne verlegt wurde.

---

burg 1957; Josef Semmler, Pippin III. und die fränkischen Klöster, in: Francia 3 (1975), S. 88–146.

4   Siehe hierzu Peter Marzolff, Befunde und Probleme der Frühmittelalter-Archäologie im Oberrheinraum, in: Bericht über die 30. Tagung für Ausgrabungswissenschaft und Bauforschung vom 24.–28. Mai 1978 in Colmar/Frankreich, hg. von der Koldewey-Gesellschaft, Verein für Baugeschichtliche Forschung e.V., Bonn 1980, S. 61–85, bes. 78 ff.

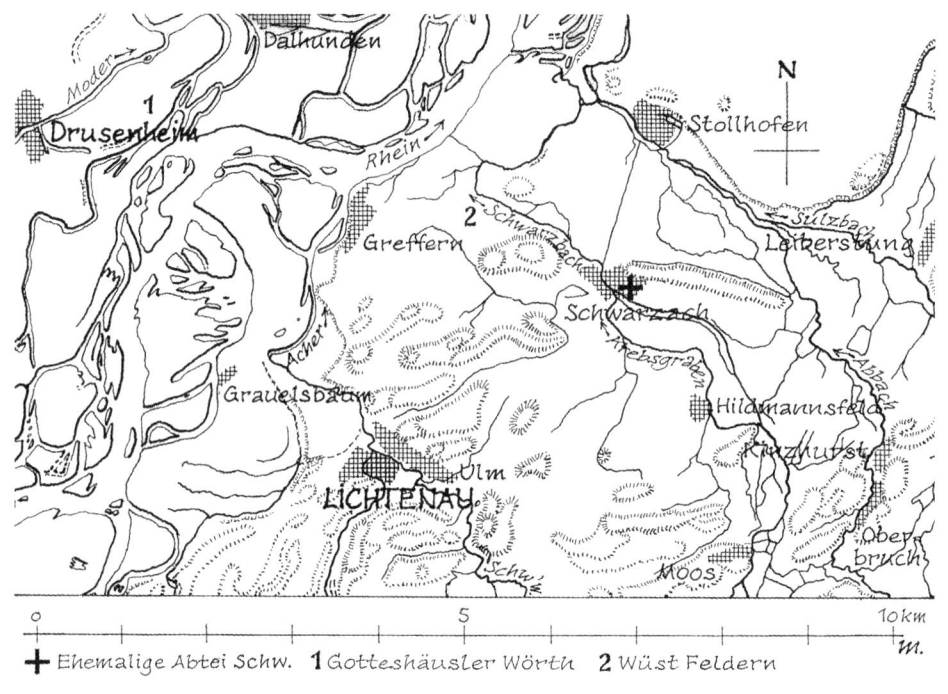

Abb. 2: Hydrogeographie der Gegend von Schwarzach, Mitte 19. Jh. Karte: Peter Marzolff.

Schuttern und Schwarzach haben, wie sich in diesem Band bestätigen wird, auch manche Züge ihrer baulichen Geschichte gemeinsam. Vielleicht gilt dasselbe sogar für die Geschichte ihrer Namen: Beide nahmen eines Tages den Namen des sie durchfließenden Gewässers an (Schwarzach legte ihn wieder ab, zugunsten von ‚Rheinmünster' 1972[5]), zuvor hatte Schuttern einen personal bestimmten Ortsnamen, nämlich Offenweiler getragen. Für Schwarzach hingegen käme, als ein Name von gleichem Typ, Arnulfsau in Frage. Tatsächlich hat es, zwischen 749 und 755 (oder noch ein wenig länger) ein Kloster dieses Namens, ebenfalls mit dem Titel SS. Peter und Paul gegeben, und zwar auf einer der erwähnten Rheininseln, gemäß (später) Überlieferung dem – freilich nicht nach einem Kloster, sondern nach dem abgegangenen Kotzenhausen benannten – Gotteshäusler Wörth bei der Modermündung, knapp 6 km (Luftlinie) von Schwarzach entfernt (Abb. 2). Nichts wäre natürlicher, als an die schlichte Verlegung vom einen zum anderen Ort zu denken, und es lässt sich auch an beiden dieselbe, könignahe Gründerfamilie vermuten. Allerdings bleiben für die Historiker diverse Probleme ungelöst.[6] Die Theorie, die aus unserer Sicht den Vorzug verdient, besagt immerhin, dass jene Irminsinde, wel-

---

[5] Dies ist eine Umbenennung, welche die – bisher schon nicht rare – Verwechslung mit Münsterschwarzach (bei Würzburg, gleichfalls Ort einer Benediktinerabtei) kaum eindämmen wird.

[6] Das Für und Wider, bezüglich einer Beziehung Schwarzach-Arnulfsau, zum ‚Für' zurückgekehrt bei Schwarzmaier, Klöster (wie in Anm. 1), S. 12 f.; Ders., Schwarzach, in: Die Be-

che im fortgeschrittenen Mittelalter in Schwarzach als *fundatrix* geehrt wurde, die Gattin des Gründers von Arnulfsau, Ruthards d. J., bzw. die Schwiegertochter des Gründers von Gengenbach, Ruthards d. Ä., gewesen sei. Wenn dem so war, dann legte man hier in Schwarzach hernach Wert auf den einstigen Zusammenhang beider Klöster. Dass es sich bei dem „Kloster Ruthards", das laut Nachricht von 761 mit Mönchen aus Lothringen beschickt wurde, nicht (noch) um Arnulfsau, sondern eventuell (schon) um Schwarzach handelte, sei nicht ausgeschlossen, zumal sich letzteres aufgrund einer Totenliste von 826 gut in die 2. Hälfte des 8. Jahrhunderts zurückverfolgen lässt. Es ist bei dieser Gelegenheit zu bemerken, dass es einen notorischen Heiligenkult aus örtlicher Wurzel in Schwarzach nicht gab und vor dem 17. Jahrhundert (Rufina aus Rom) auch keinen transponierten Kult ortsfremder Heiligenreliquien, – umso stärker wirkt der Eindruck eines strategisch platzierten Stützpunktes fränkischer Politik im Alamannenland.

Da unsere Abtei von Überlebenskämpfen nicht verschont blieb, wurden auch hier ungescheut Urkunden gefälscht oder zumindest mit Abänderungen kopiert.[7] Als einwandfrei anerkannt ist erst das Kapitular Ludwigs des Frommen von 817, worin (das im königlichen Fiskus Ulm angesiedelte) Schwarzach – wie Schuttern, jedoch in II. Klasse – unter den Reichsklöstern aufgezählt ist. Die Liste von 826 nennt 55, also nicht ganz wenige, gleichzeitig im Kloster vorhandene Mönche. Der reichsklösterliche Status war mit Pflichten gegenüber dem König verbunden, die in der Regel, dank vieler Schenkungen, auch eingehalten werden konnten. Der Besitz von Schwarzach reichte, jenseits des Schwarzwaldes, bis über die Donau hinweg, hatte seinen Schwerpunkt aber im nahen Unterelsass: Dort lag die eigentliche Basis seiner Wirtschaftskraft.[8] So stammt die hochgerühmte ‚Dangolsheimer Madonna' im Berliner Bode-Museum aus einer von Schwarzachs Elsässer Landkirchen. Auf halbem Wege zur Rheinfähre stand, am Felderner Straßenkreuz, ein eigener Markt zur Verfügung. In politischen Zwangslagen pflegte nun der König seine Klöster zu verschenken. Schwarzach wurde einmal an den Straßburger, dann an den Speyerer Bischof verschenkt, was der Abtei nicht gut bekam. Eine Konsolidierung brachte in der frühen Stauferzeit der Anschluss an die damals noch nicht erloschene benediktinische Reformbewegung, deren südwestdeutsches Zentrum nicht sehr weit entfernt, in Hirsau lag. So trägt denn der große Neubau des späten 12. bis frühen 13. Jahrhunderts, beinah als ein Nachzügler, noch deutliche Züge jener (einst vom burgundischen Cluny angeregten) Architektur, welche man, etwas vereinfachend, als ‚hirsauisch' bezeichnet.

---

nediktinerklöster in Baden-Württemberg, hg. von Franz Quarthal (Germania Benedictina, Bd. 5), Augsburg 1975, S. 574–588, hier S. 574 f.

[7] Letztgültige Abrisse der Abteigeschichte: Schwarzmaier, Schwarzach (wie Anm. 6), S. 574–588; Suso Gartner, Kloster Schwarzach (Rheinmünster), in: Die Klöster der Ortenau, hg. von Wolfgang Müller (Die Ortenau, Bd. 58), Offenburg 1978, S. 263–341. Zeittypisches Misstrauenszeugnis: Paul Zinsmaier, Schwarzacher Urkundenfälschungen, in: Zeitschrift für die Geschichte des Oberrheins 107, N. F. 68 (1959), S. 1–23.

[8] Dass just der diesbezügliche Bereich eine für das 7./10. Jh. reichhaltige archäologische Fundlandschaft ist, zeigt Fig. 1 bei Madeleine Châtelet, Un deuxième four à chaux mérovingien découvert en Alsace: le four de Sessenheim „Hecklen" (Bas-Rhin), in: Revue Archéologique de l'Est et du Centre-Est 54 (2005), S. 349–364.

Abb. 3: Schwarzach von Südwesten mit Gebirgsrand bei Baden-Baden im Hintergrund. Foto: Peter Marzolff.

Kurz vor ihrem Ende ähnelte die Abtei vielen anderen des Alten Reiches. Veduten des 18. Jahrhunderts zeigen ein reich gegliedertes und gestuftes Ensemble mit Palastformen, worin die Kirche gar nicht mehr die eigentliche Dominante ist. Sie zeugen vom Wettbewerb mit den jüngst entstandenen Residenzen weltlicher Herrscher, wie etwa Rastatt, Karlsruhe oder Bruchsal. Schwarzach demonstrierte mit diesem baulichen Kraftakt, dass es noch immer eine Reichsunmittelbarkeit beanspruchte, während es sich doch längst schon in der Zange der begehrlichen Badener Markgrafen befand (zudem hatte das Haus Lichtenberg die direkte Verbindung mit Straßburg, wo das Kloster eine Niederlassung hatte, durch eine Stadtgründung blockiert, vgl. in Abb. 2). Während in Ettenheimmünster und in Schuttern die mittelalterliche Abteikirche von der frühneuzeitlichen Neubauwelle jeweils beseitigt wurde, entschloss man sich in Gengenbach und in Schwarzach, dieselbe beizubehalten, allerdings nicht ohne einen partiellen Umbau und eine üppige Neuausstattung. Gleich den Gengenbacher und Schutterner Schwesterbauten, entging unser Bau infolge Umwidmung zur Pfarrkirche der Demolierwut der Säkularisation; zum Opfer fielen derselben jedoch der Großteil der neuerrichteten Konventsbauten sowie die bisherige Pfarrkirche des Fleckens, St. Michael,[9] immerhin mit Ausnahme des zugehörigen Beinhauses – eines Denkmals, das auf seine Weise das Elsass evoziert –, dendrodatiert 1521 und kürzlich erst wiederhergestellt.

Seit jener Flurbereinigung erhebt sich die gerettete Abteikirche fast wie ein Solitär aus der Ebene (Abb. 3–4). Bis auf Weiteres mussten die verbliebenen jüngeren Zutaten freilich das Verständnis ihrer Architektur erschweren, zumal eine inkonsequente,

---

[9] Die Pfarrei vermutlich erst seit dem 13. Jahrhundert bestehend, zuvor war Schwarzach ein Filial von Stollhofen: Kauss, Pfarrorganisation (wie Anm. 2), S. 250 f.

Die Abtei Schwarzach 255

Abb. 4: Schwarzach, dritte Abteikirche vor letzter Restaurierung, Blick von Südsüdosten. Foto: Peter Marzolff.

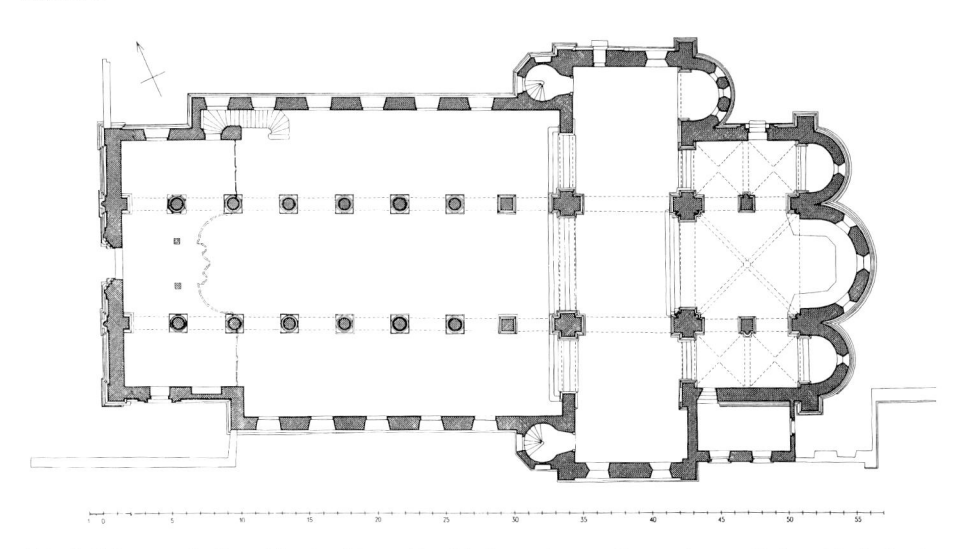

Abb. 5: Schwarzach. Grundriss der dritten Abteikirche vor letzter Restaurierung. Universität Karlsruhe (TH), Institut für Baugeschichte.

wenn auch technisch virtuose Restaurierung (Josef Durm) sie noch problematisierte (Abb. 5). Bei näherem Hinsehen fanden sich schon am Originalbestand verschiedene Einflüsse vereinigt: Die Gesamtdisposition ist eindeutig reform-benediktinisch, die

Bauteile der ersten Etappe, im Osten, schuf ein Architekt, der gleichzeitig die (an sich ganz anders konzipierte) Stiftskirche St. Stephan in Straßburg erbaute, die oberen Bauteile der zweiten Etappe hingegen sind in Backstein aufgeführt, und zwar so professionell, dass man an die Mitwirkung oberitalienischer Fachleute zu denken hat; hiervon bedingt gewesen war ein wohlüberlegtes, den Innenraum prägendes Holzanker-System. Hochmittelalterlich sind auch die erhaltenen Dachstühle. Das Beste aus dieser Zeit, die (ihrerseits ganz ‚elsässische') Bauskulptur des Kreuzganges, ist, wie nicht anders zu erwarten, nicht mehr am Ort, doch blieb viel davon auf wunderbare Weise erhalten und ist heute zum kleineren Teil in Schwarzach selbst, zum größeren Teil im Badischen Landesmuseum zu bewundern.

Erforschung

Als in den 1960er Jahren die dem Staat gehörende Kirche aufs Neue restauriert werden sollte – diesmal mit dem Ziel ihrer Rückführung zur mittelalterlichen Gestalt – und Arnold Tschira mit der Planung dieses Vorhabens betraut wurde, konnte er die Forderung durchsetzen, dass mit der unumgänglichen Untersuchung des aufgehenden Baues (welcher selbst keinerlei Spuren von Älterem erkennen ließ) auch archäologische Grabungen einhergehen müssen; in Gengenbach war bei der dortigen jüngsten Restaurierung die Archäologie ausgeschlossen worden. Tschira, Leiter des Baugeschichtlichen Instituts der Karlsruher Technischen Hochschule, hatte sich erst kurz zuvor an der Erforschung von Burgheim bei Lahr beteiligt und war nun sehr interessiert daran, dem Befund einer frühen Landkirche (genauer: adeligen Eigenkirche) im südlichen Oberrheinraum, bei Erfolg, den einer frühen Klosteranlage gegenüberzustellen. Bis dahin hatte man diesbezüglich an zuverlässig dokumentierten Grabungsergebnissen nur solche in größerer Entfernung – auf der Reichenau oder in Zürich – zur Anschauung; Befunde von Hirsau, Lorsch, Moutier Grandval, Speyer und Straßburg waren umstritten.

    Die Deutsche Forschungsgemeinschaft machte das Graben – gebunden an den Gang der Bauarbeit und an die Forderungen des nicht unterbrochenen Gottesdienstes – möglich (Abb. 6); die Fachaufsicht hatte das damalige Freiburger Amt für Ur- und Frühgeschichte. Die faktisch zur Wahrnahme von etwaigen Vorgängerbauten verbliebene Fläche erwies sich, wie so oft bei Kirchengrabungen, als beschränkt. Die mächtigen Spannmauern des (ursprünglich in vielleicht noch größerem Ausmaß zur Einwölbung bestimmten) spätstauferzeitlichen Neubaus hatten viele ältere Baubestände ebenso unwiederbringlich getilgt wie es die zahlreichen Binnengräber von Klerikern und Laien, namentlich Angehörigen des umwohnenden Niederadels, getan hatten. Weiteres war durch unförmige Beton-Widerlager vernichtet, welche die vorherige Restaurierung im Untergrund hinterlassen hatte.[10]

---

[10] Über die Grabungsergebnisse insgesamt PETER MARZOLFF, Die Baugeschichte der Abtei Schwarzach, in: Die ehemalige Benediktinerabtei Schwarzach. Gedenkschrift für Arnold

Die Abtei Schwarzach

Einen Vorteil bot der Grabungspraxis – wie übrigens auch in Schuttern – die Tiefland-Lage. Hier pflegte man kaum je das Terrain zwecks Flächengewinnes nach unten abzutragen (wie es etwa die leidvolle Erfahrung der Ausgräber auf dem Heidelberger Heiligenberg war), sondern viel mehr dasselbe nach oben aufzuhöhen: Es konnte sich also, von den oben genannten Eingriffen abgesehen, eine ziemlich lückenlose Stratigraphie entwickeln.

Es bestätigte sich, dass das Schwarzacher Kloster nicht einmal (wie z. B. Lorsch II) an der höchsten Stelle der Gemarkung, dem sehr bescheidenen Höhenrücken ‚Hurst' lag, sondern fast auf gleicher Höhe mit dem namengebenden Wasserlauf, weshalb bis in die Frühneuzeit einer jeden Bauphase eine Aufschüttung vorausgegangen war und man zudem Gräben gezogen hatte, um Wasser fernzuhalten. Die gleichwohl permanente Feuchtigkeit des Untergrundes bescherte ein nicht nur feinteiliges, sondern auch farbkräftiges Schichtenbild (Abb. 7). Nicht selten war es auch dort nicht unterbrochen, wo eigentlich eine Mauerflucht anzusetzen war: man hatte sich in diesem steinlosen Milieu bei jeder neuen Bautätigkeit der früheren Substanz bedient, jedweder Bauteil steckte voller Spolien, und übrig geblieben war vom Alten oft gar nichts oder nur das Unterste, die charakteristische Kieselstickung unter dem eigentlichen Fundament (Abb. 7). Diese, von den Römern übernomme-

Abb. 6: Schwarzach. Grabung in der Vierung der Abteikirche, Blick von Westen. Foto: Peter Marzolff.

Tschira, hg. vom Institut für Baugeschichte an der Universität Karlsruhe (Bühler Blaue Hefte, Bd. 20), Bühl 1969, S. 19 ff.; G. VILMAR, Die Ausgrabungen, in: ebd., S. 80 ff.; PETER MARZOLFF, Abteikirche Schwarzach (Große Baudenkmäler, Bd. 237). München/Berlin 1969, S. 2 ff. Speziell über die Ergebnisse zur frühen Abtei: DERS., Ausgrabungen in der frühmittelalterlichen Abtei Schwarzach, in: Archäologisches Korrespondenzblatt 1 (1971), S. 61–64; DERS. in: ARNOLD TSCHIRA u. a., Die ehemalige Benediktinerabtei Schwarzach, Karlsruhe ²1977, S. 92 ff.; DERS., Befunde und Probleme (wie Anm. 4), S. 81 f.; DERS., Die frühmittelalterliche Abtei Schwarzach, in: MÜLLER, Ortenau (wie Anm. 7), S. 242–263; WERNER JACOBSEN, Schwarzach (Baden-Württemberg). Ehemalige Abteikirche, in: Vorromanische Kirchenbauten. Katalog der Denkmäler bis zum Ausgang der Ottonen, Nachtragsband, bearb. von WERNER JACOBSEN, LEO SCHÄFER und HANS RUDOLF SENNHAUSER (Veröffentlichungen des Zentralinstituts für Kunstgeschichte in München 1991, Bd. 3,2), S. 378 f.

ne, der Bodenverdichtung dienende Gründungstechnik begegnet uns gleicherweise in Schuttern wie in Burgheim. Eine weitere Verdichtungsform fehlt in Schuttern ebenso wenig wie hier in Schwarzach, die dichte Reihung von Pfählen (Bauphase II, s. u.). Auch ein örtlich ins Fundament eingefügter zweilagiger Balkenrost (Bauphase II a) ist in diesem Zusammenhang zu vermerken; beide konnten allerdings für die zur Grabungszeit in Gebrauch gekommene Dendrochronologie nichts mehr hergeben.

Abb. 7: Schwarzach. Grabungsfläche mit Fundamentstickung der ersten Abteikirche, nach Osten gesehen. Foto: Universität Karlsruhe (TH), Institut für Baugeschichte.

Grabungsbefund

Es hatte sich mit alldem die Hoffnung erfüllt, Vorgänger der stehenden Abteikirche, und zwar auf gut vier Teil-Bauphasen verteilt, aufzufinden; sie weisen eine andere Orientierung auf, man hatte sich im späten 12. Jahrhundert also völlig unabhängig von ihnen gemacht. Es sei im Voraus gesagt, dass die Schwarzacher bauliche Abfolge zeitlich nicht so weit zurückführen dürfte wie die von Schuttern (und einigen anderen mehr) – was mit für eine Vorexistenz in Arnulfsau sprechen mag. Von Pfostenlöchern und diffusen Grubenresten unter dem ersten Kirchenboden könnten diese oder jene schon vorgeschichtlicher Zeitstellung sein. Römerzeitliches ist in Form von verschlepptem Baumaterial, doch nicht als ortsfester Befund vertreten (worin unser Platz sich vermutlich von Schuttern unterscheidet); dass aus der Umgebung seit längerem (wenige) römische Münzen bekannt sind, ist *quasi* Normalität.

Der Kirchenbau der ersten Bauphase ist bereits bemerkenswert geräumig und auch solide gebaut (Abb. 8), ein einschiffiger Saalbau von rd. 11,55 × 31,825 m Größe, mit Mauerstärke von rd. 0,675 m, dessen östlichstes Viertel als ein leicht erhöhter Altarraum abgetrennt und im Norden von einem rd. 5,175 m breiten Seitenraum flankiert ist; in diesem letzten ist eine mittige Eintiefung vielleicht von Bedeutung. An der südlichen Gegenseite sind gangartige Nebenräume mit einer Wiederkehr angeschlossen, die schon wegen eines Niveau-Unterschiedes, aber auch aufgrund des heutigen allgemeinen Kenntnisstandes, nicht als regelrechter Kreuzgang angesprochen werden sollten.[11]

In einer Ausbauphase (Abb. 8) wird der genannte Nordannex zugunsten eines langgezogenen Seitenflügels von rd. 5,70 m mittlerer Breite, aber mit geringerer – auf Fachwerkoberbau bezogener? – Mauerstärke aufgegeben, mit möglicherweise zwei kleinen internen Treppenhäusern sowie zusätzlichem Anbau. Der nunmehr bedeutend höher gelegte Altarraum der eigentlichen Kirche zeigt sich westwärts durch einen gleichgroßen mutmaßlichen Chor erweitert. Ein sicher erkennbares Binnengrab kommt in die Nähe der vorgenannten Eintiefung im Nordosten zu liegen. Im Übrigen drängen sich vor allem im östlichen Außengelände die Gräber auf mehreren Horizonten, auf einen solchen Mönchsfriedhof hatte uns schon das Reichenauer Verzeichnis (s. o.) gefasst gemacht. Die Bestatteten sind vielfach von beachtlicher Körpergröße.

Bauphase II (Abb. 9), von der vorigen durch ein Zwischenstadium mit Brand und Verödung getrennt, spaltet sich in Wirklichkeit wohl in mehrere Etappen auf. Jedenfalls behält sie als einen Kern den stabilen Saalbau der ersten Phase bei, verändert ihn aber in so ungewöhnlicher Weise, dass wir dies erst mit der Zeit, ich nehme an richtig, zu deuten wussten. Und zwar wird in ihn ein tief fundiertes vierungsartiges Raumgebilde mit Kreuzarmen zwischen Eckmassiven eingefügt, das – als nunmehriger Chor? – über eine breite Treppe erreicht wird. Ostwärts werden ein neuer Altarraum und ein um immerhin 1,10 m abgesenkter, vielleicht zweigeschossiger (und mit Außentreppe versehener?) Seitenraum angesetzt, womit die Gesamtlänge auf rd. 36,95 m gesteigert wird; eine wirkliche Krypta ließen die geschilderten Verhältnisse ja schon vor der (kryptenfeindlichen) ‚hirsauischen' Epoche nicht zu. Südlich der Kirche wird etwas Neues, vielleicht nun wirklich eine Klausur mit Kreuzgang errichtet und vor ihrer Westfront eine Art Vorhof. An der Nordflanke entsteht ein rd. 4,675 m breiter, zweiräumiger neuer Seitenflügel. Hiervon ist der größere, östliche Raum ausgezeichnet durch eine Sekundärbestattung an seiner Südwand, nämlich eine licht 0,22 × 0,57 m messende kleine Gruft (Abb. 10 und 11 A), gefüllt mit den ausgewählten Gebeinen einer

---

[11] Zur diesbezüglichen Problematik ROLF LEGLER, Der Kreuzgang. Ein Bautypus des Mittelalters, Frankfurt am Main/Bern/New York/Paris 1989, S. 15 ff.; DERS.; Probleme mit einem Phantom oder: Seit wann gibt es einen Kreuzgang in der abendländischen Klosterarchitektur?, in: Wohn- und Wirtschaftsbauten frühmittelalterlicher Klöster. Internationales Symposium 26.9.–1.10.1995 in Zurzach und Müstair, im Zusammenhang mit den Untersuchungen im Kloster St. Johann zu Müstair, hg. von HANS RUDOLF SENNHAUSER (Veröffentlichungen des Instituts für Denkmalpflege an der Eidgenössischen Technischen Hochschule Zürich, Bd. 17), Zürich 1996, S. 85–89.

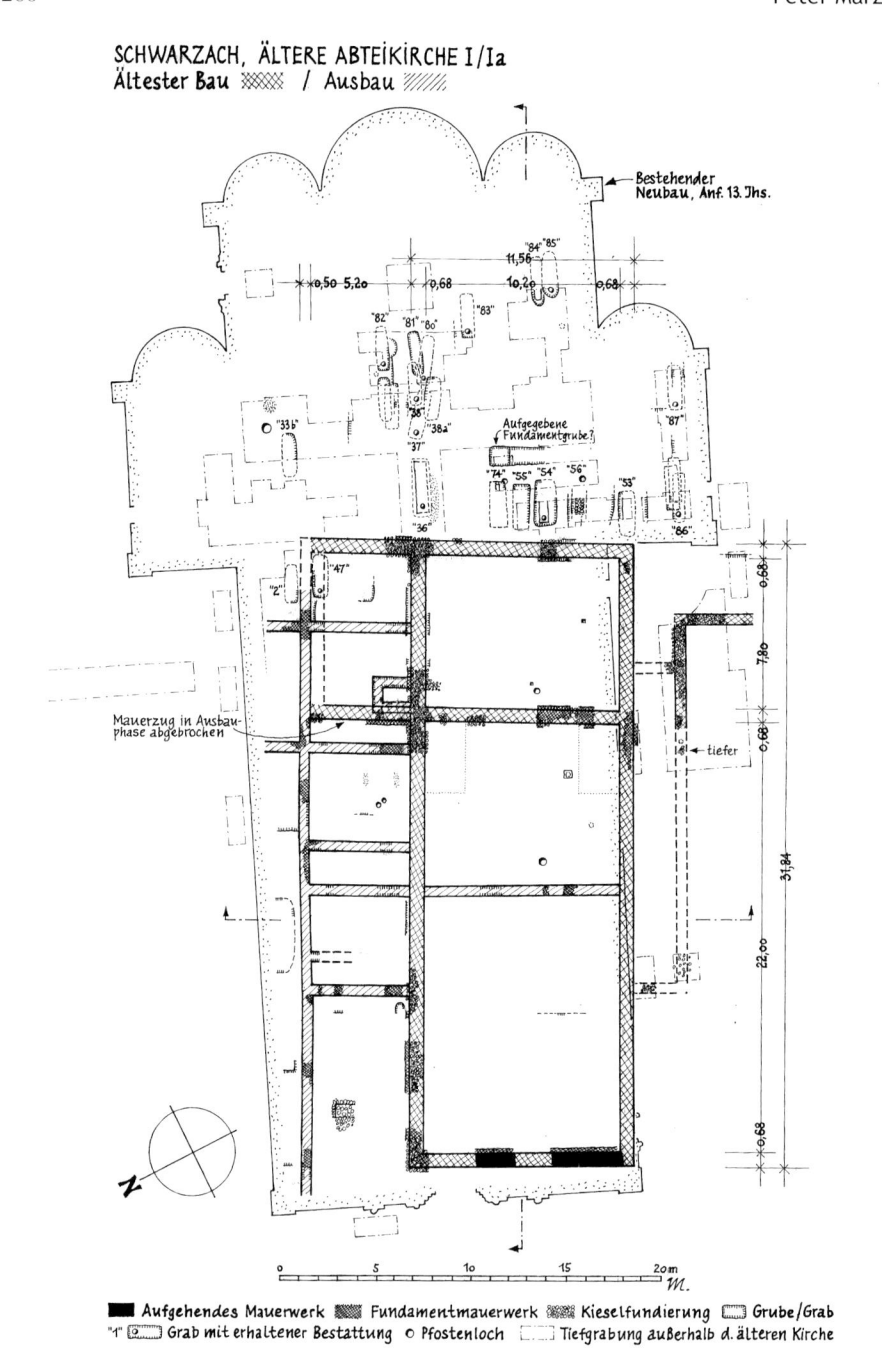

Abb. 8: Schwarzach. Grundriss der ersten Abteikirche. Zeichnung: Peter Marzolff.

Die Abtei Schwarzach

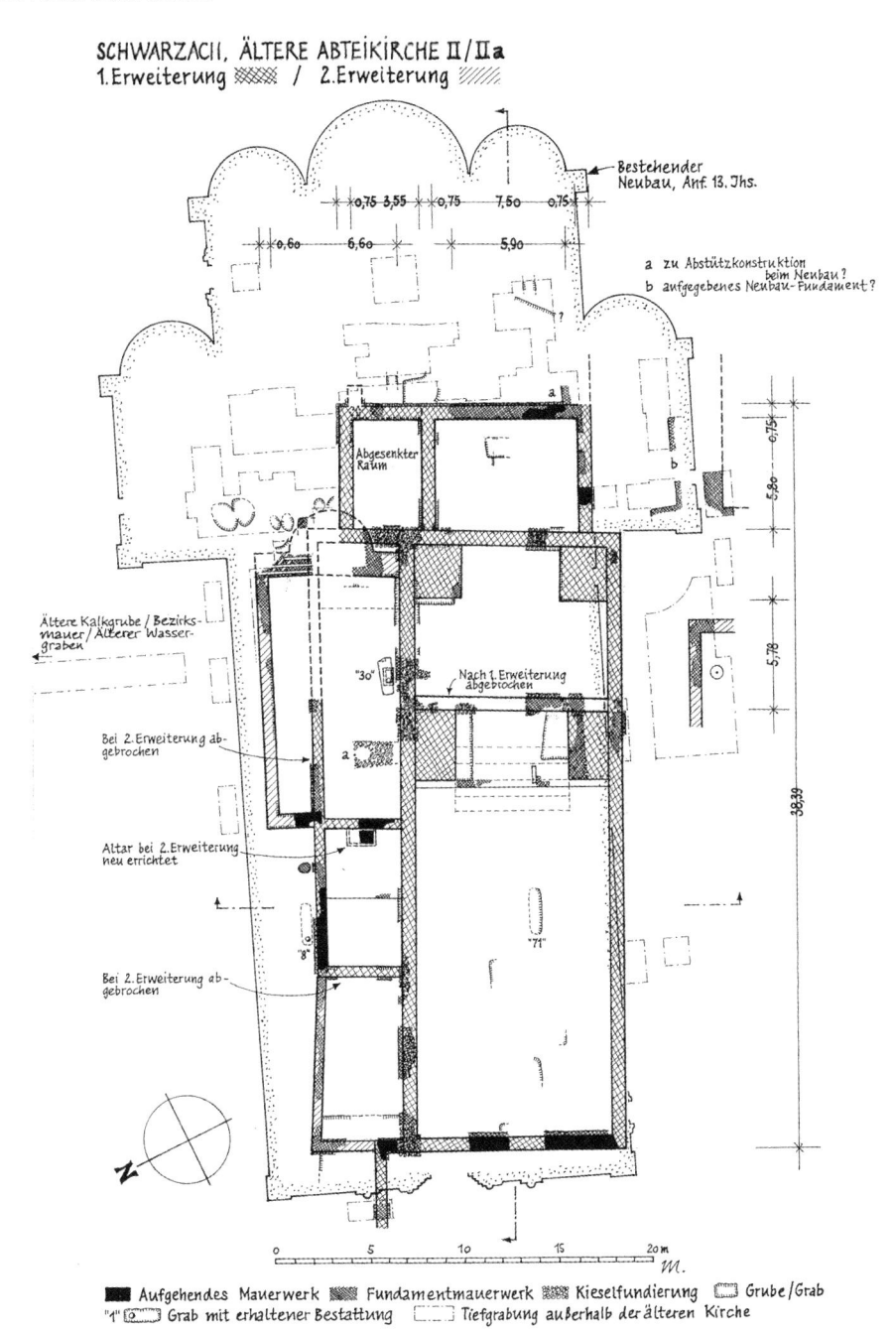

Abb. 9: Schwarzach. Grundriss der zweiten Abteikirche. Zeichnung: Peter Marzolff.

Abb. 10: Schwarzach. Grab 30" in der zweiten Abteikirche (links geschlossen / rechts geöffnet). Fotos: Universität Karlsruhe (TH), Institut für Baugeschichte.

großgewachsenen Persönlichkeit, die man, durch die Veränderungen hindurch, der bleibenden Ehrerbietung für würdig hielt. Ihr Zeitalter ist auch uns überliefert, und zwar durch die Beigabe einer eisernen Stangengliederkette des 8./9. Jahrhunderts (eigentlich ein Lampenzubehör, Abb. 11 B). Die Deutung auf einen Angehörigen der Gründerfamilie, sei es Irminsinde, sei es Ruthard d. J., ist vielleicht zulässig,[12] – könnte nicht die Eintiefung am Ende des Nordannexes I (s. o.) das vorauszusetzende Primärgrab gewesen sein? Auch für den Bauforscher ist dieses Grab 30" in besonderem Maße interessant. Die Seitenwände sind gefügt aus einigen Backsteinen von mittelalterlichem Typ (kleiner indes als die des Baues von 1200) sowie einem farbig verputzten Fenster-Bogenbackstein, die Stirnwände hingegen aus unverkennbaren Biberschwanzziegeln (spitzer Variante). Den Grund bildet ein großer Hohlziegel, die (bodengleiche) Decke zwei große (antike?) quadratische Ziegelplatten; da das lose Fundgut der Auffüllschichten II seinerseits Backsteinbruch enthält, kann schon mit einer relativ frühen Anwendung dieses Baumaterials gerechnet werden.

In der folgenden Umbauphase (Abb. 9) wurde der so wohl zu bezeichnende Memorialraum gar zu einer großen, rd. 7,225 m breiten Kapelle mit Apsis (und eigenem Eingang?) ausgeweitet, dies allerdings unter Wegfall des Altarhaus-Nebenraumes. In

---

[12] Dass die sehr wohl vorbereitete anthropologische Untersuchung des Inhalts von Grab 30" nicht zustande kam, macht zugegebenermaßen die Reihe unserer Argumente lückenhaft.

Die Abtei Schwarzach   263

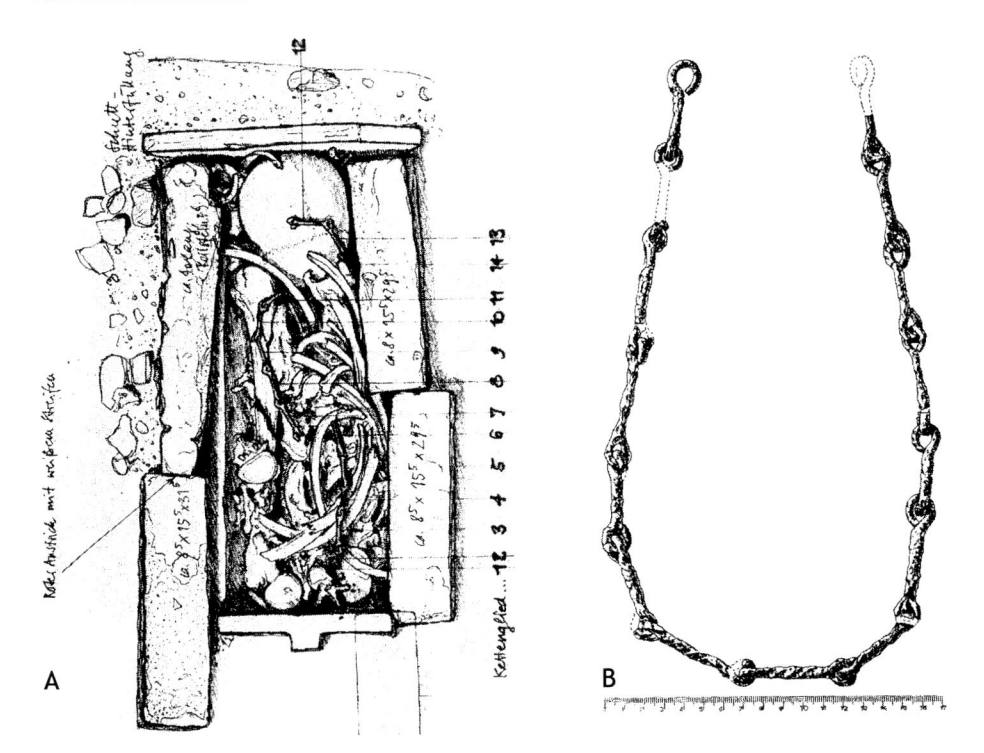

Abb. 11: Schwarzach. Inhalt des Grabes 30". Zeichnung: A: Universität Karlsruhe (TH), Institut für Baugeschichte; B: Regierungspräsidium Freiburg, Referat 26 – Denkmalpflege.

ihrem, wie gesetzmäßig abermals höher gelegten Boden findet sich die Grabstelle mit einer 55 × 165/177 cm großen Platte – einer römischen Spolie mit Klammerloch – aufs Neue markiert (Abb. 10). Von weiteren Veränderungen vor dem großen Neubau ist die bedeutendste die Aufwertung des – hierzu noch verlängerten – restlichen Nordflügels durch einen eigenen Altar, vielleicht zu einer Laienkirche. Eine Spolie aus Fundament III (s. u.) deutet auf Rippenwölbung (am besten wohl in der ‚Vierung') hin. Nördlich der Kirche stieß die Grabung auf eine Umfassungsmauer des damaligen Klosterbezirks. Der Teilphase II a zuzuweisen ist vielleicht auch die imposante Brunnenschale, die gleichfalls nach Karlsruhe gelangte.

Grabungsfunde

Kirchen sind für den Ausgräber eher arm an unmittelbar datierenden Funden, – sie sind ja Orte streng geregelter Rituale, die keine Unordnung dulden. Der Großteil der Funde kommt deshalb aus Auffüllschichten und aus Gruben. Mit dieser Einschränkung bietet das frühe Schwarzach zum Beispiel auf dem Sektor der Gefäßkeramik einen nicht unbedeutenden Bestand der Gelben oberrheinischen Drehscheibenware aus der 2. Hälfte des 8. bis 1. Hälfte des 9. Jahrhunderts, und zwar in ihren elsässischen Ausprägungen, gestempelt bzw. bemalt. Dieser Bestand ist in zwei diesbezügliche Spezialpublikationen aufgenommen worden.[13]

Ebenfalls in die 2. Hälfte des 8. Jahrhunderts gehört eine bronzene Buchschließe in Drachenform aus der Aufschüttung für Bau I a. Sie ist als ein seltener Beleg einer späten Variante des Germanischen Tierstils anzusehen.[14]

Erst recht ein Unikum ist das Fragment einer kleinfigürlichen Glasmalerei, abgelagert in einer Grube der Teilphase II a (Abb. 12). Es wird als Straßburger Arbeit vom Ende des 10. Jahrhunderts angesprochen, einer Zeit also, aus der Belege für diese Kunstgattung bislang fehlten.[15]

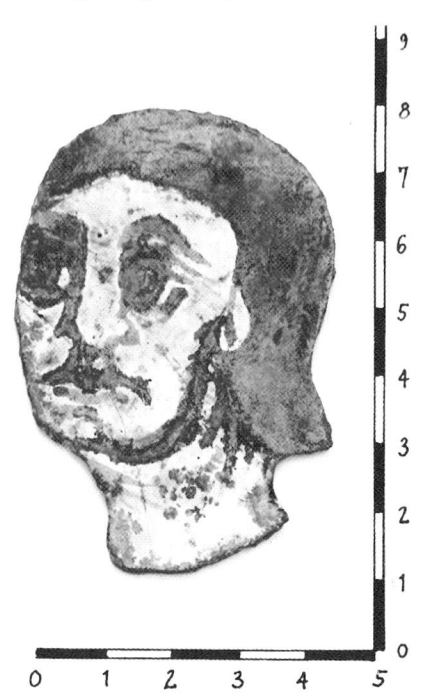

Kopfzerbrechen bereiteten die reich profilierten Sockelblöcke eines Torbogens oder ähnlichen Bauteils, die nicht nur im 18. Jahrhundert, sondern vermutlich schon früher einmal als Spolien verbaut worden waren (Abb. 13). Für eine der frühmittelalterlichen Bauphasen sind weder das Profil eindeutig genug noch die Abmessungen passend. Heute erwägen wir die Herkunft von einem antiken Bauwerk des gar nicht weit entfernten Baden-Baden.[16] Weitere, als Spolien vermauerte oder disparate Profilstücke, Hypokaustziegel und das bereits Genannte verweisen auf dieselbe Route, desgleichen einige Fragmente von exotischen Dekorationsgesteinen, wie sie nun einmal in der Römischen Kaiserzeit beliebt waren.

Abb. 12: Schwarzach. Glasmalerei-Teil aus der zweiten Abteikirche. Foto: Universität Karlsruhe (TH), Institut für Baugeschichte.

---

[13] UWE GROSS, Mittelalterliche Keramik zwischen Neckarmündung und Schwäbischer Alb. Bemerkungen zur räumlichen Entwicklung und zeitlichen Gliederung (Forschungen und Berichte der Archäologie des Mittelalters in Baden-Württemberg, Bd. 12), Stuttgart 1991, S. 182; MADELEINE CHÂTELET, La Céramique du haut Moyen Âge du sud de la vallée du Rhin supérieur (Alsace et Pays de Bade): typologie, chronologie, technologie, économie et culture (Europe médiévale, Bd. 5), Montagnac 2002, S. 58 f.

[14] Kollegiale Beurteilung durch RAINER CHRISTLEIN. Abb. 120 in: Die ehemalige Benediktinerabtei Schwarzach. Gedenkschrift für Arnold Tschira (wie Anm. 10).

[15] RÜDIGER BECKSMANN, Das Schwarzacher Köpfchen. Ein ottonischer Glasmalereifund, in: Kunstchronik 23 (1970), S. 3–9.

[16] Der Erhaltungszustand und die mutmaßliche Funktion sprechen weniger für eine Zugehörigkeit zu dem bekannten Verlustfund im Rhein bei Greffern, vgl. ADOLF HIRTH, Neuere Groß-Steinfunde zu Greffern, in: Archäologische Nachrichten aus Baden 8 (1972), S. 7–12.

Die Abtei Schwarzach 265

Abb. 13: Schwarzach. Spolie aus Bauteil der Teilphase III b. Foto: Peter Marzolff.

Baugeschichtliches Ergebnis

Obwohl sich in den Schriftzeugnissen bestenfalls Andeutungen finden, müssen die Grabungsergebnisse nicht daran zweifeln lassen, dass der Schwarzacher Bau I (Abb. 14) in der 2. Hälfte des 8. Jahrhunderts entstanden ist. Für den Bautyp des großen, kastenförmigen Saalbaus mit seitlichen Annexen gibt es inzwischen nicht wenige Vergleichsbeispiele aus karolingischer Zeit.[17] Bemerkenswert sind hierbei die identischen Langhausbreiten des 1. Baus von Schwarzach, des 3. bzw. 2. Baus von Schuttern,[18] des 3. Baus von Maursmünster sowie des 1. Baus von Hirsau. Als weitere Beispiele des Typs seien genannt: Heiligenberg b. Heidelberg II, Eßlingen II, Baden II, Frauen-Chiemsee I, ferner Saint-Ambroix und Vienne-en-Val in Innerfrankreich.

Die Ausbauphase I a (Abb. 14) darf man wohl mit jener ersten Blütezeit in Verbindung bringen, auf welche die Schriftzeugnisse der 1. Hälfte des 9. Jahrhunderts schließen lassen.

Für Phase II (Abb. 14) schlagen wir das späte 10. Jahrhundert vor, in welchem das (dem Zwischenbefund nach niedergegangene) Kloster eine spezielle Förderung durch das ottonische Herrscherhaus erfuhr; es ist die Phase der oben vorgestellten Glasmalerei. Auch über den kreuzförmigen Einbau sind noch einige Worte zu verlieren. Seine

---

[17] Übersicht: Vorromanische Kirchenbauten. Katalog der Denkmäler bis zum Ausgang der Ottonen, bearb. von FRIEDRICH OSWALD / LEO SCHAEFER / HANS RUDOLF SENNHAUSER (Veröffentlichungen des Zentralinstituts für Kunstgeschichte in München, Bd. 3,1), München 1966; Nachtragsband (wie Anm. 10).

[18] Alte bzw. neue Zählung, vgl. bei LUISA GALIOTO in diesem Band.

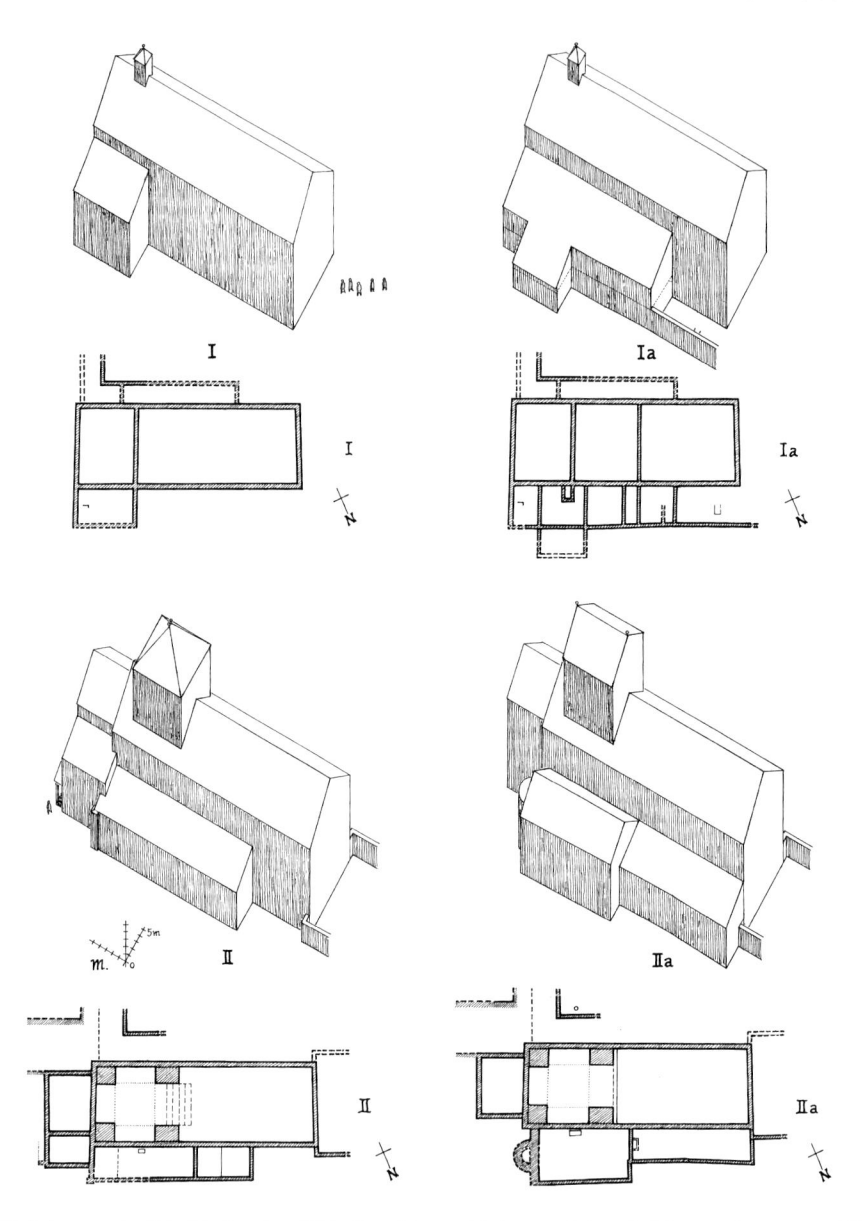

Abb. 14: Schwarzach. Abteikirchen I und II in Grundriss und Rekonstruktion. Zeichnung: Peter Marzolff.

großzügige Fundamentierung lässt es durchaus zu, den Chor in dieser, seiner neuen Gestalt, ähnlich der Vierung einer Langhaus-Querhaus-Basilika, turmförmig überhöht zu sehen (zuvor scheint ein Turm nie eingeplant worden zu sein). Aus einem räumlich weiter bemessenen Vergleichsfeld fiele eine solche Ortenauer Innovation zwar nicht heraus, doch am Oberrhein bliebe uns – nachdem Luisa Galioto Karl Lists Schutterner ‚Kreuz-

Die Abtei Schwarzach

bau' gewissermaßen aufzulösen vermochte (siehe den Beitrag in diesem Band) – nur St. Margarethen bei Epfig, aus dem 1. Viertel des 11. Jahrhunderts als annäherndes Gegenbeispiel.[19] Man sollte sich jedenfalls, von Schwarzach aus gesehen, zum Thema der (in der Ortenau besonders häufigen) sogenannten Chortürme neue Gedanken machen.[20]

In der mit Vorstehendem entwickelten Chronologie hat die Umbauphase II a (Abb. 14) in der Mitte des 12. Jahrhunderts einen guten Platz. Ihr wichtigster Beitrag ist das verstärkte Gewicht, das sie der um das Grab 30" konzentrierten Memoria in dem – wohl auch in den Augen der Zeitgenossen recht unkanonischen – heterogen-asymmetrischen Gesamtbaukörper zukommen lässt.

Der bestehende Kirchenbau

Ob die ‚Memoria', wenigstens für einige Zeit, in neuer Form in den staufischen Neubau übertragen wurde, ist schwer zu sagen; der archäologische Befund gibt diesbezüglich nichts her. Erhalten hat sich ein verworfenes Deckplattenbruchstück jenes reich dekorierten steinernen Sarkophages, welcher gemäß dem Öffnungsprotokoll von 1514 „reliquias non plebejorum" enthielt und 1660 (noch?) vor dem Kreuzaltar des Lettners aufgestellt war.[21] War auch er, wenngleich nicht identisch mit dem (von uns intakt vorgefundenen) Grab 30", einst Bestandteil der ‚Memoria' gewesen?

Wichtiges konnte die Untergrundforschung aber zum Ablauf der Bauphase III, der ursprünglichen Phase des stehenden Baues beitragen. Nach einem ersten, wiederaufgegebenen Versuch legte man die Fundamente zunächst nur für die östliche Hälfte einschließlich der drei östlichsten Langhausjoche an. Stützende Bauteile verbanden anscheinend das Aufwachsende mit dem belassenen Kern des Altbaus (Abb. 9); nach dessen Verschwinden folgten die restlichen Joche, nicht aber mehr die – mit der Fassadengliederung sichtlich vorbereitete – Vorkirche, für welche Gengenbach (wie schon für die Gesamtdisposition) ein Vorbild bieten konnte, und schließlich der flankierende Kreuzgang.

Ein besonders wertvoller Befund war das, was in Klosterkirchen der ‚Hirsauer' Observanz selten genug nachgewiesen ist, nämlich die Unterbauten der Chor-Einrichtung (Abb. 15). Ihrer ersten Etappe gehört eine Trennwand im Mittelschiff unmittelbar vor dem östlichsten, wie üblich in Pfeiler- (nicht Säulen-)form errichteten Langhaus-Stützenpaar an. Von ihr aus führte man, in zweiter Etappe, die Bankette für das Gestühl ohne Unterbrechung – also ohne die gern angeführte Scheidung in *chorus minor* und *chorus maior* – ostwärts tief in die Vierung hinein; lediglich in Achse des Zuganges von der Klausur gibt es eine Aussparung. Westlich wurde der Trennwand der Kreuzaltar vorgesetzt und nach der für 1299 überlieferten Brandkatastrophe, in Teilphase III a, umgab man diesen noch, nun in ganzer Langhausbreite, mit der genannten, stützengetragenen Lettner-Halle. Das hiermit Erschlossene bietet ein gutes Beispiel dafür, dass liturgische

---

[19] ROBERT WILL, Romanisches Elsass, Würzburg 1982, S. 101–107, bes. Abb. S. 102.
[20] Eine Grundlage bietet WOLFGANG MÜLLER, Die Ortenau als Chorturmlandschaft (Veröffentlichung des Alemannischen Instituts, Bd. 18), Bühl 1965.
[21] Chronikalische Nachrichten, übermittelt von W. SMETS.

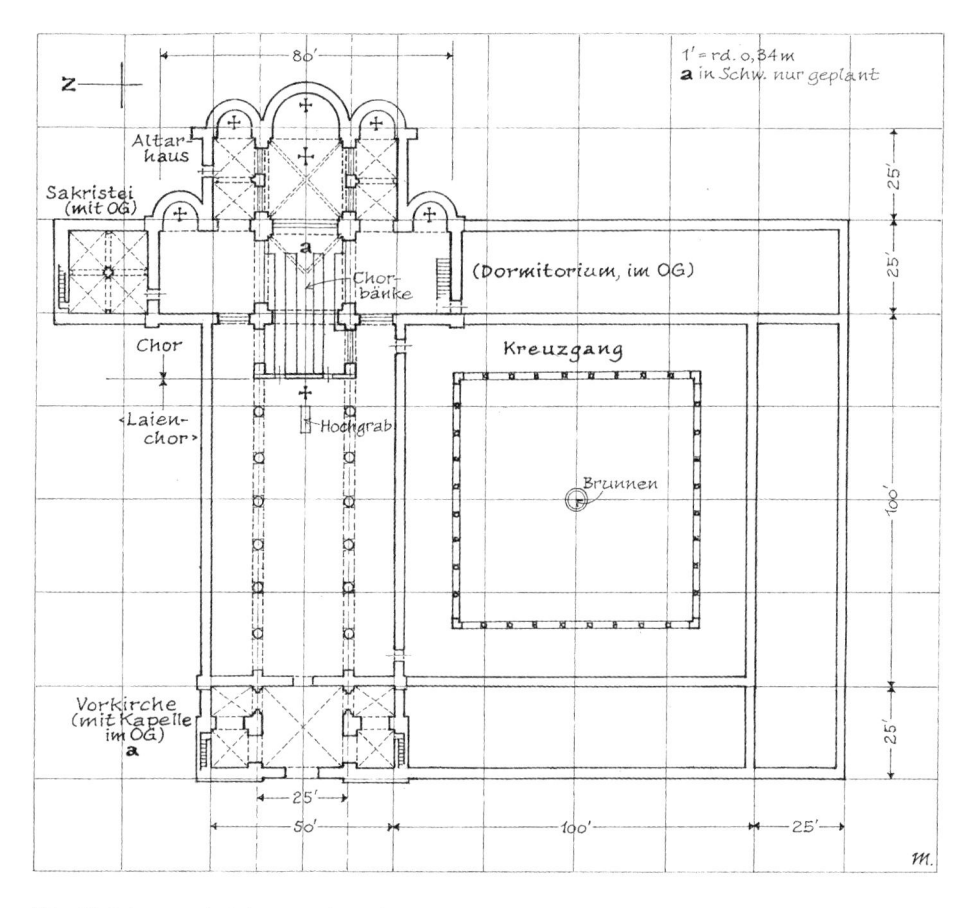

Abb. 15: Schwarzach. Schematische Rekonstruktion der dritten Abtei. Zeichnung: Peter Marzolff.

Einbauten überwiegend ihrer eigenen Gesetzlichkeit folgen, dass umgekehrt eine aufgehende kirchliche Architektur mehr Werk der (Bau-)Kunst als Werk der Liturgie ist.

Die heutige Einrichtung ist, mit wenigen Konzessionen an die Kunstgeschichte, vom Vatikanum bestimmt. Der darüber sich erhebende Bau III d, aufgrund sorgfältiger, jetzt nicht zu referierender Untersuchungen von den Teilphasen III c, III b, III a formal zu III zurückgeführt, doch seiner originalen Funktion enthoben,[22] präsentiert sich, im Sinne des eben Bemerkten, als reines Architektur-Kunstwerk – gewiss eines der eindrucksvollsten in unserem Land.

---

[22] In diesem Zusammenhang die rückblickende Auseinandersetzung von ECKART RÜSCH, Die Veränderungen der barocken Ausstattung im Chor und Querhaus der ehemaligen Abteikirche Schwarzach in Baden seit 1803, in: Freiburger Diözesan-Archiv 111, Dritte Folge, Bd. 43 (1991), S. 249–258; PETER MARZOLFF, Lebensstationen eines Bauwerks: die Schwarzacher Restaurierungen, in: Freiburger Diözesan-Archiv 112, Dritte Folge, Bd. 44 (1992), S. 351–354.

Die Glöcklehofkapelle in Bad Krozingen-Oberkrozingen

Eine Neuinterpretation der Baustrukturen

Valerie Schoenenberg

Die dem heiligen Ulrich geweihte Glöcklehofkapelle in Bad Krozingen (Abb. 1), besitzt einen hohen Bekanntheitsgrad, der daraus resultiert, dass 1936 in ihrem Chorraum Fresken entdeckt wurden (Abb. 4), die zu den ältesten des Breisgaus gezählt werden.[1] Im Laufe der Auseinandersetzung mit dem Bauwerk durch Kunsthistoriker, Archäologen, Restauratoren, Denkmalpfleger und Historiker wurde die Kapelle immer wieder als Eigenkirche interpretiert.[2] Diese Zuordnung eines kirchlichen Rechtsstatus ist bei genauerer Betrachtung anfechtbar, da die historischen Quellen kaum Aufschlüsse liefern. Worauf diese Interpretation beruht und welche Rolle dabei Archäologie und Bauforschung spielten, soll Thema dieses Beitrags sein. Darüber hinaus werden anhand einer Neuinterpretation der Baustrukturen weitere Möglichkeiten einer Bewertung aufgezeigt.

Abb.1: Bad Krozingen, St. Ulrich/Glöcklehofkapelle, Ansicht von Westen. Foto: Valerie Schoenenberg 2007.

---

[1] Hermann Gombert, Frühmittelalterliche Wandmalereien in Bad Krozingen, in: Badische Heimat 39 (1950), S. 106–115; Ders., Vom schönen alten Erbe, in: Bad Krozingen. Vergangenheit und Gegenwart, hg. von Eberhard Meckel, Freiburg 1959, S. 43–61, bes. S. 43–48; Lothar Leonards, Frühe Dorfkirchen im alemannischen Oberrheingebiet rechts des Rheins, ungedruckte Dissertation Karlsruhe 1958, S. 29; Willy Werth, Die Datierung der Wandmalereien der Glöcklehofkapelle in Bad Krozingen, in: Schau-ins-Land 89 (1971), S. 21–46, hier S. 45; Heinfried Wischermann, Romanik in Baden-Württemberg, Stuttgart 1987, S. 242; Eva Mongi-Vollmer, Die Glöcklehofkapelle in Bad Krozingen, in: Schau-ins-Land 119 (2000), S. 9–37, hier S. 23 f. Letztere gibt zu bedenken, dass die Datierungsfrage aufgrund fehlender Parallelen nicht abschließend beantwortet werden kann.

[2] Werth, Glöcklehofkapelle (wie Anm. 1), S. 34; Wischermann, Romanik (wie Anm. 1), S. 242; Matthias Untermann, Bauarchäologische Dokumentation an der Kapelle St. Ulrich am Glöcklehof in Bad Krozingen-Oberkrozingen, Kreis Breisgau-Hochschwarzwald, in: Archäologische Ausgrabungen in Baden-Württemberg 1993 (1994), S. 261–264, hier S. 264; Mongi-Vollmer, Glöcklehofkapelle (wie Anm. 1), S. 29 mit Anm. 75.

Lokalisierung der Kapelle

Abb. 2: Das Luftbild zeigt den Blick von Osten auf das Areal. Im Norden der ehemalige Glöcklehof, südlich davon die Kapelle. Daran anschließend der landwirtschaftliche Betrieb mit einer großen Scheune im Süden und angrenzender Obstwiese, die zwischen 2001 und 2004 Gegenstand archäologischer Ausgrabungen war. Luftbild: Otto Braasch (Luftbildnr. 8112/09–01; Dianr. 5593–36 vom 07.09.2002), Landesamt für Denkmalpflege im Regierungspräsidium Stuttgart, Abt. 8.

Die Glöcklehofkapelle befindet sich in Bad Krozingen, einem etwa 15 km südlich von Freiburg in der oberrheinischen Tiefebene gelegenen Kurort. Die Flüsse Neumagen und Möhlin bilden hier an ihrem Austritt aus den Schwarzwaldtälern die Staufener Bucht, die aus Schwarzwaldschottern besteht und mit fruchtbarem Lössboden bedeckt ist. Bad Krozingen liegt zu beiden Seiten des Neumagens und der Bundesstraße 3, die vermutlich im Groben der rechtsrheinischen römischen Fernhandelstrasse durch den Oberrheingraben folgt.[3] Die heute weit ausladende Gemeinde bestand ursprünglich aus zwei voneinander getrennten Ortskernen: Ober- und Unterkrozingen. Am Ostrand von Oberkrozingen befindet sich die Glöcklehofkapelle. Nördlich von dieser liegt ein ehemaliger Bauernhof, der Glöcklehof, während sich im Süden der heute noch immer landwirtschaftlich genutzte St. Ulrichhof anschließt (Abb. 2). Auf einer an das Hof-

---

[3] Eine aktuelle Aufarbeitung des römischen Straßennetzes im südlichen Oberrheingebiet wird momentan von Lars Blöck, Freiburg, als Dissertation erstellt; vgl. einstweilen ERIK BECK und LARS BLÖCK, Das spätantike Straßennetz im rechtsrheinischen Vorfeld von Breisach und seine mittelalterliche Nutzung im Spiegel der Flurnamen, in: Freiburger Universitätsblätter 175 (2007), S. 115–135.

areal grenzenden Obstwiese fanden von 2001–2004 archäologische Ausgrabungen statt, die Befunde einer ländlichen Siedlung des frühen Mittelalters erbrachten.[4]

Ein Kleinod im Breisgau – die Fresken in der Glöcklehofkapelle

Die Glöcklehof- bzw. St. Ulrich-Kapelle erscheint heute sehr schlicht. Über einem unrechtwinkelig nach Nordwesten verzogenen Grundriss von nur 11,70 m x 6,0 m erhebt sich eine nach Osten ausgerichtete Saalkirche mit eingezogenem Rechteckchor (Abb. 3).[5] Bis in die 1930er Jahre erfuhr sie wenig Beachtung, bis ein Kurgast, der württembergische Denkmalpfleger und Pfarrer Pfefferle, 1936 unter dem damaligen Putz Reste von Wandmalereien (Abb. 4) entdeckte.[6] Es handelt sich um Vorzeichnungen in Rot auf ockerfarbenem Grund, die sich auf den Chorbereich beschränken.[7] Sie zeigen, über einem kleinen, nach Osten ausgerichteten Rundbogenfenster, Christus in der Mandorla, der rechts und links von Szenen aus dem Martyrium des Johannes flankiert wird. In den Fensterlaibungen sind Kain und Abel zu erkennen, die, der Fensteröffnung zugewandt, ein Opfer darbringen.[8] Direkt darunter und mit dieser Opferszene offensichtlich korrespondierend, steht der Altar.[9]

Einerseits spricht die Anordnung der Szenen und Figuren für eine wohldurchdachte Komposition, am deutlichsten sichtbar in der Opferdarbringung durch Kain und Abel als Knotenpunkt der gesamten Ikonographie.[10] Andererseits jedoch zeigen die Vorzeichnungen auch erhebliche Schwierigkeiten, die gewünschten Motive im zur Ver-

---

[4] SABRINA MEINZER, Mittelalterliche Siedlungsbefunde auf dem Areal des Glöcklehofs in Bad Krozingen, Kreis Breisgau-Hochschwarzwald, in: Archäologische Ausgrabungen in Baden-Württemberg 2003 (2004), S. 196–199; VALERIE SCHOENENBERG, Die frühmittelalterliche Siedlung auf dem Glöcklehof-Areal in Bad Krozingen, ungedruckte Magisterarbeit Freiburg 2007, passim.

[5] FRIEDRICH OSWALD / LEO SCHAEFER / HANS RUDOLF SENNHAUSER, Vorromanische Kirchenbauten. Katalog der Denkmäler bis zum Ausgang der Ottonen (Veröffentlichungen des Zentralinstituts für Kunstgeschichte in München III/1), München 1966, unveränderter Nachdruck 1990, S. 165; WERNER JACOBSEN / LEO SCHAEFER / HANS RUDOLF SENNHAUSER, Vorromanische Kirchenbauten. Katalog der Denkmäler bis zum Ausgang der Ottonen, Nachtragsbd. (Veröffentlichungen des Zentralinstituts für Kunstgeschichte in München III/1), München 1991, S. 237.

[6] HERMANN REMMLINGER, Bad Krozingen, Mit einem geologischen Beitrag von FRANZ KIRCHHEIMER (Balneologische Schriftenreihe – Deutsche Heilbäder in Einzeldarstellungen, Bd. 3), Stuttgart 1959, S. 11.

[7] MONGI-VOLLMER, Glöcklehofkapelle (wie Anm. 1), S. 23.

[8] WERTH, Glöcklehofkapelle (wie Anm. 1), S. 26. Das Kain und Abel-Motiv beobachtete Werth auch in der karolingisch/ottonischen Kirche in Münster, Graubünden. MONGI-VOLLMER, Glöcklehofkapelle (wie Anm. 1), S. 24, äußert dazu Bedenken und zieht in Erwägung, dass die Malereien in Anlehnung an das ottonische Repertoire auch aus späterer Zeit stammen könnten.

[9] MONGI-VOLLMER, Glöcklehofkapelle (wie Anm. 1), S. 25.

[10] MONGI-VOLLMER, Glöcklehofkapelle (wie Anm. 1), S. 27 f.

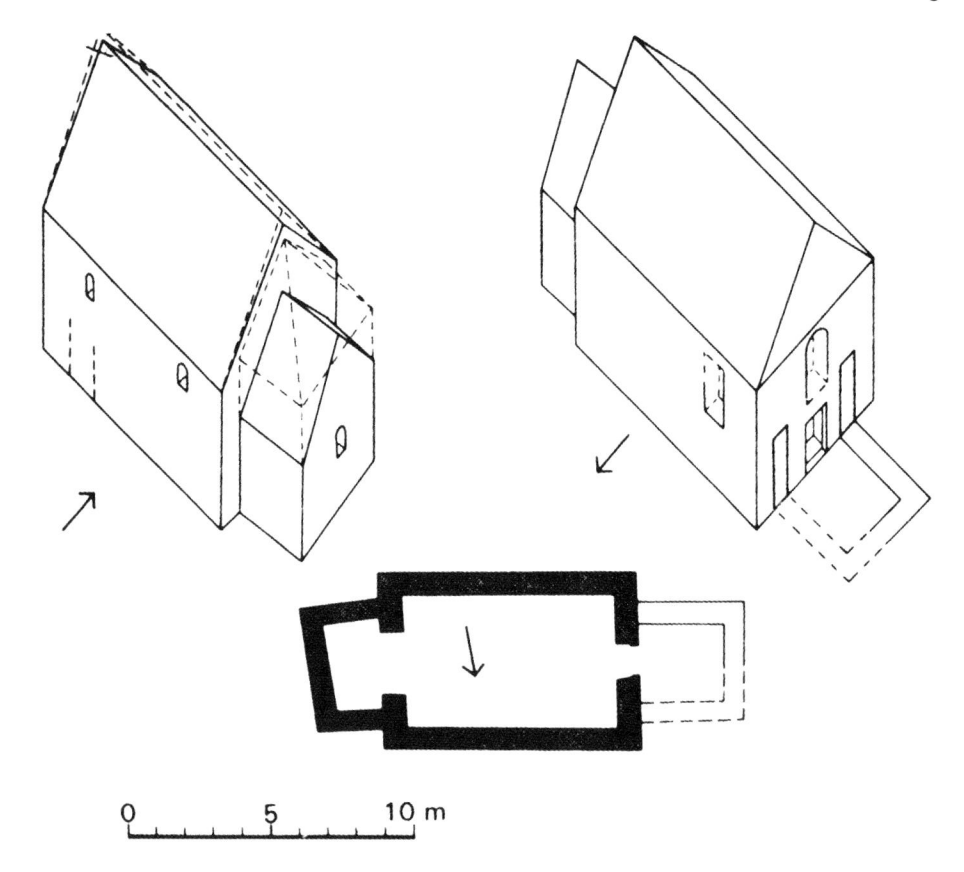

Abb. 3: Grundriss der St. Ulrich/Glöcklehofkapelle. Regierungspräsidium Freiburg, Referat 26 – Denkmalpflege.

fügung stehenden Rahmen in korrekten Proportionen wiederzugeben (Abb. 5). So hatte der Maler beispielsweise Mühe, die Gliedmaßen der übergroßen Figur nördlich neben der Christusdarstellung im richtigen Größenverhältnis auszuführen. Außerdem wirken auch die Szenen der tanzenden Salome beim Mahl des Herodes und der Enthauptung des Johannes sehr gedrängt.

Die Schlichtheit der Vorzeichnungen und der Stil der Fresken in der Glöcklehofkapelle, der mit Buchmalereien des Reichenauer Stils verglichen wurde, veranlassten anfänglich Mutmaßungen über eine frühere Entstehung. Da jedoch sicher datierbare Parallelbeispiele fehlen, entbrannte eine verwirrende Diskussion über die chronologische Einordnung, in deren Verlauf immer wieder neue Details beleuchtet wurden. Für die zum Vergleich herangezogenen Stilelemente wurde zumeist jedoch lediglich der frühestmögliche Zeitansatz berücksichtigt – der kunsthistorisch relevante, nachfolgende Horizont wurde dagegen vernachlässigt, was in der Konsequenz das Bild einer frühen Einordnung zu bestätigen schien. Trotzdem reicht die Spanne der bislang vorgeschlagenen Datierungen von der karolingischen Epoche bis in das Spätmittelalter. Mittler-

Abb. 4: Die Fresken im Chorraum der Glöcklehofkapelle. Aus HECHT, Bodenseegebiet (wie Anm. 37), S. 705, Abb. 458. Foto: Konrad Hecht.

weile wird mehrheitlich von einem Entstehungszeitraum der Fresken im 11. oder 12. Jahrhundert ausgegangen.[11] In dem Motiv des Engels, der die Seele des Märtyrers Johannes des Täufers gen Himmel trägt, wurde sogar ein Element gesehen, dass eine Datierung noch ins beginnende 13. Jahrhundert ermöglichen könnte.[12]

Darstellung der Baubefunde an der Glöcklehofkapelle

Den Freilegungen der Fresken bald nach ihrer Entdeckung in den 1930er Jahren folgten rege Forschungen besonders kirchengeschichtlicher Natur vor allem durch Joseph Sauer und Willy Werth.[13] Größere Sanierungen der Kapelle mussten jedoch kriegsbedingt aufgeschoben werden. Vor der Westfassade fanden 1954 Bodeneingriffe statt, wobei eine rechtwinklig abknickende 0,75 m starke Mauer entdeckt wurde, die im Süden an die Westfassade der Kapelle anstieß (Abb. 6). Der neu aufgedeckte Raum maß 3,0 m × 2,50 m. In dessen Innenbereich wurde ein alter Fußbodenhorizont aus runden Kieseln freigelegt. Datierungen zu den Befunden liegen nicht vor.

---

[11] Zusammenfassend zu den unterschiedlichen Datierungsansätzen MONGI-VOLLMER, Glöcklehofkapelle (wie Anm. 1), S. 9 f.
[12] WERTH, Glöcklehofkapelle (wie Anm. 1), S. 32, Anm. 20.
[13] WERTH, Glöcklehofkapelle (wie Anm. 1). Die Forschungen Joseph Sauers blieben unpubliziert, siehe dazu seinen Nachlass im Universitätsarchiv der Albert-Ludwigs-Universität Freiburg, Bestand C 67/134.

Abb. 5: Glöcklehofkapelle, Fresken in der Umzeichnung von Konrad Hecht. Aus: HECHT, Bodenseegebiet (wie Anm. 37), S. 704, Abb. 457.

Zwei Jahre später wurde die Kapelle saniert und das vermeintliche mittelalterliche Aussehen „wiederhergestellt". Der damals bestehende barocke Zustand des Innenraumes wurde dagegen nicht dokumentiert. Der Rückbau beinhaltete die Entfernung der großen, im Barock eingefügten Fenster auf der Nord- und Südseite des Langhauses und einer ebenerdigen Türöffnung an der Nordseite. Ohne konkrete Hinweise dafür zu haben, wurden an den Langhauswänden zwei kleine Rundbogenfenster zwischen die bereits bestehenden eingesetzt.[14] Der Kapellenboden wurde durch einen massiven Betonguss versiegelt, der immer wieder zu Staunässe entlang der Kapellenwände führte. Aufgrund solcher Feuchtigkeitsschäden war 1993 eine Sanierung notwendig geworden, in deren Verlauf eine ausführliche Dokumentation der Kapellenaußenwände möglich wurde. Nach Abschlagen des gesamten Außenputzes erfolgte eine steingerechte Aufnahme des Mauerwerks. Dabei wurden auch erhaltene ältere Putzschichten und der Mauermörtel untersucht, dokumentiert und konserviert. In Teilen

---

14 LEONARDS, Dorfkirchen (wie Anm. 1), S. 29 f.

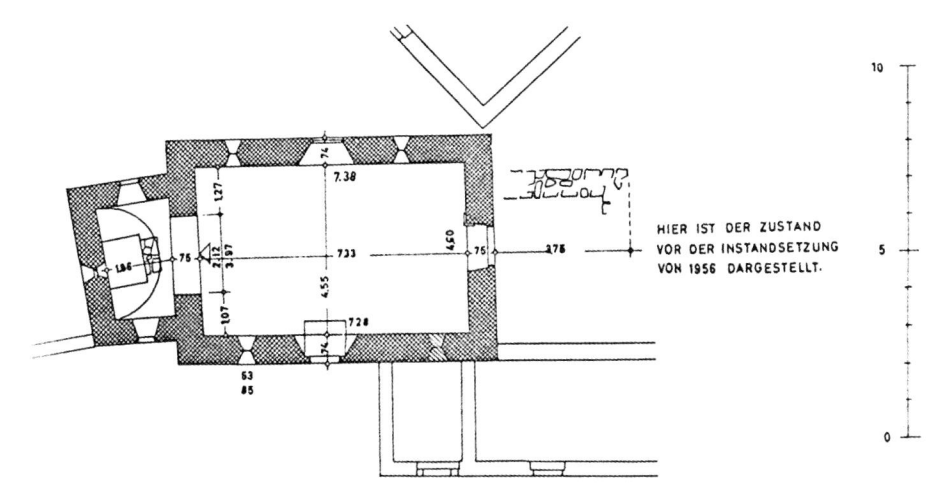

Abb. 6: Grundriss der Glöcklehofkapelle mit den eingezeichneten Mauerstrukturen der Untersuchung Leonards von 1954. Aus: LEONARDS, Dorfkirchen (wie Anm. 1), Taf. 18 unten.

fanden sich dabei Reste eines *pietra rasa*-Putzes mit horizontalem Fugenstrich. Das Besondere dabei ist, dass dieser Putz nicht, wie sonst üblich, dem verwendeten Mauermörtel entspricht, sondern erst nach Vollendung des Baus in die Fugen aufgebracht wurde. Diese Technik sollte dem Bau wohl ein einheitlicheres Aussehen geben, denn das Mauerwerk selbst wurde sehr inhomogen aus unterschiedlichem Steinmaterial aufgebaut. Vorrangig fanden Kiesel und Kalkbruchsteine Verwendung, in kleinerem Umfang auch Paragneise, Granite, Eisensandsteine, Kalktuffe und Kalkoolithe, die allesamt aus Steinbrüchen in einem Umkreis von 10 km stammen.[15] Einige Steinsorten häufen sich an bestimmten Stellen der Mauer und sind horizontal abgrenzbar, was als Ergebnis aufeinander folgender Arbeitsschritte gedeutet wurde.[16]

Die Bauaufnahme erbrachte ferner eine sich nach Norden öffnende, 2,10 m hoch gelegene Tür, deren Schwellenhöhe mit jener der großen, rundbogigen Öffnung über dem Eingang auf der Westseite korrespondiert. Aufgrund dieses Umstandes postulierte Matthias Untermann eine Empore im westlichen Teil der Kapelle,[17] wofür aus dem Innenraum selbst jedoch keine Befunde existieren, da dort bislang keine steingerechte Aufnahme möglich war. Hinweise auf Balkenlöcher oder sonstige tragende Elemente einer Empore fehlen somit. Auf der westlichen Außenseite zeichneten sich Abbruchspuren im aufgehenden Mauerwerk ab, welche den 1954 entdeckten Fundamenten zugewiesen werden konnten: Vertikale Mörtelverputzstreifen, welche die Lücken im

---

[15] UNTERMANN, St. Ulrich (wie Anm. 2), S. 263 f.; EVA VOLLMER / EBERHARD GRETHER, Die Glöcklehof-Kapelle St. Ulrich in Bad Krozingen. Bauarchäologische und restauratorische Untersuchung, in: Denkmalpflege in Baden-Württemberg 27. Jg., Heft 4 (1998), S. 220–231, hier S. 221; STEFAN KALTWASSER, Gutachten über die Bausteinbestimmung der Glöcklehofkapelle in Ortsakten Regierungspräsidium Freiburg, Abteilung 2, Referat 25 – Denkmalpflege.
[16] UNTERMANN, St. Ulrich (wie Anm. 2), S. 264.
[17] UNTERMANN, St. Ulrich (wie Anm. 2), S. 262.

ausgebrochenen Mauerwerk des Langschiffs füllten, zeigten, dass der nur 7,5 m² große Vorbau im Verbund mit der Kapelle errichtet worden war (Abb. 7).[18] Diese Mauerausbruchsspuren enden im unteren Drittel der großen rundbogigen Öffnung. Der obere Teil des westlichen Vorbaus muss demnach in Fachwerk ausgeführt gewesen sein. Ein Mauerrücksprung oberhalb des Rundbogens (vgl. Abb. 1), der als Balkenaufleger gedient haben könnte, zeugt von einer Geschossdecke in jener Höhe.[19]

Als Erklärung für den hochgelegenen Zugang auf der Nordseite wurde über ein anschließendes Fachwerkgebäude spekuliert, welches die Kapelle in weiten Teilen einbezogen haben soll, für das jedoch keine archäologischen Befunde vorliegen. Die beiden hochgelegenen Öffnungen wurden also als Verbindungstüren zu Gebäuden einer im Norden und Westen gelegenen, hofartigen Struktur interpretiert.[20]

Eine Datierung der Kapelle bleibt auch nach der steingerechten Bauaufnahme schwierig. Von kunstgeschichtlicher Seite her ergeben sich kaum konkrete Hinweise auf zeitspezifische Bau- oder Handwerkstechniken. Zwar wurde versucht, den Bau aufgrund seiner Maße und seines Grundrisses zu datieren, doch lassen sich rechteckige Saalkirchen mit eingezogenem Rechteckchor seit den frühesten Kirchenbeispielen des Frühmittelalters bis ins 13./14. Jahrhundert nachweisen.[21] Das Mauerwerk, das von einfacher Machart ist, wurde von Matthias Untermann mit solchem in Freiburg verglichen.[22] Anhand der Mauerwerkstechnik versuchte er es in die Zeit zwischen 950 und 1050 einzugrenzen. Er begründete diesen Ansatz mit dem Hinweis darauf, dass die in Freiburg ab 1100/1130 fassbaren Mauerwerkstypen weiter entwickelt seien. Allerdings kann „lokales" Mauerwerk, wie dasjenige der Glöcklehofkapelle, kaum mit solchem an Freiburger Stadthäusern verglichen werden, sind doch für Bauprozesse in der Stadt andere Umstände und qualifiziertere Handwerker vorauszusetzen. Eva Mongi-Vollmer versuchte die Datierung in das 10./11. Jahrhundert anhand der parabolisch verschliffenen Laibungsflächen der drei originalen Rundbogenfenster, deren mittig sitzendem Fensterfalz[23] sowie der Ausführung des Hauptportals mit trapezförmigem

---

[18] UNTERMANN, St. Ulrich (wie Anm. 2), S. 262; MONGI-VOLLMER, Glöcklehofkapelle (wie Anm. 1), S. 15, mit Abb. 2.

[19] UNTERMANN, St. Ulrich (wie Anm. 2), S. 262; MONGI-VOLLMER, Glöcklehofkapelle (wie Anm. 1), S. 17.

[20] UNTERMANN, St. Ulrich (wie Anm. 2), S. 262, 264; VOLLMER / GRETHER, Glöcklehofkapelle (wie Anm. 15), S. 225; MONGI-VOLLMER, Glöcklehofkapelle (wie Anm. 1), S. 22 f.

[21] BARBARA SCHOLKMANN, Frühmittelalterliche Kirchen im alemannischen Raum. Verbreitung, Bauformen und Funktion, in: Die Alemannen und das Christentum, hg. von SÖNKE LORENZ und BARBARA SCHOLKMANN (Schriften zur südwestdeutschen Landeskunde, Bd. 48 = Veröffentlichung des Alemannischen Instituts, Bd. 71), Leinfelden-Echterdingen 2003, S. 125–152, hier besonders S. 136, Abb. 8 und S. 138 für Beispiele des Frühmittelalters. LEONARDS, Dorfkirchen (wie Anm. 1), S. 138 und Tafel 115 ff.; MONGI-VOLLMER, Glöcklehofkapelle (wie Anm. 1), S. 22.

[22] UNTERMANN, St. Ulrich (wie Anm. 2), S. 262.

[23] MONGI-VOLLMER, Glöcklehofkapelle (wie Anm. 1), S. 23 spricht von einer frühesten vergleichbaren Datierung im 10./11. Jahrhundert, da die Fensterfalz früherer Beispiele weiter außen sitzt. Eine Enddatierung wird nicht angegeben.

Die Glöcklehofkapelle in Bad Krozingen-Oberkrozingen 277

Sturz[24] zu stützen (vgl. unten). Allerdings liegen kaum gut datierbare Vergleichsbeispiele für diese Stilmerkmale vor. Resümierend ist zu konstatieren, dass der Bau von kunstgeschichtlicher Seite nicht überzeugend datierbar ist.

Abb. 7: Modell der Glöcklehofkapelle. Darstellung der Westfassade. In gelb hervorgehoben die Mauerausbruchspuren. Modell beim Regierungspräsidium Freiburg, Referat 26 – Denkmalpflege. Foto: Valerie Schoenenberg 2007.

---

[24] MONGI-VOLLMER, Glöcklehofkapelle (wie Anm. 1), S. 23: Der Sturzstein des „Hauptportals" soll aus Vergleichen heraus vor die 2. Hälfte des 11. Jahrhunderts gehören, da ein Beispiel aus dem Elsass, Dompeter bei Avolsheim, einen entwickelteren Trapezstein zeigt und in die 2. Hälfte des 11. Jahrhunderts datiert wird.

Historische Quellenlage zum Glöcklehof-Areal

Bad Krozingen selbst wird erstmals als Ausstellungsort – *Scroccinca* – in einer Urkunde des Klosters St. Gallen erwähnt. Nach einer jüngst erfolgten Neubewertung, wird für die Urkunde ein Entstehungszeitraum zwischen 797 und 808 angenommen,[25] wobei dem Jahr 799 die größte Plausibilität zugesprochen wird.[26] Der 1278 in einer Urkunde des Augustinerchorherrenstiftes Beuron im Donautal zeugende *Bur. Villico de Crozzingen* ist der erste indirekte Hinweis für die Existenz eines Hofes dieses Klosters in Krozingen, denn unter einem *villicus* ist ein Verwalter zu verstehen.[27] Dieser Beuroner Klosterhof wird dann schließlich 1312 namentlich als St. Ulrichhof bezeichnet und als Erblehen vergeben. Das Kloster besaß weit reichende Rechte daran, so wurde der Hof als Dinghof genutzt.[28] Unter dem Namen St. Ulrichhof begegnet er im 14. Jahrhundert gehäuft als Nachbar verschiedener Güter diverser Orden.[29] Außerdem kann er ab 1398 sicher nach Oberkrozingen lokalisiert werden.[30] Eine Teilung des Ortes in Ober- und Unterkrozingen lässt sich bereits im älteren Günterstaler Urbar (1344–1348) fassen.[31]

Einen ersten Hinweis auf eine Kapelle gibt eine Urkunde von 1382, in der das Kloster Beuron dem Chorherren und Schaffner Berthold von Meßstetten gelobt, ihm nach seinem Tod auf ihrem Hof zu Krozingen Messen lesen zu lassen.[32] Falls mit „ihrem" Hof der St. Ulrichhof in Oberkrozingen gemeint ist, muss dieser also zum Ausstellungszeitpunkt der Urkunde bereits mit einer Kapelle ausgestattet gewesen sein.

---

[25] Peter Erhart Facsimile-Edition of the Latin Charters, Part C, Switzerland III, Sankt Gallen I (Chartae Latinae Antiquiores, Bd. 100), Zürich 2006, S. 106–109.

[26] Heinz Krieg, Eine Schenkung im Breisgau. Die Ersterwähnung Eschbachs, in: Ursula Huggle, 1200 Jahre Eschbach. Beständigkeit und Wandel, Eschbach 2008, S. 16–20, hier S. 16–18.

[27] Staatsarchiv Stuttgart Dep. 39, DS 26 U 9, ediert bei K. T. Zingeler, Geschichte des Klosters Beuron im Donautal, in: Schau-ins-Land 72 (1954), S. 43–48, hier S. 44.

[28] Stadtarchiv Freiburg L 4.1 v. Pfirt, C 34, Transkription siehe Schoenenberg, Siedlung (wie Anm. 4), dort im Anhang.

[29] Generallandesarchiv Karlsruhe 14/10, ediert in Friedrich Hefele, Freiburger Urkundenbuch, Bd. 3, Freiburg 1957, Nr. 366, S. 268: Schenkung von Gütern u. a. auch in Krozingen durch die Johanniter an das Kloster St. Ulrich „*idem Alber. dat I malterum siliginis de dimidio iugero agri sito retro curiam sancti Udalrici sita an dem Holzwege*" (20. Juni 1315). Stadtarchiv Freiburg A 3, 1315 November 13, ediert bei L. Korth und P. Albert, Die Urkunden des Heiliggeistspitals zu Freiburg im Breisgau, Bd. 2, Freiburg 1900, S. 479: Bestätigung einer Güterstiftung des Heiliggeistspitals Freiburg: *ein zweiteil neben den Spitälern hinter St. Ulrichs Hove*. Generallandesarchiv Karlsruhe 66/3210 fol. 13r (Urbar Kloster Günterstal von 1344–1348): *Item hinder sant v̊lriches hof .IIII. ivchert ziehent vf die von bv̊rra*.

[30] Generallandesarchiv Karlsruhe 66/7431 (Urbar Kloster St. Ulrich 1368, geschrieben um 1382), fol. 38v (Nachtrag von 1398).

[31] Generallandesarchiv Karlsruhe 66/3210 fol. 13r (Urbar Kloster Günterstal 1344–1348): *ze obern Krozingen*.

[32] Stadtarchiv Freiburg A 2, Nr. 611, ediert bei Adolf Poinsignon, Die Urkunden des Heiliggeistspitals zu Freiburg, Bd. 1, Freiburg 1890, Nr. 611, S. 233 f., (1. September 1382). In einem Nachtrag von 1398 kann dieser Hof nach Oberkrozingen lokalisiert werden.

Im 18. Jahrhundert ist das Areal nachweislich geteilt in einen St. Ulrich- und einen Glöcklehof, deren Grundstücksgrenze mitten durch die Kapelle verläuft.[33] Diese Teilung kann bis ins 16. Jahrhundert zurückverfolgt werden, denn eine Quelle aus dem Jahr 1575 nennt zum einen zweimalig den St. Ulrichhof als anstoßendes Grundstück an Äcker, die dem Kloster zinsten, zum anderen aber auch gleichzeitig einen „Glöcklehof".[34] Vier Jahre später, 1579, wurde dieser Glöcklehof noch einmal in einer Verkaufsurkunde explizit als Hof des Klosters Beuron bezeichnet – *von unserm Hoff zu Krozingen, genannt der Glöcklin Hoff*.[35] Anscheinend bestanden also bereits im 16. Jahrhundert zwei verschiedene Höfe nebeneinander. Nach dem dreißigjährigen Krieg verkaufte das Kloster seinen gesamten breisgauischen Besitz an den Oberamtmann Dr. Fischer aus Meßkirch, der diesen einzeln veräußerte.[36] So wurden die beiden Höfe im 18. Jahrhundert letztendlich Eigentum zweier Bauernfamilien und somit bis heute unabhängig voneinander bewirtschaftet. Die Kapelle selbst gelangte erst in jüngster Zeit in den Besitz der katholischen Kirche.[37]

Herleitung der Ansprache als Eigenkirche

Die Glöcklehof- bzw. St. Ulrich-Kapelle wurde in der Literatur immer wieder als Eigenkirche angeführt. Die Prämissen und Argumentationsgrundlagen hierfür sind vielfach miteinander verwoben. Erst einmal gereichte das vermeintlich hohe Alter der Kapelle und der Wandmalereien[38] dazu, den Bau mit der Erstnennungsurkunde Krozingens in Verbindung zu bringen, die eine Schenkung an das Kloster St. Gallen zum Inhalt hat. Die Nähe der Fresken zur Reichenauer Buchmalerei ließ ein St. Gallisches Umfeld als plausibel erscheinen.[39] Dabei wurde allerdings nicht beachtet, dass *scroccinca* lediglich als Ausstellungs- und nicht als Besitzort des Klosters fungierte.[40] Willy Werth dagegen nahm eine Erbauung der Kapelle im 10. Jahrhundert an und schrieb diese einem von

---

[33] Universitätsarchiv Freiburg, Bestand C 67/134 (Nachlass Joseph Sauer).
[34] Stadtarchiv Freiburg, Bestand L 4.1 v. Pfirt B 26 r Krozingen, 1575 Nov 21, Absatz 16.
[35] Gemeindearchiv Pfaffenweiler, Urkunde Nr. 42, unpubliziert: Probst Vitus von Beuron an der Donau verkauft das sogenannte „Burenstück", 4 Juchert Reben am Batzenberg *auch zweyhundert Schaub, die wir von unserm Hoff zu Krozingen, genannt der Glöcklin Hoff, järlich fallen haben* (Für die Überlassung der Transkription sei Edmund Weeger, Gemeindearchiv Pfaffenweiler, herzlich gedankt).
[36] Staatsarchiv Stuttgart Dep. 39 DS 26 U 9. Urkunde vom 11. Juni 1668.
[37] JOSEF UND KONRAD HECHT, Die frühmittelalterliche Wandmalerei des Bodenseegebietes, Sigmaringen 1979, Teil 1, S. 218, Anm. 1; Ortsakte der Bau- und Kunstdenkmalpflege, Regierungspräsidium Freiburg, Referat 25 – Denkmalpflege.
[38] GOMBERT, Wandmalereien (wie Anm. 1), S. 106–115; DERS., Bad Krozingen (wie Anm. 1), S. 48.
[39] GOMBERT, Wandmalereien (wie Anm. 1), S. 114. Eine offene Diskussion um die Datierung der Glöcklehof-Kapelle in Bad Krozingen, fand am 25. Mai 1970 in einer eigens dazu ausgerichteten, protokollierten Fachsitzung am Alemannischen Institut Freiburg statt, wo Hans Seemann, Hermann Gombert, Karl List, Willi Werth, Rudi Keller, J. Hog, Wolfgang Müller und Walter Berschin zu Wort kamen. Schriftliches Protokoll 25. Mai 1970, Alemannisches Institut Freiburg, in Kopie bei Regierungspräsidium Freiburg, Referat 25 – Denkmalpflege.
[40] Vgl. ERHART, Urkunden St. Gallen (wie Anm. 25), S. 106–109.

St. Gallen unabhängigen Herrn zu; Letzteres schloss er aus dem Fehlen von Urkunden „aus der Erbauungszeit", welche die Kapelle in Zusammenhang mit dem Kloster St. Gallen bringen könnten.[41] Als Gemeinsamkeit fällt hier auf, dass, egal ob im Auftraggeber eine klösterliche oder weltliche Herrschaft vermutet wurde, oftmals eine Zuordnung als Eigenkirche erfolgte.[42] Die Idee, im Erbauer der Kapelle einen weltlichen, adligen Herrn zu sehen, der zum Wohl seines Seelenheils an seinem Hof eine Kapelle errichten ließ und diese somit den Rechtstatus einer Eigenkirche haben müsste, wurde auch in der Folge aufgegriffen und schien mit dem Vorhandensein der Westempore als „herrschaftlichem Attribut" weiter belegbar zu sein.[43]

Mit der oben dargestellten, vermeintlichen Einbindung der Kapelle in ein Hofareal scheint ein für Eigenkirchen typisches, und selbstverständliches Kriterium fassbar zu sein, dass in den historischen Quellen selten eine explizite Erwähnung findet, nämlich die Koppelung von Kapelle bzw. Kirche an einen Hof.[44]

Letztendlich führte diese Projektion eines mittelalterlichen Rechtsstatus auf den baulichen Befund zu einem Zirkelschluss: Denn die vermeintlich frühe Stellung der Kapelle als herrschaftliche Eigenkirche diente der Interpretation von Baubefunden als Indiz für einen anschließenden Hof,[45] worüber wiederum der Status einer Eigenkirche bestätigt schien. Bekräftigend wurde immer wieder betont, dass die Kapelle ja bis in die Neuzeit hinein keiner Pfarrei unterstellt gewesen war und so ein eigenständiges Dasein geführt habe. Zwar findet sich in den historischen Quellen tatsächlich keinerlei Vergabe von Pfarrrechten, wie beispielsweise des Patronats- sowie Tauf- oder Bestattungsrechts,[46] doch kann dieser Befund ebenso gut auf eine für die private Andacht genutzte Kapelle des Spätmittelalters hindeuten. Denn spätestens mit der Erstarkung der Diözesanstruktur innerhalb des Konstanzer Bistums im 11. Jahrhundert wurden Eigenkirchen, soweit sie im Breisgau bekannt sind, in ein parochiales System eingebunden, was am *Liber decimationis* ablesbar ist. Dieses Zehntverzeichnis listet alle Pfarreien des Konstanzer Bistums der Zeit um 1275 auf, da sie für einen geplanten Kreuzzug Abgaben entrichten sollten,[47] – die St. Ulrichkapelle wurde dort jedoch nicht registriert.

---

[41] WERTH, Glöcklehofkapelle (wie Anm. 1), S. 35.
[42] GOMBERT, Wandmalereien (wie Anm. 1), S. 114; DERS., Bad Krozingen (wie Anm. 1), S. 44; WERTH, Glöcklehofkapelle (wie Anm. 1), S. 34; WOLFGANG MÜLLER, Entwicklungsphasen der Pfarrei Steinenstadt, in: Festschrift für Berent Schwineköper zu seinem siebzigsten Geburtstag, hg. von HELMUT MAURER und HANS PATZE, Sigmaringen 1982, S. 523–535, hier S. 523; Diskussionsbeitrag Müller im Protokoll über die Fachsitzung des Alemannischen Instituts vom 25. Mai 1970 (wie Anm. 39).
[43] MONGI-VOLLMER, Glöcklehofkapelle (wie Anm. 1), S. 30; UNTERMANN, St. Ulrich (wie Anm. 2), S. 264.
[44] Siehe beispielsweise die Wüstung Buchsweiler bei Holzhausen, Gemeinde March: MARTIN STROTZ, Der wüstgefallene Ort Buchsweiler, Freiburger Universitätsblätter 160 (2003), S. 83–94, hier S. 84.
[45] UNTERMANN, St. Ulrich (wie Anm. 2), S. 264.
[46] MONGI-VOLLMER, Glöcklehofkapelle (wie Anm. 1), S. 29.
[47] GERLINDE PERSON-WEBER, Der Liber decimationis des Bistums Konstanz. Studien, Edition und Kommentar (Forschungen zur oberrheinischen Landesgeschichte, Bd. 44), München/Freiburg 2001.

Für sich betrachtet geben sich also die vermeintlichen Belege – Empore, die Zugehörigkeit zu einem frühen Kloster und die Lage innerhalb eines Hofareals – als reine Prämissen zu erkennen, die nicht stichhaltig begründet sind.

Die Frage nach der Funktion der Kapelle

Abgesehen von der Diskussion als Eigenkirche wurde die Kapelle auch in ihrer Funktion unterschiedlich gewertet. Trotz des oben bereits erwähnten Fehlens eines Taufrechts, wurde versucht, aufgrund der Darstellung Johannes des Täufers im Bildprogramm eine Funktion als Taufkapelle herzuleiten.[48]

Die Fresken zeigen Szenen aus der Passion des Heiligen. Nach den Evangelien müsste zu Beginn des Erzählstranges die Darstellung eines Gesprächs zwischen Johannes und König Herodes stehen.[49] Johannes hatte den König gerügt, weil dieser die Frau seines Bruders zur Gattin genommen hatte. Bei einem Gastmahl fand der König am Tanz deren Tochter Salome so viel Gefallen, dass er dieser die Erfüllung eines Wunsches zusagte. Ihre Mutter Herodias, die durch die Äußerungen des Johannes gekränkt war, stachelte Salome dazu an, den Kopf des Täufers zu fordern. Die darauf folgende Gefangenschaft und Enthauptung des Johannes endete mit der Übergabe des Hauptes durch Salome an ihre Mutter.

Die Darstellung in der Glöcklehofkapelle komprimiert die gesamte Geschichte auf zwei Szenen (Abb. 4, 5): Dabei wird auf der südlichen Chorwand das Gastmahl und der Tanz der Salome direkt mit der Übergabeszene verknüpft. Das dadurch entstandene Dilemma, dass Salome gleichzeitig tanzen und das Haupt überbringen müsste, wird durch die Einführung eines Dieners gelöst, der den Kopf auf einem Tablett dem Königspaar am Tisch präsentiert. Diese Darstellung weicht von jenen des 9. bis 11. Jahrhunderts ab, welche derartige Ineinanderverwebungen von Szenen noch nicht zeigen. Die nördliche Chorwand stellt die Enthauptungsszene dar, womit ein gleichrangiges Nebeneinander bewirkt wird.[50] Beide Bilder werden getrennt durch Christus in der Mandorla über dem kleinen Ostfenster, in dessen Laibung Kain und Abel ihre Opfergaben darbringen. In der übergroßen Heiligenfigur wird Johannes gesehen, der gleichsam durch seinen Opfergestus sein Leben für Gott hingegeben hat. Die Betonung des Opferns im Bildprogramm lässt sich nicht mit einer postulierten Funktion als Taufkapelle in Einklang bringen, zumal in einer solchen eher mit der Darstellung der Taufe durch Johannes zu rechnen wäre. Das Martyriumsmotiv genoss im Mittelalter eine wei-

---

[48] GOMBERT, Wandmalereien (wie Anm. 1), S. 114; DERS., Bad Krozingen (wie Anm. 1), S. 44; Ikonographie bei HECHT, Bodenseegebiet (wie Anm. 37), S. 214 f.; MONGI-VOLLMER, Glöcklehofkapelle (wie Anm. 1), S. 29.
[49] Mt. 14,6–10; Mk. 6,21–29.
[50] KERSTIN MERKEL, Salome. Ikonographie im Wandel (Europäische Hochschulschriften, Bd. 106), Frankfurt am Main 1990, S. 273, bemerkt, dass die gleichwertige Darstellung der Enthauptung und des Gastmahls in eigenen Bildfeldern in Beispielen seit dem 13. Jahrhundert fassbar seien, belegt dies jedoch nicht.

te Verbreitung, wie Konrad Hecht anhand einer vergleichenden Studie zeigen konnte. Die dabei erwähnten Exempel stellen Wandmalereien aus Baptisterien, Fresken der Chorräume von Großkirchen sowie Portalschmuck und Reliefs auf Bronzetüren dar. Deren Datierungen streuen dabei über die gesamte hochromanische Epoche.[51] Dasselbe Bildmotiv wird auch in der St. Nikolauskapelle Degenau im Thurgau, einem Bau der ersten Hälfte des 12. Jahrhunderts, und der St. Blasiuskapelle in Meistershofen, Stadt Friedrichshafen, dargestellt. Die Ausmalungen der letztgenannten, im Zweiten Weltkrieg stark zerstörten Kapelle werden von Hecht sogar als gotisch angesprochen.[52] Bei beiden Kapellen handelt es sich ebenfalls um Saalkirchen mit eingezogenem Rechteckchor.

Die in der Archäologie häufig mit Eigenkirchen in Verbindung gebrachten, sogenannten Gründergräber – in der älteren Literatur auch als Stiftergräber[53] bezeichnet – können in der Glöcklehofkapelle weder be- noch widerlegt werden, da Bodenaufschlüsse aus der Kirche nicht bekannt sind. Einer Notiz im Nachlass von Joseph Sauer zufolge, sollen allerdings beim Bau der heute noch bestehenden Gebäude um die Kapelle herum Gebeine gefunden worden sein. Sauer spezifizierte deren Fundlage zwar nicht genauer, schloss aber deshalb auf eine Funktion als Friedhofskapelle.[54] Weitere Altfunde im Umfeld – eine in den 1920er Jahren aufgedeckte Bestattung und ein 1968 erfasstes Plattengrab[55] – und die im Raum stehende These einer frühmittelalterlichen Eigenkirche[56] waren Grund dafür gewesen, das Gelände um die Glöcklehofkapelle als archäologisches Grabungsschutzgebiet auszuweisen.[57] Die beiden erwähnten Bestattungen lagen südlich und westlich am Rande einer Obstwiese des heutigen St. Ulrichhofes. Ein Bebauungsplan der Gemeinde Krozingen für eben jenes Gelände veranlasste die Denkmalpflege im Vorfeld der Baumaßnahmen dort weitreichende Ausgrabungen anzustreben (vgl. Abb. 2).[58] Die dabei entdeckten, ältesten Siedlungsstrukturen stammen, dem daraus geborgenen Fundmaterial zufolge, aus dem 7. Jahrhundert. Der größte Teil der Funde ist jedoch den Phasen des 9. bis beginnenden 12. Jahrhunderts zuzuordnen. Sie verteilen sich hauptsächlich auf Verfüllschichten aus eingetieften Strukturen, wie Abfallgruben und Grubenhäuser und einen Brunnen, welcher gegen Ende des 11. Jahrhunderts erbaut worden sein dürfte. Nur selten konnten Laufhorizonte erfasst werden, ebenso wenig ließen sich ebenerdige Bauten direkt nachweisen.

---

[51] HECHT, Bodenseegebiet (wie Anm. 37), S. 214 f.
[52] HECHT, Bodenseegebiet (wie Anm. 37), S. 220 f.
[53] Zur Unterscheidung Gründer- und Stiftergräber vgl. MICHAEL BORGOLTE, Stiftergrab und Eigenkirche. Ein Begriffspaar der Mittelalterarchäologie in historischer Kritik, in: Zeitschrift für Archäologie des Mittelalters 13 (1985), S. 27–38, hier S. 31 sowie umfassend und kritisch NIKLOT KROHN, Stiftergrab, in: Reallexikon der Germanischen Altertumskunde², Bd. 35, Berlin/New York 2007, S. 6–19 mit weiterer Literatur.
[54] Universitätsarchiv Freiburg C 67/134 (Nachlass Joseph Sauer).
[55] Altfunde bei WILLY WERTH, Aus der heimatlichen Vorzeit. Römer- und Alamannenzeit im alten Amtsbezirk Staufen, in: Schau-ins-Land 74 (1956), S. 3–30, hier S. 26.
[56] UNTERMANN, St. Ulrich (wie Anm. 2), S. 264.
[57] Ortsakten Regierungspräsidium Freiburg, Referat 25 – Denkmalpflege.
[58] Ortsakten Regierungspräsidium Freiburg, Referat 25 – Denkmalpflege.

Zwar wurden vereinzelt Pfostenstandspuren dokumentiert, welche die Anwesenheit ebenerdiger Holzgebäude plausibel machen, allerdings ließ deren Anordnung in der Fläche keine Rekonstruktionen von Baukörpern zu. Im Norden und Osten wurde das freigelegte Siedlungsareal flankiert von vier Körpergräbern in West-Ost-Ausrichtung und gestreckter Rückenlage mit an den Seiten liegenden Armen. Aufgrund der Beigabenlosigkeit und dem Fehlen von Kleidungsbestandteilen entziehen sie sich einer näheren Datierung. Der zeitliche Horizont einer Sargbestattung lässt sich jedoch genauer fassen, da sie an den Rand eines bereits teilverfüllten Erdkellers eingebracht wurde. Das Fundmaterial aus der Verfüllung dieses Kellers ist dem 9./10. Jahrhundert zuzuordnen.[59]

Zusammen mit den beiden Altfunden ergibt sich das Bild einer sich im Westen verdichtenden Siedlungsstruktur, deren westliche und südliche Grenze nicht erfasst werden konnte und in deren nördlicher und östlicher Peripherie sich sechs Bestattungen befanden.[60]

Ob diese Gräber im Sinne Sauers ein Indiz für eine Friedhofskapelle sind, bleibt fraglich, da kein direkter Anschluss der Grabungsflächen an den St. Ulrichhof und die Glöcklehofkapelle bestand. Auf denkmalpflegerischen Wunsch hin sollte eine Teilfläche nicht untersucht werden, die als spitz trapezförmiger maximal 30 m breiter Grünstreifen zwischen der neuen und der alten Bebauung gewählt wurde.[61]

Als Modellvorstellung kann das ausgegrabene Areal als Randbereich eines Vorläufers des späteren Siedlungskern „Oberkrozingen" angesehen werden. Spätestens im 13. Jahrhundert entstand der in den schriftlichen Quellen fassbare St. Ulrichhof des Klosters Beuron. Für das Spätmittelalter konnte eine Nutzung zu Zwecken des Gottesdienstes nachgewiesen werden.[62]

Neuinterpretation

Im Folgenden sollen die bereits angeführten Prämissen, die in der älteren Forschung zu einer Interpretation der Glöcklehofkapelle als Eigenkirche geführt haben, unter dem Aspekt einer Neubewertung der Baustrukturen betrachtet werden:

In dem ausgegrabenen Fundament vor dem Westeingang (Abb. 6) könnte nicht nur „eine Vorhalle oder ein Verbindungsstück zu einem noch weiter westlich gelegenen Gebäude"[63] zu sehen sein, sondern ein mit der Kapelle im Verbund errichteter Westturm. Das noch weiter westlich an die 1954 gefundenen Mauerstrukturen anschließende Gebäude, welches dort von Eva Mongi-Vollmer postuliert wurde, ist ein rein hypo-

---

[59] SCHOENENBERG, Siedlung (wie Anm. 4), S. 64.
[60] SCHOENENBERG, Siedlung (wie Anm. 4), besonders S. 75 und S. 88 f.
[61] SCHOENENBERG, Siedlung (wie Anm. 4), S. 11, Abb. 3; Ortsakten Regierungspräsidium Freiburg, Referat 25 – Denkmalpflege.
[62] Stadtarchiv Freiburg, A 2, Nr. 611, ediert bei ADOLF POINSIGNON, Heiliggeistspital (wie Anm. 32), S. 233 f.
[63] MONGI-VOLLMER, Glöcklehofkapelle (wie Anm. 1), S. 22.

thetisches Konstrukt; Befunde hierzu liegen nicht vor. Als gesichert gelten darf, dass das Fundament mit den 1993 erkannten Ausbruchspuren in der Westfassade (Abb. 7) korrespondiert. Demnach reichte der einst vor dem heutigen Eingang angebrachte, steinerne Baukörper bis in die Brüstungshöhe des 1. Obergeschosses. Für den weiteren Aufbau kann eine Holz- oder Fachwerkbauweise angenommen werden, wie es bereits in dem Rekonstruktionsvorschlag als „Vorhalle" formuliert wurde.[64] Denkbar wäre sogar auch ein weiteres, darüber liegendes Geschoss, worauf der Mauerrücksprung deutet. Eine Sinngebung erführe ein solch hoher und im Verhältnis zum Langhaus etwas eingezogener Baukörper als Turm mit Glockenstuhl, zumal der heutige Dachreiter mit Glocke erst in barocker Zeit errichtet wurde.

Der geringe Grundriss von 3,0 auf 2,50 m lässt keinen Spielraum für einen Treppenaufgang im Erdgeschoss ohne den Zugang zur eigentlichen Kapelle zu beengen. Deshalb ist anzunehmen, dass sich das Erdgeschoss auf eine Vorhallensituation beschränkte. Das Obergeschoss des Turmes konnte über die postulierte „Westempore" in der Kapelle durch die rundbogige Tür betreten werden. Letztere steht offenbar mit der Öffnung in der Nordwand in Zusammenhang. Vorstellbar ist, dass dort eine hölzerne Außentreppe angebracht war. Die Aufgabe, die Glocke zu läuten, könnte demnach bei dem im Norden befindlichen, bereits 1575 genannten *glöcklin hoff*,[65] gelegen haben. Auf diese Weise löst sich auch die vermeintliche Ungereimtheit auf, warum der Hof bereits im 16. Jahrhundert als Glöcklehof bezeichnet wurde, schien es doch, als ob eine Glocke erst mit dem Dachreiter des barocken Umbaus Einzug fand.

Die sogenannte „Empore" hätte nun lediglich die Aufgabe inne gehabt, einen Zugang zum Turm zu gewährleisten und könnte deshalb auch lediglich den Charakter einer einfachen Holzgalerie gehabt haben.

Kirchen mit im Westen an das Langhaus anschließenden Türmen – sogenannte Portalturmkirchen – fanden im mittelalterlichen Breisgau, darin eingeschlossen das heutige Markgräflerland, weite Verbreitung.[66] Regelhaft dient dabei das Erdgeschoss als Vorhalle zum Kirchenschiff. Der Turm ist auch dort durch einen Zugang im ersten Obergeschoss vom Langhaus aus zu erreichen. In Betberg,[67] Eschbach,[68]

---

[64] Untermann, St. Ulrich (wie Anm. 2), S. 262; Mongi-Vollmer, Glöcklehofkapelle (wie Anm. 1), S. 17.

[65] Stadtarchiv Freiburg L 4.1 v. Pfirt B 26 r Krozingen, 1575 Nov. 21, Absatz 16 (Berain des Hans Friedrich von Landeck); Gemeindearchiv Pfaffenweiler, Urkunde Nr. 42, vgl. Generallandesarchiv Karlsruhe 223/642 (Urkunde von 1579).

[66] Leonards, Dorfkirchen (wie Anm. 1), S. 144.

[67] Franz Xaver Kraus, Die Kunstdenkmäler des Großherzogthums Baden: Die Kunstdenkmäler des Kreises Lörrach, Tübingen/Leipzig 1901, S. 96 f.; Johannes Helm, Die existierenden, verschwundenen und aufgegebenen Kirchen und Kapellen im Markgräflerland und in den angrenzenden Gebieten des ehemals vorderösterreichischen Breisgaues sowie des hochstiftbaselischen Amtes Schliengen. Versuch einer bau- und kunstgeschichtlichen Bestandsaufnahme, Müllheim/Baden 1989, S. 61 f. (Turm romanisch).

[68] Franz Xaver Kraus, Die Kunstdenkmäler des Großherzogthums Baden: Die Kunstdenkmäler des Kreises Freiburg, Tübingen/Leipzig 1904, S. 413; Leonards, Dorfkirchen (wie Anm. 1), S. 115 (Turm des 12. Jh. Obergeschoss war über das Kirchenschiff durch eine rund-

Liel,[69] Niedereggenen,[70] Kaltenbach[71] und Sulzburg[72] haben sich die romanischen Westtürme bis heute erhalten, da sie komplett in Stein errichtet worden waren. Auch die bereits angesprochene gotische Kapelle in Meistershofen bietet sich besonders als Parallele an. Denn sowohl die Bauform als auch die Darstellung des Kain und Abel-Motivs können mit der Glöcklehofkapelle verglichen werden. Sie stellt ferner auch ein anschauliches Beispiel einer Kapelle mit Westturm dar (Abb. 8). Lediglich in der Ausführung des Turmes im Obergeschoss in Fachwerk weicht der Krozinger Bau ab. Solche Fachwerkkonstruktionen müssen ursprünglich häufiger gewesen sein und sind heute nur noch selten erhalten. Als Anschauungsbeispiel für einen solchen Bau kann nach eigener Besichtigung die evangelische Kirche im ortenauischen Memprechtshofen, Kreis Offenburg herangezogen werden. Mit der Interpretation der freigelegten Mauern vor dem Westportal als Fundamente eines Glockenturmes löst sich auch die direkte bauliche Anbindung an eventuelle weitere Gebäude auf. Die Kapelle muss also keineswegs direkt an solche angeschlossen gewesen sein, sondern kann auch als eigener Baukörper am Hof gestanden haben.

Abb. 8: Meistershofen (Stadt Friedrichshafen am Bodensee), St. Blasiuskapelle, Blick von Südost. Aus: OTTO SAUER / ALFRED VÖGELE, 750 Jahre St. Maria Jettenhausen. 1250–2000. Eine Kirchen- und Ortsgeschichte von Jettenhausen, Waggerhausen, Meistershofen und Heiseloch, Friedrichshafen-Jettenhausen 1999, S. 46. Foto: Otto Sauer/Alfred Vögele.

Diese Rekonstruktion eines Westturmes kann darüber hinaus einen Erklärungsansatz für den „altertümlichen"[73] trapezförmigen Portalsturzstein liefern. Abgesehen von statischen Vorteilen einer solchen Form sind die Erdgeschosse vieler der oben ge-

---

bogige Türe betretbar. Erdgeschoss als Eingangshalle genutzt, von einer Tonne überwölbt); HELM, Markgräflerland (wie Anm. 67), S. 95 f. (Turm 12. Jh. oder erste Hälfte 13. Jh.).
[69] KRAUS, Kunstdenkmäler (wie Anm. 67), S. 114 f.
[70] KRAUS, Kunstdenkmäler (wie Anm. 67), S. 132 f.; LEONARDS, Dorfkirchen (wie Anm. 1), S. 106; HELM, Markgräflerland (wie Anm. 67), S. 301 f. (Turm romanisch).
[71] KRAUS, Kunstdenkmäler (wie Anm. 67), S. 113; LEONARDS, Dorfkirchen (wie Anm. 1), S. 109 f.; HELM, Markgräflerland (wie Anm. 67), S. 182 f. (Turm romanisch als einziges Bauelement erhalten, Erdgeschoss als Eingangshalle).
[72] KRAUS, Kunstdenkmäler (wie Anm. 67), S. 148 f.
[73] UNTERMANN, St. Ulrich (wie Anm. 2), S. 262.

Abb. 9: Landeck (Kreis Emmendingen), Burgkapelle. Blick auf die Eingangssituation von der Kellertreppe aus. Foto: Valerie Schoenenberg 2007.

Abb. 10: Landeck (Kreis Emmendingen), Innenraum der Burgkapelle mit Blick auf die Tür. Foto: Valerie Schoenenberg 2007.

nannten südbadischen Parallelbeispiele oft durch ein Tonnengewölbe überspannt. Unter der Annahme einer solchen Tonne auch im Vorraum der Glöcklehofkapelle wäre der trapezfömige Sturz teilweise verdeckt gewesen, wodurch über dessen Unterkante ein halbkreisförmiges Feld entstanden wäre, was als kostengünstige Variation eines Tympanons hätte genutzt werden können und lediglich hätte bemalt werden müssen.

Ein solches Konstruktionsprinzip zeigt eindrücklich der Zugang zum Kellergeschoss der Burgkapelle in Landeck, Gemeinde Teningen-Köndringen, Kreis Emmendingen, deren Stiftungsurkunde aus dem Jahr 1315 stammt.[74] Der eigentlich rechteckige Sandsteinsturz (Abb. 9) weist durch den überwölbten Zugang ebenfalls ein tympanonartiges Feld auf (Abb. 10).

Fazit

Plausible Gründe für eine Datierung der St. Ulrich-/Glöcklehofkapelle in Bad Krozingen in das 10. Jahrhundert oder früher konnten nicht gefunden werden. Vielmehr sprechen die zeitliche Einordnung der Komprimierung einzelner Szenen aus der Johannes-

---

[74] Stiftungsurkunde der Katharinenkapelle Landeck: Karl Albrecht, Rappoltsteinisches Urkundenbuch 759–1500, Bd. 1 (Colmar 1891), Nr. 323, S. 233 ff. Vgl. auch die Bestätigungsurkunde vom 14. Januar 1316, Nr. 328, S. 238 f.

passion,[75] das Auftreten der Engel am oberen Bildrand der Fresken[76] sowie die spätromanischen Vergleichsbeispiele für Westtürme eher für einen Bau der zweiten Hälfte des 12. oder sogar noch der ersten Hälfte des 13. Jahrhunderts.

Anhand der historischen Quellen ist für das ausgehende Hochmittelalter Kloster Beuron im Donautal als Besitzer des Hofes auszumachen. Dieses Augustinerchorherrenstift hatte im 13. Jahrhundert begonnen weit reichenden Streubesitz im Breisgau zu akkumulieren, wobei der Krozinger St. Ulrichhof wohl eine zentrale Stellung als Dinghof darstellte. Er wiederum war einer Schaffnei des Klosters in Freiburg verpflichtet. Ab dem 14. Jahrhundert ist auf diesem Hof eine Kapelle nachweisbar, was wenig verwundert, legt doch die Stellung als Dinghof Besuche der Ordensleute nahe, denen Räumlichkeiten für die private Andacht bereitzustellen waren. Diese Situation darf keinesfalls ohne weiteres auf die Zeit vor den schriftlichen Niederschlägen im 13. Jahrhundert zurückprojiziert werden. Unter Umständen kann die Kapelle sogar erst vom Kloster Beuron selbst erbaut worden sein. Da die Anfänge aus historischer Sicht im Dunkeln liegen, wird sich eine schlüssige Datierung bestenfalls über weitere Bodenaufschlüsse ergeben können.

---

[75] HECHT, Bodenseegebiet (wie Anm. 37), S. 218. Ergänzend zu einem erweiterten Datierungsansatz für Einzelelemente der ikonographischen Darstellung der Johannespassion: Le-Sauve-Majeure, Kapitell aus dem 1. Drittel des 12. Jahrhunderts, siehe BERNHARD RUPPRECHT, Romanische Skulptur in Frankreich, München 1975, S. 96, Abb. 107 (Simultandarstellung von Tanz und Übergabe sowie Erscheinen von Engeln); Müstair, Fresken der mittleren Apsis aus dem Ende 12. Jahrhundert, siehe OTTO DEMUS, Romanische Wandmalerei, München 1968, S. 131 und TORSTEN HAUSAMANN, Die tanzende Salome in der Kunst von der christlichen Frühzeit bis um 1500. Ikonographische Studien, Dissertation Zürich 1980, S. 343 (Simultandarstellung von Tanz und Übergabe). Technisch entwickelter erscheinende Darstellungen, die jedoch ein Fortlaufen des Motivs belegen, siehe Fresken in Braunschweig aus dem 1. Drittel des 13. Jahrhundert (HAUSAMANN, a. a. O., S. 358–359) und Fresken in Sekau um 1290, (DEMUS, a. a. O., S. 216, Abb. 250).

[76] WERTH, Glöcklehofkapelle (wie Anm. 1), S. 32, Anm. 20.

Die Arnheider Kapelle

Ein frühmittelalterlicher Sakralbau im Odenwald

Michaela Jansen

Die Arnheider Kapelle (Abb. 1) im Odenwald ist ein in großen Teilen in seiner Originalsubstanz erhaltener Steinbau, der zwischen dem 7. und 10. Jahrhundert, wohl als Eigenkirche errichtet wurde. Die an ihm abzulesenden Gestaltungselemente und Bautechniken sichern der Arnheider Kapelle einen besonderen Rang unter den in Deutschland höchst selten im aufgehenden Mauerwerk erhaltenen Kirchen des frühen Mittelalters zu.

Abb. 1: Rai-Breitenbach, Arnheider Kapelle, Blick von Südosten. Altarraum mit neuzeitlichen Fenstern und Treppe zum Obergeschoss sowie Kapellenschiff mit moderner Tür. Foto: Universität Heidelberg, Institut für Europäische Kunstgeschichte.

Die profanen Um- und Neubauten werden hier nicht näher behandelt.[1] Der Schwerpunkt liegt auf dem mittelalterlichen Sakralbau.

Topographie

Die Arnheider Kapelle steht auf der heutigen Gemarkung Rai-Breitenbach im oberen Mümlingtal im nordöstlichen Odenwald (Hessen) (Abb. 2). Die Mümling, ein etwa 50 km langer Bachlauf, durchfließt den Odenwald in nord-südlicher Richtung. Der Wasserlauf entspringt in Beerfelden, einer Passhöhe über das Gammelsbachtal an den Neckar, und mündet in Obernburg in den Main. Entlang der Mümling erstrecken sich von Nord nach Süd für den Odenwald historisch wichtige Orte, wie Breuberg, Höchst im Odenwald, Bad König, Steinbach, Michelstadt, Erbach und Beerfelden.

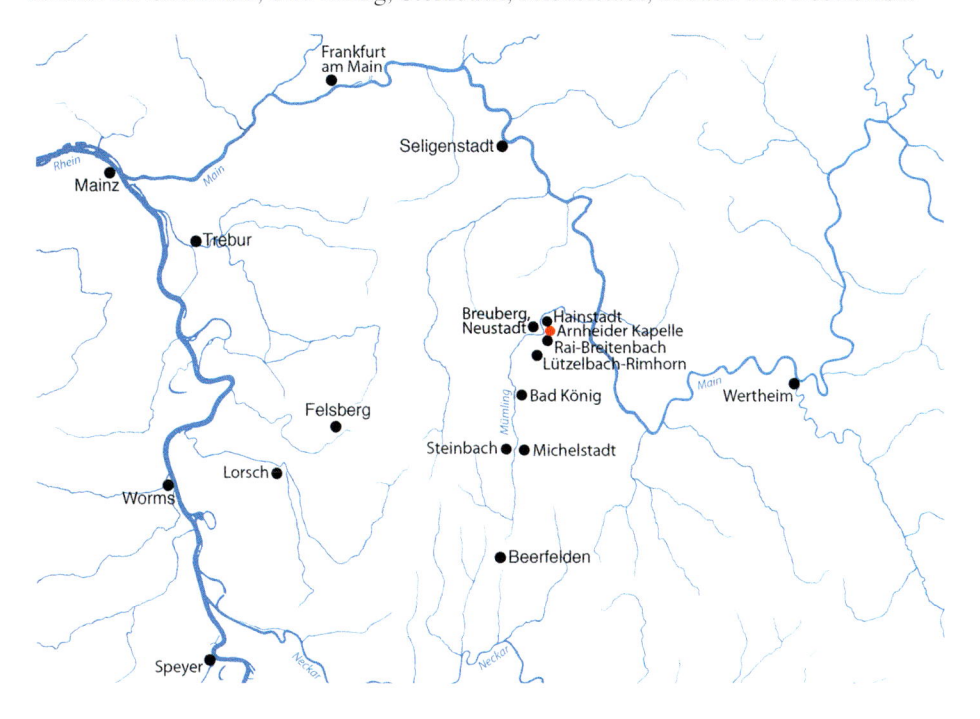

Abb. 2: Wichtige frühmittelalterliche Zentren und weitere im Text erwähnte Orte zwischen Rhein, Main und Neckar. Karte: Universität Heidelberg, Institut für Europäische Kunstgeschichte.

---

[1] MATTHIAS UNTERMANN, Die frühmittelalterliche Kapelle des Arnheider Hofs, in: Der Odenwald. Zeitschrift des Breuberg-Bundes 51 (2004), S. 3–20; MICHAELA JANSEN, Archäologische Untersuchungen an der Arnheiter Kapelle, in: Der Odenwald. Zeitschrift des Breuberg-Bundes 54/4 (2007), S. 139–154; DIES., Die frühmittelalterliche Kapelle am Arnheiter Hof, Breuberg, Odenwaldkreis: archäologisch-baugeschichtliche Untersuchung eines wiederentdeckten Sakralbaus, in: hessenARCHÄOLOGIE 2006 (2007), S. 99–101.

Die Kapelle befindet sich inmitten eines heute noch als landwirtschaftlicher Betrieb genutzten Hofs und war noch bis vor wenigen Jahren als Stall in Gebrauch. Kapelle und Hof liegen oberhalb des rechten Ufers der Mümling auf einer Löss-Terrasse, abseits zwischen den Ortschaften Hainstadt und Rai-Breitenbach, etwa 13 km vom Main entfernt. Am gegenüberliegenden Bachufer erstreckt sich der östliche Fuß des Breubergs. Das dortige Areal ist im regionalen Vergleich siedlungsgünstig. Die Gemarkung hat die fruchtbarsten Böden des Umkreises. Direkt am Hof ist die Talaue aufgeschottert, weshalb sich das Grundwasser nicht aufstauen kann und so die Äcker unmittelbar an den Bach heranreichen. Oberhalb der Äcker schließen sich in muldenförmigen Lagen Wiesen an.[2]

Geschichtlicher Überblick

Römische Zeit

Der Platz befindet sich wenige Kilometer westlich des Limes. Das nächst gelegene Kastell Lützelbach in etwa 5 km Entfernung wurde um 100 n. Chr. errichtet und um 150 n. Chr. mit der Verlegung des Limes 20 bis 30 km nach Osten wieder verlassen.[3] Die wirtschaftliche Bedeutung des Odenwaldes lag vorwiegend in der Wald- und Weidewirtschaft sowie der Steingewinnung und -verarbeitung.[4] Auf den Druck germanischer Einfälle wurde um 260 der Limes an den Rhein verlegt. Während sich für die fruchtbare Oberrheinebene und Dieburger Bucht eine kontinuierliche Besiedlung konstatieren lässt, bei der lediglich die Intensität umstritten ist, ist dies für das Hinterland, den Odenwald, ungeklärt.[5] Dort scheint die Besiedlung abzubrechen und ist archäologisch vor dem späten 7. Jahrhundert nicht mehr zu fassen. Allerdings hatte Rom wohl bis in die Mitte des 5. Jahrhunderts den Anspruch an seine *agri decumates* aufrecht erhalten und zeitweise direkten Einfluss auf diese Gebiete genommen.[6] Im Vergleich mit anderen rechtsrheinischen Regionen ist anzunehmen, dass der Raum zwischen Main und Neckar in der Oberrheinebene und dem

---

[2] Friedrich Sauerwein, Die Landschaft, in: 600 Jahre Stadt am Breuberg. Bausteine zu einer Geschichte der Stadt Breuberg, Breuberg 1978, S. 44.

[3] Egon Schallmayer, Der Odenwaldlimes. Vom Main bis an den Neckar, Stuttgart 1984.

[4] Vera Rupp, Die ländliche Besiedlung und Landwirtschaft in der Wetterau und im Odenwald während der Kaiserzeit (bis 3. Jh. n. Chr. einschließlich), in: Ländliche Besiedlung und Landwirtschaft in den Rhein-Donau-Provinzen des Römischen Reiches, 2 Bde. Vorträge eines Internationalen Kolloquiums vom 16.–21. April 1991 in Passau, hg. von Hartmut Wolff und Helmut Bender (Passauer Universitätsschriften zur Archäologie, Bd. 2), Espelkamp 1994, S. 244.

[5] Vgl. Ulrich Dahmlos, Archäologische Funde des 4. bis 9. Jahrhunderts in Hessen (Untersuchungen und Materialien zur Verfassungs- und Landesgeschichte, Bd. 7), Marburg 1979.

[6] Helmut Castritius, Die Spätantike und nachrömische Zeit am Mittelrhein, im Untermaingebiet und in Oberhessen, in: Alte Geschichte und Wissenschaftsgeschichte. Festschrift für Karl Christ zum 65. Geburtstag, hg. von Peter Kneissl und Volker Losemann, Darmstadt 1988, S. 63–64; Helmut Castritius / Egon Schallmayer, Kaiser Julian am obergermanischen Limes in den Jahren 357 bis 359 n. Chr., in: Beiträge zur Erforschung des Odenwaldes und seiner Randlandschaften VI, hg. im Auftrag des Breuberg-Bundes von Winfried Wa-

rheinnahen Odenwald weiterhin, vor allem wirtschaftlich, mit dem Römischen Reich bzw. den Sonderreichen kooperierte. So sollen für das konstantinische Bauprogramm in Trier in den Jahren 328 bis 337, die Steinbrüche von Auerbach und Felsberg im Odenwald reaktiviert worden sein.[7] So lange die römische Armee – der Hauptabnehmer für landwirtschaftliche und gewerbliche Produkte – in der Region anwesend war, rentierten sich noch die Wirtschaftshöfe im grenznahen rechtsrheinischen Gebiet. Erst mit der Auflösung der spätantiken Armee und Verwaltung musste es – neben sozialen und politischen Umwälzungen – zu einem schwerwiegenden wirtschaftlichen Einbruch kommen. Die Folge war unter anderem der Zusammenbruch der alten, auf das spätantike Verwaltungs- und Militärsystem ausgerichteten Siedlungsstruktur, der sich im Rückgang der archäologischen Fundstellen seit der zweiten Hälfte des 5. Jahrhunderts widerspiegelt.[8] Im rückwärtigen Odenwaldgebiet erfolgte ein siedlungsgeografischer Rückgang oder Hiatus (?) mit dem Rückzug des Militärs hingegen schon 200 Jahre früher.

Frühmittelalterliche Zeit

Nach derzeitigem Forschungsstand ist zwischen dem 4. und 7. Jahrhundert eine nur rudimentäre Besiedlung des Odenwalds im Umfeld der Arnheider Kapelle anzunehmen. Erst in der Karolingerzeit ist sowohl in der urkundlichen als auch in der archäologischen Überlieferung eine Aufsiedlung festzustellen.

Das westlich unmittelbar an den Odenwald angrenzende Rhein-Main-Gebiet gehörte mit den Bischofssitzen Mainz und Worms sowie den Pfalzen Frankfurt, Ingelheim und Trebur zu einer der zentralen Regionen der karolingischen Herrschaft. Von hier aus erfolgte die wohl planmäßig organisierte Erschließung von großen Teilen des Odenwaldes.[9] Das obere Mümlingtal, im Maingau gelegen, war eines der Einfallstore von Norden in den Odenwald. Die Odenwälder Steinbrüche sollen seit dieser Zeit wieder genutzt worden sein – ob jeweils einmalig oder dauerhaft ist unklar.[10]

CKERFUSS, Breuberg-Neustadt 1997, S. 1–16; HELMUT CASTRITIUS, „Der Odenwald und die Römer", in: Der Odenwald. Zeitschrift des Breuberg-Bundes 47/3 (2000), S. 89.

[7] Der Felsberg im Odenwald. Mit geologischen und archäologischen Beiträgen über die Entstehung der Felsenmeere und die Technik der römischen Granitindustrie (Führer zur Hessischen Vor- und Frühgeschichte, Bd. 3), Stuttgart 1985; Römer in Hessen, 2. überarb. Aufl., hg. von DIETWULF BAATZ und FRITZ-RUDOLF HERRMANN, Stuttgart 1982, S. 218–220, 271–273.

[8] MICHAEL HOEPER, Alamannische Siedlungsgeschichte im Breisgau. Zur Entwicklung von Besiedlungsstrukturen im frühen Mittelalter (Archäologie und Geschichte. Freiburger Beiträge zum ersten Jahrtausend, Bd. 6), Rahden/Westf. 2001, siehe bes. S. 116–120; FOLKE DAMMINGER, Die Merowingerzeit im südlichen Kraichgau und in den angrenzenden Landschaften (Materialhefte zur Archäologie in Baden-Württemberg, Bd. 61), Stuttgart 2002, S. 182–197, bes. S. 188–192.

[9] FRED SCHWIND, Zur Geschichte des heute hessischen Raumes im Frühmittelalter, in: Hessen im Frühmittelalter. Archäologie und Kunst. Ausstellungskatalog, hg. von HELMUT ROTH und EGON WAMERS, Sigmaringen 1984, S. 45.

[10] Führer zu vor- und frühgeschichtlichen Denkmälern, Bd. 8: Miltenberg – Amorbach – Obernburg – Aschaffenburg – Seligenstadt, Mainz 1967, S. 98–102; MARTIN ECKOLDT, Schiffahrt im Umkreis des Odenwalds, in: Der Odenwald. Zeitschrift des Breuberg-Bundes 36/1 (1989), S. 10–13.

In den ersten Quellen erscheinen große Teile des Odenwaldes als Reichsgut, welches die Karolinger vor allem an geistliche Einrichtungen vergaben. Königliche *fisci* sind für Umstadt (*villa Autmundisstat*), Michelstadt und Heppenheim überliefert. Besonders vom König bevorzugt wurden die Reichsklöster Fulda (766 Schenkung Umstadts) und Lorsch (773/795 Schenkung der Mark Heppenheim; 819 kam die Mark Michelstadt an Lorsch) sowie der Bischof von Würzburg. Daneben besaßen aber auch zahlreiche Grundherren Güter im Odenwald.[11]

Erste überlieferte Nennung der Kapelle

Hof und Kapelle werden erstmals 1409/10 in Rechnungen der Grafen zu Wertheim genannt. Den Hof bewirtschaftete ein Hofmann. Die Kirchweih der Kapelle wurde am Bartholomäustag (24. August) gefeiert.[12]

Die Namen der drei benachbarten Orte des Arnheider Hofes sind hingegen im Lorscher Codex 798 (Raibach)[13] sowie im Fuldaer Urkundenbuch 800 (Hainstadt, Breitenbach)[14] genannt. In Hainstadt freigelegte Plattengräber, an einem bislang nicht näher spezifizierten Steingebäude, gehören der spätmerowingerzeitlichen/frühkarolingischen Zeit an.[15]

Der Breuberg, zu dessen Füßen der Hof liegt, wurde Anfang/Mitte des 12. Jahrhunderts (?) durch die Abtei Fulda zum Schutz des südlichen Teils ihrer Mark Umstadt befestigt.[16] Aus diesem Gebiet entwickelte sich die Herrschaft Breuberg, die for-

---

[11] SCHWIND, Geschichte (wie Anm. 9), S. 42–45; Wilhelm STÖRMER, Warum gründete Einhard in Michelstadt-Steinbach kein Kloster?, in: Der Odenwald. Zeitschrift des Breuberg-Bundes 45/4 (1998), S. 132–135.

[12] WINFRIED WACKERFUSS, Kultur-, Wirtschafts- und Sozialgeschichte des Odenwaldes im 15. Jahrhundert. Die ältesten Rechnungen für die Grafen von Wertheim in der Herrschaft Breuberg (1409–1484), Breuberg-Neustadt 1991, S. 98–113, 179. Siehe ferner: WOLFGANG MARTIN, Arnheiden als Sammelstelle für Zins- und Zehntwein vor 1433. – Fakten und Überlegungen zur Geschichte des Breuberger Landes, in: Der Odenwald. Zeitschrift des Breuberg-Bundes 36/3 (1989), S. 106–114.

[13] Codex Laureshamensis III: Kopialbuch, Teil 2, bearb. und neu hg. von KARL GLÖCKNER, Darmstadt 1936, S. 136, Nr. 3458.

[14] Traditiones et antiquitates Fuldenses, hg. von ERNST FR. J. DRONKE, Osnabrück 1966 (Neudruck der Ausgabe von 1844), S. 112, cap. 42, Nr. 237 (Hainstadt), Nr. 241 (Breitenbach). Kritisch zur Identifizierung von Hainstadt Edmund Stengel (Urkundenbuch des Klosters Fulda, erster Band [Die Zeit der Äbte Sturmi und Baugulf], bearb. von EDMUND E. STENGEL [Veröffentlichungen der historischen Kommission für Hessen und Waldeck, Bd. 10,1], Marburg 1958, S. 504, Nr. 524), siehe dazu: ELISABETH KLEBERGER, Territorialgeschichte des hinteren Odenwalds (Grafschaft Erbach, Herrschaft Breuberg, Herrschaft Fränkisch-Crumbach) (Quellen und Forschungen zur hessischen Geschichte, Bd. 19), Darmstadt 1958, S. 41, Anm. 5.

[15] Darmstädter Echo vom 9. August 1985.

[16] Eine genauere Untersuchung zur Burg steht noch aus, vgl. einstweilen: ALEXANDER RÖDER, Die Burg Breuberg. Übersicht über die Baugeschichte der Burg, in: Burg Breuberg, hg. im Auftrag des Breuberg-Bundes von WINFRIED WACKERFUSS, Breuberg/Odenwald 2003, S. 5–31; WOLFRAM BECHER, Geschichte des Breubergs bis zum 14. Jahrhundert, in: Burg Breu-

mal bis zur Säkularisation 1803 in Lehnsabhängigkeit zu der Reichsabtei stand. 1229 wird der Name Breuberg erstmals erwähnt, als sich die Familie „Reiz von Lützelbach" „von Breuberg" nannte und dort für das Kloster Fulda die Vogteirechte ausübte. 1376 sowie 1395 wird in zwei Urkunden der Burgfriedensbezirk des Breubergs näher beschrieben, zu denen das Dorf Arnheiden anscheinend noch nicht gehörte und die Mümling die Grenze des Burgfriedens bildete.[17]

Zwei Weistümer, die die Gründung der Neustadt und damit verbundene Besitzstreitigkeiten zwischen den Herren von Wertheim und von Eppstein betreffen,[18] geben indirekt Auskunft über Arnheiden für das späte 14. Jahrhundert. 1378 gründete Graf Johann I. von Wertheim (1373–1407) die Neustadt, namentlich erstmals 1380/88 erwähnt, nach Gelnhauser Recht.[19] In einer Urkunde vom 14. Januar 1432 heißt es dazu, dass Graf Johann I. von Wertheim die Bewohner von Arnheiden – das abgebrannt war – in der Neustadt ansiedelte.[20] Ein anderes Weistum (vor 1433) berichtet, dass die Neuenstadt aus Äckern und Wiesen und Leuten von dem Dorfe Arnheiden gebildet worden sei.[21]

Auffällig ist, dass der Arnheider Hof in keiner einzigen Fuldarer Urkunde genannt wird und im Weistum von 1432 vermerkt ist, dass das Dorf Arnheiden nur in der Grafschaft Wertheim liegt, was dafür spricht, dass es ursprünglich nicht zur Herrschaft Breuberg, d. h. zur Abtei Fulda gehörte.

Der Kapellenbau

Forschungsgeschichte und Forschungsstand

Das Forschungsinteresse an der Arnheider Kapelle ist letztendlich einem Irrtum zu verdanken. Im Jahre 1543 entdeckte ein Bauer unterhalb des Breubergs ein römisches Bad, als er beim Pflügen mit seinem Ochsengespann in einen Hohlraum einbrach. Das

---

berg, hg. im Auftrag des Breuberg-Bundes von WINFRIED WACKERFUSS, Breuberg/Odenwald 2003, S. 33–58; KLEBERGER, Territorialgeschichte (wie Anm. 14), S. 44.

[17] Urkunde vom 15. Okt. 1395: Hessisches Urkundenbuch, 2. Abt.: Urkundenbuch zur Geschichte der Herren von Hanau und der ehemaligen Provinz Hanau, Bd. 4 (1376–1400), bearb. von HEINRICH REIMER (Neudruck der Ausgabe von 1897 [Publikationen aus den königlich-preußischen Staatsarchiven, Bd. 69]), Osnabrück 1965, S. 636–639, bes. 637, Nr. 707.

[18] Siehe auch KLEBERGER, Territorialgeschichte (wie Anm. 14), S. 74–75, 92, 155.

[19] Regesta Imperii VIII. Die Regesten des Kaiserreiches unter Karl IV., 1346–1378, aus dem Nachlasse JOHANN FRIEDRICH BÖHMERS, hg. und erg. von ALFONS HUBER, Innsbruck 1877, S. 495, Nr. 5915; HANS TEUBNER / SONJA BONIN, Kunstdenkmäler in Hessen, Odenwaldkreis (Denkmaltopographie Bundesrepublik Deutschland), Braunschweig/Wiesbaden 1998, S. 195; HANS H. WEBER, Die Grundlagen der Entwicklung Neustadts zur Stadt, in: 600 Jahre Stadt am Breuberg. Bausteine zu einer Geschichte der Stadt Breuberg, Breuberg 1978, S. 15–28.

[20] MARTIN, Arnheiden (wie Anm. 12), S. 110–111 (Gemeinschaftliches Archiv des Fürstenhauses Löwenstein-Wertheim VII, 59).

[21] HANS H. WEBER, Neue Feststellungen zur Gründungsgeschichte der Stadt Neustadt im Odenwald, in: Der Odenwald. Zeitschrift des Breuberg-Bundes 3/2 (1956), S. 42 (Gemeinschaftliches Archiv des Fürstenhauses Löwenstein-Wertheim VII A, 56).

Ereignis ist von dem Humanisten und Altertumsforscher Simon Studion in seiner Geschichte über die Ursprünge des Hauses Württemberg beschrieben worden.[22] Ein Teil des Bades muss 1543 freigelegt worden sein, da Mauerzüge in einer isometrischen Zeichnung festgehalten wurden. Sie ist überliefert auf einem sich heute in der Universitätsbibliothek Leiden (Niederlande) befindenden Blatt aus der Sammlung des Humanisten Jan Gruter,[23] das als Faksimile in der Hofbibliothek zu Darmstadt vorliegt. Auf selbigem Papier sind ferner zwei römische Viergöttersteine abgebildet, die 1604 bei der Kapelle aufgefunden wurden. Die Zeichnungen sind mit verschiedenen Beischriften versehen, die man irrtümlicherweise beide mit dem gleichen Fundort – der Arnheider Kapelle – in Verbindung brachte, ohne zu merken, dass es sich um zwei verschiedenen Fundorte handelte.[24]

Mit der Gründung der Reichslimeskommission 1892 intensivierten sich die Forschungen, den Limesverlauf und seine Kastelle aufzufinden und zu untersuchen. In den folgenden Jahrzehnten lag der wissenschaftliche Fokus – auch wenn der Kapellenbau 1905 in die Denkmalliste aufgenommen wurde[25] – deshalb vor allem auf der Wiederentdeckung des 1543 freigelegten römischen Bades, in dem man unter anderem ein Kastellbad sah. So erwähnte Georg Schaefer 1891 im Kunstdenkmälerinventar für den Kreis Erbach nur die römischen Funde und nicht die bestehenden Bauten des Hofes.[26] Eduard Anthes – Streckenkommissar der Reichs-Limeskommission und Mitglied der Römisch-Germanischen Kommission – unternahm im und um das Jahr 1911 mit erheblichen Mitteln (400 RM) eine oder mehrere Schürfungen am Arnheider Hof.[27] Da er nur auf „Reste ziemlich starker", „seicht fundamentierter" Mauern" stieß, die er als mittelalterliche, adelige Anlage deutete,[28] unterblieb jegliche Dokumentation. Ernst Fabricius vermutete bei der Kapelle die Zivilsiedlung des Kastells. Da er in der zum Stall und

---

[22] Württembergische Landesbibliothek, Stuttgart Cod. hist., Fol. 57, p. 30 (Vera origo domus Wirtenbergicae), Cod. hist., Fol. 137, p. 41 (Ratio nominis domus Wirtenbergicae). Simon Studion (1543–um 1605) war Präzeptor an der Marbacher Lateinschule, sammelte römische Steindenkmäler und führte die ersten archäologischen Ausgrabungen in Württemberg durch: vgl. EBERHARD KULF, Der Marbacher Lateinschullehrer Simon Studion (1543–1516?) und die Anfänge der Württembergischen Archäologie, in: Ludwigsburger Geschichtsblätter 42 (1988), S. 45–68.

[23] Holländischer Gelehrter (1560–1627), lehrte u. a. an der Universität Heidelberg Historie und war Leiter der Bibliotheca Palatina.

[24] FRIEDRICH BEHN, Das „Kastell Arnheiter Hof", in: Germania 47 (1969), S. 176–178; Römer in Hessen, 2. überarb. Aufl., hg. von DIETWULF BAATZ und FRITZ-RUDOLF HERRMANN, Stuttgart 1982, S. 14, 244–245: Leydener Codex Papenbroeck.

[25] ALEXANDER RÖDER, Zur Baugeschichte der Kapelle Arnheiden, in: Der Odenwald. Zeitschrift des Breuberg-Bundes 10 (1963), S. 4.

[26] GEORG SCHAEFER, Die Kunstdenkmäler im Großherzogthum Hessen, A: Provinz Starkenburg, Kreis Erbach, Darmstadt 1891, S. 213–214.

[27] Jahresbericht der Denkmalpflege im Großherzogtum Hessen III, 1910–1913, Darmstadt 1914, S. 42; ERNST FABRICIUS, Das Kastell Arnheiter Hof (Der Obergermanisch-Raetische Limes des Roemerreiches Abt. B, Bd. 5,1, Nr. 46 a), Heidelberg 1914, S. 11; Brief von Anthes vom 5. Dez. 1913 (Limesarchiv RGK).

[28] FABRICIUS, Kastell (wie Anm. 27), S. 11.

Hirtenwohnung umfunktionierten Kapelle keinen Sakralbau erkannte, dachte er, die überlieferte Bezeichnung „Capella Arheiden" bezeichne ein römisches Gebäude und meinte, der Hof habe keine „Eigenkirche" besessen.[29] 1950 fand sich die „Arbeitsgemeinschaft Arnheider Hof" zusammen, die sich seither um die Kapelle und ihre Erforschung bemüht. Otto Müller, Bezirkskonservator im südhessischen Raum und langjähriger Erforscher der Steinbacher Einhardsbasilika, sprach in dieser Zeit das Mauerwerk der Kapelle erstmals als vor- oder frühromanisch an. Alexander Röder, Bibliotheksdirektor i. R. auf Schloss Fürstenau bei Steinbach, bemühte sich seit 1955 um die Baugeschichte der Kapelle. 1956 führte der Breuberg-Bund unter der Aufsicht des Darmstädter Archäologen Werner Jorns und der örtlichen Leitung von Bernhard Görges eine Ausgrabung in und an der Kapelle durch. Ein Grabungsbericht wurde nicht verfasst, Funde und Dokumentation sind, mit Ausnahme einiger Fotos (Abb. 3), bis heute verschollen, weshalb auf Initiative des Breuberg–Bundes der Kreispfleger für Bodenaltertümer und selbst Grabungsteilnehmer Wolfram Becher sieben Jahre später einen Bericht über diese zusammenstellte.[30] Im selben Band publizierte Alexander Röder 1963 eine Baugeschichte der Kapelle.[31] Beide ordneten die Kapelle auf Grundlage ihres

Abb. 3: Rai-Breitenbach, Arnheider Kapelle, Foto der Grabung von 1956, Blick nach Westen. Freigelegte Steinpackung des nördlichen, herausgeschlagenen Triumphbogenpfeilers (vorn) und neuzeitliche Trennwand im Kapellenschiff (hinten). In den Erdprofilen sind mehrere stratigraphische Phasen erkennbar. Foto: Landesamt für Denkmalpflege Darmstadt.

---

[29] FABRICIUS, Kastell (wie Anm. 27), S. 5, Anm. 2.
[30] WOLFRAM BECHER, Bericht über die Grabungen des Breuberg-Bundes im Bereich des Arnheider Hofes vom Juli–August 1956, in: Der Odenwald. Zeitschrift des Breuberg-Bundes 10 (1963), S. 12–27.
[31] RÖDER, Baugeschichte (wie Anm. 25), S. 3–9.

jeweiligen Quellenmaterials ins 10./11. Jahrhundert ein. Gottfried Kiesow datierte den Kapellenbau 1984 in das späte 10. oder frühe 11. Jahrhundert.[32] Werner Jacobsen war hingegen skeptisch im Bezug auf die vorromanische Datierung und nahm die Kapelle 1991 nicht in den Katalog vorromanischer Kirchenbauten auf.[33] Jacquelyn M. Holguin setzte sie 1997 in einer ausführlichen Studie über die ländliche Sakralarchitektur im Odenwald ins 12. Jahrhundert,[34] während Hans Teubner und Sonja Bonin in der Denkmaltopographie Hessen von 1998 die Kapelle in die Zeit um 1000 datierten.[35]

Bauanalyse, Bauaufnahme, archäologische Sondagen

Seit 2002 fanden auf Initiative des Breuburg-Bundes durch den Restaurator Michael Hangleiter und das Institut für Europäische Kunstgeschichte der Universität Heidelberg unter Leitung von Matthias Untermann eine Bauanalyse und Bauaufnahme der Kapelle statt. Für die Klärung der statischen Verhältnisse im Vorlauf der geplanten Kapellensanierung wurden die nötigen Bodeneingriffe archäologisch gegraben. Es wurden hierfür insgesamt sieben Sondagen angelegt (Abb. 4). Ohne Bodeneingriffe sicher-

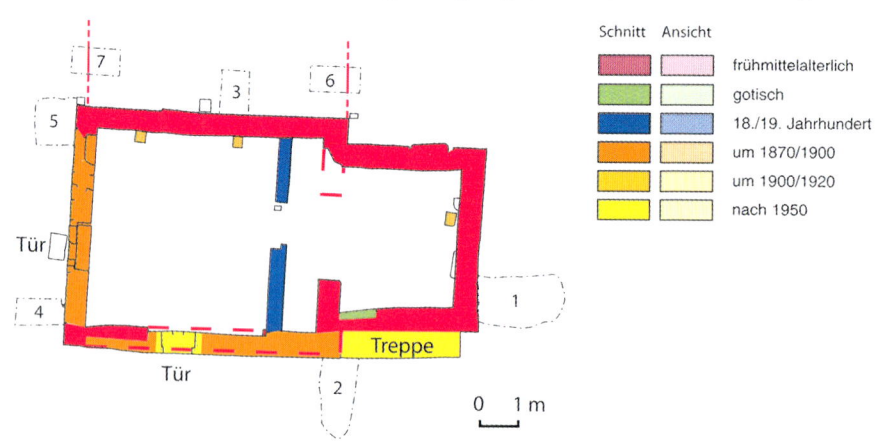

Abb. 4: Rai-Breitenbach, Arnheider Kapelle. Kapellengrundriss mit archäologischen Sondagen (gestrichelte Flächen mit den Nummern der Sondagen). Zeichnung: Universität Heidelberg, Institut für Europäische Kunstgeschichte.

---

[32] GOTTFRIED KIESOW, Romanik in Hessen, Stuttgart 1984, S. 205–206.
[33] WERNER JACOBSEN, Rai-Breitenbach (Hessen), profanierte Kapelle am Arnheider Hof, in: Vorromanische Kirchenbauten, Nachtragsband (Veröffentlichungen des Zentralinstituts für Kunstgeschichte in München, Bd. 3,2), München 1991, S. 486.
[34] JACQUELYN M. HOLGUIN, Ländliche Sakralarchitektur des Mittelalters im Odenwald. Zu den Kirchen von Rimhorn, Rai-Breitenbach und Ober-Klingen sowie zu der Friedhofskapelle bei Bad König und der ehemaligen Kapelle auf dem Arnheider Hof, in: Beiträge zur Erforschung des Odenwaldes und seiner Randlandschaften, Bd. 6, hg. im Auftrag des Breuburg-Bundes von WINFRIED WACKERFUSS [Magisterarbeit Frankfurt 1987], Breuberg-Neustadt 1997, S. 229–310.
[35] TEUBNER / BONIN, Kunstdenkmäler (wie Anm. 19), S. 222 f.

te der Breuberg-Bund in einem ersten Schritt den durch Hangwasser gefährdeten Bau. Die Sanierungsvorbereitung ist noch nicht abgeschlossen, so dass in deren Folge baubegleitend mit weiteren Untersuchungen zu rechnen ist.[36]

Vorbesiedlung

Das Areal, auf dem die Arnheider Kapelle steht, war schon in vorgeschichtlicher Zeit besiedelt worden. Eine hölzerne Vorgängerbesiedlung oder mehrere, zeitlich divergierende Siedlungen sind durch eine Kulturschicht nachgewiesen, in der sich Reste ehemaliger Siedlungsaktivität, wie gebrannter Hüttenlehm, ein Pfostenloch und Keramik fanden. Das keramische Fundmaterial besteht aus grobgemagerter, handgemachter Glimmerware sowie Feinware, die nach einer groben Durchsicht chronologisch zwischen der Bronze- und der Latènezeit (Eisenzeit) einzuordnen ist. Römisches Fundmaterial fehlt gänzlich, bis auf eine vielleicht spätrömische oder frühmittelalterliche Scherbe sowie einige beim Kapellenbau zweitverwendete römische Steine und Spolien. Eine Lokalisierung des römischen Bades oder einer römischen Siedlung bei der Kapelle ist damit auszuschließen.

Geländesituation

Das Gelände fiel vor dem Bau der Kapelle um etwa einen halben Meter von Ost nach West ab.[37] Vor der Errichtung der Kapelle wurde das Gelände terrassiert. Der heutige Höhenunterschied beträgt etwa anderthalb Meter. Er wurde vor allem durch massive, nach der Profanisierung der Kapelle stattfindende Aufschüttungen östlich des Sanktuariums verursacht, während an der Schiffswestwand der Boden nur geringfügig erhöht wurde.

Im Außenbereich der Schiffsnordwand konnten zwei heute nicht mehr erkennbare Höhenstufen von etwa 0,25 m im Erdboden nachgewiesen werden: Sie liegen an den beiden Ecken der Schiffswand und sind als Terrassierung des Geländes auf drei Ebenen aufzufassen. Der Altarraum bildet den höchsten Bereich, 0,25 m tiefer liegt das Schiff. Der Geländesprung liegt an der Stelle, an welcher der eingezogene niedrige rechteckige Altarraum (Sanktuarium) an das breitere Kapellenschiff trifft. Der westliche Außenbereich liegt wiederum 0,25 m tiefer.

Beschreibung des ursprünglichen Sakralbaus

Die Arnheider Kapelle ist als Saalkirche mit rechteckigem Schiff und im Osten anschließenden eingezogenen, rechteckigen Altarraum errichtet worden (Abb. 4).

Der gesamte Bau hat eine Länge von etwa 11 m. Das Schiff weist im Lichten eine Länge von etwa 6 m und eine Breite von etwa 5 m auf, der Triumphbogen eine Breite

---

[36] Die restauratorische Dokumentation erfolgte durch Stefan Schopf (Bericht Stand Oktober 2005) vom Büro Hans Michael Hangleiter (Otzberg), die Sanierungsplanung durch das Ingenieurbüro S+P GmbH (Darmstadt).
[37] Werte von den südlichen Fundamentoberkanten der Schiffswestwand und der Ostwand des Sanktuariums.

Abb. 5: Rai-Breitenbach, Arnheider Kapelle, Nordseite, Blick nach Westen (Außenseite vom Holzschuppen verdeckt). Altarraum (links) mit unterem Teil des originalen Rechteckfensters. Die gesamte Wand besteht aus frühmittelalterlichem Mauerwerk. Foto: Universität Heidelberg, Institut für Europäische Kunstgeschichte.

von 0,60 m und der Altarraum eine Länge von 3,20 m und eine Breite von 3,50 m. Die Kapelle ist aus hammerrecht behauenen Buntsandstein-Kleinquadern in ungefähr waagerechten Lagen zweischalig errichtet (Abb. 5). Die Eckquaderung besteht aus größeren, glatt behauenen Quadern, die vereinzelt mit einem gezahnten Eisen bearbeitet sind. Für die Kapelle wurden sowohl eigens für den Bau angefertigte Quader[38] als auch zweitverwendete römische Werksteine und Spolien verwendet.

Vom ursprünglichen Mauerwerk sind noch große Teile erhalten (Abb. 4): vollständig das Mauerwerk des Altarraums sowie der Schiffsnordwand (Abb. 6–8), als Reste die südliche Eckquaderung der Schiffswestwand, die innere Schale der westlichen Schiffssüdwand sowie der Südteil des Triumphbogens. Die Höhe des ursprünglichen Mauerwerks beträgt etwa 4,80 m; der Altarraum ist um weniges niedriger als das Schiff. Es ist vollständig in Lehm gesetzt und weist eine Stärke zwischen 0,56 und 0,60 m auf. Als Schutz gegen Auswaschung durch Regen wird von Anfang an ein Außenputz aufgetragen worden sein. Auf der Schiffsnordwand liegt ein sorgfältig geglätteter, dünner Kalkverputz direkt auf dem Lehmmörtel auf. Nach dem restauratorischen Befund war die Eckquaderung in senkrechten Linien von diesem weißen

---

[38] Abfälle der ehemaligen Kapellenbaustelle, wie Sandsteinabschläge oder Reste von Lehmmörtel, sind in eine vorkapellenzeitliche Kulturschicht eingetreten und verweisen auf eine Steinbearbeitung vor Ort.

Die Arnheider Kapelle   299

Verputz ausgespart, während dieser über die Fugen der Ecksteine zog, wodurch ein Bild von „gleichmäßig rechteckig ausgeschnittenen Quaderspiegeln" entstand.[39] In den Sondagen ließen sich Verputzreste auf den untersten aufgehenden Steinlagen der Schiffsnordmauer und der Ostwand des Sanktuariums feststellen. Außen wurde die Kapellenwestwand durch zwei profilierte, römische Spolien jeweils in der ersten Lage der Eckquaderung akzentuiert (Abb. 9, 10). In dieser Wand ist der ebenerdige Eingang in die Kapelle anzunehmen.

Abb. 6: Rai-Breitenbach, Arnheider Kapelle, Sanktuarium. Ostwand außen mit Sondage 1. Zeichnung: Universität Heidelberg, Institut für Europäische Kunstgeschichte.

In der Nord- und Südwand des Altarraums ist je ein originales, heute zugesetztes Fenster erhalten. Es handelt sich um rechteckige Fenster von etwa 0,90 × 0,35 m, die sich nach innen auf etwa 1,20/1,10 × 0,70 m weiten (Abb. 11). Ein einzelner großer Quader ohne Entlastungsbogen bildete den Fenstersturz, während Sohlbank und Laibung aus Kleinquadern gemauert wurden. Ein Fenster in der Sanktuariumsostwand ist anzunehmen, jedoch ist es wegen späteren, dem Zeitgeschmack entsprechenden Fenstereinbauten am Mauerwerk nicht mehr zu belegen. Das Schiff war weniger gut beleuchtet.

---

[39] STEFAN SCHOPF, Restaurationsbericht, Stand Oktober 2005 (Büro Hans Michael Hangleiter [Otzberg]), S. 14.

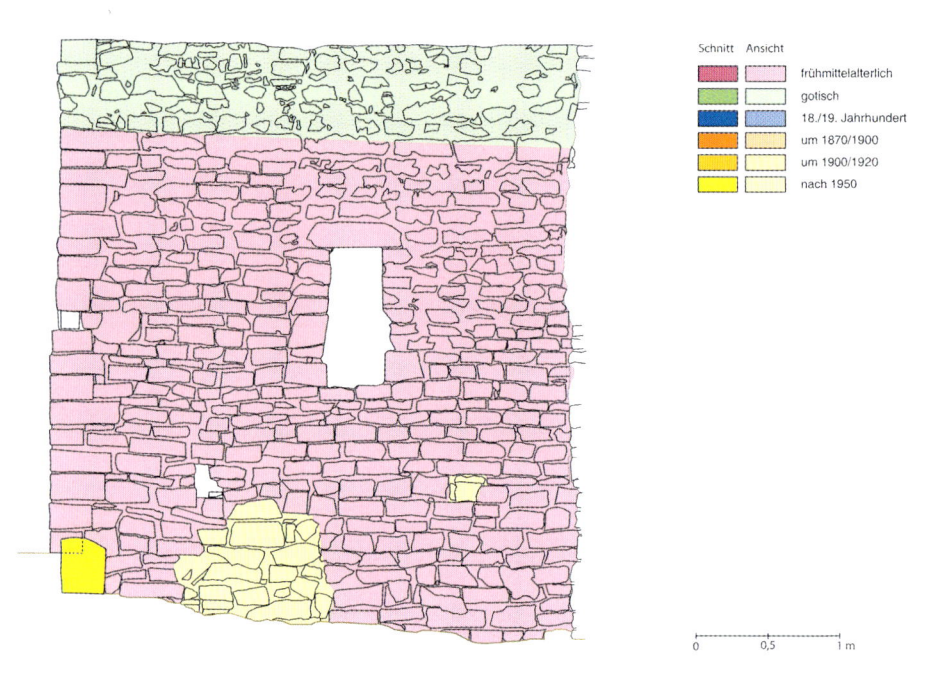

Abb. 7: Rai-Breitenbach, Arnheider Kapelle, Sanktuarium. Nordwand außen mit originalem Rechteckfenster. Zeichnung: Universität Heidelberg, Institut für Europäische Kunstgeschichte.

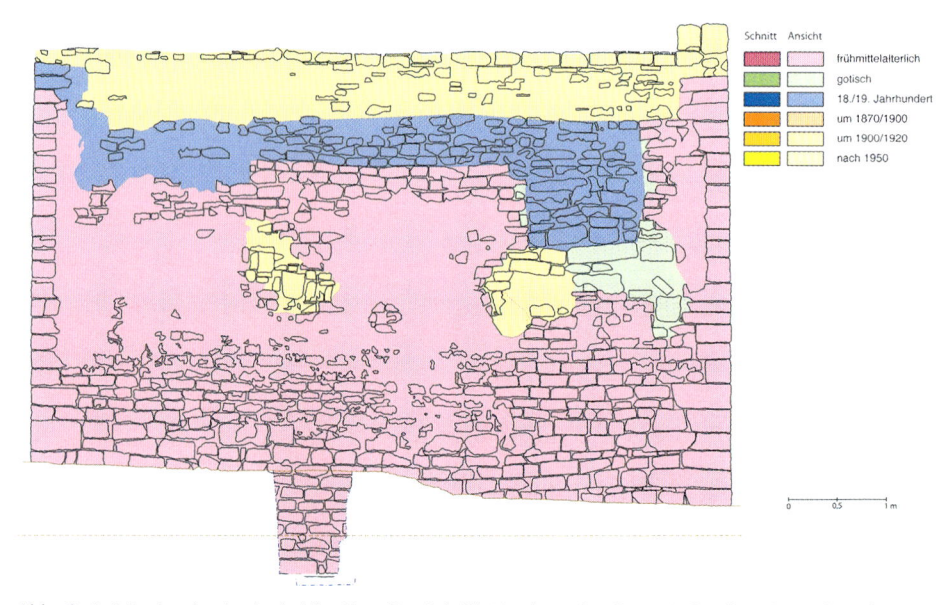

Abb. 8: Rai-Breitenbach, Arnheider Kapelle, Schiff, Nordwand außen mit Sondage 3, rechts oben zugesetzter Hocheingang, große Bereiche sind noch mit Verputz versehen. Zeichnung: Universität Heidelberg, Institut für Europäische Kunstgeschichte.

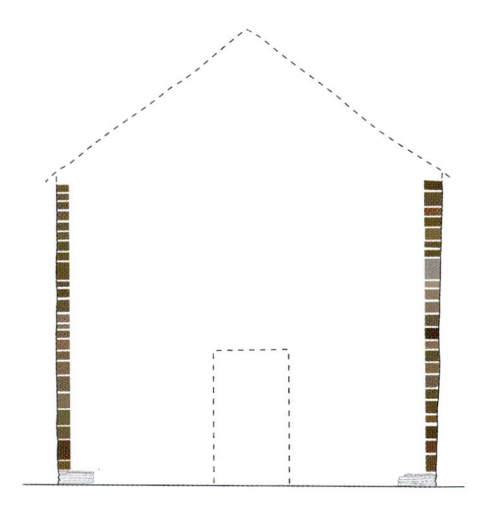

Die Arnheider Kapelle

Abb. 9: Rai-Breitenbach, Arnheider Kapelle, Rekonstruktion der Außenansicht der Schiffswestwand. Umzeichnung: Universität Heidelberg, Institut für Europäische Kunstgeschichte.

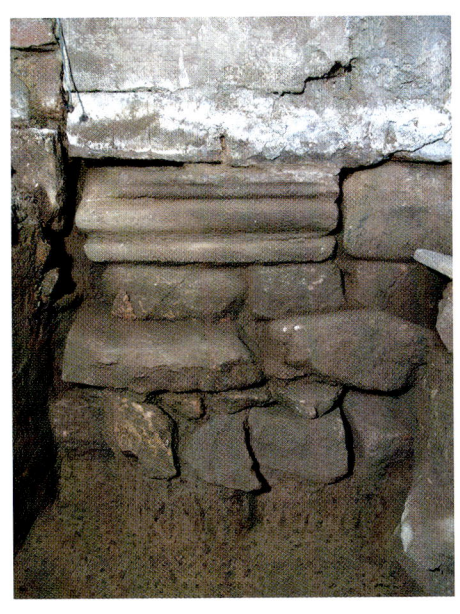

Abb. 10: Rai-Breitenbach, Arnheider Kapelle, Sondage 5. Freigelegte Spolie in der nordwestlichen Eckquaderung. Foto: Universität Heidelberg, Institut für Europäische Kunstgeschichte.

Abb. 11: Rai-Breitenbach, Arnheider Kapelle, Nordwand des Altarraums. Originales Rechteckfenster von außen gesehen mit nach außen schräg zulaufenden Gewänden, die einen gotischen Verputz tragen. Foto: Universität Heidelberg, Institut für Europäische Kunstgeschichte.

Die Nordwand war von Anfang an fensterlos. Ein einziges Fenster ist über eine Fuge in der Südwand nachzuweisen. Ansonsten kann aufgrund der fast vollständigen Neuaufmauerung großer Teile der südlichen und westlichen Schiffswände um 1870/1900 deren ursprüngliche Fensterdisposition nicht mehr erschlossen werden.

An die Schiffsnordwand lehnte sich ein Gebäude (Abb. 4) an, zu dem ein in die Wand eingebrochener gotischer Hocheingang gehört (Abb. 8). Archäologisch lässt sich dieser Bau durch zwei Höhenstufen von je 0,25 m zwischen Sanktuarium und Schiff sowie auf Höhe der Schiffswestwand rekonstruieren als auch durch zwei übereinander liegende Ausbruchsgräben bzw. -gruben und einen Unterbau auf Höhe der Westwand. Die Datierung dieses Anbaus lässt sich nur indirekt erschließen: die fehlenden Fenster der Schiffsnordmauer, die gut erhaltenen Verputzreste an ihrer Außenwand sowie die im Außenbereich des Schiffs nachgewiesene Terrassierung des Areals sprechen für eine Überdachung dieses Bereichs gleichzeitig mit dem Kapellenbau.

Im Innenraum hob ein Triumphbogen die Trennung zwischen dem breiteren Kapellenschiff und dem schmaleren Altarraum (Sanktuarium) zusätzlich hervor (Abb. 12). Der nördliche Pfeiler ist herausgeschlagen, während der südliche, stark beschädigt, noch erhalten ist. Er besteht aus besonders großen, sorgfältig gearbeiteten, eigens hergestellten Buntsandsteinquadern, die abwechselnd horizontal und vertikal gestellt, dicht mit Pressfugen aufeinander sitzen (Abb. 13 a). Der unterste Pfeilerquader ist an seiner Laibung mit einem attischen Sockelgesims profiliert (Abb. 13 b), während Ost- und Westseite glatt abgeschnitten sind.

Abb. 12: Rai-Beitenbach, Arnheider Kapelle. Rekonstruktion des Triumphbogens. Durchgezogene Linie: Befund, abgeschwächt: Rekonstruktion. Umzeichnung: Universität Heidelberg, Institut für Europäische Kunstgeschichte.

Abb. 13a: Rai-Breitenbach, Arnheider Kapelle, Westseite des südlichen Triumphpfeilers mit den großen Kantquadern und dem sorgfältig gearbeiteten Kleinquadermauerwerk. Foto: Universität Heidelberg, Institut für Europäische Kunstgeschichte.

Abb. 13b: Rai-Breitebach, Arnheider Kapelle, Nordseite des südlichen Triumphbogenpfeilers mit attischem Sockelprofil. Foto: Universität Heidelberg, Institut für Europäische Kunstgeschichte.

Der Innenraum war wie die Außenfassade mit einem dünnen, einschichtigen, sorgfältig geglätteten Kalkverputz bedeckt. Eine Altarfundamentierung – ohne genaue Standortangabe – sowie eine estrichartige Lehmschicht – als vermutlicher Unterbau eines

Fußbodenbelages angesprochen – wurden bei der Ausgrabung 1956 freigelegt.[40] Damalige Fotos von Profilen lassen mindestens sechs stratigrapische Phasen erkennen, zu denen aber nichts Näheres bekannt ist (Abb. 3).

Umbauphasen des Sakralbaus

Eingriffe in den Bauzustand während der Nutzung der Kapelle als Sakralraum beschränkten sich auf kleine Anpassungen an den Zeitgeschmack. In einer ersten, zeitlich nicht näher zu spezifizierenden Renovierung wurde der Innenraum mit einem *pietra rasa* Verputz ausgeschmückt, von dem sich Reste des die Fugen abdeckenden Kalkmörtels erhalten haben. In gotischer Zeit wurde das Fenster in der Ostwand des Sanktuariums durch ein Maßwerkfenster ersetzt. Vermutliche Reste eines solchen wurden um 1900/1920 zur Fundamentierung eines Treppenanbaus an die Sanktuariumssüdwand benutzt (Abb. 4). In selbige Mauer wurde eine rechteckige Öffnung ausgebrochen. Ihre Funktion ist bislang ungeklärt. Sie kann als Wandschrank oder als Türöffnung in eine Sakristei (?) gedient haben. Auf die Innenwände wurde ein deckender Putz aufgetragen, der farblich gefasst war. Reste von diesem haben sich auf der Nordwand erhalten.

Profanisierung

Spätestens mit der Einziehung einer Trennwand im Kapellenschiff in nachgotischer Zeit – nur 0,90 m vom Triumphbogen entfernt – verliert der Bau seine liturgische Funktion (Abb. 4). 1604 wird auf dem Leidener Blattpapier aus dem Codex Papenbroeck noch von einer *capella Arheiden* gesprochen. Erst danach, wohl in der letzten Hälfte des 17. Jahrhunderts, wird die Kapelle, vermutlich im Zuge des Dreißigjährigen Krieges und seiner Folgen, profanisiert. Die Quantität der archäologischen Funde spricht für ihre Profanisierung in diesem Zeitraum.[41] Der Großteil der Keramik entstammt dem 18./19. Jahrhundert. Bei der mittelalterlichen Keramik überwiegt die früh- und hochmittelalterliche Keramik, während spätmittelalterliche eher selten ist. Frühneuzeitliche Waren fehlen fast gänzlich. Erst seit der zweiten Hälfte des 17. Jahrhunderts nehmen Funde wieder zu. Der geringe Anteil an mittelalterlicher und frühneuzeitlicher Keramik passt gut zur Kapellenfunktion des Baus, während ihr starkes Auftreten seit der zweiten Hälfte des 17. Jahrhunderts für ihre Profanisierung spricht.

Einordnung und Datierung

Bestimmte Formen und Techniken – Fenster, Lehmmörtel, Triumphbogen, gezähntes Werkzeug –, die selten überliefert sind, sprechen der Arnheider Kapelle einen besonderen Rang zu, während andere, wie der Grundriss und das Mauerwerk, zum üblichen Formenbestand des Früh- und Hochmittelalters zählen.

---

[40] BECHER, Bericht (wie Anm. 30), S. 20.
[41] Durchsicht durch Dr. Uwe Groß (Regierungspräsidium Stuttgart, Landesamt für Denkmalpflege Esslingen). Eine Auswertung der Keramik ist bislang noch nicht erfolgt.

Der Grundriss der Arnheider Kapelle – einer Saalkirche mit eingezogenem rechteckigen Altarraum – ist östlich des Rheins bis ins 12. Jahrhundert ein geläufiger Typus der Kirchenbaukunst.[42] Ebenso ist das Kleinquadermauerwerk nicht viel genauer zu fassen. Es findet sich in dieser Region erstmals an römischen Bauten. Spätestens in der Karolingerzeit wird es dort, wie beispielsweise an der Einhardsbasilika,[43] wieder aufgegriffen und erscheint noch an Bauten des 11. Jahrhunderts, wie am Speyrer Dom.[44]

Das vollständig in Lehm gesetzte Mauerwerk im Fundament wie im Aufgehenden stellt eine Besonderheit dar, da nach archäologischen Befunden selbst die kleineren Kirchen des 10. und 11. Jahrhunderts in der Regel Kalkmörtelmauerwerk aufweisen.[45] Zudem eröffnet die Bautechnik in Lehmmörtel und einer Mauerstärke von 0,60 m einen modifizierten Blick auf die Rekonstruktion von nur noch im Fundament erhaltenen Bauten. Geringe Mauerstärken und fehlende Spuren von Kalkmörtel im archäologischen Befund gelten bislang den Archäologen meist als Beleg für eine Rekonstruktion des Aufgehenden als Holzbau.[46] St. Brigida auf dem Büraberg bei Fritzlar, deren Chorbogenwand ebenfalls in Lehm gemörtelt ist und nach ^{14}C-AMS Analysen spätestens ins zweite Drittel des 7. Jahrhundert datiert,[47] und der Befund an der Arnheider Kapelle relativieren diese Annahme.

Ungewöhnlich ist die Fensterform. Fenster mit der engsten Stelle an der Außenflucht gelten als typisches Kennzeichen karolingischer Bauten, wie sie beispielsweise

---

[42] Beispielsweise Peter Eggenberger, Typologie von Kirchengrundrissen. Typologie?, in: Beiträge zur Mittelalterarchäologie in Österreich 21 (2005), S. 9–24; Hans Rudolf Sennhauser, Typen, Formen und Tendenzen im frühen Kirchenbau des östlichen Alpengebietes: Versuch einer Übersicht, in: Frühe Kirchen im östlichen Alpengebiet. Von der Spätantike bis in ottonische Zeit, hg. von Hans Rudolf Sennhauser (Bayerische Akademie der Wissenschaften, philo.-hist. Kl. Abhandlungen, N. F. Heft 123,2), München 2003, S. 920–923, 976; Barbara Scholkmann, Frühmittelalterliche Kirchen im alemannischen Raum. Verbreitung, Bauformen und Funktion, in: Die Alemannen und das Christentum. Zeugnisse eines kulturellen Umbruchs, hg. von Sönke Lorenz und Barbara Scholkmann (Schriften zur südwestdeutschen Landeskunde, Bd. 48, Quart 2 = Veröffentlichungen des Alemannischen Instituts, Bd. 71), Leinfelden/Echterdingen 2003, S. 136, 138–139; Günther Binding, Bericht über die Ausgrabungen in niederrheinischen Kirchen 1964–1966, in: Bonner Jahrbücher 167 (1967), S. 380–387; Walter Boeckelmann, Grundformen im frühkarolingischen Kirchenbau des östlichen Frankenreichs, in: Wallraf-Richartz-Jahrbuch 18 (1956), S. 31–36, 57–58.

[43] Thomas Ludwig / Otto Müller / Irmgard Widdra-Spiess, Die Einhards-Basilika in Steinbach bei Michelstadt im Odenwald, 2 Bde., Mainz 1996, S. 130.

[44] Hans Erich Kubach / Walter Haas, Der Dom zu Speyer (Die Kunstdenkmäler von Rheinland-Pfalz, Bd. 5), München 1972, S. 483–484.

[45] Untermann, Frühmittelalterliche Kapelle (wie Anm. 1), S. 16; Günther Binding, Architektonische Formenlehre, 3. unver. Aufl. Darmstadt 1995, S. 80.

[46] Siehe beispielsweise Vorromanische Kirchenbauten, Nachtrag (wie Anm. 33): Derendingen (S. 87), Eggelhof (S. 105–106), Herrnwahlthann (S. 179), Neukirch (S. 305), Vaihingen an der Enz (S. 432).

[47] Katharina Thiersch, Die Kapelle St. Brigida auf dem Büraberg bei Fritzlar-Ungedanken. Vorbereitungen und Beginn von Sanierungsmaßnahmen sowie vorläufige Ergebnisse der baubegleitenden Untersuchungen an Steinoberflächen, Setz-, Fug- und Putzmörteln, in: Denkmalpflege und Kulturgeschichte Heft 2 (2003), S. 25–26, Abb. 15.

in Lorsch oder Steinbach überliefert sind. Rechteckfenster ohne Entlastungsbogen an einem Kirchenbau sind hingegen für die karolingische Zeit schon untypisch: Während des gesamten Früh- und Hochmittelalters hindurch stellen rundbogige Fenster die Regel dar. Die einzige Parallele bietet das kleinere Rechteckfenster der Kirche St. Prokulus in Naturns (Südtirol), das dem ursprünglichen Kirchenbau des 7. Jahrhunderts zugerechnet wird.[48]

Die Erhaltung des Triumphbogens, wenn auch stark beschädigt, stellt eine Rarität dar. Frühmittelalterliche Triumphbögen sind nördlich der Alpen kaum erhalten.[49] Der Arnheider Triumphbogen steht in seiner Gestaltung einer imitierten Säule (attische Basis/wechselnde Läufer-, Binderquader als Säule/Kämpfer) und des betonten Einrückens des Bogens in den Raum noch in einer antiken, frühchristlichen Tradition.[50] Gestaltungselemente des stark einspringenden Triumphbogens und seine architektonische Ausdifferenzierung mit Halbsäulen oder freistehenden Säulen, die in der römischen Architektur im Verlauf des 2. Jahrhunderts n. Chr. entwickelt wurden, werden in vorromanischer Zeit noch rezipiert,[51] während sie in der Romanik kaum noch auftreten.[52]

---

[48] HANS NOTHDURFTER, Katalog der frühchristlichen und frühmittelalterlichen Kirchenbauten in Südtirol (C1–C28), in: Frühe Kirchen im östlichen Alpengebiet. Von der Spätantike bis in ottonische Zeit, hg. von HANS RUDOLF SENNHAUSER (Abhandlungen, Bayerische Akademie der Wissenschaften, philosophisch-historische Klasse, N. F., Heft 123,1), München 2003, S. 334–336.

[49] Vorromanische Kirchenbauten, Nachtrag (wie Anm. 33); Vorromanische Kirchenbauten. Katalog der Denkmäler bis zum Ausgang der Ottonen, hg. von FRIEDRICH OSWALD, LEO SCHÄFER und HANS RUDOLF SENNHAUSER (Veröffentlichungen des Instituts für Kunstgeschichte in München, Bd. 3), München 1966.

[50] Ich danke Matthias Untermann für die anregende Diskussion.

[51] Siehe beispielsweise Rom: S. Giovanni in Laterano, S. Paolo fuori le Mura, San Pietro, S. Maria Maggiore, S. Prassede (RICHARD KRAUTHEIMER u. a., Corpus Basilicarum Christianarum Romae, The early Christian basilicas of Rome [IV–IX cent.], vol. 3,5 [Monumenti di antichità cristiana, II serie, II], Città del Vaticano 1967, 1977); Ravenna: Kathedrale, S. Giovanni Evangelista (FRIEDRICH WILHELM DEICHMANN, Ravenna. Hauptstadt des spätantiken Abendlandes, Bd. 2,1, Wiesbaden 1974); Spoleto: S. Salvatore (CAROLA JÄGGI, San Salvatore in Spoleto. Studien zur spätantiken und frühmittelalterlichen Architektur Italiens [Spätantike – Frühes Christentum – Byzanz: Reihe B, Studien und Perspektiven, Bd. 4], Wiesbaden 1998); Büraburg: St. Brigida (THIERSCH, St. Brigida [wie Anm. 47]); Hornbach: Klosterkirche Bau I (PIA HEBERER, Kloster Hornbach / Pfalz [741–1558]. Eine Untersuchung zur Baugeschichte und Sakraltopographie, Diss. Tübingen 2007); Mals: St. Benedikt (hier allerdings Altarnischen in Form eines Triumphbogens auf Säulen: ELISABETH RÜBER, St. Benedikt in Mals [Europäische Hochschulschriften, Reihe 28 Kunstgeschichte, Bd. 130], Frankfurt/Main 1991, S. 192–205, 455 fig. 10); Nagold: St. Remigius (VOLKER ROESER / HORST GOTTFRIED RATHKE, St. Remigius in Nagold [Forschungen und Berichte der Archäologie des Mittelalters in Baden-Württemberg, Bd. 9], Tübingen 1986, S. 70–72).Vgl. Vorromanische Kirchenbauten (wie Anm. 49); Vorromanische Kirchenbauten, Nachtrag (wie Anm. 33); MATTHIAS UNTERMANN, Architektur des frühen Mittelalters, Darmstadt 2006.

[52] Vgl. z. B. KIESOW, Romanik (wie Anm. 32); ANTON LEGNER, Deutsche Kunst der Romanik, München 1982.

Gezahntes Werkzeug lässt sich auf einzelnen Eckquadern nachweisen, seine Verwendung an den Triumphbogenquadern ist hingegen nicht eindeutig.[53] Feingezähntes Eisen war in römischer Zeit in Gebrauch, findet sich im deutschen Raum an karolingischen und maximal frühottonischen Bauten (bspw. Aachener Marienkirche, Lorscher Torhalle, Steinbacher Einhardsbasilika, Kölner Dom [Bau VII] und vielleicht an der Frankfurter Pfalz[54]), und wurde zwischen dem mittleren 10. und mittleren 12. Jahrhundert nicht mehr benutzt.[55]

Vergleichsbauten im näheren Umkreis, wie die Kirchen in Rai-Breitenbach, die Friedhofskapelle in Bad König und Lützelbach-Rimhorn, werden je nach Bearbeiter unterschiedlich zwischen dem 9. und 11. Jahrhundert datiert.[56] Bis auf den Grundrisstyp einer Saalkirche mit eingezogenem rechteckigem Altarraum scheinen kaum Ähnlichkeiten zwischen den Kirchen und der Arnheider Kapelle bezüglich des Mauerwerks, der Fensterform, dem Lehmmörtel und des Triumphbogens vorzuliegen.[57]

Der gut datierte, und ebenfalls in der Nähe liegende Vergleichsbau der Einhardsbasilika in Steinbach, errichtet zwischen 815 und 827, lässt nur Parallelen im Kleinquadermauerwerk und in der sich nach außen verjüngende Fensterlaibung erkennen. Während an der Arnheider Kapelle ‚antiquierte' Bau- und Gestaltungselemente, wie der Lehmmörtel, die Fensterform und der Triumphbogen verwendet wurden, griffen die Bauleute der Steinbacher Einhardsbasilika mit Rundbogenfenstern, dem Gebrauch von Kalkmörtel und den auf den Apsisbogen zurückgenommenen Triumphbogen die neusten Bau- und Stilelemente auf und setzten mit der Verwendung des seit der Spätantike nicht mehr hergestellten Backsteins neue Maßstäbe. Allerdings wurden die Bauten von vollkommen unterschiedlichen Bauherrn initiiert: Während die Steinbacher Basilika von einem Angehörigen des karolingischen Hofs, also der Reichsaristokratie, erbaut wurde, wird es sich bei der Arnheider Kapelle vermutlich um die Eigenkirche eines Grundherrn handeln. Demzufolge fällt die Entscheidung (noch) schwer, ob die Arnheider Kapelle wirklich vor die Steinbacher Einhardsbasilika zu datieren ist oder später, wenn sich karolingische Stilelemente im doch eher abseits gelegenen Odenwald länger gehalten haben.

Das archäologische Fundmaterial widerspricht der baugeschichtlichen Datierung nicht. Bei den Funden handelt es sich hauptsächlich um neuzeitliche Waren. Der Anteil an mittelalterlicher Keramik ist gering, was bei einer Nutzung als Kapelle in die-

---

[53] Stefan Schopf, Restaurationsbericht, Stand Oktober 2005 (Büro Hans Michael Hangleiter [Otzberg]), S. 4.
[54] UNTERMANN, Frühmittelalterliche Kapelle (wie Anm. 1), S. 14; MATTHIAS UNTERMANN / JOYCE WITTUR (Red.), Das verlorene Kloster. Studien zur Archäologie und Baugeschichte (Lorscher Studien, Bd. 1), Insingen 2007; LUDWIG / MÜLLER / WIDDRA-SPIESS, Einhards-Basilika (wie Anm. 43), S. 57; MAGNUS WINTERGERST, Franconofurd, Bd. 1: Die Befunde der karolingisch-ottonischen Pfalz aus den Frankfurter Altstadtgrabungen, 1953–1993 (Schriften des Archäologischen Museums Frankfurt, Bd. 22,1), Frankfurt/Main 2007, S. 48.
[55] UNTERMANN, Frühmittelalterliche Kapelle (wie Anm. 1), S. 14.
[56] HOLGUIN, Ländliche Sakralarchitektur (wie Anm. 34); KIESOW, Romanik (wie Anm. 32), S. 204–205, 245; TEUBNER / BONIN, Kunstdenkmäler (wie Anm. 19), S. 63, 220, 412; Vorromanische Kirchenbauten, Nachtrag (wie Anm. 33), S. 486.
[57] HOLGUIN, Ländliche Sakralarchitektur (wie Anm. 34).

sem Zeitraum nicht weiter überrascht. Ältere gelbtonige Drehscheibenware ist – neben der vorgeschichtlichen Keramik – die früheste, wohl im Zusammenhang mit der Kapelle stehende Keramik, die bei der Grabung angetroffen wurde. Sie datiert zwischen dem 7. und 10. Jahrhundert. Ferner stammt eine wohl nachgedrehte, glimmerhaltige Ware aus einer Planierschicht die zum Bau der Kapelle gehört und zeitlich nicht näher als zwischen dem 7. und 12. Jahrhundert einzuordnen ist; mit einer Tendenz zu einer eher frühen Zeitstellung.

Im Wettstreit erbaut

Die Kirchen von Ober- und Niederwinterthur im Früh- und Hochmittelalter

Felicia Schmaedecke

Einleitung: 50 Jahre Kirchenarchäologie im Kanton Zürich

Mit der Einrichtung einer Fachstelle für Archäologie und Denkmalpflege im Jahr 1958 setzte im Kanton Zürich die fachgerechte archäologische Betreuung der von Renovationsvorhaben und denkmalpflegerischen Maßnahmen betroffenen Sakralbauten ein.[1] Zieht man heute nach über 50 Jahren systematischer Kirchenarchäologie die Bilanz,[2] so muss man, wie auch andernorts, mit den Worten Hartmut Schäfers konstatieren, dass *eine augenfällige Diskrepanz zwischen ergrabenen und dokumentierten Befunden einerseits und der wissenschaftlichen Verfügbarkeit des Materials anhand der Befund- und Fundvorlage sowie ihrer wissenschaftlichen Auswertung andererseits besteht.*[3]

Die ersten zweieinhalb Jahrzehnte waren geprägt von intensiver Feldarbeit. Die Leitung der Fachstelle lag in diesem Zeitraum ausschließlich in den Händen von Walter Drack,[4] der als Denkmalpfleger und Archäologe in Personalunion in über 50 Zürcher Kirchen archäologische und bauanalytische Untersuchungen durchführen konnte.[5] Da-

---

[1] Die Denkmalpflege war bis dahin Aufgabe der Prähistorischen Abteilung des Schweizerischen Landesmuseums Zürich gewesen, die durch die ehrenamtlich arbeitende Antiquarische Gesellschaft Zürich unterstützt wurde. Das Landesmuseum sah sich wegen wachsender musealer Belange nicht mehr in der Lage, diese Aufgabe wahrzunehmen, und auch die Vertreter der Antiquarischen Gesellschaft wünschten Entlastung von der immer umfangreicheren kunst- und kulturhistorischen Denkmalpflege im Kanton, s. WALTER DRACK, Das erste Vierteljahrhundert der kantonalen Denkmalpflege 1958–1982, in: Kleine Schriften zur Zürcher Denkmalpflege, Heft 1. Eine Denkmalpflege im Aufbau 1958–1998. Persönliche Berichte von Walter Drack, Andreas Pfleghard und Christian Renfer anlässlich des 40jährigen Bestehens der Kantonalen Denkmalpflege Zürich 1958–1998 (1999), S. 13–45, bes. S. 13.

[2] 2008 feierten die Kantonsarchäologie und die Kantonale Denkmalpflege Zürich mit einem vielfältigen Jubiläumsprogramm ihr 50-jähriges Bestehen.

[3] HARTMUT SCHÄFER, Mittelalterarchäologie in Sakralbauten. Bemerkungen zum Forschungsstand, in: Archäologie in Württemberg. Ergebnisse und Perspektiven archäologischer Forschung von der Altsteinzeit bis zur Neuzeit, hg. von DIETER PLANCK, Stuttgart 1988, S. 416.

[4] Zu Drack s. auch: ANDREAS ZÜRCHER, Zur Erinnerung an Walter Drack, in: Archäologie im Kanton Zürich, Berichte der Kantonsarchäologie Zürich 16, 1999–2000 (2002), S. 317.

[5] Dabei stellten die Sakralbauten nur eine der zu untersuchenden zahlreichen Objektgruppen dar, waren zahlenmäßig allerdings am stärksten vertreten. Den ausführlichsten Überblick über seine Tätigkeit gab Drack selbst, s. DRACK, Kantonale Denkmalpflege (wie Anm. 1). Eine Auflistung der Veröffentlichungen von Walter Drack findet sich in: Festschrift Walter

bei handelte es sich ausschließlich um Rettungsmaßnahmen, die durch Renovierungen und denkmalpflegerische Vorhaben ausgelöst wurden. In der Mehrzahl waren es Dorfkirchen, deren Baugeschichte bis dahin weitgehend unbekannt war. Für etliche der heute aus dem hohen oder späten Mittelalter stammenden Kleinbauten konnten durch die Untersuchungen frühmittelalterliche Wurzeln nachgewiesen werden.

Dracks Verdienst besteht darin, die Dokumentation der sowohl im Boden als auch am aufgehenden Mauerwerk freigelegten Befunde veranlasst und damit das Quellenmaterial sichergestellt zu haben. Dem von ihm erhobenen Anspruch, die Ergebnisse seiner Tätigkeit der Forschung zugänglich zu machen,[6] konnte er wegen der eingeschränkten personellen Möglichkeiten und der knappen zeitlichen und finanziellen Ressourcen nicht gerecht werden. Die seit 1960 regelmäßig erscheinenden Kurzberichte in den „Berichten der Zürcher Denkmalpflege"[7] sowie die noch knapperen Eintragungen im Katalog der „Vorromanischen Kirchenbauten" und in dessen 20 Jahre später veröffentlichtem Nachtragsband[8] gestatten der Fachwelt zwar einen Überblick über die untersuchten Objekte, sind als Fundament für eine wissenschaftliche Diskussion jedoch nur bedingt brauchbar, da sie sich auf die Darlegung von Ergebnissen beschränken, deren Überprüfung nicht möglich ist. Eine Gesamtdarstellung der baugeschichtlichen Erkenntnisse Dracks fehlt bis heute.

Die erste umfassende und wissenschaftlich fundierte Auswertung einer Kirchengrabung in der Region erfolgte erst nach der Pensionierung von Walter Drack. Seine letzte und größte Grabung, die von 1980–1983 in der Stadtkirche St. Laurentius von Winterthur stattfand, konnte der 1982 pensionierte Archäologe und Denkmalpfleger nicht mehr zu Ende bringen. Angesichts der Bedeutung der bei den Untersuchungen zu Tage geförderten Befunde wurde von der Kantonsarchäologie Zürich sechs Jahre später ein Auswertungsprojekt initiiert, das mit der adäquaten Befund- und Fundvorlage das ergrabene Material erstmals wissenschaftlich verfügbar machte und klar die Vorteile einer dem heutigen Standard entsprechenden Grabungsauswertung aufzeigte.[9] Damit war der Maßstab für künftige Auswertungen gesetzt. Von den Autoren der Pub-

---

Drack zu seinem 60. Geburtstag. Beiträge zur Archäologie und Denkmalpflege, hg. von KARL STÜBER und ANDREAS ZÜRCHER, Zürich 1977, S. 307–310.

[6] Vgl. Vorwort von Drack im 1. Bericht der Zürcher Denkmalpflege 1958/59 (1960). Darauf weist auch der hohe Anspruch bei der Publikation von Plänen und Profilen hin.

[7] Durch die regelmäßige Berichterstattung wurde einer breiteren Öffentlichkeit jedoch der Nutzen der Untersuchungen deutlich gemacht und die Akzeptanz weiterer Maßnahmen gefördert.

[8] Vorromanische Kirchenbauten. Katalog der Denkmäler bis zum Ausgang der Ottonen. Bearb. von FRIEDRICH OSWALD, LEO SCHAEFER und HANS RUDOLF SENNHAUSER (Veröffentlichungen des Zentralinstituts für Kunstgeschichte in München, Bd. III/1), München ²1990; Vorromanische Kirchenbauten. Katalog der Denkmäler bis zum Ausgang der Ottonen. Nachtragsbd., bearb. von WERNER JACOBSEN, LEO SCHAEFER und HANS RUDOLF SENNHAUSER (Veröffentlichungen des Zentralinstituts für Kunstgeschichte in München, Bd. III/2), München 1991.

[9] CAROLA JÄGGI u. a., Die Stadtkirche St. Laurentius in Winterthur. Ergebnisse der archäologischen und historischen Forschungen. (Zürcher Denkmalpflege. Archäologische Monographien, Bd. 14), Zürich/Egg 1993.

likation – Carola Jäggi, Hans Rudolf Meier, Renata Windler und Reto Marti[10] – war niemand an der Grabung beteiligt gewesen, was zeigte, dass qualifizierte Resultate auch unter erschwerten Bedingungen erzielt werden konnten.

Abb. 1: Kartierung der neu ausgewerteten Kirchengrabungen von Walter Drack im Kanton Zürich: die Stadtkirche in Winterthur, die reformierten Kirchen in Oberwinterthur, Winterthur-Wülflingen, Winterthur-Veltheim und Wila sowie das Kloster Mariazell auf dem Beerenberg bei Winterthur-Wülflingen. In Bülach, Elsau und Zell wurden die ältesten Baustrukturen neu bearbeitet. Felicia Schmaedecke, Büro für Archäologie und Baugeschichte, Liestal.

Diese positive Erfahrung gab den Anstoß zu einer punktuellen Aufarbeitung des reichen Nachlasses von Drack. In jüngster Zeit sind die Publikationen zu den Kirchen

---

[10] Wobei Carola Jäggi und Hans-Rudolf Meier für die Befundauswertung zuständig waren, Renata Windler die Gräber bearbeitete und zusammen mit Reto Marti die Funde analysierte.

von Wülflingen,[11] Veltheim[12] und Oberwinterthur[13] erschienen – einstmals selbstständige Dörfer nördlich von Winterthur, die heute in die Stadt eingemeindet sind (Abb. 1). Die mittelalterliche Sakraltopographie im Raum Winterthur wird demnächst durch die Neuvorlage der Altgrabungen in der Klosterruine Mariazell auf dem Beerenberg bei Winterthur-Wülflingen vervollständigt, die derzeit in Bearbeitung ist.[14] Außerhalb der engeren Umgebung von Winterthur sind die archäologischen Untersuchungen in der Kirche von Wila, südlich der Stadt im mittleren Tösstal gelegen, ebenfalls neu aufgearbeitet und mittlerweile publiziert worden.[15] Neben diesen monographischen Abhandlungen hat die Beschäftigung mit herausragenden frühmittelalterlichen Kirchengräbern, wie denen von Elsau (siehe Beitrag Wild in diesem Buch),[16] Bülach[17] und Zell,[18] zu einer Revision

Abb. 2: Oberwinterthur, Luftbild des Kirchhügels von Westen. Foto: P. Nagy und S. Vogt, Kantonsarchäologie Zürich.

---

[11] HANS-RUDOLF MEIER, Die reformierte Kirche Winterthur-Wülflingen – Neuauswertung der archäologischen Untersuchungen 1972. Mit einem Beitrag von BENEDIKT ZÄCH, in: Archäologie im Kanton Zürich 2001–2002. Berichte der Kantonsarchäologie Zürich 17 (2004), S. 219–271.

[12] FELICIA SCHMAEDECKE, Die reformierte Kirche Winterthur-Veltheim. Neuauswertung der archäologischen Untersuchungen von 1977–1978 (Zürcher Archäologie, Heft 10, Kirchengrabungen), Zürich/Egg 2003.

[13] FELICIA SCHMAEDECKE, Die reformierte Kirche St. Arbogast in Oberwinterthur. Neuauswertung der Ausgrabungen und Bauuntersuchungen 1976–1979 (Zürcher Archäologie, Heft 20, Kirchengrabungen), Zürich/Egg 2006.

[14] FELICIA SCHMAEDECKE, Neue Forschungen zum ehem. Kloster Mariazell auf dem Beerenberg bei Winterthur-Wülflingen (Schweizer Beiträge zur Kulturgeschichte und Archäologie des Mittelalters, Bd. 38). Erscheint voraussichtlich 2011.

[15] FELICIA SCHMAEDECKE, Die reformierte Kirche in Wila. Neuauswertung der archäologischen Untersuchungen von 1978/79 (Zürcher Archäologie, Heft 22, Kirchengrabungen), Zürich/Egg 2007.

[16] WERNER WILD, Unter Adler und Fuchs begraben – Ein aufsehenerregendes Frauengrab des 9. Jahrhunderts in Elsau, Kanton Zürich, in: Mittelalter – Moyen Age – Medioevo – Temp medieval. Zeitschrift des Schweizerischen Burgenvereins 11. Jg., Heft 1 (2006), S. 20–60, zur Neuinterpretation der Baubefunde S. 20–26.

[17] HEIDI AMREIN / ANTOINETTE RAST-EICHER / RENATA WINDLER, Neue Untersuchungen zum Frauengrab des 7. Jahrhunderts in der reformierten Kirche von Bülach (Kanton Zürich), in: Zeitschrift für Schweizerische Archäologie und Kunstgeschichte 56, Heft 2 (1999), S. 73–114, bes. S. 76–79.

[18] RENATA WINDLER, Eine frühmittelalterliche Kirche mit Arkosolgrab in Zell – Bemerkungen

und Neuinterpretation der von Drack ausgegrabenen ältesten Baustrukturen unter den jeweiligen Kirchen geführt.

Nach der bereits erwähnten Vorlage der Publikation zur Stadtkirche Winterthur kam der Neubearbeitung der von Drack geleiteten archäologischen und bauanalytischen Forschungen in der reformierten Kirche von Oberwinterthur (Abb. 2) eine besondere Dringlichkeit zu. Zum einen stellten die Anfänge der dortigen Kirche auch nach den Ausgrabungen noch ein ungelöstes Problem dar, zum anderen war die große architektonische Übereinstimmung mit der nur 2,5 km entfernten Stadtkirche in Winterthur (Abb. 3) ein erklärungsbedürftiges Phänomen. Die Antworten auf diese Fragen sind Thema des folgenden Beitrags.

Abb. 3: Winterthur, Luftbild der Stadtkirche von Südwesten. Foto: P. Nagy und S. Vogt, Kantonsarchäologie Zürich.

Forschungsstand zu Beginn der Ausgrabungen in St. Arbogast in Oberwinterthur

Von den im 12. Jahrhundert erstmals urkundlich bezeugten Kirchen galt seit jeher der im Bereich des spätrömischen Kastells Vitudurum stehende Bau in Oberwinterthur als der Ältere. Sowohl historische Überlegungen als auch die vermutete Kontinuität des Siedlungsschwerpunkts im Bereich des spätrömischen Kastells sprachen dafür, ihn als Urpfarrkirche des Raums Winterthur und zur Grundausstattung der Konstanzer Bischofskirche gehörend zu betrachten (Abb. 4).

zu den Befunden der Ausgrabung von 1958/59, in: Archäologie im Kanton Zürich 2001–2002. Berichte der Kantonsarchäologie Zürich 17 (2004), S. 273–301.

Bereits 1877 wurde bei einer Kirchenrenovation entdeckt, dass in der heutigen Basilika größere Mauerpartien eines Vorgängergebäudes stecken. Das Mauerwerk befindet sich über den Mittelschiffarkaden und enthält im Süden drei zugehörige Fenster (Abb. 5). Aufgrund der Mauertechnik und der Fenstergestaltung glaubte Johann Rudolf Rahn, das ältere Gebäude als ein zum spätrömischen Kastell gehörendes frühchristliches Oratorium ansprechen zu können.[19] Zu Beginn des 20. Jahrhunderts wurden die Mauerpartien von Samuel Guyer dann überzeugender einem mittelalterlichen Kirchenbau zugewiesen.[20] Nachdem in den 1950er Jahren die regionale Geschichtsforschung, vertreten durch Paul und Hans Kläui, in die Diskussion um die Anfänge der Kirche von Oberwinterthur eingetreten war, kristallisierte sich die Ansicht heraus, die Kirche sei der Initiative König Dagoberts I. zu verdanken und datiere folglich in das 7. Jahrhundert.[21] Hierzu verleitete u. a. die legendäre Verknüpfung des Kirchenpatrons Arbogast, der in der Mitte des 6. Jahrhunderts Bischof von Strassburg war, mit dem Merowingerkönig. Da Dagobert I. von 629–634 regierte, können er und der Bischof jedoch keine Zeitgenossen gewesen sein.

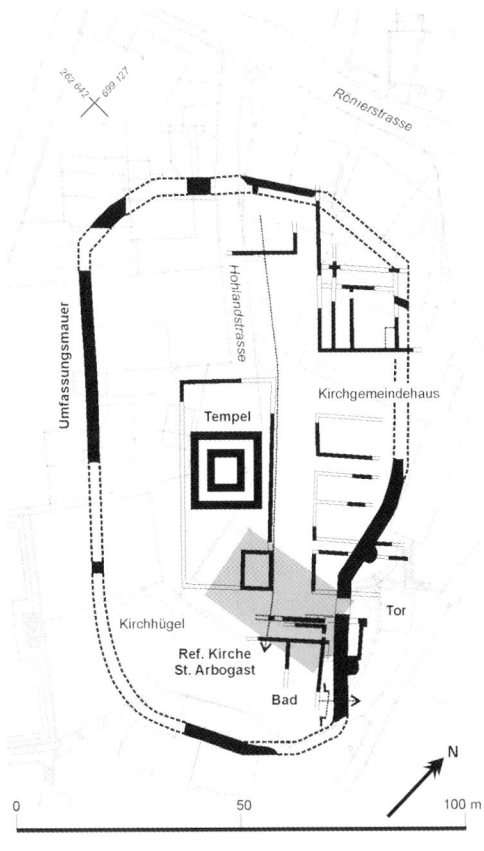

Abb. 4: Oberwinterthur, Übersichtsplan des Kirchhügels mit der römischen Bebauung, dem Verlauf der 294 n. Chr. errichteten Umfassungsmauer und der Lage der Kirche. Technisches Büro P. Albertin, Winterthur.

Nach Christoph Wehrli geht die Verbindung des Heiligen mit dem König erst auf das hohe Mittelalter zurück und hatte den Zweck, ihm einerseits Legitimation zu verschaf-

---

[19] JOHANN RUDOLF RAHN, Die Kirche von Oberwinterthur und ihre Wandgemälde, in: Mitteilungen der Antiquarischen Gesellschaft in Zürich (1883), S. 90 und 92.
[20] 1907 setzte sich Guyer kritisch mit dem angeblich spätrömischen Ursprung von St. Arbogast auseinander, SAMUEL GUYER, Die christlichen Denkmäler des 1. Jahrtausends in der Schweiz, Leipzig 1907, S. 10 f.
[21] PAUL KLÄUI, Von der Ausbreitung des Christentums zwischen Untersee und oberem Zürichsee im 7. Jahrhundert, Zürich 1954, S. 14–17; HANS KLÄUI, Oberwinterthur als regionaler Mittelpunkt von der Römerzeit bis 1600 (Winterthurer Forschungen, Bd. 1), Oberwinterthur 1952, S. 5–23, bes. S. 12–16.

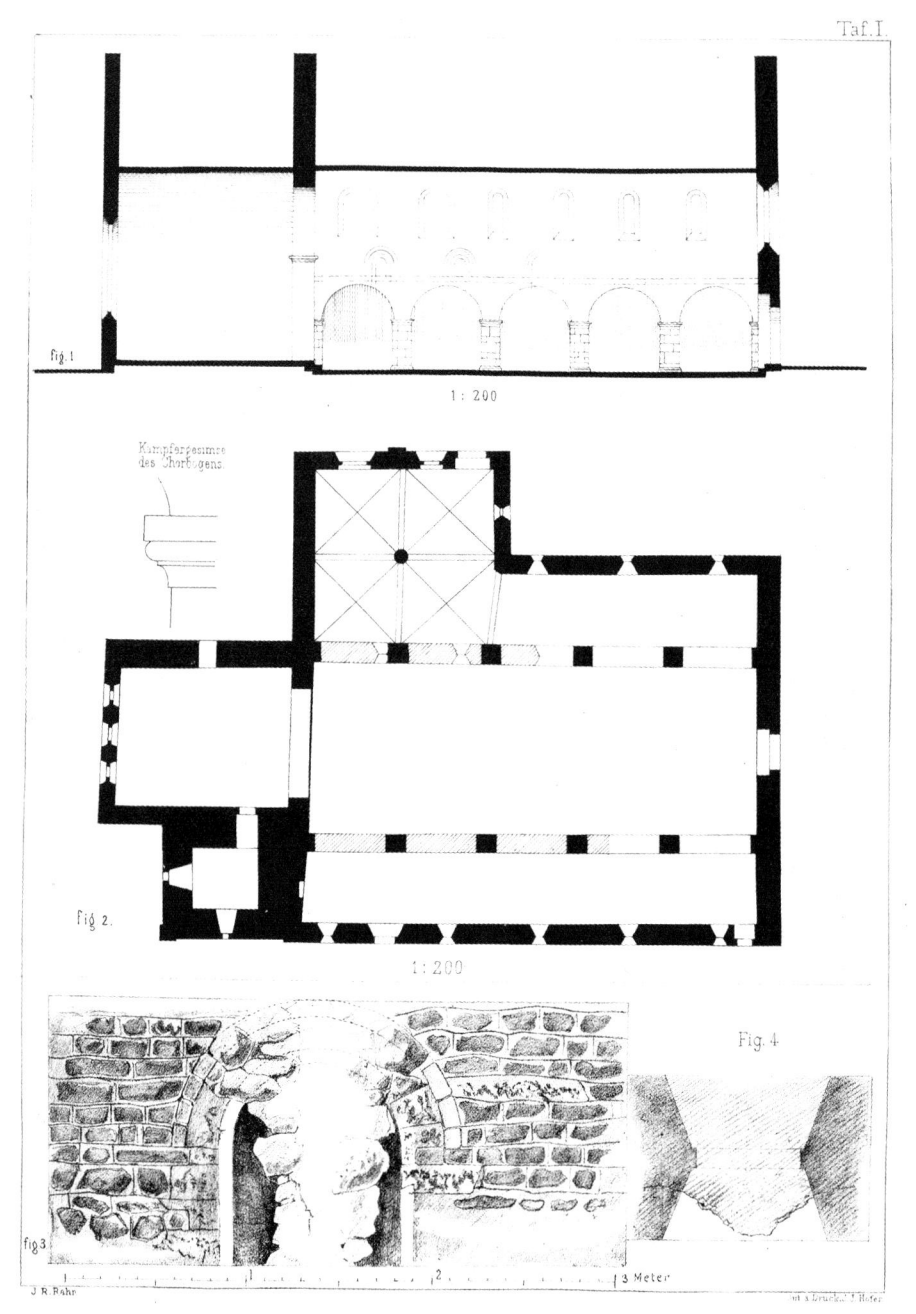

Abb. 5: Oberwinterthur, Grund- und Aufriss der Kirche mit Markierung der Mauerpartien eines Vorgängerbaus und Ansicht des am besten erhaltenen Fensters in dessen Südmauer. Zeichnung von Johann Rudolf Rahn (1882), Zentralbibliothek Zürich, Graphische Sammlung.

Im Wettstreit erbaut 315

fen und andererseits seinen Ruhm und seine Anerkennung zu steigern.²² Dennoch ging Drack, der Baubefunde mit Vorliebe historischen Ereignissen oder Personen zuordnete, mit dieser Vorgabe 1976 an die Ausgrabungen.

Die Grabungsergebnisse und deren bisherige Interpretation

Das Ergebnis dieser Ausgrabungen war ernüchternd. Die Grabungen brachten keine Befunde zum Vorschein, die den erwarteten dagobertschen Gründungsbau dingfest machen ließen. Um die Situation in einem größeren Kreis von Fachleuten zu diskutieren, organisierte Drack ein international besetztes Kolloquium in Oberwinterthur. Die einberufenen Mittelalterarchäologen kamen zu dem Schluss, dass eine von Gräbern ausgesparte Freifläche, die der Größe des seit 1877 bekannten Steinbaus entsprach, den Standort einer abgegangenen Holzkirche kennzeichne (Abb. 6). Diese These war in Anbetracht der kurz zuvor in den Kirchen von Winterthur-Wülflingen und Wila ausgegrabenen hölzernen Gründungsbauten durchaus plausibel.

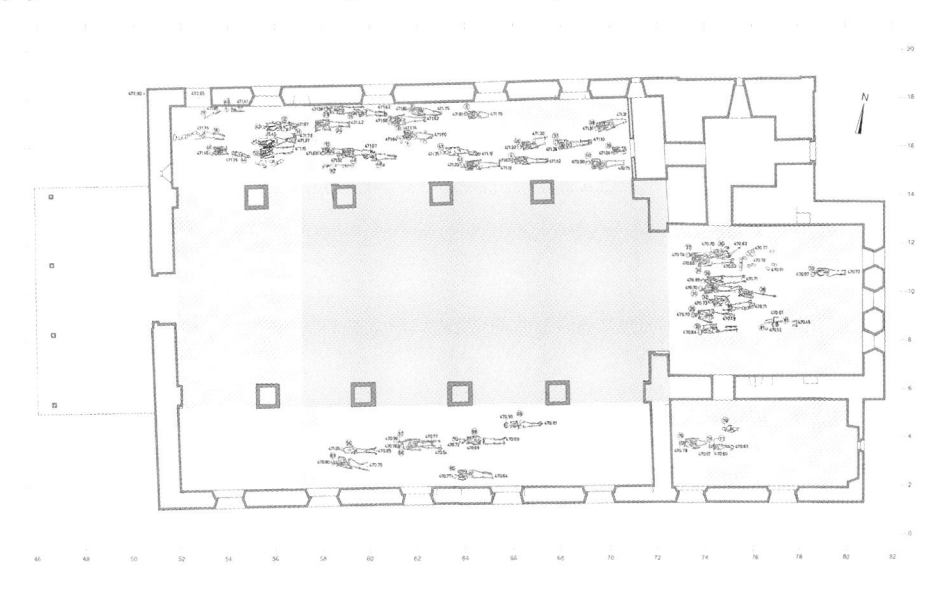

Abb. 6: Oberwinterthur, Plan der ältesten Gräber und der grabfreien Fläche im heutigen Mittelschiff, die der Grundfläche des ältesten erfassten Steinbaus entspricht. Kantonsarchäologie Zürich.

Klar zeichnete sich hingegen die weitere Baugeschichte der Kirche von Oberwinterthur ab, beginnend mit dem ersten bekannten Steinbau, den Drack als Rechtecksaal rekonstruierte und in karolingische Zeit datierte (Abb. 7). Das Gebäude durchlief nach Drack mehrere Ausbauphasen. Im 10. Jahrhundert erhielt es einen rechteckigen

---

22 CHRISTOPH WEHRLI, Mittelalterliche Überlieferungen von Dagobert I (Geist und Werk der Zeiten, Bd. 62), Bern/Frankfurt 1982, S. 107–111.

Chorraum. Um 1100 wurden an der Südseite ein (nicht vollendeter) Turm und ein Längsannex angebaut. Im 12. Jahrhundert erfolgte eine Spiegelung der Anbauten an der Nordseite, wobei der Nordturm jetzt vollendet wurde. Den Endpunkt dieser Entwicklung bildete schließlich die Erweiterung und Ausgestaltung zur heute noch erhaltenen Basilika in der 2. Hälfte des 13. Jahrhunderts.

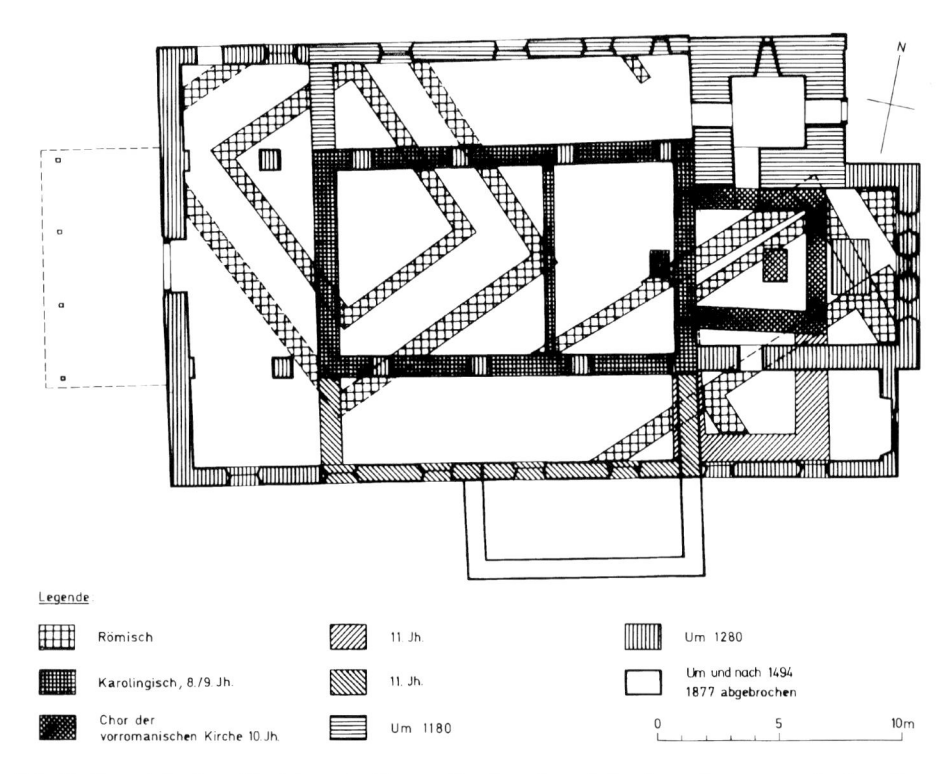

Abb. 7: Oberwinterthur, St. Arbogast. Die von Drack aufgrund der Ausgrabungen ermittelten Bauphasen. Kantonsarchäologie Zürich.

Da der regionale Kleinkirchenbau fast ausnahmslos von anspruchslosen Saalkirchen geprägt wird, verlangte das sich davon absetzende Großprojekt der Basilika in Oberwinterthur nach einer Erklärung. Es bot sich das allgemein gängige Argument vom gesteigerten Raumbedarf an, der in diesem speziellen Fall aus dem Bevölkerungswachstum in den Stadtteilen von Winterthur resultierte, die der Kirche von Oberwinterthur unterstanden.[23]

Eine Revision der Grabungsergebnisse, ihre Neubewertung und Neuinterpretation durch Drack wurde durch die wenig später einsetzenden Untersuchungen in der Stadt-

---

[23] HANS KLÄUI, Geschichtliche Hintergründe, in: BRUNO WIDMER / HANS KLÄUI / WALTER DRACK, Die reformierte Kirche St. Arbogast in Oberwinterthur. Festschrift zur Restaurierung 1976 bis 1981, Oberwinterthur 1981, S. 21; KARL KELLER, Baugeschichte vom 13. Jahrhundert bis zur Gegenwart, in: WIDMER / KLÄUI / DRACK, Die reformierte Kirche, S. 61.

kirche von Winterthur ausgelöst. In der bis dahin aufgrund der schriftlichen Überlieferung als im 12. Jahrhundert verselbständigter Ableger von Oberwinterthur geltenden Stadtkirche kamen unerwartete baugeschichtliche Befunde zutage, die eine bis in das frühe Mittelalter zurückreichende Baugeschichte bezeugten.[24] Der im Nachbarort fehlende frühmittelalterliche Kirchenbau war hier durch Holzpfostenstellungen eindeutig belegt (Abb. 8). Die nachfolgenden Steinbauphasen zeigten derart auffallende typologische und formale Übereinstimmungen mit der Kirche von Oberwinterthur, dass auf ein überaus enges Beziehungsgeflecht geschlossen werden musste.

In einem Führer zur Kirche St. Arbogast präsentierte Drack wenig später seine Neufassung der dortigen Bauentwicklung.[25] Die hoch- und spätmittelalterlichen Ausbauphasen betrachtete er nun als Reflex des bedeutenderen Kirchenbaus in Winterthur, dessen Größe und Entwicklung auf die Förderung durch die Grafen von Kyburg zurück zu führen war.[26] Von der ursprünglichen Vorrangstellung der Oberwinterthurer Kirche und dem Gedanken an eine königliche Gründung mochte Drack dennoch nicht Abstand nehmen. Zur Ehrenrettung der Arbogastkirche revidierte er die Annahme eines ersten hölzernen Gotteshauses. An dessen Stelle rückte er nun den ältesten erfassten Steinsaal, der einer königlichen Stiftung zweifellos angemessener erschien und sie von der gleichzeitigen Holzkirche in Winterthur abhob.[27]

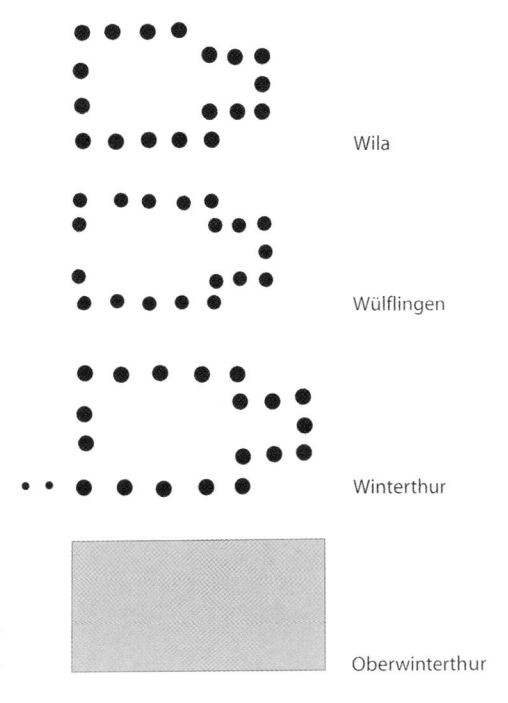

Abb. 8: Schematische Rekonstruktion der Grundrisse der im Kanton Zürich ausgegrabenen hölzernen Gründungskirchen im Verhältnis zur grabfreien Fläche unter der Kirche in Oberwinterthur. Zeichnung: M. Moser, Kantonsarchäologie Zürich.

---

24 KARL KELLER, Die restaurierte Stadtkirche, in: Winterthurer Jahrbuch 31 (1984), S. 11–27.
25 WALTER DRACK / KARL KELLER / ALBERT KNOEPFLI, Die reformierte Kirche St. Arbogast in Oberwinterthur (Schweizerische Kunstführer, Bd. 354), Bern 1984, S. 2–7.
26 DRACK / KELLER / KNOEPFLI, St. Arbogast (wie Anm. 25). Drack sprach zwar eingangs von auf *engen wechselseitigen Beziehungen* beruhenden *Parallelerscheinungen* (ebd., S. 4), wies bei der Behandlung der einzelnen Bauphasen die Vorreiterrolle aber einseitig und ausschließlich der Winterthurer Kirche zu (ebd., S. 6 f.).
27 Seine Gründe legte Drack 1986 dar: WALTER DRACK, Oberwinterthur, St. Arbogast, in: Jahrbuch der Schweizerischen Gesellschaft für Ur- und Frühgeschichte (1986), S. 291. Für diese *glänzende Erklärung* wurde er von Hans Kläui beglückwünscht (s. Schreiben vom 24.5.1985 in den Akten der Kantonalen Denkmalpflege Zürich).

Der Neuinterpretation durch Drack wurde nicht vorbehaltlos zugestimmt. 1990 widersprach Hans Rudolf Sennhauser einer Frühdatierung des ersten Steingebäudes und plädierte überzeugend für dessen frühromanische Zeitstellung (um 1000).[28] Den durch die Grabungen nicht nachgewiesenen Vorgängerbau erklärte er mit einer Standortverschiebung.[29]

Größere Konsequenzen für die regionale Kirchengeschichte hatte demgegenüber die 1993 von Carola Jäggi und Hans Rudolf Meier vertretene These, in Oberwinterthur habe vor der Jahrtausendwende gar keine Kirche gestanden. Diese äußerten sie im Rahmen der eingangs erwähnten Publikation zur Stadtkirche Winterthur. Der Historiker Martin Illi, der unter dieser Prämisse die Schriftquellen neu bewertete, stimmte ihrer Ansicht zu.[30] Damit wurde erstmals mit der bis dahin fixen Annahme einer frühmittelalterlichen Gründung der Kirche von Oberwinterthur und der fest zementierten Vorstellung von ihrer Rolle als Zentrum der Pfarrei gebrochen. Da stattdessen in Winterthur ein frühmittelalterlicher Kirchenbau vorhanden war, wurde nunmehr auf ein umgekehrtes Verhältnis geschlossen. Die Zweifel an der vermeintlichen Vorrangstellung der Arbogastkirche schienen nicht zuletzt auch durch die offensichtlichen Bezüge auf den Kirchenbau in Winterthur begründet zu sein.[31]

Einer derart radikalen Revision des bis dahin gültigen Modells wurde kurz darauf von historischer Seite widersprochen. Harald Derschka wies nachdrücklich darauf hin, dass die schriftliche Überlieferung und der archäologische Befund lediglich einen Dualismus zwischen dem adeligen Niederwinterthur[32] und dem hochstiftischen Oberwinterthur erschließen lassen, der nicht erst mit der Stadtwerdung von Niederwinterthur im späten 12. Jahrhundert einsetzte, sondern wohl schon im Frühmittelalter bestand.[33]

Die jüngsten Ergebnisse der Winterthurer Stadtkernforschung bestätigen diese Ansicht. In verschiedenen Aufsätzen haben Werner Wild und Renata Windler das Verhältnis der beiden benachbarten Siedlungen zueinander neu definiert[34] und es

---

[28] HANS RUDOLF SENNHAUSER, St. Ursen – St. Stephan – St. Peter. Die Kirchen von Solothurn im Mittelalter. Beiträge zur Kenntnis des frühen Kirchenbaus in der Schweiz (Solothurn. Beiträge zur Entwicklung der Stadt im Mittelalter. Veröffentlichungen des Instituts für Denkmalpflege an der ETH Zürich, Bd. 9), Zürich 1990, S. 158.

[29] SENNHAUSER, St. Ursen (wie Anm. 28), S. 166.

[30] MARTIN ILLI, Die Geschichte der Stadtkirche anhand der hoch- und spätmittelalterlichen Schriftquellen, in: JÄGGI u. a., Stadtkirche St. Laurentius (wie Anm. 9), S. 120–123.

[31] CAROLA JÄGGI / HANS RUDOLF MEIER, Die architektonische Entwicklung der Stadtkirche St. Laurentius im Laufe des Mittelalters, in: JÄGGI u. a., Stadtkirche St. Laurentius (wie Anm. 9), S. 159.

[32] Der Ortsname kommt in einer einzigen Quelle vor: in der Urkunde von 1180, in der die heutige Stadtkirche erstmals genannt wird, s. ILLI, Geschichte der Stadtkirche (wie Anm. 30), S. 119.

[33] HARALD RAINER DERSCHKA, Die Ministerialen des Hochstifts Konstanz, hg. vom Konstanzer Arbeitskreis für mittelalterliche Geschichte (Vorträge und Forschungen, Sonderband 45), Stuttgart 1999, S. 177–184.

[34] WERNER WILD / RENATA WINDLER, Vitudurum – Winterthur: von der Spätantike zum Hochmittelalter, in: Archäologie der Schweiz 27 (2004), S. 30–39; WERNER WILD / RENATA WINDLER, Früh- bis hochmittelalterliche Siedlungsentwicklung und Stadtwerdungsprozesse im archäo-

kurz und prägnant mit den folgenden Sätzen umrissen: *An Stelle einer früher vermuteten schnellen Zentrumsverlagerung im 12. Jh. müssen wir heute davon ausgehen, dass die Entwicklung, die gegen 1200 zur Stadtwerdung Winterthurs führte, bereits Jahrhunderte vorher mit der Entstehung eines neuen Herrschaftszentrums im Bereich der heutigen Altstadt einsetzte. Damit kann von zwei wenigstens zeitweise konkurrierenden Zentren ausgegangen werden, hinter denen entsprechend mindestens zwei verschiedene Herrschaftsträger zu vermuten sind. 1180 treten die seit dem ausgehenden 11. Jh. in der Region fassbaren Kyburger und als Vertreter des Bischofs von Konstanz die Pfarrer von Oberwinterthur in Erscheinung.*[35]

Beide Parteien – der Graf und der Pfarrer – traten als Rivalen in einem lang anhaltenden Rechtsstreit auf, der zeigt, wie konfliktbeladen das Nebeneinander der zwei lokalen Zentren war.[36] Gestritten wurde um den Status des Gotteshauses in Niederwinterthur, das man in Oberwinterthur als Konkurrenten betrachtete. Während der dortige Pfarrer darauf beharrte, es sei eine Filiale seiner Kirche, verteidigte Graf Hartmann III. von Kyburg hartnäckig von alters her vorhandene Pfarrrechte und damit die Selbstständigkeit seiner Eigenkirche. Der Streit wurde 1180 vom Konstanzer Bischof zu Gunsten des Grafen entschieden.

Vor diesem Hintergrund musste mit der Neubearbeitung der Ausgrabungsbefunde in der Arbogastkirche die Voraussetzung geschaffen werden, die es ermöglichte, auf der Grundlage eines einheitlichen Bearbeitungsstands den sich in der baugeschichtlichen Entwicklung spiegelnden Konkurrenzkampf im Detail nachvollziehen und die Hintergründe analysieren zu können.

Die Neuinterpretation der Grabungsbefunde in Oberwinterthur unter Berücksichtigung der Bauentwicklung der Kirche in Winterthur[37]

Die Gründungsbauten des 7./8. Jahrhunderts

Der schon erwähnte älteste Kirchenbau unter der Winterthurer Stadtkirche ist ein in Pfostenbauweise erstellter Saal mit eingezogenem Rechteckchor, der in das 7. oder 8. Jahrhundert datiert wird (Abb. 8). In Oberwinterthur konnte eine etwa gleich große

---

logischen Befund. Das Beispiel Winterthur, in: Die vermessene Stadt. Mittelalterliche Stadtplanung zwischen Mythos und Befund. Mitteilungen der Deutschen Gesellschaft für Archäologie des Mittelalters und der Neuzeit 15 (2004), S. 36–40.

[35] WILD / WINDLER, Vitudurum – Winterthur (wie Anm. 34), S. 38; WILD / WINDLER, Siedlungsentwicklung (wie Anm. 34), S. 39.

[36] Siehe hierzu auch ILLI, Geschichte der Stadtkirche (wie Anm. 30), S. 119–122.

[37] Da die nachfolgend aufgeführten Bauphasen und deren Datierung in den Publikationen zur Stadtkirche in Winterthur und zu St. Abogast in Oberwinterthur detailliert dargelegt werden, kann die zusammenfassende Vortragsversion hier beibehalten bleiben, s. CAROLA JÄGGI / HANS RUDOLF MEIER, Architektonische Entwicklung (wie Anm. 31); SCHMAEDECKE, St. Arbogast in Oberwinterthur (wie Anm. 13).

Freifläche festgestellt werden. Die östlich davon liegenden Gräber sind stratigraphisch älter als der erste erfasste Kirchenbau (Abb. 6), während die im Norden und Süden ergrabenen Bestattungen stratigraphisch nicht sicher zuzuweisen sind. Ehemals westlich der Freifläche liegende Gräber sind neuzeitlich gestört. Die Ausrichtung der ältesten Gräber entspricht bereits der von der Ost-West-Richtung leicht nach Norden abweichenden Längsachse der späteren Kirchen, was für einen Bezug auf ein gleich ausgerichtetes Gebäude spricht. Sowohl die Grabdichte als auch die anhand von zwei C14-datierten Skeletten ermittelte lange Nutzungsdauer des Begräbnisplatzes östlich der Freifläche, die vom 6. bis ins 8. Jahrhundert reicht, lassen die Annahme, es handle sich um einen vorkirchenzeitlichen Separatfriedhof – eine sog. Hofgrablege –, mit einiger Sicherheit ausschließen.

Ein Anknüpfen des ersten Kirchenbaus an die unter der Kirche liegenden Baustrukturen innerhalb der römischen Befestigung – einem Badegebäude und einem Tempel – kann wegen der deutlich abweichenden Baufluchten ausgeschlossen werden (Abb. 7). Nur die den ganzen Hügelsporn einfassende mächtige Umfassungsmauer aus dem späten 3. Jahrhundert ließ man als Kirchhofmauer weiter bestehen; sie wurde erst beim späteren Ausbau der Kirche nach Osten überbaut. Mithilfe einer großflächigen humosen Aufplanierung, die dem Fundmaterial nach zu urteilen spätestens im 6. Jahrhundert aufgebracht wurde, schuf man eine deutliche Zäsur zwischen der Alt- und Neunutzung des Areals. Wie die möglicherweise noch im gleichen Jahrhundert, sicherlich aber im 7. Jahrhundert errichtete erste Kirche aussah und welchen Status sie hatte, bleibt vorerst noch ungewiss. In Anbetracht der Häufigkeit frühmittelalterlicher Holzkirchen in der engeren Umgebung – wofür neben der ersten Kirche in Winterthur (Abb. 8; 9) auch die oben schon erwähnten Gotteshäuser in Wülflingen und Wila angeführt werden können (Abb. 8) –, die sich problemlos auf die Freifläche in Oberwinterthur projizieren lassen, ist ein vergleichbarer Holzbau am wahrscheinlichsten.

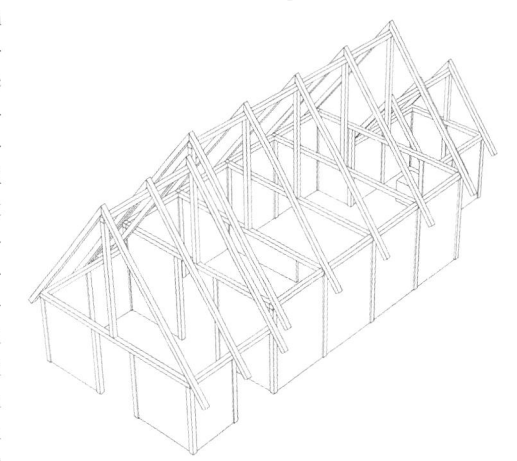

Abb. 9: Winterthur, Rekonstruktion der Holzkirche von Südwesten. Der Saal mit Rechteckchor besaß im Westen eine Vorhalle. Zeichnung: M. Szabò, Kantonsarchäologie Zürich.

Die Neubauten des 9./10. Jahrhunderts

Die auf die Gründungskirchen folgenden Neubauten sind nicht nur größen-, sondern auch typengleich, denn entgegen Dracks Annahme besaß der Steinsaal in Oberwinterthur von Anfang an einen ausgeschiedenen Altarraum (Abb. 10 oben). Sie gehören zu der im ländlichen Raum weit verbreiteten Gruppe steinerner Saalkirchen mit Rechteckchor, deren Datierung einen breiten Spielraum lässt. Für die Kirche in Niederwin-

Im Wettstreit erbaut 321

terthur wurde das 9. oder 10. Jahrhundert in Betracht gezogen. In Oberwinterthur, wo wir auch das aufgehende Mauerwerk kennen (Abb. 11), ist aufgrund verschiedener Indizien frühestens an das 10. Jahrhundert zu denken. Hier sind zwei Altäre nachgewiesen, von denen der im Vorchor stehende vom Gemeinderaum durch eine Schranke abgetrennt wurde (Abb. 10 oben rechts; 12). Für die Position des Taufsteins kommt eine Grube vor der Nordwand in Frage, doch ist die Interpretation des Befundes unsicher.

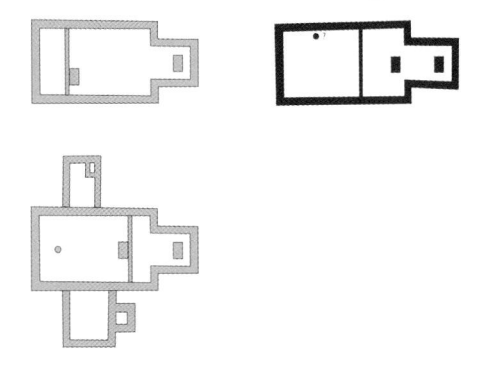

Abb.10: Die Grundrisse der Saalkirchen von Winterthur und Oberwinterthur nach dem Neubau im 9./10. Jh. (oben). Links unten der Grundriss der Kirche von Winterthur nach einem Umbau um 1000. Zeichnung: M. Moser, Kantonsarchäologie Zürich.

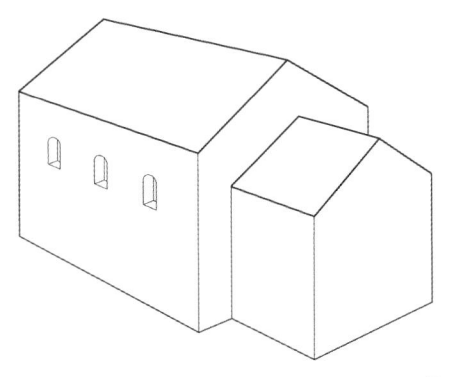

Abb.11: Oberwinterthur, Rekonstruktion der ältesten erfassten Saalkirche. Zeichnung: M. Moser, Kantonsarchäologie Zürich.

Die Winterthurer Kirche wies anfangs eine andere Raumdisposition auf, deren Bedeutung noch unklar ist. Der westliche Bereich des Innenraums war abgeschrankt; an der Ostseite der Schranke stand ein Anbau unbekannter Funktion (Abb. 10 oben links; 13). In der Zeit um 1000 erfolgte durch den Einbau einer Vorchorschranke, der ein Altar vorgelagert war, eine organisatorische Annäherung an den Innenraum der Oberwinterthurer Kirche (Abb. 10 unten links; 14). Der im westlichen Bereich stehende Taufstein und zugehörige Außenbestattungen bezeugen auch die funktionelle Angleichung. Mit dem Besitz von Pfarrrechten und der Nutzung als Gemeindekirche trat die Kirche

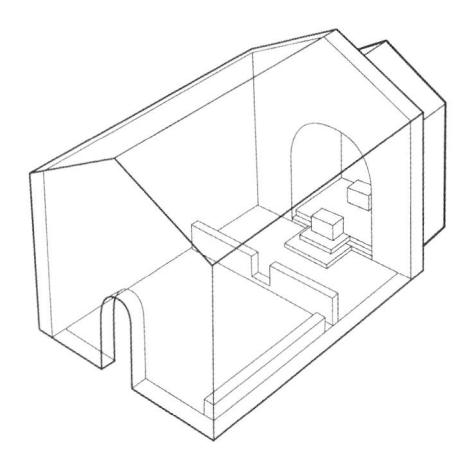

Abb. 12: Oberwinterthur, Rekonstruktion des Innenraums der ältesten erfassten Saalkirche. Zeichnung: M. Moser, Kantonsarchäologie Zürich.

in Niederwinterthur in Konkurrenz zum Gotteshaus in Oberwinterthur. Zugleich muss dem Bau aber eine über die normale Landkirchenfunktion hinausgehende Bedeutung zugekommen sein, denn die beidseitig angebauten Annexe weisen ihn als Grablege einer bisher unbekannten lokalen Adelsfamilie aus.

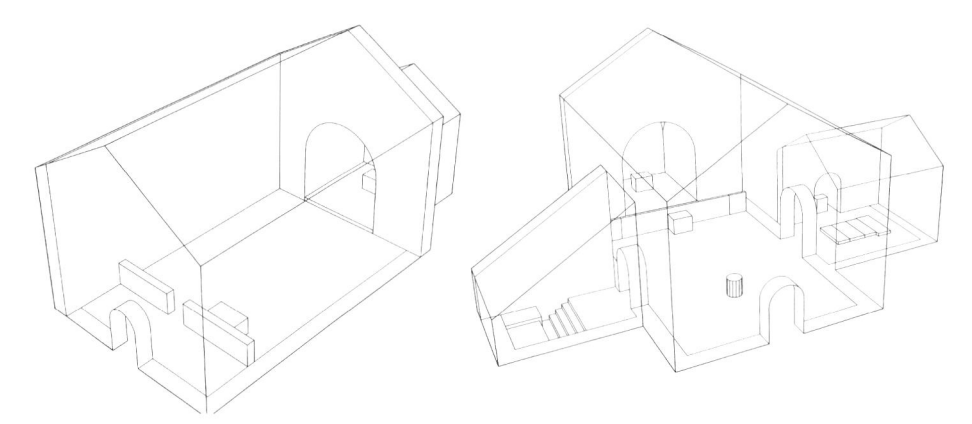

Abb. 13: Winterthur, Rekonstruktion des Innenraums der ersten Steinkirche. Zeichnung: M. Szabò, Kantonsarchäologie Zürich.

Abb. 14: Winterthur. Rekonstruktion des Innenraums der ersten Steinkirche nach dem Anbau von zwei Grabannexen. Zeichnung: M. Szabò, Kantonsarchäologie Zürich.

Die Bauten des 12. Jahrhunderts

In ihrer Funktion als adelige Eigenkirche mit herrschaftlicher Grablege erfuhr die Winterthurer Kirche im 12. Jahrhundert im Zuge des steten Ausbaus der Siedlung zum Herrschaftszentrum einen beachtlichen Aufschwung. Dieser schlug sich in einem Neubau nieder, der den brandzerstörten ersten Steinsaal ersetzte. Typologisch wurde an den Vorgängerbau angeknüpft, dessen Dimensionen man aber vergrößerte. Es gibt Anzeichen dafür, dass der neue Rechteckchor gewölbt war. An die Stelle der bisherigen kleinen Grabannexe trat eine den Saal an der Südseite auf ganzer Länge begleitende große Grabkapelle mit halbrunder Apsis (s. Abb. 26, Bau III). Im Zusammenhang mit der Errichtung eines östlichen Nebenraums erhielt die Kapelle später einen geraden Ostabschluss (Abb. 15 links).

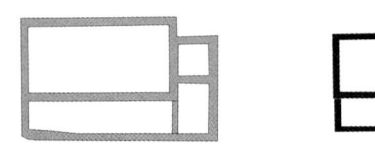

Abb. 15: Die Grundrisse der Saalkirchen von Winterthur und Oberwinterthur nach dem Neubau in Winterthur bzw. dem Ausbau in Oberwinterthur. Zeichnung: M. Moser, Kantonsarchäologie Zürich.

Eine architektonische Angleichung an diesen Bauzustand des mittlerweile anspruchsvolleren Konkurrenten brachte die Erweiterung der Kirche in Oberwinterthur um einen identischen Längsannex samt Sakristei an der Südseite (Abb. 15 rechts). Die im Vergleich mit der Nachbarkirche bescheideneren Dimensionen des Gebäudes erklären sich aus der Beibehaltung des im 10. Jahrhundert erbauten Saals. Eine im Längsannex ausgegrabene Sickergrube belegt, dass dieser nicht wie in Winterthur für sepulkrale Zwecke, sondern vielmehr als Taufkapelle genutzt wurde.

Der Umbau der adeligen Eigenkirche von Niederwinterthur zur städtischen Pfarrkirche ab dem späten 12. Jahrhundert

Durch die schon erwähnte Besiegelung der pfarrrechtlichen Selbständigkeit der Kirche in Niederwinterthur im Jahr 1180 konnten die nunmehr namentlich bekannten Grafen von Kyburg die Voraussetzungen für den gezielten Ausbau zur Stadt schaffen, indem sie die an das Pfarreirecht geknüpften Marktrechte und Gerichtsbarkeiten sicherten. In diesem Zusammenhang betrieben sie die Umwandlung der adeligen Eigenkirche zur städtischen Pfarrkirche, die in architektonischer Anlehnung an die großen Zürcher Kirchen, das Fraumünster und das Großmünster, erfolgte.

Innerhalb kurzer Zeit wurden folgende Schritte vollzogen (Abb. 16 links): Der Ausbau setzte noch im 12. Jahrhundert mit einem städtebaulich dominanten, in der äußeren Erscheinung aber vergleichsweise schlichten Glockenturm an der Chornordseite ein. Wohl im 2. oder 3. Viertel des 13. Jahrhunderts wurde ein zweiter Längsannex an der Saalnordseite angefügt, in welchem man nachträglich einen Altar aufstellte. Kurz darauf fand die Umgestaltung der nunmehr dreiteiligen Anlage in eine dreischiffige Basilika statt (s. Abb. 20 links). Mit der Aufgabe der herrschaftlichen Grablege zugunsten eines großen Gemeinderaums war die Umwandlung zur städtischen Pfarrkirche vollzogen. Ein zweiteiliger kreuzgratgewölbter Langchor mit geradem Ostabschluss bildete den Schlusspunkt und die Krönung des anspruchsvollen Projekts, bei dem auf Bauformen aus dem stiftischen und klösterlichen Bereich zurückgegriffen wurde. Hierzu gehörte auch die Abtrennung des mit einem Gestühl ausgestatteten Chores vom Gemeinderaum durch einen steinernen Lettner (s. Abb. 21).

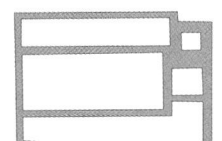

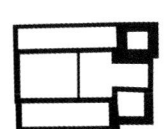

Abb. 16: Die Grundrisse der Kirchen von Winterthur und Oberwinterthur nach dem Anbau eines Turms und eines zweiten Längsannexes an der Nordseite. Zeichnung: M. Moser, Kantonsarchäologie Zürich.

Die Auswirkungen auf die Kirche in Oberwinterthur unter Einflussnahme des niederen Adels auf den Kirchenbau

Die Auswirkungen dieser Maßnahmen auf die Nachbarkirche in Oberwinterthur sind unverkennbar. Auf den in Niederwinterthur errichteten Glockenturm antwortete man mit einem formal identischen Gegenstück in gleicher Größe und Position (Abb. 16). Von dem Turm ist nach einem Brand im 13. Jahrhundert nur noch die mit Ecklisenen besetzte und mit Sandsteinquadern verkleidete untere Partie erhalten geblieben (Abb. 17). Während die Ausmaße des Winterthurer Turmprojekts der dortigen Chorostflucht angepasst wurden, führten die gleichen Ausmaße in Oberwinterthur zu einem Missverhältnis zwischen den beiden Bauteilen: der Turm reichte über den ranghöheren Chor hinaus, so dass es zu einem Versatz in der Ostfassade kam. Zudem musste man den Turm zur Hälfte auf die knapp vor dem Chor verlaufende antike Mauer stellen, die den Kirchhof begrenzte (Abb. 4), und anschließend das Areal erweitern. Eine Platzierung des Turms an der Chorsüdseite wäre mit deutlich weniger Aufwand verbunden gewesen.

Abb. 17: Oberwinterthur, Nordseite des Nordturms mit dem aus Sandsteinquadern gefügten Erdgeschoss. Die Obergeschosse wurden nach einem Brand im 13. Jh. in Tuffstein erneuert. Foto: Felicia Schmaedecke, Büro für Archäologie und Baugeschichte, Liestal.

Bei der Erweiterung der beiden benachbarten Kirchen um eine zweite Kapelle, in der Altäre mit unbekannten Patrozinien standen, besteht erstmals ein umgekehrtes Verhältnis. In Oberwinterthur sprechen verschiedene Indizien dafür, dass die Kapelle gleichzeitig mit dem Turm erbaut wurde, während der Anbau in Winterthur erst später hinzukam. Für die Abfolge ist der unterschiedliche Umgang mit dem neuen Bauteil bezeichnend. Ungeachtet der dadurch entstehenden Asymmetrie im Grundriss, hat man in Oberwinterthur den Nordannex in geringerer Breite als die schon bestehende südliche Taufkapelle aufgeführt, was sich beim späteren Ausbau zur Dreischiffigkeit eindeutig als Nachteil erwies. In Winterthur hingegen verrät die mit der älteren Grabkapelle identische Breite eine weitsichtigere Planung in Bezug auf den zu diesem Zeitpunkt wohl schon ins Auge gefassten basilikalen Ausbau.

Als die Kirche von Oberwinterthur im 2. Viertel des 13. Jahrhunderts diesen Bauzustand erreicht hat, wird erstmals ein Interesse lokaler Kleinadelsfamilien an der Pfarrkirche erkennbar, die sie nach dem Vorbild der Stadtkirche zu ihrer Adelskirche erhoben. Ein in der südlichen Taufkapelle gefundenes, umgelagertes Grabplattenfragment mit dem nur noch schwach erkennbaren oberen Teil des Wappens der Herren von Hegi, einem steigenden Löwen (Abb. 18), bezeugt, dass den im Gefolge der Kyburger auftretenden Ministerialen in der in Sichtweite ihres Stammsitzes, der Burg Hegi, gelegenen Pfarrkirche von Oberwinterthur eine Grablege gewährt wurde (Abb. 19). Das Adelsgeschlecht imitierte damit die kyburgische Grabkapelle im benachbarten Winterthur und verzichtete auf das 1180 verbriefte Recht, sich als deren Dienstleute ebendort bestatten lassen zu dürfen. Den Namen des Verstorbenen gibt das Grabplattenfragment nicht preis, doch kann es sich aufgrund zeitlicher Überlegungen nur um den Begründer des neuen Stamms des kyburgischen Ministerialengeschlechts, Wetzel von Hegi, gehandelt haben, dessen Tod bald nach 1244 postuliert wird.[38]

Die Bestattung weiterer Familienmitglieder in der Kapelle wurde durch den kurz darauf einsetzenden Ausbau des Gemeinderaums zur Dreischiffigkeit verhindert, der

---

[38] HANS KLÄUI, Geschichte von Oberwinterthur im Mittelalter (Neujahrsblatt der Stadtbibliothek Winterthur, Bd. 29), Winterthur 1968/69, S. 189.

bereits wieder das Ende der Grabstätte bedeutete. Eine leere Grabgrube neben dem Taufstein und das sekundär als Bodenbelag genutzte Grabplattenfragment sprechen dafür, dass man die sterblichen Überreste des Wetzel von Hegi translozierte. Der Verzicht auf die Familiengrablege im Kirchenraum tat der engen Verbundenheit der Kleinadelsfamilie mit der Arbogastkirche, wie noch zu sehen sein wird, keinen Abbruch. An die privilegierte Grablege in der Kirche wurde jedoch erst wieder am Ende des 15. Jahrhunderts mit der Errichtung einer neuen, großen Grabkapelle, dem sog. Hegemerchor, angeknüpft (Abb. 26, Bau V), einer Stiftung der durch Heirat miteinander verwandten Familien von Hegi, Goldenberg, Hohenlandenberg und Hallwil.[39]

Abb. 18: Oberwinterthur, im Südseitenschiff der Basilika gefundenes Grabplattenfragment mit dem Wappen der Familie von Hegi, heute neben dem Südportal aufgestellt. Foto: Kantonsarchäologie Zürich.

Der Umbau der Winterthurer Stadtkirche zur dreischiffigen Basilika mit Langchor muss annähernd vollendet gewesen sein (Abb. 20 links), als man die Kirche in Oberwinterthur nach dem gleichen Plan auszugestalten begann. Mit dem dort zuletzt errichteten Chor wurde der hiesige Ausbau begonnen (Abb. 20 rechts). Wenngleich der neue Chor deutlich kleiner und im Aufgehenden weniger prestigeträchtig als sein Vorbild ausfiel, ist die bautypologische und formale Verwandtschaft mit diesem doch evident. Neben der Rechteckform ist auch der Ostabschluss mit der charakteristischen, gestaffelten Fensterdreiergruppe identisch (Abb. 21; 22). Die

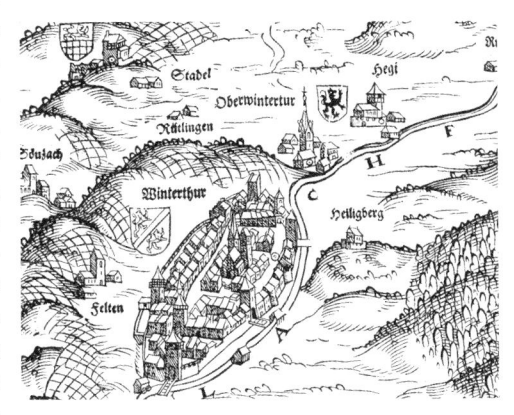

Abb. 19: Ausschnitt aus der Kantonskarte von Jos Murer (1566). Zentralbibliothek Zürich, Kartensammlung.

dortige Zweiteilung des Innenraums spiegelt sich hier lediglich in unterschiedlichen Niveaus und Bodenbelägen. Eine Betonung der Disposition durch ein zweijochiges Kreuzgewölbe, wie es die Stadtkirche besitzt, war in Oberwinterthur der geringeren Dimensionen wegen nicht möglich, weshalb der Raum ein durchlaufendes Tonnengewölbe erhielt.

---

[39] SCHMAEDECKE, St. Arbogast in Oberwinterthur (wie Anm. 13), S. 165–168.

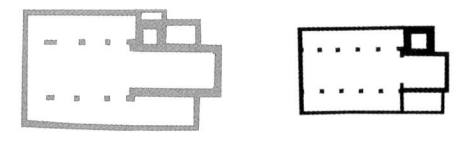

Abb. 20: Die Grundrisse der Basiliken von Nieder- und Oberwinterthur. Zeichnung: M. Moser, Kantonsarchäologie Zürich.

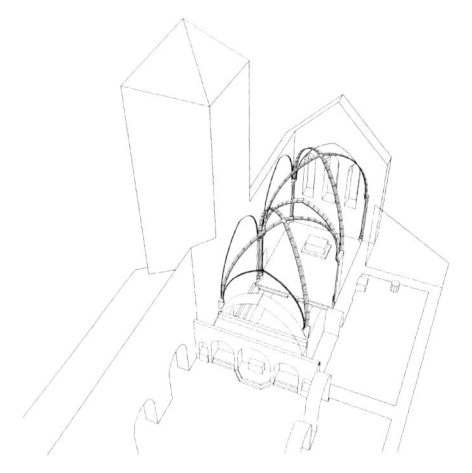

Abb. 21: Winterthur, Langchor der Stadtkirche. Zeichnung: M. Szabò, Kantonsarchäologie Zürich.

Ein bei der Renovation von 1932 entdeckter Pfeiler am südlichen Chorbogen der Arbogastkirche und der archäologisch erfasste Stumpf eines Pendants an der Nordseite könnten zu einem auf Abb. 22 im Aufgehenden hypothetisch rekonstruierten Lettner gehört haben. Ein zugehöriges Chorgestühl ist nicht nachweisbar. Welche Bedeutung und Funktion der Lettnereinbau hatte und ob er mehr als nur der Standort des Gemeindealtars, architektonisches Schmuckelement und Ausdruck der Annäherung an die Stadtkirche war, muss vorerst noch unbeantwortet bleiben.[40]

Während der Bauarbeiten muss im Kirchturm ein Feuer ausgebrochen sein, dessen Spuren sich nur lokal nachweisen ließen. Im Kirchenschiff aufgedeckte Reste eines Bronzeschmelzofens und die daneben liegende Gussgrube bezeugen außerdem, dass die neue Kirchenglocke – wie vielerorts üblich – direkt auf der Baustelle gegossen wurde.

Die anschließende Umgestaltung des Gemeindesaals in einen dreischiffigen Raum war mit einem deutlich größeren Aufwand verbunden als bei der Stadtkirche, obwohl man auch hier an die bestehende dreiteilige Anlage anknüpfen konnte. Stärker als beim Chor war diese Maßnahme davon bestimmt, sich den schon lange größeren Dimensionen der Stadtkirche soweit als möglich anzunähern (Abb. 20). Das bedeutete den Abbruch der Westfassade und die westliche Verlängerung des Schiffs um 6 m. Eine ebenfalls mit baulichem Mehraufwand verbundene Korrektur erforderte die unterschiedliche Breite der alten Seitenkapellen bei ihrer Umwandlung in Seitenschiffe. Der für Basiliken normalerweise gültigen Maßgabe, dass sich die Breite des Seitenschiffs zu der des Mittelschiffs wie 1:2 verhält, entsprach am ehesten der Nordannex. Die etwas breitere Grab- und Taufkapelle an der Südseite hingegen wurde abgebrochen und durch ein schmaleres Seitenschiff ersetzt. Den Abschluss der Umbaumaßnahmen bildete ein zweigeschossiger Sakristeineubau an der Chorsüdflanke. Im Inneren fällt die aus der ge-

---

[40] Zum Einbau von Lettnern in Stadtkirchen und zur Frage nach ihrer Funktion s. MATTHIAS UNTERMANN, Chorschranken und Lettner in süddeutschen Stadtkirchen – Beobachtungen zu einer Typologie mittelalterlicher Pfarrkirchen, in: Architekturgeschichten. Festschrift für Günther Binding zum 60. Geburtstag, hg. von UDO MAINZER und PETRA LESER, Köln 1996, S. 73–90.

Im Wettstreit erbaut

ringeren Mittelschiffbreite resultierende größere Anzahl an Pfeilerstellungen zwischen Mittelschiff und Seitenschiffen auf (Abb. 20; 23), wobei deren unregelmäßige Abstände wiederum mit dem Vorbild in Winterthur übereinstimmen – ein Phänomen, für das bisher eine einleuchtende Erklärung fehlt.

Der Abschluss der geschilderten Baumaßnahmen an der Arbogastkirche kann nach neuerlichen dendrochronologischen Analysen mit einem absoluten Datum verbunden werden. Die Hölzer für den Dachstuhl über dem Mittelschiff wurden im Winter 1257/58 gefällt. Das bedeutet nicht nur, dass die Kirche in Oberwinterthur einige Jahre früher vollendet war, als bisher aufgrund der Bestimmung der im Chor eingemauerten

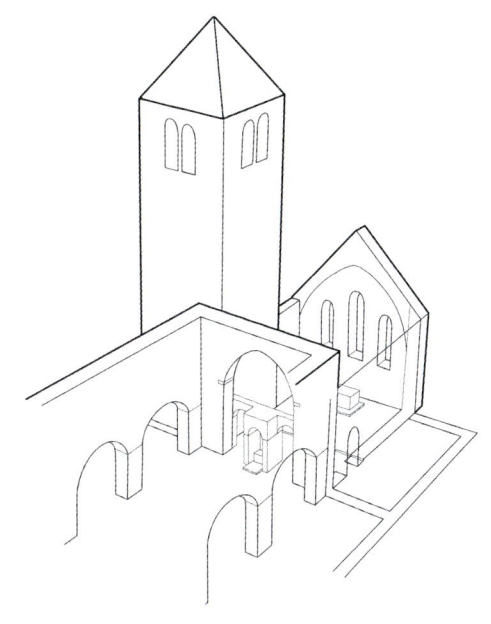

Abb. 22: Oberwinterthur, Rekonstruktion des Chors der Basilika. Zeichnung: M. Moser, Kantonsarchäologie Zürich.

Abb. 23: Oberwinterthur, Blick durch das Mittelschiff der Basilika nach Osten. Die Arbogastlegende ist an der Nordseite (links) dargestellt. Foto: Kantonsarchäologie Zürich.

Tongefäße vermutet wurde,[41] sondern dass auch das bisher aufgrund bautypologischer und stilistischer Kriterien in das 3. Viertel des 13. Jahrhunderts datierte Vorbild in Winterthur mindestens eine Generation älter ist. Sowohl das Langhaus als auch der Chor der Stadtkirche sind demnach noch unter dem Patronat der Kyburger Grafen entstanden. Der Bau erweist sich damit als das Ergebnis hochadeliger Baupolitik und symbolisiert als Projekt mit hohem Prestigewert das Zentrum kyburgischer Macht.

Für den weniger ambitionierten Nachbau in Oberwinterthur[42] dürfte die Inanspruchnahme und Förderung durch den niederen Adel, der sich bei der architektonischen Formulierung seines Herrschaftsanspruchs und Repräsentationsbedürfnisses am Hochadel orientierte, eine wichtige Komponente dargestellt haben. Auskunft über die Wohltäter der Kirche geben die aus der Bauzeit stammenden Malereien im Mittelschiff. Neben dem Wappen der Meier von Neuburg und Mörsburg (Abb. 24), die das Meieramt über Oberwinterthur ausübten, erscheint fünfmal das Wappen der schon erwähnten Herren von Hegi. Welche Bedeutung die Familie sich zumaß und wie sie wahrgenommen werden wollte, demonstriert die Positionierung der Wappen über dem Begräbnis des Kirchen-

Abb. 24: Oberwinterthur, Ausschnitt aus der Malerei auf der Mittelschiffnordwand, Bilderfries über den Arkaden. Rechts im Bild das Begräbnis des Bischofs Arbogast in seiner ersten Fassung mit Ritter Recke von Hegi. Darüber hängt links das Wappen der Meier von Neuburg-Mörsburg, gefolgt von fünf Wappenschilden der Herren von Hegi. Foto: Kantonsarchäologie Zürich.

---

[41] RUDOLF SCHNYDER, Die Schalltöpfe von St. Arbogast in Oberwinterthur, in: Zeitschrift für Schweizerische Archäologie und Kunstgeschichte 38, Heft 4 (1981), S. 266–275.
[42] Diese Aussage bezieht sich nur auf den Vergleich mit dem Vorbild der Stadtkirche, denn im Vergleich mit anderen Landkirchen der Region handelte es sich um einen großdimensionierten und damit durchaus prestigeträchtigen Umbau.

patrons Arbogast, durch die sie die eigene Memoria mit dessen Kult verbanden.[43] Dieses Anliegen brachten sie durch die persönliche Anwesenheit eines Familienmitglieds beim Begräbnis sogar noch pointierter zum Ausdruck. Der die Totengräber mit Gerät versorgende Ritter rechts im Bild darf mit Recke von Hegi identifiziert werden, einem der Söhne des schon erwähnten Wetzel von Hegi, der in der Südkapelle begraben worden war. Seiner Darstellung liegt eine urkundlich überlieferte Seelenheilstiftung zugrunde: Durch die Vergabung von zwei Äckern hatte der Ritter die finanziellen Mittel für die Anschaffung und den Unterhalt von Bestattungsgerät an der Kirche gesichert.

Von dieser die ungewöhnliche Ikonographie des Heiligenbegräbnisses erklärenden Selbstinszenierung nahm die Familie noch vor Fertigstellung der Malereien in der Kirche wieder Abstand. Das Bild wurde unter einer den Konventionen entsprechenden zweiten Fassung verborgen. Diese heute verlorene Fassung zeigte nach einer Beschreibung aus dem 19. Jahrhundert über dem im Grab liegenden Arbogast Gottvater, der die Seele des Toten in Empfang nahm.[44] Die Gestalt des Ritters und die neben ihm stehenden Totengräber wurden mit einem Baum überdeckt, der den in der Legende geschilderten Begräbnisplatz des Bischofs versinnbildlichte, den dieser dem Beispiel Christi folgend auf einem Hügel außerhalb der Stadt gewählt hatte. Die Präsenz der Stifter beschränkte sich anschließend auf die Fa-

Abb. 25: Oberwinterthur, Bildfeld zwischen den nördlichen Obergadenfenstern mit den Heiligen Petrus und Paulus, auf das nachträglich die zweite Fassung der Wappenschilde gemalt wurde, die sich links des Fensters fortsetzt. Foto: Kantonsarchäologie Zürich.

---

[43] Peter Niederhäuser, Eine Adelsherrschaft und ihre Symbole, in: Hegi: Ein Dorf in der Stadt, hg. von Bruno Bossart-Canossa und Peter Niederhäuser (Neujahrsblatt der Stadtbibliothek Winterthur, Bd. 332), Winterthur 2001, S. 14–17, bes. S. 16.

[44] Johann Rudolf Rahn, Die neu entdeckten Wandgemälde in der Kirche von Oberwinterthur, in: Anzeiger für Schweizerische Altertumskunde (1877), S. 787–802, bes. S. 795 f.; Rahn, Kirche von Oberwinterthur (wie Anm. 19), S. 103 f.

milienwappen, die jedoch nicht über dem Arbogastbegräbnis belassen wurden – wo man sie durch Übermalung löschte –, sondern zu den in der Bildzone oberhalb dargestellten Heiligen Petrus, Paulus und Johannes dem Täufer versetzt wurden (Abb. 25).

Während die Stadtkirche im 14. und 15. Jahrhundert ihrem Rang entsprechend noch mehrfach umgebaut und vergrößert wurde, stagnierte die Entwicklung der Dorfkirche St. Arbogast weitgehend (Abb. 26). Im 14./15. Jahrhundert baute man im Westen ein kleines Beinhaus an und 1494 wurde die schon erwähnte Grabkapelle an der Südseite der Kirche geweiht. Beide Anbauten sind im 19. Jahrhundert wieder abgebrochen worden.

Abb. 26 zeigt abschließend noch einmal die Bauphasen der hier behandelten Kirchen im Überblick. Der Vergleich mit typischen regionalen Vertretern ländlicher Kleinkirchen in den ehemaligen Nachbardörfern Veltheim und Wülflingen[45] und deren recht unspektakulärer Baugenese führt eindrücklich vor Augen, wie stark die Auseinandersetzung mit der konkurrierenden Siedlung Niederwinterthur und deren vom Hochadel geprägten Architektur die Baugeschichte der Dorfkirche von Oberwinterthur beeinflusst hat.

Schlusswort

Mit der Neuauswertung der Ausgrabungen in der reformierten Kirche St. Arbogast in Oberwinterthur konnte das Bild der Entwicklung der Kirchenlandschaft im Raum Winterthur revidiert und auf ein den heutigen Ansprüchen genügendes Fundament gestellt werden. Es ließ sich aufzeigen, dass die aus den 1970er Jahren vorliegende Grabungsdokumentation bei einer fachgerechten Auswertung ein Erkenntnispotential besitzt, das historische Aussagen ermöglicht, die weit über die in den ersten Vorberichten geäußerten Ansichten hinaus gehen.

Der aus der Amtszeit von Walter Drack stammende Fundus an Kirchengrabungen ist nach den mittlerweile erfolgten punktuellen Aufarbeitungen noch lange nicht ausgeschöpft, so dass das Ungleichgewicht zwischen Ausgrabungen und Auswertungen immer noch besteht. Die Ergebnisse der Neuauswertungen haben gezeigt, dass das vor rund 25 Jahren publizierte Material keine tragfähige Basis für die Verfolgung konkreter Fragestellungen bietet, wie beispielsweise Problemen der Grundrisstypen und Bauformen oder der Frage nach der Ablösung von Holzkirchen durch Steinbauten. In jedem Fall ist eine erneute, profunde Auseinandersetzung mit den Befunden unumgänglich. Es ist zu hoffen, dass der folgende Ausspruch, mit dem die Herausgeber der Festschrift zu Walter Dracks 60. Geburtstag das Wirken und die Leistungen des Archäologen und Denkmalpflegers gewürdigt haben, auch weiterhin in Erfüllung geht: *Aus der Saat, die er mit nimmermüden Händen ausgestreut hat, werden auch in Zukunft noch viele Früchte aufgehen.*[46]

---

[45] Zu Veltheim: SCHMAEDECKE, Kirche Winterthur-Veltheim (wie Anm. 12); zu Wülflingen: MEIER, Kirche Winterthur-Wülflingen (wie Anm. 11).
[46] Festschrift Walter Drack (wie Anm. 5), „Zum Geleit".

Im Wettstreit erbaut 331

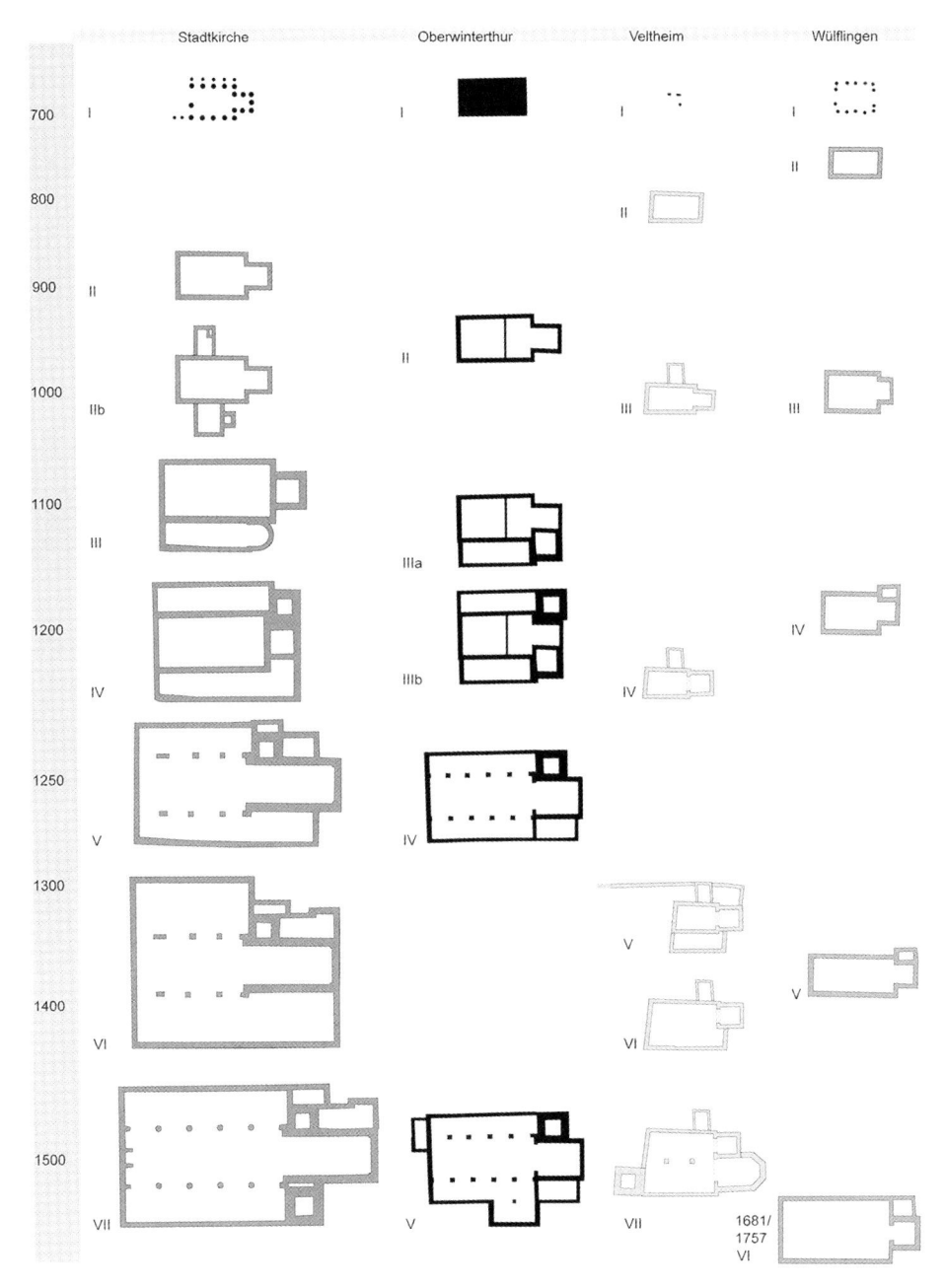

Abb. 26: Die Bauphasen der Stadtkirche St. Laurentius und der reformierten Kirchen von Oberwinterthur, Winterthur-Veltheim und Winterthur-Wülflingen im Vergleich. Zeichnung: M. Moser, Kantonsarchäologie Zürich.

Die ottonisch-romanische Doppelkirche vom Magdeburger Domhügel nach den Grabungen der Jahre 2001–2003

Rainer Kuhn

Magdeburg, die Stadt Ottos des Großen, liegt an der mittleren Elbe, die in dieser Region einen weiten Bogen nach Westen beschreibt. Bei mittlerem Wasserstand liegt der Elbspiegel heutzutage 13 m tiefer als die flache Kuppe des Domhügels. Die ottonenzeitliche Geländeoberfläche lag ca. 1 m tiefer. Die Schutzlage des Hügels gegen Hochwasser und Feinde (Abb. 1), die Elbe als Verkehrsweg und natürliche Grenze sowie ein günstiger West-Ost-Übergang über den in diesem Bereich in mehrere Arme aufgeteilten Fluss, sind als prägende Faktoren für die Nutzung und Besiedlung des Platzes zu nennen. Mehrere Befestigungsgräben ziehen über den Domhügel (Abb. 2), von denen der innerste nach eigenen Untersuchungen in das 5./6. Jahrhundert,[1] der äußerste nach Untersuchungen von Brigitta Kunz ins 8./9. Jahrhundert n. Chr. zu datieren ist.[2]

Seit 1998 wurde im Bereich des Magdeburger Domhügels eine Vielzahl archäologischer Grabungen durchgeführt. Im Mittelpunkt des Beitrages sollen die Ausgrabungen in den Jahren 2001–2003 an der Ostseite des Domplatzes und die Ergebnisse der anschließenden und noch laufenden Auswertung stehen, die der Verfasser seit 1998 für das Landesamt für Denkmalpflege und Archäologie Sachsen-Anhalt durchgeführt hat. Die Grabungsfläche von 2001–2003 liegt ca. 150 m westlich der nach Norden fließenden Elbe.

Die Nordkirche

Die Aufmerksamkeit soll zunächst der Domplatzkirche gelten, im Folgenden *Nordkirche* genannt (Abb. 2), und aus gegebenem Anlass im zweiten Teil des Beitrages auch der Kirche unter dem spätromanisch-gotischen Dom, im Folgenden *Südkirche*

---

[1] Rainer Kuhn, Ein völkerwanderungszeitlicher Befestigungsgraben auf dem Domplatz in Magdeburg, in: Aufgedeckt, Ein neuer ottonischer Kirchenbau am Magdeburger Domplatz, hg. von Harald Meller und Wolfgang Schenkluhn (Archäologie in Sachsen-Anhalt, Sonderband 3), Halle (Saale) 2005, S. 51–54; Ders., Ein völkerwanderungszeitlicher Befestigungsgraben auf dem Domplatz in Magdeburg, in: Sabine Ullrich u. a., Vom alten Parat zum Landtag. Städtebauliche Entwicklung eines historischen Quartiers in Magdeburg, hg. von der Landeshauptstadt Magdeburg (Broschüren des Stadtplanungsamtes Magdeburg, Nr. 101), Magdeburg 2007, S. 125–129.

[2] Brigitta Kunz, Eine frühmittelalterliche Befestigungsanlage aus Magdeburg, in: Jahresschrift für mitteldeutsche Vorgeschichte 88 (2005), S. 425–434.

Die ottonisch-romanische Doppelkirche vom Magdeburger Domhügel

Abb. 1: Selbst beim Jahrhunderthochwasser im August 2002 blieb der Magdeburger Domhügel mit Domplatz und spätromanisch-gotischem Dom von den Fluten der Elbe verschont. Blick nach Osten auf die überflutete Insel des Werder. Foto: Ralf Schwarz, Landesamt für Denkmalpflege und Archäologie Sachsen-Anhalt.

genannt. Von letzterer ist wenig mehr bekannt als die 1926 von Alfred Koch ergrabene Krypta[3] sowie der um 1170 erbaute Kreuzgangsüdflügel (Abb. 2).

Im Straßenbereich östlich des Magdeburger Domplatzes fand von Juni 2002 bis Oktober 2003 auf einer Fläche von 350 m² eine Forschungsgrabung als gemeinsames Projekt des Landesamtes für Denkmalpflege und Archäologie Sachsen-Anhalt und des Stadtplanungsamtes der Landeshauptstadt Magdeburg statt (Abb. 3, türkisfarbene Fläche).[4] Diese Grabung galt der weiteren Erforschung des von Ernst Nickel bei seinen Grabungen am Domplatz 1959–1968 freigelegten und als Palast Ottos des Großen interpretierten Steinbaus.[5] Die Interpretation des Baus als einphasiger Palast wurde in den letzten Jahren von verschiedenen Autoren angezweifelt. Eine Mehrphasigkeit sowie sakrale Bezüge wurden mehrfach vermutet.[6] Eine Trennung des Grundrissbefun-

---

[3] ALFRED KOCH, Die Ausgrabungen im Dom zu Magdeburg im Jahre 1926. Der ottonische Dom, in: Montagsblatt, wissenschaftliche Wochenbeilage der Magdeburger Zeitung, Sondernummer zu Nr. 68, Dezember 1926, S. 1–24.

[4] Ausführlich veröffentlicht in: Aufgedeckt (wie Anm. 1).

[5] ERNST NICKEL, Magdeburg in karolingisch-ottonischer Zeit, in: Zeitschrift für Archäologie 7 (1973), S. 102–142.

[6] Vgl. hierzu EDGAR LEHMANN, Der Palast Ottos des Großen in Magdeburg, in: Architektur des Mittelalters – Funktion und Gestalt, hg. von FRIEDRICH MÖBIUS und ERNST SCHUBERT, Weimar 1983, S. 42–62, hier S. 49 und S. 55 f.; JÜRGEN SISTIG, Die Architektur der Abteikirche St. Maximin zu Trier im Lichte ottonischer Klosterreform, Kassel 1995, S. 103; GERHARD LEOPOLD,

des in den Westabschluss eines ottonenzeitlichen Kirchenbaues (Abb. 3, orange) und einen westlichen Anbau des 12. Jahrhunderts (Abb. 3, gelb), wie ihn Babette Ludowici mehrfach vorschlug,[7] lässt erkennen, dass vom mutmaßlich ottonenzeitlichen Kernbau nur sehr wenig ergraben worden ist. Gräber, die einen Hinweis auf die Funktion des Gebäudes als Sakralbau geliefert hätten, wurden bei den Grabungen von Ernst Nickel nicht entdeckt.

Das gemauerte Grab (2001)

Hier kam zunächst der Zufall zu seinem Recht. Am 13. August 2001 konnte der Verfasser bei der Begleitung von Baggerarbeiten ein gemauertes Grab entdecken (Abb. 4, 7), zu dem inzwischen mehrere Vorberichte vorliegen.[8] Mit diesem gemauerten Grab war ein erster archäologischer Beweis für die Kirchentheorie gewonnen.

Das gemauerte Grab hat die Außenmaße von 2,90 × 1,40 m. Über dem eigentlichen Grab befanden sich einige Platten der Grababdeckung und zuoberst eine Steinpackung zur zusätzlichen Sicherung der Kammer (Abb. 4). Nördlich der Grabanlage lag, als weißliche Verfärbung erkennbar, der südlichste Fundamentausbruchgraben des ehemaligen Kirchenbaus. Die Störung am Südrand des gemauerten Grabes stammt von den Baggerarbeiten im August 2001. Das gemauerte Grab einschließlich Deckplatten war intakt und nicht verfüllt.

Nach Entfernung der Steinpackung und der eigentlichen Deckplatten zeigten sich im Grab mehrere Hölzer (Abb. 5). Diese Eichenhölzer ermöglichten eine dendrochronologische Datierung des Sarges in den Bereich 963 ± 10 n. Chr. oder später,[9] also an das Ende der Regierungszeit Ottos des Großen, der bekanntlich von 936–973 König und ab 962 auch Kaiser war. Angesichts dieser frühen Datierung ist der Erhaltungsgrad der Eichenhölzer bei Trockenbedingungen bemerkenswert. Aufgrund der Ausrichtung des Grabes auf den bestehenden oder im Bau befindlichen Steinbau der Phase I sowie

---

Zum Forschungsstand an den ottonischen Bauten von Quedlinburg, Memleben, Magdeburg und Halberstadt, in: Romanik in Nieder-Sachsen, Symposium an der TU Braunschweig 1993, hg. von Harmen Thies (Quellen und Forschungen zur Braunschweigischen Landesgeschichte, Bd. 33), Braunschweig 1997, S. 131–135, hier S. 133; Franz Jäger, Die sogenannte Königspfalz zu Magdeburg im Kontext ottonisch-frühsalischer Sakralarchitektur, in: Gestalt, Funktion, Bedeutung, Festschrift für Friedrich Möbius zum 70. Geburtstag, hg. von Franz Jäger und Helga Sciurie, Jena 1999, S. 50–76, hier S. 54; Babette Ludowici, Ottonische *aula regia* oder unbekannter Kirchenbau? Ein Arbeitsbericht zum Stand der Auswertung der Grabungen von 1959 bis 1968 auf dem Magdeburger Domplatz, in: Archäologisches Korrespondenzblatt 30 (2000), S. 445–460, hier S. 449–457.

[7] Vgl. hierzu Babette Ludowici, Ein neuentdeckter Kirchenbau in Magdeburg? Zweiter Bericht zum Stand der Auswertung der Grabungen von 1959–1968 auf dem Magdeburger Domplatz, in: Archäologisches Korrespondenzblatt 32 (2002) S. 281–293, bes. Abb. 3 und 4.

[8] Rainer Kuhn, Ein außerordentliches Grab des 10. Jahrhunderts n. Chr. vom Magdeburger Domplatz, in: Jahresschrift für Mitteldeutsche Vorgeschichte 86 (2003), S. 199–212; Ders., Die ottonische Kirche am Magdeburger Domplatz. Baubefunde und stratigraphische Verhältnisse der Grabungsergebnisse 2001–2003, in: Aufgedeckt (wie Anm. 1), S. 9–49.

[9] Kuhn, Außerordentliches Grab (wie Anm. 8), S. 206.

Die ottonisch-romanische Doppelkirche vom Magdeburger Domhügel   335

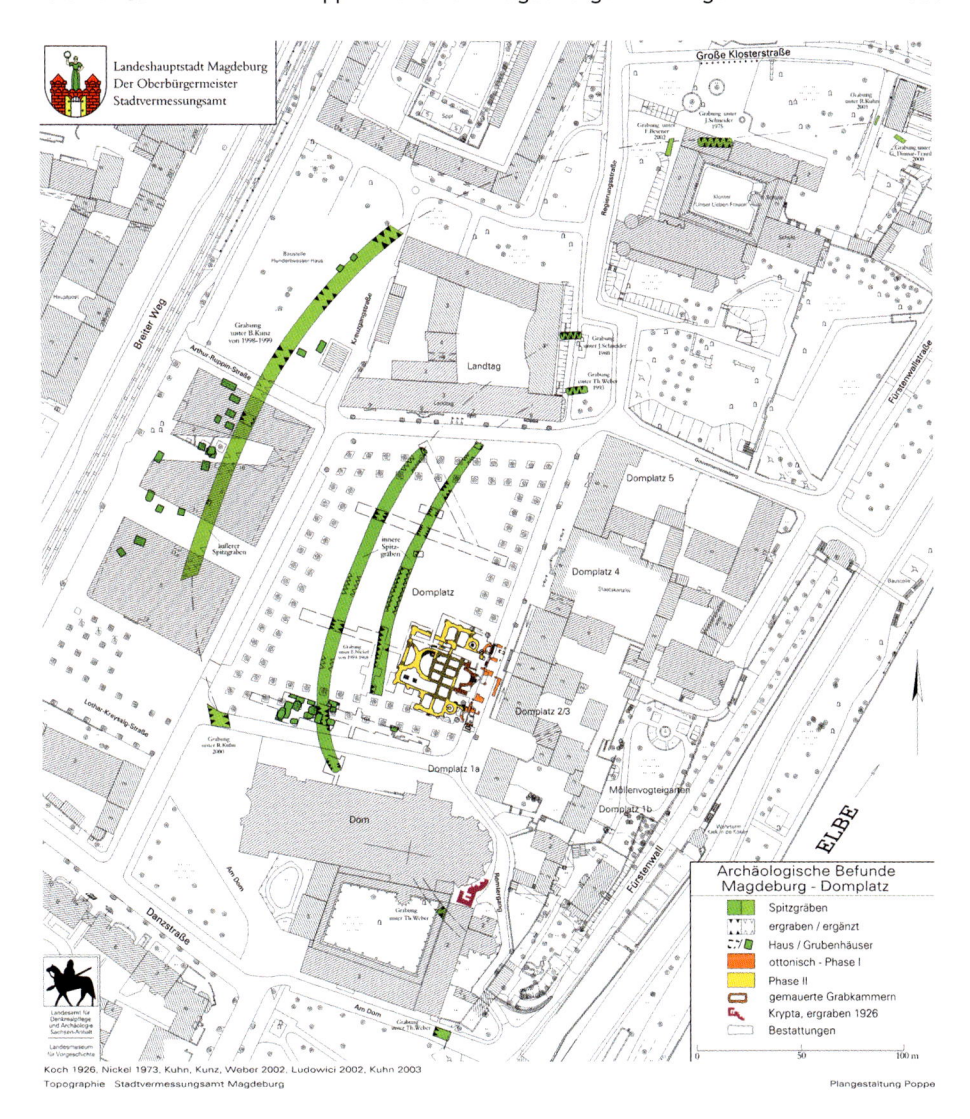

Abb. 2: Gesamtplan der Befunde auf dem Magdeburger Domplatz mit den ergrabenen Resten der ottonisch-romanischen Kirchen an der Ostseite des Domplatzes und unter dem spätromanisch-gotischen Dom. Plan: Mandy Poppe, Fachdienst Geodienste der Landeshauptstadt Magdeburg sowie Landesamt für Denkmalpflege und Archäologie Sachsen-Anhalt.

der Übereinstimmung in Steinmaterial und verwendetem Mörtel besteht kein Zweifel an einer Beziehung zwischen beiden Befunden. Durch die dendrochronologischen Daten liefert das Grab ein starkes archäologisches Indiz dafür, dass es sich beim Gebäude der Phase I tatsächlich um einen Bau des 10. Jahrhunderts handelt. Alle früheren Datierungsansätze für den Steinbau bzw. dessen Phase I (Abb. 3, orange) waren bisher rein baugeschichtlich bzw. durch Zuweisung zu einem historisch bekannten Gebäude

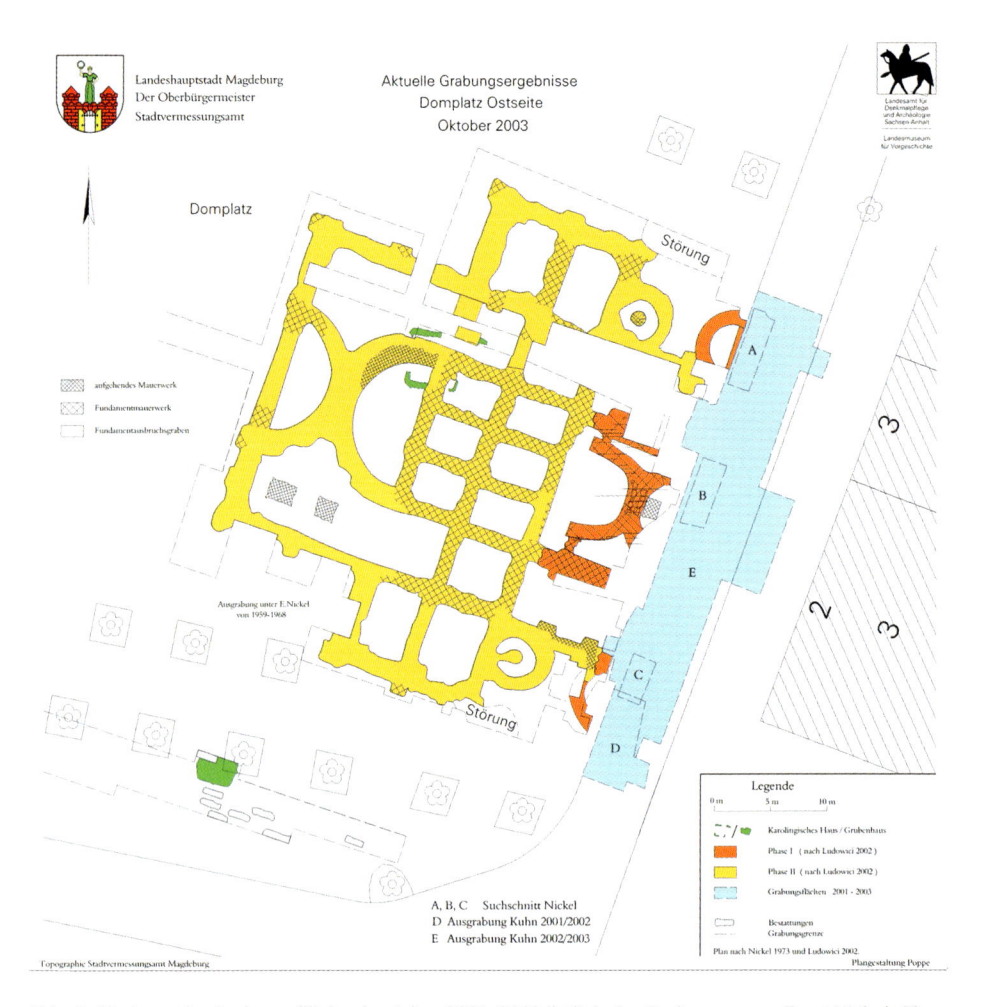

Abb. 3: Die Lage der Grabungsfläche der Jahre 2001–2003 östlich der Grabungen von Ernst Nickel. Plan: Mandy Poppe, Fachdienst Geodienste der Landeshauptstadt Magdeburg sowie Landesamt für Denkmalpflege und Archäologie Sachsen-Anhalt.

erfolgt. Es steht zu vermuten, dass es sich bei der oder dem Toten um eine herausragende Persönlichkeit im Machtzentrum des ottonischen Reiches gehandelt hat. Das Grab wurde von den Kollegen des Kulturhistorischen Museums Magdeburg vollständig geborgen und befindet sich seit Mai 2002 im dortigen Kaiser-Otto-Saal.[10]

---

[10] KUHN, Ottonische Kirche (wie Anm. 8), S. 14 und S. 21, Abb. 19 und 20; DERS., Das gemauerte Grab – Zufallsfund mit großer Wirkung, in: Magdeburg 1200. Mittelalterliche Metropole, Preußische Festung, Landeshauptstadt. Die Geschichte der Stadt von 805 bis 2005, hg. von MATTHIAS PUHLE, Stuttgart/Magdeburg 2005, S. 58 f.

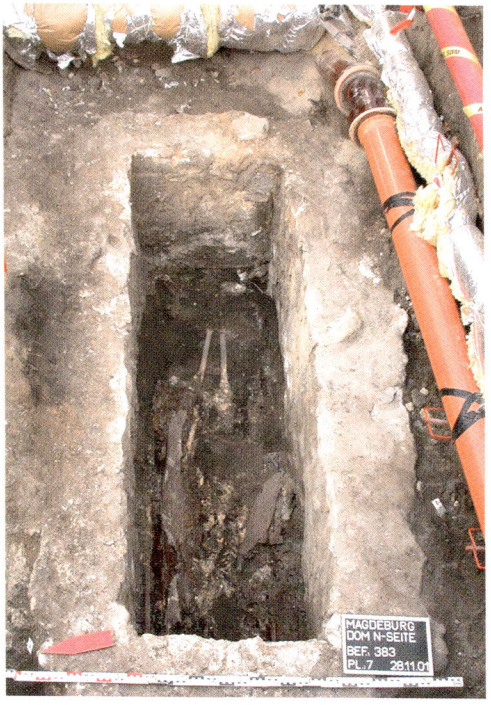

Die ottonisch-romanische Doppelkirche vom Magdeburger Domhügel

Abb. 4: Das südliche gemauerte Grab im Herbst 2001: Die helle Steinpackung bildet den oberen Abschluss der gesamten Grabanlage. Am oberen Bildrand ist die nur 30 cm nördlich des Grabes verlaufende ehemalige Südmauer des Kirchenbaues als helle Verfärbung zu erkennen. Blick nach Norden. Foto: Andrea Hörentrup, Landesamt für Denkmalpflege und Archäologie Sachsen-Anhalt.

Abb. 5: Das südliche gemauerte Grab mit den hervorragend erhaltenen Hölzern. Blick nach Osten. Foto: Andrea Hörentrup, Landesamt für Denkmalpflege und Archäologie Sachsen-Anhalt.

Die Forschungsgrabungen in den Jahren 2002/2003

Vor dem Hintergrund der soeben skizzierten Grabungsergebnisse ab August 2001 sowie des großen wissenschaftlichen und öffentlichen Interesses konnte im Juni 2002 die bereits genannte Forschungsgrabung am Domplatz begonnen werden.

Diese neue Grabungsfläche umfasste ein Areal von 50 × 6 m sowie vier seitliche Zusatzflächen. Sie lag im Straßenbereich und reichte nicht nur dicht an das Ostende der Grabungsfläche der Jahre 1959–1968 heran, sondern erreichte die Grabungskante der Hauptgrabungsfläche von Nickel sogar an zwei Stellen. Unser Schnitt wurde in teilweise über zwanzig Plana bis zum anstehenden Löß ergraben.

Die Ansprache des Gebäudes als Kirchenbau ist durch das Auffinden von zehn Gräbern bei den Grabungen von 2001 bis 2003 als gesichert zu betrachten. Die letzten Zweifel wurden durch das Auffinden eines zweiten gemauerten Grabes im Norden des Kirchenbaus beseitigt. Dessen Abmessungen betragen 2,90 × 1,45 m (Abb. 6 und Abb. 7). Dieses Grab lag, im Gegensatz zum oben Beschriebenen, im Inneren des Gebäudes und war ebenfalls parallel zu diesem orientiert. Insgesamt fanden sich zehn Bestattungen, darunter zwei, die erst nach dem Abbau der Kirche aus dem 10. Jahrhundert angelegt wurden. Die acht einfachen Körpergräber lagen alle im Süden der Grabungsfläche und sind im Plan (Abb. 7) grau markiert.

Abb. 6: Das nördliche gemauerte Grab mit dem sehr gut erhaltenen Skelett. Foto: Claudia Hartung, Landesamt für Denkmalpflege und Archäologie Sachsen-Anhalt.

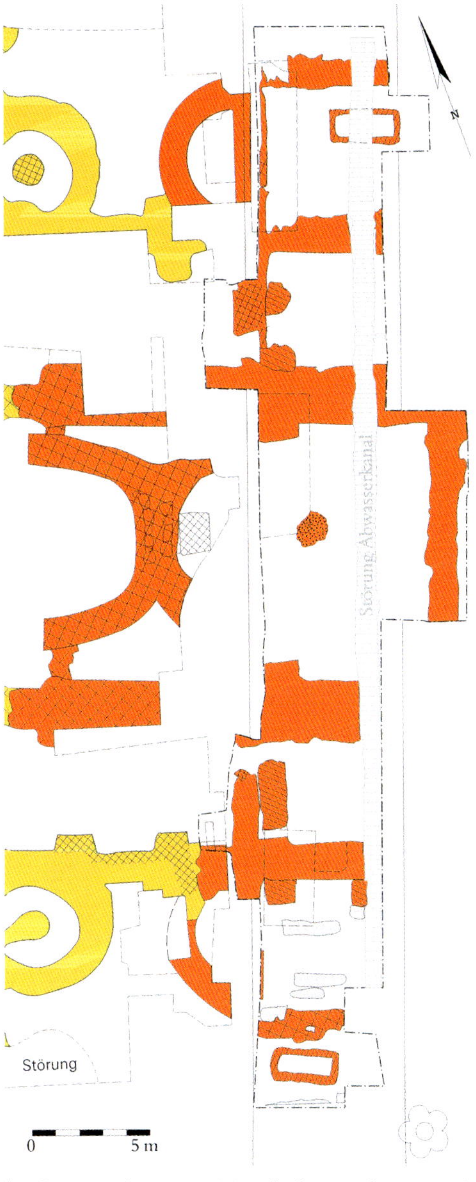

Die ottonisch-romanische Doppelkirche vom Magdeburger Domhügel 339

Abb. 7: Die Phasen I (komplett) und II (teilweise) des Kirchenbaues im östlichen Bereich der bisher aufgedeckten Grabungsfläche sowie die 2001–2003 entdeckten Gräber. Plan: Mandy Poppe, Fachdienst Geodienste der Landeshauptstadt Magdeburg sowie Landesamt für Denkmalpflege und Archäologie Sachsen-Anhalt.

Signifikant für die ottonenzeitliche Phase I des Kirchenbaus sind tief in den vorgeschichtlichen Horizont eingreifende Fundamentausbruchgräben, wie sie bereits von Ernst Nickel festgestellt wurden. Fundamentreste oder gar aufgehendes Mauerwerk sind dagegen nur an wenigen Stellen erhalten. Der Abbau der Mauern erfolgte offenbar systematisch, mit großer Sorgfalt und Exaktheit. Kleinteiliges und brüchiges Mauerwerk sowie den abgeschlagenen Mörtel beließ man in den Gräben bzw. füllte die Materialien nach dem Abbau des Mauerwerks wieder ein. Genau diese Restmaterialien der ehemaligen Mauern fanden sich als helle, scharfkantige Verfärbungen (Abb. 8). Die Mauern dürften dabei als Zweischalenmauerwerk ausgeführt worden sein, wie an einem Beispiel im Bereich des Übergangs zum aufgehenden Mauerwerk noch nachgewiesen werden konnte (Abb. 9).

Der Grundriss des 10. Jahrhunderts

Wie im Gesamtplan (Abb. 7 und 10) zu erkennen ist, lassen sechs von Osten nach Westen verlaufende, ehemalige Mauerzüge eine fünfzellige Konzeption des Baus erkennen. Von keinem dieser sechs Fundamentausbruchgräben wurde der östliche Abschluss erreicht. Der Bau reichte folglich noch weiter nach Osten. Zu bemerken ist einerseits, dass die beiden äußeren Zellen breiter sind als die beiden nach innen anschließenden. Andererseits fällt auf, dass die Stärke der Fundamentausbruchgräben und damit mutmaßlich auch der Mauern zur Mitte hin stark zunimmt. Daraus wird man schließen dürfen, dass der Bau zur Mitte hin deutlich erhöht war.

Abb. 8: Fundamentausbruchgraben des ottonenzeitlichen Kirchenbaus im großen Westprofil. Foto: Claudia Hartung, Landesamt für Denkmalpflege und Archäologie Sachsen-Anhalt.

Abb. 9: Diese Nord-Süd verlaufende Mauer wurde in der Technik des Zweischalenmauerwerks erbaut. Blick nach Westen. Foto: Claudia Hartung, Landesamt für Denkmalpflege und Archäologie Sachsen-Anhalt.

Obwohl bei diesen Grabungen vom Gesamtgrundriss des 10. Jahrhunderts mehr freigelegt wurde als bei den Grabungen von Ernst Nickel, bleibt festzuhalten, dass wir uns auch mit den neuen Grabungen im westlichen Abschnitt des Kirchenbaus befinden und zweifellos der größere Teil desselben bis auf weiteres unbekannt bleibt. Wichtig ist weiterhin die Feststellung, dass am Bau des 10. Jahrhunderts im Fundamentbereich nur sehr begrenzte Um- bzw. Anbauten festzustellen sind und eine eigenständige Phase II in der Grabungsfläche 2001–2003 völlig fehlt.

Außerdem konnte durch die neuen Grabungen erstmals die bis dato nicht bekannte Gesamtbreite des Gebäudes von 41 m ermittelt werden.[11] Damit gehört der Bau, gemes-

---

[11] Vgl. hierzu NICKEL, Magdeburg (wie Anm. 5), S. 127, Abb. 13; LUDOWICI, Kirchenbau (wie Anm. 7), S. 283, Abb. 2.

sen an der Breite, zu den größten Bauvorhaben seiner Zeit nördlich der Alpen und weist – nach Leonhard Helten – eine auffällige metrische Kongruenz zu den erzbischöflichen Domen von Köln (41,20 m) und Trier (41,00 m) auf.[12] Die Länge des Kirchenbaus bleibt bis auf weiteres unbekannt. Zur Beantwortung dieser Frage wären weitere Grabungen notwendig, wobei besonders der Bereich der Hofflächen südlich und östlich des Gebäudes Domplatz 2/3 (heute Justizministerium des Landes Sachsen-Anhalt) als vielversprechend anzusehen wäre. Dabei scheint ein Zentralbau nach Vorbild des Trierer Doms eine sehr ernstzunehmende Alternative zu bisherigen Überlegungen zu sein, und dies umso mehr, als der Abhang zur Elbe hin kaum einen Bau von mehr als 60 m Länge zuließe. Leonhard Helten hat kürzlich nicht nur die identische Breite beider Kirchen betont, sondern auch auf weitere Übereinstimmungen hingewiesen.[13] Auch in Trier gibt es eine erzbischöfliche Grabkapelle (St. Andreas), die sich in ganz ähnlicher Lage befindet wie St. Gangolf in Magdeburg. Weiterhin erhielten sowohl der Trierer Dom als auch die Magdeburger Nordkirche eine jüngere westliche Erweiterung. Auffälligerweise handelt es sich in beiden Fällen jeweils um die Nordkirche innerhalb einer Doppelkirchenanlage.

Vorgängerbauten

Bedingt durch die Grabungstiefe ist es ferner gelungen, die Reste von mindestens zwei Vorgängerbauten partiell freizulegen. Es handelt sich um nicht wieder ausgebrochene Fundamente von ganz anderer Bauweise als diejenigen des ottonenzeitlichen Kirchenbaus. Sie sind im Übersichtsplan (Abb. 10) mit brauner bzw. dunkelgrüner Farbe gekennzeichnet. Beide Phasen sind eindeutig älter als der ottonenzeitliche Grundriss und deutlich kleiner dimensioniert. Auffälligerweise nehmen sie jedoch die Orientierung und die Mittelachse der späteren Bebauung bereits vorweg. Da beide Phasen älter sind als die bisherige Phase I, wurden als vorläufige Arbeitsgrundlage die Bezeichnungen „Phase 0" und „Phase -I" vergeben.[14]

Vom Vorgängerbau der Phase 0 (braun) sind nur zwei 6 m lange Abschnitte der beiden Außenmauern bekannt, so dass sich Spekulationen zum Grundriss verbieten. Immerhin beträgt die Nord-Süd-Ausdehnung von Außenkante zu Außenkante gerechnet ca. 18,40 m und im Lichten mindestens 16,40 m, so dass es sich gewiss um keinen unbedeutenden Bau handelte. Die Mauern dieses Baus wurden ohne jegliche Verwendung von Mörtel errichtet. Eine Lage aus Steinplatten auf der Oberfläche der Mauer könnte dafür sprechen, dass es sich um das Bankettfundament zu einem Holzbau handelt.

Ebenfalls zu einem Holzbau in Schwellriegelkonstruktion dürfte das Steinfundament der Phase -I (Abb. 10, grün) gehören. Dieser Bau ist mit 4 × 4 m Grundfläche der kleinste und vermutlich älteste. Die Steine sind in Löß verlegt. Ob man aus der

---

[12] Leonhard Helten, Der „neue" ottonische Kirchenbau am Magdeburger Domplatz, in: Aufgedeckt (wie Anm. 1), S. 63–90, hier S. 74–83.
[13] Helten, Kirchenbau (wie Anm. 12), S. 82 f.
[14] Im Zuge der Gesamtpublikation der Nordkirche (Grabungen 2001–2003) und der Südkirche wird eine neue Phaseneinteilung vorgeschlagen werden, beginnend mit I. Vgl. hierzu Kuhn, Ottonische Kirche (wie Anm. 8), S. 28 mit Anm. 42 und 43.

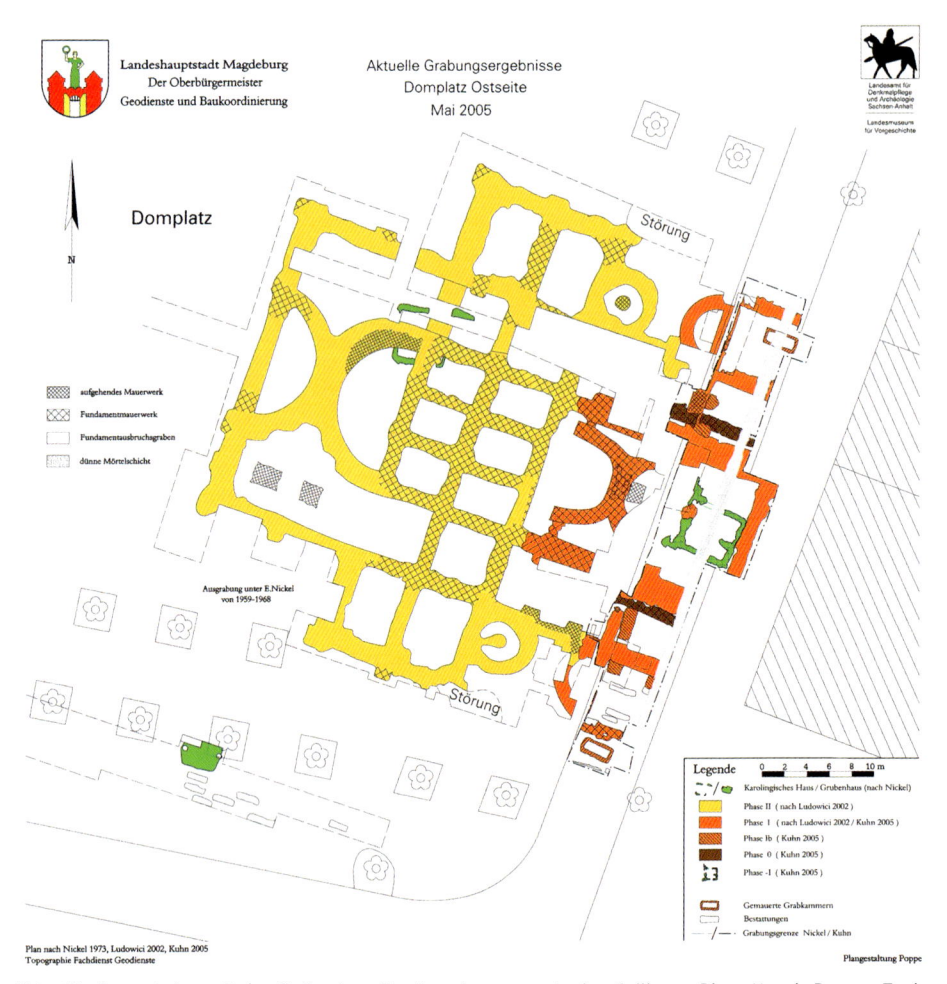

Abb. 10: Gesamtplan mit den Befunden aller Bauphasen sowie den Gräbern. Plan: Mandy Poppe, Fachdienst Geodienste der Landeshauptstadt Magdeburg sowie Landesamt für Denkmalpflege und Archäologie Sachsen-Anhalt.

offenkundigen Tradition des Ortes, der Baufluchten und der Mittelachse auch eine Tradition der Funktion ableiten darf, ist zumindest diskussionswürdig.

Fundobjekte

Der Kirchenbau der ottonischen Zeit wurde planmäßig bis in den Fundamentbereich abgebrochen. Dennoch zeigen die entdeckten Fundstücke sehr deutlich, mit welch hohem Aufwand das Bauwerk ursprünglich ausgestattet gewesen war.[15] Neben zahlreichen

---

[15] KUHN, Ottonische Kirche (wie Anm. 8), S. 32 f., Abb. 43–46, 51–54; S. 40, Abb. 65.

Die ottonisch-romanische Doppelkirche vom Magdeburger Domhügel   343

glasierten Dachziegeln bzw. Wandfliesen (Abb. 11) kamen auch eine ganze Reihe von Marmorfragmenten sowie sieben *tesserae* zum Vorschein. Vor allem diese *tesserae* sowie die Marmorfragmente sind in Magdeburg äußerst selten und zweifelsfrei als mediterraner Import anzusprechen.[16]

Abb. 11: Grün glasierte Fragmente von Dachziegeln bzw. Fliesen. Foto: Claudia Hartung, Landesamt für Denkmalpflege und Archäologie Sachsen-Anhalt.

Eine verblüffend ähnliche Erscheinung schildert uns Thietmar von Merseburg auf das Jahr 962 bezogen: *Auch kostbaren Marmor nebst Gold und Edelsteinen ließ der Caesar nach Magdeburg schaffen. In alle Säulenkapitelle befahl er sorgsam Heiligenreliquien einzuschließen. Den Leib des bewährten Grafen Christin und anderer Vertrauter ließ er neben der Kirche bestatten, in der er selbst schon zu Lebzeiten die Grabstätte zu bereiten wünschte.*[17]

---

[16] Zum Vorkommen von antiken Spolien in der Region vgl. HEIKO BRANDL, Magdeburger Spolien im mittelalterlichen Sachsen, in: Aufgedeckt (wie Anm. 1), S. 91–104.

[17] THIETMAR VON MERSEBURG, Chronik II, 17; vgl. Die Chronik des Thietmar von Merseburg, nach der Übersetzung von J. C. M. Laurent, J. Strebitzki und W. Wattenbach, neu übertragen und bearbeitet von ROBERT HOLZMANN, Halle (Saale) 2007, S. 34.

Der hier geschilderte Antikentransport aus Italien[18] ist der einzige seiner Art nach Mitteldeutschland, von dem wir für das 10.–12. Jahrhundert wissen. Dabei erscheint bei Thietmar von Merseburg ein zeitlicher Zusammenhang mit der Kaiserkrönung Ottos 962 wahrscheinlich. Auffällig ist bei der Nordkirche, dass die Mehrzahl solch besonderer Ausstattungselemente aus den beiden das Mittelschiff begrenzenden Hauptfundamentausbruchgräben stammt. Als Beispiel für die vorkommenden mediterranen Marmorvarianten seien ein Säulenbruchstück aus Cipollino-Marmor[19] und ein Quadrat aus Broccatellone-Marmor[20] genannt.

Eine weitere auffällige Parallele zwischen Textstelle und archäologischem Befund ist die Erwähnung mehrerer Gräber, darunter dasjenige des Grafen Christin neben einer repräsentativen Kirche. Dies ist nun ausdrücklich nicht so zu verstehen, dass wir mit einem der oben erwähnten Grabbefunde die Bestattung des Grafen Christin vor uns hätten, wohl aber so, dass sich hier sowohl in der historischen als auch in der archäologischen Überlieferung dasselbe Phänomen zur selben Zeit am selben Ort fassen lässt. Infolge dieser Ergebnisse schien es erstmals legitim zu fragen, ob wir hier nicht auch denselben Kirchenbau vor uns hätten – mithin also den Dom Ottos des Großen!

Bezüge zur Südkirche

Bei der Analyse des Fundmaterials aus der ottonenzeitlichen Nordkirche ergaben sich mehrere interessante Bezüge zur Südkirche. Unter dem heutigen, ab 1209 errichteten Magdeburger Dom ist zwingend eine ältere sakrale Bebauung vorauszusetzen. Diese ergibt sich zum einen aus der Existenz eines in die Zeit um 1170 zu datierenden Kreuzgangsüdflügels, der noch die eingangs erwähnte ottonische Achslage zeigt (Abb. 2). Sie ist um ca. sieben Grad gegenüber der gotischen, besser geosteten Achslage des heutigen Doms nach Nordwest-Südost verschoben.[21] Zum anderen ergibt sich die ältere Kirche aus der Existenz der 1926 ausgegrabenen Ostkrypta. Wie bereits erwähnt, hatte Alfred Koch damals den außerhalb des gotischen Doms gelegenen, südlichen Teil einer Krypta (Abb. 2) ausgegraben.[22] Diese wurde von Ernst Schubert und Ger-

---

[18] Vgl. CORD MECKSEPER, Magdeburg und die Antike. Zur Spolienverwendung im Magdeburger Dom, in: Otto der Große, Magdeburg und Europa, Bd. I, Essays, hg. von MATTHIAS PUHLE, Mainz 2001, S. 367–380, hier S. 370; ERNST SCHUBERT / GERHARD LEOPOLD, Magdeburgs ottonischer Dom, in: ebd., S. 353–366, hier S. 354–366. Teilweise wurden die im 10. Jahrhundert zur sekundären Verwendung nach Magdeburg geschafften Stücke beim spätromanisch-gotischen Neubau ab 1209 ein drittes Mal an prominenter Stelle verwendet.

[19] Vgl. MARIA CRISTINA MARCHEI, Cipollino, in: Marmi antichi, hg. von GABRIELE BORGHINI, (Materiali della cultura artistica, Bd. 1), Rom 2001, S. 202 f., Nr. 56. Für Hilfe und vielfältige Anregungen zu den Marmorstücken danke ich Lex Bosman, Amsterdam.

[20] Vgl. ATTILIA SIRONI, Broccatellone, in: Marmi antichi (wie Anm. 19), S. 199, Nr. 53.

[21] Zu diesem Phänomen vgl. auch den Befund von Elsau im Beitrag von Werner Wild in diesem Band.

[22] Vgl. Anm. 3.

hard Leopold bisher in das 11. Jahrhundert datiert und mit der durch Erzbischof Hunfried im Jahr 1049 geweihten Krypta in Zusammenhang gebracht.[23]

Christian Forster schlug dagegen 2005 aufgrund stilkritischer Vergleiche ein höheres Alter vor.[24] Als Interpretation zog er die 1002 geweihte Krypta in Erwägung, vor der Erzbischof Tagino 1012 seine letzte Ruhe gefunden haben soll. In dieser Krypta befinden sich die Reste eines Mosaiks, das aus antiken quadratischen und dreieckigen Marmorplättchen sowie Kalksteinplättchen und Schieferplättchen besteht (Abb. 12).

Abb. 12: Krypta der Südkirche unter dem spätromanisch-gotischen Dom. Foto: Thomas Groll, Magdeburg.

Funde, die in diesem Zusammenhang besonders aufschlussreich sind, stammen auch aus dem Bereich der Nordkirche. Zwei weitere Stücke aus den Grabungen 2002–2003 sollen hier beispielhaft erwähnt werden. Es handelt sich um ein Quadrat aus Cipollino-Marmor und ein Dreieck aus Broccatellone-Marmor. Diese Stücke – die zugehörigen Steinbrüche befinden sich auf der griechischen Insel Euböa und in Kleinasien[25] – sind nicht nur als offenkundiger Antikentransport aus Italien bemerkenswert, sondern auch aufgrund ihrer Entsprechung zum erwähnten Kryptamosaik unter dem gotischen Dom. Wie das versuchsweise Anlegen der beiden Neufunde in das Kryptamosaik beweist, entsprechen sich die im Bereich der Nordkirche gefundenen und die in der

---
[23] SCHUBERT / LEOPOLD, Magdeburgs ottonischer Dom (wie Anm. 18), S. 363 f.
[24] CHRISTIAN FORSTER, Der ottonische Vorgängerbau des gotischen Domes nach historischen und archäologischen Quellen, in: Der Magdeburger Domplatz, Archäologie und Geschichte 805–1209, hg. von MATTHIAS PUHLE und HARALD MELLER (Magdeburger Museumsschriften Nr. 8), Magdeburg 2006, S. 101–126, hier S. 123.
[25] Vgl. Anm. 19 und 20.

Krypta der Südkirche verlegten Stücke. Dies gilt sowohl für das verwendete Material als auch für die Abmessungen und die Bearbeitungstechnik (Abb. 13).

Abb. 13: Ein Marmorquadrat und ein Marmordreieck, die 2002/2003 im Bereich der ottonischen Nordkirche gefunden wurden, sind zu Vergleichszwecken in den Fußboden der 1926 gefundenen Krypta der Südkirche gelegt. Foto: Claudia Hartung, Landesamt für Denkmalpflege und Archäologie Sachsen-Anhalt.

Vergleichbare Fußböden von anderen Fundorten, wie z. B. aus dem 1009–1015 von Bischof Meinwerk erbauten Dom in Paderborn (Bauperiode III),[26] streuen zeitlich recht weit. Für Magdeburg erscheint eine Verlegung beider Fußböden zu etwa derselben Zeit und im Zusammenhang mit dem von Thietmar geschilderten Antikentransport unter Otto dem Großen denkbar. Somit stellt sich auch die Frage nach der Datierung der mutmaßlichen „Hunfried-" oder „Taginokrypta" neu und es erscheint durchaus möglich, dass das dortige Kryptenmosaik noch in die zweite Hälfte des 10. Jahrhunderts zu datieren ist.

Eine weitere Übereinstimmung bezieht sich ebenfalls auf ein Stück aus Cipollino-Marmor, gefunden in der Nordkirche. Dieses ist auf beiden Seiten poliert und stammt offenbar von einer Platte; es weist eine Stärke von 3,9 cm auf und zeigt eine Anrisslinie. Genau dieses Material ist bereits von einem anderen, überaus wichtigen, antiken Stück in Magdeburg bekannt, nämlich der Grabplatte Ottos des Großen im gotischen Dom (Abb. 14). Das neu entdeckte Stück hat die selbe Stärke wie der südöstliche Abschnitt der Grabplatte, passt aber nicht unmittelbar an. Feine Anrisslinien finden sich auf der Grabplatte Ottos ebenfalls. Dort verlaufen sie parallel zu den Kanten.

---

[26] Abgebildet in: Kunigunde – empfange die Krone, hg. von MATTHIAS WEMHOFF, Paderborn 2002, Abb. S. 96 und Abb. S. 140 (Kat.-Nr. IX.3) sowie auf dem Frontispiz der Veröffentlichung.

Abb. 14: Das 2002/2003 gefundene Plattenfragment in der Hand des Verfassers an der Platte des Otto-Grabes. Foto: Claudia Hartung, Landesamt für Denkmalpflege und Archäologie Sachsen-Anhalt.

Für diese Entsprechung bleiben nur zwei plausible Interpretationen. Entweder sind beim Antikentransport um 962 mindestens zwei solche Platten aus Cipollino-Marmor nach Magdeburg gebracht worden oder die Grabplatte Ottos des Großen wurde im Bereich der Kirche am Domplatz bearbeitet. Wenn die Grabplatte jedoch bereits in der Antike ihre Form erhielt, wie allgemein angenommen wird,[27] ist vom Transport mehrerer solcher Platten nach Magdeburg auszugehen. Dies bedeutet auch, dass in der Nordkirche am Domplatz dieselben Materialien zur Verwendung kamen wie am Grab Ottos des Großen bzw. in der Krypta unter dem gotischen Dom. Dies ist neben den anderen Kriterien, wie die Breite des Baus, die Dimension der zentralen Fundamente, die aufwändig gemauerten Gräber sowie die qualitätvolle Ausstattung ein weiterer archäologischer Hinweis auf die Bedeutung der ottonischen Nordkirche und dem mit diesem Bau verbundenen herrschaftlichen Anspruch.

Die Südkirche: Ausblick auf weitere Forschungen

Die archäologische Situation im Bereich der Südkirche ist bisher unbefriedigend. Es mag hier der Hinweis genügen, dass außer der bereits besprochenen Krypta und dem noch stehenden Kreuzgangsüdflügel nur wenig weitere Substanz belegt ist. Von den Bauten, die von Schubert und Leopold, den großen Kennern des Magdeburger Doms,

---

[27] HERMANN GIESAU, Denkmalpflege an den Stätten Heinrichs I. und Ottos I, in: Jahrbuch der Denkmalpflege in der Provinz Sachsen und in Anhalt (1937/1938), S. 9–32, hier S. 29 f. und S. 31, Abb. 17; ERNST SCHUBERT / UWE LOBBEDEY, Magdeburgs ottonischer Dom, in: Otto der Große (wie Anm. 18), S. 384.

unter dem heute bestehenden, spätromanisch-gotischen Neubau von 1209 rekonstruiert wurden, sind nur sehr geringe Reste nachgewiesen.[28] Somit haben wir die Situation vor uns, dass über die Gestalt der Nordkirche mittlerweile deutlich mehr bekannt ist als über die Südkirche. Aus diesem Grund findet derzeit ein neues Forschungsprojekt statt, das bis zum 800-jährigen Jubiläum des spätromanisch-gotischen Domes 2009 die bisher großflächigsten archäologischen Untersuchungen im Kircheninneren sowie im benachbarten Kreuzgang und dem näheren Umfeld vorsieht (Abb. 15).

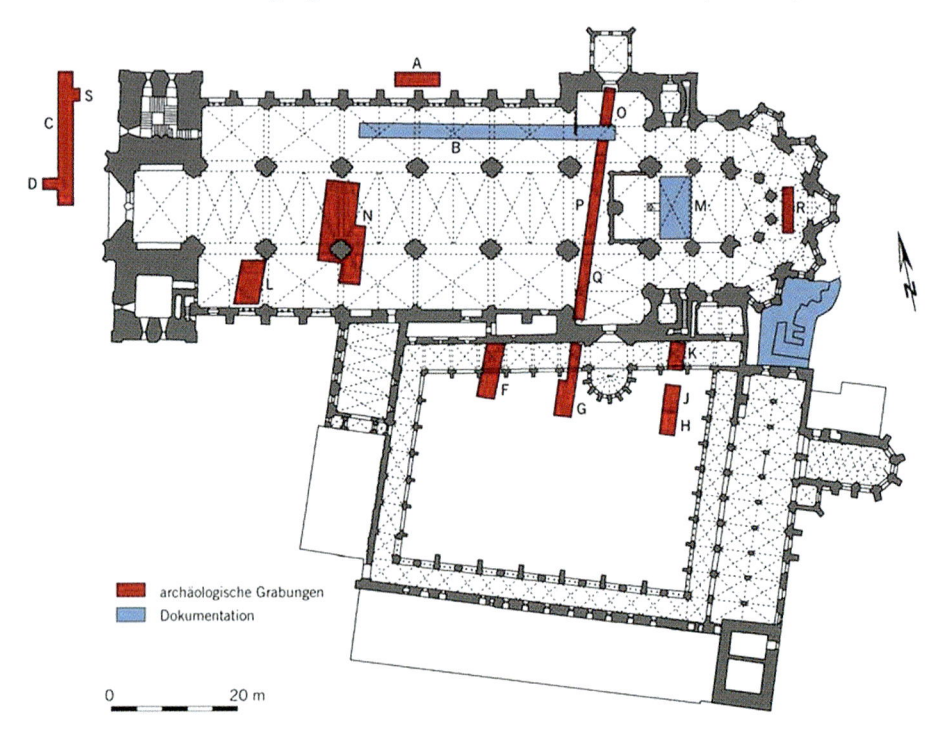

Abb. 15: Plan der Grabungsschnitte 2006–2009 (Stand: Oktober 2006). Plan: Wolfgang Schreyer nach einem Entwurf von Rainer Kuhn, Stiftung Dome und Schlösser in Sachsen-Anhalt.

Das Projekt wird im Rahmen einer Kooperation durchgeführt, zu der sich das Landesamt für Denkmalpflege und Archäologie Sachsen-Anhalt, die Stiftung Dome und Schlösser in Sachsen-Anhalt, die Martin-Luther-Universität Halle-Wittenberg und die Landeshauptstadt Magdeburg zusammengefunden haben. Die unter der wissenschaftlichen Leitung des Verfassers stehenden Untersuchungen umfassten bisher die Schnitte C, D und S westlich der Domtürme sowie F im Kreuzgang. Natürlich kann von diesem Projekt aufgrund der noch laufenden Untersuchungen nur ein erster Eindruck vermittelt werden. So fanden sich westlich der heutigen Domtürme mindestens drei Gräber, die offenkundig mit einem älteren Bau in ottonischer Achslage in Verbin-

---

[28] SCHUBERT / LEOPOLD, Magdeburgs ottonischer Dom (wie Anm. 18), S. 354, Abb. 1.

dung stehen, also mit einem Bau, der nach Lage der Dinge vor 1209, dem Baubeginn des spätromanisch-gotischen Domes, errichtet worden ist. Noch interessanter sind jedoch die Baubefunde in ottonischer Achslage, die sich so weit westlich in unerwartet großer Dichte zeigen. Die Befundsituation ist dabei ganz ähnlich derjenigen am Domplatz. In den dunkelbraunen, vorgeschichtlichen Horizont sind die Fundamente bzw. mehrheitlich Fundamentausbruchgräben eingetieft. Sämtliche Baubefunde sind bisher in ihrer Entstehung vor 1209 zu datieren. Dabei zeichnet sich eine Mehrphasigkeit der Bebauung ab.

Als besonders vielversprechend dürften sich bei diesem Projekt die Schnitte O, P, Q und G erweisen, welche uns Hinweise auf die Breite der Vorgängerbebauung liefern müssten. Angesichts der Erfahrungen am Domplatz, wo in wenigen Jahren aus einem Palast eine ottonische Kirche mit zwei Vorgängern und einem westlichen Erweiterungsbau wurde, sowie angesichts der hohen Befunddichte in den ersten Schnitten von 2006, steht zu erwarten, dass sich unser Bild von der Sakraltopografie des Domhügels mit seiner wohl schon ottonischen Doppelkirchenanlage noch erheblich differenzieren wird.

Interpretation

Am Schluss der Untersuchungen wird dann möglicherweise auch die Beantwortung der viel diskutierten Frage stehen: Wo stand der Dom Ottos des Großen? Oder vielleicht besser: Welche Kirche der Doppelkirchenanlage hatte zu welchem Zeitpunkt welche Funktion?

Im Fall der Nordkirche ist klar, dass es sich um eine Kirche des 10. Jahrhunderts handelt. Die Datierung des südlichen gemauerten Grabes, die baugeschichtlichen Vergleiche und die verwendeten Antiken in Verbindung mit der Nachricht bei Thietmar von Merseburg weisen in die Zeit ab 955, in welcher auch die Gründung des Magdeburger Erzbistums intensiv vorangetrieben und 968 verwirklicht wurde. Der Bau zeigt in Dimension und Ausstattung einen herrschaftlichen Anspruch, der in das stabilere politische Umfeld nach der Lechfeldschlacht von 955 weist. Somit bietet sich als Interpretation der ottonische Dom an. Aber auch die Laurentiuskirche (ab frühestens 955) erscheint denkbar.[29] Das bereits 937 gegründete Moritzkloster ist ebenfalls nicht auszuschließen. Im Fall der Südkirche wissen wir bisher sehr wenig – genau diese Lücke wird durch die künftigen Grabungsergebnisse sicher noch geschlossen werden.[30]

---

[29] HEIKO BRANDL und FRANZ JÄGER, Überlegungen zur Identifizierung der archäologisch nachgewiesenen, bisher unbekannten Kirche auf dem Magdeburger Domplatz, in: MELLER und SCHENKLUHN, Aufgedeckt (wie Anm. 1), S. 55–61.

[30] Nähere Informationen zu den Grabungen im Bereich der Südkirche im Internet unter www.domgrabungen-md.de. Eine erste Publikation ist für Ende 2009 als Sondernummer 13 der „Archäologie in Sachsen-Anhalt" vorgesehen.

Die Augustinereremitenklöster in Konstanz und Freiburg i. Br.

Gründungsbau und Vorgängerbebauung

Frank Löbbecke
Mit einem Beitrag von Wolfhard Wimmenauer

Der Augustinereremitenorden entstand 1256 aus dem Zusammenschluss mehrere Eremitenkongregationen.[1] Wie die fast ein halbes Jahrhundert älteren Franziskaner und Dominikaner wurden sie seit dem Spätmittelalter zu den Bettelorden gezählt, die sich vorzugsweise der Seelsorge der städtischen Bevölkerung widmeten. Das vergleichsweise späte Auftreten scheint ein Grund dafür zu sein, dass sich die archäologische und architekturgeschichtliche Forschung zu den Klöstern des Ordens in überschaubaren Grenzen hält. Umso erfreulicher ist es, dass mit Konstanz und Freiburg gleich zwei Klöster aus Südbaden intensiver untersucht werden konnten. Beide sind in der Frühphase des Ordens gegründet worden und liegen in derselben Ordensprovinz und im selben Bistum – sie bieten sich zum Vergleich also geradezu an. Außerdem konnten beide Niederlassungen umfangreiche Teile ihrer mittelalterlichen Bausubstanz erhalten, allerdings sehr unterschiedlich verteilt: In Konstanz existiert obertägig nur noch die Klosterkirche, die heutige Dreifaltigkeitskirche (Abb. 1), diese aber mit bedeutenden mittelalterlichen Malereien.[2] In Freiburg dagegen ist vor allem die Klausur erhalten, die heute das Städtische Augustinermuseum beherbergt (Abb. 2), während die Kirche nach Umbauten zum Theater und zum Museum nur noch im Chor größere Reste des mittelalterlichen Gründungsbaus bewahrt hat.

Stadtentwicklung und Klostergründungen in Konstanz

Der Kern der Konstanzer Altstadt liegt auf einem hochwassersicheren Moränenrücken, der als Rheinübergang und Schiffslände genutzt wurde. Das hier zur Sicherung errichtete spätantike Kastell wurde von der Domimmunität und der zugehörigen Siedlung Nieder-

---

[1] ADALBERO KUNZELMANN, Geschichte der deutschen Augustiner-Eremiten, Bd. 1: Das dreizehnte Jahrhundert (Cassiciacum, Bd. 26), Würzburg 1969; ADOLAR ZUMKELLER, Augustiner-Eremiten, in: Theologische Realenzyklopädie, Bd. 4, Berlin 1979, S. 728–739.

[2] CHRISTIAN ALTGRAF ZU SALM, Die Wandgemälde der Augustinerkirche in Konstanz, in: Studien zur Kunst des Oberrheins. Festschrift für Werner Noack, hg. von INGEBORG SCHROTH, Freiburg 1959, S. 46–63; JÜRGEN MICHLER, Gotische Wandmalerei am Bodensee, Friedrichshafen 1992, S. 86 f. und 177 f.; FRANK T. LEUSCH, Die Konzilsfresken – Restaurierungsgeschichte und Anmerkungen zu ihrer Deutung, in: Dreifaltigkeitskirche Konstanz, hg. vom Landesamt für Denkmalpflege (Kulturdenkmale in Baden-Württemberg, Bd. 6), Lindenberg 2007, S. 34–45.

Die Augustinereremitenklöster in Konstanz und Freiburg i. Br.

Abb. 1: Konstanz, Dreifaltigkeitskirche. Die ehemalige, heute als Pfarrkirche genutzte und von Straßenzügen umgebene Kirche des Augustinereremitenklosters nach Abbruch der Klausur (1872) vom ehemaligen Klausurbereich aus gesehen. Foto: Frank Löbbecke.

Abb. 2: Freiburg, Augustinermuseum (vom ehemaligen Stadtgraben aus gesehen). Das ehemalige Augustinereremitenkloster dient heute als städtisches Museum. Foto: Frank Löbbecke.

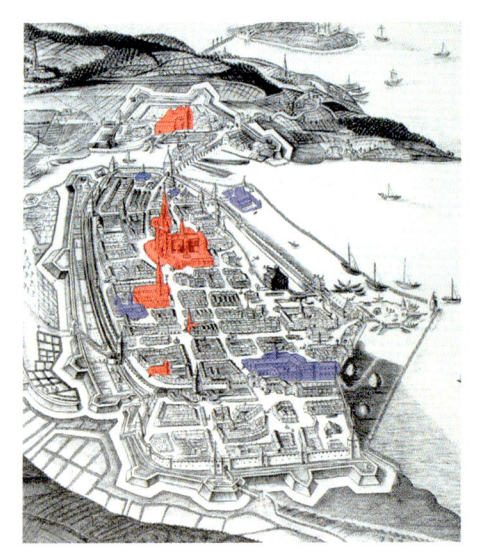

Abb. 3: Stadtansicht von Konstanz aus der „Speth'schen Chronik" (1733) mit wichtigen Sakralbauten (rot) und Bettelordensklöstern (blau). Konstanz, Rosgartenmuseum, Inv. Nr. T 8.

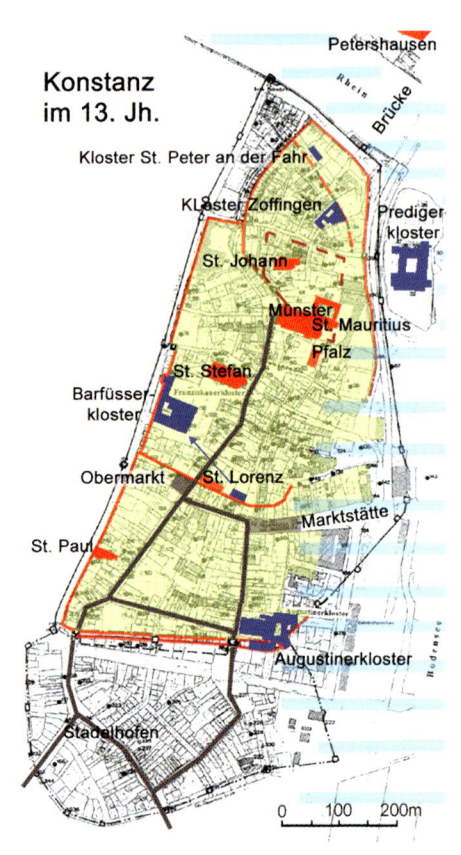

Abb. 4: Stadtplan von Konstanz. Altstadt (gelb) mit wichtigen Sakralbauten (rot) und Bettelordensklöstern (blau). Foto: Frank Löbbecke.

burg überbaut. Südlich schloss sich eine wikartige Marktsiedlung mit eigener Pfarrkirche an. Ab dem 12. Jahrhundert wurde die Stadt großflächig erweitert. Sie verdoppelte ihr Grundfläche durch Landgewinnung am Seeufer[3] und Siedlungsverdichtung im Süden, wo ein neuer Markt mit Hafen (heute „Marktstätte") errichtet wurde. Um 1200 sicherte man die Stadterweiterung mit einer Mauer. Parallel zur alten Verkehrsachse auf dem Moränenzug (heute Hussenstraße) wurde näher zum See die Mordergasse (heute Rosgartenstraße) ausgebaut, als direkte Verbindung zwischen neuem Markt und Stadttor (Mordertor, später auch Augustiner- oder Schlachttor genannt). Der alte Name der Straße verweist auf den moddrigen, schlammigen Untergrund des Quartiers.

Im Jahr 1236, Jahrzehnte vor den Augustinereremiten, siedelten sich die Dominikaner auf einer ihnen von Bischof Heinrich I. von der Thann überlassenen Insel vor

---

[3] JUDITH OEXLE, Konstanz, in: Stadtluft, Hirsebrei und Bettelmönch. Die Stadt um 1300, Begleitband zur gleichnamigen Ausstellung, hg. von MARIANNE FLÜELER-GRAUWILER, Stuttgart/Zürich 1992, S. 53–67; RALPH RÖBER, Konstanz und sein Hafen. Standort und Infrastruktur von der Antike bis in das 19. Jahrhundert, in: Einbaum, Lastensegler, Dampfschiff. Frühe Schifffahrt in Südwestdeutschland (ALManach, Bd. 5/6), Stuttgart 2000, S. 185–213; MARIANNE DUMITRACHE, Konstanz (Archäologischer Stadtkataster Baden-Württemberg, Bd. 1), Konstanz 2000, S. 57 f.

der Stadt an (Abb. 3 und 4). Wenige Jahre später nutzten die Franziskaner ein Haus im alten Kern der Stadt, da ihnen zunächst eine ständige Niederlassung verweigert wurde. Schließlich konnten sie unter Vermittlung des päpstlichen Legaten Kardinal Hugo an die westliche Stadtmauer umziehen, wo sie durch Überbauung einer Gasse ein zusammenhängendes Areal erwarben. Zwei Dominikanerinnenklöster lagen im Norden der Altstadt (gegründet vor 1265 und 1296).

Bauarchäologische Untersuchungen in der ehemaligen Klosterkirche der Konstanzer Augustinerermiten

Das Kloster der Augustinereremiten wurde ganz am Rande der Stadterweiterung zwischen Mordergasse und Seeufer errichtet. Das Grundstück dürfte im Sommer regelmäßig überschwemmt worden sein und war dementsprechend morastig. Zudem war der Baugrund von unterschiedlicher Qualität: Der südliche Teil der Kirche steht auf einem sandig-kiesigen und damit trockenerem Untergrund, während im nördlichen Teil wasserführende Tonschichten (Seeton) fast bis an die Oberfläche reichen. Dieser schlammige Untergrund und die Umbauten im 19. Jahrhundert führten zu schweren statischen Problemen in der Kirche, die 1999–2001 mit dem Einbau von Betonfundamenten und Stahlkonstruktionen im Dach behoben wurden.[4] Diese Baumaßnahmen wurden archäologisch und bauhistorisch begleitet,[5] allerdings unter schwierigen Bedingungen. So mussten die Bodenschichten und Baubefunde in 42 kleinräumigen Schnitten dokumentiert werden. Der statischen Sicherung des Sakralbaus folgte ab 2003 die Sanierung und Restaurierung des Aufgehenden, die wie die Bodeneingriffe bauhistorisch betreut wurden. Durch die enge Verzahnung zwischen archäologischer, restauratorischer und bauhistorischer Befunddokumentation trat bei diesem Projekt

---

[4] EUGEN SCHNEBLE, Die Bauanalyse als Planungsgrundlage, in: Vom Messbild zur Bauanalyse. 25 Jahre Photogrammetrie im Landesdenkmalamt Baden-Württemberg, zusammengestellt von GÜNTER ECKSTEIN (Arbeitsheft Landesdenkmalamt Baden-Württemberg, Bd. 9), Stuttgart 2001, S. 121–129; GÜNTER ECKSTEIN, Messtechnische Bauuntersuchung und Verformungsanalyse, in: ebd., S. 131–151; LORENZ EDELMANN / PETER AMANN, Geotechnische Untersuchung und messtechnische Überwachung der Gründungssanierung, in: ebd., S. 153–160; JOHANN GRAU, Die Maßnahmen zur statischen Sicherung, in: ebd., S. 161–162; EUGEN SCHNEBLE, Die statische Sicherung des Bauwerks und die Nutzung als City-Kirche, in: Dreifaltigkeitskirche (wie Anm. 2), S. 58–65.

[5] Die archäologischen Ausgrabungen wurden durch die Außenstelle Konstanz des Landesdenkmalamtes Baden-Württemberg durchgeführt (wissenschaftliche Leitung Ralph Röber, Grabungstechnik David Bibby). Die restauratorischen Untersuchungen erfolgten durch Mitarbeiter des Büros Oes, Konstanz. Die bauhistorischen Untersuchungen erfolgten durch den Autor: vgl. FRANK LÖBBECKE / RALPH RÖBER, Die Dreifaltigkeitskirche in Konstanz, in: Archäologische Ausgrabungen in Baden-Württemberg 2000 (2001), S. 176–179; DIES., Die archäologischen und bauhistorischen Untersuchungen im ehemaligen Konstanzer Augustinereremitenkloster, in: Dreifaltigkeitskirche (wie Anm. 2), S. 12–25; FRANK LÖBBECKE, Bauarchäologische Untersuchungen und baugeschichtliche Auswertung während der Sanierung, in: Messbild (wie Anm. 4), S. 163–173.

keine Zäsur zwischen den Untersuchungen im Boden und im Aufgehenden auf. Weitere archäologische Untersuchungen im Umfeld der Kirche ergänzen die Ergebnisse.[6]

Vor der Gründung des Klosters

Die ersten Anzeichen menschlicher Aktivität im Bereich des späteren Klosters sind in den Seegrund eingerammte Holzpfosten, die im ausgehenden 11. Jahrhundert geschlagen wurden. Sie dürften eine Nutzung des Ufers bezeugen, vermutlich dienten sie zum Anlegen von Booten oder zum Fischfang. Mit einer dauerhaften Besiedlung ist aber erst rund 100 Jahre später zu rechnen: Unmittelbar westlich der heutigen Kirche ist für das ausgehende 12. Jahrhundert die Entstehung einer Gerbersiedlung archäologisch nachgewiesen. Diese anfangs weit außerhalb der Stadt gelegene Ansiedlung wurde um 1200 durch den Bau der neuen Stadtmauer in das städtische Schutzsystem einbezogen.[7]

Auch unter der Kirche und im südlichen Klosterbereich fanden sich Spuren älterer Bebauung, die hier bis in das frühe 13. Jahrhundert zurückreichen. Ob diese dem Umfeld der Gerber zuzurechnen sind, oder ob hier auch Vertreter anderer Gewerbe wohnten, ist noch unklar. Es fanden sich unter anderem vier holzausgesteifte Latrinengruben. Bei zwei von ihnen waren abgewrackte Schiffsplanken wiederverwendet worden,[8] für eine andere wurde eine Stollentruhe aus dem späten 11. Jahrhundert genutzt.[9]

Im Zuge der sich verdichtenden Besiedlung des Bodenseeufers wurde das Gelände deutlich erhöht und damit auch trockengelegt. Durch die Einbeziehung in den Bering der Stadtmauer sowie durch die Lage an der Mordergasse gewann dieses Quartier im Südosten der Altstadt erheblich an Attraktivität und rückte so in das Blickfeld stadtplanerischer Aktivitäten. Dies führte in der zweiten Hälfte des 13. Jahrhunderts zu größeren Umgestaltungen: Im Jahre 1252 parzellierte der Konstanzer „Patrizier" Heinrich in der Bünd seinen 3,6 ha großen Obstgarten im Süden der Altstadt

---

[6] MARIANNE DUMITRACHE, Stadtarchäologie in Konstanz, in: Archäologische Ausgrabungen in Baden-Württemberg 1994 (1995), S. 303–311, hier S. 308–311; DIES., Neues aus dem römischen und mittelalterlichen Konstanz, in: Archäologische Ausgrabungen in Baden-Württemberg 1995 (1996), S. 241–255; DIES., Konstanz (wie Anm. 3), S. 54, 59, 128 und 145–149 (Nr. 146, 180–182, 200–205); FRANK LÖBBECKE / ANDREA BRÄUNING, Stadtarchäologie in Konstanz: Untersuchungen in der Rosgarten- und der Bodanstraße, in: Archäologische Ausgrabungen in Baden-Württemberg 2007 (2008), S. 200–206; RALPH RÖBER / MARKUS WOLF, Downtown Konstanz – Neue Ausgrabungen in der Rosgartenstraße und auf dem Augustinerplatz: in: ebd., S. 206–209.

[7] DUMITRACHE, Konstanz (wie Anm. 3), S. 56–61 und S. 193–201; FRANK LÖBBECKE / RALPH RÖBER, Drei Stadtmauern im Süden der Konstanzer Altstadt, in: Archäologische Ausgrabungen in Baden-Württemberg 2002 (2003), S. 202–204; LÖBBECKE / BRÄUNING, Stadtarchäologie (wie Anm. 6), S. 200–206; FRANK LÖBBECKE, Archäologie und Bauforschung. Die Stadtmauern im Süden der Konstanzer Altstadt, in: Denkmalpflege in Baden-Württemberg 37, Heft 3 (2008), S. 156–158.

[8] LÖBBECKE / BRÄUNING, Stadtarchäologie (wie Anm. 6), S. 202.

[9] LÖBBECKE / RÖBER, Archäologische und bauhistorische Untersuchungen (wie Anm. 5), S. 14.

Die Augustinereremitenklöster in Konstanz und Freiburg i. Br. 355

Abb. 5: Konstanz, südliche Stadterweiterung des 13. Jahrhunderts. Kartengrundlage: Urkataster von 1867. Umzeichnung: Stadtarchäologie Konstanz, Ergänzung: Frank Löbbecke.

(Abb. 5).[10] Zur Erschließung wurde die parallel zur Stadtmauer führende Neugasse angelegt, deren nördliche Straßenseite bald darauf bebaut wurde.[11] Wenig später musste die lockere Bebauung östlich der Rosgartenstraße dem neu gegründeten Kloster der Augustinereremiten weichen. Am Ende des 13. Jahrhunderts wurden westlich der Rosgartenstraße die Grundstücke neu parzelliert, nachdem die Gerber freiwillig oder gezwungenermaßen in die Vorstadt Stadelhofen gezogen waren.

Das Kloster der Augustinereremiten in Konstanz

Anstelle des Handwerkerviertels errichtete man in der südöstlichen Ecke der erweiterten Stadt das Kloster der Augustinereremiten (Abb. 6). Nach einer frühneuzeitlichen Chronik soll das Kloster 1268 gegründet worden sein. Wer als Stifter und Förderer des neuen Klosters tätig wurde, ist weitgehend unbekannt.[12] Im Jahre 1281 schenkte ihm der

---

[10] HELMUT MAURER, Konstanz – die Mauern einer Bischofsstadt im Hochmittelalter, in: Stadt- und Landmauern, Bd. 1, Beiträge zum Stand der Forschung (Veröffentlichungen des Instituts für Denkmalpflege an der Eidgenössischen Technischen Hochschule Zürich, Bd. 15,1), Zürich 1995, S. 23–29, hier S. 25.
[11] DUMITRACHE, Konstanz (wie Anm. 3), S. 58.
[12] HARALD DERSCHKA, Das Kloster der Augustinereremiten in Konstanz, in: Dreifaltigkeits-

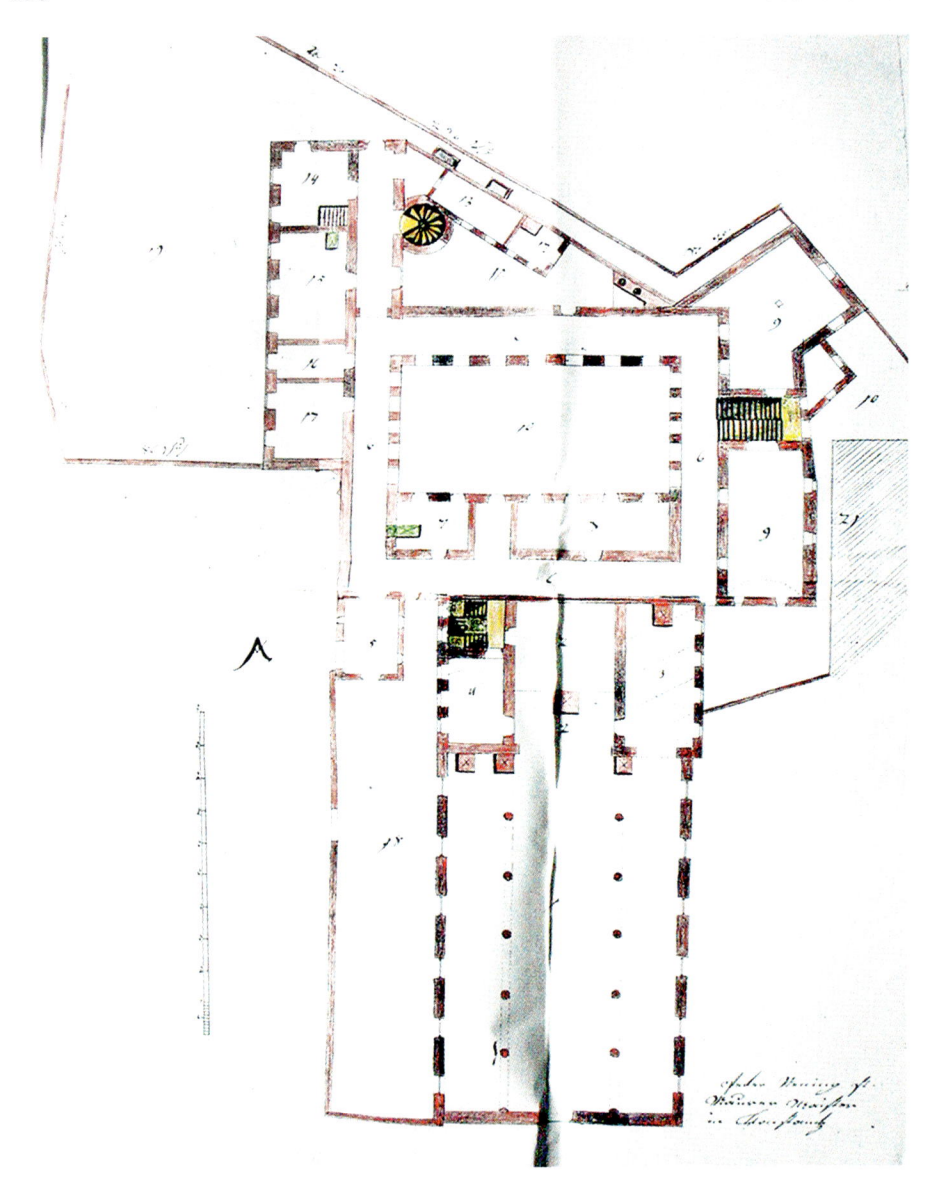

Abb. 6: Konstanz, Augustinereremitenkloster, Grundriss des Erdgeschosses (1787). Kirche (1), Chor (2), Muttergotteskapelle (3), Sakristei (4), Pforte (5), Kreuzgang (6), Pfortenstube (7), Alte Sakristei (8), Keller (9), Blumengarten/Kreuzganghof (10), Höfle (11), Krankenzimmer (12), Schreinerei (13), Küche (14), Konvent/Refektorium? (15), Schenkzimmer (16), Kapitelsaal (17), Gottesacker (18), Garten (19), Stadtmauer (20), Zeughaus (21). Generallandesarchiv Karlsruhe, Inv. Nr. 200/1614.

kirche (wie Anm. 2), S. 6–11, hier S. 6; KONRAD BEYERLE, Das ehemalige Augustinerkloster zu Konstanz, 2 Vorträge, Konstanz 1905.

Konstanzer Bürger Arnold Schneewiß ein angrenzendes Grundstück zwischen alter und neuer Stadtmauer.[13] Ein weiteres Areal an der Stadtmauer gab die Stadt 1303 als Prekarie, also auf Widerruf: Die vom Kloster dort errichteten Bauten konnten – wenn die Stadt das wünschte – zu Verteidigungszwecken genutzt oder abgerissen werden.[14]

Die Konstanzer Augustinereremiten mussten als erstes für ihre Unterkunft sorgen. Möglicherweise durften sie dafür den südöstlichen Eckturm der Stadtbefestigung nutzen, der später ein selbstverständlicher Teil der Klausur war.

Bald darauf begannen die Augustinereremiten mit dem Bau einer eigenen Kirche. Den ersten Bauabschnitt bildete der Chor, der für die gemeinsamen Chorgebete und Messfeiern dringend benötigt wurde (Abb. 7, violett). Er besitzt eine lichte Breite von 8,30 m bei einer ursprünglichen Länge von etwa 20 m, also 8–9 m länger als heute. Errichtet wurde der Chor als separater Bauteil mit einem umlaufenden Sockel aus grünlichem Molassesandstein. Die sorgfältig bearbeiteten Quaderecken sitzen auf mächtigen, gestuften Sandsteinfundamenten (Abb. 8). Durch eine ebenerdige Tür in der Südmauer gelangte man vom Chor in die damalige Sakristei und zu den zwischen Kirche und Stadtmauer gelegenen Konventsgebäuden. Die zugehörige Schwelle befindet sich 1,90 m unter dem heutigen Chorboden. Gegenüber lag vermutlich eine zweite Tür. Oberhalb von ihr führte eine dritte in das Obergeschoss eines anschließenden Gebäudes – möglicher-

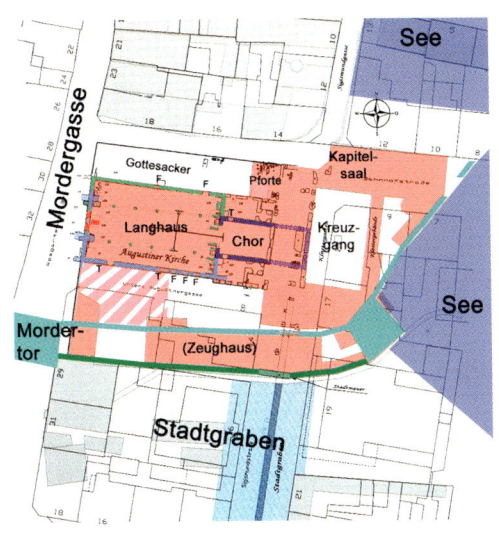

Abb. 7: Konstanz, Dreifaltigkeitskirche, Lageplan und Bauentwicklung der Klosterkirche. Phase I ab 1268 (violett), Phase II um 1280 (blau), Phase III um 1300 (grün) und Phase IV Wiederaufbau 1398 (rot). Überlagerungsplan: David Bibby.

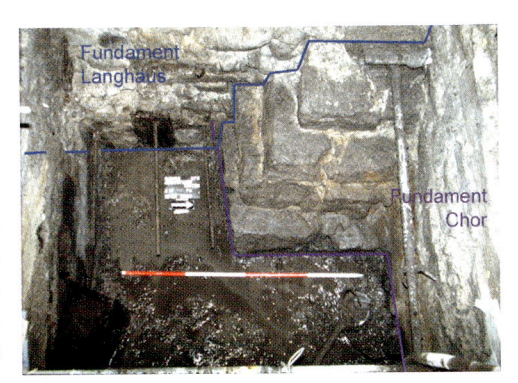

Abb. 8: Konstanz, Dreifaltigkeitskirche. Stufenfundament unter der südwestlichen Chorecke. Von links zieht das verschalte Fundament der südlichen Seitenschiffmauer gegen. Foto: Frank Löbbecke.

---
[13] MAURER, Konstanz (wie Anm. 10), S. 24 f.
[14] MAURER, Konstanz (wie Anm. 10), S. 25 f. Diese Absprache führte in der Reformationszeit zur Umnutzung des hier errichten Winterrefektoriums zum Kornhaus (später Zeughaus).

weise stand hier das erste Dormitorium des Klosters, bevor die Klausur nach Osten, in Richtung See, ausgebaut wurde. Der sich heute in einem großen Triumphbogen zum Langhaus öffnende Chor dürfte zunächst provisorisch mit einer Mauer verschlossen gewesen sein. Damit war er trotz Bautätigkeit im Langhaus für Gebet und Messe nutzbar.

Um 1280 war das Langhaus im Bau, wie dendrochronologisch datierbare Fundamenthölzer belegen (nach 1270d und Winter 1279/80d). Geplant war eine 32 m lange und 22 m breite, dreischiffige Anlage mit Pfeilerarkaden zwischen Seiten- und Mittelschiff. Zunächst errichtete man die Außenmauern im Süden und Westen (Abb. 7, blau). Ihre durchlaufenden Fundamente sitzen an Stellen mit besonders schwierigem Untergrund auf hölzernen Schwellbalken (Abb. 8). Die Streifenfundamente bestehen meist aus regelmäßigen Lagen großer Kiesel (sog. Wacken) in hartem Mörtel. Die untere Fundamenthälfte wurde in verschalten Baugruben gegossen, die obere Hälfte dagegen frei aufgemauert. Die Fundamente der Pfeiler im Kircheninneren wurden zusätzlich durch senkrecht in den Boden gerammte Holzpfähle stabilisiert, die im Grundwasser stehen und daher bis heute ihre Funktion erfüllen. Zusätzlich zu den noch heute vorhandenen Strebepfeilern an der Straßenfassade waren ehemals auch Pfeiler an den Ecken geplant – ein Zeichen, dass man sich des schlechten Baugrunds durchaus bewusst war. Warum dann aber nach einer Umplanung doch auf sie verzichtet wurde, ist unklar. Außen war wiederum eine umlaufende Sockelschräge vorhanden. Eine spitzbogige Tür führte von Süden in das Langhaus, ein Eingang von der Straße war damals nicht geplant.

Der Baugrund im Norden war so schlecht, dass der Bau unterbrochen werden musste. Nach einer Aufschüttung des Geländes machte man sich mit einem neuen Konzept an den Weiterbau (Abb. 7, grün). Das Langhaus wurde nun rund 1,50 m schmäler und die Nordmauer wurde anders gegründet als die bisherigen Wände: man setzte die Fundamentbögen in den sumpfigen Untergrund (Abb. 9).

Die in Holzschalungen gegossenen Bögen ruhen auf Kiespackungen als Widerlager.[15] Außerdem versetzte man die nördlichen Arkadenpfeiler im Inneren weiter nach Süden, um auf diese Weise einen größeren Abstand zum unsicheren Baugrund zu gewinnen. Der entsprechend verschobene Strebepfeiler an der Westfassade musste vollständig neu fundamentiert werden. Zudem verzichtete man auf den abgeschrägten Sockel – denn durch die Anhebung des Außenniveaus war der Sockel von Chor, Süd- und Westmauer im Boden verschwunden. Direkt oberhalb der nun verdeckten Sockelschräge baute man in der Westfassade ein breites Portal mit zwei Türöffnungen ein (Abb. 10).

Mit dem Portal zur belebten Mordergasse öffneten die Mönche ihre Kirche weit für die Konstanzer Bürger, im direkten wie wohl auch im übertragenen Sinne. In dieser Bauphase wurde auch der Lettner zwischen dem zur Straße geöffneten Laienraum (Langhaus) und dem den Mönchen vorbehaltenen Chor errichtet (Abb. 11). Der Hal-

---

[15] FRANK LÖBBECKE / JOCHEN PFROMMER / RALPH RÖBER, Bauen auf unsicherem Grund – Das Fallbeispiel Konstanz, in: Mittelalterarchäologie und Bauhandwerk. Beiträge des 8. Kolloquiums des Arbeitskreises zur archäologischen Erforschung des mittelalterlichen Handwerks, hg. von WALTER MELZER (Soester Beiträge zur Archäologie, Bd. 6), Soest 2005, S. 33–78, hier S. 49–55.

Die Augustinereremitenklöster in Konstanz und Freiburg i. Br. 359

Abb. 9: Konstanz, Dreifaltigkeitskirche. Fundamentbögen der nördlichen Kirchenmauer und in den anstehenden Seeton gesetztes Kies-Widerlager (schwarze Schicht unter den Bögen). Foto: Stadtarchäologie Konstanz.

Abb. 10: Konstanz, Dreifaltigkeitskirche. Ehemaliger Sockel der Westfassade (Phase II), darüber das nach Umplanung eingebaute Westportal (Phase IV). Foto: Stadtarchäologie Konstanz.

Abb. 11: Konstanz, Dreifaltigkeitskirche. Blick von Westen auf den Lettner, der das Langhaus vom Chor trennte (Modell). Badisches Landesmuseum Karlsruhe; Modellbau Pape.

lenlettner wies fünf Gewölbefelder (Joche) auf, die durch schmale Mauern voneinander geschieden waren und in denen jeweils ein Altar stand. Der mittlere Lettnerbereich konnte archäologisch nicht untersucht werden, da hier keine Sanierungsmaßnahmen stattfanden. Üblicherweise stand hier der Hauptaltar für die Laien im Langhaus, an dem vorbei die Kleriker durch ein oder zwei Zugänge in den Chor gelangen konnten.

Auffällig ist die Gestaltung des nördlichen Lettneraltares: Sein Unterbau (Stipes) war zwar wie bei den drei übrigen Altären gemauert, im Unterschied zu diesen aber war er auch innen sorgfältig verputzt und von einer schweren, in die Rückwand eingelassenen Steinplatte abgedeckt. Hier könnten größere Reliquien verwahrt worden sein.

Mit Abschluss dieser Baumaßnahmen war zu Anfang des 14. Jahrhunderts eine dreischiffige Kirche mit Langchor und Lettner entstanden, die sich durch ein breites Doppelportal zur Straße öffnete (Abb. 12). Sechs weite, spitzbogige Arkaden mit Achteckpfeilern öffnen das Mittelschiff zu den Seitenschiffen (Abb. 11 und 14). An der westlichen Wand lagern die Arkaden auf Wandpfeilern auf, während sie im Osten in die Quaderecken des (älteren) Chorbaus eingebrochen wurden. Der Backsteinboden im Langhaus fällt nach Osten um bis zu 0,50 m ab (1,40 m tiefer als heute). Mittel- und Seitenschiffe besaßen vermutlich ein gemeinsames Dach (Abb. 13). Auf einem später abgeschlagenen Sandsteingesims könnte eine flache Holzdecke über dem Mittelschiff gelegen haben. Die schlichte Gestalt der Kirche scheint geradezu idealtypisch das Armutsideal eines Bettelordens zu spiegeln, dürfte in Konstanz aber eher aus der Not geboren sein. Denn der dreischiffige, um 1280 bereits festliegende Grundriss zielt auf den Bau einer Basilika, also einer Kirche mit hohem Mittelschiff, das durch Fenster oberhalb der Seitenschiffdächer erhellt wird. Anderenfalls hätte man auch eine un-

Die Augustinereremitenklöster in Konstanz und Freiburg i. Br.

geteilte Halle errichten können, wie es beim Schwesterkloster in Freiburg der Fall war. Die statischen Probleme wegen des mangelhaften Baugrunds, vielleicht auch Geldmangel, dürften die Konstanzer Augustiner zu dieser Baulösung veranlasst haben.

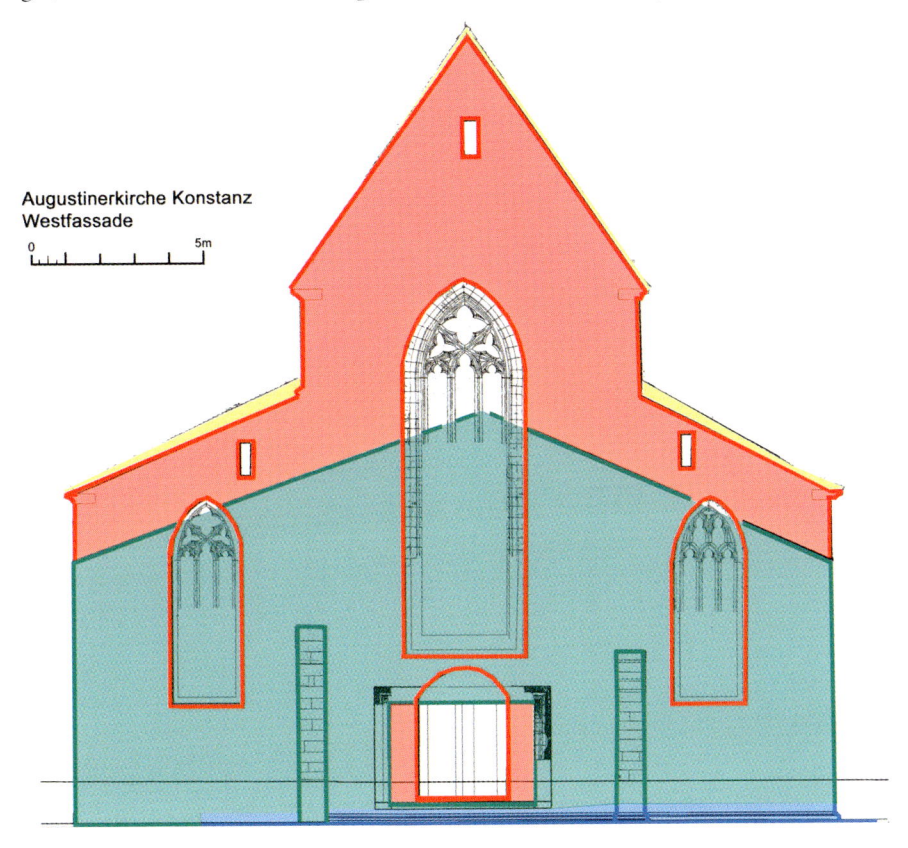

Abb. 12: Konstanz, Dreifaltigkeitskirche, Westfassade mit Bauphasen. Phase II um 1280 (blau), Phase III (grün), Phase IV Wiederaufbau 1398 (rot) sowie spätere Umbauten (gelb). Der waagerechte Strich kennzeichnet das heutige Straßenniveau. Zeichnung: Frank Löbbecke.

In der Nacht des 29. Januar 1398 brach in der Vorstadt Stadelhofen ein Feuer aus, das sich rasch ausbreitete und große Teile der südlichen Altstadt bis zur Marktstätte zerstörte. Auch Kirche und Klausur der Augustinereremiten brannten. Herabstürzende Balken, Steine, Putzstücke und Ziegel bedeckten den Kirchenboden bis zu 0,50 m Höhe. Die überwiegend aus Sandstein bestehenden Außenmauern und Pfeiler blieben stehen, sind aber in Bodennähe durch den glühenden Brandschutt rot verfärbt. Der Wiederaufbau (Phase IV) schritt zügig voran, noch im gleichen Winter wurde das Holz für das Sparrendach über dem Mittelschiff geschlagen. Da man die Mauern des Vorgängerbaus übernehmen konnte, blieb der Grundriss der Kirche unverändert. Dagegen beschlossen die Augustiner nun, eine Basilika zu errichten. Die Seitenschiffe und vor allem das Mittelschiff wurden erhöht und mit sieben runden Fenstern im Obergaden versehen

(Abb. 13 und 14). Die Rundfenster sitzen nicht in den gleichen Achsen wie die teilweise erneuerten Spitzbogenfenstern der Seitenschiffe. Im Westgiebel baute man drei große, dreibahnige Maßwerkfenster ein (Abb. 12). Der wohl ebenfalls aufgestockte Chor erhielt nun, eng aneinandergereiht, große Fenster mit Fischblasen-Maßwerk (Abb. 15).

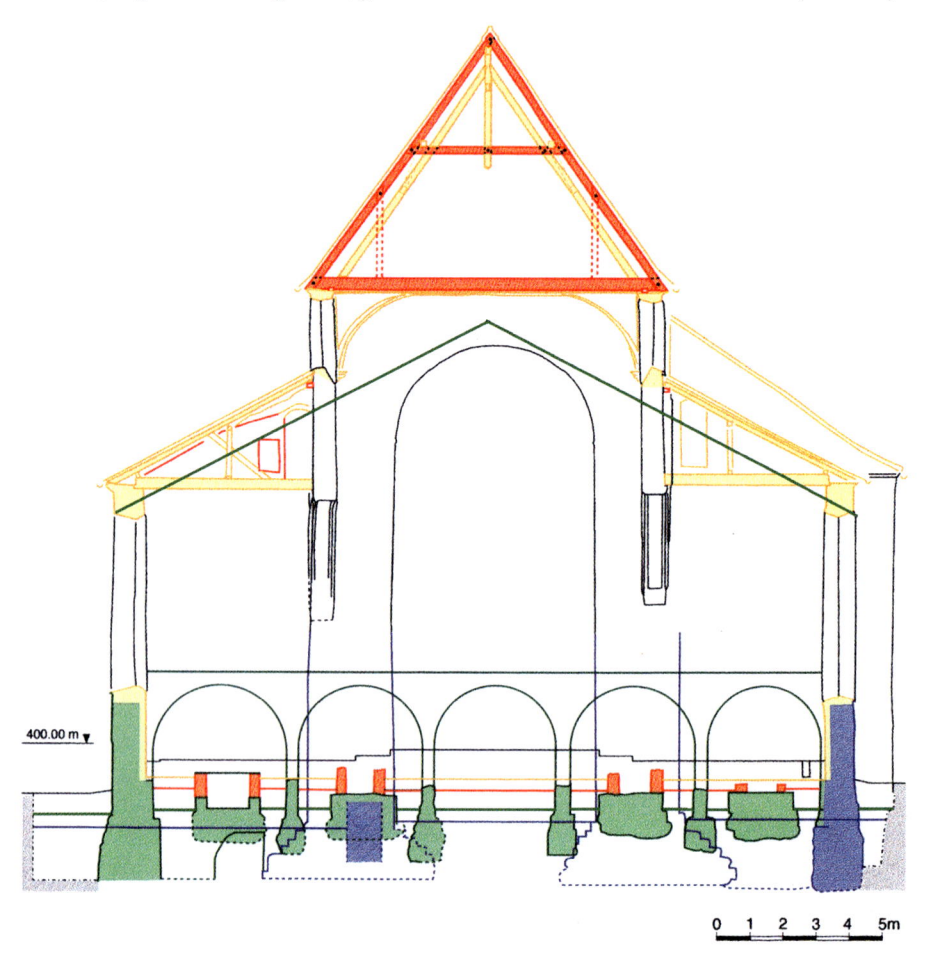

Abb. 13: Konstanz, Dreifaltigkeitskirche. Querschnitt durch das Langhaus (Blick zum Chor) mit Bauphasen. Phase II um 1280 (blau), Phase III (grün), Phase IV Wiederaufbau und Aufstockung 1398 (rot) sowie spätere Umbauten (gelb). Zeichnung: Frank Löbbecke.

Im Inneren führte die Einplanierung des Brandschutts zu einer Vereinheitlichung des Bodenniveaus: Der Backsteinboden lag jetzt im gesamten Langhaus 0,50 m höher (0,80 m unter heutigem Niveau). Die Aufschüttung hatte Auswirkungen auf die Altäre und Türöffnungen: So mussten die Lettneraltäre aufgestockt werden, wobei man sie verschmälerte (Abb. 16). Nur der nördliche Kastenaltar mit dem vermuteten großen Reliquiar wurde in ursprünglicher Breite beibehalten. Die zuvor unbemalten Altäre

Abb. 14: Konstanz, Dreifaltigkeitskirche. Längsschnitt durch die Kirche mit Bauphasen. Phase III (grün) und Phase IV Wiederaufbau und Aufstockung 1398 (rot). Zeichnung: Frank Löbbecke.

wurden nun gelb gefasst mit rahmenden roten und schwarzen Linien. Außerdem mussten alle Türschwellen angehoben werden. Darüber hinaus wurde die Doppeltür im Westen zu einer einzigen, breiten Öffnung umgestaltet (Abb. 12).

Den krönenden Abschluss des Wiederaufbaus bildete die Ausmalung der Kirche (Abb. 17). Sie wurde 1417 von König Sigismund gestiftet und von den drei Konstanzer Malern Heinrich Grübel, Johann Lederhoser und Kaspar Sünder ausgeführt. Der königliche Stifter hatte samt Gefolge während des Konstanzer Konzils (1414–1418) zeitweise im Kloster logiert, das damals, nach seiner Wiederherstellung, der modernste Großbau der Stadt war.

Abb. 15: Konstanz, Dreifaltigkeitskirche. Gotisches Maßwerkfenster in der südlichen Chorwand. Foto: Frank Löbbecke.

Abb. 16: Konstanz, Dreifaltigkeitskirche. Lettneraltar, nach Brand 1398 und Einplanierung des Brandschutts schmäler und höher wieder aufgebaut. Foto: Frank Löbbecke.

Die Fresken im Obergaden nehmen mit ihren Rundmedaillons die Form der Occuli auf. In den Medaillons sind Propheten wiedergegeben, darunter sind die Mönche und Gründer der damals vorhandenen Männerorden dargestellt.[16] Die Einzelfiguren in den Arkadenzwickeln sind zum Großteil nicht zu deuten.[17] Da sie aber nicht nur den Obergaden, sondern auch die Zwickel zwischen den Arkaden bedeckten, wurde das ältere Sandsteingesims abgeschlagen und überputzt.

Abb. 17: Konstanz, Dreifaltigkeitskirche. Langhaus nach Westen, die südlichen Arkaden mit mittelalterlichen Malereien (2006). Foto: Frank Löbbecke.

Stadtentwicklung und Klostergründungen in Freiburg im Breisgau

Die Burg „Freiburg" und die zugehörige Siedlung am Fuße des Burgbergs wurden von Herzog Bertold II. von Zähringen um 1090 gegründet. Die Zähringer waren die wichtigsten Städtegründer der Region – auf sie gehen beispielsweise auch die Ursprünge der Städte Villingen, Bern und Fribourg/Freiburg im Üchtland zurück. Ausschlaggebend für die Anlage Freiburgs am Ausgang des Dreisamtals in die Rheinebene dürfte die verkehrsgünstige Lage (Schwarzwaldübergang) und die Nähe zu den Silberminen im südlichen Schwarzwald gewesen sein. 1120 wurde einem Teil der gewerblich geprägten Siedlung das Marktrecht verliehen. Im Anschluss ging man an den planmäßigen Ausbau der Stadt (Abb. 18 und 19).

Das prosperierende Gemeinwesen verdoppelte im 13. Jahrhundert seine Grundfläche durch die Ummauerung der Vorstädte im Norden und Süden, später auch im Westen.

---

[16] HARALD DERSCHKA, Die Ordensdarstellung in der Konstanzer Augustinerkirche: eine Gesamtschau der Männerorden aus der Sicht der Augustinereremiten, in: Dreifaltigkeitskirche (wie Anm. 2), S. 26–33.
[17] LEUSCH, Konzilsfresken (wie Anm. 2).

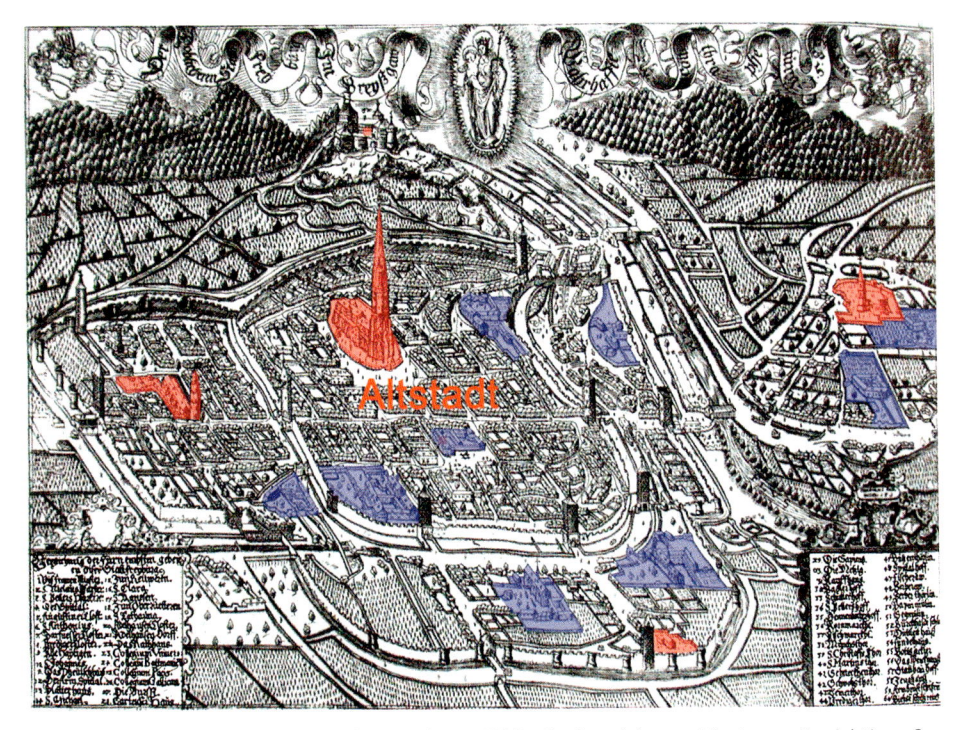

Die Augustinereremitenklöster in Konstanz und Freiburg i. Br. 365

Abb. 18: Freiburg, sog. „Kleiner Sickinger-Plan" (1589). Stadtansicht von Westen, mit wichtigen Sakralbauten (rot) und Bettelordensklöstern (blau). Augustinermuseum Freiburg, Denkmälerarchiv.

Der Neubau des spätromanischen Münsters (Bau II) als Grabkirche des 1218 verstorbenen letzten Zähringerherzogs Bertold V.[18] und die Gründung einer großen Anzahl von Klöstern fallen ebenfalls in dieses Jahrhundert. Als erstes wird ab 1236 das Dominikanerkloster im Nordwest-Winkel der Altstadt erbaut. 1246 erhalten die zunächst außerhalb der Altstadt lebenden Franziskaner durch den Stadtherrn ein Grundstück an einer Martins-

Abb. 19: Stadtplan von Freiburg. Burg und vermuteter ältester Siedlungskern (gelb), Altstadt und Vorstädte mit wichtigen Sakralbauten (rot) und Bettelordensklöstern (blau). Plan: Frank Löbbecke.

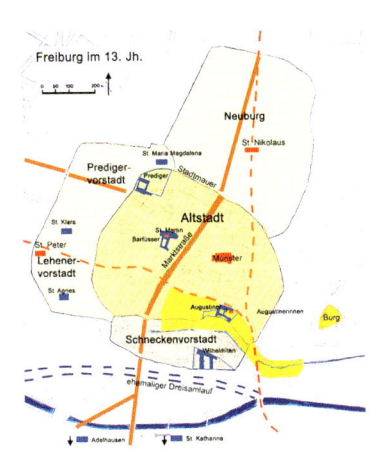

---

[18] FRANK LÖBBECKE, Der Chor in der Vierung. Bauarchäologische Untersuchungen im Freiburger Münster, in: Stratigraphie und Gefüge. Beiträge zur Archäologie des Mittelalters und der Neuzeit und zur historischen Bauforschung. Festschrift für Hartmut Schäfer zum 65. Geburtstag, zusammengestellt von SUSANNE ARNOLD (Forschungen und Berichte der Archäologie des Mittelalters in Baden-Württemberg, Bd. 28), Stuttgart 2008, S. 199–212.

kapelle mitten in der Stadt. Neben den Augustinereremiten kommen bis 1297 noch vier Dominikanerinnen-, ein Franziskanerinnen- und ein Wilhelmitenkloster hinzu. Diese Niederlassungen lagen alle in den Vorstädten oder südlich der Stadt.

Die bauarchäologischen Untersuchung im ehemaligen Kloster

Das ehemalige Kloster der Augustinereremiten von Freiburg i. Br. wird derzeit zu einem modernen Museum mit zusätzlichen Ausstellungsflächen ausgebaut. Baubegleitend fanden archäologische und bauhistorische Untersuchungen statt. Vor allem im geplanten Sonderausstellungssaal unter dem Langhaus der Kirche, 5 m tiefer als das heutige Straßenniveau, mussten wichtige Zeugnisse der Kloster- und frühen Stadtgeschichte vor ihrem endgültigen Verschwinden dokumentiert werden (Abb. 20).[19] Die Ausgrabung förderte ein Stadtviertel aus der Anfangsphase der Stadt Freiburg zu Tage. Zum Teil hatten sich sogar die Erdgeschosse der Häuser erhalten, denn die Kirche war auf dem am Ende des 12. Jahrhunderts angehobenen Straßenniveau errichtet worden.[20]

Greifbar wird hier der Umwandlungsprozess von einem Stadtviertel zu einem Kloster, dessen Baukonzept an vielen Stellen durch die Vorgängerbebauung bestimmt

---

[19] Die zwei Grabungskampagnen 2002/03 und 2004/05 wurden weitgehend durch die Stadt Freiburg finanziert und durch das Regierungspräsidium Freiburg, Referat 26 – Denkmalpflege, Archäologie des Mittelalters und der Neuzeit, durchgeführt. Konservatorisch wurde das Projekt durch Peter Schmidt-Thomé betreut, Grabungstechnikerin war Barbara Volkmer (beide Regierungspräsidium Freiburg), die Grabungsleitung hatte der Autor. Frank Löbbecke, „ … und erhielten die Erlaubnis zum Bau einer größeren Kirche". Gründung und Bau des Freiburger Augustinereremitenklosters in der Oberen Altstadt, in: Freiburg i. Br. – eine Stadt braucht Klöster, Begleitbuch zur gleichnamigen Ausstellung vom 25.5.–1.10.2006 im Augustinermuseum Freiburg i. Br., hg. von Barbara Henze, Freiburg 2006, S. 160–165; Ders. / Peter Schmidt-Thomé, Frühe Freiburger Häuser unter dem Augustinerkloster, in: Archäologische Nachrichten aus Baden 72/73 (2006), S. 74–85; Ders., Hausbau und Klosterkirche – bauarchäologische Untersuchungen im Freiburger Augustinermuseum, in: Archäologische Ausgrabungen in Baden-Württemberg 2002 (2003), S. 191–195; Ders., Ein Stadtviertel unter der Klosterkirche – Fortsetzung der bauarchäologischen Untersuchungen im Freiburger Augustinermuseum, in: Archäologische Ausgrabungen in Baden-Württemberg 2005 (2006), S. 200–204.

[20] Die auf einem zwar hochwasserfreien, aber dafür trockenen Schotterhügel errichtete Stadt konnte nur unzureichend über Brunnen versorgt werden. Deshalb verlegte man von außerhalb gespeiste, unterirdische Deichelleitungen (Trinkwasser) und offene Straßenbäche (Brauchwasser). Die noch heute das Straßenbild prägenden „Bächle" versorgten auch die ab Ende des 12. Jahrhunderts entstehenden Vorstädte. Um dort ein ausreichendes Gefälle zu sichern, entschloss man sich zur Aufschüttung der Altstadtstraßen. Vgl. hierzu Josef Diel, Die Tiefkeller im Bereich Oberlinden, Zeugnisse der baulichen Entwicklung Freiburgs im 12. und 13. Jahrhundert (Stadt und Geschichte, Neue Reihe des Stadtarchivs Freiburg i. Br., Bd. 2), Freiburg 1981, S. 40–44; Matthias Untermann, Archäologische Beobachtungen zu den Freiburger Altstadt-Straßen und zur Entstehung der Bächle, in: Zeitschrift des Breisgau-Geschichtsvereins „Schau-ins-Land" 114 (1995), S. 9–26; Zu den Stadterweiterungen: Armand Baeriswyl, Stadt, Vorstadt und Stadterweiterung im Mittelalter, Archäologische und historische Studien zum Wachstum der drei Zähringerstädte Burgdorf, Bern und Freiburg im Breisgau (Schweizer Beiträge zur Kulturgeschichte und Archäologie des Mittelalters, Bd. 30), Basel 2003, S. 87–157.

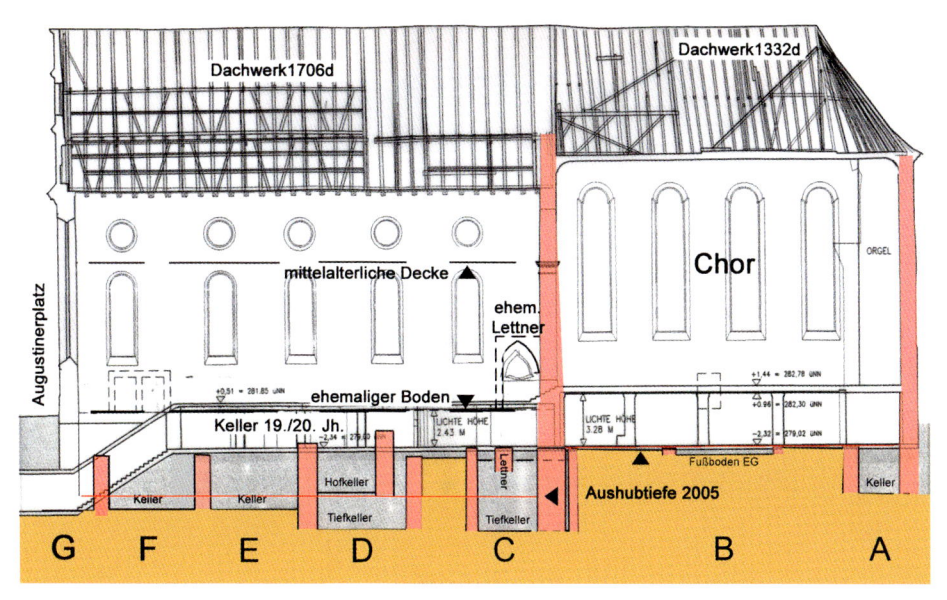

Abb. 20: Freiburg, Augustinermuseum. Längsschnitt durch die Kirche mit Depotkeller und Luftschutzgang, darunter die Keller der Vorgängerbebauung aus dem 13. Jh. Plan: Regierungspräsidium Freiburg, Referat 26 – Denkmalpflege und Frank Löbbecke.

war. Ohne Kenntnis der hochmittelalterlichen Häuser ist die Baugeschichte des Freiburger Augustinerklosters nicht zu verstehen.

Vor der Gründung des Klosters

Die Klosterkirche und damit das Grabungsareal (Abb. 21) liegen zwischen Salzstraße und Stadtmauer, nahe der Weggabelung Oberlinden und dem Schwabentor. Damit befindet es sich im Kernbereich der Altstadt, in dem schon für die Zeit vor der Marktrechtsverleihung im Jahre 1120 Siedlungstätigkeit festgestellt werden konnte.[21] Das damalige Bodenniveau lag 2,50 m tiefer als die heutige Salzstraße. Die Bauten des 12. Jahrhunderts gehen alle von dieser ehemaligen Bodenhöhe aus. Ältestes Bauzeugnis ist ein teilweise unterkellertes Holzgebäude (Abb. 21 H und 22), das bis zu 12 m von der Salzstraße abgerückt war.

Ein weiteres Holzgebäude stand vermutlich auf dem gleichen Grundstück vorne an der Salzstraße (Abb. 21 Holzkeller, unter Steinhaus E). Diese Holzhäuser und vermut-

---

[21] MATTHIAS UNTERMANN, Das „Harmonie-Gelände" in Freiburg im Breisgau (Forschungen und Berichte der Archäologie des Mittelalters in Baden-Württemberg, Bd. 19), Stuttgart 1995, S. 29–48; LUISA GALIOTO / FRANK LÖBBECKE / MATTHIAS UNTERMANN, Das Haus „zum Roten Basler Stab", Salzstraße 20 (Forschungen und Berichte zur Archäologie des Mittelalters in Baden-Württemberg, Bd. 25), Stuttgart 2002, S. 33–45.

lich noch weitere, heute nicht mehr nachweisbare Gebäude scheinen einem großen Brand zum Opfer gefallen zu sein, denn großflächig über das gesamte Grabungsareal verteilt wurde eine Schicht von verkohltem Holz und angeziegeltem Lehm angetroffen, die als Brandschutt von Flechtwerkwänden angesprochen werden kann (Abb. 22).

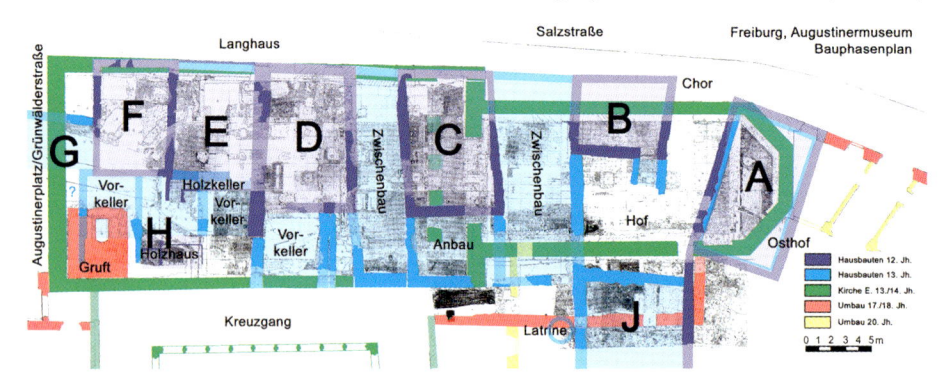

Abb. 21: Freiburg, Grabungsplan Augustinermuseum mit mittelalterlichen Hausbefunden unter der ehemaligen Klosterkirche und neuzeitlichen Umbauten. Dunkle Färbung: nachgewiesene Mauerzüge; mittel: erschlossene Mauerzüge; hell: überbaute Fläche. Plan: Stadt Freiburg, Vermessungsamt und Frank Löbbecke.

Abb. 22: Freiburg, Augustinermuseum. Kellergrube unter Holzhaus H, mit Brandschutt verfüllt. Foto: Regierungspräsidium Freiburg, Referat 26 – Denkmalpflege und Frank Löbbecke.

Die hölzernen Bauten wurden durch sechs, teilweise freistehende und mehrgeschossige Steingebäude ersetzt (Abb. 26 a). Sie hatten einen langrechteckigen Grundriss und standen, wie im Freiburg des 12. Jahrhunderts üblich, mit der Schmalseite zur Straße. Fünf von ihnen waren unterkellert (Abb. 21 A, C–F). Seitlich der Häuser führten Zufahrten zu den rückseitig gelegenen Höfen.[22] Nur Haus B (Abb. 23) fällt aus dem Rahmen. Seine Mauern bestanden nicht aus den im 12. Jahrhundert üblichen Wacken (große Kiesel), sondern aus grob zugehauenen Bruchsteinen. Außerdem war das Gebäude nicht unterkellert und erhielt auch nachträglich kein Untergeschoss. Die auffälligste Abweichung aber war seine Lage und der zu vermutende Grundriss: die Hoffassade lag sehr dicht an der Salzstraße, die sich hier nach Norden aufweitet und anschließend mit einer Kurve in die Oberlindengabelung übergeht. Leider befindet sich der größte Teil des Hauses heute unter dem Gehsteig und dem Straßenkörper der Salzstraße. Falls die zur Straße gerichtete Fassade in der gleichen Flucht lag wie die westlichen Nachbarbauten (Haus C–F), dann dürfte für den Hausgrundriss eine ungefähr quadratische Form anzunehmen sein. Die Breite der Straße in diesem Bereich würde aber auch ein Vorspringen des Hauses ermöglichen. Im Hof des Gebäudes standen leichte Werkstattbuden, in denen den dort angetroffenen Metallschlacken zufolge ein Schmied gearbeitet hatte.[23]

Noch im 12. Jahrhundert begann man die ursprünglich freistehenden Steinhäuser seitlich und hofseitig zu erweitern, bis schließlich eine weitgehend geschlossene Straßenfront entstanden war (Abb. 26 b). Die nun wesentlich größeren Bauten dürften auch aufgestockt worden sein, zumal Ende des 12. Jahrhunderts das Niveau der Salzstraße um 2,50 m angehoben wurde. Damit wurden die bisherigen Erdgeschosse der dortigen Gebäude zu Kellern, die zum Teil noch zusätzlich abgetieft wurden (Haus A und C, vermutlich auch Haus D und F). Der Tiefkeller von Haus D reichte 7 m unter das heutige Straßenniveau. Erschlossen wurde er von einem hofseitig angefügten Gewölbekeller, der den alten Kellerzugang ersetzte (Abb. 24).

Abb. 23: Freiburg, Augustinermuseum. Grundmauern von Haus A und B unter dem Chor der Kirche. Foto: Regierungspräsidium Freiburg, Referat 26 – Denkmalpflege und Frank Löbbecke.

---

[22] Bei zwei Bauten konnten die Innenmaße genauer bestimmt werden: Haus C maß 6 × 9,30 m und Haus F 5 × 7,50 m.

[23] Metallurgisches Gutachten von Gert Goldenberg und Erica Hanning (Institut für Ur- und Frühgeschichte und Archäologie des Mittelalters der Albert-Ludwigs-Universität Freiburg) vom Juli 2006.

Abb. 24: Freiburg, Augustinermuseum. Haus D, gewölbter Vorkeller zum Hof und Tiefkeller (13. Jh.); ältere Mauern (Pietra-rasa-Putz und Fugenritzung) wurden weiter genutzt. Foto: Regierungspräsidium Freiburg, Referat 26 – Denkmalpflege und Frank Löbbecke.

Damit hatte das Haus den typischen Freiburger Grundriss des 13. Jahrhunderts erhalten: ein mehrgeschossiger Tiefkeller zur Straße und ein kleiner, gewölbter Vorkeller zum Hof (Abb. 21 D). Den gleichen Grundriss, allerdings in kleineren Dimensionen, wies Haus F auf. Die ehemaligen Hofzufahrten zwischen den Häusern B, C und D wurden spätestens im 13. Jahrhundert überbaut und die Häuser rückseitig erweitert. Damit war hier ein Quartier mit Vorderhäusern von bis zu 16 m Tiefe entstanden, das später die Breite des darüber errichteten Kirchenschiffes bestimmte.

Abb. 25: Freiburg, Augustinermuseum. Rückwärtiges Steinhaus J mit erhaltener, verputzter Ecke und Backsteinboden. Foto: Regierungspräsidium Freiburg, Referat 26 – Denkmalpflege und Frank Löbbecke.

Haus B scheint allerdings nur wenig umgebaut worden zu sein. Sein rückseitiges Hofgelände, auf dem vermutlich die schon angesprochenen Werkstattbuden standen, wurde nicht massiv überbaut. Stattdessen errichtete man in der Hofmitte, 8 m vom Vorderhaus und etwa 15 m von der Straße entfernt, ein steinernes Gebäude (Haus J) mit einer Grundfläche von 6 × 9 m. Wie das Vorderhaus war es nicht unterkellert, wies im Erdgeschoss aber einen Backsteinboden auf (Abb. 25). Seine ungewöhnliche Lage und der Backsteinboden zeichnen das Gebäude aus.

Das Kloster der Augustinereremiten in Freiburg

In einer Urkunde vom 16. Dezember 1278 wird den Augustinereremiten eine Niederlassung *an dem Ort, den sie schon inne haben oder anderswo* durch den Stadtherrn Graf Egino II. und seinen Bruder Konrad, Pfarrherr am Freiburger Münster, erlaubt.[24]

Die erste Unterkunft der Augustinereremiten in Freiburg, vielleicht schon vor 1278, könnte das Steinhaus J gewesen sein, das weit abgerückt von der belebten und lauten Hauptstraße lag. Es blieb auch nach dem Kirchenbau erhalten und musste erst im 18. Jahrhundert einem an den Chor angebauten Gebäude weichen.

Der Kirchenneubau (Abb. 26 c–d) begann mit dem Abbruch der Häuser A–G, die bis auf das (erhöhte) Straßenniveau niedergelegt wurden. Ihre Mauersteine lagerte man für eine spätere Wiederverwendung und ihre Keller wurden mit Bauschutt und Aushubmaterial verfüllt. Man verfuhr also ähnlich wie auf heutigen Großbaustellen, indem man erst einmal eine freie Baufläche schuf. Zum Teil scheinen die Ruinen, zumindest im Langhausbereich, längere Zeit offen gestanden zu haben: so konnte im ehemaligen Haus E der Verlandungsprozess einer großen Wasserlache festgestellt werden. Ein merkwürdiger Fund fand sich im Anbau von Haus C: dort standen ein beschädigter Mörser und eine Handmühle aus Sandstein, die auf Wacken gebettet waren. Die Art ihrer Aufstellung lässt vermuten, dass sie vor der Aufschüttung des Hauses bewusst hier deponiert wurden (Abb. 27).

Da das Hofgelände nicht wie die Straße aufgeschüttet worden war (das geschah erst im 18. und 20. Jahrhundert), mussten die Hoffassaden der Häuser zunächst als Böschungsmauern zum tief liegenden Hofgelände bestehen bleiben. Vielleicht hat man sie auch noch höher stehen gelassen und als vorläufige Klausurmauer genutzt, um das Konvent von Baustelle und Straße abzuschirmen. Die Hoffassaden der Häuser C und D und der Zwischenbauten bezog man später in das Fundament des Langhauses ein (Abb. 26 d).

Nach diesen vorbereitenden Maßnahmen nahmen die Augustinereremiten die Errichtung des Chores in Angriff. In seinem Fundament wurden Bausteine der abgerissenen Häuser wiederverwendet (vgl. Beitrag Wimmenauer im Anschluss). Die Außenmauer des Chores und sein westlicher Abschluss zum Langhaus wurden zusammen

---

[24] Freiburger Urkundenbuch, bearbeitet von Friedrich Hefele, Bd. 1, Freiburg 1940, S. 285, Nr. 317.

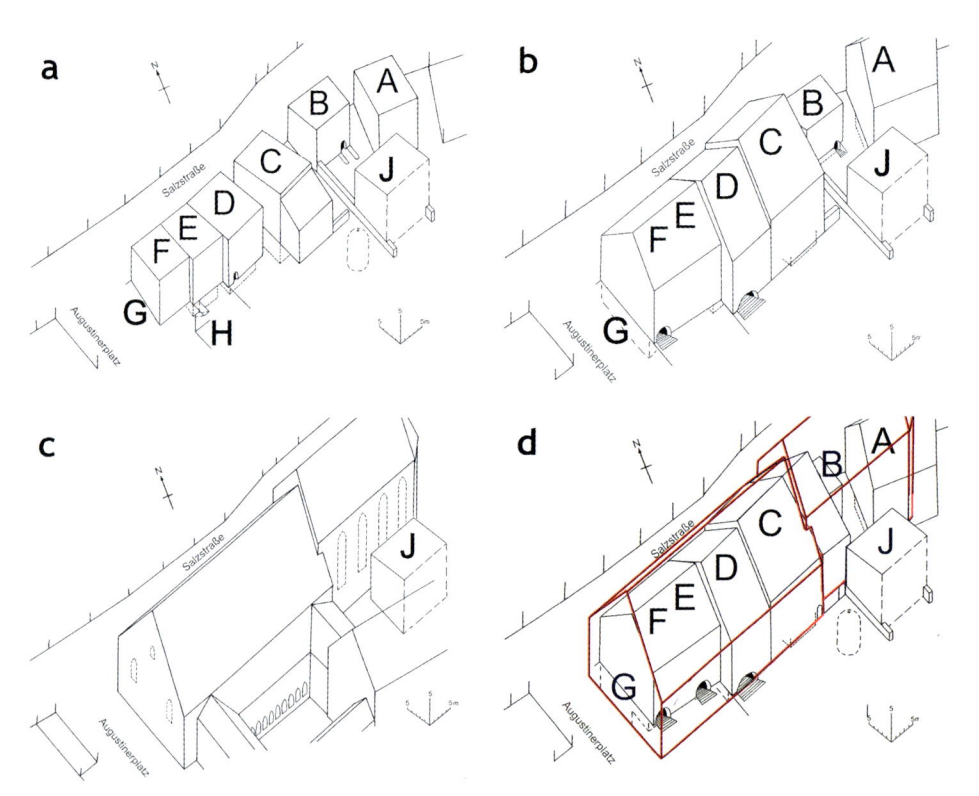

Abb. 26: Freiburg, Augustinermuseum. Isometrische Darstellung der baulichen Situation vor und nach der Errichtung der Klosterkirche: Hausbauten im 12. Jh. (a), Hausbauten im 13. Jh. (b), Kirchenbau in der ersten Hälfte des 14. Jh. (c), Vorgängerbebauung und Kirchenbau (d). Zeichnung: Clark Urbans, Regierungspräsidium Freiburg, Referat 26 – Denkmalpflege und Frank Löbbecke.

errichtet. Der sich in der Westmauer zum Langhaus öffnende Triumphbogen wurde wohl provisorisch geschlossen, um den Chor trotz der Baustelle im Langhaus zu nutzen. Im Süden lief die Westmauer gegen die stehengelassenen Hoffassaden der Vorgängerbebauung, im Norden endet sie an einer senkrechten Holzverschalung (Abb. 21). Das erhaltene Dachwerk des Chores wurde erst 1332 aufgeschlagen (Abb. 20),[25] so dass sich die Frage stellt, ob man sich zuvor mit einem Provisorium behalf. Möglicherweise war der erste Chor auch niedriger und wurde erst 1332 auf seine jetzige Höhe aufgestockt.

Das nach dem Chorbau erstellte Langhaus war wesentlich schwieriger zu fundamentieren, mussten hier doch tiefe Keller überbaut werden (Abb. 20 und 21 C–G). Man löste das Problem, indem man die Straßen- und teilweise auch die Hoffassaden der Vorgängerbebauung in die Fundamente integrierte. Dabei gab die Haustiefe der Vorgänger-

---

[25] Dendrochronologische Datierung durch Stefan King (Freiburg) und Burghard Lohrum (Ettenheimmünster).

Die Augustinereremitenklöster in Konstanz und Freiburg i. Br.

Abb. 27: Freiburg, Augustinermuseum. Zerbrochener Mörser und Handmühle im Anbau von Haus C, deponiert vor der Verfüllung der Keller im Zuge des Kirchenbaus. Foto: Regierungspräsidium Freiburg, Referat 26 – Denkmalpflege und Frank Löbbecke.

bauten C und D die Breite des nun entstehenden Langhauses vor. Mehrere Entlastungsbögen sorgten für zusätzliche Stabilität über dem uneinheitlichen Untergrund, den Gruben und tiefen Kellern der Vorgängerbauten. Die Entlastungsbö-

Abb. 28: Freiburg, Augustinermuseum. Blick zum Chor mit Rekonstruktion des Kirchenschiffs im 14. Jh. Foto: Regierungspräsidium Freiburg, Referat 26 – Denkmalpflege und Frank Löbbecke.

gen entsprachen allerdings nicht den Kellerbreiten. Die Seitenwände der ehemaligen Keller wurden nicht als Widerlager genutzt. Vielmehr wurden sie stellenweise durchbrochen, um den Bogen weiterführen zu können. Genutzt wurden dagegen die ehema-

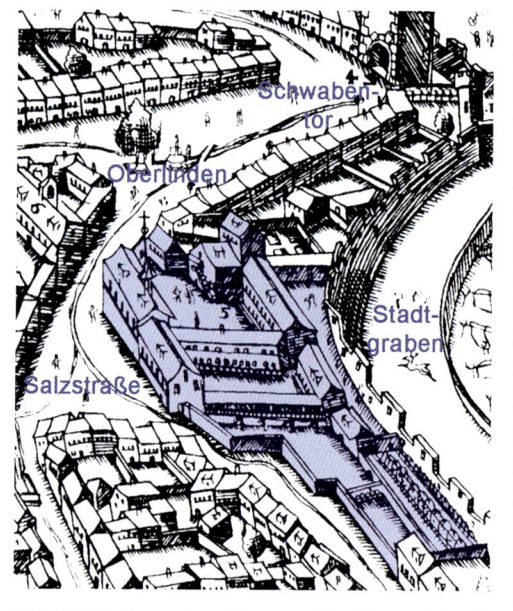

Abb. 29: Freiburg, Augustinereremitenkloster. Detailausschnitt aus dem sog. „Großen Sickinger-Plan" von 1589: der spätmittelalterliche Klosterkomplex von Westen. Augustinermuseum Freiburg, Denkmälerarchiv.

ligen Straßenfronten der Häuser, um die Bögen halbscheidig aufsitzen zu lassen. Die Widerlager der Bögen wurden in Holzschalungen gegossen.

Das Innere der Kirche hatte im 14. Jahrhundert andere Raumproportionen als heute. Der Boden des einschiffigen Langhauses lag 0,75 m tiefer und damit etwa auf Straßenniveau. Außerdem war es wesentlich niedriger. Seine flache Holzdecke lag unterhalb der 1706 eingebauten Rundfenster (Abb. 28). Schließlich stand vor dem Triumphbogen zum Chor ein fünfjochiger Hallenlettner, der den Laien- vom Mönchsraum trennte. Zwei Fundamente seiner insgesamt vier Stützen konnten in der Grabung freigelegt werden. Die Größe des Lettners ist heute noch an der spitzbogigen Tür in der südlichen Langhauswand ablesbar. Die Rundbogennische darüber war der ehemalige Zugang auf die Plattform des Lettners. Eine Treppe dürfte von der Lettnerbühne hinab in den Chor geführt haben. Der Weg über den Lettner war oft die kürzeste Verbindung zwischen dem Schlafsaal im Obergeschoss der Klausur und dem Chor. Der Lettner hatte ein eigenes, heute noch vorhandenes Fenster zur Salzstraße mit Maßwerk in Dreipassform. Auf die Salzstraße mündete auch der Haupteingang der Kirche, nahe an der Ecke zum heutigen Augustinerplatz. Es war ein Doppelportal mit einer ausgemalten Nische über den beiden Türöffnungen. Das Portal ist im Zuge des Museumsumbaus inzwischen wieder geöffnet worden.

Über die Ausmalung und sonstige Ausstattung der mittelalterlichen Kirche konnten bei der jüngsten Untersuchung leider nur sehr wenig Erkenntnisse gewonnen werden. Die Fensternische des Lettners weist Malereien auf, außerdem wurden einzelne Maßwerkfragmente und Teile von gotischen Grabplatten geborgen. Das ehemals in einer Wandnische stehende Grabmal des Freiburger Ritters Friedrich von Stauffenberg (gestorben 1482) ist in einer französischen Zeichnung überliefert.[26]

---

[26] Die im Denkmälerarchiv des Augustinermuseums Freiburg befindliche Zeichnung eines französischen Offiziers aus dem 17./18. Jahrhundert ist mit einer Notiz versehen, die übersetzt lautet: *dieses Grabmal befindet sich in der Nische am Hauptaltar, links wenn man reinkommt*. Die Zeichnung ist abgebildet bei LÖBBECKE, Erlaubnis zum Bau (wie Anm. 19), S. 163, Abb. 115. Das Grabmal ist auch in der Chronik des Freiburger Augustiner-Eremitenklosters (Generallandesarchiv Karlsruhe, Abt. 65, Nr. 11221, Zugang 1903, Übertragung ULRIKE

Eine Weihe der Kirche[27] durch den eigentlich nicht zuständigen, aber mit dem Freiburger Grafen verschwägerten Bischof Conrad von Straßburg ist für das Jahr 1295 überliefert. Was damals geweiht wurde – die ganze Kirche, nur der Chor oder nur ein einzelner Altar – ist unbekannt. Spätestens 1318 war der Hochaltar in Benutzung, denn damals stiftete Peter, Kaplan auf der Burg zu Freiburg, eine tägliche Messe am Marienaltar.[28]

Möglicherweise gleichzeitig mit dem Bau des Langhauses wurde die Klausur mit Kreuzgang errichtet (Abb. 26 c). Die Klosterbauten waren noch im späten 16. Jahrhundert wesentlich schlichter als der heutige, 1725 vergrößerte Bau. Die Stadtansicht von Gregorius Sickinger von 1589 gibt schmale zweigeschossige Klausurflügel wieder (Abb. 29). Gut erkennbar ist der Ostflügel des Kreuzgangs, in den ein Haus mit seiner Giebelwand vorspringt. Diese Situation existiert heute noch; an den Kreuzgangfenstern ist ablesbar, dass der Kreuzgang erst nachträglich durch das – dafür tiefer gelegte – Erdgeschoss des Hauses geführt wurde. Alter und Form dieses parallel zur Stadtmauer stehenden Gebäudes und des rückseitig anschließenden Hauses sind noch unbekannt.[29]

Das Erdgeschoss von Haus J war mittlerweile durch Mauern unterteilt worden. Vermutlich baute man auch eine steinerne Spindeltreppe an.[30] Der Umbau könnte nach einem Brand im Kloster 1462 stattgefunden haben.[31] Von dem nur 1,50 m südlich des Chores stehenden Gebäude führte ein schmaler Durchgang zum Chorhaupt. Das Haus diente nun vermutlich als Sakristei. Als es vor 1730 durch einen schmalen, an den Chor angelehnten Flügelbau ersetzt wurde, dürfte die Sakristeifunktion auf den Neubau übergegangen sein.[32]

Die Augustinereremitenklöster in Konstanz und Freiburg im Vergleich

Die Lage beider Augustinerklöster an einer Hauptverkehrsstraße in unmittelbarer Stadtmauernähe (Abb. 29 und 30) ist typisch für viele Bettelordensklöster. Erklärt wird dies oft mit der günstigen Möglichkeit, an den Stadttoren und auf der Straße zu

---

ASCHE, S. 29 verzeichnet: *1482 – Ritter Friedrich von Stauffenberg, begraben innerhalb des Chores (gradio Evangelii), sein steinerner Epitaph an der Kirchenwand.*

[27] Eintrag in der Klosterchronik (wie Anm. 26), S. 11: *1295 – Unsere größere Kirche wurde geweiht vom Bischof Conrad von Straßburg – Urbar A fol. 231.*

[28] Eintrag in der Klosterchronik (wie Anm. 26), S. 12; vgl. auch ADOLF POINSIGNON, Das Pfarrarchiv zu St. Martin in Freiburg, B. Urkunden der Augustiner-Eremiten zu Freiburg, in: Zeitschrift für die Geschichte des Oberrheins 4 (1887), m34–m63, hier m34 f.

[29] In der in den Kreuzgang vorspringenden Giebelwand wurde 1967 ein gotisches Rechteckfenster mit Maßwerk freigelegt und dokumentiert (Ortsakten des Regierungspräsidiums Freiburg, Referat 26 – Denkmalpflege).

[30] Einige Stufen der Treppe fanden sich als wiederverwendetes Baumaterial in den Mauern des barocken Nachfolgebaus, der vor 1730 parallel zum Chor errichtet wurde.

[31] Eintrag in der Klosterchronik (wie Anm. 26), S. 26: *1462 – Brand in unserem Konvent und in unserem Monasterium während der Amtszeit des Provinzials Heinrich von Offenburg.*

[32] Das Dach des chorparallelen Flügelbaus ist auf einer Ansicht des Augustinerklosters aus der Zeit um 1730 zu erkennen (Augustinermuseum Freiburg, Denkmälerarchiv).

betteln sowie mit den ausreichend vorhandenen Bauflächen in den städtischen Randzonen. Diese Überlegungen stimmen für das Konstanzer Kloster nur zum Teil. So öffnete sich die Klosterkirche erst nach einer Umplanung zur Hauptstraße – zunächst war keine straßenseitige Tür vorgesehen. Außerdem wurde sie auch nicht in einer siedlungsfreien Restfläche der Stadt errichtet, vielmehr waren dem Bau Umsiedlungen vorausgegangen. Wesentlich für die Ansiedlung an dieser Stelle waren in Konstanz wohl drei Dinge: Zum einen ergänzten die Mendikanten die seelsorgerische Arbeit der alten Pfarrkirche St. Paul an der Stadelhofergasse (heute Hussenstraße), da der Konvent mit pastoralen Befugnissen wie Sakramentserteilung und Begräbnisrecht ausgestattet war. Zum anderen wurde ihm das Gelände zwischen alter und neuer Stadtmauer samt Nutzung des Eckturms nur auf Widerruf und gegen Auflagen erteilt: im Kriegsfall musste das Areal militärisch nutzbar sein, was auch Zugangsmöglichkeiten durch das Kloster und Gebäudeabrisse einschloss. Dazu dürfte auch die Unterhaltspflicht für die Mauern gehört haben, wie es für das ebenfalls an der Stadtmauer gelegene Konstanzer Franziskanerkloster überliefert ist.[33] Und zum dritten diente die Ansiedlung in der ehemaligen Flachwasserzone des Bodensees der Urbanisierung. Mehrere Grundstücksschenkungen und -käufe erfolgten mit dem ausdrücklichen Hinweis auf den nassen, kaum nutzbaren Charakter der Parzellen.[34] Der Orden dürfte hier zunächst massive Trockenlegungs- und Aufschüttungsarbeiten durchgeführt haben, bevor er östlich der heutigen Kirche die Klausur errichten konnte.

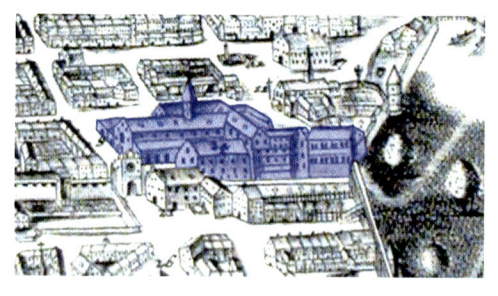

Abb. 30: Konstanz, Augustinereremitenkloster. Der Klosterkomplex von Süden (Detail der Stadtansicht aus der Speth'schen Chronik von 1733), Konstanz, Rosgartenmuseum, Inv. Nr. T 8.

Ganz anders ist die Situation in Freiburg. Zwar liegt die Niederlassung ebenfalls zwischen Hauptstraße und Stadtmauer, nahe einem Stadttor. Doch handelt es sich hier um das Kerngebiet der Altstadt, das vermutlich schon vor der Marktrechtsverleihung 1120 besiedelt war. Leider wissen wir nur wenig über die Umstände der Klostergründung. Ob sie in Ausnahmefällen auch Bewachungsaufgaben zu übernehmen hatten, wie das in der Nordwest-Ecke der Altstadt 1233 gegründete Dominikanerkloster,[35] ist unbekannt. Zumindest der Unterhalt des Stadtmauerabschnitts, gegen den sich ihre Klosterbauten lehnten, lag im Eigeninteresse der Mönche.

Sehr unterschiedlich war die Gestaltung von Klausur und Klosterkirche. In Konstanz bildete die Westfassade der Kirche die Front zur Straße, Kreuzgang und Klausur schlossen sich östlich an, während in Freiburg durch Kauf und Schenkungen ein schma-

---

[33] MAURER, Konstanz (wie Anm. 10), S. 26.
[34] DERSCHKA, Das Kloster der Augustinereremiten (wie Anm. 12), S. 6.
[35] Satzung von 1406, vgl. Urkundenbuch der Stadt Freiburg, hg. von HEINRICH SCHREIBER, Freiburg 1828/29, S. 213, Nr. 419.

ler, lang gezogener Streifen zwischen Straße und Stadtmauer erworben werden konnte. Dementsprechend sind das Langhaus und die Klausurbauten hier schmaler, aber länger als in Konstanz.[36] Die Kreuzgangflügel im Norden und Süden sind nur als Flure angelegt und weitere Bauten reihen sich entlang der Stadtmauer auf. Das Langhaus wurde als einschiffige Halle errichtet, wenn auch mit einer 16 m weiten Decken-Spannweite. Das Konstanzer Langhaus war 4 m breiter geplant, hier allerdings als dreischiffige Basilika. Dafür hatte die Kirche eine geringere Tiefe (ca. 8 m weniger), so dass im östlich anschließenden, trocken gelegten Seeuferbereich noch die Klausurbauten errichtet werden konnten. Offensichtlich mussten sich die Augustinereremiten, wie auch bei anderen Mendikantenorden zu beobachten, in Größe und Anordnungen der Bauten nach dem Grundstückszuschnitt richten. Sie entwickelten für den jeweiligen Ort angepasste, funktionstüchtige Grundrisse, zum Teil unter Nutzung älterer baulicher Strukturen.

Neben dem beschränkten Raum in den boomenden Städten des 13. Jahrhunderts dürften noch andere Bedingungen zum Bau einer einschiffigen Halle bzw. einer dreischiffigen Basilika geführt haben. So könnten sich hier unterschiedliche finanzielle Möglichkeiten oder die Konkurrenz zu benachbarten, meist älteren Bettelordensniederlassungen widerspiegeln.

Anhang

Bausteine im Fundament des Chores der Augustinerkirche in Freiburg i. Br.
Ein Beitrag von Wolfhard Wimmenauer

Im Juli 2005 ergab sich die Gelegenheit, die Bausteine im Fundament der Augustinerkirche petrographisch zu untersuchen. Dafür wurde eine 2,50 × 1,10 m große Fläche in der Mitte der Innenseite des Chorfundamentes ausgewählt (Abb. 31). Dort konnte von jedem der 131 Steine eine Probe genommen werden.

Fast die gesamte Mauerfläche war von einer mehrere Millimeter dicken Verwitterungskruste bedeckt, die nur selten das darunter liegende, eigentliche Gesteinsmaterial erkennen ließ. Erst an abgeschlagenen, wenige Zentimeter großen Splittern ließ sich die Natur der Gesteine mit Sicherheit ermitteln. Die Kruste bestand zur Hauptsache aus anhaftenden Mörtelresten und umgelagertem Mörtelkalk; dazu kamen fallweise auch braune Eisenhydroxidminerale und andere Komponenten, die vorerst nicht weiter untersucht wurden.

Die einzelnen Steine waren zwischen 60 und 6 cm groß (jeweils längster Durchmesser) und sehr unterschiedlich proportioniert. Bei der Mehrzahl der größeren Stücke handelte es sich um roh behauene Bruchsteine. Dank ihrer Schichtstruktur waren sie leicht in Formen zu bringen, die für den Einbau in das Mauerwerk passend waren. Andere Stücke scheinen kaum bearbeitet worden zu sein. Es könnte sich um Reste aus

---

[36] Konstanz, ehem. Augustinerkirche: Chor ehemals ca. 20 m lang und ca. 10 m breit, Langhaus ca. 22 m breit geplant, 20,5 m breit ausgeführt, 32 m lang; Freiburg, ehem. Augustinerkirche: Chor 12 m breit und 26 m lang, Langhaus 33,6 m lang und 17,6 m breit.

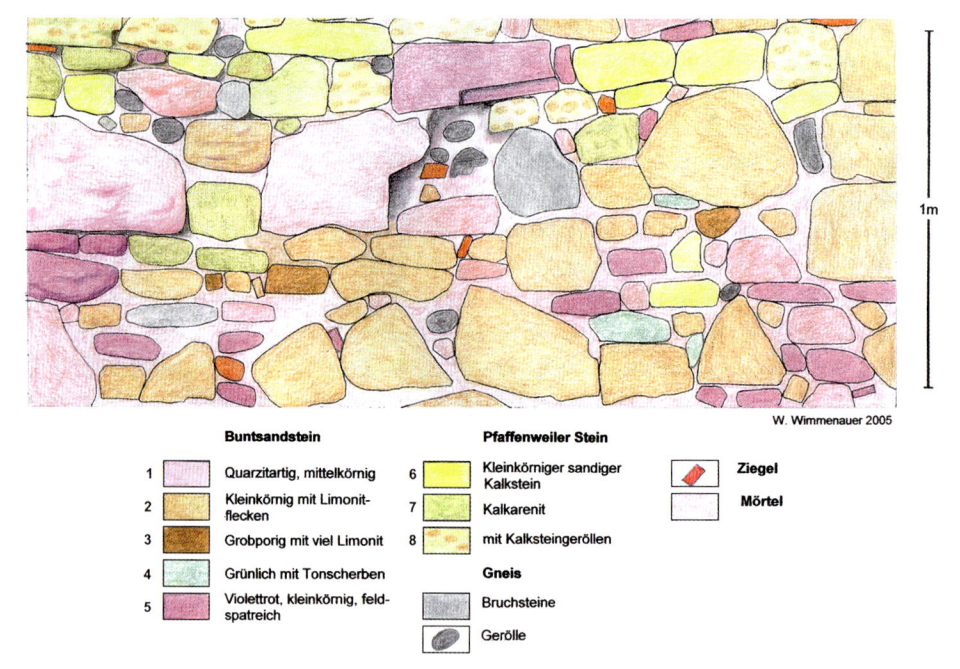

	Buntsandstein			**Pfaffenweiler Stein**		
1	Quarzitartig, mittelkörnig	6	Kleinkörniger sandiger Kalkstein			Ziegel
2	Kleinkörnig mit Limonitflecken	7	Kalkarenit			Mörtel
3	Grobporig mit viel Limonit	8	mit Kalksteingeröllen			
4	Grünlich mit Tonscherben		**Gneis**			
5	Violettrot, kleinkörnig, feldspatreich		Bruchsteine			
			Gerölle			

Abb. 31: Freiburg, Augustinerkirche, Innenseite des Chorfundaments. Spektrum der für den Fundamentbau verwendeten Steinsorten. Zeichnung: Wolfhard Wimmenauer.

einem Steinbruchbetrieb gehandelt haben, die anderweitig nicht zu verwenden waren. Beim Zusammenfügen so unterschiedlich großer und verschieden gestalteter Stücke blieben immer wieder Lücken, die mit kleineren Bruchsteinen, Geröllen aus der Dreisam und Ziegelfragmenten ausgefüllt wurden.

Die Errichtung eines derart inhomogenen Bruchsteinfundamentes verlangte zum Erreichen der notwendigen Festigkeit den Einsatz großer Mengen von Mörtel. Die Herkunft des Kalksteins für die Mörtelgewinnung bleibt vorerst unbekannt. Nächstgelegene Kalkvorkommen wären der Muschelkalk am Aufgang von Merzhausen zum Jesuitenschloss und Rogenstein der Juraformation am Schönberg oberhalb von Merzhausen, Au oder Uffhausen.[37] Im Mauerwerk fehlen Bausteine dieser Herkunft, die man bei der Zubereitung des Mörtels eigentlich leicht hätte mit gewinnen können. Der Zuschlag des Mörtels in dem untersuchten Bereich besteht aus Kies und grobem Sand aus der Dreisam.

Der weitaus größte Teil der Bausteine besteht aus Buntsandstein. Mit dem bloßen Auge und unter dem Stereomikroskop sind in erster Näherung fünf Varianten unterscheidbar:

Einige der größten, aber auch mehrere kleinere Stücke bestehen aus einem im frischen Anbruch hellen, mittelkörnig-kompakten bis leicht porösen Quarzsandstein

---

[37] Martin Ernst / Norbert Widemann, Geologie der Umgebung von Merzhausen bei Freiburg i. Br., zum 1200-jährigen Jubiläum der Hexentalgemeinden Merzhausen und Wittnau, Merzhausen 1986, S. 12 f.

(Abb. 31, Nr. 1). Die Einzelkörner sind etwa 1 mm groß und weithin ohne Bindemittel miteinander verwachsen. Sehr kleine Körnchen und Aggregate eines schwarzen Oxidminerals tragen zu dem allgemeinen Farbeindruck kaum bei. Gesteine dieser Art sind für den Schlierberg südwestlich von Freiburg charakteristisch.[38] Von dort stammt auch der größte Teil des Baumaterials der älteren Bauteile des Freiburger Münsters.[39] Auch heute ist es in den Resten der später noch genutzten Steinbrüche am Schlierberg zu finden.

Dasselbe gilt für die Sandsteinvariante, die im Fundament der Augustinerkirche am häufigsten vorkommt (Abb. 31, Nr. 2). Es handelt sich um einen kleinkörnigen, großenteils porösen Sandstein mit dunkelgelben bis braunen Ansammlungen von Limonit (Sammelname von nicht näher identifizierten Eisenhydroxid-Mineralen), der fleckenweise, in den porösen Partien teilweise auch konzentriert, vorhanden ist. Nicht selten kommen linsen- oder unregelmäßig scherbenförmige Einlagerungen aus tonigem Material, vermutlich Illit,[40] vor, eine im Mittleren Buntsandstein sehr verbreitete Gesteinskomponente.

In grobporigen Sandsteinvarianten kann Limonit sehr viel stärker angereichert sein und dem Gestein ein entsprechendes, fleckiges oder in anderer Weise inhomogenes Aussehen verleihen. Diese Sandsteinvariante ist nur mit wenigen und vergleichsweise kleinen Stücken vertreten (Abb. 31, Nr. 3).

Nur drei Stücke gehören einer hellgrünlichen Sandsteinvariante mit Tonscherben an. Die Stücke sind entlang der Schichtfugen gebrochen (Abb. 31, Nr. 4).

Die vier genannten Sandsteinvarianten dürften aller Wahrscheinlichkeit nach aus dem erwähnten Fundbereich nahe der Stadt stammen. Die Verwendung von limonitreichen oder tonig-sandigen Gesteinsstücken lässt erkennen, dass beim Bau des Fundamentes keine strenge Auswahl von Material hoher Qualität stattfand.

Etwa zwanzig Stücke im Mauerwerk sind zusammenfassend als violettrote, kleinkörnige und feldspatreiche Sandsteine zu klassifizieren (Abb. 31, Nr. 5). Bereits für das bloße Auge sowie unter dem Stereomikroskop lassen sie sich deutlich von den vorigen Sandsteinvarianten unterscheiden. Die als reichlich vorhanden bezeichneten Feldspäte sind großenteils nicht frisch erhalten, sondern in weißliche Tonminerale umgewandelt. Es erscheint möglich, dass diese Gesteine nicht vom Schlierberg, sondern aus Steinbrüchen in der Emmendinger Vorbergzone, z. B. beim Kloster Tennenbach stammen. Sie waren in den hochgotischen Bauphasen des Freiburger Münsters das bevorzugte Material. Eines der hierher gehörenden Stücke in der oberen Mitte der Probenfläche ist durch sorgfältige Steinmetzarbeit gestaltet; es könnte Teil eines älteren Bauwerks oder vielleicht noch eher ein nicht geratenes Werkstück aus einem anderen, etwa gleichzeitigen Bauvorhaben sein.

---

[38] ECKHARD VILLINGER, Freiburg im Breisgau – Geologie und Stadtgeschichte (Landesamt für Geologie, Rohstoffe und Bergbau, Informationen, Bd. 12), Freiburg 1999, S. 10.

[39] KURT SAUER, Herkunft und Beschaffenheit der Bausteine des Freiburger Münsters, in: Struktur der Gebäude und Wohnungen am 1.1.1983 (Beiträge zur Statistik der Stadt Freiburg i. Br., Gebäudeheft 1983), S. 11–19.

[40] MARTIN OKRUSCH / SIEGFRIED MATTHES, Mineralogie: Eine Einführung in die spezielle Mineralogie, Petrologie und Lagerstättenkunde, Berlin ^{7}2005, S. 104.

Drei Gesteinsarten, die mit 8, 9 bzw. 10 Exemplaren in dem Mauerstück vertreten sind, können mit großer Sicherheit von Pfaffenweiler am Schönberg hergeleitet werden. Sie finden sich dort noch in längst verlassenen Steinbrüchen und an altem Mauerwerk im Dorf. Sie gehören dem Alttertiär des Oberrheingrabens an und waren seit dem späten Mittelalter als Bausteine und Material für Bildhauerarbeiten sehr beliebt.[41] Es handelt sich im Einzelnen um:

Kleinkörnige sandige Kalksteine in gelben Farbtönen (Abb. 31, Nr. 6); sie zerfallen leicht entlang der Schichtflächen und können so zu passend geformten Mauersteinen gestaltet werden.

Kalkarenite, d. h. sandige Sedimente, deren Sandpartikel vorwiegend aus Kalkgesteinen bestehen (Abb. 31, Nr. 7). Die Partikel werden hier bis zu 3 mm groß, sodass sie mit bloßem Auge erkannt werden können.

Geröllführende bis mergelige Kalksteine (Abb. 31, Nr. 8). In einer meist grünlich-grauen Matrix liegen Kalksteingerölle von bis zu 1 cm Durchmesser; manche von ihnen sind als Rogensteine der Juraformation deutlich erkennbar.

Die Steine aus Pfaffenweiler kommen nur in den oberen Lagen des beprobten Fundaments vor. Wenn ihr Einbau nicht lange nach 1278 erfolgt ist, wären sie die ältesten, genauer datierbaren Zeugnisse des Steinabbaus in Pfaffenweiler. Die dortigen Steinbrüche tauchen in Urkunden erst im 14. Jahrhundert auf;[42] das älteste bekannte Einzelstück, ein Türsturz, stammt von 1521.[43]

Die kleinste Gesteinsgruppe im Fundament des Chores der Freiburger Augustinerkirche sind Gneise, welche mit nur drei Bruchsteinen und zehn Geröllen vertreten sind. Dies überrascht deshalb, weil Gneise und Migmatite vom nahe gelegenen Schlossberg an anderen mittelalterlichen Bauwerken, wo große Mengen nur roh geformter Bausteine gebraucht wurden, das vorherrschende Baumaterial darstellen. Das gilt besonders für die Stadtmauer Freiburgs aus dem 12. Jahrhundert.[44] Gneis- und Migmatitgerölle aus der Dreisam bilden auch das Hauptmaterial der vor der Augustinerkirche stehenden Steinhäuser aus dem 12. Jahrhundert (siehe oben, Beitrag Löbbecke). Auch die Fundamente der konradinischen Vorgängerkirche aus dem 12. Jahrhundert bestehen großenteils aus solchen Geröllen.[45] Im Fundament der Augustinerkirche sind kleinere, meist unter 10 cm große Dreisamgerölle als Lückenfül-

---

[41] ROLF WILHELM BREDNICH, Pfaffenweiler Stein, ein Beitrag zur Erforschung der Steinhauerei am Oberrhein, Pfaffenweiler 1985; EDMUND WEEGER, Pfaffenweiler – eine Ortsgeschichte, Pfaffenweiler 1997, S. 192–212.

[42] WEEGER, Pfaffenweiler (wie Anm. 41), S. 192.

[43] BREDNICH, Pfaffenweiler Stein (wie Anm. 41), S. 38, Abb. 2.

[44] VILLINGER, Geologie und Stadtgeschichte (wie Anm. 38), S. 54; zur Freiburger Stadtmauer ausführlich: MONIKA PORSCHE, Die mittelalterliche Stadtbefestigung von Freiburg im Breisgau (Materialhefte zur Archäologie in Baden-Württemberg, Bd. 22), Stuttgart 1994; DIES., Stadtmauer und Stadtentstehung: Untersuchungen zur frühen Stadtbefestigung im mittelalterlichen deutschen Reich, Hertingen 2000.

[45] WOLFGANG ERDMANN, Die Ergebnisse der Rettungsgrabung im Münster Unserer Lieben Frau zu Freiburg im Breisgau, in: Nachrichtenblatt der Denkmalpflege in Baden-Württemberg 13, Heft 1 (1970), S. 2–35.

ler der äußeren Mauerschicht und, soweit erkennbar, auch in der inneren Füllung vorhanden.

Zur Füllung von verbleibenden Zwischenräumen wurden auch Bruchstücke von Ziegeln verwendet; sie erreichen maximal 10 cm Kantenlänge. Ihre Herkunft ist vorerst unbestimmt.

Insgesamt entsteht bei der Bestimmung der Bausteine und ihrer Herkunft der Eindruck, dass beim Bau des Fundaments Steine verwendet wurden, die großenteils nicht eigens für dieses Vorhaben aus einem Steinbruch gewonnen worden waren, sondern aus dem Zusammenhang anderer, älterer oder gleichzeitiger Arbeiten beschafft werden konnten. Es dominieren Buntsandsteinvarianten vom Schlierberg nahe der Stadt; dieser war das Material der älteren Bauphasen des Münsters. Sandstein entfernterer Herkunft (Emmendinger Vorbergzone) war aber auch von vornherein verfügbar; Pfaffenweiler Steine erscheinen in der untersuchten Fläche erst in der oberen Hälfte.

Archäologie in spätmittelalterlichen Frauenklöstern, oder: Man sieht nur, was man weiß

Carola Jäggi

Als das Klarissenkloster Weißenfels im heutigen Sachsen-Anhalt im Gefolge der Reformation um 1540 aufgelöst wurde, setzte die alte Äbtissin Margaretha von Watzdorf alles daran, ihren Landesherrn Kurfürst August davon zu überzeugen, den bereits begonnenen Abbruch der Klosterkirche aufzuhalten und die Anlage wieder ihrer ursprünglichen Funktion zuzuführen.[1] Margarethas Hauptargument für die Restitution waren die in der Klosterkirche gelegenen Gräber der kurfürstlichen Ahnen, die mit der Zerstörung bzw. Profanierung des Gotteshauses entweiht zu werden drohten. Dieses Argument vermochte den protestantischen Kurfürsten schließlich zur Umkehr zu bewegen, so dass im Frühjahr 1560 mit dem Wiederaufbau der Kirche begonnen werden konnte. Auf Befehl der Kurfürstin ließ die Äbtissin dabei ganz gezielt nach den genannten Gräbern suchen, und im November 1561 konnte sie ihrer Gönnerin melden, dass man fündig geworden sei: *Ew. Churf. Gn. thue ich unterthänigst zu wißen, daß auf Ew. Churf. Gn. gnädigsten Befehl ich die Begräbnisse der durchlauchtigen Fürsten, der Markgrafen zu Meißen in der Klosterkirche allhier suchen laßen und mitten in dem Chore ist ein Grab, darin Gebeine von einem Körper, welcher in einem Sarg von eichenem Holz und derselbige gar verweset, daß man nur noch erkennen können, daß es Eichenholz gewesen, im Waßer gefunden und ob ich wohl nach den andern Fürstinnen (dan man hat an diesem Gebeine erkennen können, daß es ein Mannsperson gewesen) auch suchen wollen laßen, so hat man vor Waßer nicht gekonnt, denn kaum zwei Ellen tief in die Erde gegraben, ist Waßer gefunden worden […].*[2]

1903, also knapp 350 Jahre nach der geschilderten Gräbersuche in Weißenfels, wurden auch in der barocken Schlosskirche von Seußlitz bei Meißen Bestattungen aufgedeckt. Das Ziel der Grabung war hier jedoch ein völlig anderes: Im Zentrum stand hier nicht die Selbstlegitimation einer vom Untergang bedrohten Institution, sondern die rein wissenschaftlich begründete Frage, ob das barocke Gotteshaus am Ort der einstigen Klarissenkirche stehe. Diese war um 1270 erbaut worden, nach Aufhebung des Konvents im 16. Jahrhundert in Privatbesitz übergegangen und im frühen 18. Jahrhundert mitsamt den anderen Klostergebäuden in den Schlossbau des Grafen von Bünau integriert worden.[3] Viel wurde bei der Grabung nicht entdeckt, nicht zuletzt bedingt durch die limitierte Grabungsfläche, doch erbrachten die in Altarnähe zutage

---

[1] Karl von Weber, Das St. Claren-Kloster zu Weißenfels und seine Aebtissin Margaretha von Watzdorf, in: Archiv für die Sächsische Geschichte 1 (1863), S. 117–123.
[2] Weber, St. Claren-Kloster (wie Anm. 1), S. 122 f.
[3] Otto Eduard Schmidt, Ausgrabungen in der ehemaligen Klosterkirche zu Seußlitz a. E., in: Neues Archiv für Sächsische Geschichte und Altertumskunde 25 (1904), S. 149–152, hier S. 150.

geförderten Gräber immerhin den Beweis dafür, *dass die jetzige Seußlitzer Kirche über den Fundamenten der alten Klosterkirche steht.*[4]

Grabungen in Frauenklosterkirchen haben – dies geht aus den beiden Fallbeispielen klar hervor – eine lange Tradition.[5] Die Frage nach der Ortskontinuität, wie sie den Bodenuntersuchungen in Seußlitz zugrunde lag, stellt sich jedoch nicht nur bei Frauenklöstern, sondern interessiert genauso bei Männerklöstern, wenn nicht grundsätzlich bei jedem Sakralbau. Dasselbe gilt in jenen Fällen, wo mit archäologischen Mitteln Anlagen wiedergewonnen werden, die infolge kriegerischer Auseinandersetzungen oder religionspolitischer Umwälzungen wie der Reformation oder der Säkularisation verlassen und zerstört worden sind. Die kurz nach 1292 errichtete und im frühen 16. Jahrhundert ihrer Funktion beraubte Dominikanerinnenkirche in der Pliensauvorstadt zu Esslingen beispielsweise fiel 1845 dem Eisenbahnbau zum Opfer; 1999 konnten bei einer gezielten Grabung die Fundamentmauern ihres Chors erfasst werden, wodurch sich das zuvor mehr als vage, allein auf historischen Plänen gründende Bild von der ehemaligen Baugestalt der Anlage verifizieren bzw. präzisieren ließ.[6] In Soest wiederum konnte in den 1990er Jahren archäologisch nachgewiesen werden, dass die 1815 zerstörte Dominikanerinnenkirche Paradiese aus der zweiten Hälfte des 13. Jahrhunderts ursprünglich einen polygonalen Chorschluss besaß und nicht schon immer einen einfachen Rechteckgrundriss aufwies, wie dies die Forschung auf der Basis neuzeitlicher Plandokumente stets angenommen hatte.[7] Doch wie gesagt: Die mit Hilfe der Archäologie erzielte Wiedergewinnung verlorener Bauwerke und die Rekonstruktion ihrer Ausbauphasen ist keineswegs spezifisch für Frauenklöster, sondern genauso auf

---

[4] SCHMIDT, Ausgrabungen (wie Anm. 3), S. 152. Diese Schlussfolgerung lässt sich heute durch damals nicht sichtbare Baubefunde, namentlich die Maßwerköffnungen in den beiden Schmalseiten der Schlosskirche, verifizieren; ROLAND PIEPER / JÜRGEN WERINHARD EINHORN, Franziskaner zwischen Ostsee, Thüringer Wald und Erzgebirge. Bauten – Bilder – Botschaften, Paderborn 2005, S. 199–200; CAROLA JÄGGI, Frauenklöster im Spätmittelalter. Die Kirchen der Klarissen und Dominikanerinnen im 13. und 14. Jahrhundert, Petersberg 2006, S. 60 mit Anm. 175 auf S. 169; vgl. auch GÜNTER KAVACS / NORBERT OELSNER, Bauforschungen an mittelalterlichen Denkmalen in Sachsen. Ehemaliges Klarissenkloster Seußlitz, Schloss Walkenburg, Superintendenturgebäude/ehemaliges Elisabethhospital in Grimma, Kirche des ehemaligen „Klösterlein Zelle" bei Aue – Bericht und Nachträge, in: Denkmalpflege in Sachsen. Mitteilungen des Landesamtes für Denkmalpflege Sachsen (2003), S. 111–114.

[5] Zu historischen Grabungen im monastischen Bereich allgemein siehe HANS-RUDOLF MEIER, Die Evidenz der Dinge: Frühneuzeitliche Archäologie in Klöstern, in: Vorwelten und Vorzeiten, hg. von DIETRICH HAKELBERG und INGO WIWJORRA, Wolfenbüttel (im Druck).

[6] Alte Abbildungen, auf denen der bis ins mittlere 19. Jh. bestehende Chor noch zu sehen ist, finden sich in: Stadt-Findung. Geschichte – Archäologie – Bauforschung in Esslingen (Ausstellungskatalog Esslingen 2001), Bamberg 2001, S. 50–52, 90, 160, 226 und 231. Zur Geschichte der Anlage zuletzt: Württembergisches Klosterbuch, Klöster, Stifte und Ordensgemeinschaften von den Anfängen bis in die Gegenwart, hg. von WOLFGANG ZIMMERMANN und NICOLE PRIESCHING, Ostfildern 2003, S. 459 f. (mit älterer Lit.); JÄGGI, Frauenklöster (wie Anm. 4), S. 60 mit Anm. 196 auf S. 170; zu den Grabungen: HARTMUT SCHÄFER, Das Sirnauer Kloster in Esslingen am Neckar, in: Archäologische Ausgrabungen in Baden-Württemberg 1999, S. 181–184.

[7] JÄGGI, Frauenklöster (wie Anm. 4), S. 78–81 mit Anm. 249 auf S. 172.

jede andere Bautengattung übertragbar. Das Hauptaugenmerk soll deshalb im Folgenden auf die strukturellen Spezifika religiöser Frauengemeinschaften gerichtet sein beziehungsweise auf die Frage, wie sich diese Spezifika in den jeweiligen Klosterkirchen materialisierten. Dabei interessiert vor allem, ob, wo und inwiefern die Archäologie Informationen beizusteuern vermag, die das aus den Schriftquellen und anderen Quellengattungen gewonnene Bild ergänzen oder aber widerlegen können.

Der markanteste Unterschied zwischen Männer- und Frauenklöstern ist der Umstand, dass Frauenklöster infolge des Zulassungsverbots von Frauen zum Priesteramt stets auf mindestens einen andersgeschlechtlichen ‚Mitarbeiter' angewiesen waren, der insofern Zugang zu ihrer Klosterkirche haben musste, als er die tägliche Konventsmesse zu feiern und den Schwestern die Kommunion zu spenden hatte.[8] Daraus ergab sich vor allem deshalb ein Problem, weil Nonnen – und dies betraf seit der päpstlichen Bulle „Periculoso" von 1298 alle Orden gleichermaßen – im Spätmittelalter der strikten Klausur unterstanden, also in ihrer Kirche dergestalt abzuschirmen waren, dass sie – zumindest idealiter – den Priester weder sehen noch von ihm gesehen werden konnten. In jenen Fällen, in denen die Frauenklosterkirche zugleich als Pfarrkirche diente – was insbesondere bei den Dominikanerinnen und Klarissen häufig nachzuweisen ist – drängte sich eine zusätzliche Separierung der Schwestern vom Laienraum auf. Für die Schwestern war also innerhalb ihrer Kirche ein Nonnenchor anzulegen, der es ihnen erlaubte, ihre Gebetszeiten unter Ausschluss der Öffentlichkeit abzuhalten, andererseits aber auch am Altargeschehen teilzuhaben, ohne dabei den Priester zu sehen. Je nach Landstrich wurde dieses Problem etwas anders gelöst, doch finden sich auch in ein und derselben Region zu verschiedenen Zeiten unterschiedliche Lösungen, was zumeist nur archäologisch nachzuweisen ist. Bauten wie die ehemalige Zisterzienserinnenkirche Olsberg im Kanton Aargau in der Nordwestschweiz vermögen dies anschaulich zu verdeutlichen. Zwischen 1971 und 1976 wurden in der noch bestehenden Kirche, einem langgestreckten Saal mit polygonalem Chorschluss und weit in den Raum eingreifender Westempore, Grabungen und Bauuntersuchungen durchgeführt, die ein nahezu lückenloses Bild von der baulichen Entwicklung der Kirche und ihrer Binnenstruktur nachzeichnen lassen.[9] Der Gründungsbau aus den 1230er Jahren scheint ein einfacher Rechtecksaal von 30 × 13 m Grundfläche gewesen zu sein (Abb. 1). Neben Teilen der Außenmauern konnte – etwas abgerückt von der Ostwand – ein Altarfundament und weiter westlich eine Raumtrennung in Form einer durchbrochenen Trennwand erfasst werden; der Aufriss der einzelnen Raumkompartimente und ihre Nutzergruppen bleiben allerdings unklar. Vermutlich in der ersten

---

[8] Grundsätzlich dazu und zum Folgenden: JÄGGI, Frauenklöster (wie Anm. 4), S. 9 f. und S. 185–191; CLAUDIA MOHN, Mittelalterliche Klosteranlagen der Zisterzienserinnen. Architektur der Frauenklöster im mitteldeutschen Raum (Berliner Beiträge zur Bauforschung und Denkmalpflege, Bd. 4), Petersberg 2006, S. 9–12.

[9] HANS RUDOLF COURVOISIER / HANS RUDOLF SENNHAUSER, Olsberg, ehemalige Zisterzienserinnenkirche. Ergebnisse der archäologischen Untersuchungen 1971–1976, in: Zisterzienserbauten in der Schweiz. Neue Forschungsergebnisse zur Archäologie und Kunstgeschichte, Bd. 1: Frauenklöster, hg. vom Institut für Denkmalpflege an der ETH Zürich (Veröffentlichungen des Instituts für Denkmalpflege an der ETH Zürich, Bd. 10/1), Zürich 1990, S. 171–233.

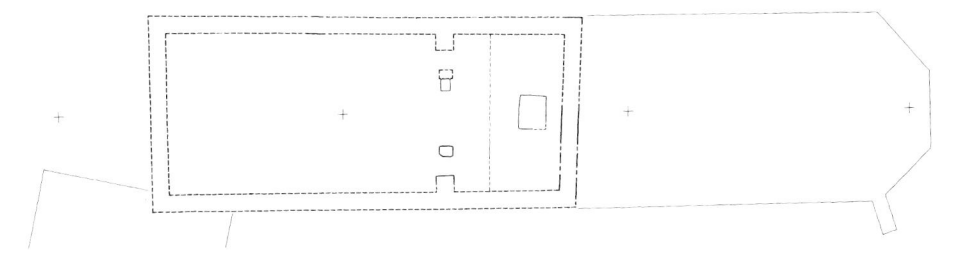

Abb. 1: Olsberg (Kanton Aargau), ehem. Zisterzienserinnenkirche, Grundriss des Gründungsbaus aus den 1230er Jahren. Die rekonstruierten Partien sind gestrichelt eingezeichnet, der Abstand zwischen den Maßkreuzen entspricht 10 m. Aus: COURVOISIER / SENNHAUSER, Olsberg (wie Anm. 9), S. 177, Abb. 7.

Hälfte des 14. Jahrhunderts kam es zu einem Neubau bzw. einer Erweiterung der Klosterkirche. Die Breite wurde beibehalten (Abb. 2 a), doch verlängerte man den Bau beträchtlich nach Osten auf eine Gesamtlänge von 55 m und versah ihn mit einem polygonalen Chorschluss, der sich – und mit ihm ein Großteil der damals errichteten Außenmauern – bis heute erhalten hat.

Der Hauptaltar stand auch in dieser Phase frei vor der Ostwand, und wieder gab es eine Raumteilung zwischen Presbyterium und westlich daran anschließendem Raumteil, nun in Form einer hohen, bis auf Höhe der Fensterbänke massiv gemauerten Trennwand. Der westlich an das Presbyterium anschließende Bereich war seinerseits durch eine Mauer, welche die Ausgräber bzw. Befundbearbeiter wegen des hochsitzenden Fensters in der Nordwand und in Analogie zur wenig älteren Zisterzienserinnenkirche von Wurmsbach am oberen Zürichsee (Kanton St. Gallen) als sich nach Osten öffnenden Lettner rekonstruieren (Abb. 2 b), gegen einen annähernd quadratischen Raum ganz im Westen der Kirche abgetrennt.[10] Die Lage der Zugänge lässt die Nutzergruppen der einzelnen Räume klar erkennen: So war das Presbyterium für den Priester von Norden her zugänglich, während die Türen zum mittleren Raum im Süden lagen, wo sich das Klaustrum der Schwestern anschloss; dieser Raumteil darf somit als Nonnenchor – möglicherweise mit eigenem Altar – angesprochen werden. Eine Lichtnische in der Südwand zeigt ferner an, dass zumindest die südliche Chorstuhlreihe nicht direkt an der Wand stand, sondern durch einen Gang von ihr getrennt war.[11] Der kleine Raum ganz im Westen wiederum konnte durch eine Tür in der Westwand betreten werden, weshalb ihn Courvoisier und Sennhauser als *Konversenchor* bezeichnen.[12]

Durch einen Brand wurde die Olsberger Kirche 1427 so stark in Mitleidenschaft gezogen, dass tiefgreifende Umbaumaßnahmen erforderlich waren, die sich vor allem

---

[10] Zu Wurmsbach und dem dort in Bau II angetroffenen archäologischen Befund und seiner Deutung s. HANS RUDOLF SENNHAUSER, Wurmsbach. Zur Baugeschichte der Klosterkirche. Ergebnisse der Ausgrabungen und der Beobachtungen am Bau 1965, in: Zisterzienserbauten in der Schweiz (wie Anm. 9), S. 324 f., 336.
[11] COURVOISIER / SENNHAUSER, Olsberg (wie Anm. 9), S. 197.
[12] COURVOISIER / SENNHAUSER, Olsberg (wie Anm. 9), S. 197.

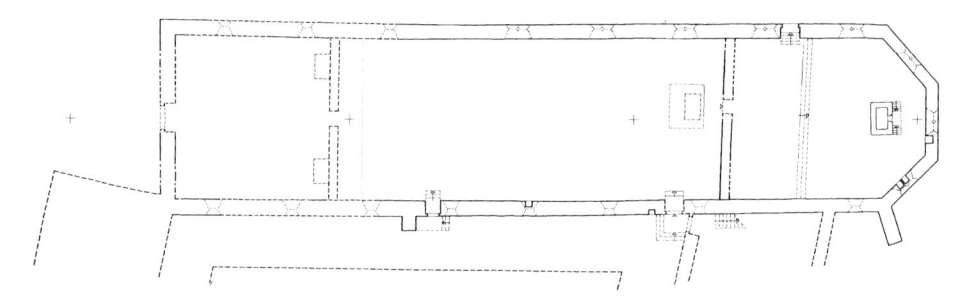

Abb. 2 a: Olsberg (Kanton Aargau), ehem. Zisterzienserinnenkirche, Grundriss des Neubaus aus der 1. Hälfte des 14. Jh. (Bauphase II). Aus: COURVOISIER / SENNHAUSER, Olsberg (wie Anm. 9), S. 183, Abb. 20.

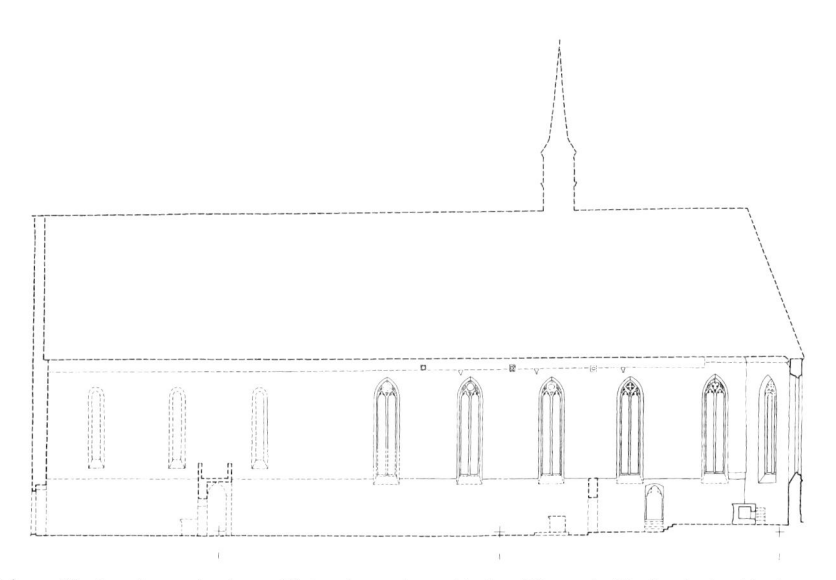

Abb. 2 b: Olsberg (Kanton Aargau), ehem. Zisterzienserinnenkirche, Längsschnitt durch den Neubau aus der 1. Hälfte des 14. Jh., mit Aufriss der Nordwand. Aus: COURVOISIER / SENNHAUSER, Olsberg (wie Anm. 9), S. 182, Abb. 18.

auf den Innenraum bezogen.[13] Sieben Jahre später, 1434, kam es zur Neuweihe der Kirche mit fünf Altären: dem Hochaltar im Chorhaupt, zwei Altären an der Westseite der Trennwand zwischen Frauenchor und Presbyterium und zwei weiteren, wohl an identischer Stelle im Konversenchor. Für 1593 ist eine erneute Weihe des Hochaltars und zweier Seitenaltäre überliefert.[14] Vermutlich stand diese Neuweihe mit der Errichtung eines Lettnerchors in Zusammenhang (Abb. 3 a und 3 b), der von nun an – wohl

---

[13] COURVOISIER / SENNHAUSER, Olsberg (wie Anm. 9), S. 198–204.
[14] COURVOISIER / SENNHAUSER, Olsberg (wie Anm. 9), S. 204.

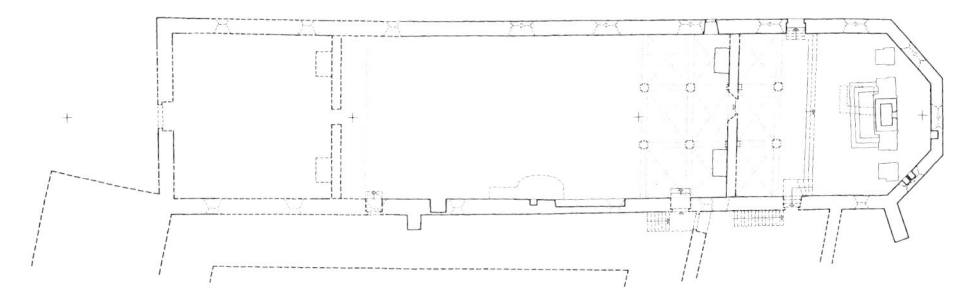

Abb. 3 a: Olsberg (Kanton Aargau), ehem. Zisterzienserinnenkirche, Grundriss des Baus des späten 16. Jh. (Bauphase IV). Aus: COURVOISIER / SENNHAUSER, Olsberg (wie Anm. 9), S. 205, Abb. 73.

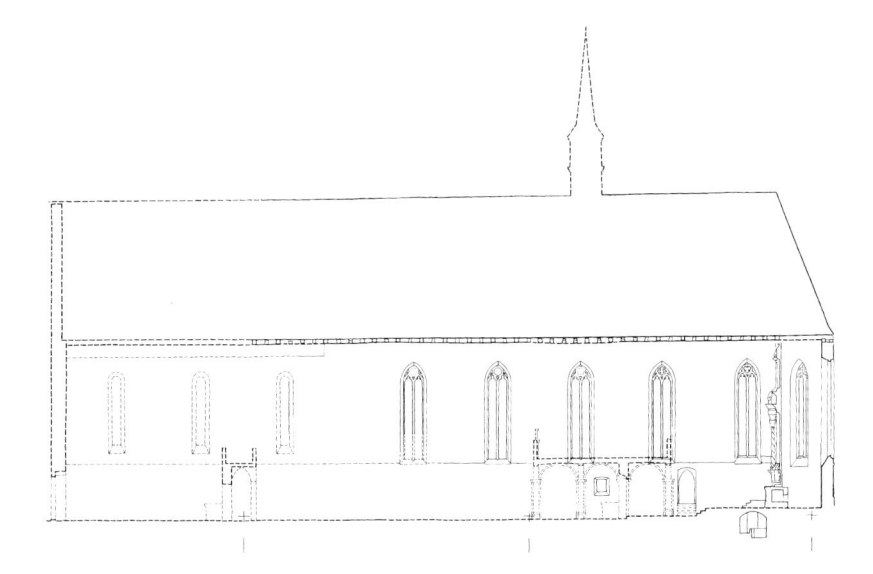

Abb. 3 b: Olsberg (Kanton Aargau), ehem. Zisterzienserinnenkirche, Längsschnitt durch den Bau des späten 16. Jh., mit Aufriss der Nordwand. Aus: COURVOISIER / SENNHAUSER, Olsberg (wie Anm. 9), S. 205, Abb. 74.

infolge der verschärften Klausurvorschriften im Gefolge des Tridentinums – das Gestühl der Zisterzienserinnen aufnahm. Dieser Lettnerchor war eine im Grundriss ungefähr quadratische Empore über einer Halle von drei mal drei Jochen, die sich an der Stelle der ehemaligen Chormauer erhob. Der Zugang zu diesem erhöhten Nonnenchor erfolgte vom Obergeschoss des Kreuzgangostflügels aus.[15] Unklar bleibt, welche Funktion seit jener Zeit der ehemalige, ebenerdig angelegte Nonnenchor übernahm. Courvoisier und Sennhauser gehen davon aus, dass dieser Raum nun den Laien offen stand, doch bleibt die Zugänglichkeit im Einzelnen unklar.[16] Der direkte Zugang vom

---

[15] COURVOISIER / SENNHAUSER, Olsberg (wie Anm. 9), S. 206.
[16] COURVOISIER / SENNHAUSER, Olsberg (wie Anm. 9), S. 207.

Kreuzgangostflügel in den ehemaligen Nonnenchor jedenfalls blieb vorerst weiter bestehen, woraus jedoch nicht zwingend zu schließen ist, dass er tatsächlich auch noch verwendet wurde.[17]

Im frühen 18. Jahrhundert kam es erneut zu einer tiefgreifenden Umgestaltung der Klosterkirche.[18] Im Westen wurde die ehemalige Konversenkirche abgebrochen und die Westfassade um ca. 13 m weiter nach Osten verschoben, wo nun ein Türmchen den zentralen Eingang überhöhte. Dieses Türmchen zeigt auch an, dass der Nonnenchor jetzt im Westen lag, und zwar auf der noch heute bestehenden Empore (Abb. 4), die damals als Ersatz für den gut 100 Jahre zuvor errichteten Lettnerchor über einer dreijochigen, dreischiffigen Erdgeschosshalle errichtet wurde. Die hier doppelgeschossige Anordnung der Fenster geht auf diese Zeit zurück, auch wenn die gotisierenden Maßwerkformen eine frühere Entstehung suggerieren.[19] Die neue Westempore war durch eine obergeschossige Tür vom Kreuzgangnordflügel aus zugänglich. Die heute im südwestlichen Joch der Erdgeschosshalle liegende Emporentreppe datiert erst aus der zweiten Hälfte des 19. Jahrhunderts, nachdem auch das weltliche Damenstift aufgelöst wurde, das den Zisterzienserinnenkonvent 1787 abgelöst hatte, und die mehr als 600-jährige Geschichte der Anlage als Gehäuse einer weiblichen Klostergemeinschaft zu einem Ende kam.

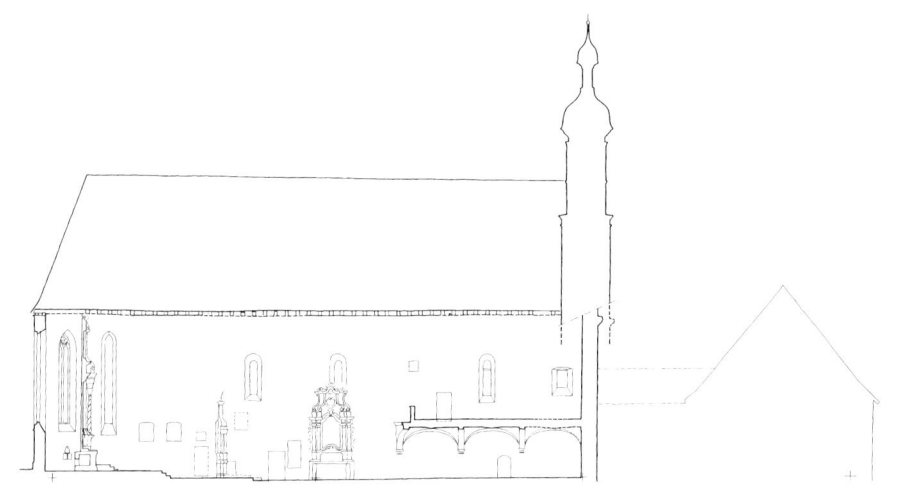

Abb. 4: Olsberg (Kanton Aargau), ehem. Zisterzienserinnenkirche, Längsschnitt durch den Neubau des frühen 18. Jh., mit Aufriss der Südwand. Aus: COURVOISIER / SENNHAUSER, Olsberg (wie Anm. 9), S. 210, Abb. 86.

Interessant ist das Olsberger Beispiel vor allem deshalb, weil hier archäologisch belegt ist, dass die Westempore, die in der Forschung zur Architektur mittelalterlicher Frauenklöster gemeinhin als Standardlösung für die Positionierung des Nonnenchors gilt, keineswegs auf das Mittelalter zurückgeht, sondern einen vergleichsweise jungen Ein-

---

[17] COURVOISIER / SENNHAUSER, Olsberg (wie Anm. 9), S. 207.
[18] COURVOISIER / SENNHAUSER, Olsberg (wie Anm. 9), S. 208–211.
[19] COURVOISIER / SENNHAUSER, Olsberg (wie Anm. 9), S. 210.

bau darstellt. Dies ist auch für weitere Zisterzienserinnenkirchen auf dem Gebiet der heutigen Schweiz nachzuweisen, doch wären ebenso Vergleichsmonumente aus anderen Orden und anderen Regionen wie z. B. die Dominikanerinnenkirche auf der Budaer Margarethen- bzw. Haseninsel zu nennen, wo im späten 14. Jahrhundert im Westteil der damals schon annähernd 150 Jahre alten Kirche eine Nonnenempore errichtet wurde.[20] Bereits zuvor hatte dort der Nonnenchor im Westteil der Kirche gelegen, jedoch zu ebener Erde und durch eine Quermauer unbekannter Höhe vom Restraum abgeteilt. In der Mitte vor dieser Trennwand wurde bei Grabungen in den Jahren 1958–1962 ein Fundament entdeckt, auf dem sich einst ein Altar erhoben zu haben scheint, wie dies auch im erdgeschossigen Frauenchor von Bauphase II in Olsberg anzunehmen ist.

Die Existenz eines Altars im Nonnenchor ist vor dem Hintergrund der eingangs geschilderten Klausurbestimmungen durchaus bemerkenswert: Zu was diente er, wenn es doch dem Priester nicht erlaubt war, die Klausur zu betreten? Diese Frage lässt sich nur mit Hilfe von Schriftquellen beantworten, die von mehreren Fällen wissen, wo auf dem Altar im Nonnenchor in einem *sarch* oder einer Monstranz das Sakrament ausgesetzt war.[21] Für die Dominikanerinnen und Klarissen ist jedoch auch überliefert, dass zu den seltenen Gelegenheiten, da die Schwestern kommunizierten, die Messe im Nonnenchor zelebriert wurde – ein deutlicher Bruch mit dem Klausurgebot, doch nichtsdestotrotz mehrfach belegt und im Falle der Klarissen sogar qua Regel obrigkeitlich approbiert.[22] In der Dominikanerinnenkirche von Cronschwitz[23] in Thüringen (Abb. 5), aber auch in jener von Schwyz in der Zentralschweiz (Abb. 6 und 7), ist eine Hintereinanderstaffelung zweier liturgisch völlig autarker Räume nachgewiesen. In beiden Fällen war es jeweils der Westteil der Kirche, der als Laienschiff diente, und

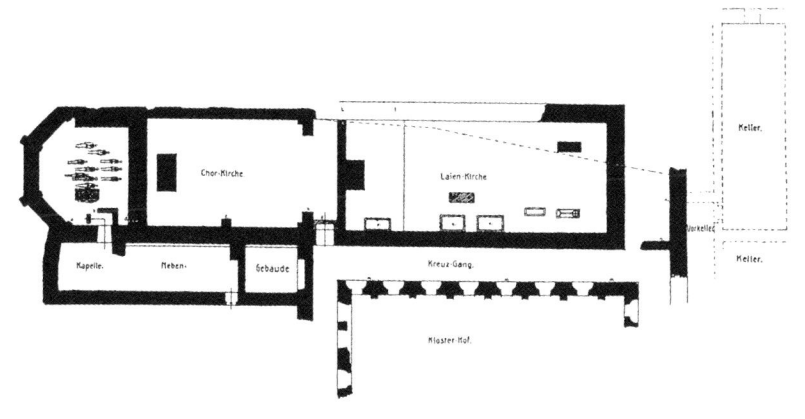

Abb. 5: Cronschwitz (Thüringen), ehem. Dominikanerinnenkirche St. Maria, Grabungsplan von 1905. Aus: JÄGGI, Frauenklöster (wie Anm. 4), S. 67, Abb. 71.

---

20 JÄGGI, Frauenklöster (wie Anm. 4), S. 109–112, S. 204 f. und S. 221 f.
21 Vgl. dazu ausführlich JÄGGI, Frauenklöster (wie Anm. 4), S. 247–252, bes. S. 250.
22 JÄGGI, Frauenklöster (wie Anm. 4), S. 185–189.
23 Zuletzt JÄGGI, Frauenklöster (wie Anm. 4), S. 63 f.

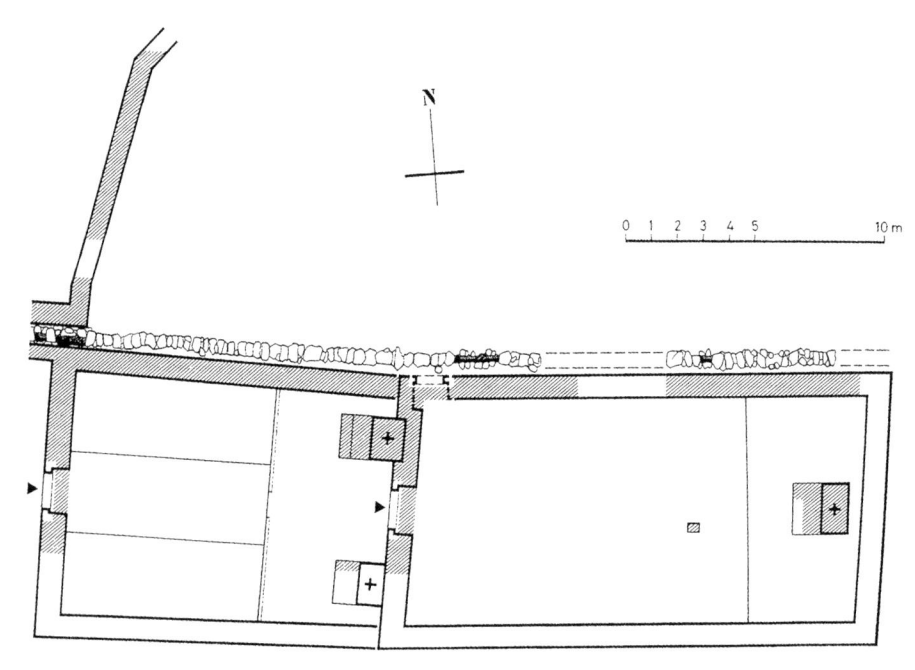

Abb. 6: Schwyz (Kanton Schwyz), Dominikanerinnenkirche St. Peter am Bach. Rekonstruierter Grundriss der Klosterkirche des mittleren 14. Jh. mit den ergrabenen Altarstellen. Aus: JÄGGI, Frauenklöster (wie Anm. 4), S. 58, Abb. 56.

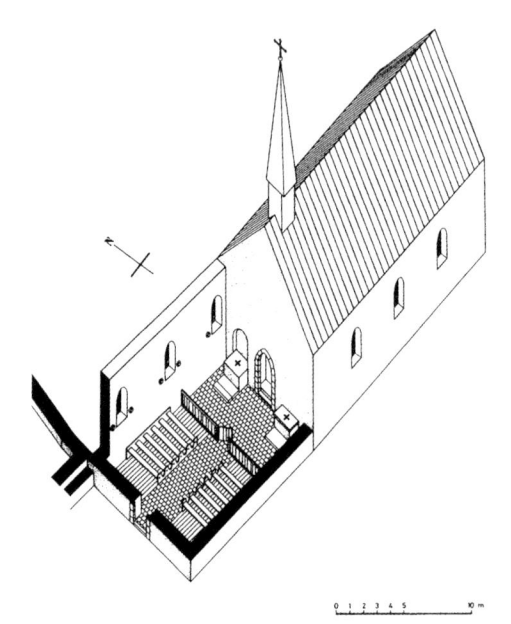

Abb. 7: Schwyz (Kanton Schwyz), Dominikanerinnenkirche St. Peter am Bach. Isometrie der Klosterkirche des mittleren 14. Jh., mit Einblick in den Laienbereich. Aus: JÄGGI, Frauenklöster (wie Anm. 4), S. 57, Abb. 54.

in diesem Teil pflegte der Priester auch die tägliche Konventsmesse zu feiern. Die Schwestern saßen währenddessen in ihrem Gestühl im östlich daran anschließenden Chorraum und verfolgten das Messgeschehen – in der Regel mehr akustisch denn optisch – über eine in die Trennwand eingelassene Maueröffnung. Der Altar im Nonnenchor hingegen wurde, auch wenn es sich um den Hauptaltar der Kirche handelte, nur an den hohen Festtagen genutzt. In Schwyz gehen Georges Descoeudres und René Bacher davon aus, dass bei diesen Gelegenheiten die Tür in der Trennwand zwischen Laienschiff und Nonnenchor offen stand, damit auch die Laien dem Altargeschehen folgen konnten; aus diesem Grund war wohl auch das Lesepult etwas aus der Mittelachse verschoben, so dass die Sicht auf den Hochaltar nicht behindert war.[24] Die Schwestern hingegen blieben für die Laien selbst bei geöffneter Türe unsichtbar, da ihr Gestühl entlang der Wände aufgestellt gewesen sein dürfte.

Es sind diese Fragen, die im Zusammenhang mit der Archäologie in Frauenklöstern zur Zeit am meisten interessieren, geben sie doch Auskunft über die gelebte liturgische Praxis in den betreffenden Gemeinschaften. Diesbezügliche Einblicke gewähren ferner Bodenfunde wie die unter den Bodenplanken der Nonnenchöre von Ribnitz in Mecklenburg-Vorpommern und Wienhausen bei Celle (Niedersachsen) geborgenen Nähnadeln, Perlen, Fäden, Textilfragmente und Schablonen aus Papier und Pergament, die den Schluss zulassen, dass im Nonnenchor nicht nur gebetet wurde, sondern offenbar bisweilen auch Handarbeiten ausgeführt wurden.[25] Die Archäologie vermag aber nicht nur Hinweise auf die tatsächliche Nutzung einzelner Räume zu liefern, sondern gibt unter Umständen auch Antwort auf Fragen wie jene nach der räumlichen Hierarchie in Frauenklöstern. Was etwa besagt der Bauvorgang über die Wichtigkeit einzelner Räume innerhalb eines Frauenklosters, welche Räume waren unbedingt notwendig, damit ein Konvent einziehen und seinen primären Aufgaben nachkommen konnte? Inwieweit spiegeln sich darin die tatsächlichen Bedürfnisse der verschiedenen Nutzergruppen wider, inwieweit hingegen die persönlichen Interessen der jeweiligen Auftraggeber? Einen aussagekräftigen Fall stellt in dieser Hinsicht das franziskanische Doppelkloster Königsfelden (Kanton Aargau) dar, das Königin Elisabeth von Habsburg 1308 zum Andenken an ihren ermordeten Ehemann Albrecht I. gegründet hat. Die betreffende Klosterkirche – eine dreischiffige Basilika mit dreijochigem, in fünf Seiten des Achtecks schließendem Ostchor – ist bis heute erhalten (Abb. 8); bauarchäologische und dendrochronologische Untersuchungen haben ergeben, dass hier zunächst das Langhaus inklusive einer wohl hölzernen Nonnenempore an der Westwand und einer Altarzone im Ostteil fertiggestellt und erst in einem zweiten Schritt der Langchor mit seinem berühmten Fensterzyklus errichtet wurde.[26] Bestätigt wird dieser

---

[24] GEORGES DESCOEUDRES / RENÉ BACHER, Archäologische Untersuchungen im Frauenkloster St. Peter am Bach, Schwyz, in: Mitteilungen des Historischen Vereins des Kantons Schwyz 79 (1987), S. 33–116, hier S. 65 f.

[25] GABI RASKOP, Klarissenkloster Ribnitz – Die Funde aus den Fußbodenhohlräumen des Nonnengestühls, in: Klöster und monastische Kultur in Hansestädten (Stralsunder Beiträge, Bd. 4), Rahden/Westfalen 2003, S. 269–276; HAUKE JÖNS, Neue Forschungen zum „Nonnenstaub" aus dem Klarissenkloster zu Ribnitz, Mecklenburg-Vorpommern, in: Depotfunde aus Gebäuden in Zentraleuropa. Bamberger Kolloquien zur Archäologie des Mittelalters und der frühen Neuzeit 1 (Archäologische Quellen zum Mittelalter, Bd. 2), hg. von INGOLF ERICSSON und RAINER ATZBACH, Berlin 2005, S. 125–130, hier S. 128; zuletzt REGINA SCHERPING, Der „Nonnenstaub" aus dem Klarissenkloster zu Ribnitz, Mecklenburg-Vorpommern, in: Frauen – Kloster – Kunst. Neue Forschungen zur Kulturgeschichte des Mittelalters. Beiträge zum Internationalen Kolloquium vom 13. bis 16. Mai 2005 anlässlich der Ausstellung „Krone und Schleier", hg. von JEFFREY F. HAMBURGER, CAROLA JÄGGI, SUSAN MARTI und HEDWIG RÖCKELEIN, Turnhout 2007, S. 229–236.

[26] Zuletzt: JÄGGI, Frauenklöster (wie Anm. 4), S. 121 f. mit Anm. 416 f. auf S. 177.

Abb. 8: Königsfelden (Kanton Aargau), Kirche des ehem. franziskanischen Doppelklosters aus dem frühen 14. Jh., Ansicht von Nordosten. Foto: Ulrich Best, Bonn.

Befund durch die chronikalischen Nachrichten, die für die *kilche* mit ihren vier Altären das Weihedatum 1320 überliefern, während der Chor mit dem Hochaltar rund zehn Jahre später, 1330, geweiht worden sein soll.[27] Während der zehnjährigen Bauzeit des Chors fungierte das Langhaus also als liturgisch autarker Kirchenraum, was vor allem deshalb von Bedeutung war, weil hier seit 1316 die sterblichen Überreste der Gründerin rekondiert waren und möglichst bald von den Fürbitteleistungen der Klarissen und Franziskaner profitieren sollten. Für die Stifterfamilie scheint somit von vorrangiger Bedeutung gewesen zu sein, dass ihre Memoria möglichst bald ein adäquates Gehäuse erhielt, welches alle mit den Memorialleistungen betrauten Nutzergruppen – neben den beiden Konventen waren das auch die zum Kloster gehörenden Laien – gleicherweise beherbergen konnte. Ich habe bereits andernorts dargelegt, dass sich die Situation mit Vollendung des Langchors im Jahr 1330 durchaus verändert haben könnte; meines Erachtens gibt es gute Gründe anzunehmen, dass der Nonnenchor damals in den

---

[27] CAROLA JÄGGI, Eastern Choir or Western Gallery? The Problem of the Place of the Nuns' Choir in Koenigsfelden and other Early Mendicant Nunneries, in: Gesta XL/1 (2001), S. 79–93, bes. S. 84 f.; CAROLA JÄGGI, Liturgie und Raum in franziskanischen Doppelklöstern: Königsfelden und S. Chiara/Neapel im Vergleich, in: Art, Cérémonial et Liturgie au Moyen Âge. Actes du Colloque de 3e Cycle Romand de Lettres (Lausanne–Fribourg 2000), hg. von NICOLAS BOCK, PETER KURMANN, SERENA ROMANO und JEAN-MICHEL SPIESER, Rom 2002, S. 223–246, hier S. 232 f. mit Anm. 43.

Abb. 9: Lambrecht (Pfalz), ehem. Dominikanerinnenkirche, Außenansicht von Südosten. Aus: JÄGGI, Frauenklöster (wie Anm. 4), S. 134, Abb. 163.

Ostchor verlegt wurde und die alte Empore fortan als Krankenchor oder möglicherweise auch als Ort für das mitternächtliche Chorgebet diente.[28]

Eine ganz ähnliche Bauabfolge wie in Königsfelden ist auch für die in den 1230er Jahren von Agnes von Böhmen ins Werk gesetzte Klarissenkirche in Prag nachzuweisen.[29] Im pfälzischen Lambrecht (Landkreis Bad Dürkheim) hingegen verlief der Baufortschritt gerade umgekehrt – von Osten nach Westen.[30] Das Lambrechter Dominikanerinnenkloster entstand aus einer kleinen Gemeinschaft weiblicher Religiosen, die sich 1244 am Ort eines aufgelassenen Benediktinerinnenklosters niederließ und nach den Konstitutionen von S. Sisto lebte, bis sie 1287 offiziell in den Dominikanerorden aufgenommen wurde. Die bis heute erhaltene Klosterkirche, ein monumentaler Saalbau mit sechsjochigem Ostchor und dreiachsigem, ehemals jedoch doppelt so langem Langhaus, stammt aus der ersten Hälfte des 14. Jahrhunderts (Abb. 9). Baufugen an den Längswänden lassen erkennen, dass mit dem Bau im Osten begonnen wurde, indem zunächst die zwei östlichsten Joche inklusive der 5/8-Apsis errichtet wurden. Darauf folgten die drei westlich anschließenden Chorjoche und in einer dritten Bauetappe schließlich die drei östlichsten Langhausjoche sowie vermutlich der um 1800 abgebrochene Westteil des Langhauses.

---

[28] JÄGGI, Eastern Choir (wie Anm. 26), S. 82–87; JÄGGI, Liturgie und Raum (wie Anm. 26), S. 235; zuletzt JÄGGI, Frauenklöster (wie Anm. 4), S. 201 f. und S. 218–221.
[29] JÄGGI, Frauenklöster (wie Anm. 4), S. 40–45 und S. 202–204.
[30] JÄGGI, Frauenklöster (wie Anm. 4), S. 29 f. und S. 130–139.

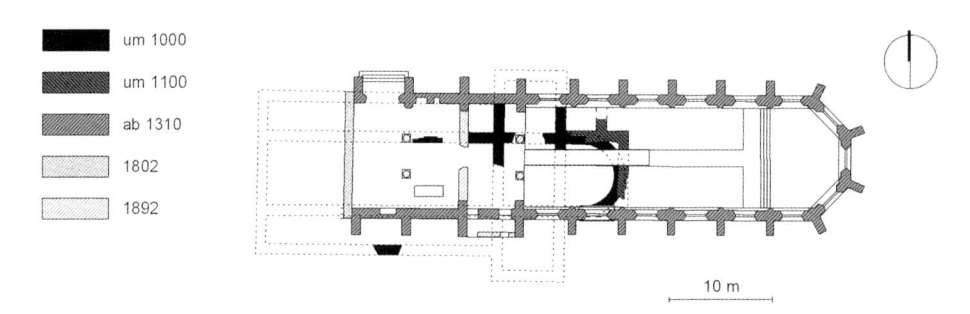

Abb. 10: Lambrecht (Pfalz), ehem. Dominikanerinnenkirche, Bauphasenplan. Aus: Jäggi, Frauenklöster (wie Anm. 4), S. 30, Abb. 16.

Dieser Bauablauf könnte sich hier durch die Existenz der kleinen ottonischen Vorgängerkirche erklären (Abb. 10), die den Frauen bis zum Neubau des 14. Jahrhunderts als Klosterkirche diente. Zumindest während der ersten beiden Etappen des Kirchenneubaus dürfte diese Vorgängerkirche noch benutzbar gewesen sein. Als dann die alte Kirche wegen des neuen Langhauses niedergerissen werden musste, war der neue Chor wohl so weit fertiggestellt, dass die Schwestern dort ihr Gestühl aufstellen konnten. Anders als in Königsfelden und Prag scheinen also dem Auftraggeber des Lambrechter Kirchenneubaus vor allem die Schwestern am Herzen gelegen zu haben und nicht so sehr die Laien bzw. die Memoria für die im Langhaus Bestatteten. Das mag damit zusammenhängen, dass der Auftrag für den Lambrechter Kirchenneubau nicht aus den Kreisen adliger Laien kam, sondern aus dem Konvent selbst; einem Nekrologeintrag zufolge soll es nämlich die 1353 verstorbene Priorin Kunegundis von Fleckenstein gewesen sein, die den Nonnenchor – *c(h)orum nostrum* – errichtet habe.[31] Allerdings scheint auch sie nicht ganz uneigennützig gehandelt zu haben, diente das Kloster doch gleichzeitig als Grablege ihrer Verwandten und somit der Memoria ihrer eigenen Familie.[32]

---

[31] Gerhard Fouquet u. a., Das Seelbuch des Dominikanerinnenklosters St. Lambrecht (13.–14. Jahrhundert) (Schriften des Diözesan-Archivs Speyer, Bd. 12), Speyer 1990, S. 75. Zur Problematik der Interpretation des Terminus „chorus" vgl. Jäggi, Frauenklöster (wie Anm. 4), S. 133 und S. 192 mit Anm. 109 f. auf S. 231.

[32] Unter einem in der Mitte des 14. Jh. entstandenen Wandbild mit den Aposteln im Nordostfeld des Chorpolygons befindet sich eine gemalte Grabinschrift. Sie lautet: hIC REQVIESCVNT DO hEINRIC MILES DE FLECKENSTEIN / ...GN ...E. ET DNA AGNES DE SARVIERDE CONIVX; vgl. Jäggi, Frauenklöster (wie Anm. 4), S. 138, Abb. 168. Ob Heinrich von Fleckenstein und Agnes von Saarwerden die Eltern oder aber die Nachkommen von Kunigunde waren, ist umstritten: Zuweisung an die Eltern Kunigundes bei Anton Eckardt, Die Kunstdenkmäler der Pfalz, Stadt und Bezirksamt Neustadt a. H. (Die Kunstdenkmäler von Bayern, Regierungsbezirk Pfalz, Bd. I), München 1926, S. 258; Zuweisung an nachgeborene Verwandte bei Kurt Lembach, Die lateinischen Inschriften der Klosterkirche Lambrecht, in: Archiv für mittelrheinische Kirchengeschichte 30 (1978), S. 307–317, hier S. 313; vgl. auch Joachim Glatz, Mittelalterliche Wandmalerei in der Pfalz und in Rheinhessen, Mainz 1981, S. 233 f.

Viele der vorgängig erwähnten archäologischen Befunde sind als solche völlig unspektakulär und keineswegs singulär. Sie gewinnen erst dann an Brisanz, wenn sie auf Fragestellungen treffen, die aus dem Wissen um die Spezifika bestimmter Bauaufgaben heraus entwickelt wurden. Es sind letztlich diese Fragestellungen, die die Forschung voranbringen, und dies gilt nicht nur für die Frauenklöster, sondern genauso für die Architektur der männlichen Ordenszweige und andere Sakralbauten. Die Frage beispielsweise, wo in den mittelalterlichen Franziskaner- und Dominikanerklöstern Altäre standen, und daraus abgeleitet: für welche Nutzergruppen sie gedacht waren und bei welchen Gelegenheiten an ihnen zelebriert wurde, ist meines Wissens bislang nicht nur nicht beantwortet, sondern auch nie explizit gestellt worden. Erst wenn dies geleistet ist, lässt sich letztlich auch ermessen, ob die spezifischen Raumdispositionen, welche die Forschung in den letzten Jahren für die Frauenklöster herausgearbeitet hat, tatsächlich so spezifisch waren oder aber möglicherweise Parallelen in den Männerklöstern besaßen, von denen wir bis heute nur deshalb nichts wissen, weil, anders als bei den Frauenklöstern, nie nach ihnen gefragt wurde. Man sieht bekanntlich nur, was man weiß – auch und gerade in der Archäologie.

Die Kirchenlandschaft der Nordwestschweiz im Früh- und Hochmittelalter

Jürg Tauber

Einleitung

Vor fast 20 Jahren wagte Jürg Ewald im Rahmen eines Kolloquiums zu Methoden und Perspektiven der Archäologie des Mittelalters eine zusammenfassende Darstellung der Kirchenlandschaft in der Nordwestschweiz, genauer: im Kanton Basel-Landschaft, in dessen Hoheitsgebiet er zwischen 1964 und 1982 für insgesamt 13 Grabungen in Kirchen und Kapellen verantwortlich gezeichnet hatte.[1] 14 weitere Sakralbauten waren schon früher Gegenstand von Untersuchungen, die aber allzu oft die Bezeichnung „archäologisch" nicht beanspruchen können, da die entsprechenden Arbeiten aus einigen wenigen Sondierschnitten oder aber rücksichtslosem „Ausschaufeln" der Befunde bestanden. Eine brauchbare Dokumentation liegt für diese Objekte nur in seltenen Fällen vor.

Wenn Ewald damals seine Arbeit nicht einmal als „work in progress", sondern als „work in beginning" bezeichnete, spiegelt sich darin die leichte Verzweiflung des Archäologen, der von Grabung zu Grabung eilt, ohne die erarbeiteten Ergebnisse seriös auswerten zu können. Damit fehlen nicht nur die detaillierten Beschreibungen der jeweiligen Befunde und ihrer Zusammenhänge, die obligatorisch am Beginn einer solchen Forschungsarbeit zu stehen hätten, sondern auch die regionalen und überregionalen Vergleiche sowie eine Berücksichtigung des historischen Umfeldes. Immerhin lagen damals schon für mehrere der Grabungen ausführliche Vorberichte vor, welche die wichtigsten Befunde und die daraus abgeleiteten Schlüsse zugänglich machten.

Der Entwurf zur „Geschichte der Kirchen-Landschaft" stützte sich auf verschiedene Indizien, bei denen die Grundrisstypologie und die Patrozinien eine wichtige Rolle spielten – selbstverständlich als Ergänzung zu den archäologischen Beobachtungen, dort insbesondere auch zur Frage, welche Art von Bestattungen bei den Grabungen zum Vorschein gekommen waren.

Nur am Rande gestreift wurden die Resultate zweier eben erst beendeter Grabungen in der Kirche des Klosters Schöntal und in der Kirche von Buus, wo die bis dahin und bis heute einzige Holzkirche unserer Region nachgewiesen werden konnte.

Seither sind zwei weitere Sakralbauten archäologisch untersucht worden (St. Peter und Paul in Ettingen sowie St. Hilarius in Reigoldswil), und in zwei schon früher un-

---

[1] Jürg Ewald, Kirchen und Kirchengrabungen im Baselbiet. Ein Beitrag zur Geschichte der Kirchen-Landschaft der Nordwestschweiz, in: Methoden und Perspektiven der Archäologie des Mittelalters, Tagungsberichte zum interdisziplinären Kolloquium vom 27.–30. September 1989 in Liestal (Schweiz), hg. von Jürg Tauber (Archäologie und Museum, Bd. 20), Liestal 1991, S. 57–84.

tersuchten Gotteshäusern (Liestal und Oberwil) waren Nachuntersuchungen möglich, welche die bisherigen Resultate wesentlich korrigieren konnten. Zudem erhielt der Kanton Basel-Landschaft 1994 Zuwachs: Die 13 Gemeinden des Laufentals wechselten die Kantonszugehörigkeit. Für unser Thema brachte dieser Gebietsgewinn wenig, ebenso wie eine Ausdehnung der Betrachtungen auf die westlich angrenzenden Gebiete des Kantons Jura bzw. ins Gebiet des ehemaligen Fürstbistums Basel bis ins Tal von St. Imier zu keinen neuen Erkenntnissen führte. Die aus diesem Raum bekannten, einschlägigen Forschungen liegen häufig schon weiter zurück und sind oft auch nicht gut dokumentiert. Zudem erweisen sich die archäologischen Überreste als dürftig und schwer interpretierbar (Abb. 1).

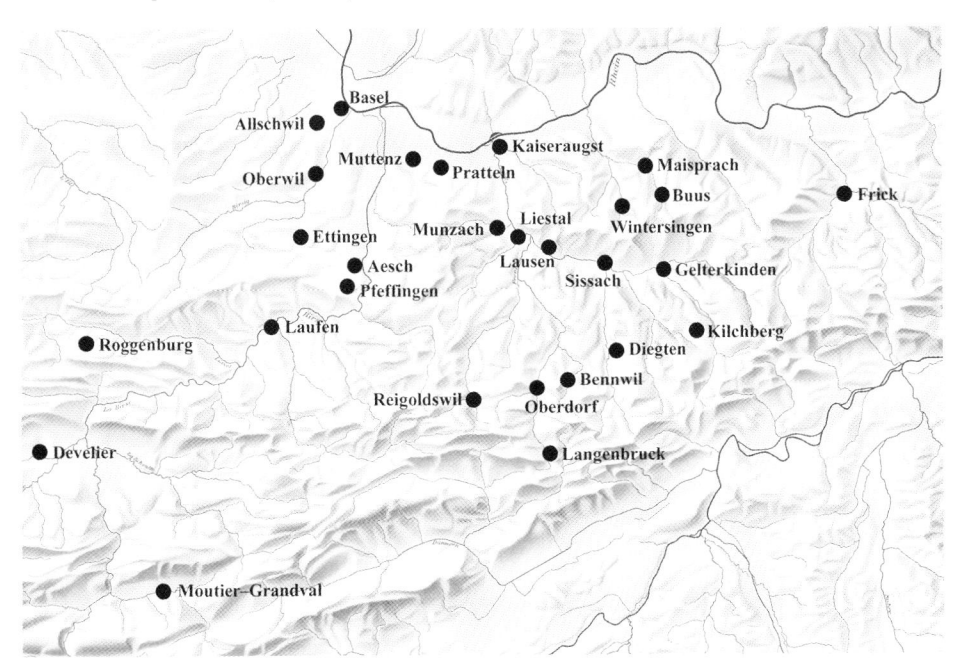

Abb. 1: Karte mit den im Text erwähnten Ortschaften. Es fehlt St. Ursanne, das westlich außerhalb des Kartenausschnittes liegt. Zeichnung: Archäologie Baselland.

Ich werde mich im Folgenden deshalb auch hauptsächlich auf das Material des Kantons Basel-Landschaft stützen, denn hier ist die von Ewald noch beklagte Auswertungslücke unterdessen geschlossen: Reto Marti hat in seiner Dissertation die vorhandenen Informationen akribisch gesichtet, ausgewertet und in einen Zusammenhang gestellt, der weit über die rein archäologische Betrachtung hinaus geht.[2] Dass er sich

---

[2] RETO MARTI, Zwischen Römerzeit und Mittelalter, Forschungen zur frühmittelalterlichen Siedlungsgeschichte der Nordwestschweiz (4.–10. Jahrhundert) (Archäologie und Museum, Bd. 41; Bd. A: Text, Bd. B: Katalog und Tafeln), Liestal 2000. Reto Marti sei an dieser Stelle auch für die Anregungen und Gespräche gedankt, welche der Entstehung des vorliegenden Artikels sehr förderlich waren.

dabei nicht auf die Kirchen beschränkt hat, sondern Gräberfelder, die – erfreulich reichhaltigen – Siedlungsbefunde, sowie schriftliche Quellen und Ortsnamen in die Untersuchungen mit einbezogen hat, führte zu einer differenzierten Gesamtschau der Zeit zwischen der Spätantike und dem beginnenden Hochmittelalter. Auf diese Arbeit hat sich wesentlich zu stützen, wer etwas zur Geschichte der Region im umrissenen Zeitraum – und damit auch zur Geschichte der Kirchenlandschaft – beitragen möchte. Reto Martis Materialaufnahme reicht bis 1995; für die Grabungen bis 1997/98 sind nur die wichtigsten provisorischen Resultate im Katalog aufgenommen. Jüngere einschlägige Ergebnisse sind jedoch im Begleitband „Pro Deo" vorgelegt worden.[3]

Im Folgenden sollen vor allem vier Aspekte beleuchtet werden:
1. Das spätantike Christentum und die Frage der Bischofskirchen
2. Die Christianisierung des Hinterlandes von Augst und Basel und die Konsolidierung der Kirchenlandschaft vom 7. bis zum 9. Jahrhundert
3. Ausgewählte Beispiele des Hochmittelalters
4. Bemerkungen zu Fragen nach spätantiken Traditionen und zum Problemkreis der Bestattungen in Kirchen

Das spätantike Christentum und die Frage der Bischofskirchen

In der Region der ehemaligen römischen Großstadt *Augusta Raurica* (Augst) sind zahlreiche Spuren vorhanden, die auf die Existenz von Christen im 4. Jahrhundert hinweisen. Es sind christliche Symbole auf Gegenständen des Alltags, allen voran das Christogramm. Ausdrücklich genannt seien hier lediglich der Zahnstocher aus dem 351/52 vergrabenen Silberschatz von Kaiseraugst[4] oder die vergoldete Zwiebelknopffibel aus dem Gräberfeld „Aeschenvorstadt" in Basel.[5]

Bestätigt wird möglicherweise die Anwesenheit von Christen auch durch die Nennung eines Bischofs Iustinian 343/344 in den Konzilsakten von Serdica (Sofia, Bulgarien), der in den Akten des umstrittenen Kölner Konzils (angeblich 346) als *episcopus Iustinianus Rauracorum* bezeichnet wird.[6] Dessen Sitz könnte sich in dem um 290 er-

---

[3] Reto Marti / Jürg Tauber, Im Zeichen der Kirche. Das frühe Bistum Basel, Archäologie und Geschichte, in: Pro Deo, Das Bistum Basel vom 4. bis ins 16. Jahrhundert, hg. von Jean-Claude Rebetez, Delsberg 2006, S. 27–87.

[4] Abbildung bei Marti / Tauber, Im Zeichen der Kirche (wie Anm. 3), S. 28.

[5] Regine Fellmann-Brogli u. a., Das römisch-frühmittelalterliche Gräberfeld von Basel/Aeschenvorstadt (Basler Beiträge zur Ur- und Frühgeschichte, Bd. 10, B: Katalog und Tafeln), Derendingen-Solothurn 1992.

[6] Die Akten dieses Konzils sind eine Fälschung des 8. Jahrhunderts, die Liste der Bischöfe scheint jedoch einer nicht näher bekannten Synode der Mitte des 4. Jahrhunderts entnommen worden zu sein: vgl. Thomas Bauer, Viktor I., Bischof von Metz, in: Biographisch-Bibliographisches Kirchenlexikon, Bd. 12, Herzberg 1997, Sp. 1395–1397 (im Internet unter http://www.bautz.de/bbkl/v/viktor_i_b_v_m.shtml). Vgl. dazu auch Josef Limmer, Konzilien und Synoden im spätantiken Gallien von 314 bis 696 nach Christi Geburt, Bd. 1: Chronologi-

Die Kirchenlandschaft der Nordwestschweiz   399

richteten Kastell Kaiseraugst (*Castrum Rauracense*) befunden haben, das als Nachfolger von *Augusta Raurica* auch dessen Verwaltungsfunktionen übernommen hatte.

Als Bischofskirche gilt seit den 1960er Jahren der damals unter und neben der heutigen Kaiseraugster Kirche gelegene, mindestens 17,0 × 11,5 m große Bau mit weiter, halbrunder Apsis (Abb. 2).[7] Der nördlich anschließende Gebäudekomplex, der über älteren Baustrukturen errichtet wurde, wird als eine um ein Atrium gruppierte Raumfolge mit einer kleinen Badeanlage interpretiert, die einige Rätsel aufwirft. Insbesondere ist die Funktion eines kleinen Kaltwasserbeckens strittig, in dem mitunter ein Baptisterium gesehen wird, das allerdings keine direkte Verbindung zur Kirche hat.

Ich möchte an dieser Stelle nicht weiter auf die Details der Befunde eingehen. Sie haben immer wieder zu Diskussionen geführt, die zeigen, dass die Dokumentation nicht so hieb- und stichfest ist, wie man sich das wünschen würde. In jüngerer Zeit wurde gar bezweifelt, dass es sich überhaupt um einen Sakralbau handle.[8] Als Gegenargument zu dieser Interpretation wird angeführt, weder die Bauform Apsis noch die Kultkontinuität seien sichere Nachweise.

Diese Bedenken sind im Einzelfall zu überprüfen. Im Falle von Kaiseraugst sind sie meines Erachtens zu wenig stichhaltig, um sich von der Vorstellung der frühen Bischofskirche verabschieden zu können, so dass man weiterhin davon auszugehen hat, dass im *Castrum Rauracense* ein Bischofssitz zu erschließen ist. Das zur Diskussion stehende Gebäude erhebt sich über älteren Baustrukturen, in denen sakrale Handlungen stattgefunden haben könnten. Als Argumente für eine Deutung als Kirche zählen, zusammen mit baulichen Einzelheiten wie Apsis und Schranke, eine Kultkontinuität (diese Elemente sind eben nicht nur in Kaiseraugst, sondern in zahlreichen Kirchen des Hinterlandes der Normalfall) sowie der Vergleich mit der ersten Kathedrale in Genf, die etwas jünger datiert wird als Kaiseraugst: Die Gegenüberstellung

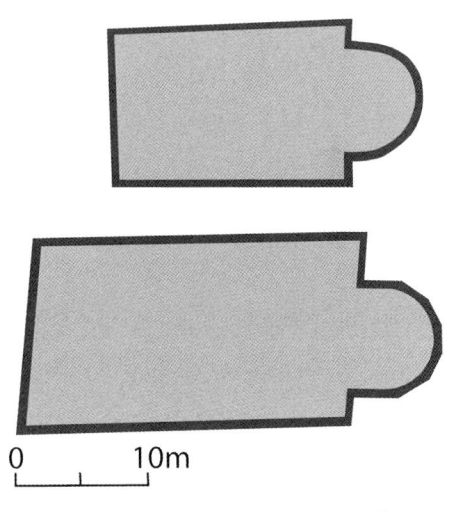

Abb. 2: Größenvergleich zwischen den frühen Bischofskirchen von Kaiseraugst (oben) und Genf. Zeichnung: Archäologie Baselland.

---

sche Darstellung (Wissenschaft und Religion, Bd. 10,1), Frankfurt am Main u. a. 2004, S. 59–64.

[7] Die Ausführungen zur Kirche von Kaiseraugst und zum frühen Bistum nach Reto Marti, Die Anfänge des Bistums: eine Geschichte in Fragmenten, in: Marti / Tauber, Im Zeichen der Kirche (wie Anm. 3), S. 30–39.

[8] Rainer Warland, Spätantikes Christentum und der Prozess der Christianisierung am Oberrhein, in: Imperium Romanum: Römer, Christen, Alamannen – Die Spätantike am Oberrhein, Begleitband zur gleichnamigen Landesausstellung, hg. vom Badischen Landesmuseum Karlsruhe, Stuttgart 2005, S. 42–51, hier S. 48.

zeigt zwei von Grundriss und Dimension her sehr ähnliche Gebäude, welche auch die Bauweise – das *Opus Africanum* – gemeinsam haben. Hinzu kommt die Tatsache, dass die Belegung des großen Gräberfeldes von Kaiseraugst im 4. Jahrhundert einsetzt. Frühe, als Memorien interpretierbare Bauten könnten bereits christlich gewesen sein. Sichere Hinweise auf den christlichen Glauben wie Grabsteine und Grabinschriften stammen allerdings erst aus etwas späterer Zeit.

Hält man an der Interpretation als Kirche fest, so ist der Kaiseraugster Bau bis zum Bau des Haito-Münsters in Basel der größte Sakralbau der Region, was angesichts der Befunddichte in der untersuchten Region doch eine wichtige Beobachtung ist. Im Gegensatz zu Genf, wo der Bischofssitz unter den burgundischen Königen eine geradezu stürmische Entwicklung erlebte, begnügte man sich in Kaiseraugst mit einigen kleineren Veränderungen. Dies mag daran liegen, dass das Augster Bistum wenig stabil und zeitweise auch nicht besetzt war. Der nächste nach Iustinian nachgewiesene Bischof ist Ragnachar, vormals Mönch im Columbans-Kloster Luxeuil und zu Beginn des 7. Jahrhunderts genannt. Er wird bereits als Bischof von Augst und Basel bezeichnet, was nahe legt, dass sein Sitz nicht mehr zwingend in Kaiseraugst zu suchen ist. Eine solche einschneidende Veränderung ist durchaus plausibel, da sich in dieser Zeit eine aktive politische Neuordnung des Oberrheingebietes durch die Merowinger abzeichnet. Allerdings fehlt bisher in Basel der Nachweis einer entsprechenden Kirche. Am ehesten dürfte man den Bischofssitz in der Martinskirche vermuten, in welcher aber bisher keine Grabungen stattgefunden haben.

Das Bistum scheint nach Ragnachar nicht von Bestand gewesen zu sein.[9] Jedenfalls setzt nach ihm erst wieder ab den 740er Jahren die Liste der Bischöfe ein, die von da an nicht mehr abbricht. Die älteste bekannte Bischofskirche in Basel wird dem Bischof Haito (805–823) zugeschrieben.

Was mit der Kaiseraugster Kirche geschehen ist, kann nur aus späteren Quellen erschlossen werden. Ende des 9. Jahrhunderts wird sie von Arnulf von Kärnten einem Anno, später dem Kloster St. Gallen übertragen, was bedeutet, dass sie in der Zwischenzeit zum Königsgut geworden ist. Dies dürfte am ehesten damit zu erklären sein, dass das Bistum zu jener Zeit, als die merowingische Neuordnung am Oberrhein einsetzte, nicht besetzt oder bereits in Basel angesiedelt war. Als Argument dafür, dass Basel dem älteren Kaiseraugst möglicherweise bereits damals den Rang abgelaufen hat, könnte die Tatsache herangezogen werden, dass um 600 in *Basilia* durch den Münzmeister GVNSO nach burgundischem Vorbild Goldmünzen geprägt werden.[10]

---

[9] Die lückenhaften Bischofslisten sind allerdings nach WARLAND, Spätantikes Christentum (wie Anm. 8), S. 42, eine allgemeine Erscheinung.
[10] MARTI / TAUBER, Im Zeichen der Kirche (wie Anm. 3), S. 51.

Die Christianisierung des Hinterlandes von Augst und Basel und die Konsolidierung der Kirchenlandschaft vom 7. bis zum 9. Jahrhundert

Während sich die Zeugnisse des spätantiken Christentums auf zentrale Orte wie die Kastelle beschränken, setzen sie im Hinterland erst um 600 mit einer Welle von Kirchengründungen ein. Zwei Ausnahmen dürfen dabei nicht unterschlagen werden: Oberwil und Lausen.

Der Sonderfall Oberwil

In Oberwil, wenige Kilometer südlich von Basel, legte Jürg Ewald 1964 unter großem Zeitdruck innerhalb der heutigen Kirche die Überreste eines kleinen Sakralbaus mit quadratischem Schiff und ebensolchem Altarhaus frei (Abb. 3), den er aufgrund von Grundrissvergleichen und einigen wenigen Beigaben in den zahlreichen Gräbern ins 7. Jahrhundert datierte, eine Datierung, die Reto Marti zunächst übernahm. Der Umstand, dass die Mauerreste in einer „archäologischen Krypta" erhalten werden konnten, erlaubte es ihm 2003, mit Studierenden der Universität Zürich eine Nachgrabung durchzuführen, die einige offene Fragen klären sollte. Die Resultate waren überraschend und führten zu einer völlig neuen Interpretation.[11] Demnach entstand im Bereich eines römischen Gutshofes, der nur in geringsten Spuren nachweisbar ist, um 400 ein quadratischer Steinbau von rund 8 Metern Seitenlänge. Indizien – unter anderem eine große Grube in der Südostecke und das später zum Gewicht umgearbeitete Fragment eines Bleisarkophags – deuten darauf hin, dass bereits dieser Bau als Mausoleum, als Grabbau für eine bedeutende Persönlichkeit, gedient haben könnte, wobei offen bleiben muss, ob es bereits christlich genutzt wurde. Ab etwa 650 wird derselbe Bau zur Grablege für eine wohlhabende Familie und ist wenig später mit dem Anbau eines Rechteckchors auch architektonisch als christlicher Sakralbau erkennbar.

Die in den Gräbern innerhalb der Kirche fassbare Familie ist ein Zeichen für Veränderungen, die auch anderweitig festzustellen sind: Auf der der Kirche gegenüberliegenden Talseite konnte ein Töpferbezirk ausgegraben werden, in welchem eine für unsere Gegend neuartige Keramik, die sandige Drehscheibenware, produziert wurde, welche in kurzer Zeit die bisher gängigen, noch immer nach römischer Tradition verfertigten Gefäße verdrängte. Die Produktionszeit dieses Töpferbezirks ist in die Zeit zwischen etwa 630 und 700 anzusetzen. Das Absatzgebiet lässt sich zurzeit von der Ajoie im Westen bis ins Fricktal im Osten lokalisieren.[12]

---

11 Marti / Tauber, Im Zeichen der Kirche (wie Anm. 3), S. 42 f.
12 Madeleine Châtelet, Eine frühmittelalterliche Töpferwerkstatt: Die archäologischen Funde von Oberwil (BL), Lange Gasse, mit Beiträgen von Reto Marti (Archäologie und Museum, Bd. 47), Liestal 2004; Reto Marti, „Luteo operi, sine quo tamen non transigetur": frühmittelalterliche Keramik im Spiegel gesellschaftlicher und kulturräumlicher Veränderungen in der Nordwestschweiz, in: Hüben und drüben – Räume und Grenzen in der Archäologie des Frühmittelalters. Festschrift für Prof. Max Martin zu seinem fünfundsechzigsten Geburtstag, hg.

Erst im 8. Jahrhundert wird das Schiff der Oberwiler Kirche vergrößert. Gleichzeitig ist ein Taufstein fassbar; Bestattungen finden in dieser Phase nicht mehr statt.

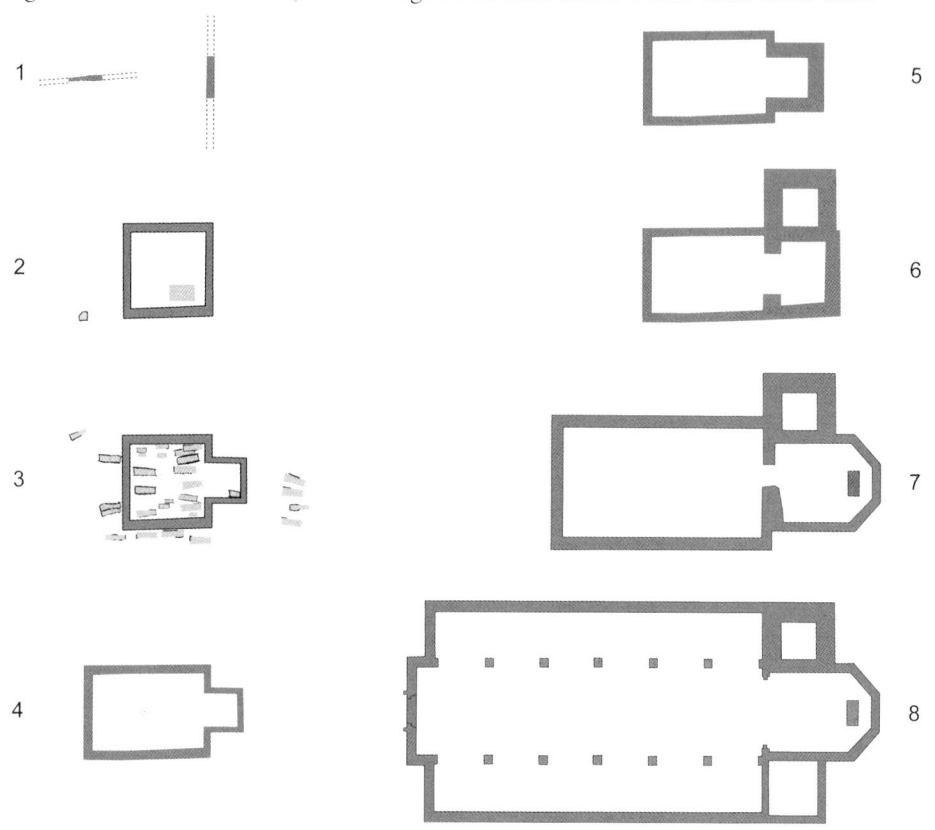

Abb. 3: Oberwil, St. Peter und Paul. Die Entwicklung von den Überresten eines römischen Gutshofes (1) über einen spätantiken Grabbau (2) zur Grablege einer begüterten Familie im 7. Jh. (3). Die folgenden Bauphasen: 4 Vergrößerung der frühmittelalterlichen Kirche, Einbau einer Taufanlage (8. Jh.); 5 Vergrößerung und Verstärkung des Chors (12./13. Jh.?); 6 Vergrößerung Chor, Kirchturm (14. Jh.); 7 spätgotischer Neubau (1696); 8 Vergrößerung Schiff, Sakristei (1896). Zeichnung: Archäologie Baselland.

Der Sonderfall Lausen

Etwas anders gelagert ist der Fall Lausen. Hier steht die Kirche (Abb. 4) nicht mitten im alten Dorfkern, sondern auf der anderen Talseite, an der Stelle einer Dorfwüstung namens „Bettenach". Dieser Ortsname auf -ach (bzw. -acum) lässt auf eine ursprüng-

---

von GABRIELE GRAENERT u. a., (Archäologie und Museum, Bd. 48), Liestal 2004, S. 191–215; DERS., The early medieval potteries from Basle's hinterland (Switzerland) – origin, production and diffusion of the pottery ware, in: Arts and crafts in medieval rural environment (Ruralia, Bd. 6), 22nd–29th september 2005, Szentendre Dobogokö, Hungaria, hg. von JAN KLÁPŠTĚ und PETR SOMMER, Turnhout 2007, S. 3–16.

Die Kirchenlandschaft der Nordwestschweiz   403

lich römische Ansiedlung schließen, ein Verdacht, der durch die Grabungen in den
späten 1980er und frühen 1990er Jahren erhärtet wurde: Die Siedlung geht auf einen
römischen Gutshof zurück und war kontinuierlich bis in die Zeit um 1200 bewohnt.[13]

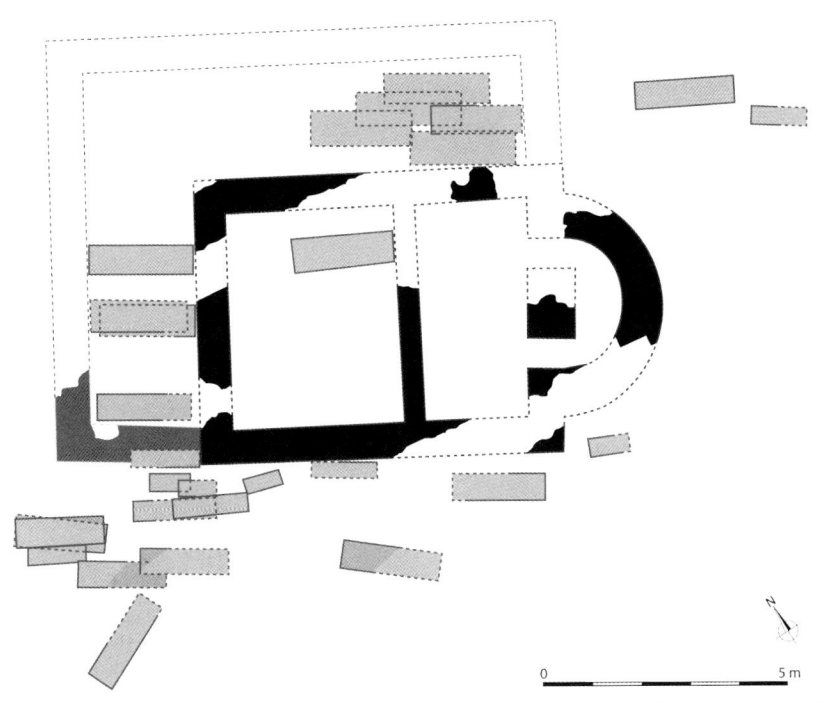

Abb. 4: Die erste Kirche in Lausen-Bettenach. Frühmittelalterliche Grabkapelle (schwarz) mit jüngerem Anbau (dunkelgrau) sowie die zu diesem Bau gehörenden Bestattungen. Zeichnung: Archäologie Baselland.

Die Grabungen in der Kirche führten 1971 zur Entdeckung eines Vorgängerbaus, den
Ewald aufgrund von Grundrissvergleichen dem 8. Jahrhundert zuordnete. Auch hier
kam Marti auf der Basis seiner breit angelegten Studien, den Detailanalysen des Befundes und durch die Ergebnisse der Siedlungsgrabung in der unmittelbaren Nachbarschaft auf andere Resultate.[14] Demnach war hier im 5. oder 6. Jahrhundert ein kleiner
Sakralbau entstanden, der aufgrund seiner Größe wohl als Kapelle für einen sehr kleinen, privilegierten Personenkreis anzusprechen ist. Im Innern fand sich eine einzige
Bestattung, die unmittelbar westlich einer Chorschranke angelegt worden war. Diese
Schranke sowie das Fundament eines Altars weisen den Bau als voll funktionstaugliche Kirche aus. In einer zweiten Phase wurde westlich und nördlich eine Vorhalle angebaut, die zahlreiche Bestattungen aufnahm.

---

[13] JÜRG TAUBER, Lausen-Bettenach – ein Sonderfall, in: JÜRG EWALD / JÜRG TAUBER, Tatort Vergangenheit. Ergebnisse aus der Archäologie heute, Basel 1998, S. 221–240.
[14] MARTI, Nordwestschweiz (wie Anm. 2), Bd. A, S. 156–159 und Bd. B, S. 126–160, Taf. 104–178; MARTI / TAUBER, Im Zeichen der Kirche (wie Anm. 3), S. 56 f.

Der erste Bau findet seine beste Entsprechung in der Kapelle St. Georges neben der Kathedrale von Vienne, die als Grabbau des zwischen 542 und 549 verstorbenen Bischofs Panthagatus erbaut wurde. Die Beziehungen ins Rhonetal werden auch in der für die Außenbestattungen angelegten Vorhalle deutlich, und auch bei den Kleinfunden, insbesondere der Keramik, lassen sich entsprechende kulturelle Verbindungen fassen. Der kleine Apsidenbau von Lausen-Bettenach ist der älteste archäologisch nachgewiesene, christliche Sakralbau der Nordwestschweiz außerhalb des Kaiseraugster Bischofssitzes.

Die Kirchen im Hinterland von Kaiseraugst

Ab etwa 600 n. Chr. werden in der Nordwestschweiz zahlreiche Sakralbauten gegründet, bei denen es sich meistens um Grablegen handelt. Die Nutzung des spätantiken Baus in Oberwil steht ebenso in diesem Zusammenhang wie die Anlage einer eigentlichen Grabkirche im Gräberfeld von Kaiseraugst. Im Kleinen entspricht dieser aus Stein errichteten Grablege ein kleines Pfostengebäude im frühmittelalterlichen Gräberfeld von Aesch-Steinacker, das drei unberaubte Gräber enthielt.[15] Die Kreuzfibel in einem der Gräber lässt darauf schließen, dass es sich um christliche Bestattungen handelt.

Eigentliche Kirchengründungen sind in dieser Zeit in Buus und Sissach fassbar.[16] In Bennwil, Diegten, Ettingen, Muttenz, Oberdorf-St. Michael und Wintersingen sind die Kirchenbauten um 700 oder im 8. Jahrhundert anzusetzen, um 800 oder im 9. Jahrhundert folgen jene in Aesch-Saalbünten, Kilchberg und Reigoldswil-St. Hilarius. Es ist anzumerken, dass mit Ausnahme von Aesch-Saalbünten, Oberdorf-St. Michael und Reigoldswil-St. Hilarius alle genannten Sakralbauten im Mittelalter als Pfarrkirchen auftreten, ebenso wie Lausen und Oberwil. Umstritten ist die Datierung von Maisprach-St. Maria, das neuerdings ebenfalls zu dieser Gruppe gestellt wird.[17]

Diese Liste kann ergänzt werden mit einer ganzen Reihe von weiteren Fällen, bei denen eine frühe Gründung wahrscheinlich oder wenigstens möglich ist. In manchen haben bis heute keine archäologischen Forschungen stattgefunden, wie in Allschwil-St. Peter und Paul, Oberdorf-St. Peter, Pratteln-St. Leodegar und Roggenburg-St. Martin.

Schließlich sind noch jene Kirchen zu nennen, in denen zwar Grabungen stattgefunden haben, die aber entweder nur spärliche Hinweise auf eine entsprechende frühe Anlage geliefert haben oder aber so schlecht dokumentiert wurden, dass keine klaren Schlüsse gezogen werden können. In diese Kategorie fallen Frick-St. Peter und Paul, Gelterkinden-St. Peter, Laufen-St. Martin, Liestal-St. Martin und Brida, Liestal/Munzach-St. Laurentius und Pfeffingen-St. Martin, um nur die wichtigsten zu nennen.

---

[15] MARTI / TAUBER, Im Zeichen der Kirche (wie Anm. 3), S. 49, Abb. 50.
[16] Im Folgenden stütze ich mich auf MARTI, Nordwestschweiz (wie Anm. 2), Bd. A, S. 151–201.
[17] MARTI, Nordwestschweiz (wie Anm. 2), Bd. A, S. 186 f. folgt mit seiner Datierung ins 12./13. Jahrhundert den Angaben von EWALD, Kirchen und Kirchengrabungen (wie Anm. 1). Eine Bearbeitung der Befunde kommt zu einer wesentlich früheren Datierung: MICHAEL SCHMAEDECKE, Die Pfarrkirche in Maisprach. Ergebnisse der archäologischen Untersuchungen (Archäologie und Museum, Bd. 45), Liestal 2002.

Der Vollständigkeit halber sei noch kurz die Region gestreift, die westlich an das Bearbeitungsgebiet des Kantons Baselland anschließt. Die früher öfters geäußerte Ansicht, es habe sich dort um bewaldete, mehr oder weniger unbewohnte Wildnis gehandelt, muss angesichts der archäologischen Funde als falsch bezeichnet werden. Frühmittelalterliche Gräberfelder, etwa in Bassecourt, Bonfol und Courfaivre, sowie Siedlungsgrabungen wie Develier-Courtételle (Kanton Jura)[18] zeigen an, dass die Gegend durchaus schon früh besiedelt war.

In kirchlicher Hinsicht sind hier natürlich die Klöster in Moutier-Grandval und St. Ursanne zu nennen.[19] Für das Kloster Moutier-Grandval ist bis heute nicht klar, wo sich die erste, gegen 640 gegründete Anlage befunden hat. Man kennt aus Aufzeichnungen des 19. Jahrhunderts die Kirche St. Peter mit elf Bestattungen in für diese Gegend typischen Sarkophagen des 7. oder frühen 8. Jahrhunderts, die später von einem Mörtelboden überdeckt wurden. Vor 771 wird eine der Gottesmutter Maria geweihte Kirche erwähnt, wohl die neue Klosterkirche, weil St. Peter zur Pfarrkirche geworden war. Beim Abbruch der romanischen Stiftskirche im 19. Jahrhundert fand Auguste Quiquerez Spolien von Schranken, welche die These von einer Klosterkirche an dieser Stelle bestätigen könnten.

Im noch etwas älteren St. Ursanne ist ebenfalls eine Peterskirche mit Sarkophaggräbern nachgewiesen; ein kurzes Mauerstück könnte auf einen Vorgängerbau hinweisen. Im 9. Jahrhundert wurde sie zur Pfarrkirche umgebaut, was heißt, dass die Mönche sich anderswo eine Klosterkirche gebaut haben. Möglicherweise ist diese unter der heute noch stehenden hochmittelalterlichen Anlage zu suchen, doch haben sich archäologisch bisher keine Spuren nachweisen lassen.

In den Dörfern dieser Region finden sich ab und zu Hinweise auf Kirchen des 7. oder 8. Jahrhunderts, meist in Form der bereits erwähnten, typischen Sarkophage. Diese Hinweise sind aber meist zu punktuell und zu wenig aussagekräftig, um weiter reichende Schlüsse ziehen zu können.

Buus, St. Michael

Um uns ein Bild von der architektonischen und funktionalen Vielfalt frühmittelalterlicher Sakralbauten machen zu können, sollen im Folgenden den bereits genannten Befunden von Oberwil und Lausen einige gut dokumentierte weitere Beispiele hinzugefügt werden. Beginnen wir mit der Kirche von Buus (Abb. 5).[20]

Die Michaelskirche im Dorfe Buus ist die bisher einzige in der Nordwestschweiz nachgewiesene Holzkirche, eine einfache Saalkirche von etwa 9 × 6 m, die zu Beginn des 7. Jahrhunderts erbaut wurde. Eine zweite Phase, um 700 errichtet, wurde mit identischen

---

[18] ROBERT FELLNER / MARUSKA FEDERICI-SCHENARDI, Develier-Courtételle, un habitat rural mérovingien, Bd. 5: Analyse spatiale, approche historique et synthèse, vestiges gallo-romains (Cahier d'archéologie jurassienne, Bd. 17), Porrentruy 2007.
[19] MARTI / TAUBER, Im Zeichen der Kirche (wie Anm. 3), S. 68–75.
[20] MARTI, NORDWESTSCHWEIZ (wie Anm. 2), Bd. A, S. 159–162 und Bd. B, S. 97–99 mit Taf. 89 f.; MARTI / TAUBER, Im Zeichen der Kirche (wie Anm. 3), S. 61–63 mit Abb. 69

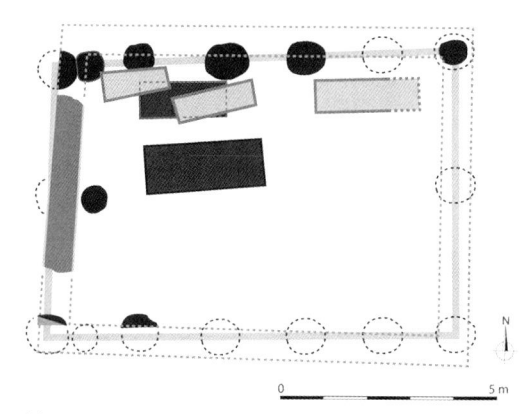

Abb. 5: Die ältesten Phasen der Kirche von Buus: Pfostenbau des frühen 7. Jh. mit den zugehörigen Innenbestattungen (dunkelgrau) und letzte, nur in der Westwand erhaltene Reste einer um 700 erfolgten Umwandlung in einen Steinbau mit zugehörigen Steinplattengräbern (hellgrau). Zeichnung: Archäologie Baselland.

Dimensionen in Stein ausgeführt; dieser Bau hatte offensichtlich Bestand bis ins 17. Jahrhundert. Im Kircheninnern befanden sich mehrere Gräber, von denen zwei Erdgräber der Holzkirche, drei zum Teil mehrfach belegte Steinplattengräber dem Steinbau zuzuweisen sind.

In einem der Erdgräber fand sich die Bestattung wohl des Kirchengründers, der nach Ausweis der Beigaben ein Zeitgenosse des Bischofs Ragnachar gewesen sein kann und dem nordburgundischen Kulturkreis entstammt – eine kulturelle Ausrichtung, die uns in der Nordwestschweiz immer wieder begegnet.

Im 13. Jahrhundert gehörte die Kirche zum Hof von Buus, dessen Lage aufgrund von Flurnamen am Fuße des Hanges lokalisiert werden kann, an dem die Kirche liegt. Aufgrund dieser Konstellation dürfte man als Ursprung des Holzbaus die Eigenkirche eines mächtigen Grundbesitzers vermuten.

Sissach, St. Jakob

Die Grabungen in der Kirche von Sissach haben 1965 reiche Funde und Befunde geliefert (Abb. 6). Der damalige Ausgräber blockierte jahrzehntelang die Auswertung und lieferte schließlich eine derart dürftige Dokumentation ab, dass eine Bearbeitung erhebliche Mühe bereitete.[21] Dennoch sind die Ergebnisse so reichhaltig, dass sich diese Kirche als besonders spektakuläres Fallbeispiel anbietet. Ihre Bedeutung lässt sich auch daran ablesen, dass im Hochmittelalter sieben Dörfer der Umgebung zu ihrem Pfarrsprengel gehörten. Sissach ist zudem namengebend für den Sisgau, den bereits 835 genannten *pagus sisgauensis*.

Der älteste Bau kann als Saal von 9 × 11 m mit einem annähernd rechteckigen Chor von 3,50 m Tiefe rekonstruiert werden. Im Innern des Schiffes fanden sich zahlreiche Erdgräber und einige Steinplattengräber, die im Wesentlichen auf die älteren Erdgräber Rücksicht nahmen. Dies deutet darauf hin, dass die Grabstätten oberirdisch gekennzeichnet waren.

---

[21] SIMON BURNELL, Die reformierte Kirche von Sissach BL. Mittelalterliche Kirchenbauten und merowingerzeitliche „Stiftergräber" (Archäologie und Museum, Bd. 38), Liestal 1998; MARTI, Nordwestschweiz (wie Anm. 2), Bd. A, S. 162–166 und Bd. B, S. 162–165 mit Taf. 263–275; MARTI / TAUBER (wie Anm. 3), S. 57–60.

Die Kirchenlandschaft der Nordwestschweiz   407

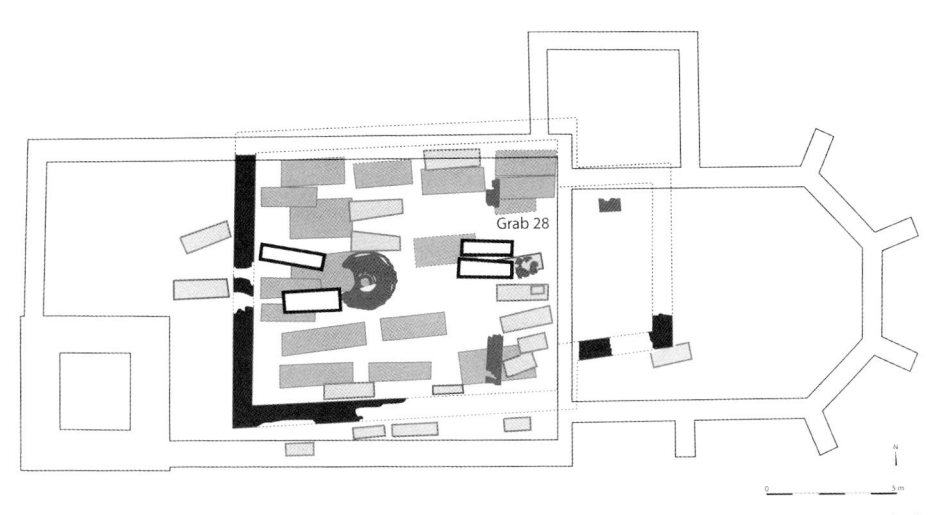

Abb. 6: Sissach, St. Jakob: Reste eines frühmittelalterlichen Baus (schwarz) mit zugehörigen Erdgräbern (grau) und Steinplattengräbern (hellgrau mit grauer Kontur). Spätere Einbauten (grau) von Chorschranke, Ambo und Altar sowie Mörtelmischwerk zeigen die Entwicklung von der Grablege hin zur Gemeindekirche. Aus dieser Zeit sind nur vier Deckplattengräber (schwarze Kontur) erhalten, die keine Rücksicht auf die älteren Bestattungen mehr nehmen. Zeichnung: Archäologie Baselland.

Nach Ausweis der reichen Beigaben, welche in den Gräbern der ersten beiden Generationen geborgen werden konnten, muss die Kirche spätestens um 620/30 bestanden haben. Besonders erwähnenswert sind das Grab eines berittenen Kriegers mit Spatha, Sax, Sporn und reicher Gürtelgarnitur sowie das Grab eines Mädchens. In Letzterem fanden sich zahlreiche Grabbeigaben – unter anderem ein bronzenes Kettengehänge und zwei Glastummler. Oberirdisch war es zudem durch ein Mosaik mit Kreuzmotiv gekennzeichnet. Eine rechteckige Aussparung in diesem Mosaik lässt eine Steintafel mit einer wohl lateinischen Inschrift vermuten.[22]

Bei der Betrachtung der Gräber (Abb. 7) fällt auf, dass in diesen ersten beiden Generationen mit Ausnahme des erwähnten Reiters und eines Knaben ausschließlich Frauen bestattet wurden. Da kaum anzunehmen ist, dass die Männer dieser wohlhabenden Sippe auf ein gleichwertig standesgemäßes Begräbnis zugunsten ihrer weiblichen Sippenangehörigen verzichtet haben, muss mit einer zweiten Kirche im Besitz der Familie gerechnet werden. Wo diese zu suchen wäre, muss offen bleiben. Es fällt aber auf, dass die kulturellen Beziehungen, die aufgrund der Beigaben erschlossen werden können, einerseits in die *Burgundia* und andererseits vor allem ins nördliche Oberrheingebiet, d. h. in die Gegend von Strassburg, weisen. Es würde nicht erstaunen, wenn die „Männerkirche" dort gestanden hätte.

Frühestens um 700 oder im Laufe des 8. Jahrhunderts kam es in der Sissacher Kirche zu einschneidenden Veränderungen, indem der Kirchenboden um etwa 0,15 m angeho-

---

[22] RETO MARTI, Ein verlorenes Epitaph des 7. Jahrhunderts?, in: Mille fiori, Festschrift für Ludwig Berger zu seinem 65. Geburtstag, hg. von der Römerstadt Augusta Raurica (Forschungen in Augst, Bd. 25), Augst 1998, S. 295–301.

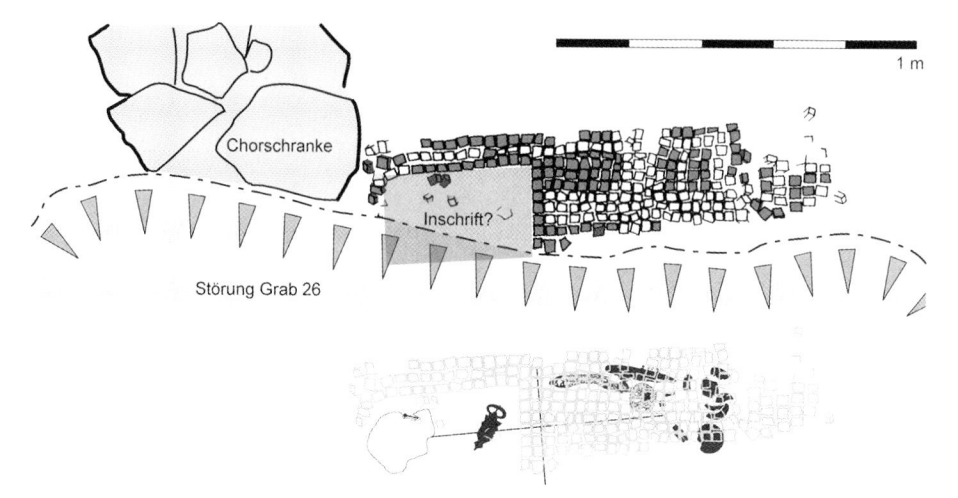

Abb. 7: Sissach, St. Jakob: Mädchengrab mit reichen Beigaben und Mosaiküberdeckung, um 650. Zeichnung: Archäologie Baselland.

ben wurde. Damit verschwanden die bisher sichtbaren Kennzeichnungen der einzelnen Gräber. Im Kircheninnern wurde ein Mörtelmischwerk angelegt, das für den hohen Bedarf an diesem Baumaterial für Böden und wohl auch für Wandverputz benötigt wurde. An baulichen Veränderungen sind vor allem eine Schranke zu nennen, die im östlichen Teil des Schiffes eingezogen wurde und damit den Chorraum vergrößerte, sowie ein rundes Fundament in der Mittelachse, das wohl als Ambo zu deuten ist. Zu dieser Umbauphase gehören nur noch vier Gräber: Zwei liegen unmittelbar vor dem Ambo in der Lücke, welche die Chorschranke offenbar offen ließ, zwei an der Westwand.

In diesen Baumaßnahmen haben wir wohl die äußerliche Umwandlung der bisher als Grablege einer reichen Sippe von Großgrundbesitzern dienenden Eigenkirche in eine offenere Pfarrkirche zu sehen. Damit kann archäologisch nachvollzogen werden, was gerade in jener Zeit die kirchlichen Autoritäten immer wieder gefordert haben: dass der Brauch, die Toten in den Kirchen zu bestatten, aufzugeben sei.

Kirchen des 8. Jahrhunderts

Die Gründung von Kirchen setzt sich um 700 und im 8. Jahrhundert unvermindert fort.[23] Angesichts des guten Publikationsstandes erübrigt es sich, alle entsprechenden Anlagen vorzustellen. Ich beschränke mich deshalb auf einige Bemerkungen, die versuchen sollen, Gemeinsamkeiten und Besonderheiten gegeneinander abzugrenzen. Als tendenziell eher frühere Gründungen sind Diegten, Wintersingen und Muttenz zu nennen, etwas später folgen Ettingen und Bennwil.

Diegten-St. Peter und Paul (Abb. 8) ist wohl als Pfarrkirche des ganzen, nach dem Standort der Kirche benannten Diegtertales zu betrachten. Im Innern des einfachen

---

[23] Das Folgende nach MARTI, Nordwestschweiz (wie Anm. 2), Bd. A, S. 168–174 und den einschlägigen Abschnitten im Katalogband.

Die Kirchenlandschaft der Nordwestschweiz 409

Diegten

Wintersingen

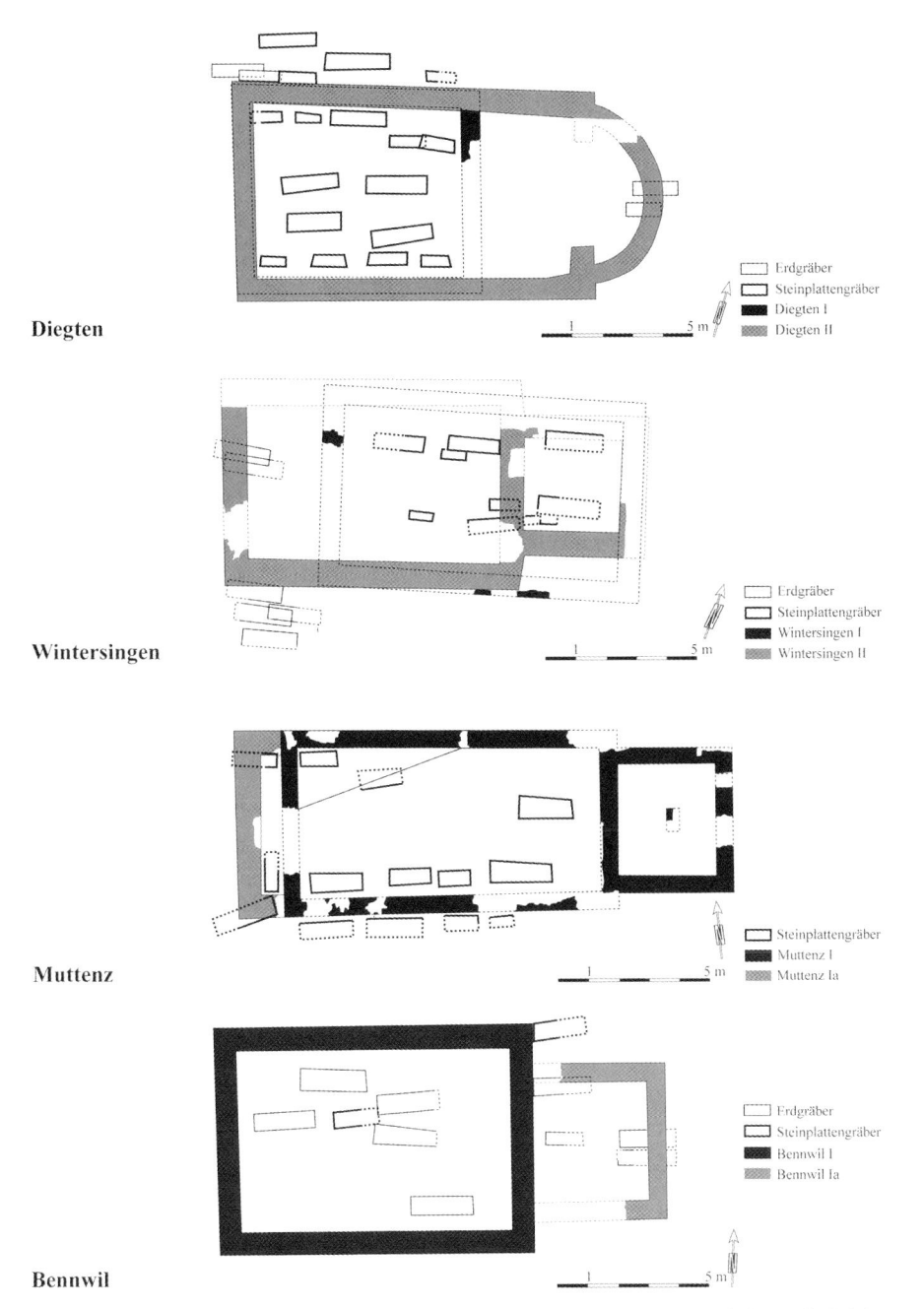

Muttenz

Bennwil

Abb. 8: Die Frühphasen der Kirchen von Diegten, Wintersingen, Muttenz und Bennwil. Zeichnung: Archäologie Baselland.

Saalbaus wurden 13 Steinplattengräber beobachtet. Lediglich vier davon sind Gräber von Erwachsenen, von denen drei noch den Gürtel enthielten, alle anderen, teilweise mehrfach belegt, sind Kindergräber. Die Datierung um 700/frühes 8. Jahrhundert legt eine einzige heute noch erhaltene Gürtelschnalle nahe.

Wintersingen-St. Leonhard, wie Diegten eine einfache Saalkirche, enthielt ebenfalls Steinplattengräber, auch hier mehrheitlich für Kinder. Die Datierung in denselben Zeithorizont wie Diegten ermöglichen einige wenige Beigaben. Das Patrozinium entspricht jenem des hochmittelalterlichen Besitzers der Kirche, dem Basler Chorherrenstift St. Leonhard.

Ähnliche Verhältnisse hinsichtlich der Gräber finden wir in Muttenz-St. Arbogast; auch hier spiegelt sich im Patrozinium der Besitzer, das Domstift Strassburg. Sieben Steinplattengräber finden sich im Innern des 4,5 × 10,0 m breiten Schiffs, ein weiteres im etwas jüngeren, lediglich knapp 1,5 m breiten, westlichen Anbau. In zweien der Steinplattengräber lagen insgesamt drei Bestattungen von Erwachsenen vor, der Rest enthielt Skelette von Kindern. Muttenz fällt mit seinen langrechteckigen Proportionen und dem quadratischen Altarhaus etwas aus dem Rahmen des in unserer Region Üblichen.

Schließlich sei noch Bennwil-St. Martin erwähnt, wo von der ersten, einfachen Saalkirche noch heute die West- und Südwand in voller Höhe erhalten sind, letztere mit hoch liegenden Rundbogenfenstern, deren Bögen alternierend mit Kalksteinplatten und römischen Ziegeln gebildet wurden. Im Innern des ersten Kirchenbaus fanden sich lediglich fünf Gräber, hier waren allerdings die Bestatteten – mit der Ausnahme eines elfjährigen Knaben in einem Steinplattengrab – alle erwachsene Männer.

Der Trend bei diesen Beispielen ist unverkennbar: Vergleicht man sie mit den als Grablege einer Familie dienenden Kirchen Oberwil und Sissach, so fällt die weitaus geringere Anzahl der Gräber auf, von denen erst noch – mit der Ausnahme Bennwil – der größte Teil Kindergräber sind. Dem ließe sich noch Ettingen-St. Peter und Paul anschließen, wo in der ersten Kirche gerade noch zwei Kindergräber beobachtet werden konnten. In all diesen Befunden lassen sich die in den schriftlichen Quellen fassbaren Bemühungen der Kirchenoberen ablesen, Bestattungen aus dem Innern der Kirche zu verbannen.

Ein letzter Befund des 8. Jahrhunderts scheint dem Trend auf dem ersten Blick zu widersprechen: Oberdorf-St. Michael ist ein kleiner Bau von lediglich 4,5 × 5,5 m (Abb. 9). Einem Steinplattengrab in der Nordostecke stehen ein weiteres Steinplattengrab, ein gemauertes Grab und ein Tuffsarkophag an der Südwand gegenüber. Möglicherweise ist auch an der Nordmauer eine entsprechende Grabreihe zu vermuten, doch wurde dort nicht bis auf den gewachsenen Boden gegraben. Der Tuffsarkophag enthielt drei Skelette, die anderen Gräber je eines, manchmal aber noch verlagerte Knochen weiterer Skelette.

Jürg Ewald ging davon aus, dass mit St. Michael der erste Kirchenbau in Onoldswil, wie die heutigen Dörfer Ober- und Niederdorf im Mittelalter hießen, gefunden sei, der dann durch das wenige Meter östlich davon liegende St. Peter ersetzt worden wäre.[24]

---

[24] JÜRG EWALD / ROLF SCHELKER, Die frühmittelalterliche Kapelle St. Michael Onoldswil bei St. Peter in Oberdorf, in: Baselbieter Heimatblätter 41 (1976), S. 27–40.

Diese Annahme wird von Marti bestritten: Er sieht in St. Michael, das wohl erst im Spätmittelalter mit einem Altarhaus ergänzt wurde, einen ausschließlich für Bestattungszwecke errichteten Bau, der aufgrund verschiedener Indizien ins mittlere 8. Jahrhundert datiert werden kann. Er wäre somit als Reaktion darauf zu interpretieren, dass Bestattungen in der Talkirche St. Peter nicht mehr möglich waren. Da St. Peter archäologisch aber noch nicht erforscht ist, kann diese These vorderhand nicht verifiziert werden.

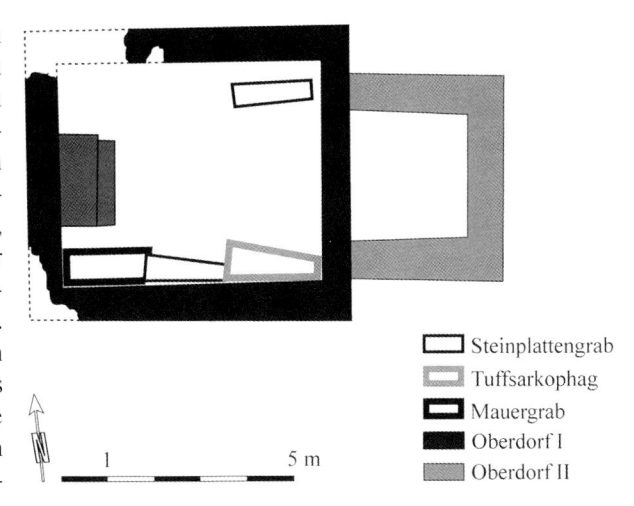

Abb. 9: Oberdorf, St. Michael: Befund der Bauphasen I (8. Jh.) und II (spätmittelalterlich) mit den zu Phase I gehörigen Bestattungen. Zeichnung: Archäologie Baselland.

Kirchengründungen des 9. und 10. Jahrhunderts

Neben den zehn vorgestellten Beispielen von Sakralbauten, die aufgrund archäologischer Untersuchungen zwischen dem 6. und 8. Jahrhundert erbaut worden sind, nimmt sich die Zahl der vier in der Zeit von etwa 800 bis 1000 neu hinzukommenden und mit mehr als nur bautypologischen Begründungen entsprechend datierten Gotteshäusern geradezu bescheiden aus.

Kilchberg, ein einfacher Saalbau mit Schranke, die den Chorbereich abtrennt, aber ohne zeitgenössische Gräber, sei lediglich erwähnt, ebenso wie die Burgkapelle auf der ins 10. Jahrhundert datierbaren Burgruine Burghalden bei Liestal. Interessanter sind zwei andere Sakralbauten: Reigoldswil-St. Hilarius und Aesch-Saalbünten,[25] beides Bauten, die schon längst nicht mehr als Gotteshäuser in Funktion sind.

Die Lage der im frühen 19. Jahrhundert in ein Bauernhaus umgebauten Hilariuskapelle oberhalb von Reigoldswil (Abb. 10) könnte abgelegener kaum sein: im hintersten Talabschnitt, umgeben von steilen Hängen. Und doch muss hier – wie ein frühmittelalterliches Gräberfeld des 7. Jahrhunderts auf der rechten Talseite zeigt – eine Siedlung gestanden haben. Links des Baches wurden ebenfalls Gräber angetroffen, die jedoch keine Beigaben enthielten. Einige wenige Steinplattengräber waren nur einfach belegt, ein Indiz für einen späten Ansatz innerhalb des „Plattengräberhorizonts".

---

[25] MARTI, Nordwestschweiz (wie Anm. 2), Bd. A, S. 174–176 und S. 176–179; Bd. B, S. 28–54 und S. 212–217.

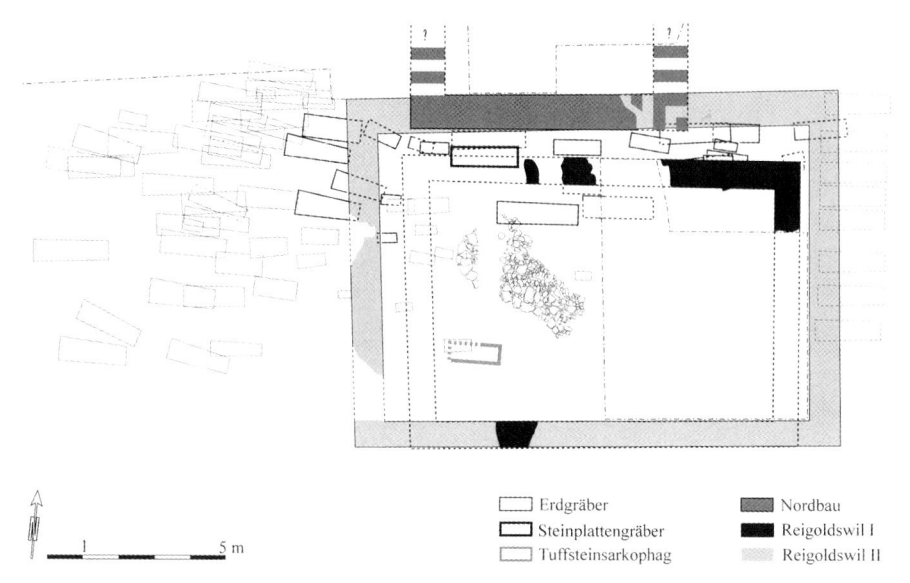

Abb. 10: Reigoldswil, St. Hilarius: Plan der Befunde mit dem turmartigen Nordbau (dunkelgrau) und dem über einem Gräberfeld angelegten ersten Kirchenbau (schwarz) aus dem 8. Jh. Reigoldswil II (grau) stammt aus romanischer Zeit. Zeichnung: Archäologie Baselland.

Eines dieser Gräber – ein Kindergrab – bestand aus halbierten Mühlsteinen von 0,85 m Durchmesser, was die Existenz einer Wassermühle erschließen lässt.[26] Außerdem sind im Fundament der Nordwand des heute noch bestehenden Baues Überreste eines mächtigen Turmes beobachtet worden. Damit ist hier ein (befestigter?) Hof mit Wohnturm und Mühle aus dem 8. Jahrhundert in Spuren nachweisbar. Keramikfunde, darunter auch Ofenkacheln, entsprechen der südelsässischen Ware und stützen diese These. Sie deuten damit auch Beziehungen in diesen Raum an, die möglicherweise auch die abseitige Lage erklären könnten: Die Siedlung liegt wohl an einem Passübergang über den Jura ins Schweizerische Mittelland, der aber sehr beschwerlich und steil ist, gleichzeitig aber an einer Ost-Westverbindung, die über mehrere Täler hinweg vom Elsass über das Becken von Laufen zu den bedeutenderen Jurapässen des Hauenstein weiter östlich führt.

Neben dem Turm und über dem Grab mit den Mühlsteinen wurde um 800 oder im 9. Jahrhundert ein Gebäude errichtet, das aufgrund der Gräber im unmittelbar westlich angrenzenden Bereich als Sakralbau angesprochen werden darf. Die Westwand war zwar nicht mehr erhalten, ist aber aus den dort in einer Reihe angeordneten Gräbern von Kleinkindern zu erschließen. Die Wahl des Heiligen Hilarius als Patron würde zu diesem Gründungsdatum passen, gilt Hilarius doch neben Martin als wichtigster fränkischer Heiliger und war unter den Karolingern sehr beliebt.

---

[26] Jürg Tauber, Ein Kindergrab aus Mühlsteinen in Reigoldswil, in: Ewald / Tauber, Tatort Vergangenheit (wie Anm. 13), S. 118 f.

Die Kirchenlandschaft der Nordwestschweiz 413

Im 12. Jahrhundert wurde dieser Bau durch eine etwas größere Kapelle ersetzt, die bis nach 1800 Bestand hatte. Die oben erwähnten Beziehungen Richtung Westen werden durch spätmittelalterliche Quellen bestätigt: St. Hilarius gehörte zu St. Martin in Laufen.

Die Kirche von Aesch-Saalbünten (Abb. 11) zeichnet sich durch einige Besonderheiten aus, die sie recht rätselhaft erscheinen lässt. Aesch war im Mittelalter zum nur etwa 800 Meter südwestlich weit über der Birsebene gelegenen Pfeffingen-St. Martin kirchgenössig. Steinplattengräber, die bei wenig systematischen Grabarbeiten zum Vorschein kamen, lassen dort eine Kirche vermuten, die mindestens ins 8. Jahrhundert zurückgeht.

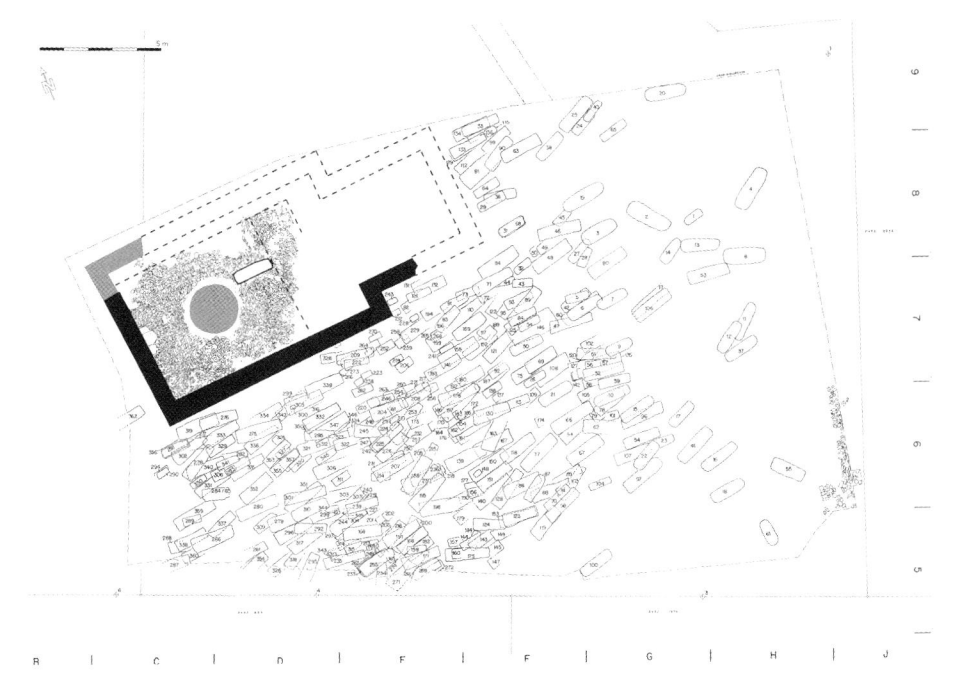

Abb. 11: Aesch-Saalbünten, Kirche und Friedhof des 9./10. Jh. Zur ältesten Kirche (schwarz) gehört eine Steinstickung, die durch die Grube einer (vor einer Schranke) angelegten Bestattung durchschlagen wird. Im Zusammenhang mit einem Neubau (grau) mit geringfügig verbreitertem Schiff ist das Mörtelmischwerk anzusehen. Zeichnung: Archäologie Baselland.

Im 9. Jahrhundert wurde nun unten im Tal in Sichtweite von Pfeffingen eine Kirche erbaut, die offensichtlich ein Bestattungsrecht besaß, konnten doch südlich und westlich anschließend rund 400 Gräber festgestellt werden. Der Grundriss besteht aus einem Schiff von 14 x 7,5 m und ein um etwas mehr als Mauerbreite eingezogener Rechteckchor von einer auffallenden Tiefe von rund 4,5 m, die allerdings lediglich aufgrund einer dichten Grabreihe rekonstruierbar ist.

Die Mauern waren an den wenigen Stellen, wo Aufgehendes noch vorhanden war, mit zum Teil sekundär verwendeten Tuffquadern verkleidet. Gehäufte Funde von Ziegeln in unmittelbarer Nähe der Kirche lassen eine entsprechende Dachbedeckung nicht ausschließen. Im Innern zeigte sich eine dichte Stickung aus kleinen Steinen, die von einem einzigen Grab einer etwa 45-jährigen Frau und einem Mörtelmischwerk durchschlagen wurde. Die Ausdehnung dieser Stickung und ein eigenartiger Mauerversatz an der Nordwestecke lassen an eine Zweiphasigkeit denken. Der zweite Bau könnte damit zusammenhängen, dass die erste Kirche einem Brand zum Opfer fiel, wie Brandspuren an Steinen und eine Brandschicht außerhalb der Kirche vermuten lassen.

Die Datierung ist schwierig und beruht fast ausschließlich auf Funden aus den Grabfüllungen, bei denen es sich offensichtlich nicht um Beigaben handelt, sondern um Siedlungsabfall, der beim Zufüllen der Grabgruben mit hineingekommen ist. Dies macht die zeitliche Einordnung der Kirchengründung schwierig; sie ist mit „nach 800" nur vage umschreibbar. Etwas besser steht es um die Auflassung, die aufgrund der jüngsten Funde in den Grabgruben in der ersten Hälfte des 11. Jahrhunderts erfolgt sein muss. Die Kirche wurde abgetragen und verschwand auch aus Erinnerung und Überlieferung.

Dass sich eine Kirche mit Friedhof in Sichtweite eines älteren Sakralbaues – St. Martin in Pfeffingen – so etablieren konnte, dass um sie herum in einer doch relativ kurzen Zeit ein derart großer Friedhof entstand, scheint nur dann möglich, wenn ein politischer Wille mit entsprechendem Durchsetzungsvermögen dahinter steht. Am ehesten wäre hierfür der Versuch des Welfen Rudolf und nachmaligen Gründers des Königreichs Hochburgund zu werten, in der schon früher zu Burgund gehörigen Region Fuß zu fassen. Dies würde heißen, dass die Gründung der Kirche erst im letzten Viertel des 9. Jahrhunderts anzusetzen wäre – es sei denn, bereits sein Vater, Graf Konrad II. von Auxerre und *dux* in Transjuranien sowie Laienabt von St-Maurice d'Agaune, hätte entsprechende Aktivitäten entwickelt.[27] Erklärbar wäre aber jedenfalls das abrupte Ende zu Beginn des 11. Jahrhunderts, das mit der Eingliederung des Königreichs Burgund ins römisch-deutsche Reich 1032 zusammenfällt. Eine Zuschreibung an Einflüsse des Königreichs Burgund würde unterstützt durch die Tatsache, dass die einzige Parallele zum (erschlossenen) extrem tiefen Chor die Kirche von La Neuveville ist, die ins 9. Jahrhundert zurückgeht und im 10. einen neuen, eben sehr tiefen Chor erhielt.

Die Kirchenlandschaft im Hochmittelalter

Die Entwicklung der Kirchen im Laufe des Hochmittelalters nachzuzeichnen, ist außerordentlich schwierig. Es fehlen die Beigaben in den Gräbern, es fehlen die Steinplattengräber, es fehlen Gräber überhaupt – und wo es einzelne gibt, sind sie nicht näher datierbar. Das Innere von Kirchen erweist sich in der Regel als außerordentlich fundarm, so dass auch der Weg über die Kleinfunde für die Datierungen versperrt ist. Es bleiben häufig nur Grundrissvergleiche und einzelne Elemente der Architektur, die mit Hilfe der Kunstgeschichte zu chronologischen Einordnungen führen. Entsprechend vage oder widersprüchlich sind daher manchmal auch die Datierungen.[28]

Was aufgrund von Beobachtungen zur relativen Chronologie festgestellt werden kann, sind aber zahlreiche Veränderungen im Erscheinungsbild der Kirchen. Es ist

---

[27] PIERRE RICHÉ, Die Karolinger. Eine Familie formt Europa, München ²1992, S. 260 f.
[28] Etwa im Fall von Maisprach (vgl. Anm. 17).

hier nicht der Ort, diese Veränderungen Kirche für Kirche im Detail zu schildern; allgemeine Bemerkungen sollen genügen. Zum einen werden ältere Anlagen vollständig abgebrochen und durch neue, in der Regel größere Kirchen ersetzt, zum anderen werden sie sukzessive ergänzt und umgestaltet. Häufig wird an einfache Saalkirchen ein Altarhaus angebaut, manchmal das Schiff verlängert oder verbreitert. Beide Varianten deuten darauf hin, dass viele Sakralbauten den liturgischen Anforderungen an eine Pfarrkirche angepasst wurden. Wir haben im Fall von Sissach gesehen, dass diese Entwicklung dort schon sehr früh (im 8. Jahrhundert) einsetzt. In Bennwil erreicht man dasselbe durch den Anbau eines Altarhauses wohl kurz vor oder um 1000 (und der Aufgabe der Bestattungen im Innern), während die Größe des Schiffs bis ins 17. Jahrhundert unverändert bleibt.[29]

Außerdem entstehen Kirchen in Orten, in welchen bisher keine vorhanden waren – etwa in Frenkendorf oder Hölstein – meist als Filialkirchen älterer Pfarrkirchen. Gleichzeitig sind die ersten Auflassungen zu vermelden: Die Burgkapelle von Burghalden wird zusammen mit der Burg wohl noch im 11. Jahrhundert aufgegeben, und die Kirche in Aesch-Saalbünten wird in der ersten Hälfte des 11. Jahrhunderts mitsamt ihrem Friedhof aufgelassen. Von all den im Hochmittelalter aus-, um- und neu gebauten Kirchen seien hier jedoch nur einige wenige besonders interessante Beispiele genannt.

Nochmals: der Sonderfall Lausen

Beginnen wir mit der Kirche von Lausen (Abb. 12), die ja bereits als Sonderfall beschrieben worden ist. Die Grabkapelle des 6. Jahrhunderts stand bei einer Siedlung, die aus einem römischen Gutshof erwuchs und bis um 1200 kontinuierlich bewohnt war.[30] Die Lage am oberen Ende des großen römischen Aquädukts, der die römische Großstadt Augusta Raurica mit Frischwasser versorgte, könnte zur Folge gehabt haben, dass sie als Fiskalgut betrachtet und dem merowingischen Königsgut zugeschlagen wurde. Das Fundgut des Frühmittelalters zeigt zunächst starke römische Traditionen und eine kulturelle Ausrichtung nach Westen und Südwesten, wo ja auch die Vergleiche zur Grabkapelle beigebracht werden können. Im 7. Jahrhundert ist zudem bei der Keramik eine Ware fassbar, die aus dem nördlichen Oberrheingebiet, am ehesten aus dem Raum Strassburg importiert worden ist.[31] Dies passt wiederum zu den Beigaben in der Kirche des benachbarten Dorfes Sissach. Und schließlich sind auch Baubefunde zu nennen, welche für eine besondere Bedeutung sprechen, nämlich Steinbauten des 5./6., aber auch des 9. Jahrhunderts.

---

[29] Jürg Tauber, Die archäologischen Untersuchungen in der Kirche von Bennwil, in: Baselbieter Heimatblätter 49 (1984), S. 445–457.

[30] Tauber, Lausen-Bettenach (wie Anm. 13); zur Kirche des 11. Jahrhunderts vgl. Marti / Tauber, Im Zeichen der Kirche (wie Anm. 3), S. 76–79.

[31] Madeleine Châtelet / Maurice Picon / Gisela Thierrin-Michael / Yona Waksman, Une centralisation des ateliers de céramique au VIIe siècle? Bilan d'un programme d'analyses sur la production de la céramique en Alsace et en Pays de Bade pendant la période du haut Moyen Age, in: Archéologie Médiévale 35 (2005), S. 11–38.

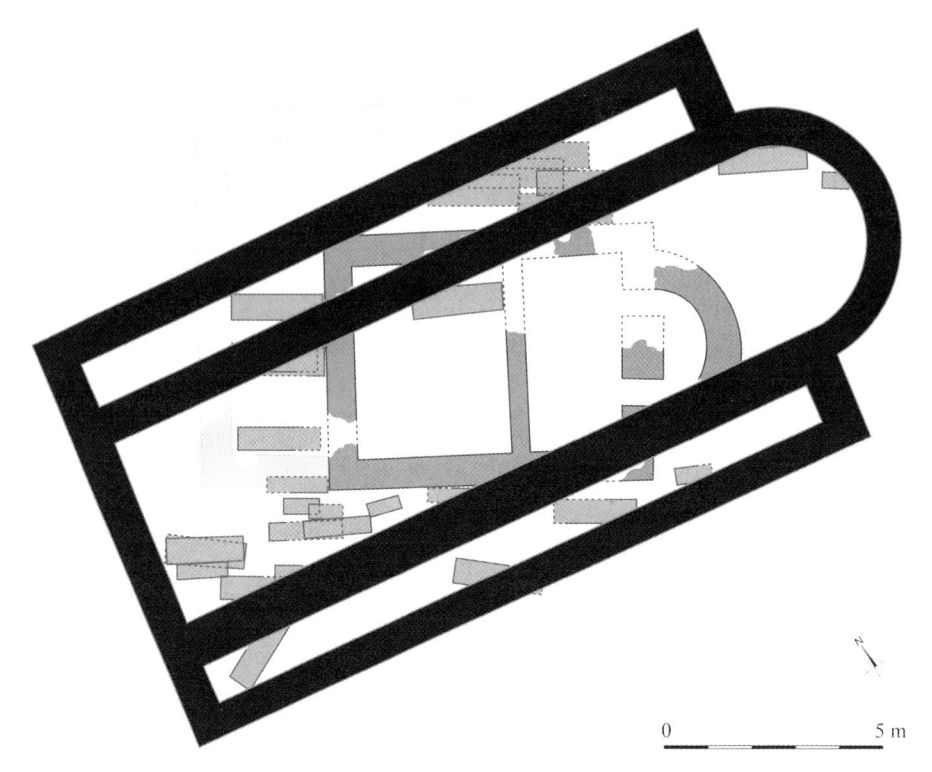

Abb. 12: Lausen-Bettenach, St. Nikolaus: Dreischiffige Anlage des 11. Jh. über der frühmittelalterlichen Grabkapelle von Abb. 4. Zeichnung: Archäologie Baselland.

Im 11. Jahrhundert verändert sich die Siedlung markant: Die Steinbauten werden niedergelegt, an ihre Stelle treten Grubenhäuser, die noch im selben Jahrhundert wieder verfüllt werden. Mit dem Abbruch der profanen Steinbauten geht auch eine Umgestaltung der Kirche einher: Die alte Kapelle wird vollständig abgetragen; an ihrer Stelle entsteht eine dreischiffige Anlage mit einem Schiff von 10 × 17 m Außenmaß und halbrunder Apsis. Neben den wesentlich größeren Dimensionen fällt auch auf, dass die Orientierung der neuen Kirche von der Achse der bestehenden Grabkapelle um 28° abweicht.

Diese Veränderungen im Bereich der Kirche und der Siedlung interpretieren wir als bewussten Traditionsbruch, gerade vor dem Hintergrund all der anderen Kirchen, die sukzessive erweitert oder jedenfalls in ähnlichen Dimensionen neu gebaut werden. Am ehesten erklärbar sind solche Veränderungen ebenso wie die Wahl des Nikolaus-Patroziniums mit einem Besitzerwechsel. Aufgrund neuerer archäologischer und historischer Forschungen zur Geschichte der Region gehen wir davon aus, dass nach der Mitte des 11. Jahrhunderts der Komplex von Lausen in den Besitz des Herzogs von Schwaben, Rudolf von Rheinfelden, gelangte. Dies würde auch das aus späterer Zeit überlieferte Nikolaus-Patrozinium erklären, hatte er doch nachweislich eine große Affinität zu diesem Heiligen. Der Bau einer neuen Kirche ist deshalb nicht einfach eine Verbesserung der geistlichen Versorgung aller in der Siedlung „Bettenach" Wohnen-

Die Kirchenlandschaft der Nordwestschweiz 417

den, sondern ein politischer Akt und das Setzen einer Besitzmarke. Die Kirche blieb nach der Auflassung der zugehörigen Siedlung um 1200 bestehen und wurde Pfarrkirche des auf der anderen Talseite gelegenen Lausen.

Muttenz, St. Arbogast

Die Arbogastkirche in Muttenz (Abb. 13) zeigt schon in ihrer ersten Bauphase mit ihrem langrechteckigen Grundriss sowie der ersten, geringfügigen Erweiterung nach Westen eine sonst nicht belegte Besonderheit.[32] Ihre heutige Gestalt als Wehrkirche erhielt sie im 15. Jahrhundert. Doch auch die vorhergehenden Bauphasen zeigen Aspekte, die man bei einer einfachen Landkirche nicht unbedingt erwarten würde.

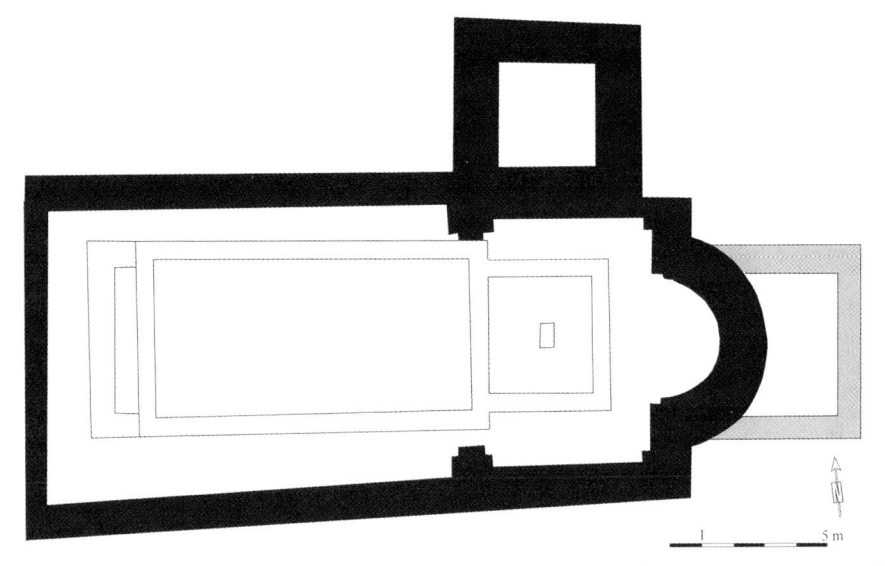

Abb. 13: Muttenz, St. Arbogast. Kirche des 12. Jh. (schwarz) und Chorneubau um 1360 (grau). Die frühmittelalterlichen Bauphasen (wie Abb. 8) sind als Kontur eingezeichnet. Zeichnung: Archäologie Baselland.

Die nächste Bauphase vergrößerte Schiff und Chor jeweils um Mauerbreite (oder etwas mehr). Auffallend sind die massiven Mauern des Chors. Aufgrund bautypologischer Überlegungen ist diese Kirche schon im 10., allenfalls auch im 11. Jahrhundert entstanden. Ein weiterer Ausbauschritt ist der Ersatz des Chorabschlusses durch eine Apsis.

Schließlich wird die Kirche nochmals vergrößert und erhält einen Turm. Teile dieses Neubaus sind in Sandsteinquadern aufgeführt, eine in unserer Region doch eher ungewöhnliche Bauweise, die zusammen mit der Bearbeitungstechnik und der Bauplastik deutliche Beziehungen zum Neubau des Basler Münsters aus dem späten

---

[32] JÜRG EWALD, Die Kirche als archäologisches Musterbeispiel: St. Arbogast in Muttenz, in: EWALD / TAUBER, Tatort Vergangenheit (wie Anm. 13), S. 267–283; MARTI, Nordwestschweiz (wie Anm. 2), Bd. A, S. 169–171 und Bd. B, S. 189–191.

12. Jahrhundert aufweist. Besonders eindrücklich ist die Architektur des Vorchors mit seinen Bündelpfeilern und Würfelkapitellen.

Eine weitere Um- oder Ausbauphase datiert ins 14. Jahrhundert. Es macht den Anschein, dass das Basler Erdbeben von 1356 die Kirche in Mitleidenschaft gezogen hat – zumindest scheint der romanische Vorchor um 1360 erneuert worden zu sein. Der Schlussstein des Kreuzgewölbes trägt jedenfalls das Allianzwappen der Familie Münch von Münchenstein-Löwenberg, die 1359 Muttenz zu Lehen erhielt.[33]

Weshalb die Kirche von Muttenz innerhalb der Kirchenlandschaft eine solche hervorgehobene Stellung innehat, ist auf den ersten Blick nicht unbedingt ersichtlich. Zu beachten ist jedoch, dass die Lehnshoheit über Muttenz, das heißt, über den Dinghof mit der Kirche und die Burgen auf dem Wartenberg, beim Domstift Strassburg lag, das sie erst 1306 an die Herzöge von Österreich verkaufte. Diese Lehnshoheit könnte sehr weit zurückreichen, in jene Zeit vor der Neugründung des Basler Bistums im 8. Jahrhundert, die auch die Grenze zwischen den Bistümern Strassburg und Basel nördlich von Colmar festlegte. Die Bedeutung von Muttenz (und der Vorderen Burg auf dem Wartenberg?) lässt sich erschließen aus der Tatsache, dass 1027 das Treffen zwischen König Rudolf III. von Burgund und Kaiser Konrad II. bei Muttenz stattfand.[34] Möglicherweise spielte hier nicht das Dorf, sondern die genannte Burg eine wichtige Rolle, bevor Rudolf und Konrad in die Stadt Basel weiterzogen, die seit 1006 als Pfand zum Reich gehörte. Aus den Verhältnissen des 13. Jahrhunderts kann mit einiger Sicherheit erschlossen werden, dass im 12. Jahrhundert die Grafen von (Alt-) Homberg das Lehen innehatten, die ihrerseits wohl Rudolf von Rheinfelden beerbt hatten.[35]

Die Klosterkirche Schöntal

Ein letztes Beispiel einer Kirchengründung ist jene des Klosters Schöntal bei Langenbruck (Abb. 14).[36] Das Kloster wurde vor 1145 durch die Grafen von Frohburg gestiftet. Es liegt in der Nähe der Passstrasse über den Oberen Hauenstein, der die Gegend um Basel mit dem Schweizerischen Mittelland verbindet. Die Kirche wurde 1187 geweiht. Geplant war beim Bau der Kirche wohl eine dreischiffige Anlage, wie eine Pilasterbasis im Fundament der Westwand anzeigt; ausgeführt wurde aber nur eine Saalkirche mit drei Apsiden.

Im Innern der Kirche fanden sich ein Dutzend Bestattungen, drei unmittelbar vor dem Altar bzw. vor der mittleren der drei Apsiden, die restlichen im hinteren Drittel des Schiffs. Ob es sich dabei um Geistliche handelte oder um Laien, die besondere Verdienste um das Kloster hatten, muss offen bleiben. Die Kirche wurde nach der Re-

---

[33] WERNER MEYER, Die Löwenburg im Berner Jura. Geschichte der Burg, der Herrschaft und ihrer Bewohner (Basler Beiträge zur Geschichtswissenschaft, Bd. 113), Basel 1968, S. 44.
[34] Wipo, Vita Chuonradi II. imperatoris, Monumenta Germaniae Historica SS 11, S. 267: ... *et perveniens usque ad Basileam, Ruodolfum Burgundiae alloquitur, qui illic sibi occurebat extra urbem iuxta vicum Mittenza.*
[35] MARTI / TAUBER, Im Zeichen der Kirche (wie Anm. 3), S. 79.
[36] MARTI / TAUBER, Im Zeichen der Kirche (wie Anm. 3), S. 64–67.

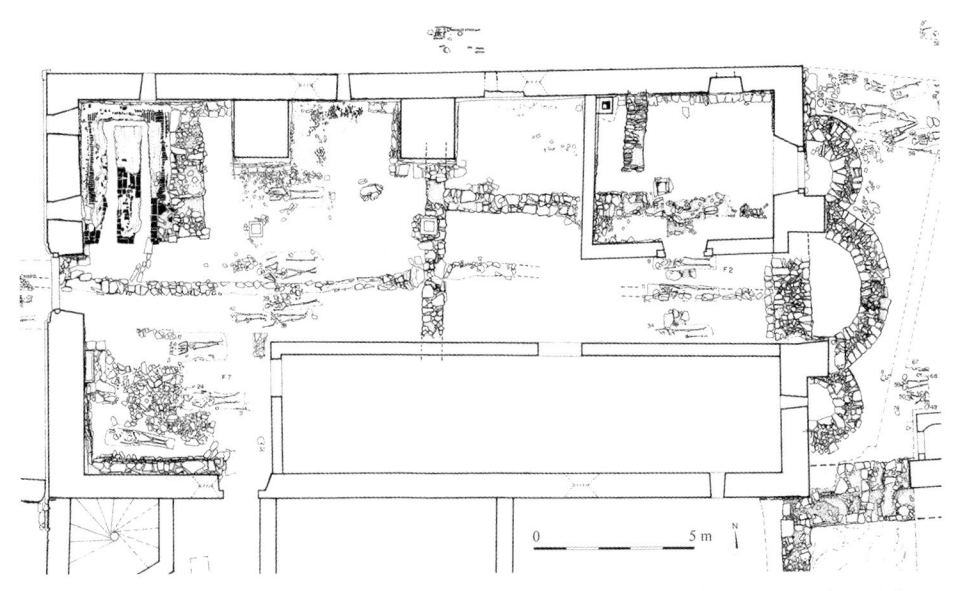

Abb. 14: Langenbruck, Klosterkirche Schöntal, Befunde der Grabungen in der 1187 geweihten Anlage. Die Struktur in der Nordwestecke ist ein um die Mitte des 17. Jh. eingerichteter Ziegelbrennofen. Zeichnung: Archäologie Baselland.

formation als Geräteschuppen und Holzlager eines Bauerngutes umgenutzt, was ihre Erhaltung garantierte.

Die Wahl des Ortes für die Gründung ist auf den ersten Blick die für Klöster typische Abgeschiedenheit, wenn die Nähe zur wichtigen und viel begangenen Passstraße diesen Topos nicht relativieren würde. Bei näherem Hinsehen zeigt sich jedoch, dass die Grafen von Frohburg noch andere Ziele verfolgten: In der Gründungsurkunde scheiden sie ein genau umschriebenes Gebiet aus, das dem Kloster gehören soll, und sprechen ausdrücklich das Verbot aus, innerhalb dieses Gebietes Burgen zu bauen. Gleichzeitig bestimmen sie, dass der Kastvogt jeweils aus ihrer Familie zu stammen habe. Damit sichern sie sich die Verfügungsgewalt über das Klostergebiet. Dieses ist – zusammen mit der engeren und auch weiteren Umgebung – reich an Eisenerz, das gemäß Spuren in der Landschaft auch intensiv abgebaut wurde.[37] Unmittelbar außerhalb des in der Gründungsurkunde ausgeschiedenen Gebietes, im Dürsteltal, ist auch ein Verhüttungsplatz mit bisher zwei Öfen nachgewiesen. Der eine, am Hang gelegene, entspricht in seinen Dimensionen einem Rennofen, während der zweite, am Bach gelegene, mit 4 m Durchmesser als frühe Form des Hochofens angesprochen werden kann. Untersuchungen der Schlacken zeigen, dass in beiden Öfen Eisenerz nach dem indirekten Verfahren verhüttet wurde.[38]

---

[37] Marti / Tauber, Im Zeichen der Kirche (wie Anm. 3), S. 83–87; Jürg Tauber, Das Eisengewerbe im Schweizerischen Jura – Ergebnisse der neueren Forschung, in: Klápště / Sommer, Arts and craft (wie Anm. 12), S. 17–29.

[38] Die archäometrischen Untersuchungen durch Barbara Guénette-Beck (Universität Fribourg) werden Mitte 2009 abgeschlossen. Eine Publikation ist für 2010 vorgesehen.

Die Datierung durch die Radiokarbonmethode rückt den Hochofen klar ins 13. Jahrhundert, was durch den Fund einer Lampenschale bestätigt wird. Der kleinere Ofen ist tendenziell etwas älter. Die Verhüttungstätigkeit deckt sich also weitgehend mit der Blütezeit des Hauses Frohburg, das mit der Klostergründung offensichtlich die erzreichen Gebiete am Oberen Hauenstein zu sichern bestrebt war.

Die drei ausgewählten Beispiele aus dem Hochmittelalter haben gezeigt, dass in dieser, durch etwas reichere Quellen und eine bessere Kenntnis der politischen Machtverhältnisse deutlicher als das Frühmittelalter fassbaren Epoche der Neu- oder Umbau von Kirchen die Entfaltung von politischer und wirtschaftlicher Macht widerspiegeln. Kirchen in der Hand von Adelsfamilien sind auch im Mittelalter nach außen sichtbare Zeichen von Besitzdenken und Machtansprüchen, auch wenn die Einflussmöglichkeiten der Bischöfe deutlich gewachsen sind.

Die Entwicklung der Nordwestschweizer Kirchenlandschaft im 1. Jahrtausend: ein Überblick

Auf der Tagung in Lahr wurden mehrfach Fragen aufgeworfen, die das Spannungsfeld zwischen schriftlicher Überlieferung und archäologischen Befunden betrafen. Insbesondere wurde diskutiert, ob archäologische Quellen in jedem Falle genügen, um die Funktion einer Kirche zu klären.[39] Konkreter: Darf das Vorhandensein von Bestattungen im Kirchenraum und/oder das Fehlen von Schranken, eines Altares oder eines Taufsteins als Hindernis für die Feier der Eucharistie angesehen werden? Diese Fragen werden seit vielen Jahren diskutiert, müssen im Einzelfall aber immer wieder aufgegriffen und unter unterschiedlichen Blickwinkeln betrachtet werden. Ein Überblick über eine relativ kleine, von archäologischer Seite her aber gut erschlossene Region wie die Nordwestschweiz kann hier vielleicht einige weiterführende Aspekte einbringen.[40] Zwar scheint eine Beschränkung auf diesen Bearbeitungsraum auf den ersten Blick etwas willkürlich. Eine nähere Betrachtung zeigt aber einige Besonderheiten, die es zu berücksichtigen gilt. Zunächst ist die naturräumliche Situation zu nennen: Es ist der südlichste und linksrheinische Teil des zwischen Schwarzwald, Vogesen und Jura gelegenen Oberrheingebietes, das nur gegen Norden ins Rheintal und gegen Westen Richtung Burgunderpforte wirklich offen ist.

Das Gebiet umfasst im Wesentlichen das Hinterland der Römerstadt *Augusta Raurica* bzw. des spätantiken *Castrum Rauracense*, des heutigen Kaiseraugst, das auch Bischofssitz war, bevor dieser nach Basel verlegt wurde. Es gehörte zudem zur *Maxima Sequanorum*, die sich später in der kirchlichen Organisation niederschlug, indem das Bistum Basel der Erzdiözese Besançon zugeschlagen wurde. Vorgermanische Ortsnamen, welche die hochdeutsche Lautverschiebung nicht mitgemacht haben, deuten

---

[39] Niklot Krohn, Stiftergrab, in: Reallexikon der germanischen Altertumskunde², Bd. 35, Berlin/New York 2007, S. 6–19.
[40] Der neueste Stand ist zusammengefasst bei Marti / Tauber, Im Zeichen der Kirche (wie Anm. 3).

Die Kirchenlandschaft der Nordwestschweiz 421

Abb. 15: Die archäologisch nachgewiesenen Kirchengrundrisse im Basler Hinterland in zeitlicher Abfolge: Gründungsbauten (schwarz) und erste Um- oder Neubaumaßnahmen (grau). Die Jahresangaben rechts bezeichnen das Datum des nächsten größeren Um- oder Neubaus. Zeichnung: Archäologie Baselland.

außerdem darauf hin, dass im Umland der Kastelle von Kaiseraugst und Basel bis weit ins Frühmittelalter hinein eine lateinisch sprechende Bevölkerung ausharrte.

Dass die kulturräumliche Zugehörigkeit der Region mindestens zeitweise umstritten war, kann aufgrund der (zwar außerordentlich spärlichen) schriftlichen Quellen vermutet werden. Zum einen ist auffallend, dass Schenkungen und Besitz Richtung Elsass weisen (Klöster Murbach und Hohenburg, Domstift Strassburg), zum andern sind ebenso Schenkungen an das Kloster St. Gallen belegt, was gewisse Beziehungen in die *Alamannia* fast voraussetzt.

Geht man jedoch von den archäologischen Funden und Befunden aus, so deuten sie auf starke Beziehungen einerseits zur *Burgundia* und andererseits zum Oberrheingebiet, d. h. zum Elsass, hin, während sich kulturelle Kontakte zum alamannischen Kerngebiet wesentlich seltener nachweisen lassen. Die Verhältnisse in der Nordwestschweiz dürfen deshalb nicht unbesehen mit jenen in der *Alamannia* gleichgesetzt werden, wie sie bei Eyla Hassenpflug umrissen worden sind.[41]

Die Frage nach den römischen Wurzeln

Betrachtet man die Entwicklung der Kirchenlandschaft in der Nordwestschweiz für das erste Jahrtausend, so stellt man eine Vielfalt unterschiedlicher Formen fest – nicht so sehr, was die häufig als Maß aller Dinge herangezogenen Grundrisse betrifft, sondern in Bezug auf ihre Einbindung in Siedlungsstrukturen und ihre politischen Verhältnisse.[42] Die Basis der obigen Ausführungen zu den Fallbeispielen beruht dabei – das muss nochmals betont werden – in erster Linie auf den gut ergrabenen Befunden mit brauchbarer Dokumentation. Allzu oft ist mir beim Zusammentragen der Informationen schmerzlich bewusst geworden, wie viele wichtige Kirchen nur unzulänglich mit Sondageschnitten oder nur partiell ergraben worden sind, wobei oft auch noch die Dokumentationen zu wünschen übrig ließen. Die Martinskirchen von Liestal und Pfeffingen-St. Martin oder St. Laurentius in Munzach sind nur einige Beispiele für Forschungslücken, zu denen auch jene Kirchen zu zählen sind, die bisher archäologisch unberührt sind wie etwa St. Peter in Onoldswil (heute Oberdorf), die als älteste Talkirche gilt.

Bei den frühen Kirchen sind einzelne zu nennen, die direkt auf spätantike Traditionen zurückgehen. Neben der Kaiseraugster Bischofskirche sind dies vor allem Oberwil, wo ein spätantiker Bau zur Grablege für eine begüterte Familie wurde und vermutlich auch St. Laurentius in Liestal/Munzach, deren Standort möglicherweise in einem älteren Quellheiligtum zu lokalisieren ist. Ebenfalls in diese Kategorie gehört Lausen-Bettenach: dort liegt die Grabkapelle in der Mittelachse eines großen römischen Gebäudes, das offensichtlich noch zu ihrer Bauzeit die Orientierung vorgab.[43]

---

[41] Eyla Hassenpflug, Das Laienbegräbnis in der Kirche. Historisch-archäologische Studien zu Alemannien im frühen Mittelalter (Freiburger Beiträge zur Archäologie und Geschichte des ersten Jahrtausends, Bd. 1), Rahden/Westf. 1999.

[42] Vgl. hierzu und im Folgenden ebenfalls Marti, Nordwestschweiz (wie Anm. 2), Bd. A, S. 193–201.

[43] Marti / Tauber, Im Zeichen der Kirche (wie Anm. 3), S. 77, Abb. 84.

Die Kirchenlandschaft der Nordwestschweiz

Eine weitere im Bereich einer römischen Siedlung neu angelegte Kirche ist Liestal-St. Martin: Sie dürfte wohl aus dem 7. Jahrhundert stammen und liegt in einem aufgrund verschiedener Indizien erschlossenen, römischen Kleinkastell. Der Ort war, ausweislich der in der Kirche entdeckten Funde, jedenfalls seit der Antike bis heute ohne greifbare Unterbrechung besiedelt. Schwieriger wird es bei Ettingen-St. Peter und Paul, das auf einem wohl als Vierecktempel zu interpretierenden Bau errichtet wurde. Die Nutzung des Platzes in der Spätantike, die eine Kontinuität allenfalls andeuten könnte, ist allerdings nur durch eine einzige Scherbe von Argonnensigillata belegt.

Bennwil-St. Martin aus dem 8. Jahrhundert schließlich liegt mitten im Areal eines römischen Gutshofes. Hier brechen die römischen Funde nach dem heutigen Stand der Kenntnisse im 3. Jahrhundert jedoch ab, was eine Kontinuität so gut wie ausschließt. Dass die römischen Überreste der wie auch immer geartete Grund für die Wahl des Siedlungsplatzes gewesen sein könnten, kann allerdings auch nicht vollständig ausgeschlossen werden. Für zahlreiche andere Kirchen sind jedoch nicht einmal solche vagen Möglichkeiten eines Anknüpfens an römische Traditionen nachzuweisen, so für Buus, Sissach, Reigoldswil u. a. m.

Die Frage der Bestattungen in Kirchen

Betrachten wir unsere Fallbeispiele einmal unter der Perspektive der Innenbestattungen: Von den vierzehn Fällen, die wir mehr als nur nebenbei erwähnt haben, sind nur die Kirche in Kaiseraugst sowie Kilchberg-St. Martin und aller Wahrscheinlichkeit nach auch Reigoldswil-St. Hilarius gräberfrei. Gräber befanden sich hingegen in den nur kurz erwähnten Beispielen von Ettingen-St. Peter und Paul, Gelterkinden-St. Peter, Liestal-St. Martin und Brida sowie Pfeffingen-St. Martin. Innenbestattungen sind demnach in den archäologisch untersuchten Kirchen unserer Region fast die Regel.

Dass es sich dabei zu einem großen Teil um Kirchen *sensu stricto* gehandelt haben dürfte, also um Kirchen, in denen auch die Eucharistie gefeiert wurde, ist zu vermuten: Dafür spricht die Tatsache, dass von den 14 Fällen im Spätmittelalter noch 13 als Kirchen belegt sind, und elf noch heute dieselbe Funktion besitzen. Dies mag im Einzelfall keine Beweiskraft haben, scheint mir in dieser Anzahl aber doch ein Indiz dafür zu sein, dass sich Kirchenfunktion und Bestattungen im Ersten Jahrtausend nicht ausschließen – wie übrigens auch später nicht, sind doch Ausnahmen immer wieder belegt.

Das Fehlen von archäologischen Spuren der liturgisch notwendigen Einrichtungen wie Schranken oder Altäre darf nicht zu dem Schluss führen, die entsprechenden Bauten seien nur als reine Grablegen zu interpretieren. Denn es ist nicht zwingend, dass diese Einrichtungen im archäologischen Befund auch in jedem Fall abgelesen werden können. Und schließlich zeigt Lausen/Bettenach, eine eindeutig als Grabkapelle einer hochgestellten Persönlichkeit konzipierte Anlage, dass Chorschranke und Altarfundament der Möglichkeit von Innenbestattungen nicht zu widersprechen brauchen.

Allerdings macht ein Überblick über die untersuchten Beispiele auch deutlich, dass nicht alle Sakralbauten über einen Leisten geschlagen werden können: Neben Fällen wie Lausen-Bettenach und Aesch-Saalbünten, in denen jeweils nur ein einzelnes Grab belegt ist, stehen jene, die fast flächendeckend mit Gräbern belegt sind, wie Oberwil-St. Peter und Paul und Sissach-St. Jakob. Alle andern liegen irgendwo dazwischen. Die Fälle mit nur einer Bestattung haben zudem einen sehr unterschiedlichen Charakter: Während das Beispiel von Lausen-Bettenach aus dem 6. Jahrhundert klar als Grabbau für eine angesehene Persönlichkeit konzipiert ist, ist Aesch-Saalbünten aus dem 9. Jahrhundert zunächst eine Kirche mit Begräbnisrecht, in der möglicherweise noch in der ersten Bauphase eine wohl hochrangige Frau bestattet wurde.

Andererseits lässt sich aber auch ganz klar eine gewisse Tendenz ablesen, die zeigt, dass die Zahl der Bestattungen im Kircheninnern im Verlauf des 8. Jahrhunderts absolut abnimmt. Von den noch vorhandenen Innenbestattungen sind zudem eine Mehrzahl Kinder, denen offenbar eine Sonderbehandlung zugebilligt wurde.

Diese Feststellung deckt sich im Wesentlichen mit den Beobachtungen im Gebiet der *Alamannia* und der östlich sowie südöstlich angrenzenden Gebiete.[44] In unserem Falle gilt sie für eine Region, in welcher bis zur Jahrtausendwende auf die Spätantike aufbauende, starke Traditionen fassbar sind, u. a. durch die immer wieder festzustellenden Beziehungen zur *Burgundia*.

Wer alles in den Genuss solcher Bestattungen kam, ist schon häufiger diskutiert worden.[45] Wir vermeiden bewusst die Stichwörter „Stiftergrab" oder „Gründergrab"[46] und begnügen uns damit, in den meisten Fällen von einer vermögenden Schicht von Grundbesitzern zu sprechen. Mehr ist aufgrund der archäologischen Quellen nicht möglich und schriftliche Quellen sind für die einschlägige Zeit nicht vorhanden.

Die Frage nach der Funktion der Kirche und dem offensichtlichen Wandel im Bezug auf die Innenbestattungen kann nicht ausschliesslich archäologisch geklärt werden. Von einem mentalitätsgeschichtlichen Ansatz her hat Cécile Treffort das Problem in einer bemerkenswerten Studie näher beleuchtet und zahlreiche Belege zusammengestellt.[47] Diese zeigen deutlich, dass Diskussionen um das Verbot von Bestattungen in Kirchen schon sehr früh einsetzen, im Wesentlichen aber im 8. Jahrhundert zunehmen und dazu führen, dass die entsprechenden Maßnahmen auch greifen. Das Thema wird im Kreise bedeutender Männer der Kirche erörtert, und es kann nicht weiter verwundern, dass nicht alle exakt dieselben Standpunkte vertreten. Dies kann einerseits darauf zurückgeführt werden, dass diese Diskussionen nicht alle gleichzeitig stattfinden. So ist sicher von Interesse, dass das Konzil zu Braga (561) Bestattungen in der Kirche

---

[44] Vgl. Krohn, Stiftergrab (wie Anm. 39), S. 12–15 mit weiterer Literatur.
[45] Siehe dazu Hassenpflug, Laienbegräbnis (wie Anm. 41), S. 77–79 und S. 228–230; Niklot Krohn, Von der Eigenkirche zur Pfarrgemeinschaft: Kirchenbauten und Kirchengräber der frühmittelalterlichen Alamannia als archäologische Zeugnisse für nobilitäre Lebensweise und christliche Institutionalisierung, in: Centre – Region – Periphery. 3rd International Conference of Medieval and Later Archaeology Basel (Switzerland), 10.–15. September 2002, Preprinted Papers, Vol. 2 (Sections 4 and 5), hg. von Guido Helmig, Barbara Scholkmann und Matthias Untermann, Bad Bellingen-Hertingen 2002, S. 166–178; Ders., Stiftergrab (wie Anm. 39), S. 11 f. mit weiterer Literatur.
[46] Vgl. Anm. 39.
[47] Cécile Treffort, L'église carolingienne et la mort. Christianisme, rites funéraires et pratiques commémoratives (Collection d'histoire et d'archéologie médiévales, Bd. 3), Lyon 1996.

mit der in antiker Tradition stehenden Begründung verbietet, Tote dürften nicht *intra muros* begraben werden.[48]

Am konkretesten äußert sich Theodulf von Orléans, der sich zu Beginn des 9. Jahrhunderts beklagt, dass Kirchen, die für den Gottesdienst und die Feier der Eucharistie eingerichtet worden seien, in letzter Zeit zunehmend zu Friedhöfen gemacht worden seien. Er verlange deshalb, dass niemand mehr in den Kirchen bestattet werden solle, und dass man die Gräber tiefer legen und mit einem festen Boden überdecken müsse, damit man sie nicht mehr sehe. Nur dort, wo das nicht möglich sei, müsse man den Altar abbrechen und andernorts wieder errichten. Die Kirche dürfe als Begräbnisstätte weiter bestehen.[49]

Das Verbot ist allerdings auch bei Theodulf wie bei anderen Quellen nicht absolut. Am Konzil von Mâcon (813) wurde etwa bestimmt: *Nullus mortuus infra ecclesiam sepeliantur, nisi episcopi aut abbates aut digni presbyteri vel fideles laici.*[50] Man sieht, dass der Ermessensspielraum zwischen absolutem Verbot und unterschiedlich großzügig ausgelegter Praxis doch relativ groß war.

Das Problem der Bestattungen in Kirchen ist aber nicht nur ein theologisches oder rein kirchliches. Es geht um mehr: Man muss sich nämlich vergegenwärtigen, dass vom 6. bis 8. Jahrhundert die Strukturen der Institution „Kirche" bei weitem noch nicht so gefestigt waren, dass sich ein im Bereich des höheren Klerus entwickeltes Gebot gleichermaßen und flächendeckend umsetzen ließ. Denn den großen Männern der Kirche stand eine Schicht von vornehmen Grundbesitzern gegenüber, die sich ungern von den Bischöfen in ihre Geschäfte hineinreden lassen wollten. Und zu diesen Geschäften gehörten eben auch die von ihnen gegründeten und alimentierten Kirchen, die „Eigenkirchen".

Wie groß die Kluft zwischen dem theoretischen theologischen Anspruch und der gelebten Praxis gewesen ist, schildert eindrücklich Jean Chélini in seinem Kapitel über die „églises barbares".[51] Die Frage der Laienbestattungen im Kircheninneren war dabei kein isoliertes Problem: Bildungsstand und soziale Stellung des ländlichen Klerus waren alles andere als geeignet, ihren illiteraten „Schäfchen" die Grundzüge des christlichen Glaubens näher zu bringen. Auch die eucharistische Praxis entsprach oft bei weitem nicht den Vorstellungen der Kirchenoberen, die über die zahlreichen Eigenkirchen kaum eine Kontrolle ausüben konnten.

Diese Eigenkirchen, manchmal waren es auch Eigenklöster, waren nicht zuletzt Zeichen politischer und wirtschaftlicher Macht, die man sich nicht durch die Forderung der Bischöfe nach mehr Einfluss streitig machen lassen wollte. Die Gründung einer sol-

---

[48] Vgl. Treffort, L'eglise carolingienne (wie Anm. 47), S. 137; Hassenpflug, Laienbegräbnis (wie Anm. 41), S. 40.
[49] Radulf von Bourges, Monumenta Germaniae Historica, Capit. Episc. I, S. 236–237, zitiert bei Treffort (wie Anm. 47), S. 138 und Hassenpflug, Laienbegräbnis (wie Anm. 41), S. 45.
[50] Monumenta Germaniae Historica, Conc. II, 1, S. 272, zitiert bei Treffort, L'eglise carolingienne (wie Anm. 47), S. 139 und Hassenpflug, Laienbegräbnis (wie Anm. 41), S. 52.
[51] Jean Chélini, Histoire religieuse de l'Occident médiéval, Paris 1991, dort insbesondere S. 75–122.

chen Kirche diente unterschiedlichen Zwecken; sie konnte Kristallisationspunkt einer Grundherrschaft sein; eine Ausstattung mit Gütern entzog diese weitgehend allfälligen Ansprüchen von dritter Seite.[52] Ganz entscheidend aber war die Funktion als Memoria der Familie, eine Funktion, die nicht hoch genug eingeschätzt werden kann. Die Gegenwart der Toten in der Gemeinschaft der Lebenden war in der Vorstellung der damaligen Menschen fest verankert.[53] Dass das gelebte Totengedenken sich dabei nicht zwingend im Einklang mit den Forderungen der offiziellen Kirche befand, ist kein Geheimnis und scheint trotz immer wiederkehrender Verbote, etwa von Totenmählern an den Gräbern,[54] weiterhin gepflegt worden zu sein. Vielleicht hängen die mitunter in den Grabfüllungen des 7. bis 10. Jahrhunderts geborgenen Gefäßteile mit Totenmählern am Grab zusammen, an deren Ende ein Bruchstück des Geschirrs in der Grabgrube deponiert worden war.[55]

Vor dem Hintergrund des gelebten Totengedenkens müssen auch die Gräber in den Kirchen gesehen werden. Die Familien, die dort ihre Toten begruben, verstanden sich nicht nur als begüterte Oberschicht mit Grundbesitz, sondern als *nobilis*, eben von vornehmer Abstammung.[56] Die Bedeutung der Abstammung fordert eine entsprechende Ahnenpflege, die sicht konkret in Form von Familiengrablegen mit vermutlich namentlich gekennzeichneten Gräbern manifestiert. Erst im Verlauf des 8. und 9. Jahrhunderts werden andere Formen des Totengedenkens geschaffen, welche die materielle Gedenkstätte in der Kirche überflüssig machen[57] und es somit auch ermöglichen, den zunehmenden Verboten der kirchlichen Würdenträger früher oder später Folge zu leisten.

Die gesamte Entwicklung ist zudem nicht isoliert zu betrachten, sondern im Zusammenhang mit den karolingischen Kirchenreformen, die letztlich dazu führen, dass die Amtskirche gegenüber den Eigenkirchenherren gestärkt wird. Der Kampf gegen Friedhöfe im Kircheninnern ist somit auch ein Kampf gegen das Eigenkirchenwesen.

Werfen wir nochmals einen Blick auf die Archäologie. In der Kirche von Sissach ist im Verlauf des 8. Jahrhunderts die Forderung nach Unkenntlichmachung der Gräber erfüllt worden. Die Besitzer dieser Kirche haben quasi den Wunsch Theodulfs von Or-

---

[52] Dies wird besonders bei Schenkungen durch Frauen deutlich, die neben der materiellen Versorgung der Witwen und dem Totengedenken auch den Zweck hatten, allfällige Erbansprüche der Verwandtschaft zu verhindern. Vgl. dazu BRIGITTE POHL-RESL, Vorsorge, Memoria und soziales Ereignis: Frauen als Schenkerinnen in den bayerischen und alemannischen Urkunden des 8. und 9. Jahrhunderts, in: Mitteilungen des Instituts für österreichische Geschichtsforschung 103 (1995), S. 265–287, bes. 280 ff.

[53] Vgl. dazu OTTO GERHARD OEXLE, Die Gegenwart der Toten, in: Death in the Middle Ages, International colloquium, May 21–23, 1979 in Leuven, hg. von HERMAN BRAET und WERNER VERBEKE, Leuven 1983, S. 19–77.

[54] Vgl. OEXLE, Gegenwart (wie Anm. 53), S. 48–57 mit weiterer Literatur.

[55] MARTI, Nordwestschweiz (wie Anm. 2), Bd. A, S. 129.

[56] Vgl. dazu etwa RÉGINE LE JAN, Famille et pouvoir dans le monde franc (VIIe–Xe siècle), Essai d'anthropologie sociale (Histoire ancienne et médiévale, Bd. 33), Paris 1995, bes. S. 31–34.

[57] TREFFORT, L'église carolingienne (wie Anm. 47), S. 85–91; KROHN, Stiftergrab (wie Anm. 39), S. 15.

léans vorweg genommen. In der Zeit, in welcher die Umgestaltung der Sissacher Kirche begonnen wurde, war der Diskurs um Bestattungen in Kirchen doch noch eher auf die Kreise einflussreicher Kirchenmänner beschränkt und muss nicht zwingend bereits Auswirkungen auf die gelebte Wirklichkeit gehabt haben. Umso interessanter ist es, dass eine Familie, die aufgrund der Befunde sehr wohlhabend gewesen sein und über weit reichende Beziehungen verfügt haben muss, sich offenbar früh von diesem Diskurs hat beeinflussen und überzeugen lassen. Man ist geneigt anzunehmen, dass die Mitglieder dieser Familie in engem Kontakt mit den Protagonisten des Bestattungsverbots in Kirchen gestanden haben könnten.

Mit der Kirche von Aesch/Saalbünten sind die Fronten offensichtlich geklärt: Hier handelt es sich mit Sicherheit nicht mehr um eine einer privilegierten, zahlenmäßig beschränkten Schicht vorbehaltenen Eigenkirche, sondern um ein für eine größere Bevölkerung errichtetes Gotteshaus mit Bestattungsrecht.

So spiegelt sich im archäologischen Befund der nordwestschweizerischen Kirchenlandschaft die Entwicklung von der „Pionierzeit" der Christianisierung zur durch den Bischof geführten „Amtskirche", wie dies auch andernorts belegt ist.

Kirchenarchäologie in Baden-Württemberg
Ein forschungsgeschichtlicher Überblick

Barbara Scholkmann

Vorbemerkung

Archäologische Untersuchungen in Sakralbauten haben in Baden-Württemberg eine weit zurückreichende Tradition und stellen bis heute eine wichtige Aufgabe der Forschung wie der denkmalpflegerischen Arbeit dar. Der folgende Überblick versucht, die Entstehung und Entwicklung der Kirchenarchäologie in diesem Raum darzustellen und einen Überblick über ihren derzeitigen Stand zu geben.

Von der Suche nach Heiligen und Stiftern zur modernen Kirchenarchäologie[1]

Schon aus dem Mittelalter und der frühen Neuzeit sind „archäologische Unternehmungen" in Kirchen und Klöstern auf dem Gebiet des heutigen Baden-Württemberg überliefert. Das Interesse war dabei jedoch noch nicht auf die Klärung baugeschichtlicher Fragen gerichtet, sondern galt der Suche nach den Gräbern von Heiligen, um Reliquien zu gewinnen,[2] oder aber nach Grablegen von Stifterpersönlichkeiten wie 1546 im Zisterzienserkloster Bebenhausen,[3] oder auf dem Areal der ehemaligen Dominikanerkirche in Ulm im Jahr 1704.[4] Im Zusammenhang mit der Wiederentdeckung des Mittelalters und dem Beginn der wissenschaftlichen Beschäftigung mit dieser Epoche setzte auch eine als „Archäologie des Mittelalters" bezeichnete baugeschichtliche

---

[1] Eine ausführliche Darstellung dieses Teils ist publiziert in: BARABARA SCHOLKMANN, „Vor der Wende", Archäologie in Sakralanlagen in Baden-Württemberg vor 1960, in: Stratigraphie und Gefüge. Beiträge zur Archäologie des Mittelalters und der Neuzeit und zur historischen Bauforschung. Festschrift für Hartmut Schäfer zum 65. Geburtstag, hg. von SUSANNE ARNOLD u. a. (Forschungen und Berichte der Archäologie des Mittelalters in Baden-Württemberg, Bd. 28), Stuttgart 2008, S. 37–46.

[2] Vgl. dazu etwa HANS-RUDOLF MEIER, Heilige, Hünen und Ahnen. Zur Vorgeschichte der Mittelalterarchäologie im Mittelalter und in der frühen Neuzeit, in: Georges-Bloch-Jahrbuch des Kunsthistorischen Instituts der Universität Zürich 8 (2001), S. 7–25.

[3] HANS GERHARD BRAND / HUBERT KRINS / SIEGWALT SCHIEK, Die Grabdenkmale im Kloster Bebenhausen (Beiträge zur Tübinger Geschichte, Bd. 2), Stuttgart 1989, S. 23.

[4] JULIUS ENDRISS, Die Dreifaltigkeitskirche in Ulm, Baugeschichte und Beschreibung, in: Württembergische Vierteljahrshefte für Landesgeschichte, N. F. 20 (1911), S. 328–412, hier S. 379–386.

Erforschung der großen Sakralbauten des Mittelalters ein, die Grabungen mit einschloss. Die Bestandsaufnahme und Erschließung der Baudenkmäler war wesentliche Aufgabe der staatlichen Denkmalpflege im Bereich des heutigen Baden-Württemberg, wo 1853 in Baden und 1858 in Württemberg die ersten Konservatoren für Kunst- und Altertumsdenkmäler berufen wurden.[5]

In den folgenden Jahrzehnten wurden verschiedene Grabungen durchgeführt, zum Beispiel in der Stiftskirche von Sindelfingen (1863–1864), der Prioratskirche von Klosterreichenbach (1864–1866), der Basilika in Unterregenbach (1880–1908), der Peter- und Paulskirche in Hirsau (1875–1890) oder der Ruine des Allerheiligenklosters im Schwarzwald (1902–1903).[6] Die Fragestellungen richteten sich dabei ausschließlich auf die Klärung baugeschichtlicher Probleme und beschränkten sich bei Klosteranlagen fast immer auf die Kirchen. Die angewandten Grabungsmethoden waren unterschiedlich. Meist wurden Suchschnitte angelegt, Fundamente freigelegt und die Ergebnisse manchmal auch in Plänen festgehalten. Bis zum Beginn des Ersten Weltkriegs wurden auf diese Weise einige der großen und bedeutenden Sakralanlagen in Baden-Württemberg zum ersten Mal archäologisch erforscht. Da die meisten Untersuchungen nicht veröffentlicht wurden, viele Unterlagen verloren gegangen sind oder aber aus schwer interpretierbaren Planskizzen und Aufzeichnungen bestehen, sind davon jedoch häufig keine verwertbaren Ergebnisse bekannt.

Nach dem Ende des Ersten Weltkriegs änderte sich die Situation nicht wesentlich. Grabungen fanden wiederum meist in den großen und bedeutenden Kirchen statt. Dabei wurden einerseits bereits im vorherigen Jahrhundert begonnene Untersuchungen fortgesetzt, so zum Beispiel in Hirsau und Unterregenbach, zum anderen aber auch weitere Kirchen neu erforscht. Auch die Grabungsmethoden erfuhren keine wesentliche Veränderung. Die Grabungsdokumentationen zeigen, dass man meist Fundamente freilegte oder aber quer zu diesen Schnitte anlegte. Von den Mauerresten wurden Pläne und Aufmaße angefertigt.[7] Die Fortschritte, die andernorts bei den Grabungsmethoden erzielt worden waren, blieben jedoch zumindest teilweise nicht ohne Auswirkungen auf Grabungen im Gebiet des heutigen Baden-Württemberg. So versuchte der Bauhistoriker Erich Schmidt,[8] der 1933–1935 die Aureliuskirche in Hirsau archäologisch erforschte, die Methode des Auffindens verfüllter Mauerausbruchgruben, die er durch seine Mitarbeit bei Grabungen Friedrich Behns in Lorsch[9]

---

[5] HUBERT KRINS, Die Gründung der staatlichen Denkmalpflege in Baden-Württemberg, in: Denkmalpflege in Baden-Württemberg, Jahrgang 12, Heft 2 (1983), S. 34–42.

[6] Zusammenstellung bei DIETRICH LUTZ, Archäologie des Mittelalters, in: Denkmalpflege in Baden-Württemberg, Jahrgang 12, Heft 2 (1983), S. 66–73.

[7] Ein Beispiel ist die Dokumentation der Grabungen 1931–1936 in der Peter- und Paulskirche in: Hirsau: St. Peter und Paul 1091–1991, Teil I: Zur Archäologie und Kunstgeschichte, hg. vom Landesdenkmalamt Baden-Württemberg (Forschungen und Berichte der Archäologie des Mittelalters in Baden-Württemberg, Bd. 10/1), Stuttgart 1991, Beilagen 9 und 10.

[8] Zur Person: MATTHIAS UNTERMANN, Fragmente eines Benediktinerklosters: St. Georgen im Schwarzwald, in: Südwestdeutsche Beiträge zur historischen Bauforschung 6 (2005) S. 12–16.

[9] Vgl. FRIEDRICH BEHN, Die karolingische Klosterkirche von Lorsch an der Bergstrasse. Nach den Ausgrabungen von 1927–1928 und 1932–1933, 1 Text und Tafeln, 2 Pläne, Berlin 1934.

kennengelernt hatte, anzuwenden, wie er im Vorwort zu seinem Grabungsbericht schreibt.[10]

Ein Beispiel für die in diesem Zeitraum durchgeführten Grabungsunternehmen sind auch die langjährigen Forschungen des damaligen Leiters des Bezirksbauamts Konstanz, Emil Reisser, im Marienmünster von Reichenau-Mittelzell (Abb. 1).[11] Vor allem aber führte Ernst Fiechter, Professor für Baugeschichte an der Universität Stuttgart und von 1919–1936 Referent für die staatliche Denkmalpflege, zahlreiche Grabungen in Kirchen durch.[12] Er veranlasste unter anderem erneute Forschungen in der Peter- und Paulskirche in Hirsau, der Prioratskirche in Klosterreichenbach und der Stiftskirche in Sindelfingen sowie der ehemaligen Klosterkirche von Großkomburg.[13] Neu war, dass Fiechter auch ländliche Pfarrkirchen in seine kirchenarchäologischen Bemühungen mit einbezog, wie etwa die Dorfkirchen von Bietigheim[14] oder Oberlenningen.[15] Da Fiechter im Jahr 1936 aus politischen Gründen in die Schweiz zurückkehrte, konnte er die jeweiligen Grabungsergebnisse nur teilweise vorlegen. Von manchen Grabungen erschienen kurze Berichte, einige blieben unveröffentlicht.

Die Kirchengrabungen in der Zeit des Nationalsozialismus von 1933 bis 1945 blieben vom herrschenden Zeitgeist nicht unberührt. So wurden in Hirsau die Untersuchungen von 1933–1935 in der Peter- und Paulskirche von Arbeitskräften des Reichsarbeitsdienstes[16] und diejenigen in der Aureliuskirche von Insassen eines „Arbeitslagers" in Calw[17] durchgeführt. Die anthropologische Begutachtung der 1934 bei den Grabungen von Emil Reisser im Marienmünster auf der Reichenau zutage gekommenen Skelette fand in Anwesenheit eines SA-Obersturmbannführers statt, was darauf schließen lässt, dass hierbei offenbar auch „rassische" Aspekte eine Rolle spielten.[18]

---

[10] Erich Schmidt, Baugeschichte der St. Aureliuskirche in Hirsau (Darstellungen aus der Württembergischen Geschichte, Bd. 35), Stuttgart 1950, Vorwort.

[11] Zu den Grabungen von Emil Reisser: Alfons Zettler, Die frühen Klosterbauten der Reichenau. Ausgrabungen – Schriftquellen – St. Galler Klosterplan (Archäologie und Geschichte. Freiburger Forschungen zum ersten Jahrtausend in Südwestdeutschland, Bd. 3), Sigmaringen 1988, S. 13–33; Publikation der Ergebnisse: Emil Reisser, Die frühe Baugeschichte des Münsters zu Reichenau (Forschungen zur deutschen Kunstgeschichte, Bd. 37), Berlin 1960.

[12] Peter Goessler, Nachruf Ernst Fiechter, in: Zeitschrift für Württembergische Landesgeschichte 10 (1951), S. 210 f.; Ernst-Ludwig Schwandner, Ernst Robert Fiechter, in: Archäologenbildnisse, Portraits und Kurzbiographien von Klassischen Archäologen, hg. von Reinhard Lullies und Wolfgang Schiering, Mainz 1988, S. 190 f.

[13] Nachweise bei Lutz, Archäologie des Mittelalters (wie Anm. 6).

[14] Siehe dazu unten, S. 433.

[15] Ernst Fiechter, Sankt Martin Oberlenningen. Untersuchungen und Erneuerungsarbeiten, Stuttgart 1934.

[16] Otto Teschauer, Die Ruinenstätte und ihre Erforschung. Zur Geschichte der Grabungen, in: Hirsau. St. Peter und Paul 1091–1991, Teil I: Zur Archäologie und Kunstgeschichte, hg. vom Landesdenkmalamt Baden-Württemberg (Forschungen und Berichte der Archäologie des Mittelalters in Baden-Württemberg, Bd. 10,1), Stuttgart 1991, S. 73–138 hier, S. 77 f.

[17] Schmidt, Baugeschichte Aureliuskirche (wie Anm. 10).

[18] Zettler, Klosterbauten Reichenau (wie Anm. 11), Abb. 4; Heinrich Münter, Untersuchungen über die süddeutsche Brachycephalie 4: Gebeine aus dem Kloster Reichenau, in: Zeitschrift für Morphologie und Anthropologie 34 (1934), S. 286–302.

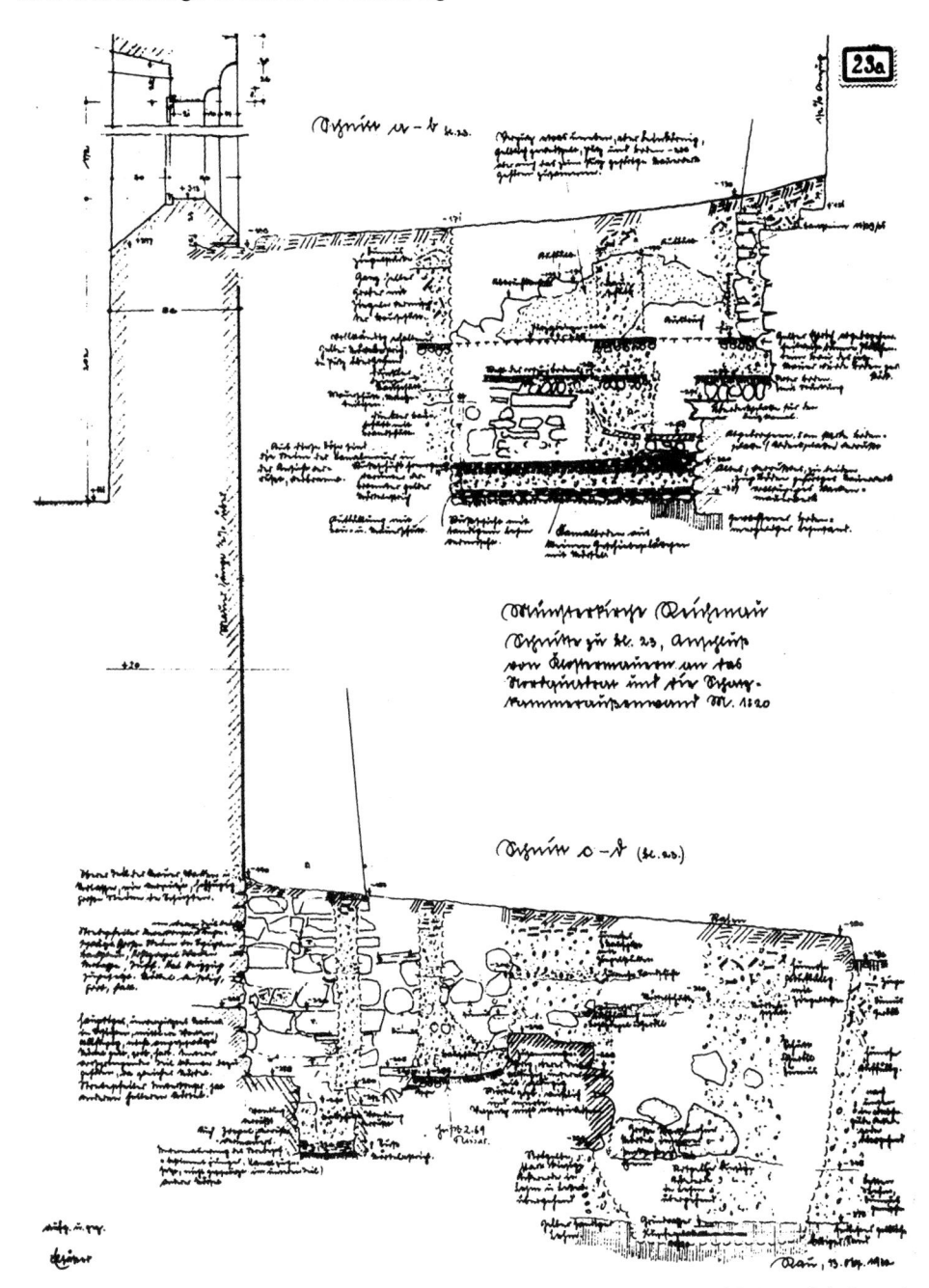

Abb. 1: Reichenau-Mittelzell, Marienmünster. Grabungsdokumentation von Emil Reisser: Schnitte mit Befundbeschreibungen, 13. Oktober 1932. Vermögen und Bau Baden-Württemberg, Amt Konstanz.

Die Wiederaufbauphase nach Kriegsende führte in Westdeutschland ab etwa 1950 zu einer zunehmenden Zahl von Renovierungen sowie Um- und Neubauten von Kirchen, bei denen es nun in verstärktem Maße zu erheblichen Bodeneingriffen kam. Während vor allem im Rheinland derartige Baumaßnahmen zur Durchführung zahlreicher Kirchengrabungen genutzt wurden (vgl. Beitrag Ristow in diesem Band), deren Ergebnisse bereits 1960 in einer Ausstellung im Rheinischen Landesmuseum in Bonn präsentiert werden konnten,[19] galt dies nicht in gleicher Weise für Baden-Württemberg. Zwar lassen sich auch hier einige kirchenarchäologische Aktivitäten nachweisen; sie betrafen jedoch die einzelnen Regierungsbezirke in unterschiedlichem Maße. Immerhin enthielten schon die ersten Jahrgänge des seit 1958 erscheinenden Nachrichtenblatts der Denkmalpflege in Baden-Württemberg mehrere Berichte über Kirchengrabungen,[20] was zeigt, dass die Staatliche Denkmalpflege diesen Unternehmungen durchaus eine gewisse Bedeutung zumaß und sie einer breiten Öffentlichkeit zur Kenntnis zu bringen suchte.

In Nordwürttemberg fanden Grabungen in der Aureliuskirche in Hirsau (Erich Schmidt),[21] in Unterregenbach in der Pfarrkirche St. Veit (Hans Christ),[22] in der Krypta der Ellwanger Stiftskirche (Konrad Hecht),[23] und in der Pfalzkapelle auf dem Weinhof in Ulm (Erich Rieber)[24] statt. In Südwürttemberg/Hohenzollern war die Ausgrabung des Tübinger Kunstgeschichtsprofessors Georg Scheja in der Michaelskirche von Burgfelden im Jahr 1957 von erheblicher Bedeutung.[25] Die dabei freigelegte Apsis mit „Stiftergrab" fand ein nachhaltiges Echo in der Forschung.[26] Der Landeskonservator

---

[19] Kirche und Burg in der Archäologie des Rheinlandes. Ausstellung im Rheinischen Landesmuseum Bonn 31. Oktober bis 31. Dezember 1962. Kunst und Altertum am Rhein (Führer des Rheinischen Landesmuseums, Bd. 8), Bonn/Düsseldorf 1962, S. 20–130.

[20] OSCAR HECK, Die St. Michaelskirche in Burgfelden, in: Denkmalpflege in Baden-Württemberg Jahrgang 1, Heft 4 (1958/59), S. 85–91; DERS., Die evangelische Kirche in Belsen (Kr. Tübingen). Reste einer frühmittelalterlichen Kirche wieder freigelegt, in: Denkmalpflege in Baden-Württemberg, Jahrgang 3, Heft 4 (1960/61), S. 85–89.

[21] ERICH SCHMIDT, Untersuchungen und Funde in der Aureliuskirche in Hirsau (Kr. Calw), in: Fundberichte aus Schwaben, Neue Folge 14 (1957), S. 149–151.

[22] GÜNTER P. FEHRING, Unterregenbach. Kirchen, Herrensitz, Siedlungsbereiche. Die Untersuchungen der Jahre 1960–1963 mit einem Vorbericht über die Grabungen der Jahre 1964–1968 (Forschungen und Berichte der Archäologie des Mittelalters in Baden-Württemberg, Bd. 1), Stuttgart 1972, S. 13.

[23] KONRAD HECHT, Die Krypta und das Altarhaus der Stiftskirche im Lichte einer neuen Bauuntersuchung, in: Ellwangen 764–1964, hg. von VIKTOR BURR (Beiträge und Untersuchungen zur Zwölfhundertjahrfeier, Bd. 2), Ellwangen 1964, S. 623–702.

[24] ALBRECHT RIEBER / KARL REUTTER, Die Pfalzkapelle in Ulm. Bericht über die Ergebnisse der Schwörhausgrabung 1953, Bd. 1: Text, Bd. 2: Pläne, Weißenhorn 1974.

[25] GEORG SCHEJA, Die neuen Ausgrabungen in der St. Michaelskirche in Burgfelden, in: Heimatkundliche Blätter für den Kreis Tübingen, Bd. 9, Heft 1 (1958), S. 37–40; HECK, Burgfelden (wie Anm. 20).

[26] Vgl. BARBARA SCHOLKMANN, Die alemannischen „Kirchengräber" von Nusplingen und Burgfelden: Altfunde und ihre Interpretation als methodisches Problem, in: Interdisziplinäre Beiträge zur Siedlungsarchäologie. Gedenkschrift für Walter Janssen, hg. von PETER ETTEL, REINHARD FRIEDRICH und WOLFRAM SCHIER (Internationale Archäologie Studia honoraria,

von Hohenzollern, Oskar Heck, veranlasste im Jahr 1960 eine archäologische Untersuchung in der Kapelle von Belsen.[27] In Baden schließlich ist die 1953 begonnene und seit 1955 unter der Leitung des Karlsruher Baugeschichtsprofessors Arnold Tschira stehende umfangreiche Grabung in der Kirche von Lahr-Burgheim im Ortenaukreis zu nennen.[28] Die archäologischen Untersuchungen, die in diesem Zeitraum durchgeführt wurden, waren methodisch noch vollständig dem Prinzip der Freilegung von Fundamenten, der Anlage von Suchschnitten und dem Aufmaß von Mauerresten verhaftet, obwohl inzwischen im Rheinland die bei prähistorischen Grabungen entwickelte stratigraphische Grabungsmethode auch bei Kirchengrabungen zur Anwendung kam (vgl. Beitrag Ristow). Auch die Fragestellungen waren noch immer ausschließlich auf Probleme der Baugeschichte ausgerichtet, was sich wiederum am Beispiel der Grabung in Belsen zeigen lässt.

Dennoch wurden auch in Baden-Württemberg in dieser Zeit schon richtungweisende Überlegungen zu einer künftigen Kirchenarchäologie, vor allem zu deren Forschungsfragestellungen, vorgelegt, die allerdings weitestgehend unbekannt blieben. Der Prähistoriker Oscar Paret, von 1934–1954 zuständig für die archäologische Denkmalpflege in Württemberg,[29] veröffentliche 1957 in der Zeitschrift „Ludwigsburger Geschichtsblätter" einen Bericht über von ihm durchgeführte archäologische Untersuchungen in zwei Kirchen im Kreis Ludwigsburg.[30] Davon war die eine, in der Peterskirche in Bietigheim, bereits 1934 von Ernst Fiechter durchgeführt worden und unpubliziert geblieben, die andere, in der Katharinenkirche in Ludwigsburg-Eglosheim, hatte er selbst im Jahr 1956 veranlasst. Erscheint es schon bemerkenswert, dass er sich als Vorgeschichtler überhaupt mit Grabungen in Kirchen beschäftigte, so gilt dies in noch viel höherem Maße für das, was er in der Einleitung zu seinem Grabungsbericht als Begründung dafür anführte:

Nicht nur vorgeschichtliche Kulturreste können durch den Spaten oder Bagger ans Licht kommen und uns über ferne Zeiten Aufschluß geben. Auch beim Mittelalter sind wir in mancher Hinsicht auf solche Bodenurkunden angewiesen. Dies gilt besonders für die Baugeschichte unserer Kirchen. […] unser Gebiet ist schon im 7. und 8. Jahrhundert christlich geworden und schon damals wurden an einigen Orten Kirchen erbaut. […]

Bd. 17), Rahden/Westfalen 2002, S. 311–319; zum Befund zuletzt: ERHARD SCHMIDT, Grabungsbefunde und Baugeschichte, in: Michaelskirche Burgfelden, hg. vom Landesdenkmalamt Baden-Württemberg (Kulturdenkmale in Baden-Württemberg, Bd. 1), Beuron im Donautal/Lindenberg im Allgäu 2004, S. 6–19.

[27] HECK, Belsen (wie Anm. 20).

[28] NIKLOT KROHN / GABRIELE BOHNERT, Lahr-Burgheim: 50 Jahre Kirchenarchäologie (Veröffentlichung des Alemannischen Instituts, Nr. 74), Remshalden 2006, S. 19–26 (zu den Ausgrabungen) und S. 41 f. (zur Person Arnold Tschira).

[29] Zur Person: SIEGFRIED JUNGHANS, Nachruf Oscar Paret, in: Fundberichte aus Baden-Württemberg 1 (1974), S. 698; SIEGWALT SCHIEK, Zur Geschichte der archäologischen Denkmalpflege in Württemberg und Hohenzollern, in: Denkmalpflege in Baden-Württemberg, Jahrgang 12, Heft 2 (1993), S. 52–58, hier S. 55.

[30] OSCAR PARET, Neue vorgeschichtliche und geschichtliche Funde aus dem Kreis Ludwigsburg, in: Ludwigsburger Geschichtsblätter 13 (1957), S. 81–99.

Darüber berichtet keine Urkunde in den Archiven. Im Boden aber müssen sich Spuren, auch Fundamente solcher Bauten erhalten haben. […] Die Baureste der alten Kirchen müssen […] unter unseren spätgotischen Kirchen liegen. […] Schon der Einbau einer Heizung erlaubt einen wertvollen Einblick in den Untergrund einer Kirche und kann zur Feststellung einer oder gar mehrerer kleiner Vorgängerinnen der heutigen Kirche führen.[31]

Diese Überlegungen klingen aus heutiger Sicht wie der Versuch der theoretischen Grundlegung einer modernen Kirchenarchäologie und Oscar Paret erscheint daher als einer ihrer Wegbereiter in Baden-Württemberg. Es sollte nur noch drei Jahre dauern, bis sich diese auch hierzulande auf einer neuen methodischen Grundlage entwickeln konnte.

„Zeitenwende": Die Grabung in der Esslinger Stadtkirche und ihre Folgen

Für die Archäologie der Sakralbauten wie für die archäologische Erforschung des Mittelalters in Baden-Württemberg überhaupt stellt das Jahr 1960 einen Einschnitt dar, der als „Zeitenwende" bezeichnet werden kann. Nachdem im April dieses Jahres mit der Renovierung der Stadtkirche St. Dionysius in Esslingen begonnen worden war, traten bei der Ausschachtung für die Kanäle einer Umluftheizung im Chor Überreste von Mauerwerk mit Putzresten und Gewölbeansatz zutage. Dies war der Anlass dafür, Günter P. Fehring mit der Durchführung einer Grabung in der Kirche zu beauftragen. In der Folge entstand daraus eine dreijährige archäologische Untersuchung, die größte Kirchengrabung, die in Baden-Württemberg jemals stattgefunden hat.[32] Aber nicht allein deshalb wurde sie richtungweisend für die Mittelalterarchäologie (Abb. 2), sondern vor allem wegen des völlig neuen grabungsmethodischen und theoretischen Ansatzes. Im Rheinland auf der Grabung von Hugo Borger im Münster in Neuss geschult, wandte Fehring zum einen erstmals in konsequenter Weise das stratigraphische Grabungsprinzip an,[33] zum anderen entwickelte er umfassende, über die baugeschichtlichen Probleme weit hinausreichende und alle Überreste im Boden einbeziehende Fragestellungen. Ziel war es, so Fehring, *alle dem Boden innewohnenden Aussagemöglichkeiten zu erschließen und den zuständigen Disziplinen zugänglich zu*

---

[31] Paret, Funde Ludwigsburg (wie Anm. 30), S. 93.
[32] Günter P. Fehring / Barbara Scholkmann, Die Stadtkirche St. Dionysius in Esslingen. Archäologie und Baugeschichte (Forschungen und Berichte der Archäologie des Mittelalters in Baden-Württemberg, Bd. 13 a), Stuttgart 1995.
[33] Barbara Tränkle, Die Methode der archäologischen Ausgrabung in der Stadtkirche St. Dionysius zu Eßlingen. Unveröffentlichte Zulassungsarbeit Pädagogisches Institut Esslingen (Prüferin: Barbara Scholkmann), Esslingen 1961; Günter P. Fehring, Arbeiten der Archäologie des Mittelalters in Baden-Württemberg, in: Nachrichtenblatt der Denkmalpflege in Baden-Württemberg, Jahrgang 13, Heft 3/4 (1970), S. 66–69, hier S. 66 f.; Ders., Grabungsmethode und Datierung. Zur Arbeitsweise von Bauforschung und Archäologie des Mittelalters in Deutschland, in: Deutsche Kunst und Denkmalpflege 29,1 (1971), S. 41–51.

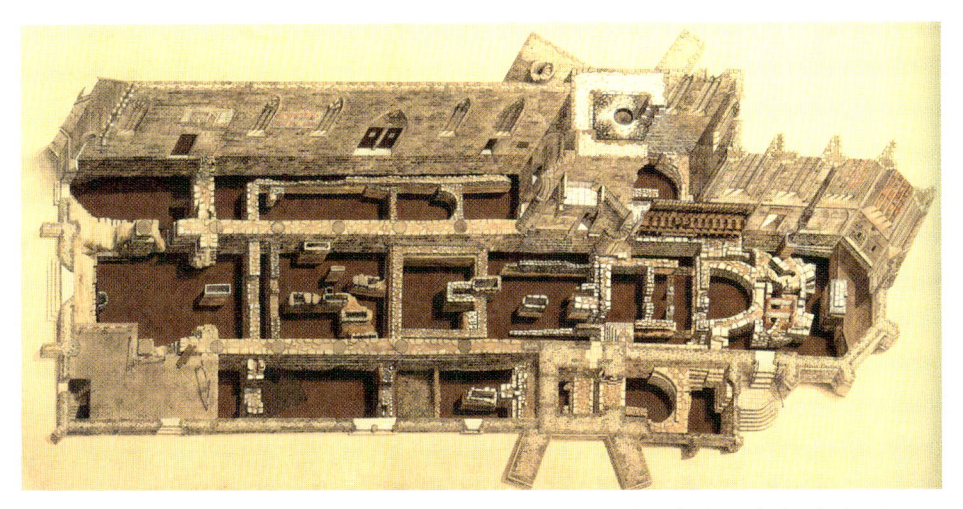

Abb. 2: Esslingen a. N., St. Dionysius. Farbige Isometrie der sämtlichen Grabungsbefunde. Landesamt für Denkmalpflege im Regierungspräsidium Stuttgart, Abt. 8.

machen.³⁴ Zielsetzung wie Methode wurden auch bei der parallel laufenden Grabung in der Pfarrkirche St. Veit in Unterregenbach angewandt.³⁵

Fehring war von Anfang an bemüht, die methodisch wie inhaltlich neuen Ansätze durch Publikationen in der wissenschaftlichen wie denkmalpflegerischen Öffentlichkeit bekannt zu machen, so zum Beispiel in einem Aufsatz in der Zeitschrift „Deutsche Kunst- und Denkmalpflege" im Jahr 1971 (Abb. 3),³⁶ wo er in heute noch gültiger Weise die stratigraphische Grabungsmethode beschrieb. Zu ergänzen sind lediglich die inzwischen weiterentwickelten naturwissenschaftlichen Datierungsmethoden wie die Dendrochronologie oder die Möglichkeiten der 14C-Datierung für das Mittelalter, die Anwendung der sogenannten Harris-Matrix als Methode der graphischen

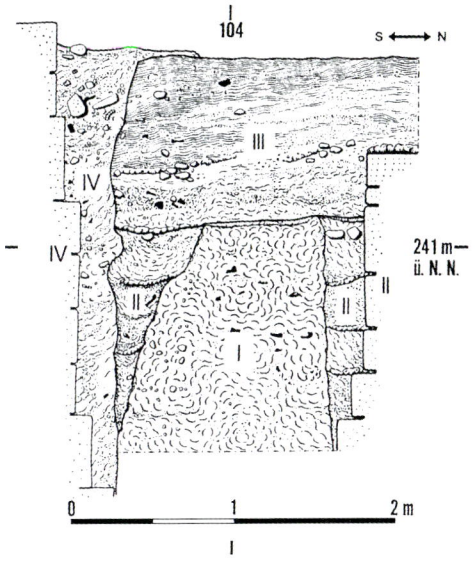

Abb. 3: Esslingen a. N., Grabung St. Dionysius. Grabungsbefunde im Profilschnitt mit Nachweis einer nicht erhaltenen Fundamentmauer vermöge der zugehörigen Baugrube. Landesamt für Denkmalpflege im Regierungspräsidium Stuttgart, Abt. 8, Ref. 85.

---

³⁴ FEHRING, Arbeiten (wie Anm. 33), S. 66.
³⁵ FEHRING, Unterregenbach (wie Anm. 22).
³⁶ FEHRING, Grabungsmethode (wie Anm. 33).

Darstellung und Überprüfung stratigraphischer Beziehungen sowie die inzwischen zum Standard gewordene archäologische Bauforschung.

Nachdem 1963 beim Staatlichen Amt für Denkmalpflege Stuttgart die Stelle eines „Konservators für Archäologie des Mittelalters" mit Zuständigkeit für ganz Baden-Württemberg eingerichtet und mit Fehring besetzt worden war, entwickelten sich Grabungen in Sakralbauten sehr schnell zu einem Schwerpunkt seiner Tätigkeit. Dies zeigt der zehn Jahre nach Beginn der Esslinger Grabung veröffentlichte Forschungsüberblick[37] sehr deutlich. Von den darin enthaltenen Kurzberichten über 24 Grabungen betrafen 18 Sakralanlagen und zwar sowohl Stadtkirchen wie ländliche Pfarrkirchen und Klosteranlagen. Als Beispiel seien die Untersuchungen in der Kirche des Klosters Großkomburg mit der bedeutsamen Aufdeckung einer verschütteten Krypta genannt (Abb. 4).[38] Diese Entwicklung war jedoch nicht die Folge einer bewussten Schwerpunktsetzung. Vielmehr fanden zum einen in diesem Zeitraum zahlreiche Renovierungen mit entsprechenden Bodeneingriffen in Kirchen statt, zum anderen war bei diesen Baudenkmälern das Bewusstsein für die Notwendigkeit einer archäologischen Untersuchung weit eher vorhanden als etwa bei Stadtkernen oder ländlichen Siedlungen. Hierzu hatte die Ausgrabung in der Stadtkirche von Esslingen mit ihren bedeutsamen Ergebnissen wesentlich beigetragen.

Abb. 4: Schwäbisch Hall-Großcomburg. Ehemalige Stiftskirche St. Nikolaus, Bau I, Krypta von Nordwest. Grabungsfoto: Landesamt für Denkmalpflege im Regierungspräsidium Stuttgart, Abt. 8, Ref. 85.

Obwohl er für alle vier Regierungsbezirke Baden-Württembergs zuständig war, wurde Fehring überwiegend in Nordwürttemberg tätig. Der Grund dafür war zum einen die sehr geringe personelle Ausstattung der Stelle mit nur einem Grabungstechniker und einer Schreibkraft, durch die seiner Tätigkeit enge Grenzen gesetzt waren. Vor allem aber sahen die zu dieser Zeit noch selbständigen Denkmalfachbehörden in den drei anderen Regierungsbezirken in dem übergeordneten Zuständigkeitsbereich der Stelle den Ansatz zu einer Zentralisierung, wie sie 1972 mit der Einrichtung des Landesdenkmalamts Baden-Württemberg auch tatsächlich erfolgte. Sie verhinderten daher nach Möglichkeit die Übernahme von Grabungen durch den Konservator für Archäologie des Mittelalters und seinen Stab und führten selbst solche durch. Geleitet wur-

---

[37] FEHRING, Arbeiten (wie Anm. 33).
[38] GÜNTER P. FEHRING, Großcomburg (Stadt Schwäbisch Hall). Nordwürttemberg. Ehemalige Stiftskirche St. Nikolaus, in: Nachrichtenblatt der Denkmalpflege in Baden-Württemberg, Heft 3/4 (1970), S. 79 f.

Kirchenarchäologie in Baden-Württemberg 437

Abb. 5: Pfullingen, Martinskirche. Ostteil des Langhauses mit Grabungsbefunden von Westen. Grabungsfoto: Regierungspräsidium Tübingen, Referat 26 – Denkmalpflege (Archiv Archäologie des Mittelalters).

den sie von den zuständigen Gebietskonservatoren, meist der Bau- und Kunstdenkmalpflege. Genannt seien als Beispiele in Südwürttemberg die Untersuchungen Lothar Merkelbachs in den Kirchen von Nagold (1961–1964)[39] oder Dunningen (1965–1966)[40] oder die von Siegwalt Schiek[41] betreute Grabung in der Stadtkirche von Pfullingen (1962),[42] bei der, nachdem durch Baggereinsatz zahlreiche Befunde bereits zerstört waren, wenigstens eine einigermaßen zuverlässige Aufnahme der noch erhaltenen Befunde erfolgte (Abb. 5). In Nordbaden wurde 1961 die Kirche von Heidelberg-Handschuhsheim untersucht.[43] Im badischen Landesteil (Regierungsbezirk

---

[39] VOLKER ROESER / HORST GOTTFRIED RATHKE, St. Remigius in Nagold, Die Grabung 1961 bis 1964. Ergebnis und landesgeschichtliche Bedeutung / Die Geschichte der Pfarrei bis zur Reformation (Forschungen und Berichte der Archäologie des Mittelalters in Baden-Württemberg, Bd. 9), Tübingen/Stuttgart 1986.
[40] Vgl. dazu den Beitrag von STEFAN BIERMEIER im vorliegenden Band.
[41] Zur Person: DIETER PLANCK, Nachruf Siegwalt Schiek, in: Fundberichte aus Baden-Württemberg 18 (1993), S. 637–644 (mit Bibliographie).
[42] BARBARA SCHOLKMANN / BIRGIT TUCHEN, Die Martinskirche in Pfullingen. Archäologie und Baugeschichte (Materialhefte zur Archäologie in Baden-Württemberg, Heft 53), Stuttgart 1999.
[43] HANS HUTH, Die Grabung im alten Chor der katholischen St. Vituskirche zu Heidelberg-

Freiburg) sind vor allem die Grabungen von Karl List zu nennen,[44] zum Beispiel in den Kirchen von Sulzburg (1962–1964) oder Höllstein (1963) und vor allem in den Jahren 1972–1973 in der ehemaligen Abteikirche von Schuttern[45] (vgl. Beitrag Galioto in diesem Band). Arnold Tschira führte von 1964–1968 Untersuchungen in der ehemaligen Klosterkirche von Schwarzach durch.[46]

Die jeweils angewandten Methoden entsprachen hinsichtlich Grabungstechnik und Dokumentation keineswegs dem Standard, den Fehring einzuführen versuchte. Vielmehr erfolgten meist eine Freilegung von Fundamenten und die Erstellung von Architekturschnitten in der Art früherer baugeschichtlicher Grabungen, wie aus den publizierten Dokumentationen gut ersichtlich ist. Profile wurden nur selten aufgenommen, und wenn doch, dann häufig erst nachdem die Schichtanschlüsse an die Mauern bereits abgegraben waren, wie beispielsweise in Schuttern (vgl. Anm. 45). Besonders problematisch erwies sich die 1962 in der Stiftskirche in Tübingen durchgeführte „Grabung", wo nach der Ausschachtung von Heizkanälen die zutage getretenen Fundamente durch einen Architekten in einen Plan eingezeichnet (Abb. 6) und dann von dem Tübinger Kunsthistoriker Urs Boeck interpretiert wurden. Dieser rekonstruierte die Grundrisse zweier Vorgängerbauten,[47] die bis heute als erwiesen gelten, obwohl dabei ganz offensichtlich Fundamente verschiedener Art und sicher auch unterschiedlicher Zeitstellung zusammengefasst worden sind.[48] Ein einheitlicher Standard der Grabungstechnik wurde erst mit der Einsetzung von Mittelalterarchäologien in allen vier Regierungsbezirken im Jahr 1970 erreicht.

Anlass der Grabungen waren in allen Fällen Renovierungen, die meist mit dem Einbau einer Heizung verbunden waren. Da zu dieser Zeit die Umluftheizung als das beste System einer Kirchenheizung galt, wie der Architekt Peter Haag in einem

---

Handschuhsheim, in: Nachrichtenblatt der Denkmalpflege in Baden-Württemberg, Jahrgang 7, Heft 4 (1964), S. 101–104.

[44] Zur Person: RALF BURGMEIER, Karl List (1905–2005), Archäologischer Autodidakt und suggestiver Zeichner, in: KROHN/BOHNERT, Lahr-Burgheim (wie Anm. 28), S. 32–35.

[45] KARL LIST, Die Michaelskirche von St. Cyriak zu Sulzburg (Kr. Müllheim), in: Nachrichtenblatt der Denkmalpflege in Baden-Württemberg, Jahrgang 7, Heft 1 (1964), S. 30–33; DERS., Die karolingische Kirche in Höllstein (Kr. Lörrach). Ein Untersuchungsbefund, in: Nachrichtenblatt der Denkmalpflege in Baden-Württemberg, Jahrgang 10, Heft 2 (1967), S. 31–35; MARTIN RUCH / LUISA GALIOTO / EKKEHARD KLEM, Kloster- und Pfarrkirche Mariae Himmelfahrt Schuttern in der Gemeinde Friesenheim, Lindenberg 2003, S. 36. Ein Nord-Süd-Schnitt vor dem romanischen Querhaus-Fundament der ehemaligen Klosterkirche Friesenheim-Schuttern, gezeichnet von Karl List, findet sich in: KARL LIST, Offoniscella. Die Reichsabtei Schuttern 603–1806, Lahr 1988, Plan 28.

[46] TSCHIRA, Arnold: Die ehemalige Benediktinerabtei Schwarzach, 2. Auflage, Karlsruhe 1977.

[47] URS BOECK, Zur Baugeschichte der Tübinger Stiftskirche, in: Heimatkundliche Blätter für den Kreis Tübingen 4, Nr. 2 (1952), S. 21 f.; DERS, Die Tübinger St. Georgenkirche in vorgotischer Zeit, in: Der Sülchgau 9 (1965), S. 65–71.

[48] Vgl. HERRMANN JANTZEN, Die Stiftskirche in Tübingen (Beiträge zur Tübinger Geschichte, Bd. 5), Stuttgart 1993, S. 14–20.

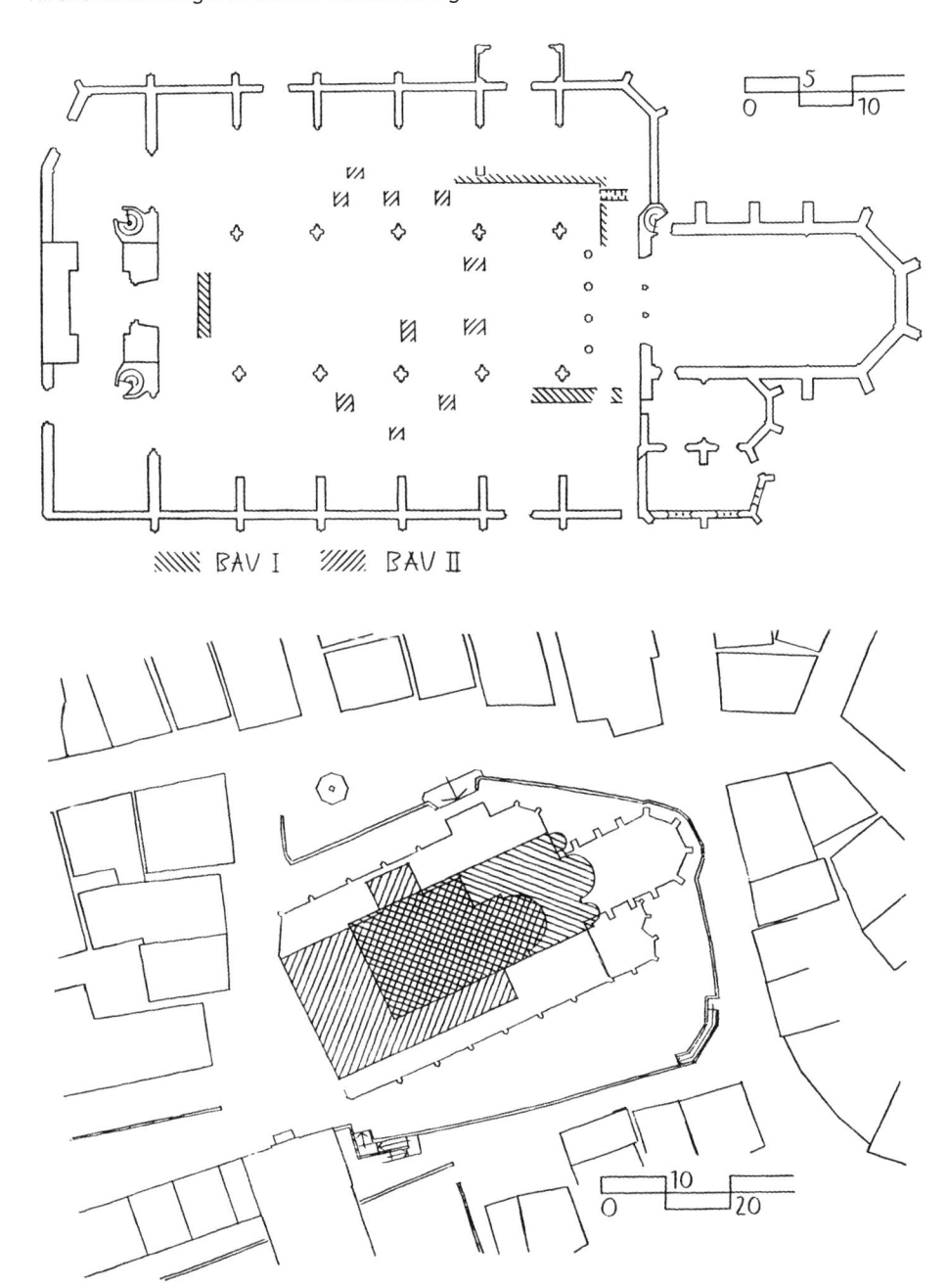

Abb. 6: Tübingen, ehemalige Stiftskirche. Oben: Situationsplan des 1962 aufgedeckten Mauerwerks innerhalb der spätgotischen Hallenkirche (Aufmaß von Arch. A. Achstetter); unten: Die Lage der drei Kirchen auf dem Boden der Stiftskirche. Aus: BOECK, Die Tübinger St. Georgenkirche (wie Anm. 47), S. 67, Abb. 1 und 2.

Artikel im Nachrichtenblatt der Denkmalpflege im Jahr 1968 ausführte,[49] hatte dies entsprechende Auswirkungen auf die Bodeneingriffe in Kirchen. Durch Heizkanäle, Heizkeller und Tankräume waren die Bereiche festgelegt, die untersucht wurden, so dass ein zeittypisches „Ausgrabungsmuster" entstand, wie beispielsweise die Grabung in der Kirche von Entringen zeigt (Abb. 7).[50] Allerdings gab es auch Stimmen, die auf die Nachteile dieses Heizsystems hinwiesen. Der kirchliche Baurat Helmut Pottkamp führte als einen solchen insbesondere die dadurch entstehende Notwendigkeit von Rettungsgrabungen an.[51]

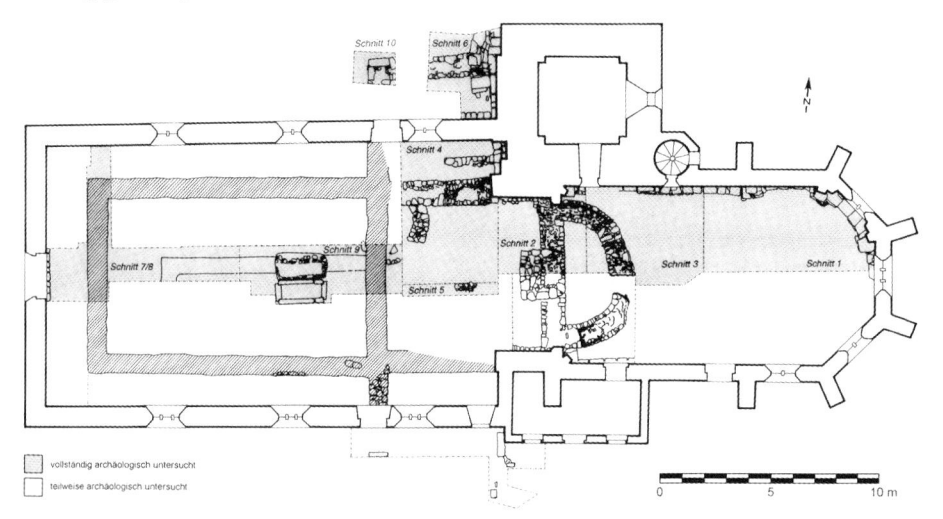

Abb. 7: Entringen, Michaelskirche. Gesamtplan der Mauerbefunde und Grabungsschnitte. Entwurf: Barbara Scholkmann. Umzeichnung: J. Frey, Universität Tübingen, Institut für Ur- und Frühgeschichte und Archäologie des Mittelalters.

Das Inkrafttreten des neuen Baden-Württembergischen Denkmalschutzgesetzes im Jahr 1972 bewirkte insofern eine Veränderung auch bei den Kirchengrabungen, als darin dem Schutz der Bodendenkmale eine deutliche Vorrangstellung vor deren Erforschung eingeräumt wurde. Dies führte dazu, dass die archäologischen Untersuchungen fortan in der Regel noch strikter als zuvor auf die durch die Bodeneingriffe von der Zerstörung bedrohten Bereiche begrenzt wurden und dadurch beispielsweise häufig keine Untersuchung mehr bis zum Erreichen des geologischen Untergrunds erfolgte. Grabungen, bei denen, wie in Esslingen, der gesamte Kircheninnenraum untersucht

---

[49] PETER HAAG, Über die Beheizung von Kirchenräumen, in: Nachrichtenblatt der Denkmalpflege in Baden-Württemberg, Jahrgang 11, Heft 2 (1968), S. 52–55.

[50] REINHOLD BAUER / BARBARA SCHOLKMANN, Die Kirche im Dorf. St. Michael in Entringen, Tübingen 2002.

[51] HELMUT POTTKAMP, Antwort und Ergänzung zum Artikel „Über die Beheizung von Kirchen", in: Nachrichtenblatt der Denkmalpflege in Baden-Württemberg, Jahrgang 11, Heft 2 (1968), S. 55–56.

wurde, fanden nur noch in ganz wenigen Fällen statt, so zum Beispiel bei den oben bereits erwähnten Grabungen in Schuttern[52].

Blütezeit der Kirchenarchäologie und Paradigmenwechsel

Noch bis zum Beginn der 1980er Jahre bildeten Grabungen in Sakralbauten das wichtigste Arbeitsfeld der Mittelalterarchäologie in der archäologischen Denkmalpflege in Baden-Württemberg. Dies war jedoch keine Besonderheit dieses Bundeslandes, sondern entsprach der Situation auch in anderen Teilen der Bundesrepublik, so dass Uwe Lobbedey in einem 1995 erschienenen, grundlegenden Aufsatz zur Kirchenarchäologie in Deutschland dieser *die entscheidende Rolle bei der Definition und Konsolidierung des Faches* zuschreiben konnte.[53] Der Grund dafür war weniger ein besonderes Interesse an diesem Forschungsfeld, sondern vielmehr die Tatsache, dass die enge Verbindung von Staat und Kirchen in der Bundesrepublik Deutschland für eine vergleichsweise gute finanzielle Ausgangsposition sorgte. Deshalb konnten umfangreiche Wiederaufbau- und Renovierungsmaßnahmen in Sakralbauten durchgeführt werden,[54] die auch zahlreiche Ausgrabungen zur Folge hatten.

Eine exakte Quantifizierung des Umfangs kirchenarchäologischer Aktivitäten in Baden-Württemberg in diesem Zeitraum wäre nur durch eine Recherche in den Archiven der heutigen Referate für archäologische Denkmalpflege in den vier Regierungsbezirken möglich, die für diesen Beitrag nicht durchgeführt werden konnte. In einem 1988 erschienenen Überblick über die Kirchenarchäologie in den beiden württembergischen Regierungsbezirken konnte Hartmut Schäfer immerhin 97 kleinere und größere Kirchengrabungen auflisten und feststellen, dass die Objektgruppe der Kirchen zwischen 1960 und 1988 den bei weitem größten Anteil an der Grabungstätigkeit der Mittelalterarchäologie hatte.[55] Hochgerechnet auf alle vier Außenstellen des ehemaligen Landesdenkmalamts und auf das Jahr 2008 dürfte ihre Anzahl heute mehr als doppelt so hoch sein, auch wenn sich in den verschiedenen Regierungsbezirken gewisse Unterschiede hinsichtlich des Umfangs der Grabungstätigkeit in Kirchen feststellen lassen, worin sich auch das jeweilige Forschungsinteresse der Gebietsreferenten spiegelt.

Die Bedeutung und der Umfang kirchenarchäologischer Tätigkeit lassen sich, vor allem bis zum Ende der 1980er Jahre, deutlich in den Publikationsorganen des ehemaligen Landesdenkmalamts Baden-Württemberg nachvollziehen. So sind im „Nachrichtenblatt

---

[52] Karl List, Offoniscella (wie Anm. 45).
[53] Uwe Lobbedey, Zur Archäologie der Kirchen, in: Mittelalterarchäologie in Zentraleuropa. Zum Wandel der Aufgaben und Zielsetzungen, hg. von Günter P. Fehring und Walter Sage, Köln/Bonn 1995, S. 19–25, hier S. 19.
[54] Uwe Lobbedey, Zur Archäologie der Kirchen (wie Anm. 53), S. 19.
[55] Hartmut Schäfer, Mittelalterarchäologie in Sakralbauten. Bemerkungen zum Forschungsstand, in: Archäologie in Württemberg. Ergebnisse und Perspektiven archäologischer Forschung von der Altsteinzeit bis zur Neuzeit, hg. von Dieter Planck, Stuttgart 1988, S. 413–428.

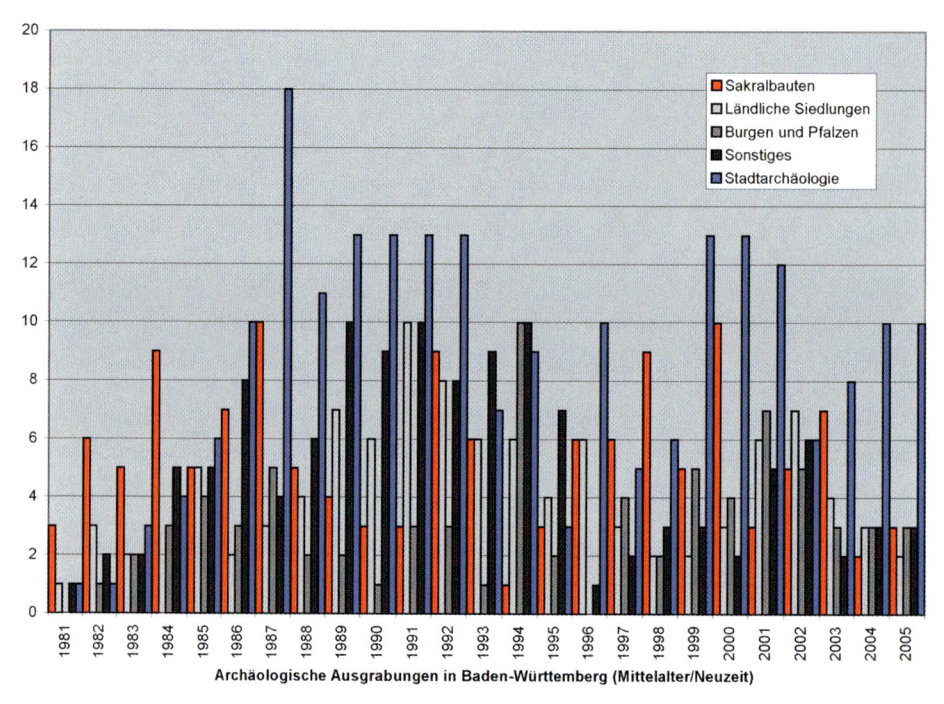

Abb. 8: Grabungen Mittelalter und Neuzeit in Baden-Württemberg, aufgeschlüsselt nach Befundgattungen. Grundlage: „Archäologische Ausgrabungen in Baden-Württemberg", 1981–2005. Grafik: Sören Frommer.

der Denkmalpflege in Baden-Württemberg", das ab 1972 den abgekürzten Titel „Denkmalpflege in Baden-Württemberg" trägt, von 1960 an in fast jedem Jahrgang Berichte über Kirchengrabungen aus den vier Regierungsbezirken enthalten. Auch in der Anzahl der Artikel über mittelalterarchäologische Grabungen, welche seit 1974 in den „Fundberichten aus Baden-Württemberg" sowie von 1972 bis 1995 in Aufsatzbänden der Publikationsreihe „Forschungen und Berichte der Archäologie des Mittelalters in Baden-Württemberg" erschienen sind, bildet sich die Dominanz der Kirchenarchäologie ab.

Schon seit Anfang der 1980er Jahre ist jedoch auch ein Paradigmenwechsel in der Arbeit der baden-württembergischen Mittelalterarchäologie feststellbar. Als Folge des Städtebauförderungsgesetzes wurden seit Anfang der 1970er Jahre bis 1987 mehr als zweihundert Sanierungsgebiete in mittelalterlichen Städten Baden-Württembergs ausgewiesen. In der Folge kam es zu umfangreichen Maßnahmen der städtebaulichen Erneuerung mit einer großflächigen Zerstörung archäologischer Substanz in zahlreichen Städten. Die archäologische Denkmalpflege reagierte darauf mit etwa zehnjähriger Verspätung durch erste große Flächengrabungen.[56] Seitdem bildet die Stadtkernar-

---

[56] JUDITH OEXLE, Mittelalterliche Stadtarchäologie in Baden-Württemberg. Gedanken zu Standort und Forschungsmöglichkeiten, in: Archäologie in Württemberg (wie Anm. 55), S. 381–411, hier S. 390–392.

chäologie den Schwerpunkt in der Tätigkeit der Mittelalterarchäologie in der archäologischen Denkmalpflege. Dies zeigt beispielsweise der Ausstellungskatalog „Der Keltenfürst von Hochdorf. Methoden und Ergebnisse der Landesarchäologie" aus dem Jahr 1985, in dem allein die Stadtarchäologie für die Arbeit der Mittelalterarchäologie steht.[57] Seit 1981 bietet die Zeitschrift „Archäologische Ausgrabungen in Baden-Württemberg" die Möglichkeit, diese Schwerpunktverlagerung besonders gut zu belegen, wie die Graphik Abb. 8 zeigt. Bis zum Jahr 1985 stellen Kirchengrabungen noch den größten Anteil der Berichte aus der Arbeit der Mittelalterarchäologie, von 1986 und bis heute dominieren dagegen die stadtkernarchäologischen Untersuchungen. Kirchengrabungen treten auch gegenüber Untersuchungen in anderen Befundgruppen wie Burgen oder Siedlungen deutlich zurück. Die oben erwähnte Feststellung Uwe Lobbedeys zur Bedeutung der Kirchenarchäologie aus dem Jahr 1995 war also für Baden-Württemberg schon zehn Jahre zuvor keineswegs mehr zutreffend. Dennoch ist die Zahl der seit diesem Zeitraum untersuchten Kirchen immer noch beträchtlich.

Ergebnisse

Es kann kein Zweifel daran bestehen, dass, soweit dies aus Publikationen entnommen werden kann, zahlreiche und zum Teil bedeutende Ergebnisse für die Erforschung einzelner Kirchenbauten erzielt worden sind. Hierfür sollen nur einige wenige Beispiele genannt werden.

Die Fortführung der Untersuchungen in Unterregenbach durch Hartmut Schäfer und Günter Stachel führten zu einem wesentlich erweiterten Kenntnisstand der Anlage.[58] So wurde zu der großen Basilika aus dem Ende des 10. Jahrhunderts ein aufwendig gestalteter Westbau ergraben (Abb. 9). Durch die archäologischen Untersuchungen in der Klosterkirche von Murrhardt ist als Gründungsbau ein einschiffiger Saalbau mit Annexen und einer Außenkrypta und als Bau II eine dreischiffige Pfeilerbasilika mit Westchor und Krypta nachgewiesen.[59] In der Stiftskirche von Reichenau-Niederzell konnte Wolfgang Erdmann den Gründungsbau von 799 mit nördlich angrenzenden Teilen der Klausur erfassen und die Baugeschichte des bestehenden Baus klären, der in mehreren Abschnitten zwischen 1080 und 1143 errichtet wurde.[60]

---

[57] JUDITH OEXLE, Stadtkernarchäologie in Konstanz, in: Der Keltenfürst von Hochdorf. Methoden und Ergebnisse der Landesarchäologie. Katalog zur Ausstellung, Stuttgart, Kunstgebäude vom 14. August bis 13. Oktober 1985, hg. vom Landesdenkmalamt Baden-Württemberg, Stuttgart 1985, S. 450–454.

[58] HARTMUT SCHÄFER / GÜNTER STACHEL, Unterregenbach, Archäologische Forschungen 1966–1988 (Archäologische Informationen aus Baden-Württemberg, Bd. 9), Stuttgart 1989.

[59] ULRIKE PLATE, Das ehemalige Benediktinerkloster St. Januarius in Murrhardt: Archäologie und Baugeschichte (Forschungen und Berichte der Archäologie des Mittelalters in Baden-Württemberg, Bd. 20), Stuttgart 1996.

[60] WOLFGANG ERDMANN, Die ehemalige Stiftskirche St. Peter und Paul, Reichenau-Niederzell, in: Römische Quartalschrift für christliche Altertumskunde und Kirchengeschichte 68 (1973), S. 91–103; DERS., Die ehemalige Stiftskirche St. Peter und Paul in Reichenau-Niederzell.

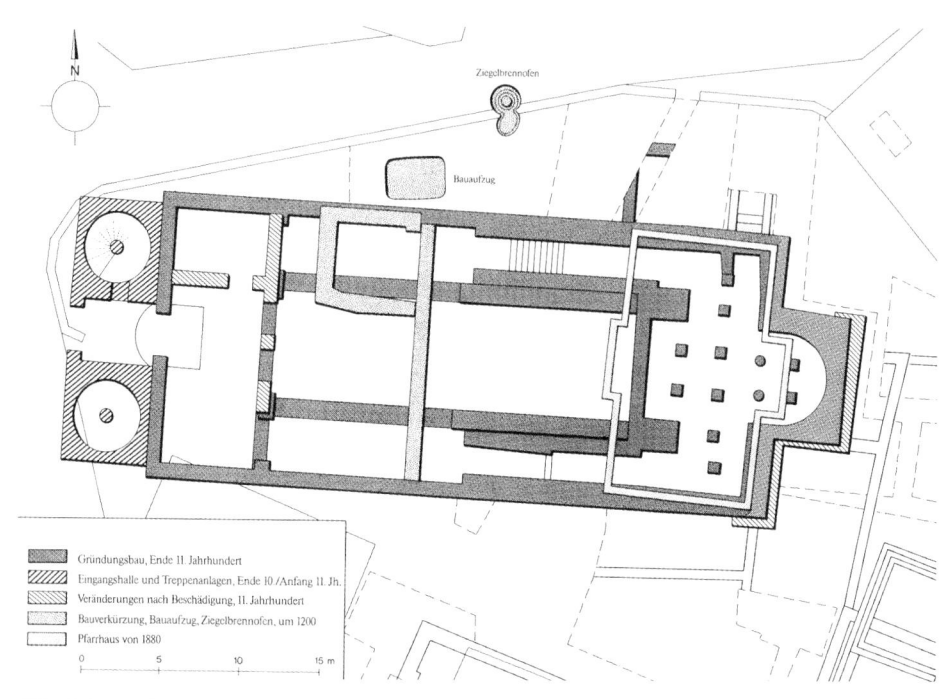

Abb. 9: Langenburg-Unterregenbach. Gesamtplan der Befunde im Grabungsbereich Große Basilika 1989. Zeichner: T. Schwarz, Landesamt für Denkmalpflege im Regierungspräsidium Stuttgart, Abt. 8, Ref. 85.

Mehrfach wurden ganze Klosteranlagen ergraben, die entweder nach der Reformation oder in späterer Zeit abgerissen wurden und vollständig verschwunden sind, so das Karmeliterkloster in Esslingen[61] (Abb. 10) oder das Franziskanerkloster in Ulm.[62] Beispiele für Untersuchungen in städtischen Pfarrkirchen sind die Grabungen in der Stadtkirche von Giengen an der Brenz, einem Mittelpunkt Staufischer Besitzungen im Brenztal,[63] die einen in romanischer Zeit neu entstandenen Bau erbrachten, oder in derjenigen von Vaihingen/Enz, wo ein erster Kirchenbau, wahrscheinlich aus dem 8. Jahrhundert, nachgewiesen wurde und ein zweiter Bau im 11. Jahrhundert entstand, der sich durch kontinuierliche Erweiterung zur Stadtkirche entwickelte.[64]

Zum Stand der Untersuchung Ende 1974, in: Festschrift für Georg Scheja zum 70. Geburtstag, hg. von ALBRECHT LEUTERITZ u. a., Sigmaringen 1975, S. 78–97.

[61] HARTMUT SCHÄFER, Das Karmeliterkloster in der Obertorvorstadt in Esslingen. Stand: November 1991, in: Archäologische Ausgrabungen in Baden-Württemberg 1991 (1992), S. 250–257.

[62] JUDITH OEXLE, Der Ulmer Münsterplatz im Spiegel der archäologischen Quellen (Archäologische Informationen aus Baden-Württemberg, Bd. 21), Stuttgart 1991.

[63] MATTHIAS UNTERMANN, Archäologische Befundaufnahme in der Stadtkirche von Giengen an der Brenz, Kreis Heidenheim, in: Archäologische Ausgrabungen in Baden-Württemberg 1986 (1987), S. 220–223.

[64] HARTMUT SCHÄFER / UWE GROSS, Die ehemalige Peterskirche in Vaihingen/Enz (Forschungen

Abb. 10: Esslingen, Karmeliterkloster. Freigelegter Klausurbereich. Grabungsfoto: Landesamt für Denkmalpflege im Regierungspräsidium Stuttgart, Abt. 8.

An Untersuchungen in Kleinkirchen seien genannt die Aufdeckung der Leutkirche in Alpirsbach[65] oder der Kapelle des Salemer Pfleghofs in Ulm.[66] Für die zahlreichen untersuchten Dorfkirchen, bei denen nicht selten ein frühmittelalterlicher Gründungsbau nachgewiesen wurde, ist ein gutes Beispiel die Grabung in der Kirche St. Peter und Paul in Nusplingen.[67]

Besonders aufschlussreich unter den in den letzten Jahren durchgeführten Grabungen erwiesen sich die Befunde in der Stiftskirche in Stuttgart (Abb. 11). Hier ist eben-

---

und Berichte der Archäologie des Mittelalters in Baden-Württemberg, Bd. 8), Stuttgart 1983, S. 5–56.

[65] Dietrich Lutz, Die Untersuchungen an der ehemaligen Leutkirche in Alpirsbach, Kreis Freudenstadt, in: Denkmalpflege in Baden-Württemberg, 3. Jahrgang, Heft 1 (1974), S. 28–33.

[66] Erhard Schmidt / Barbara Scholkmann, Die Nikolauskapelle auf dem Grünen Hof in Ulm. Ergebnisse einer archäologischen Untersuchung. Mit Beiträgen von Stefan Kummer und Franz Quarthal (Forschungen und Berichte der Archäologie des Mittelalters in Baden-Württemberg, Bd. 7), Stuttgart 1981, S. 303–370.

[67] Dietrich Hartmann, Archäologische Untersuchungen, in: St. Peter und Paul in Nusplingen (Förderverein „Alte Friedhofskirche St. Peter und Paul"), hg. von Karl Halbauer, Nusplingen 2005, S. 37–48.

falls ein erster Bau aus dem 7./8. Jahrhunderts nachgewiesen, womit die Entstehung einer Ansiedlung im Stadtkern von Stuttgart gegenüber dem geltenden Forschungsstand gleich um mehrere Jahrhunderte zurückdatiert werden konnte.[68]

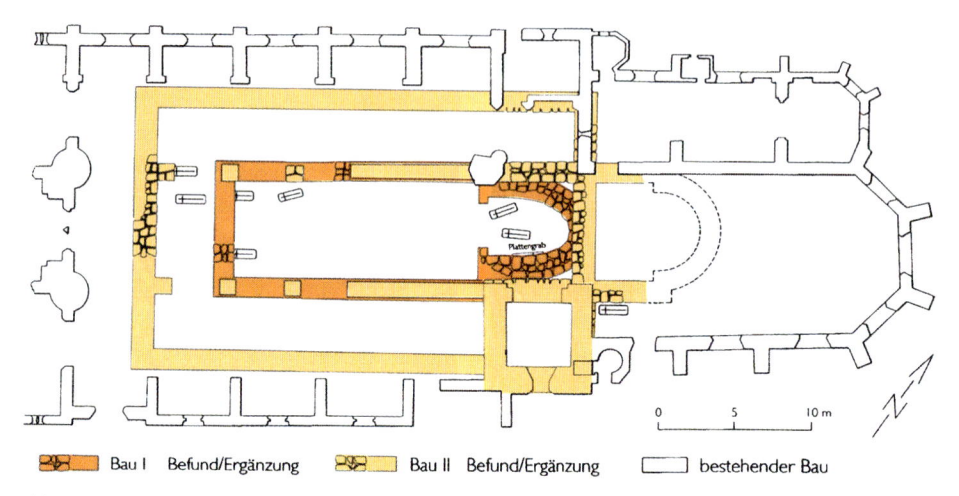

Abb. 11: Stuttgart, Stiftskirche. Gesamtplan der Architekturbefunde. Landesamt für Denkmalpflege im Regierungspräsidium Stuttgart, Abt. 8.

Zum Forschungsstand

Angesichts des Umfangs kirchenarchäologischer Untersuchungen wäre zu erwarten, dass nun ein Forschungsbericht vorgelegt werden könnte, der den erreichten Kenntnisstand ebenso wie daraus neu entstandene Forschungsthemen zur Entwicklung des Kirchenbaus in all seinen verschiedenen Teilbereichen darlegt. Dies erweist sich jedoch auch heute noch als genauso undurchführbar, wie dies Hartmut Schäfer im Jahr 1988, nach 25 Jahren moderner Kirchenarchäologie für den Württembergischen wie den badischen Landesteil in einer ernüchternden Bilanz konstatierte.[69] Es bleibt festzustellen, dass über die bereits im Jahr 1970 von Fehring im ersten Forschungsbericht zur Kirchenarchäologie in Baden-Württemberg geäußerten, grundsätzlichen Überlegungen hinaus keine weiterführenden Fragestellungen entwickelt werden können.[70] Desgleichen gilt, dass die von Uwe Lobbedey 1995 für die Kirchenarchäologie formulierten Aufgaben nicht realisierbar sind, nämlich über die durch eine Grabung erforschte individuelle Biographie einer Kirche hinaus zu übergreifenden und grundsätzlichen Pro-

---

[68] HARTMUT SCHÄFER, Befunde aus der „Archäologischen Wüste": Die Stiftskirche und das Alte Schloss in Stuttgart, in: Denkmalpflege in Baden-Württemberg, Jahrgang 31, Heft 4 (2002), S. 249–258.
[69] SCHÄFER, Mittelalterarchäologie (wie Anm. 55), S. 418.
[70] FEHRING, Arbeiten (wie Anm. 33), S. 67–68.

blemstellungen und Ergebnissen zu gelangen,⁷¹ um so Querschnittsperspektiven, wie zum Beispiel die Grundrissdispositionen im ländlichen Kirchenbau, die Entwicklung der frühmittelalterlichen Kirchen oder die Veränderungen in der kircheninternen Bestattungstopographie bearbeiten zu können.

Der Grund dafür ist derselbe, den Schäfer schon 1988 benannt hat, nämlich ein völlig unzureichender Publikationsstand. Im Jahr 1988 waren von den 97 Kirchengrabungen nur ganz wenige umfassend publiziert, etwa zwei Drittel in Vorberichten vorgelegt und ein Drittel unveröffentlicht.⁷² Auch heute liegt nur ein kleiner Bruchteil der Grabungen in zureichender Weise publiziert vor, das heißt in einer Form, die es erlaubt, die stratigraphischen Sequenzen, die der Gliederung in Bauphasen zugrunde liegen, sowie die jeweiligen Datierungsgrundlagen nachzuvollziehen. Auf einige der monographisch vorgelegten Grabungen wie Esslingen, Unterregenbach, Nagold oder Murrhardt wurde schon verwiesen. Zu nennen ist außerdem die Publikation der archäologischen Untersuchungen im Fridolinsmünster in Säckingen.⁷³ Hinzu kommen einige Grabungen, die in Aufsätzen vorgelegt worden sind, wie zum Beispiel die schon erwähnten Untersuchungen in der Stadtkirche von Vaihingen Enz⁷⁴ und der Nikolauskapelle auf dem grünen Hof in Ulm,⁷⁵ oder in der Kirche in Osterburken⁷⁶ und der Stiftskirche in Sindelfingen.⁷⁷ Weitere sind durch Studienabschlussarbeiten aufgearbeitet, jedoch nicht publiziert, so die Grabungen in den Kirchen von Dunningen (Kreis Rottweil) oder Kirchdorf (Schwarzwald-Baar-Kreis), über die in diesem Band berichtet wird,⁷⁸ oder diejenige in der ehemaligen Propsteikirche von Wiesenbach.⁷⁹ Die weit überwiegende Mehrzahl jedoch liegt lediglich in Vorberichten unterschiedlichen Umfangs vor.

Dass solche Vorberichte, meist kurz nach dem Abschluss der Grabung erstellt, eine umfassende Publikation nicht ersetzen können, zeigt sich ganz besonders deutlich, wenn archäologische Untersuchungen umfassend aufgearbeitet werden. Denn die oft komplizierten stratigraphischen Abfolgen können während der Grabung kaum jemals wirklich erfasst werden und eine Bearbeitung des Fundmaterials liegt den Vorberich-

---

71 LOBBEDEY, Archäologie der Kirchen (wie Anm. 53), S. 22.
72 SCHÄFER, Mittelalterarchäologie (wie Anm. 55).
73 FELICIA SCHMAEDECKE, Das Münster St. Fridolin in Säckingen (Forschungen und Berichte der Archäologie des Mittelalters in Baden-Württemberg, Bd. 24), Stuttgart 1999.
74 SCHÄFER / GROSS, Peterskirche Vaihingen/Enz (wie Anm. 64).
75 SCHMIDT / SCHOLKMANN, Nikolauskapelle (wie Anm. 66).
76 DIETRICH LUTZ, Die Grabungen in der Kilianskirche zu Osterburken, Neckar-Odenwald-Kreis (Forschungen und Berichte der Archäologie des Mittelalters in Baden-Württemberg, Bd. 6), Stuttgart 1979, S. 129–156.
77 BARBARA SCHOLKMANN, Archäologische Untersuchungen in der ehemaligen Stiftskirche St. Martin in Sindelfingen (Forschungen und Berichte der Archäologie des Mittelalters in Baden-Württemberg, Bd. 4), Stuttgart 1977, S. 7–66; HARTMUT SCHÄFER, Zur Baugeschichte der ehemaligen Stiftskirche St. Martin in Sindelfingen (Forschungen und Berichte der Archäologie des Mittelalters in Baden-Württemberg, Bd. 4), Stuttgart 1977, S. 77–128.
78 Siehe hierzu den Beitrag von Stefan Biermeier.
79 ILLJA JAQUELINE DURST, Die ehemalige Propstei-Kirche Wiesenbach (Rhein-Neckar-Kreis) – Fundauswertung der Grabungen 1977–1981, unveröffentlichte Magisterarbeit, Tübingen 1993.

NUSPLINGEN
SS Peter und Paul

Bauphase I
Gründungsbau mit Friedhof

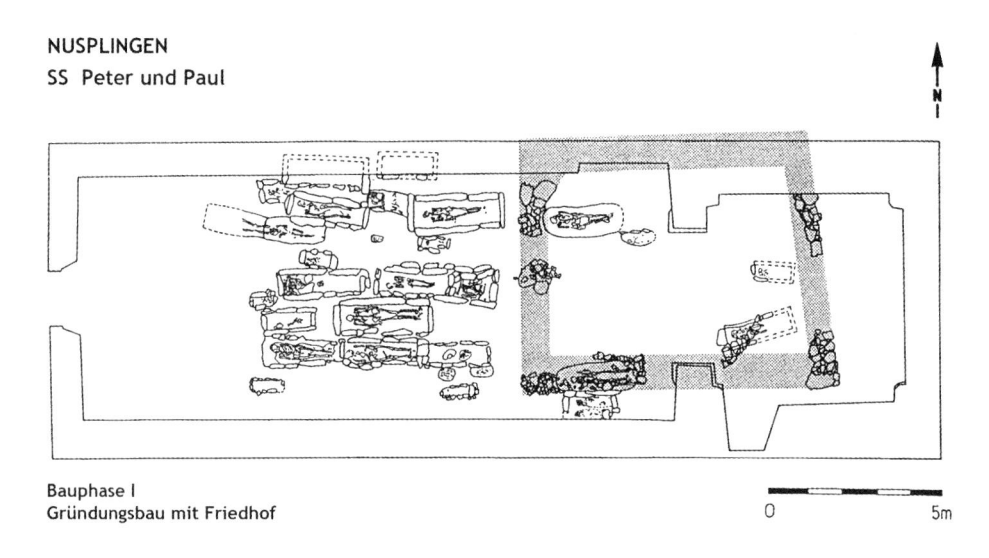

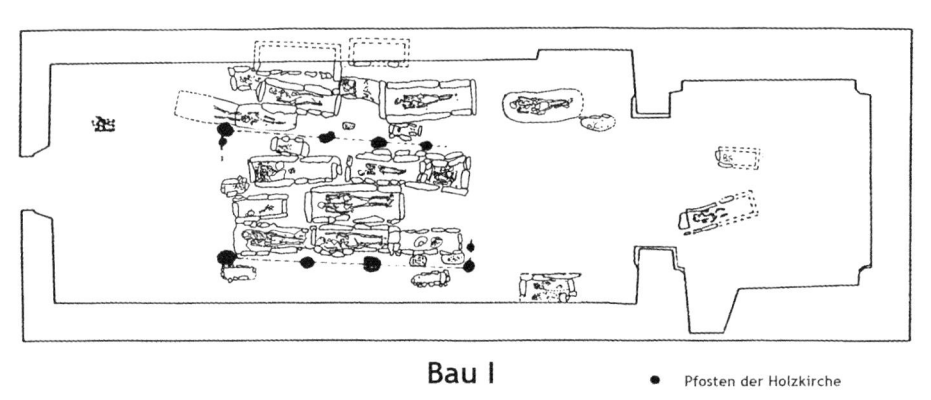

0   5m

Bau I   • Pfosten der Holzkirche

Abb. 12: Nusplingen, ehemalige Friedhofskirche St. Peter und Paul, Bauphase I. Oben: Rekonstruktion des ältesten Kirchengrundrisses (Vorbericht). Regierungspräsidium Tübingen, Referat 26 – Denkmalpflege (Archiv Archäologie des Mittelalters); unten: Rekonstruktion des ältesten Kirchengrundrisses nach Gesamtauswertung der Befunde. Aus: HARTMANN, Archäologische Untersuchungen (wie Anm. 67), S. 38–46, Abb. 30, 32–38 (Zeichnung: Dietrich Hartmann).

ten in der Regel ebenfalls nicht zugrunde. Ein gutes Beispiel hierfür ist die Grabung in der ehemaligen Friedhofskirche von Nusplingen. Die im abschließenden Vorbericht vorgelegte Bauabfolgen und die Datierungen wurden durch die umfassende Aufarbeitung in wesentlichen Teilen korrigiert (Abb. 12).[80] Für Baden-Württemberg gilt also auch heute uneingeschränkt, was Lobbedey 1995 mit der Begründung mangelhafter

---

[80] ERHARD SCHMIDT, Der Gründungsbau der ehemaligen Pfarrkirche Peter und Paul in Nusplingen, Zollernalbkreis, in: Archäologische Ausgrabungen in Baden-Württemberg 1999 (2000), S. 174–177; HARTMANN, Archäologische Untersuchungen (wie Anm. 67).

Publikationslage für die ganze Bundesrepublik festgestellt hat, dass nämlich die Kirchenarchäologie eher einem „Koloss auf tönernen Füßen" gleiche als einem „soliden wissenschaftlichen Gebäude auf tragfähigem Fundament".[81] Übergreifende und vergleichende Fragestellungen können auf dieser Grundlage weder substantiell entwickelt noch etwaige Ergebnisse dargestellt werden.

Das Problem, das hier aufgezeigt wurde, wird allerdings in nicht unerheblichem Umfang durch die Relevanz der bei den Grabungen erzielten Ergebnisse relativiert. In den letzten Jahrzehnten wurde nach dem Prinzip des Vorrangs der Substanzerhaltung in den allermeisten Fällen konsequent nur das untersucht, was durch die jeweils geplanten Baumaßnahmen von der Zerstörung bedroht war. So wurden sehr häufig die Befundabfolgen auch nicht in Ausschnitten bis zum geologischen Untergrund, sondern nur bis zu einer durch die geplanten Bodenabtragungen vorgegebenen Tiefe erfasst. Bei flächenhaften Aufschlüssen wurden nur Teilbereiche der Kircheninnenräume in unterschiedlichem Ausmaß untersucht. Oft konnten aus Mangel an zuweisbarem Fundmaterial keine Datierungsanhalte gewonnen werden. Die erzielten Ergebnisse erscheinen daher häufig marginal und nur wenig aussagekräftig.

Hierfür könnten zahlreiche Beispiele benannt werden, von denen hier nur zwei dargestellt werden sollen.[82] In der Stiftskirche St. Amandus (Abb. 13) in Urach etwa wurden nach flächenhaftem Bodenabtrag und der Anlage von Heizkanälen die Teile

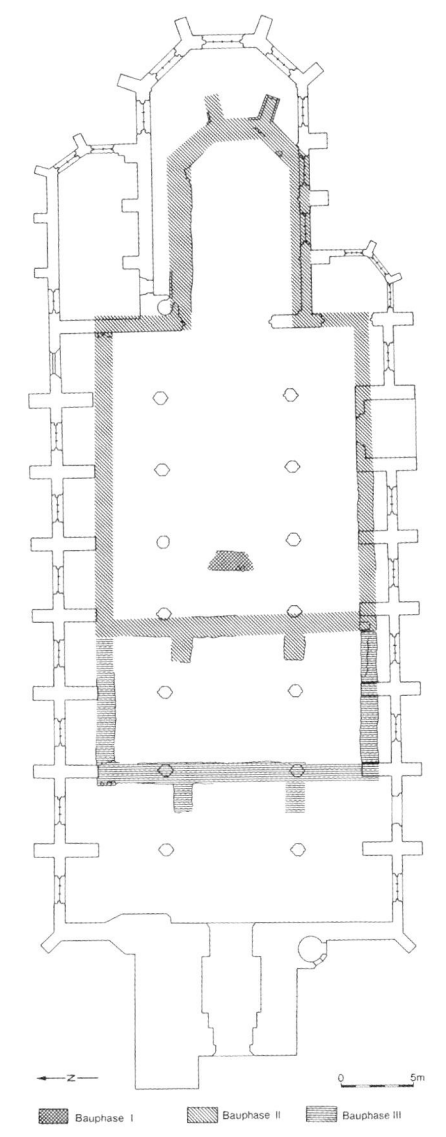

Abb. 13: Bad Urach, ehemalige Stiftskirche St. Amandus mit älteren Baubefunden. Regierungspräsidium Tübingen, Referat 26 – Denkmalpflege (Archiv Archäologie des Mittelalters).

---
[81] LOBBEDEY, Archäologie der Kirchen (wie Anm. 53), S. 19.
[82] ERHARD SCHMIDT, Baugeschichtliche Beobachtungen an Stadt- und Dorfkirchen im Regierungsbezirk Tübingen, in: Fundberichte aus Baden-Württemberg 15 (1990), S. 421–436, hier S. 424–429.

von zwei Vorgängerbauten erfasst, von einem allerdings nur ein kleines Fundamentmauerstück. Beide Bauphasen sind nicht datierbar. In der Pfarrkirche von Winterstettenstadt (Abb. 14) konnten nach einem Bodenabtrag zwar Überreste eines Fußbodens erfasst und daraus ein Grundriss teilweise erschlossen werden, allerdings fehlen auch hier wieder entsprechend notwendige Hinweise auf die Zeitstellung. Für zahlreiche Kirchengrabungen der letzten Jahrzehnte muss also davon ausgegangen werden, dass eine Auswertung weder sinnvoll möglich noch lohnend erscheint, da die Ergebnisse weder aussagekräftig noch zeitlich zu verorten sind. Solche Grabungen haben nicht mehr als archäologisches Archivmaterial geliefert, das erst dann möglicherweise verwertbar sein wird, wenn es mit den Ergebnissen künftiger weiterer Untersuchungen verknüpft werden kann.

Zukunftsaufgaben

Die wichtigste Zukunftsaufgabe der Kirchenarchäologie in Baden Württemberg scheint deshalb zu sein, das Problem des immensen Publikationsdefizits, das trotz der genannten Einschränkungen bestehen bleibt, in Angriff zu nehmen. Hierzu bedarf es zunächst einer Hierarchisierung des Bestands an Grabungen, deren Parameter die Bedeutung der Kirchenbauten, das zu erwartende Ausmaß an Informationsgewinn und die grundlegenden Fragestellungen kirchenarchäologischer Forschung sein sollten. Ebenso wichtig wird es sein, neue Strategien der Grabungsauswertung zu entwickeln, durch die der Zeitaufwand zu deren Durchführung reduziert werden kann. Eine Möglichkeit hierzu könnte sein, bei der Auswertung von dem

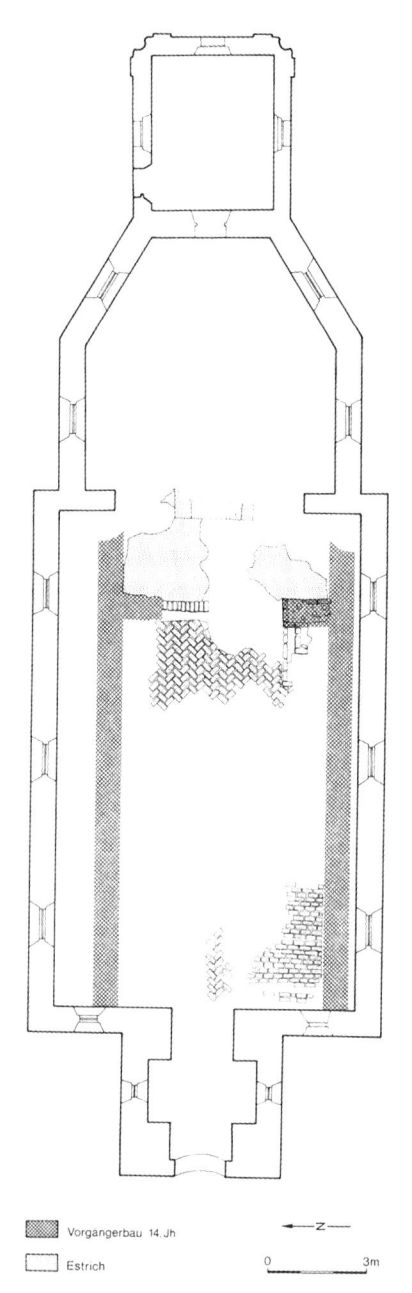

Abb. 14: Winterstettenstadt, Gde. Ingoldingen. Grundriss der katholischen Pfarrkirche mit Vorgängerbau. Regierungspräsidium Tübingen, Referat 26 – Denkmalpflege (Archiv Archäologie des Mittelalters).

bisher immer noch geltenden Prinzip der „vollständigen Quellenedition", d. h. der gleichwertigen Behandlung und Vorlage aller ergrabenen Befunde und Funde im Rahmen der Auswertung abzuweichen. Stattdessen sollte nach Erstellung einer stratigraphischen Sequenz eine Befundgewichtung erfolgen, als deren Ergebnis sich die Auswertung auf jene Befundbereiche konzentrieren könnte, die neue Erkenntnisse von Bedeutung erwarten lassen.

Auch hinsichtlich der Fundvorlagen könnte der Aufwand erheblich reduziert werden, da der Kenntnisstand zu verschiedenen Sachgutgruppen wie Keramik oder Glas inzwischen einen Stand erreicht hat, der es erlaubt, auf ausführliche Fundvorlagen zu verzichten. Die erweiterten Datierungsmöglichkeiten naturwissenschaftlicher Methoden werden in manchen Fällen die Datierung aufgrund des Fundmaterials ersetzen können.

Ohne Zweifel gilt jedoch, dass künftig alle Anstrengungen unternommen werden sollten, um die Aufarbeitung und Veröffentlichung von Kirchengrabungen zu intensivieren. Nur wenn dies gelingt, kann der wissenschaftliche Ertrag fruchtbar werden, der durch fast fünfzig Jahre Kirchenarchäologie in Baden-Württemberg zwar ganz zweifellos erzielt wurde, jedoch aufgrund der Publikationslage nicht darstellbar ist und so für die Forschung nicht fruchtbar werden kann.

Kirchengrabungen des Hanauer Geschichtsvereines im Main-Kinzig-Kreis (Hessen)

Peter Jüngling

Das Rhein-Main-Gebiet ist bisher nicht gerade als eine kirchen(bau)geschichtlich besonders bemerkenswerte Region aufgefallen. Von wenigen bedeutenden Sakralbauten, wie den Mainzer Kirchen, den karolingischen Kirchenbauten in Frankfurt/M.-Höchst (Justinuskirche), Steinbach/Odenwald und Seligenstadt (Einhardsbasilika) oder dem kulturhistorisch bemerkenswerten Frankfurter Dom (Kaiserdom) abgesehen, gibt es hier wenige herausragende Kirchenbauten, welche die überregionale Aufmerksamkeit auf sich ziehen könnten. Fulda mit dem Bonifatiusgrab und seinen karolingischen und romanischen Kirchenbauten liegt schon außerhalb dieser Region; auch Lorsch, Marburg oder Limburg kann man ihr eigentlich nicht mehr als zugehörig bezeichnen.

Und so finden wir auch im Main-Kinzig-Kreis, einer relativ jungen Verwaltungseinheit im östlichen Rhein-Main-Gebiet, welche im Wesentlichen die einstigen Gebiete der Grafschaft Hanau umfasst und von der Rhön im Osten bis zum Frankfurter Stadtgebiet im Westen reicht und neben dem Kinzigtal vor allem vom südlichen Vogelsberg und nördlichen Spessart geprägt wird, auch nur wenige Sakralbauten mit überregionaler Bedeutung. Allenfalls die Kirchen in der alten Kaiserstadt Gelnhausen oder das im Kern noch karolingische Kloster in Schlüchtern beanspruchen eine gewisse Aufmerksamkeit für sich, die sie regional bekannt und interessant machen.

So bedarf es durchaus einer Erläuterung, warum hier einige archäologisch eher unbedeutende Ausgrabungen in lediglich lokalgeschichtlich interessanten Kirchenbauten in Hanau und dem Main-Kinzig-Kreis vorgestellt werden sollen. Als vielleicht bemerkenswertester Anlass sei die Tatsache genannt, dass unsere Ausgrabungen, im Gegensatz zu fast allen der in diesem Band besprochenen Projekten, keineswegs von hauptamtlichen Denkmalpflegern oder Archäologen mit einem mehr oder weniger umfangreichen Stab unterschiedlicher Fachleute und etatmäßig planbaren Haushaltsmitteln für die Ausgrabung durchgeführt wurden, sondern lediglich von einer handvoll engagierter Laien, die sich vor nunmehr einem Vierteljahrhundert als selbständige Arbeitsgruppe dem 1844 gegründeten Geschichtsverein in Hanau angeschlossen haben.[1]

---

[1] Karl Ludwig Krauskopf, 150 Jahre Hanauer Geschichtsverein (Hanauer Geschichtsblätter Bd. 33), Hanau 1994; Peter Jüngling, Zur Forschungsgeschichte, in: Hanau und der Main-Kinzig-Kreis, bearb. von Sabine Wolfram, Peter Jüngling und Hans-Otto Schmitt (Führer zu archäologischen Denkmälern in Deutschland, Bd. 27), Stuttgart 1994, S. 26–32.

So sind es auch nicht in erster Linie Projekte kirchlicher Archäologie, sondern – ausgehend von unseren ersten Grabungen in einem römischen Kastell und seiner Zivilsiedlung in den frühen siebziger Jahren des vergangenen Jahrhunderts – unterschiedlichste Aufgaben bau- und vor allem bodendenkmalpflegerischer Tätigkeiten, die wir als ehrenamtliche Arbeitsgruppe mehr oder weniger bewältigen können. Überwiegend erforschen wir dabei von alt- und jungsteinzeitlichen Siedlungen über bronzezeitliche Grabhügelfelder, eisenzeitliche Einzelhöfe und immer wieder römische Militär- und Zivilsiedlungen bis hin zu den früh- bis nachmittelalterlichen Dörfern und Städten viele Arten archäologisch relevanter Fundstellen. Zu unseren, manchmal durchaus bemerkenswerten Funden, gehört beispielsweise ein in einem Tonkrug aufbewahrter Schatzfund von etwa einem halben Tausend römischer Denare, der allerdings vor allem durch seine wirklich interessante Zusammensetzung und die mit dieser Entdeckung ermöglichten naturwissenschaftlichen Untersuchungen etwas aus der Masse vergleichbarer Funde heraussticht.[2] Spektakulär im wahrsten Sinne des Wortes wurde aber vor allem „ein kleines Stück Holz", das wir 1997 in einem Brunnen der römischen Zivilsiedlung *(vicus)* auf dem Hanauer Salisberg fanden und das die älteste datierbare schriftliche Urkunde in Deutschland enthält. Es war eine am 5. April des Jahres 130 n. Chr. im römischen Moguntiacum, dem heutigen Mainz, auf einem Schreibtäfelchen ausgestellte Quittung über den Besitzwechsel von 200 Denaren.[3] Inzwischen haben wir im Hanauer Raum immerhin rund 40 mehr oder weniger größere Ausgrabungen durchgeführt, welche – wie so oft – leider zum ganz überwiegenden Teil noch der abschließenden Publikation harren.

Ausgrabungen in sakralen Anlagen, von der einfachen Dorfkirche bis hin zu regional bedeutsamen Klöstern, die wir natürlich als der Denkmalpflege verpflichteter Arbeitskreis nicht umgehen konnten, bilden einen wichtigen Teil unserer archäologischen Arbeit.

---

[2] Im Laufe von rund einhundert Jahren wurden 486 Münzen zusammengetragen, wobei die letzten Münzen des Schatzfundes durch die Bezeichnung der 20. tribunitischen Gewalt des Antonius Pius auf die Zeit der Jahreswende 156/157 n. Chr. datiert werden. Eine einzige Münze aus dem Schatzfund jedoch, die am Grund des von einem Römer namens Altus als Behältnis genutzten Kruges lag, ist dem Schatz erst ein Jahrzehnt später, nämlich in der Regierungszeit des Kaisers Marcus Aurelius im Jahr 166/167 n. Chr. hinzugefügt worden und legt mithin den Verbergungszeitraum auf die unruhigen späten sechziger Jahre des 2. nachchristlichen Jahrhunderts nahe. Der Fund, der in einem Tonkrug mit der Aufschrift „Alti" verborgen war, besticht besonders durch seine Lagerung zusammen mit Gerstenkörnern (als Schallschutz?) und die in ihnen eingeschlossenen Schädlingslarven, welche uns erstmals manche römerzeitlichen Getreideschädlinge offenbarten.

[3] Leider fehlt ein großer Teil dieser wichtigen Urkunde, so dass wir nicht wissen, wer damals für welche Leistung diese doch recht erhebliche Summe Geldes bezahlte oder erhielt. Doch wissen wir nun immerhin, dass einige Bewohner der auf den ersten Blick eigentlich recht unbedeutend erscheinenden Siedlung auf dem Hanauer Salisberg über ein recht beachtliches Vermögen verfügt haben müssen. Ob sie sich dieses mit dem Handel von damals absolut exotisch erscheinenden Gewürzen und Früchten erarbeiteten, wie dem erstmals in Mitteleuropa nachgewiesenen Flaschenkürbis oder gar dem Pfeffer, der ebenfalls nördlich der Alpen zu den absoluten Ausnahmeerscheinungen gehört haben wird, können wir heute nur vermuten. Zum Schreibtäfelchen: Marcus Reuter, Ein hölzernes Schreibtäfelchen mit Quittung vom 5. April 130 n. Chr. aus dem vicus von Hanau-Salisberg, in: Germania 77/1 (1999), S. 283–293.

Ältere Ausgrabungen

Archäologische Ausgrabungen an und in Kirchen sind in Hessen wie in den meisten anderen Bundesländern bisher nur selten durchgeführt worden und kaum einmal über das Stadium von Vorberichten hinausgekommen. Unser Arbeitsraum im östlichen Rhein-Main-Gebiet bildet da keine Ausnahme, wie aus der relativ bescheidenen Anzahl archäologisch gut dokumentierter Kirchengrabungen hervorgeht. Das ist schwer zu verstehen, weil man doch gar nicht weit entfernt schon relativ früh mit archäologischen Untersuchungen zur Aufhellung der Baugeschichte mittelalterlicher Kirchen und Klöster begann.[4] Auch wurde in benachbarten Regionen, wie dem Rheinland und Baden-Württemberg, immer wieder auf die grundsätzliche Notwendigkeit zur Erweiterung bau- und kunstgeschichtlich gewonnener Bestandsaufnahmen von Sakralbauten durch archäologische Ausgrabungen hingewiesen. Ja sogar im Kinzigtal gab es noch vor Beginn des Ersten Weltkrieges frühe Versuche archäologischer Ergänzungen baugeschichtlicher Befunde an und in Sakralbauten, wie beispielsweise dem Kloster Schlüchtern.[5] Dennoch war es in Hessen bis zum Ende des 20. Jahrhunderts zumeist der Initiative einzelner Forscher oder Institute überlassen, ob und welche Maßnahmen zur Untersuchung der Frühgeschichte unserer Kirchen ergriffen wurden. Eine enge Verzahnung zwischen den bauführenden Architekten und Kunsthistorikern auf der einen Seite und Archäologen war nirgends institutionell verankert und eine ausgrabende Denkmalpflege ist bei Kirchenbauten leider noch heute auf wenige Einzelfälle beschränkt. So blieben andernorts schon längst erfolgreich angewandte Forschungsmethoden trotz richtungsweisender Publikationen, wie Baders Aufsatz über die Grundsätze mittelalterlicher Bauforschung,[6] weitgehend unbekannt und ungenutzt.

Erst allmählich entwickelte sich ein Bewusstsein dafür, welch unersetzbares Archiv auch der Kirchenboden bereit hält und was mit jedem Bodeneingriff durch Baumaßnahmen zerstört wird. Anfangs waren es im Hanauer Raum noch besondere Fragestellungen, wie die erforderlichen Fundbergungen in kriegsbedingt zerstörten Hanauer Kirchen (1946)[7] oder die Ausgrabungen eines römischen Kastellbades neben und unter

---

[4] GEORG WEISE, Untersuchungen zur Geschichte der Architektur und Plastik des frühen Mittelalters, Leipzig und Berlin 1916, S. 117–130; vgl. z. B. auch die unterschiedlichen Ausgrabungen Vonderaus in Fulda; zusammenfassend H. HAHN, Die drei Vorgängerbauten des Fuldaer Domes, in: Fuldaer Geschichtsblätter 61 (1985), S. 180–202.

[5] GEORG WEISE, Die karolingische Klosterkirche zu Schlüchtern, in: Unsere Heimat, 6. Jahrgang, Nr. 4 (1914), S. 122–126.

[6] WALTER BADER, Grundsätze mittelalterlicher Bauforschung, in: Beiträge zur Kunst des Mittelalters. Vorträge der Ersten Deutschen Kunsthistorikertagung auf Schloss Brühl, Berlin 1950, S. 89–98.

[7] ECKHARD MEISE, Die Grabplatten im Schiff der Marienkirche zu Hanau, in: Hanauer Geschichtsblätter 28 (1982) S. 93–164; RUDOLF BERNGES, Kunst- und kulturgeschichtliche Funde in dem zerstörten Hanau, in: Neues Magazin für Hanauische Geschichte, Jahrgang 9, Heft 2 (1988), S. 124–143.

der Kirche von Hammersbach-Marköbel (1963–1965),⁸ welche zu Ausgrabungen an oder in Kirchenbauten anregten. Sind die unsystematischen Grabungen in der Hanauer Marienkirche fraglos noch durch die unmittelbaren Nachkriegsbedingungen in der fast vollkommen zerstörten Stadt zu erklären, so zeigt uns doch die Marköbeler Ausgrabung, dass auch Jahrzehnte später noch ausschließlich das Interesse des Ausgräbers im Vordergrund stand. So ist uns nicht ein einziger nachrömischer Fund oder Befund aus der Marköbeler Kirche überliefert, obwohl das römische Kastellbad bei Heizungseinbauten entdeckt und recht sorgfältig untersucht werden konnte und eine kaum unterbrochene Kontinuität von der Römerzeit ins Mittelalter an dieser markanten Stelle zu erwarten gewesen wäre.

Es sei nur am Rande erwähnt, dass auch in einigen anderen Kirchen vergleichbare „Ausgrabungen" durchgeführt wurden. Beispiele sind die Godobertuskapelle in Gelnhausen (1907, 1972/73 und 1983),⁹ sowie die Kirchen von

Abb. 1: Erlensee-Langendiebach: „Grabungsquerschlag" eines Architekten zur Suche nach „alten Überresten" (1984): Auch so kann man Kirchen „ausgraben". Glücklicherweise erfuhren wir noch rechtzeitig von diesen „Nachforschungen" und konnten sie dann in bessere Bahnen lenken (vgl. Abb. 4). Foto: Peter Jüngling.

---

⁸ DIETWULF BAATZ / KARL DIELMANN, Das römische Kastellbad von Marköbel, Landkreis Hanau, in: Hanauer Geschichtsblätter 20 (1965), S. 9–44.

⁹ JOHANN L. KREUTER, Einiges zur älteren Geschichte Gelnhausens unter Berücksichtigung der St. Gotbertuskapelle. Gelnhusana (Beilage zum Kreis-Blatt) 25.7.1908, S. 123–129; DERS., Beiträge zur Geschichte der Urkunden der Stadt Gelnhausen nebst Versuch einer Erklärung des Ortsnamens: Vortrag gehalten an dem vom Verkehrs-Verein in Gelnhausen veranstalteten öffentlichen Vortrags-Abend am 17. März 1907, Frankfurt 1907, 2. Aufl. Gelnhausen 1989; vgl. auch Kreisblatt Gelnhausen vom 3., 8. und 10. Okt. 1907 (über die Grabungen von Konrad Plath); PETER NIESS, Gotobertuskapelle Gelnhausen, Gelnhausen o. J.; O. VERF. (sal), Ringanker gegen die Mauerrisse – Der älteste Sakralbau im Kinzigtal, die Godobertus-Kapelle in Gelnhausen, wird jetzt vorläufig saniert. Frankfurter Rundschau Nr. 213, 14.9.1983.

Maintal-Dörnigheim (1959),[10] Maintal-Hochstadt (1969)[11] und Großkrotzenburg (1956, 1964/65)[12]. Allen diesen und weiteren „Forschungen" ist die Problematik gemein, dass sie kaum archäologischen oder historischen Ansprüchen gerecht werden können. Ausweislich fotografischer und – falls überhaupt vorhanden – schriftlicher Dokumentationen wurde selten sorgfältig und noch seltener systematisch gearbeitet; Mauerreste oder Gräber waren das einzige, was beachtenswert erschien. Stratigraphische Methoden waren den meisten ausgrabenden Architekten und Heimatforschern unbekannt (Abb. 1). So fehlt regelmäßig eine klare Trennung zwischen Befund, Interpretation und Rekonstruktion – nur selten wurden überhaupt Pläne oder Skizzen angefertigt.

Zur Tätigkeit unserer Arbeitsgruppe

Die ungünstige Quellenlage änderte sich teilweise erst vor einigen Jahrzehnten. Durch die Tätigkeit unserer Arbeitsgruppe, deren Mitglieder sich nicht mit der undokumentierten Zerstörung historischer Bausubstanz und Bodenfunde abfinden wollten, konnten inzwischen mehrere Kirchen archäologisch untersucht werden. Daraus resultierte nun freilich, dass wir einer Vielzahl von Befunden und Dokumentationsunterlagen und einem rapide anwachsenden Fundmaterial gegenüberstehen, deren rein ehrenamtliche Aufarbeitung ohne professionelle Unterstützung rasch zu einer Überforderung der Ausgräber führen kann. So wird es kaum überraschen, dass auch von den jüngeren und relativ gründlichen Kirchengrabungen bisher nur wenige über das Stadium des Vorberichtes hinauskamen. Es bleibt zu wünschen, dass uns künftig die erforderliche Unterstützung und finanzielle Mittel bereitgestellt werden, unsere Grabungsergebnisse einer breiteren Öffentlichkeit vorzustellen.

Sie alle kennen natürlich die Problematik, dass – insbesondere in heute noch für Gottesdienste genutzten Räumen bei der Sanierung und dem immer wieder für notwendig gehaltenen Heizungseinbau – oftmals die gesamten archäologischen Hinterlassenschaften, oder doch zumindest große Teile davon, auf den Aushub der Geschichte wandern und noch heute nur in wenigen Fällen zuvor hinreichend dokumentiert werden. Besonders die „ärmeren Kirchengemeinden", die ja infolge der zunehmenden Mittelverknappung durch die Landeskirchen oftmals die Hauptlast der finanziellen Aufwendungen für tiefgreifende Sanierungen zu tragen haben, sehen sich meistens außerstande, archäologische/historische Dokumentationen zu finanzieren. Nur in we-

---

[10] KARL-HEINZ DOLL, Untersuchungen zur baugeschichtlichen Entwicklung der Kirche in Dörnigheim, maschinenschriftl. Manuskript (April 1960); DERS. Untersuchungen zur baugeschichtlichen Entwicklung der Kirche in Dörnigheim, in: HEINRICH LAPP, Dörnigheim in Geschichte und Gegenwart, Hanau ²1964, 130–133; vgl. dazu auch meine Ausführungen in: PETER JÜNGLING, Hanau-Kesselstadt. Zur Archäologie einer Pfarrkirche in Hanau (Hanauer Schriften zur Archäologie und Geschichte, Bd. 1), Hanau 2004, S. 34 f.

[11] Unpublizierte, mündliche Angaben des Ausgräbers Karl-Heinz Doll.

[12] KARL HOFMANN, Großkrotzenburg – Eine Dokumentation zur 800-Jahrfeier, Großkrotzenburg 1975, S. 28–29.

nigen Fällen treten das Land oder Stiftungen als Kostenträger für archäologische Maßnahmen ein, da unsere Landeskirchen ja zumeist eine vom Gesetzgeber unabhängige Bau- und Denkmalpflege betreiben.[13] In diese nach wie vor unbefriedigende Gesetzeslücke fallen dann in einigen Fällen Ausgrabungen durch ehrenamtliche Arbeitsgruppen, welche die Kirchengemeinden finanziell nicht oder kaum belasten, aber durch den höheren Zeitaufwand bei Baumaßnahmen im Regelfall auch nicht gerade gerne gesehen sind.

Die erste Ausgrabung, die wir als Arbeitsgruppe in einem Sakralbau durchführten, fand allerdings im Freien statt und begann 1982 im ehemaligen Kloster von *Langenselbold*. Wie so oft waren es „überraschende Bauarbeiten", welche in den 1980er Jahren im heutigen Schlosspark zur Auffindung und gleichzeitigen Zerstörung wichtiger Überreste eines 1108 gegründeten und im 16.–18. Jahrhundert abgebrochenen Prämonstratenserklosters führte. Hätte nicht einer unserer ehrenamtlichen Helfer in dem ausgehobenen

Abb. 2: Schlüchtern, Ausgrabung des Hanauer Geschichtsvereins in der romanischen Andreaskapelle des Klosters (1986). Foto: Peter Jüngling.

Fernheizungskanal mittelalterliche Fußbodenfliesen erkannt, wären wir vermutlich überhaupt nicht auf die Fundstelle aufmerksam geworden. In den teilweise noch auszuhebenden Gräben fanden wir diverse Gebäudesubstruktionen, Spolien, wie Sandsteinsäulen und Fenstergewände, Fußbodenbeläge und zahlreiche Funde des klösterlichen Alltags. Damit konnten wir endlich die Lage des lange gesuchten und heute durch ein weitläufiges barockes Schloss überbauten Klosters mit archäologischen Methoden feststellen.[14]

---

[13] In Hessen wurden die diesbezüglich mit der evangelischen Landeskirche am 18. Februar 1960 (Gesetz- und Verordnungsblatt für das Land Hessen [GVBl.], S. 54, Art 20, Satz 2) und den katholischen Bistümern am 9. März 1963 (GVBl. I, S. 102, Art. V, Satz 2) geschlossenen Staatskirchenverträge auch durch die Neufassung des Hessischen Denkmalschutzgesetzes von 1974 (§ 28 HDSchG) nicht aufgehoben.

[14] CHRISTOF KRAUSKOPF, Langenselbold, Main-Kinzig-Kreis, Klosterberg. Archäologische Untersuchungen 1982 im Bereich des ehemaligen Stiftes Selbold (Archäologische Denkmäler in Hessen, Bd. 37), Wiesbaden 1983; CHIRSTOF KRAUSKOPF, Das Prämonstratenserchorherrenstift Selbold, in: Hanau und der Main-Kinzig-Kreis (wie Anm. 1), S. 201–205.

Abb. 3: Schlüchtern. Christiana-Religio-Denar des 9. Jh. aus einem der Gräber im Ostturm des Klosters. Foto: Peter Jüngling.

Wenig später begannen wir die erste einer ganzen Reihe von Ausgrabungen im altehrwürdigen *Kloster Schlüchtern*. Eine Schülergruppe des heute dort beheimateten Ulrich-von-Hutten-Gymnasiums hatte unter Anleitung eines Pädagogen und mit großem Engagement Mauerreste freigelegt, bemerkte dann aber, dass zu einer archäologischen Ausgrabung doch ein wenig mehr als das spannende Freibuddeln von Gräbern und Grundmauern gehört. Natürlich war es wieder unsere Arbeitsgruppe, die von diesem Zeitpunkt an mehrere Ausgrabungen im spätkarolingisch-romanischen Kloster Schlüchtern, dem alten Sluohderin, durchführte. Eine abgebrochene, bislang unbekannte Nebenkapelle südlich des Hauptchores und die noch heute nördlich des Vorchores erhaltene spätromanische Andreaskapelle (Abb. 2) sowie Schuttschichten und Gräber im Ostturm der Kirche mit einer bemerkenswerten Zusammenstellung von Funden (ältestes Fundstück ein Christiana-Religio-Denar [Abb. 3] Ludwigs des Frommen [814–840] als „Grabbeigabe") aus der im Bauernaufstand (1525) geplünderten und stark beschädigten Abtei gehören zu den Höhepunkten unserer Ausgrabungen in dem am Anfang des 19. Jh. säkularisierten und völlig umgebauten Kloster, das nun als Gymnasium und kirchenmusikalische Fortbildungsstätte genutzt wird.[15]

Untersuchungen heimischer Dorfkirchen haben wir in den Jahren 1984 und 1985 in der Gemeinde Erlensee im Main-Kinzig-Kreis durchgeführt. In *Erlensee-Langendiebach* entdeckten wir einen vor- oder frühromanischen Vorgängerbau der heute noch als Gotteshaus genutzten Kirche, den wir leider – während das Kirchenschiff schon durch einen Bagger „ausgeräumt" worden war – nur noch im Chor untersuchen konnten[16] und der nicht zuletzt durch einen Mainzer Pfennig aus der Regierungszeit Heinrichs I. (919–936) als frühromanisch zu datieren sein wird (Abb. 4). Der Schwerpunkt der Ausgrabung in *Erlensee-Rückingen* lag hingegen auf den Fundamenten der spätgotischen (Mitte 13. Jh.), kurz nach 1900 als „baufällig" abgebrochenen Kirche, über deren Fundamentmauern sich heute ein moderner Spielplatz befindet, und den spät- und nachmittelalterlichen Gräbern seines lokalen Adelsgeschlechtes, der Familie der Herren von

---

[15] PETER JÜNGLING, Schlüchtern, Benediktinerabtei, in: Hanau und der Main-Kinzig-Kreis (wie Anm. 1), S. 239–244.
[16] J. STEIDTE, Erlensee-Langendiebach, in: Arbeitsgruppe Vor- und Frühgeschichte. Fundchronik der Bodendenkmalpflege im Main-Kinzig-Kreis 1984, in: Neues Magazin für Hanauische Geschichte Jg. 8, Heft 5 (1985), S. 239–241; PETER JÜNGLING, Erlensee-Langendiebach, Evangelische Pfarrkirche, in: Hanau und der Main-Kinzig-Kreis (wie Anm. 1), S. 114 f.

Kirchengrabungen im Main-Kinzig-Kreis 459

Abb. 4: Erlensee-Langendiebach (1984), Spuren eines frühromanischen Vorgängerbaus und andere archäologische Spuren im Chor der heutigen Kirche. Foto: Peter Jüngling.

Abb. 5: Erlensee-Rückingen (1985), Freilegung von Fundamenten der spätgotischen Kirche. Foto: Peter Jüngling.

Rückingen und von Rüdigheim (Abb. 5).[17] Solche Ausgrabungen kleinerer Landkirchen im Hanauer Raum beschäftigten uns auch in den Folgejahren, immer natürlich im Zusammenhang mit bevorstehenden oder bereits in der Durchführung befindlichen Bauarbeiten. In und an den Dorfkirchen von *Maintal-Wachenbuchen* und im Hanauer Stadtteil *Mittelbuchen* untersuchten wir Heizungseinbauten und Warmluftkanäle, eine mühsame und doch notwendige Maßnahme lokaler kirchlicher Denkmalpflege.

1985 mussten wir an der heute evangelischen Friedenskirche in *Hanau-Kesselstadt* tätig werden, an welcher ein Parkplatz bis nahe an die Kirche gebaut werden sollte. Von den zuständigen Fachleuten war eigentlich erwartet worden, dass bei den beabsichtigen Baumaßnahmen keine archäologischen Bodenfunde beeinträchtigt werden würden. Unsere Grabungen, bei denen eisenzeitliche und frühmittelalterliche Siedlungsfunde, rund 200 hoch-, spät- und nachmittelalterliche Bestattungen (Abb. 6), ein (unbekannter) frühromanischer und ein (bekannter) gotischer Vorgängerbau, ein frühmittelalterliches Webgrubenhaus unter dem Chor der romanischen Kirche sowie weitere Überraschungen zu Tage traten, widerlegten allerdings diese vorschnelle Einschätzung (Abb. 7). Zwischenzeitlich liegen die Ergebnisse unserer Untersuchungen auch in gedruckter Form vor.[18]

Abb. 6: Hanau-Kesselstadt, Bestattung eines Scheintoten auf dem Friedhof der Kirche. Foto: Peter Jüngling.

Ein anderes wichtiges Forschungsprojekt ergab sich für uns durch Umbauarbeiten in der romanischen Marienkapelle in den Hirzbacher Höfen, einem kleinen, heute zur Gemeinde *Hammersbach* gehörenden Weiler in der südlichen Wetterau 15 Kilometer nördlich von Hanau (Abb. 8). Die grundlegende Sanierung dieses zuletzt über zwei Jahrhunderte lang als Scheune genutzten und dabei arg ramponierten Gebäudes, von der wir wie so oft wieder einmal nur aus der lokalen Presse erfuhren, konnten wir vor einigen Jahren mit bauhistorischen Untersuchungen und archäologischer Ausgrabung

---

[17] STEFAN WELTE, Vorbericht über die Ausgrabung der ehemaligen Kirche in Erlensee-Rückingen, in: Neues Magazin für Hanauische Geschichte, Jahrgang 8, Heft 6 (1986), S. 295–299.

[18] PETER JÜNGLING, Hanau-Kesselstadt, in: Hanau und der Main-Kinzig-Kreis (wie Anm. 1), S. 178–180; PETER JÜNGLING, Hanau-Kesselstadt. Zur Archäologie einer Pfarrkirche in Hanau (Hanauer Schriften zur Archäologie und Geschichte, Bd. 1), Hanau 2004.

Kirchengrabungen im Main-Kinzig-Kreis 461

Abb. 7: Hanau-Kesselstadt, Grundrissplan der ausgegrabenen Siedlungs- und Sakralbaubefunde mit den hochmittelalterlichen Grabfunden. Zeichnung: Peter Jüngling.

Abb. 8: Hammersbach-Marköbel, Weiler Hirzbacher Höfe. Die romanische Kapelle, Zustand nach der Restaurierung. Foto: Peter Jüngling.

von etwa 100 Gräbern mit rund 350 Individuen des umliegenden Friedhofes sowie von Spuren mehrerer Vorgängerbauten begleiten (Abb. 9). Auch diese Grabungsbefunde konnten zwischenzeitlich veröffentlicht werden.[19]

Hingegen fanden wir in der, 1945 bei Bombenangriffen weitgehend zerstörten, renaissancezeitlichen *Wallonisch-Niederländischen Kirche* im Hanauer Stadtzentrum eine größere Zahl von Gräbern der Gründergeneration der Hanauer Neustadt bei Umbauarbeiten bereits weitgehend durch den Bagger zerstört vor und konnten diese nur noch in wenigen Resten dokumentieren.[20] Hier kamen wir – wie in manchen anderen Fällen – eindeutig wieder einmal zu spät.

Es würde den Rahmen dieses kleinen Berichtes sprengen, wenn ich all die vielfältigen Ergebnisse unserer zahlreichen Ausgrabungen vorstellen wollte. Es sind keine besonderen, die überregionale Geschichte auf spektakuläre Weise verändernden Überraschungen, die sich im Boden unserer heimischen Kirchen finden. Die Ortschronik freilich, jene dem Menschen am nächsten stehende heimatliche Geschichtsdokumentation, muss in beinahe jedem Fall neu geschrieben werden! Waren die Kirchen doch die Kristallisationszentren des dörflichen oder frühen städtischen Lebens unserer sozialen Gemeinschaften, weshalb sich an und in ihnen regelmäßig doch am besten die frühe Entwicklung eines Ortes ablesen lässt.

---

[19] PETER JÜNGLING, „*Diese Capell steht noch heutzu tag …*". Beiträge zur Geschichte der Marienkapelle von Hirzbach, Gemeinde Hammersbach, Main-Kinzig-Kreis (Hanauer Schriften zur Archäologie und Geschichte, Bd. 2), Hanau 2004.

[20] PETER JÜNGLING, Archäologische Beobachtungen in der Wallonisch-Niederländischen Kirche in Hanau (in Vorbereitung).

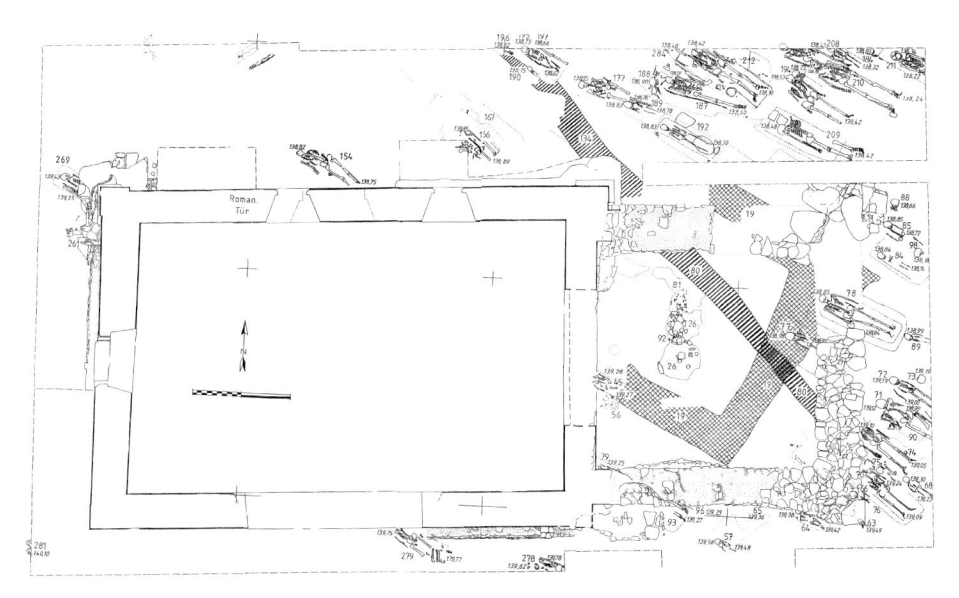

Abb. 9: Hammersbach-Marköbel, Weiler Hirzbacher Höfe. Grundrissplan der vorromanischen und hochmittelalterlichen Kirchenbaubefunde mit der ältesten Belegungsschicht des Friedhofes, die deutlich von der Orientierung der romanischen Kapelle abweicht. Zeichnung: Peter Jüngling.

Wenn ich zum Schluss nochmals in Erinnerung rufe, dass die hier vorgestellten Ausgrabungen ausschließlich von Amateuren durchgeführt worden sind, so möchte ich damit um Verständnis bitten, dass sie in vielen Fällen nicht mit den Maßstäben gut organisierter Denkmalpflege gemessen werden können. Denn auch die Bearbeitung der Ausgrabungsergebnisse von der Fundrestaurierung über die Dokumentation und die Katalogisierung erfolgt – ebenso wie die Zeichnung der Funde und Befunde – bisher ausschließlich ehrenamtlich. Auch unsere Publikationen, von denen sich viele erst in einem sehr frühen Stadium befinden oder noch nicht abgeschlossen sind, wurden und werden – von einigen Beiträgen befreundeter Wissenschaftler abgesehen – fast ausschließlich von Amateuren in ihrer Freizeit geschrieben.

Wird man solchen ehrenamtlichen Ausgrabungen zunächst einmal völlig zu Recht reserviert gegenüberstehen, so möchte ich doch zu Bedenken geben, dass diese Befunde ohne unsere Intervention und die nachfolgenden archäologischen Untersuchungen ausschließlich durch Bauarbeiter „ausgegraben" oder gar weggebaggert worden wären. Wobei wir keinesfalls in Abrede stellen wollen, dass manches ehrenamtliche „Engagement" gutmeinender Heimatforscher oder wissbegieriger Baufachleute vielerorts unserem gemeinsamen Anliegen vielleicht nicht ganz so hilfreich war und gelegentlich sogar schadet.

Mir bleibt es, Dank zu sagen. Dank an die vielfältigen Institutionen, die unsere Ausgrabungen wirksam unterstützt haben, Dank an meine vielen Mitarbeiter, die sie überhaupt erst ermöglicht haben und Dank an den Veranstalter dieser Tagung, der uns die Möglichkeit einräumte, unsere bescheidene ehrenamtliche Tätigkeit im Main-Kinzig-Kreis in Hessen vorzustellen.

Kirchenarchäologie in der Bundeshauptstadt

Untersuchungen an und in mittelalterlichen Kirchen in Berlins historischer Mitte

Uwe Michas

Seit der politischen Wende des Jahres 1989 ist die historische Mitte der deutschen Hauptstadt Ziel zahlloser Bau- und Sanierungsmaßnahmen. Die drei hier behandelten Kirchen, die Marien- und die Nikolaikirche sowie die Ruine der Franziskaner-Klosterkirche, gehören zu den wenigen noch erhaltenen mittelalterlichen Baudenkmalen in Berlins Mitte. Auch in diesen Bauwerken kam es in den vergangenen Jahren mehrfach zu Bauarbeiten, die von der archäologischen Denkmalpflege des Landesdenkmalamtes Berlin begleitet wurden. Die Geschichte dieser Architekturdenkmale ist aufs Engste mit der Historie der deutschen Hauptstadt verbunden, mehr noch: die Nikolaikirche und ihre unmittelbare Umgebung gelten als die Keimzelle der Stadt Berlin.

Einleitung

Im Verlauf der ersten Dekaden des 13. Jahrhunderts entwickelte sich an dem günstigen Spreepass aus zwei kleinen Ansiedlungen, die auf beiden Seiten des Flusses lagen, die Doppelstadt Berlin/Cölln. Diese Siedlungen, deren Wurzeln bis in das 12. Jahrhundert zurück reichen, gruppierten sich um die späteren Stadtkirchen, in Berlin die Nikolaikirche und in Cölln die Petrikirche. Die erste Berliner Marienkirche wurde wahrscheinlich um die Mitte des 13. Jahrhunderts erbaut und gilt als Zentrum des Viertels, das im Zusammenhang mit der Stadtrechtsverleihung als Erweiterung der Ursprungssiedlung entstanden ist. Wann dieser Akt erfolgte, ist bis heute fraglich. Berlin wird ausdrücklich im Jahr 1251 als Stadt genannt, Cölln erst im Jahr 1261. Die bekannte Ersterwähnung aus dem Jahr 1237 bezieht sich auf einen Symeon, Pfarrer in Cölln. Derselbe Geistliche wird 1244 wieder erwähnt, diesmal als Probst in Berlin.[1] In der Märkischen Fürstenchronik findet sich der Hinweis, dass die Markgrafenbrüder Johann I und Otto III die *Städte Berlin, Strausberg, Frankfurt* bauten.[2] Die Brüder regierten die Mark Brandenburg seit 1225. Zwischen diesen Daten ist die Stadterhebung

---

[1] Heinz Seyer, Berlin im Mittelalter. Die Entstehung der mittelalterlichen Stadt, Berlin 1987, S. 22 f.

[2] Winfried Schich, *Berlyn, Struzberch, Vrankenvorde ... et alia loca plurima extruxerunt* – Zum Bau der Städte in der Mark Brandenburg im 13. Jahrhundert, in: Mitteleuropäisches Städtewesen in Mittelalter und Frühneuzeit, hg. von Wilhelm Janssen und Margret Wensky, Köln/Weimar/Wien 1999, S. 105.

zu suchen und die archäologischen Untersuchungen der letzten zwanzig Jahre hat nachweisen können, dass es um die Mitte des 13. Jahrhunderts zu einem massiven Ausbau der Stadt gekommen ist. Die mittelalterliche Doppelstadt hatte ihr Aussehen bis in die Neuzeit bewahrt und der erste bekannte Stadtplan von Johann Gregor Memhardt, der um 1650 kurz vor dem Ausbau zur Festung entstand, zeigt Berlin/Cölln noch in seinen mittelalterlichen Dimensionen mit Stadtmauer. Einzige Erweiterung war das kurfürstliche Schloss auf dem Cöllner Werder. Auf diesem Plan sind die wichtigsten profanen und kirchlichen Bauten hervorgehoben (Abb. 1).

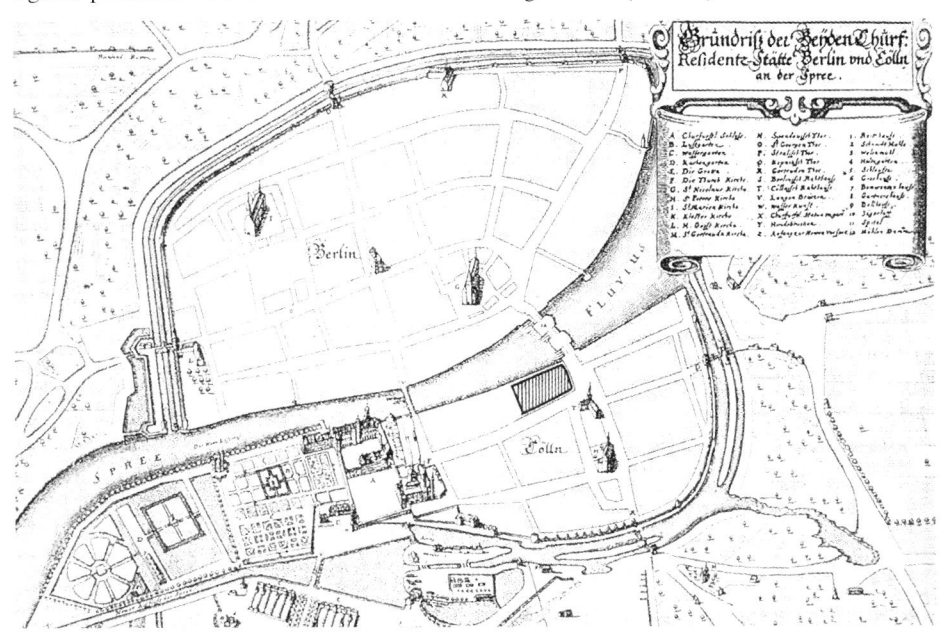

Abb. 1: Ältester bekannter Stadtplan von Berlin/Cölln von Johann Gregor Memhardt aus der Zeit um 1650. Archiv Landesdenkmalamt Berlin.

Die Nikolaikirche in Berlin

Die Nikolaikirche (Abb. 2), eine spätgotische Hallenkirche, ist nicht nur die älteste Pfarrkirche Berlins, sie ist auch die am intensivsten erforschte Kirche der Stadt. Die erstmals im Jahr 1264 erwähnte Nikolaikirche und ihr Umfeld sind die Keimzelle der Stadt Berlin zu Beginn des 13. Jahrhunderts. Der aus ordentlich gequaderten Feldsteinen errichtete Unterbau des Turmes der spätgotischen Kirche wies darauf hin, dass man mit mindestens einem Vorgängerbau zu rechnen hatte.

Über die Bautätigkeit an der Nikolaikirche liegen einige schriftliche Quellen vor. Die Ersterwähnung im Jahr 1264 erfolgte in einem Ablass des Brandenburger Bischofs für jene Gläubige, die sich finanziell am Bau der Nikolaikirche beteiligen. Im Jahr 1379 begann der Bau des neuen Umgangschores aus Backstein, für den ebenfalls ein Ablass

Abb. 2: Die Berliner Nikolaikirche im gleichnamigen, 1987 anlässlich der Berliner 750-Jahrfeier sanierten Altstadtquartier. Foto: Stiftung Stadtmuseum Berlin/ Nikolaikirche.

ausgeschrieben wurde. Ein Jahr später zerstörte ein verheerender Brand die gesamte Stadt Berlin, darunter auch die Nikolaikirche. Bis 1460 wurde an der baufälligen Kirche ständig gearbeitet und dann ein teilweiser Neubau errichtet: eine dreischiffige Hallenkirche mit sechs Jochen, mit einer Länge von 60 Metern und mit 23 Meter Breite. Der früher errichtete Hallenumgangschor mit Randkapellen zwischen den Strebepfeilern sowie der Turm wurde in den Neubau mit einbezogen.[3]

Erste Hinweise auf die Vorgängerbauten ergaben die Grabungen unter der Leitung des damaligen Landeskonservators Peschke zu Beginn des zweiten Weltkrieges, der mehrere Vierungspfeiler der ersten, der romanischen Kirche freilegte. Die Kirche war während des Krieges bis auf die Grundmauern zerstört worden. In den nachfolgenden Jahrzehnten fanden innerhalb und in der unmittelbarer Umgebung der Ruine zwei größere archäologische Untersuchungen statt: 1956 bis 1958 und 1980 bis 1982. Die erste Ausgrabung stand unter der Leitung von Erwin Reinbacher vom Institut für Vor- und Frühgeschichte der Deutschen Akademie der Wissenschaften, die zweite Untersuchung wurde von der Arbeitsstelle für Bodendenkmalpflege am Märkischen Museum unter der Leitung von Heinz Seyer durchgeführt.

Die erste Ausgrabung fand hauptsächlich im Inneren der zerstörten Nikolaikirche statt. Reinbacher gelang es weitgehend die Baugeschichte der Nikolaikirche zu klären. Die heutige spätgotische Hallenkirche hatte zwei nachweisbare Vorgänger. Die erste Kirche war eine aus Feldsteinquadern erbaute dreischiffige spätromanische Basilika mit einem Querschiff. Die Kirche hatte eine Länge von 58 Meter und am Ostende zwei halbrunde Seitenapsiden sowie einen lang gestreckten Chor mit halbrundem Abschluss (Abb. 3). Den Westabschluss bildete der etwa 20 × 10 m querrechteckige Turm, der teilweise noch erhalten ist, allerdings mit einem jüngeren Aufbau. Ausgräber und Bauhistoriker datierten die Kirche in die Zeit um 1250. Weiterhin konnte Reinbacher nachweisen, dass die Kirche in der zweiten Hälfte des 13. Jahrhunderts im frühgotischen Stil umgebaut wurde. Es entstand eine dreischiffige, dreijochige Hallenkirche unter Beibehaltung des romanischen Turmes und des Chores. Zu den wichtigsten Er-

---

[3] RICHARD BORRMANN, Die Bau- und Kunstdenkmäler von Berlin, Berlin 1893, S. 221 f.

gebnissen der Ausgrabung gehörte die Dokumentation von 72 Gräbern, die durch ihre Lage, teilweise unter den Fundamenten der romanischen Kirche, einer vorstädtischen Phase zugeordnet wurden. Sie waren ein erster Hinweis, dass die Entstehung Berlins einige Jahrzehnte vor dem bekannten Ersterwähnungsdatum zu suchen ist, eine These die durch die Ausgrabungen der letzten zwanzig Jahre im Zentrum Berlins bestätigt wurde.[4]

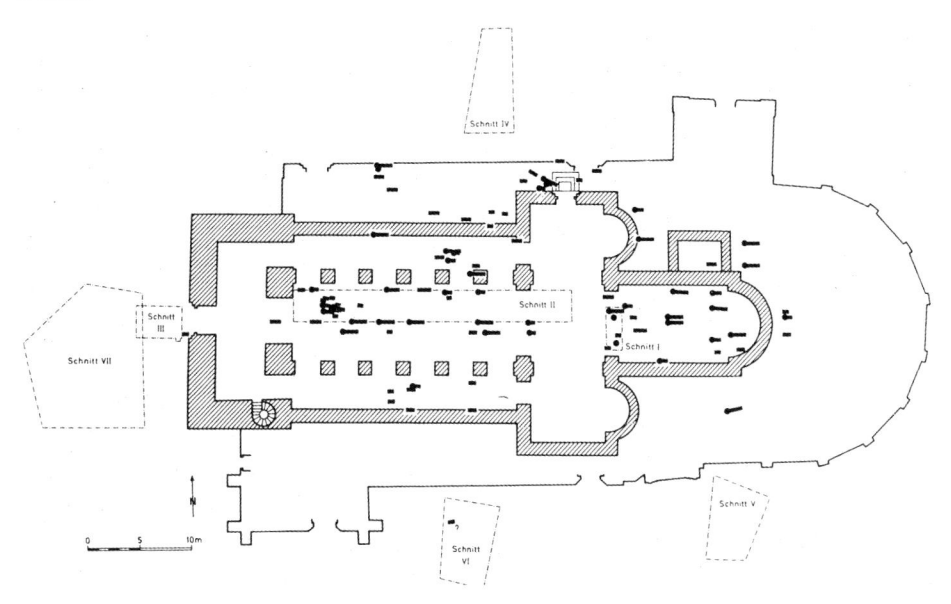

Abb. 3: Berlin, Nikolaikirche. Lage der romanischen Basilika (schraffiert) und der vorstädtischen Gräber innerhalb des heutigen Kirchenbaus. Aus: SEYER, Berlin im Mittelalter (wie Anm. 1), S. 41.

Die Arbeitsstelle für Bodendenkmalpflege am Märkischen Museum führte unter Leitung von Heinz Seyer die zweite Ausgrabung durch. Es wurde insbesondere im Umfeld der Kirche gegraben und 465 Gräber, die in bis zu dreizehn Schichten lagen, sowie einige Hausgrundrisse dokumentiert. Seyer vermutete auch eine Holzkirche als ersten kirchlichen Bau und stützte seine These auf den Fund einer Grabkonzentration sowie die Reste eines Pfostenbaues.[5]

In den Monaten Juni bis August des Jahres 2004 fand an der Nikolaikirche in Berlin Mitte eine weitere baubegleitende Ausgrabung am nordöstlichen Teil des Chores statt. Die Fundamente des Chores sollten hier freigelegt und abgedichtet werden.

Die Nikolaikirche hat im Fundstellenkatalog des Landes Berlin die Fundstellennummer 727. Diese Nummer ist auch gleichzeitig die Grabungsnummer und die Funde

---

[4] ERWIN REINBACHER, Die Älteste Baugeschichte der Nikolaikirche in Alt-Berlin (Ergebnisse der archäologischen Stadtkernforschung in Berlin, Bd. 2, zugl. Schriften der Sektion für Vor- und Frühgeschichte der Deutschen Akademie der Wissenschaften zu Berlin, Bd. 15), Berlin 1963.

[5] SEYER, Berlin im Mittelalter (wie Anm. 1), S. 30 f.

befinden sich unter der Inventarnummer If/24670 im Depot des Museums für Vor- und Frühgeschichte im Schloss Charlottenburg.

Auf Grund der Vorgaben der Bauleitung wurde der etwa drei Meter breite Schnitt nur bis auf Fundamenttiefe freigelegt, etwa 3,50 Meter unter der heutigen Oberfläche. Bis zu dieser Tiefe wurden Gräber freigelegt, die einen Meter unter dem heutigen Horizont begannen und außerordentlich dicht lagen. Die unterhalb des Fundamentes befindlichen Gräber wurden nicht mehr freigelegt und der anstehende Boden nicht erreicht. Insgesamt wurden 133 Individuen in 97 Gräbern freigelegt und dokumentiert. Die oberen jüngeren Gräber lagen nur teilweise Ost-West ausgerichtet. Die Bestattungen waren am Fundament des Chores ausgerichtet, so dass einige Gräber am runden Ostabschluss des Chores nicht mehr die traditionelle Ausrichtung nach Osten hatten. Die tiefer gelegenen älteren Bestattungen waren streng Ost-West ausgerichtet und einige Gräber wurden durch die Fundamente des Chores geschnitten. Diese Gräber sind wohl vor die Zeit von 1379 zu datieren, als der Neubau des Chores begann und in den bestehenden Friedhof eingriff. Es wurden 51 weibliche und 44 männliche Individuen geborgen. 38 Skelette konnten nicht bestimmt werden. Fast die Hälfte der dokumentierten Toten waren Kinder und Jugendliche. Ein Großteil dieses Personenkreises lag in Mehrfachbestattungen (Abb. 4). Unter den erwachsenen weiblichen Personen dominierten Frauen im gebärfähigen Alter. Bei fast der Hälfte der Gräber fanden sich keine Spuren oder Hinweise auf die Verwendung eines Sarges, so dass davon auszugehen ist, dass die Toten in einem Leichentuch bestattet wurden.[6]

Zusammen mit den Grabungen Reinbachers und Seyers liegt aus der Mitte Berlins eine Skelettserie von 670 Individuen vor, die einen Querschnitt der Bevölkerung vom 12. bis in das 18. Jahrhundert darstellt.

Neben den Gräbern konnten auch einige interessante Baubefunde dokumentiert werden. Der Bau des Chores wurde im Jahr 1379 begonnen und nach dem großen Stadtbrand von 1380

Abb. 4: Mehrfachbestattung mit drei Jugendlichen am Chor der Nikolaikirche. Foto: Landesdenkmalamt Berlin, archäologische Bodendenkmalpflege.

---

[6] JEANETTE FESTER, Unveröffentlichter Grabungsbericht Fpl. Nr. 727, Archiv Bodendenkmalpflege LDA Berlin.

Kirchenarchäologie in der Bundeshauptstadt   469

musste ein Großteil der Kirche erneuert werden. Die Ausgrabung zeigte, dass der neue Chor keine durchgehende Fundamentierung besaß, sondern dass Punktfundamente für die Pfeiler errichtet worden waren. Für die untersten Lagen dieser Fundamente waren nur teilweise bearbeitete große Findlinge verwendet worden (Abb. 5). Das aufgehende Mauerwerk bestand aus Ziegelsteinen. Zwischen den Pfeilern waren Bögen gemauert worden, die später als Erbbegräbnisse genutzt wurden. Ob es von Anfang an geplant war, hier Grüfte einzubauen, muss offen bleiben.

Abb. 5: Punktfundamente des spätgotischen Chores der Nikolaikirche, die Bögen zwischen den Fundamenten wurden später zugemauert und als Grüfte genutzt. Foto: Landesdenkmalamt Berlin, archäologische Bodendenkmalpflege.

Im Verlauf der Ausgrabung wurde der Außenbereich von insgesamt vier ehemaligen Familiengrüften freigelegt: Puffendorf, Bewert, Schütze und Culemann. Während die beiden östlichen Grüfte der Familien Schütze und Culemann von innen her mit Ziegeln ordentlich vermauert worden waren, wurden die beiden anderen Grüfte nur notdürftig mit Feld- und Ziegelsteinen, Erde und Bauschutt abgedichtet. Diese beiden Grüfte wurden nicht geöffnet, denn es zeigte sich, dass dort bis zur Decke menschliche Gebeine lagerten.

In und um die Gräber wurde eine erhebliche Anzahl Keramik geborgen. In den oberen Schichten fanden sich neben harter Grauware vor allem neuzeitliche Keramik, Glas, Ofenkachelreste und Tonpfeifenfragmente. In den unteren Schichten dominierte die harte Grauware, es fand sich aber auch Steinzeug und rot engobiertes Faststeinzeug. Aus einem Grab mit zwei Kindern, das in das 13. Jahrhundert datiert, wurde der Rest eines Spielzeugpferdchens aus Ton geborgen. Die Keramik aus den ältesten

Schichten weist die dortigen Gräber in die Frühzeit der Stadt um und nach 1200. Die untersten, nicht mehr geborgenen, Bestattungen müssen der vorstädtischen Phase zugeordnet werden.[7] Diese Ergebnisse bestätigen die bisherigen Arbeiten an der Nikolaikirche und sind ein weiterer Hinweis auf die Erstehung der Siedlung um die Nikolaikirche lange vor den Ersterwähnungsdaten.

Die Berliner Marienkirche

In den Jahren 2003 bis 2006 erfolgten in der Marienkirche verschiedene Sanierungsarbeiten sowie Vorbereitungen für die Installierung einer neuen Heizung, die archäologisch begleitet wurden. Die im Jahr 1294 erstmals erwähnte Kirche gilt als der Mittelpunkt des um die Mitte des 13. Jahrhunderts als Stadterweiterung entstandenen Marienviertels. Vermutet wird, dass die heutige gotische Marienkirche einen spätromanischen Vorgängerbau hatte. Die Marienkirche ist eine langgestreckte dreischiffige Hallenkirche mit sechs Jochen und polygonal geschlossenem Chor. Die einzelnen Baukörper der heutigen Kirche sollen aus verschiedenen Jahrhunderten stammen, so der Chor aus dem 13., das Langhaus aus dem 14. und der Turm aus dem 15. Jahrhundert. Die Marienkirche ruht auf einem Feldsteinfundament aus sorgfältig gequaderten Feldsteinen. An der Nordwand reicht dieses an den romanischen Stil erinnernde Mauerwerk bis zu 14 Lagen hoch. Es wird allerdings davon ausgegangen, dass es sich hier nicht um die Reste der ersten, wahrscheinlich romanischen Marienkirche handelt, sondern um beim Neubau sekundär verwendete Steine.[8] Bis zu den hier beschriebenen archäologischen Baubegleitungen waren in und um die Marienkirche noch keine archäologischen Untersuchungen durchgeführt worden.

Die Marienkirche hat im Fundstellenkatalog des Landes Berlin die Fundstellennummer 1209. Diese Nummer ist auch die Grabungsnummer und die Funde befinden sich unter der Inventarnummer If/24657 im Depot des Museums für Vor- und Frühgeschichte im Schloss Charlottenburg.

Die erste Untersuchung fand in einem 22 qm großen Anbau an den südlichen Chor statt, der als Durchgang zum Heizungskeller dient. Beim Bau dieses Durchganges am Ende des 19. Jahrhunderts ist das Fußbodenniveau hier erheblich abgesenkt worden, so dass es fraglich war ob hier noch Reste des ehemaligen Friedhofes erhalten geblieben waren. Aus der Fußbodenschicht des Raumes, einer dünnen Betonschicht mit darunter liegender Aufschüttungsschicht, wurden zahlreiche menschliche Knochen sowie Keramik der harten Grauware geborgen. Darunter konnten noch zehn erhaltene Gräber dokumentiert werden. Die Grabgruben waren in den hellen anstehenden Sandboden eingetieft und die Toten ruhten in schmalen Holzsärgen, die durch Eisennägel zusammen gehalten wurden. Die Gräber lagen unmittelbar neben- und übereinander, bis

---

[7] JEANETTE FESTER / UWE MICHAS, Tod durch Krankheit und Schwert. Eine Skelettserie von der Nikolaikirche in Berlin-Mitte, in: Archäologie in Berlin und Brandenburg 2003 (2004), S. 150–152.

[8] SEYER, Berlin im Mittelalter (wie Anm. 1), S. 70 f.

dicht an das Chorfundament. Form und Lage der Gräber sowie die geborgene Keramik datieren die Befunde in das 13. und 14. Jahrhundert. Es kann vermutet werden, dass die hier dokumentierten Befunde zur untersten Lage des ersten Friedhofes der Marienkirche gehörten.[9]

Eine weitere Untersuchung fand in der Marienkapelle, einem Südanbau am Langhaus, statt. Sie ist im Jahr 1893 im Stile einer mittelalterlichen Kapelle errichtet worden. Dafür musste der 1729 erbaute barocke Putzbau weichen. Unter diesem Bau hatte man im 18. Jahrhundert eine Gruft eingerichtet, die bis zum Beginn des 19. Jahrhunderts genutzt wurde. Die zerstörten und geplünderten Reste der Gruft wurden teilweise freigelegt und dokumentiert. Dem Einbau dieser Gruft fielen auch Teile des ehemaligen mittelalterlichen Friedhofs der Marienkirche zum Opfer. Zwischen dem mittelalterlichen Kirchenfundament des Langhauses und dem Gruftfundament fand sich überwiegend mittelalterliche Keramik und menschliche Knochen ohne Fundzusammenhang.

Im Jahr 2004 konnte erstmals im Kirchenschiff gegraben werden. Um für den Einbau einer Fußbodenheizung den Bodenaufbau zu klären, wurde an einem der südlichen Pfeiler des Langschiffes ein Schnitt vom 3×3 m Ausdehnung angelegt. Bis in eine Tiefe von 1 m war der Boden stark gestört. Erst ab dieser Tiefe konnten intakte Befunde dokumentiert werden. Hier befanden sich zwei ungestörte Gräber sowie die Baugrube des Pfeilers. Die Baugrube wurde durch die Gräber gestört. Aus statischen Gründen wurde nicht die gesamte Fläche weiter eingetieft, sondern nur der nördliche Teil des Schnittes, so dass ein Profil der Baugrube entstand und ein Teil des Pfeilerfundamentes bis zur untersten Lage freigelegt wurde.

Im westlichen Profil der Grube wurden die Reste einer zugeschütteten neuzeitlichen Gruft, die teilweise aus mittelalterlichen Formsteinen gemauert worden war, dokumentiert. Das Nordprofil zeigte die 2,80 m tiefe, nur im oberen Bereich gestörte Baugrube des Pfeilerfundamentes. Neben dem typischen hellen Sand war der untere Teil der Baugrube mit kleineren Feldsteinen und einer größeren Menge Mörtel verfüllt worden. In der ungestörten Grube fand sich bis in die untersten Schichten ausschließlich harte Grauware des 13. und 14. Jahrhunderts. Der untere Teil des Pfeilerfundamentes bestand aus unbearbeiteten großen Feldsteinen. Das aufgehende Mauerwerk des Pfeilerfundamentes, das sich trommelartig und nach oben hin in zwei Stufen verjüngte, bestand aus gespaltenen Feldsteinen. Die Zwischenräume der Steine waren zum Teil mit Resten von Dachziegeln und Ziegeln verfüllt worden. Auf dem Feldsteinfundament war dann der untere sichtbare Teil des Pfeilers mit Ziegelsteinen gemauert worden.

Die Marienkirche war bei dem verheerenden Brand des Jahres 1380 ebenfalls stark zerstört worden. Für die Erneuerung der Kirche wurde ein Ablass ausgeschrieben und die Funde aus der Baugrube des Pfeilers bestätigen den Beginn der Arbeiten noch im 14. Jahrhundert. Wie lange diese Arbeiten dauerten ist nicht bekannt. Schriftliche Zeugnisse über Bauarbeiten im 15. Jahrhundert liegen nur für den Turm vor, die um 1418 begonnen und gegen Ende des 15. Jahrhunderts beendet worden waren.[10]

---

[9] UWE MICHAS, Geschichten aus der Gruft, Ausgrabungen in der Marienkirche, Berlin-Mitte, in: Archäologie in Berlin und Brandenburg 2003 (2004), S. 131 f.

[10] BORRMANN, Bau- und Kunstdenkmäler (wie Anm. 3), S. 205 f.

Abb. 6: Sekundär vermauerter bearbeiteter Stein mit farbigem Putz und Fugenstrich im Pfeilerfundament der Marienkirche. Foto: Landesdenkmalamt Berlin, archäologische Bodendenkmalpflege.

Im unteren Teil des Fundamentes fand sich ein sekundär vermauerter bearbeiteter Feldstein. An ihm befanden sich noch der rot gefärbte Mörtel sowie ein weiß abgesetzter Fugenstrich (Abb. 6). Der zum Zentrum des Steines dünner werdende Mörtel wies darauf hin, dass dieser Teil des Feldsteines freigelegen haben muss. Die Fugenbänder sind als Dekorationsform eng mit dem romanischen Quaderbau verbunden.[11] Dieser sekundär vermauerte Stein kann ebenso wie die anscheinend ebenfalls sekundär verwendeten Steine des Fundamentes und der Nordwand als Reste des romanischen Vorgängerbaues gewertet werden. Im Südprofil des Schnittes zeigte sich, dass die Baugrube des Pfeilerfundaments hier eine Grabgrube schnitt. Dieser Befund ist ein Hinweis darauf, dass diese Stelle vor dem Umbau der Kirche als Begräbnisplatz genutzt wurde. Ob es sich hier um den Friedhof eines Vorgängerbaues oder einer innerkirchlichen Bestattung handelte, muss offen bleiben.

Weitere Untersuchungen im Innenraum des Kirchenschiffes blieben ergebnislos. Teilweise wurden hier erhebliche neuzeitliche Störungen dokumentiert oder es wurden bisher unbekannte Grüfte freigelegt, die nicht zerstört werden sollten. Die Arbeiten wurden daraufhin eingestellt. Diese erste archäologische Untersuchung brachte neben der Bestätigung für die erwähnte Bautätigkeit, die nach dem großen Stadtbrand von 1380 einsetzte, einen weiteren Hinweis auf den Vorgängerbau. Die aus den Grä-

---

[11] Hans BURGER, Mittelalterliche Außengestaltung von Dorfkirchen im Land Brandenburg, in: Mittelalterliche Putze und Mörtel im Land Brandenburg (Arbeitshefte des Brandenburgischen Landesdenkmalamtes, Nr. 9), Potsdam 1998, S. 13–30.

Kirchenarchäologie in der Bundeshauptstadt 473

bern geborgene Keramik bestätigt die Vermutung, dass das Marienviertel mit seiner Kirche um die Mitte des 13. Jahrhundert angelegt worden ist.

Die Kirchenruine des Grauen Klosters in Berlin

In den Jahren 2001 bis 2004 wurden an der Ruine der Franziskaner- Klosterkirche in Berlin-Mitte (Abb. 7) mehrere Ausgrabungen und archäologische Baubegleitungen durchgeführt. Anlass dieser Untersuchungen waren die Planungen der Baudenkmalpflege zur Sicherung des noch vorhandenen Gebäudebestandes. Dabei wurden von der Bodendenkmalpflege des Landesdenkmalamtes Berlin nicht nur die geplanten Suchschnitte für die Baugrunduntersuchung angelegt und dokumentiert, sondern auch gezielte archäologische Untersuchungen durchgeführt.

Abb. 7: Berlin, Ruine der Franziskaner-Klosterkirche von Norden. Foto: Landesdenkmalamt Berlin, archäologische Bodendenkmalpflege.

Die Kirche des Grauen Klosters war ein dreischiffiger frühgotischer Bau. Sie besteht aus Langhaus, Langchor und Chorpolygon. Das Langhaus ist eine fast quadratische Anlage von 29,5 × 23,7 m mit vier Jochen und hatte bis zu seiner Zerstörung ein einfaches Kreuzgewölbe. Die Fußböden der Seitenschiffe liegen etwas höher als der Mittelteil. Der 9,10 m breite Langchor wird im Osten durch ein Chorpolygon abgeschlossen, gemeinsam haben sie eine Länge von 22 m. Abgesehen von einem Teil der Nordwand des Langhauses, das aus Feldstein besteht, wurde die Kirche aus Backstein errichtet.[12] Das Kirchengebäude war in den vergangenen Jahrhunderten zweimal aufwendig saniert worden: in den Jahren 1842 bis 1845 und 1926 bis 1936. Während der ersten Sanierung führte Ferdinand von Quast eine archäologische Untersuchung durch und suchte gezielt im Chorraum nach den Gräbern des brandenburgischen Markgrafen Ludwig des Römers und seiner Frau Kunigunde. Er fand aber nur zwei leere Grüfte im Bereich des Hochaltares, die durch jüngere Bauten gestört worden waren.[13]

Bei den Arbeiten im 20. Jahrhundert wurden in und um die Kirche, vor allem im Außenbereich des Chorpolygons und des Langchores, umfangreiche Erdarbeiten vorgenommen. Dabei wurden auch Reste der mittelalterlichen Stadtmauer freigelegt. Da zu diesen Arbeiten keine Archäologen hinzugezogen wurden, liegt bis auf ein paar Fotos keine verwertbare Dokumentation vor.[14] Es war nach diesen Erfahrungen ein wichtiges Anliegen der Berliner Bodendenkmalpflege, die geplanten Bodeneingriffe nicht nur zu begleiten, sondern selbst vorzunehmen und zu dokumentieren.

Die Klosterruine hat im Fundstellenkatalog des Landes Berlin die Fundstellennummer 1808. Diese Nummer ist auch gleichzeitig die Grabungsnummer und die Funde befinden sich im Museum für Vor- und Frühgeschichte im Schloss Charlottenburg unter der Inventarnummer If/24675.

Das Grundstück, auf dem das Franziskanerkloster errichtet wurde, lag unmittelbar an der östlichen Stadtmauer des mittelalterlichen Berlin, zwischen der heutigen Berliner Klosterstraße und der Littenstraße. Die Askanier besaßen hier seit der Entstehung der Stadt ein großes Grundstück, von dem die Markgrafen Otto V. und Albrecht III. im Jahr 1271 dem Franziskanerorden einen Teil für ihr Kloster übereigneten. Im Jahr 1290 schenkte ein Ritter Nybede dem Kloster eine Ziegelei in der Nähe des Dorfes Tempelhof. Als erstes Bauwerk entstand die Klosterkirche, die bis zu ihrer Zerstörung in den letzten Tagen des zweiten Weltkrieges als eine der schönsten gotischen Backsteinbauten der Mark Brandenburg galt. In den Jahren 1471–1474 wurde das repräsentative Kapitalhaus errichtet und von 1516–1519 wurde die Anlage durch einen Anbau am Nordflügel mit einem aufwendigen Sterngewölbe vervollständigt. Nach der Säkularisierung des Klosters 1539 durch Kurfürst Joachim II. (1535–1571) nutzte man die Anlage bis 1945 als Schule.[15] Nach dem zweiten Weltkrieg wurden alle Klostergebäude, bis auf die Kirchenruine, abgerissen.

Im Zusammenhang mit der Baugeschichte der Klosterkirche haben sich seit dem 19. Jahrhundert mehrere Forschungsfragen herauskristallisiert, die teilweise nur durch archäologische Ausgrabungen zu klären waren. Dazu gehört zum Beispiel die Frage

---

[12] BORRMANN, Bau- und Kunstdenkmäler (wie Anm. 3), S. 188 f.
[13] JULIUS KOTHE, Ferdinand von Quast und die Wiederherstellung der Klosterkirche in Berlin, in: Die Denkmalpflege 8 (1906), S. 20–25, hier S. 20 f.
[14] HANS MARTIN, Die Wiederherstellung der Klosterkirche, in: Mitteilungen des Vereins für die Geschichte Berlins 44 (1927), S. 17–23.
[15] BORRMANN, Bau- und Kunstdenkmäler (wie Anm. 3), S. 188 f.

nach einem Vorgängerbau der Klosterkirche. Die Feldsteinnordwand sowie einige Befunde im Bereich des Chores gaben Anlass zu der Vermutung, dass die Klosterkirche einen einfachen Saalbau aus Feldsteinen als Vorgänger hatte. Aufgrund der unzureichenden Dokumentation während der Sanierung in den zwanziger und dreißiger Jahren des vorigen Jahrhunderts blieb diese Vermutung eine Hypothese. In der langen Forschungsgeschichte des Grauen Klosters wurde auch immer wieder die Frage nach einer Erbauung der Kirche in mehreren Phasen erörtert.[16] Diese bezog sich insbesondere auf einen vermuteten späteren Anbau des Chorpolygons, der die Frage nach dem Bau der Berliner Stadtmauer berührte, die hier einen Bogen um den Chor machte. So entstand die Hypothese, dass die Befestigung für den Bau des Chores an dieser Stelle abgerissen und die Mauer in einem Bogen um den Anbau neu gebaut wurde. Diese Fragen blieben in den früheren Untersuchungen zunächst ungeklärt.[17]

Insgesamt wurden während der mehrjährigen Ausgrabung und Baubegleitung zwischen 2001–2004 zehn Schnitte, sechs innerhalb und vier außerhalb der Kirche, angelegt und dokumentiert (Abb. 8). Im Chorbereich wurden zusätzlich die Fundamente teilweise aufgenommen. Innerhalb des Kirchenschiffes musste in einem ersten Arbeitsschritt die nach dem Krieg eingebrachte Betonschicht entfernt werden.

Die erste Untersuchung an der nördlichen Außenmauer, der einzigen Feldsteinmauer der Kirche, erbrachte keine relevanten Ergebnisse. Der gesamte Bereich war durch eine tiefgründige Fundamentsanierung gestört worden. Eine im Jahr 2003 hier durchgeführte zweite Baubegleitung bestätigte zunächst dieses Ergebnis. Trotz der Störungen konnte jedoch im westlichen Fundamentbereich die hier vermutete Baufuge zwischen der Feldsteinnordwand und dem westlichen Seitenschiffjoch dokumentiert werden.

Um Erkenntnisse über den Zustand der Fundamente des Chores und der Pfeiler zu erhalten, wurden innerhalb der Kirche zunächst zwei Schnitte angelegt, einer am mittleren nördlichen Bündelpfeiler und ein weiterer am nordwestlichen Ende des Langchores, unmittelbar am Übergang zum Langchor. Hier befand sich bis zu seinem Abriss der Lettner. Der heutige Fußboden liegt hier etwas höher als im Rest des Langhauses. Nach Abtragen der neuzeitlichen Schichten wurden in einem Teil des Schnittes verschiedene Fußbodenhorizonte dokumentiert, unter anderem aus klosterformatigen Ziegeln, sowie ein Estrich. Dieser war unmittelbar auf das Fundament aufgebracht worden. Dieses Fundament gehörte zum Langchor, knickte aber nicht mit der Mauer des Langhauses nach Norden ab, sondern setzte sich nach Westen hin fort. Das Fundament war etwa 1,40 m tief und bestand im unteren Bereich aus einer etwa 80 cm starken Schicht Legesteinen. Die oberen Lagen der Feldsteine war vermörtelt. Das Fundament besaß nicht mehr seine ursprüngliche Breite und war auf der gesamten Länge des Schnittes teilweise abgebrochen worden. Nur die letzte Lage der Feld-

---

[16] JOSEF ADOLF SCHMOLL genannt EISENWERTH, Das Kloster Chorin und die askanische Architektur in der Mark Brandenburg 1260–1320 (Veröffentlichungen der Berliner Historischen Kommission beim Friedrich-Meinecke-Institut der Freien Universität Berlin, Bd. 2), Berlin 1961, S. 72–86 (zur Franziskaner-Klosterkirche siehe S. 72 f.).

[17] SEYER, Berlin im Mittelalter (wie Anm. 1), S. 67 f.

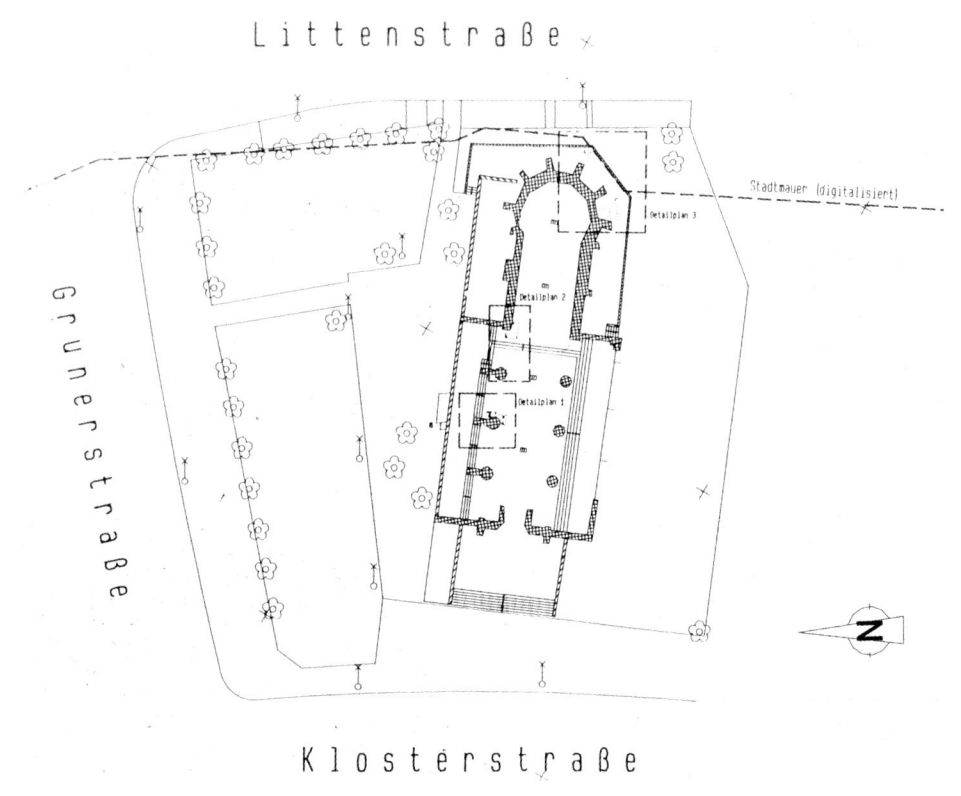

Abb. 8: Grundriss der Berliner Franziskaner-Klosterkirche mit der Lage der archäologischen Schnitte aus den Jahren 2001 bis 2004. Landesdenkmalamt Berlin, archäologische Bodendenkmalpflege; Planerstellung: Senatsverwaltung für Stadtentwicklung, III Z 32.

steine war im anstehenden Boden erhalten geblieben und so konnte rekonstruiert werden, dass das Fundament ursprünglich fast 50 cm breiter gewesen war. Wann diese Fundamentteile entfernt wurden, ließ sich nicht feststellen, da der Chorbereich in der Neuzeit intensiv für Grablegungen genutzt worden war. Unmittelbar an der Ecke vom Chor zum Langhaus kragte aus der Wand eine Ecke aus Ziegelsteinen und einem bearbeiteten Granitstein heraus. Zusammen mit diesem Befund kann das beschriebene Fundament als Fundamentierung eines nicht ausgeführten Pfeilers angesehen werden.

Ein weiterer Schnitt wurde am mittleren nördlichen Bündelpfeiler angelegt. Es wurden Teile eines viereckigen Pfeilerbanketts freigelegt, dessen genaue Maße durch den begrenzten Schnitt nicht feststellbar waren. Durch den am südlichen Teil des Bankettes angelegten Suchschnitt konnte der Aufbau geklärt werden. Der untere Bereich des etwa 50 cm starken Fundamentes bestand aus Legesteinen, die obere Lage war vermörtelt. Im Fußbodenbereich waren plan gearbeitete Steine verwendet worden, auf die ein Estrich aufgebracht worden war. Am südöstlichen Fuß des Pfeilerbankettes wurden in 1,10 m Tiefe Teile einer mittelalterlichen Bestattung dokumentiert, bei denen es sich um eine aufwendige hölzerne Grabkonstruktion handelte. Aller Wahr-

Kirchenarchäologie in der Bundeshauptstadt 477

scheinlichkeit nach handelte es sich um eine hölzerne Kammer, die mit Spaltbohlen ausgekleidet war. Das Grab lag mit seiner Nordwestecke etwas unter dem Bankett (Abb. 9). Bei der Anlage der Grabgrube war ein Stein der untersten Lage des Pfeilerbanketts nachgerutscht. In der Grabanlage fanden sich Bauschutt und zahlreiche Feldsteinabschläge.

Abb. 9: Berlin, Franziskaner-Klosterkirche. Reste eines Holzkammergrabes an einem Pfeilerfundament in der Kirchenruine. Foto: Landesdenkmalamt Berlin, archäologische Bodendenkmalpflege.

Im Jahr 2004 wurden innerhalb der Kirche weitere Schnitte im Zusammenhang mit dem Einbau einer Abwassereinrichtung angelegt. Ein erster Schnitt erfolgte im nördlichen Teil des Chorpolygons an der Stelle, an der 1926 ein Feldsteinfundament freigelegt worden war. Der überwiegende Teil des ursprünglich etwa fünf Meter langen Fundamentes, war dem Einbau eines Heizungskanals zum Opfer gefallen. Erhalten geblieben war ein 1,60 m langes Stück des 1,30 m breiten Fundamentes. Mit Sicherheit war dieses Fundament vom Fundament des Chorpolygons überbaut worden, wie die Baunaht am Schnittpunkt beider Fundamente zeigte. Zwischen den Fundamenten hatte sich ein Rest der mittelalterlichen Oberfläche erhalten. Es handelte sich um eine etwa 40 cm starke torfige Schicht, deren Oberfläche durch Brandeinwirkung schwarz gefärbt war. Darüber fand sich ein kleiner Rest des im Außenbereich des Chorpolygons dokumentierten Plaggenwalles, der von den Baugruben beider Fundamente geschnitten wurde. Der gesamte Innenraum war durch die Arbeiten in den vergangenen Jahrhunderten stark gestört worden. Im Zentrum des Chorpolygons wurden das Fundament des Hochaltares und Reste einer Gruft aus klosterformatigen Ziegelsteinen freigelegt.

Im Jahr 2004 wurden im Langhaus ebenfalls zwei Nord-Süd-Schnitte angelegt. Da in diesen Gräben Abwasserleitungen verlegt werden sollten, konnte nur in eine Tiefe bis zu 80 cm gegraben werden. Im Schnitt, der im westlichen Teil des Langhauses angelegt wurde, befanden sich zahlreiche, teilweise moderne Störungen. Neben einer kleineren Gruft wurde ein zerstörtes Grab dokumentiert. Teilweise kam hier der humose braune anstehende Boden zu Tage. Der zweite Schnitt wurde unmittelbar vor dem Langchor angelegt. Auch hier durfte eine vorgeschriebene Tiefe nicht überschritten werden. Der westliche Rand des Schnittes wurde von einem Heizungskanal begrenzt. Fast im gesamten Schnitt fanden sich Feldsteine verschiedener Größe. Nachgrabungen ergaben, dass die Steine einlagig auf dem anstehenden braunen Boden lagen. In beiden Schnitten fanden sich keine Hinweise auf die Fundamente des vermuteten Vorgängerbaues.

Im gesamten Chor erfolgte eine weitere Baubegleitung. Hier wurden die Betondecke herausgenommen und das Bodenniveau nochmals um 30 cm abgesenkt. Der dabei sichtbar gewordene Feldsteinsockel der Fundamente, der zahlreiche Reparaturen aufwies, wurde dokumentiert. Am südlichen Fundament des Chores kamen dabei zwei neuzeitliche Grüfte zu Tage. Entlang des südlichen Langchorfundamentes wurden drei Pfeilerbankette frei gelegt (Abb. 10). Das erste Bankett befand sich unmittelbar am Übergang vom Langchor zum Langhaus. Die Maße des Befundes ließen sich nur teilweise ermitteln, da das Pfeilerbankett in der Neuzeit überbaut worden war. Es ragte 40 cm aus dem Chorfundament und hatte eine noch rekonstruierbare Länge von etwa 2 m. Ein weiteres Pfeilerbankett befand sich am Übergang vom Langchor zum Chorpolygon. Es ragte 60 cm aus dem Chorfundament und hatte eine Länge von 1,60 m. Das dritte Pfeilerbankett lag genau in der Mitte der 14,30 m langen Chorwand und hatte eine Länge von 2,40 m und ragte 50 cm aus dem Fundament. Auf Grund der Vorgaben war es nicht möglich, diese Fundamente vollständig auszugraben. Sicher ist, dass sie genau so aufgebaut waren wie das sondierte Pfeilerbankett am mittleren nördlichen Pfeiler. Die obere Lage Feldsteine besaß eine ebene Oberfläche, auf der ein Estrich aufgebracht worden war. Unter

Abb. 10: Berlin, Franziskaner-Klosterkirche. Pfeilerbankette und Grüfte am südlichen Langchorfundament. Foto: Landesdenkmalamt Berlin, archäologische Bodendenkmalpflege.

Kirchenarchäologie in der Bundeshauptstadt

dieser vermörtelten Schicht befanden sich lose Legesteine. Entlang des nördlichen Langchorfundamentes fanden sich, abgesehen von dem Befund am westlichen Ende der Chorwand, bei Nachgrabungen keine weiteren Pfeilerbankette.

Der gesamte Innenraum war durch die Arbeiten in den vergangenen Jahrhunderten stark gestört. Die geborgene mittelalterliche wie neuzeitliche Keramik ließ sich nicht in einen Befundzusammenhang bringen. Auch die Münzen, ein brandenburgischer Silberdenar (If 24675/3) aus der Zeit von 1293–1310 (Abb. 11), ein Pfennig aus der Zeit um 1520 (If 24675/4), ein Mariengroschen aus dem Jahr 1752 (If 24675/1) und ein Groschen aus dem Jahr 1783 (If 24675/2),[18] wurden in keinem Befundzusammenhang geborgen.

Abb. 11: Vor- und Rückseite eines Brandenburgischen Silberdenars (1293–1310) aus dem Chorbereich der Berliner Franziskaner-Klosterkirche (Durchmesser: 1,5 cm). Foto: Landesdenkmalamt Berlin, archäologische Bodendenkmalpflege.

Gezielt wurde im Außenbereich der Klosterkirche ein Schnitt zwischen den zwei südlichen Stützpfeilern des Chorpolygons angelegt. Dieser Abschnitt war gewählt worden, da er direkt in der Verlängerung der Stadtmauer lag und hier die Chance bestand, eine Antwort auf die Frage zu erhalten, ob hier die Stadtmauer dem Bau des Chorpolygons weichen musste. Im Schichtenaufbau zeigte sich, dass die Arbeiten von 1926 tiefgründige Zerstörungen hinterlassen hatten. Unter der im Jahr 1926 aufgetragenen, etwa 70 cm starken, Schicht, kam eine etwa 50 cm starke sandig hellbraun-humose Schicht zum Vorschein, die als Aufschüttung angesprochen werden konnte. In dieser Aufschüttung wurden verschiedene Baugruben dokumentiert. Entlang der neuzeitlichen Umfassungsmauer des Chores wurde eine Baugrube dokumentiert, die ebenfalls aus dem Jahr 1926 stammte und beim Umbau der Mauer entstanden war. Dieses Teilstück der Umfassungsmauer ist identisch mit dem Verlauf der mittelalterlichen Stadtmauer, deren Fundamente hier Verwendung fanden. Unter dieser Baugrube kam die mittelalterliche Baugrube für die Stadtmauer zum Vorschein. Diese Baugrube verlief

---

[18] Die Bestimmung der Münzen nahm Herr Klaus Priese (Berlin) vor.

parallel zur ehemaligen Stadtmauer und endete an der Stelle, an der die Mauer nach Süden abknickte. Hinweise darauf, dass die Stadtmauer ursprünglich einen anderen Verlauf genommen hatte, wurden nicht gefunden. Die mittelalterliche Baugrube für das Chorpolygon wurde ebenfalls freigelegt. Beide Baugruben verliefen teilweise parallel, aber es war nach den tiefgründigen Eingriffen von 1926 nicht möglich festzustellen, welches Bauwerk zuerst ausgeführt worden war.

Unter der Aufschüttung wurde ein Wall aus Erde und Grassoden gefunden (Abb. 12). Im Ost-West-Profil zeichnete sich über der wallartigen Grassodenschicht ab, dass die Aufschüttung ebenfalls wallartig war und aus mehreren Schichten bestand.

Abb. 12: Berlin, Franziskaner-Klosterkirche. Die Fundamente der mittelalterlichen Stadtmauer mit Baugrube (rechts) und Reste des ersten Stadtwalles aus Grassoden und Erde. Foto: Landesdenkmalamt Berlin, archäologische Bodendenkmalpflege.

Eine Sandschicht überdeckte die Grassoden vollständig und war wellenartig von Lehm- und Humusbändern durchzogen. Sie überdeckte die Grassodenschicht stadtseitig etwa 20 cm. In Richtung Littenstraße setzte sich diese Wallschicht nach dem Ende des Kernwalles in einer Stärke von über 60 cm fort. Im Nord-Süd-Profil wurde diese Schicht von den Baugruben der Stadtmauer und des Chores geschnitten. Die zweite, sandige Schicht war nur noch stadtseitig erhalten. Sie enthielt nur wenig Lehm und Humus. Insgesamt ließen sich diese wallartigen Aufschüttungen auf einer Breite von über vier Metern verfolgen und die noch erhaltene Höhe betrug etwa 70 cm. Mit Sicherheit ist ein nicht unerheblicher Teil der Aufschüttung dem massiven Bodenabtrag im 20. Jahrhundert zum Opfer gefallen. Der Wall zog sich von der Umfassungsmauer bis zum Fundament des Chorpolygons und war teilweise stark durch neuzeitliche Eingriffe gestört. Unter dem Wall wurde ein gekappter und begrabener Humus von etwa

10 cm Stärke dokumentiert, der direkt über dem anstehenden Boden lag und dessen schwarze Färbung auf Feuereinwirkung schließen lässt. Der anstehende Boden war von dunkelbrauner Farbe und torfiger Konsistenz. Der Schnitt wurde in Richtung Norden auf zwei Meter Breite erweitert und ein Teilstück des Chorfundamentes freigelegt. Auch in dieser Schnitterweiterung wurde der wallartige Aufschüttungshorizont freigelegt. Wie in der Süderweiterung waren diese Schichten durch die über ein Meter breite, mittelalterliche Baugrube der Kirche durchstoßen worden. Datierendes Material wurde in den Aufschüttungsschichten nicht gefunden.

Das Chorfundament bestand im unteren Teil aus einer engen Baugrube, in der lose Feldsteine gesetzt worden waren. Erst im aufgehenden Teil waren die Steine vermörtelt und im Sichtbereich gespalten worden.

Trotz aller Beschränkungen können die baubegleitenden archäologischen Maßnahmen der Bodendenkmalpflege des Landesdenkmalamtes Berlin für die Baugeschichte der Klosterkirche sowie für die Stadtgeschichte Berlins als sehr erfolgreich bezeichnet werden. Bis zur Ausgrabung im Jahr 2001 galt es als sicher, dass die Stadtmauer ursprünglich entlang der heutigen Littenstraße in einem leichten Bogen von Süden nach Nordwesten verlief und für den Bau des Chorpolygons der Klosterkirche an dieser Stelle abgerissen und in einem Bogen um den Chor neu errichtet worden war. Die Ausgrabung im Außenbereich des Chorpolygons ergab, dass diese These nicht zu halten ist.

Für die heutige Umfassungsmauer des Chores wurde das Fundament der ehemaligen Stadtmauer genutzt, dass hier in einem Bogen um den östlichen Teil der Kirche führte. So blieb ein Rest der mittelalterlichen Befestigung mit Baugrube erhalten und wurde dokumentiert. Hinweise darauf, dass die Stadtmauer ursprünglich einen anderen Verlauf genommen hatte, wie etwa ein Fundamentgraben der unter den Chor führt, wurden nicht gefunden.

Der zwischen Stadtmauer und Chorpolygon entdeckte mehrschichtige Wall aus Erde und Grassoden nimmt den ursprünglich vermuteten geraden Verlauf der Stadtmauer und nur durch den Bogen, den die Mauer um das Chorpolygon der Kirche macht, blieb dieses kleine Stück erhalten und führt in Verlängerung der Stadtmauer unter den Chor. Da die Baugruben des Chorpolygons und der Stadtmauer den Wall schneiden, muss diese Anlage schon vor der Errichtung beider Bauwerke aufgeschüttet worden sein. Vor dem Bau des Walles war die Vegetation abgebrannt worden. Kern dieses Walles bildet der torfige Boden mit den abgestochenen Grassoden. Es besteht kein Zweifel, dass dieser Boden identisch ist mit dem Material, das hier in einer Stärke von bis zu 50 cm über dem gelben Talsand ansteht. Dieser torfig braune Boden wurde innerhalb der Klosterkirche in mehreren Schnitten ebenfalls dokumentiert. Das Material des Walles könnte von der Anlage des Berliner Stadtgrabens stammen, dessen Aushub für die Aufschüttung des Walles genutzt worden war. Die zuerst abgetragene torfige Oberfläche bildete so den Kern des Walles. Wie die dokumentierten Grassoden zeigten, war deren ehemalige Oberfläche ebenfalls abgebrannt worden. Der unter der torfigen Schicht anstehende Talsand findet sich als weitere Aufschüttung über dem Kernwall aus Grassoden. Spätere Eingriffe haben die Wallreste stark verändert, doch lässt sich mit Sicherheit sagen, dass diese Anlage noch einige Meter breiter gewesen ist als die noch sichtbaren vier Meter im freigelegten Schnitt. Die ursprüngliche Höhe des

Walles kann durch die Zerstörungen im 20. Jahrhundert ebenfalls nicht mehr nachgewiesen werden. Reste oder Hinweise auf eine Holzkonstruktion wurden im Zusammenhang mit diesem Wall nicht gefunden. Ein vergleichbarer Befund wurde bei Ausgrabungen in Nauen dokumentiert, wo Reste des Stadtwalles freigelegt wurden.[19] Denkbar wäre auch eine Aufschüttung zum Bau der Stadtmauer, ähnlich dem Befund bei den Ausgrabungen in Frankfurt/Oder.[20] Allerdings weist der Befund im Schnitt im nördlichen Teil des Chorpolygons, in dem Reste des Walles dokumentiert wurden, nicht in diese Richtung. Die Wallanlage war vor dem Bau der Klosterkirche sowie ihres vermuteten Vorgängerbaues und damit lange vor dem Bau der Stadtmauer errichtet worden. Anscheinend handelt es sich bei diesem Befund um die Reste der ersten Berliner Stadtbefestigung, die aus einem einfachen mehrschichtigen Erdwall bestand.

Neben den Ergebnissen für die Stadtgeschichte ergaben sich auch zahlreiche neue Aspekte für die Baugeschichte der Klosterkirche. Ein Vergleich der Höhen des noch erhaltenen, torfigen anstehenden Bodens ergibt, dass das Kloster auf einer fast ebenen planierten Fläche errichtet worden ist. Die Ergebnisse der Baubegleitung im Schnitt an der Feldsteinnordwand der Klosterkirche stehen im Zusammenhang mit dem vermuteten Vorgängerbau. Der im Fundament dokumentierte Befund bestätigt die Vermutung der Bauforschung über eine Baufuge, die den Übergang vom Feldsteinmauerwerk zum westlichen Seitenschiffjoch aus Backstein anzeigt und unterstützt zunächst die alte Theorie eines Vorgängerbaues in Form einer rechteckigen Saalkirche aus Feldstein. Die erhaltene Feldsteinwand wäre somit die Nordwand dieser Kirche gewesen, die sich bis zur ehemaligen Sakristei hinzog. Reste dieser Wand sind noch im Fundament der Sakristei zu sehen. Die östliche Wand der Sakristei wäre dann der Abschluss dieser Kirche gewesen. Das erneut freigelegte Feldsteinfundament innerhalb des Chorpolygons war eine genaue südliche Verlängerung des östlichen Sakristeifundaments und unterstützte die These weiter. Die Baufuge am Schnittpunkt beider Fundamente zeigte, dass das Fundament des Polygons über dem Nord-Süd-Fundament errichtet worden war. Im Widerspruch zu diesen Ergebnissen und der daraus gefolgerten These stehen jedoch die Befunde, die innerhalb des Kirchenschiffes in den beiden Nord-Süd-Schnitten gemacht wurden: In beiden Schnitten wurden keinerlei Hinweise auf einen Vorgängerbau gefunden. Obwohl durch den Bauablauf in beiden Schnitten eine vorgegebene Tiefe von nur 80 cm nicht überschritten werden durfte, wurde in beiden Schnitten der torfige braune Boden erreicht. Hinweise auf Fundamente wurden nicht gefunden. Die im Schnitt am Chorpolygon entdeckten Feldsteine lagen flächig auf dem anstehenden Boden. Es könnte sich möglicherweise um abgelegtes Baumaterial handeln, das später mit Erde

---

[19] URSULA UHL, Archäologische Beobachtungen an der mittelalterlichen Stadtbefestigung von Nauen und zur Frage einer Burg im Stadtkern, in: Befestigungen brandenburgischer Städte in der archäologischen Überlieferung (Arbeitsberichte zur Bodendenkmalpflege in Brandenburg, Bd. 5), Wünsdorf 2000, S. 111–119, hier S. 111 f.

[20] NICO ATEN, Eine Palisade mit Wehrgang – Die frühe Stadtbefestigung von Frankfurt/Oder, in: Befestigungen brandenburgischer Städte in der archäologischen Überlieferung (Arbeitsberichte zur Bodendenkmalpflege in Brandenburg, Bd. 5), Wünsdorf 2000, S. 59–65, hier S. 59 f.

abgedeckt worden war. Bei allen weiter bestehenden Unsicherheiten durch die neuzeitlichen Störungen in beiden Schnitten müssen die Fragen nach Aussehen und Größe eines eventuellen Feldsteinvorgängerbaues neu gestellt werden.

Ein anderes Ergebnis der Bauforschung, dass von „einer allgemeinen Vorstellung von der zu bauenden Kirche"[21] spricht, kann aber bestätigt werden. Die Entscheidungen über das endgültige Aussehen des Gebäudes wurden anscheinend kurzfristig während des Baues der Kirche getroffen. Mehrere archäologische Befunde untermauern diese These. Im Schnitt unmittelbar am nördlichen Übergang vom Langchor zum Langhaus wurde der überbaute Rest eines polygonalen Pfeilersockels freigelegt. Der hier dokumentierte mittelalterliche Estrichfußboden ist in Höhe und Aussehen identisch mit dem Estrich, der am Pfeilerbankett im Schnitt am mittleren nördlichen Pfeiler freigelegt worden ist. Ursprünglich war hier ein Pfeilerbankett angelegt worden. Der geplante Pfeiler war aber nicht zur Ausführung gekommen. Ein ähnliches Ergebnis war an der Chorsüdwand dokumentiert worden, wo ebenfalls drei Pfeilerfundamente freigelegt wurden. Die Abstände dieser Fundamente entsprechen denen der Pfeiler im Kirchenschiff. Auch der Aufbau dieser Fundamente, bis hin zum Estrich, ist identisch mit den dokumentierten Befunden am nördlichen Pfeilerfundament. An der Nordwand des Langchores wurden bis auf die Reste im westlichen Teil keine weiteren Pfeilerfundamente gefunden. Anscheinend war ursprünglich ein sehr viel größeres Langhaus oder ein mehrteiliger Chor geplant. Diese Bauplanungen müssen wohl verworfen und die Arbeiten für die Pfeilerfundamentierung im heutigen Chorbereich eingestellt worden sein. So könnte sich erklären, warum an der Chorsüdwand drei, an der Chornordwand aber nur ein Pfeilerfundament gefunden wurden. Die schon angelegten Pfeilerbankette wurden in die Fundamente der Wände des Langchores mit einbezogen.

Der Innenraum der gesamten Kirche war während des Mittelalters und der Neuzeit intensiv für Grablegungen genutzt worden. Das am mittleren nördlichen Bündelpfeiler dokumentierte Grab kann in das Mittelalter datiert werden. Es wurde unmittelbar am Pfeilerfundament eingetieft, die Nordwestecke des Grabes lag etwas unter dem Fundament. Bei der Verfüllung rutschte einer der Fundamentsteine der unteren, nicht vermörtelten Lage ab. Aller Wahrscheinlichkeit nach war eine mit Spaltbohlen ausgekleidete, hölzerne Kammer angelegt worden, in der sich der hölzerne Sarg mit der Leiche befand. Der im Grab und in der Grabgrube gefundene Bauschutt, vor allem die Feldsteinabschläge, lässt darauf schließen, dass dieses Grab während des Baues der Kirche angelegt worden ist. Dass es vor dem Bau der Kirche angelegt worden ist, ist auszuschließen, da die Grabgrube die Baugrube des Pfeilerbankettes schneidet.

Ein bevorzugter Raum für Bestattungen war der Chor. An der Südwand des Chores wurden zwei neuzeitliche Grüfte dokumentiert, eine direkt im Chorpolygon. Im Zentrum des Chorpolygons fanden sich die Reste der Gruft, die im 19. Jahrhundert schon Ferdinand von Quast freigelegt hatte. Die Gruft bestand nur noch aus einem Fußboden

---

[21] STEFAN BREITLING, Die Franziskaner-Klosterkirche in Berlin – Zur Rekonstruktion der Bauabschnitte, in: Technik des Backsteinbaus im Europa des Mittelalters, hg. von JOHANNES CRAMER und DOROTHÉE SACK (Berliner Beiträge zur Bauforschung und Denkmalpflege, Bd. 2), Petersberg 2005, S. 113–24, hier S. 122.

aus klosterformatigen Ziegeln, die ohne Mörtel im Boden verlegt worden waren. Anscheinend war diese Gruft beim Einbau des Hochaltares fast vollständig zerstört worden. Das Format der vorgefundenen Ziegel würde für das 14. Jahrhundert sprechen, in dem die Gruft für die Markgrafen Ludwig des Römers und seiner Frau aus dem Hause Wittelsbach hier angelegt worden ist. Da aber keine weiteren datierenden Funde gemacht wurden, muss die Frage nach dem Besitzer der Gruft offen bleiben.

Die durch die Ausgrabungen erzielten zahlreichen Ergebnisse lassen auch die Frage nach neuen Hinweisen für die Datierung der Klosterkirche aufkommen. Durch die zahllosen Eingriffe der vergangenen Jahrhunderte konnten die meisten Funde nur bedingt zur Datierung der Kirche herangezogen werden. Die erzielten Ergebnisse im Zusammenhang mit der Stadtmauer im Außenbereich des Chorpolygons lassen jedoch einige Rückschlüsse auf die Zeitstellung der Kirche zu. Verschiedene Ergebnisse der Forschung führten zur Datierung der Stadtmauer in das letzte Drittel des 13. Jahrhunderts. Wichtigste Grundlage für die zeitliche Einordnung der Stadtmauer waren die Ergebnisse der Ausgrabungen an der Nikolai- und Petrikirche in Berlin-Mitte, deren frühgotische Teile in die zweite Hälfte des 13. Jahrhunderts datiert und zum Vergleich herangezogen wurden. Ein Kriterium waren die mit Dachpfannenresten ausgefüllten Lücken zwischen den Feldsteinen in den frühgotischen Fundamenten, ein Befund, der sich an den sichtbar gewordenen Fundamenten der Klosterkirche gleichfalls beobachten ließ.[22] Bei Ausgrabungen an der Stadtmauer zeigte sich dieser Befund ebenfalls mehrmals, so auch in den freigelegten Resten der Mauer im Außenbereich des Chorpolygons. Auf Grund dieser Befunde wird von einem Beginn des Baues der steinernen Stadtbefestigung in den siebziger oder achtziger Jahren des 13. Jahrhunderts ausgegangen. Indirekt wurde der Bau der Stadtmauer in einer Urkunde des Markgrafen Hermann erwähnt, der 1307 den Städten Berlin und Cölln den Stadtzins mit der Auflage erließ, diesen für die „städtische Befestigung" zu verwenden.[23] Die Mauer selbst fand erstmals in einer Urkunde des Markgrafen Woldemar im Jahr 1319 Erwähnung. Die Stadtmauer, ein langwieriges Projekt mit hohem finanziellem und logistischem Aufwand für die Kommune, war in den ersten Jahren des 14. Jahrhunderts also noch im Bau.

Die Datierung der Stadtmauer und die Befunde der Ausgrabungen im Außenbereich des Chorpolygons bestätigen die neueren Ergebnisse der Bauforschung über einen Bau der Klosterkirche im letzten Drittel des 13. Jahrhunderts.[24] Bauforschung und Archäologie haben nachgewiesen, dass sich die Planung über das Aussehen der Kirche trotz eines ununterbrochenen Bauablaufes während des Baugeschehens änderte. Spätestens bei der Planung des Chorespolygons, das teilweise die Stadtgrenze überschritt, müssen die Franziskaner die Stadt in ihr Vorhaben einbezogen haben. Der Bau

---

[22] HEINZ SEYER, Zur mittelalterlichen Stadtbefestigung von Berlin-Cölln, in: Ausgrabungen und Funde 19 (1974), S. 164–167, hier S. 164 f.

[23] EDUARD FIDICIN, Historisch-diplomatische Beiträge zur Geschichte der Stadt Berlin, Bd. 3, Berlin 1837, S. 195, Nr. 30.

[24] STEFAN BREITLING, Franziskaner-Klosterkirche in Berlin: Ergebnisse der bauhistorischen Untersuchungen 1999–2004, in: Kirchenruine des Grauen Klosters in Berlin, hg. vom Landesdenkmalamt Berlin (Beiträge zur Denkmalpflege in Berlin, Bd. 23), Berlin 2007, S. 99–126.

des Chorpolygons beeinflusste den Verlauf der Stadtmauer und damit die Sicherheit der Stadt sowie die Baukosten. Die gemeinsame Planung der Schnittstelle von Kirchenchor und Stadtmauer erfolgte zu einer Zeit, in der hier noch keine Mauer stand. Der etwa zeitgleiche Bau der Stadtmauer und der Klosterkirche bestätigen eine Datierung der Kirche in das letzte Drittel des 13. Jahrhunderts. Im Gegenzug erweist sich auch die frühere Datierung der Stadtmauer in diese Zeit als richtig. Die Aussage einer möglichen Errichtung der Klosterkirche kurz vor 1300 würde den Bau der Stadtmauer an dieser Stelle zeitlich sogar noch weiter einengen und steht nicht im Widerspruch zu den archäologischen wie schriftlichen Quellen.[25]

Die beiden bekannten Daten, die mittelbar mit dem Bau der Kirche zusammenhängen – die Überlassung des Grundstücks 1271 und Schenkung einer Ziegelei 1290 – unterstützen die Datierung durch Bauforschung und Archäologie. In dieser Zeitspanne begann Berlin innerhalb der Mark Brandenburg eine wachsende politische Rolle zu spielen.[26] Berlin gehörte seit der askanischen Landesteilung im Jahr 1258 mit dem Teltow und dem Barnim zur Ottonischen Linie der Landesherren und spielte unter dem Markgrafen Otto III., der im Jahr 1267 starb, nur eine bescheidene politische Rolle. Das traf auch zunächst für den Franziskanerorden zu, denn dieser Markgraf war vor allem ein Förderer des Dominikanerordens und wurde in der Klosterkirche der Dominikaner in Strausberg beigesetzt. Erst vier Jahre nach seinem Tod wurde den Franziskanern von seinen Nachfolgern das Grundstück an der späteren Klosterstraße zugesprochen.[27]

Ab dem Jahr 1280, in dem in der Stadt die Verhandlungen über die Bedeverträge geführt wurden, lässt sich eine wachsende Bedeutung Berlins feststellen. In den Folgejahren sind zahlreiche Aufenthalte der Markgrafen nachweisbar.[28] In dieser Zeit wurde auch der markgräfliche Hof durch den Bau des Hohen Hauses repräsentativ umgestaltet. Dieser markgräfliche Hof lag südlich der ehemaligen Oderberger Straße und wahrscheinlich beiderseits der heutigen Klosterstraße. Der alte Hof, im Jahr 1261 erstmals als *aula* Berlin erwähnt, ist identisch mit dem Gelände des Hohen Hauses, das in der späteren Klosterstraße 76 lag.[29] Der südliche Teil dieses Geländes wurde den Franziskanern 1271 für ihr Kloster überlassen. Die Askanier ließen auf ihrem Gelände, in unmittelbarer Nachbarschaft zum Kloster, einen zweistöckigen Ziegelbau errichten, der im Erdgeschoss einen dreischiffigen Saal und Wohnräume darüber besaß sowie ei-

---

[25] DIRK SCHUMANN, Die Berliner Franziskanerklosterkirche und ihr Dekor. Formsteinsysteme im märkischen Backsteinbau des 13. Jahrhunderts, in: Backsteintechnologien in Mittelalter und Neuzeit, hg. von ERNST BADSTÜBNER (Studien zur Backsteinarchitektur, Bd. 4), Berlin 2003, S. 109–128, hier S. 109 f.

[26] WINFRIED SCHICH, Das mittelalterliche Berlin (1237–1411), in: Geschichte Berlins, Bd. 1, hg. von WOLFGANG RIBBE, München 1987, S. 139–248, hier S. 173 f.

[27] JOHANNES SCHULTZE, Die Mark Brandenburg, Bd. 1, Berlin 1961, S. 173 f.

[28] HANS-JOACHIM FEY, Reise und Herrschaft der Markgrafen von Brandenburg 1134–1319 (Mitteldeutsche Forschungen, Bd. 84), Köln/Wien 1981.

[29] EBERHARD BOHM, Teltow und Barnim. Untersuchungen zur Verfassungsgeschichte und Landesgliederung brandenburgischer Landschaften im Mittelalter (Mitteldeutsche Forschungen, Bd. 83), Köln/Wien 1978, S. 309 f.

nen Keller, der über eine Rampe erreichbar war.[30] Zahlreiche Details weisen auf einen engen Zusammenhang mit dem Bau an der benachbarten Klosterkirche hin.[31]

In diesem Zusammenhang ist auch die Schenkung der Ziegelei durch den Ritter Jacob von Nybede im Jahr 1290 als ein wichtiges Kriterium für den Bauablauf zu werten. In den letzten Jahrzehnten des 13. Jahrhunderts wurden in der Doppelstadt Berlin/Cölln zahlreiche Gebäude neu errichtet. Neben der Kirche des Franziskanerklosters waren in Cölln das Dominikanerkloster und in Berlin die Kapelle des Heiliggeisthospitals, die nach neuesten Forschungen in die Zeit kurz vor oder um 1300 datiert werden kann, im Bau.[32] Archäologische Forschungen wiesen an der Petrikirche in Cölln und an der Nikolaikirche in Berlin nach, dass in der zweiten Hälfte des 13. Jahrhunderts die ursprünglich spätromanischen Kirchen zu frühgotischen Hallenkirchen umgebaut wurden. Auch an der im Kern frühgotischen Berliner Marienkirche wird zu diesem Zeitpunkt gebaut worden sein. In diese Zeit fiel auch die Errichtung verschiedener Profanbauten wie das Berliner Rathaus und das Hohe Haus. Dass alle Bauwerke in Backstein ausgeführt wurden, wird die Kapazität der städtischen Ziegelscheunen erheblich ausgelastet und die Projekte verzögert haben. Die Überlassung einer Ziegelei war somit für den Bau der Klosterkirche ein nicht zu unterschätzender Faktor. Er markierte vielleicht nicht den Beginn des Baues, aber mit Sicherheit eine erhebliche Forcierung der Bautätigkeit.

Resümee

Die Ausgrabungen und Baubegleitungen an und in den mittelalterlichen Kirchen in Berlin-Mitte haben trotz aller Einschränkungen zahlreiche neue Kenntnisse über die Geschichte der Stadt gebracht. Während an der gut erforschten Nikolaikirche die älteren Ergebnisse bestätigt wurden, verdichteten sich die Hinweise an der Marienkirche auf einen romanischen Vorgängerbau der heutigen gotischen Kirche und dessen Bau um die Mitte des 13. Jahrhunderts. Neue Erkenntnisse, nicht nur für den Bau der Kirche sondern insbesondere für die frühe Stadtgeschichte, erbrachten vor allem die Ausgrabung an der Franziskanerkirche des Grauen Klosters. Hier war der Nachweis der ersten Berliner Stadtbefestigung das wichtigste Ergebnis. Auch die endgültige Klärung des Verlaufes der Stadtmauer an dieser Stelle war eine außerordentliche Bereicherung für die Stadtgeschichtsforschung. Hinzu kamen in der Zusammenarbeit mit der Baudenkmalpflege auch neue Erkenntnisse für den Bauablauf der Klosterkirche und der Stadtmauer und deren Datierung. Diese Ausgrabungen zeigten erneut, dass jede auch noch so kleine Chance genutzt werden muss, bei Eingriffen in historischen Boden baubegleitende archäologische Maßnahmen einzuleiten.

---

[30] Julius Kothe, Das Hohe Haus in Berlin, in: Forschungen zur Brandenburgischen und Preußischen Geschichte 48 (1936), S. 146–163, hier S. 154 f.
[31] Schumann, Franziskanerklosterkirche (wie Anm. 25), S. 109 f.
[32] Ernst Badstübner, Die Heilig-Geist-Kapelle und die Berliner Architektur um 1300, in: Die Heilig-Geist-Kapelle in Berlin. Geschichte, Forschung, Restaurierung, hg. von der Humboldt-Universität Berlin und dem Landesdenkmalamt Berlin, Petersberg 2005, S. 48–55, hier S. 48 f.

Archäologische Untersuchungen in und an Berliner Dorfkirchen

Raimund Maczijewski

„Als die Preußische Landesversammlung am 27. April 1920 das ‚Gesetz über die Bildung einer neuen Stadtgemeinde Berlin' verabschiedete, ergab diese mit 16 Stimmen Mehrheit zustande gekommene Neuordnung eine Weltstadt von 3 858 000 Einwohnern, zugleich aber die erstaunliche Tatsache, dass keine andere deutsche Großstadt auch nur annähernd so viele alte Dorfkirchen wie Berlin hat.

Unter den insgesamt 94 Kommunalverbänden, die damals vereinigt wurden, befanden sich 59 Landgemeinden, und beinahe jede von ihnen hatte ihre Dorfkirche, manche sogar zwei oder mehr; denn beispielsweise wurde die Magdalenenkirche in Rixdorf (Neukölln) oder die Apostel-Paulus-Kirche in Schöneberg errichtet, als diese Orte noch Landgemeinden, also Dörfer, waren. Uns interessieren aber nur die echten alten Dorfkirchen, die bis heute – obgleich oft verändert oder völlig erneuert – zumeist als einzige Zeugen der Vergangenheit im Kern ihrer Gemeinden stehen. Insgesamt sind es 55, von denen 34 zumindest in Teilen bis in das Mittelalter zurück zu datieren sind. Diese Dorfkirchen sind die ältesten Bauwerke Berlins und unmittelbare Zeugen der ‚deutschen Ostkolonisation'."[1] Durch geplante Sanierungs- und Restaurierungsarbeiten an diesen Bauwerken ergab sich in den letzten fünfzehn Jahren oft zum ersten Mal die Möglichkeit für archäologische Untersuchungen in und an den Berliner Dorfkirchen.

Die mittelalterliche Dorfkirche in Altglienicke

Die heutige Dorfkirche von Altglienicke, im Süden des Bezirks Treptow, ist ein Neubau von 1894/95, der nach den Entwürfen von Hermann Bohl, Paul Schaller und Ludwig von Tiedemann entstand. Der rote Ziegelbau mit Kalksteinverblendung am unteren Turmbereich wurde parallel zur Köpenicker Straße errichtet. Er ersetzte eine ältere Kirche, einen chorlosen Saal mit einem an die Westwand angefügten quadratischen Turm, der in den Jahren 1757/59 an die Stelle eines mittelalterlichen Vorgängers erbaut wurde, über dessen Aussehen nichts überliefert ist.

Das heutige Altglienicke wurde erstmals 1375 in „Kaiser Karls IV. Landbuch der Mark Brandenburg" als das Dorf Glinik mit 49 Hufen, davon vier freien Hufen des Pfarrers, erwähnt.[2]

---

[1] Kurt Pomplun, Berlins alte Dorfkirchen, Berlin 1967, S. 5.
[2] Kaiser Karl's IV. Landbuch der Mark Brandenburg nach den handschriftlichen Quellen, hg. von Eduard Fidicin, Berlin 1856, S. 44, Nr. 3 und S. 267, Nr. 41.

Im Oktober 1996 wurde westlich der Kirche ein Graben für eine Entwässerungsleitung angelegt, in welchem ein Verband von Feldsteinen unterschiedlicher Größe zum Vorschein kam. Bei der anschließenden archäologischen Untersuchung konnten überraschend die Fundamente der westlichen Turmwand, die beiden Turmecken und ein Restbereich der nördlichen Turmwand freigelegt werden (Abb. 1). Nur dem Umstand, dass dieser Turmrest weit von den Fundamenten des Neubaus von 1894/95 entfernt liegt, ist es zu verdanken, dass dieser nicht herausgebrochen worden war.

Abb. 1: Berlin, Dorfkirche Altglienicke. Die nord-westliche Ecke der Turmfundamente. Foto: Raimund Maczijewski, Landesdenkmalamt Berlin.

Das Fundament wies zwei verschiedene Bauphasen auf. Die erste, errichtet aus großen Feldsteinen, wurde mit Lehm aufgebaut. Aus den Lehmverfugungen wurden Keramikscherben der harten Grauware aus der ersten Hälfte des 14. Jh. geborgen. Auf der glattgestrichenen, obersten Lehmschicht befanden sich Spuren eines Schwellbalkens. Demnach bestand der mittelalterliche Turm, wie zuvor schon vermutet, aus Fachwerk. Der aus Ziegelsteinen gemauerte Turm von 1757/59 wurde auf das vorhandene, ältere Fundament gesetzt und innen mit einem Kalkmörtelestrich versehen. In unmittelbarer Nähe der Fundamente lagen Bestattungen, die teilweise von diesen überlagert wurden (Abb. 2). Sie konnten leider nicht untersucht werden und wurden *in situ* belassen. Die Turmfundamente wurden nach der Untersuchung mit Erdreich bedeckt und ihre Lage auf der Erdoberfläche durch Feldsteinpflasterung in der Rasenfläche gekennzeichnet.

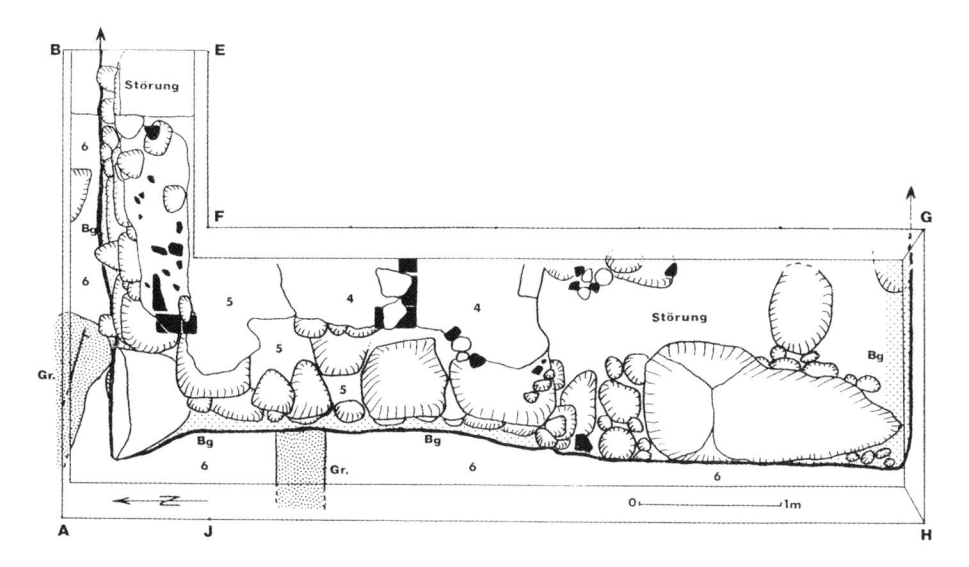

Abb. 2: Berlin, Dorfkirche Altglienicke. Planum der mittelalterlichen Turmfundamente. Bg = Baugrube, Gr = Grab, 4 = Mörtelbereich, 5 = Lehm, 6 = brauner humoser Boden. Plan: Raimund Maczijewski, Landesdenkmalamt Berlin.

Die Dorfkirche in Alt-Wittenau

Das seit 1905 als Wittenau bezeichnete Dorf Daldorp (Daldoph oder Daldorf), wurde erstmals in einer Urkunde aus dem Jahr 1351 erwähnt, in welcher Markgraf Ludwig dem Kloster Spandau *zehn Pfund aus der Bede der Dörfer Gatow, Kladow, Daldorf und Lichtenow zum Seelenheil seines von dem Rathe zu Berlin hingerichteten Getreuen Heinrich Hemerer und zum Leibgebinde für Margareta v. Burg, Nonne in Spandow vermacht.*[3] Im schon erwähnten Landbuch Kaiser Karls IV. von 1375 ist Daldorp mit 39 Hufen Land, davon vier Hufen des Pfarrers, verzeichnet.[4] Es ist davon auszugehen, dass sich in Daldorp wie in anderen Dörfern des Berliner Raumes zu diesem Zeitpunkt eine Kirche befand. Die heutige Kirche in Alt-Wittenau wurde anhand einer in Bronze gegossenen „Cum-Pace-Glocke", die mit dem Datum 1484 versehen ist, in das 15. Jahrhundert datiert.

Die heutige Kirche ist ein rechteckiger Saalbau, dessen Wände aus z. T. sehr großen Feldsteinen mit dazwischen liegenden Ausgleichschichten aus Mauer- und Dachziegelbruch bestehen. Im Westteil des hohen Satteldachs befindet sich ein 1799 aufgesetzter,

---

[3] Codex Diplomaticus Brandenburgensis. Sammlung der Urkunden, Chroniken und sonstigen Quellenschriften für die Geschichte der Mark Brandenburg und ihrer Regenten, hg. von ADOLPH FRIEDRICH RIEDEL, Teil 1: Geschichte der geistlichen Stiftungen, der adlichen Familien, so wie der Städte und Burgen der Mark Brandenburg, Bd. 11, Berlin 1847, S. 41–42.

[4] Landbuch (wie Anm. 2), S. 65, Nr. 17 und S. 281, Nr. 34.

quadratischer Dachturm mit hohem Spitzdach. Der heute mit Schieferplatten bedeckte Turm war ursprünglich mit Holzschindeln gedeckt. Die Fenster und das Westportal wurden 1830 verbreitert und mit Ziegelsteinen eingefasst. Der Ostgiebel entspricht der im Berliner Raum während des Mittelalters üblichen Gestaltung. Ursprünglich befanden sich dort, noch als Nischen erhalten, drei schmale Fenster. Im Giebel befinden sich zwei Blendnischen, die durch Maßwerk in je zwei schmale Spitzbogenfelder und eine darüber befindliche Rosette untergliedert sind.

Seit 1866 verfügte die Kirche über eine Orgel auf einer im Turmbereich angebrachten Empore. Die Schäden des 2. Weltkrieges wurden notdürftig beseitigt. In den Jahren 1956/57 sind im Zusammenhang mit der Erneuerung der Kirche erhebliche Eingriffe in die alte Bausubstanz des Gotteshauses vorgenommen worden. Die flache Saaldecke wurde durch eine Holztonne ersetzt, in die Wände wurden unter den Fenstern Nischen für Heizkörper hineingebrochen, der Fußboden wurde entfernt und durch einen auf Betonestrich verlegten Dielenboden ersetzt. Eine Stahlkonstruktion des Glockenstuhls, die in den Turm eingebaut wurde, verursachte in den letzten Jahren erhebliche statische Probleme. Mit der Sanierung des Turmes, die durch die Baudenkmalpflege des Landesdenkmalamtes betreut wurde, ist, bedingt durch notwendige Eingriffe in den Bodenbereich, auch die Archäologische Denkmalpflege einbezogen worden. Zum ersten Mal ergab sich die Möglichkeit einer umfangreichen Untersuchung unter dem Boden der Kirche. Im September 1997 konnte zunächst im westlichen Kirchenbereich unter der Orgelempore eine ca. 26 m^2 große Fläche archäologisch untersucht werden (Abb. 3).

Nachdem der Holzfußboden und der darunter befindliche Betonestrich entfernt waren, wurden vier Betonfundamente einer Hilfskonstruktion der Baumaßnahmen von 1956/57 sowie zwei aus Ziegelsteinen errichtete Fundamente der Stützen der Orgelempore, vermutlich von 1866, sichtbar. Unter dem entfernten Betonestrich befand sich eine bis zu 0,10 m starke Ausgleichschicht aus Sand, die eine von der südlichen bis zur nördlichen Kirchenwand reichende Schicht aus Asche und Stücken von Holzkohle und verziegeltem Lehm überdeckte. Nach dem Entfernen dieser Schichten wurde ein älterer Fußboden, eine Lehmtenne mit deutlichen Nutzungsspuren, freigelegt, die bis an die Seitenwände der Kirche reichte. Die zur statischen Überprüfung freigelegten Fundamente der nördlichen und südlichen Kirchenwand ragten bis zu 0,50 m in den Kirchenraum hinein. Durch drei Sondagen konnte festgestellt werden, dass diese fast bis in eine Tiefe von 1,20 m reichten. Im oberen Bereich bestanden die Fundamente aus mittelgroßen bis teilweise sehr großen Feldsteinen. Die darunter liegenden Fundamentgräben waren mit kleineren Feldsteinen verfüllt. Erst das aufgehende Mauerwerk war mit Mörtel errichtet worden. Aus den Fundamentbereichen stammt Keramikbruch der harten Grauware, die in die Zeit vor 1300 datiert.

In der unter der Lehmtenne anstehenden, sich von dem darunter befindlichen Sandboden durch hellbraune Färbung deutlich absetzenden Kulturschicht fand sich Keramik der jüngeren Bronzezeit (ca. 1000 v. Chr.). Von der Oberfläche dieser Schicht stammen zwei spätslawische Scherben (11. Jh. n. Chr.).

Vor der westlichen Giebelwand, bis zu 2,40 m in den Kirchenraum hinein und leicht schräg verlaufend, befand sich eine Reihe großer Feldsteine, die mit der möglichst ebe-

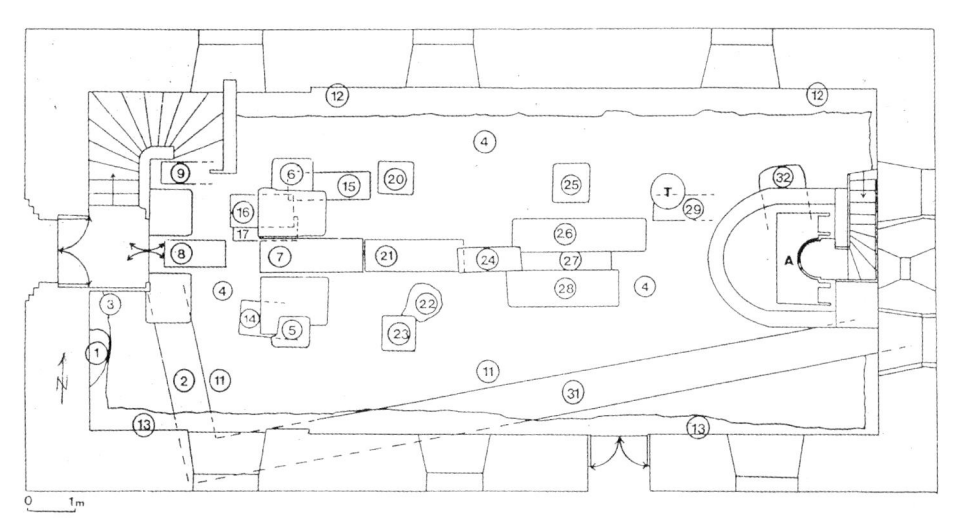

Abb. 3: Berlin, Dorfkirche Alt-Wittenau. Situationsplan der Befunde:
Fragmente zweier älterer Fußböden (vor 1956/57)
Fundamente der westlichen Wand des Vorgängerbaus um 1300
Abdruck eines Schwellbalkens
Fußboden des Vorgängerbaus – Lehmtenne
5), 6), 20), 23) Stützfundamente der Orgelempore (vor 1866)
7), 8), 9), 14), 15), 16), 17), 21), 24), 26), 27), 28), 29) Gräber (nach 1484)
Brandschnitt, bestehend aus Asche, Holzkohle und verziegeltem Wandbewurf vom Fachwerk
Fundament der nördlichen Kirchenwand
Fundament der südlichen Kirchenwand
Verbranntes Getreide
25) Verziegelter Lehm und Feldsteine auf der Lehmtenne
31) Fragmente der südlichen Wand des Vorgängerbaus um 1300
32) Altarfundamente um 1300
Plan: Raimund Maczijewski, Landesdenkmalamt Berlin.

nen Oberfläche nach oben in ein Lehmbett gepackt waren. Auf dem Lehmbett wurde der Abdruck eines in ost-westlicher Richtung verlegten, ca. 0,25 m starken Balkens gefunden, möglicherweise ein Hinweis auf eine frühere Turmkonstruktion. Direkt an die westliche Giebelwand angrenzend befanden sich über der Stein-Lehmpackung die Reste zweier Fußböden. Der untere bestand aus in Kalkmörtel verlegten faustgroßen Feldsteinen, die mit einer Kalkschlämme überzogen waren. Später wurde darüber ein Dielenfußboden gelegt, dessen Abdrücke im und unter dem Wandputz sichtbar waren.

Überraschenderweise sind im Innern der Kirche, im Bereich unter der Orgelempore, sieben Bestattungen freigelegt worden (Abb. 4), darunter zwei von Kleinkindern. Die Grabgruben waren in die Lehmtenne eingetieft. Bei allen Gräbern handelte es sich um Sargbestattungen. In einem der Kindergräber befanden sich zwei Murmeln aus weißem Ton. Einem der etwa im Alter von 35 Jahren verstorbenen Erwachsenen hatte man eine kleine Münze in den Mund gelegt (Abb. 5). Die antike Sitte, dem Verstorbenen einen Wegepfennig (Charonspfennig, Grabobolus) zur Fahrt ins Jenseits mitzugeben, scheint sich in unseren Breiten erst mit dem Christentum ausgebreitet zu

Abb. 4: Berlin, Dorfkirche Alt-Wittenau. Bestattung (Befund Nr. 9 der Berliner Fundstelle 1750) im Bereich unter dem Dachturm. Foto: Raimund Maczijewski, Landesdenkmalamt Berlin.

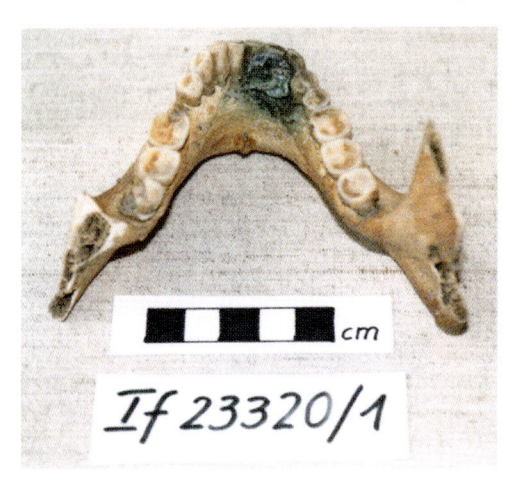

Abb. 5: Berlin, Dorfkirche Alt-Wittenau. Unterkiefer aus dem Befund Nr. 9 – mit festgebackenem „Charonspfennig". Foto: Raimund Maczijewski, Landesdenkmalamt Berlin.

haben. Diese Sitte, es ist an eine „heidnische Rückversicherung" zu denken, hat sich über das Mittelalter hinaus, in slawischen Ländern sogar bis in die Neuzeit erhalten.[5]

Im Mai 1998 wurde der gesamte Kirchenfußboden entfernt. Diese Maßnahme wurde notwendig, nachdem Trockenfäule festgestellt worden war. Nach dem Abtragen des Betonestrichs und der Ausgleichschicht wurden im Mittelgang weitere sechs Bestattungen, darunter zwei von Kindern, entdeckt. Anders als im Bereich unter der Orgelempore, wo die Gräber den neuen Turmfundamenten weichen mussten, sind diese Bestattungen dokumentiert und im Boden belassen worden.

---

[5] Mündliche Information von Krzyszof Nowinski, Warschau.

Archäologische Untersuchungen in und an Berliner Dorfkirchen 493

Abb. 6: Berlin, Dorfkirche Alt-Wittenau. Unter dem Fußboden der heutigen Kirche verlaufende Fundamente des Vorgängerbaus (Befund 31). Foto: Raimund Maczijewski, Landesdenkmalamt Berlin.

Entlang der südlichen Saalwand konnte ein ca. 8 m langes Feldsteinfundament freigelegt werden (Abb. 6). Es verlief auf einer Flucht, die um etwa 5° nördlich zur Nord-West-Achse der heutigen Kirche versetzt lag. Die exakte Vermessung der Grundmauern von Kirchen in den letzten Jahrzehnten, vor allem im Zuge von archäologischen Ausgrabungen, haben die Aufmerksamkeit auf das in Alt-Wittenau ebenfalls vorliegende Phänomen gelenkt, dass die Orientierung der Hauptachse eines Gotteshauses dem Sonnenaufgang der Tag- und Nachtgleichen am 21. März und 23. September entspricht. Die extremste Abweichung davon wäre eine Ausrichtung nach dem Sonnenaufgang zur Sommersonnenwende am 21. Juni, wenn die Sonne den nördlichsten Punkt erreicht hat, oder zur Wintersonnenwende am 21. Dezember, wenn sie am südlichsten Punkt ihrer Laufbahn angelangt ist. Am häufigsten kommen Mittelstellungen vor, da der Verlauf der scheinbaren Sonnenbahn zwischen den beiden Grenzkreisen hin und her pendelt. Zu denken ist auch an die Festlegung der Achse am Namenstage des Schutzheiligen.[6] Das ältere Fundament erreichte an der östlichen Giebelwand einen Abstand von ca. 2 m zur südlichen Kirchenwand. Es war aus besonders großen Feldsteinen errichtet worden, die, wie im Bereich unter der Orgelempore, sorgfältig mit der glatten und ebenen Seite nach oben in einen ca. 0,30 m tiefen Graben verlegt waren. Die Zwischenräume waren mit Lehm verstrichen. Diese Konstruktion bildete

---

[6] Freundliche Mitteilung aus einem nicht veröffentlichten Aufsatz von Wolfgang Gehrke, Berlin.

das Fundament für einen Fachwerkbau, der durch einen Brand völlig zerstört wurde. Holzproben aus dem Dachstuhl der heutigen Kirche ermöglichten eine Datierung des Brandschadens in die Zeit vor 1484. Die Erbauung der älteren Kirche ist in der Zeit um 1300 zu vermuten. Beiderseits des Fundamentes lagen große Mengen von Brandschutt, der aus Asche, Holzkohle und verziegeltem Wandbewurf bestand. Die Oberfläche der Fundamentsteine war durch Hitzeeinwirkung gesprungen, teilweise waren flache Bereiche abgesprengt. Dem Brand ist es archäologisch zu verdanken, dass das Fundament erhalten blieb, denn die schadhaften Steine eigneten sich nicht mehr als Baumaterial für den Neubau der Kirche. Nördlich des Fundaments lag unter dem Bauschutt ein Rest der auch im Turmbereich festgestellten Lehmtenne, die nur durch zwei weitere Emporenfundamente von 1866 sowie durch Grabgruben gestört worden war.

Abb. 7: Berlin, Dorfkirche Alt-Wittenau. Unter dem heutigen Altar befindliche Altarfundamente des Vorgängerbaus (Befund 32). Foto: Raimund Maczijewski, Landesdenkmalamt Berlin.

Erfreulicherweise ist nördlich und unter dem heutigen Altar auch das Altarfundament der älteren Kirche erfasst worden (Abb. 7). Es bestand aus Feldsteinen, die in eine ca. 0,30 m tiefe Grube gepackt und mit Lehm verstrichen waren. An den beiden freigelegten Ecken befanden sich größere Feldsteine. Auf der Oberfläche des erhaltenen Fundamentes befanden sich noch Mörtelspuren der entfernten Altarmensa.

Alle freigelegten und untersuchten Befunde wurden an ihrem ursprünglichen Fundort belassen und sind heute mit einer Schutzschicht aus Sand überdeckt. Wenn auch obertätig nicht mehr sichtbar, sind sie damit als Bau- und Bodendenkmal erhalten geblieben. Die Lage der Bestattungen ist im neuen Fußboden der Kirche mit Messingbändern gekennzeichnet worden. Eine Zuordnung der Gräber zu bestimmten Personen ist nicht möglich. Die aus dem Turmbereich geborgenen Gräber wurden anthropologisch untersucht. Die anthropologischen Untersuchungen führten im Auftrag des Landesdenkmalamtes Berlin Jeannette Fester und Bettina Jungklaus durch. Die Bewertung altersvariabler Veränderungen am Skelett, die im Verlauf des Erwachsenenlebens auftreten, ermöglichte eine Einordnung in Altersklassen. Die Beurteilung bei den vorliegenden Skeletten erfolgte anhand altersabhängiger Veränderungen an der Schambein-Symphyse und anhand des Zustandes der Schädelnähte. Unter Einbeziehung des Abkauungsgrades der Molaren konnte für das jeweilige Individuum ein ungefähres Sterbealter ermittelt werden. Das Alter der erwachsenen Individuen lässt sich methodisch bedingt nicht auf ein Jahr genau angeben. Bei den nicht-erwachsenen Individuen ist die Alterseinschätzung genauer, da sie auf Prozessen der Knochen- und Zahnentwicklung beruht. Die Geschlechtsbestimmung wurde anhand der Geschlechtsmerkmale an Becken und Schädel durchgeführt. Die Skelette wurden makroskopisch auf Anzeichen krankhafter Knochenveränderungen untersucht. Dazu gehören Gebissschäden, Frakturen, Knochenstrukturveränderungen und Knochenauflagerungen, Gelenkschäden, Mangelerscheinungen und Fehlbildungen. Die untersuchten Skelette wurden nach dem Ende der Bauarbeiten in einer Kammer unter dem Kirchenfußboden, die eigens für die Nachbestattung angelegt worden war, deponiert.

Die Dorfkirche in Kaulsdorf

Im September 1995 wurde während der Renovierungsarbeiten in der Kaulsdorfer Dorfkirche eine archäologische Untersuchung im östlichen Kirchenbereich durchgeführt (Abb. 8). Die kurzfristig und nur für wenige Tage angesetzte Prospektion lieferte überraschende Ergebnisse, welche die historischen Quellen bestätigen und ergänzen. So kamen die Fundamente der mittelalterlichen Kirche zutage, die bei der 1716 erfolgten Erweiterung der heutigen Kirche um ca. 7 m nach Osten abgebrochen wurden. Auch das Fundament der halbrunden Apsis wurde mitsamt dem Fundament für den mittelalterlichen Altar gefunden. Damit ist der aus urkundlichen und bildlichen Zeugnissen bekannte, vermutlich auf das 13. Jahrhundert zurückgehende Ostabschluss der Kaulsdorfer Kirche nun auch archäologisch belegt. Sondagen im Bereich der Außenwände ergaben wichtige Aufschlüsse über den Aufbau der mittelalterlichen und neuzeitlichen Fundamente, insbesondere an den Nahtstellen zum Erweiterungsbau von 1716.[7]

Unter dem bereits vor Beginn der Untersuchung entfernten Ziegelplattenboden des 18. Jahrhunderts befand sich eine Schicht aus Sand, der mit Ziegelsplittern und Kalkmörtelbruch vermischt war. Aus dieser Auffüllschicht ragten die Spitzen einiger großer Feldsteine heraus. Die staubtrockene Auffüllschicht wurde mit einem Industriestaubsauger behutsam entfernt. Auf diese Weise konnten in der Grabungsfläche zwölf Befunde freigelegt und dokumentiert werden.

---

[7] CHRISTA HEESE, Kaulsdorf und seine Kirche, in: Großdenkmalpflege. Erfahrungen und Perspektiven. Jahrbuch 1996 (Beiträge zur Denkmalpflege in Berlin, Heft 12), Berlin 1997, S. 87–88.

Abb. 8: Berlin, Dorfkirche Kaulsdorf. Plan der Grabungsfläche im östlichen Teil des Kirchenschiffes. Plan: Raimund Macijewski, Landesdenkmalamt Berlin.

BEFUND 1: das aus Feldsteinen unterschiedlicher Größe errichtete Fundament der östlichen Giebelwand der mittelalterlichen Kirche. Die Steine waren in einen 1,50 m tiefen Fundamentgraben gepackt und mit Kalkmörtel vergossen. In den Sohlebereich war z.T. wenig Mörtel geflossen.

BEFUND 2: das Fundament einer halbrunden Apsis vor der östlichen Giebelwand. In der Ausführung glich das Fundament dem der Giebelwand, besaß jedoch diesem gegenüber eine geringere Stärke von 1,20 m.

BEFUND 3: das Fundament des mittelalterlichen Altars. Es bestand aus Feldsteinen mittlerer Größe und war mit Kalkmörtel errichtet. Die Oberfläche war, wie der Umgang zwischen dem Altar und der Apsis, mit Kalkschlämme ausgestrichen.

Archäologische Untersuchungen in und an Berliner Dorfkirchen 497

BEFUND 3 a: eine runde Bodenvertiefung im mittleren Bereich des Altarfundaments. Die Wände der etwa 0,40 m tiefen Grube waren mit Kalkmörtel verputzt. In der Vertiefung befand sich möglicherweise der nach dem Abbruch 1717 an den neuen Standort des Altars (Befund 12) mitversetzte Urkundenbehälter.

BEFUND 4: das Fundament des 1716 errichteten Altars (Abb. 9). Es bestand aus kleinen bis mittelgroßen Feldsteinen, die sicherlich aus dem Abbruch der ursprünglichen Giebelwand und der Apsis stammen. Es überlagerte das Fundament der Apsis.

Abb. 9: Berlin, Dorfkirche Kaulsdorf. Das Fundament des mittelalterlichen Altars (Befund 3) mit Retabelständern (Befunde 8, 9 u. 10) von Osten. Foto: Raimund Maczijewski, Landesdenkmalamt Berlin.

BEFUND 5: der Kanzelfuß stand auf einem unregelmäßig ausgeführten Fundament aus kleinen Feldsteinen und Ziegelsteinbruch, die ohne Vermörtelung in eine in die ursprüngliche Giebelwandfundamentierung hereingebrochene Senke geschüttet wurden.

BEFUND 6: eine Grabgrube aus der Zeit vor 1716, als noch bis an die Apsis bestattet wurde. Die Grabgrube wurde unberührt gelassen.

BEFUND 7: ein flaches Streifenfundament eines kleinen Anbaus in dem nördlichen Zwickel zwischen der Apsis und der ursprünglichen östlichen Giebelwand. Es bestand aus kleinen Feldsteinen mit Ansatz vom aufgehenden Mauerwerk aus Ziegelsteinen.

BEFUND 8 und 9: zwei Holzpflöcke im mittelalterlichen Altarfundament (Befund 3).

BEFUND 10: eine rechteckige, mit Abbruchschutt aufgefüllte Grube im mittelalterlichen Altarfundament. Durch Absaugen der Füllung wurde der Rest eines im Querschnitt quadratischen Holzbalkens sichtbar und freigelegt. Die dendrochronologische Untersuchung des aus Eiche gefertigten Holzbalkens ergab das Fälldatum 1636. Vermutlich handelt es sich um den Hauptständer des Retabel, aufgestellt mit dem neuen Altar 1656. Dazu gehörten sicherlich auch die Befunde 8 und 9 als Stützen.

BEFUND 11: das Fundament der nördlichen Kirchenwand, die nach 1716 errichtet wurde. Sichtbar waren die Reste des 1995 herausgebrochenen Ziegelplattenfußbodens.

BEFUND 12: der Altarstandplatz seit 1716.

BEFUND 13: eine rechteckige Grube im heutigen Altarraum. Die Füllung der Grube bestand aus Erdreich, das mit Abbruchschutt, Mörtelbrocken, Dachziegelbruch und Glasbruch vermischt war. In der Füllung befanden sich auch zwei komplette 0,25 × 0,25 m große, 4 cm starke Fußbodenplatten sowie mehrere Scherben von malhornverzierter Irdenware. Zur Anlage dieser Grube, es handelte sich vermutlich um eine geplante, jedoch nicht ausgeführte Bestattung innerhalb der Kirche, wurde ein Teil des Apsisfundamentes herausgebrochen. Es konnte nicht geklärt werden, ob es sich um eine geplante Bestattung handelt oder ob das Grab wieder entfernt wurde. In der Grube befanden sich keine Sargspuren.

Nach der Bestandsaufnahme wurden alle im Boden belassenen Objekte zur Sicherung mit einer bis zu 0,15 m starken Sandschicht überdeckt. Darüber ist eine luft- und feuchtigkeitsdurchlässige Glasvliesmatte verlegt. Die Matte ist mit einer weiteren ca. 0,15 m starken Sandschicht bedeckt, auf die der Verlegemörtel für den neuen Fußboden aufgebracht wurde.

Im August 1996 ergab sich eine weitere Möglichkeit zu archäologischen Untersuchungen an der Dorfkirche in Kaulsdorf. Im Zusammenhang mit Sanierungsarbeiten an dem Außenputz sollte der Erhaltungszustand der Kirchenwände bis in den Bereich der Fundamente geprüft werden. Bei dieser Prospektion wurden sechs Sondagen angelegt (Abb. 10). Gewählt wurden dabei Bereiche, die neben archäologischen auch bauhistorische Belange berücksichtigen sollten. Vor Beginn der Arbeiten wurde ein entlang der Kirchenmauer angelegter, etwa 0,60 m breiter Betonstreifen entfernt. Die Sondagen 1 und 2 wurden an der Südwand der Kirche angelegt.

Die Sondage 1 wurde in einer Breite von 2 m so angelegt, dass ein in der Kirchenwand befindlicher senkrechter Riss etwa in der Mitte der Grabungsfläche verlief. Zu vermuten war, dass dieser Riss zwischen dem älteren Langhaus und der Verlängerung von 1716 entstanden ist.

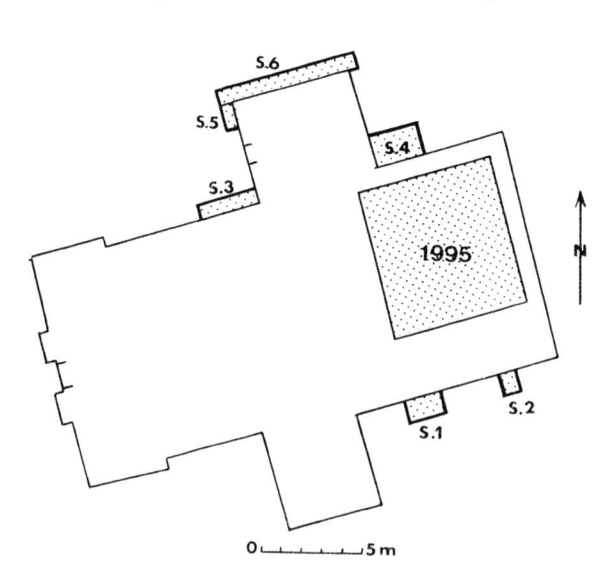

Abb. 10: Berlin, Dorfkirche Kaulsdorf. Lage der Grabungsflächen in und an der Dorfkirche Kaulsdorf. Plan: Raimund Maczijewski, Landesdenkmalamt Berlin.

Unter dem 0,10–0,12 m starken Betonrandstreifen von 1957 befand sich eine ebenso starke Mörtelschuttschicht, die als Unterbau eingebracht war. Sie überlagerte eine ca. 0,30 m starke Schicht, die aus humosem Boden mit Bauschutt und Schieferplattenbruch (lange Rechtecke) bestand. Diese Schicht entstand nach Sanierung der Fundamente im Jahr 1938/39. Damals wurden die Fundamente in diesem Bereich freigelegt und bis zu einer Tiefe von ca. 0,60 m unter die Putzunterkante mit Zementmörtel verfugt und mit einer Bitumenmasse überstrichen. Die tiefer liegenden Fundamentbereiche blieben von dieser Maßnahme unberührt. Die Sondage 1 wurde bis zu einer Tiefe von 1,45 m unter die Putzunterkante, die bis an die Oberkante des Betonrandstreifens reichte, angelegt. Die Sohle der mittelalterlichen Langhausfundamente befand sich in der Tiefe von 1,45 m. Deutlich zu unterscheiden war der Ansatz des Fundamentes der Verlängerung von 1716, die nur bis zur Tiefe von 1,20 m reichte. Im Bereich der mittelalterlichen Fundamente war deren mit hellgrauem Erdreich verfüllte Baugrube deutlich zu erkennen, da sie in eine aus sandigem Lehm bestehende Schicht reichte. Die Fundamente bestanden im oberen Bereich aus sehr großen Feldsteinen. Im unteren Bereich wurden Feldsteine unterschiedlicher Größe verbaut. In den Fundamenten von 1716 sind keine sehr großen Feldsteine verbaut. Der Füllboden entlang der Fundamente war locker und mit Menschenknochen aus gestörten früheren Bestattungen vermengt.

Zur Kontrolle dieses Befundes wurde zwischen der Sondage 1 und der südöstlichen Kirchenecke die Sondage 2 angelegt. Die Schichtenabfolge war hier mit der in Sondage 1 identisch. Auch der Zustand der Fundamente entsprach dem in Sondage 1. Sie reichten bis zur Tiefe von 1,10 m. In beiden Sondagen ragen die Fundamente ca. 0,10 m nach außen hervor.

Die Sondage 3 wurde an der nördlichen Langhauswand in der Ecke zur westlichen Sakristeiwand angelegt. In diesem Bereich wurden die Sanierungsmaßnahmen von 1938/39 bis zur Tiefe von 1 m unter der Putzunterkante (bei 47,30 ü. NN) durchgeführt. Das Fundament der Sakristei war in gleicher Weise ausgeführt (Abb. 11). In der durch einen betonierten Gehweg zur Sakristei sehr beengten Sondage konnten die Fundamente nur bis zu einer Tiefe von 1,10 m freigelegt werden, sie reichen aber tiefer. In der Tiefe von 1,10 m ließ sich deutlich eine enge, bis zum Außenrand mit Fundamenten ausgefüllte Baugrube erkennen. Die Fundamente des Langhauses ragten im oberen Bereich ca. 0,15 m und im unteren bis zu 0,53 m nach außen hervor, die Fundamente der Sakristei bis zu 0,28 m. In diesem Bereich war bei den Sanierungsarbeiten von 1938/39 an die Fundamente eine 0,30 m starke Lehmschicht geschüttet worden. Diese wurde sorgfältig verdichtet und nach außen abgeböscht. Überdeckt war diese Sperrschicht mit einer 0,30 m starken Humusschicht. Die Verbindung der Langhausfundamente mit den Sakristeifundamenten konnte an diesen selbst nicht geklärt werden, da die Ecke sorgfältig mit Zementmörtel und Bitumenanstrich überdeckt war. Für die gleichzeitige Ausführung sprechen aber die gleiche Bauweise und die gemeinsame Baugrube.

Abb. 11: Berlin, Dorfkirche Kaulsdorf. Die mittelalterlichen Fundamente der Sakristei. Blick auf die nord-westliche Ecke. Foto: Raimund Maczijewski, Landesdenkmalamt Berlin.

Die Dorfkirche in Mahlsdorf

Das Dorf Mahlsdorf gehört zum Berliner Bezirk Hellersdorf. Die erste Erwähnung stammt aus einer Verkaufsurkunde aus dem Jahre 1345. In dem im Handbuch Kaiser Karls IV. verzeichneten Dorfregister des Barnim von 1375 ist das Dorf Maltesdorf mit 50 Hufen, davon vier freien Hufen des Pfarrers, verzeichnet.[8] Wegen der außerordentlichen Reparaturbedürftigkeit der Mahlsdorfer Kirche, der Schäden an Dächern und der Risse im Turmmauerwerk sowie vor allem wegen der seit Jahrzehnten in zunehmendem Maße aufsteigenden Feuchtigkeit im Mauerwerk mit allen Folgeschäden für Putz, Wandmalereien, Gestühl, Altar und Kanzel, wurde 1994 auf Initiative und mit finanzieller Unterstützung der Denkmalpflege eine Arbeitsgruppe gebildet, die Archivrecherchen, Bestandsaufnahme, Bauforschung sowie archäologische Forschungen durchführen sollte, um ein Restaurierungskonzept aufzustellen (Abb. 12). Die archäologischen Untersuchungen begannen im Spätsommer 1997 und dauerten, abhängig vom Fortschritt der Sanierungsarbeiten, bis Ende Januar 1999.[9] Zuerst wurden die

---

[8] Landbuch (wie Anm. 2), S. 71, Nr. 49.
[9] Martina Abri / Christian Raabe, Zur Sanierung der mittelalterlichen Kirche in Mahlsdorf, in: Die Denkmale in Berlin, Bezirk Marzahn, Ortsteile Kaulsdorf, Mahlsdorf und Hellers-

Fundamente der Kirche in fünf Sondagen an den Außenwänden freigelegt. Diese, aus Feldsteinen unterschiedlicher Größe in eine enge Baugrube gepackt und mit Lehm verstampft, reichten bis zu 1,20 m unter die Erdoberfläche. Das in dieser Höhe beginnende aufgehende Mauerwerk bestand aus Granitquadern, die mit Kalkmörtel verbunden waren.

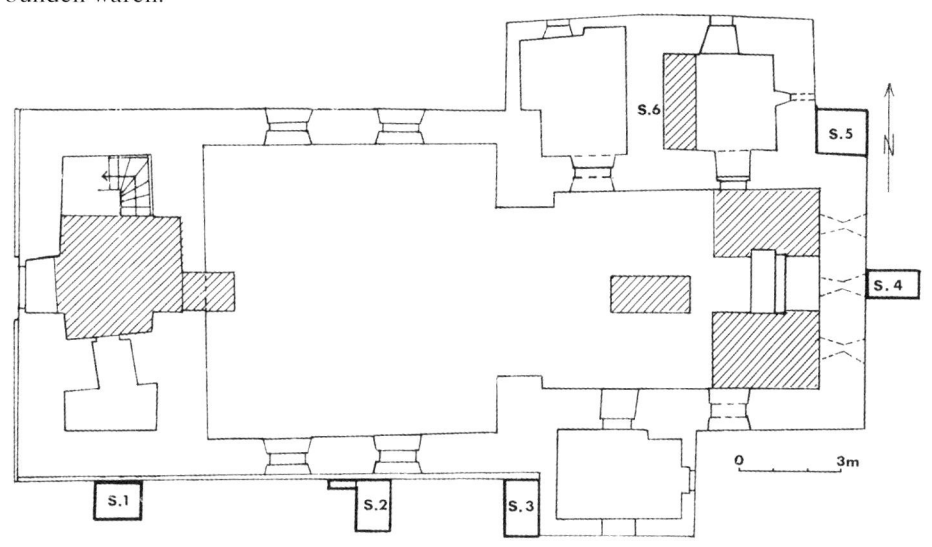

Abb. 12: Berlin, Dorfkirche Mahlsdorf. Lage der Grabungsflächen in und an der Dorfkirche Mahlsdorf. Plan: Raimund Maczijewski, Landesdenkmalamt Berlin.

Die Sondage 1 wurde an der Südwand im Bereich des Kirchenraumes angelegt. An der südlichen Kirchenwand befanden sich Sockelstreifen aus Zementmörtel, der unterhalb der Wandquaderung ansetzte, ca. 0,30–0,40 m hoch war und etwa 0,10–0,15 m über das Erdreich herausragte. Der untere Bereich war mit einer 0,35–0,45 m starken, nach Süden zum Gehweg hin abfallenden Böschung aus humosem, mit Mörtelbruch und Bauschutt vermengtem Erdreich abgedeckt. Diese Böschung überlagerte eine 0,35–0,45 m starke Lehmbank, die vor das aus Feldsteinen unterschiedlicher Größe errichtete Fundament und in die z. T. tiefen Zwischenräume und Fugen eingebracht war. In der Sondage 1 befand sich unter der aufgebrachten Lehmpackung eine anstehende Schicht aus sandigem Lehm, die bereits in der Tiefe von 1,10 m sehr nass war.

Die Sondage 2 wurde so angelegt, dass ein Querprofil des an die Kirchenwand heranreichenden Geländes in der Mitte der in der südlichen Wand sich befindenden vermauerten Pforte ansetzte. Durch den Mörtelsockel verdeckt, konnte kein Ansatz einer Türschwelle beobachtet werden. Auch ein durchgehender Schwellstein wurde nicht festgestellt. Die Schichtenabfolge und die Beschaffenheit der Fundamente entsprachen denen der Sondage 1.

dorf, hg. vom Bezirksamt Marzahn von Berlin, Untere Denkmalschutzbehörde, Red. ANJA FRANZISKA DENKER, Berlin 2002, S. 172–179.

Die Sondage 3 wurde in der Ecke zwischen der südlichen Kirchenwand und der westlichen Wand der Totenkammer angelegt. Überraschenderweise fehlte in diesem Bereich die in den Sondagen 1 und 2 vorhandene Lehmschicht. Anstelle dessen befand sich nur eine ca. 0,20 m starke Schicht aus lehmigem Sand, der auf den anstehenden, mit Kieseln durchsetzten Sand aufgebracht worden war. Die Fundamente der Kirche bestanden in diesem Bereich aus z. T. größeren Feldsteinen (frühere Ecke?). Sie ragten im unteren Bereich bis zu 0,50 m nach außen hervor. Die Sohle des Fundamentgrabens lag in 1,20 m Tiefe.

Die Sondage 4 wurde in der Mitte der östlichen Giebelwand unterhalb des mittleren Fensters angelegt. Die Quader des aufgehenden Mauerwerks reichten hier bis unter die Erdoberfläche. Ein Sockel wie an der Südwand war nicht vorhanden. Eine Zwischenschicht aus plattenartigen Feldsteinen bildete den Übergang zu dem aus Feldsteinen überwiegend mittlerer Größe, im unteren Bereich bis zu 0,30 m nach außen vorspringenden Fundament. Dieses reichte bis zu 1,20 m unter die Erdoberfläche. Im Bereich dieser Sondage befand sich eine ca. 0,70 m starke Lehmschicht. Diese überlagerte eine ca. 0,20 m starke Schicht aus sandigem Lehm. Unterhalb dieser Schicht begann der anstehende Lehm, auf dem die Kirchenfundamente stehen.

Die Sondage 5 wurde in der Ecke zwischen der nördlichen Kirchenwand und der östlichen Sakristeiwand angelegt. Dieser Bereich erwies sich als weitgehend durch Kabel- und Entwässerungsarbeiten gestört. Das Fundamentbild entsprach dem der Sondage 4. Auch hier reichte eine ca. 0,70 m starke Lehmschicht bis in die Fugen der Feldsteinfundamente. Diese wurde bereits 1853 als Isolierschicht gegen die in die Kirche eindringende Feuchtigkeit aufgeschüttet und mit einer Humusschicht überdeckt. Aus der Verfüllung des Kabelgrabens wurden Bruchstücke harter Grauware von Gebrauchskeramik des 13. und 14. Jahrhunderts geborgen. In diesen Zeitraum gehört das Fragment eines Firstziegels, wohl der ersten Dacheindeckung, der einer Thermolumineszenzanalyse zufolge in das Jahr 1308 datiert.

Die Ergebnisse der Sondagen bestätigten die Überlieferungen zu früheren Bemühungen um eine Feuchtigkeitsbekämpfung. Die entlang der Außenwände aufgebrachten, nach außen abfallenden Lehmbänke haben das meiste Regenwasser von den Wänden abgeleitet, eine Restmenge konnte aber unterhalb der vermörtelten, untersten Mauerschicht in das Kircheninnere eindringen und im Mauerwerk aufsteigen.

Im November 1997 konnte im Innern der Kirche der Bereich zwischen dem Altar und der nördlichen Kirchenwand untersucht werden. Dabei stellte sich heraus, dass alle Fußbodenebenen, die je im Altarraum entstanden sind, noch erfassbar waren. Der Fußboden im Jahre 1997 (Befund 1) bestand aus Werrasandsteinplatten im Format 0,27 × 0,27 m. Die Platten waren diagonal verlegt. Entlang der Wände und um den Altarblock herum lagen streifenförmige Platten. Dieser Fußboden war bei dem großen Kirchenumbau in den Jahren 1897/98 verlegt worden. Zu Beginn der Ausgrabung wurde ein Lageplan der Fußbodenplatten angefertigt, diese fortlaufend nummeriert und in der Sakristei zu einer möglichen Wiederverwendung gelagert. Im Zuge der Bergungsarbeiten stellte sich jedoch bald heraus, dass die meisten Platten schichtenweise so aufgespalten und aufgeblättert waren, dass eine Wiederverwendung nicht mehr möglich war. Unter der darunter befindlichen Ausgleichschicht, die aus mit

Bauschutt vermengtem Sand bestand, konnte ein älterer Fußboden erfasst werden. Dieser (Befund 2) bestand aus roten Ziegelsteinen im Format 0,26 × 0,125–0,130 × 0,65–0,70 m. Die Ziegel waren in Reihen auf Wechsel, parallel zur Ostwand der Kirche, auf einer gut verdichteten lehmigen Sandschicht verlegt und mit einer ca. 0,15 m starken Teer-Sandschicht überzogen. Dieser Fußboden ist vermutlich im Jahre 1842, als man Rathenower Ziegel gegen Hausschwamm kaufte, jedoch spätestens im Jahre 1853, als im Außenbereich entlang der Wände Lehmbänke aufgebracht wurden, entstanden. Zu diesem Zeitpunkt war das Fußbodenniveau im Altarraum und in der Sakristei noch gleich. Eine Sondage entlang der westlichen inneren Sakristeiwand (Sondage 6) zeigte, dass der darunter befindliche Fußboden bis auf eine kleine, durch einen Lüftungsschacht verursachte Störung noch erhalten ist.

Die Anhebung des Fußbodenniveaus im Altarraum hatte zur Folge, dass die Türöffnung zur Sakristei zu niedrig wurde. Die Vergrößerung der lichten Höhe wurde durch Ausstemmen des Sturzes erreicht. Die abgestemmten Granitsplitter bildeten unter der Ausgleichschicht des Fußbodens eine deutliche Halde.

Ein weiterer älterer Fußboden, der ca. 0,25 m tiefer lag (Befund 3) konnte nur noch in wenigen Fragmenten erfasst werden. Erhalten hatten sich einige Bruchstücke von Ziegelplatten, die am Putz der nördlichen und östlichen Kirchenwand anhafteten. Bis zu diesem Niveau waren die Kirchenwände und der Altarblock grünlich angestrichen. Aus der Ausgleichschicht für den darüber verlegten Fußboden (Befund 2) konnten mehrere erhaltene Ziegelplatten im Format 0,17 × 0,17 m mit einer Dicke von 0,45 m sowie zu Dreiecken bearbeitete Platten, die der Beleg für eine diagonale Verlegung sind, geborgen werden. Vermutlich entstand dieser Fußboden vor 1693. Aus Zahlungsbelegen ist zu entnehmen: *… das Pflaster in der Kirche zu bessern = 1 T 2 gr., für Mauersteine zum Pflaster = 1 T., für 2hundert Mauersteine zu holen = 6 gr.*[10]

Der älteste Fußboden entstand mit dem Bau der Kirche. In der Mitte des 13. Jahrhunderts bestand er im Altarraum aus einem Feldsteinpflaster mit lehmiger Verstampfung (Abb. 13). Das Pflaster bestand aus faustgroßen Feldsteinen und reichte von der östlichen Giebelwand bis zur Sakristeitür und dem westlichen Rand des Altars, wo es von einer Reihe größerer, in eine Reihe gepackter Feldsteine eingefasst war. Das Pflaster bildete gleichzeitig eine Erhöhung gegenüber dem aus gestampftem Boden bestehenden Fußboden im Saal. Die Reste der Fundamente des zeitgleichen Altars (Befund 9) bestanden aus kleinen Feldsteinen, Ziegelsteinfragmenten und einem in weißen Kalkmörtel gesetzten Ziegelstein in Klosterformat 0,30 × 0,14 × 0,08 m. Der Abstand des Altars zur östlichen Kirchenwand betrug ca. 0,40 m. Keramikbruch der harten Grauware, gefunden in diesem Bereich, ermöglicht eine Datierung in die Zeit vor 1300. Einen zerstörungsfreien Einblick unter den mittelalterlichen Fußboden ermöglichte eine frühere Bodenstörung, die wohl im Zusammenhang mit Bodenuntersuchungen zur Durchfeuchtung der Kirche entstand. Das Ausräumen der Verfüllung ermöglichte die Betrachtung der Bodenbeschaffenheit und der Kirchenfundamente von innen. So konnte hier festgestellt werden, dass die Kirche in einem Gebiet errichtet

---

[10] Rechnung aus dem Jahr 1693, Archiv der Dorfkirche Mahlsdorf.

Abb. 13: Berlin, Dorfkirche Mahlsdorf. Blick auf das mittelalterliche Pflaster nördlich des Altars. Foto: Raimund Maczijewski, Landesdenkmalamt Berlin.

wurde, das keine früheren Siedlungsspuren aufweist. Die Fundamentsteine sind sorgfältig in einen engen Fundamentgraben gepackt und mit Lehm verstampft. Im unteren Bereich sind kleinere Feldsteine verwendet worden, im oberen wurden sie größer. Entlang der nördlichen Kirchenwand erhielt sich in der Höhe der damaligen Erdoberfläche eine Schicht aus heruntergetropftem Setzmörtel. Diese war vor dem Einbringen des Pflasters nicht entfernt worden. Der Befund wurde zeichnerisch und fotografisch dokumentiert, mit einer 0,15 cm starken Sandschicht überdeckt und ist als Bau- und Bodendenkmal konserviert.

Im Herbst 1998 wurde der Bereich zwischen dem Altar und der südlichen Kirchenwand untersucht. Die Ergebnisse bestätigten den Befund aus dem nördlichen Bereich. Auch hier wurden das Fundament des mittelalterlichen Altars sowie die Fundamente der nachfolgenden Altäre erfasst, die weiter in westlicher Richtung errichtet und in der Höhe mit Veränderungen des Fußbodenniveaus erhöht wurden. Es ließ sich feststellen, dass entlang der südlichen Kirchenwand ein ca. ein Meter breiter Bereich des aus roten Ziegelsteinen errichteten Fußbodens mit Bitumenbelag erhalten geblieben ist. Dieser Rest reichte von der östlichen Giebelwand bis zur Tür zur Totenkammer und bildete den Unterbau für das dort befindliche Gestühl. Der Befund blieb unberührt erhalten.

Eine Sondage in der Mitte der Kirche, zwischen den Stufen zur Altarempore und dem Heizungsschacht, wurde bis zur Tiefe von 1,65 m unter dem heutigen Fußboden angelegt. Dabei stellte sich heraus, dass in diesem Bereich der Boden aus vermischtem

Archäologische Untersuchungen in und an Berliner Dorfkirchen   505

humosen Erdreich bestand, der auch einige Menschenknochen beinhaltete. Nach Aussagen von Pfarrer Bauer sind ähnliche Bodenverhältnisse im Mittelgang der Kirche beim Anlegen des zweiten Heizungskanals beobachtet worden. Die dabei geborgenen Menschenknochen, es handelte sich um keine zusammenhängenden Skelette, sind dort wieder vergraben worden. Eine weitere Sondage, zwischen dem westlichen Ende des im Mittelgang befindlichen Heizungsschachtes und der Türschwelle zum Turm, zeigte die gleiche Bodenbeschaffenheit wie sie im Bereich vor den Stufen zur Altarempore festgestellt wurde.

Im Januar 1999 konnten die Arbeiten im Turm- und Saalbereich fortgesetzt werden. Überraschend stellte sich heraus, dass der Fußboden im Turm, wie der im Altarraum, schon im Mittelalter gepflastert war. Bei Umbauten im 19. Jahrhundert ist der Boden im Turm bis zur Fundamentunterkante umgegraben worden. Im Hauptraum des Turmes sind die Spuren der baulichen Veränderungen sehr deutlich zu erkennen gewesen. Große Feldsteine, die einseitig „glattgelaufen" sind, vermischt mit kleineren, die mit Mörtel bedeckt waren, wurden wahllos in die ausgeschachtete Grube geworfen. Zur Anlage der Grube sind offenbar auch Gräber entfernt worden, da sich in dem Füllboden zwischen den Feldsteinen auch einzelne Menschenknochen, wie im Saalbereich, befanden. Das einzige im Grabungsbereich noch erhaltene, allerdings beschädigte Grab konnte im Turm neben dem nördlichen Fundament des früheren, offenen Bogens in der Wand zwischen dem Saal und dem Turm freigelegt werden (Abb. 14). Da die Grabgrube besonders tief ausgehoben war, ist es bei den Umbauarbeiten nicht bemerkt

Abb. 14: Berlin, Dorfkirche Mahlsdorf, Befund 14. Eine Kinderbestattung im Turmbereich. Foto: Raimund Maczijewski, Landesdenkmalamt Berlin.

worden. Geborgen wurde der fast komplette, gut erhaltene, aber verdrückte Schädel, sowie der erste bis vierte Halswirbel, das Zungenbein, das linke Schlüsselbein sowie eine linke Rippe eines 4- bis 5-jährigen Mädchens. Die anthropologische Untersuchung führte Bettina Jungklaus durch. Bei dieser Untersuchung wurden Anzeichen für Entzündungen der Nasenhöhlen in Form netzartiger Auflagerungen festgestellt. Die Grabgrube durchschnitt die mittelalterliche Pflasterung. Eine genaue Datierung der Bestattung ist nicht möglich. Zu beachten ist jedoch, dass die Bestattung zu einer Zeit stattfand, als der Bogen zwischen dem Saal und dem Turm noch offen war.

Die Dorfkirche in Staaken

Das Dorf Staaken wird das erste Mal in einer Urkunde des Bischofs von Brandenburg, Heinrich, am 26. März 1273 erwähnt und ein Priester, Johannes de Morzan, wird bereits im Jahre 1308 in Staaken genannt.[11] Mit dem Bau einer Kirche wurde vermutlich in den darauf folgenden Jahren begonnen. Im Jahre 1433 zerstörte ein Feuer fast das gesamte Dorf. Dabei wurde auch die am nördlichen Rand des Dorfes gelegene Kirche teilweise beschädigt, deren Wiederaufbau in den Jahren 1436–1439 stattfand. Es handelt sich um einen rechteckigen 15,25 × 8,55 m großen Ost-West ausgerichteten Saalbau, der in Mischbauweise aus unterschiedlich großen Feldsteinen und Backsteinen errichtet wurde. Das Satteldach war mit Biberschwanzziegeln eingedeckt. In der östlichen Giebelwand befanden sich drei Fenster. Aufgrund der Stärke der Wände lässt sich ein Schalenmauerwerk vermuten. Im Jahre 1967 wurde die Kirche von außen neu verputzt und erhielt ihr heutiges Aussehen.

Keramikfunde bei Isolierungsarbeiten am Fundament des Kirchturms, die im Jahre 1992 durchgeführt wurden, waren der unmittelbare Anlass für eine archäologische Untersuchung. Im Spätherbst 1992 wurde an der Nordseite des Kirchturms die Grabungsfläche I angelegt. Die östliche Flächenbegrenzung bildete das Fundament der westlichen Kirchenwand, die südliche Begrenzung war das Fundament des Kirchturms.

Bereits in einer Tiefe von ca. 0,50 m unter der Erdoberfläche wurde eine ca. 0,30 m starke Mischschicht aus Mauer- und Dachziegelbruch sowie Putz- und Mörtelbruch freigelegt. Deutlich hob sich darin eine rechteckige, schwarzbraune Verfärbung ab, die später bis zur Tiefe von ca. 1,50 m erhalten blieb. Dicht am Turmfundament befand sich eine rechteckige, 1 m × 0,75 m große Kalkgrube. In der Grube befand sich eine ca. 0,30 cm starke, an den Rändern verhärtete, aber im Innern noch pastöse Kalkschicht. Die Kalkgrube reichte bis an eine ca. 0,15–0,25 m starke lehmhaltige Schicht heran. In dieser Schicht befanden sich große Brocken von Wandbewurf mit Abdrücken von Holzscheiten. Für diese Kalkgrube ist im Kirchenarchiv eine Rechnung vom 30. Mai 1712 erhalten geblieben. Unmittelbar westlich der Stelle, etwa 0,15 m tiefer gelegen,

---

[11] Jürgen Grothe, Festschrift, herausgegeben aus Anlass des urkundlichen 700-jährigen Bestehens des Ortsteiles Staaken von Berlin-Spandau, Berlin 1973, S. 28.

Archäologische Untersuchungen in und an Berliner Dorfkirchen 507

befand sich eine zweite Kalkgrube. Auch für diese Kalkgrube, die bis auf wenige Spuren ausgeräumt war, ist eine am 7. Dezember 1711 ausgestellte Rechnung erhalten.

Unmittelbar unter der Schicht mit Wandbewurf, in der Tiefe von ca. 1,25 m unter der Erdoberfläche traten Bestattungen zutage (Abb. 15). Im hellen Boden hoben sich deutlich Sargumrisse ab, wobei die Grabgruben kaum zu bemerken waren.

Abb. 15: Berlin, Dorfkirche Staaken. Freilegen der Bestattungen in Fläche I nördlich des Turms. Foto: Raimund Maczijewski, Landesdenkmalamt Berlin.

Unter den 25 freigelegten und geborgenen Bestattungen befanden sich acht von Kindern. Beachtenswert ist eine sarglose Kinderbestattung (Stelle 2). Die ca. 1,50 m tiefe Grabgrube wurde bereits 0,50 m unter der heutigen Erdoberfläche beobachtet. Die Füllung der Grube entsprach dem Erdreich an der Erdoberfläche. Die Sohle der Grabgrube befand sich über der Schicht mit dem Wandbewurf. Vermutlich handelt es sich um eine heimliche Notbestattung aus der ersten Hälfte des 20. Jh.

Zwei weitere Bestattungen (Stellen 7 und 18), sind beachtenswert. Die Arme der Toten waren auf der Brust so verschränkt, dass die Unterarme einen Winkel von ca. 90° zu den Oberarmen bildeten. Bei den restlichen Bestattungen befanden sich die Arme dagegen, wie üblich, in gestreckter Seitenlage. In keiner der Bestattungen wurden Anhaltspunkte zu einer zeitlichen Einordnung gefunden. Aus dem Erdreich zwischen den Bestattungen, die sich z. T. überlagerten, wurden wenige Keramikscherben des 14. und 15. Jh. ohne besondere Merkmale geborgen. Die Bestattungen 22, 23, 27, und 28 befanden sich unter dem Turmfundament. Die 3 cm starken Sargbretter der Bestattung 27 sind noch erhalten. Eine Probe wurde bestimmt. Es handelt sich um Kiefernholz.

Im östlichen Teil der Grabungsfläche I befanden sich drei Pfostenlöcher (Stellen 9, 10 und 11). Ihre Funktion konnte nicht geklärt werden.

Im Jahre 1558 wurde der erste Kirchturm gebaut. Die Fundamente bestehen aus Feldsteinen verschiedener Größe sowie Ziegeln. Verbaut wurden dabei auch in sekundärer Verwendung ältere Mauerziegel (dunkelrot) im Format 0,26–0,285 × 0,13–0,135 m × 0,09–0,095 m. Im oberen Fundamentbereich wurde eine sorgfältige, ebene Schicht aus Mauerziegeln (rosarot) im Format 0,26–0,26,5 × 0,8–0,85 m gelegt. Der darauf gesetzte Turm bestand entweder nur aus Holz oder, dafür spricht die vor dem Fundament liegende Schicht mit Wandbewurf, aus Fachwerk. Gedeckt war der Turm mit Biberschwanz. In den Jahren 1711/1712 wird ein neuer Turm errichtet. Der Turm wird aus gelben Mauerziegeln im Format 0,24 × 0,115 × 0,6 m gebaut, wofür 10 000 Steine gekauft wurden.[12] Die bereits beschriebenen Kalkgruben wurden für diese Baumaßnahme angelegt.

Ergraben wurde eine deutliche Trennung zwischen den Fundamenten des Kirchenschiffes und den Fundamenten des Kirchturms. Die Reste einer Humusschicht auf dem Kirchenfundament ließen den Mörtel, der beim Anbau des Turmfundamentes aufgetragen wurde, beim Abbinden vom Kirchenfundament „abrollen". Nach der Fertigstellung des Kirchturms wurde in der unmittelbaren Nähe nicht mehr bestattet. Ein neuer Friedhof wurde im Jahre 1874 am südlichen Dorfrand angelegt.

Das Fundament des westlichen Kirchengiebels, das in der Fläche 1 freigelegt wurde, reichte bis ca. 1,40 m unter den heutigen Kirchenfußboden. Das Fundament ist in eine enge Baugrube gesetzt worden, aus der keine Datierungshinweise geborgen wurden.

Eine weitere Grabungsfläche (Fläche II) wurde im Dezember 1992 in der Kirche angelegt. Im Bereich zwischen der Nordwand und dem Altar, an der östlichen Giebelwand, wurde der aus Ziegelplatten im Format 28 × 28 × 5 cm und Mauerziegeln bestehende Kirchenfußboden aufgenommen. Unter einer 18–20 cm starken Sandschicht befand sich eine 5–15 cm starke Schuttschicht. In Altarnähe (Profil AB der Fläche II) und an der Nordwand lagen überraschenderweise einige Fußbodenplatten gleicher Größe in einem dünnen Mörtelbett (Stelle 32). Unter dem jetzigen Altar (errichtet 1962 aus Beton) banden die Fußbodenplatten an den Sockel eines älteren, aus Ziegelsteinen errichteten Altars. Der Altarsockel ist verputzt und weiß gestrichen. Vermutlich wurde er bei einem Umbau der Kirche 1837 errichtet. Im Jahre 1881 wurde der Altar zur Kirchenmitte verbreitert (Stelle 35).

Vermutlich wurde 1837 auch der noch heute in ca. 0,35 m Tiefe unter dem Kirchenfußboden erhaltene und in der östlichen Giebelwand hinter dem heutigen Altar als „Negativ" sichtbare Altar aus Feldsteinen abgetragen. Dieser ca. 1,35 m hohe und ca. 1,60 m breite Altar reichte ca. 1,40 m in die Kirche hinein. Vor dem Altar liegen mehrere, einen Fußboden bildende flache Feldsteinplatten. Bis zu dieser Tiefe reichen auch schwache Spuren einer weißen Wandbemalung. Eine 0,20–0,25 m starke Ausgleichschicht, die möglicherweise bei Umbauarbeiten an der Kirche im Jahre 1647 entstand, als auch der Kirchturm neu gedeckt wurde, überlagert eine durchgehende

---

[12] Rechnung von 1711, Archiv der Dorfkirche Staaken.

Lehmtenne. Von dieser Schicht abwärts ist im Innern der Kirche die Fundamentgrube erkennbar. Unter der beschriebenen Lehmschicht befindet sich eine humose, durch landwirtschaftliche Tätigkeit entstandene, ca. 0,30 m starke Schicht. Aus dieser Schicht wurden einige slawische Keramikscherben des frühen 14. Jahrhunderts geborgen. In der sandigen Schicht darunter waren Spatenspuren sichtbar. Ein Vorgängerbau konnte in diesem Bereich nicht festgestellt werden. Eine Erweiterung der Grabungsfläche ist geplant.

Bereits im Jahre 1648 wurde eine neue Kanzel aufgestellt. Sie wurde an der Nordwand der Kirche errichtet. Für den Aufgang zur Kanzel wurde ein Fundament in der Ecke zwischen der nördlichen und der östlichen Kirchenwand eingebracht (Stelle 33). Die Fundamentgrube wurde mit Feldsteinen aufgefüllt, mit Kalkmörtel ausgegossen und mit einer Holzauflage aus drei Holzscheiten versehen. Für diese Arbeit erhielt der Meister *1 Thaler und 21 Groschen.*[13]

An der nördlichen Kirchenwand war im Wandputz deutlich der Abdruck der Treppenwange erkennbar. Im oberen Wandbereich ist als Rissbildung die Verankerung des Schalldeckels über der Kanzel sichtbar. Die Kanzel wurde 1962 zusammen mit der Orgel und den Emporen „wegen Wurmbefall" abgetragen und verbrannt. Nur Fragmente der Kanzel und der Altarplatte konnten gerettet werden.[14]

Im Profil DE der Fläche 2 wurde eine zugemauerte Türöffnung angeschnitten (Stelle 31). Leider war der Bereich vor der Schwelle durch spätere Eingriffe gestört. Aus diesem Bereich wurden zwei Münzen geborgen.

Im Mai 1993 wurde an der Außenseite der nördlichen Kirchenwand eine weitere Grabungsfläche angelegt (Fläche III). Unregelmäßigkeiten im Putz und in der Wandstruktur ließen einen Anbau vermuten. Die zugemauerte Türöffnung, die im Innern der Kirche nur angeschnitten wurde, deutete darauf hin. Nachdem nur wenig Putz von der Kirchenwand entfernt wurde und im Fundamentbereich eine Zementmörtelschicht abgeschlagen war, wurde die zugemauerte Tür sichtbar (Abb. 16).

In der Grabungsfläche III wurde ein 5,20 m langer und 3,20 m breiter Anbau freigelegt (Stelle 36). Die Fundamente bestanden, wie die Fundamente des Kirchenschiffs, mit denen sie zeitgleich gebaut wurden, aus Mischmauerwerk

Abb. 16: Berlin, Dorfkirche Staaken. Zugemauerte Tür der Sakristei in der nördlichen Kirchenwand. Foto: Raimund Maczijewski, Landesdenkmalamt Berlin.

---

[13] Rechnungsbuch aus dem Jahr 1648, Archiv der Dorfkirche Staaken.
[14] Am 25. Mai 1993 wurde eine Holzprobe aus dem erhaltenen Kanzelfuß gebohrt.

Abb. 17: Berlin, Dorfkirche Staaken. Fundamente der 1670 abgebrochenen Sakristei vor der nördlichen Kirchenwand. Foto: Raimund Maczijewski, Landesdenkmalamt Berlin.

mit teilweise sehr großen Feldsteinen, besonders an den Ecken (Abb. 17). Der Fußboden der Sakristei bestand aus einer Lehmtenne. Nach Daniel Friedrich Schulze ist die Sakristei wohl 1670 abgebrochen worden;[15] in diesem Jahr wurde die Tür zugemauert, vermutlich mit Abbruchsteinen der Sakristei. Möglicherweise ist die Tür aber auch schon 1648 beim Errichten der Kanzel zugemauert worden. In den Jahren 1999 und 2000 fanden umfangreiche Sanierungsarbeiten am Turm- und Hallendachstuhl statt. Feuchtigkeitsschäden im Turminnern (Fläche 4) erforderten die Entfernung des vorhandenen Estrichs. Die darunter befindliche ca. 0,40 m starke, mit Bauschutt vermengte Füllschicht konnte leicht von den darunter liegenden älteren Straten getrennt werden. Das Ergebnis der Prospektion überraschte: Die Turmwände sind mit einer Ziegelschicht verblendet, die ohne Fundament auf eingebrachtem Boden sitzt. Punktfundamente in den Ecken des Turmes und etwa in der Mitte der Wände reichen bis auf die alten Turmfundamente. Die östliche Wandverblendung liegt auf einem von der Nord- bis zur Südwand gespannten Entlastungsbogen auf. Die schon früher vorhandene Türöffnung zum Saal ist gleichfalls beidseitig mit Ziegeln verblendet.

Eine weitere Sondage (Fläche 5) wurde im Mittelgang des Saals an der westlichen Saalwand vor der Türschwelle zum Turm angelegt. Unter einer ca. 0,30 m starken Auffüllung aus Sand und Bauschutt kam der Rest eines älteren Fußbodens aus quadrati-

---

[15] DANIEL FRIEDRICH SCHULZE, Zur Beschreibung und Geschichte von Spandow, Bd. 1, Spandau 1913, S. 588.

schen Ziegelplatten zum Vorschein (Abb. 18). Einige der Platten waren zerschlagen. Dieser Schaden kann nur durch abstürzende Balken oder durch einstürzendes Mauerwerk verursacht worden sein. Als am ganzen Kirchengebäude der Außenputz erneuert wurde, sind im Bereich der früheren Seitenpforte in der südlichen Saalwand auffällige Veränderungen im Mauerwerk beobachtet worden. Eine weitere Sondage (Fläche 6) ist so angelegt worden, dass der untere Bereich der Seitenpforte freigelegt werden konnte. Die Höhe der Trittfläche des Schwellsteins entsprach etwa der des älteren Fußbodenniveaus im Mittelgang. Von dieser Tiefe an war die Baugrube der Kirchenfundamente gut erkennbar. Der Unterbau des Schwellsteins bestand aus kleineren, in Lehm gepackten Feldsteinen.

Abb. 18: Berlin, Dorfkirche Staaken. Älterer Fußboden unter dem Mittelgang östlich der Tür zum Turm. Foto: Raimund Maczijewski, Landesdenkmalamt Berlin.

Kirchenarchäologie im Süden des Landes Brandenburg

Markus Agthe

Ausgehend von den in den letzten vier Jahrzehnten durchgeführten archäologischen Untersuchungen in und an Kirchen im Süden des Landes Brandenburg (Abb. 1), d. h. in der Niederlausitz und im Elbe-Elster-Gebiet, soll im Folgenden der gegenwärtige Forschungsstand im Überblick dargestellt werden.[1]

Historische Quellen

Über den Verlauf der Christianisierung und die Entstehung der kirchlichen Organisation in dem hier behandelten Raum gibt es bisher kaum gesicherte Erkenntnisse. Die Grundzüge der Entwicklung werden durch die historischen Quellen lediglich angedeutet.[2]

Die ursprüngliche Zugehörigkeit der Region „Lusica" – dem später „Niederlausitz" genannten Gebiet – zu dem 948 gegründeten Bistum Brandenburg wird neuerdings ebenso angezweifelt, wie ihre anfängliche Zuordnung zum 968 entstandenen Bistum Meißen.[3] Vielmehr gehörte die Niederlausitz zunächst wahrscheinlich zum

---

[1] Vgl. hierzu ausführlich auch MARKUS AGTHE, Archäologische Untersuchungen und baugeschichtliche Beobachtungen an Kirchen der Niederlausitz und des angrenzenden Elbe-Elster-Gebietes, in: Arbeitsberichte zur Bodendenkmalpflege in Brandenburg 12 (2003), S. 237–288.

[2] Vgl. dazu allgemein: KARLHEINZ BLASCHKE / WALTHER HAUPT / HEINZ WIESSNER, Die Kirchenorganisation in den Bistümern Meißen, Merseburg und Naumburg um 1500, Weimar 1969; KLAUS MERTENS, Romanische Saalkirchen innerhalb der mittelalterlichen Grenzen des Bistums Meißen (Studien zur katholischen Bistums- und Klostergeschichte, Bd. 14), Leipzig 1973; WALTER SCHLESINGER, Kirchengeschichte Sachsens im Mittelalter, Bd. 1 und 2 (Mitteldeutsche Forschungen, Bd. 27), Köln/Wien ²1983; WINFRIED SCHICH, Die „Christianisierung" der Kulturlandschaft zwischen Elbe und Oder im 12. und 13. Jahrhundert, in: Siedlungsforschung. Archäologie – Geschichte – Geographie 20 (2002), S. 93–116; für die Niederlausitz siehe insbesondere: RUDOLF LEHMANN, Untersuchungen zur Geschichte der kirchlichen Organisation und Verwaltung der Lausitz im Mittelalter (Studien zur katholischen Bistums- und Klostergeschichte, Bd. 28), Weimar 1986; INES SPAZIER, Mittelalterliche Burgen zwischen mittlerer Elbe und Bober (Forschungen zur Archäologie im Land Brandenburg, Bd. 6), Wünsdorf 1999, S. 25 f. und S. 86–88; GERTRAUD EVA SCHRAGE, Entstehung und Entwicklung der Markgrafschaft Niederlausitz im hohen Mittelalter (10. bis 13. Jahrhundert), in: Im Schatten mächtiger Nachbarn. Politik, Wirtschaft und Kultur der Niederlausitz zwischen Böhmen, Sachsen und Brandenburg-Preußen, hg. von KLAUS NEITMANN (Brandenburgische Historische Studien, Bd. 4 = Einzelveröffentlichung des Brandenburgischen Landeshauptarchivs, Bd. 3), Berlin 2006, S. 39–45.

[3] Auf die Diskussion um eine offenbar nicht zutreffende Späterdatierung der Gründung des Bistums Brandenburg sei hier nur am Rande hingewiesen, vgl. hierzu HELMUT ASSING, Wurde das Bistum Brandenburg wirklich 948 gegründet?, in: Jahrbuch für brandenburgische Landesgeschichte 49 (1998), S. 7–18; DIETRICH KURZE, Otto I. und die Gründung des Bistums Brandenburg: 948, 949 oder 965?, in: Jahrbuch für brandenburgische Landesgeschichte 50 (1999),

Abb. 1: Dem Braunkohlenbergbau in der Niederlausitz fallen ganze Dörfer zum Opfer. Wie hier in Wolkenberg finden vorher archäologische Untersuchungen statt, die auch die Kirche mit einschließen. Blick auf die Ortslage kurz vor der Überbaggerung (Oktober 1993). Die Kirche ist das einzige noch nicht abgetragenen Gebäude. Foto: Markus Agthe.

Einflussbereich des ebenfalls 968 gegründeten Erzbistums Magdeburg. Die Meißner Bischöfe beanspruchten das Gebiet seit Ende des 10. Jahrhunderts, erlangten aber erst 1137 die endgültige Eingliederung in ihren Sprengel.[4] Das Elbe-Elster-Gebiet gehörte dagegen wohl von Anfang an zum Bistum Meißen.

Aus der Zeit zwischen der Mitte des 10. und der Mitte des 12. Jahrhunderts existieren keinerlei Überlieferungen zu etwaigen Missionstätigkeiten, zu Geistlichen oder zu Kirchenbauten. Zu Beginn des 11. Jahrhunderts werden zwar einige Orte urkundlich genannt,[5] es ist aber ungewiss, ob dort auch schon Kirchen bestanden.[6] Die äußerst

S. 12–30; Helmut Assing, Das Bistum Brandenburg wurde wahrscheinlich doch erst 965 gegründet, in: Jahrbuch für brandenburgische Landesgeschichte 51 (2000), S. 7–29; Thomas Ludwig, Die Gründungsurkunde für das Bistum Brandenburg. Zur Methode der Urkundenkritik, in: Jahrbuch für brandenburgische Landesgeschichte 53 (2002), S. 9–28.

4 Thomas Ludwig, Zur Gliederung der Magdeburger Kirchenprovinz im 10. Jahrhundert, in: Diplomatische Forschungen in Mitteldeutschland, hg. von Tom Graber (Schriften zur Sächsischen Geschichte und Volkskunde, Bd. 12), Leipzig 2005, S. 59–87; vgl. auch Schrage, Entstehung (wie Anm. 2).

5 Gertraud Eva Schrage, Das Kloster Nienburg an der Saale und die Niederlausitz. Ein Beitrag zur mittelalterlichen Siedlungs- und Verfassungsgeschichte, in: Niederlausitzer Studien 28 (1997), S. 147–157; Dies., Die Niederlausitzer Besitzungen des Klosters Nienburg an der Saale. Ein Beitrag zur mittelalterlichen Siedlungsgeschichte, in: Struktur und Wandel im Früh- und Hochmittelalter. Eine Bestandsaufnahme aktueller Forschungen zur Germania Slavica, hg. von Christian Lübke (Forschungen zur Geschichte und Kultur des östlichen Mitteleuropas, Bd. 5), Stuttgart 1998, S. 241–255, bes. S. 242–246.

6 Schlesinger, Kirchengeschichte (wie Anm. 2), Bd. 1, S. 211; Lehmann, Untersuchungen (wie Anm. 2), S. 4.

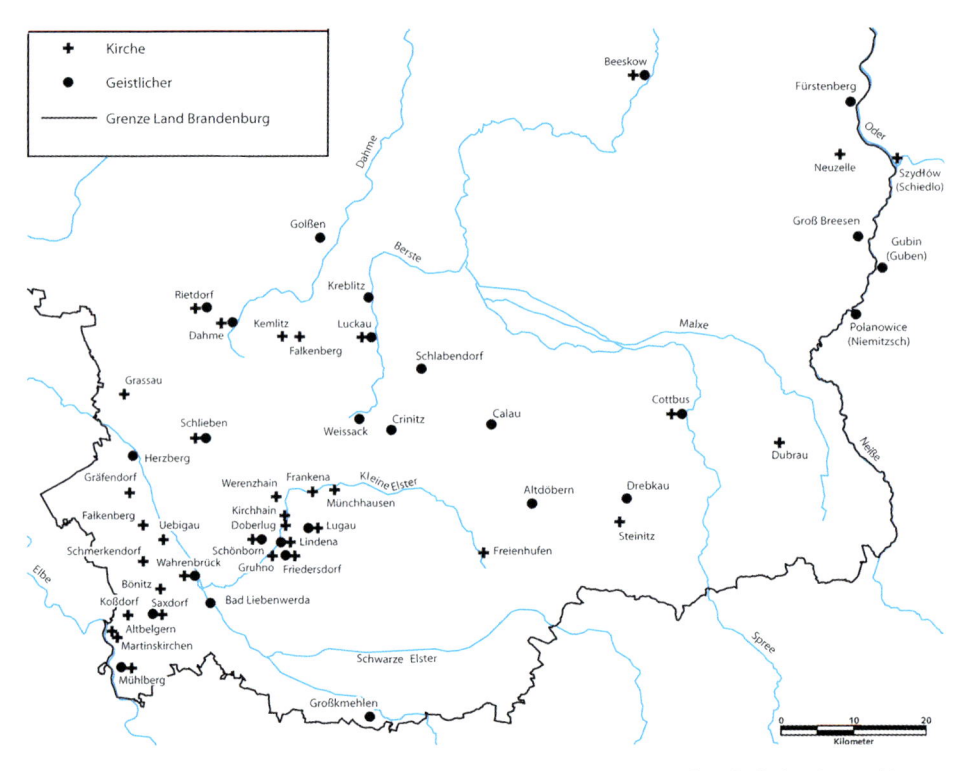

Abb. 2: Urkundliche Nennungen von Kirchen und Geistlichen bis 1300 in der Niederlausitz und im angrenzenden Elbe-Elster-Gebiet. Kartiert ist nur der in diesem Beitrag behandelte, nordöstliche Teil des Bistums Meißen. Zeichnung: M. Härtel, Wünsdorf, nach Vorlage von Markus Agthe.

geringe Zahl der bekannten spätslawischen Körperbestattungen spricht ebenfalls dafür, dass der christliche Einfluss in dieser Zeit eher gering war.[7]

Für das 11. und 12. Jahrhundert vermutet die historische Forschung verallgemeinernd, dass an den bestehenden Burgwardmittelpunkten und neugegründeten Burgen in irgendeiner Form Sakralbauten bestanden haben müssen. Ihr zweifelsfreier Nachweis gelang aber bisher nicht.[8] Insofern sind die verschiedenen Kartierungsversuche zum frühen Kirchenbestand spekulativ und können, zumindest für das uns hier interessierende Gebiet, kaum mehr als Vermutungen sein.[9]

---

[7] FELIX BIERMANN, Slawische Besiedlung zwischen Elbe, Neiße und Lubsza, Bonn 2000, S. 90–94.
[8] LEHMANN, Untersuchungen (wie Anm. 2), S. 4 f.; SPAZIER, Mittelalterliche Burgen (wie Anm. 2), S. 25 f.
[9] Vgl. für die Zeit um 1000 die nicht unumstrittene Arbeit von REINHARD SPEHR, Christianisierung und früheste Kirchenorganisation in der Mark Meißen, in: Frühe Kirchen in Sachsen, Ergebnisse archäologischer und baugeschichtlicher Untersuchungen, hg. von JUDITH OEXLE, Stuttgart 1994, S. 9–63, Abb. 6; für die Zeit um 1100 auch SCHLESINGER, Kirchengeschichte (wie Anm. 2), Bd. 1, S. 399 und Karte.

Die Schriftquellen setzen erst 1165 mit der Gründung des Zisterzienserklosters Dobrilugk ein, wobei unklar ist, wann tatsächlich mit dem Bau des Klosters begonnen wurde.[10] Bis 1200 wird allein eine Kirche in Cottbus genannt, vermutlich um oder kurz nach 1180.[11] Zwischen 1200 und 1300 folgen nur relativ wenige Nennungen. Auffallend – aber nicht überraschend – ist die Häufung der frühen urkundlichen Erwähnungen im Westteil des Arbeitsgebietes, während der Osten nur einige wenige Belege aufzuweisen hat (Abb. 2).[12] Nach 1300 fließen dann die urkundlichen Nachrichten reichlicher, doch sind es auch für diese Zeit meist nur Einzelquellen.

Archäologische und bauhistorische Befunde

Betrachtet man den Bestand an frühen Kirchenbauten (Abb. 3), so scheint sich die Verbreitung der betreffenden, von kunsthistorischer Seite an das Ende des 12. und in die erste Hälfte des 13. Jahrhunderts datierten Gotteshäuser im Wesentlichen – wie auch die frühen urkundlichen Nennungen – auf die westliche Hälfte des hier behandelten Territoriums zu beschränken.[13]

Vor diesem Hintergrund gewinnen die Ergebnisse archäologischer Ausgrabungen sowie dendrochronologische und bauhistorische Erkenntnisse eine nicht zu unterschätzende Bedeutung, da dadurch das Netz der historischen Daten in den letzten zwei Jahrzehnten erheblich verdichtet werden konnte. Zu nennen sind hier vor allem archäologische Untersuchungen von über 50 Dorfkirchen sowie zahlreiche Ausgrabungen in und bei verschiedenen Stadt-, Kloster- und Wallfahrtskirchen.[14]

---

[10] Urkundenbuch des Klosters Dobrilugk und seiner Besitzungen, hg. von RUDOLF LEHMANN (Urkundenbuch zur Geschichte des Markgraftums Nieder-Lausitz, Bd. 5), Leipzig/Dresden 1941, S. 1; Brandenburgisches Klosterbuch. Handbuch der Klöster, Stifte und Kommenden bis zur Mitte des 16. Jahrhunderts (Brandenburgische historische Studien, Bd. 14), hg. von HEINZ-DIETER HEIMANN u. a., Berlin 2007, S. 425.

[11] SCHRAGE, Kloster Nienburg (wie Anm. 5); RUDOLF LEHMANN, Die Ortsnamen am Anfang des Bruchstücks geschichtlicher Nachrichten über die lausitzischen Besitzungen des Klosters Nienburg an der Saale, in: Niederlausitzer Studien 29 (1999), S. 109–112.

[12] Kartierung nach RUDOLF LEHMANN, Historisches Ortslexikon für die Niederlausitz, Bd. 1 und 2, Marburg 1979; DERS., Untersuchungen (wie Anm. 2); DERS., Urkundenbuch (wie Anm. 10); SCHLESINGER, Kirchengeschichte (wie Anm. 2); SPAZIER, Mittelalterliche Burgen (wie Anm. 2); Urkundeninventar zur Geschichte der Niederlausitz bis 1400, hg. von RUDOLF LEHMANN (Mitteldeutsche Forschungen, Bd. 55), Köln/Graz 1968.

[13] Kartierung nach MERTENS, Romanische Saalkirchen (wie Anm. 2); GEORG DEHIO, Handbuch der deutschen Kunstdenkmäler: Bezirke Cottbus und Frankfurt/Oder, Berlin 1987; DERS., Handbuch der deutschen Kunstdenkmäler: Brandenburg, München/Berlin 2000 und eigener Aufnahme.

[14] Vgl. dazu die Zusammenstellung bei AGTHE, Archäologische Untersuchungen (wie Anm. 1), S. 261–265 mit entsprechenden Literaturverweisen. Seither wurden folgende archäologische Untersuchungen publiziert: MARKUS AGTHE / BERND FISCHER / EBERHARD KIRSCH, Baugeschichtliche Beobachtungen an der Dorfkirche zu Riedebeck, Landkreis Dahme-Spreewald, in: Arbeitsberichte zur Bodendenkmalpflege in Brandenburg 12 (2003), S. 123–145; MARKUS AGTHE / UWE MÜCKLAUSCH, Baugeschichtliche Befunde, Kleinfunde und Fundmün-

Neben einer Vielzahl baugeschichtlicher Befunde und der oft erstaunlichen Menge an Kleinfunden ist vor allem der Nachweis von Vorgängerbauten von besonderem Interesse. Auf die verschiedenen Möglichkeiten, Hinweise auf die Vorgänger der heute bestehenden Kirchenbauten zu gewinnen, soll hier nicht näher eingegangen werden.[15] Nur so viel sei an dieser Stelle erwähnt, dass für den indirekten Hinweis auf einen Vorgängerbau insbesondere die durch archäologische Ausgrabungen ermittelten Körperbestattungen von größter Wichtigkeit sind. Dabei wird von der Prämisse ausgegangen, dass in unserer Region zu einem christlichen Friedhof ein Gotteshaus, zumindest eine Friedhofskapelle, gehörte. Wenn durch die Fundamente einer heute bestehenden Kirche in

zen in der Dorfkirche zu Beesdau, Landkreis Dahme-Spreewald. Ein Vorbericht, in: Arbeitsberichte zur Bodendenkmalpflege in Brandenburg 16 (2006), S. 11–32; Markus Agthe / Peter Berger / Lars Ruhnow, Archäologische Untersuchungen in der Oberkirche zu Cottbus, Stadt Cottbus, in: ebd., S. 59–76; Markus Agthe, Kleinfunde und Fundmünzen aus der Dorfkirche zu Komptendorf, Landkreis Spree-Neiße. Ein Vorbericht, in: Arbeitsberichte zur Bodendenkmalpflege in Brandenburg 18 (2008), S. 213–224; Eberhard Bönisch, Ausgrabungen in der Hornoer Dorfkirche, in: Arbeitsberichte zur Bodendenkmalpflege in Brandenburg 14 (2005), S. 29–42; Ders., Die interdisziplinäre Erforschung des Dorfes Horno in der Niederlausitz, in: Die bäuerliche Ostsiedlung des Mittelalters in Nordostdeutschland. Untersuchungen zum Landesausbau des 12. bis 14. Jahrhunderts im ländlichen Raum, hg. von Felix Biermann und Günter Mangelsdorf (Greifswalder Mitteilungen, Beiträge zur Ur- und Frühgeschichte und Mittelalterarchäologie, Bd. 7), Frankfurt am Main 2005, S. 269–280; Ders., Ein Limosiner Kruzifix aus der Holzkirche des 13. Jahrhunderts in Horno/Niederlausitz, in: Kirchen des Mittelalters in Brandenburg und Berlin. Archäologie und Bauforschung (Arbeitshefte der Denkmalpflege in Berlin und Brandenburg, Nr. 3), Petersberg 2007, S. 156–183; Nicola Hensel, Bodendenkmalpflegerische Maßnahmen im Umfeld der Stadtpfarrkirche St. Martin in Schlieben, Landkreis Elbe-Elster, in: Arbeitsberichte zur Bodendenkmalpflege in Brandenburg 13 (2004), S. 151–156; Dirk Höhne, Die Kirchengrabung von Groß Buckow in der Niederlausitz, in: Veröffentlichungen zur brandenburgischen Landesarchäologie 36/37 (2002/2003), S. 169–205; Dies., Baugeschichtliche Untersuchungen an der Luckauer Stadtkirche St. Nikolai, in: Arbeitsberichte zur Bodendenkmalpflege in Brandenburg 10 (2002), S. 151–166; Anja Kaltofen, Der Kirchhof der Nikolaikirche in Lübbenau, Landkreis Oberspreewald-Lausitz, in: Arbeitsberichte zur Bodendenkmalpflege in Brandenburg 13 (2004), S. 113–130; Jens Lipsdorf, Untersuchungsergebnisse vom Markt in Drebkau, Landkreis Spree-Neiße, in: Arbeitsberichte zur Bodendenkmalpflege in Brandenburg 16 (2006), S. 153–175; Andreas Mehner, Kapellenanbauten an der Frauenkirche zu Mühlberg, Landkreis Elbe-Elster, in: ebd., S. 277–280; Bernd Müller-Stückrad, Zur Baugeschichte der Stadtpfarrkirche St. Marien in Herzberg (Elster), Landkreis Elbe-Elster, in: Arbeitsberichte zur Bodendenkmalpflege in Brandenburg 13 (2004), S. 65–74; Ders., Archäologische Untersuchungen in der Frauenkirche zu Mühlberg (Elbe), Landkreis Elbe-Elster, in: ebd., S. 137–142; Ders. / Burkhard Schauer, Münzen unter dem Fußboden. Fund in der St. Marienkirche zu Herzberg, Landkreis Elbe-Elster, in: Archäologie in Berlin und Brandenburg 2002 (2003), S. 157–158; Burkhard Schauer, Verborgen ab 1464. Der Münzfund von Hermsdorf/Oberlausitz, Landkreis Oberspreewald-Lausitz, in: Arbeitsberichte zur Bodendenkmalpflege in Brandenburg 4 (2000), S. 117–124; Ders., Der Münzschatz aus der Marienkirche in Herzberg, Landkreis Elbe-Elster, verborgen ab 1635, in: Arbeitsberichte zur Bodendenkmalpflege in Brandenburg 13 (2004), S. 75–93.

15 Vgl. dazu Agthe, Archäologische Untersuchungen (wie Anm. 1), S. 240–251.

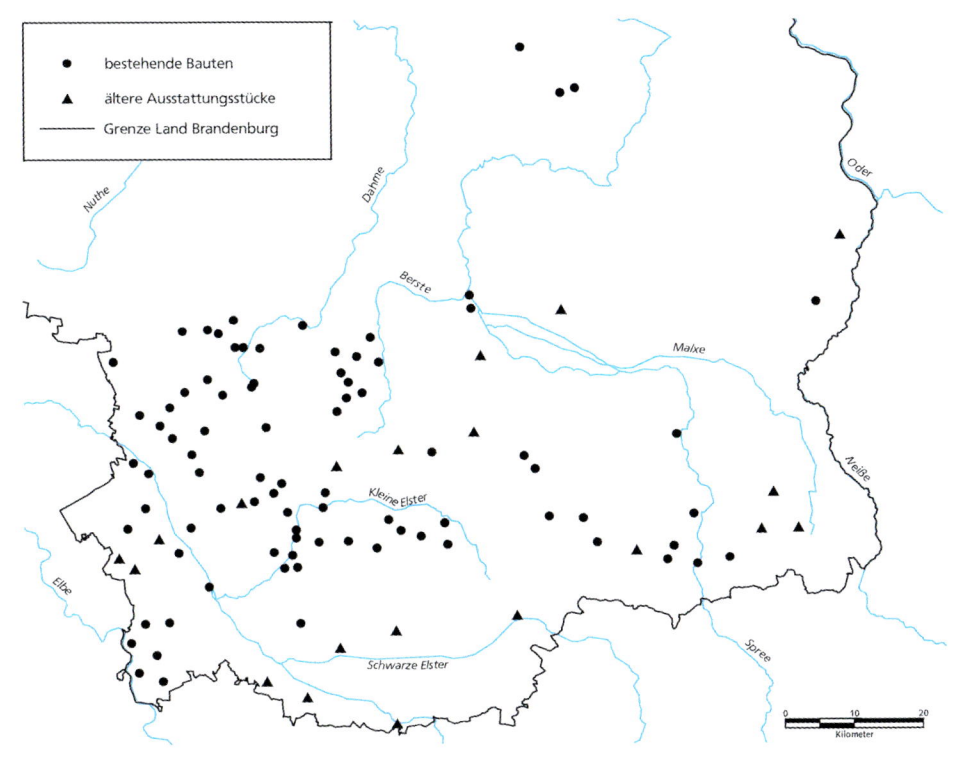

Abb. 3: Bestehende Steinkirchenbauten, ältere Bauteile an jüngeren Kirchen und älterer Ausstattungsstücke in jüngeren Kirchen aus der Zeit bis 1300. Kartiert ist nur der in diesem Beitrag behandelte, nordöstliche Teil des Bistums Meißen. Zeichnung: M. Härtel, Wünsdorf, nach Vorlage von Markus Agthe.

Körpergräber eingeschnitten wird, die nach christlichem Grabritus angelegt worden sind, müssen diese Gräber älter sein. Daraus folgt, dass diese Kirche in einen älteren Friedhof hineingebaut wurde und einen Vorgängerbau besessen haben muss.

Der direkte Nachweis eines Vorgängerbaus gelingt meistens dann, wenn Überreste oder Spuren eines vergangenen Bauwerks angetroffen werden. Fundamente oder Fundamentausbruchgruben belegen dabei das Vorhandensein steinerner Vorgängerbausubstanz. Für die Kirchen des Arbeitsgebietes konnte diese Art der Vorgängerbauten bisher nur selten dokumentiert werden.[16] Durch Pfostenspuren, eingegrabene Schwellbalken oder Unterlegsteine wird eine Gattung von Sakralbauten belegt, deren Existenz im Arbeitsgebiet noch vor wenigen Jahrzehnten weitgehend unbekannt war: Es handelt sich dabei um die Überreste hölzerner Bauwerke (Tab. 1; Abb. 4).[17]

---

[16] AGTHE, Archäologische Untersuchungen (wie Anm. 1), S. 242 f.; AGTHE / BERGER / RUHNOW, Oberkirche (wie Anm. 14); HENSEL, Bodendenkmalpflegerische Maßnahmen (wie Anm. 14); MÜLLER-STÜCKRAD, Baugeschichte (wie Anm. 14).

[17] Kartierung nach AGTHE, Archäologische Untersuchungen (wie Anm. 1).

Abb. 4: Archäologisch durch erhaltene Bauhölzer und anderweitig nachgewiesene oder zu vermutende Holzvorgängerbauten. Kartiert ist nur der in diesem Beitrag behandelte, nordöstliche Teil des Bistums Meißen. Zeichnung: M. Härtel, Wünsdorf, nach Vorlage von Markus Agthe.

Bauten mit eingetieften Holzpfosten und solche mit Schwellbalkenkonstruktionen bilden den ältesten Baubestand. In Groß Buckow[18], Pritzen[19] und Stradow[20] sind die auf diese Weise errichteten Gotteshäuser jeweils älter als der spätromanisch-frühgotische Steinbau des 13. Jahrhunderts. In Bockwitz[21], Schönfeld[22] und möglicherweise auch Weißagk[23] gehören die so konstruierten Gebäude zu einer älteren Holzkirchenphase.

Sakralbauten mit Schwellbalken auf Unterlegsteinen gehören dagegen einer zweiten, jüngeren Holzkirchengeneration an. Für Bockwitz, Schönfeld und evtl. auch

---

[18] CLAUS AHRENS, Die frühen Holzkirchen Europas, 2 Bände (Schriften des Archäologischen Landesmuseums, Bd. 7), Stuttgart 2001, hier Katalogband, S. 34.
[19] AHRENS, Frühe Holzkirchen (wie Anm. 18), Katalogband, S. 147 f.; BÖNISCH, Interdisziplinäre Erforschung (wie Anm. 14), S. 275 f.
[20] AHRENS, Frühe Holzkirchen (wie Anm. 18), Katalogband, S. 81 f.
[21] AHRENS, Frühe Holzkirchen (wie Anm. 18), Katalogband, S. 14.
[22] AHRENS, Frühe Holzkirchen (wie Anm. 18), Textband, S. 75 f.
[23] AHRENS, Frühe Holzkirchen (wie Anm. 18), Katalogband, S. 90; MARTIN PETZEL, Die archäologische Untersuchung der Kirche von Weißagk und die mittelalterliche Besiedlung der Herrschaft Forst-Pförten. Ungedruckte Diplomarbeit Humboldt-Universität Berlin, Berlin 2002.

Weißagk ist diese Abfolge direkt nachvollziehbar. In Madlow[24] und Wolkenberg[25] ist die ältere Bauphase jeweils nur durch überlagerte ältere Bestattungen erschließbar und keinem Bautyp zuzuordnen, ein Pfostenbau kann für Wolkenberg allerdings ausgeschlossen werden. Die Befunde von Bad Liebenwerda[26], Fürstlich Drehna[27], Groß Lieskow[28], Lipten[29] und Straupitz[30] können hier nicht in die Bewertung einbezogen werden, da die Überlieferung teils nur fragmentarisch, teils zu unsicher ist. Die Befunde in der – im Zuge des Braunkohletagebaus inzwischen gesprengten – Kirche zu Horno sind derzeit noch nicht abschließend bearbeitet und können daher noch nicht bewertet werden. Fest steht allerdings, dass dort ebenfalls eine ältere und eine jüngere Holzkirchenbauphase vor Errichtung des Steinbaus existierte.[31]

Als Fazit bleibt festzuhalten, dass für die hölzernen Sakralbauten der Niederlausitz und angrenzender Gebiete der in anderen europäischen Regionen beobachtete, dort aber z. T. wesentlich früher einsetzende Wechsel von der Pfosten- zur Schwellenbauweise bestätigt werden kann.[32]

Für einige der hölzernen Vorgängerbauten des Arbeitsgebietes konnten die Abmessungen ermittelt werden: Demnach hatte das erste Gotteshaus in Pritzen eine Grundfläche von ca. 12,50 m × 6 m (ca. 75 m^2), während in Bockwitz eine Breite von 8 m ermittelbar war. Beide Kirchen sind Vertreter des Typs mit einer Unterkonstruktion aus eingegrabenen Schwellbalken. Der Pfostenbau in Groß Buckow könnte hypothetisch eine Größe von ca. 5 × 3,50 m gehabt haben. Wegen der nur fragmentarischen Überlieferung der Pfostenbauten in Schönfeld und Weißagk sind keine konkreten Angaben zur Größe möglich. Erstaunlich ist für Schönfeld der sehr geringe Abstand zwischen den Pfosten von teilweise unter einem Meter. Die ältere Holzkirche von Wolkenberg kann nicht größer als 11 × 5 m (ca. 55 m^2) gewesen sein. Als Vertreter der jüngeren Holzkirchengeneration auf Unterlegsteinen sind Wolkenberg mit einer Grundfläche von 15,50 × 6,50 m (ca. 100 m^2), Madlow mit einer Breite von 6,50 m und Weißagk mit einer Grundfläche von 17,50 × 7,80 m (ca. 135 m^2) zu nennen. Schließlich sei an dieser Stelle noch der Fall der Holzkirche in Prießen[33] erwähnt, für

---

[24] AHRENS, Frühe Holzkirchen (wie Anm. 18), Katalogband, S. 20 f.
[25] AHRENS, Frühe Holzkirchen (wie Anm. 18), Textband, S. 92 f.
[26] MARKUS AGTHE, Archäologische Untersuchungen in Stadtkirchen im Süden des Landes Brandenburg am Beispiel von Bad Liebenwerda, Lübben und Vetschau, in: Denkmalpflege im Land Brandenburg 1990–2000, Bericht des Brandenburgischen Landesamtes für Denkmalpflege und Archäologischen Landesmuseums, bearb. von MICHAELA AUFLEGER u. a. (Forschungen und Beiträge zur Denkmalpflege im Land Brandenburg, Bd. 5), Worms 2001, S. 578 f.
[27] AHRENS, Frühe Holzkirchen (wie Anm. 18), Katalogband, S. 23 f.
[28] AHRENS, Frühe Holzkirchen (wie Anm. 18), Katalogband, S. 35.
[29] AHRENS, Frühe Holzkirchen (wie Anm. 18), Katalogband, S. 53.
[30] MARKUS AGTHE, Archäologische Untersuchungen an Dorfkirchen im Süden des Landes Brandenburg am Beispiel von Bönitz, Madlow und Straupitz, in: Denkmalpflege (wie Anm. 26), S. 579–581.
[31] BÖNISCH, Ausgrabungen sowie DERS., Interdisziplinäre Erforschung (wie Anm. 14).
[32] Vgl. AHRENS, Frühe Holzkirchen (wie Anm. 18), Katalogband, S. 162.
[33] AHRENS, Frühe Holzkirchen (wie Anm. 18), Katalogband, S. 69 f.

die eine Gebäudebreite von 5,50 m ermittelt wurde. Hier ließen sich sogar die Wandhöhe (ca. 5 m) und die Firsthöhe (ca. 8,30 m) rekonstruieren.

Was die Bauweise der einheimischen frühen Holzkirchen betrifft, war man bis vor wenigen Jahren noch fast ausschließlich auf Vergleichsbeispiele aus entfernten Regionen, z. B. Skandinavien, angewiesen bzw. musste die eigene Vorstellungskraft bemühen. In Deutschland war bis dahin nur die sog. Heidenhofer Kapelle bekannt, die in die erste Hälfte des 14. Jahrhunderts datiert wird.[34] Inzwischen sind seit Anfang der 1990er Jahre vor allem in der Niederlausitz Überreste der aufgehenden Konstruktion von Holzkirchen entdeckt worden. Sie wurden in den steinernen Nachfolgebauten an verschiedener Stelle wiederverwendet – eine Befundlage, die für den skandinavischen Raum seit langem bekannt ist. Diese „neue" Befundgattung hat neben dem Wert der Sachzeugen selbst den unschätzbaren Vorteil, dass die Bauteile günstigenfalls mithilfe der Dendrochronologie sehr genau naturwissenschaftlich datiert werden können (Tab. 2).[35]

Weitere Hinweise auf ehemals vorhandene Holzvorgängerbauten ergeben sich mitunter auch aus dem Gefüge des bestehenden Baukörpers. So konnte beispielsweise in Prießen festgestellt werden, dass der Steinturm aus der zweiten Hälfte des 13. Jahrhunderts an ein älteres Gebäude angefügt worden sein muss, das wir uns als Holzkirche denken können.[36]

Schließlich können u. a. auch durch ältere Ausstattungsstücke, wie eichene Einbaumtruhen, Hinweise auf ehemals vorhandene Vorgängerbauten gewonnen werden.[37] Dies trifft beispielsweise für Hornow zu, wo heute ein Steinbau des 15. Jahrhunderts steht. Die Einbaumtruhe erbrachte ein Dendrodatum von frühestens 1182 ± 10 und gehört sicher noch an das Ende des 12. Jahrhunderts. Damit stammt die Truhe wahrscheinlich aus einem Vorgänger, der möglicherweise ein Holzbau war.[38]

Fazit

Die ersten Kirchen wurden in der Niederlausitz und im angrenzenden Elbe-Elster-Gebiet nach jetzigem Kenntnisstand erst ab dem Ende des 12. Jahrhunderts errichtet. Sie entstanden offensichtlich zeitgleich mit der Entstehung der deutschen Siedlungen im Zuge der Ostkolonisation des späten 12. und frühen 13. Jahrhunderts.

Die deutschen Siedler waren von ihren Herkunftsgebieten her eine regelmäßige kirchliche Versorgung ohne weite Anmarschwege gewohnt und brachten dieses Bedürfnis sicherlich mit in die neu besiedelten Gegenden. Um möglichst bald nach der Ankunft am Platz des neu anzulegenden Dorfes den Gottesdienst feiern zu können,

---

[34] AHRENS, Frühe Holzkirchen (wie Anm. 18), Textband, S. 163–166 und Katalogband, S. 38 f.
[35] AGTHE, Archäologische Untersuchungen (wie Anm. 1), S. 246–249.
[36] AGTHE, Archäologische Untersuchungen (wie Anm. 1), S. 250.
[37] AGTHE, Archäologische Untersuchungen (wie Anm. 1), S. 251.
[38] BERND BECKER / GÜNTER WETZEL, Erste Dendrodaten zur Frühgeschichte der Lausitz und des angrenzenden Elbegebietes, in: Veröffentlichungen des Museums für Ur- und Frühgeschichte Potsdam 24 (1990), S. 243–255.

errichtete man wahrscheinlich zunächst Kirchen und/oder Kapellen aus Holz, da dieser Baustoff reichlich zur Verfügung stand und einfach zu bearbeiten war. Erst einige Jahrzehnte später folgte der Steinbau. Diese Entwicklung lässt sich auch an spätromanischen Kirchen zeigen, die nach kunsthistorischer Einschätzung in das zweite Viertel des 13. Jahrhunderts datiert werden, wie z. B. in Lindena, wo das Fundament der bestehenden Kirche ältere Körperbestattungen überschneidet und somit indirekt auf einen Vorgängerbau hindeutet.[39] Leider lassen sich die archäologisch nachgewiesenen, ersten Holzkirchen zeitlich kaum hinreichend genau fixieren, um sie exakt in den Verlauf der regionalen Geschichte einzugliedern. Günstiger ist die Situation bei den, über erhaltene Bauteile erschließbaren, hölzernen Kirchenbauten. Hier können die Dendrodaten auf die Entstehungszeit der jeweils anzunehmenden Holzkirchen hinweisen.

Die Verbreitung der belegbaren hölzernen Kirchenbauten deutet an, dass es sich um ein im gesamten Arbeitsgebiet auftretendes Phänomen handelt (Abb. 4). Man geht sicher nicht fehl, wenn man mit einem sehr großen Bestand an Holzkirchen rechnet, wobei es sich bei den ersten Kirchenbauten teilweise auch um ausgesprochene Provisorien gehandelt haben kann. Diese ersten Holzkirchen haben beispielsweise im Umfeld des Klosters Dobrilugk zwischen 20 und 80 Jahre lang bestanden und sind dann durch einen Steinbau ersetzt worden.[40] Aus dem Ostteil des Arbeitsgebietes kennen wir ebenfalls frühe Holzkirchen, bei denen es sich um Bauten mit eingetieften Holzpfosten oder um solche auf eingegrabenen Längshölzern handelt. Diese bestanden offensichtlich weiter, bis sie im Laufe des 14. Jahrhunderts nach jeweils etwa einem Jahrhundert Lebensdauer durch eine zweite Holzkirchengeneration in veränderter Bautechnik abgelöst wurden. Es handelt sich bei diesen Neubauten jeweils um Holzkirchen auf einer Fundamentierung aus Unterlegsteinen.[41] Am eindrucksvollsten lässt sich die Entwicklung in Wolkenberg nachvollziehen: Ende des 12./Anfang des 13. Jahrhunderts wurde hier ein erster Holzkirchenbau errichtet (Abb. 5a). In der ersten Hälfte des 14. Jahrhunderts ersetzte man diesen durch einen zweiten, größeren Holzbau (Abb. 5b) und fügte um 1420 einen hölzernen Turm an (Abb. 5c). Kurz nach 1430 begann dann der Bau einer Steinkirche im gotischen Stil, welcher ungefähr zehn Jahre dauerte. Während dieser Zeit blieb die alte Holzkirche bestehen, um den Gottesdienst abzusichern (Abb. 5d). 1442 wurde schließlich der Dachstuhl aufgeschlagen und der gotische Steinbau damit vollendet (Abb. 5e). 551 Jahre später erfolgte im Jahre 1993 die Sprengung der Kirche (Abb. 5f).[42]

Die ausschlaggebenden Beweggründe für den jeweiligen Neubau in Holz anstatt in Stein kennen wir nicht. Sie sind sicher zum einen in der begrenzten Haltbarkeit des Werkstoffes zu suchen. Dies ist allerdings wahrscheinlich nicht der einzige Auslöser für neuerliche Bauaktivitäten gewesen, da Holzkirchen oder Holzkonstruktionen auch in unseren Breiten durchaus einen langen Bestand haben können. Dies zeigen bei-

---

[39] AGTHE, Archäologische Untersuchungen (wie Anm. 1), S. 241, 250.
[40] AGTHE, Archäologische Untersuchungen (wie Anm. 1), S. 286 f.
[41] AGTHE, Archäologische Untersuchungen (wie Anm. 1), S. 287.
[42] Zuletzt MARKUS AGTHE / MANFRED IHLE, Ausgrabungen in der Dorfkirche zu Wolkenberg, in: Denkmalpflege (wie Anm. 26), S. 497–499.

Abb. 5a–f: Werden und Vergehen – Rekonstruktion der Bauphasen der Dorfkirche zu Wolkenberg aus der Zeit um 1200 bis zu ihrer Vernichtung 1993. Zeichnungen: B. Fischer, Zeuthen, nach Vorlage von Markus Agthe; Foto: P. Baron, Cottbus.

spielsweise die bis in unsere Tage erhaltene, in das 14. Jahrhundert datierende Heidenhofer Kapelle und viele Fachwerkkirchen und hölzerne Glockentürme des 15. bis 17. Jahrhunderts im Land Brandenburg.[43] Möglicherweise waren es im Hinblick auf die mittlerweile angewachsene Dorfbevölkerung in vielen Fällen einfach nur Platzgründe, die den Bau einer neuen Kirche erforderten. So muss man sich z. B. vor Augen halten,

---

[43] KARL-UWE HEUSSNER / TILO SCHÖFBECK, Forschungen zu Fachwerk- und Feldsteinkirchen der Prignitz vom 15. bis zum 19. Jahrhundert, in: Brandenburgische Denkmalpflege 11/1 (2002), S. 5–37.

dass die erste Holzkirche von Wolkenberg eine maximale Grundfläche von etwa 55 m² hatte, während die „neue" Holzkirche etwa doppelt so groß war (ca. 100 m²). Untersuchungen an Dorfkirchen in Thüringen zeigten allerdings nicht in jedem Fall einen eindeutigen Zusammenhang zwischen der Einwohnerzahl einer Gemeinde und der Größe der zugehörigen Kirche. Hier wird die Wirkung auch anderer Faktoren, wie z. B. die Wirtschaftskraft der Kirchengemeinde oder ihr Rechtsstatus, vermutet.[44]

Im 14. und vor allem im 15. Jahrhundert ist verstärkt die Errichtung von Steinkirchen und damit die Ablösung der hölzernen Kirchenbauten zu verzeichnen. Diese Bauaktivitäten verwundern angesichts der seinerzeitigen instabilen politischen Situation beispielsweise in der Niederlausitz.[45] So wurde vermutet, dass es etwa durch die Verheerungen infolge der Hussiteneinfälle (1429–1433) und durch die militärischen Auseinandersetzungen in der zweiten Hälfte des 15. Jahrhunderts zu Zerstörungen auch an den damals noch hölzernen Dorfkirchen kam und deshalb ein Neubau erforderlich wurde.[46] Dem muss entgegengehalten werden, dass bislang an kaum einer der untersuchten Dorfkirchen eine Brandkatastrophe nachweisbar gewesen ist. Wir können als Auslöser für den Bau der Steinkirchen in dem oben genannten Zeitraum daher eher die allgemein zu verzeichnende Zunahme der Religiosität und Frömmigkeit des ausgehenden Mittelalters vermuten. In einer Zeit, in der es unter anderem in den Städten zu einer Vielzahl von frommen Stiftungen kam und Reliquienverehrung und Ablasshandel in einer vorher nicht gekannten Blüte standen,[47] ist eine Auswirkung dieser „kirchlich-religiösen Hochstimmung" auf den ländlichen Raum durchaus vorstellbar.

Kleinfunde auf Kirchenfußböden

Es ist immer wieder erstaunlich, wie viele Kleinfunde in Kirchen, insbesondere anlässlich von Ausgrabungen, geborgen werden. Vor allem die Sedimente auf und zwischen Fußbodenhorizonten – seien es nun Lehmestriche, Feldstein- oder Backsteinfußböden – enthalten oft eine größere Menge von entsprechenden Objekten. Vor allem herausragende Fundkomplexe, wie aus den Klöstern[48] von Wienhausen in Niedersach-

---

[44] RAINER MÜLLER, Mittelalterliche Dorfkirchen in Thüringen, dargestellt anhand des Gebietes des ehemaligen Archidiakonats St. Marien zu Erfurt (Arbeitshefte des Thüringischen Landesamtes für Denkmalpflege, N. F., Bd. 2), Erfurt 2001, S. 129–132.

[45] RUDOLF LEHMANN, Geschichte der Niederlausitz (Veröffentlichungen der Berliner Historischen Kommission beim Friedrich-Meinecke-Institut der Freien Universität Berlin, Bd. 5), Berlin 1969, S. 67–94.

[46] ANTJE MUES, Mittelalterliche Kirchen im Umland von Cottbus. Geschichte – Architektur – Perspektiven, in: Mittelalterliche Dorfkirchen. Sakrale Baukunst im Umland von Cottbus/Chóśebuz, hg. von der Stadt Cottbus, o. J., S. 10 f.

[47] LEHMANN, Geschichte der Niederlausitz (wie Anm. 45), S. 147.

[48] Der umfangreiche Seefundkomplex aus dem Zisterzienserinnenkloster Seehausen bei Prenzlau in der Uckermark gehört nicht in die Reihe der hier besprochenen Funde: vgl. zuletzt LIESELOTT ENDERS, Zur Lage des Klosters Seehausen, in: Sachkultur und religiöse Praxis, hg. von DIRK SCHUMANN (Studien zur Geschichte, Kunst und Kultur der Zisterzienser, Bd. 8), Berlin

sen⁴⁹ und Ribnitz in Mecklenburg-Vorpommern⁵⁰ oder dem Dom zu Freising in Bayern⁵¹ sind in der Literatur bekannt. Für die Niederlausitz konnten jüngst erste Ergebnisse der Untersuchungen in den Kirchen von Beesdau⁵² und Komptendorf⁵³ vorgelegt werden. Hier beeindruckt vor allem die große Vielfalt verschiedenster Kleinfunde, deren Spanne u. a. von zerscherbter Gefäßkeramik über Fensterglas, Gesangbuchbeschläge und -verschlüsse, Fingerhüte, Glasperlen, Knöpfe, Schiefergriffel, Tonmurmeln, Tonpfeifen bis hin zu Brillen reicht. In teilweise beträchtlicher Zahl liegen darüber hinaus Stecknadeln und Münzen vor, worauf im Folgenden speziell eingegangen werden soll. Die Kartierung all dieser Fundgegenstände kann nämlich Hinweise auf die Nutzung des Kircheninnenraumes geben, wie etwa am Beispiel von Beesdau (Abb. 6) gezeigt werden konnte.⁵⁴ Hier ließ sich eine bestimmte Sitzordnung im Saalraum, z. B. während des Konfirmandenunterrichts, wahrscheinlich machen (Abb. 7).

Das Auffinden der mitunter sehr kleinen Objekte ist nur Dank des Einsatzes von engmaschigen Sieben (Maschenweite 2–2,5 mm) möglich, durch die das gesamte Aushubmaterial aus den einzelnen Befunden und Schichten gegeben wird. Erfreulicherweise setzt sich diese Grabungsmethode trotz ihres zweifellos hohen Zeitaufwandes immer mehr durch und wird für Kirchengrabungen neuerdings sogar als Standard empfohlen.⁵⁵ Im Land Brandenburg ist diese Verfahrensweise seit den Ausgrabungen in

---

2007, S. 403–405; HARTMUT KÜHNE / CARINA BRUMME, Der Pilgerzeichenfund am Kloster Seehausen und sein historischer Kontext, in: ebd. S. 400–457; DIRK SCHUMANN, Das Zisterzienserinnenkloster Seehausen und ein umfangreiches archäologisches Inventar der klösterlichen Sachkultur, in: ebd. S. 458–491 mit weiterführender Literatur.

49 HORST APPUHN, Der Fund vom Nonnenchor (Kloster Wienhausen, Bd. 4), Wienhausen 1973, mit weiterer Literatur.

50 HAUKE JÖNS, Neue Forschungen zum „Nonnenstaub" aus dem Klarissenkloster zu Ribnitz, Mecklenburg-Vorpommern, in: Archäologie unter dem Straßenpflaster, 15 Jahre Stadtkernarchäologie in Mecklenburg-Vorpommern, hg. von HAUKE JÖNS, FRIEDRICH LÜTH und HEIKO SCHÄFER, Schwerin 2005, S. 413–416; DERS., Neue Forschungen zum „Nonnenstaub" aus dem Klarissenkloster zu Ribnitz, Mecklenburg-Vorpommern (Archäologische Quellen zum Mittelalter, Bd. 2 = Bamberger Kolloquien zur Archäologie des Mittelalters und der Neuzeit, Bd. 1), Berlin 2005, S. 125–130.

51 TILMANN MITTELSTRASS, „Domherrenstaub" – Die archäologische Fundbergung unter dem Chorgestühl des Freisinger Doms im Sommer 2007, in: Archäologie im Landkreis Freising 10 (2008), S. 177–215; SIGMUND BENKER, Anmerkungen zu den Buchfragmenten und Manuskriptresten der Chorgestühlfunde, in: ebd., S. 216–221; MARTIN HIRSCH, Quando pontifex vadit ad comparandum, tunc canonici eum secuntur. Der Münzfund im Domchor von Freising, in: Jahrbuch für Numismatik und Geldgeschichte 58 (2008), S. 109–133.

52 AGTHE / MÜCKLAUSCH, Baugeschichtliche Befunde (wie Anm. 14).

53 AGTHE, Kleinfunde (wie Anm. 14).

54 AGTHE / MÜCKLAUSCH, Baugeschichtliche Befunde (wie Anm. 14), S. 14–16.

55 DIETER PLANCK, Archäologische Ausgrabungen und Prospektionen. Durchführung und Dokumentation, in: Archäologisches Nachrichtenblatt 4 (1999), S. 22 f.; speziell auf Münzen bezogen auch PETER EGGENBERGER, Beitrag und Problem der Münzfunde bei Kirchengrabungen, in: Trouvailles monétaires d'eglises, Actes du premier colloque international du Groupe suisse pour l'etude des trouvailles monétaires (Lucerne, 19 novembre 1993)/Fundmünzen aus Kirchengrabungen, Sitzungsbericht des ersten internationalen Kolloquiums der

Kirchenarchäologie im Süden des Landes Brandenburg

der Kirche von Weißagk von 1986/87 gängige Praxis[56] und wird bei Kirchengrabungen regelmäßig in die fachlichen Grabungsanforderungen des Brandenburgischen Landesamts für Denkmalpflege und Archäologischen Landesmuseums, Abt. Bodendenkmalpflege (BLDAM), aufgenommen. Es soll allerdings nicht verschwiegen werden, dass die vermeintlich moderne Methode in Skandinavien schon seit den 1950er bzw. 1970er Jahren praktiziert wird. Der Erfolg war dort seinerzeit direkt ablesbar, stieg doch die Zahl der Münzfunde aus Kirchengrabungen in beeindruckender Weise sprunghaft an.[57]

Abb. 6: Beesdau, Dorfkirche. Innenraum mit freigelegten älteren Feldstein- und Backsteinfußböden. Blick nach Westen. Foto: Markus Agthe.

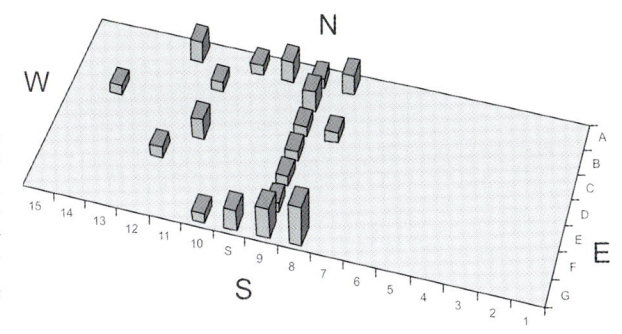

Abb. 7: Beesdau, Dorfkirche. Verteilung der Schiefergriffelfragmente im Kircheninnenraum. Die Buchstaben und Ziffern kennzeichnen das Koordinatengitter der Ausgrabung. Aus: AGTHE / MÜCKLAUSCH, Baugeschichtliche Befunde (wie Anm. 14), Abb. 14.

Schweizerischen Arbeitsgemeinschaft für Fundmünzen (Luzern, 19. November 1993), hg. von OLIVIER F. DUBUIS und SUZANNE FREY-KUPPER (Études de numismatique et d'histoire monétaire 1/Untersuchungen zu Numismatik und Geldgeschichte, Bd. 1), Luzern 1995, S. 14–25, hier S. 19.

[56] Vgl. PETZEL, Weißagk (wie Anm. 23).
[57] Für Dänemark vgl. JØRGEN STEHEN JENSEN, Kirkegulvsmønter, in: Hikuin 3 (1977), S. 296 f. und S. 338; für Schweden vgl. HENRIK KLACKENBERG, Fundmünzen aus Kirchengrabungen in Schweden. Voraussetzungen, quellenkritische Überlegungen und Ergebnisse, in: Fundmünzen aus Kirchengrabungen, Sitzungsbericht (wie Anm. 55), S. 28 f.

Stecknadeln

Stecknadeln sind bereits in einer ganzen Reihe von Kirchen im Süden des Landes Brandenburg festgestellt worden (Tab. 3). Sie entstammen größtenteils Fußbodenhorizonten, während sie in Gräbern bisher nur vereinzelt aufgefunden wurden. In der überwiegenden Zahl bestehen die Nadeln aus Buntmetall und sind häufig verzinnt; eiserne Exemplare sind dagegen selten. Meist handelt es sich um neuzeitliche Exemplare, Stücke mit eindeutig mittelalterlicher Datierung sind ausgesprochen selten.

Stecknadeln dienten neben ihrem Gebrauch im Totenschmuck, u. a. zum Befestigen von Totenkronen,[58] wohl hauptsächlich zum Anheften von Accessoires wie Bänder, Schleifen oder Tücher an die Kleidung, vor allem der Dorfbewohnerinnen (Abb. 8). Ihr Auftreten in den Gotteshäusern kann daher einen Hinweis auf das Tragen von Trachten in den betreffenden Orten geben, auch wenn wir sonst keine anderen Anhaltspunkte dafür haben. Daneben kann die Verwendung von Stecknadeln für das Zusammenstecken von Taufkleidern angenommen werden, wie der Befund aus der Kirche zu Madlow bei Cottbus andeutet, wo im Umfeld eines durch die Ausgrabung nachgewiesenen neuzeitlichen Taufsteinfundamentes gehäuft Stecknadeln zu verzeichnen waren.[59]

Die Entstehung der ländlichen Tracht in der Niederlausitz vermutet die volkskundliche Forschung frühestens im 17. Jahrhundert.[60] In der recht zahlreichen Literatur zu diesem Thema wird im Detail leider sehr selten auf den Gebrauch von Stecknadeln eingegangen.[61] Nur vereinzelt finden sich direkte Nennungen von mit Nadeln angehefteten Accessoires, nie aber etwa Angaben zur Zahl der benötigten Nadeln. Anscheinend sind diese letztlich technischen Details für volkskundliche Fragestellungen bisher

---

[58] Hinsichtlich der neueren Totenkronen-Literatur für Brandenburg sei verwiesen auf MANFRED IHLE, Der Gebrauch der Totenkrone im Kreis Spremberg, in: Lětopis, Jahresschrift des Instituts für sorbische Volkskunde 33 (1990), S. 40–51 und vor allem SYLVIA MÜLLER, Denkmäler des Totenbrauchs in der Mark Brandenburg, in: Brandenburgische Denkmalpflege 11/1 (2002), S. 52–65; DIES., Die Totenkronen aus St. Nikolai in Luckau. Ein Forschungsbeitrag zu den Denkmälern des Totenbrauchtums in der Niederlausitz, in: Arbeitshefte des Brandenburgischen Landesamtes für Denkmalpflege und Archäologischen Landesmuseums 13 (2006), S. 87–95; DIES., Denkmäler der Liebe. Zeugnisse des Totenbrauchtums in der Mark Brandenburg, Berlin 2007.

[59] MARKUS AGTHE, Kirchengeschichte auf den Grund gehen ... Untersuchungen in den Kirchen zu Finsterwalde, Landkreis Elbe-Elster, und Madlow, Stadt Cottbus, in: Archäologie in Berlin und Brandenburg 1993/1994 (1995), S. 165.

[60] MARTIN NOWAK-NEUMANN / LOTAR BALKE, Die Tracht der Sorben um Cottbus (Sorbische Volkstrachten, Bd. 4), Bautzen ²1991, S. 43–45.

[61] Wichtig für die hier behandelte Region sind u. a. die Beiträge von ELISABETH KUNSDORFF, Die Trachten des ehemaligen Kreises Jüterbog-Luckenwalde, Leipzig 1956; WOLF LÜCKING / PAUL NEDO, Die Lausitz. Sorbische Trachten (Trachtenleben in Deutschland, Bd. 2), Berlin 1956; MARTIN NOWAK-NEUMANN, Die Tracht der Niederlausitzer Sorben, Bautzen 1964; ALBRECHT LANGE, Die Neuzaucher Tracht (Sorbische Volkstrachten, Bd. 5, Heft 1), Bautzen 1976; LOTAR BALKE, Die Tracht der Sorben um Lübbenau (Sorbische Volkstrachten, Bd. 5, Heft 2), Bautzen 1976; DERS., Die Tracht der Sorben um Senftenberg und Spremberg (Sorbische Volkstrachten, Bd. 5, Heft 3), Bautzen 1977; NOWAK-NEUMANN / BALKE, Die Tracht (wie Anm. 60).

nicht relevant gewesen. So muss man auf eigene Beobachtungen zurückgreifen, insbesondere dann, wenn man eine Erklärung für die großen Mengen von Stecknadeln aus den Kirchengrabungen sucht. Die jeweils nach Anlass, Familienstand und Jahreszeit variierenden Trachten wurden und werden in einem langwierigen Prozess angelegt, wobei die Trachtenträgerin von einer sog. Anziehfrau eingekleidet wird. Eine Vorstellung von dieser Prozedur und der Menge der dafür benötigten Stecknadeln vermittelt die lebendige Schilderung dieser selbst durchlittenen Prozedur von Doris Kasper aus Hoyerswerda.[62] Frau Schmolka, eine Anziehfrau aus Saspow bei Cottbus, berichtete, dass sie für die einfache niedersorbische Festtagstracht ca. 40–50 Stecknadeln verwendet. Das Anziehen dieser Tracht dauert etwa 20 Minuten. Für die aufwendigere Tracht der Braut- und Ehrenjungfrauen werden ca. 60–80 Nadeln benötigt, das Anziehen dauert etwa 45 Minuten. Diese Zahlen variieren jeweils nach Anziehfrau, da jede ihre eigene Ankleidetechniken entwickelt hat.[63]

Abb. 8: Kopfputz einer Braut aus Burg/Spreewald (sog. „hupac" = niedersorbisch für „Wiedehopf"). Man beachte die Stecknadeln an der Haube. Aus: LÜCKING / NEDO, Die Lausitz (wie Anm. 61), Abb. 106.

---

[62] DORIS KASPER, Mit Schleier, Rute und Geschenken, in: Hoyerswerdaer Tageblatt vom 13.12.2006.; Frau Kasper teilte mir darüber hinaus für die Region um Hoyerswerda mit: „Kirch- und ‚kleine' Festtagstracht hatten nur wenige Nadeln (15–20 Stück). Bei den ‚großen' Trachten benötigt man heutzutage nur ca. 150–200 Stecknadeln, da heute viele Trachtenteile zum schnelleren Anziehen bereits angenäht sind. Früher waren es demnach wahrscheinlich 300–350 Stecknadeln." (E-Mail vom 02.04.2007).

[63] Gespräch am 13.02.2008. Übrigens war offensichtlich auch die männliche Bevölkerung von der Vielzahl der verwendeten Stecknadeln betroffen. Ein Gewährsmann aus Saspow berichtet, dass es früher nach den Tanzvergnügen zu Fastnacht und Erntedank wegen der vielen Nadeln immer „ganz schön lange" gedauert habe, bis man den Mädchen näher kommen konnte (Gespräch am 21.01.2008).

Münzen

Im Süden des Landes Brandenburg und speziell in der Niederlausitz ist seit dem Beginn systematisch betriebener Kirchengrabungen in den 1970er und vor allem ab den 1990er Jahren ein beachtlicher Zuwachs an Fundmünzen zu verzeichnen. Inzwischen liegen Münzen aus 34 Kirchen vor (Tab. 4), deren Datierung summarisch vom 13. bis in das 20. Jahrhundert reicht. Hinzu kommen einige „klassische" Münzfunde aus sakralem Zusammenhang (Tab. 5). Die Anzahl der erfassten Münzen aus Kirchen liegt zwischen zwei und 649. Das klingt wenig im Vergleich zu den in der Literatur immer wieder zitierten „Spitzenwerten" aus skandinavischen Kirchen (Bunge, Schweden: 4147 Münzen; Lom, Norwegen: 2245 Münzen; Silte, Schweden: ca. 1700 Münzen; Nousiainen, Finnland: 1577 Münzen; Växjö, Schweden: 1123 Münzen).[64] Jedoch muss man bedenken, dass auch in Schweden zum Beispiel der überwiegende Teil der 198 registrierten Kirchenfunde nur eine kleinere Anzahl von Münzen enthält.[65]

Leider sind viele der südbrandenburgischen Kirchenfunde, von wenigen Ausnahmen abgesehen,[66] bisher nicht abschließend bearbeitet und publiziert. Eine vergleichende Zusammenstellung und Auswertung mit überregionalen Bezügen fehlt völlig.[67] Letzteres ist aber wohl kein Problem unserer Region, sondern kann für Deutschland allgemein konstatiert werden.

Die Bedeutung von Münzfunden in Kirchen liegt neben Aussagen zu volkskundlichen und religionsgeschichtlichen Fragestellungen[68] vor allem in der Datierungsmög-

---

[64] Bunge: RAGNAR ENGESTRÖM, De medeltida myntfynden från det sista årets utgrävningar i gotländska kyrkor, in: Gotländskt Arkiv 44 (1972), S. 89; Lom: KOLBJØRN SKAARE, Myntene fra Lom kirke, in: Foreningen til norske Fortidsminnesmerkers Bevaring. Årbok 65 (1978); Silte: RAGNAR ENGESTRÖM, De medeltida myntfynden från det sista årets utgrävningar i gotländska kyrkor, in: Gotländskt Arkiv 44 (1972), S. 89; Nousiainen: HENRIK KLACKENBERG, Moneta nostra. Monetarisering i medeltidens Sverige, Stockholm 1992, S. 318, Fund 167; Växjö: BRITA MALMER, Monetary Circulation in South-Eastern Sweden c. 1350–1500 in the Light of Three Major Church-Finds, in: Nordisk Numismatisk Årsskrift (1981), S. 152.

[65] Zusammenstellung durch den Verf. nach Katalog bei KLACKENBERG, Moneta (wie Anm. 64), S. 197–332: 106 Funde mit 1–50 Münzen (53,3 %), 31 Funde mit 51–100 Münzen (15,6 %), 18 Funde mit 101–150 Münzen (9,1 %), 8 Funde mit 151–200 Münzen (4,0 %), 6 Funde mit 201–250 Münzen (3,0 %), 5 Funde mit 251–300 Münzen (2,5 %), 3 Funde mit 301–350 Münzen (1,5 %), 4 Funde mit 351–400 Münzen (2,0 %), 2 Funde mit 401–450 Münzen (1,0 %), 1 Fund mit 451–500 Münzen (0,5 %), 4 Funde mit 501–550 Münzen (2,0 %) und 2 Funde mit 551–600 Münzen (1,0 %). Es folgen Funde mit der Anzahl 612, 684, 740, 837, 904, 940, 1109 und 1577 Münzen.

[66] BERND KLUGE, Die Münzen aus der Kirche Schönfeld, Kr. Calau. Zur numismatischen Bedeutung von Kirchenfunden, in: Veröffentlichung des Museums für Ur- und Frühgeschichte Potsdam 19 (1985), S. 149–155; PETZEL, Weißagk (wie Anm. 23), S. 43–47; HÖHNE, Groß Buckow (wie Anm. 14), S. 271 f.; AGTHE / MÜCKLAUSCH, Baugeschichtliche Befunde (wie Anm. 14), S. 15–19; AGTHE, Kleinfunde (wie Anm. 14).

[67] Eine Auflistung der Fundmünzen und Münzfunde des Landes Brandenburg, die auch die Funde aus Kirchen enthält, liegt bisher leider nur als Typoskript in der Bibliothek des BLDAM, Abt. Bodendenkmalpflege vor: BURKHARD SCHAUER, Die mittelalterlichen und neuzeitlichen Münzfunde des Landes Brandenburg, Inventar, Potsdam 1997.

[68] Vgl. hierzu z. B. MARTIN ILLI, Münzen in der Kirche: Bild- und Schriftquellen, in: Fundmünzen aus Kirchengrabungen, Sitzungsbericht (wie Anm. 55), S. 153–160, bes. S. 153–155.

lichkeit für die ergrabenen Schichten und/oder Befunde. Dass während der Ausgrabung und bei der Interpretation ihrer Ergebnisse eine exakte Arbeitsweise und eine angemessene Quellenkritik Voraussetzung sind, versteht sich von selbst. Denn gerade bei Untersuchungen in Kirchen lauert eine ganze Reihe von möglichen Fallstricken, auf die vor einiger Zeit zusammenfassend hingewiesen wurde.[69] Die Kartierung der Fundmünzen kann u. a. Hinweise auf bestimmte Opferzeremonien an Altären und anderen Stellen,[70] das Einsammeln der Kollekte an exponierter Stelle in der Kirche, etwa am Hauptportal,[71] oder den Standort von Opferstöcken[72] geben.

Zum anderen sind die in Kirchen gefundenen Münzen auch für die numismatische Forschung von größter Wichtigkeit, wo sie unter der Bezeichnung „Akkumulationsfunde" oder „cumulative finds" als eigene Münzfundkategorie gelten.[73] Ihre Bedeutung besteht vor allem darin, dass die Münzen – anders als bei den Schatzfunden – zufällig in den Boden gelangt sind und auf diese Weise auch Geldstücke mit kleinem und kleinstem Wert überliefert sind, die in den absichtlich verborgenen Schätzen kaum auftauchen. Mit ihnen lassen sich u. a. Rückschlüsse auf den Kleingeldumlauf gewinnen, für den sonst kein anderes Quellenmaterial zur Verfügung steht.[74] Interessanter-

---

[69] EGGENBERGER, Beitrag (wie Anm. 55).
[70] Beispiele für Opfer an Altären bei KLACKENBERG, Moneta (wie Anm. 64), S. 33, Abb. 3 und ILLI, Münzen (wie Anm. 68), Abb. S. 159 und DIRK VORLAUF / NIKLOT KLÜSSENDORF, Die evangelische Pfarrkirche St. Georg in Alten-Buseck, Kreis Gießen (Archäologische Denkmäler in Hessen, Bd. 144), Wiesbaden 1998; zu Münzopfern in der Wunderblutkapelle des Klosters Heiligengrabe in der Prignitz vgl. CHRISTA PLATE / FRIEDRICH PLATE, Die Ergebnisse der Ausgrabungen in der Wunderblutkapelle des Klosters Heiligengrabe, Kr. Wittstock, in: Ausgrabungen und Funde 32 (1987), S. 98 f.
[71] NIKLOT KLÜSSENDORF / ROGER BALDUS, Die Fundmünzen aus der Marktkirche zu Eschwege, Werra-Meißner-Kreis (Archäologische Denkmäler in Hessen, Bd. 113), Wiesbaden 1994.
[72] Vgl. z. B. KLAUS GREBE, Die Chorquadratkirche von Kirche Thyrow, Kr. Zossen, in: Ausgrabungen und Funde 10 (1965), S. 154 f.; SCHAUER, Mittelalterliche und neuzeitliche Münzfunde (wie Anm. 67), S. 644 f.; BERNWARD ZIEGAUS, Die Münzen aus der Wallfahrtskirche, in: BERND STEIDL, Zur Historizität des heiligen Grafen Rasso von Grafrath, in: Bayerische Vorgeschichtsblätter 69 (2004), S. 130–133.
[73] REINER CUNZ / MARIO SCHLAPKE, Der „neue" Münzfundkatalog Mittelalter/Neuzeit der Numismatischen Kommission der Länder in der Bundesrepublik Deutschland. Ein Zwischenbericht, in: Jahrbuch Braunschweigische Wissenschaftliche Gesellschaft 2004 (2005), S. 84.
[74] Zur Bedeutung der Kirchenfunde ist KLUGE, Münzen (wie Anm. 66) immer noch ein Standardwerk. An neuerer deutschsprachiger Literatur sei genannt: BENEDIKT ZÄCH, Kirchenfunde als Quellen zum Kleingeldumlauf im 15. Jahrhundert, in: Archäologie der Schweiz 15 (1992), S. 144–151; NIKLOT KLÜSSENDORF, „Gelt, so in Klingelsack gefalt". Das evangelische Kirchenopfer der Frühneuzeit im Lichte des Opferstocks von Rohr/Thüringen (Mitteldeutsche Forschungen, Bd. 110), Weimar/Köln/Wien 1993, S. 93–98; DANIEL SCHMUTZ / FRANZ E. KOENIG, Gespendet, verloren, wiedergefunden. Die Fundmünzen aus der reformierten Kirche Steffisburg als Quelle zum spätmittelalterlichen Geldumlauf (Steffisburg, reformierte Pfarrkirche. Die Ergebnisse der archäologischen Forschungen von 1980 und 1982, Bd. 2), Bern 2003; MARIO SCHLAPKE, Fundmünzen aus Kirchen als historische Quelle, in: Kirche und geistiges Leben im Prozess des mittelalterlichen Landesausbaus in Ostthüringen/Westsachsen, hg. von PETER SACHENBACHER, RALPH EINICKE und HANS-JÜRGEN BEIER (Beiträge zur Frühgeschichte und zum Mittelalter Ostthüringens, Bd. 2), Langenweisbach 2005,

weise scheinen Kirchengrabungen überhaupt die „Hauptlieferanten" für Kleinmünzen zu sein, wie etwa das Beispiel Konstanz am Bodensee zeigt. Hier kamen fast 70 Prozent der bei Ausgrabungen im Stadtgebiet gefundenen insgesamt 522 Münzen durch die Untersuchungen in der Stephanskirche ans Licht.[75]

Bei den Fundmünzen aus Kirchen handelt es sich nach gängiger Auffassung zum überwiegenden Teil um Geld, das von den Kirchgängern für das Kirchopfer vorgesehen war (Abb. 9), während des Opfervorgangs herunterfiel und dann nicht mehr aufgehoben wurde oder werden konnte.[76] Die Gründe dafür können unterschiedlich sein: Die Münze fiel in eine Fußbodenritze und blieb dadurch verschwunden, es war unter dem Gestühl zu dunkel, um sie wieder zu finden, oder sie hatte einen solch geringen Wert, dass sich eine Suche danach nicht lohnte.

Abb. 9: „Kollekte nach dem Gottesdienst", Gemälde von Georg Knorr, 1881. Veröffentlichung mit Genehmigung des Bildarchivs Preußischer Kulturbesitz, Berlin.

S. 75–82; sowie die teilweise bereits erwähnten Artikel des Tagungsbandes Luzern 1993: Fundmünzen aus Kirchengrabungen, Sitzungsbericht (wie Anm. 55).

[75] HANSJÖRG BREM, Stadt und Kirche – das Beispiel Konstanz, in: Fundmünzen aus Kirchengrabungen, Sitzungsbericht (wie Anm. 55), S. 113–116, hier S. 114; summarisch vgl. auch SCHLAPKE, Fundmünzen aus Kirchen (wie Anm. 74).

[76] Es sind natürlich auch alle möglichen andere Ursachen – bis hin zu Löchern in den Hosentaschen – für den Verlust der Münzen denkbar.

Interessant ist nun die Frage, in welchem Verhältnis die verloren gegangenen Münzen zu den in der Kirche geopferten Geldbeträgen stehen und welche Menge von Münzen im Laufe der Jahre in die Kollekten gelangten. Voraussetzung für derartige Berechnungen ist natürlich eine archivalische Überlieferung der Spendeneinnahmen der betreffenden Kirchengemeinde. Derartige Quellen sind selten und man stößt meist eher zufällig auf sie.[77]

Als Sonderfall ist der Befund aus der Martinskirche zu Rohr in Thüringen zu werten.[78] Dort hatten sich in den Ritzen des 1601 gefertigten hölzernen Opferstockes 155 Kleinmünzen verklemmt und waren so der detaillierten Erfassung der Kollekten in den sog. „Heiligenrechnungen", die seit 1569 überliefert sind, entgangen. Es handelt sich hierbei um Geld, das tatsächlich schon geopfert worden war. In den 188 belegbaren Haushaltsjahren des 17. und 18. Jahrhunderts gelangten 4.450 Gulden an Spenden in den Opferstock. Das sind 1.125.770 Pfennige, 2.251.540 Heller oder – nach der Nominalstruktur des Fundes gerechnet – 1.375.690 Münzen, was je nach der verwendeten Legierung einer Masse zwischen 340 und 675 kg Metall entspricht![79] Pro Jahr kann man von fast 6.000 gespendeten Pfennigen oder fast 12.000 Hellern ausgehen. Der im Opferstock verbliebene Rest macht demnach je nach Berechnungsgrundlage einen Betrag von ungefähr 0,1–0,01 Prozent (bzw. 1–0,1 Promille) der gespendeten Geldmenge aus.[80]

Anders verhält es sich bei den „normalen" Kirchenfunden. Hier handelt es sich um Geld, das nicht in die Kollekte gelangte, weil es bereits vorher verloren ging. Henrik Klackenberg hat sich als erster mit dieser Problematik auseinandergesetzt und versucht, die Verlustrate zu ermitteln. Er berechnete, dass in der Wallfahrtskirche zu Kumla in Schweden – bezogen auf die mittelalterlichen Münzen – ein Betrag von etwa einem Promille dem Kirchenopfer entgangen ist.[81] Für die Marktkirche zu Eschwege in Nordhessen sind zwar die Fundmünzen und auch die Spendeneinnahmen des 17. und 18. Jahrhunderts publiziert, jedoch wurde die Verlustrate nicht ermittelt.[82]

Die Fundmünzen aus der Dorfkirche in Beesdau sollen Anlass sein, für die Niederlausitz derartige Berechnungen zu versuchen. Eine wertvolle Quelle, nicht nur in die-

---

[77] KLÜSSENDORF, Kirchenopfer (wie Anm. 74), S. 101 f.; DERS., Neue Fundmünzen aus dem Opferstock von Rohr, Lkr. Schmalkalden-Meiningen, in: Alt-Thüringen 29 (1995), S. 141.

[78] KLÜSSENDORF, Kirchenopfer (wie Anm. 74); DERS.; Neue Fundmünzen (wie Anm. 77); aus dem Süden des Landes Brandenburg und im angrenzenden Teil des Landes Sachsen-Anhalt sind nur wenige vergleichbare Bespiele bekannt (Tab. 6).

[79] KLÜSSENDORF, Kirchenopfer (wie Anm. 74), S. 100; DERS., Neue Fundmünzen (wie Anm. 77), S. 149; KONRAD SCHNEIDER, Kleingeld im Opferstock der Pfarrkirche von Nieder-Erlenbach (Stadt Frankfurt a. M.), in: Numismatisches Nachrichtenblatt 11 (2004), S. 433–441.

[80] KLÜSSENDORF, Kirchenopfer (wie Anm. 74), S. 99–101; DERS., Neue Fundmünzen (wie Anm. 77), S. 218; DERS., Frühneuzeitliches Opferverhalten im Langzeitvergleich, dargestellt anhand von Beispielen aus Hessen und Thüringen, in: Fundmünzen aus Kirchengrabungen, Sitzungsbericht (wie Anm. 55), S. 139–151, hier S. 149 f.

[81] KLACKENBERG, Moneta (wie Anm. 64), S. 37 f., 280; in der englischen Zusammenfassung (S. 335) wird fälschlicherweise von „Prozent" gesprochen.

[82] KLÜSSENDORF / BALDUS, Fundmünzen Eschwege (wie Anm. 71); KLÜSSENDORF, Neue Fundmünzen (wie Anm. 77), S. 143–146.

ser Hinsicht, ist die Chronik der Kirchengemeinde zu Beesdau. Hier findet sich eine Aufstellung der Kollekten für den Zeitraum von 1871 bis 1880.[83] Demnach waren in diesen Jahren Einnahmen in einer Höhe zwischen 3,82 und 43,89 Mark und durchschnittlich 20,23 Mark zu verzeichnen. Obwohl Preußen zum Stichtag 1. Januar 1875 die Markrechnung einführte, wurde für das Rechnungsjahr 1875 hier noch in der traditionellen Talerrechnung gezählt. Dies ist eventuell auch ein Hinweis darauf, dass der Austausch der alten Zahlungsmittel durch die neugeprägten reichseinheitlichen Mark- und Pfennigmünzen im täglichen Geldumlauf noch nicht abgeschlossen war (Tab. 7).

Für eine Auswertung wurden darüber hinaus die Fundmünzen aus der Zeitspanne zwischen 1800 und 1880 herangezogen, wobei die älteste Münze aus dem Jahre 1807 und die jüngste von 1876 stammt. Es ergibt sich für diesen Zeitraum eine Rate von rund drei pro Jahr verlorenen Münzen mit einem Wert von ca. 3,7 Pfennigen (Tab. 8).[84] Im Verhältnis zu den Kollekteneinnahmen der Jahre 1871–1880 ergibt sich ein Verlust zwischen 0,98 und 0,08 Prozent, also durchschnittlich 0,18 Prozent (bzw. 1,8 Promille). Legt man diese letzte Zahl und die Nominalstruktur des Fundmünzkomplexes zu Grunde, steht den 373 Fundmünzen des 18. und 19. Jahrhunderts eine Anzahl von rund 207.000 Münzen gegenüber, die im gleichen Zeitraum tatsächlich gespendet worden sein müssten.

Es erschien nun reizvoll, auf der Basis von „ethnologischer Feldforschung" einen Vergleich mit aktuellen Verhältnissen herzustellen. Dazu erfolgte in ausgewählten südbrandenburgischen Kirchen vor allem in den Jahren 2006 und 2007 eine Absuche der rezenten Fußböden unter dem Gestühl. Wie nicht anders zu erwarten, zeigte sich, dass in fast allen untersuchten Kirchen verschiedenste Gegenstände verloren wurden und auch liegen geblieben sind (Tab. 9). Neben den hier interessierenden Münzen waren es u. a. vor allem Knöpfe, Kämme, Haarschmuck und Reste von Süßwaren (Abb. 10). Das rezente Material weist also eine ähnliche Zusammensetzung auf wie die archäologischen Funde.[85] Die Objekte lagen fast immer unter den Fußbrettern des Gestühls, also dort, wo man erfahrungsgemäß am schlechtesten sauber machen kann. Teilweise ist die Menge der verlorenen Münzen überraschend hoch. Die älteste Münze stammt von 1875 und trotzte demzufolge bis zu ihrer Entdeckung etwa 130 Jahre lang allen

---

[83] Vgl. AGTHE / MÜCKLAUSCH, Baugeschichtliche Befunde (wie Anm. 14), S. 11, 16.

[84] Bei der Umrechnung gilt für Preußen 1 Taler = 30 Silbergroschen und 1 Silbergroschen = 12 Pfennige; 1 Taler = 3 Mark, 10 Silbergroschen = 1 Mark und 1 Silbergroschen = 10 (Mark-)Pfennige. In Sachsen entsprach vor 1838 1 Taler = 24 Groschen (diese zu je 12 Pfennigen); ab 1838 wurde der Taler in 30 Neugroschen zu 10 Pfennigen geprägt. Sowohl der ältere als auch der neue sächsische Pfennig werden in der vorliegenden Tabelle 1:1 in (Mark-)Pfennig umgerechnet. Gleiches wird für die Pfennig-Prägungen aus anderen Ländern angenommen. Der polnische Grosz entspricht nach der Umrechnung 1 Taler = 6 Złoty = 180 Groszy etwa 2 (Mark-)Pfennigen. Der 5/10-Neukreuzer aus Österreich kann mit 1 (Mark-)Pfennig gleichgesetzt werden. Herrn Mario Schlapke, Thüringisches Landesamt für Denkmalpflege und Archäologie, Weimar, gilt mein herzlicher Dank für die Beratung bei der Umrechnung der einzelnen Währungen sowie nicht zuletzt für die anregende Diskussion methodischer Fragen und die Benennung neuerer numismatischer Literatur.

[85] Vgl. z. B. AGTHE, Kleinfunde (wie Anm. 14).

Reinigungsversuchen. Die jüngsten Geldstücke hingegen verließen erst 2004 die Prägemaschinen der Staatlichen Münze in Berlin bzw. Stuttgart.

Für einen Versuch zur Bestimmung der aktuellen Verlustraten bot sich als Zäsur die Einführung des Euro als Zahlungsmittel im Jahr 2002 an. Die seither verlorenen Münzen lassen sich einfach ermitteln. Eine Unsicherheit liefert allerdings die Tatsache, dass auch nach diesem Zeitpunkt noch mit Mark und Pfennig gespendet

Abb. 10: Spremberg, Kreuzkirche. Ergebnis der Absuche im März 2007. Foto: Markus Agthe.

wurde. Möglicherweise nutzte man anfänglich die Kollekte sogar bewusst als günstige „Umtauschgelegenheit".[86] In Herzberg erfolgte die Absuche im März 2007. In den fünf Jahren seit Einführung des Euro gingen dort vier Münzen im Gesamtwert von 3,30 € verloren. Das entspricht einer Verlustrate von 0,8 Münzen und einem durchschnittlichen Wert von 0,66 € pro Jahr. Für Sonnewalde (Absuche im April 2007) sind es fünf Münzen im Gesamtwert von 1,61 €, was einer Verlustrate von 1,0 Münzen und einem Verlustwert von 0,32 € pro Jahr gleichzusetzen ist. Noch genauere Daten haben wir für die Kreuzkirche in Spremberg: Hier erbrachte die Absuche im März 2007 insgesamt 16 Euromünzen mit einem Gesamtwert von 7,42 €. Dies entspricht einem durchschnittlichen jährlichen Verlust von 3,2 Münzen mit einem Wert von 1,48 €. Im Januar 2008 wurde der Kircheninnenraum erneut abgesucht. Es fanden sich nun sechs Münzen mit einem Gesamtwert von 2,13 €. Zusammen genommen ergibt sich für die sechs Jahre seit Einführung der Eurowährung eine Verlustrate von 3,7 Münzen und ein Verlustwert von 1,59 € pro Jahr.

Setzt man diese Fundmünzen ins Verhältnis zu den Einnahmen aus den Kollekten, ergibt sich folgendes Bild: In Sonnewalde wurden von 2004 bis 2006 durchschnittlich pro Jahr 4.517 € an Kollekten eingenommen.[87] Der Verlust beträgt demnach 0,007 Prozent (0,07 Promille). Die Kreuzkirchen-Gemeinde in Spremberg hatte 2006 und 2007

---

[86] „Trotz der einfachen und kostenlosen Umtauschmechanismen waren im Mai 2005 noch D-Mark-Münzen im Wert von 3,72 Milliarden Euro (fast 46 Prozent des Münzbestandes vom Dezember 2000) im Umlauf." (http://de.wikipedia.org/wiki/Euro; Recherche am 15.02.2008).

[87] Die Kollekteneinnahmen betrugen 2004 5.331 Euro, 2005 4.464 Euro und 2006 3.755 Euro. Ich danke Herrn Pfarrer Haska, Sonnewalde, herzlich für das unkomplizierte Bereitstellen dieser Zahlen und die Erlaubnis für ihre Veröffentlichung.

durch die Kollekten jährliche Einnahmen von durchschnittlich 22.000 €.[88] Berechnet man den Verlust für 2007 auf der Basis der Aufsammlungen vom Januar 2008 und der Höhe der Einnahmen für 2007, ergibt sich ein Wert von 0,009 Prozent (0,09 Promille). Betrachtet man den gesamten Zeitraum seit Einführung des Euro und legt die durchschnittliche Kollektenhöhe zugrunde, beträgt der Verlustwert 0,007 Prozent (= 0,07 Promille). Die Verlustraten sind also – sicher zur Freude der Gemeinden – sehr gering und noch dazu wesentlich geringer als vergleichbare Werte aus historischer Zeit (s. o.). Dies hat aber nichts damit zu tun, dass in der Vergangenheit weniger sorgsam mit dem Geld umgegangen wurde. Es liegt einfach daran, dass heute in erheblichem Umfang auch Banknoten geopfert werden. Und wenn ein Fünf-Euro-Schein herunterfällt, bückt man sich dann doch, um ihn wieder aufzuheben.

Tab. 1: Datierung der archäologisch nachgewiesenen Holzkirchenbauten und die ihrer nachfolgenden Steinbauten (Nachweise bei AGTHE [wie Anm. 1], S. 242–245; BÖNISCH [wie Anm. 14]).

	ältere Holzkirche	jüngere Holzkirche	Steinbau
Bockwitz	ca. 1. Viertel 13. Jh.	ca. 1. Hälfte 14. Jh.	15. Jh. (Chor evtl. schon 13. Jh.)
Groß Buckow	um 1200	–	Ende 13./Anfang 14. Jh.
Horno	13. Jh.	14. Jh.	wohl 15. Jh.
Madlow	?	13./14. Jh.	Ende 14./Anfang 15. Jh.
Pritzen	wohl 1. Hälfte 13. Jh.	–	Ende 13. Jh.
Schönfeld	Ende 12./Anfang 13. Jh.	14. Jh.	Anfang 15. Jh.
Stradow	Ende 12. Jh.	–	1. Hälfte 13. Jh.
Weißagk	um 1300	um 1500	um 1590
Wolkenberg	Ende 12./Anfang 13. Jh.	14. Jh. (vor 1420 d)	Mitte 15. Jh. (Dachstuhl 1442 d)

Tab. 2: Datierung der über erhaltene Bauteile festgestellten Holzkirchenbauten und die ihrer nachfolgenden Steinbauten (d = dendrodatiert) (Nachweise bei AGTHE [wie Anm. 1], S. 246–249).

	Holzkirche	Steinbau
Dollenchen	1220 ± 10 d	Ende 13./Anfang 14. Jh. (1305 ± 10 d)
Friedersdorf	1211 d	2. Viertel 13. Jh.

---

[88] Die Kollekteneinnahmen betrugen 2006 ca. 21.100 Euro und 2007 ca. 23.000 Euro. Herr Manfred Ihle, Weskow, recherchierte dankenswerter Weise diese Angaben und erwirkte bei der Kreuzkirchen-Gemeinde Spremberg die Erlaubnis zu ihrer Verwendung im Rahmen dieses Beitrags. Dafür gebührt ihm mein herzlicher Dank.

Goßmar bei Sonnewalde	frühestens 1245 ± 10 d; nicht später als letztes Viertel 13. Jh.	Anfang 15. Jh.
Gruhno	frühestens 1250 ± 10 d	2. Hälfte 13. Jh.
Lugau	?	Mitte 13. Jh.
Martinskirchen	1192 ± 10 d	1. Hälfte/Mitte 13. Jh.
Schönborn	?	2. Viertel 13. Jh. (1248 ± 10 d)
Stechau	1212 ± 10 d	Mitte 13. Jh.
Zaue	frühestens 1225 ± 10 d	14. Jh.

Tab. 3: Stecknadeln aus Kirchen im Süden des Landes Brandenburg

Fundort	Anzahl der Stecknadeln	Literatur
Bad Liebenwerda	6	Archiv BLDAM
Beesdau	238	AGTHE / MÜCKLAUSCH (wie Anm. 14), S. 14 f.
Groß Buckow	7 (nicht gesiebt!)	HÖHNE (wie Anm. 14), S. 268 f.
Horno	noch nicht bearbeitet	BÖNISCH, Ausgrabungen (wie Anm. 14), S. 30
Komptendorf	626	AGTHE (wie Anm. 14)
Lübben	2	Archiv BLDAM
Madlow	etwa 110	AGTHE (wie Anm. 59), S. 165
Pritzen	„einige"	frdl. Mitteilung E. Bönisch; EBERHARD BÖNISCH, Die Ausgrabung der Kirche von Pritzen, Kr. Calau, in: Ausgrabungen und Funde 37, (1992) S. 89–97
Ruhland	72	MARKUS AGTHE, Archäologische Beobachtungen an Kirchen Südbrandenburgs, in: Frühe Kirchen in Sachsen. Ergebnisse archäologischer und baugeschichtlicher Untersuchungen, hg. von JUDITH OEXLE, Stuttgart 1994, S. 243–245
Schönfeld	6 (nicht gesiebt!)	EBERHARD KIRSCH, Die Untersuchungen in der Ortslage und in der Kirche von Schönfeld, Kr. Calau, in: Veröffentlichungen des Museums für Ur- u. Frühgeschichte Potsdam 19 (1985), S. 134
Stradow	6 (nicht gesiebt!)	MANFRED IHLE / GÜNTER WETZEL, Die Kirche Stradow und ihre Vorgängerbauten. Ergebnisse der archäologischen, bauhistorischen und volkskundlichen Untersuchungen, Spremberg 1986, S. 64–74
Vetschau	etwa 100	AGTHE (wie Anm. 1), S. 264
Weißagk	etwa 960	PETZEL (wie Anm. 23), S. 39, Katalog
Wolkenberg	etwa 800	AGTHE / IHLE (wie Anm. 42), S. 498

Tab. 4: Fundmünzen aus Kirchen im Süden des Landes Brandenburg und im angrenzenden Teil des Landes Sachsen-Anhalt.

Fundort	Ausgrabungsjahr	Anzahl der Münzen	Literatur
Axien	1999	145	Ulrich Fach, Die Münzen aus der Kirche von Axien, in: Jahresschrift für Mitteldeutsche Vorgeschichte 87 (2003), S. 160–184
Bad Liebenwerda	1995	6	Agthe (wie Anm. 26), S. 578
Beesdau	2001/02	425	Agthe / Mücklausch (wie Anm. 14), S. 15–19
Bockwitz	1989–1991	22	Markus Agthe, Archäologische Beobachtungen an Kirchen Südbrandenburgs, in: Frühe Kirchen in Sachsen. Ergebnisse archäologischer und baugeschichtlicher Untersuchungen, hg. von Judith Oexle, Stuttgart 1994, S. 245 f.
Bönitz	2003/04	3	Agthe (wie Anm. 1), S. 261
Buckow bei Calau	1900	„einige"	Christian Dienel, Chronik der Gemeinden Buckow, Säritz und Schadewitz (Groß Jehser 1994), S. 6
Cottbus, Klosterkirche	1907/08	„mancherlei Münzen"	Christian Lehm, Vor einhundert Jahren – die Klosterkirche in neuem Gewand, in: Cottbuser Heimatkalender 2008, Cottbus 2007, S. 91–92
Dahme	1995	8	Stefan Pratsch, Neue Untersuchungen in Kirchen auf dem Fläming. Archäologische Beobachtungen in den Kirchen von Dahme und Borgisdorf, Landkreis Teltow-Fläming, in: Archäologie in Berlin und Brandenburg 1995/1996 (1997), S. 123
Duben	1993	2	Agthe (wie Anm. 1), S. 261
Gahlen	1994	3	Agthe (wie Anm. 1), S. 261
Groß Bademeusel	1900	„80 oder mehr"	Schauer (wie Anm. 67), S. 613–615
Groß Buckow	1984	34	Höhne (wie Anm. 14), S. 271 f.
Groß Kölzig	vor 1876	42	Schauer (wie Anm. 67), S. 616 f.
Groß Lieskow	1983	17	Schauer (wie Anm. 67), S. 617
Fürstlich Drehna, Wüste Kirche	1979/80 Altfund	4 1	Fritz Bönisch / Günter Wetzel, Die Wüste Kirche von Drehna, Luckau 1988, S. 60
Horno	2004	417	Bönisch Ausgrabungen (wie Anm. 14), S. 30
Jessen	1971/72	4	Schauer (wie Anm. 67), S. 625 f.
Kalkwitz	1992/93	18	Agthe (wie Anm. 1), S. 262
Komptendorf	2001	100	Agthe (wie Anm. 14)

Lindena	2002/03	23	AGTHE (wie Anm. 1), S. 262
Lindenau	1999/2000	15	SCHAUER (wie Anm. 67), S. 626 f.; AGTHE (wie Anm. 1), S. 262
Lipten	1995	28	AGTHE (wie Anm. 1), S. 262
Lübben	1998	2	Archiv BLDAM
Madlow	1994	62	AGTHE (wie Anm. 59), S. 165; SCHAUER (wie Anm. 67), S. 627
Pritzen	1989	36	EBERHARD BÖNISCH, Die Ausgrabung der Kirche von Pritzen, Kr. Calau, in: Ausgrabungen und Funde 37 (1992), S. 89–97; SCHAUER (wie Anm.67), S. 633–635
Ruhland	1991	17	MARKUS AGTHE, Archäologische Beobachtungen an Kirchen Südbrandenburgs, in: Frühe Kirchen in Sachsen. Ergebnisse archäologischer und baugeschichtlicher Untersuchungen, hg. von JUDITH OEXLE, Stuttgart 1994, S. 243–245
Schönfeld	1975	70	KLUGE (wie Anm. 66)
Schwarzheide	1996	35	AGTHE (wie Anm. 1), S. 263
Stradow	1982/83	158	MANFRED IHLE / GÜNTER WETZEL, Die Kirche Stradow und ihre Vorgängerbauten. Ergebnisse der archäologischen, bauhistorischen und volkskundlichen Untersuchungen, Spremberg 1986, S. 56 f.
Terpt	2003	5	AGTHE (wie Anm. 1), S. 263
Vetschau, Wendische Kirche	2000	22	AGTHE (wie Anm. 1), S. 264
Vetschau, Deutsche Kirche	1989 1998	22 27	KLAUS LISCHEWSKY, Bericht des 1989er Münzfundes, in: 300 Jahre Deutsche Kirche zu Vetschau, Vetschau 1994, S. 48–51; ELKE TEWES-BANNICKE, Der Münzfund in der Stadtkirche von Vetschau, Kr. Calau, in: 300 Jahre Deutsche Kirche zu Vetschau (Vetschau 1994) S. 51–52; SCHAUER (wie Anm. 67)
Weißagk	1988/89	448	PETZEL (wie Anm. 23), S. 43–47
Wolkenberg	1989–1993	649	SCHAUER (wie Anm. 67), S. 645; AGTHE / IHLE (wie Anm. 42), S. 498

Tab. 5: Münzfunde aus Kirchen im Süden des Landes Brandenburg.

Fundort	Entdeckungsjahr	Anzahl der Münzen	Literatur
Golßen	vor 1654	?	MICHAEL BOCK, Die Kirchenvisitationen im Luckauer Kreis 1653–1658 und insbesondere in Golßen 1654, in: Luckauer Heimatkalender 2004, Luckau 2003, S. 49
Hermsdorf	1999	933 (in Tongefäß)	SCHAUER, Verborgen (wie Anm. 14)
Herzberg/Elster, Marienkirche	2002	902 (in Stoffbeutel)	SCHAUER, Der Münzschatz (wie Anm. 14)
Mühlberg/Elbe, Klosterkirche	1901/02	?	OTTO LICHTENBERG, Die Erneuerung der Altstädter Kirche zu Mühlberg a. Elbe, in: Jahrbuch der Denkmalpflege in der Provinz Sachsen 1901, S. 48; DERS., Die Erneuerungsarbeiten an der Altstädter Kirche zu Mühlberg a. Elbe im Jahre 1902, in: Jahrbuch der Denkmalpflege in der Provinz Sachsen 1902, S. 63
Stechau	1602	?	KARL PALLAS, Die Registraturen der Kirchenvisitationen im ehemals sächsischen Kurkreise. Abt. 2, Teil 6. Die Ephorien Schlieben und Gommern, Halle 1918, S. 151
Stradow	1982/83	1 (in Tongefäß; dieses alt, geleert)	MANFRED IHLE / GÜNTER WETZEL, Die Kirche Stradow und ihre Vorgängerbauten. Ergebnisse der archäologischen, bauhistorischen und volkskundlichen Untersuchungen, Spremberg 1986, S. 24
(Weißagk) fraglich	1988/89	keine (geleertes Münzdepot?)	PETZEL (wie Anm. 23), S. 44
Zützen	1970er/80er Jahre	?	frdl. Mitteilung von Dr. Lothar Treder-Schmidt, Caule

Tab. 6: Fundmünzen aus Kirchentruhen und Opferstöcken im Süden des Landes Brandenburg und im angrenzenden Teil des Landes Sachsen-Anhalt.

Ort	Entdeckungsjahr	Anzahl der Münzen	Literatur
Buckow bei Calau	2008	je 1 (2 Truhen)	Archiv BLDAM
Groß Jehser	1990	12 (Truhe)	SCHAUER (wie Anm. 67), S. 616
Klöden	2003	9 (Opferstock)	Archiv Landesamt für Denkmalpflege und Archäologie Sachsen-Anhalt, Halle/Saale
Papitz	2008	5 (Opferstock)	Archiv BLDAM
Senftenberg	1988	1 (Truhe)	Archiv BLDAM
Spremberg, Kreuzkirche	2000	14 (Truhe)	Archiv BLDAM; frdl. Mitt. Manfred Ihle, Weskow
Wahrenbrück	1989	3 (Truhe)	Archiv BLDAM

Tab. 7: Beesdau, Dorfkirche. Einnahmen aus Kollekten 1871 bis 1880.

	Taler	Silbergroschen	Pfennige	Mark	Pfennig
1871	10	29	2	= 32	92
1872	4	24	10	= 14	50
1873	3	20	1	= 11	01
1874	5	22	11	= 17	31
1875	14	18	9	= 43	89
1876				22	13
1877				3	82
1878				16	59
1879				15	24
1880				24	90
Summe				202	27

Tab. 8: Beesdau, Dorfkirche. Fundmünzen aus dem Zeitraum 1800–1880.

	Zeitraum (Jahre)	Anzahl Münzen	verlorene Münzen pro Jahr	Wert (im jeweiligen Währungssystem)	Umrechnung (Mark)	Geldwert/Jahr (Mark/Jahr)
Preußen						
gerechnet ab 1810 (= älteste Münze nach 1800) 1797–1840 (Friedrich Wilh. III.)	30	84	2,8	8 Silbergroschen, 6 Pfennige	0,85	0,0283
1840–1861 (Friedrich Wilh. IV.)	21	83	3,95	9 Silbergroschen, 10 Pfennige	0,98	0,0467
1861–1871 (Wilhelm I.)	10	19	1,9	2 Silbergroschen, 7 Pfennige	0,26	0,0260
1871–1880 (Wilhelm I.)	9	4	0,44	6 Pfennige	0,05	0,0055
allgem. Preußen 19. Jh.		4		7 Pfennige	0,06	
Zwischenstand 1	70	193	2,76		2,20	0,0314
Sachsen						
gerechnet ab 1807 (= älteste Münze nach 1800) 1763–1827 (Friedrich Aug. III./I.)		15		1 Groschen (je ¼ Taler), 1 Pfennig	0,265	
1836–1854 (Friedrich Aug. II.)		4		4 Pfennige	0,04	
1854–1873 (Johann)		2		2 Pfennige	0,02	
Sonstige						
1811 Polen		1		1 Grosz	0,02	
1821 Frankfurt am Main		1		1 Heller	> 0,005	
1840 Anhalt		1		1 Pfennig	0,01	
1841 Sachsen-Altenburg		1		1 Pfennig	0,01	

1841 Reuß (Jüngere Linie)		1		1 Pfennig	0,01	
1842 Hessen-Kassel		1		½ Silbergroschen	0,05	
1846 Schwarzbg.-Sondershsn.		2		2 Pfennige	0,02	
1858 Sachsen-Weimar		1		1 Pfennig	0,01	
1859 Österreich		1		5/10 Kreuzer	0,012	
Zwischenstand 2		31			0,46	
Gesamt	74	224	3,03		2,66	0,0359

Tab. 9: Absuche des rezenten Fußbodens aus Kirchen im Süden des Landes Brandenburg.

Ort	Absuche	Anzahl Münzen	Münzen	„Beifunde"
Bönitz	2004	3	1 Pfennig Deutsches Reich 1886, 1 Pfennig Deutsches Reich 1907, 1 Rentenpfennig Deutsches Reich 1924 A	–
Bornsdorf	2006	6	1 Pfennig Deutsches Reich 1876 (2 Ex.), 1 Pfennig Deutsches Reich 1904, 1 Pfennig Deutsches Reich 1912, 1 Pfennig Deutsches Reich (korrodiert), 10 Pfennig Deutsches Reich 1940	1 Stecknadel
Briesen	2007	2	5 Cent BRD 2002, 20 Cent BRD 2002	1 Papierschildchen von Spielzeug, 1 Bonbonpapier
Doberlug	2007	2	1 Pfennig BRD 1974, 20 Cent BRD 2002 D	–
Frankendorf	2006	1	5 Pfennig BRD 1991	–
Gahro	2007	3	50 Pfennig DDR 1956, 5 Pfennig DDR 1968, 5 Pfennig BRD 1984 D	1 Kamm
Gollmitz	2006	1	1 Pfennig BRD 1985	–
Goßmar bei Luckau	2006	3	10 Pfennig BRD 1980 F, 2 Deutsche Mark BRD 1982 F, 50 Cent BRD 2002 A	1 Druckknopf, 1 Lesebrille, 1 Haarspange, 1 Haarklemme, 1 Stielkamm aus PVC, 1 Bonbonpapier

Ort	Datum	Anzahl	Münzen	Sonstiges
Gräfendorf	2007	7	1 Pfennig Deutsches Reich 1875, 5 Pfennig Deutsches Reich 1901, 1 Pfennig Deutsches Reich 1941, 1 Pfennig Deutsches Reich 1942, 5 Pfennig Deutschland Ost ab 1948 (2 Ex., korrodiert), 5 Pfennig BRD 1981 J	2 Stecknadeln, 6 Glasperlen einer Kette
Herzberg/ Elster	März 2007	18	5 Pfennig Deutsches Reich 1940 D, 10 Pfennig Deutsches Reich 1944 E, 10 Pfennig DDR 1952, 10 Pfennig DDR 1968, 1 Pfennig BRD 1971 G, 1 Pfennig DDR 1972, 5 Pfennig BRD 1976 G, 1 Pfennig BRD 1980, 10 Pfennig BRD 1981 F, 1 Pfennig BRD 1989, 50 Pfennig BRD 1990 A, 2 Deutsche Mark BRD 1990 F, 1 Deutsche Mark BRD 1992 A, 2 Pfennig BRD 1996 J, 10 Cent BRD 2002 A, 20 Cent BRD 2002 A, 1 Euro BRD 2002 A, 2 Euro BRD 2002 A	3 Glasperlen einer Kette, 2 Knöpfe, 1 Knopfzelle (vom Hörgerät?), div. Bonbonpapiere, 1 Packung Kaugummi
Kolkwitz	2007	1	1 Cent BRD 2002	1 Bonbonpapier
Komptendorf	2007	2	10 Pfennig DDR 1967, 10 Pfennig BRD 1992 F	–
Langengrassau	2007	2	10 Pfennig Deutschland Ost 1950, 20 Cent Frankreich 2001	1 Haargummi
Lindena	2002/03	11	5 Pfennig Deutsches Reich 1891, 1 Pfennig Deutsches Reich 1908, 1 Pfennig Deutsches Reich 1925, 1 Pfennig DDR 1964, 1 Deutsche Mark BRD 1966 D, 10 Pfennig DDR 1968 (2 Ex.), 50 Pfennig BRD 1969 D, 2 Deutsche Mark BRD 1976 F, 2 Deutsche Mark BRD 1992 G, 1 Cent BRD 2002 A	–
Luckau	2007	2	1 Deutsche Mark BRD 1984 F, 1 Cent BRD 2004 A	–
Lübben	1998	14	1 Deutsche Mark BRD 1958 G, 10 Pfennig BRD 1970 D, 1 Pfennig BRD 1977 D, 1 Deutsche Mark BRD 1977 G, 2 Pfennig BRD 1978 G, 50 Pfennig BRD 1979 J, 5 Pfennig BRD 1990 F, 10 Pfennig BRD 1990 A, 50 Pfennig BRD 1990 F, 5 Pfennig BRD 1991 A, 10 Pfennig BRD 1991 F, 1 Pfennig BRD 1994 A, 10 Pfennig BRD A, 5 Pfennig BRD 1995 A	4 Knöpfe, div. Bonbonpapiere, Reste von Süßwaren
Riedebeck	2007	1	20 Cent BRD 2002 F	–

Sonnewalde	April 2007	14	1 Pfennig Deutsches Reich 1906 A, 1 Deutsche Mark BRD 1950 J, 1 Deutsche Mark BRD 1956 F, 1 Pfennig DDR 1968, 1 Pfennig BRD 1987 F, 1 Deutsche Mark BRD 1990 J, 5 Pfennig BRD 1991 D, 5 Deutsche Mark BRD 1992 A, 5 Pfennig BRD 1993 G, 5 Cent Belgien 1999, 5 Cent BRD 2002 J, 50 Cent BRD 2002 D, 1 Euro BRD 2002 F, 1 Cent BRD 2004 A	1 Knopf, 1 Haargummi, 1 Teil vom Kugelschreiber, div. Bonbonpapiere, Reste von Süßwaren
Spremberg	März 2007	19	10 Pfennig BRD 1990, 10 Pfennig BRD 1992 J, 5 Deutsche Mark BRD 1994 A, 20 Cent Spanien 1999, 1 Cent BRD 2002 A, 5 Cent BRD 2002 A, 10 Cent BRD 2002 A, 10 Cent BRD 2002 F, 20 Cent BRD 2002 D, 20 Cent BRD 2002 J, 20 Cent Italien 2002 (2 Ex.), 1 Euro BRD 2002 A, 1 Euro BRD 2002 F, 2 Euro BRD 2002 A, 1 Cent BRD 2004 A; 5 Cent, 10 Cent, 2 Euro (nicht näher klassifizierbar)	1 Haargummi, 1 Kamm, 1 Spielzeugteil, div. Bonbonpapiere, Reste von Süßwaren
Spremberg	Januar 2008	6	1 Cent BRD 2002 A, 1 Cent BRD 2002 F, 10 Cent BRD 2002 D, 1 Euro Österreich 2002, 1 Euro BRD 2003 A, 1 Cent BRD 2004 F	div. Bonbonpapiere
Zeckerin	2007	4	50 Pfennig BRD 1950 D, 1 Deutsche Mark BRD 1970 D, 50 Pfennig BRD 1990 F, 1 Deutsche Mark BRD 1993 J	div. Bonbonpapiere, 1 Gummibär

Die gegenwärtige tschechische kirchliche Archäologie

Petr Sommer

Die Christianisierung der Gesellschaft ist ein auf vielen Ebenen verlaufender Prozess, aus dem sich ein neues gesellschaftliches Betrachten und Begreifen der Welt ergibt. Das Abbild dieser Tatsache ist das Entstehen einer entsprechenden geistigen und materiellen Kultur, deren spezialisiertes Studium außergewöhnlich gewichtige Erkenntnisse zu eben dieser Weltanschauung der Gesellschaft liefert.

In meinem Beitrag möchte ich an einigen ausgewählten Beispielen zeigen, dass das Studium der oben aufgeführten Kultur tatsächlich außergewöhnlich effektiv ist, allerdings nur unter der Bedingung, dass es den Weg der maximal erreichbaren Komplexität der mediävistischen Forschung im Sinne der totalen Historie von Fernand Braudel oder Wilhelm Voge einschlägt. Diese gewünschte Komplexität ist aus dem Gebiet von vielen mediävistischen Disziplinen erreichbar, nur muss darauf geachtet werden, dass jeder eingeschlagene Weg jenen Kreuzpunkt erreicht, an dem man mit seinem eigenen Stoff und seiner eigenen Methode mit der Bezeugung und den Korrektiven aus anderen Gebieten der mediävistischen Arbeit zusammentrifft. In diesem Zusammenhang bietet sich die Perspektive des alten Fachgebietes der kirchlichen Archäologie an, die selbst ein thematisches, nicht aber methodisches Gebiet der mittelalterlichen Archäologie ist.

Der mit der christlichen, beziehungsweise kirchlichen Kultur sich befassende Archäologe trifft natürlich eine Menge spezifischer Quellen an, von denen in jüngster Zeit einerseits behauptet wird, dass sie überhaupt nichts zum gegebenen Thema beitragen können, andererseits wiederum angenommen wird, dass sie die formulierten historischen Fragen eigenständig und objektiv beantworten würden. Es braucht sicher nicht betont zu werden, dass keine dieser Einstellungen berechtigt, aber auch ganz unrichtig ist. Es besteht kein Zweifel, dass die kirchliche Archäologie Quellen aufdeckt, die völlig unbekannte Gebiete der geistigen Kultur eröffnen, welche wir ohne die Zusammenarbeit mit anderen mediävistischen Disziplinen nicht richtig beurteilen würden. Ein typisches Beispiel hierfür ist der Fund von Kreisplaketten mit Symbolen der Evangelisten, die in die Fundamentecken der Sakral-

Abb. 1: Luftaufnahme des Klosters Sázava (östlicher Teil Mittelböhmens, gegr. 1032) von Nordwesten. Foto: I. Hornyak.

Die gegenwärtige tschechische kirchliche Archäologie

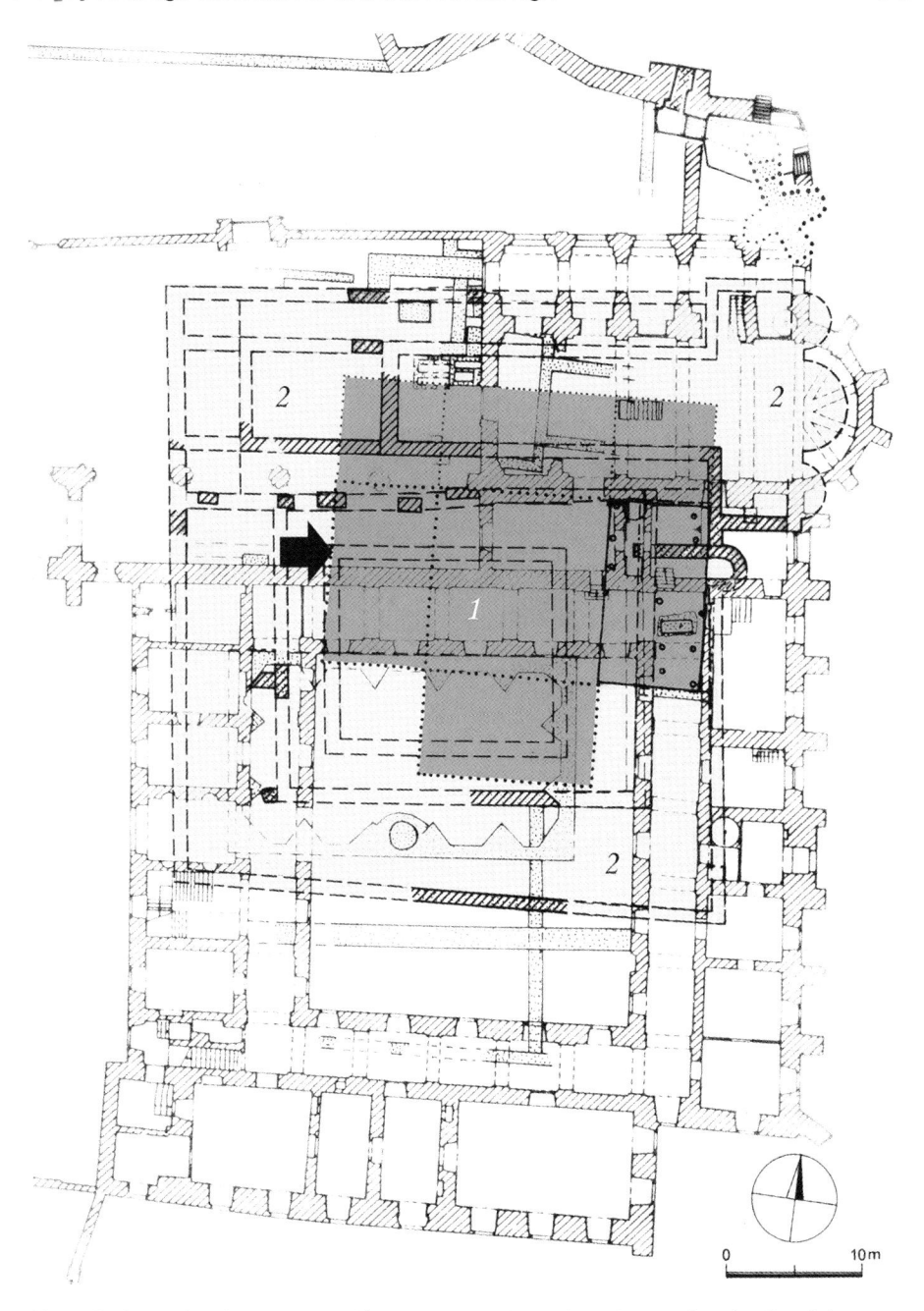

Abb. 2: Grabungsplan des Klosters in Sázava. Der Pfeil bezeichnet den Fundort der Zinnplakette.
1: Holzkloster, 2: Romanisches Kloster. Zeichnung: Josef Morávek, Archiv des Archäologischen Instituts der Akademie der Wissenschaften der Tschechischen Republik, Prag.

bauten gelegt worden waren.¹ (Abb. 1, 2) Ein bis unlängst unbekannter Bestandteil der mittelalterlichen materiellen Kultur bildet heute in Böhmen und Mähren ein Gebiet von spezifischen Quellen, die einmal mit Kirchenbauten, ein anderes Mal mit dem Bau einer Klausur verbunden sind, wobei Letztere in gewissem Sinne auch als Sakralbau angesehen werden kann (Abb. 3, 4). Die archäologische Evidenz ist gewöhnlich auf die Bauecken ausgerichtet, denn sie gelten als besonders heikle Stellen, deren Stabilität gesi-

Abb. 3: Das „Sepulchrum" von Sázava (Tonschiefer, 13,5 × 12,5 × 5,5 cm) mit der Zinnplakette. Foto: Petr Sommer.

Abb. 4: Die Zinnplakette von Sázava mit dem Adler als Symbol des Evangelisten Johannes (35 × 3 mm). Foto: Petr Sommer.

chert werden muss. Die Art der Hinterlegung dieser Plaketten und ihr Verhältnis zum Gebäude lassen den Schluss zu, dass es sich hier um ein Bauopfer handelt (Abb. 5).² Gängige Mittel der archäologischen Analyse, die in diesem Falle mit dem Studium von Analogien zusammenhängen, führen uns zu Vergleichen mit verschiedenen (wenn auch wenigen) Beispielen von vorgeschichtlichen, mittelalterlichen und neuzeitlichen Bauopfern. Doch erst die Ansichten einiger mittelalterlicher Theologen ließen erkennen, dass diese Funde von Plaketten mit evangelistischen Symbolen über ihren allgemeinen Zweck des Schutzopfers hinaus, den strukturierten Gedanken des mittelalterlichen Menschen an die numerische Symbolik einer Vier wiederspiegeln, die sich aus der üblichen Eckenzahl der Sakralbauten und der bedeutendsten christlichen Viererzahl der Evangelisten ergibt.³ So gesehen übernimmt jeder Evangelist den Schutz einer Bauecke

---

[1] PETR SOMMER, Základová obětina ze sázavského kláštera – Bauopfer aus Kloster Sázava, in: In memoriam Jan Rulf (Památky archeologické-Supplementum, 13), Praha 2000, S. 370–375.

[2] Obwohl die Frage des Bauopfers in der Archäologie etwas dunkel bleibt, ist es sehr wahrscheinlich, dass die Sorge um die Bauten und derer apotropäischen Gewährleistung ein fester Bestandteil der Kultur war. So sind die erwähnten Plaketten in den Fundamenten in diese Sinnlinie einzureihen und im Rahmen der kirchlichen Kultur mit der *Interpretatio christiana* zu verbinden (vgl. PETR SOMMER, Der Grundstein der Rundkirche von Levý Hradec, in: Život v archeologii středověku. Sborník příspěvků věnovaných Miroslavu Richterovi a Zdeňku Smetánkovi, Praha 1997, S. 586–587).

[3] JOSEF SAUER, Symbolik des Kirchengebäudes, Freiburg i. Br. 1902, S. 62–66, 116–117.

Die gegenwärtige tschechische kirchliche Archäologie 547

Abb. 5: Die Zinnplakette aus der St. Peterskirche in Olomouc (39 × 2,5 mm). Bezirksmuseum Olomouc. Foto: Petr Sommer.

Abb. 6: Vier (Bronze-?) Plaketten aus der unbekannten aufgehobenen Prager Kirche (40 x 3 mm). Museum der Hauptstadt Prag, Inv. Nr. 14124/1–4. Foto: Petr Sommer.

(Abb. 6). Die Plakette erfüllt im Prinzip die Aufgabe, die einem Bauopfers primär zusteht: Es wendet sich an die zuständige höhere Macht, welche die Schutzrolle übernehmen soll. Der christlichen Vorstellungskraft würde jedoch der übliche Aufruf an die höhere Macht allein nicht genügen. Er würde zu sehr an die traditionelle agrarische abergläubische Welt jener Leute denken lassen, welche der tschechische Chronist Cosmas Anfang des 12. Jahrhunderts als Halbheiden bezeichnete. Um also eine definitive Trennung von der überwundenen vorchristlichen Praktik zu erreichen, deren allgemeine Anwendung nicht geleugnet wird oder nicht widerlegt werden kann, muss die ganze Angelegenheit den Weg einer Interpretatio Christiana nehmen, um eine neue, annehmbare Gestalt und Erklärung zu erreichen. Der liturgische Brauch, die Gründung einer neuen Kirche mit einem neuen Ritual zu begleiten, ist bislang nur in der christlichen Kultur des mittelalterlichen Böhmen und Mähren belegt, so dass es sich wahrscheinlich um ein lokales Ritual handelt, von dem keine schriftliche Aufzeichnung vorliegt. Schon deshalb nicht, weil es trotz christlicher Interpretation immer an der Scheidegrenze von Glauben und Aberglauben steht. In jedem Fall knüpft es jedoch an den eindeutigen theologischen Aufschluss von der Vierergruppe der Evangelisten an und an deren Schutzherrschaft über die Ecken des Kirchenbaus. Den Beweis für solche Interpretation lieferte der Fund im Hauptaltar des Limburger Doms. Im Jahr 1776 wurde hier ein bleiernes Reliquiar in Gestalt eines einschiffigen romanischen Kirchleins entdeckt, an dessen jeder Ecke der Name eines der Evangelisten eingetragen war.[4] Dank der Aussagen der archäologischen Funde und der Schriftquellen verschob sich die ganze Angelegenheit aus dem Gebiet der kuriosen Belege eines atypischen Bauopfers in die Sphäre eines durchdachten, zweifellos christlichen Schutzgedankens, der isoliert, nur aus der Sicht ei-

---

[4] HEINRICH OTTE, Handbuch der kirchlichen Kunst-Archäologie des deutschen Mittelalters, Bd. 1, Leipzig 1883, S. 134–135; Das Reich der Salier 1024–1125. Katalog zur Ausstellung des Landes Rheinland-Pfalz, hg. von GÖTZ WAURICK, Sigmaringen 1992, S. 343.

nes einzigen Gebietes der mediävistischen Forschung betrachtet, nicht erfasst und begriffen werden kann.

Während das erste Beispiel mit der aktiven Mitwirkung der Archäologie bei der Deutung der Erscheinung, die in eine Reihe weiterer Forschungsgebiete reicht, zusammenhängt, so ist das folgende Beispiel ein Beweis dafür, dass die Archäologie durchaus fähig ist, ein entscheidendes Argument dann zu liefern, wenn die übrigen Disziplinen versagt haben. Ich denke hierbei an die Anfänge des böhmischen Christentums und die damit verbundene böhmische frühmittelalterliche Burg Levý Hradec. In dieser Festung, die zu den bedeutendsten Lokalitäten des frühen přemyslidischen mittelböhmischen Raumes gehört, ereignete sich eine Reihe von bedeutenden Gegebenheiten; zum Beispiel wurde hier im Jahr 982 der heilige Adalbert zum Prager Bischof gewählt.[5] Zu Beginn des böhmischen Christentums fand hier noch ein wichtiges Ereignis statt, das im ganzen Mittelalter erwähnt wird. Nachdem auf dem großmährischen Hofe Svatopluks der erste historische böhmische Fürst Bořivoj getauft worden war, entstand auf Levý Hradec die erste böhmische Kirche.[6] Sie wurde dem Heiligen Clemens geweiht, wie dies auch mit dem kyrillo-methodianischen Anfang des böhmischen Christentums im Einklang steht. Die darüber verfassten Berichte des sog. Christian (siehe Anm. 6) wurden nie ernsthaft bezweifelt, nur lag das Problem darin, dass niemand recht wusste, wie diese Kirche eigentlich ausgesehen hatte. Die Lage änderte sich im Jahr 1940, als auf Levý Hradec im Innern der bestehenden gotischen Kirche des Heiligen Clemens eine umfangreiche archäologische Grabung und anschließend großzügige Denkmalpflegearbeiten verlaufen waren (Abb. 7). Der Forschungsraum wurde dabei mit einem hängenden Fußboden bedeckt, und die Ergebnisse sind bis heute revi-

Abb. 7: Die St.-Clemens-Kirche in Levý Hradec, im heutigen Zustand. Foto: Petr Sommer.

---

5   Zusammenfassung in: Kateřina Tomková, Levý Hradec v zrcadle archeologických výzkumů [Levý Hradec im Spiegel der archäologischen Forschung] (Castrum Pragense, Bd. 4/1), Praha 2001. (Die deutschen Titel in den kantigen Klammern sind einfache Übersetzungen der tschechischen Benennungen; dieselben ohne Klammern sind die Resümeetitel.)
6   Dazu Josef Cibulka, Vyprávování legendy Kristiánovy o pokřtění Bořivojově, Die Schilderung der Taufe Bořivojs in der Legende Christians, in: Sborník k sedmdesátinám Jana Květa, hg. von Jaroslav Pešina, Praha 1965, S. 65–72.

dierbar. Erwartungsgemäß erschienen unter dem Fußboden die Grundlagen eines älteren Baus in Gestalt einer Rotunde. Ihre Überreste wurden vom Finder in das 11.–12. Jahrhundert datiert, entsprechend der allgemeinen Ansicht über die Zeitstellung der böhmischen Rotunden. Die späteren Meinungen zu diesem Befund sind ein belehrendes, aber auch warnendes Kapitel der tschechischen Archäologie. Unter dem Druck von neuen Funden der großmährischen Architektur ließ sich der Archäologe Ivan Borkovský von seiner ursprünglichen Ansicht auf die Datierung der Rotunde von Levý Hradec abbringen, und die Tatsachen, dass im Raum von Großmähren zahlreiche Rotunden gefunden wurden, dass die Legende Christians eine Christianisierung Böhmens von der großmährischen Umwelt aus nachweist, dass ihr zufolge der Fürst Bořivoj (†889) als Begleiter nach Böhmen den Priester Kaich erhielt, der sich als Vermittler der großmährischen Kirchenkultur in Böhmen betrachtete, führten schließlich zu einer grundsätzlichen Wendung. Ivan Borkovský unterlag all diesen Druckmitteln und änderte seine ursprüngliche Einschätzung, indem er konstatierte, dass die Rotunde von Levý Hradec ein Denkmal aus Großmährischer Zeit sei, also jene Kirche, die nach der Taufe Bořivojs auf Levý Hradec errichtet wurde.[7] Diese These ist das klassische Beispiel einer Sackgasse der archäologischen Argumentation, weil sie sich weder widerlegen noch bestätigen lässt. Nichtsdestoweniger wurde dieser Meinungsumschlag des Finders in den Gesamtkontext der Erkenntnisgrundlage zur großmährischen Kultur aufgenommen und bestätigt, obwohl weder ein bestätigendes noch ein bestreitendes Argument zur Verfügung stand. Doch schließlich fand sich eine Lösung. Ivan Borkovský hatte im nördlichen Fundamentabschnitt einen außergewöhnlichen Fund gemacht. Bis heute liegt dort ein Stein, in dessen obere Seite ein Kreuz mit einer scharfen Klinge eingeritzt ist (Abb. 8). Ivan Borkovský stellte richtig fest, dass es sich um den *lapis primarius* handelt, um den Grundstein, der nach einem genau geregelten Ritual niedergelegt worden war, das mit dem Prinzip des Bauopfers in der Form von Plaketten mit Evangelistensymbolen viel gemeinsam hat. Die Symbolik des Grundsteines ist

Abb. 8: Levý Hradec, St.-Clemens-Kirche. Bis heute ist der *lapis primarius* im nördlichen Fundamentteil der abgebrochenen Apsis erhalten geblieben. Die Vorderseite dieses Sandsteines beträgt 25,5 × 16 cm. Foto: Petr Sommer.

---

7 IVAN BORKOVSKÝ, Levý Hradec. Nejstarší sídlo Přemyslovců [Levý Hradec. Der älteste Přemyslidensitz], Praha 1965, S. 50–57.

aber eher mit Christus verbunden, als dieser Stein nicht nur die Grundlagen schützt, sondern auch die Belastung durch weitere Teile des Gebäudes der Kirche im Allgemeinen trägt. Diese Deutung des Befundes von Levý Hradec ist zweifellos die richtige und hier besteht auch die Möglichkeit, über die gegebene unklare Sachlage definitiv zu entscheiden. Der *lapis primarius* hält sich an ein Ritual, das in den entwickelten westeuropäischen Kirchenzentren andeutungsweise erst Anfang des 11. Jahrhunderts entstanden war. Dann verbreitete er sich allmählich in die christliche Welt und deren Kultur, bis er in den Werken von Siccard von Cremona, von Honorius Augustodunensis und von Durand von Mende (also am Ende des 12. und im 13. Jahrhundert) eine Kodifizierung als verbindliches liturgisches Zeremoniell erfuhr. In den böhmischen Quellen erscheint diese liturgische Praxis Ende des 13. Jahrhunderts und namentlich im 14. Jahrhundert. Wird diese Erkenntnis in die Zeit von Levý Hradec übertragen, erhält man den erwünschten Schlüssel zur Klärung einer undeutlichen Lage. Der Bau, der mit der Ausübung des Rituals der Hinterlegung des Grundsteines begann, kann nur ein Bau vom 13., 12., höchstens (aber kaum wahrscheinlich) vom 11. Jahrhundert sein, da die Grundsteinlegung zum ersten Mal im 11. Jahrhundert in den entwickelten Zentren des christlichen Reiches erscheint. Es ist also völlig ausgeschlossen, dass die Rotunde, deren Fundamente bei archäologischen Grabungen auf Levý Hradec aufgedeckt wurden, aus den 80er Jahren des 9. Jahrhunderts stammt. Die Interpretation des archäologischen Befundes ist hier also ein Schlüssel, der die einfache Evidenz eines archäologischen Befundes in den Horizont einer primär zu deutenden Quelle erhebt.[8] Die erste Kirche auf Levý Hradec wird also entweder anderswo (was wenig wahrscheinlich erscheint) oder am Ort der Rotunde und der heutigen Kirche, doch in einer anderen Gestalt, als der bei der Grabung festgestellten gesucht werden müssen. Höchstwahrscheinlich war es ein hölzerner Bau, dessen Reste von jüngeren Gebäuden und Gräbern zerstört wurden.

Eine ähnliche Schlüsselrolle spielte die Archäologie bei der Klärung der Lage auf einem anderen frühmittelalterlichen böhmischen Burgwall, genannt Tetín (Abb. 9). In der Legende des sog. Christian werden einige Schlüsselstellungen aus der böhmischen Geschichte der ersten Hälfte des 10. Jahrhunderts erwähnt, darunter auch die komplizierten Verhältnisse zur Zeit des Todes von Fürst Vratislav († 921), als sich der Kampf um die politische Macht zwischen dessen Mutter und Großmutter des Fürsten Wenzel, Ludmila, und Drahomíra, der Mutter Wenzels entfesselte. Er endete mit der Resignation Ludmilas und ihrem Abgang auf die Burg Tetín, die am Südrand der mittelböhmischen urpřemyslidischen Domäne lag. Drahomíra gab sich aber nicht damit zufrieden, dass Ludmila nur das Feld räumte, sondern beschloss, sie zu ermorden. Sie sandte Männer aus ihrem Gefolge auf Tetín, die von Gommon und Tunna, zwei Kriegern

---

[8] Petr Sommer, Der Grundstein der Rundkirche von Levý Hradec, in: Život v archeologii středověku, Praha 1993, S. 586–595; Ders., Levohradecký *lapis primarius* [„Lapis primarius" von Levý Hradec], in: Kateřina Tomková, Levý Hradec (wie Anm. 5), S. 279–284. Zur Problematik des *lapidis primarii*: Karl Josef Benz, *Ecclesiae pura simplicitas*. Zur Geschichte und Deutung des Ritus Grundsteinlegung im Hohen Mittelalter, in: Archiv für Mittelrheinische Kirchengeschichte 32 (1980), S. 9–25.

wahrscheinlich Warjager Herkunft, geleitet wurden. Die Mörder brachen das äußere und innere Tor in der Palisade und im Hause Ludmilas auf – so die archäologische Beschreibung des Gehöftes als Wohneinheit einer frühmittelalterlichen Burg – und erwürgten Ludmila. Wie D. Třeštík feststellt, war diese Tat bei Warjagern weniger ein Mord denn ein üblicher Brauch der Opferung von Witwen.[9] Ludmila wurde auf Tetín begraben und Drahomíra hoffte, die Tote werde bald vergessen sein. Christian berichtet aber, dass diese Hoffnung sich nicht erfüllt. Schon bald nach dem Begräbnis geschahen Wunder auf dem Grab Ludmilas. Drahomíra ließ deshalb über dem Grab eine Kirche errichten, damit die Wunder, die die Leute beobachteten, den Reliquien von Heiligen zugeschrieben werden konnten.

Abb. 9: Luftaufnahme der Burg Tetín am südlichen Rande Mittelböhmens von Westen. Foto: Martin Gojda.

Diese legendäre Zeugenaussage lässt sich vielleicht so deuten, dass Drahomíra über dem Grab Ludmilas eine Kapelle als expiatorischen Bau errichten und sie dem Erzengel Michael als Begleiter und Beschützer der Seelen weihen ließ. Die Errichtung und Einweihung der Kirche allein beschreibt Christian in einer beachtenswerten Passage, die schon über hundert Jahre lang Gegenstand der Diskussion unter Historikern, Kunsthistorikern und Archäologen ist. Drahomíra sandte nach Tetín ihre Leute:

---

[9] Dušan Třeštík, Počátky Přemyslovců [Anfänge der Přemysliden], Praha 1997, S. 176–180 und S. 366–374; Ders., Vražda kněžny Ludmily [Die Ermordung der Fürstin Ludmila], in: Dějiny a současnost 1 (1990), S. 8–9.

… quod domum super tumulum beate Ludmile statuerent in modum basilice …[10] Diese Formulierung wurde auf verschiedene Art ausgelegt, doch die einzig richtige ist jene, die sich aus dem Wortlaut der *Lex Salica Carolina* ergibt, nämlich: *Si quis domum in modum basilice super hominem mortuum expoliaverit … culpabilis iudicetur …*[11]

Jenes merkwürdige Gebäude über dem Grab der Heiligen Ludmila ist also eine Grab- und Gedenkkapelle, wie sie über Gräbern von bedeutenden Toten gebaut wurde, um deren Andenken zu bewahren, um auf irgendeine Weise auch die Toten zu beruhigen und ihnen eine würdige liturgische Andacht halten zu können. Christian, der Mönch beim Heiligen Emmeram in Regensburg war, lernte das Latein, indem er wichtige Texte memorierte, darunter auch den Text der *Lex Salica*. Mit der erlernten Floskel wollte er berichten, dass – wie im Reich üblich – auch in Tetín über dem Grab Ludmilas ein Gebäude in Gestalt einer Kirche erbaut worden war. Diese ungewohnte Formulierung entstand zweifellos als eine rechtlich festgelegte Mitteilung, die den Gebildeten und den der Welt der *Lex Salica* Kundigen verständlich war. Das Gesetzbuch wurde jedoch am Ende des 10. Jahrhunderts nicht mehr verwendet und sein Latein geriet in Vergessenheit. Deshalb konnten die mittelalterlichen Kopisten dieses Textes Christians den Formulierungen nicht mehr folgen und bemühten sich, sie so zu überarbeiten, wie sie ihnen verständlicher erschienen. Der Wortlaut der erwähnten Passage veränderte sich wie folgt: *… quod domum beate Ludmile super tumulum ipsius statuerent in modum basilice …*[12] Diese Formulierung ist aber genauso unklar. Es scheint nun, als ob über dem Grab Ludmilas ihr Haus wie eine Kirche entstehen sollte. Die weiteren Deutungsversuche beendete im 13. Jahrhundert der Text der Sankt-Wenzelslegende *Diffundente sole*, wo ganz einfach zu verstehen gegeben wurde, dass … *ut super tumulum venerabilis corporis domus, in qua, dum viueret matrona Christi habitabat, in modum basilice locaretur …*[13] Ludmila also in ihrem Haus auf Tetín begraben und dieses Haus in eine Kirche umgebaut wurde. Diese Erklärung wurde vom 13. Jahrhundert an bis in die Neuzeit unverändert beibehalten. Die Kunsthistoriker leiteten sogar auf dieser Grundlage im 19. und 20. Jahrhundert eine umfangreiche Diskussion über die Gestaltung der frühmittelalterlichen böhmischen Kirchen ein. Sie kamen zum Schluss, dass die ältesten böhmischen Gotteshäuser aus Holz und so einfach waren, dass sie durch den Umbau eines geläufigen laischen Gebäudes leicht hergestellt werden konnten. Dieser auf den ersten Blick logische Schluss entspringt jedoch dem gleichen Irrtum, dem auch die mittelalterlichen Kopisten Christians erlegen waren.

Nachdem nun Quelle, Lokalität und Grundeinzelheiten bekannt sind, wird deutlich, dass die Grabkirche Ludmilas an der Stelle stand, wo auf Tetín die romanische Sankt-Michaelskirche belegt ist, welche in der Mitte der alten frühmittelalterlichen Grabstätte aus Ludmilas Zeiten steht.

---

[10] Josef Pekař, Die Wenzels- und Ludmila-Legenden und die Echtheit Christians, Praha 1906, S. 102, kk.

[11] Pactus legis Salicae (Monumenta Germaniae Historica: Leges. Leges nationum Germanicarum, Bd. 1,1), hg. von Karl August Eckhardt, Hannover 1962, S. 209.

[12] Josef Pekař, Die Wenzels- und Ludmila-Legenden (wie Anm. 10), S. 102.

[13] Vitae sanctorum et aliorum quorundam pietate insignium = Životy svatých a některých jiných osob nábotných (Fontes rerum Bohemicarum, I), hg. von Josef Emler, Pragae 1873, S. 197.

Dem definitiven Abschluss des ganzen Problems widersetzt sich noch eine weitere Unklarheit, nämlich der Text im kirchenslawischen Prolog zur Ludmila-Legende, der besagt, dass Ludmila nicht in der Kirche, sondern unter der Burgmauer beigesetzt wurde.[14] Die Skeptiker nehmen also an, dass weder Christians Erläuterung noch diejenige im Prolog erwähnte der Realität entsprechen. Beide Legendisten hatten sich ihre eigene verworrene Meinung gebildet, und keine der Varianten lässt sich überprüfen. Nur die Archäologie allein disponiert über ein entscheidendes Argument.

Im Jahr 1857, kurz vor dem Untergang gewichtiger Teile der Tetíner Burg, war ihre Topographie eingehend überprüft und dabei schon damals festgestellt worden, dass die Sankt-Michaelskirche tatsächlich unterhalb der Burgmauer gestanden hat (Abb. 10). Die späteren Ausgrabungen haben erwiesen, dass dort auch die Grabstätte aus der Ludmilazeit lag.[15] Der im Prolog erwähnte Tatbestand entspricht also der Wahrheit. Dasselbe gilt für den Text Christians. Beide Quellen widersprechen sich nicht, sondern ergänzen übereinstimmend die bekannten archäologischen Erkenntnisse. Außer der Klärung des konkreten historischen Problems bestätigt der gesamte analytische Prozess die Authentizität des Christian-Textes sowie die Richtigkeit seiner Datierung in das 10. Jahrhundert.[16]

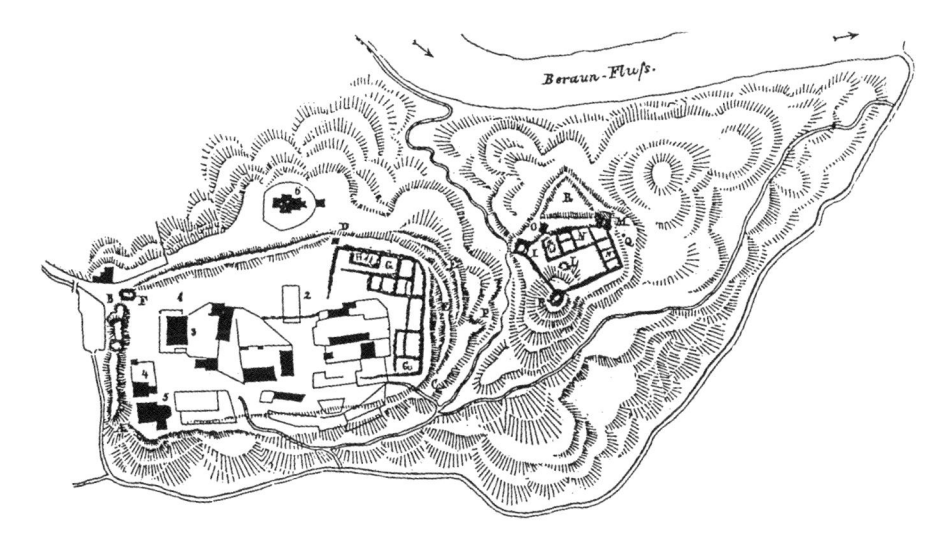

Abb. 10: Der Tetíner Plan von Bernhard Grueber aus dem Jahre 1857. Deutlich sichtbar ist die Befestigung. Unter die nördliche Mauer ist der steinerne Nachfolger der ersten Holzkirche eingetragen, die über dem Ludmilagrab erbaut wurde. Aus: BERNHARD GRUEBER, Die Burgstelle und die Kirchen zu Tetín, in: Mitteilungen der k. k. Central Commission zur Erforschung und Erhaltung der Baudenkmale III (1858), S. 106–110, hier S. 109.

---

14 Vitae sanctorum (wie Anm. 13), S. 124.
15 BERNARD GRUEBER, Die Burgstelle und die Kirchen zu Tetín II, in: Mitteilungen der k. k. Central-Commission zur Erforschung und Erhaltung der Baudenkmale III (1858), S. 106–110.
16 PETR SOMMER, Smrt kněžny Ludmily a začátky české sakrální architektury, Der Tod der Fürstin Ludmila und die Anfänge der böhmischen Sakralarchitektur, in: Český časopis historický 98 (2000/2), S. 229–260.

Das Potential der Komplementäraussagen über verschiedene Typen von Quellen kommt im Falle der Überprüfung der ältesten Geschichte des Benediktinerklosters in Sázava und der Kultanfänge des Abtes Prokop, Begründer dieses Klosters und späteren böhmischen Heiligen, noch stärker zum Ausdruck. Es nimmt deshalb nicht wunder, dass der bedeutendste Bestandteil dieses Kultes die Verehrung des Grabes Prokops war. Höchstwahrscheinlich war dieses Grab seit jeher Gegenstand allgemeinen Kultes und deshalb stets im Altarraum, im Chor der Sázaver Klosterkirche, untergebracht.[17] Bis zur Zeit der Hussitenkriege werden in diesem Zusammenhang insgesamt drei Kirchengebäude erwähnt. Das erste, höchstwahrscheinlich hölzerne, war der Ort, wo der verstorbene Abt zum ersten Mal beigesetzt wurde. Dies war noch kein Grab eines Heiligen *in spe*. Der Begründer des Klosters wurde ganz einfach in der Schiffsachse vor dem Hauptaltar beerdigt. Erst im Jahr 1093, als die Errichtung des zweiten (steinernen) Baus (eigentlich seines Ostabschlusses) soweit fortgeschritten war, dass dieser den alten hölzernen ablösen konnte, wurden die Überreste Prokops ausgehoben und in ein neues Grab gelegt. Diese zweite Kirche wurde 1095 geweiht, doch eigentlich war sie immer noch der alleinstehende östliche Abschluss der geplanten Basilika (Abb. 11). Das Grab Prokops musste deshalb wiederum nahe dem Hauptaltar, an einer

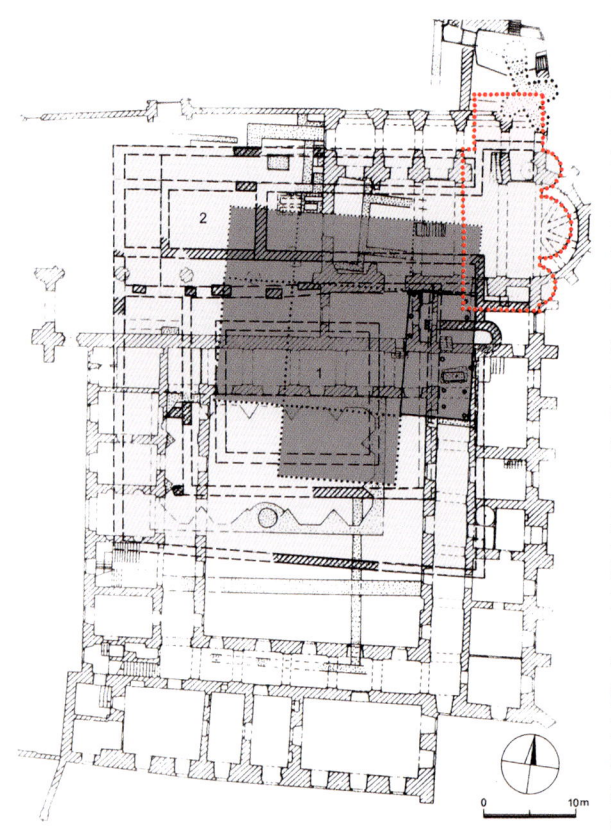

Abb. 11: Grabungsplan des Klosters in Sázava. Die roten Punkte markieren den Bereich des östlichen Ostabschlusses der im Jahre 1095 geweihten Kirche, der im räumlichen Konflikt mit der älteren Holzkirche wuchs. Die graue Fläche (1) markiert den Raum der Holzklausur, die hellgraue (2) den Raum der romanischen Klausur. Zeichnung: Josef Morávek, Archiv des Archäologischen Instituts der Akademie der Wissenschaften der Tschechischen Republik, Prag.

---

[17] Petr Sommer, Hrob svatého Prokopa v sázavské románské bazilice [Das Grab des Hl. Prokopius in der romanischen Basilika zu Sázava], in: Ars videndi, Professori Jaromír Homolka ad honorem hg. von Aleš Mudra und Michaela Ottová (Historia et historia artium, Bd. 5), Praha 2006, S. 47–60.

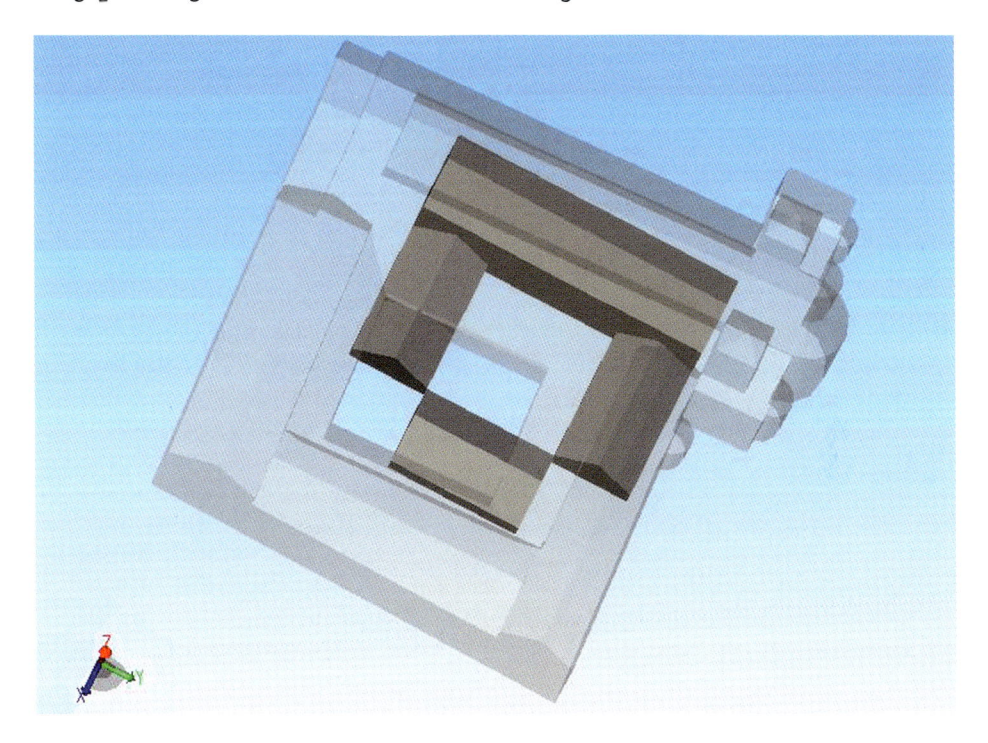

Abb. 12: Dreidimensionale Rekonstruktion der Materie des ersten hölzernen und des zweiten steinernen Klosters in Sázava. Gestaltung: Milan Štědra und Milan Macek.

allgemein zugänglichen Ehrenstelle angelegt werden. Dank eines anonymen heimischen Chronisten und der langjährigen archäologischen Grabung ist uns bekannt, dass der Kirchenabschluss im Rahmen des Basilika-Projektes entstanden war, zu dem auch eine liturgische, ebenfalls im Jahr 1095 geweihte Krypta gehörte (Abb. 12).[18]

Die Sázaver Klosterkirche war demnach am Ende des 11. Jahrhunderts noch ein Torso (es ist auch ein unbestrittener archäologischer Nachweis), und Prokops Grab konnte darin nur im Chor oder in der Krypta gelegen haben. Dem Text der *Vita minor* zufolge (eine lateinische Legende spätestens aus dem ersten Drittel des 12. Jahrhunderts) konnte man sich an diesem Grab eine Hilfe erbitten, was beweist, dass es allgemein zugänglich war.

Dank den koinzidierenden Aussagen der Legenden *Vita maior*, *Vita minor* und der bekannten archäologischen Befunde kann man noch viel eingehender die Lage rekonstruieren. In der von Václav Chaloupecký und Bohumil Ryba verfertigten Edition der Prokop-Legenden sind die mittelalterlichen Prokop-Texte komplett, mit Datierung und Auswertung, zusammengefasst worden.[19] Leider hatte B. Ryba von Chalou-

---

[18] PETR SOMMER, Svatý Prokop. Z počátků českého státu a církve [Der Heilige Prokop. Aus den Anfängen des tschechischen Staates und der Kirche], Praha 2007, S. 163–168.

[19] VÁCLAV CHALOUPECKÝ / BOHUMIL RYBA, Středověké legendy prokopské [Mittelalterliche Prokopische Legenden], Praha 1953.

pecký einen nicht abgeschlossenen Text übernommen und dabei festgestellt, dass gar manches ergänzt oder sogar grundsätzlich geändert werden musste. Dem Leser war somit auferlegt worden, die Schlüsse zweier Autoren zu verfolgen und noch dazu, sich in der Materie auszukennen. Heute besteht schon kein Zweifel mehr, dass Rybas Ergänzungen richtig sind – unter anderem ging es hier um die Datierung. Chaloupecký datierte die *Vita maior* in die Mitte des 14. Jahrhunderts, doch Ryba stellte fest, dass in einem *officium* des Breviers aus dem Anfang des 14. Jahrhunderts das Wunder der Verwandlung von Wasser in Wein bei einer Zusammenkunft zwischen Prokop und dem Fürsten Oldřich erwähnt wird. Dieses Wunder war zum ersten Mal eben erst in der Legende *Vita maior* umschrieben worden, wodurch Ryba der Gedanke kam (der – wie er sagt – zu überprüfen sei), dass diese Legende älter als jenes *officium* sein und demnach mindestens aus dem Anfang des 14. Jahrhunderts stammen muss. Eine weitere korrigierende Feststellung Rybas betrifft das sog. Admonter Manuskript und die Handschrift NUK VII A 12 der Prager Nationalbibliothek, die den Text der *Vita minor* mit den Kapiteln 29–32 der *Vita maior* enthalten (im Universitätsmanuskript ist auch das Kapitel 33 enthalten. Die Nummerierung der Kapitel ergibt sich aus der Struktur der *Vita maior,* wobei die beigefügten großen und kleinen Buchstaben in der Edition auf die Herkunft des Kapitels aus der entsprechenden Legende hinweisen). In diesen Kapiteln werden die von Prokop vollbrachten Wunder geschildert. Chaloupecký betrachtete sie erst als einen Bestandteil der *Vita maior*, doch dank Ryba ist klar, dass die Darstellung dieser Wunder noch in die *Vita minor* aus der Zeit vor der Kanonisation Prokops im Jahr 1204 eingetragen worden ist. Es fehlen nur die Kapitel 27–28 *Vitae maioris* mit dem Kanonisationsthema, die selbstverständlich erst nach 1204 erscheinen.[20] Aus unserer Sicht sind diese Zeitstellungen deshalb von Bedeutung, weil Kapitel 31 der *Vita maior* von der sagenhaften Erscheinung Prokops berichtet und außergewöhnlich wichtige Informationen über die Inneneinrichtung der Sázaver Konventkirche enthält. Das Ereignis selbst war Folgendes: der klösterliche *Paramonarius,* in der Kirche nächtigend und die Uhrzeit ankündigend, hatte eine Vision: Prokop verließ sein Grab, betrat den Kirchenraum, der an den Chor anschloss, ging bis zum Altar des Heiligen Kreuzes und heilte dort einen blinden Bittsteller, der dort übernachtete. Außer den merkwürdigen Einzelheiten, wie die, dass der *Paramonarius* in der Kirche nächtigte und dort auch in der Nacht Bittsteller weilten (diese Praxis beweisen übrigens weitere Fälle in der *Vita maior*[21]), erhalten wir eine Beschreibung des Kircheninterieurs, das dem Autor der Legende zweifellos gut bekannt war. Das ganze Ereignis rollt sich vor unseren Augen wie eine Filmfolge ab, die das Entsteigen des Heiligen aus der Tumba bis zu seinem Verweilen am Altar des Heiligen Kreuzes darstellt.[22] Wenn Prokop aus der Krypta gestiegen wäre, hätte es diese „Aufnahme" nicht gege-

---

[20] CHALOUPECKÝ / RYBA, Středověké legendy (wie Anm. 19), S. 277–278.
[21] Dazu ADOLPH FRANZ, Die kirchlichen Benediktionen im Mittelalter, Bd. 2, Freiburg i. Br. 1909, S. 441–449.
[22] *… paramonarius ecclesie eiusdem festivitatis quadam die ante nocturnos in lecto suo se recollocasset … velut in extasi positus vidit beatum virum de tumba consurgere et versus oratorium usque ad altare sancte Crucis procedere, ubi aliquantulum quasi ad orationem assistens, intuitus*

ben. Wir gelangen also wiederum zum Schluss, dass der Autor, mit dem Sázaver Kirchenbau gut vertraut, den Zwischenfall so darstellt, als ob das Grab Prokops im Chor liegen würde, denn nur so konnte der Gang des Heiligen von dessen Grab aus zum Altar verfolgt werden. Die Altäre des Heiligen Kreuzes waren in großen Kirchen regelmäßig im Ostteil des Hauptschiffes angebracht und für Gottesdienste der Laien bestimmt.[23] Prokops Weg ist durchaus logisch, kurz, und mit einem Blick umfassbar (Abb. 13). Dieses legendäre Kapitel lässt noch einen weiteren Schluss zu. Die einzige Kirche in Sázava, in der sich das aufgeführte sagenhafte Ereignis hat abspielen können, war die romanische Basilika des Abtes Silvester, die um die Mitte des 12. Jahrhunderts fertiggestellt worden war. Allerdings ist ihr Chor in der Endphase in einen dreischiffigen Raum ausgeweitet worden. Eine weitere Kirche in Sázava, die dritte in der Reihenfolge, war eine gotische, basilikale, zum

Abb. 13: Zeichnerische Rekonstruktion des Innenraumes der romanischen Basilika in Sázava, nach den archäologischen Befunden und den Angaben in der *Vita maior*. Zeichnung: Milan Štědra.

Schluss ein saalartiger Bau, der nie beendet worden ist. Am Anfang des 15. Jahrhunderts hatte diese Kirche noch kein Hauptschiff und keinen Altar des Heiligen Kreuzes. Das umschriebene Wunder kann also nur in der romanischen Basilika stattgefunden haben, die erst im zweiten Jahrzehnt des 14. Jahrhunderts einem gotischen Neubau zu weichen begann.[24] Hieraus bestätigt sich, dass Chaloupeckýs Datierung der *Vita maior* in die Mitte des 14. Jahrhunderts nicht haltbar ist. In der Mitte dieses Jahrhunderts gab es nämlich kein Kircheninterieur mehr, das der Beschreibung der Prokop-Legende *Vita maior* entsprechen würde. Die Lage stellt sich aber noch komplizierter dar. Wir wissen schon, dass die Beschreibung des Kircheninnenraumes, in dem sich das vom *Paramonarius* verfolgte Wunder abgespielt hatte, am ehesten schon vor dem Jahr 1204 entstanden ist. Es erscheint also als sicher, dass der Autor das Interieur der Sázaver romanischen Basilika meinte. Wenn diese Beschreibung auch der Autor der *Vita maior* übernommen hat, muss dies in einer Zeit geschehen sein, in der es dieses Inte-

---

unum cecum consignare cepit, qui statim lumen recepit. CHALOUPECKÝ / RYBA, Středověké legendy (wie Anm. 19), S. 260.

[23] HEINRICH OTTE, Handbuch der kirchlichen Kunst-Archäologie (wie Anm. 4), S. 130.
[24] PETR SOMMER, Svatý Prokop (wie Anm. 18), S. 162–166.

rieur noch gegeben hat. Diesem Schluss entspricht auch die von Ryba zögernd ausgesprochene Konklusion, dass es die *Vita maior* zumindest vor dem *officium* des Breviers, auf die es sich beruft, am Anfang des 14. Jahrhunderts gegeben haben muss.[25]

Die ganze Angelegenheit lässt sich noch von einer anderen Seite, aus der Sicht der archäologischen und baulich-historischen Erkenntnis des Sázaver Klosters betrachten. Dank der langjährigen archäologischen Erforschung des Klosterareals können wir heute eine Rekonstruktion der ursprünglichen Form dieses Klosters aufstellen. Es war ein verhältnismäßig umfangreicher Komplex von Holzbauten, deren Anordnung im Grunde dem Schema der heutigen Objekte entspricht.[26] Die hölzerne Klausur hat an der Südseite der hölzernen Konventkirche gestanden und umfasste sehr wahrscheinlich drei Blocks von eingetieften Holzhäusern, jedes 12 × 6 m im Ausmaß. Von der Holzkirche wissen wir – außer ihrem ungefähren Standort – nichts Näheres. Höchstwahrscheinlich entsprachen aber ihre Dimensionen denjenigen der Klausur und ihr östlicher Abschluss reichte nicht über die Linie von deren Ostfassade hinaus. Von hier an begann sich nämlich das Gelände des unechten Felsssporns, auf dem Prokops Kloster entstanden war, rasant zum Fluss hinab zu neigen. Es ist deshalb, schon aus technischen Gründen, ausgeschlossen, dass eine Kirche aus Holz auf diesem Hang hätte stehen können, wie die spätere Basilika, die doch den steilen Terrainrückgang mit dem Unterbau der Krypta abstützte. Wenn man den ursprünglichen Umfang des hölzernen Klosters in den rekonstruierten Grundriss des steinernen Klosters des Abtes Silvester aus der Mitte des 12. Jahrhunderts überträgt, ergibt sich zwischen dem Chor der Holzkirche und demjenigen der steinernen Basilika ein räumlicher Konflikt. Dadurch erhöht sich die Glaubwürdigkeit des Berichtes von 1093 über die erste Aushebung der Überreste Prokops.[27] Der Chor der Holzkirche musste im Laufe des Aufbaus der steinernen Basilika restlos verschwinden und Prokops Grab in den Neubau verlegt werden. Als unter Abt Silvester (1134–1161) die erste Sázaver Basilika (eigentlich zweite Sázaver Kirche) fertiggestellt wurde, existierte nicht die erste Holzkirche schon längere Zeit.[28]

Das Grab des Heiligen, vielleicht in Form einer Tumba (es war die sekundäre Bestattung), ist in der Sázaver Basilika als im Chor angelegt anzunehmen, auf der Ebene des Fußbodens und dem Rücken des Gewölbes der liturgischen Krypta. Wahrschein-

---

[25] CHALOUPECKÝ / RYBA, Středověké legendy (wie Anm. 19), S. 277–279.
[26] Zu den frühmittelalterlichen böhmischen monastischen Holzbauten vgl. PETR SOMMER, Sázava und böhmische Klöster des 11. Jahrhunderts, in: Der Heilige Prokop, Böhmen und Mitteleuropa, hg. von PETER SOMMER (Colloquia mediaevalia Pragensia, Bd. 4), Praha 2005, S. 157–171; PAVEL BŘICHÁČEK u. a., Opatský hrob z doby počátků Ostrova u Davle [Das Abtsgrab aus der Anfangszeit des Klosters Ostrov bei Davle], in: Archaeologica Pragensia 18 (2006), S. 45–64.
[27] Diese ganz wichtige Nachricht hat RUDOLF URBÁNEK, Legenda t. zv. Kristiána ve vývoji předhusitských legend ludmilských i václavských a její autor [Die Legende des sog. Kristian in der Entwicklung der vorhussitischen Ludmila- und Wenzelslegenden und ihr Autor], I/3, Praha 1948, S. 448, evidiert, in der Forschung blieb sie aber lange unbemerkt.
[28] Diesbezügliche Analyse und zeichnerische Rekonstruktionen in: PETR SOMMER, Svatý Prokop (wie Anm. 18), S. 161–165.

lich führte zu ihm ein Treppenhaus in der Chorachse, zwischen den üblichen zwei Eingängen in den Unterraum. Das Grab ist in der gleichen Form und Stellung bis zur Zeit der Kanonisation Prokops verblieben und wurde entsprechend allgemein verehrt. Anlässlich der Kanonisation wurden die sterblichen Überreste aus dem romanischen Grab gehoben und neu – bestimmt wieder im Chor – niedergelegt. Zu dieser Erwägung führt weder ein konkreter Grund noch ein archäologischer Befund, sondern nur die aus der Kanonisation und dem transferierenden Schritt sich ergebende Logik. Entgegen der vielfach geäußerten Annahme (die auch ich selbst vertrat) blieb bei der Suche der Grabstelle Prokops die Krypta völlig aus dem Spiel. Es erscheint insofern logisch, als doch keiner von den böhmischen Heiligen je in einer Krypta niedergelegt worden ist, sondern immer nur im Innenraum der Kirche, der auch die breiteste Verehrung ermöglichte. Dies galt offenbar auch für den Sázaver gotischen Chor, unter dem die neue Krypta dann zu liegen kam. Obgleich dieser Chor der jüngste Teil der Sázaver mittelalterlichen Kirche und bis heute noch im ursprünglichen Gemäuer erhalten ist, besitzt man über die Lage des Grabes Prokops in ihrem Innenraum die wenigsten Kenntnisse. Immerhin hat der gotische Bau die romanische Kirche so radikal ersetzt, dass sich die romanische Tumba unmöglich hätte unversehrt an der ursprünglichen Stelle erhalten können. Sie wurde entweder demontiert und im neuen Chor eingesetzt oder es wurde ein neues gotisches Grab angelegt, in das die Überreste wieder eingebettet wurden.[29]

In diesem Zustand erlebte das Grab die Hussitenkriege. In der Literatur wird überliefert, dass es in der verfallenden und beschädigten Kirche geblieben sei. Das Grab Prokops und die darin ruhenden Überreste waren jedoch für den Konvent so wertvoll, dass die Vorstellung, sie würden in der zerfallenden Kirche so lange bleiben, bis auf sie das Gewölbe einstürzt, nicht als real erscheinen. Es ist uns aus anderen Beispielen bekannt, dass die Reliquien bei irgendwelcher Gefährdung ausgehoben und an einem sicheren Ort niedergelegt wurden. Im Falle der sogenannten Translation der Reliquien Prokops von Sázava in die Kapelle aller Heiligen auf der Prager Burg im Jahr 1588[30] allerdings gelangten wir zum Schluss, dass die überführten Überreste nicht authentisch waren. Aus den Ruinen der Kirche wurde ein zufälliger Komplex von Reliquien von vier Toten geborgen.[31] Trotzdem bezweifelte damals im 16. Jahrhundert niemand (keiner der Mitglieder des Konvents), dass Prokops Grab in der eingestürzten Kirche geblieben ist. Nun muss aber damit gerechnet werden, dass die Spuren der authentischen Überreste Prokops (außer denen, die schon seit dem Mittelalter in Reliquiaren aufbewahrt werden) zur Zeit der Hussitenkriege erlöschen.

---

[29] PETR SOMMER, Svatý Prokop a jeho kult ve středověku [Der Heilige Prokop und sein Kult im Mittelalter], in: Světci a jejich kult ve středověku [Heilige und ihre Verehrung im Mittelalter] (Sborník katolické teologické fakulty Univerzity Karlovy, Dějiny umění – historie, Bd. 4), Praha 2006, S. 261–281.

[30] Zusammenfassung in: FRANTIŠEK KRÁSL, Sv. Prokop, jeho klášter a památka u lidu [Der Heilige Prokop, sein Kloster und das Andenken an ihn beim Volk], Praha 1895, S. 350–351, 366.

[31] EMANUEL VLČEK, Osudy českých patronů [Das Schicksal der tschechischen Patrone], Praha 1995, S. 155–186.

Die Erforschung des Grabes des Heiligen Prokop ist also mit einer Reihe von Berührungen mit bedeutenden historischen und kulturhistorischen Themen verbunden. Sie liefert aber zugleich auch einen Beweis für die Wirksamkeit der interdisziplinären mediävistischen Arbeit. Nur dank der Einbeziehung archäologischer, kunsthistorischer und historischer Erfahrungen lassen sich viele neue Schlüsse ziehen. Die archäologischen und kunsthistorischen Kenntnisse des Sázaver Areals unterstützen wirksam alle Ergebnisse der Analyse und Datierung beider wichtigen mittelalterlichen lateinischen Prokop-Legenden. Die Kapitel über die Vorkanonisationswunder müssen dem Passus von der Vision des *Paramonarius* zufolge in die *Vita minor* noch im 13. Jahrhundert aufgenommen worden sein. Die *Vita maior* muss tatsächlich spätestens am Anfang des 14. Jahrhunderts entstanden sein, weil die Beschreibung des Interieurs der Basilika damals dem aktuellen romanischen Zustand entsprach und der Autor der *Vita maior* sie unverändert übernehmen konnte. Die letzte logische Konklusion dieser Erwägungen ist die definitive Bestätigung, dass Prokops Grab zur Zeit vor der Kanonisation im Chor, nicht in der Krypta der Sázaver Basilika, gelegen hat. Ein außergewöhnliches Ergebnis dieser ganzen Analyse ist ferner die Feststellung, dass die archäologischen und kunsthistorischen Quellen in bestimmten Fällen die subtile linguistische und textologische Analyse einer mittelalterlichen Quelle zu verifizieren und ergänzen ermöglichen. Die von B. Ryba formulierten Zweifel über die Datierung der *Vita maior* in die Mitte des 14. Jahrhunderts korrigierten die archäologischen und kunsthistorischen Argumente in dem Sinne, dass sie für die Legende eine um mindestens 50 Jahre niedrigere Zeitangabe ansetzten.

Vier Beispiele, vier Wege in die Zukunft der Archäologie des Mittelalters, im engeren Sinne, der kirchlichen Archäologie. Die erste kann ihre Zukunft in der engen Zusammenarbeit mit anderen mediävistischen Disziplinen suchen, die zweite in dem sehr bunten Stoff der kirchlichen Kultur und Geschichte, was viel mehr als nur das Kirchengebäude oder zusammenhängende materielle Kultur bedeutet.

Eine Kirchenfamilie von Mosapurc/Zalavár (Ungarn)

Neue Ergebnisse zur Kirchenarchäologie in Pannonien

Béla Miklós Szőke

In der zweiten Hälfe des Jahres 869 kam ein „Grieche namens Methodius mit neu erfundenen slawischen Buchstaben" mit päpstlicher Bevollmächtigung aus Rom an den Fürstensitz von *Mosapurc*, dem heutigen Zalavár westlich des Plattensees, und brüskierte die dort lebenden, dem Erzbistum Salzburg unterstellten Christen, indem er „die lateinische Sprache, die römische Lehre und die authentische lateinische Liturgie in den Augen des ganzes Volkes nach Philosophenart herabsetzte, und zwar bezüglich der Messe, der Verkündigung des Evangeliums und des Kirchendienstes derjenigen, die das alles auf lateinisch gefeiert hatten". Das konnte Richpaldus, der vom Salzburger Erzbischof Adalwin ernannte *archipresbyter* von *Mosapurc* „nicht ertragen, und kehrte zum Bischofssitz zurück".[1]

Die geschilderte Begebenheit wirft ein Schlaglicht auf das offenbar fest konsolidierte, katholische Christentum im karolingerzeitlichen Westungarn. Sie ist uns durch das von einem Salzburger Geistlichen, eventuell von Erzbischof Adalwin (859–873) verfasste ‚Weißbuch', die *Conversio Bagoariorum et Carantanorum* überliefert,[2] in welchem die erfolgreiche Mission unter den karantanischen Slawen und der Bevölkerung Pannoniens in den vergangenen 75 Jahren nach dem erwähnten Ereignis in Zalavár geschildert wird. Die historische Wirklichkeit des Christentums in der ehemaligen spätrömischen Provinz Pannonien stellte sich in weiten Teilen allerdings weitaus differenzierter dar.

Im 8. Jahrhundert hielt der Salzburger Bischof es noch für eine dringliche Aufgabe, die Karantanen zum christlichen Glauben zu bekehren. Die Viten der gegen Ende des

---

[1] *Conversio Bagoariorum et Carantanorum* [im Folgenden als *Conversio* abgekürzt], c. 12: *quidam Graecus Methodius nomine Mosapurc investis Sclavicis litteris linguam Latinam doctrinamque Romanam atque litteras auctorales Latinas philosophice superducens vilescere fecit cuncto populo ex parte missas et euangelia ecclesiasticumque officium illorum, qui hoc Latine celebraverunt.* Vgl. Herwig Wolfram, Conversio Bagoariorum et Carantanorum. Das Weißbuch der Salzburger Kirche über die erfolgreiche Mission in Karantanien und Pannonien, Böhlau-Quellenbücher, hg. von Berthold Sutter und Helmut J. Mezler-Andelberg, Wien/Köln/Graz 1979, S. 57; stellenweise anders übersetzt bei Fritz Lošek, Die Conversio Bagoariorum et Carantanorum und der Brief des Erzbischofs Theotmar von Salzburg (Monumenta Germaniae Historica, Studien und Texte, Bd. 15), Hannover 1997, S. 131.

[2] Milko Kos, Conversio Bagoariorum et Carantanorum (Razprave znanstvenega društva v Ljubljani 11, Historični odsek 3), Ljubljana 1936; Wolfram, Conversio (wie Anm. 1); Lošek, Conversio (wie Anm. 1); zum historisch-politischen Kontext vgl. Herwig Wolfram, Salzburg, Bayern, Österreich. Die Conversio Bagoariorum et Carantanorum und die Quellen ihrer Zeit (Mitteilungen des Instituts für Österreichische Geschichtsforschung, Ergänzungsband, Bd. 31), Wien/München 1996.

7. und zu Beginn des 8. Jahrhunderts wirkenden Heiligen, wie z. B. Rupert und Emmeram, waren noch ganz von einer beabsichtigten „Awarenmission" durchdrungen – die dann jedoch nicht in die Tat umgesetzt wurde. Nach dieser Zeit wurde ein solcher Missionsplan nicht einmal mehr gedanklich in Erwägung gezogen.[3]

Als Pippin, Sohn Karls des Großen und König Italiens, im Jahr 796 von Oberitalien und Friaul aus die Awaren angriff, traf er während seines Aufmarsches Christen an, bei denen es sich um Awaren im Kerngebiet des Khaganats gehandelt haben soll, die nach Ansicht von Endre Tóth einen zusätzlichen Beleg für eine mehrheitlich christliche Bevölkerung in der ehemaligen römischen Provinz Pannonien darstellen.[4] Die archäologischen Funde und Befunde der awarisch-slawischen Bevölkerung des Drau-Sau-Zwischenstromgebiets und Südwest-Transdanubiens, also der Gegenden, die von Pippins Feldzug berührt worden sein könnten, weisen allerdings keinerlei christliche Charakterzüge auf.[5] Viel wahrscheinlicher ist es deshalb, dass die von Pippin angetroffenen Christen irgendwo westlich oder südwestlich, auf jeden Fall aber außerhalb des Randgebietes der awarischen Machtsphäre gelebt haben.[6] Die Romanen und Slawen des Ostalpenraumes bewahrten nämlich mit Erfolg die Überreste ihrer spätantiken-christlichen Kultur, wie eine Reihe archäologisch erforschter Kirchen auf den befestigten Höhensiedlungen in den schwer zugänglichen Tälern bestätigen.[7]

---

[3] Vgl. Hans-Dietrich Kahl, Zwischen Aquileia und Salzburg. Beobachtungen und Thesen zur Frage romanischen Restchristentums im nachvölkerwanderungszeitlichen Binnen-Noricum, in: Die Völker an der mittleren und unteren Donau im fünften und sechsten Jahrhundert, Berichte des Symposiums der Kommission für Frühmittelalterforschung vom 24. bis 27. Oktober 1978, Stift Zwettl, Niederösterreich, hg. von Herwig Wolfram und Falko Daim (Veröffentlichungen der Kommission für Frühmittelalterforschung, Bd. 4 = Österreichische Akademie der Wissenschaften, Philosophisch-Historische Klasse Denkschriften, Bd. 145), Wien 1980, S. 33–81; Brigitte Wavra, Salzburg und Hamburg. Erzbistumsgründung und Missionspolitik in karolingischer Zeit (Osteuropastudien der Hochschulen des Landes Hessen, Reihe I, Giessener Abhandlungen zur Agrar- und Wirtschaftsforschung des europäischen Ostens, Bd. 179), Berlin 1991, passim.

[4] Endre Tóth: Szent Adorján és Zalavár (Saint Adrien and Zalavár), in: Századok 133 (1999), S. 3–40.

[5] Béla Miklós Szőke, Awaren und Slawen in Südwest-Ungarn. Begleitband Sonderausstellung Gäubodenmuseum, Straubing 1994; Ders., Das archäologische Bild der Slawen in Südwestungarn, in: Slovenija in sosednje dežele med antiko in karolinško dobo. Začetki slovenske etnogeneze – Slowenien und die Nachbarländer zwischen Antike und karolingischer Epoche, Anfänge der slowenischen Ethnogenese, hg. von Rajko Bratož (Situla, Razprave narodnega Muzeja Slovenije, Bd. 39), Ljubljana 2000, Bd. 1, S. 477–505.

[6] Franz Zagiba, Das Geistesleben der Slawen im frühen Mittelalter. Die Anfänge des slavischen Schrifttums auf dem Gebiete des östlichen Mitteleuropa vom 8. bis 10. Jahrhundert (Annales Instituti Slavici, Veröffentlichungen des Institutum Salisburgo-Ratisbonense Slavicum Salzburg – Wien – Regensburg, Bd. 7), Wien/Köln/Graz 1971, S. 61–64; Rajko Bratož: La cristianizzazione degli slavi negli atti del convegno „Ad ripas Danubii" e del concilio di Cividale, in: XII Centenario del concilio di Cividale (796–1996), convegno storico-teologico, Atti, hg. von Sandro Piussi, Udine 1998, S. 145–202, bes. S. 177 f.

[7] Die Mehrzahl dieser Kirchen existierte bis zum Ende des 7. Jahrhunderts, einige davon wurden aber sporadischen Funden zufolge eventuell auch noch später genutzt; vgl. etwa Peter Petru / Thilo Ulbert, Vranje bei Sevnica, frühchristliche Kirchenanlagen auf dem Ajdovski

Wenn sich also die Bischöfe von Salzburg, Passau und Aquileia im Jahr 796 anlässlich der kirchlichen Konferenz *ad ripas Danubii* in den Fragen der Missionssprengel in Pannonien, sowie hinsichtlich der anzuwendenden Art und Weise der Bekehrung miteinander einigten, so beschlossen sie über die Zukunft einer in Herkunft und Glauben vielfältigen, von den christlichen Lehren aber noch weitgehend unberührten, heidnischen Bevölkerung.

Unsere Kenntnisse über die Ergebnisse der Missionierung, bzw. den Ausbau der karolingischen Verwaltung sowie der kirchlichen und weltlichen Gutsorganisation in der ersten Hälfte des 9. Jahrhunderts sind ziemlich mangelhaft; für weite Bereiche verfügen wir über gar keine Informationen. Über einige Regionen entlang der Ostgrenze des karolingischen Reiches, wie beispielsweise die Provinz Unterpannonien, unter deren Namen das Gebiet zwischen Plattensee (Balaton), Donau und Drau nach 828 zusammengefasst ist, sind wir dagegen – nicht zuletzt auch durch die *Conversio Bagoariorum et Carantanorum* – ziemlich gut informiert.

Mosapurc/Zalavár – ein Missionsstützpunkt in Unterpannonien

Zu Beginn der 830er Jahre wurde „ein gewisser Priwina von Moimarus, dem Fürsten der Mährer, oberhalb der Donau vertrieben und kam zu Ratbod",[8] dem Präfekten des Ostlandes. Auf Befehl von König Ludwig dem Deutschen wurde er in *Treisma* (Traismauer, Niederösterreich) getauft; bald danach entstanden aber Streitigkeiten zwischen Ratbod und Priwina, vor denen sich Priwina mit den Seinen zunächst ins Land der Bulgaren flüchtete. Kurze Zeit darauf übersiedelte er nach *Siscia* (Sisak bzw. Sziszek in Slawonien) ins Gebiet des Fürsten Ratimar, bis ihn schließlich Graf Salacho von Krain aufnahm und mit Ratbod wieder versöhnte. „Inzwischen gab bei Gelegenheit der König auf Bitten seiner erwähnten Getreuen [Ratpot und Salacho] an Priwina

---

gradec, Ljubljana 1975; Franz Glaser, Das frühchristliche Pilgerheiligtum auf dem Hemmaberg, Klagenfurt 1991; Ders., Frühes Christentum im Alpenraum: eine archäologische Entdeckungsreise, Regensburg 1997; Ders., Der Untergang der Antike und ihr Nachleben in Noricum, in: Slowenien und die Nachbarländer (wie Anm. 5), S. 199–218.

[8] *Conversio*, c. 10; vgl. Wolfram, Conversio (wie Anm. 1), S. 50 und Lošek, Conversio (wie Anm. 1), S. 120: *In cuius spacio temporis quidam Priwina exulatus a Moimaro duce Maravorum supra Danubium venit ad Ratbodum*. Man muss hierzu anmerken, dass der Verfasser der *Conversio* nicht nur hier, sondern im gesamten Text weder über den Titel, noch über die ethnische Zugehörigkeit Priwinas schreibt, d. h. die Vermutung, dass Priwina ein Fürst aus Nitra in der heutigen Slowakei war, ist eine unbewiesene, neuzeitliche Interpretation der *Conversio*. Nirgends wird er als *dux* erwähnt, obwohl alle anderen Würdenträger mit dem entsprechenden Titel versehen sind. Über den Ort Nitrava, dessen Beziehung zum heutigen Nitra in der Slowakei trotz umfangreicher Grabungen noch immer ungenügend bewiesen ist, wird in einer später eingefügten Randglosse nur so viel geschrieben, dass dort einmal der Salzburger Erzbischof Adalramm auf dem Besitz des Priwina jenseits der Donau (*ultra Danubium in sua proprietate loco vocato Nitrava*), eine Kirche geweiht habe (*Conversio*, c. 11), aber kein Wort darüber, dass dieser Ort auch der Sitz seines ehemaligen Fürstentums gewesen wäre.

ein Gebiet Unterpannoniens zu Lehen, das am Flusse Sala liegt. Darauf siedelte er sich [um 840] dort an, baute eine Festung in der sumpfigen Waldlandschaft der Sala, scharte von überall Völker um sich und wurde in jenem Land ein großer Herr".[9]

Priwinas Sitz, in den Quellen als *urbs paludarum*, *civitas Priwinae* und *castrum Chezilonis, noviter Mosapurc* bezeichnet, wurde bereits in der Mitte des 19. Jahrhunderts mit Zalavár – Várziget (Burginsel) am Westrand des Plattensees in Südwest-Ungarn identifiziert,[10] und durch kleinere Ausgrabungen untersucht.[11] Abgesehen von Géza Nagy, der das archäologische Material des Karpatenbeckens zu Beginn des 20. Jahrhunderts anhand der Studien von Paul Reinecke[12] als karolingerzeitliche Funde zu bestimmen versuchte,[13] nahm die Forschung keinerlei Notiz von den Ausgrabungsergebnissen. Erst gegen Ende der 1940er Jahre erhielten diese durch den Beginn systematischer Freilegungen in Zalavár-Várziget eine entscheidende Bedeutung. Unter den politischen Zwängen der Nachkriegszeit und den wissenschaftlichen und außerwissenschaftlichen Ansichten des Forschungsleiters Géza Fehér sowie der Forschungsleiterin Ágnes Cs. Sós wurde *Mosapurc*/Zalavár als Sitz des ‚pannonslawischen Fürstentums' von Priwina interpretiert und dessen archäologische Untersuchung zur Hauptaufgabe der ungari-

---

[9] *Conversio* c. 11; vgl. WOLFRAM, Conversio (wie Anm. 1), S. 52 und LOŠEK, Conversio (wie Anm. 1), S. 122: *Aliqua vero interim occasione percepta rogantibus praedictis regis fidelibus praestavit rex Priwinae aliquam inferioris Pannoniae in beneficium partem circa fluvium, qui dicitur Sala. Tunc coepit ibi ille habitare et munimen aedificare in quodam nemore et palude Salae fluminis et circumquaque populos congregare ac multum ampliari in terra illa.* Bei LOŠEK, Conversio (wie Anm. 1), S. 123 wurde der Satzteil *ac multum ampliari in terra illa* als „und gewann in jenem Gebiet große Bedeutung" übersetzt.

[10] Zalavár-Várziget ist eine L-förmige, eiszeitliche Sandinsel von etwa 12 ha im sumpfigen Tal des Flusses Zala, 1,5 km westlich vom Dorf Zalavár. Den ersten Bericht darüber, als einem wichtigen frühmittelalterlichen Fundort, gab János (Jan) Kollár, der evangelische Pastor zu Pest, der 1841 auf dem Weg nach Italien den Weg über Zalavár nahm, um slawische Altertümer zu entdecken: JAN KOLLÁR, Cestopis obsahující cestu do Horní Italie, Pest 1843, S. 11–14.

[11] Flóris Rómer besichtigte seit 1861 mehrmals den Fundort, 1881 legte er sogar eine durch Stützpfeiler verstärkte, von Norden nach Süden verlaufende Mauer frei: FLÓRIS RÓMER, Szalavári ásatás szept. 14–17, 1881. (Ausgrabung in Szalavár, 14–17. Sept. 1881), OSZK Kézirattár (Széchényi Nationalbibliothek, Handschriftenarchiv), Fol. Hung. 1111/1–2, S. 146 f. Viktor Récsey führte 1887 und 1891 ebenfalls kleinere Ausgrabungen durch, von seinen Ergebnissen berichtet er aber nichts. Zur Forschungsgeschichte vgl. BÉLA MIKLÓS SZŐKE, Zalavár, in: Zalai Gyűjtemény 6 (1976), S. 69–71; ÁGNES RITOÓK, Zalavári leletek [Funde von Zalavár], in: A 200 éves Magyar Nemzeti Múzeum Gyűjteményei, hg. von JÁNOS PINTÉR, Budapest 2002, S. 93–99.

[12] PAUL REINECKE, Studien über Denkmäler des frühen Mittelalters, in: Mitteilungen der Anthropologischen Gesellschaft in Wien 29, Neue Folge 19 (1899), S. 35–52.

[13] GÉZA NAGY, Adatok a Karoling-időszak emlékeihez [Angaben zu den Denkmälern der Karolingerzeit], in: Archaeologiai Értesítő 33 (1913), S. 250–254. Ohne besondere historische oder archäologische Begründung bestimmte er Flügellanzenspitzen (aus Túrócszentmárton, Rárós und Budapest) sowie verschiedene Typen von Sporen (aus Túrócszentmárton, Tarnóca und Bodrogvécs), Steigbügeln (Túrócszentmárton) und Schwertern (Győr und Szécsény) als Leitfunde der Karolingerzeit, obgleich sie teilweise (wie beispielsweise das sogenannte Schwert des heiligen Stephan und das Schwert von Székesfehérvár-Demkóhegy) jünger zu datieren sind.

schen ‚Slawenforschung' erklärt.[14] Es war jenes größtenteils noch unveröffentlichte Fundmaterial der bis zum Anfang der 1960er Jahre freigelegten Gräberfelder von Zalavár-Vársziget und Zalavár-Récéskút sowie von Keszthely-Fenékpuszta,[15] Letenye (1958) und Sopronkőhida (1951 und 1956–1960),[16] auf dem Ágnes Cs. Sós mit ihrer 1973 erschienenen Monographie *Die slawische Bevölkerung Westungarns im 9. Jahrhundert* die erste moderne Zusammenfassung der karolingerzeitlichen Geschichte und Archäologie unseres Raumes begründen konnte.[17] Der Titel des Buches spiegelt getreu seine Entstehungszeit wider und es ist kein Zufall, dass in weiten Teilen noch immer die historischen Quellen und nicht das archäologische Fundmaterial analysiert wurden.[18] Zur Benennung der besprochenen Zeitperiode verwendete Sós die neutrale Bezeichnung ‚9. Jahrhundert', und zur Bestimmung der Bevölkerung betonte sie die slawische Komponente.[19]

Seit Erscheinen dieser Arbeit ist mehr als ein Vierteljahrhundert vergangen. Die archäologische Datenfülle hat in der jüngeren Vergangenheit durch die intensiven Ausgrabungen ab 1980 im Klein-Balaton-Gebiet in Südwest-Ungarn[20] und in den letz-

---

[14] Géza Fehér, Zalavári ásatások (1951–1952) [Ausgrabungen in Zalavár], in: Archaeologiai Értesítő 80 (1953), S. 31–52; Ders., Les fouilles de Zalavár (1951–1954), in: Acta Archaeologica Academiae Scientiarum Hungaricae 4 (1954), S. 201–263; Ders., A Dunántúl lakossága a magyar honfoglalás korában [Die Bevölkerung Transdanubiens in der Zeit der ungarischen Landnahme], in: Archaeologiai Értesítő 83 (1956), S. 25–83; detailliertere Bearbeitung durch Ágnes Cs. Sós, Die Ausgrabungen Géza Fehérs in Zalavár (Archaeologia Hungarica, Series Nova, Bd. 41), Budapest 1963, S. 5–310.

[15] Ágnes Cs. Sós, Das frühmittelalterliche Gräberfeld von Keszthely-Fenékpuszta, in: Acta Archaeologica Academiae Scientiarum Hungaricae 13 (1961), S. 247–305.

[16] Edit H. Kerecsényi, IX. századi sírok Letenyén [Gräber des 9. Jahrhunderts in Letenye], in: Folia Archaeologica 24 (1973), S. 135–151; Béla Szőke, IX. századi sírok Sopronkőhidán [Gräber des 9. Jahrhunderts in Sopronkőhida], in: Soproni Szemle 9 (1955), S. 55–68; Gyula Török, Pogány kultusz emléke a sopronkőhidai temetőben [Denkmal heidnischen Kults im Gräberfeld von Sopronkőhida], in: Folia Archaeologica 14 (1962), S. 83–93; Ders., Sopronkőhida IX. századi temetője (The Cemetery of Sopronkőhida in the 9th Century). Fontes Archaeologici Hungariae, Budapest 1973.

[17] Ágnes Cs. Sós, Die slawische Bevölkerung Westungarns im 9. Jahrhundert (Münchner Beiträge zur Vor- und Frühgeschichte, Bd. 22), München 1973.

[18] Ágnes Cs. Sós beendete ihr Manuskript 1965, es wurde 1966 als Kandidatsarbeit verteidigt, erschien aber erst 1973 in München. Zur Diskussion um die Veröffentlichung vgl. die Beiträge von István Bóna und György Györffy, in: Archaeologiai Értesítő 95 (1968), S. 112–124.

[19] Um die slawischen Elemente hervorzuheben, zitierte Sós die in dieser Zeit freigelegten Bestattungen des 7. und beginnenden 9. Jahrhunderts aus dem birituellen Gräberfeld von Pókaszepetk: vgl. Ágnes Cs. Sós und Ágnes Salamon, Cemeteries of the Early Middle Ages (6th– 9th Centuries a. d.) at Pókaszepetk, Budapest 1995.

[20] Vorbericht zu den wichtigsten Funden und Befunden: Régészeti kutatások a Kis-Balaton térségében. I. Az alsó-Zalavölgy régészeti emlékei, (Tájékoztató az 1980–1985. évi kutatások eredményeiről) [Archäologische Forschungen in der Gegend des Klein-Balatons, Archäologische Denkmäler des Unteren Zala-Tales. Bericht über die Ergebnisse der Forschungen in den Jahren 1980–1985], hg. von László Vándor, Zalaegerszeg 1986; Évezredek üzenete a láp világából (Régészeti kutatások a Kis-Balaton területén 1979–1992) [Nachricht der Jahrtausende aus dem Morast. Archäologische Forschungen im Gebiet des Klein-Balatons in Jah-

ten fünfzehn Jahren in Zalavár-Vársziget quantitativ und qualitativ spektakulär zugenommen. Mit der Zunahme des pannonischen Fundmaterials auf ein repräsentatives Niveau bot sich erstmals die Gelegenheit einer typochronologischen Systematisierung. Auf objektive Grundlagen gestellt, lassen sich endlich nicht nur die horizontale Beziehung zum Kerngebiet des karolingischen Reiches und den Kulturgruppen seiner Randgebiete darstellen, sondern auch die vertikalen sozialen Kontexte innerhalb der Mosapurcer Gesellschaft deutlich machen. Daneben ermöglichte eine bedeutende Vermehrung der freigelegten Siedlungsobjekte und übrigen Befunde in *Mosapurc*/Zalavár-Vársziget erstmals eine skizzenhafte Beschreibung der Siedlungsstruktur und der einzelnen Siedlungseinheiten.

Das Befestigungssystem der Insel wurde bereits zu Beginn der 1950er Jahre von Géza Fehér untersucht. Er konnte feststellen, dass die Insel ursprünglich ringsum von einem äußeren Burgwall umgeben war, der aus zwei parallel zueinander verlaufenden Pfostenreihen mit Flechtwerk und einer Füllung aus gestampfter Erde bestand.[21] Später entdeckte Ágnes Cs. Sós die Überreste einer von Norden nach Süden in der Mittelachse der Insel verlaufenden Palisadenmauer aus Wintereichenbalken.[22] In den letzten Jahren habe ich selbst einen breiten und tiefen Wallgraben freigelegt, der den ‚Hals' der L-förmigen Burginsel von Westen nach Osten durchschneidet. Am Nordrand dieses Grabens endet die von Sós entdeckte Nord-Süd-Palisadenmauer.

Es lässt sich also feststellen, dass *Mosapurc*/Zalavár durch verschiedene Befestigungsanlagen in drei Teile geteilt war. Im südlichen Drittel der Insel lag der befestigte Adelshof Priwinas und Chezils, der als *munimen* in der *Conversio* erwähnt wird. Vom Restteil der Insel, d. h. von der eigentlichen Stadt (*civitas*) war der Adelshof durch einen in Ost-West-Richtung verlaufenden, ca. 2,50 m tiefen und ca. 12 m breiten Befestigungsgraben und einen – heute nicht mehr existierenden – Erdwall im Südteil begrenzt. Nördlich vom Graben war die Insel ebenfalls durch eine von Norden nach Süden verlaufende Palisadenmauer aus Wintereichenbalken geteilt, wo der Salzburger Erzbischof mit seiner Hofhaltung absteigen konnte. Das östliche, bisher noch unerforschte Drittel der Insel mag als eine Art Vorburg gedient haben, in der entweder Häuser von Handwerkern und Kaufleuten oder einige Adelshöfe der wichtigeren Vertrauten Priwinas und Chezils gestanden haben könnten.

---

ren 1979–1992], hg. von László Költő und László Vándor, Kaposvár/Zalaegerszeg 1996; Béla Miklós Szőke u. a., Die Karolingerzeit im unteren Zalatal. Gräberfelder und Siedlungsreste von Garabonc I–II und Zalaszabar-Dezsősziget (Antaeus, Communicationes ex Instituto Archaeologico Academiae Scientiarum Hungaricae, Bd. 21), Budapest 1992.

[21] Sós, Ausgrabungen (wie Anm. 14), S. 31–38, Abb. 9; Dies., Westungarn (wie Anm. 17), S. 107–112 mit Abb. 31–33.

[22] Ágnes Cs. Sós, Zalavár az újabb ásatások tükrében, in: Honfoglalás és régészet, hg. von László Kovács, Budapest 1994, S. 86 f.

Kirchen in und um Zalavár-Várziget

Inner- und außerhalb des Zentrums errichtete man zu Lebzeiten Priwinas und seines Nachfolgers und Sohnes Chezil/Chozil bis 870 insgesamt mehr als 30 mit Besitzer, Ortsname und/oder Patrozinien bezeichnete Kirchen, die von den Salzburger Erzbischöfen geweiht wurden (siehe Tabelle S. 570).

Von diesen sind bis heute nur vier archäologisch erforscht: zwei in Zalavár-Várziget (Burginsel), auf die im Folgenden noch zurück zu kommen ist, und zwei auf den nahe gelegenen Inseln Zalavár-Récéskút[23] und Zalaszabar-Borjúállás.[24] Die bei-

---

[23] Bei der Kirche von Zalavár-Récéskút handelte es sich um eine dreischiffige, 20,20–20,50 × 12,10 m große Steinbasilika, die 1946–1947 und 1953 von Aladár Radnóti sowie 1961–1963 von Ágnes Cs. Sós untersucht worden ist. Die im Grundriss viereckige, mit drei ‚hineingezeichneten' halbkreisförmigen Apsiden versehene Basilika stand in der Mitte der nordöstlich vor Zalavár-Várziget gelegenen Sandinsel und hatte nach Radnótis Ansicht vier Bauphasen. Der Terrazzo-Fußboden der Apsiden lag etwas höher als der mit Steinplatten bedeckte Fußboden im Schiff, die Mauern der Apsiden waren bemalt. Die Kirche konnte durch drei westliche und einen südlichen Eingang betreten werden. Die erste Kirche brannte noch im 9. Jahrhundert nieder; es ist ungewiss, ob sie bereits von Anfang an oder erst im Zuge einer Renovierung des Kircheninnenraumes durch zwei Pfeilerreihen in drei Schiffe geteilt wurde (zweite Phase). Die dritte und vierte Phase der Kirche gehören zu späteren Bauperioden des Mittelalters: Aladár Radnóti, Une église du haut moyen âge a Zalavár, in: Études Slaves et Roumaines I (1948), S. 21–30. In Radnótis Dokumentation bemerkte Ágnes Cs. Sós Pfostengruben entlang der Kirchenmauer, die von Radnóti nicht geklärt wurden. Deshalb führte sie eine Kontrollgrabung durch und rekonstruierte zwei frühere Bauphasen. Demnach war das erste Sakralgebäude zu Beginn des 9. Jahrhunderts eine Holzkirche ohne erhaltene Überreste, während das zweite, die sogenannte Stein-Holzbasilika aus der zweiten Hälfte des 9. Jahrhunderts, dreischiffig und mit 30 × 19,50 m beträchtlich größer war. Ohne weitere Phasen wurde schließlich im 11. Jahrhundert die Steinbasilika angelegt: Ágnes Cs. Sós, Berichte über die Ergebnisse der Ausgrabungen von Zalavár-Récéskút in den Jahren 1961–1963, in: Acta Archaeologica Academiae Scientiarum Hungaricae 21 (1969), S. 51–103. Eine neuerliche Diskussion über die Thesen von Ágnes Cs. Sós vermutet dagegen für die Pfostenspuren, dass sie entweder von einem Baugerüst für den Wiederaufbau der Steinbasilika zu Beginn der Árpádenzeit stammen oder aber Überreste eines profanen Gebäudes aus dem 10. Jahrhundert sind, die erst nach dem Bau der Steinbasilika im 9. Jahrhundert entstanden: Sándor Tóth, Régészet, műemlékvédelem, történelem [Archäologie, Denkmalpflege, Geschichte], in: Építés-építészettudomány 5 (1974), S. 617–630; Szőke, Zalavár (wie Anm. 11), S. 69–103; Ágnes Cs. Sós, Megjegyzések a zalavári ásatások jelentőségéről és problematikájáról [Bemerkungen über die Bedeutung und Problematik der Ausgrabungen in Zalavár], in: Zalai Gyűjtemény 6 (1976), S. 105–140. Die Kirche von Zalavár-Récéskút kann mit keiner Kirche der *Conversio* identifiziert werden; sie könnte wohl die Eigenkirche einer Adelsfamilie aus der Umgebung Priwinas und Chezils gewesen sein.

[24] Die Kirche von Zalaszabar-Borjúállás, ein einschiffiger, 17 × 7 m großer, hölzerner Saalbau auf Schwellbalken mit rechteckigem Chor und Narthex, wurde in den frühen 1980er Jahren von Róbert Müller freigelegt. Zwischen Apsis und Langhaus befand sich eine schmale Steinmauer, bei der es sich um die Basis einer Chorschranke gehandelt haben dürfte. Um die Kirche herum wurden 805 Verstorbene, teils in mehreren Schichten, bestattet. Sie datierten größtenteils ins 9. Jahrhundert, die Belegung des Bestattungsplatzes endete vor der Árpádenzeit. Die Kirche lag in einem mit einer Palisadenmauer umgrenzten Hof, wo in der Nähe des Eingangs ein Holzgebäude, wohl das Wohnhaus der Adelsfamilie, stand: Róbert Müller, Karo-

den letztgenannten Gotteshäuser gehörten jeweils als Eigenkirche zu einem mit einer Palisadenmauer befestigten Adelshof.[25] Für die Stadt *Mosapurc* wird in der *Conversio* von drei Kirchen, der Marienkirche, der Hadrianskirche und der Kirche Johannes des Täufers berichtet.[26]

---

ling udvarház és temetője Zalaszabar–Borjúállás-szigetről [Karolingischer Adelshof und Friedhof von Zalaszabar–Borjúállás-sziget], in: Honfoglalás és régészet, hg. von Kovács László, Budapest 1994, S. 91–98; Róbert Müller, Ein karolingerzeitlicher Herrenhof in Zalaszabar (Ungarn, Komitat Zala), in: Sborník praci Filozofické Fakulty Brněnské Univerzity 40 (1995), S. 91–100.

[25] Eine der nächsten Analogien dazu scheint der Adelshof von Břeclav-Pohansko zu sein, vgl. Jiří Macháček, Pohansko bei Břeclav. Ein frühmittelalterliches Zentrum als sozialwirtschaftliches System (Studien zur Archäologie Europas, Bd. 5), Bonn 2007.

[26] Zu den verschiedenen Kirchen Unterpannoniens und deren Lokalisierung siehe auch Thomas von Bogyay, Mosapurc und Zalavár. Eine Auswertung der archäologischen Funde und schriftlichen Quellen, in: Südost-Forschungen 14 (1955), S. 349–405; Thomas von Bogyay, Die Kirchenorte der Conversio Bagoariorum et Carantanorum. Methoden und Möglichkeiten ihrer Lokalisierung, in: Südost-Forschungen 19 (1960), S. 52–70. Nicht alle der darin erwähnten Gotteshäuser sind allerdings als karolingerzeitlich anzusprechen. Jeder sachlichen Grundlage entbehrt etwa die Interpretation des Gebäudes von Sümeg als karolingerzeitliche Kirche. Der Ausgräber Iván Ádám berichtet von einer exakt orientierten, 27,80 × 21,60 m großen ‚Basilika' mit rechteckiger Apsis (innere Maße: L: 3,40 m, B: 8,40 m), die 150 Schritt vom römischen Kastell entfernt lag und seiner Ansicht nach typisch für die árpádenzeitliche Kirche nördlich des Plattensees war: Iván Ádám, Sümeghi földalatti épület-maradványok [Unterirdische Bauüberreste von Sümeg], in: Archaeológiai Értesítő 2 (1882), S. 14–28, bes. S. 23 und S. 26–28. Auf dem Grundriss setzen sich die Grundmauern aber in Richtung Westen noch weiter fort. Diesen Teil des Grundrisses ließ Ágnes Cs. Sós bei ihrer Beschreibung des Befundes jedoch weg, so dass das Gebäude mit der Klosterkirche von Brétigny bei Soissins vergleichbar wurde: Sós, Westungarn (wie Anm. 17), S. 146, Abb. 42. Sie bestimmte die ‚Kirche' aufgrund des ‚barbarischen' Charakters des Bindematerials der Mauer und einer lilienverzierten Münze, „die sich als Münze des Salzburger Erzbischofs erwiesen hat" – tatsächlich aber aus dem späten Mittelalter stammt (vgl. Ádám, a. a. O., S. 23) – als Bauwerk irischer Mönche aus dem karolingischen Salzburg: Ágnes Cs. Sós, Bemerkungen zur Problematik des Kirchenbaus des 9. Jahrhunderts in Transdanubien (Pannonien), in: Liber Iosepho Kostrzewski octogenario a veneratoribus dicatus, hg. von Konrad Jazdzewski, Wroclaw/ Warszawa/Kraków 1968, S. 377–389, hier S. 386. Da man aber über den Bau nicht weiß, wann und weshalb er gebaut wurde (siehe den Verlauf der westlichen Mauer sowie den Mangel an datierbaren Gräbern), entbehrt die Deutung von Sós, das Gebäude als „karolingerzeitliche Basilika" von Sümeg anzusprechen, ohne eine entsprechende Kontrollgrabung, jeder sachlichen Grundlage. Sicher ist mittlerweile auch, dass bei der bekannten II. Basilika von Keszthely-Fenékpuszta im 9. Jahrhundert weder eine karolingerzeitliche Kapelle stand, noch deren Umgebung in jener Zeit als Friedhof benutzt wurde. Von ihren Stilmerkmalen her könnte die II. Basilika gleichzeitig mit den verwandten Kirchen des 6. bis 7. Jahrhunderts aus Norditalien, Istrien und Raetien errichtet worden sein: vgl. Susanne Steinmann-Brodtbeck, Herkunft und Verbreitung des Dreiapsidenchores. Untersuchungen im Hinblick auf die karolingischen Saalkirchen Graubündens, in: Zeitschrift für Schweizerische Archäologie und Kunstgeschichte 1 (1939), S. 65–95; Branko Marušić: Il gruppo istriano dei monumenti di architettura sacra con abside inscritta, in: Atti del Centro di Richerche Storiche di Rovigno 8 (1977–1978), S. 41–185; Hans Rudolf Sennhauser, Spätantike und frühmittelalterliche Kirchen Churrätiens, in: Von der Spätantike zum frühen Mittelalter. Aktuelle Probleme in historischer und archäologischer Sicht, hg. von Joachim Werner und Eugen Ewig (Vorträge

Die Marienkirche

Die *infra munimen Priwinae* gebaute Marienkirche wurde am 24. Januar 850 durch den Salzburger Erzbischof Liupramm geweiht.[27] Sie dürfte mit jener im beginnenden 11. Jahrhundert renovierten und vom ungarischen König Stephan dem Heiligen 1019 gegründeten Benediktinerklosterkirche identisch sein, die dem hl. Hadrian geweiht

---

und Forschungen, Bd. 25), Sigmaringen 1979, S. 193–218 mit Abb. 7. In dieser Zeit begann eine Adelsfamilie, ihre Angehörigen und die Dienstleute um ein beim ehemaligen *Horreum* der spätrömischen Festung gelegenes, als Holzkirche mit unregelmäßigem Grundriss interpretiertes Gebäude entlang der Festungsmauer zu bestatten (vgl. hierzu den Beitrag von ORSOLYA HEINRICH-TAMASKA in diesem Band). Es ist jedoch ziemlich sicher, dass die Basilika in der Karolingerzeit nicht mehr benutzt werden konnte und der neueren Forschung zufolge dürfte die nördliche Reihe der Stützpfeiler sowie die südliche Kapelle am Anfang des 7. Jahrhunderts (vor 630) gebaut worden sein: siehe dazu RÓBERT MÜLLER, Megjegyzések Fenékpuszta történetéhez [Bemerkungen zur Geschichte von Fenékpuszta], in: Zalai Múzeum 1 (1987), S. 105–122, bes. S. 112–114. Das Gräberfeld des 9. Jahrhunderts lag nicht um die Basilika herum, sondern entlang der vom Südtor aus der Festung herausführenden Straße: ÁGNES CS. SÓS, Das frühmittelalterliche Gräberfeld von Keszthely-Fenékpuszta, in: Acta Archaeologica Academiae Scientiarum Hungariae 13 (1961), S. 247–305. Letztlich fehlen auch Beweise dafür, dass die Grabkammer von Pécs (SÓS, Westungarn [wie Anm. 17], S. 146–148, Abb. 43, Taf. 21), die Hl. Georg-Rotunde von Veszprém (SÓS, Westungarn [wie Anm. 17], S. 149–153) oder die Hl. Martin-Kirche von Szombathely in der Karolingerzeit errichtet und/oder benutzt worden sind: vgl. GÁBOR KISS / ENDRE TÓTH: A szombathelyi Szent Márton templom régészeti kutatása 1984–1992. (Előzetes jelentés a feltárt 9–13. századi emlékekről) [Archäologische Untersuchung der St. Martinskirche in Szombathely 1984–1992. Vorläufiger Bericht der freigelegten Denkmäler aus dem 9.–13. Jahrhundert], in: Communicationes Archaeologicae Hungariae (1993), S. 175–199, bes. S. 185. Der unverzierte, bandförmige Bronzefingerring aus Grab 65 und das Klappmesser mit Geweihgriff aus Grab 7 der Martinskirche zu Szombathely sind nämlich chronologisch atypisch und deshalb für eine frühe Datierung ungenügend. Da Bestattungen aus der Karolingerzeit weder aus der unmittelbaren noch aus der entfernteren Umgebung der Grabkapellen bekannt sind, wäre es ebenfalls wünschenswert, die von hier stammenden und in die Karolingerzeit verlegten Gefäßbruchstücke detaillierter zu analysieren. Jüngst sind gegen die Gleichsetzung des in der *Conversio* erwähnten Ortsnamens *Quinque Basilicae* mit dem Árpádenzeitlichen *Quinque Ecclesiae* ernst zu nehmende Gegenargumente vorgebracht worden: vgl. ENDRE TÓTH, A Quinque Basilicae – Quinque Ecclesiae helynevek lokalizálásához és értelmezéséhez [Zur Lokalisierung und Erklärung der Ortsnamen von Quinque Basilicae und Quinque Ecclesiae], in: A Janus Pannonius Múzeum Évkönyve 36 (1991), S. 101–107. Ágnes Cs. Sós meinte, dass die Rotunde von Veszprém aufgrund der mährischen Analogien aus dem 9. Jahrhundert ebenfalls karolingerzeitlich ist und identifizierte sie übereinstimmend mit Thomas von Bogyay mit dem in der *Conversio* erwähnten Ort *Ortahu*. Die Datierung wird aber durch die archäologischen Funde und Befunde nicht unterstützt. Weder für das Stadtgebiet und dessen Umgebung noch um die besagte Kirche herum sind karolingerzeitliche Gräber oder Siedlungsspuren bekannt geworden, obwohl eine reiche archäologische Datensammlung für das ganze Komitat durch die „Archäologische Topographie Ungarns" zur Verfügung steht: vgl. Veszprém megye régészeti topográfiája, A veszprémi járás, zusammengestellt von ISTVÁN ÉRI (Magyarország régészeti topográfiája, hg. von LÁSZLÓ GEREVICH, Bd. 2), Budapest 1969.

27 *Conversio* c. 11; vgl. WOLFRAM, Conversio (wie Anm. 1), S. 53 und LOŠEK, Conversio (wie Anm. 1), S. 125.

Kirchenorte in der Zeit Priwinas (838/840—861)			
1	in eadem civitate (Priwinae)	um 840	ecclesia sancti Iohannis baptistae
2	infra munimen (in castrum) Priwinae	24. Jan. 850	ecclesiam in honore sanctae dei genitricis Mariae
3	infra civitatem Priwinae	854—855	ecclesia, in qua Adrianus martyr humatus pausat
4	foris civitatem Priwinae	1. Feb. 850	ecclesia Sandrati presbyteri
5	foris civitatem Priwinae	1. Feb. 850	ecclesia Ermperhti presbyteri
6	ad Salapiugin	852—853 (860)	ecclesia sancti Hrodberti
7	in Dudleipin	840—860 (860)	
8	in Ussitin	840—860	
9	ad Businiza	840—860	
10	ad Bettobiam	840—860	
11	ad Stepiliperc	840—860	
12	ad Lindolveschirichun	840—860	
13	Ad Keisi	840—860	
14	ad Wiedhereschirichun	840—860	
15	ad Isangrimeschirichun	840—860	
16	ad Beatuseschirichun	840—860	
17	ad Quinque Basilicas	840—860	
18	ad Otareschirichun	840—860	
19	ad Paldmunteschirichun	840—860	
	ceterisque locis, ubi Priwina et sui voluerunt populi	840—860	
in der Zeit Chezils (861—870)			
20	in proprietate Wittimaris	26. Dez. 864	ecclesia sancti Stephani protomartyris
21	ad Ortahu in proprietate Chezilonis	1. Jan. 865	ecclesia sancti Michaelis archangeli
22	ad Weride	13. Jan. 865	ecclesia in honore sancti Pauli apostoli
23	ad Spizzun	14. Jan. 865	ecclesia sanctae Margaretae virginis
24	ad Termperht	860 (?) 865	ecclesia sancti Laurentii
25	ad Fizkere	865	
26	in locum, qui dicitur Cella, proprium Unzatonis	867—868	ecclesia sancti Petri principis apostolorum
27	Ztradach	867—868	ecclesia sancti Stephani
28	in Weride	?	ecclesia dedicata floret sancti Petri principis apostolorum
29	ad Quartinaha	860(?) 868—870	ecclesia sancti Iohannis euangelistae
30	ad Muzziliheschirichun	868—870	
31	ad Ablanza	868—870	

Tabelle: Die Kirchenorte in *Pannoniae inferioris* während der Karolingerzeit anhand der *Conversio Bagoariorum et Carantanorum* (um 870), zusammengestellt von Béla Miklós Szőke.

wurde.[28] Giulio Turco zeichnete sie 1569 als dreischiffige, etwa 22,50–24 m lange und 9–10 m breite Kirche mit einer halbkreisförmigen Apsis (Abb. 1). Zwischen den Ruinen wurden noch im 19. Jahrhundert drei Fragmente eines Türsturzes aus Marmor mit Flechtbandornamentik gefunden (Abb. 2), der das Element einer reichen Chor-

---

[28] Über den Namenwechsel der Kirche und die verschiedenen Theorien dazu, siehe: BÉLA MIKLÓS SZŐKE, A korai középkor hagyatéka a Dunántúlon [Denkmäler des frühen Mittelalters in Transdanubien], in: Ars Hungarica 2 (1998), S. 271, Anm. 104 f.

ausstattung des 9. Jahrhunderts gewesen sein dürfte.²⁹ Sämtliche Objekte sind heute leider völlig vernichtet, an Stelle der ehemaligen mittelalterlichen Bauten blieb nur eine Sandgrube. Nördlich und östlich der Kirche legte man einen Friedhof mit mehreren Bestattungshorizonten aus der Karolinger- und der Árpádenzeit frei.³⁰ Unter den Beigaben aus den karolingerzeitlichen Bestattungen sind vor allem die qualitativ herausragenden Schmuckobjekte aus Grab 71 (Abb. 3) sowie die Schnallenösensporengarnitur mit vogelförmiger Riemenzunge aus Grab 269 (Abb. 4) von besonderer chronologischer, sozial- und kulturgeschichtlicher Bedeutung. Die Vergleichsstücke zu den vergoldeten Silberohringen mit beidseitigen Traubenanhängseln aus Grab 71 (Typ BI4d nach Dostál) sowie zu den prachtvollen Silberfingerringen mit kreuzförmigem Blechkopf bzw. Glaseinlage und Filigranverzierung wurden in Mähren von Vilém Hrubý, Josef Poulík und Bořivoj Dostál dem sogenannten byzantinisch-orientalischen Veligrader

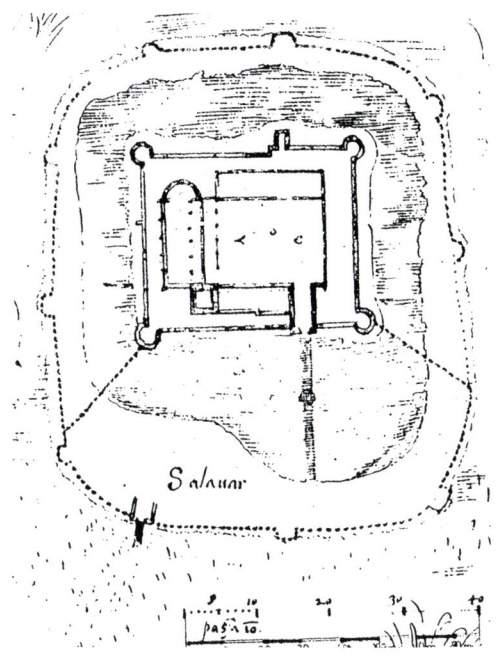

Abb. 1: Festung Zalavár, Zeichnung von Giulio Turco (1569).

Abb. 2: Drei Fragmente eines Türsturzes mit Flechtbandornamentik von Zalavár–Vársziget. Foto: Béla Miklós Szőke.

---

[29] Zur Diskussion über die Datierung der Steinmetzarbeiten von Zalavár: Sándor Tóth, A keszthelyi Balatoni Múzeum középkori kőtára [Das mittelalterliche Lapidarium des Balaton-Museums zu Keszthely], in: Zalai Múzeum 2 (1990), S. 147–187; Thomas von Bogyay, Történeti forrás – és művészettörténeti stíluskritika Zalavár körül [Probleme historischer Quellenkritik und kunstgeschichtlicher Stilkritik um Zalavár], in: Zalai Múzeum 4 (1992), S. 169–177.

[30] Géza Fehér, Zalavári ásatások (1951–1952) [Ausgrabungen in Zalavár 1951–1952], in: Archaeologiai Értesítő 80 (1953), S. 31–52; Ders., Les fouilles de Zalavár (1951–1953), in: Acta Archaeologica Academiae Scientiarum Hungaricae 4 (1954), S. 201–262; Ágnes Cs. Sós und Sándor Bökönyi: Die Ausgrabungen Géza Fehérs in Zalavár (Archaeologia Hungarica, Bd. 41), Budapest 1963, S. 68–91.

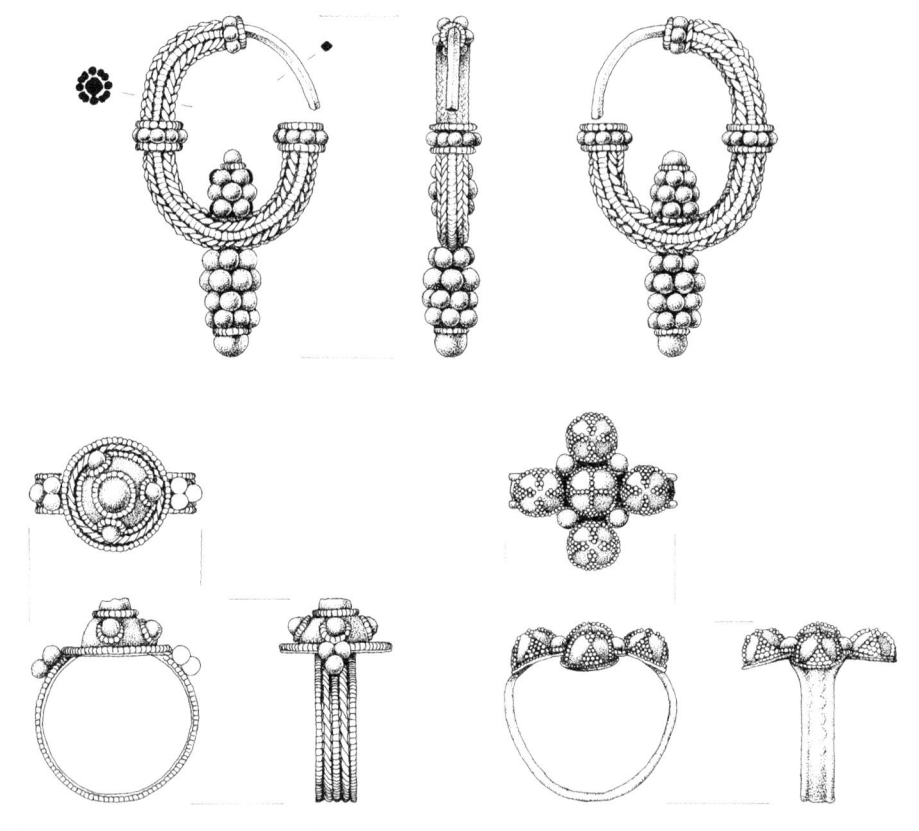

Abb. 3: Neu restaurierte Schmuckstücke aus Grab 71 von Zalavár-Vársziget, Marienkirche (Restauratorin: Éva Somlósi). Zeichnung: Péter Posztobányi.

Horizont zugeschrieben[31] und ins Ende des 9. bzw. in die erste Hälfte des 10. Jahrhunderts datiert.[32] Die Datierung wird vorwiegend mit der Ähnlichkeit der Schmuckobjekte aus der zweiten Hälfte des 10. Jahrhunderts begründet, die dem Hacksilberfundkreis der Kiewer Rus zuzurechnen sind.[33] Grab 71 lag aber in der untersten

---

[31] VILÉM HRUBÝ, Staré Město, velkomoravské pohřebiště „Na valách" (Monumenta Archaeologica, Bd. 3), Prag 1955, S. 292, Abb. 41; JOSEF POULÍK, Nález kostela z doby říše velkomoravské v trati „Špitálky" ve Starém Městě, in: Památky Archeologické 46 (1955), S. 344; BOŘIVOJ DOSTÁL, Slovanská pohřebiště ze střední doby hradištní na Moravě, Brno 1966, S. 37 und S. 58.

[32] BOŘIVOJ DOSTÁL, Zur Datierungsfrage des grossmährischen Schmucks, in: Zalai Múzeum 3 (1991), S. 84, wo er das Ende der grossmährischen Phase bis zum späten 9. und frühen 10. Jahrhundert änderte.

[33] Die wichtigste Literatur hierzu bei DOSTÁL, Datierungsfrage (wie Anm. 32), S. 83, die Herkunft der Idee bei LUBOR NIEDERLE, Bzyntské šperky v Čechách a na Moravě, in: Památky archeologické 35 (1927), S. 338–352, und JOSEF SCHRÁNIL, Die Vorgeschichte Böhmens und Mährens (Grundriß der slavischen Philologie und Kulturgeschichte, Bd. 4), Berlin/Leipzig

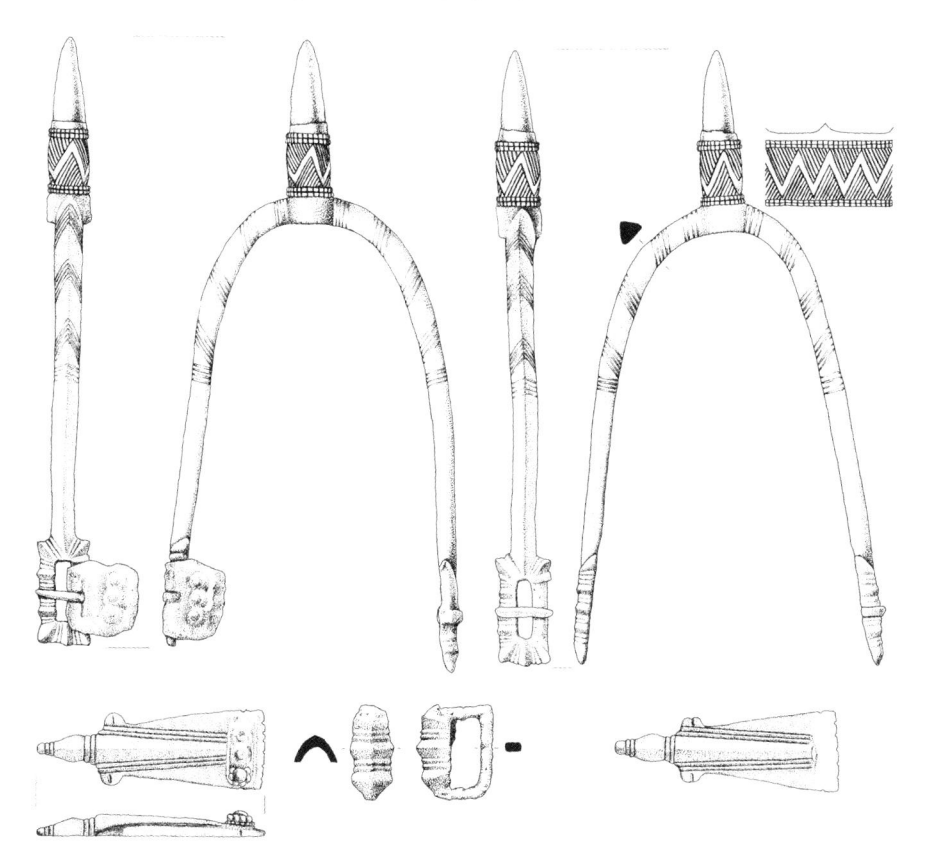

Eine Kirchenfamilie von Mosapurc/Zalavár (Ungarn) 573

Abb. 4: Neu restaurierte Sporengarnitur aus Grab 269 von Zalavár-Vársziget, Marienkirche (Restauratorin: Éva Somlósi). Zeichnung: Péter Posztobányi.

Grabschicht nahe der Südostecke der ehemaligen Apsis der Marienkirche, kann also nicht später als ein bis zwei Jahrzehnte nach 850 angelegt worden sein. Auch unter Berücksichtigung der Benutzungsdauer dürften die Schmuckstücke der 23- bis 27-jährigen Frau spätestens um die Mitte des 9. Jahrhunderts angefertigt worden sein. Schnallenösensporengarnituren mit vogelförmiger Riemenzunge wie jene aus Grab 269 werden, analog zu den bekanntesten Exemplaren aus den Fürstengräbern von Biskupija in Dalmatien, allgemein in die Wende vom 8. zum 9. Jahrhundert, spätestens aber in das Ende des ersten Drittels bzw. der ersten Hälfte des 9. Jahrhunderts datiert.[34] Grab 269 lag am

---

1928, S. 298. Über die skandinavischen Beziehungen dieses Kreises vgl. MÅRTEN STENBERGER, Die Schatzfunde Gotlands der Wikingerzeit I (Text), Uppsala 1958, S. 145.

[34] Vgl. URSULA GIESLER, Datierung und Herleitung der vogelförmigen Riemenzungen. Ein Beitrag zur Archäologie der frühen Karolingerzeit, in: Studien zur vor- und frühgeschichtlichen Archäologie, Festschrift für Joachim Werner zum 65. Geburtstag, hg. von GEORG KOSSACK und GÜNTER ULBERT (Münchner Beiträge zur Vor- und Frühgeschichte, Ergänzungsband 1),

Ostrand des Gräberfeldes und schnitt eine frühere Bestattung in der letzten Gräberreihe. Deshalb sowie aufgrund der Abnutzung der Sporen, besonders der Versilberung, dürfte die Sporengarnitur des im Alter von 15–16 Jahren verstorbenen Jungen eher im letzten Drittel des 9. Jahrhunderts, wenn nicht sogar noch später, ins Grab gelangt sein.

Die Hadrianskirche

Nördlich des Adelshofes, *infra civitatem Priwinae*, wurde in einem durch eine Palisadenmauer aus Wintereichenbalken umgrenzten Areal eine „verehrungswürdige Kirche" gebaut, in welcher der Märtyrer Hadrian bestattet lag. Zur Errichtung dieser Kirche schickte der Salzburger Erzbischof Liupram (836–859) „auf Bitten Priwinas aus Salzburg Maurermeister und Maler, Schmiede und Zimmerleute".[35] Auch der Baumeister soll aus dem Reich angereist sein, bei welchem es sich eventuell um den *magister artis* Altfrid, den späteren Archipresbyter Priwinas gehandelt hat, der um 853–855 nicht nur die Kirche, sondern auch die Bebauung des ganzen Umfelds nach dem Vorbild des St. Gallener Klosterplans bewerkstelligen sollte. Die einheitliche Planung der Bauten drückt sich auch im karolingischen Fuß von 0,34 m aus.

Ágnes Cs. Sós hat die Hadrianskirche von Zalavár zu Beginn der 1980er Jahre ausgegraben. Der Grundriss ließ sich größtenteils nur noch aus den Fundamentgräben erschließen, die unterhalb des alten Fußbodenniveaus erhalten geblieben waren.[36] In den Jahren 1999–2000 führte ich eine Kontrollgrabung durch, um Ungewissheiten im Grundriss der Kirchenanlage zu klären. Auf Grundlage dieser Untersuchungen wurde der Kirchengrundriss rekonstruiert (Abb. 5) und lässt sich heute auch an Ort und Stelle besichtigen.

Das architektonische Planungsprogramm der dreischiffigen, 29,30 × 16–16,70 m, großen und mit einer Fundamentbreite von 1–1,10 m versehenen Kirche mit halbkreisförmiger Apsis als Wallfahrtskirche für die Märtyrerverehrung steht im ganzen östlichen Randgebiet allein.[37] Die im Durchmesser 8,50 m große Apsis verfügt über ein

---

München 1974, Teil II, Frühmittelalter, S. 521–543; JOACHIM WERNER, Zur Zeitstellung der altkroatischen Grabfunde von Biskupija-Crkvina (Marienkirche), in: Schild von Steier. Herrn Universitätsprofessor Dr. Walter Modrijan zum 65 Geburtstag dargebracht von Kollegen, Freunden und Mitarbeitern (Beiträge zur Steirischen Vor- und Frühgeschichte und Münzkunde, Bd. 15/16), Graz 1979, S. 227–237. Zu ungarländischen Analogien vgl. BÉLA MIKLÓS SZŐKE, Karolingerzeitliche Gräberfelder I–II von Garabonc–Ófalu, in: Antaeus 21 (1992), S. 101.

[35] *Conversio* c. 11 in der Übersetzung von WOLFRAM, Conversio (wie Anm. 1), S. 55; vgl. auch LOŠEK, Conversio (wie Anm. 1), S. 127; ENDRE TÓTH, Szent Adorján és Zalavár (Saint Adrien and Zalavár), in: Századok 133 (1999), S. 3–40.

[36] Für eine ausführliche Beschreibung der Kirche auf Grundlage der Grabungsprotokolle von Ágnes Cs. Sós vgl. SZŐKE, A korai középkor (wie Anm. 28), S. 271–278 und Anm. 108–152, Abb. 2.

[37] Vgl. GÜNTHER BANDMANN, Mittelalterliche Architektur als Bedeutungsträger, Berlin 1951; WALTER BOECKELMANN, Grundformen im frühkarolingischen Kirchenbau des östlichen Frankenreiches, in: Wallraf-Richartz-Jahrbuch 18 (1956), S. 27–69; ROBERT OUSTERHOUT, The Temple, the Sepulchre and the Martyrion of the Savior, in: Gesta 29, Nr. 1 (1990), S. 44–53;

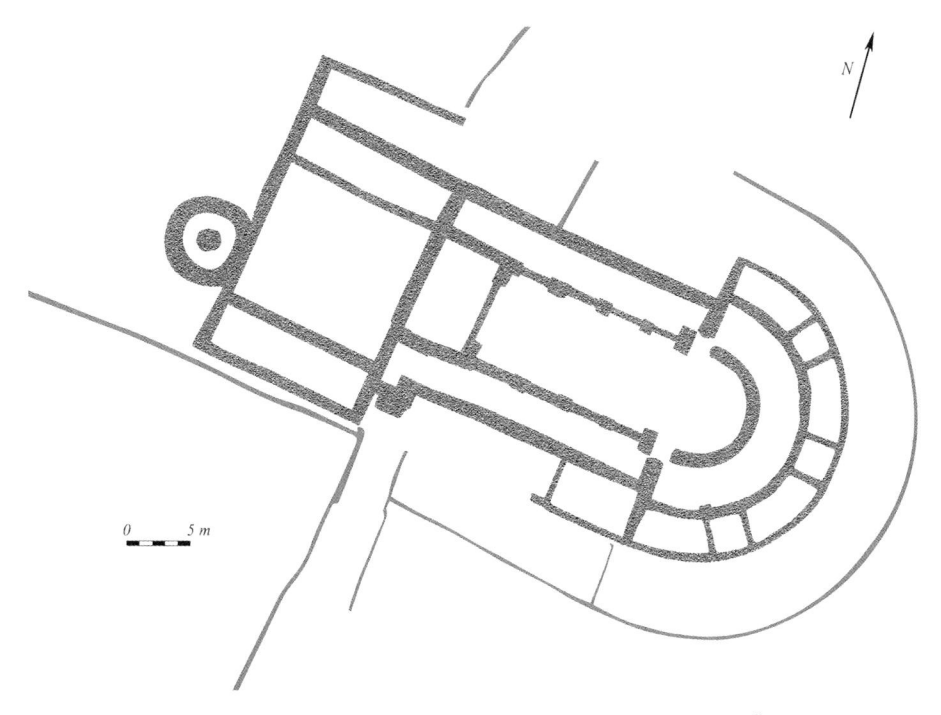

Abb. 5: Grundriss der Hadrianskirche von Zalavár-Vársziget. Zeichnung: Sándor Ősi.

auf die Mittelachse ausgerichtetes, gemauertes Märtyrergrab an der Apsiswand. Um sie herum befinden sich eine eingetiefte, 3,30–3,50 m breite Umgangskrypta und drei radial geöffnete, im Inneren 2,50–2,60 × 2,50 m große, unterirdische Kapellen.[38] Die nächsten Analogien zu diesem Programm und Grundriss sind z. B. in Corvey, Halberstadt, Hildesheim und Vreden zu finden.[39] Zwischen den Kapellen und entlang der süd-

---

ACHIM ARBEITER, Alt-St. Peter in Geschichte und Wissenschaft. Abfolge der Bauten – Rekonstruktion – Architekturprogramm, Berlin 1988.

[38] Man erhoffte von den dort bestatteten Heiligen, dass sie mit Gottes Hilfe Wunder wirkten, dadurch viele Menschen herbeiströmen ließen und sie, wie man meinte, auf diese Weise in ihrem christlichen Glauben stärkten: vgl. JOSEF BRAUN, Der christliche Altar, Bd. I, München 1924; HANS BUSCHOW, Zur Bedeutung der mittelalterlichen Krypta (Chorumgang und Marienkapelle), in: Beiträge zur Kunst des Mittelalters. Vorträge der ersten Deutschen Kunsthistorikertagung auf Schloss Brühl 1948, Berlin 1950, S. 54–69; ALBERT VERBEEK, Die Außenkrypta, in: Zeitschrift für Kunstgeschichte 13 (1950), S. 7–38; HILDE CLAUSSEN, Heiligengräber im Frankenreich. Ein Beitrag zur Kunstgeschichte des Frühmittelalters, Diss. Phil., Marburg 1950; DIES., Spätkarolingische Umgangskrypta im sächsischen Gebiet, in: Karolingische und ottonische Kunst. Werden, Wesen, Wirkung. Vorträge, gehalten auf dem 6. Internationalen Kongress für Frühmittelalterforschung (Forschungen zur Kunstgeschichte und christlichen Archäologie, Bd. 3), Wiesbaden 1957, S. 118–140; DIES., Eine Reliquiennische in der Krypta auf dem Petersberg bei Fulda, in: Frühmittelalterliche Studien 21 (1987), S. 245–273, bes. S. 261.

[39] Vgl. WALTER HAAS / MAX PIENDL / HANS KARLMANN RAMISCH, Beiträge zur Baugeschichte

lichen und nördlichen Kirchenwand wurden die mit Mauern umgrenzten Grüfte für die vornehmsten Familien gebaut. Eine weitere Umgrenzung der Bestattungsplätze aus einer Palisadenmauer zog sich ca. 5 m von diesen Grüften entfernt um die Kirche herum.

Der Kircheninnenraum wurde durch zwei Pfeilerreihen aus je fünf Pfeilern in drei Schiffe geteilt. Am Westende der Kirche lag ein geschlossener, von zwei rechteckigen, ca. 3 m breiten Gebäudeflügeln flankierter, 20,70 × 11 m großer Hof.[40] Die Gebäude bildeten eventuell das Kloster für die bei der Wallfahrtskirche dienenden Mönche.[41] Asymmetrisch zur Westfassade des Hofes baute man einen runden Glockenturm mit Wendeltreppe (Durchmesser 6,70 × 5,80 m, innen 4,20 m). Die mit einem äußeren Durchmesser von 0,90 m bisher größte Glocke der Karolingerzeit wurde südlich dieser Kirche in einer runden Gießgrube gegossen.[42] Unter dem Westende der Kirche sind 24 Pfostengruben eines früheren Holzpalastes mit einer Grundfläche von 96 m² ans Tageslicht gekommen, unter dem Schiff weitere Siedlungsgruben aus der Zeit der Ansiedlung Priwinas.

---

von St. Emmeram in Regensburg. Ramwoldkrypta, Ringkrypta, Kapitelsaal (Thurn und Taxis-Studien, Bd. 2), Kallmünz 1962, S. 127–156; UWE LOBBEDEY, Zur archäologischen Erforschung westfälischer Frauenklöster des 9. Jahrhunderts, in: Frühmittelalterliche Studien 4 (1970), S. 320–340; DERS., Der frühmittelalterliche Kirchenbau im angelsächsischen und sächsischen Missionsgebiet, in: Sachsen und Angelsachsen. Ausstellung des Helms Museums, Hamburg 1978, S. 433–447; WERNER JACOBSEN, Der Klosterplan von St. Gallen und die karolingische Architektur. Entwicklung und Wandel von Form und Bedeutung im fränkischen Kirchenbau zwischen 751 und 840, Berlin 1992, S. 112–120; LEO SCHAEFER / HANS RUDOLF SENNHAUSER, Vorromanische Kirchenbauten. Katalog der Denkmäler bis zum Ausgang der Ottonen. Bd. 1, München 1970 und Bd. 2 (Nachtragsband), München 1991 passim.

[40] Analogien zu dieser Gebäudeanordnung sind bei der Klosterkirche von Lorsch sowie der Einhards-Basilika bei Steinbach im Odenwald zu finden: vgl. HERMANN SCHEFERS, Einige Fragen zur Lorscher Baugeschichte und Archäologie, in: Aktuelle Forschungen zum ehemaligen Reichs- und Königskloster Lorsch, hg. von INGOLF ERICSSON und MARCUS SANKE (Arbeiten der Hessischen Historischen Kommission, N. F., Bd. 24 = Bamberger Beiträge zur Archäologie des Mittelalters und der Neuzeit, Bd. 1), Darmstadt 2004, S. 7–16, bes. S. 10–14; THOMAS LUDWIG, Ein authentisches Bild des karolingischen Klosters Lorsch? Beiträge zu einer Theorie der Rekonstruktion, in: ebd., S. 17–34.

[41] Die – für einen geregelten Wallfahrtsbetrieb erforderliche – Anwesenheit von Mönchen ergibt sich indirekt aus den Schilderungen der *Conversio*, c. 11, in der es in der Übersetzung nach LOŠEK, Conversio (wie Anm. 1), S. 127 heißt, dass Erzbischof Liupram „die weitere Durchführung der kirchlichen Dienste dort bewirkt hatte": [Liupramm] *officiumque ecclesiasticum ibidem colere peregit*. Vgl. auch WOLFRAM, Conversio (wie Anm. 1), S. 55 (hier weniger deutlich als „in der er dort die Feier des Gottesdienstes einrichtete" übersetzt). Zu Planung und Realisation von Klosterbauten vgl. HANS RUDOLF SENNHAUSER, Schriftliche Nachrichten zum Baubetrieb süddeutscher und nordschweizerischer Klöster im frühen und hohen Mittelalter, in: ERICSSON / SANKE, Aktuelle Forschungen (wie Anm. 40), S. 283–295.

[42] ELEK BENKŐ, Zalavár-Vársziget, Harang öntőformája [Zalavár-Vársziget, Gußform einer Glocke], in: Symphonia Hungarorum, Magyarország zenekultúrájának ezer éve, hg. von JÁNOS KÁRPÁTI, Budapest 2001, S. 24; zu schriftlichen Hinweisen auf Glocken in der Karolingerzeit vgl. GÜNTHER BINDING und SUSANNE LINDSCHEID-BURDICH in Zusammenarbeit mit JULIA WIPPEMANN, Planen und Bauen im frühen und hohen Mittelalter nach den Schriftquellen bis 1250. Darmstadt 2002, S. 403–418, bes. S. 405–408.

Die Kirchenfenster waren ehemals mit bunten Scheiben versehen, welche aus gefärbten Glasplättchen zusammengesetzt und mit Heiligenfiguren und Inschriften in Silbergelb und Kupferrot bemalt waren (Abb. 6). Das Glas stellte der Glasmacher in einer Werkstatt hinter der Umgangskrypta her. Das Rohglas wurde in Form kinderfaustgroßer Fritte-Klumpen aus dem Rheingebiet geliefert und hier in einem halbzylinderförmigen Hafen geschmolzen, dann gefärbt oder nach einer ostmediterran-byzantinischen Technik bemalt.[43]

Südlich bzw. südöstlich der Kirche stand ein Gebäudekomplex aus zwei großen Holzpalästen und mehreren

Abb. 6: Bemalte Fensterbruchstücke aus der Hadrianskirche und ihrer Umgebung in Zalavár-Vársziget. Foto: Béla Miklós Szőke.

---

[43] Die bemalten und farbigen Fensterbruchstücke von Zalavár wurden einer detaillierten naturwissenschaftlichen Untersuchung unterzogen: vgl. Béla Miklós Szőke / Karl-Hans Wedepohl / Andreas Kronz, Silver-Stained Windows at Carolingian Zalavár, Mosaburg (Southwestern Hungary), in: Journal of Glass Studies 46 (2004), S. 85–104; Karl Hans Wedepohl, Spätantikes und frühmittelalterliches Glas in Mitteleuropa, in: Dunkle Jahrhunderte? Tagungsbeiträge der Arbeitsgemeinschaft Spätantike und frühes Mittelalter: 1. Rituale und Moden (Xanten, 8. Juni 2006) und 2. Möglichkeiten und Probleme archäologisch-naturwissenschaftlicher Zusammenarbeit (Schleswig, 9–10. Oktober 2007), hg. von Orsolya Heinrich-Tamaska, Niklot Krohn und Sebastian Ristow (Studien zu Spätantike und Frühmittelalter, Bd. 1), Hamburg 2009, S. 351–365, hier S. 358–360. Die Details der figuralen Darstellungen besitzen verwandte Züge mit den Fresken der St. Prokulus-Kirche zu Naturns in Südtirol: vgl. Christoph Eggenberger, Die frühmittelalterlichen Wandmalereien in St. Prokulus zu Naturns, in: Frühmittelalterliche Studien 8 (1974), S. 303–350. Zu frühen Fenstergläsern aus dem Gebiet des Karolingerreiches vgl. auch Francesca Dell'Acqua, Ninth Century Window Glass from the Monastery of San Vincenzo al Volturno (Molise, Italy), in: Journal of Glass Studies 39 (1997), S. 33–41; Karl-Hans Wedepohl, Karolingisches Glas, in: 799 – Kunst und Kultur der Karolingerzeit. Karl der Große und Papst Leo III. in Paderborn, hg. von Christoph Stiegemann und Matthias Wemhoff, Mainz 1999, Bd. 3, S. 218–221. Ähnliche Funde und Befunde, in: ebd., Bd. 1 (Katalogteil), S. 160–185; ferner: Gerhard Pohl u. a., Frühmittelalterliche Glaswerkstatt bei St. Ulrich und Afra in Augsburg, in: Bayerische Vorgeschichtsblätter 37 (1972), S. 60–70; Hans-Georg Stephan und Karl-Hans Wedepohl, Mittelalterliches Glas aus dem Reichskloster und der Stadtwüstung Corvey, in: Germania 75 (1997), S. 673–715.

kleineren Gebäuden. Sie umgrenzten ebenfalls einen Hof mit einem aus Steinplatten trocken aufgemauerten Brunnen. Einer der Holzpaläste stand auf 32 Holzsäulen und hatte eine Grundfläche von 112 m². Der andere war mit 40 Säulen bei einer Grundfläche von 72 m² gebaut und hatte mindestens ein oberes Stockwerk. Der Gebäudekomplex wurde gewiss für den Salzburger Erzbischof errichtet und entspricht seiner Lage und Konstruktion nach einem bischöflichen Palast oder eher einer Pfalz zu *Mosapurc*.[44] Er diente nur einige Jahrzehnte dieser Aufgabe.

Den Schichtenverhältnissen verschiedener Siedlungsbefunde zufolge wurde wahrscheinlich zu Beginn des letzten Drittels des 9. Jahrhunderts eine bedeutende Umgestaltung durchgeführt. Die prachtvolle Kirchenausstattung und eventuell die Wallfahrt-Funktion änderten sich. Ein einfaches trapezförmiges Sandsteinkapitellchen[45] und Bruchstücke eines terrazzoartigen Gussmörtelfußbodens sind sekundär in den breiten Wallgraben des Adelshofes von Priwina gelangt. Die gefärbten und bemalten Fenster, der gemeißelte Steinschmuck des Altars und der Chorschranke sowie eventuell die Umgangskrypta wurden vernichtet, ebenso alle Holzgebäude abgetragen und an ihrer Stelle Gräber angelegt. Aus der Gräberfüllung wurden einige Fußbodenziegel mit eingeritzter Flechtbandverzierung geborgen. Durch den Westteil der Kirche wurde am Anfang der Árpádenzeit eine Palisadenmauer geführt.

Um die Kirche herum lag ein Bestattungsplatz mit ca. 1200 Gräbern der Karolingerzeit und ca. 400 Gräbern der Árpádenzeit, die in mehreren Schichten übereinander lagen.[46] Verblüffend ist, dass die Schmuckobjekte aus den beigabenführenden karolingerzeitlichen Gräbern grundsätzlich den traditionell als ‚großmährisch' bezeichneten Typen entsprechen, die überall in den Randgebieten des Karolingischen anzutreffen sind und – oft mit den unmittelbar aus dem Reichsinneren stammenden Schmuckstücken gemeinsam – von den Vertretern der Elite getragen wurden. Als gutes Beispiel hierfür lassen sich die Schmuckstücke aus Grab 120/89 eines in der Familiengruft I nördlich der Nordkapelle der Umgangskrypta bestatteten Mädchens anführen (Abb. 7). Sie war mit einem goldenen Ohrringpaar,[47] einem silbervergoldeten Blechknopfpaar im ‚Veligrader Stil',[48] zwei silbervergoldeten Nadeln mit Kugelkopf sowie einer silbernen Scheibenfibel mit Perlen- und Halbedelsteineinlagen ausgestattet, von denen Letztere eindeutig aus einer höfischen Werkstatt im Reichsinneren stammt.[49] In Grab 19/2000 eines anderen Mädchens im Südteil des Friedhofes lagen Silberohrringe

---

[44] Zur Lage des Bischofpalasts vgl. MAUREEN C. MILLER, The Bishop's Palace. Architecture and Authority in Medieval Italy, Ithaca/London 2000.

[45] Zu den speziellen Bearbeitungsmethoden der Steinoberfläche vgl. HANS PETER AUTENRIETH, Über das Feinrelief in der romanischen Architektur, in: Baukunst des Mittelalters in Europa. Hans Erich Kubach zum 75. Geburtstag, hg. von FRANZ J. MUCH (Stuttgarter Gesellschaft für Kunst und Denkmalpflege), Stuttgart 1988, S. 27–70, bes. S. 30.

[46] Die árpádenzeitlichen Gräber gehörten aber zum Bestattungsplatz bei der südlich liegenden, ehemaligen Marienkirche (jetzt Benediktinerklosterkirche).

[47] BOŘIVOJ DOSTÁL, Slovanská pohřebiště ze střední doby hradištní na Moravě, Brno 1966, S. 39.

[48] BOŘIVOJ DOSTÁL, Slovanská pohřebiště ze střední doby hradištní na Moravě, Brno 1966, S. 64.

[49] MECHTHILD SCHULZE-DÖRRLAMM, Unbekannte Kreuzfibeln der Karolingerzeit aus Edelmetall, in: Archäologisches Korrespondenzblatt 27 (1997), S. 341–354; SVEN SPIONG: Fibeln

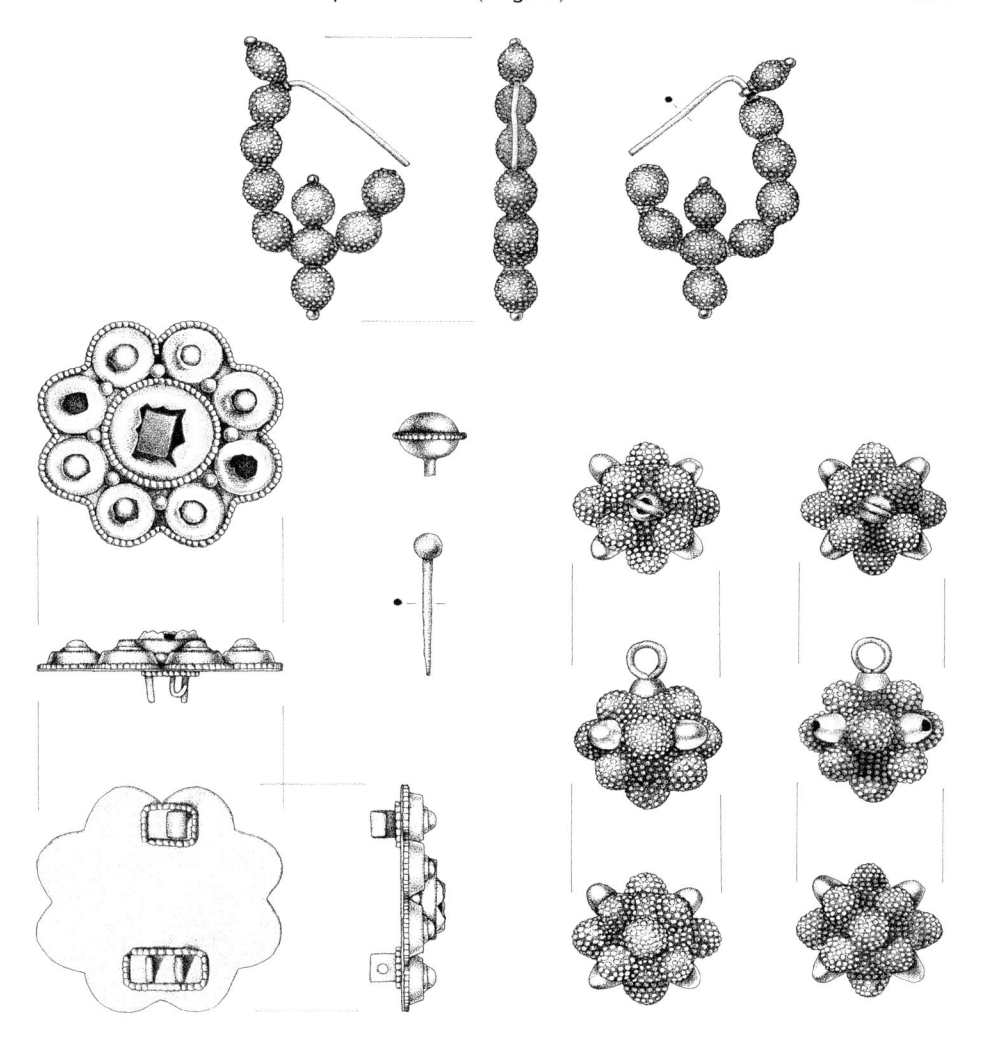

Eine Kirchenfamilie von Mosapurc/Zalavár (Ungarn)

Abb. 7: Schmuckstücke aus Grab 120/89 bei der Hadrianskirche in Zalavár-Vársziget (Restauratorin: Éva Somlósi). Zeichnung: Péter Posztobányi.

mit Traubenanhängsel, ein vergoldeter Silberfingerring im ‚Veligrader Stil', ferner ein goldener Amulettanhänger mit einem einfachen Kieselsteinsplitter, der in einer Fassung im Stil karolingischer Akanthusfriese ruht[50] und auf der Rückseite mit einem Lebensbaum-Motiv aus Filigrandraht versehen ist.

---

und Gewandnadeln des 8. bis 12. Jahrhunderts in Zentraleuropa. Eine archäologische Betrachtung ausgewählter Kleidungsbestandteile als Indikatoren menschlicher Identität (Zeitschrift für Archäologie des Mittelalters, Beiheft 12), Bonn 2000, S. 48 f.

[50] BÉLA MIKLÓS SZŐKE, Pannonien in der Karolingerzeit. Bemerkungen zur Chronologie des frühmittelalterlichen Fundmaterials in Westungarn, in: Frühmittelalterarchäologie in der

Für die Männergräber sind besonders die Sporengarnituren charakteristisch, wie Schnallenösensporengarnituren und Plattensporen, darunter unverzierte und inkrustiert verzierte Exemplare mit gestaffelten Plattenbügeln des Typs III nach Hrubý und Dostál und jene mit halbkreisförmigen oder viereckigen Nietplatten (Typ IA–IB).[51] Die bisher fehlenden Verbindungsglieder zu den Analogien aus dem Gebiet des mährischen Fürstentums sowie dem dalmatischen Küstengebiet und Slowenien sind jetzt somit aus Pannonien bekannt geworden. Eine den Mädchengräbern 120/89 und 19/2000 ebenbürtig ausgestattete männliche Bestattung liegt mit Grab 1/2000 eines Knaben in der untersten Grabschicht südlich der Hadrianskirche vor. Vor seinem Kinn befand sich ein einfacher Goldblechknopf, auf den Schultern je ein Silberblechkopf mit eingravierter Vogeldarstellung. Bei seinen Knöcheln lag eine Plattensporengarnitur des erwähnten Typs III nach Hrubý und Dostál mit inkrustierten X-Motiven (Abb. 8).

Die Kirche Johannes des Täufers

Die Kirche Johannes des Täufers *in eadem civitate*[52] ist bisher noch nicht lokalisiert, ihre Fundamente dürften aber aller Wahrscheinlichkeit nach westlich der beiden anderen Kirchen zu suchen sein. Ich legte eine ziemlich breite Fläche nördlich und südlich sowie zwischen der Marien- und Hadrianskirche frei, ohne jedoch die Taufkirche gefunden zu haben, während sich östlich der beiden Kirchen bereits das Moor erstreckt. Da man ein Baptisterium auf einem heidnischen Land für die im christlichen Glauben noch nicht unterrichtete Bevölkerung baute, dürfte die Kirche nicht viel später nach der Zeit erbaut worden sein, in welcher Priwina und die Seinen nach *Mosapurc* kamen. Als erste Kirche sollte sie außerhalb, jedoch nicht zu weit vom Adelshof Priwinas gebaut werden, da sie nicht mehr *infra munimen*, sondern *in eadem civitate*, also im gleichem Teil von *Mosapurc* lag, in welchem später auch die Hadrianskirche errichtet wurde. Bei der Planung und Auswahl des Bauplatzes für die Hadrianskirche dürfte aber auch die Lage der Taufkirche entscheidend gewesen sein. Diesen Überlegungen nach ist die Taufkirche sowohl in der Nähe der Hadrianskirche als auch der Marienkirche zu suchen, also westlich von beiden und außerhalb, aber nicht zu weit vom Befestigungsgraben des Adelshofes Priwinas entfernt.

Steiermark. Beiträge eines Fachgesprächs anlässlich des 65. Geburtstags von Diether Kramer (Schild von Steier, Beiheft 4), Graz 2008, S. 48, Abb. 4. Als Parallele zur Gestalt der Fassung vgl. etwa den sog. ‚Talisman Karls des Großen': ERNST GÜNTHER GRIMME, Goldschmiedekunst im Mittelalter: Form und Bedeutung des Reliquiars von 800 bis 1500, Schauberg 1972, S. 21, Abb. 2.

51 Zur Referenzliteratur vgl. Anm. 31.
52 *Conversio*, c. 11; vgl. WOLFRAM, Conversio (wie Anm. 1), S. 54 f. und LOŠEK, Conversio (wie Anm. 1), S. 126 f.

Eine Kirchenfamilie von Mosapurc/Zalavár (Ungarn) 581

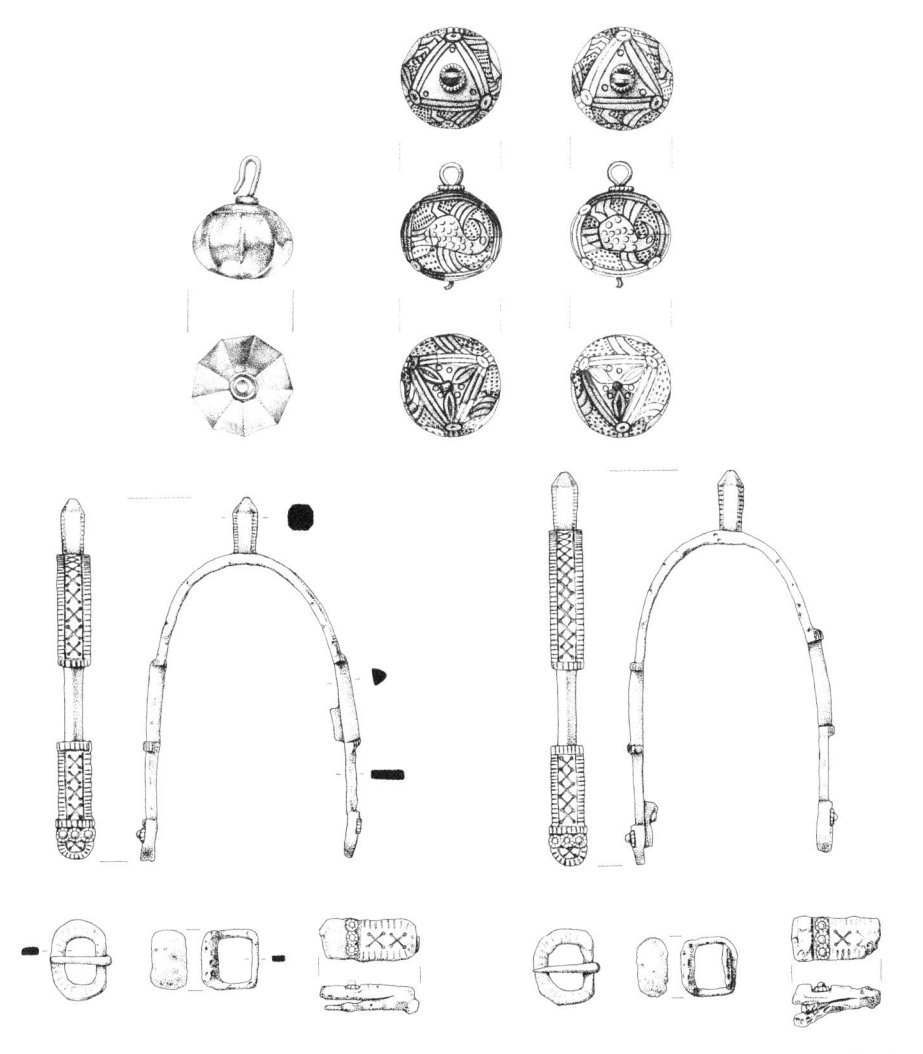

Abb. 8: Schmuckstücke und Sporengarnitur aus Grab 1/2000 bei der Hadrianskirche in Zalavár-Vársziget (Restauratorin: Éva Somlósi). Zeichnung: Péter Posztobányi.

Die Bedeutung der Kirchen in Mosapurc/Zalavár

Die Umgangskrypta mit drei unterirdischen Altären als eine Art separaten Gottesdienstraum innnerhalb des Kirchengebäudes ermöglichte es, innerhalb der Hadrianskirche von *Mosapurc* einen Wandergottesdienst auf mehreren Ebenen zu feiern,[53] welcher

---

[53] Vgl. EDGAR LEHMANN, Die entwicklungsgeschichtliche Stellung der karolingischen Klosterkirche zwischen Kirchenfamilie und Kathedrale, in: Wissenschaftliche Zeitschrift der Fried-

mit den in der Basilika von Centula⁵⁴ und St. Gallen⁵⁵ zelebrierten Messen ähnlich gewesen sein dürfte.

Eine Taufkirche für die im christlichen Glauben noch nicht bewanderte Bevölkerung Südwest-Ungarns sowie Eigenkirchen für die Familie und die Dienstleute Priwinas können als kirchliche Einrichtungen beurteilt werden, die für das gesamte östliche Randgebiet des karolingischen Reiches üblich waren. Ganz ähnliche Kirchen sind auch aus den Zentren des mährischen Fürstentums (Mikulčice, Staré Město, Břeclav-Pohansko) sowie insbesondere für die Karantanen und Alpenslawen entlang der Donau belegt.⁵⁶ Allerdings reichte das Vorkommen von nur einer Kirche mit einer beschränkten gottesdienstlichen Zweckbestimmung nicht nur den Mitgliedern der örtlichen Aristokratie, sondern selbst den Missionaren aus Salzburg, Passau oder Aquileia in aller Regel aus. Es ist deshalb völlig unerwartet und ungewöhnlich, was in *Mosapurc* um 850 geschehen ist. Als der Salzburger Erzbischof Liupramm den Bau der Hadrianskirche veranlasste, errichtete er nicht nur eine Hauptkirche (*honorabile ecclesia*), sondern schaffte – die immanenten Möglichkeiten der beiden anderen Kirchen ausnutzend – einen weiteren baulichen und liturgischen Rahmen, bei dem die Glieder der Glaubensgemeinschaft „in der Vollziehung der gottesdienstlichen Handlungen aufeinander angewiesen" waren.⁵⁷ Damit stiftete er aus der Gruppe der einander nahestehenden, liturgisch eine Einheit bildenden Kirchen eine Dreikirchengruppe – eine ‚Kirchenfamilie' in reinstem Sinn.⁵⁸

---

rich-Schiller-Universität Jena, Jahrgang 2, Heft 5 (1952/53), S. 131–144, hier S. 133. Durch den Wandergottesdienst entsteht eine ganz neue Art der Kirchenfamilien. Diese können im Festkalendarium des Jahres mit dem Stationsgottesdienst zusammenhängen und eine liturgische Einheit bilden. Bei diesen Festen konnte der Bischof als einziger Priester und dadurch als Stellvertreter Christi auftreten: JOHANN DORN, Stationsgottesdienst in frühmittelalterlichen Bischofsstädten, in: Festgabe Alois Knöpfler zur Vollendung des 70. Lebensjahres, gewidmet von seinen Freunden und Schülern, hg. von HEINRICH M. GIETL und GEORG PFEILSCHIFTER, Freiburg i. Br. 1917, S. 43–55.

54 WILHELM EFFMANN, Centula – St. Riquier, Münster 1912. In Centula befanden sich im Klosterbereich neben der Hauptkirche ebenfalls eine Marien- und eine Benediktkirche, ferner über den Toren des Atriums die Oratorien für die drei Erzengel: LEHMANN, Entwicklungsgeschichtliche Stellung (wie Anm. 53), S. 137, Abb. 2.

55 Auf dem St. Galler Klosterplan ist die Raumverteilung der Kirche mit Schranken für die Altäre noch eindeutiger als in Centula. Dieser Entwicklungsphase entspricht auch, dass hier das Atrium und die Engeloratorien in den westlichen Türmen und das Baptisterium mit einem Taufstein in der Hauptkirche verzeichnet sind. Dagegen wurde aber mit der Anlage eines Umgangs um den Sarkophag des hl. Gallus im Ostchor auf eine Krypta als separiertem Sakralraum in der Kirche sowie auf ein Westwerk und liturgisch gleichrangige Nebenkirchen innerhalb des Klosterbereiches verzichtet: vgl. JACOBSEN, Klosterplan (wie Anm. 39), S. 146 f.

56 Vgl. Anm. 7.

57 EDGAR LEHMANN, Von der Kirchenfamilie zur Kathedrale. Bemerkungen zu einer Entwicklungslinie der mittelalterlichen Baukunst. in: Variae formae veritas una. Kunsthistorische Studien. Festschrift Friedrich Gerke, hg. von JOSEF A. SCHMOLL gen. EISENWERTH in Verbindung mit PETER LUDWIG, HERMANN SCHNITZLER und HANS WENTZEL, Baden-Baden 1962, S. 21–37, hier S. 21.

58 LEHMANN, Entwicklungsgeschichtliche Stellung (wie Anm. 53), S. 131–144; DERS., Kirchenfamilie (wie Anm. 57), S. 21–37.

Edgar Lehmann ging bei der Bestimmung einer Kirchenfamilie von der Tatsache aus, dass bereits zu Zeiten des frühen Christentums nicht alle Messarten in einem einzigen Raum gehalten wurden und somit von der Zweiheit des sakralen Raumes auf eine Zweiheit ihrer Zweckbestimmung hingewiesen werden kann. Die zwei frühchristlichen Kulträume von Dura Europos in Syrien stellen eine gewisse Vorwegnahme der Struktur von Doppelkirchen dar,[59] welche seit dem 4. Jahrhundert immer häufiger auftauchen. In vielen Gebieten Europas, besonders in Gallien, Oberitalien, Dalmatien und im Rheingebiet sind Doppelkathedralen beinahe regelmäßig an frühen Bischofssitzen anzutreffen.[60] Da die Doppelkathedralen mit dem Ende der spätantiken Kultur ihre spezielle Bedeutung verlieren und die Bischofskirchen der Merowingerzeit nicht mehr doppelt errichtet wurden, ist ihr Wiederaufleben von besonderer liturgiegeschichtlicher Bedeutung für das frühe Mittelalter.

Man muss allerdings betonen, dass es sich bei diesen Doppelkirchen eigentlich nicht um zwei, sondern genau genommen um drei Kirchen handelt: denn zwischen den zwei Basiliken erscheint nämlich das Baptisterium als dritter Sakralraum. Nur diese drei Kirchen schaffen den baulichen Rahmen, den bereits das frühe Christentum als obligate Bestandteile zur Erfüllung der gottesdienstlichen Aufgaben eines Bischofssitzes erachtete;[61] nur in einer solchen Dreikirchengruppe wird die Kirchenfamilie im reinsten Sinne ausgedrückt. Paulinus von Nola (um 354–431) sah in dieser Dreiheit eine symbolische Spiegelung der göttlichen Trinität, bei der die beiden Basiliken dem Alten und Neuen Testament entsprechen, welche einer gemeinsamen, durch das Baptisterium versinnbildlichten Glaubensquelle entspringen.[62] Demnach lässt sich folgern, dass in einer solch sinnbildlichen Familienbeziehung nicht nur das Baptisterium, sondern auch die beiden anderen Kirchen unverwechselbare gottesdienstliche Zweckbestimmungen besaßen. Hierzu existieren verschiedene Theorien,[63] von denen jene als wahrscheinlichste zu erachten ist, derzufolge eine der Kirchen für einen Märtyrer bzw. dessen Reliquien geweiht wurde und demnach einen Memorialcharakter hatte, während in der dritten Kirche der eigentliche (tägliche) Messegottesdienst stattfand.

---

[59] CARL H. KRAELING, The Christian Building (The excavation at Dura-Europos. Final Report, conducted by Yale University and the French Academy of Inscriptions and Letters, Bd. 8,2), New Haven 1967; BEAT BRENK, Die Christianisierung der spätantiken Welt. Stadt, Land, Haus, Kirche und Kloster in frühchristlicher Zeit (Spätantike, Frühes Christentum, Byzanz, Reihe B: Studien und Perspektiven, Bd. 10), Wiesbaden 2003, S. 65–70.

[60] Vgl. die Karte bei LEHMANN, Kirchenfamilie (wie Anm. 57), S. 22 f., Abb. 1.

[61] Die Kirchenfamilie beschränkt sich in den frühen Zeiten nicht nur auf die Kathedralgruppen der Bischofssitze, sondern ist auch an großen Wallfahrtstätten und Klöstern zu finden: vgl. LEHMANN, Kirchenfamilie (wie Anm. 57), S. 27.

[62] PAUL REINELT, Studien über die Briefe des hl. Paulinus von Nola, Breslau 1904, S. 100; vgl. LEHMANN, Kirchenfamilie (wie Anm. 57), S. 24.

[63] Zusammenfassend: LEHMANN, Kirchenfamilie (wie Anm. 57), S. 25 f. Besonders interessant ist die von wenig Indizien gestützte Ansicht von Richard Krautheimer, dass die eine der Kirchen als Sommer-, die andere als Winterkirche fungierte: RICHARD KRAUTHEIMER, Die Doppelkathedrale in Pavia, in: RICHARD SALOMON, Opicinus de Canistris: Weltbild und Bekenntnisse eines Avignonesischen Klerikers des 14. Jahrhunderts (Studies of the Warburg Institute, Bd. 1a), London 1936, S. 323–337, hier S. 327 f.

In der Kirchenfamilie von *Mosapurc* erfüllte die Hadrianskirche eindeutig die Aufgabe einer Memorialkirche, die aber gelegentlich auch als *Thron- und Erscheinungskirche* des Bischofs benutzt wurde:[64] ein Ort also, an dem der Bischof die rechtliche Seite seines Amtes als Stellvertreter Christi ausübte, Firmungen vollzog, die Priesterweihe erteilte und kirchliche Befehle und Rechtssprüche verkündete,[65] während die Marienkirche dem eigentlichen Gemeindegottesdienst zur Verfügung stand.

Mit der Kirchenfamilie von *Mosapurc*/Zalavár hob der Erzbischof von Salzburg den Sitz Priwinas auf das Niveau der kirchlichen Hauptzentren des karolingischen Reiches. Zurecht darf betont werden, dass hier – mit dem Ausbau einer (erz)bischöflichen Pfalz mit inhaltlich komplex aufgebauter Wallfahrtskirche und angegliedertem Kloster sowie mit zwei Palastanlagen – die geistlichen und materiellen Fundamente eines unmittelbar dem Bistum Salzburg unterstehenden Missionszentrums geschaffen wurden. Es ist daher auch kein Zufall, dass der neue Erzbischof Adalwin nach dem Tod Liupramms im Jahr 859 als Erstes den Salzburger *magister artis* Altfrid, den Baumeister der Hadrianskirche, als *archipresbyter* einsetzte, und ihm die Schlüssel der Kirche sowie als seinem Stellvertreter auch die Seelsorge des gesamten unterpannonischen Volkes anvertraute.[66] Sein Nachfolger Rihpaldus begann bereits von Anfang an als *archipresbyter* in *Mosapurc* den kirchlichen Dienst zu leisten. Parallel zum Untergang des nach Rom blickenden und daher von Salzburg zur Abschaffung verurteilten Chorbistums von Osbald in *Oriens* verstärkte sich der Einfluss des *archipresbyteratus* in *Mosapurc*. Péter Váczy machte bereits 1938 darauf aufmerksam, dass hierin ein besonders eindeutiger Beleg dafür vorliegt, dass Pannonien in der zweiten Hälfte des 9. Jahrhunderts nicht mehr das Land der Barbaren war, sondern ein den übrigen Reichsteilen ebenbürtiges Glied der Reichskirche darstellte. Die Bevölkerung von *Mosapurc* hatte also gute Gründe für die Annahme, dass ihr *archipresbyteratus* in naher Zukunft von einem pannonischen Bistum abgelöst werden sollte.[67]

Fraglich bleibt schließlich noch das Verhältnis zwischen der Zusammenlegung der sakralen Räume und der bischöflichen Kirche. In Halberstadt beispielsweise standen zu Beginn des 9. Jahrhunderts die dem heiligen Stephanus geweihte Domkirche, die westlich davon gelegene Bestattungs- und Taufkirche sowie die mit dem Patrozinium Johannes und Paulus versehene, bischöfliche Hofkirche noch räumlich und funktional getrennt voneinander.[68] Doch noch in der ersten Hälfte des 9. Jahrhunderts wurde die westliche Kirche um ein Westwerk bzw. einen Westchor ergänzt, dem heiligen Sixtus geweiht (859) und an der Ostseite um eine Außenkrypta als Marienkapelle ergänzt,

---

[64] BANDMANN, Mittelalterliche Architektur (wie Anm. 37), S. 173 und S. 207.
[65] LEHMANN, Kirchenfamilie (wie Anm. 57), S. 26.
[66] *Conversio*, c. 12; vgl. WOLFRAM, Conversio (wie Anm. 1), S. 56 f. und LOŠEK, Conversio (wie Anm. 1), S. 130 f. LOŠEK, ebd. Anm. 156, fügt hinzu, dass Altfrid und seine Nachfolger zwar als *archipresbyteri* agierten, „dennoch behielten sich die Erzbischöfe [eher bloß Adalwin, Anm. des Verf.] die Leitung der pannonischen Mission vor".
[67] PÉTER VÁCZY, Magyarország kereszténysége a honfoglalás korában [Das Christentum Ungarns in der Zeit der ungarischen Landnahme], in: Emlékkönyv Szent István király halálának kilencszázadik évfordulóján, hg. von JUSZTINIÁN SERÉDI, Budapest 1938, S. 239.
[68] LEHMANN, Kirchenfamilie (wie Anm. 57), S. 33.

wodurch eine neue Domkirche entstand. Während die Kirchenfamilie in frühchristlichen Zeiten eine Reihe von Sakralgebäuden umfasste, welche – räumlich und funktional voneinander getrennt – nur an hohen Festtagen im Zuge einer Wanderprozession in ihrer symbolischen Einheit auch liturgisch wahrgenommen werden konnten, begann noch in der Karolingerzeit ein Konzentrationsprozess, bei dem sich die Liturgie zunehmend auf einen einzigen Sakralraum mit vielen Altären beschränkte. Für die Hauptkirche von *Mosapurc*/Zalavár, d. h. die Wallfahrtskirche des Märtyrers Hadrianus, hat es den Anschein, als wäre sie genau in jener Zeit entstanden, in welcher sich dieser liturgisch-architektonische Wandlungsprozess vollzog. Um eine optimale Wirkung der Wanderliturgie zu gewährleisten, wurden dabei wahrscheinlich die Vorteile der älteren und neueren Liturgierichtungen gleichmäßig ausgenutzt. Das könnte die Blütezeit der Hadrianskirche zu *Mosapurc* bedeutet haben – bis das Gotteshaus, das vom Erzbistum Salzburg als neue zentrale unterpannonische Bischofskirche vorgesehen war, mitsamt der bischöflichen Pfalzanlage im Jahr 869 von *einem Griechen namens Methodius* auszunutzen versucht wurde.[69]

---

[69] Die Anfertigung dieses Beitrags wurde durch den Ungarischen Wissenschaftlichen Fonds (OTKA – 68.104) unterstützt.

Autoren

MARKUS AGTHE, Dipl.-Prähist., Leiter der Außenstelle Cottbus des Brandenburgischen Landesamtes für Denkmalpflege und Archäologischen Landesmuseums, Abt. Bodendenkmalpflege, Gebietsreferent für den Süden des Landes Brandenburg.

STEFAN BIERMEIER M. A., Mitinhaber der Grabungsfirma SingulArch München, Entwickler des gleichnamigen Datenbanksystems zur computergestützten Grabungsdokumentation.

STEFAN EISMANN, Dr. phil., freier Mitarbeiter am Referat für Archäologie des Mittelalters und der Neuzeit der LWL-Archäologie für Westfalen, Münster.

GUIDO FACCANI, Dr. phil., selbstständiger Archäologe und Kunsthistoriker mit Büro in Zürich, derzeit als Bearbeiter der spätantiken Bauplastik der Kathedrale von Genf sowie als wissenschaftlicher Leiter im Restaurierungsprojekt des Cluniazenserklosters von Payerne (Kt. Waadt) tätig.

LUISA GALIOTO M. A., nach verschiedenen mehrjährigen Tätigkeiten für die Denkmalpflege in Baden-Württemberg sowie für das Atelier d'Archéologie Médiévale und den Archäologischen Dienst des Kantons Bern seit Juli 2009 kommissarische wissenschaftliche Leiterin für die Ausgrabungen der Kantonsarchäologie Aargau.

CAROLA JÄGGI, Prof. Dr. phil., Kunsthistorikerin und Archäologin, seit 2002 Inhaberin des Lehrstuhls für Christliche Archäologie und Kunstgeschichte der Friedrich-Alexander-Universität Erlangen.

MICHAELA JANSEN M. A., Mitarbeiterin des Instituts für Europäische Kunstgeschichte der Ruprecht-Karls-Universität Heidelberg sowie der Archäologischen Bodendenkmalpflege in Baden-Württemberg, mit derzeitiger Grabungsleitung in Konstanz.

PETER JÜNGLING, Polizeioberkommissar, ehrenamtlicher Bodendenkmalpfleger des Landesamtes für Denkmalpflege Hessen, Leiter der Arbeitsgruppe für Archäologische Denkmalpflege des Hanauer Geschichtsvereins 1844 e. V.

ORSOLYA HEINRICH-TAMASKA, Dr. phil., Wissenschaftliche Mitarbeiterin des Projekts „Kontinuität und Migration in und um Keszthely-Fenékpuszta von der Spätantike bis zum 9. Jh." am Geisteswissenschaftlichen Zentrum Geschichte und Kultur Ostmitteleuropas der Universität Leipzig.

ANTJE KLUGE-PINSKER, Dr. phil., Leiterin der Abteilung Wissenschaftspädagogik am Römisch-Germanischen Zentralmuseum Mainz (RGZM).

RAINER KUHN M. A., Projektleiter des Forschungsprojektes „Archäologische Grabungen im Dom zu Magdeburg 2006–2010", Stiftung Dome und Schlösser in Sachsen-Anhalt, seit 1998 auf dem Magdeburger Domhügel tätig.

FRANK LÖBBECKE M. A., selbstständiger Archäologe und Architekturhistoriker, Büro Baukern in Freiburg i. Br., Ausgrabungen, Bauuntersuchungen und Publikationen zu sakralen und profanen Bauten (Stiftskirche Hersfeld, Münster in Breisach und Freiburg u. a.).

RAIMUND MACZIJEWSKI, Mitarbeiter der Archäologischen Bodendenkmalpflege des Landesdenkmalamtes Berlin i. R.

PETER MARZOLFF, Dr.-Ing., Dipl.-Ing., wissenschaftlicher Mitarbeiter i. R., zuvor tätig als archäologischer Bauforscher am Institut für Baugeschichte der Universität Karlsruhe (TH) und am Institut für Ur- und Frühgeschichte der Ruprecht-Karls-Universität Heidelberg.

UWE MICHAS, Grabungstechniker und Grabungsleiter der Archäologischen Bodendenkmalpflege des Landesdenkmalamtes Berlin, zuständig für die Fundstellenerfassung und -kartierung sowie für Archiv und Eingangsmagazin.

HANS ULRICH NUBER, Prof. Dr. phil., ehem. Ordinarius für Provinzialrömische Archäologie an der Albert-Ludwigs-Universität Freiburg i. Br., Vorsitzender des Alemannischen Instituts Freiburg e.V.

SEBASTIAN RISTOW, PD Dr. phil., Dozent des Archäologischen Instituts der Universität zu Köln, Archäologie der Spätantike und des frühen Mittelalters, bevorzugt im nordalpinen Raum, Kirchenarchäologie, Forschungen zum frühen Christentum und Kontinuitätsfragen.

FELICIA SCHMAEDECKE, Dr. phil., Büro für Archäologie und Baugeschichte, Liestal/ Schweiz. Forschungen zu verschiedenen Klöstern und Kirchen in Deutschland und der Schweiz.

VALERIE SCHOENENBERG M. A., Bearbeiterin der frühgeschichtlichen Siedlungsreste auf dem Glöcklehofareal in Bad Krozingen (Magisterarbeit), arbeitet derzeit an ihrer Dissertation zur frühmittelalterlichen Siedlung in Lauchheim (Ost-Alb-Kreis), Gewann Mittelhofen.

BARBARA SCHOLKMANN, Prof. Dr. phil., Dr. h. c., Prof. i. R. der Universität Tübingen, ehem. Leiterin der Abteilung Archäologie des Mittelalters am Institut für Ur- und Frühgeschichte und Archäologie des Mittelalters der Universität Tübingen, Mitbegründerin der Kirchenarchäologie als Spezialdisziplin der modernen Mittelalterarchäologie in Baden-Württemberg.

PETR SOMMER, Prof. Dr. phil., Direktor des Zentrums für mediävistische Studien der Akademie der Wissenschaften der Tschechischen Republik und der Karlsuniversität zu Prag, ehem. Direktor des Archäologischen Instituts der Akademie der Wissenschaften der Tschechischen Republik zu Prag, korrespondierendes Mitglied des Deutschen Archäologischen Instituts.

BÉLA MIKLÓS SZŐKE, Dr. phil, wissenschaftlicher Mitarbeiter des Archäologischen Instituts der Ungarischen Akademie der Wissenschaft Budapest, seit 1994 Leiter der Ausgrabungen in Mosaburg/Zalavár, derzeit mit einem Forschungsprojekt zur Archäologie der Karolingerzeit in Ungarn betraut.

JÜRG TAUBER, Dr. phil., Historiker und Archäologe, seit 1971 Mitarbeiter im archäologischen Dienst des Kantons Basel-Landschaft.

WERNER WILD, Lic. phil., Projektleiter und stellvertretender Fachbereichsleiter Mittelalter/Neuzeit der Kantonsarchäologie Zürich, freiberuflicher Archäologe (www.erlebbare-archaeologie.ch). Schwerpunkte seiner Tätigkeit sind wissenschaftliche Publikationen in den Spezialgebieten Burgen, städtische Siedlungen und Sachkultur sowie die didaktische Vermittlung archäologischer Themen an die breite Öffentlichkeit.

MADELEINE WILL, Dr. phil., wurde 2001 im Fach Christliche Archäologie in Bonn promoviert. Sie arbeitet heute als Studienrätin am Gymnasium Bornheim (Rheinland).

ALFONS ZETTLER, Prof. Dr. phil., Lehrstuhl für Mittelalterliche Geschichte, Historisches Institut der TU Dortmund.

€4,- (02/25)